최신 출제유형 100% 반영!

발빠르게 자격증을 취득한다

한국생산성본부(KPC) 시행

ITQ OA MASTER

한글 2022

엑셀 2021

파워포인트 2021

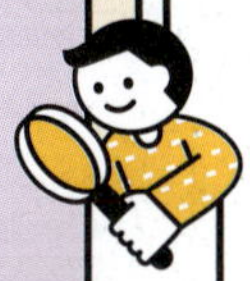

3회분 따라하기 동영상 수록

모의고사&기출문제 해설 PDF 제공

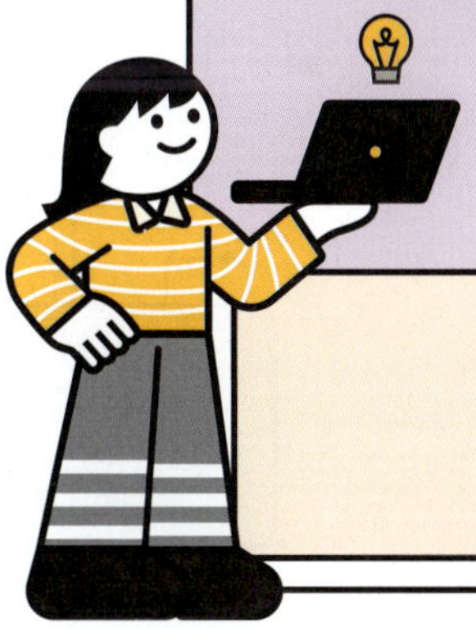

수험서개발팀 지음

마린북스

이 책의 구성

문제 미리보기

ITQ 시험의 출제 유형 및 배점 등을 살펴보아요!

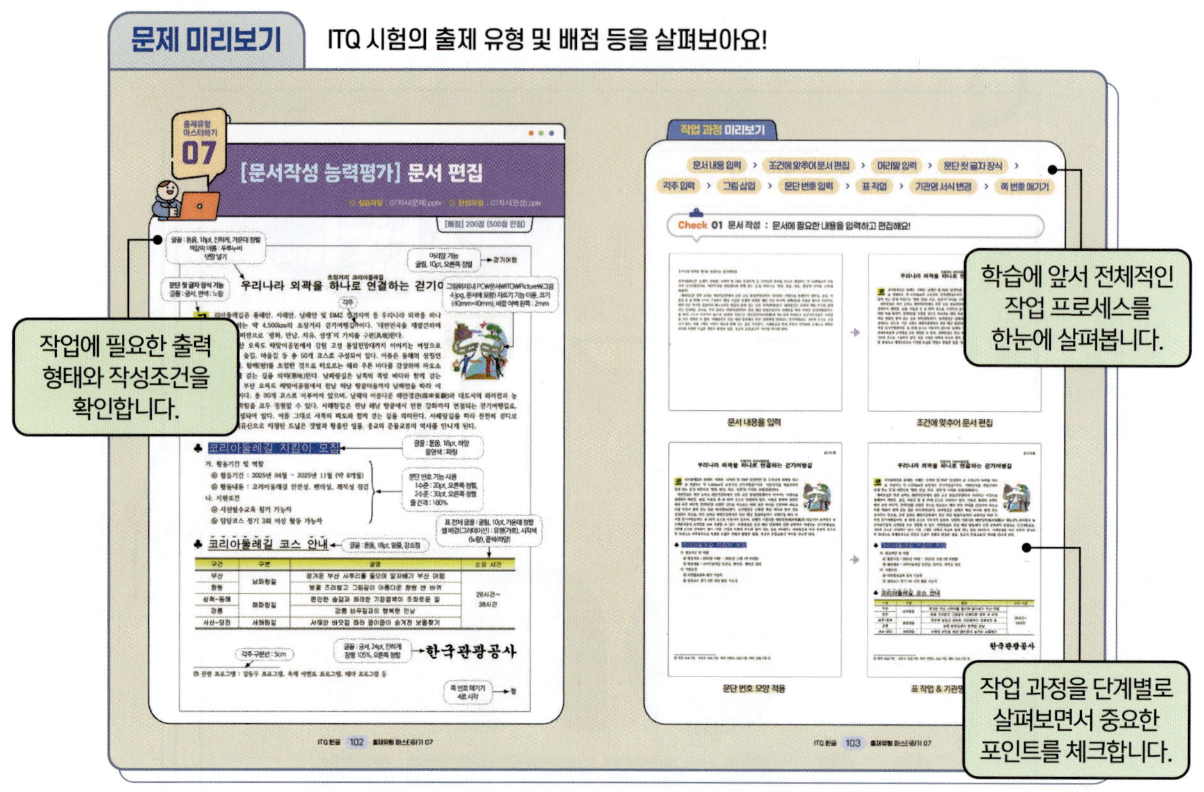

작업에 필요한 출력 형태와 작성조건을 확인합니다.

학습에 앞서 전체적인 작업 프로세스를 한눈에 살펴봅니다.

작업 과정을 단계별로 살펴보면서 중요한 포인트를 체크합니다.

출제 유형 따라하기

간결한 따라하기 내용과 이미지를 통해 핵심 내용을 파악할 수 있어요!

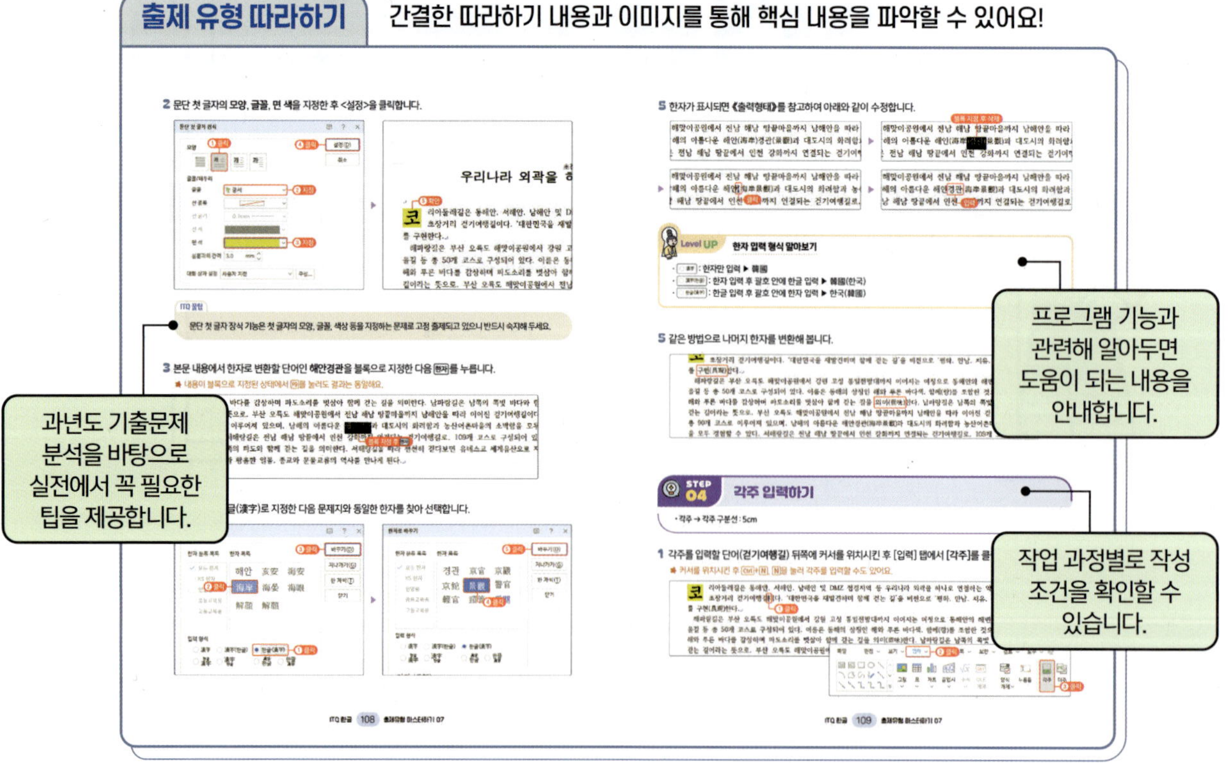

과년도 기출문제 분석을 바탕으로 실전에서 꼭 필요한 팁을 제공합니다.

프로그램 기능과 관련해 알아두면 도움이 되는 내용을 안내합니다.

작업 과정별로 작성 조건을 확인할 수 있습니다.

출제 유형 정리

다양한 유형의 연습문제를 통해 배운 내용을 복습할 수 있어요!

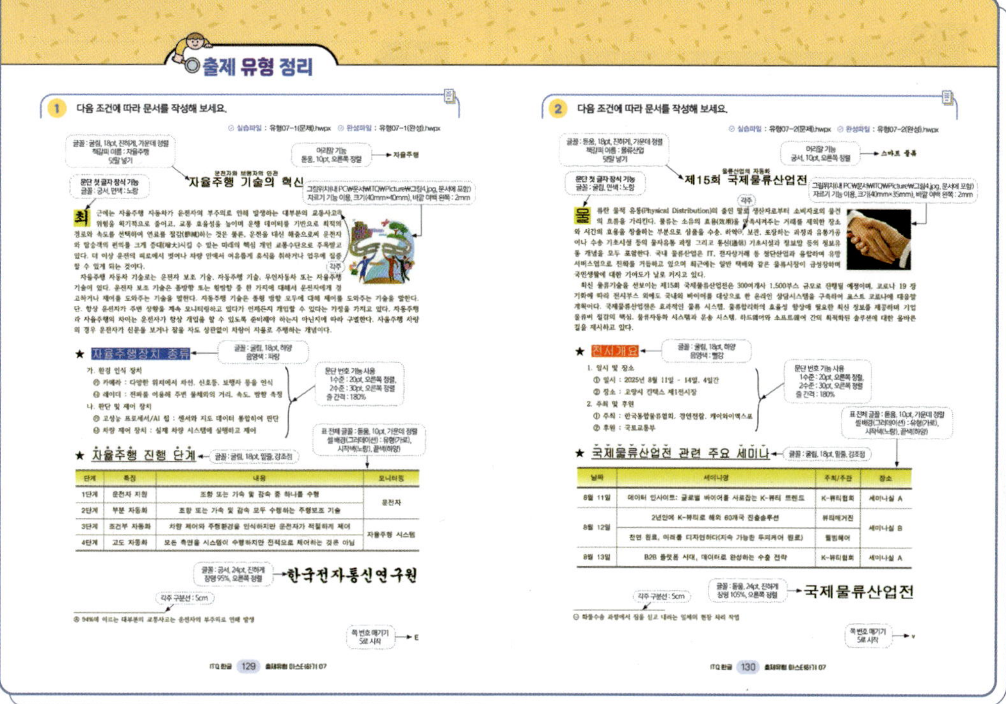

출제 패턴 반복 연습

고득점 합격에 필요한 핵심 작업을 반복 연습할 수 있는 코너예요!

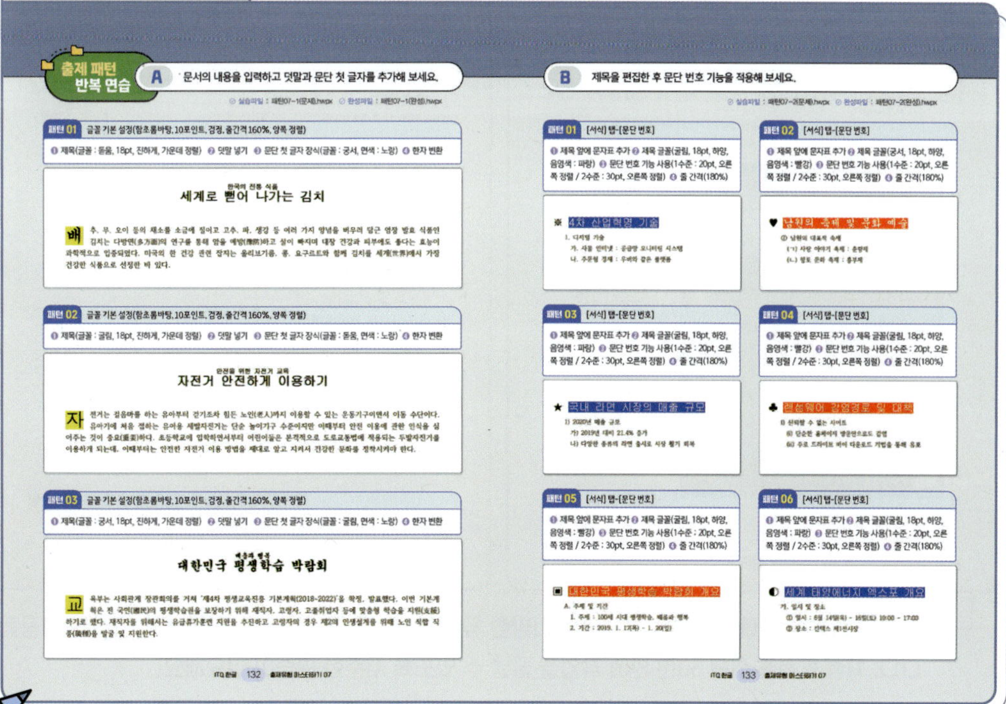

실전모의고사

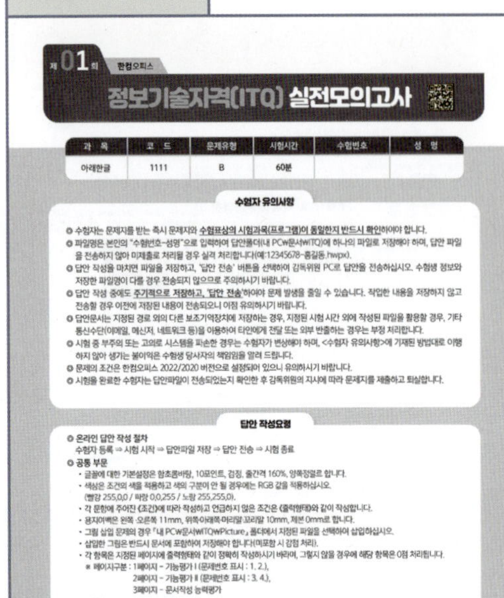

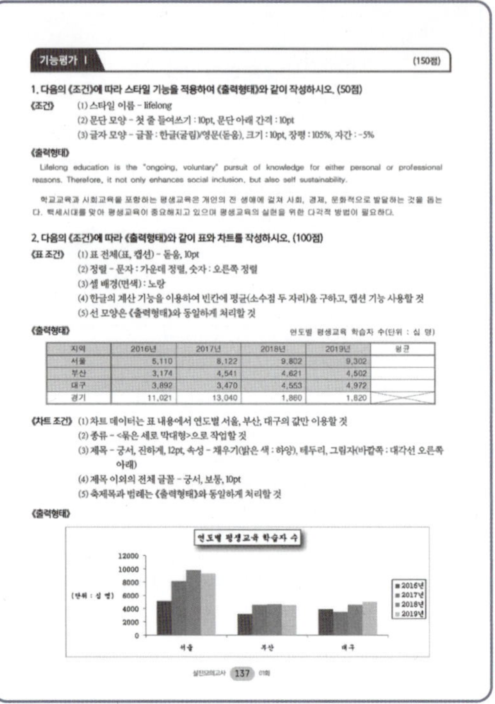

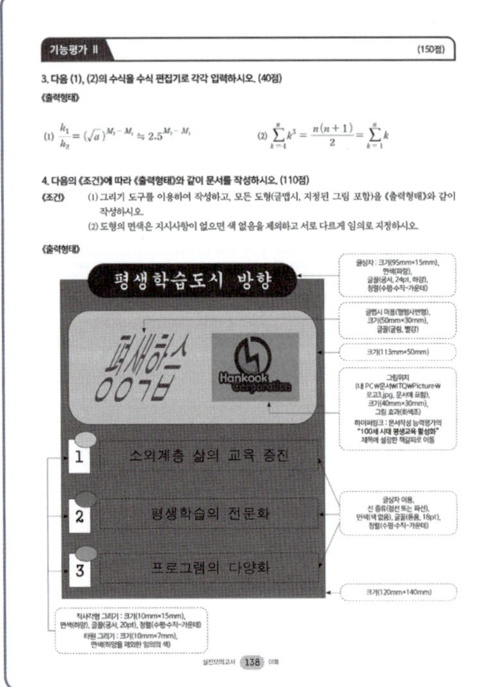

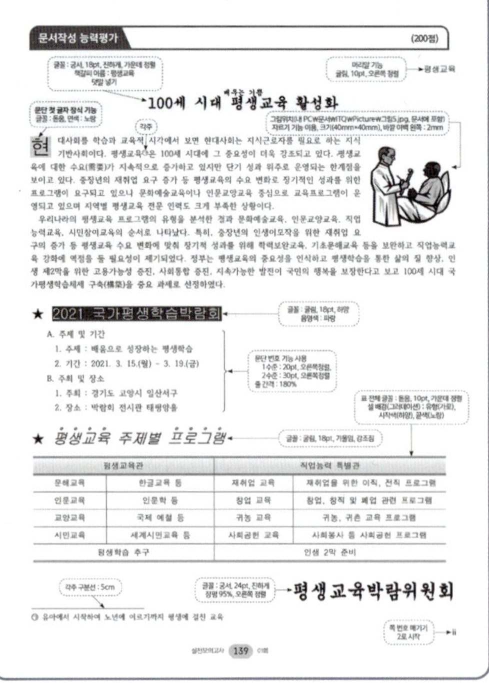

과년도 출제된 문제의 패턴을 분석하여 다양한 유형의 실전모의고사를 각 과목별로 12회씩 제공합니다. 시험 합격을 위해 60분 안에 작업을 끝낼 수 있도록 꾸준한 연습이 필요해요!

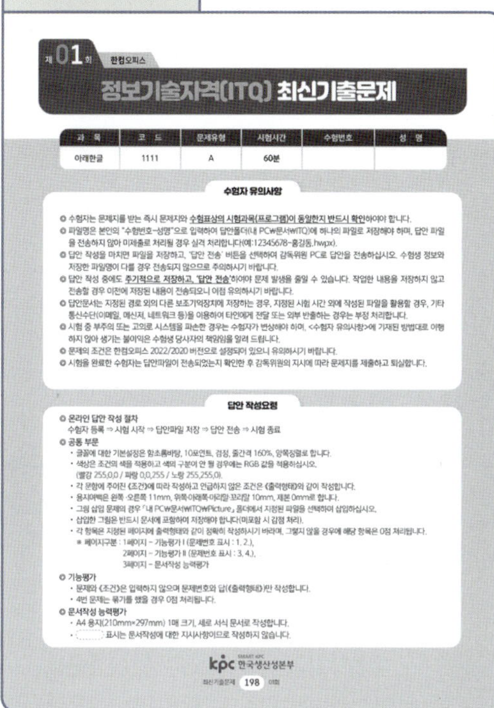

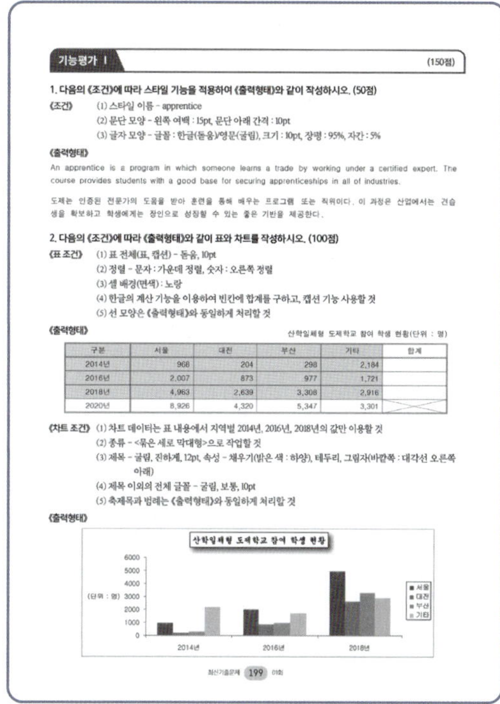

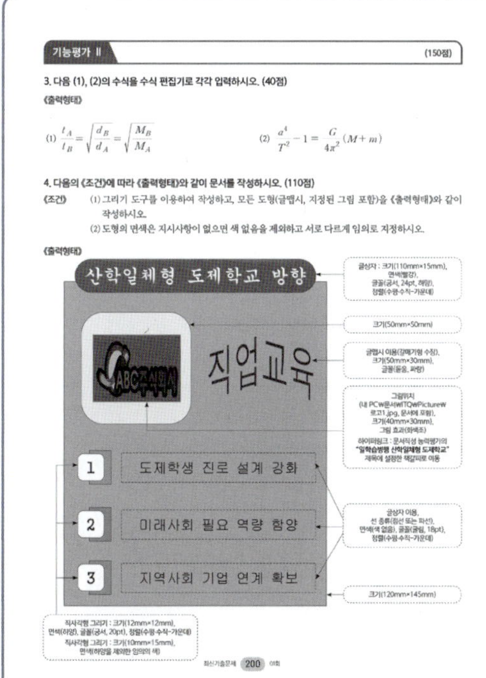

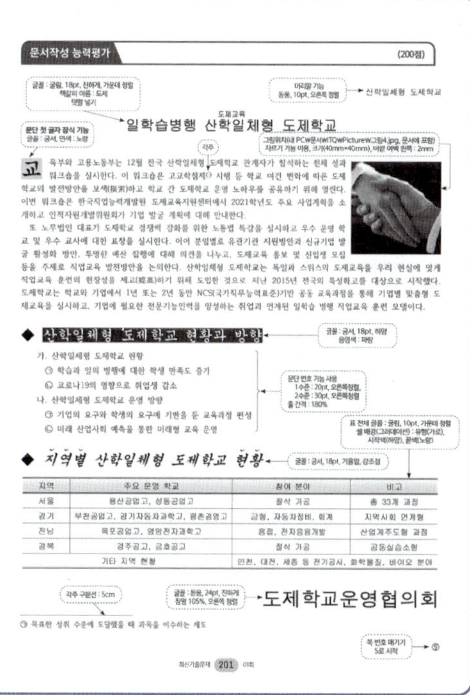

최근에 출제된 기출문제 5회 분량을 각 과목별로 수록하였습니다. 제한 시간 60분 안에 빠르고 정확하게 답안을 작성해 보세요!

이 책의 목차

ITQ 시험안내

이 책의 구성 ·········· 002
이 책의 목차 ·········· 006
ITQ 자격 소개 ·········· 007
시험 진행 과정 미리보기 ·········· 008
채점프로그램 활용하기 ·········· 009

한글 2022

출제유형 마스터하기 ·········· 012
실전 모의고사(1회~12회) ·········· 134
최신 기출문제(1회~5회) ·········· 184

파워포인트 2021

출제유형 마스터하기 ·········· 208
실전 모의고사(1회~12회) ·········· 330
최신 기출문제(1회~5회) ·········· 380

엑셀 2021

출제유형 마스터하기 ·········· 404
실전 모의고사(1회~12회) ·········· 560
최신 기출문제(1회~5회) ·········· 610

최고의 신뢰성과 활용도를 갖춘 국가공인자격 ITQ는 과학기술정보통신부가 인증한 실무 중심의 미래형 IT 실기 시험으로, 정보기술 활용 능력을 객관적으로 평가하는 자격시험입니다.

시험 과목 및 프로그램 버전

자격종목	프로그램 및 버전		등급	시험방식	시험시간
	S/W	공식버전			
아래한글	한컴오피스	2022/2020	A등급 B등급 C등급	PBT	60분
한셀	한컴오피스	2022			
한쇼		2022			
한글엑셀	MS오피스	2021			
한글파워포인트	MS오피스	2021			
인터넷	내장브라우저 IE8:0 이상				

시험 합격 결정 기준

등급	점수	수준
A등급	400점 ~ 500점	주어진 과제의 80%~100%를 정확히 해결할 수 있는 능력
B등급	300점 ~ 399점	주어진 과제의 60%~79%를 정확히 해결할 수 있는 능력
C등급	200점 ~ 299점	주어진 과제의 40%~59%를 정확히 해결할 수 있는 능력

※ 원서접수 방법 및 응시료는 KPC 자격 홈페이지(https://license.kpc.or.kr)에서 확인하시기 바랍니다.

1
license.kpc.or.kr
회원가입
2
시험 접수
#수험표
#신분증
#필기도구
← 1고사실
2고사실 →
4
시험 당일,
고사장 도착
FIGHTING
3
꾸준한 연습
5
수검 진행
6
약 1달 후 합격자 발표
7
자격증 발급

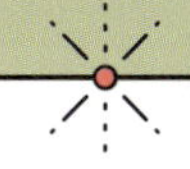

STEP 01 · 채점프로그램 다운로드

① 마린북스 홈페이지(www.mrbooks.kr)의 [자료실]에서 채점프로그램을 다운로드합니다.
② 압축 파일을 풀고 프로그램을 설치합니다.

STEP 02 · 실전모의고사 또는 최신기출문제 작성

① PART 01에서 연습한 내용을 바탕으로 답안 파일을 작성해 보세요. 제한된 시간은 60분입니다.
② 작성이 완료된 답안 파일은 바탕화면 또는 찾기 쉬운 폴더에 저장합니다.
③ 답안 채점을 위해 오피스 프로그램을 종료합니다.

STEP 03 · 채점프로그램 활용

① 채점프로그램을 실행한 다음 교재 표지와 시험 회차를 선택합니다.
② <파일열기> 단추를 선택해 작성된 답안 파일을 불러온 다음 <채점시작하기>를 클릭합니다.
③ 채점이 완료되면 결과를 확인합니다. [상세채점분석]을 클릭하면 자세한 채점 결과를 확인할 수 있습니다.

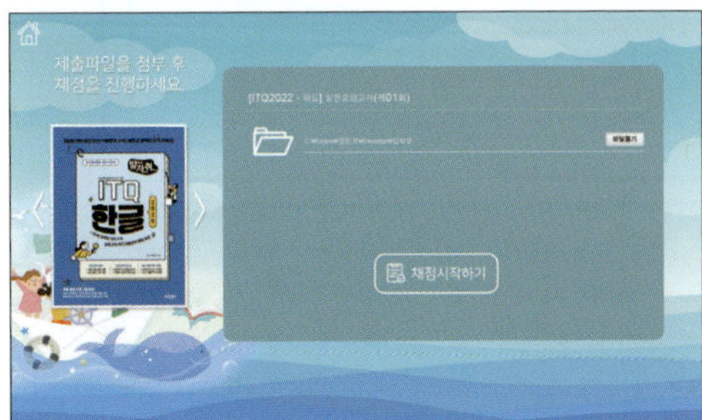

ITQ OA MASTER
한글
2022

ITQ 한글 목차

● PART 01 ● 출제유형 마스터하기

출제유형 01 [공통 부문] 기본 환경 설정 ·············· 014

출제유형 02 [기능평가 I] 스타일 지정 ·············· 024

출제유형 03 [기능평가 I] 표 작성 및 편집 ·············· 034

출제유형 04 [기능평가 I] 차트 작성 및 편집 ·············· 050

출제유형 05 [기능평가 II] 수식 입력 ·············· 066

출제유형 06 [기능평가 II] 도형 그리기 ·············· 076

출제유형 07 [문서작성 능력평가] 문서 편집 ·············· 102

● PART 02 ● 실전모의고사

제 01 회 실전모의고사 ·············· 136

제 02 회 실전모의고사 ·············· 140

제 03 회 실전모의고사 ·············· 144

제 04 회 실전모의고사 ·············· 148

제 05 회 실전모의고사 ·············· 152

제 06 회 실전모의고사 ·············· 156

제 07 회 실전모의고사 ·············· 160

제 08 회 실전모의고사 ·············· 164

제 09 회 실전모의고사 ·············· 168

제 10 회 실전모의고사 ·············· 172

제 11 회 실전모의고사 ·············· 176

제 12 회 실전모의고사 ·············· 180

● PART 03 ● 최신기출문제

제 01 회 최신기출문제 ·············· 186

제 02 회 최신기출문제 ·············· 190

제 03 회 최신기출문제 ·············· 194

제 04 회 최신기출문제 ·············· 198

제 05 회 최신기출문제 ·············· 202

출제유형 마스터하기

ITQ 한글 시험의 최신 출제 유형을 통해
발빠르게 자격증을 취득해 보세요!

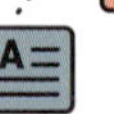

출제유형 01 | [공통 부문] 기본 환경 설정

출제유형 02 | [기능평가 I] 스타일 지정

출제유형 03 | [기능평가 I] 표 작성 및 편집

출제유형 04 | [기능평가 I] 차트 작성 및 편집

출제유형 05 | [기능평가 II] 수식 입력

출제유형 06 | [기능평가 II] 도형 그리기

출제유형 07 | [문서작성 능력평가] 문서 편집

[공통 부문] 기본 환경 설정

⊘ **실습파일** : 없음　⊘ **완성파일** : 01차시(완성).hwpx

[공통 부문]

- 글꼴에 대한 기본설정은 함초롬바탕, 10포인트, 검정, 줄간격 160%, 양쪽정렬로 합니다.
- 색상은 조건의 색을 적용하고 색의 구분이 안 될 경우에는 RGB 값을 적용하십시오.
  (빨강 255,0,0 / 파랑 0,0,255 / 노랑 255,255,0).
- 용지 여백은 왼쪽·오른쪽 11㎜, 위쪽·아래쪽·머리말·꼬리말 10㎜, 제본 0mm로 합니다.
- 각 항목은 지정된 페이지에 출력형태와 같이 정확히 작성하시기 바라며, 그렇지 않을 경우에 해당 항목은 0점 처리됩니다.

  ※ 페이지구분 : 1페이지 – 기능평가 I (문제번호 표시 : 1. 2.),
  　　　　　　　　2페이지 – 기능평가 II (문제번호 표시 : 3. 4.),
  　　　　　　　　3페이지 – 문서작성 능력평가

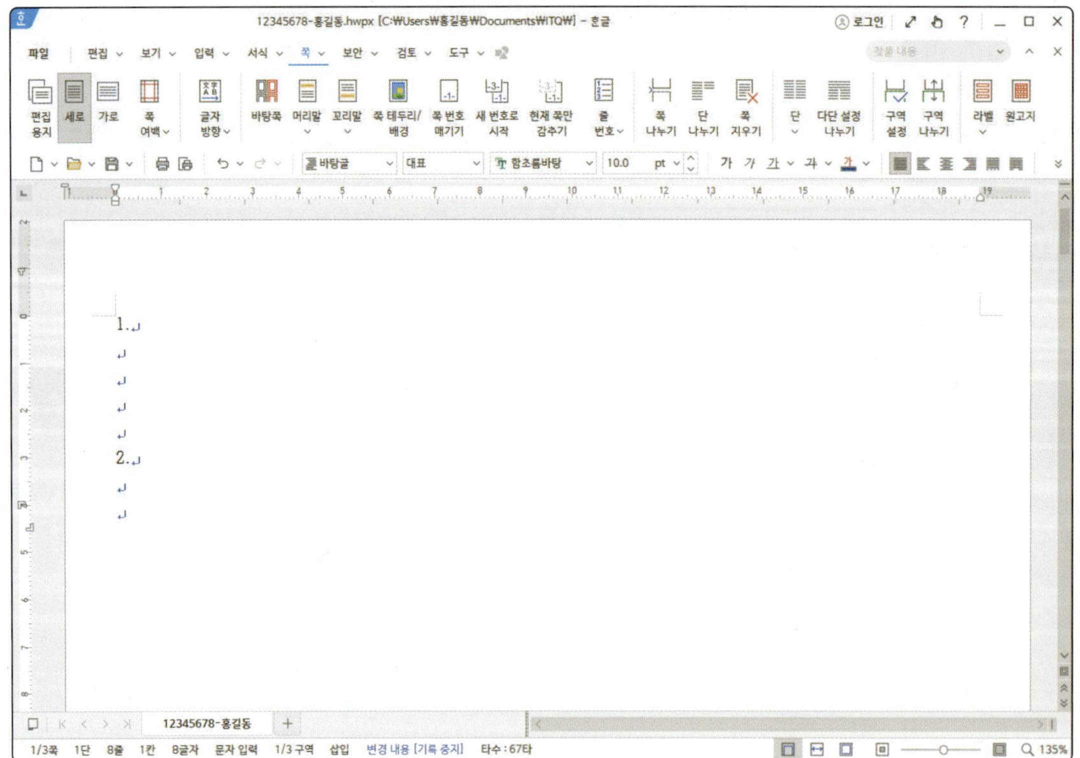

답안 파일 저장 > 글꼴 설정 확인 > 편집 용지 설정 > 구역 나누기 > 문제 번호 입력

Check 01 시험 준비 : 글꼴 기본 설정을 확인한 후 편집 용지 여백을 지정해요!

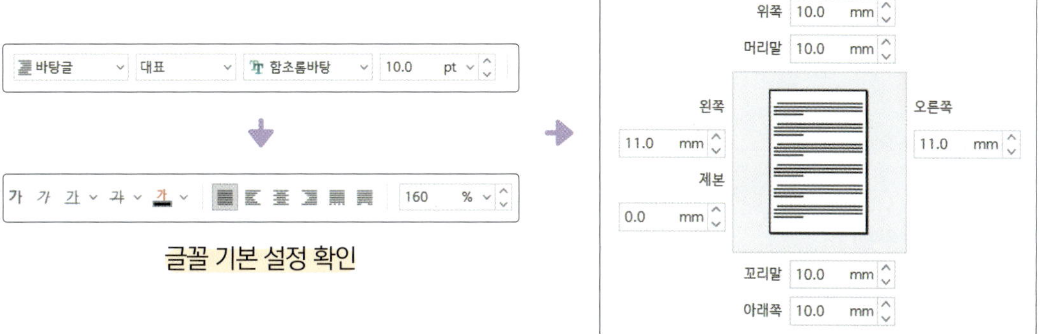

글꼴 기본 설정 확인

편집 용지 여백 설정

Check 02 페이지 구분 : 구역을 3페이지로 나누고, 문제 번호를 입력해요!

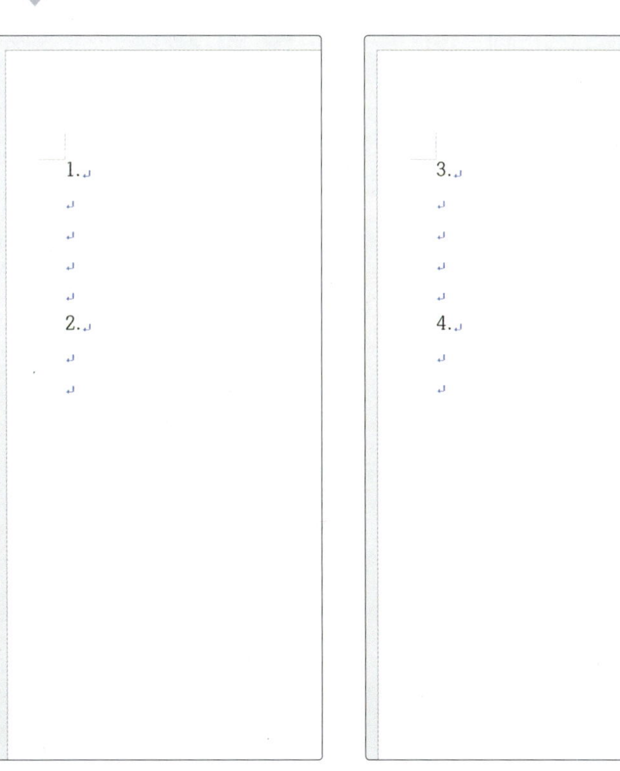

1페이지	2페이지	3페이지

[수험자 유의사항]
파일명은 본인의 "수험번호-성명"으로 입력하여 답안폴더(내 PC₩문서₩ITQ)에 하나의 파일로 저장해야 하며, 답안파일을 전송하지 않아 미제출로 처리될 경우 실격 처리합니다. (예:12345678-홍길동.hwpx)

1 한글 2022 프로그램을 실행한 후 [새 문서]를 클릭합니다.

2 빈 문서가 열리면 [파일] 탭-[저장하기]를 클릭하여 답안 파일을 저장합니다.

★ Alt + S 를 눌러 파일을 저장하는 방법도 있어요.

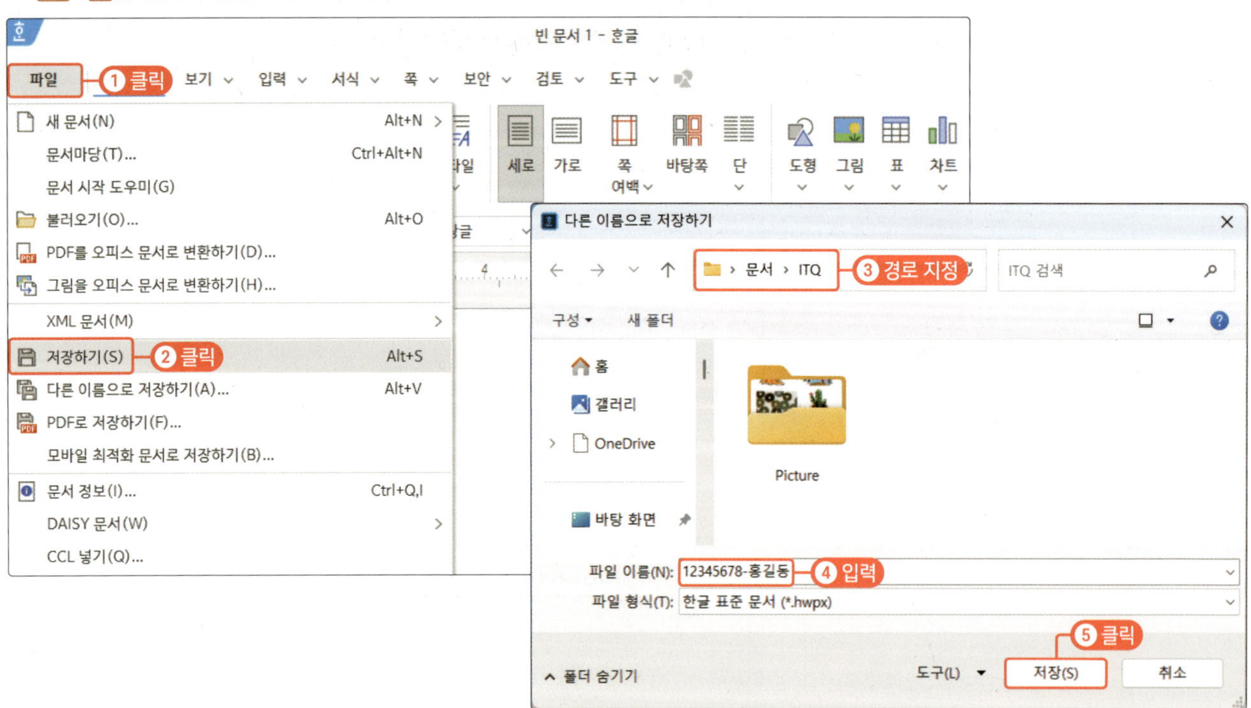

ITQ 꿀팁

답안 파일 저장 시 저장 경로와 파일명을 정확하게 입력합니다.
· 저장 경로 : [내 PC]-[문서]-[ITQ] 폴더
· 파일 이름 : 수험번호-성명

3 파일 저장이 완료되면 제목 표시줄의 파일명이 **12345678-홍길동**으로 변경된 것을 확인할 수 있습니다.

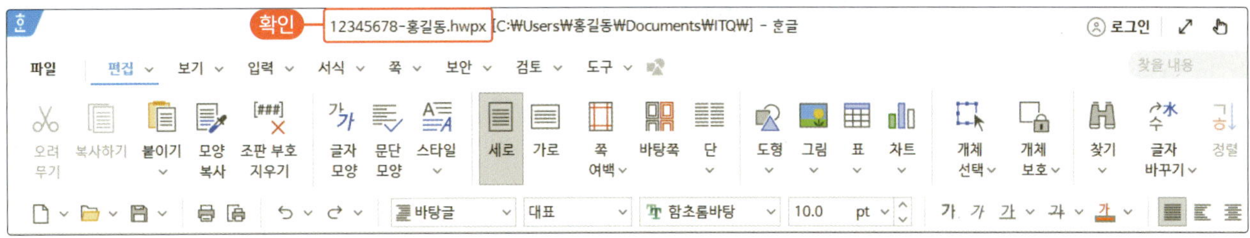

STEP 02 기본 설정 확인 후 용지 여백 지정하기

- 글꼴에 대한 기본설정은 함초롬바탕, 10포인트, 검정, 줄간격 160%, 양쪽정렬로 합니다.
- 용지 여백은 왼쪽·오른쪽 11㎜, 위쪽·아래쪽·머리말·꼬리말 10㎜, 제본 0㎜로 합니다.

1 서식 도구 상자에서 글꼴(**함초롬바탕**), 글자 크기(**10pt**), 글자 색(**검정**), 정렬 방식(**양쪽 정렬**), 줄 간격(**160%**)을 확인합니다.

★ 해당 조건은 한글 2022 프로그램의 기본값이니 작업에 참고해 주세요.

2 F7을 눌러 아래와 같이 **편집 용지**를 설정합니다.

★ 왼쪽/오른쪽 : 11mm, 위쪽/아래쪽/머리말/꼬리말 : 10mm, 제본 : 0mm

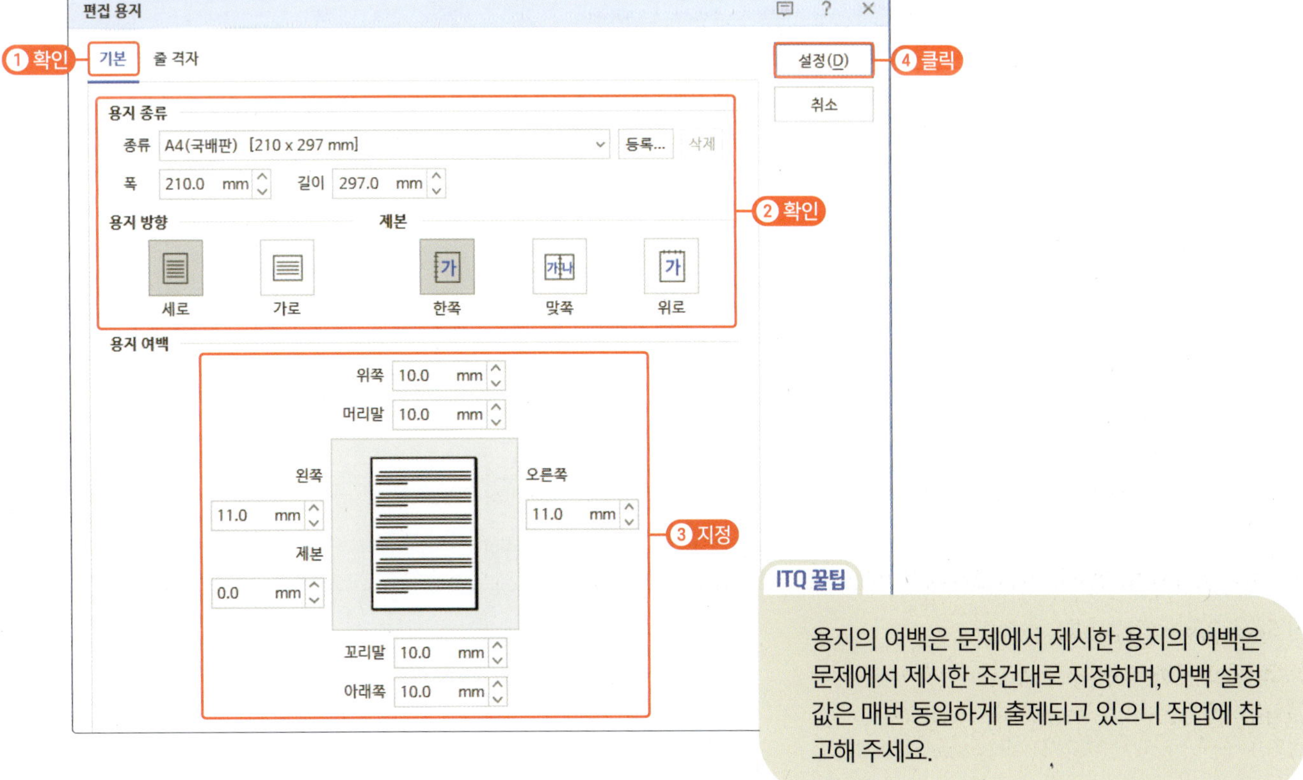

ITQ 꿀팁

용지의 여백은 문제에서 제시한 용지의 여백은 문제에서 제시한 조건대로 지정하며, 여백 설정 값은 매번 동일하게 출제되고 있으니 작업에 참고해 주세요.

구역 나누기 및 문제 번호 입력하기

• 각 항목은 지정된 페이지에 출력형태와 같이 정확히 작성하시기 바라며, 그렇지 않을 경우에 해당 항목은 0점 처리됩니다.
  ※ 페이지구분 : 1페이지 - 기능평가 I (문제번호 표시 : 1. 2.),
                  2페이지 - 기능평가 II (문제번호 표시 : 3. 4.),
                  3페이지 - 문서작성 능력평가

1 [보기] 탭에서 [문단 부호]에 체크합니다.

문단 부호

[문단 부호]에 체크하면 문서에 줄 바꿈 기호(↵)가 표시되어 편리하게 작성할 수 있습니다.

2 문제 번호 1.을 입력하고 Enter 를 5번 누른 후 2.를 입력하고 Enter 를 2번 누릅니다.

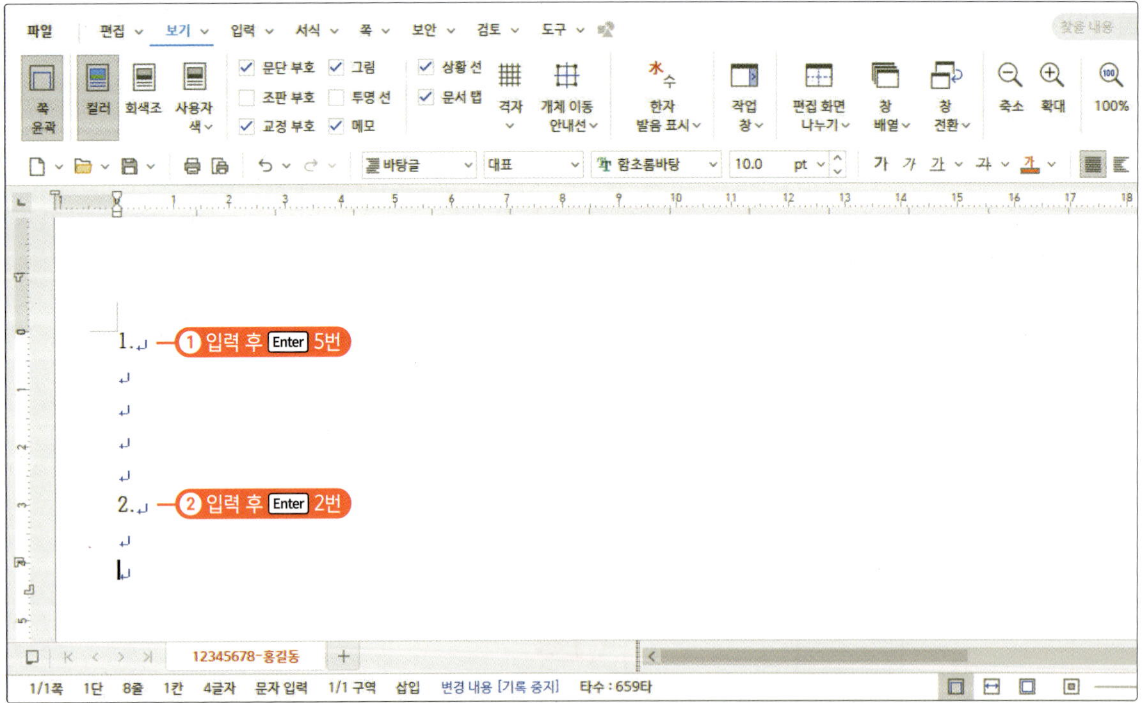

3 [쪽] 탭에서 [구역 나누기]를 클릭하여 두 번째 페이지로 이동합니다.

★ Alt + Shift + Enter 를 눌러 구역을 나누는 방법도 있어요.

4 두 번째 페이지에 문제 번호 **3**.과 **4**.를 입력합니다.

★ 3. 입력 후 Enter 를 5번 누르고, 4. 입력 후 Enter 를 2번 눌러요.

5 [쪽] 탭에서 [구역 나누기]를 클릭하여 세 번째 페이지로 이동합니다.

★ Alt + Shift + Enter 를 눌러 구역을 나누는 방법도 있어요.

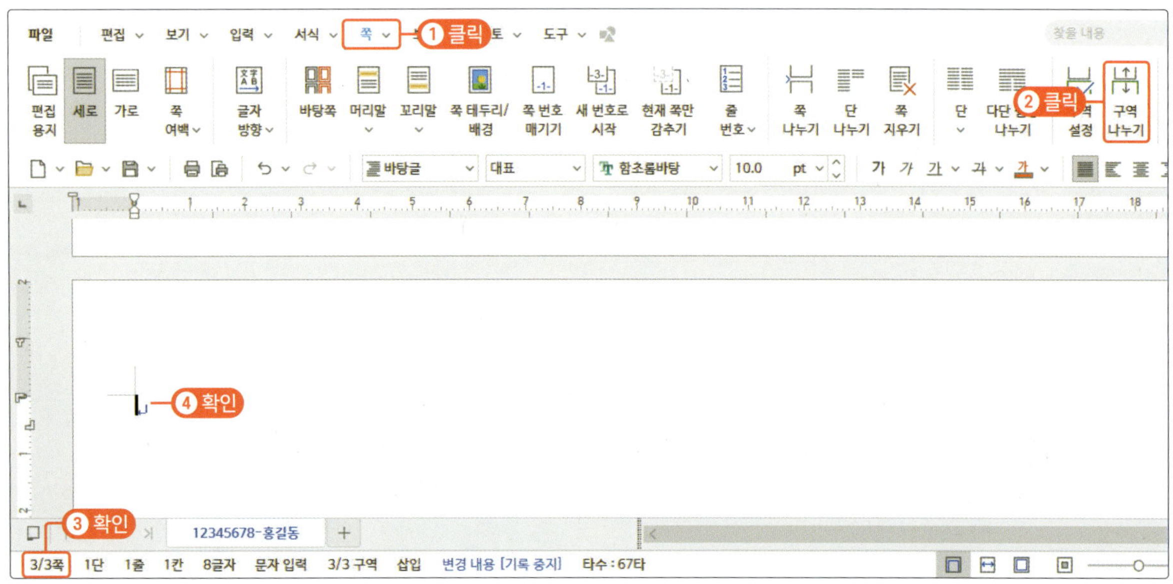

6 기본 작업이 모두 완료되면 [Ctrl]+[Page Up]을 눌러 첫 번째 페이지로 이동합니다.

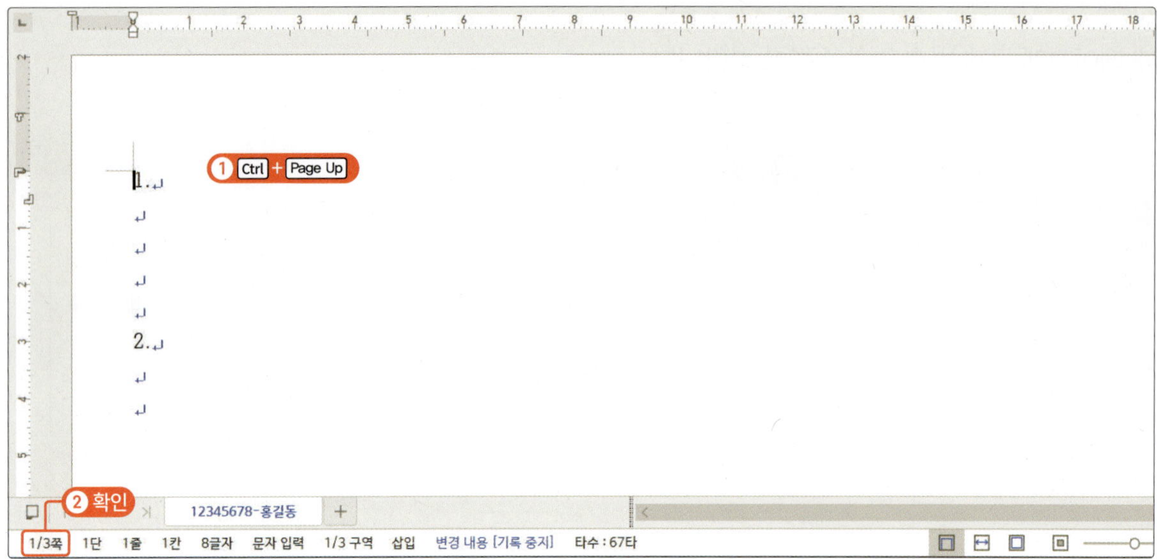

7 작업이 완료되면 서식 도구 상자에서 [저장하기(💾)]를 클릭하거나, [Alt]+[S]를 눌러 답안 파일을 저장합니다.

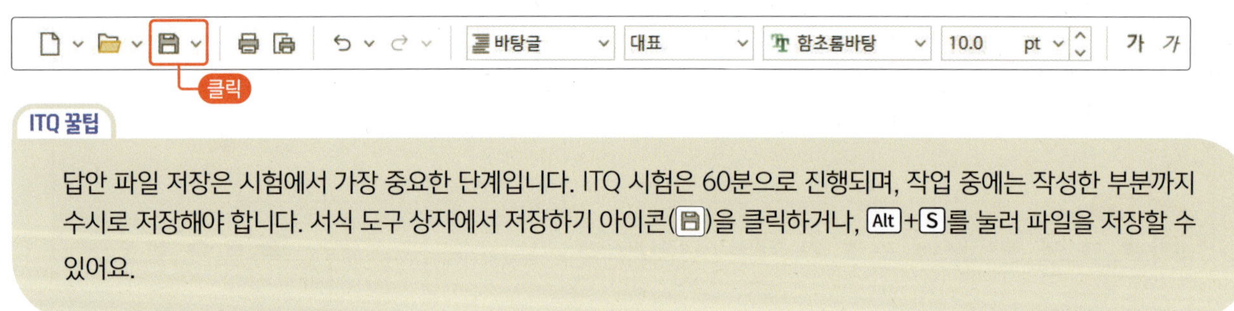

ITQ 꿀팁

답안 파일 저장은 시험에서 가장 중요한 단계입니다. ITQ 시험은 60분으로 진행되며, 작업 중에는 작성한 부분까지 수시로 저장해야 합니다. 서식 도구 상자에서 저장하기 아이콘(💾)을 클릭하거나, [Alt]+[S]를 눌러 파일을 저장할 수 있어요.

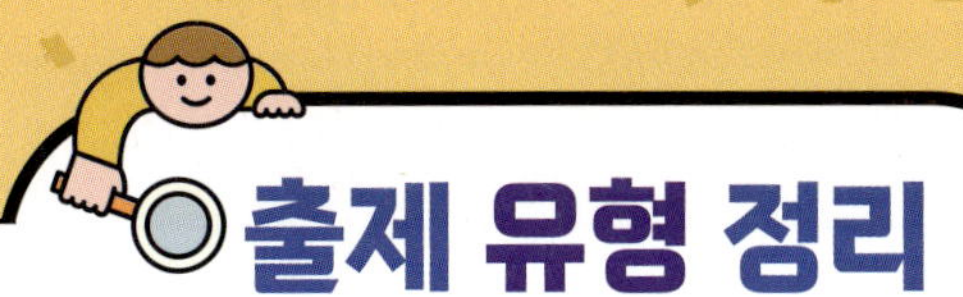

1 아래 조건에 맞추어 문서 작성을 위한 기본 환경을 설정해 보세요.

⊘ 실습파일 : 없음   ⊘ 완성파일 : 12345678-김은수(완성).hwpx

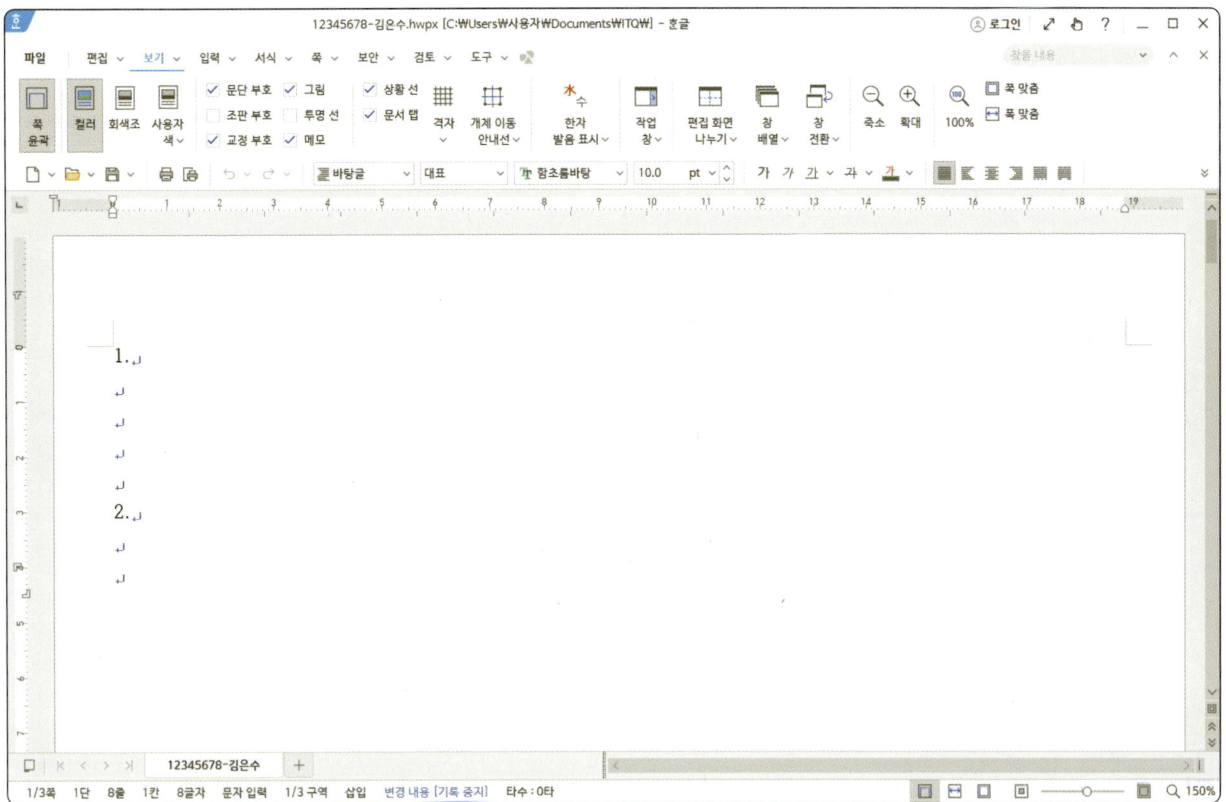

[공통 부문]

◦ 글꼴에 대한 기본설정은 함초롬바탕, 10포인트, 검정, 줄간격 160%, 양쪽정렬로 합니다.

◦ 색상은 조건의 색을 적용하고 색의 구분이 안 될 경우에는 RGB 값을 적용하십시오.
  (빨강 255,0,0 / 파랑 0,0,255 / 노랑 255,255,0).

◦ 용지 여백은 왼쪽·오른쪽 11㎜, 위쪽·아래쪽·머리말·꼬리말 10㎜, 제본 0㎜로 합니다.

◦ 각 항목은 지정된 페이지에 출력형태와 같이 정확히 작성하시기 바라며, 그렇지 않을 경우에 해당 항목은 0점 처리됩니다.

  ※ 페이지구분 : 1페이지 – 기능평가 I (문제번호 표시 : 1. 2.),
  　　　　　　　 2페이지 – 기능평가 II (문제번호 표시 : 3. 4.),
  　　　　　　　 3페이지 – 문서작성 능력평가

◇ **실습파일** : 없음   ◇ **완성파일** : 12345678-박지현(완성).hwpx

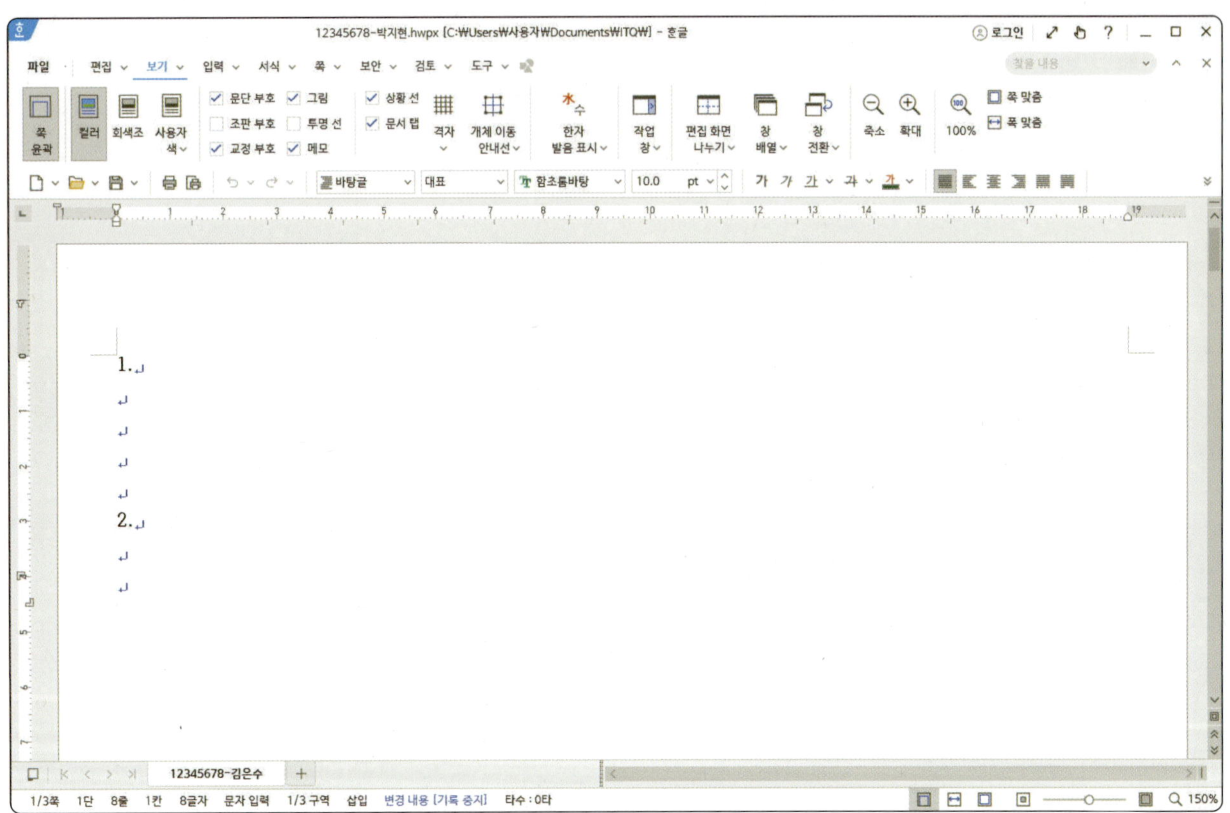

[공통 부문]

○ 글꼴에 대한 기본설정은 함초롬바탕, 10포인트, 검정, 줄간격 160%, 양쪽정렬로 합니다.

○ 색상은 조건의 색을 적용하고 색의 구분이 안 될 경우에는 RGB 값을 적용하십시오.
  (빨강 255,0,0 / 파랑 0,0,255 / 노랑 255,255,0).

○ 용지 여백은 왼쪽·오른쪽 11㎜, 위쪽·아래쪽·머리말·꼬리말 10㎜, 제본 0㎜로 합니다.

○ 각 항목은 지정된 페이지에 출력형태와 같이 정확히 작성하시기 바라며, 그렇지 않을 경우에 해당 항목은 0점 처리됩니다.

　※ 페이지구분 : 1페이지 - 기능평가 I (문제번호 표시 : 1. 2.),
　　　　　　　　 2페이지 - 기능평가 II (문제번호 표시 : 3. 4.),
　　　　　　　　 3페이지 - 문서작성 능력평가

 **3** 아래 조건에 맞추어 문서 작성을 위한 기본 환경을 설정해 보세요.

⊘ **실습파일** : 없음   ⊘ **완성파일** : 12345678-최경서(완성).hwpx

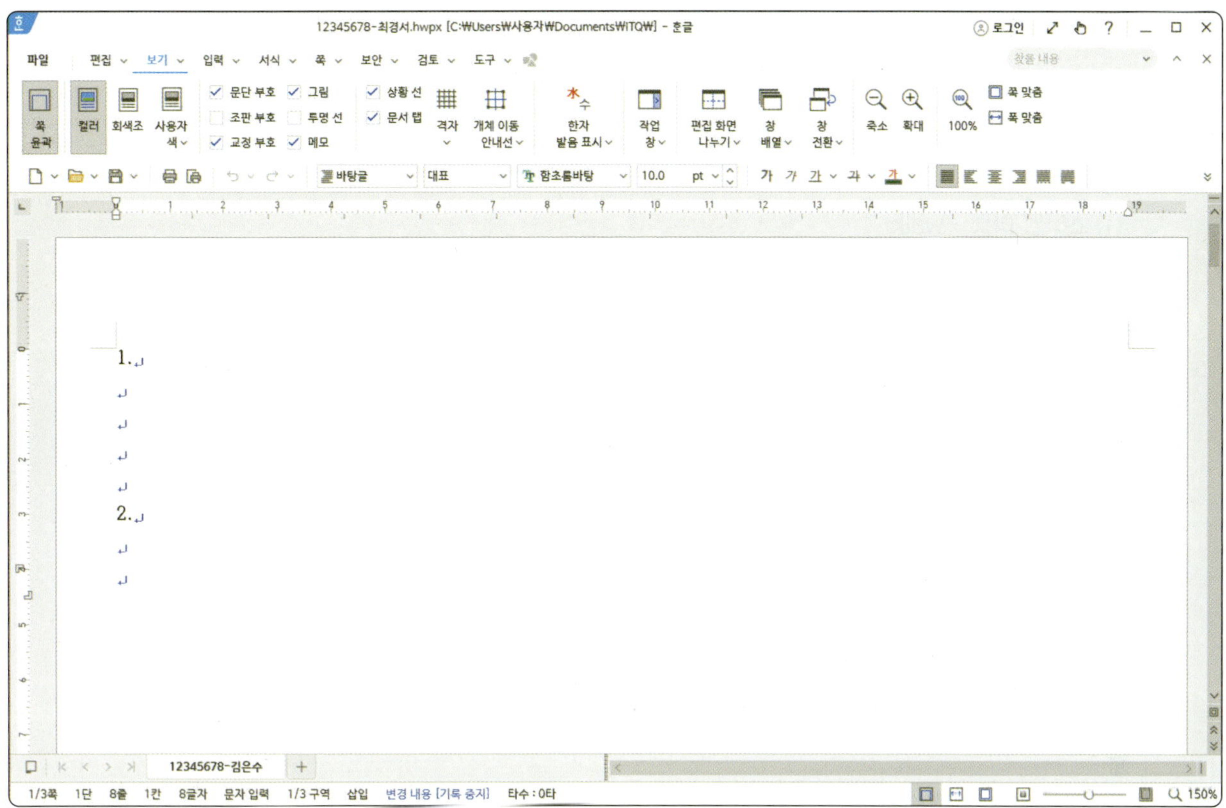

[공통 부문]

- 글꼴에 대한 기본설정은 함초롬바탕, 10포인트, 검정, 줄간격 160%, 양쪽정렬로 합니다.
- 색상은 조건의 색을 적용하고 색의 구분이 안 될 경우에는 RGB 값을 적용하십시오.
  (빨강 255,0,0 / 파랑 0,0,255 / 노랑 255,255,0).
- 용지 여백은 왼쪽·오른쪽 11㎜, 위쪽·아래쪽·머리말·꼬리말 10㎜, 제본 0㎜로 합니다.
- 각 항목은 지정된 페이지에 출력형태와 같이 정확히 작성하시기 바라며, 그렇지 않을 경우에 해당 항목은 0점 처리됩니다.
  ※ 페이지구분 : 1페이지 – 기능평가Ⅰ (문제번호 표시 : 1. 2.),
  　　　　　　　 2페이지 – 기능평가Ⅱ (문제번호 표시 : 3. 4.),
  　　　　　　　 3페이지 – 문서작성 능력평가

[기능평가 Ⅰ] 스타일 지정

⊘ **실습파일** : 02차시(문제).hwpx　⊘ **완성파일** : 02차시(완성).hwpx

[배점] 50점 (500점 만점)

[1페이지] 1. 다음의 《조건》에 따라 스타일 기능을 적용하여 《출력형태》와 같이 작성하시오.

《조건》

(1) 스타일 이름 – walk
(2) 문단 모양 – 왼쪽 여백 : 10pt, 문단 아래 간격 : 10pt
(3) 글자 모양 – 글꼴 : 한글(궁서)/영문(굴림), 크기 : 10pt, 장평 : 105%, 자간 : –5%

《출력형태》

1.
The Korea Dulle Trail is an ultra-long walking trail that runs about 4,500km around Korea, including its east, west, and south coast and the border area in DMZ.

이 길은 동쪽의 해파랑길, 남쪽의 남파랑길, 서쪽의 서해랑길, 북쪽의 비무장지대 평화의 길로 구성되어 있으며, 대한민국의 10개 광역 지자체와 78개 기초 지자체가 함께 조성하고 있다.

2.

내용 입력 > 스타일 추가 > 문단 모양 지정 > 글자 모양 지정 > 스타일 적용

Check 01 내용 입력 : 영문과 한글 내용을 정확하게 입력해요!

> 1.
> The Korea Dulle Trail is an ultra-long walking trail that runs about 4,500km around Korea, including its east, west, and south coast and the border area in DMZ.
> 이 길은 동쪽의 해파랑길, 남쪽의 남파랑길, 서쪽의 서해랑길, 북쪽의 비무장지대 평화의 길로 구성되어 있으며, 대한민국의 10개 광역 지자체와 78개 기초 지자체가 함께 조성하고 있다.

오탈자 없이 내용 입력

Check 02 스타일 작업 : 스타일을 추가하고 적용해요!

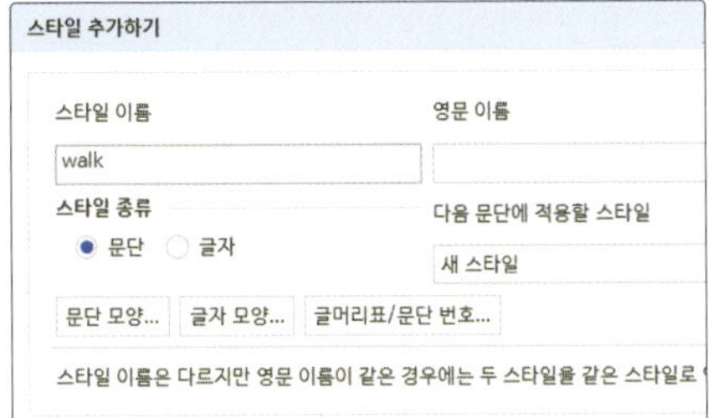

스타일 추가(이름 입력)

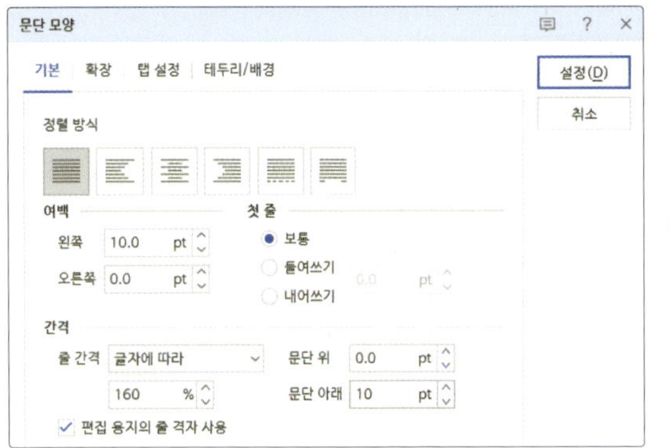

문단 모양 지정

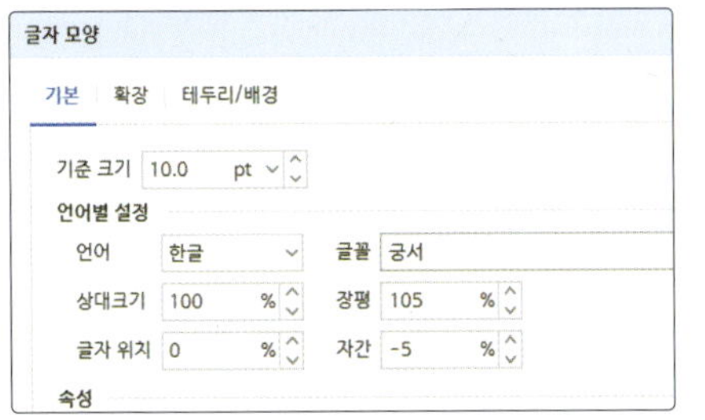

글자 모양(한글) 지정

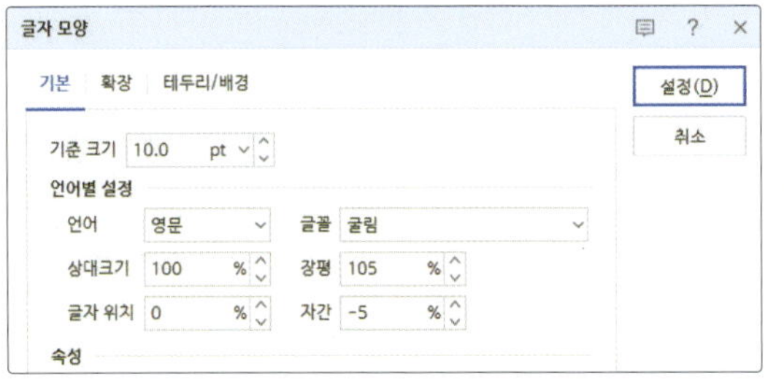

글자 모양(영문) 지정

> 1.
> The Korea Dulle Trail is an ultra-long walking trail that runs about 4,500km around Korea, including its east, west, and south coast and the border area in DMZ.
>
> 이 길은 동쪽의 해파랑길, 남쪽의 남파랑길, 서쪽의 서해랑길, 북쪽의 비무장지대 평화의 길로 구성되어 있으며, 대한민국의 10개 광역 지자체와 78개 기초 지자체가 함께 조성하고 있다.

추가한 스타일을 텍스트에 적용

STEP 01 내용 입력하기

1 한글 2022 프로그램을 실행한 후 [02차시] 폴더에서 **02차시(문제).hwpx** 파일을 불러옵니다.

★ Alt +O를 눌러 파일을 불러오는 방법도 있어요.

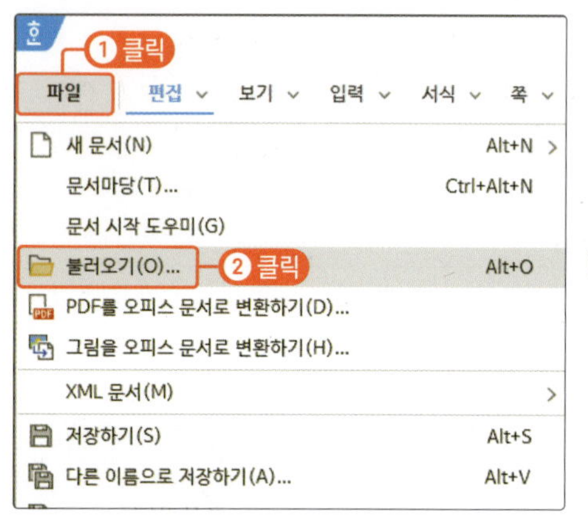
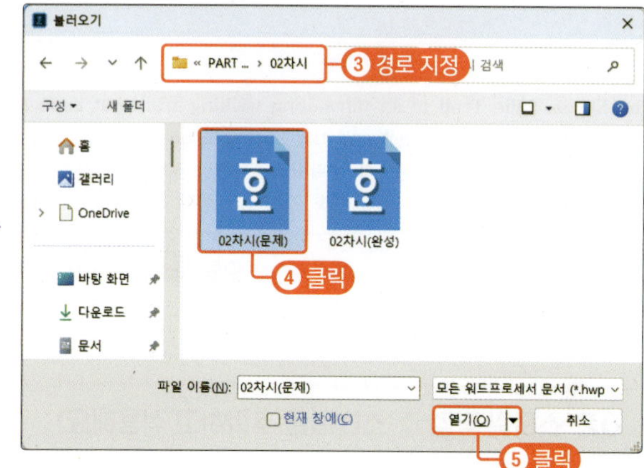

Level UP **문단 부호**

만약 문서에 줄 바꿈 기호(↵)가 표시되지 않는다면 [보기] 탭-[문단 부호]에 체크한 후 작업하는 것이 편리합니다.

2 첫 번째 페이지의 1. 아랫줄을 클릭하여 커서를 위치시킵니다.

3 024페이지의 ≪출력형태≫를 참고하여 작업에 필요한 내용을 정확하게 입력합니다.

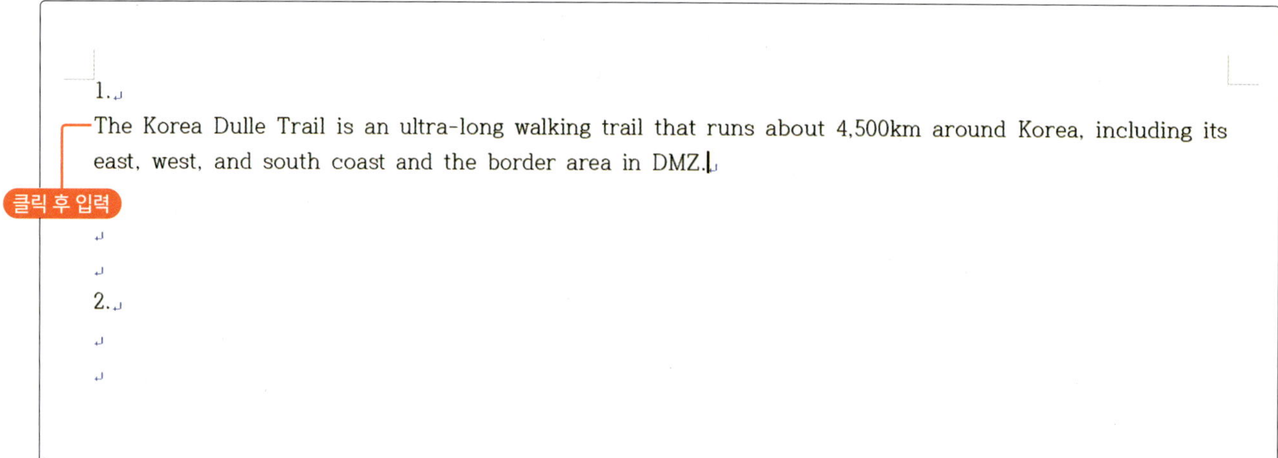

Level UP **DMZ 입력 후 자동 한글 변환되었을 때**

DMZ 입력 후 오른쪽 방향키(→)를 한 번 누른 후 마침표(.)를 입력하면 영문 입력을 정상적으로 완료할 수 있어요.

4 Enter 를 한 번 눌러 아랫줄에 한글 내용을 입력합니다.

> **ITQ 꿀팁**
>
> 《출력형태》를 살펴보면 영문과 한글이 입력된 문장 사이가 한 줄 띄어진 것처럼 보일 수 있습니다. 이는 스타일 기능으로 문단 아래 간격에 여백이 지정된 결과이므로, 내용을 입력할 때는 위쪽 결과 이미지와 같이 줄을 띄우지 않고 입력해 주세요.

STEP 02 스타일 추가하고 적용하기

(1) 스타일 이름 - walk
(2) 문단 모양 - 왼쪽 여백 : 10pt, 문단 아래 간격 : 10pt
(3) 글자 모양 - 글꼴 : 한글(궁서) / 영문(굴림), 크기 : 10pt, 장평 : 105%, 자간 : -5%

1 입력한 내용 전체를 블록으로 지정한 다음 [서식] 탭-[스타일 추가하기]를 클릭합니다.

★ 문제 번호까지 블록으로 지정되지 않도록 유의해요.

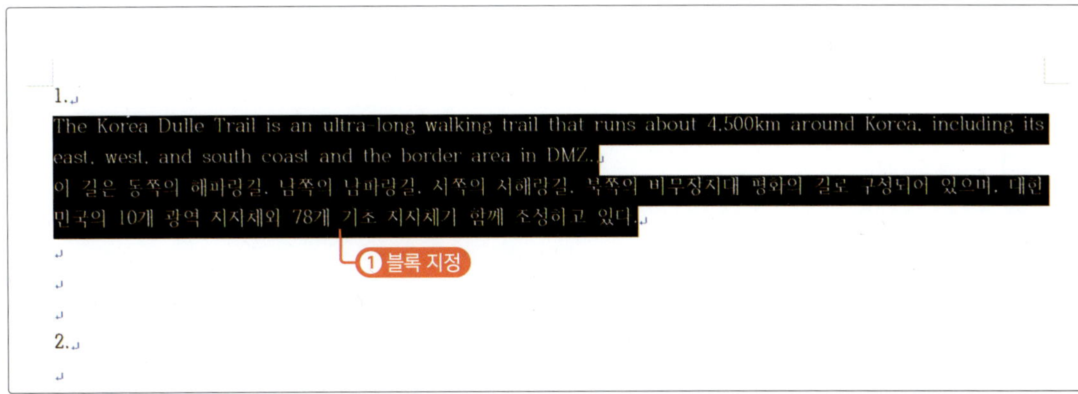

2 아래 과정을 참고하여 스타일을 추가합니다.

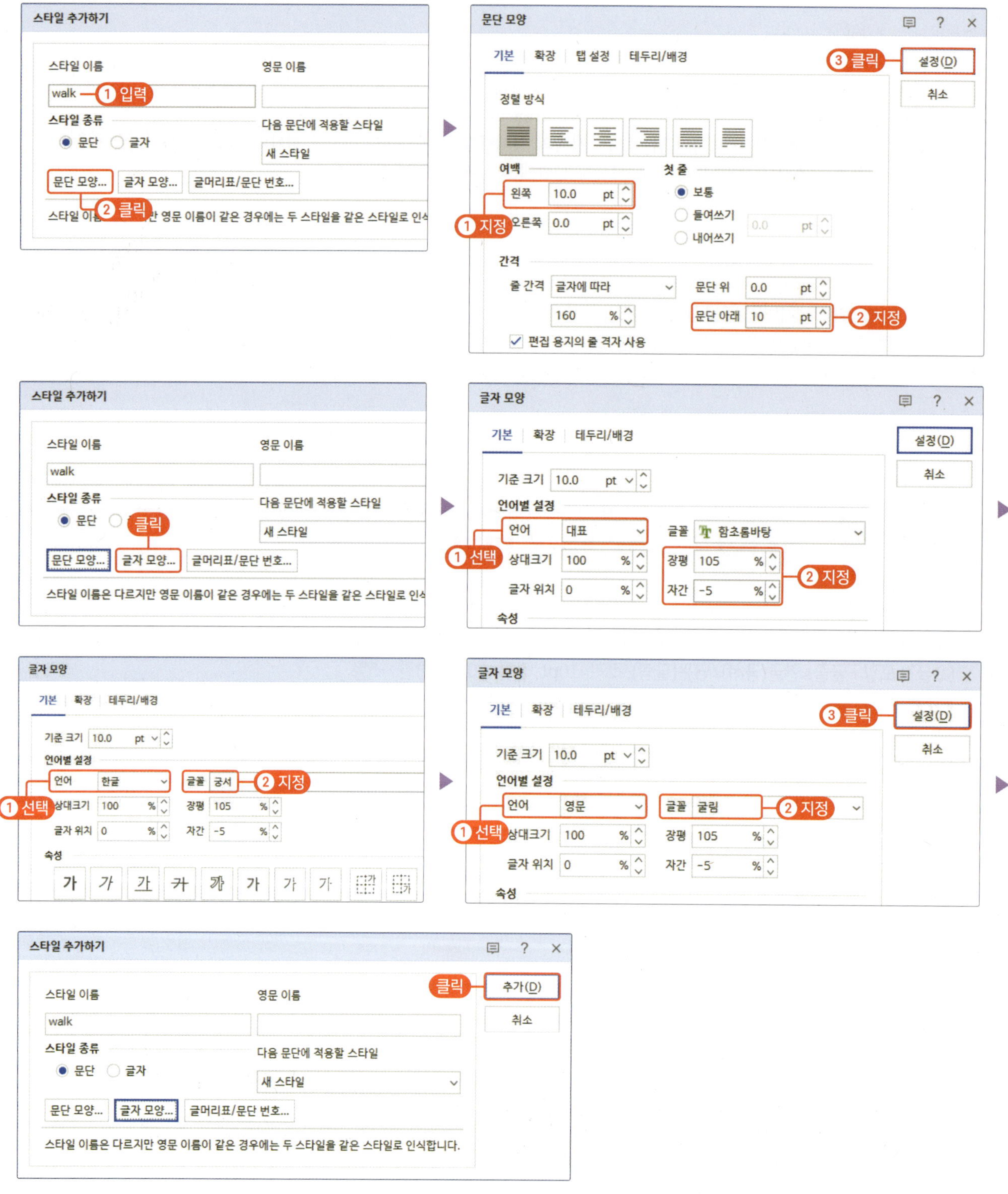

ITQ 꿀팁

- 스타일 이름은 항상 영문으로 출제되고 있어요.
- 문단 모양 지정 시 '왼쪽 여백' 또는 '첫 줄 들여쓰기'를 지정하는 문제가 번갈아 출제되고 있어요.
- 글자 모양 지정 시 '기준 크기, 장평, 자간' 값을 먼저 입력한 다음 언어(한글/영문)별로 글꼴을 지정하는 것이 편리해요.

3 [서식] 탭에서 스타일 목록에 추가된 **walk**를 클릭하여 블록으로 지정된 부분에 스타일을 적용시킵니다.

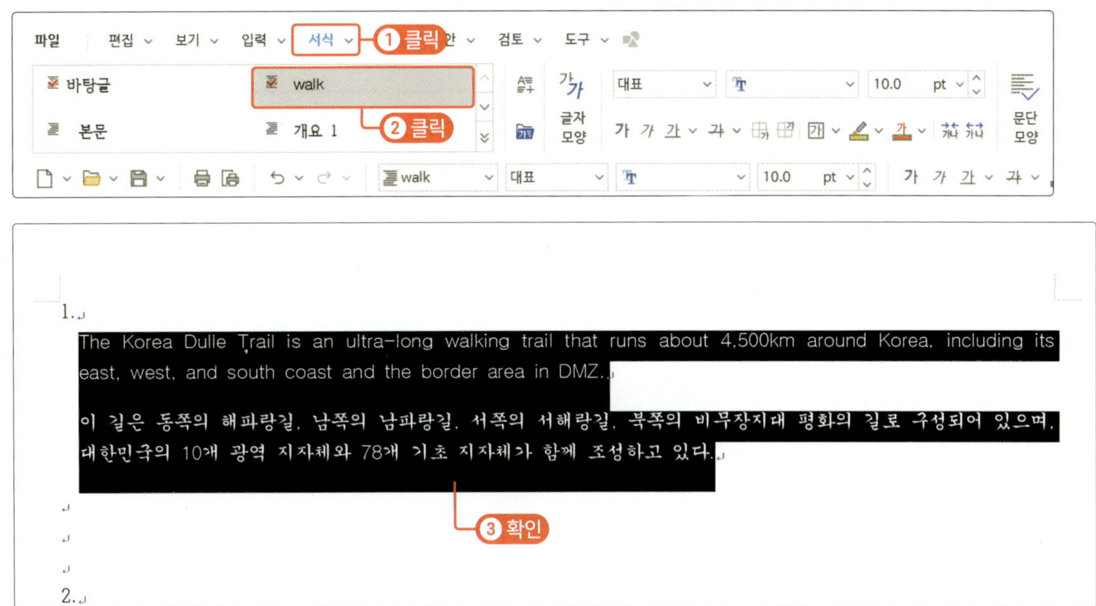

4 Esc를 눌러 블록 지정을 해제한 후 《출력형태》와 같이 스타일이 적용된 것을 확인해 봅니다.

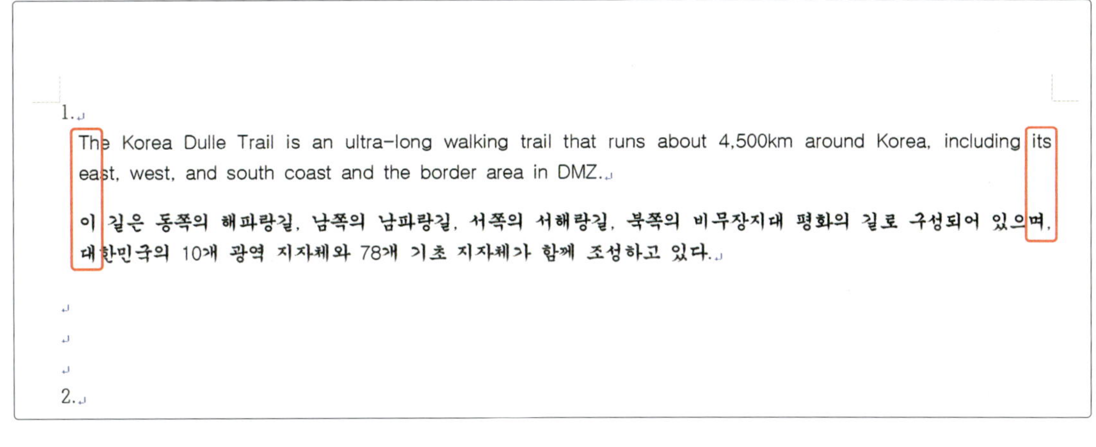

> **ITQ 꿀팁**
>
> 스타일 지정이 끝나면 《출력형태》와 비교하여 문장의 양쪽 끝 글자에 오탈자가 없는지 확인해 보세요.

5 작업이 완료되면 서식 도구 상자에서 [저장하기(🖫)]를 클릭하거나, Alt+S를 눌러 답안 파일을 저장합니다.

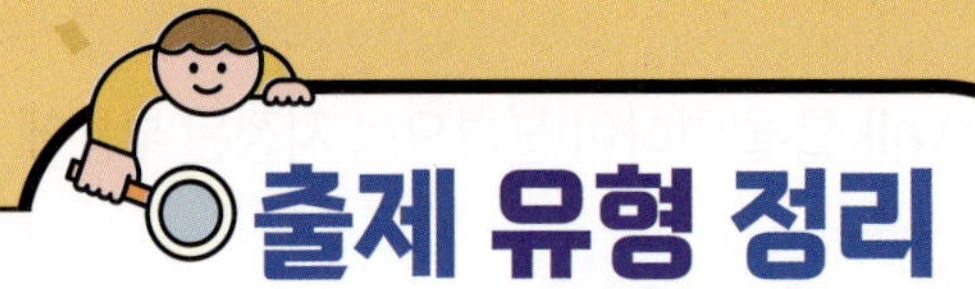

출제 유형 정리

1 다음의 조건에 따라 스타일 기능을 적용하여 출력형태와 같이 작성해 보세요.

⊘ **실습파일** : 유형02-1(문제).hwpx   ⊘ **완성파일** : 유형02-1(완성).hwpx

《조건》
(1) 스타일 이름 – autonomous
(2) 문단 모양 – 왼쪽 여백 : 15pt, 문단 아래 간격 : 10pt
(3) 글자 모양 – 글꼴 : 한글(돋움)/영문(굴림), 크기 : 10pt, 장평 : 95%, 자간 : 5%

《출력형태》

1.

Self-driving cars utilize AI, Sensors, and camera for autonomous navigation. This innovative mobility solution enhances safety, improves traffic flow, and creates new urban transport possibilities.

자율주행차는 인공지능, 첨단 센서, 카메라 등을 활용하고 주변 환경을 인식하고, 운전자 개입 없이 스스로 주행하는 자동차로 도시 교통의 새로운 패러다임을 제시하고 있다.

2 다음의 조건에 따라 스타일 기능을 적용하여 출력형태와 같이 작성해 보세요.

⊘ **실습파일** : 유형02-2(문제).hwpx   ⊘ **완성파일** : 유형02-2(완성).hwpx

《조건》
(1) 스타일 이름 – logistics
(2) 문단 모양 – 왼쪽 여백 : 15pt, 문단 아래 간격 : 10pt
(3) 글자 모양 – 글꼴 : 한글(궁서)/영문(돋움), 크기 : 10pt, 장평 : 95%, 자간 : 5%

《출력형태》

1.

KOREA MAT 2025 is the only professional trade exhibition of logistics industry in KOREA exhibiting materials handling & logistics from software to hardware after packaging process.

국제물류산업전은 업체 전문가들이 교류하고, 혁신을 탐구하며, 한국 및 아시아-태평양 지역의 물류 및 자재 취급 분야에서 운영 효율성을 높일 수 있는 주요 플랫폼이다.

3 다음의 조건에 따라 스타일 기능을 적용하여 출력형태와 같이 작성해 보세요.

⊘ **실습파일** : 유형02-3(문제).hwpx ⊘ **완성파일** : 유형02-3(완성).hwpx

《조건》
(1) 스타일 이름 – student
(2) 문단 모양 – 첫 줄 들여쓰기 : 10pt, 문단 아래 간격 : 10pt
(3) 글자 모양 – 글꼴 : 한글(굴림)/영문(궁서), 크기 : 10pt, 장평 : 95%, 자간 : 5%

《출력형태》

1.

In Korea, the number of students decreases every year, but the decline in university quota is not significant, so universities are unable to fill more than 100,000 students.

우리나라는 지속적인 출산율 저하로 해마다 학생수는 줄어드는데 대학 정원은 감소폭이 크지 않아 대학은 약 10만명 이상 정원을 채우지 못하고 있다.

---

4 다음의 조건에 따라 스타일 기능을 적용하여 출력형태와 같이 작성해 보세요.

⊘ **실습파일** : 유형02-4(문제).hwpx ⊘ **완성파일** : 유형02-4(완성).hwpx

《조건》
(1) 스타일 이름 – expo
(2) 문단 모양 – 왼쪽 여백 : 15pt, 문단 아래 간격 : 10pt
(3) 글자 모양 – 글꼴 : 한글(궁서)/영문(돋움), 크기 : 10pt, 장평 : 95%, 자간 : 5%

《출력형태》

1.

This is the largest market place of safety industry in Korea to introduce advanced technologies in safety industry of Korea to public and private buyers coming from home and abroad.

대한민국 안전산업박람회는 국내 최대 규모의 안전산업 전문 전시회로 국내외 업계 종사자, 정부, 지자체, 공공기관 관계자 등 국내외 바이어들을 한자리에서 만날 수 있다.

5 다음의 조건에 따라 스타일 기능을 적용하여 출력형태와 같이 작성해 보세요. 

⊘ **실습파일** : 유형02-5(문제).hwpx　⊘ **완성파일** : 유형02-5(완성).hwpx

《조건》
(1) 스타일 이름 – sdgs
(2) 문단 모양 – 첫 줄 들여쓰기 : 10pt, 문단 아래 간격 : 10pt
(3) 글자 모양 – 글꼴 : 한글(궁서)/영문(돋움), 크기 : 10pt, 장평 : 95%, 자간 : 5%

《출력형태》

1.

  It explores creative and innovative approaches to addressing the problem of local population extinction through the SDGs Future City, and provides solutions to community sustainability.

  SDGs 미래도시를 통해 지역 인구소멸 문제를 해결하기 위한 창의적이고 혁신적인 접근법을 탐구하며, 지역사회의 지속가능성의 모티브와 해법, 유사 문제에 대한 가치 있는 통찰력을 제공한다.

6 다음의 조건에 따라 스타일 기능을 적용하여 출력형태와 같이 작성해 보세요. 

⊘ **실습파일** : 유형02-6(문제).hwpx　⊘ **완성파일** : 유형02-6(완성).hwpx

《조건》
(1) 스타일 이름 – manhwa
(2) 문단 모양 – 왼쪽 여백 : 15pt, 문단 아래 간격 : 10pt
(3) 글자 모양 – 글꼴 : 한글(궁서)/영문(돋움), 크기 : 10pt, 장평 : 95%, 자간 : 5%

《출력형태》

1.

  Korea Manhwa Museum opened in 2001. All collections are open to the public by various exhibitions. Museum also runs variety of experiential activities related Manhwa.

  디지털 미디어 시대에서 만화는 웹툰으로 탈바꿈했고, 이제 웹툰은 만화라는 어머니를 삼켜버린 절대적 용어가 되었다고 해도 과언이 아니다.

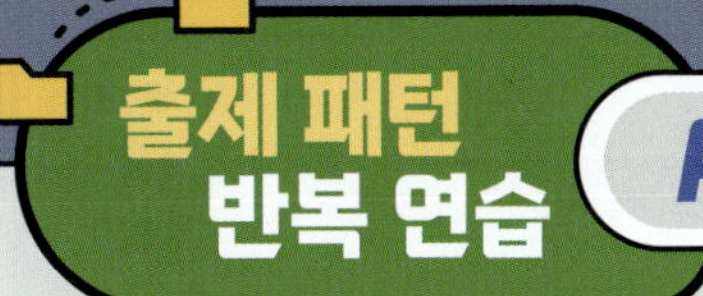

A 아래 출력형태를 참고하여 내용을 입력해 보세요.

⊘ 실습파일 : 패턴02-1(문제).hwpx   ⊘ 완성파일 : 패턴02-1(완성).hwpx

패턴 01

❶ 영문 문장 입력 ❷ [Enter] 1번 누르기 ❸ 한글 문장 입력

1.
While Kimchi, which used to be a daily side dish on the tables of the Korean people is rich in vitamin, which is effective in preventing bacillus proliferation, and contains anticancer compounds.
김치는 익어 가면서 항균 작용을 하게 된다. 숙성 과정 중 발생하는 젖산균은 새콤한 맛을 더해 줄 뿐만 아니라, 장 속의 다른 유해균의 작용을 억제하여 이상 발효를 막아주고 병원균을 억제한다.

패턴 02

❶ 영문 문장 입력 ❷ [Enter] 1번 누르기 ❸ 한글 문장 입력

1.
Namwon is a city of culture and tourism, where you can enjoy pristine natural landscape and colorful festivals all year around including the Chunhyang Festival.
남원은 판소리 다섯 마당 중 춘향가와 흥부가의 배경지가 될 만큼 예로부터 국악의 산실이었으며, 우리 민족의 영원한 '사랑의 지침서'인 고전 춘향전의 발상지이다.

패턴 03

❶ 영문 문장 입력 ❷ [Enter] 1번 누르기 ❸ 한글 문장 입력

1.
As the only Korean photovoltaic exhibition representing Asia, the EXPO Solar 2018/PV Korea is to be held in KINTEX from June 14(Thu) to 16(Sat), 2018.
아시아를 대표하는 대한민국 유일의 태양광 전문 전시회인 2018 세계 태양에너지 엑스포가 2018년 6월 14일(목)부터 16일(토)까지 3일간의 일정으로 킨텍스에서 개최된다.

[기능평가 I] 표 작성 및 편집

⊙ 실습파일 : 03차시(문제).hwpx　⊙ 완성파일 : 03차시(완성).hwpx

[배점] 100점_표+차트 (500점 만점)

[1페이지] 2. 다음의 《조건》에 따라 《출력형태》와 같이 표와 차트를 작성하시오.

《표 조건》

(1) 표 전체(표, 캡션) – 돋움, 10pt
(2) 정렬 – 문자 : 가운데 정렬, 숫자 : 오른쪽 정렬
(3) 셀 배경(면색) : 노랑
(4) 한글의 계산 기능을 이용하여 빈칸에 평균(소수점 두 자리)을 구하고, 캡션 기능 사용할 것
(5) 선 모양은 《출력형태》와 동일하게 처리할 것

《출력형태》

1.

The Korea Dulle Trail is an ultra-long walking trail that runs about 4,500km around Korea, including its east, west, and south coast and the border area in DMZ.

이 길은 동쪽의 해파랑길, 남쪽의 남파랑길, 서쪽의 서해랑길, 북쪽의 비무장지대 평화의 길로 구성되어 있으며, 대한민국의 10개 광역 지자체와 78개 기초 지자체가 함께 조성하고 있다.

2.

외국인 방문객의 코리아둘레길 방문 비율 (단위 : %)

구분	보령/서천	경주	강릉/동해	울산	평균
대만	42.1	21.1	19.0	31.6	28.45
인도네시아	30.8	19.2	26.9	26.9	25.95
중국	31.0	26.2	11.9	9.5	19.65
호주	37.5	16.7	8.3	29.2	

표 삽입 > 글꼴 서식 변경 > 데이터 입력 및 정렬 >

블록 계산 > 캡션 추가 > 셀 배경색 지정 > 선 모양(테두리) 지정

Check 01 표 만들기 : 표를 삽입하고 데이터를 입력해요!

구분	보령/서천	경주	강릉/동해	울산	평균
대만	42.1	21.1	19.0	31.6	
인도네시아	30.8	19.2	26.9	26.9	
중국	31.0	26.2	11.9	9.5	
호주	37.5	16.7	8.3	29.2	

표 삽입 & 데이터 입력 & 글꼴 서식 변경

구분	보령/서천	경주	강릉/동해	울산	평균
대만	42.1	21.1	19.0	31.6	28.45
인도네시아	30.8	19.2	26.9	26.9	25.95
중국	31.0	26.2	11.9	9.5	19.65
호주	37.5	16.7	8.3	29.2	

블록 평균 계산

Check 02 표 서식 지정하기 : 캡션을 추가한 후 표 서식을 지정해요!

외국인 방문객의 코리아둘레길 방문 비율 (단위 : %)

구분	보령/서천	경주	강릉/동해	울산	평균
대만	42.1	21.1	19.0	31.6	28.45
인도네시아	30.8	19.2	26.9	26.9	25.95
중국	31.0	26.2	11.9	9.5	19.65
호주	37.5	16.7	8.3	29.2	

캡션 추가

외국인 방문객의 코리아둘레길 방문 비율 (단위 : %)

구분	보령/서천	경주	강릉/동해	울산	평균
대만	42.1	21.1	19.0	31.6	28.45
인도네시아	30.8	19.2	26.9	26.9	25.95
중국	31.0	26.2	11.9	9.5	19.65
호주	37.5	16.7	8.3	29.2	

셀 배경색 & 테두리 & 대각선 적용

STEP 01 표 삽입 후 데이터 입력하기

(1) 표 전체(표, 캡션) – 돋움, 10pt
(2) 정렬 – 문자 : 가운데 정렬, 숫자 : 오른쪽 정렬

1 한글 2022 프로그램을 실행한 후 [03차시] 폴더에서 **03차시(문제).hwpx** 파일을 불러옵니다.

★ Alt+O를 눌러 파일을 불러오는 방법도 있어요.

2 첫 번째 페이지의 문제 번호 2. 아랫줄에 커서를 위치시킨 후 [입력] 탭에서 [표]를 클릭합니다.

★ Ctrl+N, T를 눌러 표를 삽입할 수도 있어요.

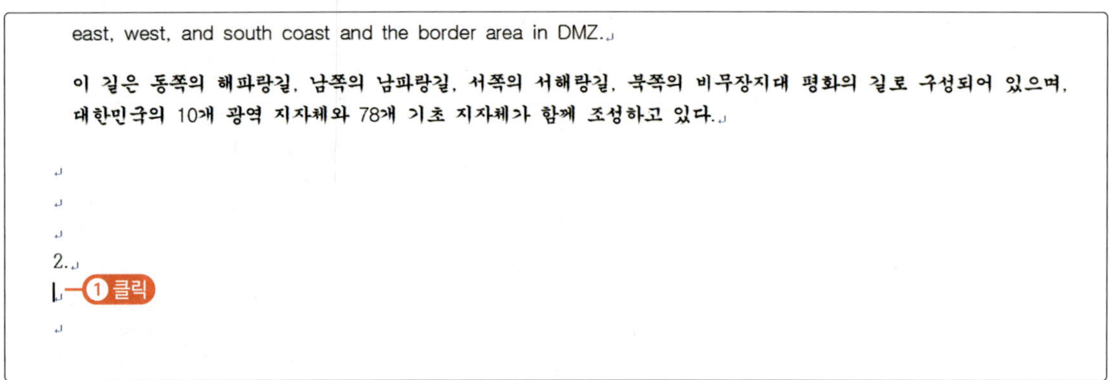

3 줄 개수와 칸 개수를 입력한 다음 **글자처럼 취급**하여 표를 만들어줍니다.

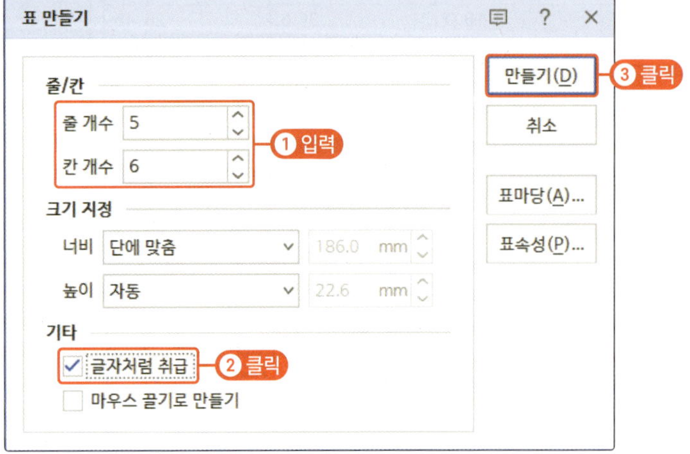

4 표가 삽입되면 셀 전체를 블록으로 지정한 후 `Ctrl`+`↓`를 1~2번 눌러 셀의 높이를 조정합니다.

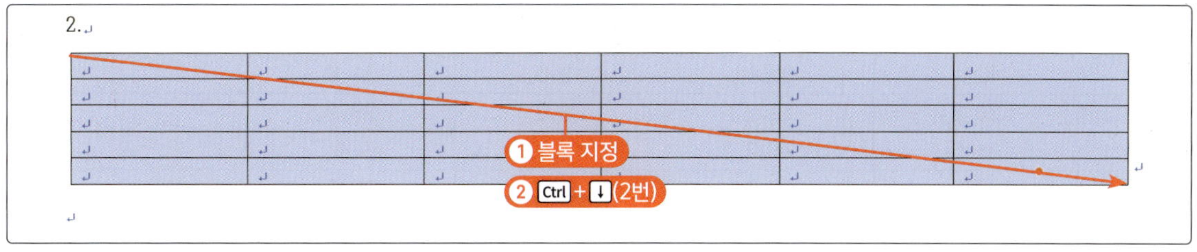

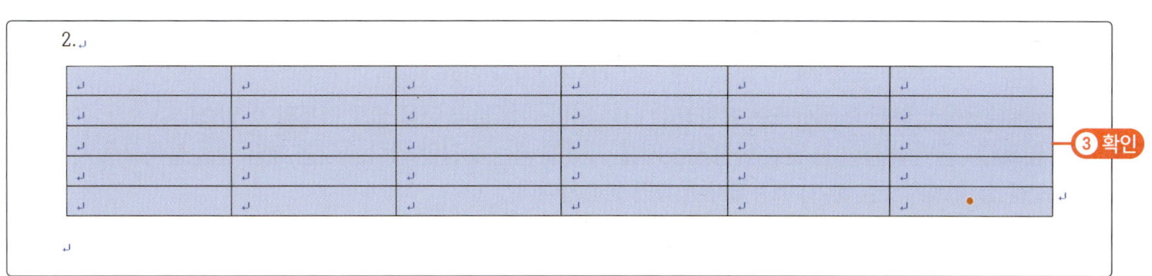

5 셀의 높이가 변경되면 서식 도구 상자에서 **글꼴(돋움)**과 **가운데 정렬(≡)**을 지정합니다.

★ 글꼴을 변경할 때는 [모든 글꼴] 목록에서 찾아 선택해 주세요.

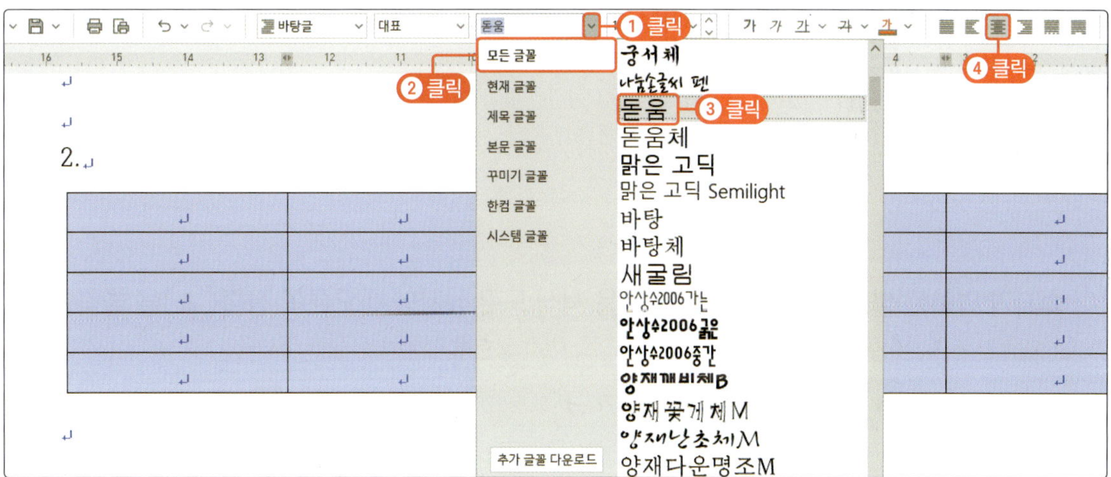

> **ITQ 꿀팁**
>
> · 표 작업 시 셀 높이는 《출력형태》와 유사하게 작업하기 위해 조정하였으나, 변경하지 않아도 감점되지 않습니다.
> · 표 안의 글꼴은 '돋움, 굴림, 궁서'가 자주 출제되고 있어요.

6 Esc 를 눌러 블록이 해제되면 034페이지의 《출력형태》를 참고하여 데이터를 입력합니다.

구분	보령/서천	경주	강릉/동해	울산	평균
대만	42.1	21.1	19.0	31.6	
인도네시아	30.8	19.2	26.9	26.9	
중국	31.0	26.2	11.9	9.5	
호주	37.5	16.7	8.3	29.2	

Level UP 표에 데이터 입력하기

❶ **셀 이동** : 셀 안에 내용을 입력한 후 Tab 또는 방향키(↑, ↓, ←, →)를 눌러 다음 셀로 이동할 수 있습니다.
❷ **천 단위 구분 쉼표(,)** : 금액과 같이 천 단위 이상의 숫자를 기재할 때는 숫자만 입력한 다음 해당 셀을 블록으로 지정하여 [1,000 단위 구분 쉼표]–[자릿점 넣기] 메뉴를 이용하면 편리합니다.

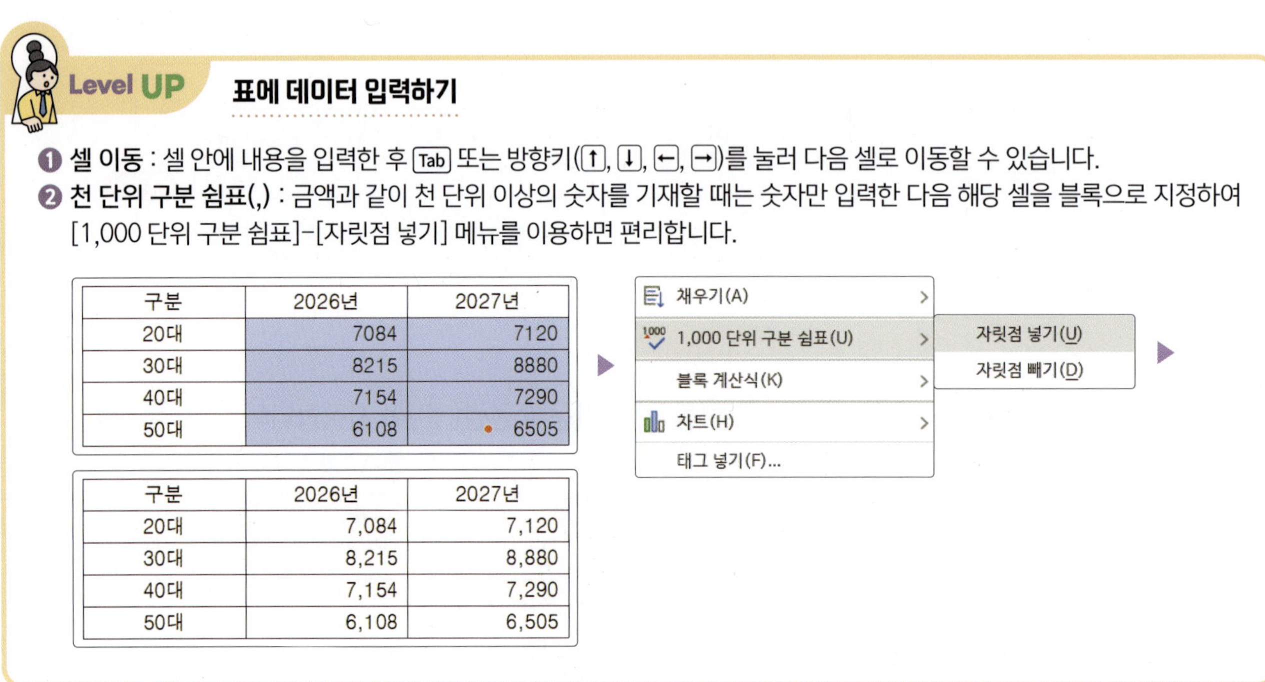

7 아래와 같이 숫자가 입력된 셀을 블록으로 지정한 다음 서식 도구 상자에서 **오른쪽 정렬**(▤)을 클릭합니다.
🌸 평균 열의 빈 셀은 블록 계산식을 활용하여 숫자가 입력되므로, 미리 오른쪽 정렬로 설정해 주세요.

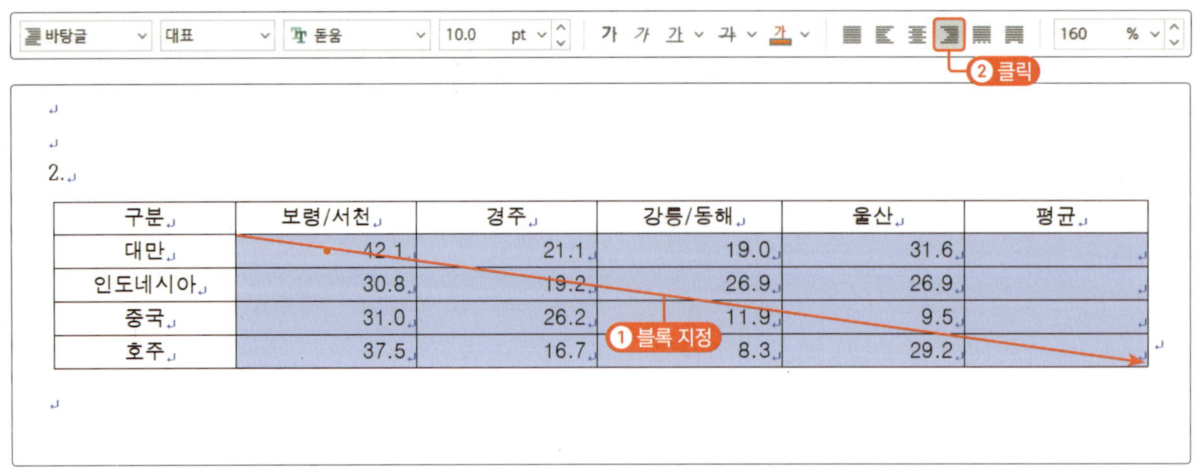

블록 계산식으로 평균을 구하고 캡션 넣기

(4) 한글의 계산 기능을 이용하여 빈칸에 평균(소수점 두 자리)을 구하고, 캡션 기능 사용할 것

1 대만, 인도네시아, 중국의 평균을 구하기 위해 다음과 같이 셀을 블록으로 지정한 다음 [블록 계산식]–[**블록 평균**]을 클릭합니다.

★ 블록 평균 결과값이 표시되어야 하는 빈 셀까지 블록으로 지정해요.

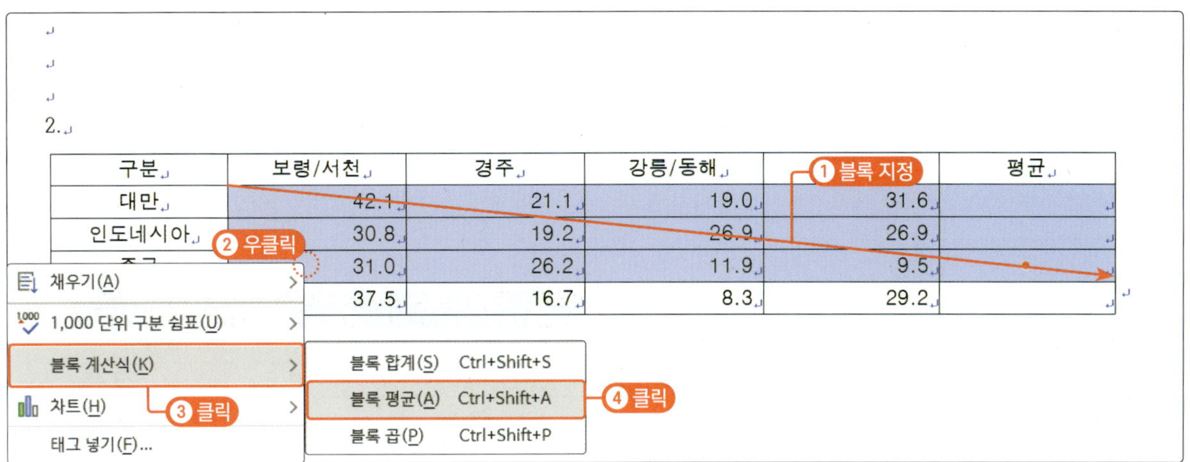

2 Esc를 눌러 블록이 해제되면 평균이 계산된 것을 확입합니다.

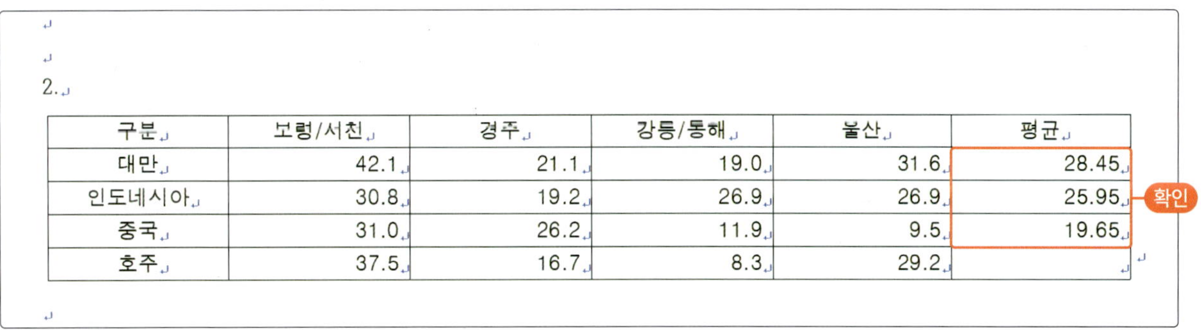

구분	보령/서천	경주	강릉/동해	울산	평균
대만	42.1	21.1	19.0	31.6	28.45
인도네시아	30.8	19.2	26.9	26.9	25.95
중국	31.0	26.2	11.9	9.5	19.65
호주	37.5	16.7	8.3	29.2	

3 임의의 셀을 선택한 후 [표 레이아웃] 탭에서 [**캡션**]–[**위**]를 클릭합니다.

구분	보령/서천	경주	강릉/동해	울산	평균
대만	42.1	21.1	19.0	31.6	28.45
인도네시아	30.8	19.2	26.9	26.9	25.95
중국	31.0	26.2	11.9	9.5	19.65
호주	37.5	16.7	8.3	29.2	

4 표 좌측 상단에 캡션이 추가되면, 내용을 수정합니다.

★ 034페이지의 《출력형태》를 참고하여 캡션 내용을 입력해 보세요.

5 캡션 내용을 블록으로 지정한 다음 서식 도구 상자에서 **글꼴(돋움)**, **글자 크기(10pt)**, **오른쪽 정렬(▤)**을 지정합니다.

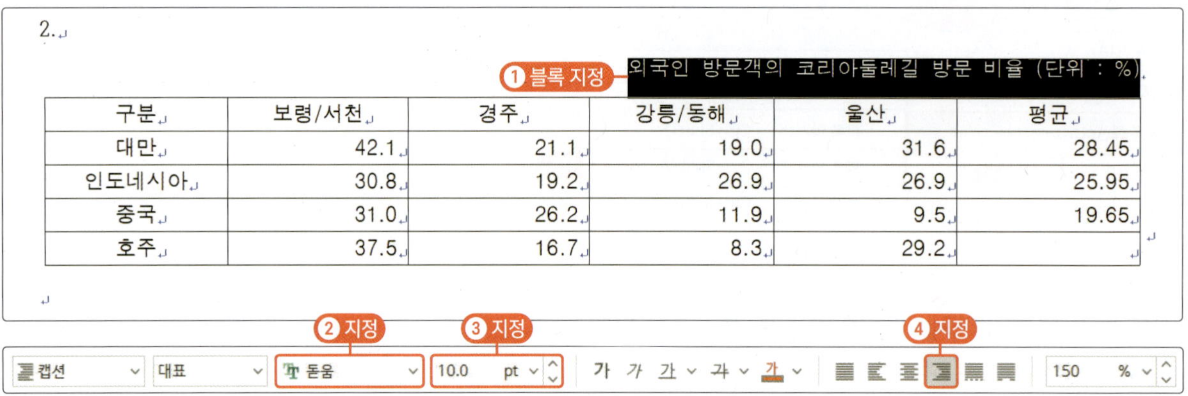

 **Level UP**

블록 평균 계산식에서 소수점 자릿수 지정하기

블록 평균 계산 시 소수점 자릿수를 수정해야 하는 경우도 발생할 수 있습니다. 《표 조건》에 제시된 내용을 확인하여 소수점 자릿수를 맞춰줍니다.

❶ 블록 평균이 계산된 값(셀) 위에서 우클릭하여 [계산식 고치기]를 선택합니다.

강릉/동해	울산	평균
19.0	31.6	『28.45』
26.9	26.9	25.95
11.9	9.5	19.65

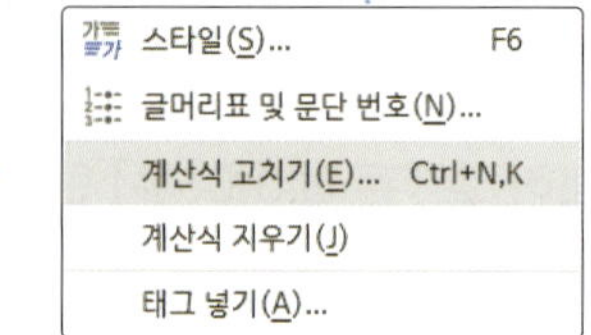

❷ 형식을 '소수점 이하 한 자리'로 지정합니다.

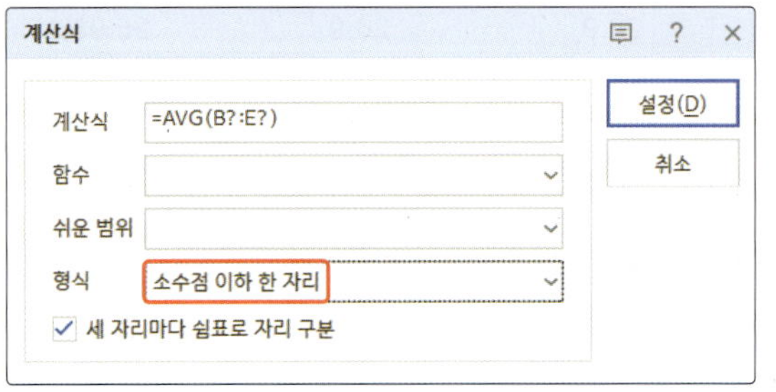

릉/동해	울산	평균
19.0	31.6	28.5
26.9	26.9	25.95
11.9	9.5	19.65
8.3	29.2	

셀 배경색 지정하기

(3) 셀 배경(면색) : 노랑

1 배경색을 적용하려는 셀을 블록으로 지정한 다음 [표 디자인] 탭-[표 채우기]에서 노랑을 선택합니다.

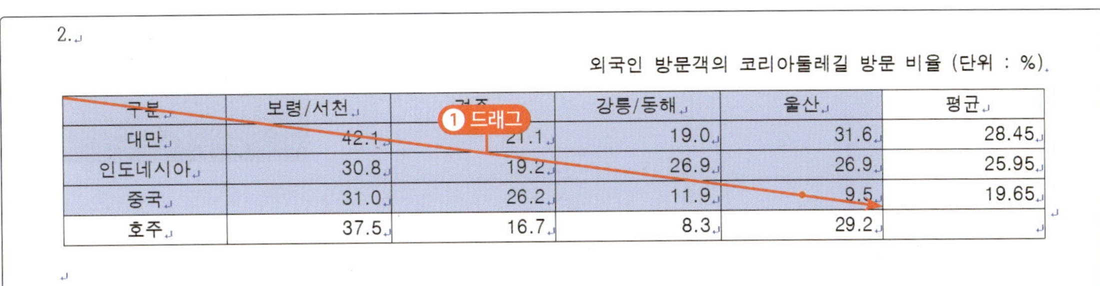

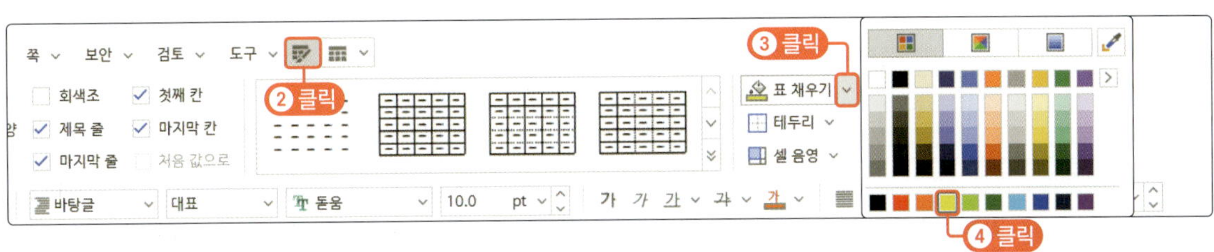

2 Esc 를 눌러 블록을 해제한 후 선택된 셀에 색상이 채워진 것을 확인합니다.

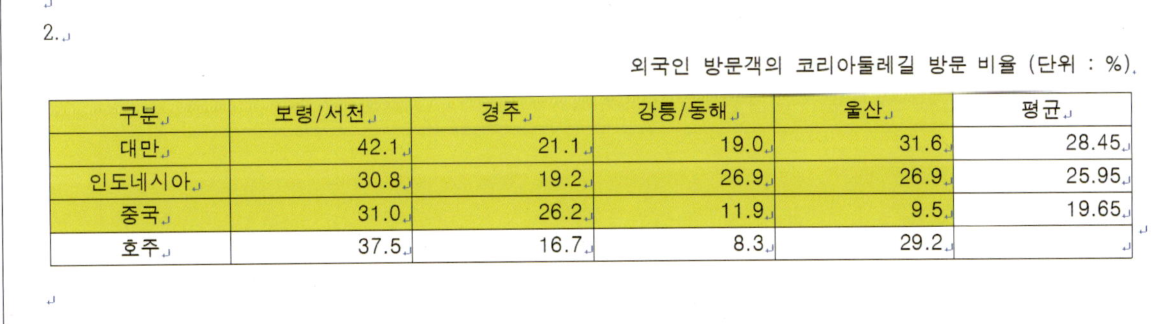

ITQ 꿀팁

ITQ 한글 시험에서는 셀 배경색을 '노랑'으로 지정하는 문제가 고정적으로 출제되고 있어요.

Level UP — RGB 값으로 색상 지정하기

한글 2022 프로그램에서 색을 지정할 때 RGB 값을 이용하는 방법도 있습니다. RGB 값은 문제지의 [답안 작성요령]의 '공통 부문'에 해당 조건이 있으니 작업에 참고해 주세요.

[답안 작성 요령]
∘ 색상은 조건의 색을 적용하고 색의 구분이 안 될 경우에는 RGB 값을 적용하십시오.
  (빨강 255,0,0 / 파랑 0,0,255 / 노랑 255,255,0)

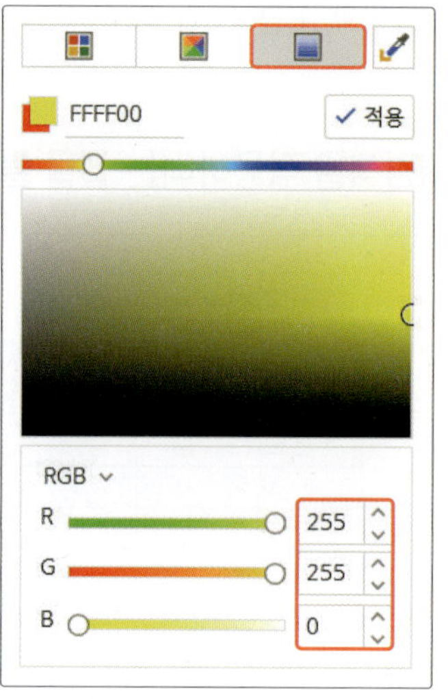

STEP 04 — 표의 선 모양(테두리) 지정하기

(5) 선 모양은 《출력형태》와 동일하게 처리할 것

1 셀 전체를 블록으로 지정한 다음 우클릭하여 [셀 테두리/배경]-**[각 셀마다 적용]**을 선택합니다.

✸ 셀이 블록으로 지정된 상태에서 [L]을 누르는 방법도 있어요.

Level UP — 단축키로 표 편집하기

표 안쪽 셀이 선택된 상태에서 단축키를 눌러 대화상자로 바로 연결할 수 있습니다.
❶ **셀 선택+[C]** : Color(컬러)의 약자 / 셀 배경색 설정 대화상자
❷ **셀 선택+[L]** : Line(라인)의 약자 / 셀 테두리 설정 대화상자

2 [테두리] 탭에서 **이중 실선**과 **바깥쪽**을 차례대로 선택한 후 <설정>을 클릭합니다.

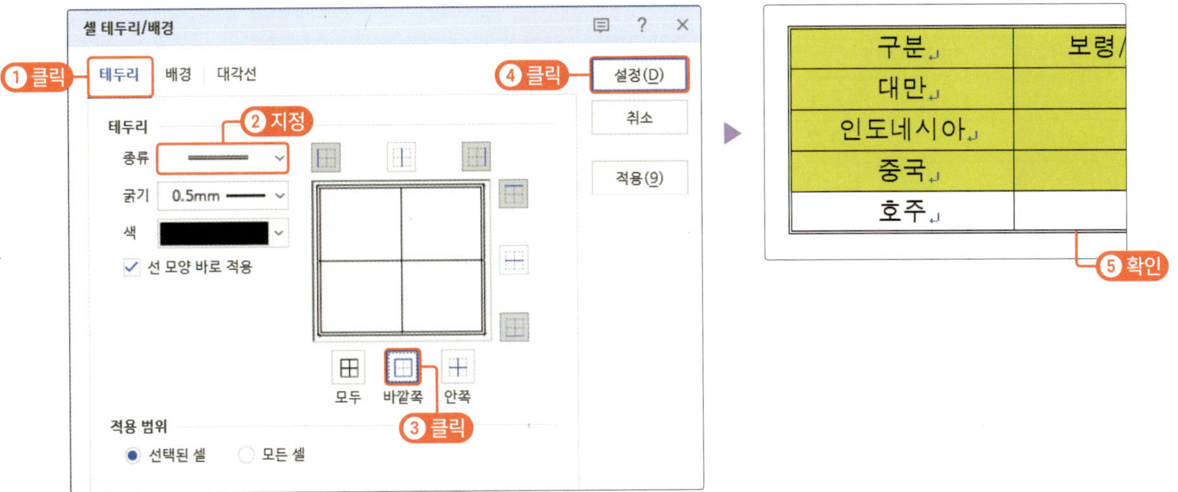

3 이번에는 1행 전체를 블록으로 지정한 다음 우클릭하여 [셀 테두리/배경]–[**각 셀마다 적용**]을 선택합니다.

★ 셀이 블록으로 지정된 상태에서 Ⓛ을 누르는 방법도 있어요.

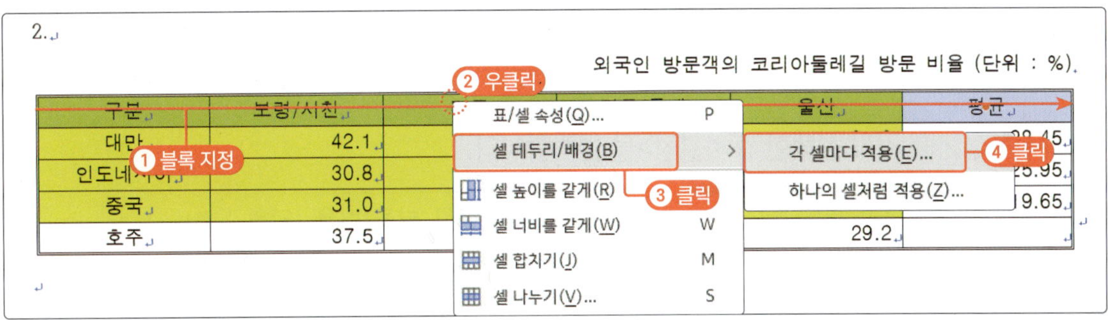

4 [테두리] 탭에서 **이중 실선**과 **바깥쪽**을 차례대로 선택한 후 <설정>을 클릭합니다.

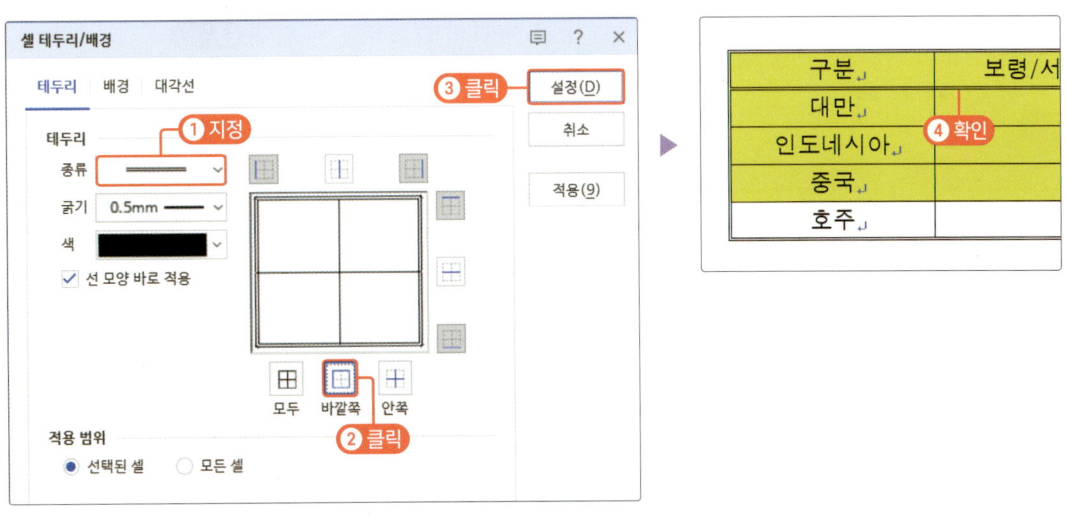

5 똑같은 방법으로 첫 번째 열에도 **이중 실선**을 적용합니다.

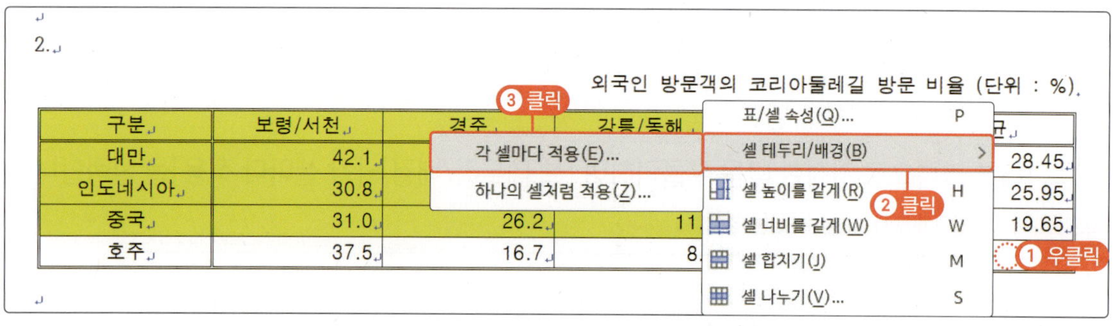

6 값이 입력되지 않은 빈 셀을 우클릭하여 [셀 테두리/배경]–[**각 셀마다 적용**]을 선택합니다.

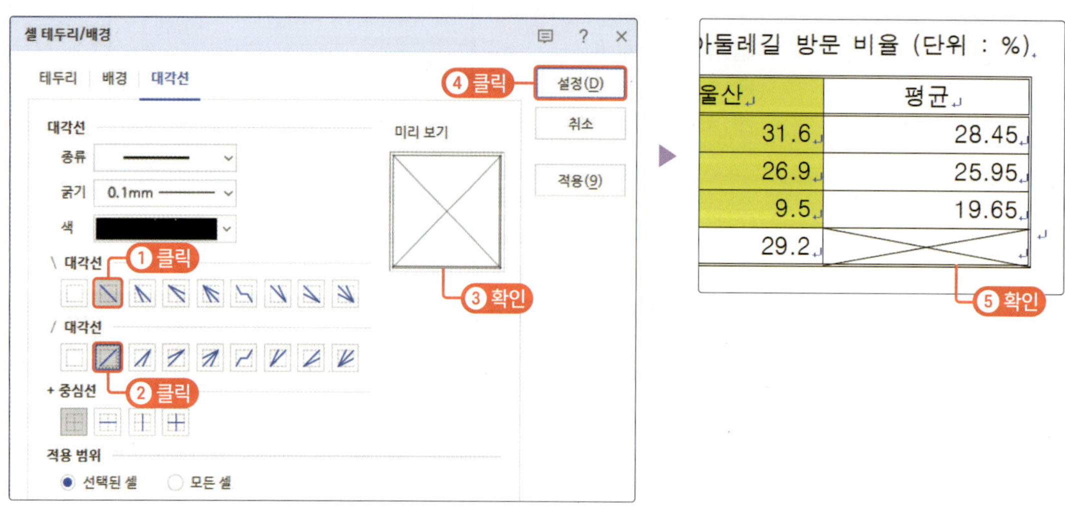

7 [대각선] 탭에서 ◥, ◢를 각각 선택한 후 <설정>을 클릭합니다.

8 작업이 완료되면 서식 도구 상자에서 [**저장하기(📙)**]를 클릭하거나, Alt + S를 눌러 답안 파일을 저장합니다.

1 다음의 조건에 따라 출력형태와 같이 표를 작성해 보세요.

◎ **실습파일** : 유형03-1(문제).hwpx　◎ **완성파일** : 유형03-1(완성).hwpx

《표 조건》
(1) 표 전체(표, 캡션) – 궁서, 10pt
(2) 정렬 – 문자 : 가운데 정렬, 숫자 : 오른쪽 정렬
(3) 셀 배경(면색) : 노랑
(4) 한글의 계산 기능을 이용하여 빈칸에 합계를 구하고, 캡션 기능 사용할 것
(5) 선 모양은《출력형태》와 동일하게 처리할 것

《출력형태》

2.

자율주행자동차 판매 전망(단위 : 천 대)

구분	2025년	2030년	2035년	2040년	합계
승용차	600	2,000	6,000	15,000	
트럭	100	500	2,000	5,000	
버스	50	100	300	700	
로보택시	2	20	50	100	

2 다음의 조건에 따라 출력형태와 같이 표를 작성해 보세요.

◎ **실습파일** : 유형03-2(문제).hwpx　◎ **완성파일** : 유형03-2(완성).hwpx

《표 조건》
(1) 표 전체(표, 캡션) – 굴림, 10pt
(2) 정렬 – 문자 : 가운데 정렬, 숫자 : 오른쪽 정렬
(3) 셀 배경(면색) : 노랑
(4) 한글의 계산 기능을 이용하여 빈칸에 평균(소수점 두 자리)을 구하고, 캡션 기능 사용할 것
(5) 선 모양은《출력형태》와 동일하게 처리할 것

《출력형태》

2.

연도별 국제물류산업전 관람객 현황(단위 : 명)

구분	1일차	2일차	3일차	4일차	평균
2024년	13,842	18,483	18,102	10,377	
2023년	12,084	16,054	12,543	10,112	
2022년	13,045	15,221	13,569	9,089	
2021년	10,548	14,899	11,325	9,892	

3 다음의 조건에 따라 출력형태와 같이 표를 작성해 보세요.

⊘ **실습파일** : 유형03-3(문제).hwpx　　⊘ **완성파일** : 유형03-3(완성).hwpx

《표 조건》
(1) 표 전체(표, 캡션) – 돋움, 10pt
(2) 정렬 – 문자 : 가운데 정렬, 숫자 : 오른쪽 정렬
(3) 셀 배경(면색) : 노랑
(4) 한글의 계산 기능을 이용하여 빈칸에 합계를 구하고, 캡션 기능 사용할 것
(5) 선 모양은 《출력형태》와 동일하게 처리할 것

《출력형태》

2.

연도별 입시생 현황(단위 : 천 명)

연도	출생자수	고3학생수	수험생수	대입정원수	합계
2021년	496	437	295	550	
2022년	195	445	299	530	
2023년	476	427	287	510	
2024년	438	391	263	490	

4 다음의 조건에 따라 출력형태와 같이 표를 작성해 보세요.

⊘ **실습파일** : 유형03-4(문제).hwpx　　⊘ **완성파일** : 유형03-4(완성).hwpx

《표 조건》
(1) 표 전체(표, 캡션) – 돋움, 10pt
(2) 정렬 – 문자 : 가운데 정렬, 숫자 : 오른쪽 정렬
(3) 셀 배경(면색) : 노랑
(4) 한글의 계산 기능을 이용하여 빈칸에 평균(소수점 두 자리)을 구하고, 캡션 기능 사용할 것
(5) 선 모양은 《출력형태》와 동일하게 처리할 것

《출력형태》

2.

연도별 안전산업박람회 참관객 현황(단위 : 천 명)

구분	2021년	2022년	2023년	2024년	평균
20대	105	92	101	136	
30대	122	125	135	128	
40대	132	138	154	152	
50대	89	98	102	82	

5 다음의 조건에 따라 출력형태와 같이 표를 작성해 보세요. 

⊘ **실습파일** : 유형03-5(문제).hwpx ⊘ **완성파일** : 유형03-5(완성).hwpx

《표 조건》

(1) 표 전체(표, 캡션) – 굴림, 10pt
(2) 정렬 – 문자 : 가운데 정렬, 숫자 : 오른쪽 정렬
(3) 셀 배경(면색) : 노랑
(4) 한글의 계산 기능을 이용하여 빈칸에 합계를 구하고, 캡션 기능 사용할 것
(5) 선 모양은 《출력형태》와 동일하게 처리할 것

《출력형태》

2.

연도별 SDGs 미래도시 선정 현황(단위 : 개)

연도	2020년	2021년	2022년	2023년	합계
도시 선정 수	33	31	30	30	
사업 선정 수	10	11	10	12	
누적 도시 수	93	124	154	184	
재 선정 수	6	7	9	10	

6 다음의 조건에 따라 출력형태와 같이 표를 작성해 보세요. 

⊘ **실습파일** : 유형03-6(문제).hwpx ⊘ **완성파일** : 유형03-6(완성).hwpx

《표 조건》

(1) 표 전체(표, 캡션) – 돋움, 10pt
(2) 정렬 – 문자 : 가운데 정렬, 숫자 : 오른쪽 정렬
(3) 셀 배경(면색) : 노랑
(4) 한글의 계산 기능을 이용하여 빈칸에 합계를 구하고, 캡션 기능 사용할 것
(5) 선 모양은 《출력형태》와 동일하게 처리할 것

《출력형태》

2.

만화산업 지역별 사업체 수(단위 : 개)

지역	만화 출판업	온라인 제작	만화책 임대업	만화 도소매업	합계
인천	10	29	33	90	
광주	5	34	13	84	
대전	5	9	19	104	
전북	4	16	17	118	

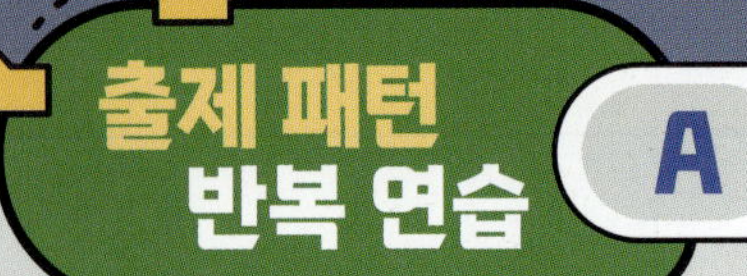

A 표의 글꼴 서식을 변경한 후 블록 계산식과 캡션을 적용해 보세요.

⊘ 실습파일 : 패턴03-1(문제).hwpx　　⊘ 완성파일 : 패턴03-1(완성).hwpx

패턴 01　표 전체 글꼴(표, 캡션) : 돋움, 10pt

❶ 글꼴 서식 변경　❷ 텍스트 정렬　❸ 블록 계산식으로 평균 계산　❹ 캡션으로 표 제목 입력

2.

4차 산업혁명 관련기술 특허출원(단위 : 건)

기술	2016년	2017년	2018년	2019년	평균
인공지능	1,315	2,216	3,054	4,011	2,649.00
디지털 헬스케어	3,140	3,047	3,530	4,109	3,456.50
자율주행	2,896	3,018	3,304	3,986	3,301.00
지능형 로봇	1,320	1,115	1,485	1,980	

패턴 02　표 전체 글꼴(표, 캡션) : 궁서, 10pt

❶ 글꼴 서식 변경　❷ 텍스트 정렬　❸ 블록 계산식으로 평균 계산　❹ 캡션으로 표 제목 입력

2.

연도별 예상 인구지표(단위 : %)

연도	2015년	2020년	2030년	2040년	평균
0~14세	13.8	12.6	11.5	10.8	12.18
15~64세	73.4	71.7	64.0	56.4	66.38
65세 이상	12.8	15.6	24.5	32.8	21.43
인구성장률	0.53	0.31	0.07	−0.32	

패턴 03　표 전체 글꼴(표, 캡션) : 굴림, 10pt

❶ 글꼴 서식 변경　❷ 텍스트 정렬　❸ 블록 계산식으로 합계 계산　❹ 캡션으로 표 제목 입력

2.

전기자동차 지역별 보급 현황(단위 : 대)

연도	서울	부산	대구	경기	합계
2014년	212	84	5	58	359
2015년	452	106	92	84	734
2016년	455	117	209	226	1,007
2017년	4,112	422	1,693	1,374	

 표의 채우기 색과 테두리를 지정해 보세요.

⊙ **실습파일** : 패턴03-2(문제).hwpx   ⊙ **완성파일** : 패턴03-2(완성).hwpx

패턴 01 셀 배경(면색) : 노랑

❶ 셀 배경색 지정 ❷ 표 테두리 지정 ❸ 빈 셀에 대각선 지정

2.

4차 산업혁명 관련기술 특허출원(단위 : 건)

기술	2016년	2017년	2018년	2019년	평균
인공지능	1,315	2,216	3,054	4,011	2,649.00
디지털 헬스케어	3,140	3,047	3,530	4,109	3,456.50
자율주행	2,896	3,018	3,304	3,986	3,301.00
지능형 로봇	1,320	1,115	1,485	1,980	

패턴 02 셀 배경(면색) : 노랑

❶ 셀 배경색 지정 ❷ 표 테두리 지정 ❸ 빈 셀에 대각선 지정

2.

연도별 예상 인구지표(단위 : %)

연도	2015년	2020년	2030년	2040년	평균
0~14세	13.8	12.6	11.5	10.8	12.18
15~64세	73.4	71.7	64.0	56.4	66.38
65세 이상	12.8	15.6	24.5	32.8	21.43
인구성장률	0.53	0.31	0.07	−0.32	

패턴 03 셀 배경(면색) : 노랑

❶ 셀 배경색 지정 ❷ 표 테두리 지정 ❸ 빈 셀에 대각선 지정

2.

전기자동차 지역별 보급 현황(단위 : 대)

연도	서울	부산	대구	경기	합계
2014년	212	84	5	58	359
2015년	452	106	92	84	734
2016년	455	117	209	226	1,007
2017년	4,112	422	1,693	1,374	

[기능평가 I] 차트 작성 및 편집

[배점] 100점_표+차트 (500점 만점)

[1페이지] 2. 다음의 《조건》에 따라 《출력형태》와 같이 표와 차트를 작성하시오.

《차트 조건》

⑴ 차트 데이터는 표 내용에서 지역별 대만, 인도네시아, 중국의 값만 이용할 것
⑵ 종류 – <묶은 세로 막대형>으로 작업할 것
⑶ 제목 – 글꼴 : 궁서, 진하게, 12pt
　　　　속성 : 채우기(밝은 색 : 하양), 테두리, 그림자(바깥쪽 : 대각선 오른쪽 아래)
⑷ 제목 이외의 전체 글꼴 – 궁서, 보통, 10pt
⑸ 축제목과 범례는 《출력형태》와 동일하게 처리할 것

《출력형태》

2.

외국인 방문객의 코리아둘레길 방문 비율 (단위 : %)

구분	보령/서천	경주	강릉/동해	울산	평균
대만	42.1	21.1	19.0	31.6	28.45
인도네시아	30.8	19.2	26.9	26.9	25.95
중국	31.0	26.2	11.9	9.5	19.65
호주	37.5	16.7	8.3	29.2	

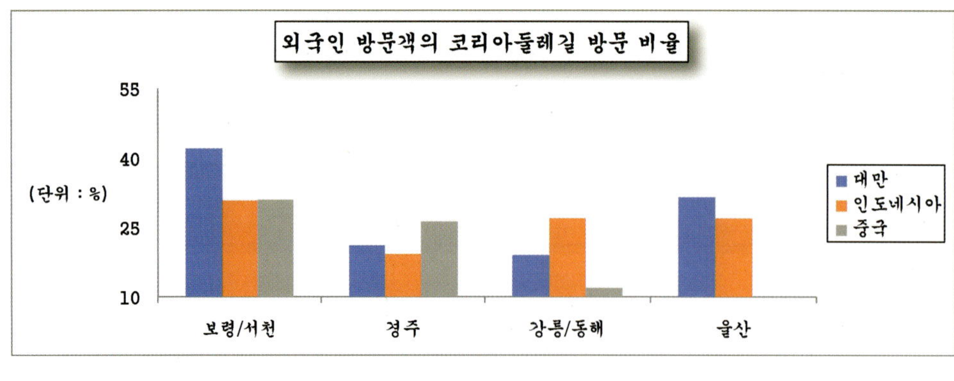

차트 삽입 > 줄/칸 전환 > 차트 제목 편집 > 차트 축 편집 > 차트 범례 편집 > 눈금선 삭제

Check 01 차트 작성 : 표 데이터를 활용해 차트를 삽입한 후 편집해요!

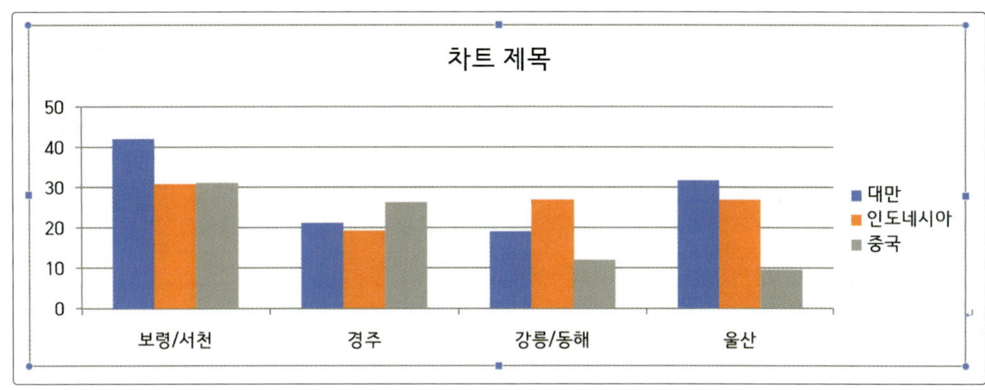

차트 삽입 & 줄/칸 전환

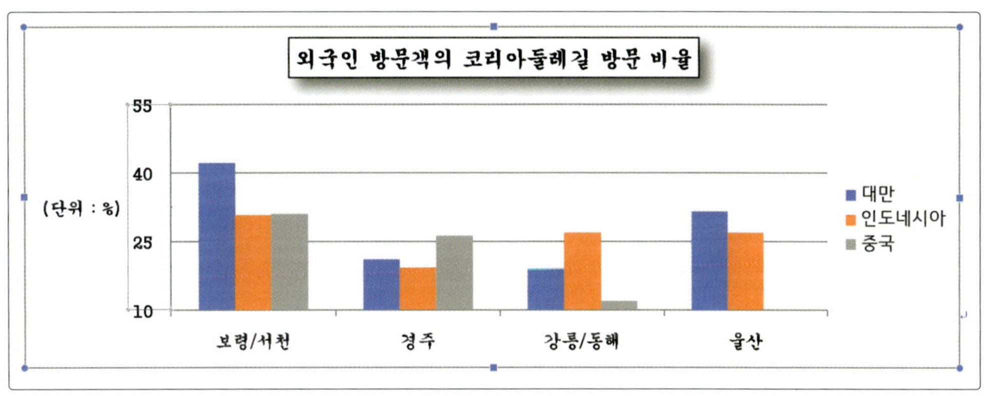

차트 제목 편집 & 차트 축 편집

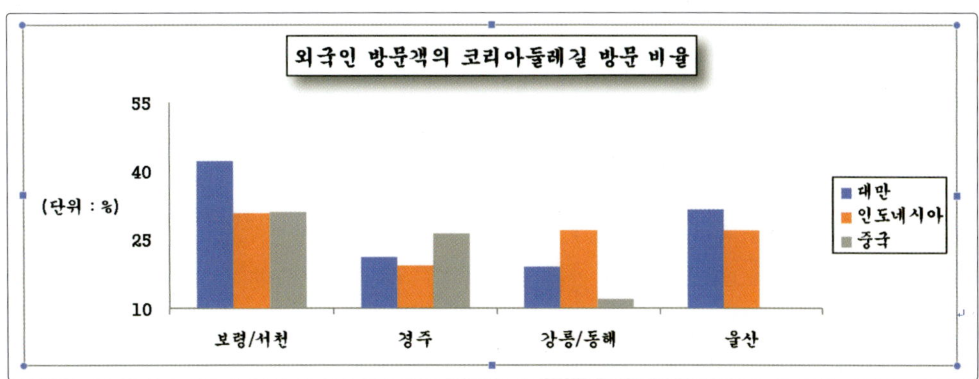

차트 범례 편집 & 눈금선 삭제

표 데이터를 이용하여 차트 만들기

(1) 차트 데이터는 표 내용에서 지역별 대만, 인도네시아, 중국의 값만 이용할 것
(2) 종류 – <묶은 세로 막대형>으로 작업할 것

1 한글 2022 프로그램을 실행한 후 [04차시] 폴더에서 **04차시(문제).hwpx** 파일을 불러옵니다.

★ Alt + O 를 눌러 파일을 불러오는 방법도 있어요.

2 차트 데이터로 사용될 셀을 아래와 같이 블록으로 지정한 후 우클릭하여 [차트]–[세로 막대형]–[**묶은 세로 막대형**]을 선택합니다.

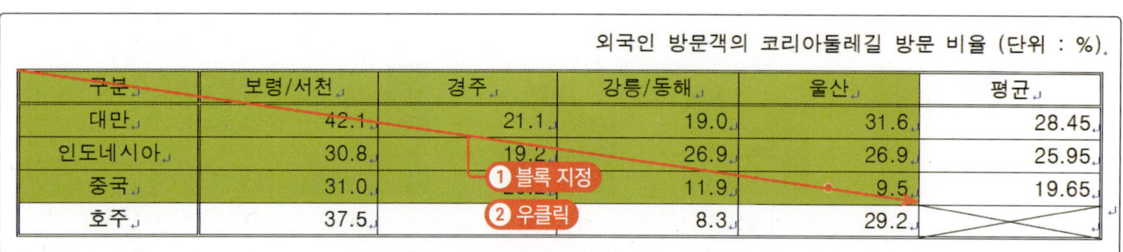

외국인 방문객의 코리아둘레길 방문 비율 (단위 : %)

구분	보령/서천	경주	강릉/동해	울산	평균
대만	42.1	21.1	19.0	31.6	28.45
인도네시아	30.8	19.2	26.9	26.9	25.95
중국	31.0		11.9	9.5	19.65
호주	37.5		8.3	29.2	

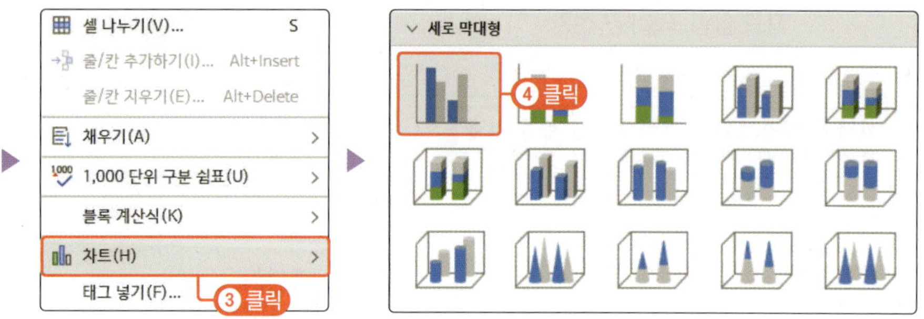

3 차트가 만들어지면 [차트 데이터 편집] 창을 **종료**합니다.

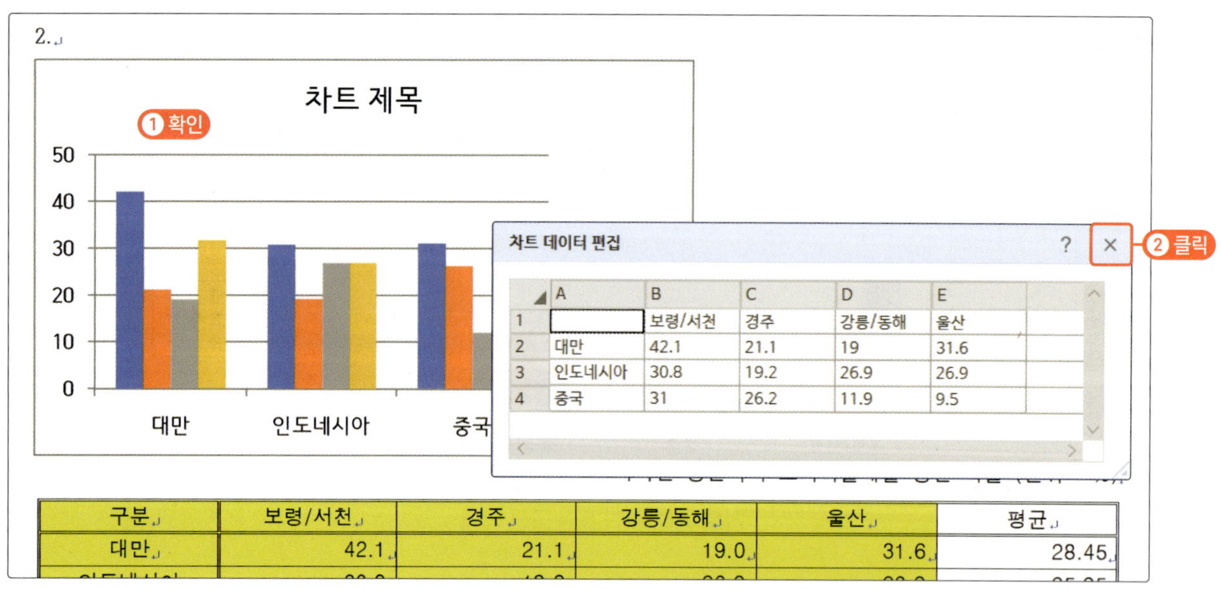

	A	B 보령/서천	C 경주	D 강릉/동해	E 울산
1		보령/서천	경주	강릉/동해	울산
2	대만	42.1	21.1	19	31.6
3	인도네시아	30.8	19.2	26.9	26.9
4	중국	31	26.2	11.9	9.5

구분	보령/서천	경주	강릉/동해	울산	평균
대만	42.1	21.1	19.0	31.6	28.45

4 차트가 선택된 상태에서 [차트 서식] 탭-[**글자처럼 취급**]을 클릭하여 표 아래쪽에 차트를 위치시켜 줍니다.

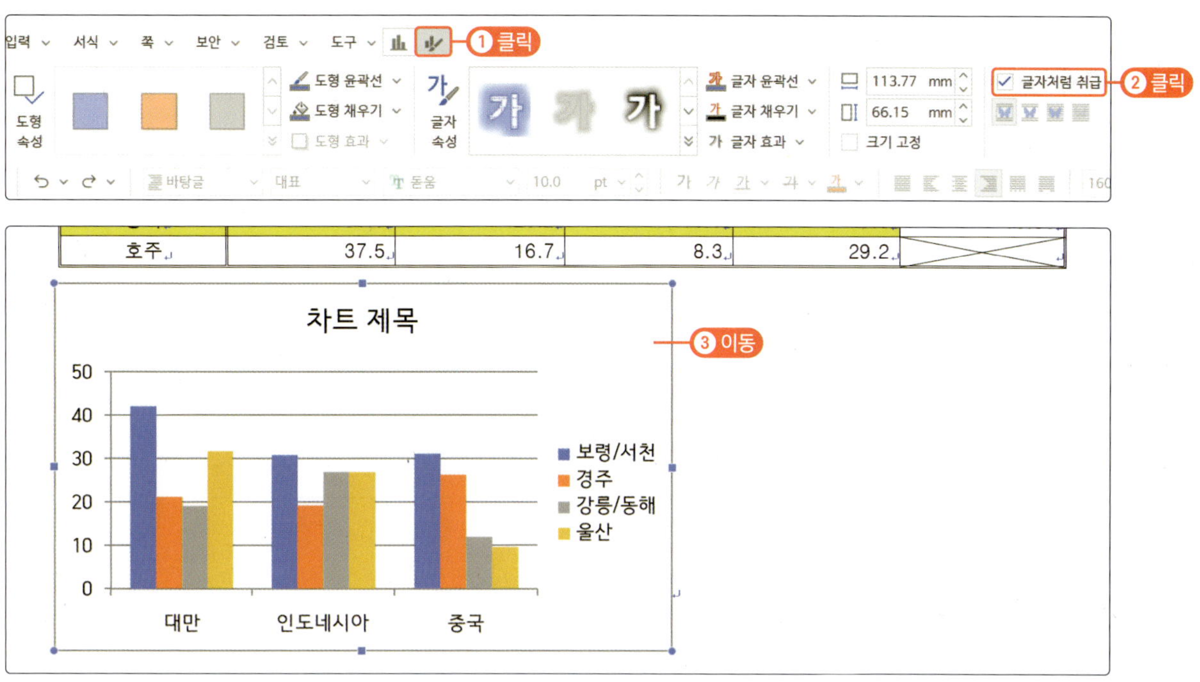

5 차트의 오른쪽 조절점을 드래그하여 **가로 크기를 변경**합니다.

★ 050페이지의 《출력형태》를 참고하여 차트의 가로 크기를 표와 비슷하게 맞춰 주세요.

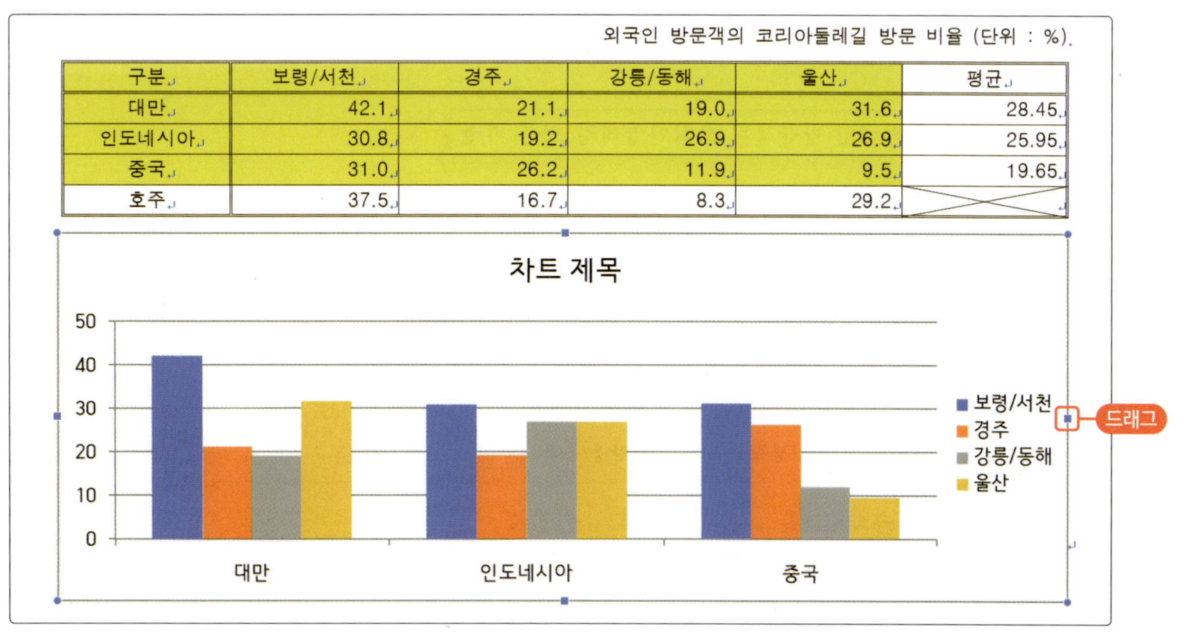

외국인 방문객의 코리아둘레길 방문 비율 (단위 : %)

구분	보령/서천	경주	강릉/동해	울산	평균
대만	42.1	21.1	19.0	31.6	28.45
인도네시아	30.8	19.2	26.9	26.9	25.95
중국	31.0	26.2	11.9	9.5	19.65
호주	37.5	16.7	8.3	29.2	

6 《출력형태》와 동일한 모양의 차트를 만들기 위해 [차트 디자인] 탭에서 **[줄/칸 전환]**을 클릭합니다.

✿ 《출력형태》와 작업 중인 차트를 비교하여 '줄/칸 전환' 기능 사용 여부를 판단해요.

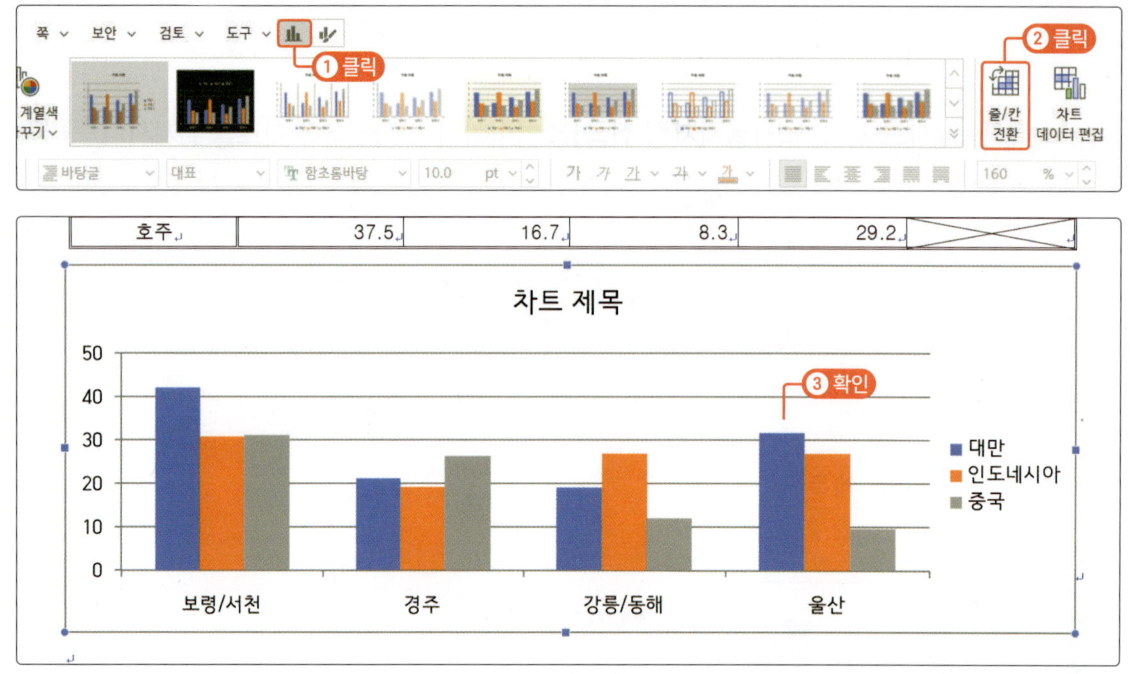

ITQ 꿀팁

표의 노란 셀 데이터를 이용하여 차트를 작성하면 대부분 《출력형태》와 같이 표시되지만, 문제 유형에 따라 '줄/칸 전환' 기능을 사용해 차트 형태를 변형해야 하는 경우도 출제된 적이 있으니 해당 기능을 미리 익혀두세요.

Level UP

차트 구성 요소

ITQ 한글에서 차트 작성을 수월하게 작성하기 위해서는 차트의 구성 요소를 잘 알아두는 것이 좋습니다.

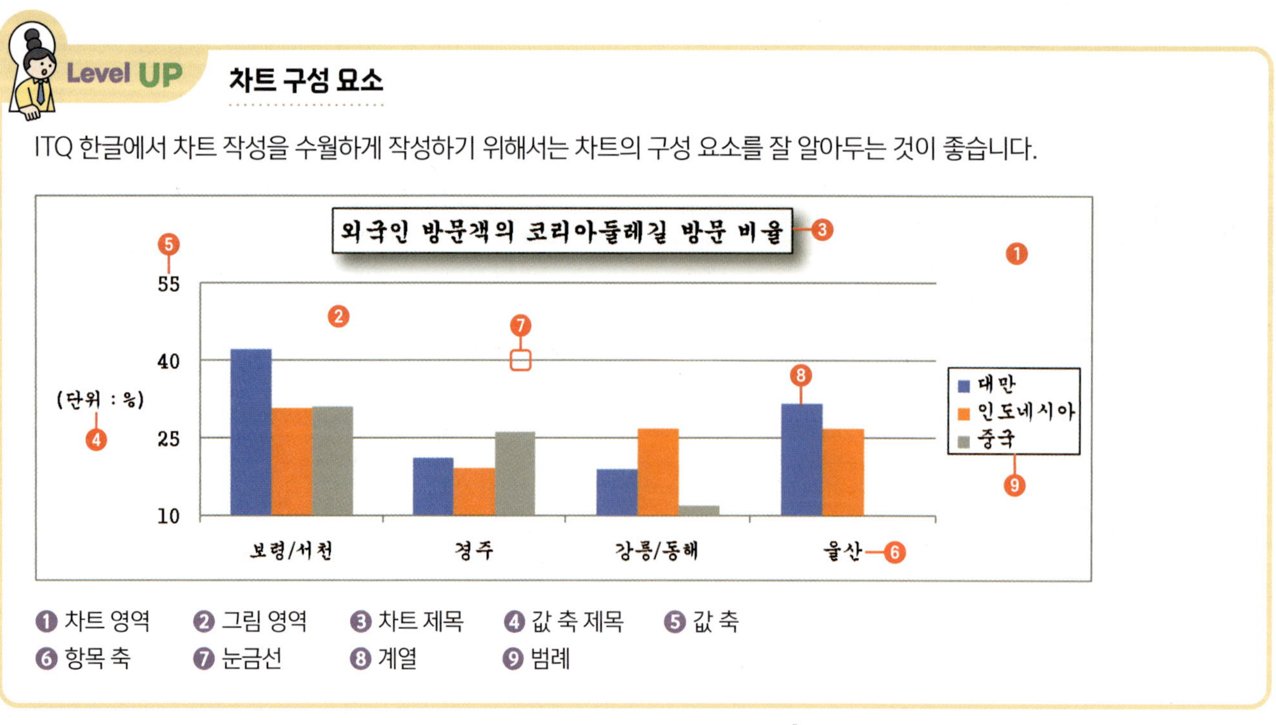

❶ 차트 영역　　❷ 그림 영역　　❸ 차트 제목　　❹ 값 축 제목　　❺ 값 축
❻ 항목 축　　❼ 눈금선　　❽ 계열　　❾ 범례

차트 제목 편집하기

(3) 제목 – 글꼴 : 궁서, 진하게, 12pt
　　　속성 : 채우기(밝은 색 : 하양), 테두리, 그림자(바깥쪽 : 대각선 오른쪽 아래)

1 차트 제목이 선택된 상태에서 우클릭한 후 [제목 편집]을 선택합니다.

　★ 차트가 선택된 상태에서만 차트 제목을 클릭할 수 있어요.

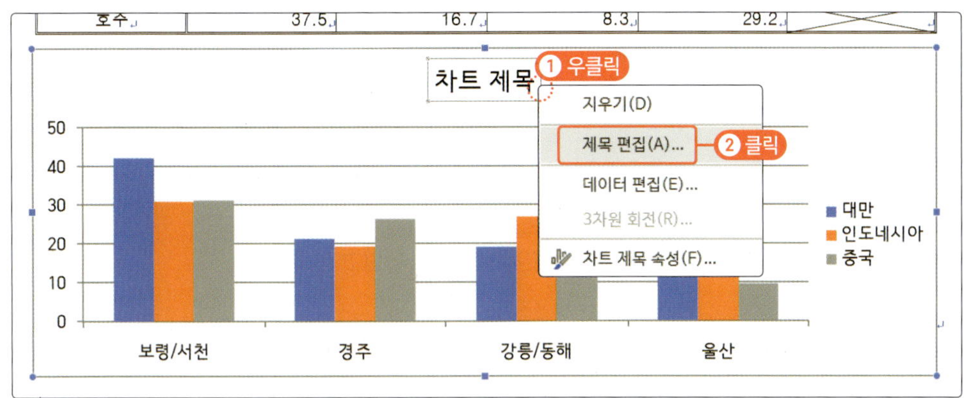

2 글자 내용을 입력한 후 한글 글꼴, 영어 글꼴, 속성을 지정합니다.

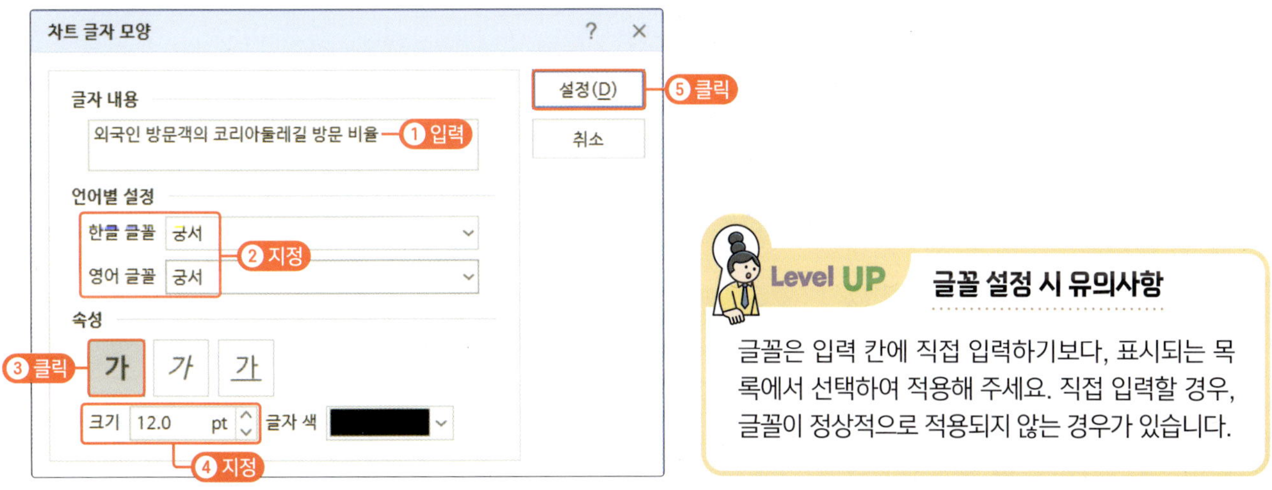

Level UP　글꼴 설정 시 유의사항

글꼴은 입력 칸에 직접 입력하기보다, 표시되는 목록에서 선택하여 적용해 주세요. 직접 입력할 경우, 글꼴이 정상적으로 적용되지 않는 경우가 있습니다.

3 차트 제목을 더블클릭하여 오른쪽 작업창이 활성화되면 아래와 같이 그리기 속성을 지정합니다.

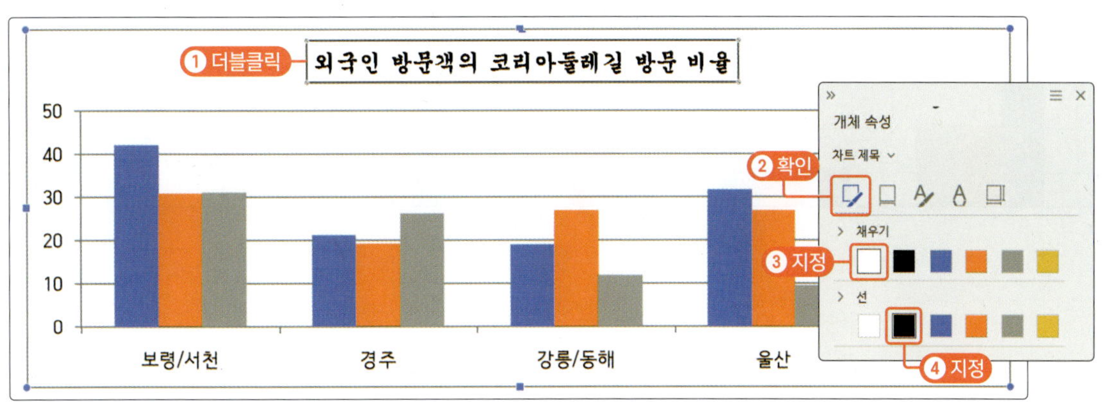

4 이번에는 [그림자]–**[바깥쪽 : 대각선 오른쪽 아래]**를 지정한 후 작업창을 닫아줍니다.

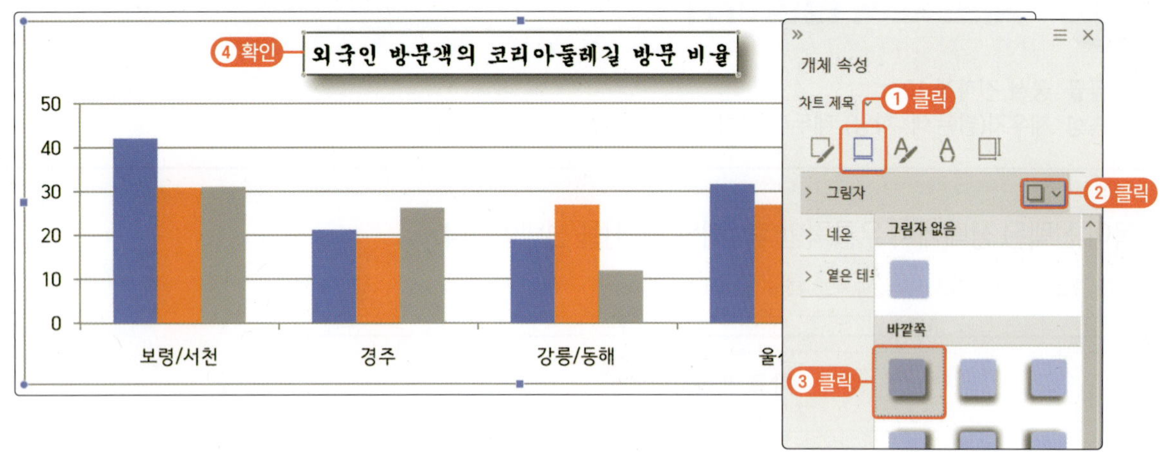

차트 제목 속성에서 '채우기, 테두리, 그림자'를 지정하는 문제가 고정적으로 출제되고 있어요.

STEP 03 차트 축 제목 편집하기

(4) 제목 이외의 전체 글꼴 – 궁서, 보통, 10pt
(5) 축제목과 범례는 《출력형태》와 동일하게 처리할 것

1 차트가 선택된 상태에서 [차트 디자인] 탭–[차트 구성 추가]–[축 제목]–**[기본 세로]**를 클릭합니다.

★ 《출력형태》를 참고하여 가로 또는 세로 축 위치에 축 제목을 추가해 주세요.

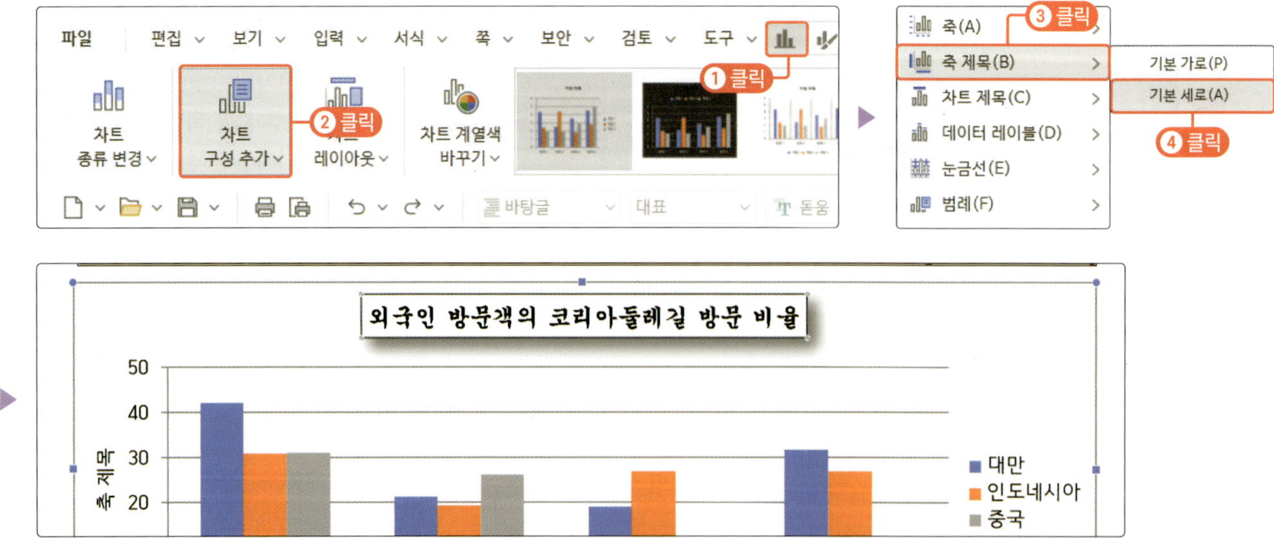

2 축 제목이 선택된 상태에서 우클릭한 후 **[제목 편집]**을 선택합니다.

★ 차트가 선택된 상태에서만 축 제목을 클릭할 수 있어요.

3 글자 내용에 제목을 입력한 후 한글 글꼴과 영어 글꼴을 지정합니다.

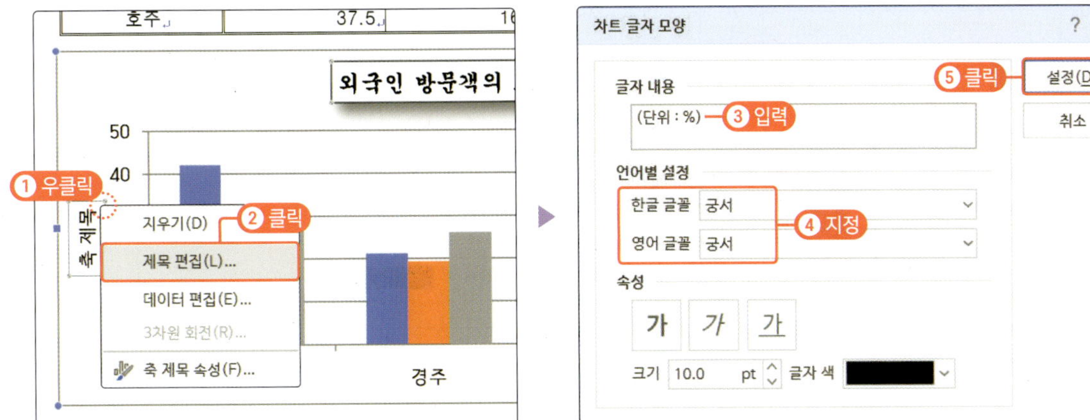

4 축 제목을 더블클릭하여 오른쪽 작업창이 활성화되면 아래와 같이 글자 방향을 변경합니다.

★ 《출력형태》를 참고하여 축 제목의 글자 방향을 지정해요.

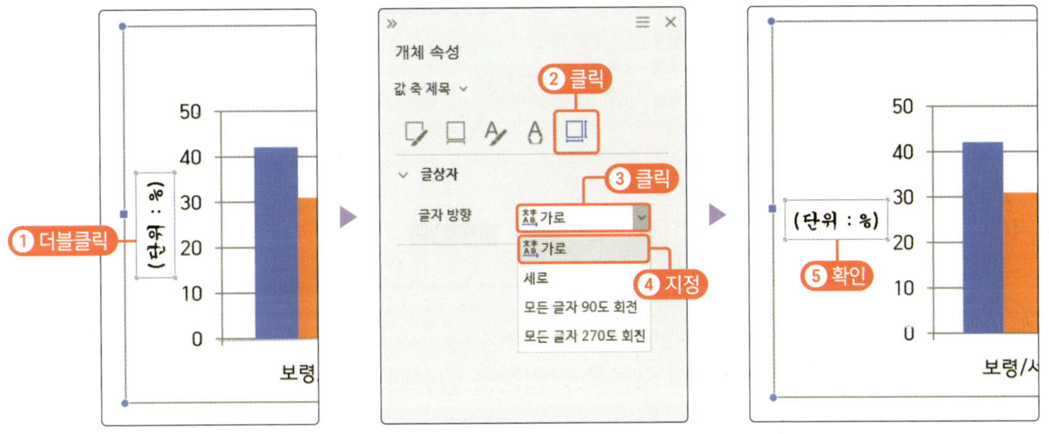

STEP 04 차트 축 편집하기

(4) 제목 이외의 전체 글꼴 – 궁서, 보통, 10pt
(5) 축제목과 범례는 《출력형태》와 동일하게 처리할 것

1 기본 세로 축이 선택된 상태에서 우클릭한 후 **[글자 모양 편집]**을 클릭합니다.

★ 차트가 선택된 상태에서만 기본 세로 축을 클릭할 수 있어요.

2 기본 세로 축의 한글 글꼴과 영어 글꼴을 지정합니다.

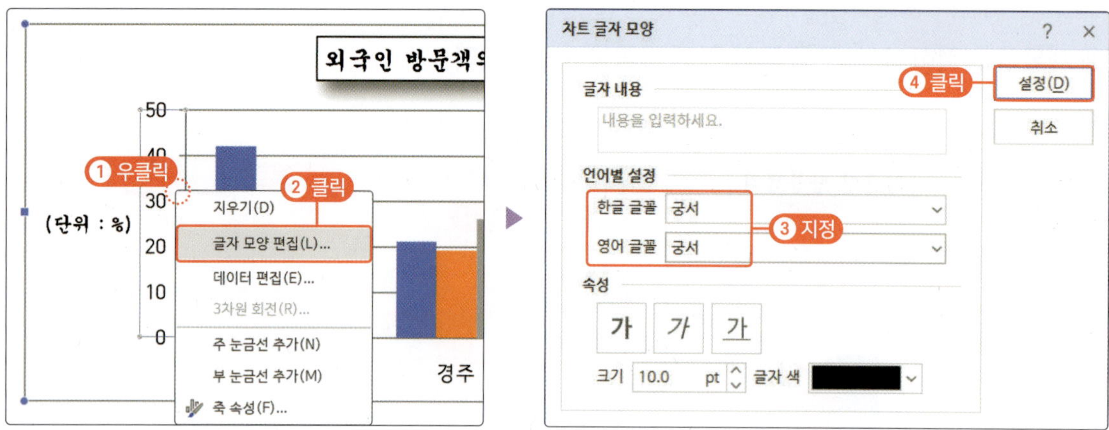

3 똑같은 방법으로 기본 가로 축의 글꼴을 변경합니다.

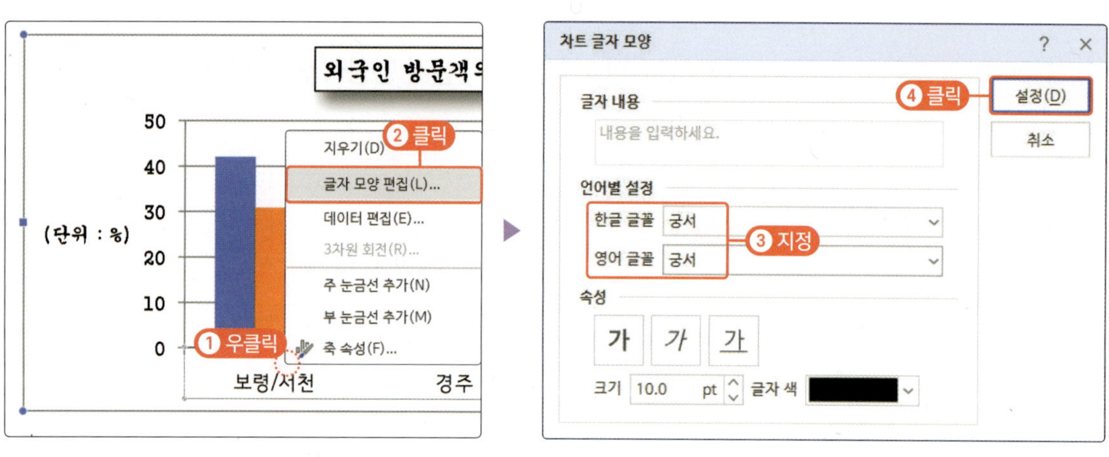

4 축의 단위를 변경하기 위해 기본 세로 축을 더블클릭하여 오른쪽 작업창을 활성화합니다.

5 [축 속성]에서 **최솟값(10), 최댓값(55), 주 단위(15)**를 변경합니다.

★ 차트의 '최솟값, 최댓값, 주 단위'는 《출력형태》와 동일하게 표시되도록 맞춰주세요.

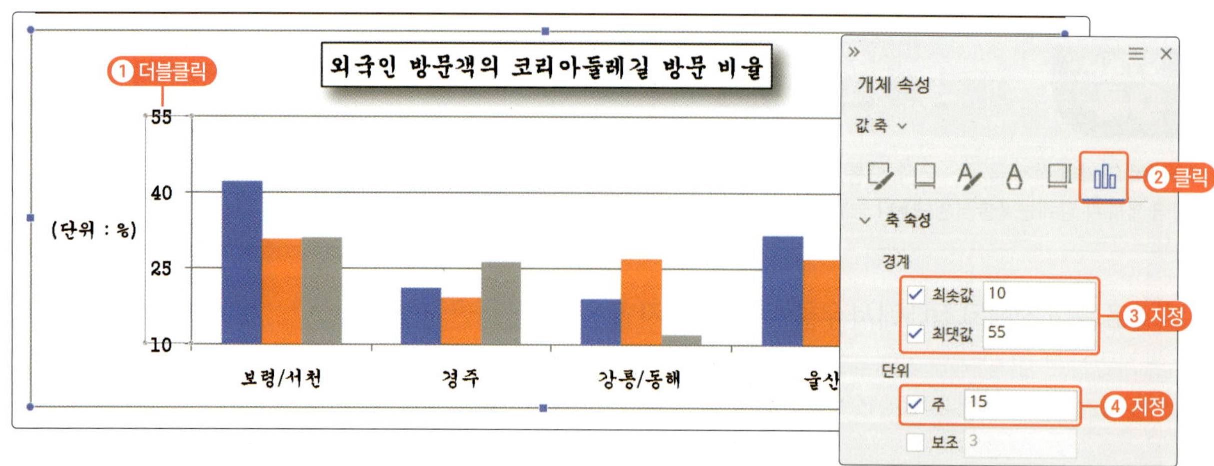

6 이번에는 **주 눈금을 없음**으로 지정한 후 작업창을 닫아줍니다.

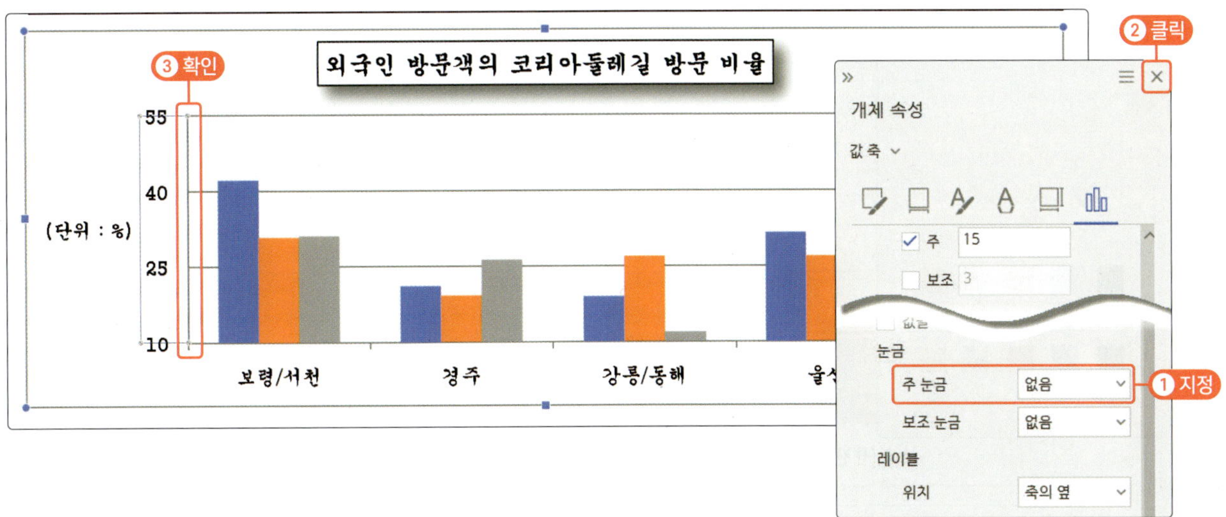

> **ITQ 꿀팁**
>
> ITQ 한글 시험에서 차트 축의 주 눈금은 '바깥쪽' 또는 '없음'이 주로 출제됩니다. 문제지의 《출력형태》를 잘 확인하여 알맞은 모양을 선택해 주세요.

STEP 05 차트 범례를 편집하고 눈금선 삭제하기

(4) 제목 이외의 전체 글꼴 – 궁서, 보통, 10pt
(5) 축제목과 범례는 《출력형태》와 동일하게 처리할 것

1 차트의 범례가 선택된 상태에서 우클릭한 후 [글자 모양 편집]을 클릭합니다.

★ 차트가 선택된 상태에서만 범례를 클릭할 수 있어요.

2 범례의 한글 글꼴과 영어 글꼴을 지정합니다.

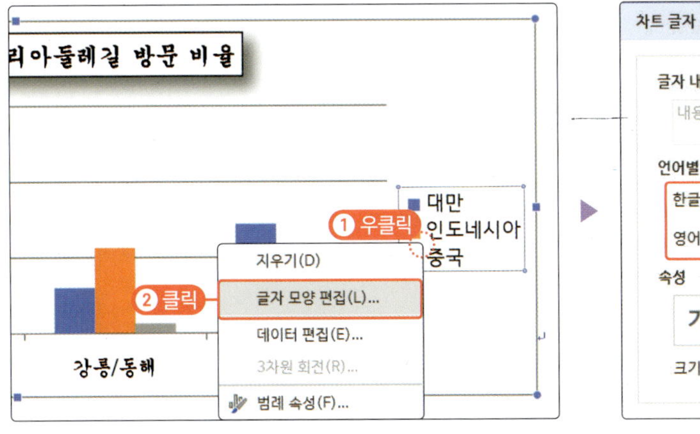

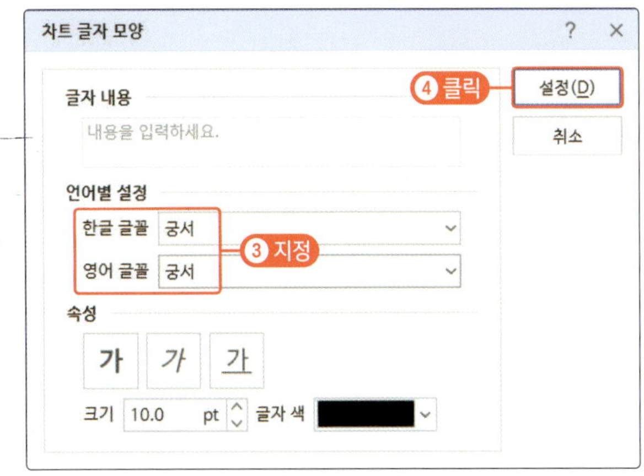

3 범례에 테두리를 설정하기 위해 범례를 더블클릭하여 오른쪽 작업창을 활성화한 후 아래와 같이 범례에 선을 적용합니다.

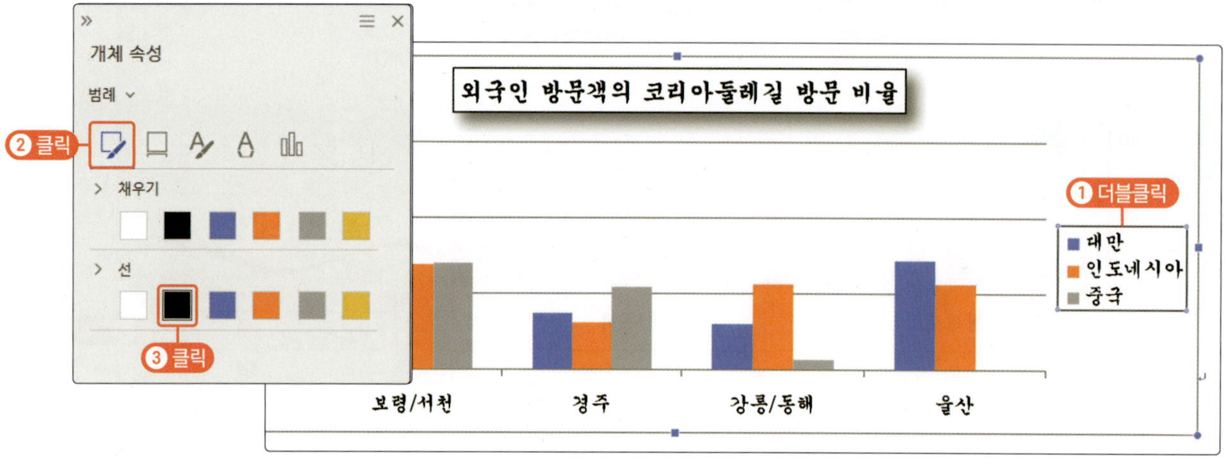

4 차트가 선택된 상태에서 주 눈금선을 클릭한 후 [Delete]를 눌러 삭제합니다.

🍀 차트가 선택된 상태에서만 주 눈금선을 클릭할 수 있어요.

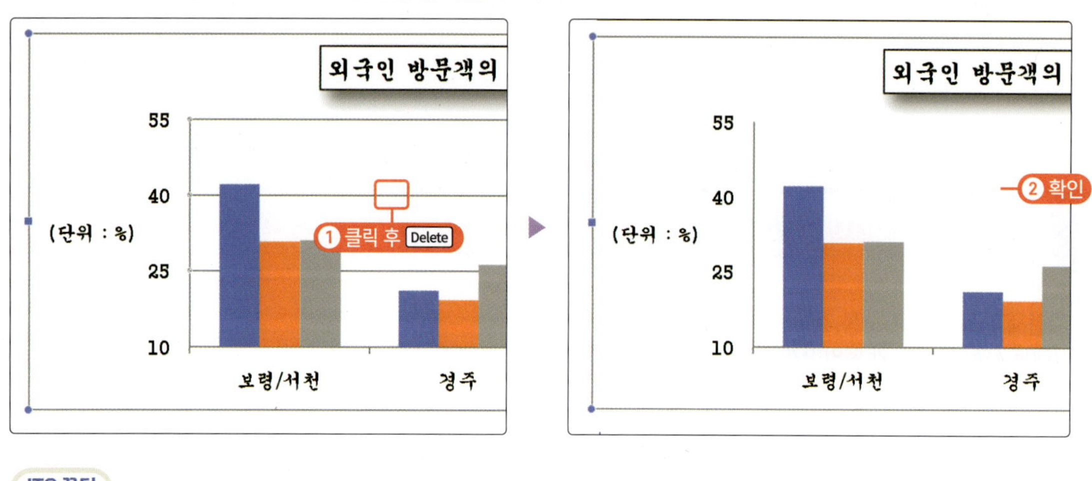

《출력형태》와 동일하게 작업하기 위해 별도의 조건이 없더라도 범례에 테두리를 지정하고, 눈금선을 삭제합니다.

5 작업이 완료되면 서식 도구 상자에서 [저장하기(💾)]를 클릭하거나, [Alt]+[S]를 눌러 답안 파일을 저장합니다.

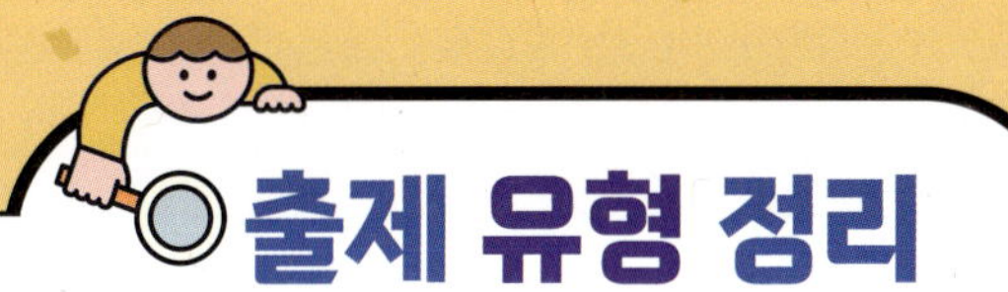

1 다음의 조건에 따라 출력형태와 같이 차트를 작성해 보세요.

⊘ **실습파일** : 유형04-1(문제).hwpx　　⊘ **완성파일** : 유형04-1(완성).hwpx

《표 조건》
(1) 차트 데이터는 표 내용에서 연도별 승용차, 트럭, 버스의 값만 이용할 것
(2) 종류 – <묶은 세로 막대형>으로 작업할 것
(3) 제목 – 글꼴 : 돋움, 진하게, 12pt, 속성 : 채우기(밝은 색 : 하양), 테두리, 그림자(바깥쪽 : 대각선 오른쪽 아래)
(4) 제목 이외의 전체 글꼴 – 돋움, 보통, 10pt
(5) 축제목과 범례는 《출력형태》와 동일하게 처리할 것

《출력형태》

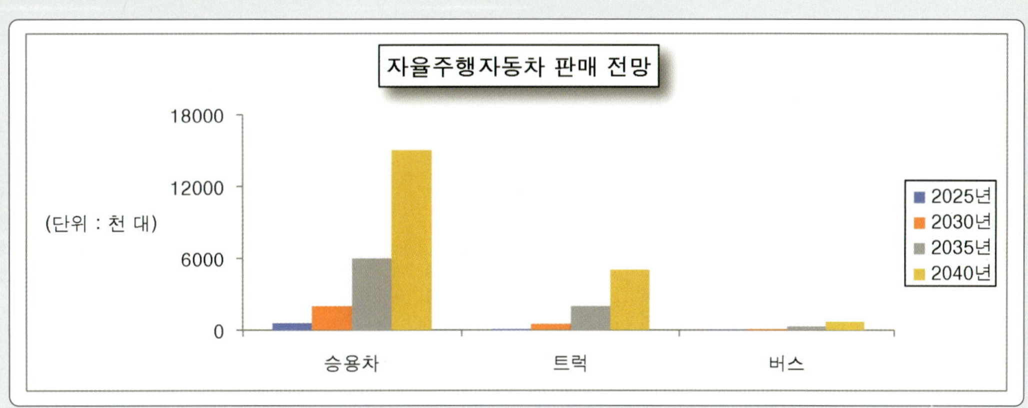

2 다음의 조건에 따라 출력형태와 같이 차트를 작성해 보세요.

⊘ **실습파일** : 유형04-2(문제).hwpx　　⊘ **완성파일** : 유형04-2(완성).hwpx

《표 조건》
(1) 차트 데이터는 표 내용에서 구분별 2024년, 2023년, 2022년의 값만 이용할 것
(2) 종류 – <묶은 가로 막대형>으로 작업할 것
(3) 제목 – 글꼴 : 굴림, 진하게, 12pt, 속성 : 채우기(밝은 색 : 하양), 테두리, 그림자(바깥쪽 : 대각선 오른쪽 아래)
(4) 제목 이외의 전체 글꼴 – 굴림, 보통, 10pt
(5) 축제목과 범례는 《출력형태》와 동일하게 처리할 것

《출력형태》

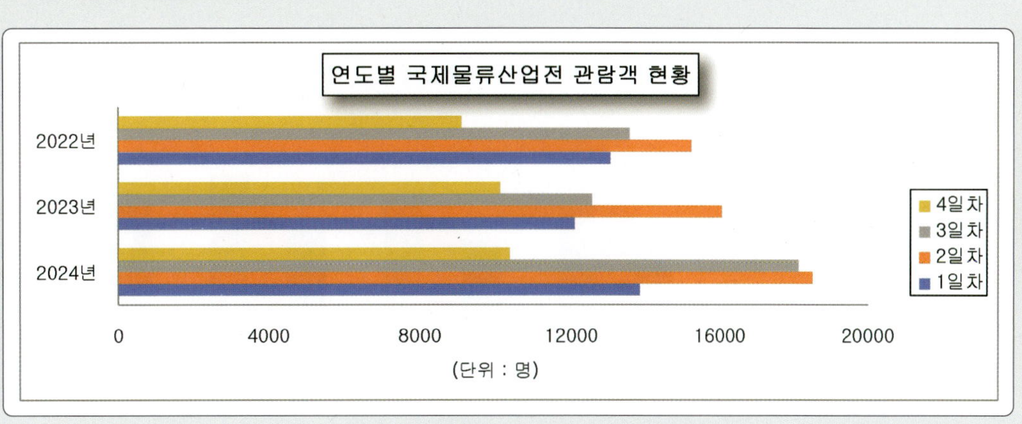

3 다음의 조건에 따라 출력형태와 같이 차트를 작성해 보세요.

⊘ **실습파일** : 유형04-3(문제).hwpx   ⊘ **완성파일** : 유형04-3(완성).hwpx

《표 조건》
(1) 차트 데이터는 표 내용에서 구분별 2021년, 2022년, 2023년의 값만 이용할 것
(2) 종류 – <묶은 세로 막대형>으로 작업할 것
(3) 제목 – 글꼴 : 궁서, 진하게, 12pt, 속성 : 채우기(밝은 색 : 하양), 테두리, 그림자(바깥쪽 : 오른쪽)
(4) 제목 이외의 전체 글꼴 – 궁서, 보통, 10pt
(5) 축제목과 범례는 《출력형태》와 동일하게 처리할 것

《출력형태》

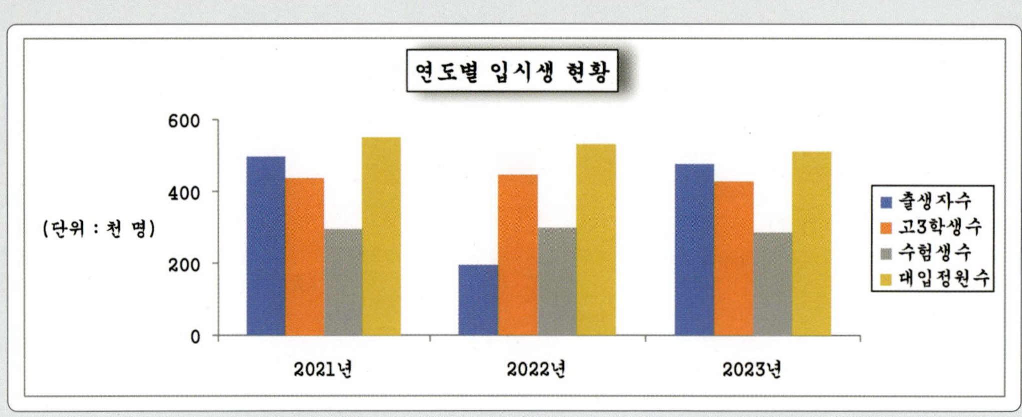

---

4 다음의 조건에 따라 출력형태와 같이 차트를 작성해 보세요.

⊘ **실습파일** : 유형04-4(문제).hwpx   ⊘ **완성파일** : 유형04-4(완성).hwpx

《표 조건》
(1) 차트 데이터는 표 내용에서 연도별 20대, 30대, 40대의 값만 이용할 것
(2) 종류 – <묶은 세로 막대형>으로 작업할 것
(3) 제목 – 글꼴 : 굴림, 진하게, 12pt, 속성 : 채우기(밝은 색 : 하양), 테두리, 그림자(바깥쪽 : 대각선 오른쪽 아래)
(4) 제목 이외의 전체 글꼴 – 굴림, 보통, 10pt
(5) 축제목과 범례는 《출력형태》와 동일하게 처리할 것

《출력형태》

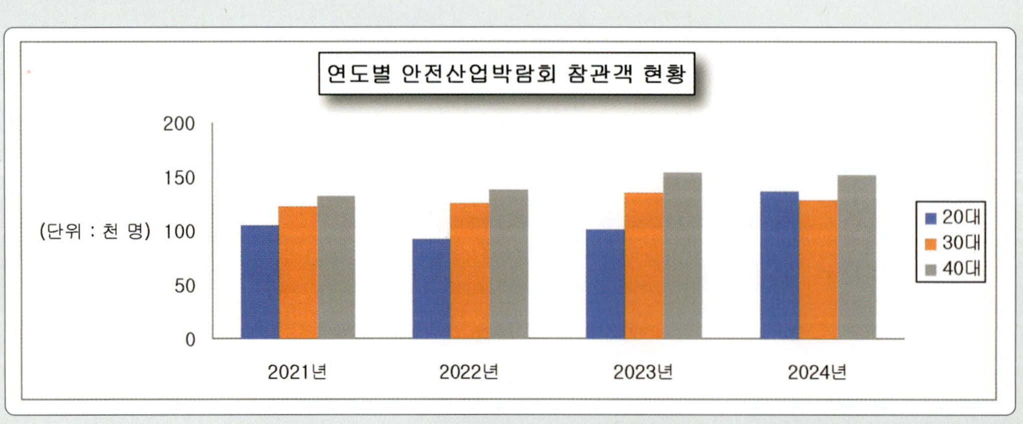

5 다음의 조건에 따라 출력형태와 같이 차트를 작성해 보세요.

⊘ **실습파일** : 유형04-5(문제).hwpx ⊘ **완성파일** : 유형04-5(완성).hwpx

《표 조건》
(1) 차트 데이터는 표 내용에서 연도별 도시 선정 수, 사업 선정 수, 누적 도시 수의 값만 이용할 것
(2) 종류 – <묶은 세로 막대형>으로 작업할 것
(3) 제목 – 글꼴 : 굴림, 진하게, 12pt, 속성 : 채우기(밝은 색 : 하양), 테두리, 그림자(바깥쪽 : 가운데)
(4) 제목 이외의 전체 글꼴 – 굴림, 보통, 10pt
(5) 축제목과 범례는 《출력형태》와 동일하게 처리할 것

《출력형태》

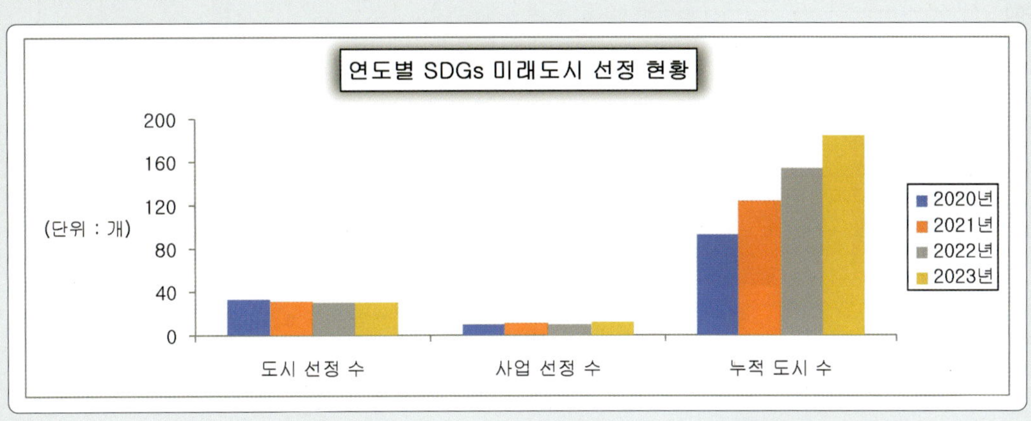

6 다음의 조건에 따라 출력형태와 같이 차트를 작성해 보세요.

⊘ **실습파일** : 유형04-6(문제).hwpx ⊘ **완성파일** : 유형04-6(완성).hwpx

《표 조건》
(1) 차트 데이터는 표 내용에서 구분별 인천, 광주, 대전의 값만 이용할 것
(2) 종류 – <묶은 가로 막대형>으로 작업할 것
(3) 제목 – 글꼴 : 돋움, 진하게, 12pt, 속성 : 채우기(밝은 색 : 하양), 테두리, 그림자(바깥쪽 : 대각선 오른쪽 아래)
(4) 제목 이외의 전체 글꼴 – 돋움, 보통, 10pt
(5) 축제목과 범례는 《출력형태》와 동일하게 처리할 것

《출력형태》

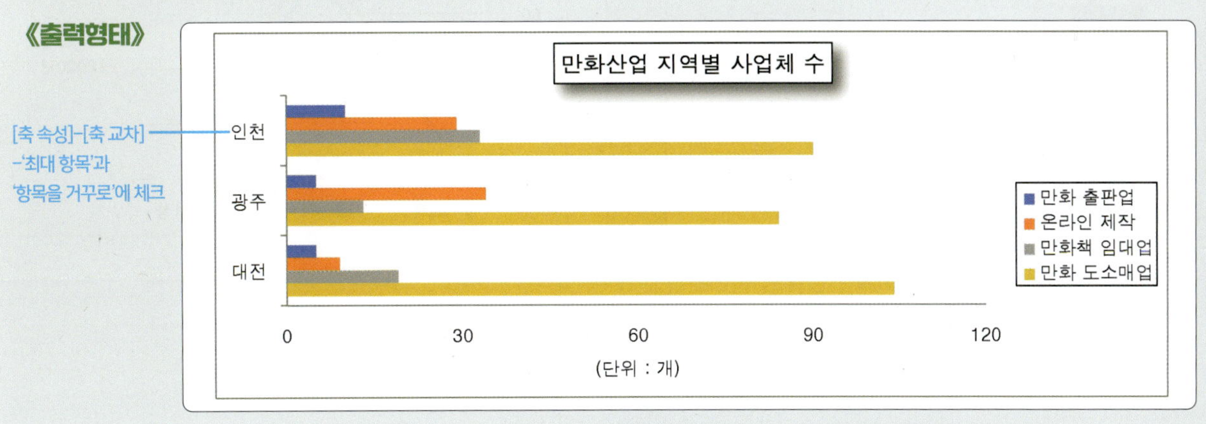

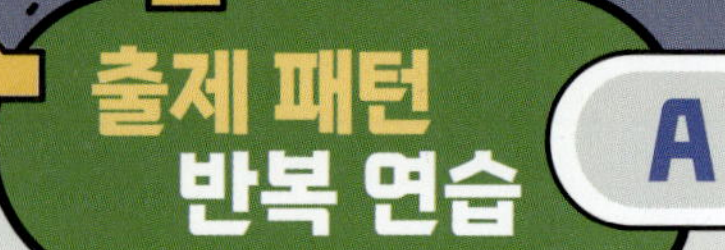

A 조건에 맞추어 차트의 글꼴 서식을 변경해 보세요.

⊘ **실습파일** : 패턴04-1(문제).hwpx   ⊘ **완성파일** : 패턴04-1(완성).hwpx

패턴 01 제목 이외의 글꼴 : 굴림, 보통, 10pt

❶ 제목 글꼴 변경(굴림, 진하게, 12pt)
❷ 제목 속성 – 채우기(하양), 테두리,
　　그림자(바깥쪽 : 대각선 오른쪽 아래)

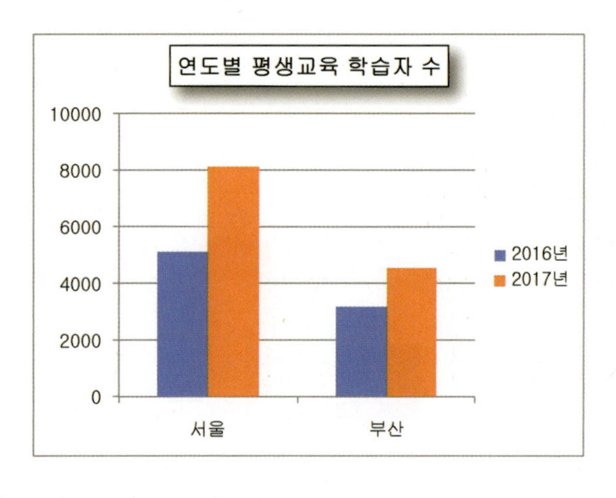

패턴 02 제목 이외의 글꼴 : 궁서, 보통, 10pt

❶ 제목 글꼴 변경(궁서, 기울임, 12pt)
❷ 제목 속성 – 채우기(하양), 테두리,
　　그림자(바깥쪽 : 가운데)

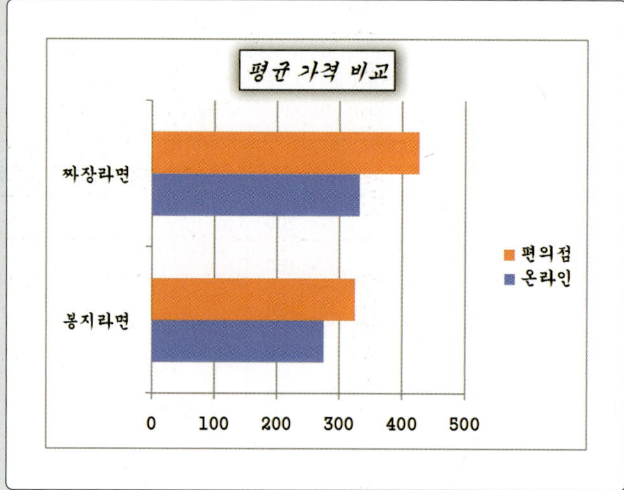

패턴 03 제목 이외의 글꼴 : 돋움, 기울임, 10pt

❶ 제목 글꼴 변경(돋움, 밑줄, 14pt)
❷ 제목 속성 – 채우기(하양), 테두리,
　　그림자(원근감 : 대각선 오른쪽 위)

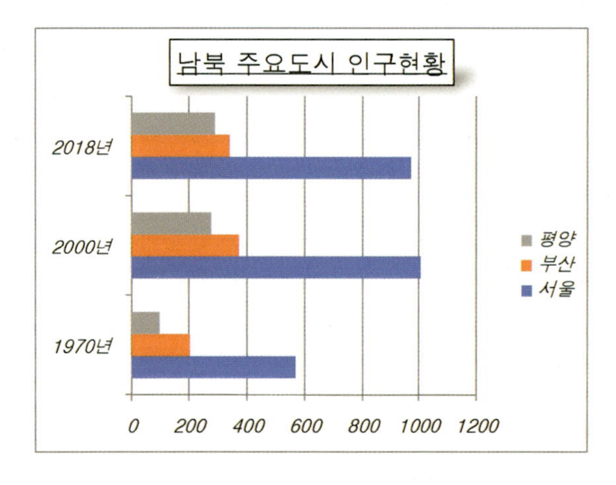

패턴 04 제목 이외의 글꼴 : 궁서, 보통, 10pt

❶ 제목 글꼴 변경(궁서, 기울임, 12pt)
❷ 제목 속성 – 채우기(하양), 테두리,
　　그림자(바깥쪽 : 대각선 오른쪽 아래)

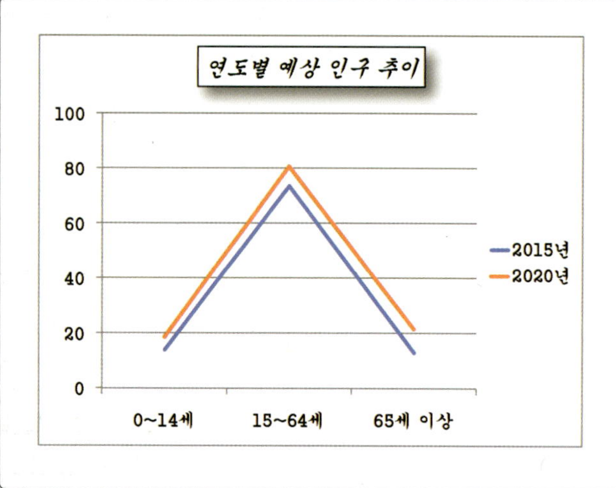

⊘ **실습파일** : 패턴04-2(문제).hwpx   ⊘ **완성파일** : 패턴04-2(완성).hwpx

패턴 01 제목 이외의 글꼴 : 굴림, 보통, 10pt

❶ 축 제목 추가 및 편집 ❷ 범례 편집 ❸ 축 값 단위 변경
❹ 눈금선 삭제

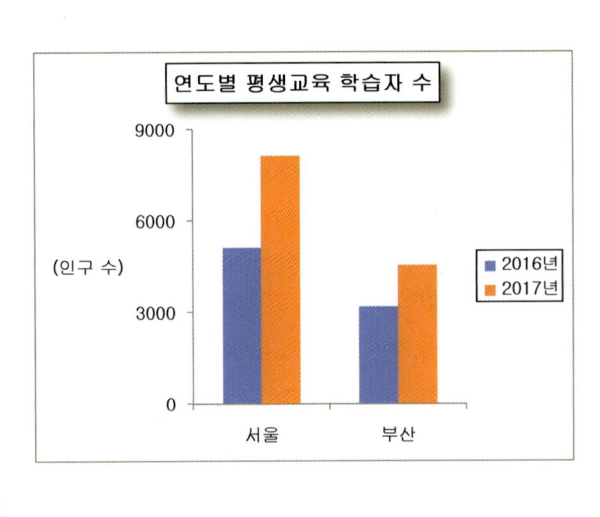

패턴 02 제목 이외의 글꼴 : 궁서, 보통, 10pt

❶ 축 제목 추가 및 편집 ❷ 범례 편집 ❸ 축 값 단위 변경
❹ 눈금선 삭제

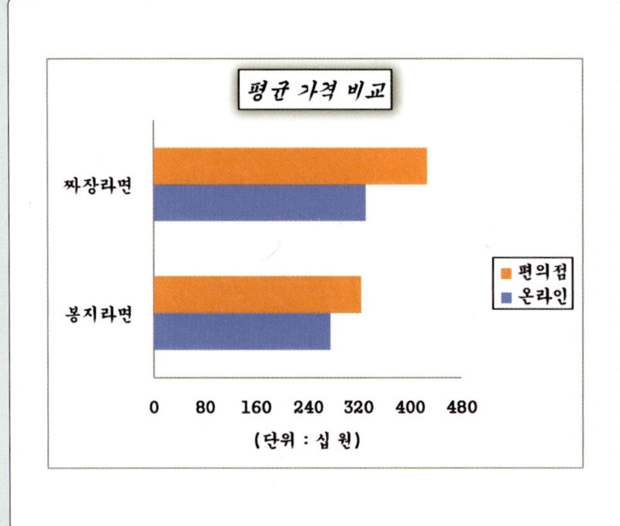

패턴 03 제목 이외의 글꼴 : 돋움, 기울임, 10pt

❶ 축 제목 추가 및 편집 ❷ 범례 편집 ❸ 축 값 단위 변경
❹ 눈금선 삭제

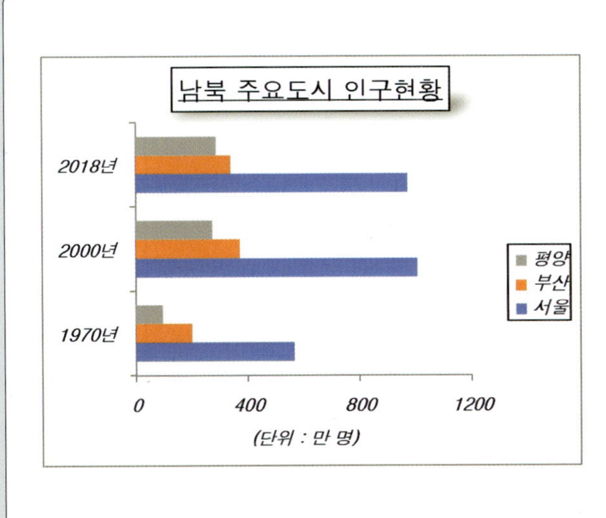

패턴 04 제목 이외의 글꼴 : 궁서, 보통, 10pt

❶ 죽 제목 추가 및 편집 ❷ 범례 편집 ❸ 축 값 단위 변경
❹ 눈금선 삭제

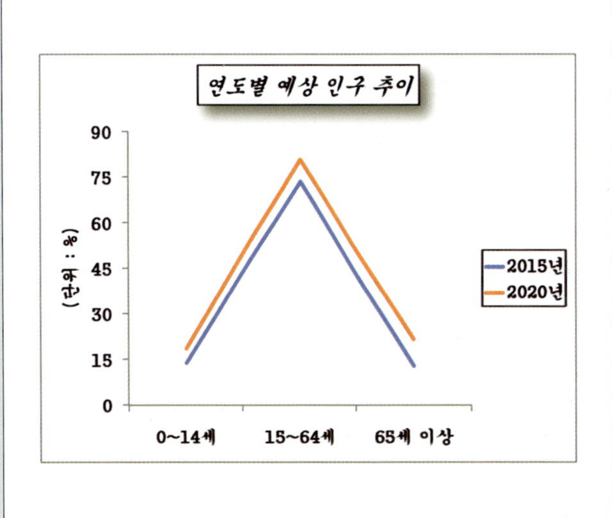

[기능평가 Ⅱ] 수식 입력

⊘ **실습파일** : 05차시(문제).hwpx ⊘ **완성파일** : 05차시(완성).hwpx

[배점] 40점 (500점 만점)

[2페이지] 3. 다음 (1), (2)의 수식을 수식 편집기로 각각 입력하시오.

《출력형태》

3.

(1) $G = 2\int_{\frac{a}{2}}^{a} \dfrac{b\sqrt{a^2 - x^2}}{a}\,dx$

(2) $m = \dfrac{\varDelta P}{K_a} = \dfrac{\varDelta t_b}{K_b} = \dfrac{\varDelta t_f}{K_f}$

4.

문제 번호 (1) 입력 〉 첫 번째 수식 입력 〉 문제 번호 (2) 입력 〉 두 번째 수식 입력

Check 01 수식 작성 : 수식 편집기로 수식을 입력해요!

3.
(1)

첫 번째 문제 번호 (1) 입력

3.
$$(1)\quad G = 2\int_{\frac{a}{2}}^{a} \frac{b\sqrt{a^2 - x^2}}{a}\,dx$$

첫 번째 수식 작성

3.
$$(1)\quad G = 2\int_{\frac{a}{2}}^{a} \frac{b\sqrt{a^2 - x^2}}{a}\,dx \qquad\qquad (2)$$

두 번째 문제 번호 (2) 입력

3.
$$(1)\quad G = 2\int_{\frac{a}{2}}^{a} \frac{b\sqrt{a^2 - x^2}}{a}\,dx \qquad\qquad (2)\quad m = \frac{\varDelta P}{K_a} = \frac{\varDelta t_b}{K_b} = \frac{\varDelta t_f}{K_f}$$

두 번째 수식 작성

첫 번째 수식 입력하기

1 한글 2022 프로그램을 실행한 후 [05차시] 폴더에서 **05차시(문제).hwpx** 파일을 불러옵니다.

🌸 Alt+O 를 눌러 파일을 불러오는 방법도 있어요.

2 두 번째 페이지의 3. 아랫줄에 커서를 위치시킨 후 첫 번째 문제 번호를 입력하고 한 칸을 띄웁니다.

3 수식 작성을 위해 [입력] 탭에서 **[수식]**을 클릭합니다.

🌸 Ctrl+N, M를 눌러 수식을 입력할 수도 있어요.

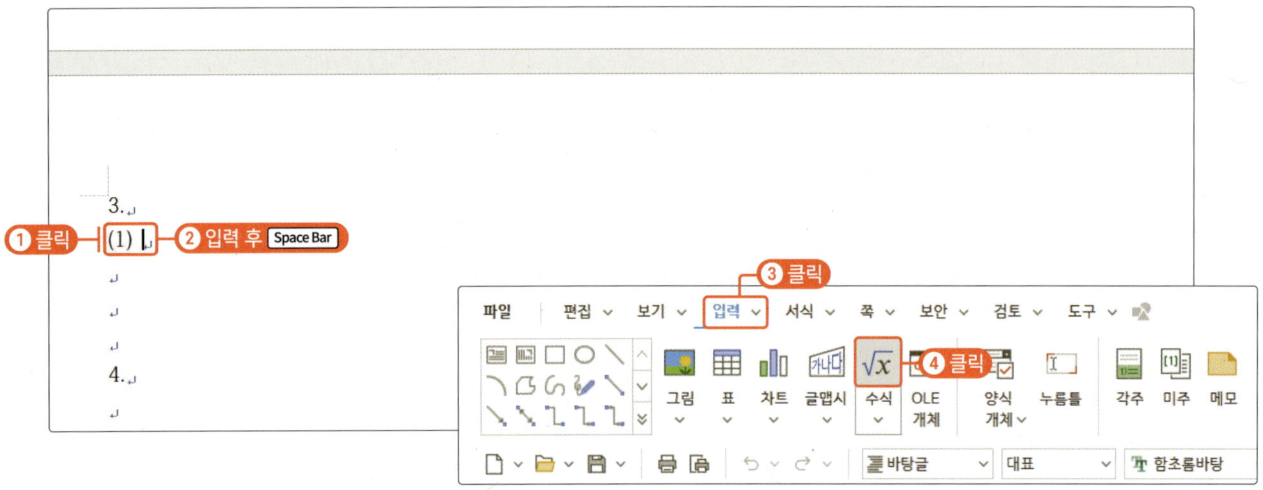

4 아래 과정을 참고하여 **첫 번째** 수식을 작성합니다.

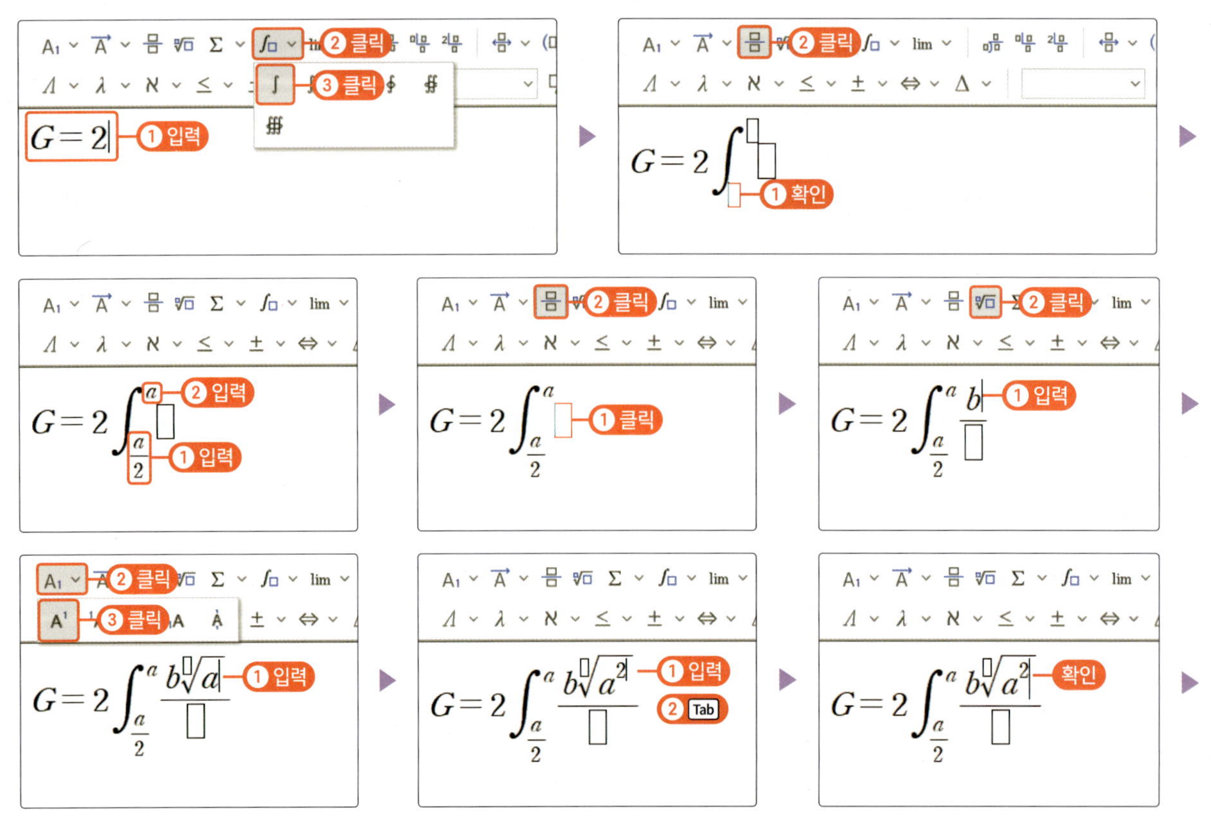

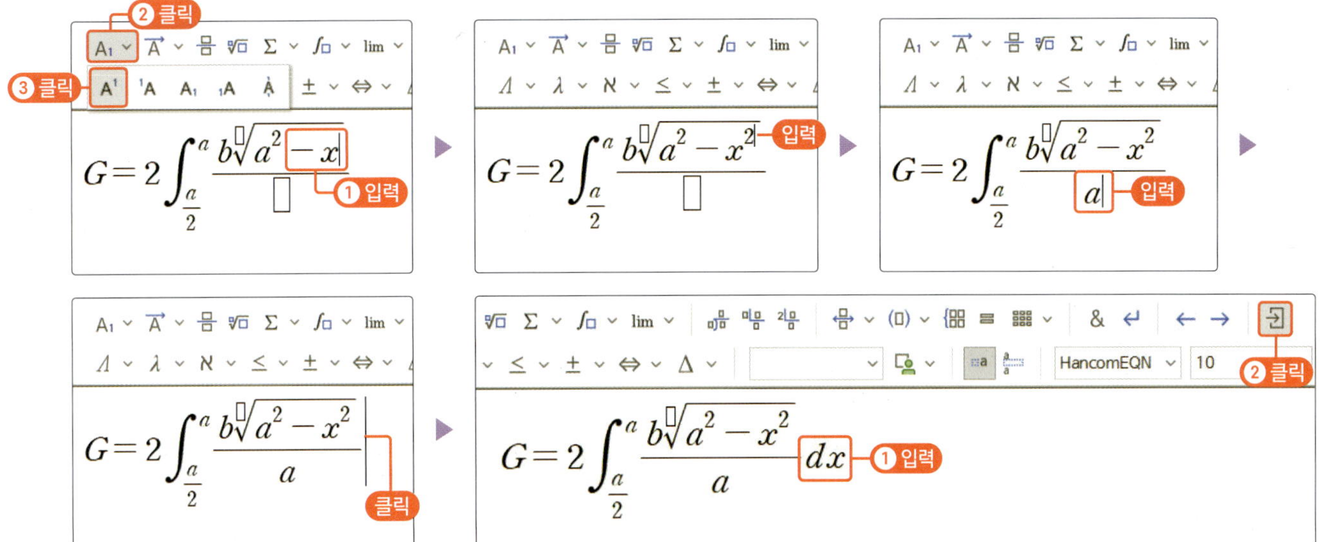

5 문서에 첫 번째 수식이 삽입된 것을 확인합니다.

$$3.$$

$$(1) \quad G = 2\int_{\frac{a}{2}}^{a} \frac{b\sqrt{a^2 - x^2}}{a} dx$$

$$4.$$

 **수식 입력하기**

· 수식 입력 중 빨간색 박스가 표시되지 않은 상태에서, 하위 항목으로 빠져나가기 위해서는 Tab을 이용합니다.
· 문서에 삽입된 수식을 더블클릭하면 [수식 편집기] 대화상자가 활성화되어 수식을 수정할 수 있습니다.

두 번째 수식 입력하기

1 첫 번째 수식 뒤쪽에 커서를 두고 `Tab`을 4~5번 눌러 간격을 띄웁니다.

```
3.
(1)  G = 2 ∫[a/2..a] (b√(a²−x²)/a) dx     ③ 확인
     ① 클릭
     ② Tab (3~4번)
4.
```

2 두 번째 수식 작성을 위해 문제 번호 (2)를 입력한 다음 한 칸을 띄우고 [입력] 탭에서 **[수식]**을 클릭합니다.

★ `Ctrl`+`N`, `M`를 눌러 수식을 입력할 수도 있어요.

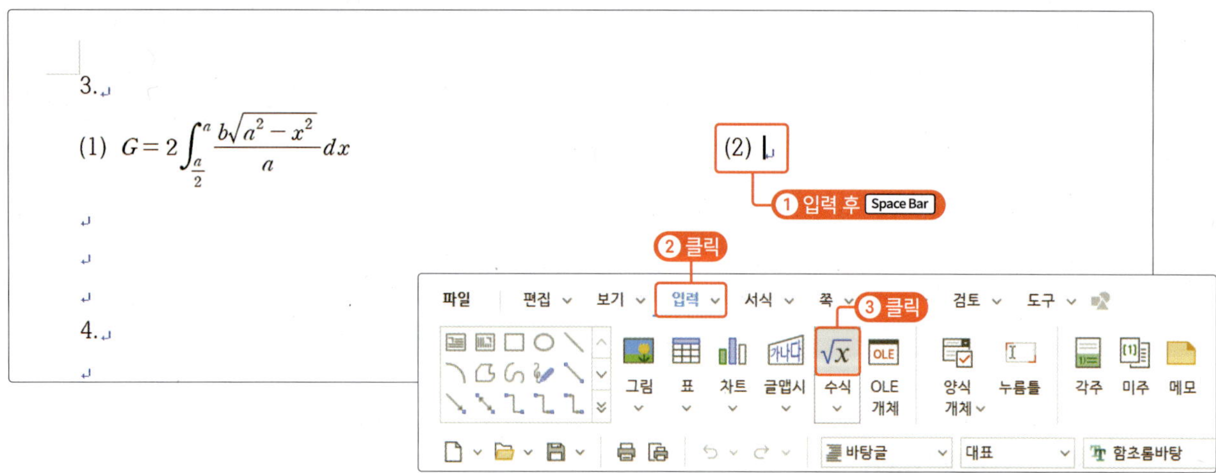

3 아래 과정을 참고하여 **두 번째 수식**을 작성합니다.

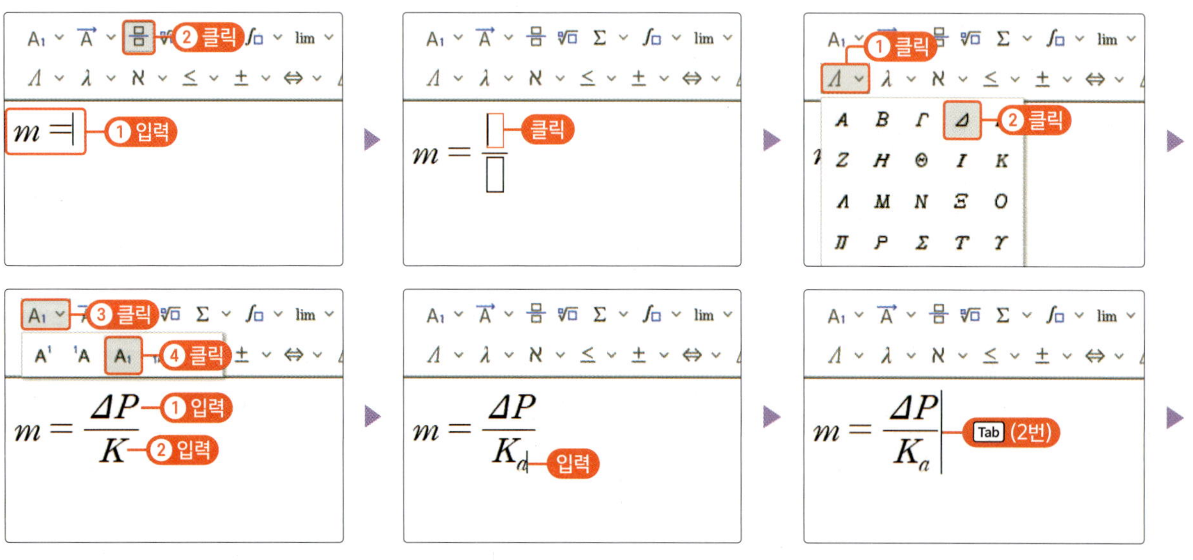

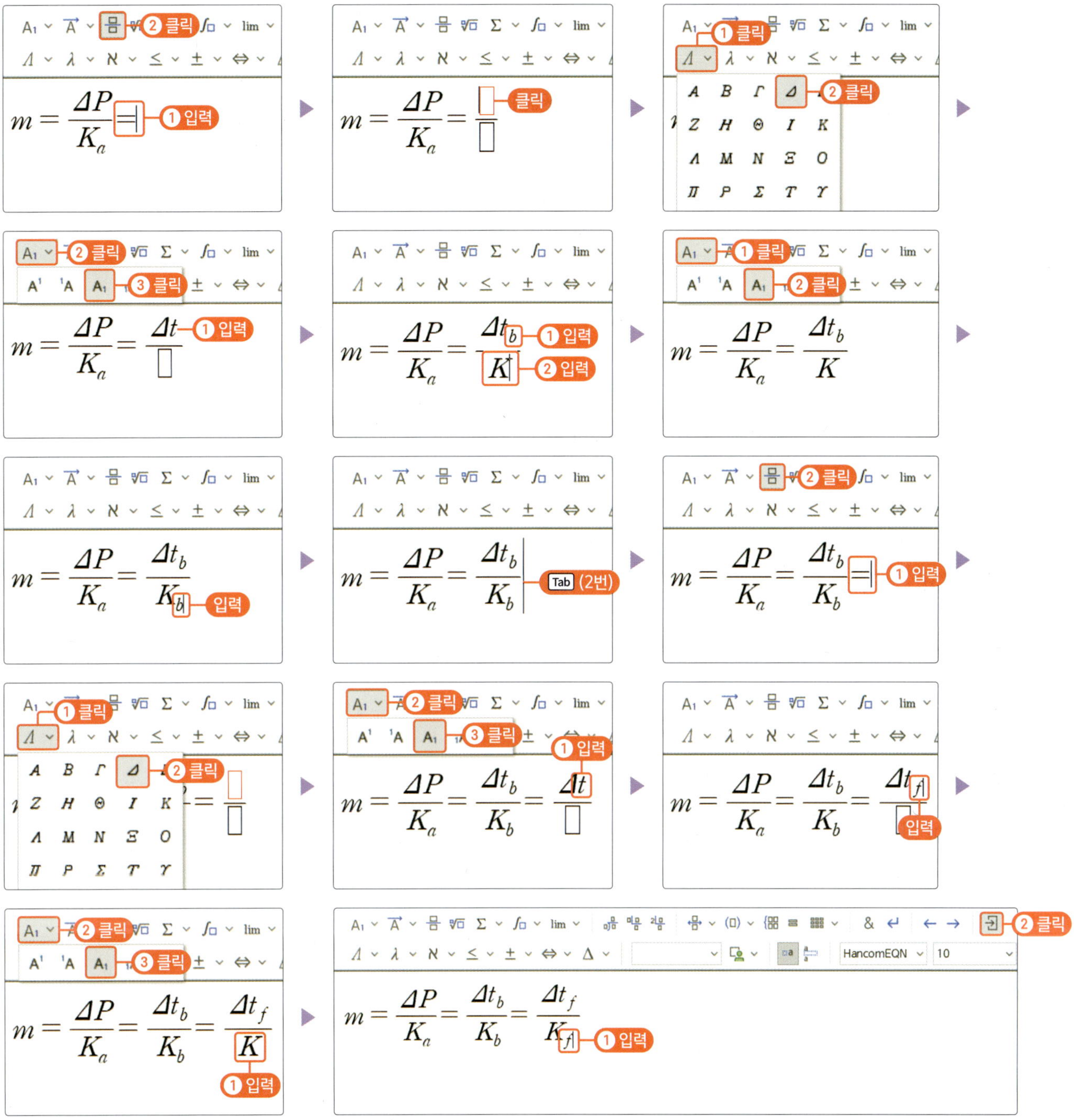

4 문서에 두 번째 수식이 삽입된 것을 확인합니다.

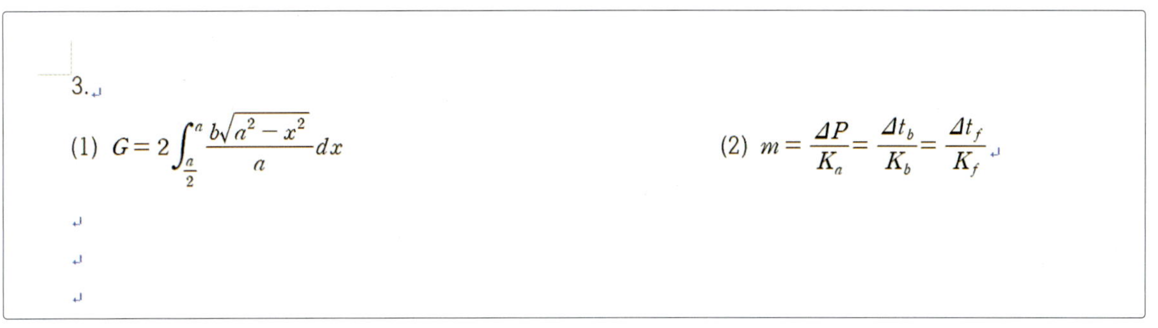

한글 2022 프로그램에서 수식을 입력하면 'HYhwpEQ'와 'HancomEQN' 서체에 따라 조금 다르게 보일 수 있지만, 수식 글꼴은 채점 기준에 포함되지 않습니다. 교재에서는 작업의 일관성을 위해 기본값인 'HancomEQN'으로 통일하여 진행했어요.

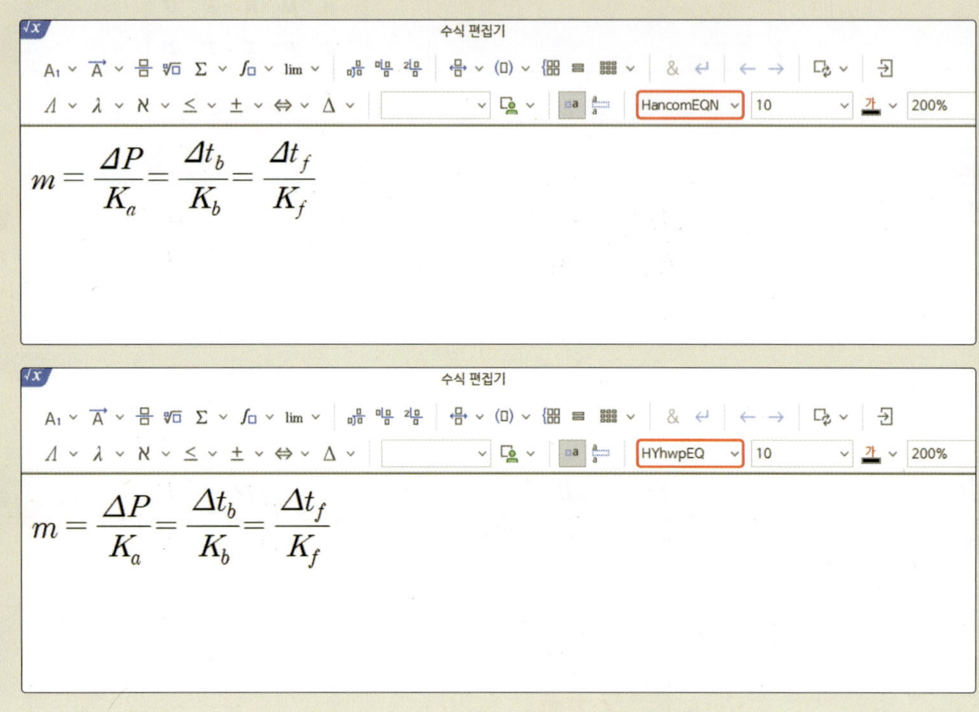

5 작업이 완료되면 서식 도구 상자에서 [**저장하기**(📙)]를 클릭하거나, Alt + S 를 눌러 답안 파일을 저장합니다.

❶ 첨자

A^1 ^1A A_1 $_1A$ $\overset{\circ}{A}$

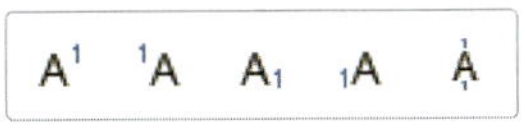

❷ 장식 기호

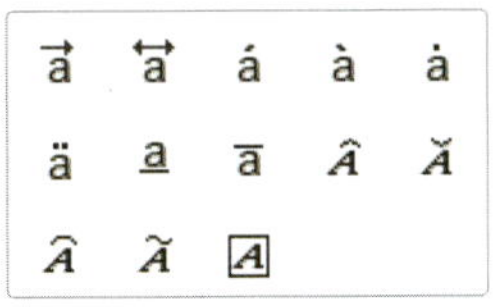

❸ 분수

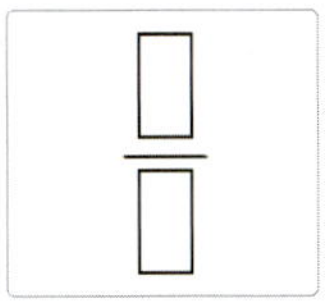

❹ 근호

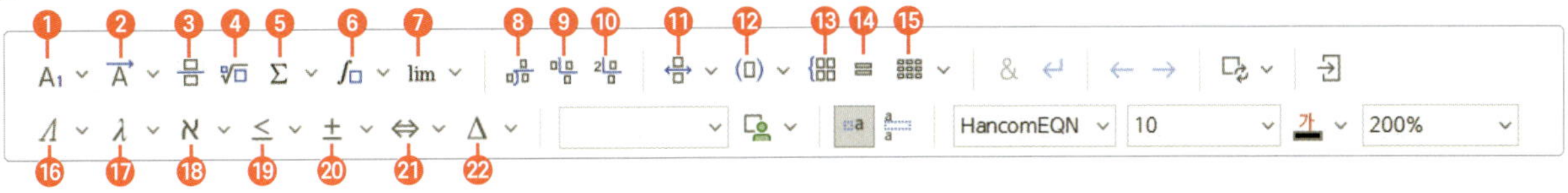

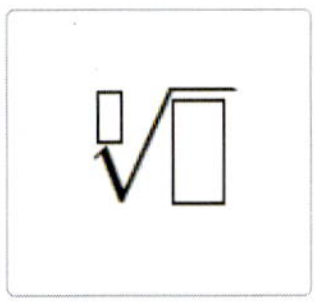

❺ 합

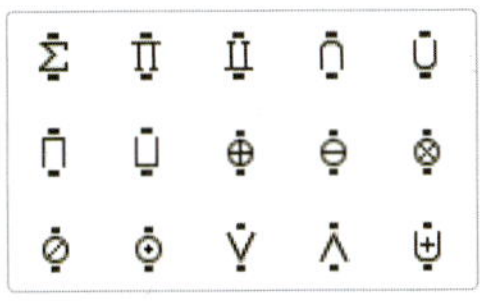

❻ 적분

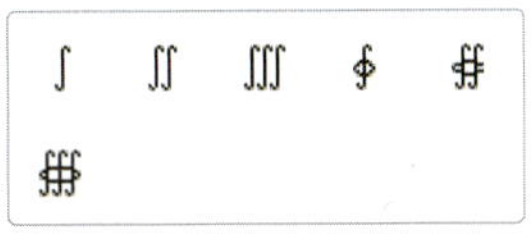

❼ 극한

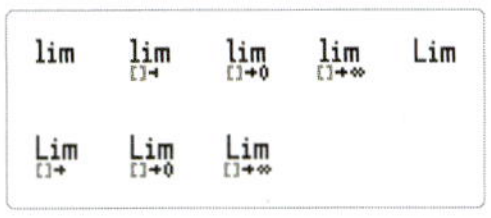

lim lim lim lim Lim
Lim Lim Lim

❽ 세로 나눗셈

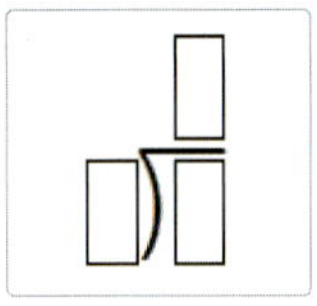

❾ 최소공배수/최대공약수

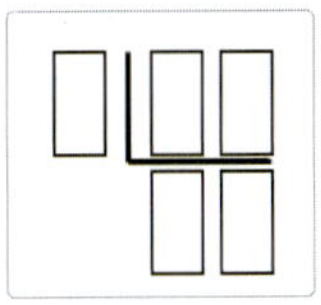

❿ 2진수로 변환

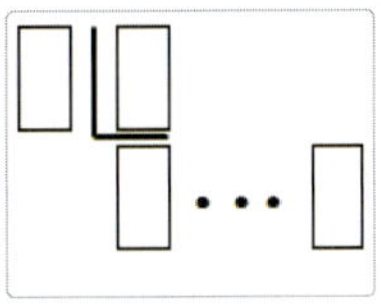

⓫ 상호 관계

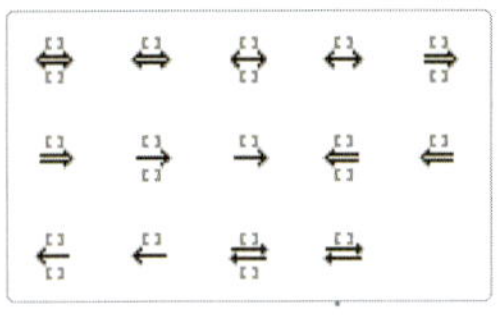

⓬ 괄호

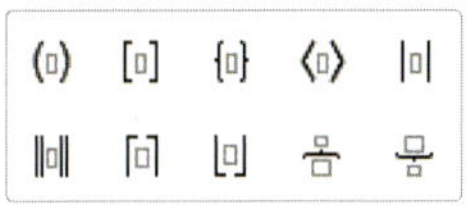

⓭ 경우

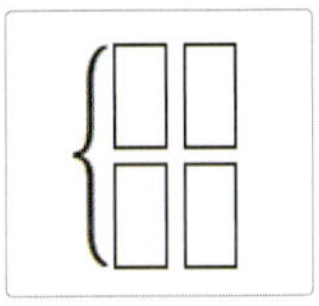

⓮ 세로 쌓기

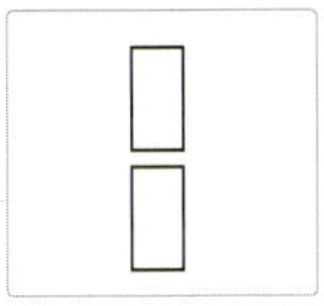

⓯ 행렬

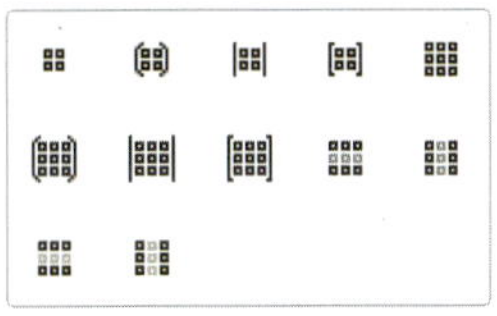

⓰ 그리스 대문자

A B Γ Δ E
Z H Θ I K
Λ M N Ξ O
Π P Σ T Υ
Φ X Ψ Ω

⓱ 그리스 소문자

α β γ δ ε
ζ η θ ι κ
λ μ ν ξ o
π ρ σ τ υ
φ χ ψ ω

⓲ 그리스 기호

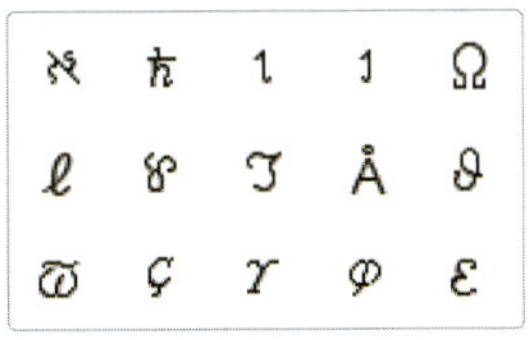

⓳ 합, 집합 기호

⓴ 연산, 논리 기호

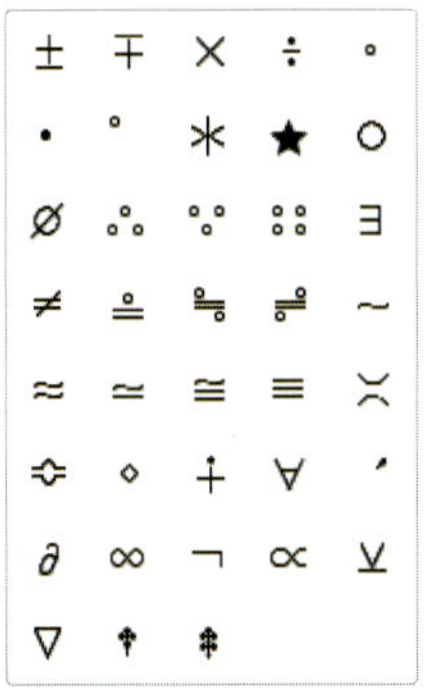

㉑ 화살표

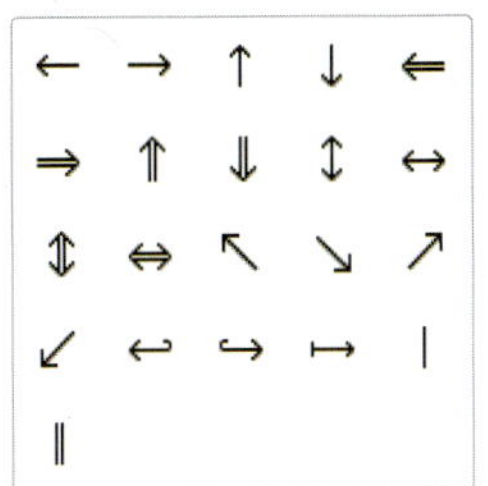

㉒ 기타 기호

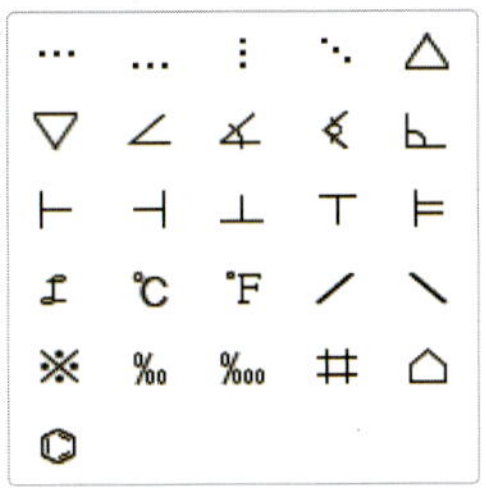

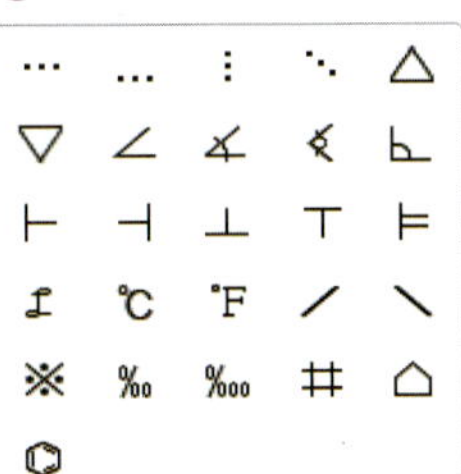

1 다음 (1), (2)의 수식을 수식 편집기로 각각 입력해 보세요.

⊘ **실습파일** : 유형05-1(문제).hwpx ⊘ **완성파일** : 유형05-1(완성).hwpx

《출력형태》

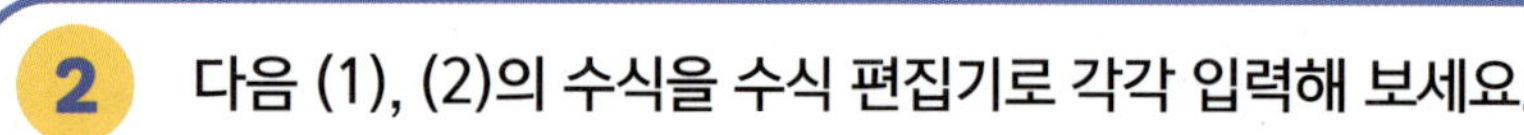

3.

$$(1)\ \ U_a - U_b = \frac{GmM}{a} - \frac{GmM}{b} = \frac{GmM}{2R} \qquad\qquad (2)\ \ V = \frac{1}{R}\int_0^q qdq = \frac{1}{2}\frac{q^2}{R}$$

2 다음 (1), (2)의 수식을 수식 편집기로 각각 입력해 보세요.

⊘ **실습파일** : 유형05-2(문제).hwpx ⊘ **완성파일** : 유형05-2(완성).hwpx

《출력형태》

3.

$$(1)\ \ Q = \frac{F}{h^2} = \frac{1}{3}\frac{N}{h^3}m\overline{g^2} \qquad\qquad (2)\ \ G = 2\int_{\frac{a}{2}}^a \frac{b\sqrt{a^2 - x^2}}{a}dx$$

3 다음 (1), (2)의 수식을 수식 편집기로 각각 입력해 보세요.

⊘ **실습파일** : 유형05-3(문제).hwpx ⊘ **완성파일** : 유형05-3(완성).hwpx

《출력형태》

3.

$$(1)\ \ Q = \lim_{\Delta t \to 0}\frac{\Delta s}{\Delta t} = \frac{d^2 s}{dt^2} + 1 \qquad\qquad (2)\ \ \overline{AB} = \sqrt{(x_2 - x_1)^2 + (y_2 - y_1)^2}$$

4 다음 (1), (2)의 수식을 수식 편집기로 각각 입력해 보세요.

⊘ **실습파일** : 유형05-4(문제).hwpx　⊘ **완성파일** : 유형05-4(완성).hwpx

《출력형태》

3.

(1) $F = 1 - \dfrac{9(9n-1)(9n-2)}{10(10n-1)(10n-2)}$

(2) $\vec{s} = \dfrac{\vec{r_2} - \vec{r_1}}{t_2 - t_1} = \dfrac{\vec{\Delta r}}{\Delta t}$

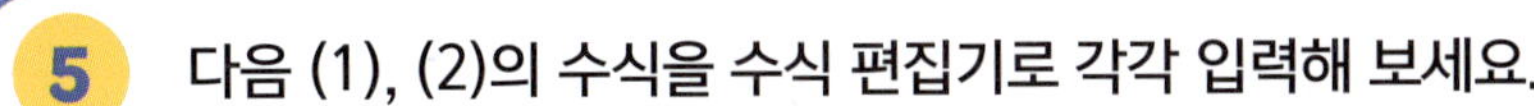

5 다음 (1), (2)의 수식을 수식 편집기로 각각 입력해 보세요.

⊘ **실습파일** : 유형05-5(문제).hwpx　⊘ **완성파일** : 유형05-5(완성).hwpx

《출력형태》

3.

(1) $E = \sqrt{\dfrac{GM}{R}} , \dfrac{R^3}{T^2} = \dfrac{GM}{4\pi^2}$

(2) $\displaystyle\int_0^3 \dfrac{\sqrt{6t^2 - 18t + 12}}{5} dt = 11$

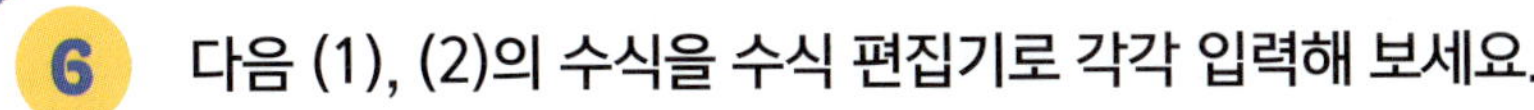

6 다음 (1), (2)의 수식을 수식 편집기로 각각 입력해 보세요.

⊘ **실습파일** : 유형05-6(문제).hwpx　⊘ **완성파일** : 유형05-6(완성).hwpx

《출력형태》

3.

(1) $\dfrac{b}{\sqrt{a^2 + b^2}} = \dfrac{2\tan\theta}{1 + \tan^2\theta}$

(2) $A^3 + \sqrt{\dfrac{gL}{2\pi}} = \dfrac{gT}{2\pi}$

[기능평가 Ⅱ] 도형 그리기

◇ **실습파일** : 06차시(문제).hwpx　　◇ **완성파일** : 06차시(완성).hwpx

[배점] 110점 (500점 만점)

[2페이지] 4. 다음의 《조건》에 따라 《출력형태》와 같이 문서를 작성하시오.

《조건》

(1) 그리기 도구를 이용하여 작성하고, 모든 도형(글맵시, 지정된 그림 포함)을 《출력형태》와 같이 작성하시오.
(2) 도형의 면색은 지시사항이 없으면 색 없음을 제외하고 서로 다르게 임의로 지정하시오.

《출력형태》

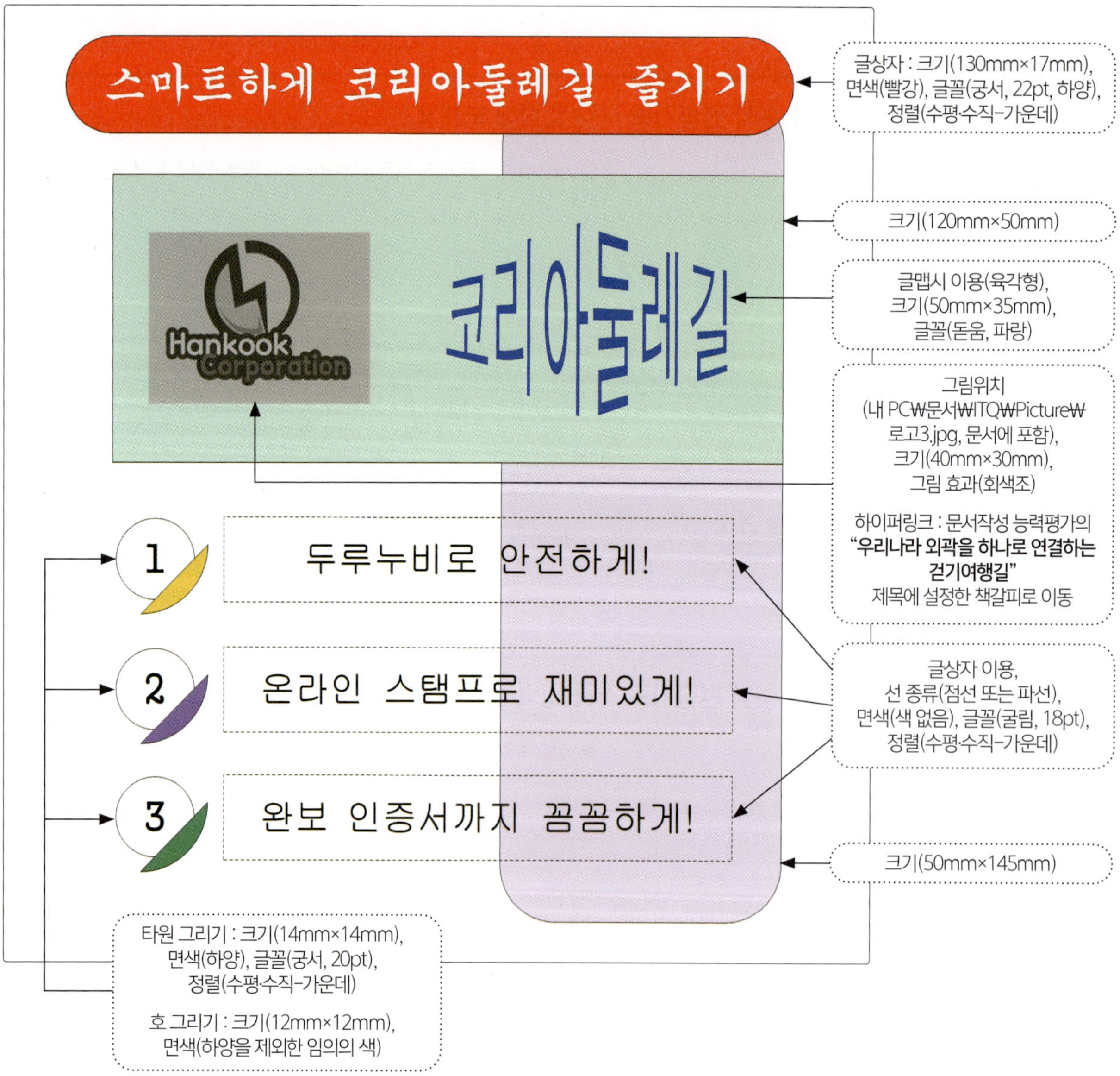

글상자 : 크기(130mm×17mm), 면색(빨강), 글꼴(궁서, 22pt, 하양), 정렬(수평수직-가운데)

크기(120mm×50mm)

글맵시 이용(육각형), 크기(50mm×35mm), 글꼴(돋움, 파랑)

그림위치 (내 PC￦문서￦ITQ￦Picture￦로고3.jpg, 문서에 포함), 크기(40mm×30mm), 그림 효과(회색조)

하이퍼링크 : 문서작성 능력평가의 **"우리나라 외곽을 하나로 연결하는 걷기여행길"** 제목에 설정한 책갈피로 이동

글상자 이용, 선 종류(점선 또는 파선), 면색(색 없음), 글꼴(굴림, 18pt), 정렬(수평수직-가운데)

크기(50mm×145mm)

타원 그리기 : 크기(14mm×14mm), 면색(하양), 글꼴(궁서, 20pt), 정렬(수평-수직-가운데)

호 그리기 : 크기(12mm×12mm), 면색(하양을 제외한 임의의 색)

배경 도형 작성 › 글상자 작성 › 그림&글맵시 삽입 › 목차 도형 작성 › 책갈피&하이퍼링크 적용

Check 01 배경 도형 및 글상자 : 뒤쪽과 중간 도형 및 제목을 작업해요!

뒤쪽 도형 작성 　 중간 도형 작성 　 글상자 작성

Check 02 그림과 글맵시 : 로고를 흑백으로 삽입하고 글맵시를 추가해요!

로고 추가 　 회색조 작업 　 글맵시 작성

Check 03 목차 도형 및 글상자 : 도형과 글상자를 이용하여 목차를 완성해요!

2개 도형 작성 　 글상자 작성 　 개체 복사 후 내용 수정

맨 뒤쪽 도형 삽입하기

(1) 그리기 도구를 이용하여 작성하고, 모든 도형(글맵시, 지정된 그림 포함)을 《출력형태》와 같이 작성하시오.
(2) 도형의 면색은 지시사항이 없으면 색 없음을 제외하고 서로 다르게 임의로 지정하시오.
 · 크기(50mm×145mm)

1 한글 2022 프로그램을 실행한 후 [06차시] 폴더에서 **06차시(문제).hwpx** 파일을 불러옵니다.

✦ Alt + O 를 눌러 파일을 불러오는 방법도 있어요.

2 두 번째 페이지의 4. 아랫줄에 커서를 위치시킨 후 [입력] 탭에서 [**직사각형(□)**]을 클릭합니다.

3 적당한 위치에 드래그하여 직사각형 도형을 삽입한 후 도형의 서식을 변경하기 위해 더블클릭합니다.

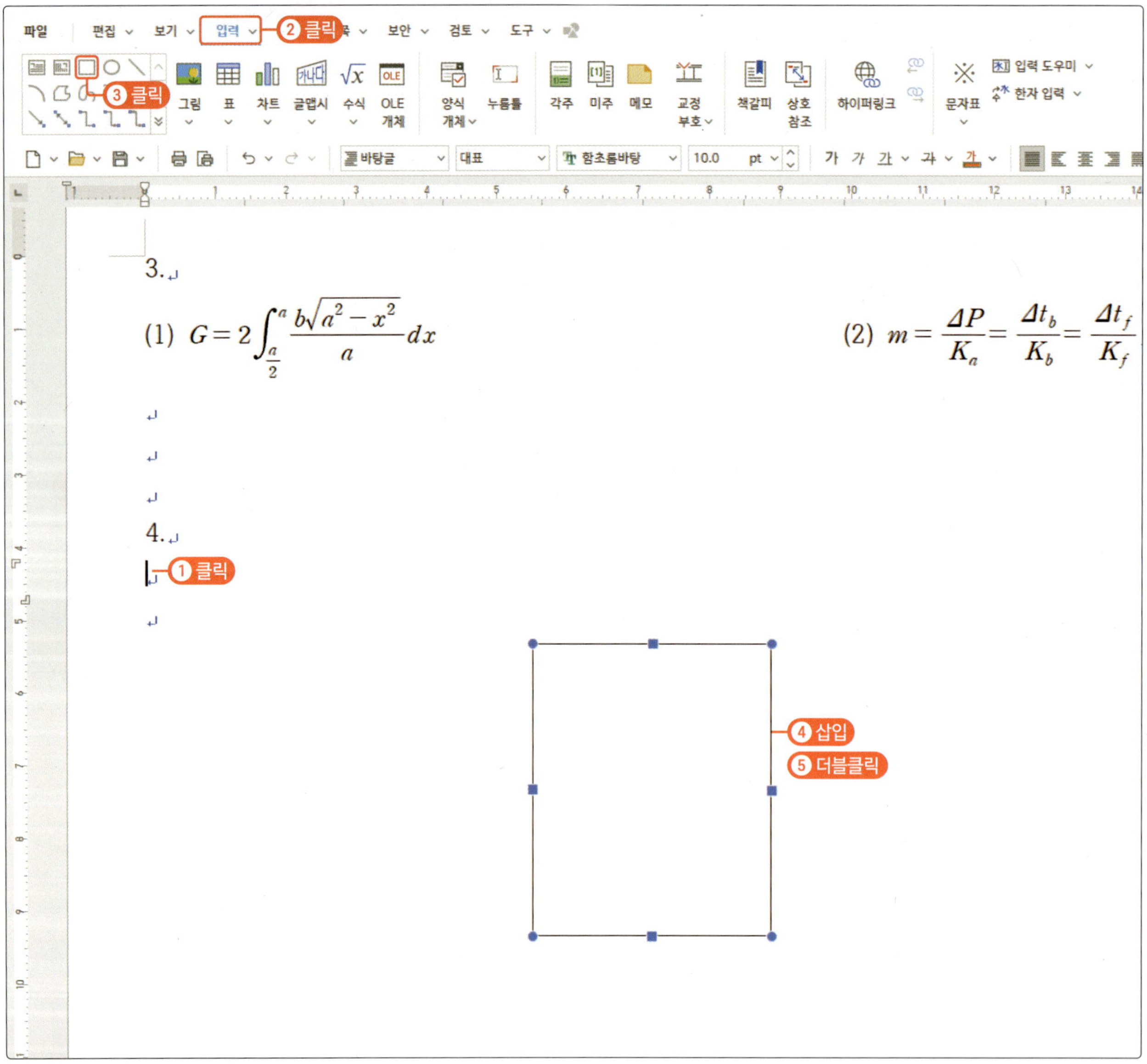

ITQ 꿀팁

맨 뒤쪽 도형을 먼저 만든 후 앞쪽 도형을 차례대로 작성하는 것이 좋아요.

4 [기본] 탭에서 **크기**를, [선] 탭에서 **모서리 곡률**을, [채우기] 탭에서 **면 색**을 지정합니다.

★ '크기 고정' 항목에 체크하면 개체의 너비와 높이가 변경되는 것을 방지할 수 있어요.

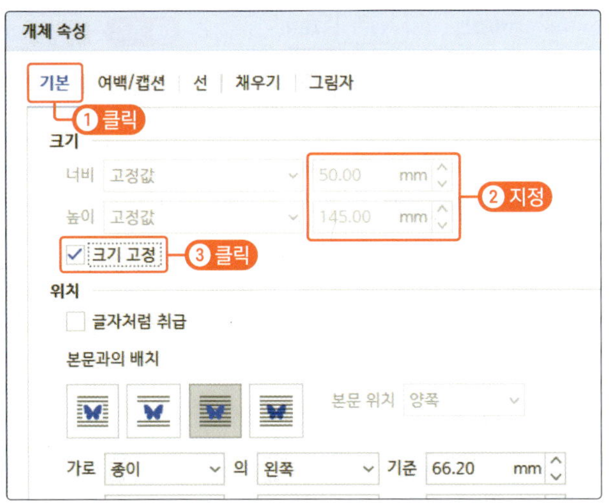

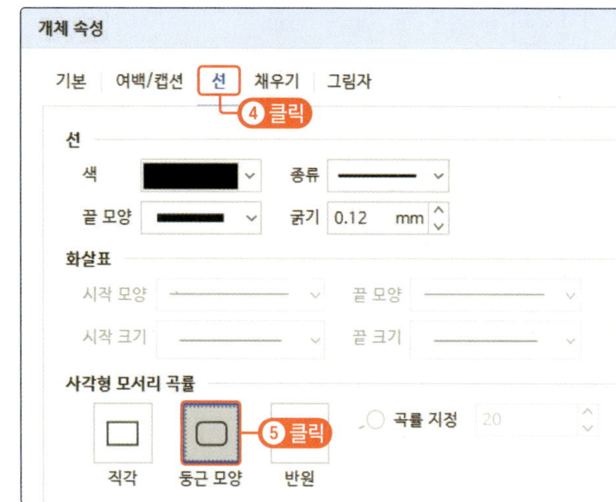

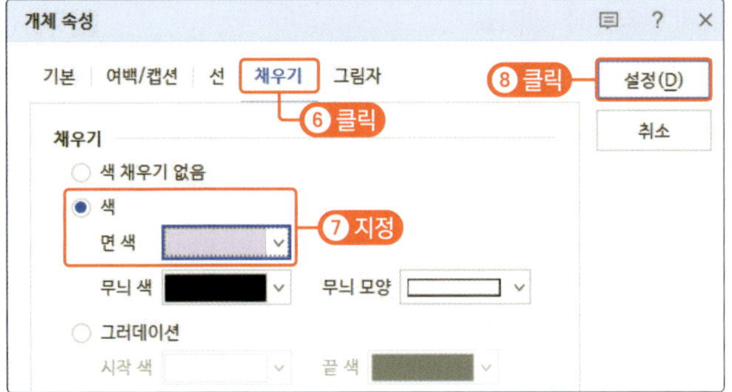

ITQ 꿀팁

· 도형 면 색에 대한 별도의 지시사항이 없으면 '채우기 없음', '하양', '검정'을 제외한 임의의 색상으로 지정합니다.
· 사각형 모서리 곡률은 《출력형태》를 참고하여 작업합니다.

 **STEP 02** 중간 도형 삽입하기

(1) 그리기 도구를 이용하여 작성하고, 모든 도형(글맵시, 지정된 그림 포함)을 《출력형태》와 같이 작성하시오.
(2) 도형의 면색은 지시사항이 없으면 색 없음을 제외하고 서로 다르게 임의로 지정하시오.
  · 크기(120mm×50mm)

1 [입력] 탭에서 **[직사각형(□)]**을 선택하여 적당한 위치에 도형을 삽입한 후 더블클릭합니다.

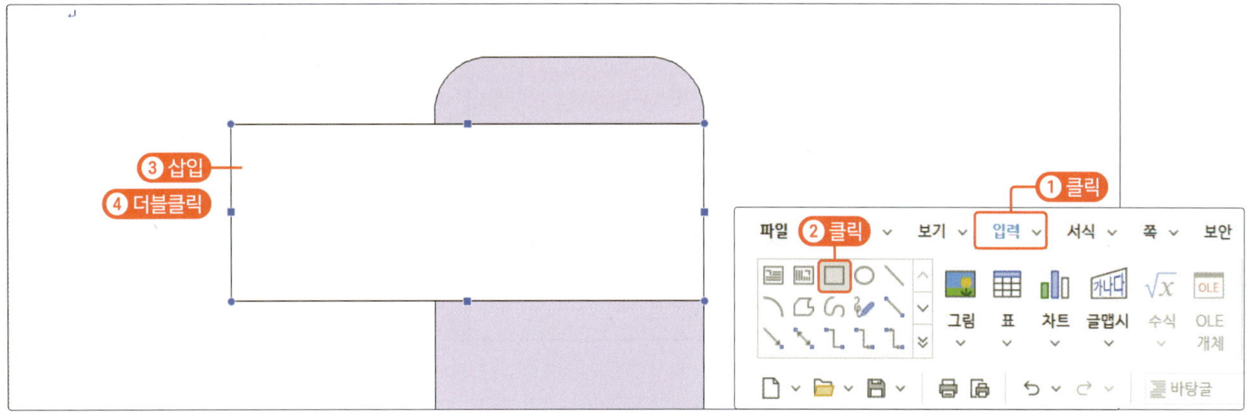

2 [기본] 탭에서 **크기**를, [채우기] 탭에서 **면 색**을 지정합니다.

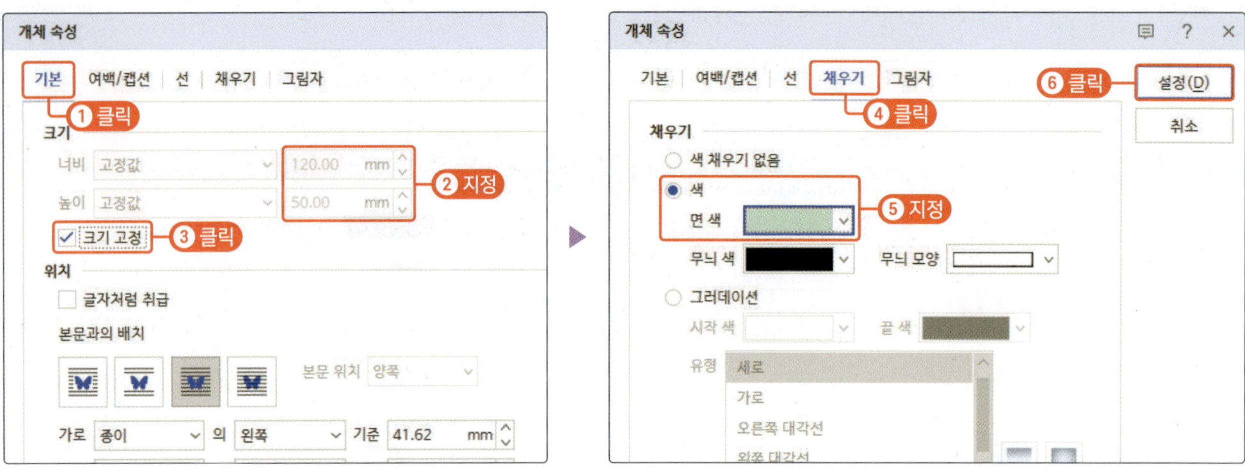

3 도형이 완성되면 076페이지의 《출력형태》를 참고하여 적당한 위치로 이동합니다.

★ 키보드 방향키(↑,↓,←,→)를 눌러 도형의 위치를 세밀하게 변경할 수 있어요.

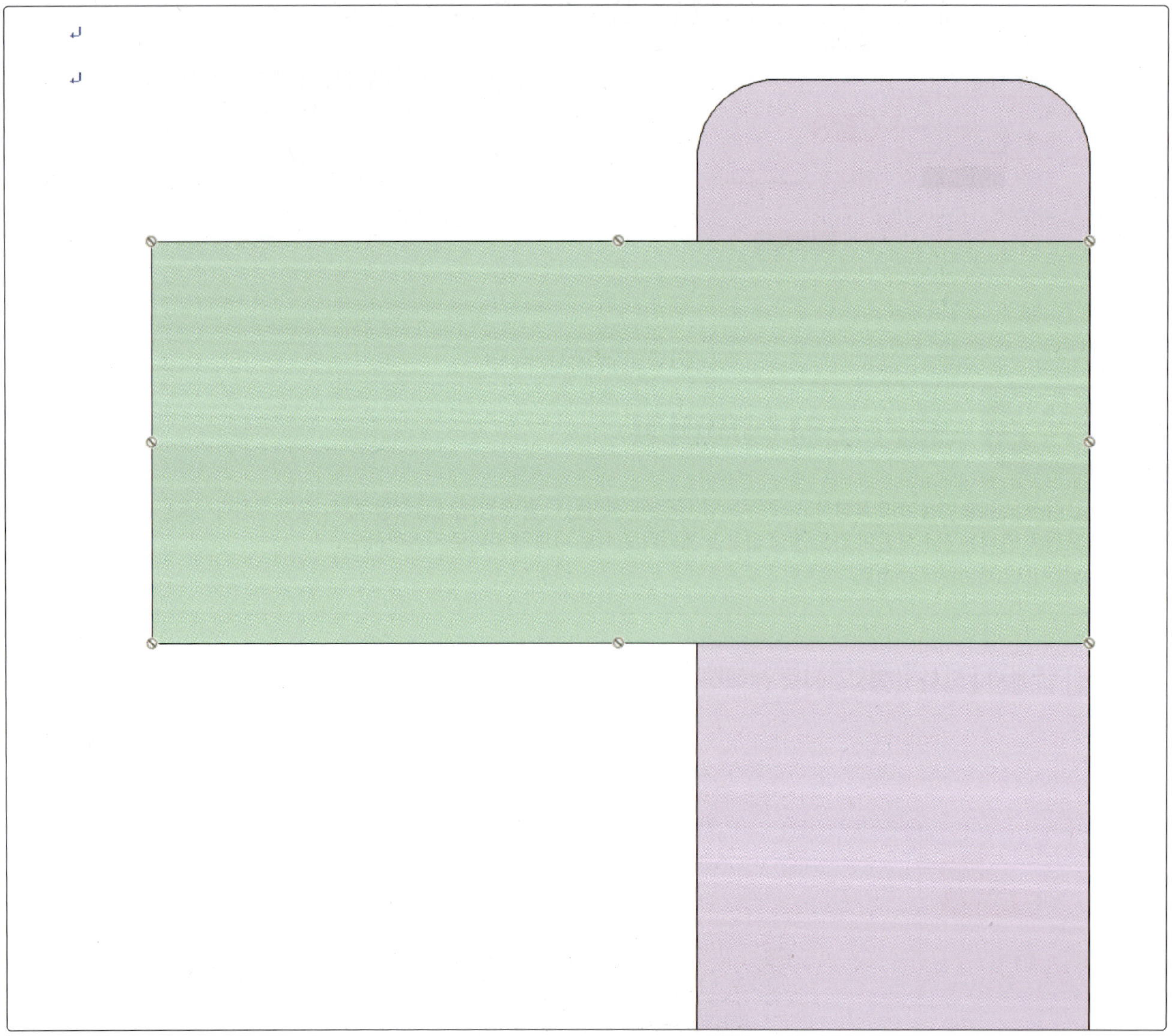

Level UP　　**겹쳐진 도형의 순서 변경하기**

2개 이상 겹쳐진 도형의 순서를 변경해야 하는 경우에는 도형을 우클릭한 다음 [순서]–[맨 앞으로] 또는 [순서]–[맨 뒤로]를 선택합니다.

▲ 중간 도형을 [맨 뒤로] 보냈을 때

STEP 03 제목 글상자 삽입하기

(1) 그리기 도구를 이용하여 작성하고, 모든 도형(글맵시, 지정된 그림 포함)을 《출력형태》와 같이 작성하시오.
　· 글상자 : 크기(130mm×17mm), 면색(빨강), 글꼴(궁서, 22pt, 하양), 정렬(수평·수직-가운데)

1 [입력] 탭에서 [가로 글상자()]를 선택하여 적당한 위치에 삽입한 후 더블클릭합니다.

★ 글상자는 개체의 테두리를 더블클릭하여 [개체 속성] 대화상자로 이동할 수 있어요.

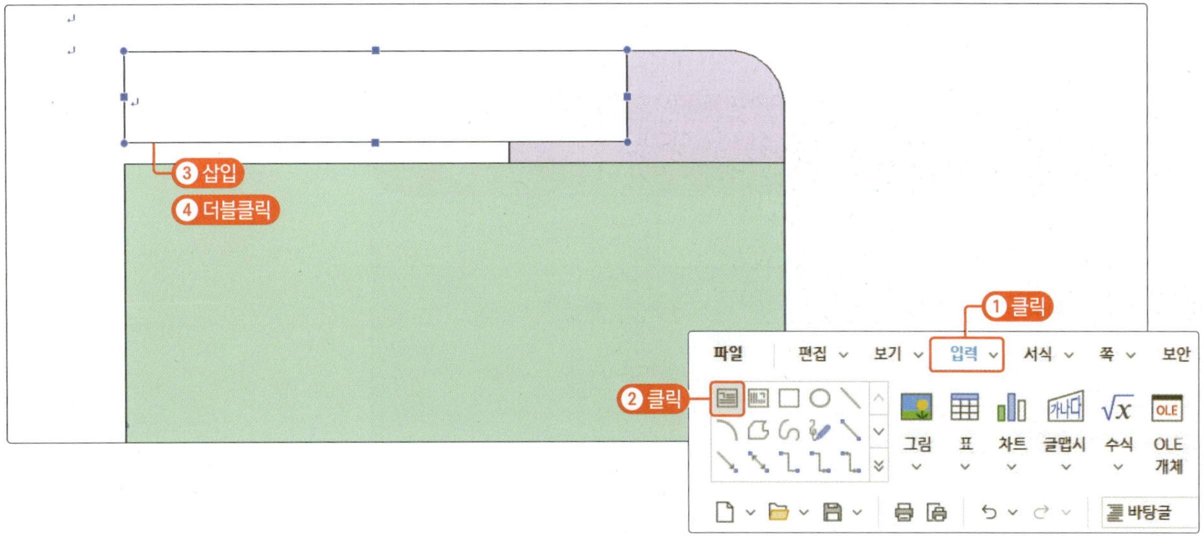

2 [기본] 탭에서 **크기**를, [선] 탭에서 **모서리 곡률**을, [채우기] 탭에서 **면 색**을 지정합니다.

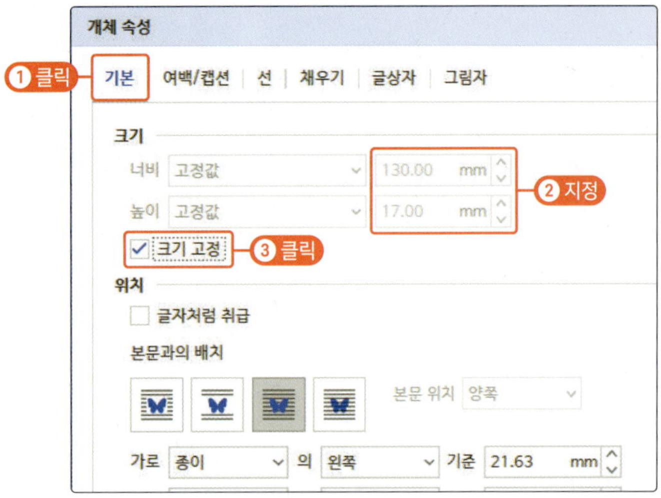

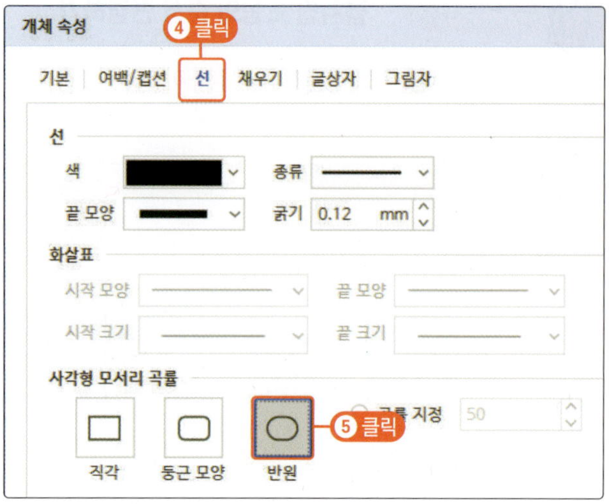

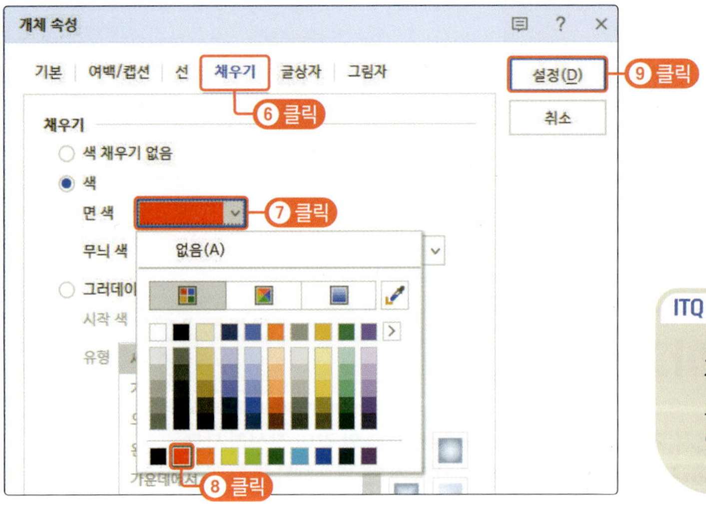

ITQ 꿀팁

제목 글상자 도형의 면 색은 《조건》에 제시된 색상으로 지정하며, '파랑'과 '빨강'이 주로 출제되고 있어요.

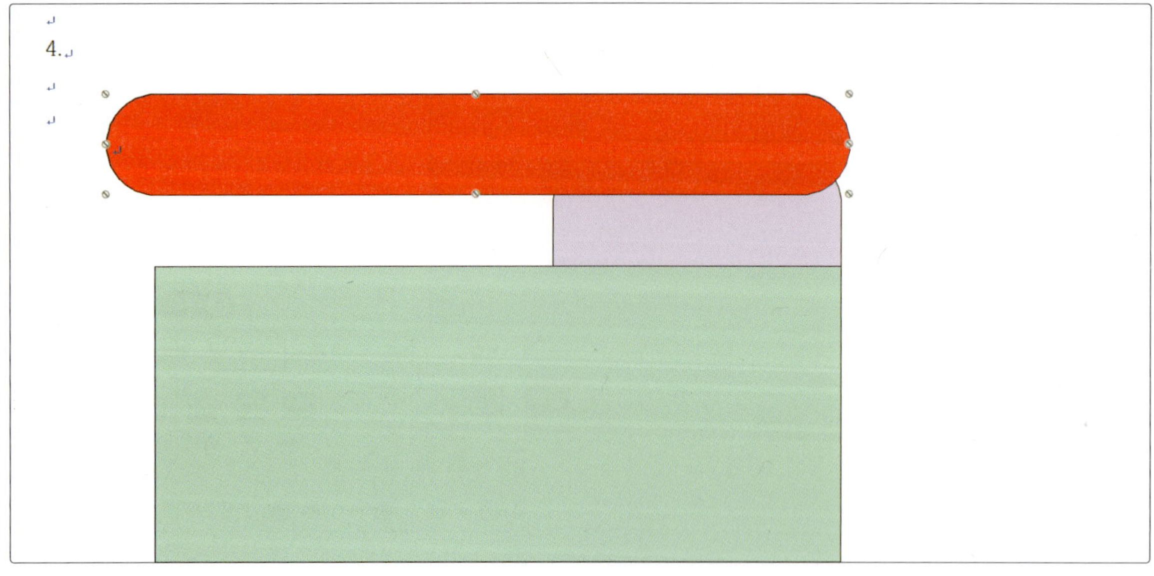

3 글상자가 완성되면 《출력형태》를 참고하여 적당한 위치로 이동합니다.

✱ 삽입된 개체들의 위치를 조정하여 《출력형태》와 비슷하게 맞춰주세요.

4 `Esc`를 눌러 글상자 선택을 해제한 후 글상자 안쪽을 클릭하여 필요한 내용을 입력합니다.

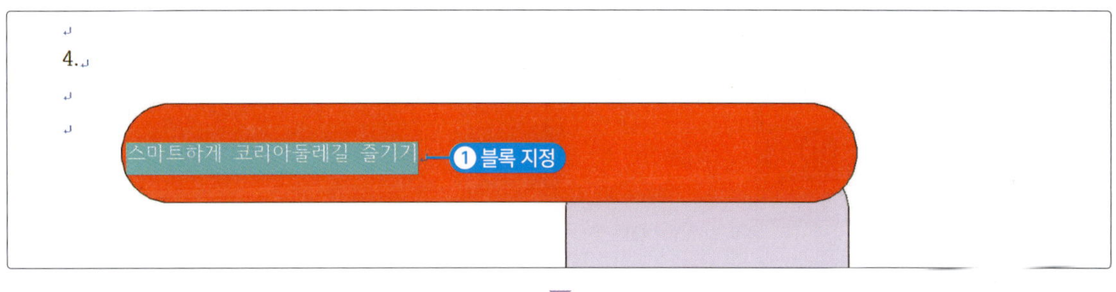

5 입력된 내용을 블록으로 지정한 다음 서식 도구 상자에서 글꼴 서식을 지정합니다.

★ 글꼴을 변경할 때는 [모든 글꼴] 목록에서 찾아 선택해 주세요.

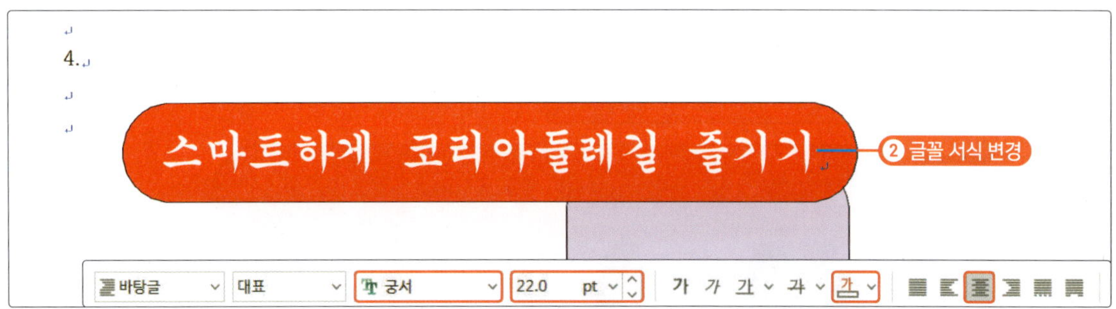

ITQ 꿀팁

글꼴은 '궁서, 돋움, 굴림', 글자 크기는 '20~24pt'가 주로 출제되며, 글자색은 '하양', 정렬은 '수평·수직-가운데'가 고정적으로 출제되고 있어요.

STEP 04 그림 삽입하기

(1) 그리기 도구를 이용하여 작성하고, 모든 도형(글맵시, 지정된 그림 포함)을 《출력형태》와 같이 작성하시오.
- 그림위치(내 PC₩문서₩ITQ₩Picture₩로고3.jpg, 문서에 포함), 크기(40mm×30mm), 그림 효과(회색조)

1 로고 이미지를 삽입하기 위해 [입력] 탭-**[그림]**을 클릭합니다.

★ Ctrl+N, I를 눌러 그림을 삽입하는 방법도 있어요.

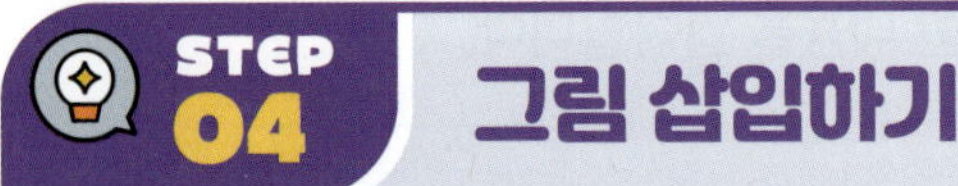

2 [내 PC]-[문서]-[ITQ]-[Picture] 폴더에서 **로고3.jpg**를 선택한 후 옵션을 변경하여 삽입합니다.

3 삽입된 그림의 속성을 변경하기 위해 더블클릭합니다.

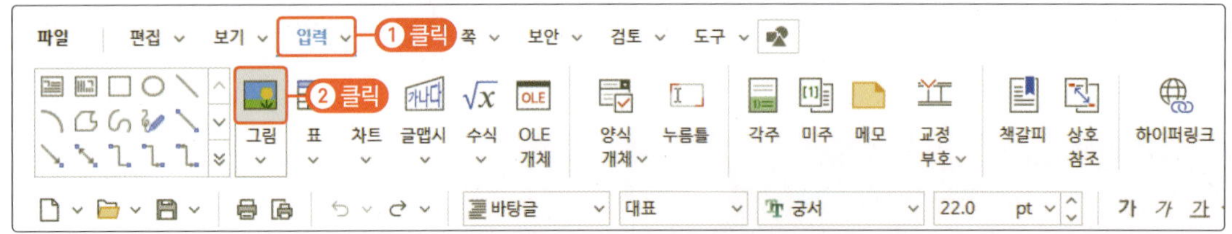

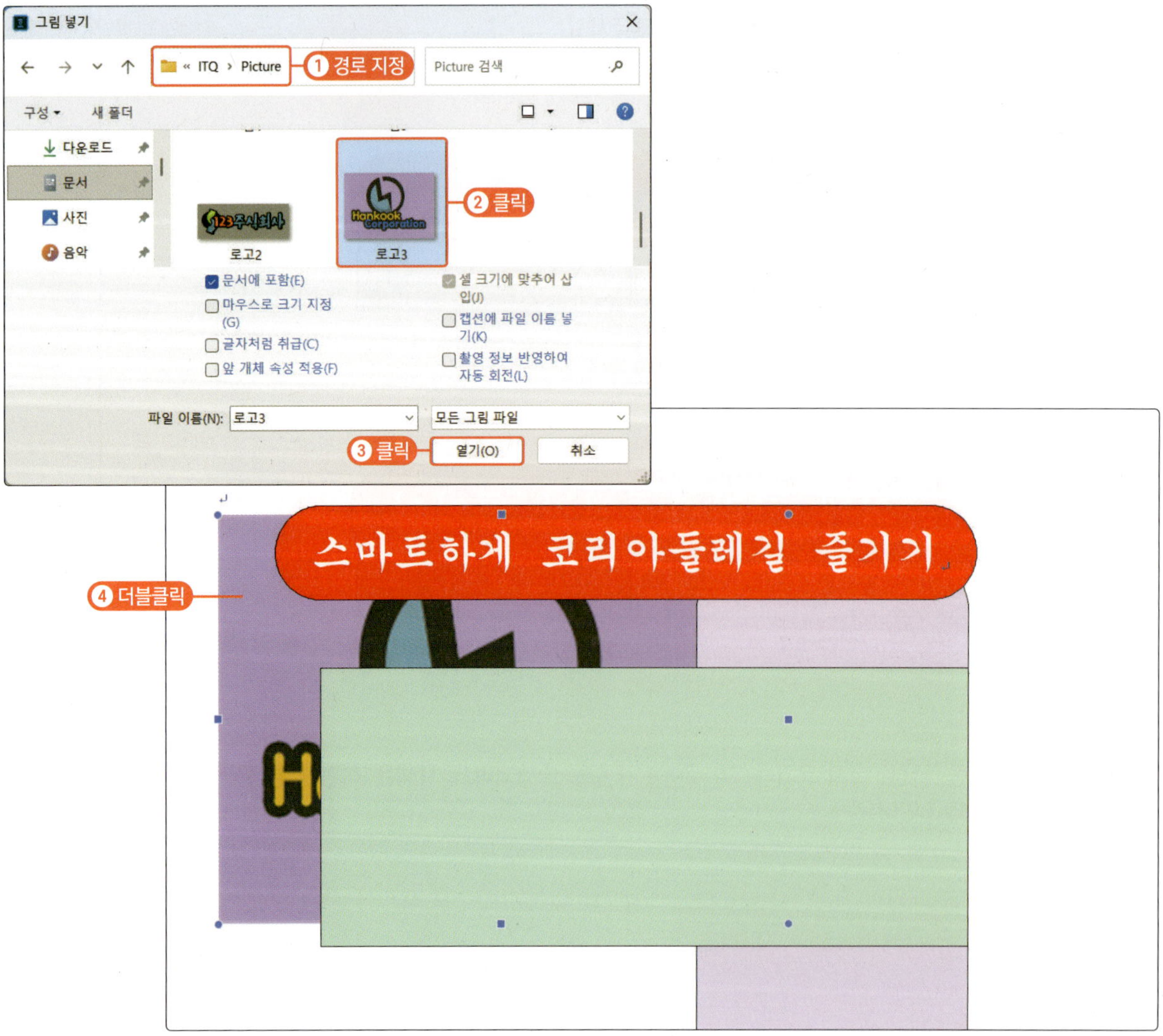

4 [기본] 탭에서 **크기**와 **배치 옵션**을 지정한 후 [그림] 탭에서 **회색조**를 선택합니다.

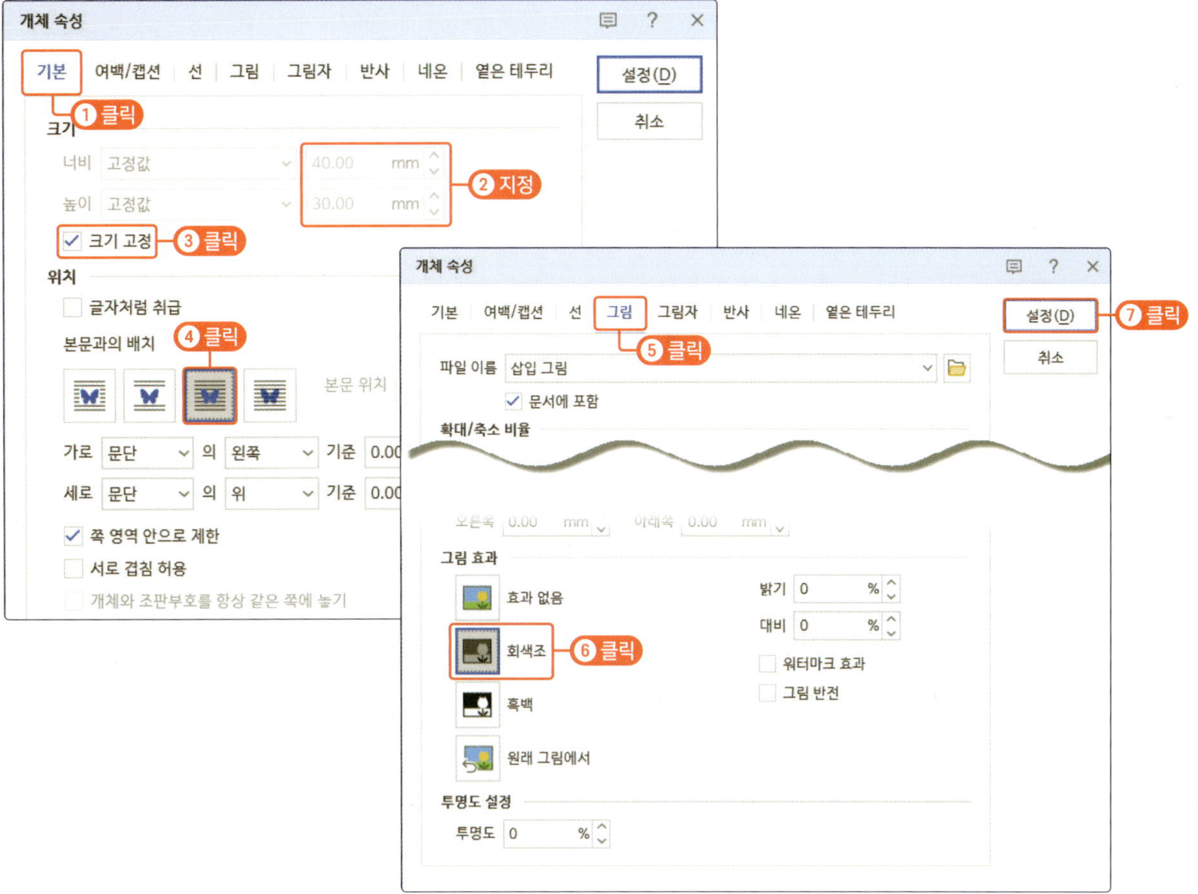

5 그림 속성이 변경되면 076페이지의 《출력형태》를 참고하여 적당한 위치로 이동합니다.

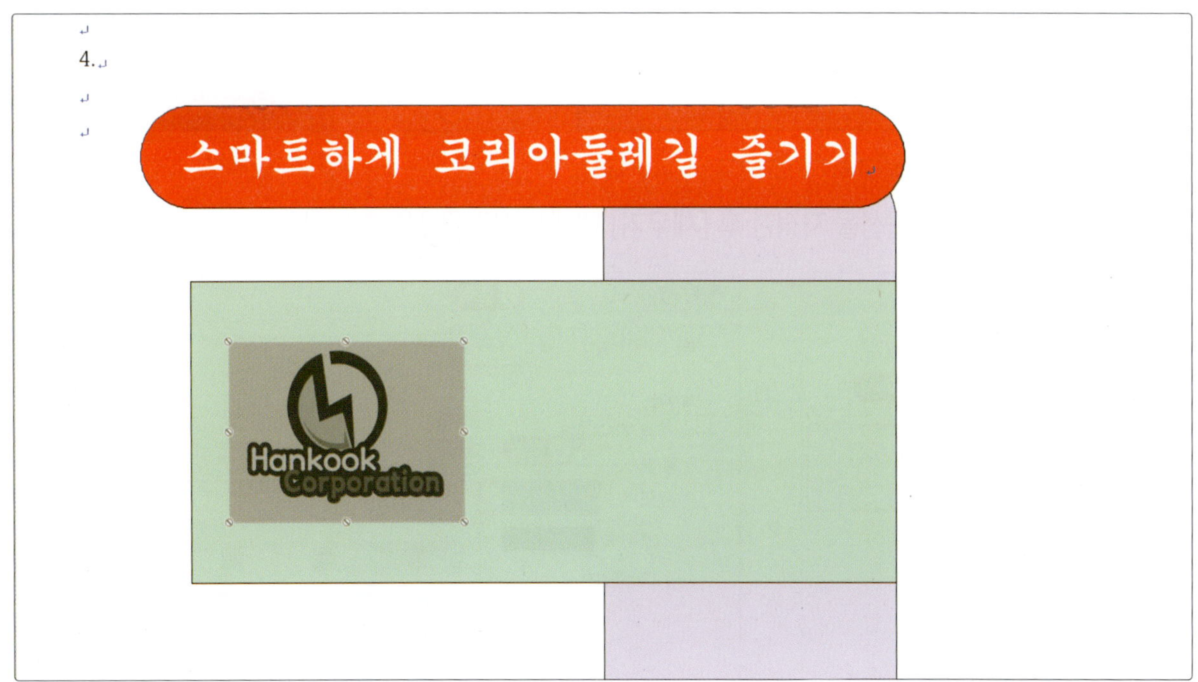

(1) 그리기 도구를 이용하여 작성하고, 모든 도형(글맵시, 지정된 그림 포함)을 《출력형태》와 같이 작성하시오.
　• 글맵시 이용(육각형), 크기(50mm×35mm), 글꼴(돋움, 파랑)

1 글맵시 삽입을 위해 [입력] 탭에서 **[글맵시]**를 클릭합니다.

2 글맵시의 내용을 입력한 후 모양, 글꼴을 지정하여 글맵시를 추가합니다.

3 글맵시의 속성을 변경하기 위해 삽입된 글맵시를 더블클릭합니다.

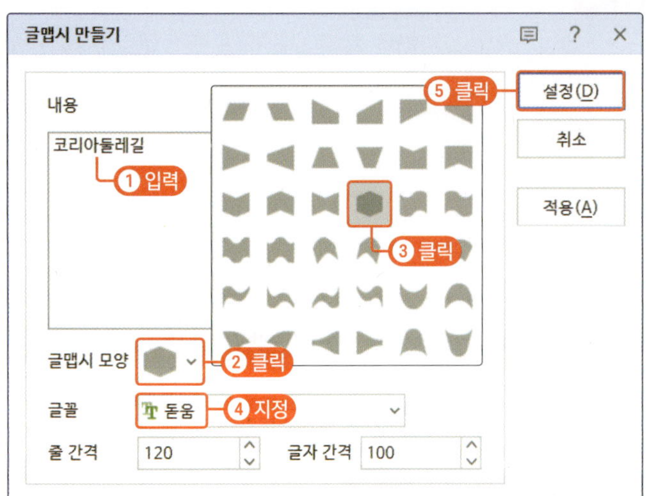

4 [기본] 탭에서 크기와 배치 옵션을 지정한 후 **[채우기]** 탭에서 파랑을 선택합니다.

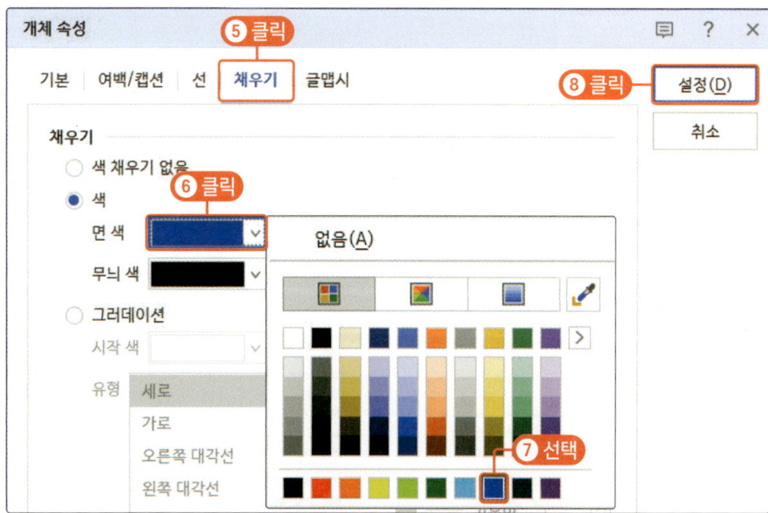

❶ 글맵시의 모양은 '육각형', '나비넥타이' 유형이 자주 출제되고 있습니다. 이 외에 도 '팽창', '물결 1', '갈매기형 수장', '역갈매기형 수장' 등 다양한 모양들이 출제된 적이 있으므로, 각 모양의 위치와 특징을 잘 익혀두는 것이 좋아요.

❷ 글맵시 색상은 '빨강'과 '파랑'이 번갈아 출제되고 있습니다. 문제지에 제시된 색상 조건을 정확히 확인한 후 동일한 색을 글맵시에 적용해 주세요.

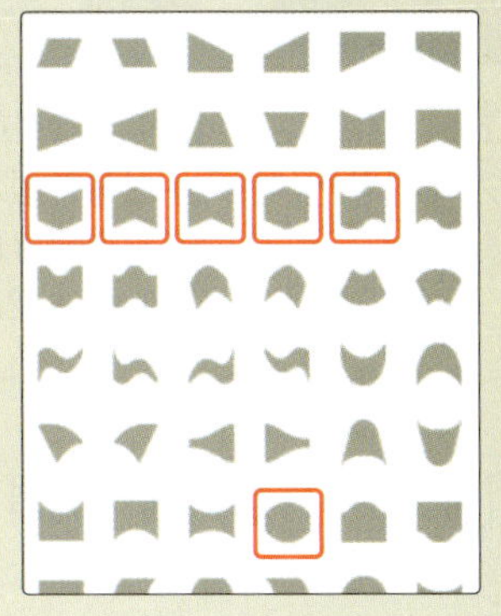

5 글맵시 속성이 변경되면 《출력형태》를 참고하여 각 개체들을 적당한 위치에 배치합니다.

★ Shift 를 누른 채 이동할 개체들을 하나씩 선택하면 여러 개의 개체를 한 번에 이동할 수 있어요.

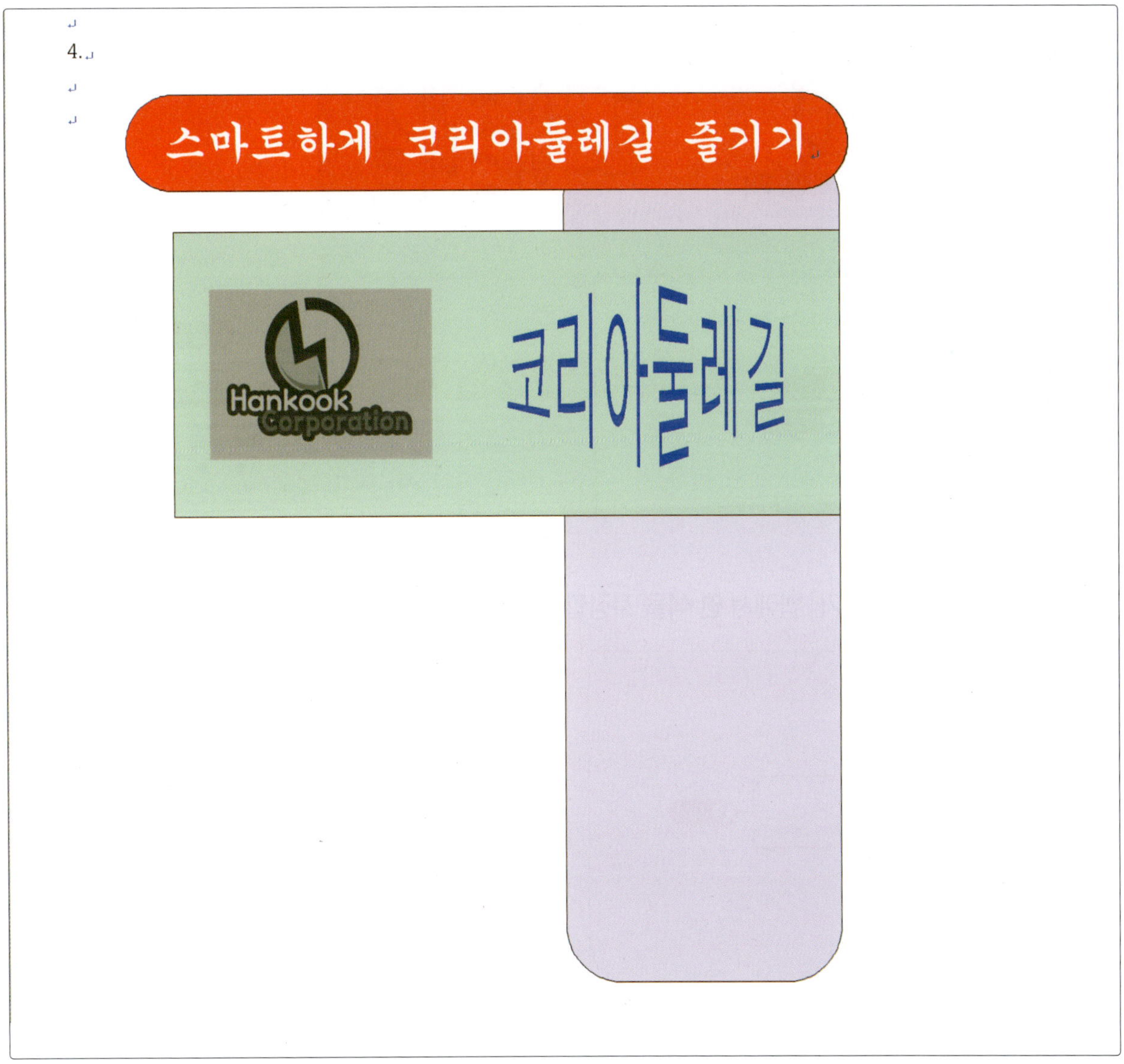

(1) 그리기 도구를 이용하여 작성하고, 모든 도형(글맵시, 지정된 그림 포함)을 《출력형태》와 같이 작성하시오.
(2) 도형의 면색은 지시사항이 없으면 색 없음을 제외하고 서로 다르게 임의로 지정하시오.
　　· 타원 그리기 : 크기(14mm×14mm), 면색(하양), 글꼴(궁서, 20pt), 정렬(수평·수직-가운데)
　　· 호 그리기 : 크기(12mm×12mm), 면색(하양을 제외한 임의의 색)

1 [입력] 탭에서 [타원(◯)]을 선택하여 적당한 위치에 도형을 삽입한 후 더블클릭합니다.

★ 목차 도형은 《출력형태》를 참고하여 뒤쪽에 배치될 도형부터 작업하는 것이 편리해요.

2 [기본] 탭에서 **크기**를, [채우기] 탭에서 **면 색**을 지정합니다.

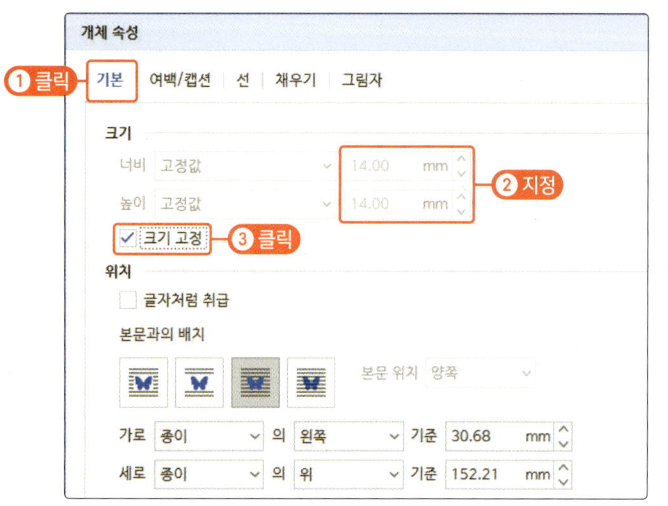

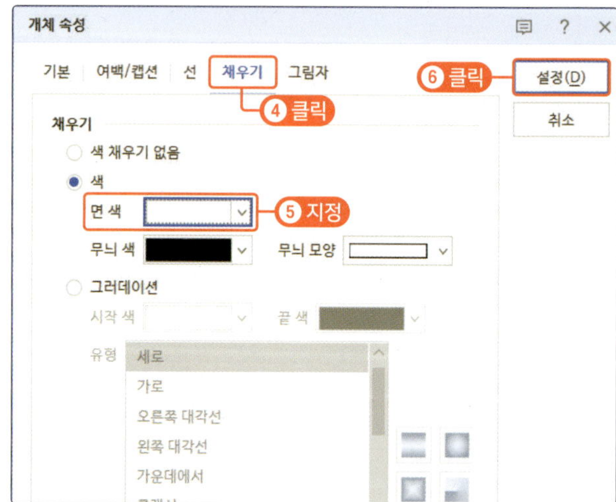

3 도형 위에서 우클릭하여 [도형 안에 글자 넣기]를 선택한 다음 1을 입력합니다.

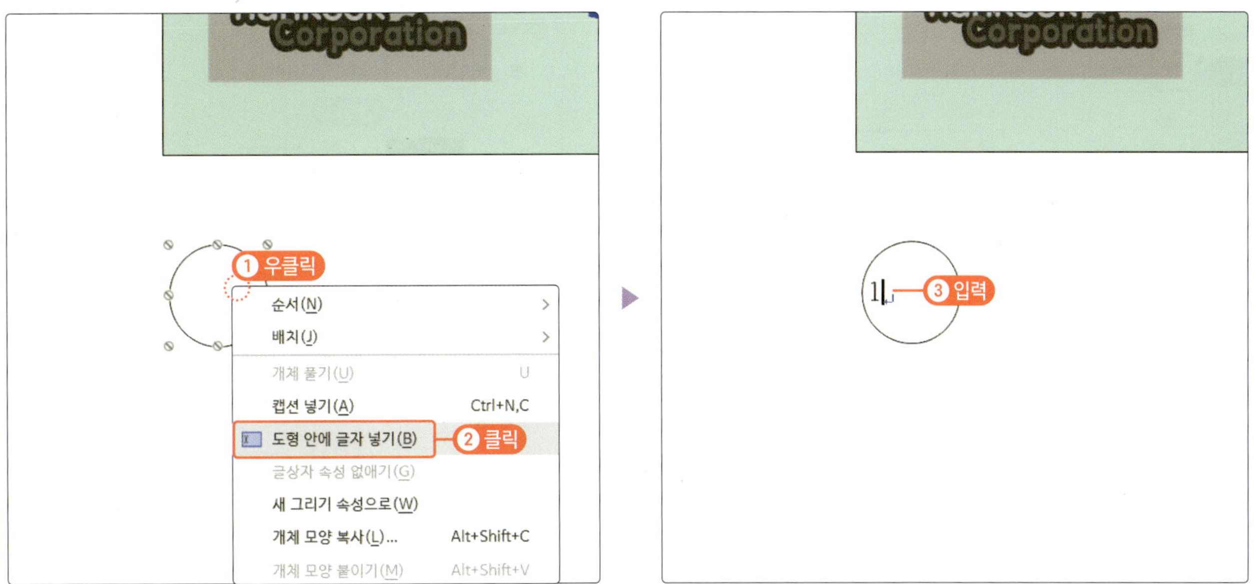

4 입력된 내용을 블록으로 지정한 다음 서식 도구 상자에서 글꼴 서식을 변경합니다.

★ 글꼴을 변경할 때는 [모든 글꼴] 목록에서 찾아 선택해 주세요.

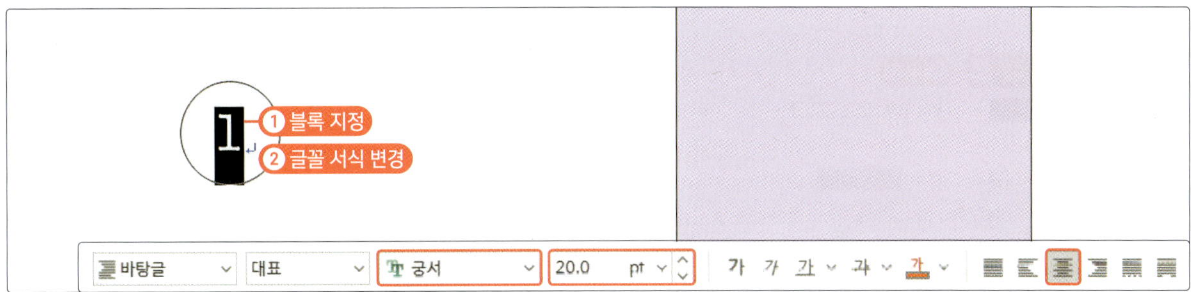

5 [입력] 탭에서 [호(⌒)]를 선택하여 적당한 위치에 도형을 삽입한 후 더블클릭합니다.

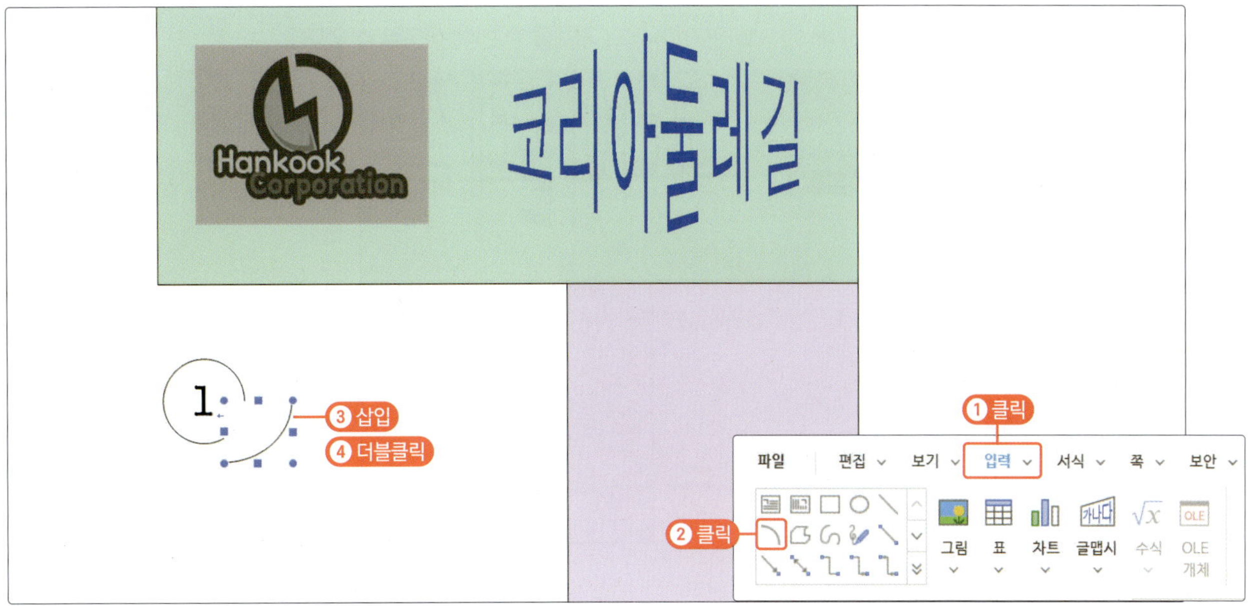

6 [기본] 탭-**크기**, [선] 탭-**테두리 모양**, [채우기] 탭-**면 색**을 지정합니다.

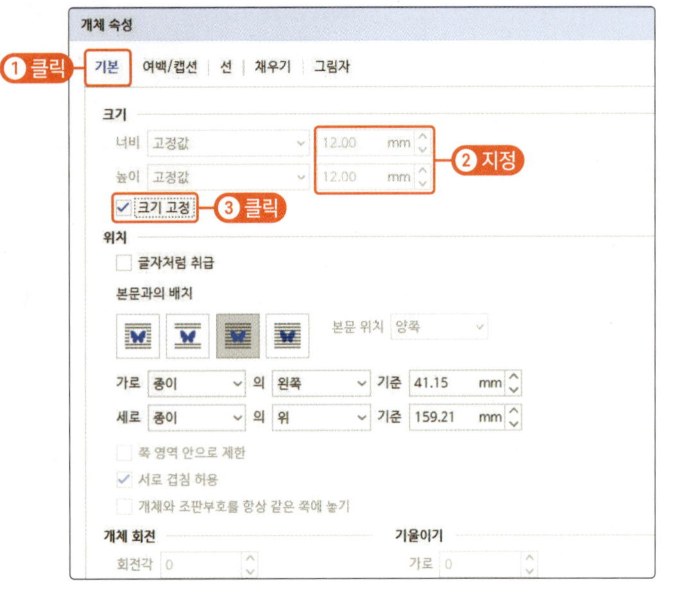
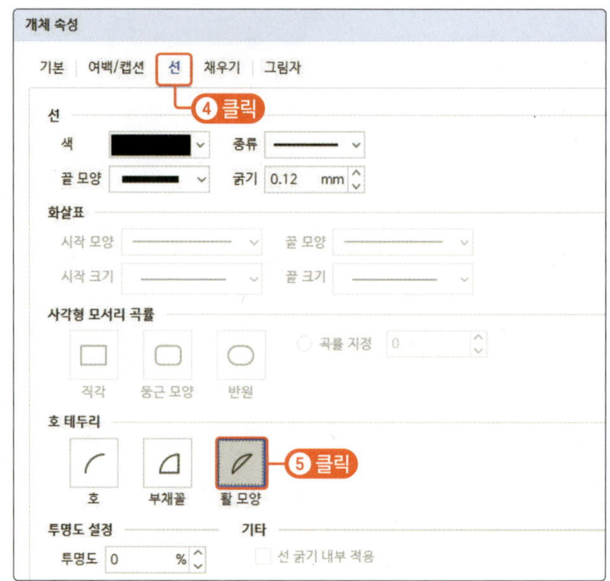
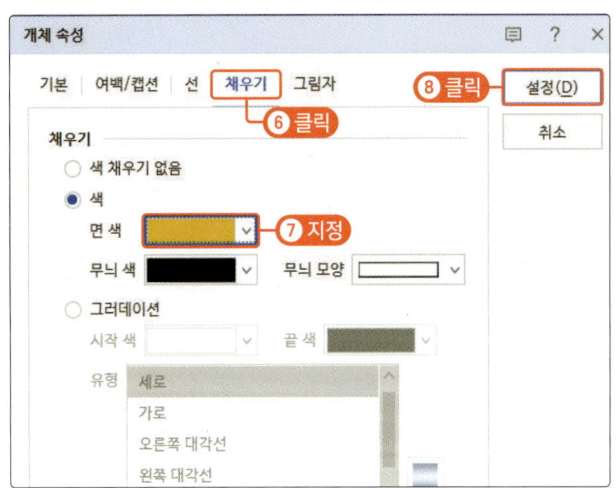

7 도형 편집이 완료되면 076페이지의 《출력형태》를 참고하여 각 개체들을 적당한 위치에 배치합니다.

★ Shift 를 누른 채 이동할 개체들을 하나씩 선택하면 여러 개의 개체를 한 번에 이동할 수 있어요.

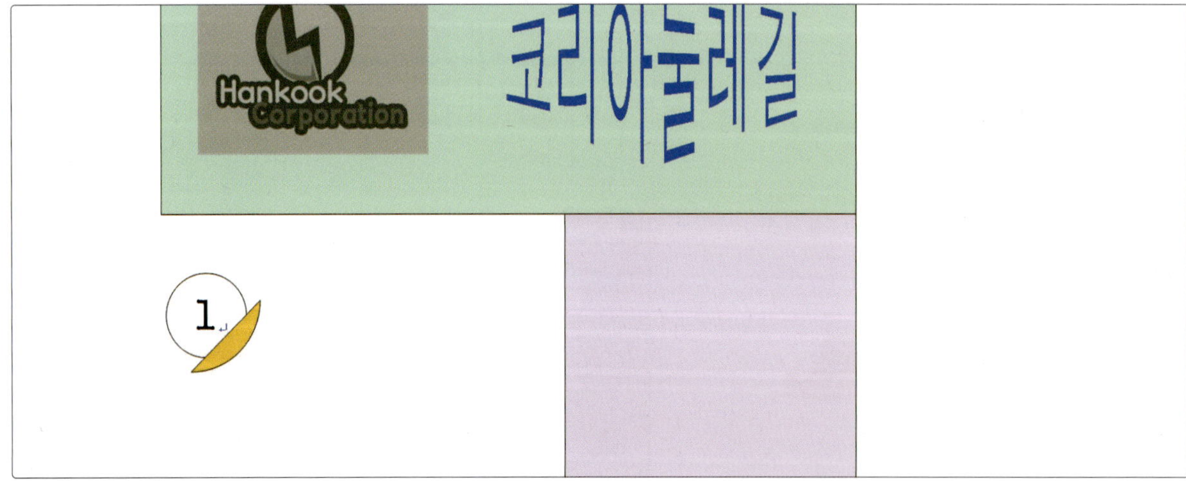

STEP 07 목차 글상자 삽입하기

(1) 그리기 도구를 이용하여 작성하고, 모든 도형(글맵시, 지정된 그림 포함)을 《출력형태》와 같이 작성하시오.
(2) 도형의 면색은 지시사항이 없으면 색 없음을 제외하고 서로 다르게 임의로 지정하시오.
　　• 글상자 이용, 선 종류(점선 또는 파선), 면색(색 없음), 글꼴(굴림, 18pt), 정렬(수평·수직-가운데)

1 [입력] 탭에서 [가로 글상자(▣)]를 선택하여 적당한 위치에 도형을 삽입한 후 더블클릭합니다.

✿ 글상자는 개체의 테두리를 더블클릭하여 [개체 속성]으로 이동할 수 있어요.

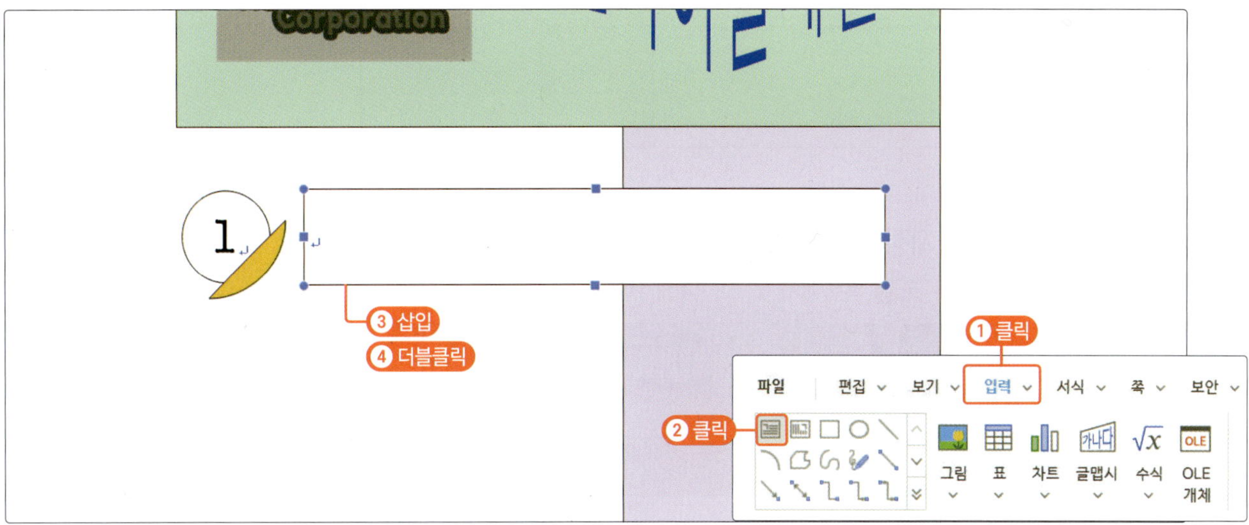

2 [선] 탭에서 **종류**를 변경한 다음 [채우기] 탭에서 **색 채우기 없음**을 지정합니다.

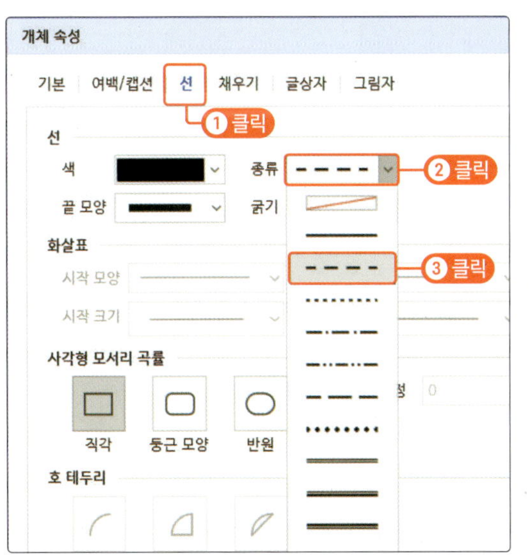

ITQ 꿀팁

• 목차에서 작업하는 글상자의 면 색은 '색 채우기 없음'이 고정적으로 출제되고 있어요.
• 선 종류는 '점선(·········)' 또는 '파선(− − − −)'을 선택합니다.

3 글상자에 목차 내용을 입력합니다.

✿ [Esc]를 눌러 글상자의 테두리 선택을 해제한 후 내용을 입력할 수 있어요.

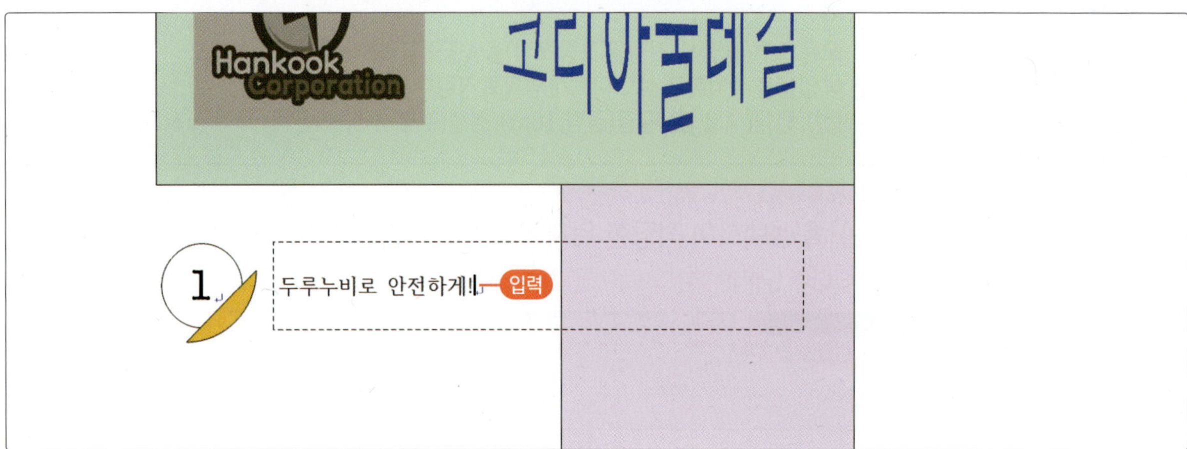

4 입력된 내용을 블록으로 지정한 다음 서식 도구 상자에서 글꼴 서식을 변경합니다.

✿ 글꼴을 변경할 때는 [모든 글꼴] 목록에서 찾아 선택해 주세요.

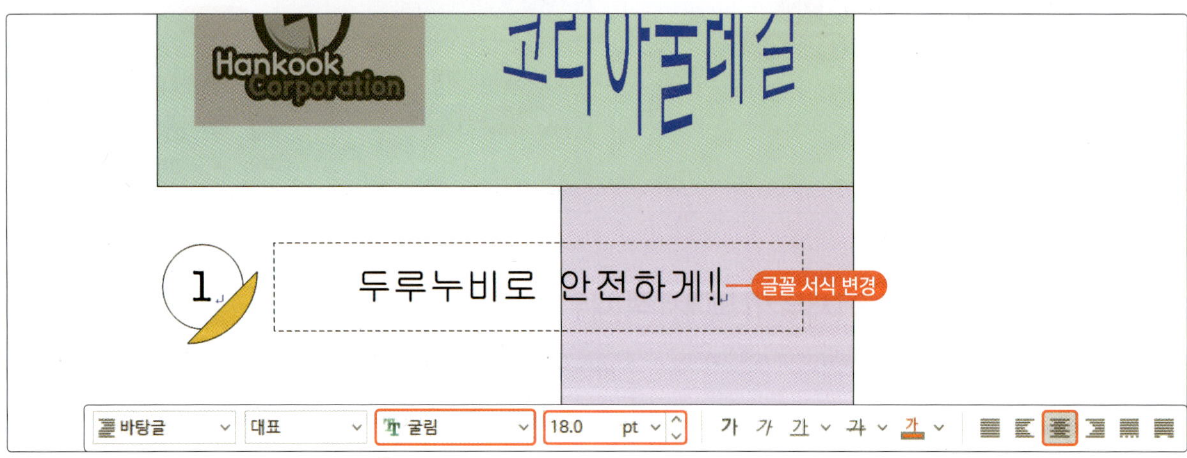

5 [Shift]를 누른 채 목차 작성에 사용된 개체들을 모두 선택한 다음 [Ctrl]+[Shift]+드래그하여 아래쪽으로 반듯하게 복사합니다.

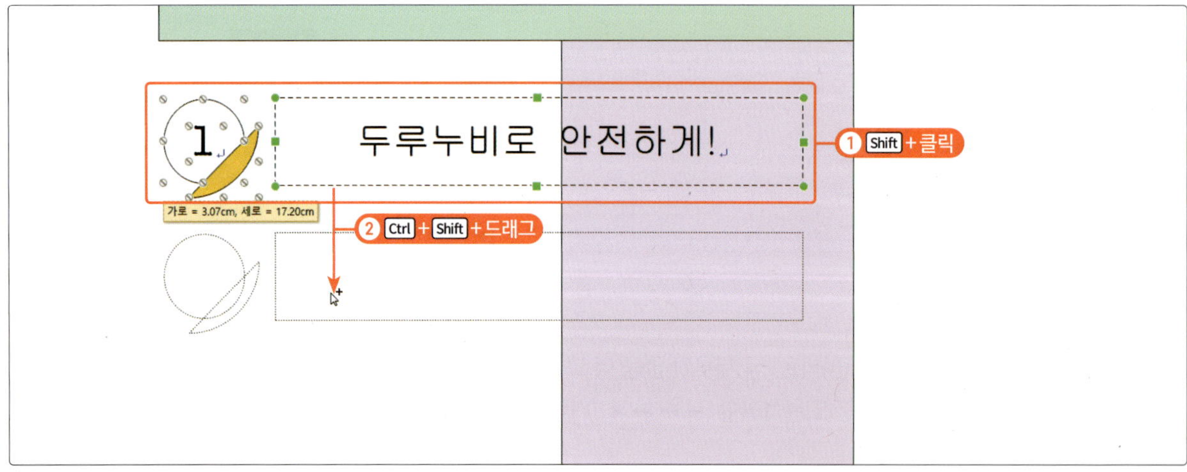

개체 복사하기

· Ctrl + Shift + 드래그 : 선택된 개체를 수평 또는 수직으로 반듯하게 복사
· Ctrl + 드래그 : 선택된 개체를 자유로운 위치에 복사

6 똑같은 방법으로 한 번 더 복사합니다.

7 복사된 목차 도형과 글상자에 입력된 내용을 수정합니다.

8 호 도형을 더블클릭하여 면 색을 흰색과 검정색을 제외한 임의의 색으로 변경합니다.

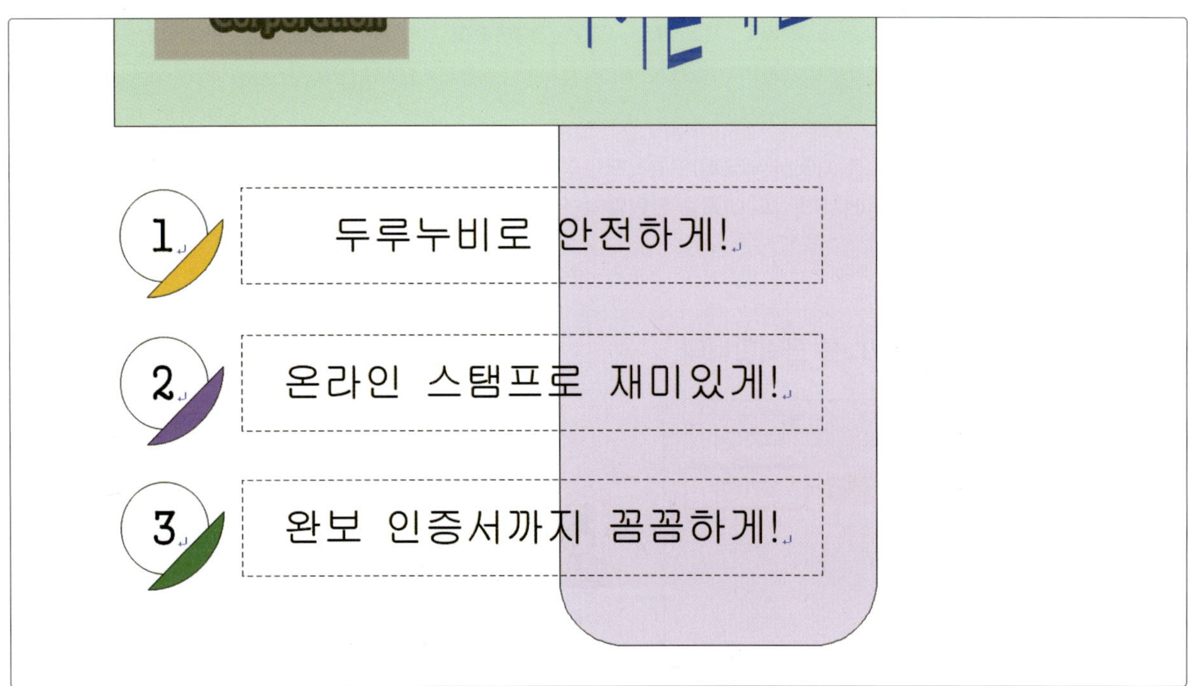

STEP 08 책갈피 및 하이퍼링크 삽입하기

- 책갈피 이름 : 두루누비
- 하이퍼링크 : 문서작성 능력평가의 "우리나라 외곽을 하나로 연결하는 걷기여행길" 제목에 설정한 책갈피로 이동

1 책갈피 삽입을 위해 3페이지 첫 번째 줄에 제목을 입력합니다.

✸ 102페이지의 작성조건을 참고하여 문서의 제목을 입력해 보세요.

2 제목의 맨 앞쪽을 선택하여 커서를 위치시킨 후 [입력] 탭에서 **[책갈피]**를 클릭합니다.

✸ 커서를 위치시킨 후 Ctrl+K, B를 눌러 책갈피를 입력할 수도 있어요.

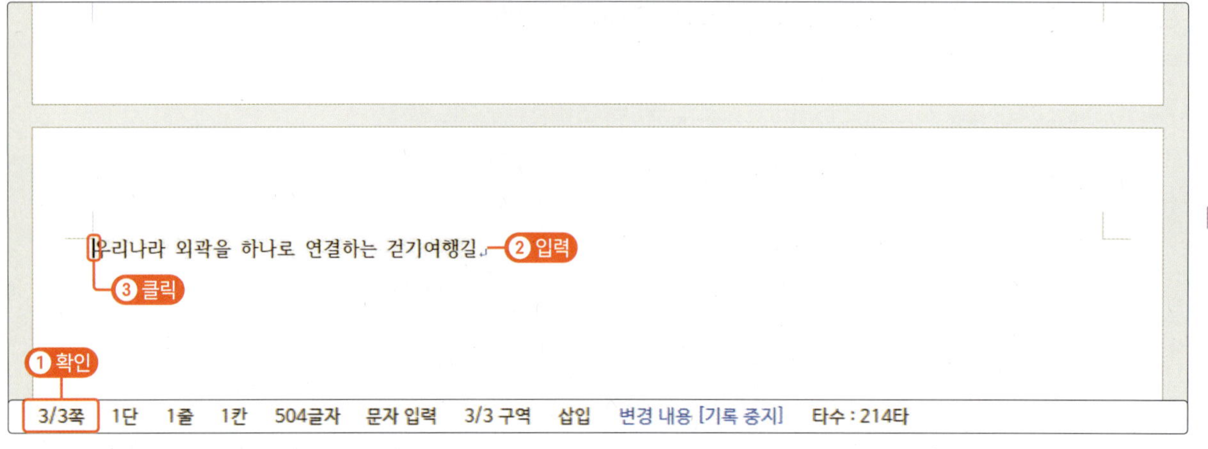

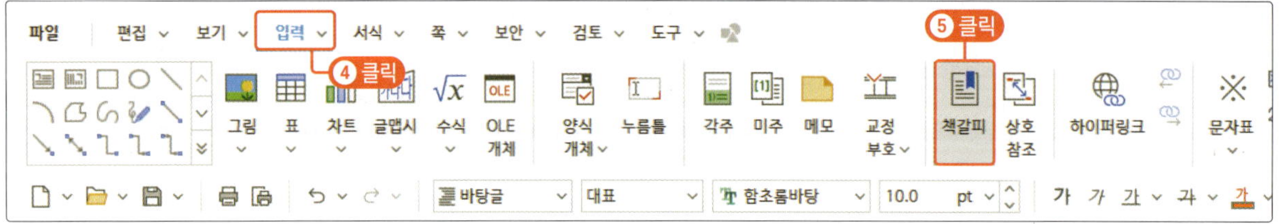

- · 3페이지의 제목 앞에 책갈피를 지정하는 문제가 고정적으로 출제되고 있어요.
- · 문제지 3페이지의 왼쪽 상단에서 책갈피 이름을 확인할 수 있어요.

3 책갈피 이름을 입력한 후 <넣기>를 클릭합니다.

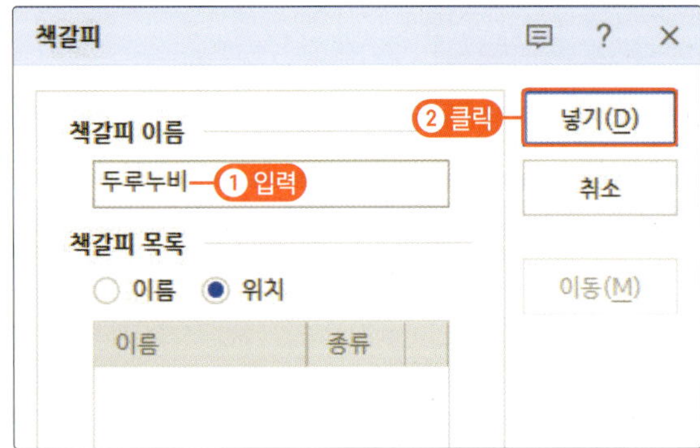

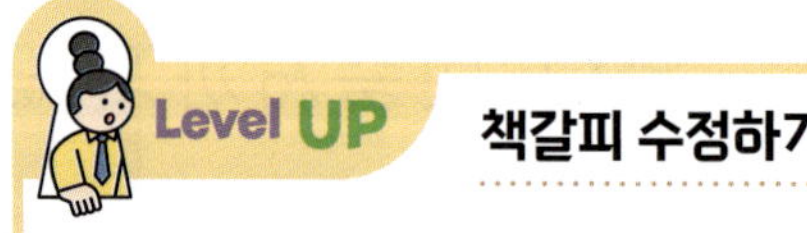

Level UP 책갈피 수정하기

❶ [입력] 탭-[책갈피]를 클릭합니다.
❷ '책갈피 이름 바꾸기(✐)' 아이콘을 눌러 변경할 수 있습니다.

4 로고와 책갈피를 연결하기 위해 2페이지에 삽입된 로고를 우클릭하여 **[하이퍼링크]**를 선택합니다.

★ 개체가 선택된 상태에서 Ctrl + K , H 를 눌러도 하이퍼링크를 삽입할 수도 있어요.

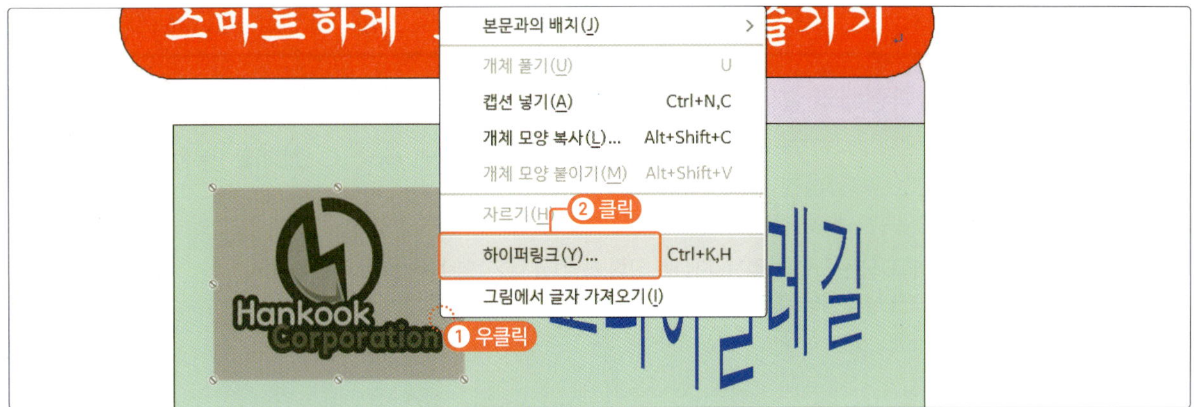

5 [현재 문서]에서 **두루누비**를 선택한 후 <넣기>를 클릭합니다.

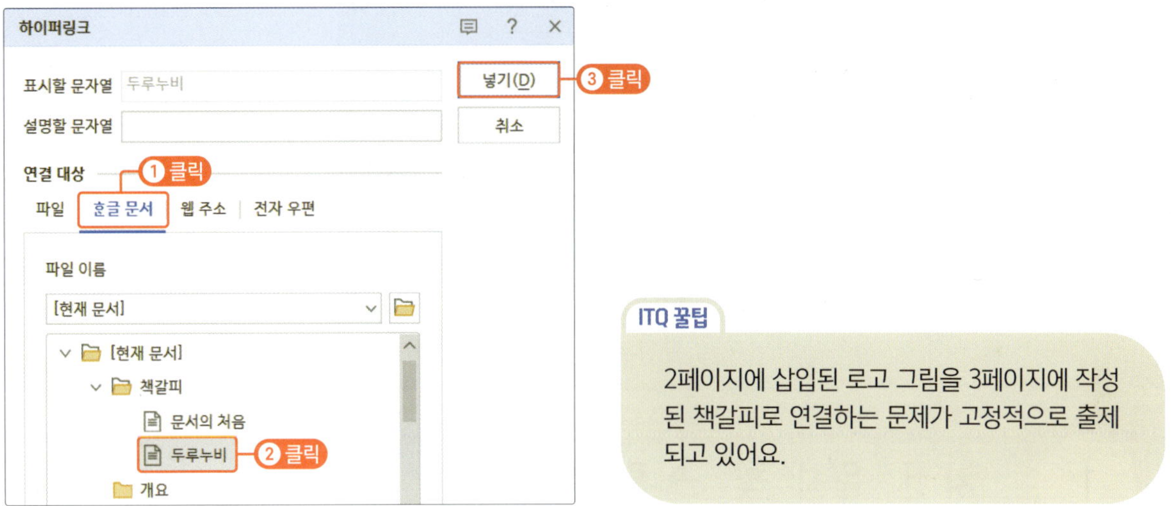

> **ITQ 꿀팁**
>
> 2페이지에 삽입된 로고 그림을 3페이지에 작성된 책갈피로 연결하는 문제가 고정적으로 출제되고 있어요.

6 Ctrl 을 누른 채 로고를 클릭하여 책갈피가 삽입된 3페이지의 첫 번째 줄로 이동하는 것을 확인합니다.

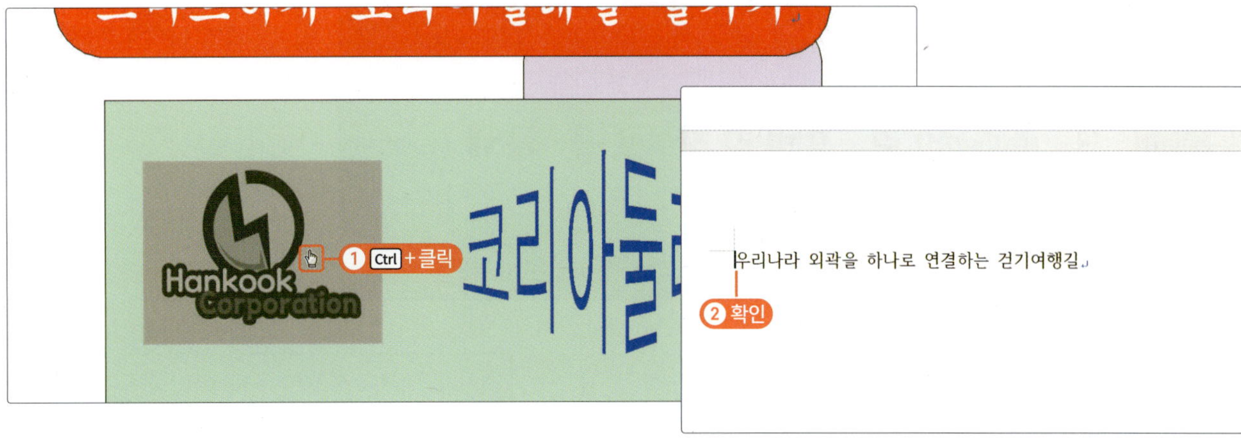

7 작업이 완료되면 서식 도구 상자에서 **[저장하기(🖫)]**를 클릭하거나, Alt + S 를 눌러 답안 파일을 저장합니다.

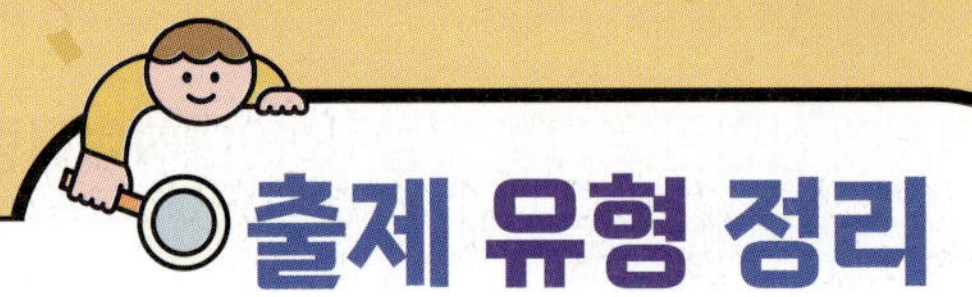

1 다음 조건에 따라 출력형태와 같이 문서를 작성해 보세요.

⊙ **실습파일** : 유형06-1(문제).hwpx   ⊙ **완성파일** : 유형06-1(완성).hwpx

《조건》

(1) 그리기 도구를 이용하여 작성하고, 모든 도형(글맵시, 지정된 그림 포함)을 《출력형태》와 같이 작성하시오.
(2) 도형의 면색은 지시사항이 없으면 색 없음을 제외하고 서로 다르게 임의로 지정하시오.

《출력형태》

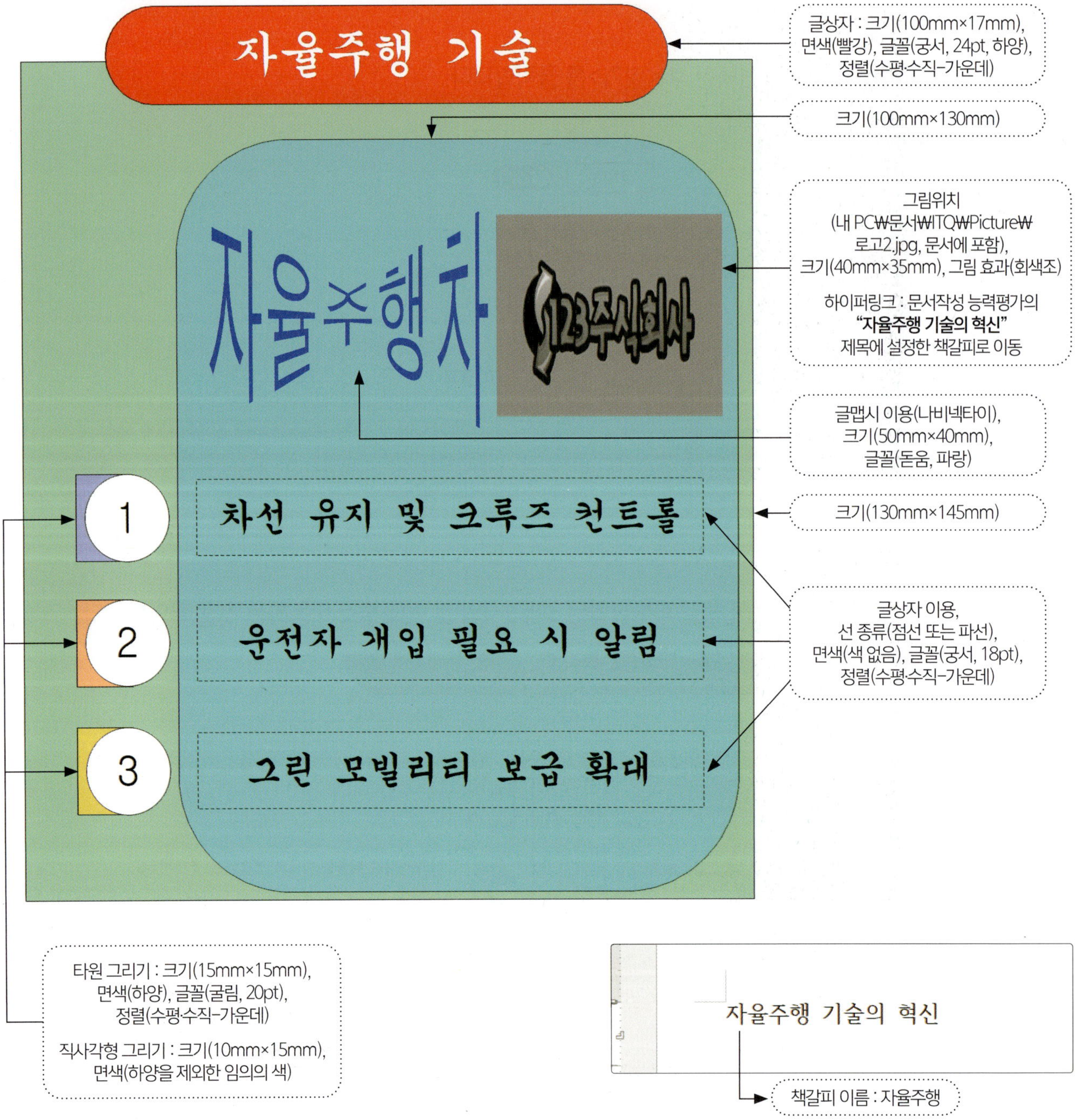

글상자 : 크기(100mm×17mm),
면색(빨강), 글꼴(궁서, 24pt, 하양),
정렬(수평수직-가운데)

크기(100mm×130mm)

그림위치
(내 PC₩문서₩ITQ₩Picture₩
로고2.jpg, 문서에 포함),
크기(40mm×35mm), 그림 효과(회색조)

하이퍼링크 : 문서작성 능력평가의
"자율주행 기술의 혁신"
제목에 설정한 책갈피로 이동

글맵시 이용(나비넥타이),
크기(50mm×40mm),
글꼴(돋움, 파랑)

크기(130mm×145mm)

글상자 이용,
선 종류(점선 또는 파선),
면색(색 없음), 글꼴(궁서, 18pt),
정렬(수평수직-가운데)

타원 그리기 : 크기(15mm×15mm),
면색(하양), 글꼴(굴림, 20pt),
정렬(수평-수직-가운데)

직사각형 그리기 : 크기(10mm×15mm),
면색(하양을 제외한 임의의 색)

책갈피 이름 : 자율주행

2 다음 조건에 따라 출력형태와 같이 문서를 작성해 보세요.

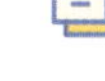

실습파일 : 유형06-2(문제).hwpx 완성파일 : 유형06-2(완성).hwpx

《조건》

(1) 그리기 도구를 이용하여 작성하고, 모든 도형(글맵시, 지정된 그림 포함)을 《출력형태》와 같이 작성하시오.

(2) 도형의 면색은 지시사항이 없으면 색 없음을 제외하고 서로 다르게 임의로 지정하시오.

《출력형태》

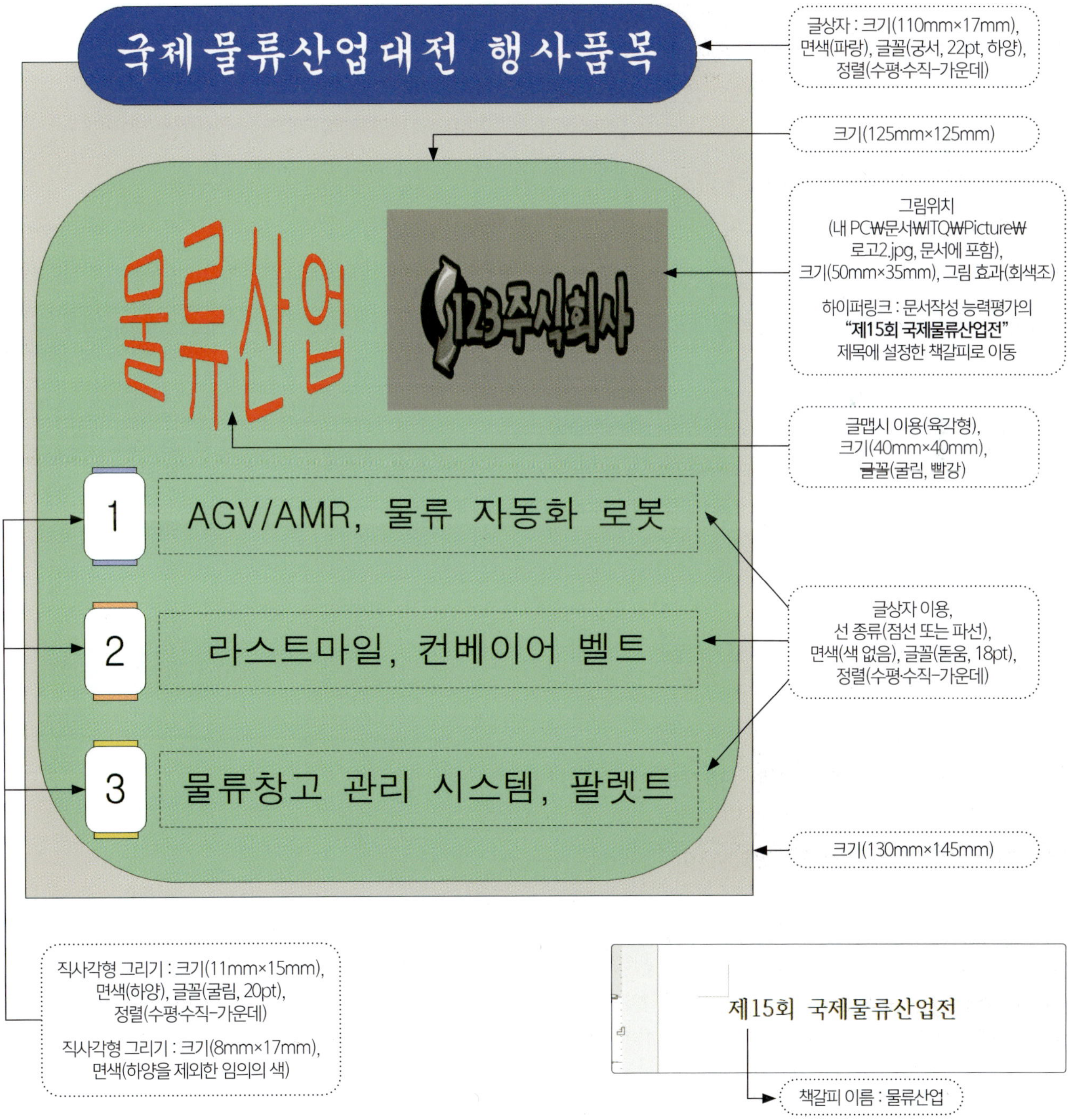

국제물류산업대전 행사품목
물류산업
123주식회사
1
AGV/AMR, 물류 자동화 로봇
2
라스트마일, 컨베이어 벨트
3
물류창고 관리 시스템, 팔렛트
글상자 : 크기(110mm×17mm), 면색(파랑), 글꼴(궁서, 22pt, 하양), 정렬(수평·수직-가운데)
크기(125mm×125mm)
그림위치 (내 PC₩문서₩ITQ₩Picture₩로고2.jpg, 문서에 포함), 크기(50mm×35mm), 그림 효과(회색조)
하이퍼링크 : 문서작성 능력평가의 "제15회 국제물류산업전" 제목에 설정한 책갈피로 이동
글맵시 이용(육각형), 크기(40mm×40mm), 글꼴(굴림, 빨강)
글상자 이용, 선 종류(점선 또는 파선), 면색(색 없음), 글꼴(돋움, 18pt), 정렬(수평·수직-가운데)
크기(130mm×145mm)
직사각형 그리기 : 크기(11mm×15mm), 면색(하양), 글꼴(굴림, 20pt), 정렬(수평·수직-가운데)
직사각형 그리기 : 크기(8mm×17mm), 면색(하양을 제외한 임의의 색)
제15회 국제물류산업전
책갈피 이름 : 물류산업

다음 조건에 따라 출력형태와 같이 문서를 작성해 보세요.

⊘ **실습파일** : 유형06-3(문제).hwpx　　⊘ **완성파일** : 유형06-3(완성).hwpx

《조건》

(1) 그리기 도구를 이용하여 작성하고, 모든 도형(글맵시, 지정된 그림 포함)을 《출력형태》와 같이 작성하시오.
(2) 도형의 면색은 지시사항이 없으면 색 없음을 제외하고 서로 다르게 임의로 지정하시오.

《출력형태》

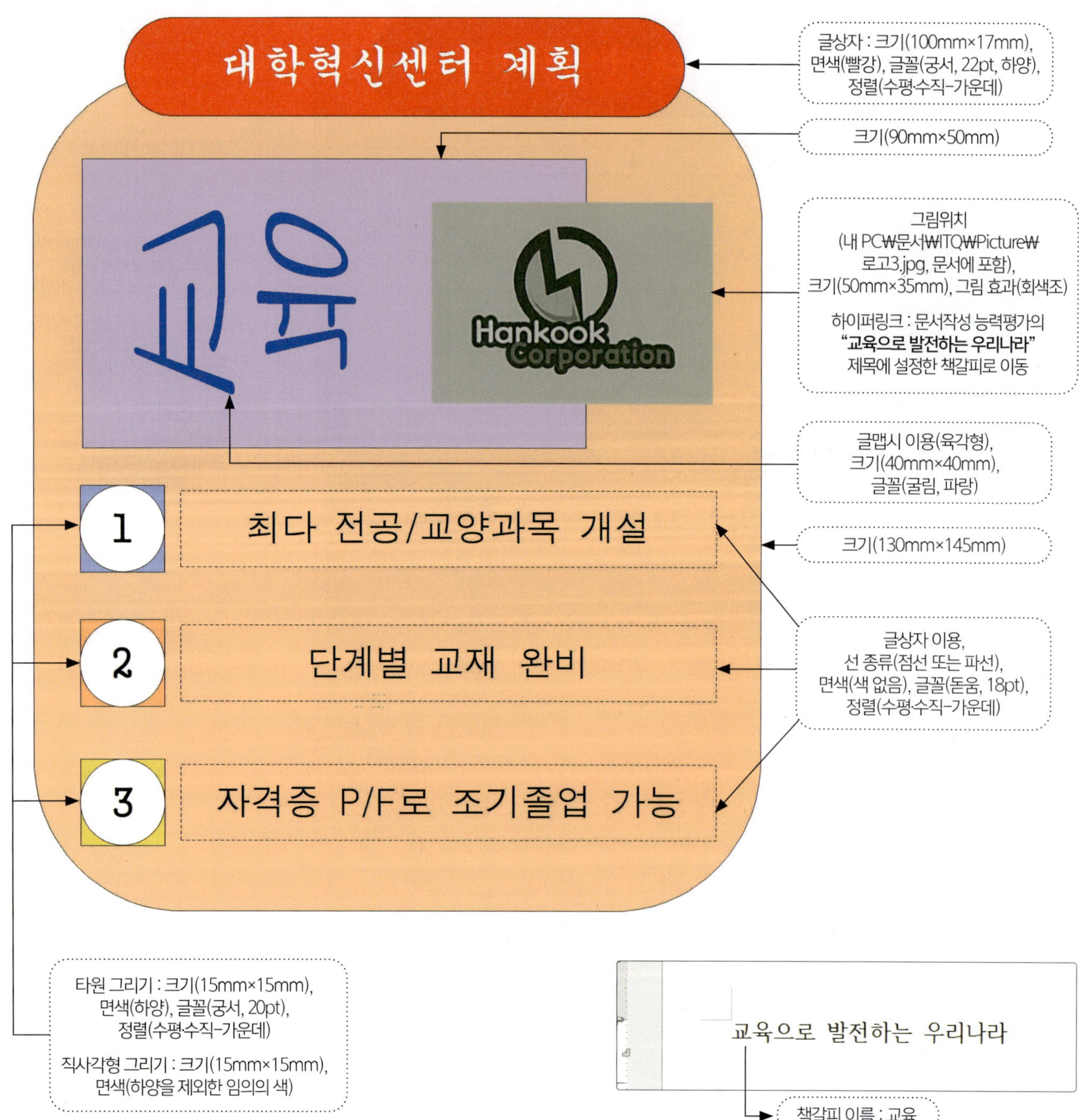

글상자 : 크기(100mm×17mm), 면색(빨강), 글꼴(궁서, 22pt, 하양), 정렬(수평수직-가운데)

크기(90mm×50mm)

그림위치
(내 PC\문서\ITQ\Picture\
로고3.jpg, 문서에 포함),
크기(50mm×35mm), 그림 효과(회색조)

하이퍼링크 : 문서작성 능력평가의
"교육으로 발전하는 우리나라"
제목에 설정한 책갈피로 이동

글맵시 이용(육각형),
크기(40mm×40mm),
글꼴(굴림, 파랑)

크기(130mm×145mm)

글상자 이용,
선 종류(점선 또는 파선),
면색(색 없음), 글꼴(돋움, 18pt),
정렬(수평수직-가운데)

타원 그리기 : 크기(15mm×15mm),
면색(하양), 글꼴(궁서, 20pt),
정렬(수평수직-가운데)

직사각형 그리기 : 크기(15mm×15mm),
면색(하양을 제외한 임의의 색)

책갈피 이름 : 교육

4 다음 조건에 따라 출력형태와 같이 문서를 작성해 보세요.

⊘ 실습파일 : 유형06-4(문제).hwpx　　⊘ 완성파일 : 유형06-4(완성).hwpx

《조건》

(1) 그리기 도구를 이용하여 작성하고, 모든 도형(글맵시, 지정된 그림 포함)을 《출력형태》와 같이 작성하시오.
(2) 도형의 면색은 지시사항이 없으면 색 없음을 제외하고 서로 다르게 임의로 지정하시오.

《출력형태》

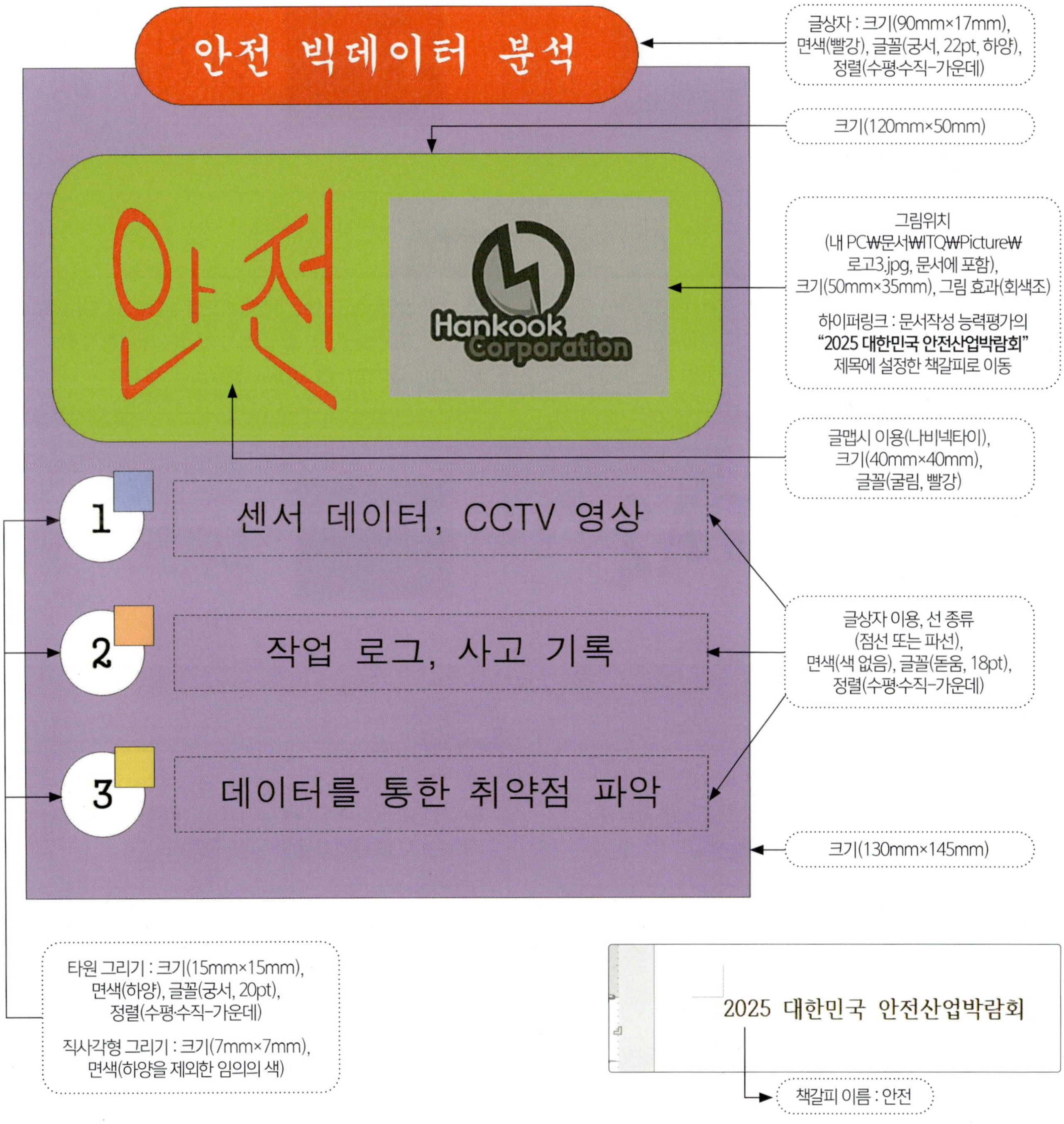

글상자 : 크기(90mm×17mm), 면색(빨강), 글꼴(궁서, 22pt, 하양), 정렬(수평수직-가운데)

크기(120mm×50mm)

그림위치
(내 PC₩문서₩ITQ₩Picture₩
로고3.jpg, 문서에 포함),
크기(50mm×35mm), 그림 효과(회색조)

하이퍼링크 : 문서작성 능력평가의
"2025 대한민국 안전산업박람회"
제목에 설정한 책갈피로 이동

글맵시 이용(나비넥타이),
크기(40mm×40mm),
글꼴(굴림, 빨강)

글상자 이용, 선 종류
(점선 또는 파선),
면색(색 없음), 글꼴(돋움, 18pt),
정렬(수평수직-가운데)

크기(130mm×145mm)

타원 그리기 : 크기(15mm×15mm),
면색(하양), 글꼴(궁서, 20pt),
정렬(수평수직-가운데)

직사각형 그리기 : 크기(7mm×7mm),
면색(하양을 제외한 임의의 색)

책갈피 이름 : 안전

A 로고 이미지와 글맵시를 삽입한 후 편집해 보세요.

⊙ 실습파일 : 패턴06-1(문제).hwpx ⊙ 완성파일 : 패턴06-1(완성).hwpx

패턴 01

❶ 그림 삽입(로고3.jpg, 문서에 포함, 40mm×30mm)
❷ 그림 효과(회색조) ❸ 글맵시 삽입(나비넥타이, 50mm×30mm) ❹ 글맵시 글꼴(굴림, 빨강)

패턴 02

❶ 그림 삽입(로고1.jpg, 문서에 포함, 40mm×30mm)
❷ 그림 효과(회색조) ❸ 글맵시 삽입(물결 2, 50mm×35mm) ❹ 글맵시 글꼴(돋움, 파랑)

패턴 03

❶ 그림 삽입(로고2.jpg, 문서에 포함, 40mm×35mm)
❷ 그림 효과(회색조) ❸ 글맵시 삽입(아래쪽 리본 사각형, 50mm×25mm) ❹ 글맵시 글꼴(궁서, 파랑)

패턴 04

❶ 그림 삽입(로고1.jpg, 문서에 포함, 40mm×30mm)
❷ 그림 효과(회색조) ❸ 글맵시 삽입(갈매기형 수장, 50mm×35mm) ❹ 글맵시 글꼴(돋움, 빨강)

패턴 05

❶ 그림 삽입(로고3.jpg, 문서에 포함, 40mm×35mm)
❷ 그림 효과(회색조) ❸ 글맵시 삽입(위쪽 리본 사각형, 50mm×40mm) ❹ 글맵시 글꼴(돋움, 빨강)

패턴 06

❶ 그림 삽입(로고3.jpg, 문서에 포함, 40mm×30mm)
❷ 그림 효과(회색조) ❸ 글맵시 삽입(평행사변형, 50mm×30mm) ❹ 글맵시 글꼴(굴림, 파랑)

⊘ **실습파일** : 패턴06-2(문제).hwpx　⊘ **완성파일** : 패턴06-2(완성).hwpx

패턴 01

❶ 직사각형 그리기 : 크기(10mm×15mm), 면색(하양), 글꼴(굴림, 20pt), 정렬(수평·수직-가운데)
❷ 직사각형 그리기 : 크기(15mm×5mm), 면색(하양을 제외한 임의의 색)
❸ 글상자 삽입 : 선 종류(점선 또는 파선), 면색(색 없음), 글꼴(돋움, 18pt), 정렬(수평·수직-가운데)

| 1 | 평생학습의 전문화 |
| 2 | 프로그램의 다양화 |

패턴 02

❶ 직사각형 그리기 : 크기(16mm×10mm), 면색(하양), 글꼴(돋움, 20pt), 정렬(수평·수직-가운데)
❷ 타원 그리기 : 크기(6mm×6mm), 면색(하양을 제외한 임의의 색)
❸ 글상자 삽입 : 선 종류(점선 또는 파선), 면색(색 없음), 글꼴(궁서, 17pt), 정렬(수평·수직-가운데)

| 1 | 1대당 온실가스 연간 2톤 감축 |
| 2 | 미세먼지, 탄화수소 발생 억제 |

패턴 03

❶ 직사각형 그리기 : 크기(12mm×12mm), 면색(하양), 글꼴(궁서, 20pt), 정렬(수평·수직-가운데)
❷ 직사각형 그리기 : 크기(5mm×15mm), 면색(하양을 제외한 임의의 색)
❸ 글상자 삽입 : 선 종류(점선 또는 파선), 면색(색 없음), 글꼴(굴림, 18pt), 정렬(수평·수직-가운데)

| A | 비타민과 무기질 풍부 |
| B | 체중조절에 좋은 저칼로리 |

[문서작성 능력평가] 문서 편집

⊘ **실습파일** : 07차시(문제).hwpx   ⊘ **완성파일** : 07차시(완성).hwpx

[배점] 200점 (500점 만점)

글꼴 : 돋움, 18pt, 진하게, 가운데 정렬
책갈피 이름 : 두루누비
덧말 넣기

머리말 기능
굴림, 10pt, 오른쪽 정렬 → 걷기여행

문단 첫 글자 장식 기능
글꼴 : 궁서, 면색 : 노랑

초장거리 코리아둘레길

우리나라 외곽을 하나로 연결하는 걷기여행길

각주

그림위치(내 PC₩문서₩ITQ₩Picture₩그림4.jpg, 문서에 포함) 자르기 기능 이용, 크기(40mm×40mm), 바깥 여백 왼쪽 : 2mm

코리아둘레길은 동해안, 서해안, 남해안 및 DMZ 접경지역 등 우리나라 외곽을 하나로 연결하는 약 4,500km의 초장거리 걷기여행길①이다. '대한민국을 재발견하며 함께 걷는 길'을 비전으로 '평화, 만남, 치유, 상생'의 가치를 구현(具現)한다.

해파랑길은 부산 오륙도 해맞이공원에서 강원 고성 통일전망대까지 이어지는 여정으로 동해안의 해변길, 숲길, 마을길 등 총 50개 코스로 구성되어 있다. 이름은 동해의 상징인 해와 푸른 바다색, 함께(랑)를 조합한 것으로 떠오르는 해와 푸른 바다를 감상하며 파도소리를 벗삼아 함께 걷는 길을 의미(意味)한다. 남파랑길은 남쪽의 쪽빛 바다와 함께 걷는 길이라는 뜻으로, 부산 오륙도 해맞이공원에서 전남 해남 땅끝마을까지 남해안을 따라 이어진 걷기여행길이다. 총 90개 코스로 이루어져 있으며, 남해의 아름다운 해안경관(海岸景觀)과 대도시의 화려함과 농산어촌마을의 소박함을 모두 경험할 수 있다. 서해랑길은 전남 해남 땅끝에서 인천 강화까지 연결되는 걷기여행길로, 109개 코스로 구성되어 있다. 이름 그대로 서쪽의 파도와 함께 걷는 길을 의미한다. 서해랑길을 따라 천천히 걷다보면 유네스코 세계유산으로 지정된 드넓은 갯벌과 황홀한 일몰, 종교와 문물교류의 역사를 만나게 된다.

♣ **코리아둘레길 지킴이 모집**

글꼴 : 돋움, 18pt, 하양
음영색 : 파랑

가. 활동기간 및 역할
　ⓐ 활동기간 : 2025년 04월 - 2025년 11월 (약 8개월)
　ⓑ 활동내용 : 코리아둘레길 안전성, 편의성, 쾌적성 점검
나. 지원조건
　ⓐ 사전필수교육 참가 가능자
　ⓑ 담당코스 정기 3회 이상 활동 가능자

문단 번호 기능 사용
1수준 : 20pt, 오른쪽 정렬,
2수준 : 30pt, 오른쪽 정렬
줄 간격 : 180%

♣ <u>코리아둘레길 코스 안내</u>

글꼴 : 돋움, 18pt, 밑줄, 강조점

표 전체 글꼴 : 굴림, 10pt, 가운데 정렬
셀 배경(그러데이션) : 유형(가로), 시작색(노랑), 끝색(하양)

구간	구분	설명	소요 시간
부산	남파랑길	정겨운 부산 사투리를 들으며 알자배기 부산 여행	26시간~38시간
창원	남파랑길	벚꽃 즈려밟고 그림같이 아름다운 창원 반 바퀴	
삼척-동해	해파랑길	편안한 숲길과 화려한 기암절벽이 조화로운 길	
강릉	해파랑길	강릉 바우길과의 행복한 만남	
서산-당진	서해랑길	서해안 바닷길 따라 굽이굽이 숨겨진 보물찾기	

각주 구분선 : 5cm

글꼴 : 궁서, 24pt, 진하게
장평 105%, 오른쪽 정렬 → **한국관광공사**

① 관련 프로그램 : 길동무 프로그램, 축제 이벤트 프로그램, 테마 프로그램 등

쪽 번호 매기기
4로 시작 → 정

문서 내용 입력 〉 조건에 맞추어 문서 편집 〉 머리말 입력 〉 문단 첫 글자 장식 〉

각주 입력 〉 그림 삽입 〉 문단 번호 입력 〉 표 작업 〉 기관명 서식 변경 〉 쪽 번호 매기기

Check 01 문서 작성 ： 문서에 필요한 내용을 입력하고 편집해요!

문서 내용을 입력

조건에 맞추어 문서 편집

문단 번호 모양 적용

표 작업 & 기관명 & 쪽 번호

문서 내용 입력한 후 제목 편집하기

• 글꼴 : 돋움, 18pt, 진하게, 가운데 정렬   • 덧말 넣기

1 한글 2022 프로그램을 실행한 후 [07차시] 폴더에서 **07차시(문제).hwpx** 파일을 불러옵니다.

★ Alt + O 를 눌러 파일을 불러오는 방법도 있어요.

2 3페이지에 입력된 제목 뒤쪽에 커서를 위치시킨 후 Enter 를 두 번 눌러 본문 내용을 입력합니다.

★ 오탈자 없이 정확하게 입력하며, 4번째 줄 '해파랑길은' 앞부분은 두 칸 띄어쓰기 해주세요.

우리나라 외곽을 하나로 연결하는 걷기여행길 ── ① 클릭 ② Enter (2번)

③ 입력 ── 코리아둘레길은 동해안, 서해안, 남해안 및 DMZ 접경지역 등 우리나라 외곽을 하나로 연결하는 약 4,500km의 초장거리 걷기여행길이다. '대한민국을 재발견하며 함께 걷는 길'을 비전으로 '평화, 만남, 치유, 상생'의 가치를 구현한다.
  해파랑길은 부산 오륙도 해맞이공원에서 강원 고성 통일전망대까지 이어지는 여정으로 동해안의 해변길, 숲길, 마을길 등 총 50개 코스로 구성되어 있다. 이름은 동해의 상징인 해와 푸른 바다색, 함께(랑)를 조합한 것으로 떠오르는 해와 푸른 바다를 감상하며 파도소리를 벗삼아 함께 걷는 길을 의미한다. 남파랑길은 남쪽의 쪽빛 바다와 함께 걷는 길이라는 뜻으로, 부산 오륙도 해맞이공원에서 전남 해남 땅끝마을까지 남해안을 따라 이어진 걷기여행길이다. 총 90개 코스로 이루어져 있으며, 남해의 아름다운 해안경관과 대도시의 화려함과 농산어촌마을의 소박함을 모두 경험할 수 있다. 서해랑길은 전남 해남 땅끝에서 인천 강화까지 연결되는 걷기여행길로, 109개 코스로 구성되어 있다. 이름 그대로 서쪽의 파도와 함께 걷는 길을 의미한다. 서해랑길을 따라 천천히 걷다보면 유네스코 세계유산으로 지정된 드넓은 갯벌과 황홀한 일몰, 종교와 문물교류의 역사를 만나게 된다.

3 제목을 블록으로 지정한 다음 서식 도구 상자에서 글꼴 서식을 변경합니다.

★ 글꼴을 변경할 때는 [모든 글꼴] 목록에서 찾아 선택해 주세요.

우리나라 외곽을 하나로 연결하는 걷기여행길 ── 글꼴 변경

코리아둘레길은 동해안, 서해안, 남해안 및 DMZ 접경지역 등 우리나라 외곽을 하나로 연결하는 약 4,500km의 초장거리 걷기여행길이다. '대한민국을 재발견하며 함께 걷는 길'을 비전으로 '평화, 만남, 치유, 상생'의 가치를 구현한다.
  해파랑길은 부산 오륙도 해맞이공원에서 강원 고성 통일전망대까지 이어지는 여정으로 동해안의 해변길, 숲길, 마을길 등 총 50개 코스로 구성되어 있다. 이름은 동해의 상징인 해와 푸른 바다색, 함께(랑)를 조합한 것으로 떠오르는 해와 푸른 바다를 감상하며 파도소리를 벗삼아 함께 걷는 길을 의미한다. 남파랑길은 남쪽의 쪽빛 바다와 함께 걷는 길이라는 뜻으로, 부산 오륙도 해맞이공원에서 전남 해남 땅끝마을까지 남해안을 따라 이어진 걷기여행길이다. 총 90개 코스로 이루어져 있으며, 남해의 아름다운 해안경관과 대도시의 화려함과 농산어촌마을의 소박함을 모두 경험할 수 있다. 서해랑길은 전남 해남 땅끝에서 인천 강화까지 연결되는 걷기여행길로, 109개 코스로 구성되어 있다. 이름 그대로 서쪽의 ...

4 제목이 블록으로 지정된 상태에서 덧말을 입력하기 위해 [입력] 탭에서 **[덧말 넣기]**를 클릭합니다.

5 덧말 입력 칸에 **초장거리 코리아둘레길**을 입력합니다.

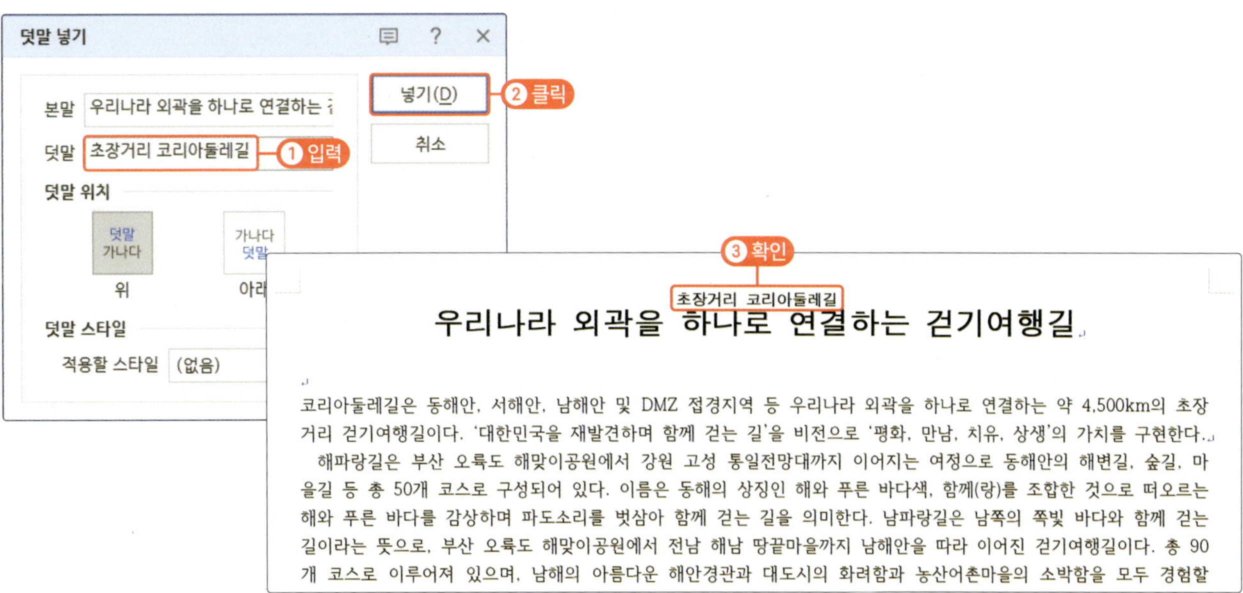

ITQ 꿀팁

· 3페이지 문서 제목에 덧말을 입력하는 문제가 고정적으로 출제되고 있어요.
· 위쪽에 덧말을 넣는 것이 기본값이지만 《출력형태》를 참고하여 덧말의 위치를 지정해요.
· 입력된 덧말을 더블클릭하면 내용을 수정할 수 있어요.

머리말 입력 및 편집하기

• 머리말 기능(굴림, 10pt, 오른쪽 정렬)

1 3페이지가 선택된 상태에서 [쪽] 탭-[머리말]-[위쪽]-**[모양 없음]**을 클릭합니다.

✦ Ctrl + N, H 를 눌러 머리말을 추가하는 방법도 있어요.

2 머리말 입력 부분이 활성화되면 문제지를 참고하여 필요한 내용을 입력합니다.

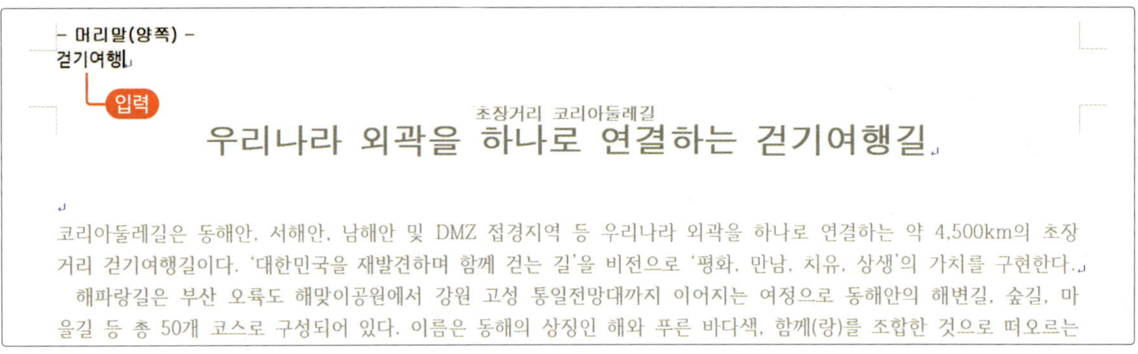

3 입력된 내용을 블록으로 지정한 다음 서식 도구 상자에서 글꼴 서식을 변경합니다.

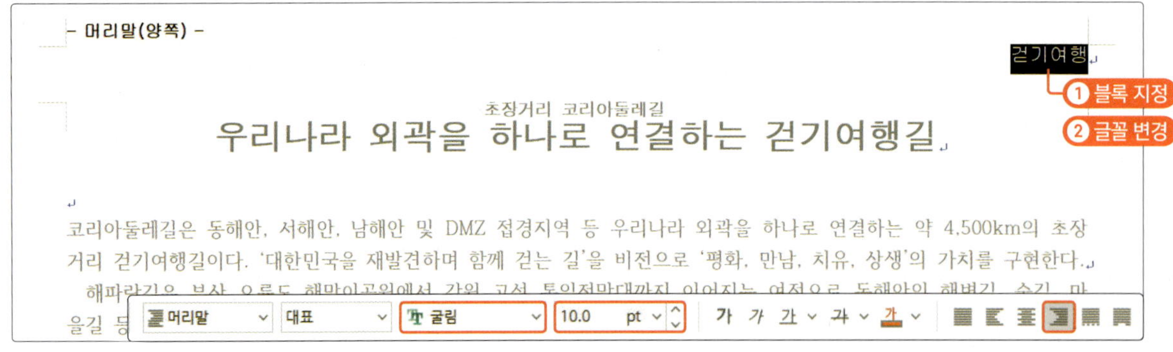

4 작업이 완료되면 [머리말/꼬리말] 탭에서 **[닫기]**를 클릭합니다.

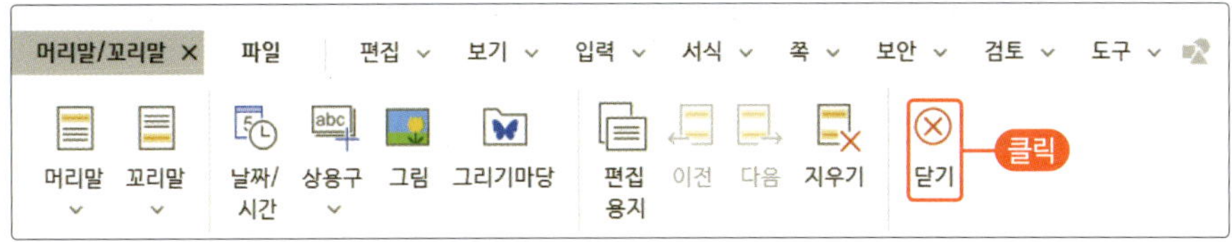

ITQ 꿀팁

· 3페이지 우측 상단에 머리말을 입력하는 문제가 고정적으로 출제되고 있어요.
· 입력된 머리말을 더블클릭하면 내용과 글꼴 서식 등을을 수정할 수 있어요.

STEP 03 문단 첫 글자 장식 후 한자 입력하기

· 문단 첫 글자 장식 기능(글꼴 : 궁서, 면색 : 노랑)

1 첫 번째 문단의 맨 앞쪽에 커서를 위치시킨 후 [서식] 탭-[문단 첫 글자 장식]을 클릭합니다.

★ 첫 글자를 블록으로 지정하지 않고, 앞쪽에 커서를 위치시켜 주세요.

2 문단 첫 글자의 **모양**, **글꼴**, **면 색**을 지정한 후 <설정>을 클릭합니다.

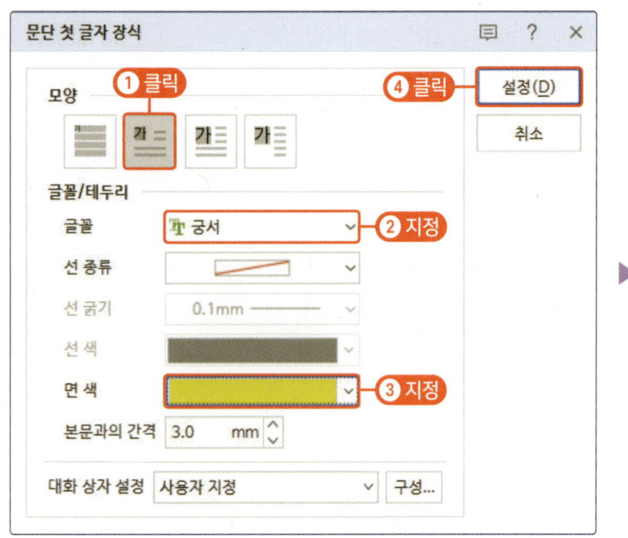

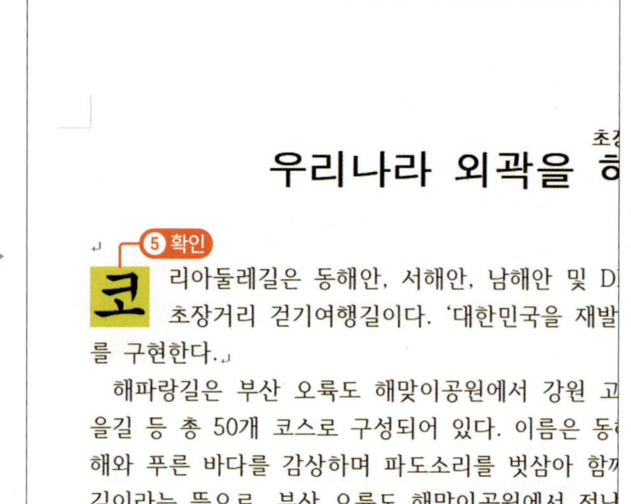

> **ITQ 꿀팁**
>
> 문단 첫 글자 장식 기능은 첫 글자의 모양, 글꼴, 색상 등을 지정하는 문제로 고정 출제되고 있으니 반드시 숙지해 두세요.

3 본문 내용에서 한자로 변환할 단어인 **해안경관**을 블록으로 지정한 다음 한자를 누릅니다.

★ 내용이 블록으로 지정된 상태에서 F9를 눌러도 결과는 동일해요.

해와 푸른 바다를 감상하며 파도소리를 벗삼아 함께 걷는 길을 의미한다. 남파랑길은 남쪽의 쪽빛 바다와 함
길이라는 뜻으로, 부산 오륙도 해맞이공원에서 전남 해남 땅끝마을까지 남해안을 따라 이어진 걷기여행길이다
개 코스로 이루어져 있으며, 남해의 아름다운 해안경관과 대도시의 화려함과 농산어촌마을의 소박함을 모두
수 있다. 서해랑길은 전남 해남 땅끝에서 인천 강화까지 연결되는 걷기여행길로, 109개 코스로 구성되어 있
그대로 서쪽의 파도와 함께 걷는 길을 의미한다. 서해랑길을 따라 천천히 걷다보면 유네스코 세계유산으로 지
넓은 갯벌과 황홀한 일몰, 종교와 문물교류의 역사를 만나게 된다.

4 입력 형식을 한글(漢字)로 지정한 다음 문제지와 동일한 한자를 찾아 선택합니다.

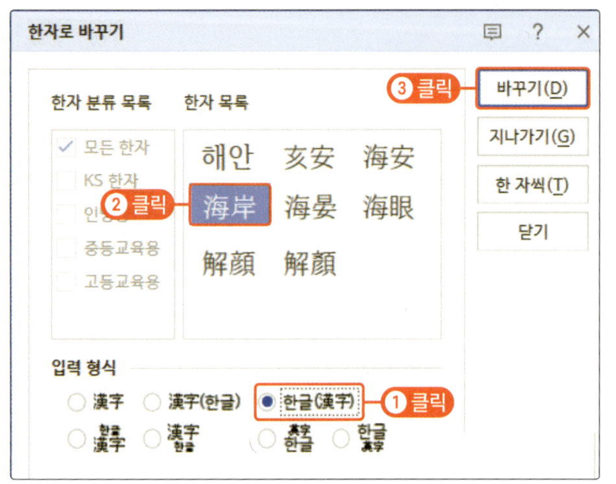

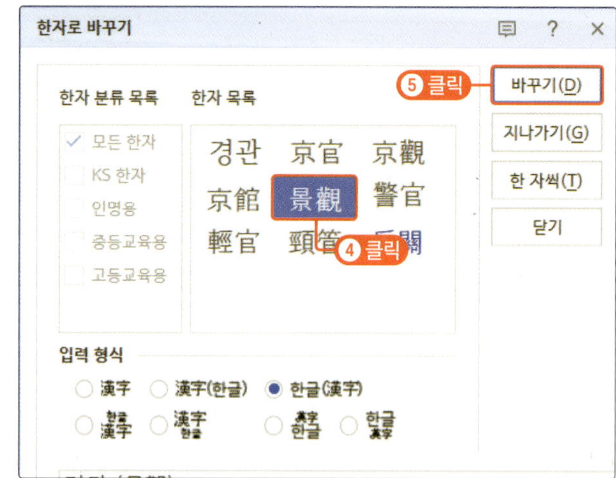

5 한자가 표시되면 《출력형태》를 참고하여 아래와 같이 수정합니다.

해맞이공원에서 전남 해남 땅끝마을까지 남해안을 따라
해의 아름다운 해안(海岸)경관(景觀)과 대도시의 화려함
은 전남 해남 땅끝에서 인천 강화까지 연결되는 걷기여

▶

해맞이공원에서 전남 해남 땅끝마을까지 남해안을 따라
해의 아름다운 해안(海岸)경관(景觀)과 대도시의 화려함
은 전남 해남 땅끝에서 인천 강화까지 연결되는 걷기여

▶

해맞이공원에서 전남 해남 땅끝마을까지 남해안을 따라
해의 아름다운 해안(海岸景觀)과 대도시의 화려함과 농
해남 땅끝에서 인천 까지 연결되는 걷기여행길로,

▶

해맞이공원에서 전남 해남 땅끝마을까지 남해안을 따라
해의 아름다운 해안경관(海岸景觀)과 대도시의 화려함과
남 해남 땅끝에서 인천 까지 연결되는 걷기여행길로

Level UP 한자 입력 형식 알아보기

- ○漢字 : 한자만 입력 ▶ 韓國
- ○漢字(한글) : 한자 입력 후 괄호 안에 한글 입력 ▶ 韓國(한국)
- ○한글(漢字) : 한글 입력 후 괄호 안에 한자 입력 ▶ 한국(韓國)

---

6 같은 방법으로 나머지 한자를 변환해 봅니다.

> 초장거리 걷기여행길이다. '대한민국을 재발견하며 함께 걷는 길'을 비전으로 '평화, 만남, 치유, 상생'의 가치
> 를 구현(具現)한다.
> 　해파랑길은 부산 오륙도 해맞이공원에서 강원 고성 통일전망대까지 이어지는 여정으로 동해안의 해변길, 숲길, 마
> 을길 등 총 50개 코스로 구성되어 있다. 이름은 동해의 상징인 해와 푸른 바다색, 함께(랑)를 조합한 것으로 떠오르는
> 해와 푸른 바다를 감상하며 파도소리를 벗삼아 함께 걷는 길을 의미(意味)한다. 남파랑길은 남쪽의 쪽빛 바다와 함께
> 걷는 길이라는 뜻으로, 부산 오륙도 해맞이공원에서 전남 해남 땅끝마을까지 남해안을 따라 이어진 걷기여행길이다.
> 총 90개 코스로 이루어져 있으며, 남해의 아름다운 해안경관(海岸景觀)과 대도시의 화려함과 농산어촌마을의 소박함
> 을 모두 경험할 수 있다. 서해랑길은 전남 해남 땅끝에서 인천 강화까지 연결되는 걷기여행길로, 109개 코스로 구성

STEP 04 각주 입력하기

- 각주 → 각주 구분선 : 5cm

1 각주를 입력할 단어(**걷기여행길**) 뒤쪽에 커서를 위치시킨 후 **[입력]** 탭에서 **[각주]**를 클릭합니다.

★ 커서를 위치시킨 후 Ctrl + N, N을 눌러 각주를 입력할 수도 있어요.

> **코** 리아둘레길은 동해안, 서해안, 남해안 및 DMZ 접경지역 등 우리나라 외곽을 하나로 연결하는 약 4,500km의
> 초장거리 걷기여행길이다. '대한민국을 재발견하며 함께 걷는 길'을 비전으로 '평화, 만남, 치유, 상생'의 가치
> 를 구현(具現)한다.　**①클릭**
> 　해파랑길은 부산 오륙도 해맞이공원에서 강원 고성 통일전망대까지 이어지는 여정으로 동해안의 해변길, 숲길, 마
> 을길 등 총 50개 코스로 구성되어 있다. 이름은 동해의 상징인 해와 푸른 바다색, 함께(랑)를 조합한 것으로 떠오르는
> 해와 푸른 바다를 감상하며 파도소리를 벗삼아 함께 걷는 길을 의미(意味)한다. 남파랑길은 남쪽의 쪽빛 바다와 함께
> 걷는 길이라는 뜻으로, 부산 오륙도 해맞이공원에

2 각주 입력 부분이 활성화되면 문제지를 참고하여 각주 내용을 입력합니다.

1) 관련 프로그램 : 길동무 프로그램, 축제 이벤트 프로그램, 테마 프로그램 등 ─ 입력

3 [주석] 탭에서 각주의 **번호 모양**과 **구분선의 길이**를 지정한 다음 <닫기>를 클릭합니다.

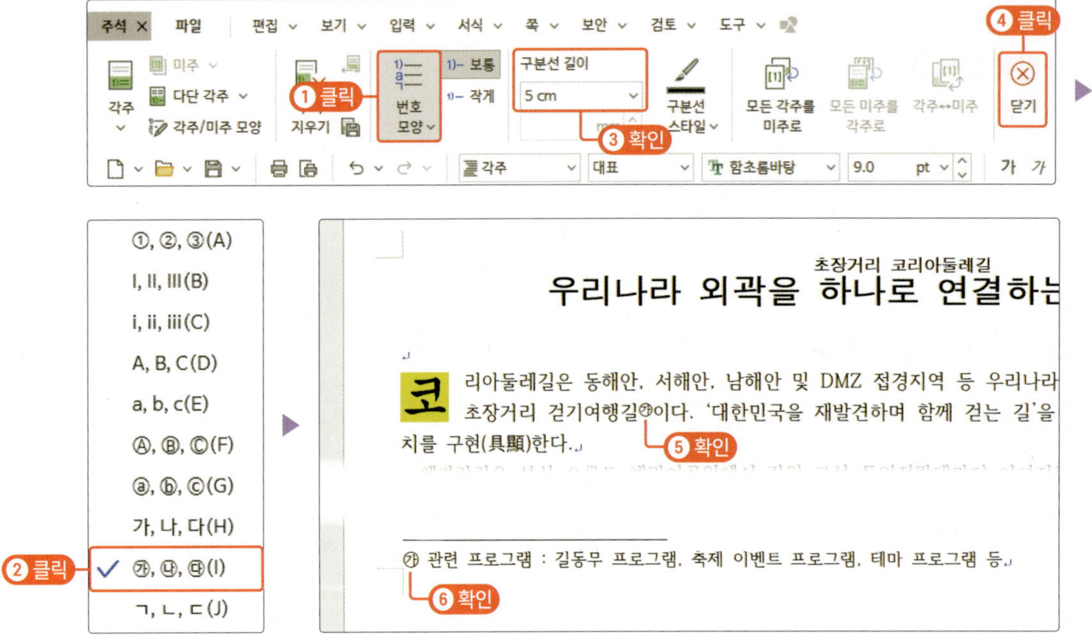

그림 삽입하기

STEP 05

- 그림 삽입 → 그림위치(내 PC₩문서₩ITQ₩Picture₩그림4.jpg, 문서에 포함), 자르기 기능 이용, 크기(40mm×40mm),
  바깥 여백 왼쪽 : 2mm

1 그림을 삽입하기 위해 [입력] 탭-[그림]을 클릭합니다.

★ Ctrl+N, I를 눌러 그림을 삽입하는 방법도 있어요.

2 [내 PC]-[문서]-[ITQ]-[Picture] 폴더에서 **그림4.jpg**를 선택한 후 옵션을 변경하여 삽입합니다.

3 그림이 삽입되면 [그림] 탭-**[자르기]**를 클릭합니다.

4 자르기 핸들을 드래그하여 필요한 그림만 남겨줍니다.

★ 그림 자르기가 완료되면 [Esc]를 눌러주세요.

5 자르기가 완료된 그림의 속성을 지정하기 위해 그림을 더블클릭합니다.

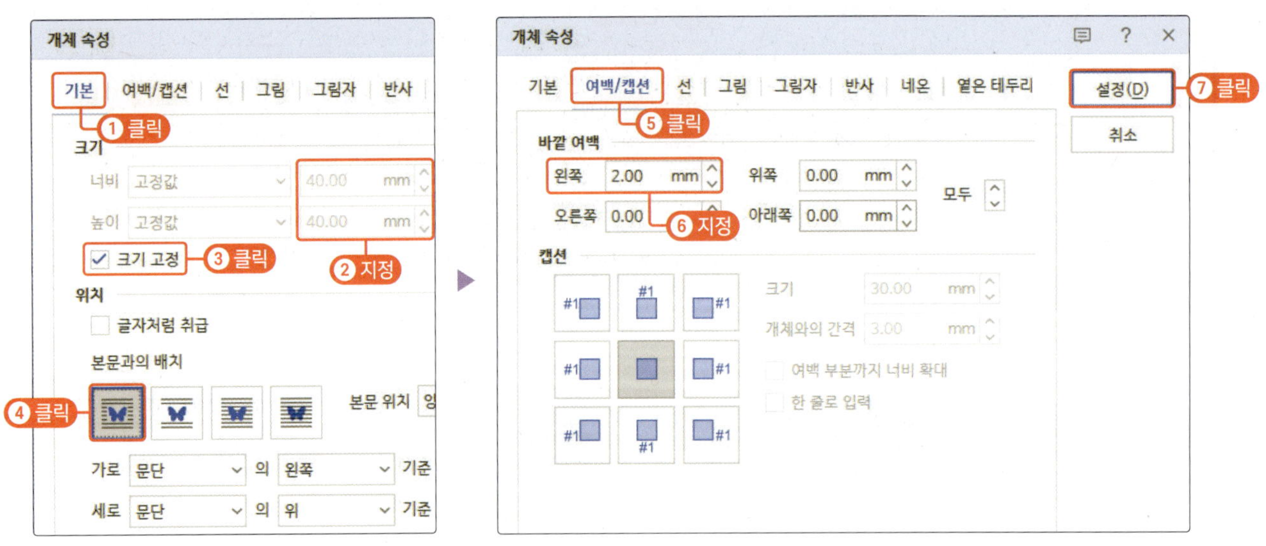

6 [기본] 탭에서 그림의 크기(**40mm×40mm**), 본문과의 배치(**어울림**)을 지정한 후 [여백/캡션] 탭에서 바깥 여백(**왼쪽 2mm**)을 적용합니다.

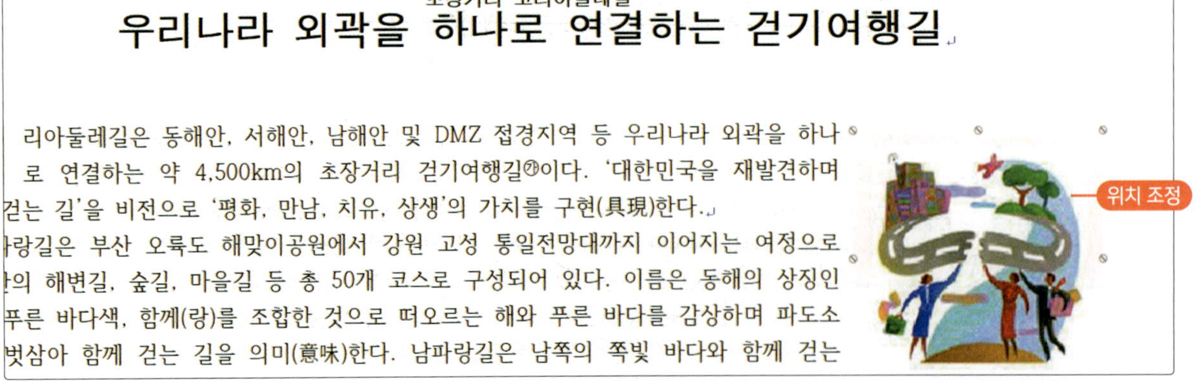

7 그림의 속성 지정이 완료되면 그림의 위치를 아래와 같이 맞춰줍니다.

코리아둘레길은 동해안, 서해안, 남해안 및 DMZ 접경지역 등 우리나라 외곽을 하나로 연결하는 약 4,500km의 초장거리 걷기여행길⑩이다. '대한민국을 재발견하며 함께 걷는 길'을 비전으로 '평화, 만남, 치유, 상생'의 가치를 구현(具現)한다.

  해파랑길은 부산 오륙도 해맞이공원에서 강원 고성 통일전망대까지 이어지는 여정으로 동해안의 해변길, 숲길, 마을길 등 총 50개 코스로 구성되어 있다. 이름은 동해의 상징인 해와 푸른 바다색, 함께(랑)를 조합한 것으로 떠오르는 해와 푸른 바다를 감상하며 파도소리를 벗삼아 함께 걷는 길을 의미(意味)한다. 남파랑길은 남쪽의 쪽빛 바다와 함께 걷는 길이라는 뜻으로, 부산 오륙도 해맞이공원에서 전남 해남 땅끝마을까지 남해안을 따라 이어진 걷기여행길이다. 총 90개 코스로 이루어져 있으며, 남해의 아름다운 해안경관(海岸景觀)과 대도시의 화려함과 농산어촌마을의 소박함을 모두 경험할 수 있다. 서해랑길은 전남 해남 땅끝에서 인천 강화까지 연결되는 걷기여행길로, 109개 코스로 구성되어 있다. 이름 그대로 서쪽의 파도와 함께 걷는 길을 의미한다. 서해랑길을 따라 천천히 걷다보면 유네스코 세계유산으로 지정된 드넓은 갯벌과 황홀한 일몰, 종교와 문물교류의 역사를 만나게 된다.

STEP 06   문서의 나머지 내용 입력하기

1 문장의 맨 뒤쪽에 커서를 위치시킨 후 Enter 를 두 번 눌러 나머지 내용을 입력합니다.

어진 걷기여행길이다. 총 90개 코스로 이루어져 있으며, 남해의 아름다운 해안경관(海岸景觀)과 대도시의 화려함과 농산어촌마을의 소박함을 모두 경험할 수 있다. 서해랑길은 전남 해남 땅끝에서 인천 강화까지 연결되는 걷기여행길로, 109개 코스로 구성되어 있다. 이름 그대로 서쪽의 파도와 함께 걷는 길을 의미한다. 서해랑길을 따라 천천히 걷다보면 유네스코 세계유산으로 지정된 드넓은 갯벌과 황홀한 일몰, 종교와 문물교류의 역사를 만나게 된다. ← ① Enter 2번

 ② 입력 → 코리아둘레길 지킴이 모집
활동기간 및 역할
활동기간 : 2025년 04월 – 2025년 11월 (약 8개월)
활동내용 : 코리아둘레길 안전성, 편의성, 쾌적성 점검
지원조건
사전필수교육 참가 가능자
담당코스 정기 3회 이상 활동 가능자

코리아둘레길 코스 안내

2 [입력] 탭-[표]를 선택해 **줄 개수(6)**와 **칸 개수(4)**를 입력한 후 <만들기>를 클릭합니다.

★ [Ctrl]+[N], [T]를 눌러 표를 삽입하는 방법도 있어요.

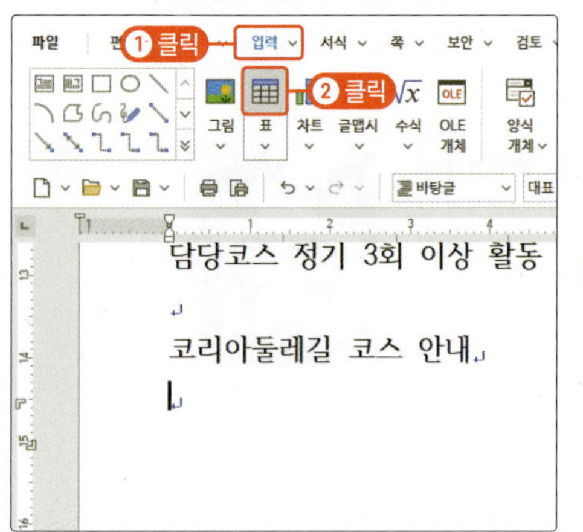
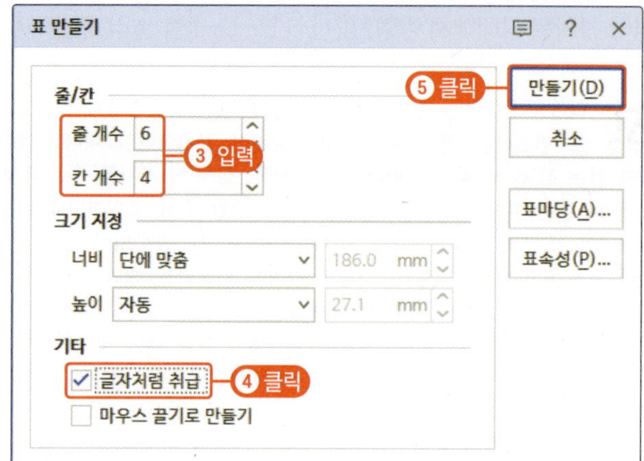

3 표 아랫줄을 클릭한 후 [Enter]를 눌러 기관명을 입력합니다.

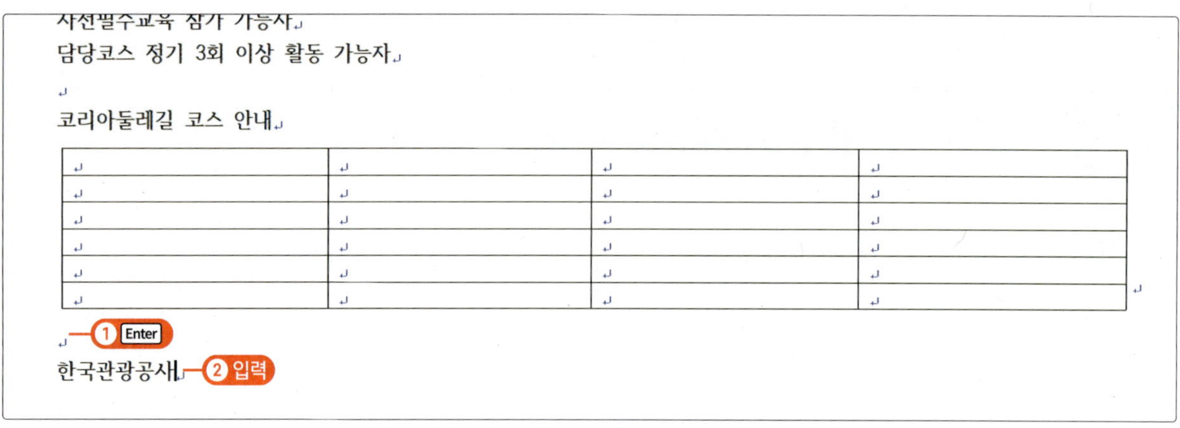

4 코리아둘레길 앞쪽을 선택한 후 [입력] 탭-[문자표]-**[문자표]**를 클릭합니다.

★ [Ctrl]+[F10]을 눌러 문자표 대화상자로 이동할 수도 있어요.

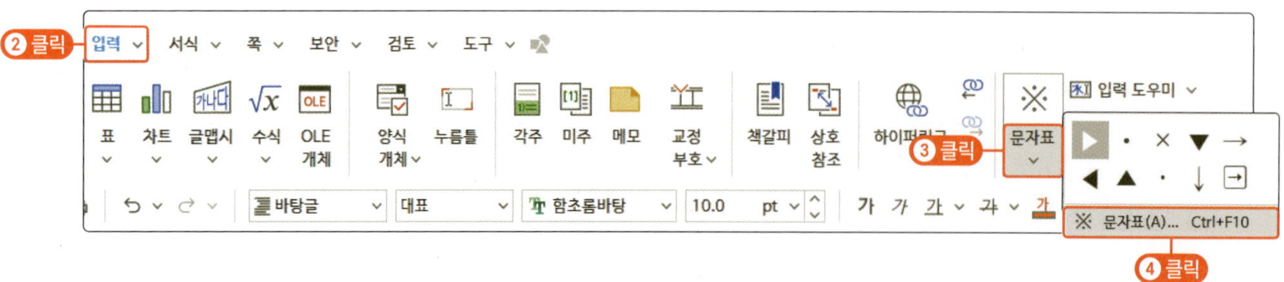

5 [한글(HNC) 문자표] 탭의 [전각 기호(일반)] 영역에서 문제지와 동일한 특수문자(♣)를 선택하여 <넣기>를 클릭합니다.

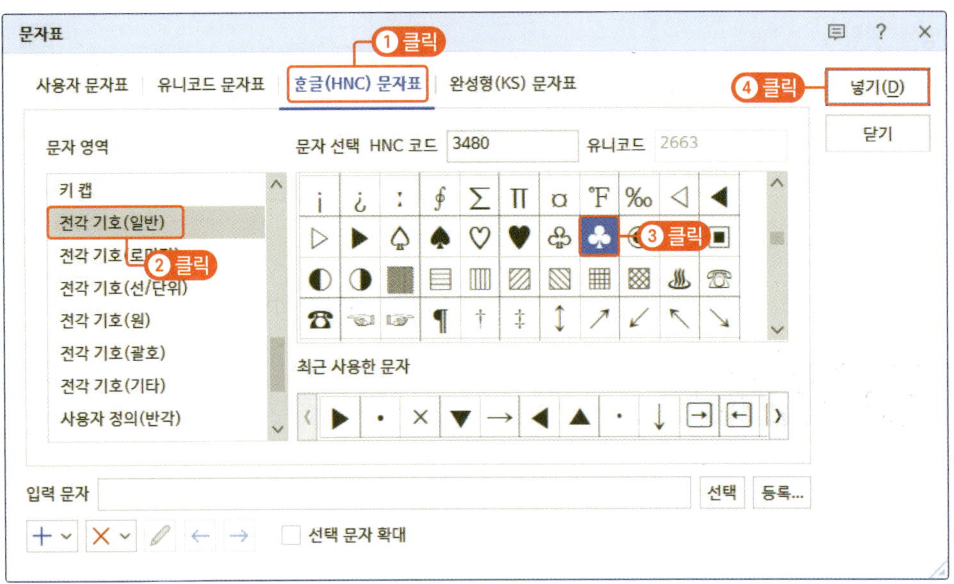

6 특수문자가 입력되면 Space Bar 를 눌러 한 칸 띄운 후 똑같은 방법으로 표제목에도 특수 문자를 입력합니다.

> 산어촌마을의 소박함을 모두 경험할 수 있다. 서해랑길은 전남 해남 땅끝에서 인천 강화까지 연결되는 걷기여행
> 109개 코스로 구성되어 있다. 이름 그대로 서쪽의 파도와 함께 걷는 길을 의미한다. 서해랑길을 따라 천천히 걸
> 면 유네스코 세계유산으로 지정된 드넓은 갯벌과 황홀한 일몰, 종교와 문물교류의 역사를 만나게 된다.
>
> ♣ 코리아둘레길 지킴이 모집
> 활동기간 및 역할
> 활동기간 : 2025년 04월 – 2025년 11월 (약 8개월)
> 활동내용 : 고리아둘레길 안선성, 편의성, 쾌적성 점검
> 지원조건
> 사전필수교육 참가 가능자
> 담당코스 정기 3회 이상 활동 가능자
>
> ♣ 코리아둘레길 코스 안내

> 한국관광공사

최근 기출 문제에서는 ♣와 ★ 모양의 출제 비중이 높은 편이며, ♠, ★, ■, ※, ⊙ 등 다양한 문자표도 함께 출제되고 있습니다. 해당 모양들은 [전각 기호(일반)] 영역에서 확인할 수 있어요.

소제목과 표제목 편집하기

- 글꼴 : 돋움, 18pt, 하양, 음영색 : 파랑
- 글꼴 : 돋움, 18pt, 밑줄, 강조점

1 소제목을 편집하기 위해 내용을 블록으로 지정한 다음 서식 도구 상자에서 **글꼴(돋움)**과 **글자 크기(18pt)**를 적용합니다.

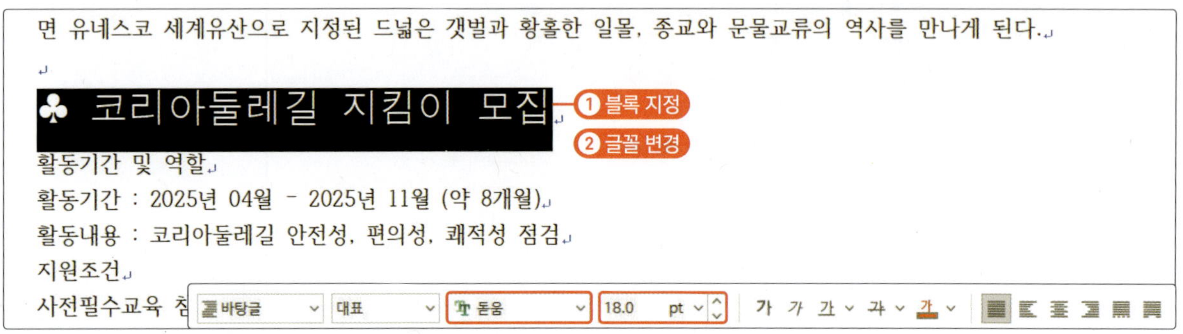

2 아래와 같이 블록으로 지정한 후 우클릭하여 **[글자 모양]**을 선택합니다.

★ 텍스트가 블록으로 지정된 상태에서 Alt + L 을 눌러도 결과는 동일해요.

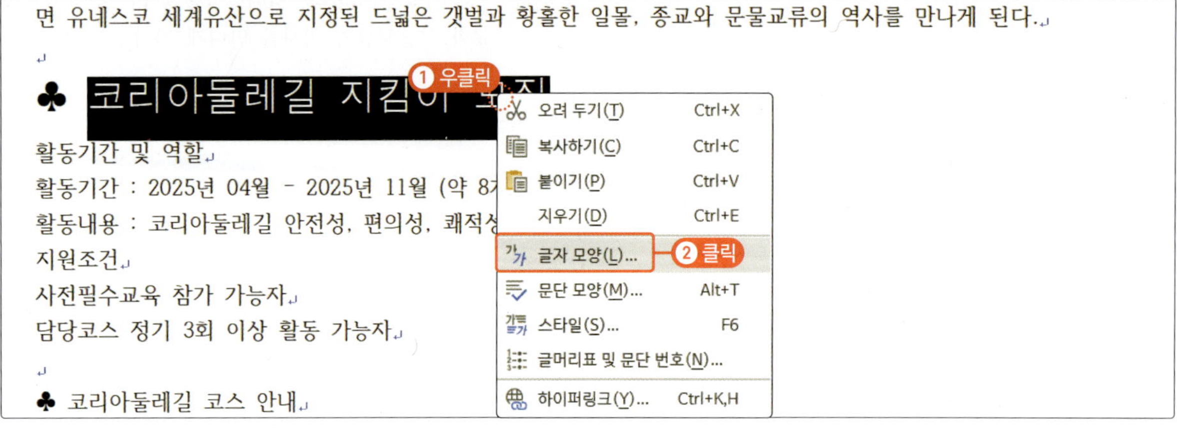

3 **[기본]** 탭에서 **글자 색(하양)**과 **음영 색(파랑)**을 지정한 후 **<설정>**을 클릭합니다.

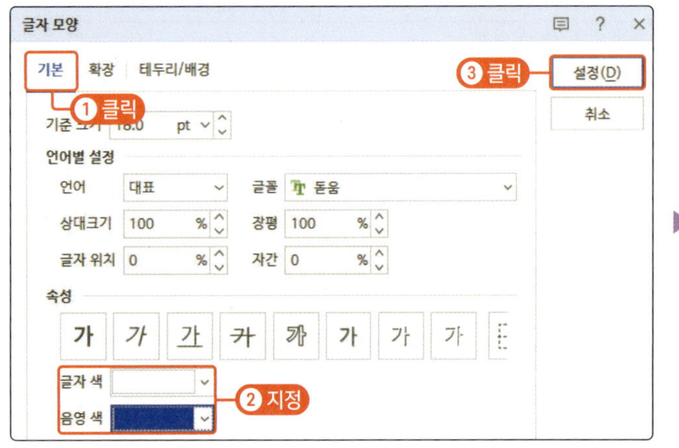

4 이번에는 표제목을 블록으로 지정한 다음 서식 도구 상자에서 **글꼴(돋움)**과 **글자 크기(18pt)**를 적용합니다.

5 문자표를 제외한 내용을 블록으로 지정한 다음 서식 도구 상자에서 밑줄을 적용합니다.

★ 텍스트가 블록으로 지정된 상태에서 Alt + L 을 눌러도 결과는 동일해요.

6 강조점을 적용하기 위해 아래와 같이 블록으로 지정한 후 우클릭하여 **[글자 모양]**을 선택합니다.

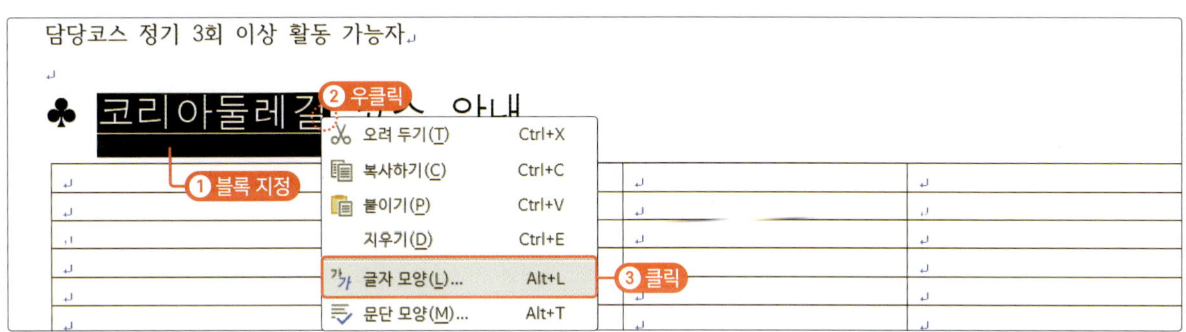

7 [확장] 탭에서 **강조점**을 문제지와 동일한 모양으로 선택한 후 <설정>을 클릭합니다.

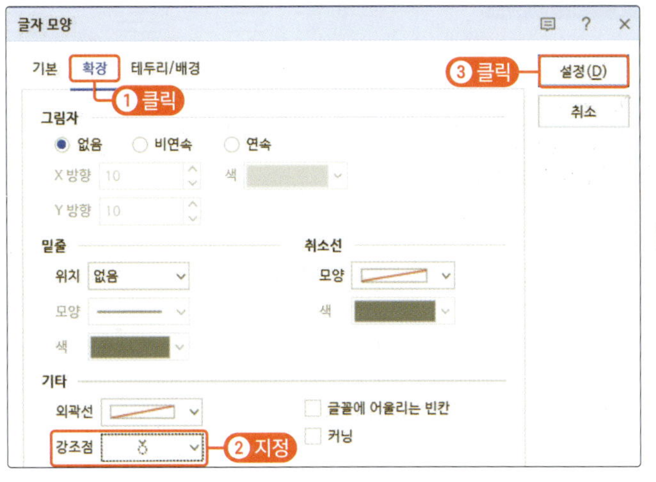

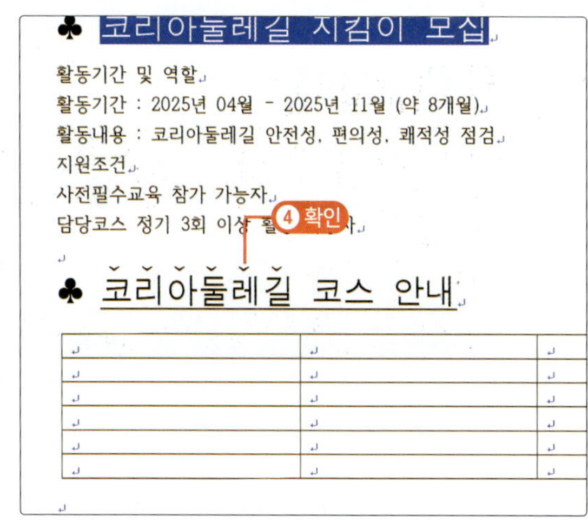

8 똑같은 방법으로 안내를 블록으로 지정한 후 강조점을 적용해 보세요.

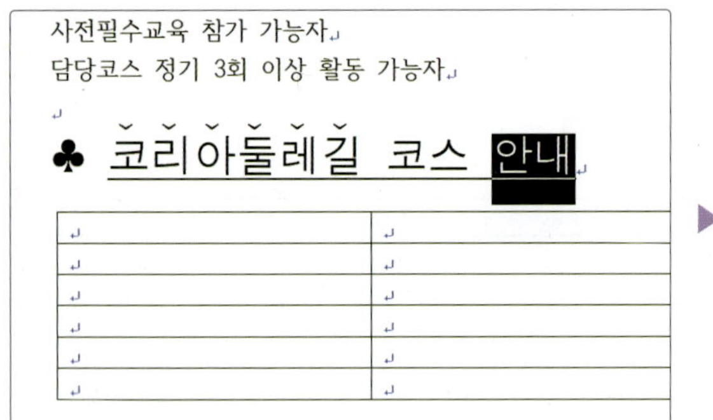

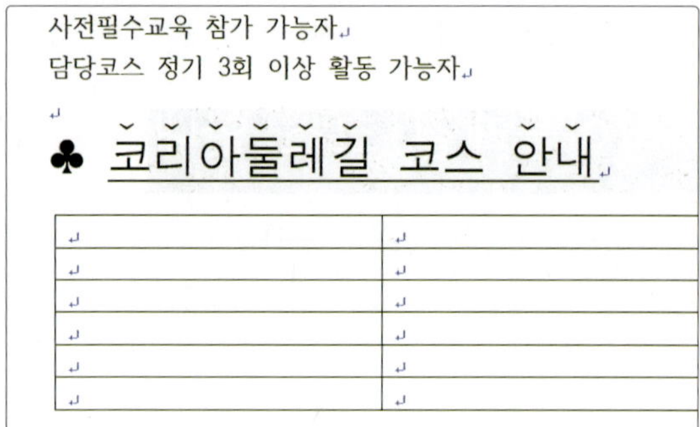

> **ITQ 꿀팁**
>
> · 소제목의 글자 색을 '흰색'으로, 음영 색을 '파랑' 또는 '빨강'으로 지정하는 문제가 고정적으로 출제되고 있어요.
> · 표제목의 강조점은 ☺ 모양과 ☻ 모양이 주로 출제되고 있어요.

STEP 08 · 문단 번호 입력하기

· 문단 번호 기능 사용 → 1수준 : 20pt, 오른쪽 정렬, 2수준 : 30pt, 오른쪽 정렬 / 줄 간격 : 180%

1 소제목 아래쪽 문단 전체를 블록으로 지정한 후 [서식] 탭-[문단 번호]-**[문단 번호 모양]**을 클릭합니다.

★ 텍스트가 블록으로 지정된 상태에서 Ctrl + K , N 을 눌러도 문단 번호를 지정할 수 있어요.

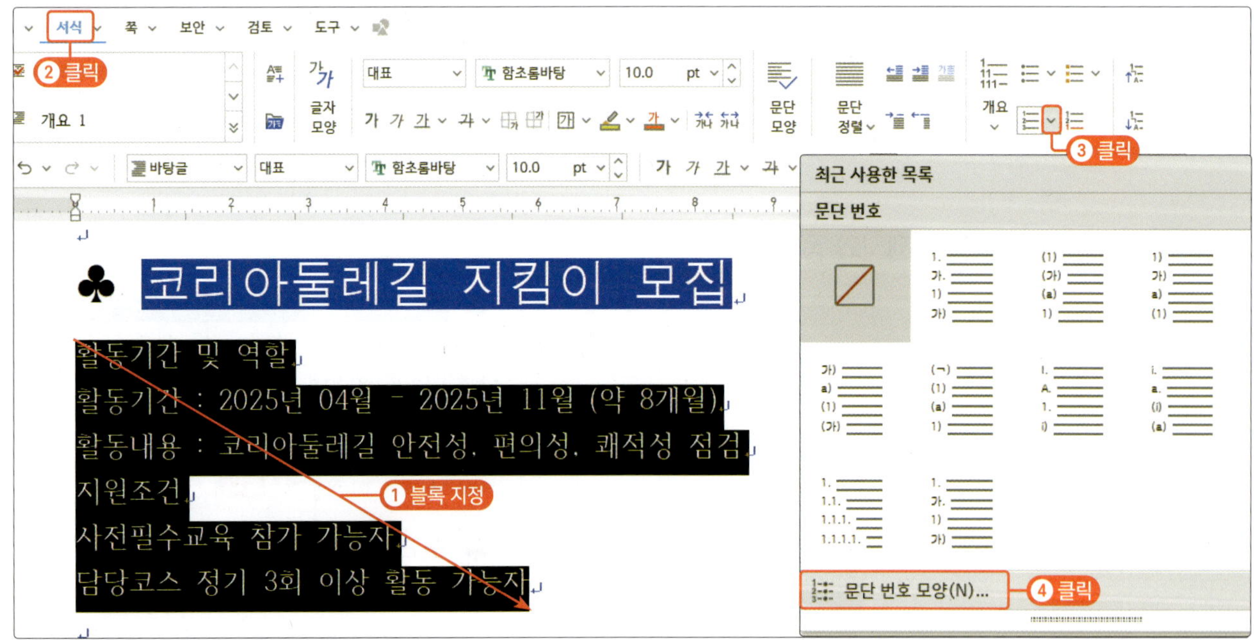

2 문단 번호 모양에서 첫 번째 모양을 선택한 다음 <사용자 정의>를 클릭합니다.

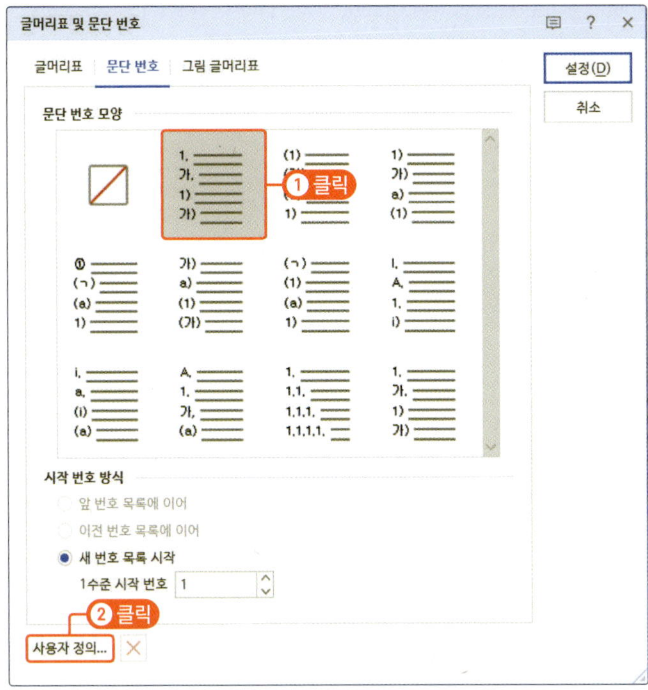

3 1 수준에서 번호 모양(**가,나,다**), 너비 조정(**20pt**), 정렬(**오른쪽**)을 지정합니다.

★102페이지의 《출력형태》에 따라 '1 수준'의 번호 모양이 '가.' 형태로 표시되어야 해요.

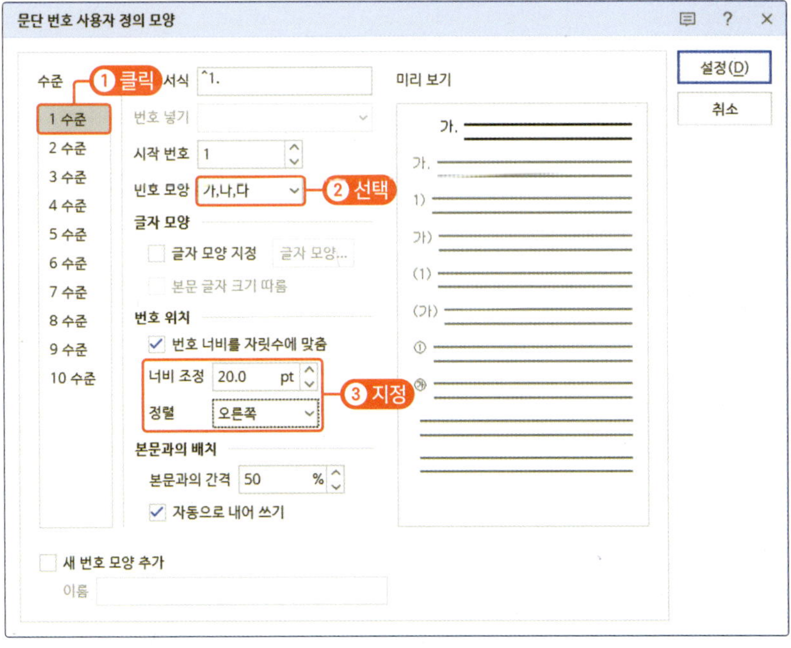

4 이번에는 2 수준을 선택한 후 번호 모양(ⓐ,ⓑ,ⓒ), 너비 조정(**30pt**), 정렬(**오른쪽**)을 지정합니다.

★ 102페이지의 《출력형태》에 따라 '2 수준'의 번호 모양이 'ⓐ' 형태로 표시되어야 하므로 '^2.' 뒤에 마침표(.)를 삭제해요.

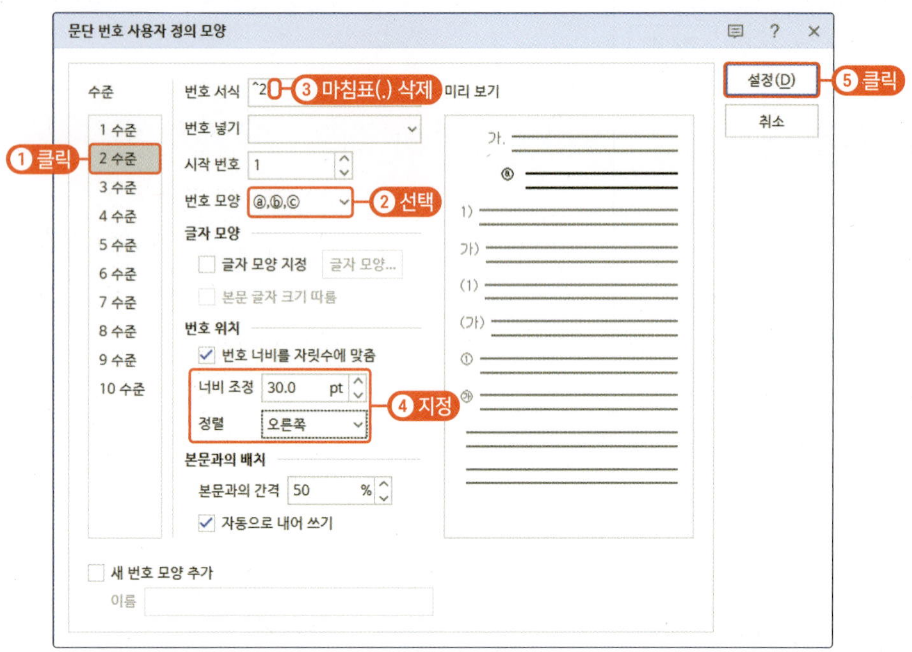

5 새롭게 추가된 문단 번호 모양을 확인한 후 <설정>을 클릭합니다.

6 Esc 를 눌러 블록이 해제되면 문단에 적용된 번호 모양을 확인합니다.

★ 현재 적용된 문단 번호는 1 수준 번호 모양이에요.

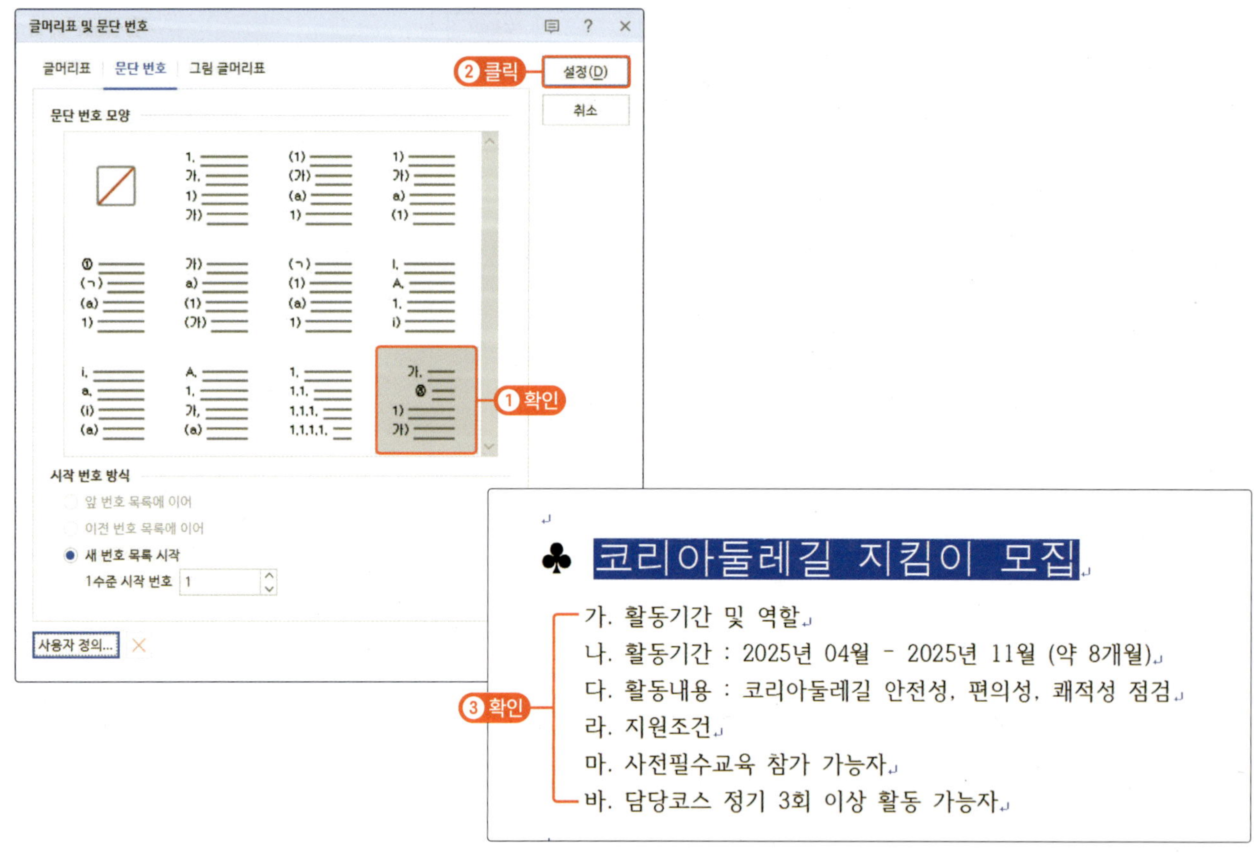

7 문단 번호 수준을 한 단계 감소시키기 위해 둘째 줄과 셋째 줄을 블록으로 지정한 후 [서식] 탭-[한 수준 감소]를 클릭합니다.

★ 텍스트가 블록으로 지정된 상태에서 Ctrl + + (숫자 패드)를 눌러도 문단 번호 수준을 감소시킬 수 있어요.

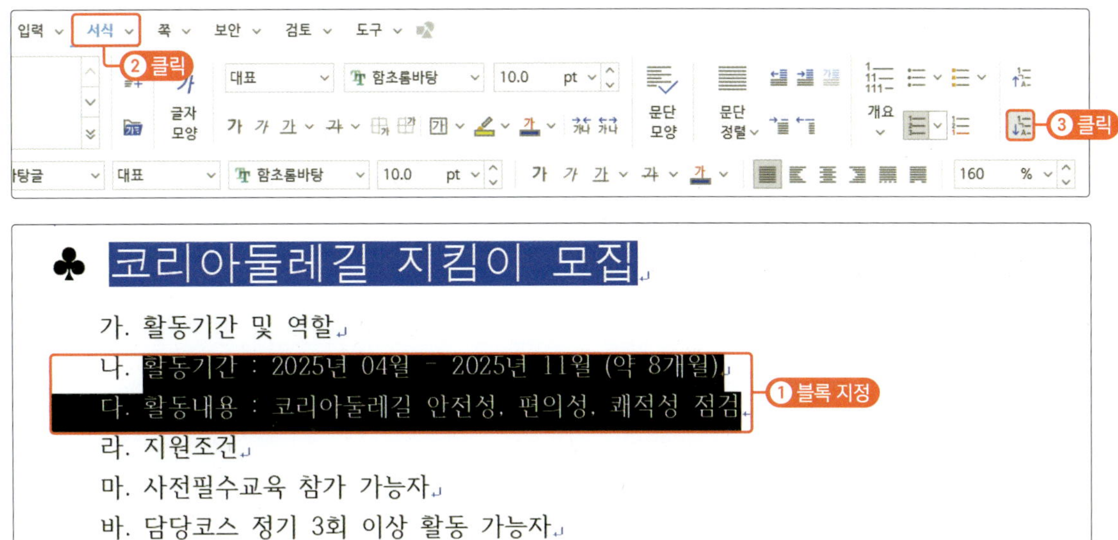

8 똑같은 방법으로 다섯째 줄과 여섯째 줄도 문단 번호를 한 수준 감소시킵니다.

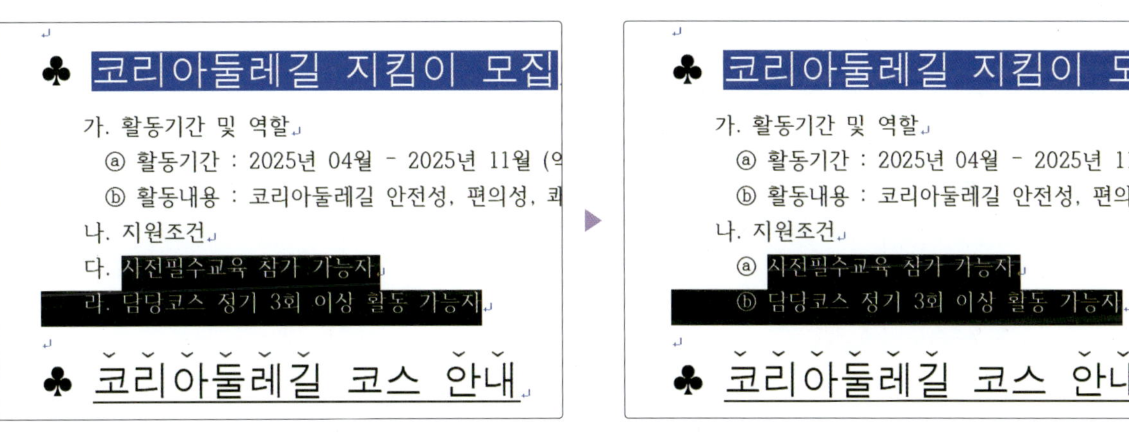

9 문단 번호가 적용된 내용 전체를 블록으로 지정한 다음 서식 도구 상자에서 줄 간격을 180%로 변경합니다.

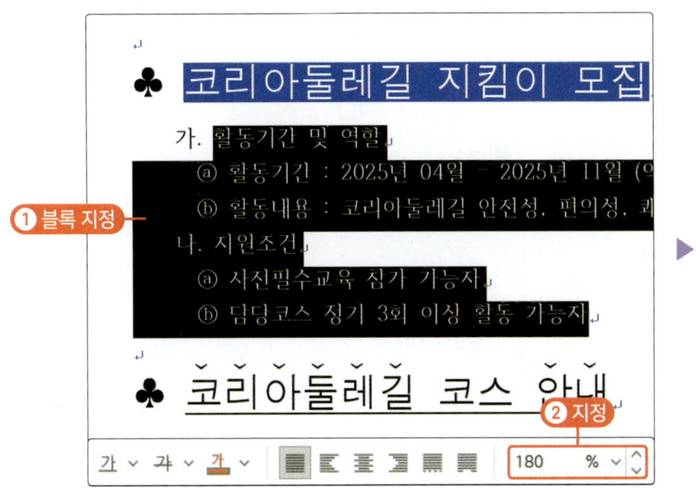
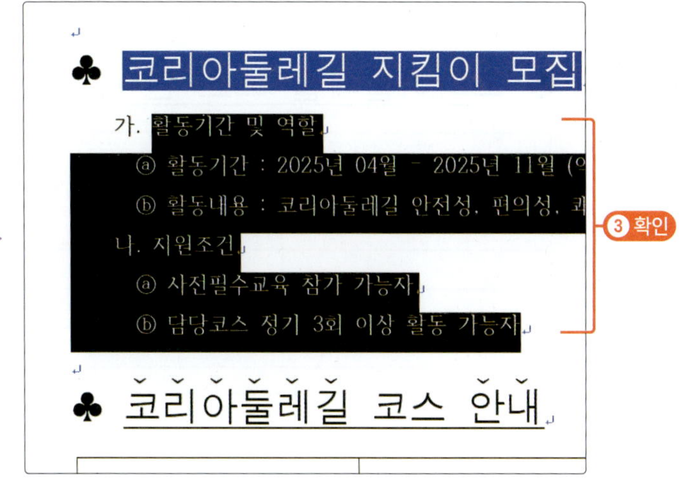

셀 편집 후 데이터 입력하기

· 표 전체 글꼴 : 굴림, 10pt, 가운데 정렬

1 표에 내용을 입력하기 전에 셀 전체를 블록으로 지정한 다음 [Ctrl]+[↓]를 1~2번 눌러 표의 높이를 변경합니다.

⭐ 표의 높이는 채점 대상이 아니지만 문제지와 비슷하게 맞추기 위해 변경했어요.

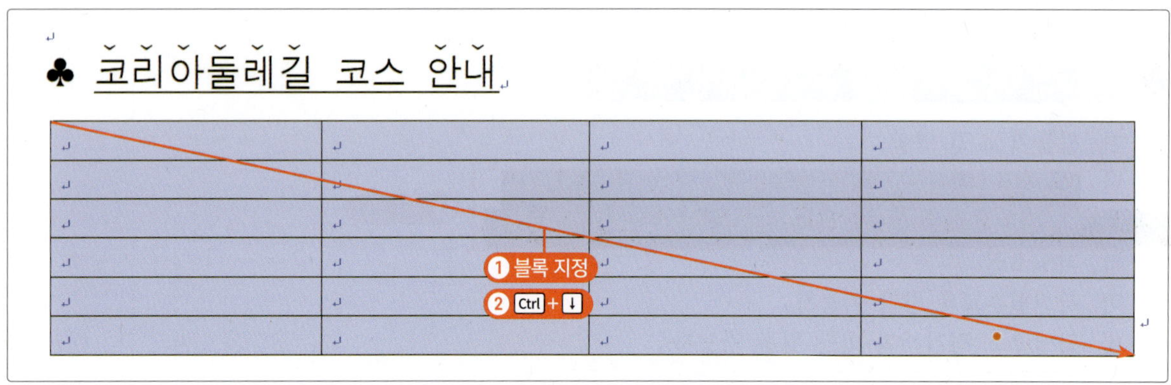

2 서식 도구 상자에서 **글꼴(굴림), 글자 크기(10pt), 가운데 정렬**을 지정합니다.

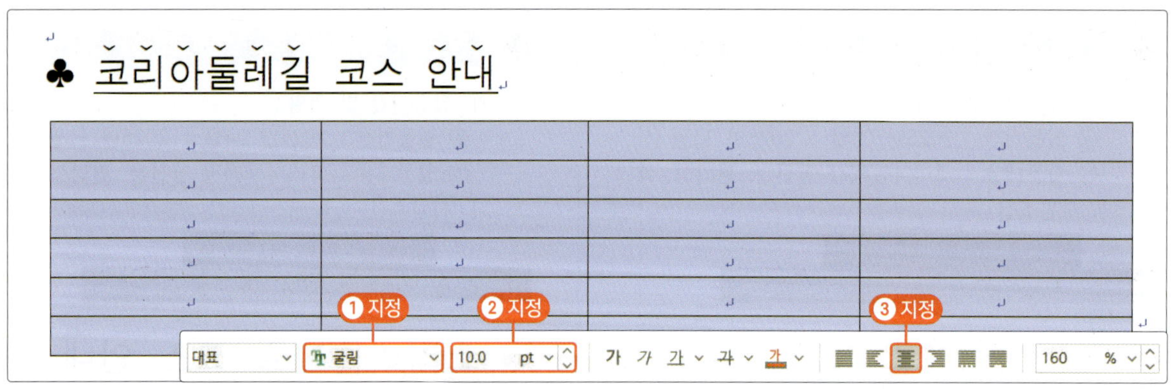

3 특정 부분의 셀을 합치기 위해 아래와 같이 셀을 블록으로 지정한 다음 우클릭하여 **[셀 합치기]**를 선택합니다.

⭐ 셀이 선택된 상태에서 [M]을 눌러 셀을 병합할 수도 있어요.

4 셀이 하나로 병합된 것을 확인한 다음 동일한 방법으로 나머지 셀을 합쳐줍니다.

 **Level UP**   셀 나누기

① 셀에 커서를 위치시킨 후 우클릭하여 [셀 나누기]를 선택합니다.

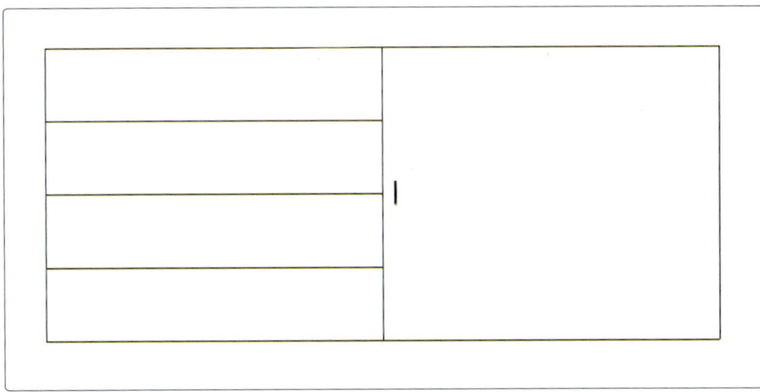

② 줄 개수 & 칸 개수를 입력한 후 <나누기>를 클릭합니다.

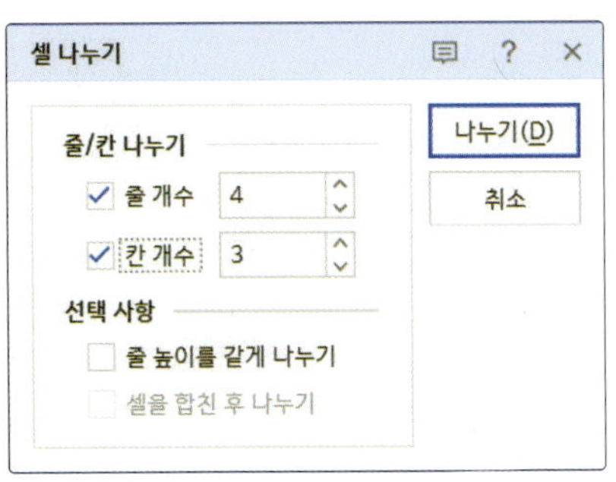

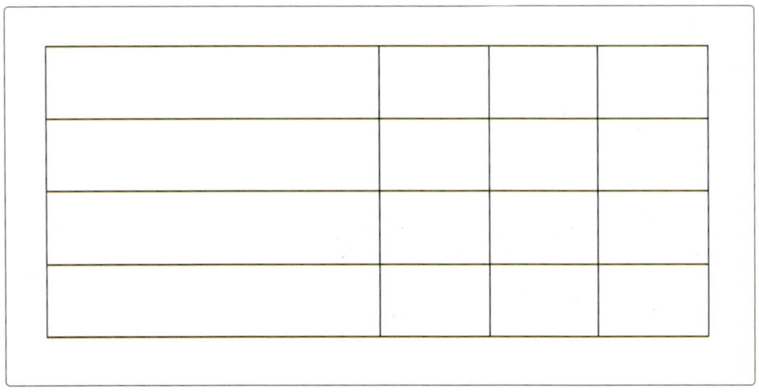

5 아래와 같이 셀 안쪽의 테두리를 왼쪽으로 드래그하여 첫 번째 셀의 너비를 줄여줍니다.

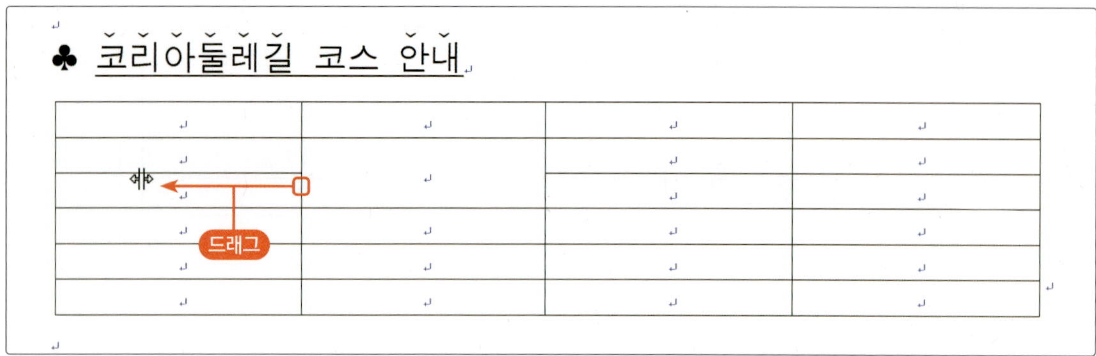

6 똑같은 방법으로 셀의 너비를 조절해 보세요.

♣ 코리아둘레길 코스 안내

7 셀을 선택한 후 문제지를 참고하여 표 안에 필요한 내용을 입력합니다.

★ 셀 안에 내용을 입력한 후 Tab 또는 방향키(↑,↓,←,→)를 눌러 다른 셀로 이동해요.

★ 소요 시간의 내용은 Enter 를 눌러 《출력형태》와 같이 2줄로 입력해 주세요.

♣ 코리아둘레길 코스 안내

구간	구분	설명	소요 시간
부산	남파랑길	정겨운 부산 사투리를 들으며 알자배기 부산 여행	
창원		벚꽃 즈려밟고 그림같이 아름다운 창원 반 바퀴	26시간~
삼척-동해	해파랑길	편안한 숲길과 화려한 기암절벽이 조화로운 길	38시간
강릉		강릉 바우길과의 행복한 만남	
서산-당진	서해랑길	서해안 바닷길 따라 굽이굽이 숨겨진 보물찾기	

표 테두리 및 배경 지정하기

STEP 10

- 셀 배경(그러데이션) : 유형(가로), 시작색(노랑), 끝색(하양)

1 첫 번째 행을 블록으로 지정한 후 우클릭하여 [셀 테두리/배경]-[**각 셀마다 적용**]을 선택합니다.

★ 셀이 블록으로 지정된 상태에서 ⓛ을 누르는 방법도 있어요.

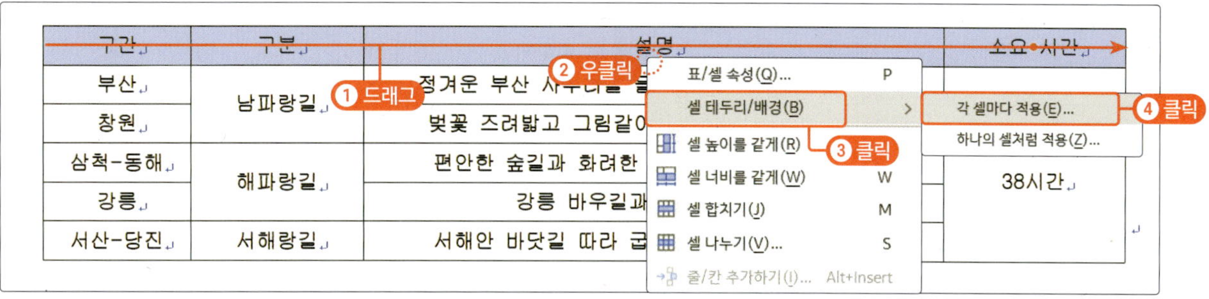

2 [테두리] 탭에서 **이중 실선**과 **위쪽 테두리**, **아래쪽 테두리**를 각각 선택합니다.

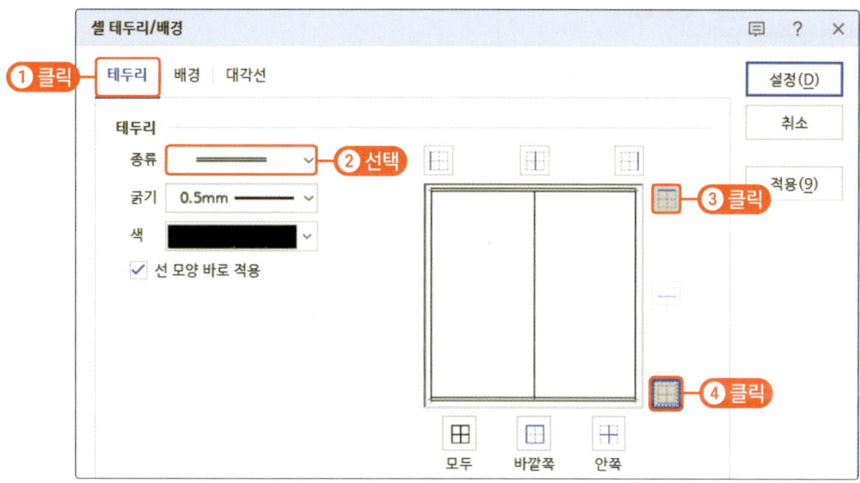

3 이번에는 [배경] 탭에서 그러데이션의 **시작 색(노랑)**, **끝 색(하양)**, **유형(가로)**를 선택하여 적용합니다.

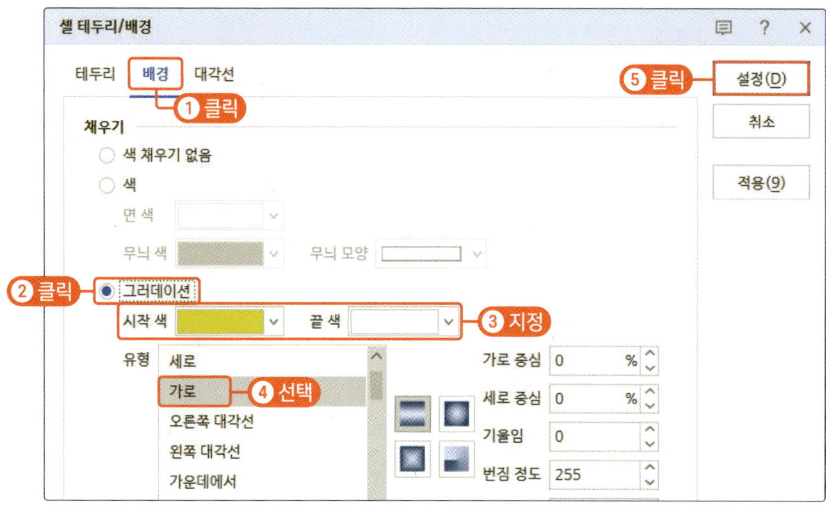

4 표 전체 셀을 블록으로 지정한 다음 우클릭하여 [셀 테두리/배경]-[**각 셀마다 적용**]을 선택합니다.

★ 셀이 블록으로 지정된 상태에서 ⬜을 누르는 방법도 있어요.

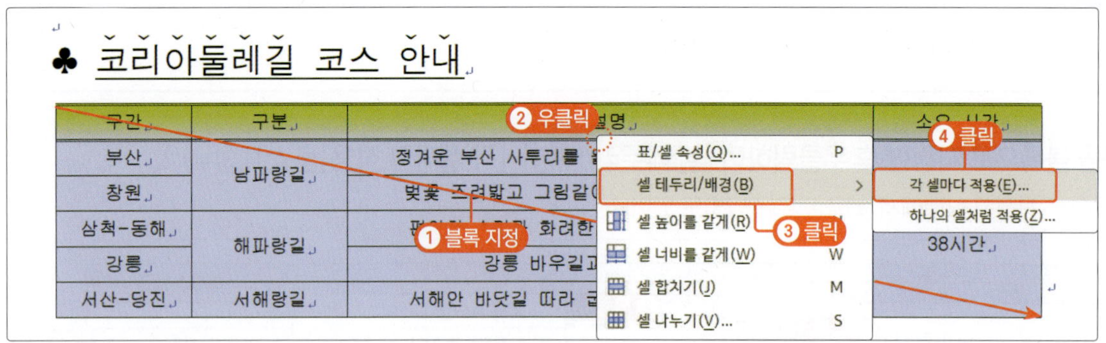

5 [테두리] 탭에서 종류를 **없음**으로 지정한 다음 **왼쪽 테두리**, **오른쪽 테두리**를 선택하여 적용합니다.

★ 표 왼쪽 오른쪽 끝의 테두리가 없어진 것을 확인할 수 있어요.

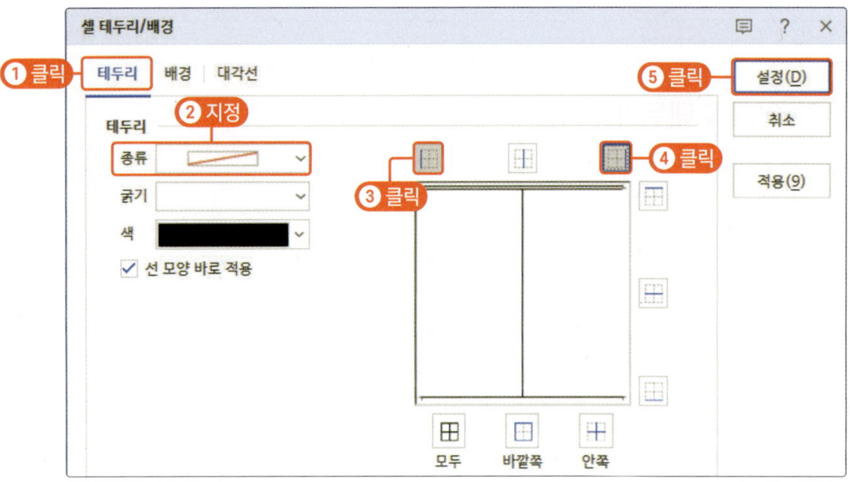

6 다시 표 전체 셀을 블록으로 지정한 다음 우클릭하여 [셀 테두리/배경]-[**각 셀마다 적용**]을 선택합니다.

★ 셀이 블록으로 지정된 상태에서 ⬜을 누르는 방법도 있어요.

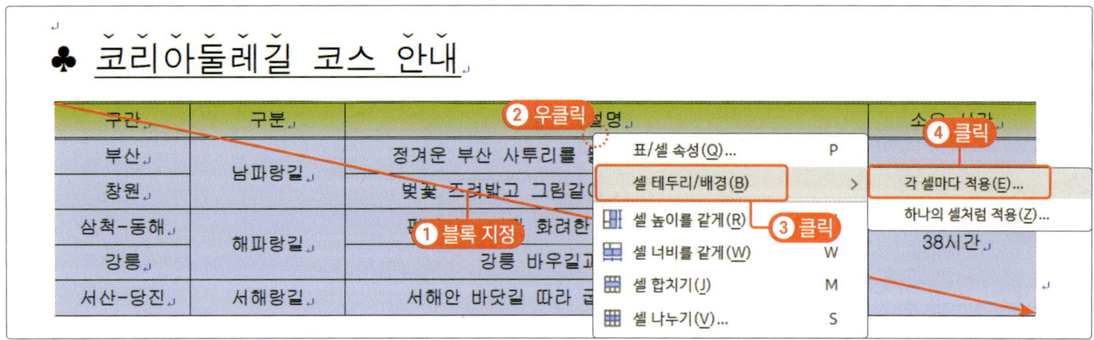

7 [테두리] 탭에서 **이중 실선**과 **아래쪽 테두리**를 선택하여 적용합니다.

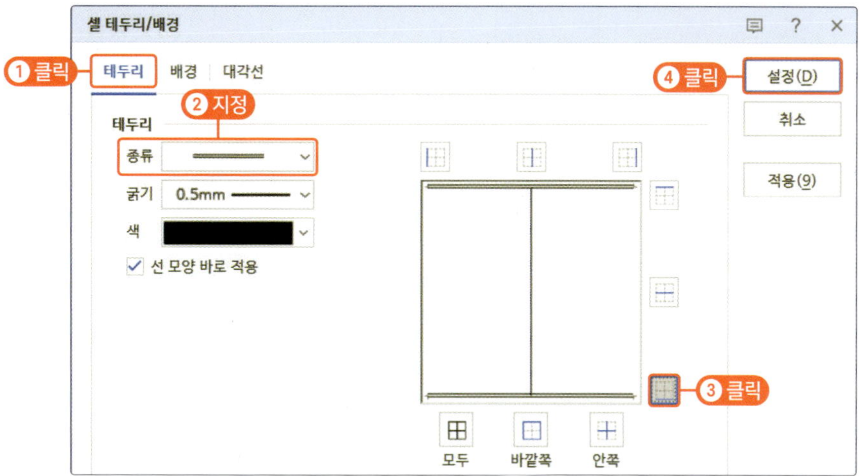

8 [Esc]를 눌러 블록을 해제한 후 완성된 표를 확인합니다.

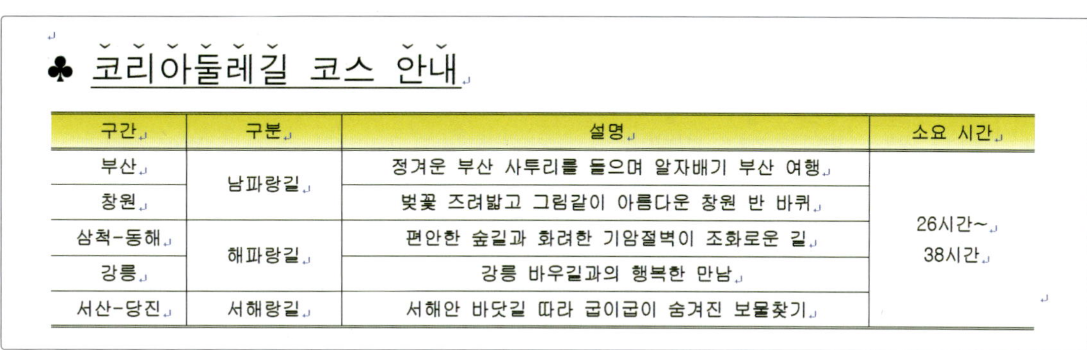

♣ 코리아둘레길 코스 안내

구간	구분	설명	소요 시간
부산	남파랑길	정겨운 부산 사투리를 들으며 알자배기 부산 여행	26시간~ 38시간
창원		벚꽃 즈려밟고 그림같이 아름다운 창원 반 바퀴	
삼척-동해	해파랑길	편안한 숲길과 화려한 기암절벽이 조화로운 길	
강릉		강릉 바우길과의 행복한 만남	
서산-당진	서해랑길	서해안 바닷길 따라 굽이굽이 숨겨진 보물찾기	

STEP 11 — 기관명 서식 변경 후 쪽 번호 매기기

- 기관명 → 글꼴 : 궁서, 24pt, 진하게, 장평 105%, 오른쪽 정렬
- 쪽 번호 → 쪽 번호 매기기, 4로 시작

1 기관명을 편집하기 위해 내용을 블록으로 지정한 후 서식 도구 상자에서 **오른쪽 정렬**을 클릭합니다.

2 글자 서식을 한 번에 변경하기 위해 텍스트 위에서 우클릭한 후 **[글자 모양]**을 선택합니다.

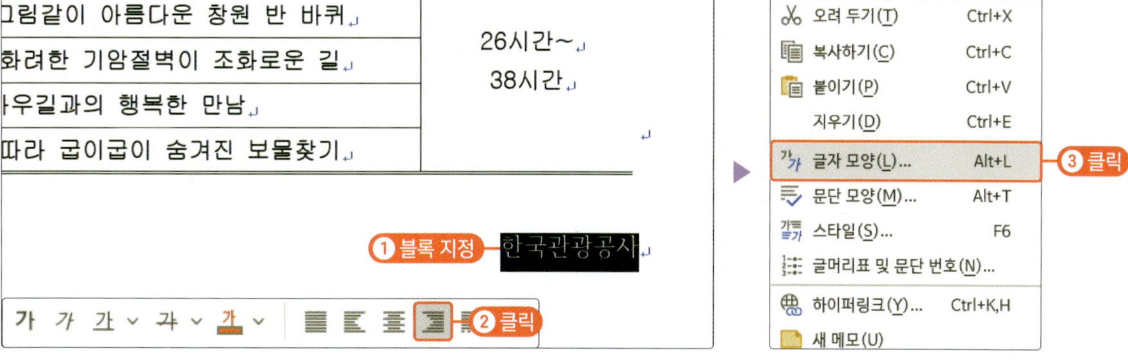

3 [기본] 탭에서 기준 크기(**24pt**), 글꼴(**궁서**), 장평(**105%**), **진하게**를 선택하여 적용합니다.

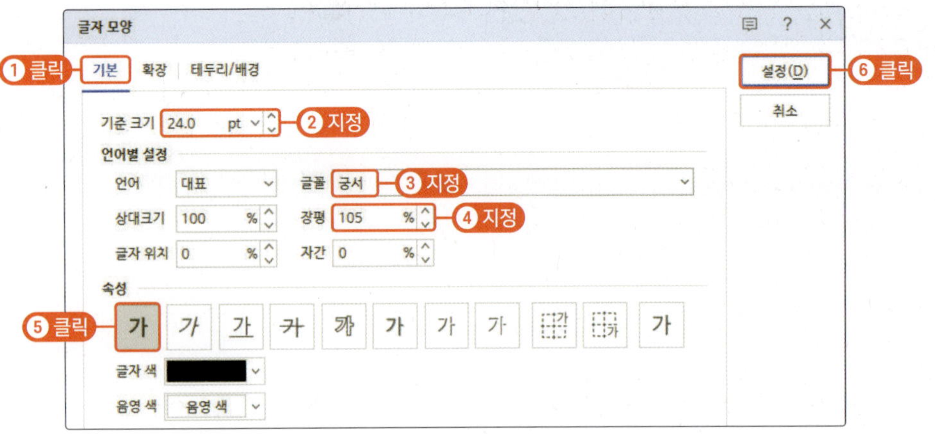

4 문서의 세 번째 페이지가 선택된 상태에서 [쪽] 탭-[**쪽 번호 매기기**]를 클릭하여 페이지 번호를 적용합니다.

★ Ctrl + N, P를 눌러 쪽 번호를 매길 수도 있어요.

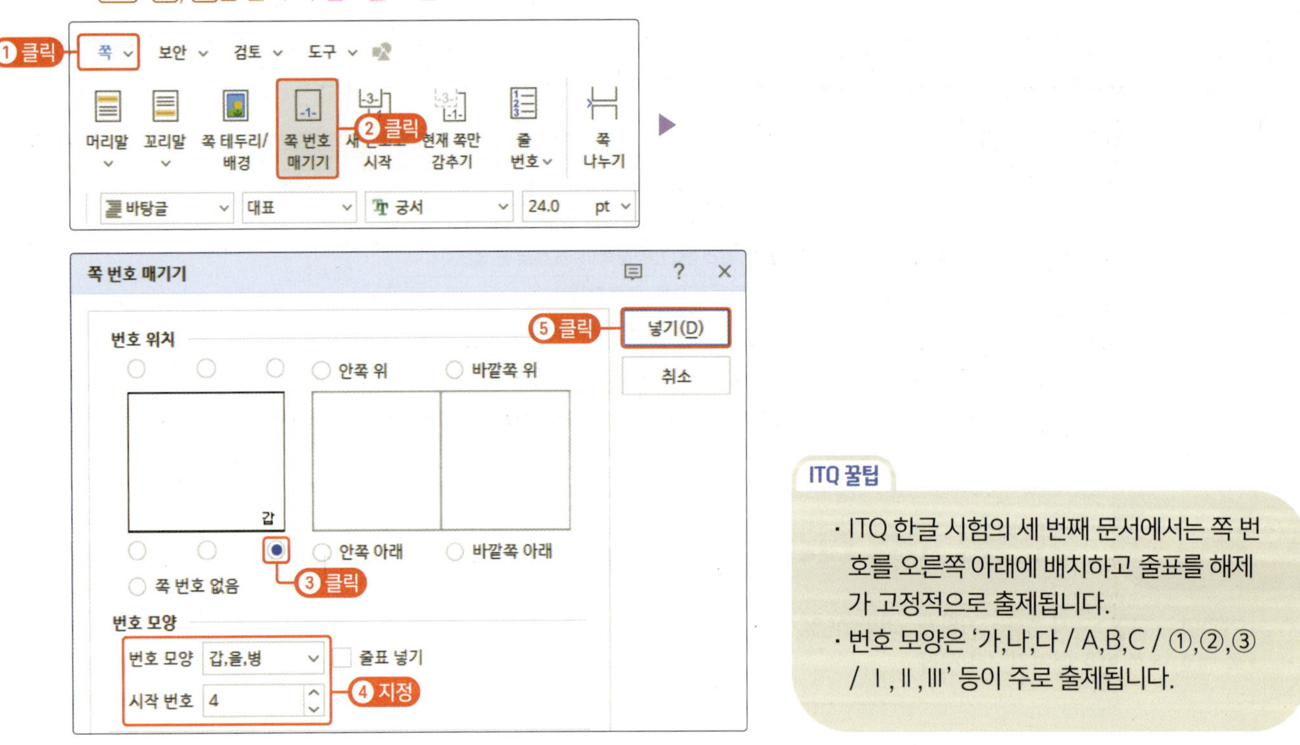

ITQ 꿀팁

· ITQ 한글 시험의 세 번째 문서에서는 쪽 번호를 오른쪽 아래에 배치하고 줄표를 해제가 고정적으로 출제됩니다.
· 번호 모양은 '가,나,다 / A,B,C / ①,②,③ / Ⅰ,Ⅱ,Ⅲ' 등이 주로 출제됩니다.

5 문서의 오른쪽 하단에 쪽 번호가 삽입된 것을 확인한 다음 서식 도구 상자에서 [**저장하기(圖)**]를 클릭하거나, Alt + S를 눌러 답안 파일을 저장합니다.

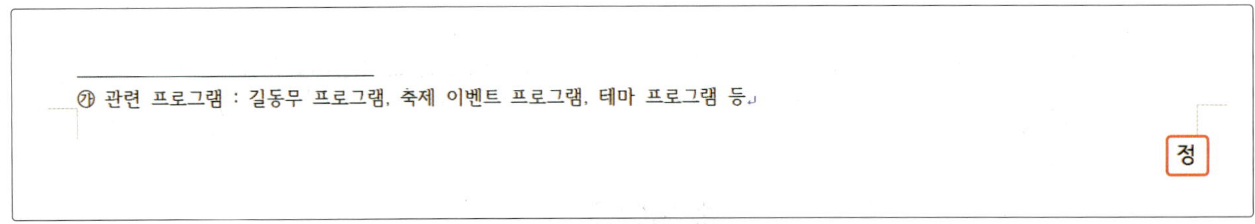

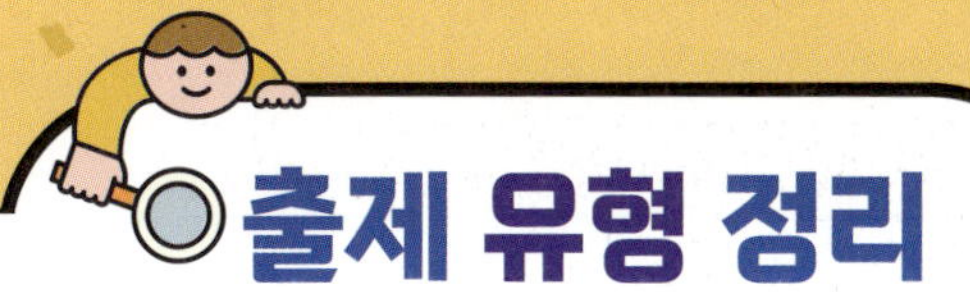

1 다음 조건에 따라 문서를 작성해 보세요.

⊘ **실습파일** : 유형07-1(문제).hwpx ⊘ **완성파일** : 유형07-1(완성).hwpx

글꼴 : 굴림, 18pt, 진하게, 가운데 정렬
책갈피 이름 : 자율주행
덧말 넣기

머리말 기능
돋움, 10pt, 오른쪽 정렬 → 자율주행

운전자와 보험자의 안전
자율주행 기술의 혁신

문단 첫 글자 장식 기능
글꼴 : 궁서, 면색 : 노랑

그림위치(내 PC₩문서₩ITQ₩Picture₩그림4.jpg,
문서에 포함) 자르기 기능 이용, 크기(40mm×40mm),
바깥 여백 왼쪽 : 2mm

최근에는 자율주행 자동차가 운전자의 부주의로 인해 발생하는 대부분의 교통사고Ⓐ 위험을 획기적으로 줄이고, 교통 효율성을 높이며 운행 데이터를 기반으로 최적의 경로와 속도를 선택하여 연료를 절감(節減)하는 것은 물론, 운전을 대신 해줌으로써 운전자와 탑승객의 편의를 크게 증대(增大)시킬 수 있는 미래의 핵심 개인 교통수단으로 주목받고 있다. 더 이상 운전의 피로에서 벗어나 차량 안에서 여유롭게 휴식을 취하거나 업무에 집중할 수 있게 되는 것이다.

각주

자율주행 자동차 기술로는 운전자 보조 기술, 자동주행 기술, 무인자동차 또는 자율주행 기술이 있다. 운전자 보조 기술은 종방향 또는 횡방향 중 한 가지에 대해서 운전자에게 경고하거나 제어를 도와주는 기술을 말한다. 자동주행 기술은 종횡 방향 모두에 대해 제어를 도와주는 기술을 말한다. 단, 항상 운전자가 주변 상황을 계속 모니터링하고 있다가 언제든지 개입할 수 있다는 가정을 가지고 있다. 자동주행과 자율주행의 차이는 운전자가 항상 개입을 할 수 있도록 준비해야 하는지 아닌지에 따라 구별한다. 자율주행 차량의 경우 운전자가 신문을 보거나 잠을 자도 상관없이 차량이 자율로 주행하는 개념이다.

★ **자율주행장치 종류**

글꼴 : 굴림, 18pt, 하양
음영색 : 파랑

가. 환경 인식 장치
　㉮ 카메라 : 다양한 위치에서 차선, 신호등, 보행자 등을 인식
　㉯ 레이더 : 전파를 이용해 주변 물체와의 거리, 속도, 방향 측정
나. 판단 및 제어 장치
　㉮ 고성능 프로세서/AI 칩 : 센서와 지도 데이터 통합하여 판단
　㉯ 차량 제어 장치 : 실제 차량 시스템에 실행하고 제어

문단 번호 기능 사용
1수준 : 20pt, 오른쪽 정렬,
2수준 : 30pt, 오른쪽 정렬
줄 간격 : 180%

★ **자율주행 진행 단계** ← 글꼴 : 굴림, 18pt, 밑줄, 강조점

표 전체 글꼴 : 돋움, 10pt, 가운데 정렬
셀 배경(그러데이션) : 유형(가로),
시작색(노랑), 끝색(하양)

단계	특징	내용	모니터링
1단계	운전자 지원	조향 또는 가속 및 감속 중 하나를 수행	운전자
2단계	부분 자동화	조향 또는 가속 및 감속 모두 수행하는 주행보조 기술	운전자
3단계	조건부 자동화	차량 제어와 주행환경을 인식하지만 운전자가 적절하게 제어	자율주행 시스템
4단계	고도 자동화	모든 측면을 시스템이 수행하지만 전적으로 제어하는 것은 아님	자율주행 시스템

글꼴 : 궁서, 24pt, 진하게
장평 95%, 오른쪽 정렬 → **한국전자통신연구원**

각주 구분선 : 5cm

Ⓐ 94%에 이르는 대부분의 교통사고는 운전자의 부주의로 인해 발생

쪽 번호 매기기
5로 시작 → E

⊘ **실습파일** : 유형07-2(문제).hwpx   ⊘ **완성파일** : 유형07-2(완성).hwpx

글꼴 : 돋움, 18pt, 진하게, 가운데 정렬
책갈피 이름 : 물류산업
덧말 넣기

머리말 기능
궁서, 10pt, 오른쪽 정렬 → **스마트 물류**

문단 첫 글자 장식 기능
글꼴 : 굴림, 면색 : 노랑

물류산업의 자동화
제15회 국제물류산업전

각주

그림위치(내 PC\문서\ITQ\Picture\그림4.jpg,
문서에 포함) 자르기 기능 이용, 크기(40mm×35mm),
바깥 여백 왼쪽 : 2mm

물 류란 물적 유통(Physical Distribution)의 줄인 말로 생산자로부터 소비자로의 물건의 흐름을 가리킨다. 물류는 소유의 효용(效用)을 만족시켜주는 거래를 제외한 장소와 시간의 효용을 창출하는 부분으로 상품을 수송, 하역⊖, 보관, 포장하는 과정과 유통가공이나 수송 기초시설 등의 물자유통 과정 그리고 통신(通信) 기초시설과 정보망 등의 정보유통 개념을 모두 포함한다. 국내 물류산업은 IT, 전자상거래 등 첨단산업과 융합하여 유망 서비스업으로 진화를 거듭하고 있으며 최근에는 일반 택배와 같은 물류시장이 급성장하며 국민생활에 대한 기여도가 날로 커지고 있다.

최신 물류기술을 선보이는 제15회 국제물류산업전은 300여개사 1,500부스 규모로 진행될 예정이며, 코로나 19 장기화에 따라 전시부스 외에도 국내외 바이어를 대상으로 한 온라인 상담시스템을 구축하여 포스트 코로나에 대응할 계획이다. 국제물류산업전은 효과적인 물류 시스템, 물류합리화의 효율성 향상에 필요한 최신 정보를 제공하며 기업 물류비 절감의 핵심, 물류자동화 시스템과 운송 시스템, 하드웨어와 소프트웨어 간의 최적화된 솔루션에 대한 올바른 길을 제시하고 있다.

★ **전시개요**
글꼴 : 굴림, 18pt, 하양
음영색 : 빨강

1. 일시 및 장소
　① 일시 : 2025년 8월 11일 - 14일, 4일간
　② 장소 : 고양시 킨텍스 제1전시장
2. 주최 및 후원
　① 주최 : 한국통합물류협회, 경연전람, 케이와이엑스포
　② 후원 : 국토교통부

문단 번호 기능 사용
1수준 : 20pt, 오른쪽 정렬,
2수준 : 30pt, 오른쪽 정렬
줄 간격 : 180%

표 전체 글꼴 : 돋움, 10pt, 가운데 정렬
셀 배경(그러데이션) : 유형(가로),
시작색(노랑), 끝색(하양)

★ <u>국제물류산업전 관련 주요 세미나</u>
글꼴 : 굴림, 18pt, 밑줄, 강조점

날짜	세미나명	주최/주관	장소
8월 11일	데이터 인사이트: 글로벌 바이어를 사로잡는 K-뷰티 트렌드	K-뷰티협회	세미나실 A
8월 12일	2년안에 K-뷰티로 해외 60개국 진출솔루션	뷰티매거진	세미나실 B
	천연 원료, 미래를 디자인하다(지속 가능한 두피케어 원료)	웰빙헤어	
8월 13일	B2B 플랫폼 시대, 데이터로 완성하는 수출 전략	K-뷰티협회	세미나실 A

각주 구분선 : 5cm

글꼴 : 돋움, 24pt, 진하게
장평 105%, 오른쪽 정렬 → **국제물류산업전**

⊖ 화물수송 과정에서 짐을 싣고 내리는 일체의 현장 처리 작업

쪽 번호 매기기
5로 시작 → v

⊘ **실습파일** : 유형07-3(문제).hwpx ⊘ **완성파일** : 유형07-3(완성).hwpx

글꼴 : 굴림, 18pt, 진하게, 가운데 정렬
책갈피 이름 : 교육

머리말 기능
돋움, 10pt, 오른쪽 정렬 → 교육 상담 센터

문단 첫 글자 장식 기능
글꼴 : 궁서, 면색 : 노랑

무전공 선발 전형
교육으로 발전하는 우리나라

그림위치(내 PC₩문서₩ITQ₩Picture₩그림4.jpg,
문서에 포함) 자르기 기능 이용, 크기(40mm×40mm),
바깥 여백 왼쪽 : 2mm

최근 특정지역의 대학(大學) 추가 모집인원이 늘어 무전공 학과에 다수 집중되었다. 올해 대입 추가 모집을 살펴보면 전체적으로 약 10% 정도 늘어난 것을 알 수 있다. 대부분 추가 모집 상당수는 무전공 선발 전형에 집중(集中)되어 있다. 올해 추가 모집한 대학은 전체 178개 대학 1만 2,226명으로 작년과 비교하면 170개 대학 1만 3,148명보다 감소하였다.

각주
서울 주요 15개 대학 무전공① 선발 전형의 추가 모집 인원은 지난해 4명에 불과했지만 올해는 46명으로 늘었다. 국가의 인구 절감으로 인해 대학 모집 정원이 축소되었지만 전체적으로 대학 추가 모집이 늘어난 것은 무전공 선발 영향으로 볼 수 있다. 무전공은 크게 대학에서 자율전공이나 자유전공 학부(과)를 선발하는 경우를 말한다. 무전공 입학의 경우 대학 내 학과 사이의 벽을 허물고 학생들에게 자율적으로 전공 선택권을 부여하고자 하는 의미로 도입된 것이다. 학생에게도 입학 후 교양 및 기초학문을 이수 후 2학년 때부터 자신의 능력과 적성에 맞는 전공을 선택하여 대학 교육을 이수하여 졸업할 수 있다는 큰 장점이 있다.

글꼴 : 굴림, 18pt, 하양
음영색 : 빨강

★ 대학 자율전공 선발유형

1. 자유전공학부 입학 유형
   ① 자유전공 입학 후 2학년 때 전공 선택
   ② 의대, 사범대 등 특수학과를 제외한 모든 전공 선택 가능
2. 계열 및 단과대 입학 유형
   ① 계열 및 단과대 단위로 입학 후 2학년 때 전공 선택
   ② 해당 계열이나 단과대 내에서만 전공 선택 가능

문단 번호 기능 사용
 1수준 : 20pt, 오른쪽 정렬,
 2수준 : 30pt, 오른쪽 정렬
줄 간격 : 180%

표 전체 글꼴 : 돋움, 10pt, 가운데 정렬
셀 배경(그러데이션) : 유형(가로),
 시작색(노랑), 끝색(하양)

★ 대학교 수시 모집 입학전형 기준 ← 글꼴 : 굴림, 18pt, 기울임, 강조점

단과대학	모집단위	수능 최저 학력 기준	대학전형	전형방법
인문대학	전모집단위	12등급 이내	일반전형/학생부 우수자	학생부 60 + 면접 40
공과대학			일반고	학생부 100
농업환경대학	농업경제학과		학생부 위주/일반고	학생부 80 + 면접 20
본부직할	자율전공학부		학생부 위주/학생부 우수자	학생부 100

글꼴 : 굴림, 24pt, 진하게
장평 105%, 오른쪽 정렬 → **대학혁신센터**

각주 구분선 : 5cm

① 대학교 입학시 전공 학과를 결정하지 않고 입학 후 전공을 결정하는 것

쪽 번호 매기기
4로 시작 → ㅣ

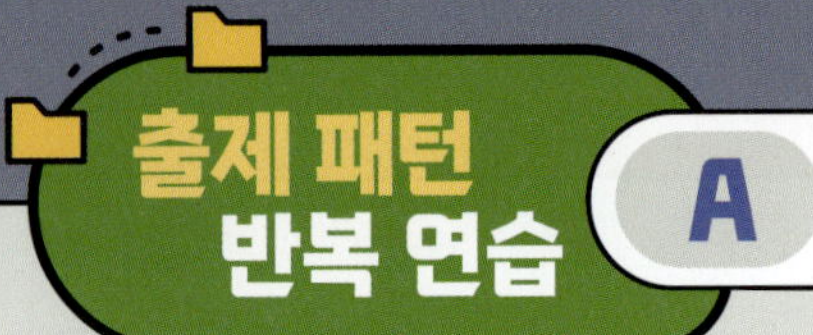

A 문서의 내용을 입력하고 덧말과 문단 첫 글자를 추가해 보세요.

⊙ **실습파일** : 패턴07-1(문제).hwpx   ⊙ **완성파일** : 패턴07-1(완성).hwpx

패턴 01 글꼴 기본 설정(함초롬바탕, 10포인트, 검정, 줄간격 160%, 양쪽 정렬)

❶ 제목(글꼴 : 돋움, 18pt, 진하게, 가운데 정렬) ❷ 덧말 넣기 ❸ 문단 첫 글자 장식(글꼴 : 궁서, 면색 : 노랑) ❹ 한자 변환

한국의 전통 식품
세계로 뻗어 나가는 김치

배추, 무, 오이 등의 채소를 소금에 절이고 고추, 파, 생강 등 여러 가지 양념을 버무려 담근 염장 발효 식품인 김치는 다방면(多方面)의 연구를 통해 암을 예방(豫防)하고 살이 빠지며 대장 건강과 피부에도 좋다는 효능이 과학적으로 입증되었다. 미국의 한 건강 관련 잡지는 올리브기름, 콩, 요구르트와 함께 김치를 세계(世界)에서 가장 건강한 식품으로 선정한 바 있다.

패턴 02 글꼴 기본 설정(함초롬바탕, 10포인트, 검정, 줄간격 160%, 양쪽 정렬)

❶ 제목(글꼴 : 굴림, 18pt, 진하게, 가운데 정렬) ❷ 덧말 넣기 ❸ 문단 첫 글자 장식(글꼴 : 돋움, 면색 : 노랑) ❹ 한자 변환

안전을 위한 자전거 교육
자전거 안전하게 이용하기

자전거는 걸음마를 하는 유아부터 걷기조차 힘든 노인(老人)까지 이용할 수 있는 운동기구이면서 이동 수단이다. 유아기에 처음 접하는 유아용 세발자전거는 단순 놀이기구 수준이지만 이때부터 안전 이용에 관한 인식을 심어주는 것이 중요(重要)하다. 초등학교에 입학하면서부터 어린이들은 본격적으로 도로교통법에 적용되는 두발자전거를 이용하게 되는데, 이때부터는 안전한 자전거 이용 방법을 제대로 알고 지켜서 건강한 문화를 정착시켜야 한다.

패턴 03 글꼴 기본 설정(함초롬바탕, 10포인트, 검정, 줄간격 160%, 양쪽 정렬)

❶ 제목(글꼴 : 궁서, 18pt, 진하게, 가운데 정렬) ❷ 덧말 넣기 ❸ 문단 첫 글자 장식(글꼴 : 굴림, 면색 : 노랑) ❹ 한자 변환

배움과 행복
대한민국 평생학습 박람회

교육부는 사회관계 장관회의를 거쳐 '제4차 평생교육진흥 기본계획(2018~2022)'을 확정, 발표했다. 이번 기본계획은 전 국민(國民)의 평생학습권을 보장하기 위해 재직자, 고령자, 고졸취업자 등에 맞춤형 학습을 지원(支援)하기로 했다. 재직자를 위해서는 유급휴가훈련 지원을 추진하고 고령자의 경우 제2의 인생설계를 위해 노인 적합 직종(職種)을 발굴 및 지원한다.

제목을 편집한 후 문단 번호 기능을 적용해 보세요.

⊘ 실습파일 : 패턴07-2(문제).hwpx   ⊘ 완성파일 : 패턴07-2(완성).hwpx

패턴 01 [서식] 탭-[문단 번호]

❶ 제목 앞에 문자표 추가 ❷ 제목 글꼴(굴림, 18pt, 하양, 음영색 : 파랑) ❸ 문단 번호 기능 사용(1수준 : 20pt, 오른쪽 정렬 / 2수준 : 30pt, 오른쪽 정렬) ❹ 줄 간격(180%)

※ 4차 산업혁명 기술

　　1. 디지털 기술
　　　가. 사물 인터넷 : 공급망 모니터링 시스템
　　　나. 주문형 경제 : 우버와 같은 플랫폼

패턴 02 [서식] 탭-[문단 번호]

❶ 제목 앞에 문자표 추가 ❷ 제목 글꼴(궁서, 18pt, 하양, 음영색 : 빨강) ❸ 문단 번호 기능 사용(1수준 : 20pt, 오른쪽 정렬 / 2수준 : 30pt, 오른쪽 정렬) ❹ 줄 간격(180%)

♥ 남원의 축제 및 문화 예술

　　① 남원의 대표적 축제
　　　(ㄱ) 사랑 이야기 축제 : 춘향제
　　　(ㄴ) 향토 문화 축제 : 흥부제

패턴 03 [서식] 탭-[문단 번호]

❶ 제목 앞에 문자표 추가 ❷ 제목 글꼴(굴림, 18pt, 하양, 음영색 : 파랑) ❸ 문단 번호 기능 사용(1수준 : 20pt, 오른쪽 정렬 / 2수준 : 30pt, 오른쪽 정렬) ❹ 줄 간격(180%)

★ 국내 라면 시장의 매출 규모

　　1) 2020년 매출 규모
　　　가) 2019년 대비 21.4% 증가
　　　나) 다양한 종류의 라면 출시로 시장 활기 회복

패턴 04 [서식] 탭-[문단 번호]

❶ 제목 앞에 문자표 추가 ❷ 제목 글꼴(굴림, 18pt, 하양, 음영색 : 빨강) ❸ 문단 번호 기능 사용(1수준 : 20pt, 오른쪽 정렬 / 2수준 : 30pt, 오른쪽 정렬) ❹ 줄 간격(180%)

♣ 랜섬웨어 감염경로 및 대책

　　I) 신뢰할 수 없는 사이트
　　　(i) 단순한 홈페이지 방문만으로도 감염
　　　(ii) 주로 드라이브 바이 다운로드 기법을 통해 유포

패턴 05 [서식] 탭-[문단 번호]

❶ 제목 앞에 문자표 추가 ❷ 제목 글꼴(굴림, 18pt, 하양, 음영색 : 빨강) ❸ 문단 번호 기능 사용(1수준 : 20pt, 오른쪽 정렬 / 2수준 : 30pt, 오른쪽 정렬) ❹ 줄 간격(180%)

■ 대한민국 평생학습 박람회 개요

　　A. 주제 및 기간
　　　1. 주제 : 100세 시대 평생학습, 배움과 행복
　　　2. 기간 : 2019. 1. 17(목) - 1. 20(일)

패턴 06 [서식] 탭-[문단 번호]

❶ 제목 앞에 문자표 추가 ❷ 제목 글꼴(굴림, 18pt, 하양, 음영색 : 파랑) ❸ 문단 번호 기능 사용(1수준 : 20pt, 오른쪽 정렬 / 2수준 : 30pt, 오른쪽 정렬) ❹ 줄 간격(180%)

◐ 세계 태양에너지 엑스포 개요

　　가. 일시 및 장소
　　　① 일시 : 6월 14일(목) - 16일(토) 10:00 - 17:00
　　　② 장소 : 킨텍스 제1전시장

PART 2

실전 모의고사

실전모의고사를 통해 시험을 완벽하게
대비할 수 있습니다.

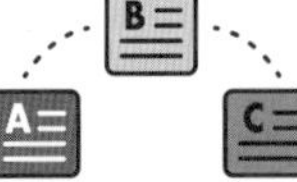

제 01회 | 실전 모의고사
제 02회 | 실전 모의고사
제 03회 | 실전 모의고사
제 04회 | 실전 모의고사
제 05회 | 실전 모의고사
제 06회 | 실전 모의고사
제 07회 | 실전 모의고사
제 08회 | 실전 모의고사
제 09회 | 실전 모의고사
제 10회 | 실전 모의고사
제 11회 | 실전 모의고사
제 12회 | 실전 모의고사

정보기술자격(ITQ) 실전모의고사 

과 목	코 드	문제유형	시험시간	수험번호	성 명
아래한글	1111	B	60분		

수험자 유의사항

◎ 수험자는 문제지를 받는 즉시 문제지와 **수험표상의 시험과목(프로그램)이 동일한지 반드시 확인**하여야 합니다.

◎ 파일명은 본인의 "수험번호-성명"으로 입력하여 답안폴더(내 PC₩문서₩ITQ)에 하나의 파일로 저장해야 하며, 답안 파일을 전송하지 않아 미제출로 처리될 경우 실격 처리합니다(예:12345678-홍길동.hwpx).

◎ 답안 작성을 마치면 파일을 저장하고, '답안 전송' 버튼을 선택하여 감독위원 PC로 답안을 전송하십시오. 수험생 정보와 저장한 파일명이 다를 경우 전송되지 않으므로 주의하시기 바랍니다.

◎ 답안 작성 중에도 **주기적으로 저장하고, '답안 전송'**하여야 문제 발생을 줄일 수 있습니다. 작업한 내용을 저장하지 않고 전송할 경우 이전에 저장된 내용이 전송되오니 이점 유의하시기 바랍니다.

◎ 답안문서는 지정된 경로 외의 다른 보조기억장치에 저장하는 경우, 지정된 시험 시간 외에 작성된 파일을 활용할 경우, 기타 통신수단(이메일, 메신저, 네트워크 등)을 이용하여 타인에게 전달 또는 외부 반출하는 경우는 부정 처리합니다.

◎ 시험 중 부주의 또는 고의로 시스템을 파손한 경우는 수험자가 변상해야 하며, <수험자 유의사항>에 기재된 방법대로 이행하지 않아 생기는 불이익은 수험생 당사자의 책임임을 알려 드립니다.

◎ 문제의 조건은 한컴오피스 2022/2020 버전으로 설정되어 있으니 유의하시기 바랍니다.

◎ 시험을 완료한 수험자는 답안파일이 전송되었는지 확인한 후 감독위원의 지시에 따라 문제지를 제출하고 퇴실합니다.

답안 작성요령

◎ 온라인 답안 작성 절차

  수험자 등록 ⇒ 시험 시작 ⇒ 답안파일 저장 ⇒ 답안 전송 ⇒ 시험 종료

◎ 공통 부문

  · 글꼴에 대한 기본설정은 함초롬바탕, 10포인트, 검정, 줄간격 160%, 양쪽정렬로 합니다.
  · 색상은 조건의 색을 적용하고 색의 구분이 안 될 경우에는 RGB 값을 적용하십시오.
    (빨강 255,0,0 / 파랑 0,0,255 / 노랑 255,255,0).
  · 각 문항에 주어진《조건》에 따라 작성하고 언급하지 않은 조건은《출력형태》와 같이 작성합니다.
  · 용지여백은 왼쪽·오른쪽 11mm, 위쪽·아래쪽·머리말·꼬리말 10mm, 제본 0mm로 합니다.
  · 그림 삽입 문제의 경우「내 PC₩문서₩ITQ₩Picture」폴더에서 지정된 파일을 선택하여 삽입하십시오.
  · 삽입한 그림은 반드시 문서에 포함하여 저장해야 합니다(미포함 시 감점 처리).
  · 각 항목은 지정된 페이지에 출력형태와 같이 정확히 작성하시기 바라며, 그렇지 않을 경우에 해당 항목은 0점 처리됩니다.
    ※ 페이지구분 : 1페이지 – 기능평가 I (문제번호 표시 : 1. 2.),
                2페이지 – 기능평가 II (문제번호 표시 : 3. 4.),
                3페이지 – 문서작성 능력평가

◎ 기능평가

  · 문제와《조건》은 입력하지 않으며 문제번호와 답(《출력형태》)만 작성합니다.
  · 4번 문제는 묶기를 했을 경우 0점 처리됩니다.

◎ 문서작성 능력평가

  · A4 용지(210mm×297mm) 1매 크기, 세로 서식 문서로 작성합니다.
  · ⌄⌄⌄⌄⌄⌄ 표시는 문서작성에 대한 지시사항이므로 작성하지 않습니다.

1. 다음의 《조건》에 따라 스타일 기능을 적용하여 《출력형태》와 같이 작성하시오. (50점)

《조건》
(1) 스타일 이름 – lifelong
(2) 문단 모양 – 첫 줄 들여쓰기 : 10pt, 문단 아래 간격 : 10pt
(3) 글자 모양 – 글꼴 : 한글(굴림)/영문(돋움), 크기 : 10pt, 장평 : 105%, 자간 : –5%

《출력형태》

Lifelong education is the "ongoing, voluntary" pursuit of knowledge for either personal or professional reasons. Therefore, it not only enhances social inclusion, but also self sustainability.

학교교육과 사회교육을 포함하는 평생교육은 개인의 전 생애에 걸쳐 사회, 경제, 문화적으로 발달하는 것을 돕는다. 백세시대를 맞아 평생교육이 중요해지고 있으며 평생교육의 실현을 위한 다각적 방법이 필요하다.

2. 다음의 《조건》에 따라 《출력형태》와 같이 표와 차트를 작성하시오. (100점)

《표 조건》
(1) 표 전체(표, 캡션) – 돋움, 10pt
(2) 정렬 – 문자 : 가운데 정렬, 숫자 : 오른쪽 정렬
(3) 셀 배경(면색) : 노랑
(4) 한글의 계산 기능을 이용하여 빈칸에 평균(소수점 두 자리)을 구하고, 캡션 기능 사용할 것
(5) 선 모양은 《출력형태》와 동일하게 처리할 것

《출력형태》

연도별 평생교육 학습자 수(단위 : 십 명)

지역	2016년	2017년	2018년	2019년	평균
서울	5,110	8,122	9,802	9,302	
부산	3,174	4,541	4,621	4,502	
대구	3,892	3,470	4,553	4,972	
경기	11,021	13,040	1,860	1,820	

《차트 조건》
(1) 차트 데이터는 표 내용에서 연도별 서울, 부산, 대구의 값만 이용할 것
(2) 종류 – <묶은 세로 막대형>으로 작업할 것
(3) 제목 – 궁서, 진하게, 12pt, 속성 – 채우기(밝은 색 : 하양), 테두리, 그림자(바깥쪽 : 대각선 오른쪽 아래)
(4) 제목 이외의 전체 글꼴 – 궁서, 보통, 10pt
(5) 축제목과 범례는 《출력형태》와 동일하게 처리할 것

《출력형태》

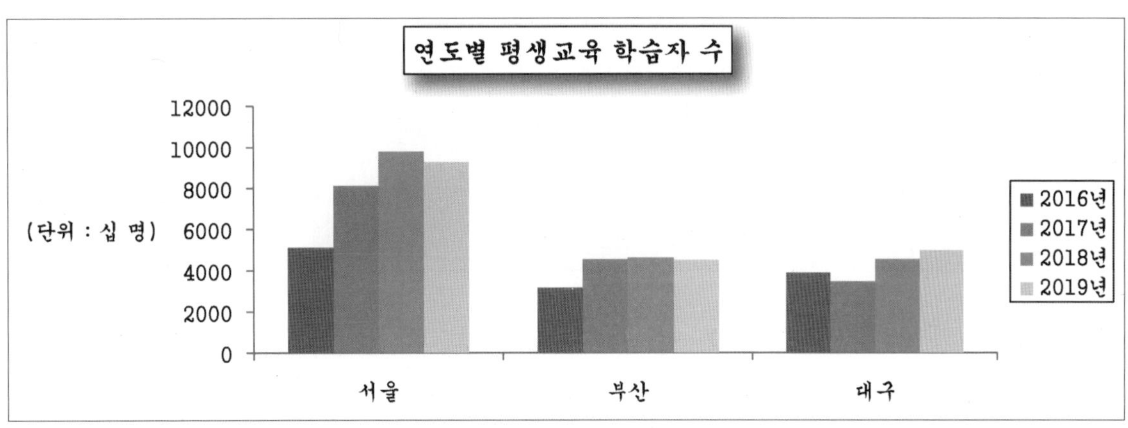

3. 다음 (1), (2)의 수식을 수식 편집기로 각각 입력하시오. (40점)

《출력형태》

$$(1)\ \frac{h_1}{h_2} = \left(\sqrt{a}\right)^{M_2 - M_1} \fallingdotseq 2.5^{M_2 - M_1} \qquad (2)\ \sum_{k=1}^{n} k^3 = \frac{n(n+1)}{2} = \sum_{k=1}^{n} k$$

4. 다음의 《조건》에 따라 《출력형태》와 같이 문서를 작성하시오. (110점)

《조건》　(1) 그리기 도구를 이용하여 작성하고, 모든 도형(글맵시, 지정된 그림 포함)을 《출력형태》와 같이 작성하시오.

　　　　　(2) 도형의 면색은 지시사항이 없으면 색 없음을 제외하고 서로 다르게 임의로 지정하시오.

《출력형태》

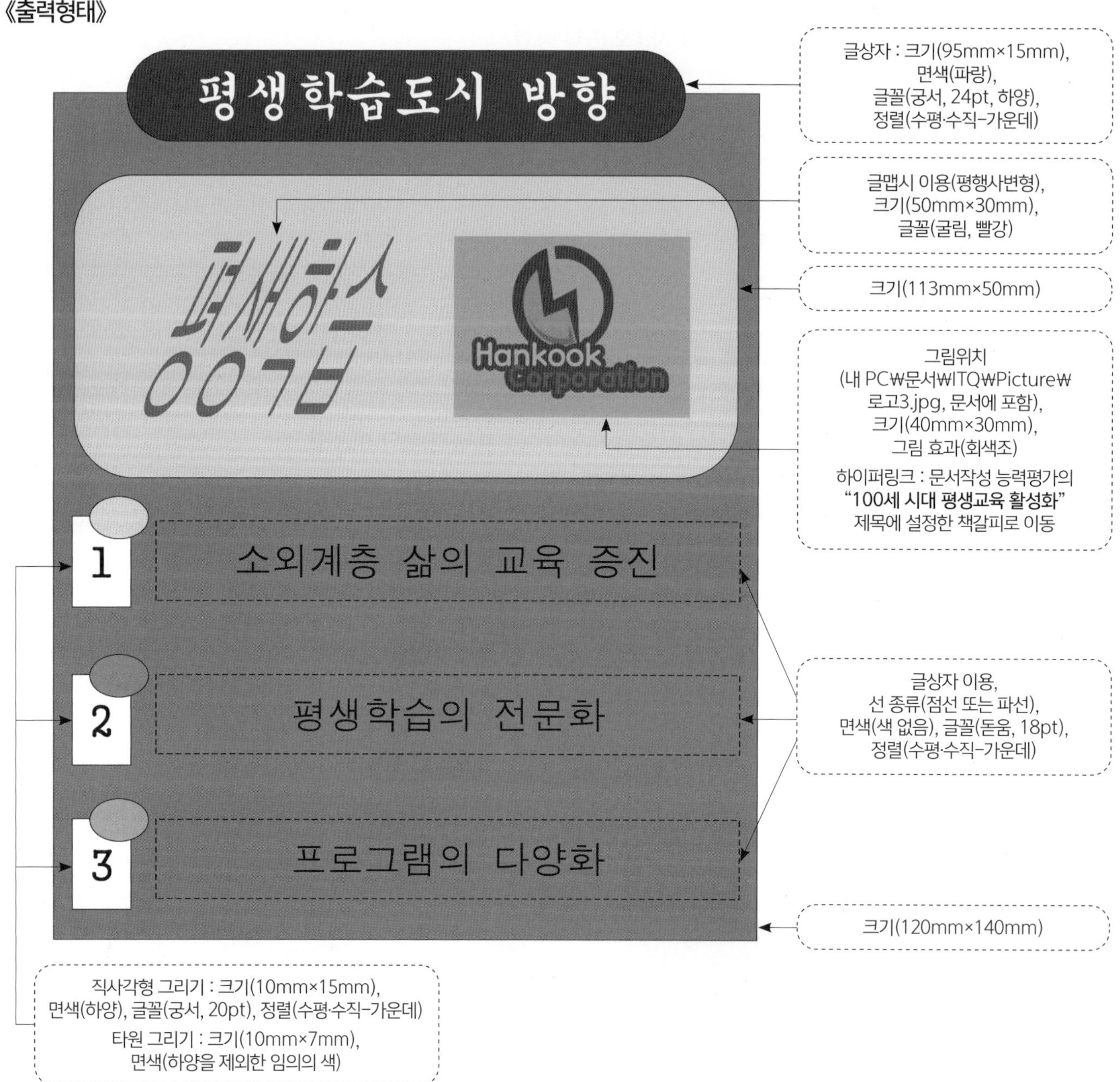

글꼴 : 궁서, 18pt, 진하게, 가운데 정렬
책갈피 이름 : 평생교육
덧말 넣기

머리말 기능
굴림, 10pt, 오른쪽 정렬 → 평생교육

100세 시대 ^{배우는 기쁨} 평생교육 활성화

문단 첫 글자 장식 기능
글꼴 : 돋움, 면색 : 노랑

각주

그림위치(내 PC\문서\ITQ\Picture\그림5.jpg, 문서에 포함)
자르기 기능 이용, 크기(40mm×40mm), 바깥 여백 왼쪽 : 2mm

현대사회를 학습과 교육적 시각에서 보면 현대사회는 지식근로자를 필요로 하는 지식 기반사회이다. 평생교육○은 100세 시대에 그 중요성이 더욱 강조되고 있다. 평생교육에 대한 수요(需要)가 지속적으로 증가하고 있지만 단기 성과 위주로 운영되는 한계점을 보이고 있다. 중장년의 재취업 요구 증가 등 평생교육의 수요 변화로 장기적인 성과를 위한 프로그램이 요구되고 있으나 문화예술교육이나 인문교양교육 중심으로 교육프로그램이 운영되고 있으며 지역별 평생교육 전문 인력도 크게 부족한 상황이다.

우리나라의 평생교육 프로그램의 유형을 분석한 결과 문화예술교육, 인문교양교육, 직업능력교육, 시민참여교육의 순서로 나타났다. 특히, 중장년의 인생이모작을 위한 재취업 요구의 증가 등 평생교육 수요 변화에 맞춰 장기적 성과를 위해 학력보완교육, 기초문해교육 등을 보완하고 직업능력교육 강화에 역점을 둘 필요성이 제기되었다. 정부는 평생교육의 중요성을 인식하고 평생학습을 통한 삶의 질 향상, 인생 제2막을 위한 고용가능성 증진, 사회통합 증진, 지속가능한 발전이 국민의 행복을 보장한다고 보고 100세 시대 국가평생학습체제 구축(構築)을 중요 과제로 선정하였다.

★ 2021 국가평생학습박람회

글꼴 : 굴림, 18pt, 하양
음영색 : 파랑

A. 주제 및 기간
　1. 주제 : 배움으로 성장하는 평생학습
　2. 기간 : 2021. 3. 15.(월) - 3. 19.(금)
B. 주최 및 장소
　1. 주최 : 경기도 고양시 일산서구
　2. 장소 : 박람회 전시관 태평양홀

문단 번호 기능 사용
1수준 : 20pt, 오른쪽정렬,
2수준 : 30pt, 오른쪽정렬
줄 간격 : 180%

표 전체 글꼴 : 돋움, 10pt, 가운데 정렬
셀 배경(그러데이션) : 유형(가로),
시작색(하양), 끝색(노랑)

★ 평생교육 주제별 프로그램

글꼴 : 굴림, 18pt, 기울임, 강조점

평생교육관		직업능력 특별관	
문해교육	한글교육 등	재취업 교육	재취업을 위한 이직, 전직 프로그램
인문교육	인문학 등	창업 교육	창업, 창직 및 폐업 관련 프로그램
교양교육	국제 예절 등	귀농 교육	귀농, 귀촌 교육 프로그램
시민교육	세계시민교육 등	사회공헌 교육	사회봉사 등 사회공헌 프로그램
평생학습 추구		인생 2막 준비	

각주 구분선 : 5cm

글꼴 : 궁서, 24pt, 진하게
장평 95%, 오른쪽 정렬 → 평생교육박람위원회

○ 유아에서 시작하여 노년에 이르기까지 평생에 걸친 교육

쪽 번호 매기기
2로 시작 → ii

정보기술자격(ITQ) 실전모의고사

과 목	코 드	문제유형	시험시간	수험번호	성 명
아래한글	1111	C	60분		

수험자 유의사항

◎ 수험자는 문제지를 받는 즉시 문제지와 <u>수험표상의 시험과목(프로그램)이 동일한지 반드시 확인</u>하여야 합니다.
◎ 파일명은 본인의 "수험번호-성명"으로 입력하여 답안폴더(내 PC₩문서₩ITQ)에 하나의 파일로 저장해야 하며, 답안 파일을 전송하지 않아 미제출로 처리될 경우 실격 처리합니다(예:12345678-홍길동.hwpx).
◎ 답안 작성을 마치면 파일을 저장하고, '답안 전송' 버튼을 선택하여 감독위원 PC로 답안을 전송하십시오. 수험생 정보와 저장한 파일명이 다를 경우 전송되지 않으므로 주의하시기 바랍니다.
◎ 답안 작성 중에도 <u>주기적으로 저장하고, '답안 전송'</u>하여야 문제 발생을 줄일 수 있습니다. 작업한 내용을 저장하지 않고 전송할 경우 이전에 저장된 내용이 전송되오니 이점 유의하시기 바랍니다.
◎ 답안문서는 지정된 경로 외의 다른 보조기억장치에 저장하는 경우, 지정된 시험 시간 외에 작성된 파일을 활용할 경우, 기타 통신수단(이메일, 메신저, 네트워크 등)을 이용하여 타인에게 전달 또는 외부 반출하는 경우는 부정 처리합니다.
◎ 시험 중 부주의 또는 고의로 시스템을 파손한 경우는 수험자가 변상해야 하며, <수험자 유의사항>에 기재된 방법대로 이행하지 않아 생기는 불이익은 수험생 당사자의 책임임을 알려 드립니다.
◎ 문제의 조건은 한컴오피스 2022/2020 버전으로 설정되어 있으니 유의하시기 바랍니다.
◎ 시험을 완료한 수험자는 답안파일이 전송되었는지 확인한 후 감독위원의 지시에 따라 문제지를 제출하고 퇴실합니다.

답안 작성요령

◎ 온라인 답안 작성 절차
　수험자 등록 ⇒ 시험 시작 ⇒ 답안파일 저장 ⇒ 답안 전송 ⇒ 시험 종료
◎ 공통 부문
　• 글꼴에 대한 기본설정은 함초롬바탕, 10포인트, 검정, 줄간격 160%, 양쪽정렬로 합니다.
　• 색상은 조건의 색을 적용하고 색의 구분이 안 될 경우에는 RGB 값을 적용하십시오.
　　(빨강 255,0,0 / 파랑 0,0,255 / 노랑 255,255,0).
　• 각 문항에 주어진 《조건》에 따라 작성하고 언급하지 않은 조건은 《출력형태》와 같이 작성합니다.
　• 용지여백은 왼쪽·오른쪽 11mm, 위쪽·아래쪽·머리말·꼬리말 10mm, 제본 0mm로 합니다.
　• 그림 삽입 문제의 경우 「내 PC₩문서₩ITQ₩Picture」 폴더에서 지정된 파일을 선택하여 삽입하십시오.
　• 삽입한 그림은 반드시 문서에 포함하여 저장해야 합니다(미포함 시 감점 처리).
　• 각 항목은 지정된 페이지에 출력형태와 같이 정확히 작성하시기 바라며, 그렇지 않을 경우에 해당 항목은 0점 처리됩니다.
　　※ 페이지구분 : 1페이지 – 기능평가 I (문제번호 표시 : 1. 2.),
　　　　　　　　　 2페이지 – 기능평가 II (문제번호 표시 : 3. 4.),
　　　　　　　　　 3페이지 – 문서작성 능력평가

◎ 기능평가
　• 문제와 《조건》은 입력하지 않으며 문제번호와 답(《출력형태》)만 작성합니다.
　• 4번 문제는 묶기를 했을 경우 0점 처리됩니다.
◎ 문서작성 능력평가
　• A4 용지(210mm×297mm) 1매 크기, 세로 서식 문서로 작성합니다.
　• 　　　　　 표시는 문서작성에 대한 지시사항이므로 작성하지 않습니다.

1. 다음의《조건》에 따라 스타일 기능을 적용하여《출력형태》와 같이 작성하시오. (50점)

《조건》
(1) 스타일 이름 – revolution
(2) 문단 모양 – 첫 줄 들여쓰기 : 10pt, 문단 아래 간격 : 10pt
(3) 글자 모양 – 글꼴 : 한글(굴림)/영문(돋움), 크기 : 10pt, 장평 : 105%, 자간 : -5%

《출력형태》

The Fourth Industrial Revolution is building on the Third, the digital revolution that has been occurring since the middle of the last century. It is characterized by a fusion of technologies.

4차 산업혁명은 인공지능을 통해 실재와 가상이 통합돼 사물을 자동적, 지능적으로 제어할 수 있는 가상 물리 시스템의 구축이 기대되는 산업상의 변화로 인공지능, 로봇기술, 생명과학이 주도할 것으로 예상된다.

2. 다음의《조건》에 따라《출력형태》와 같이 표와 차트를 작성하시오. (100점)

《표 조건》
(1) 표 전체(표, 캡션) – 돋움, 10pt
(2) 정렬 – 문자 : 가운데 정렬, 숫자 : 오른쪽 정렬
(3) 셀 배경(면색) : 노랑
(4) 한글의 계산 기능을 이용하여 빈칸에 평균(소수점 두 자리)을 구하고, 캡션 기능 사용할 것
(5) 선 모양은《출력형태》와 동일하게 처리할 것

《출력형태》

4차 산업혁명 관련기술 특허출원(단위 : 건)

기술	2016년	2017년	2018년	2019년	평균
인공지능	1,315	2,216	3,054	4,011	
디지털 헬스케어	3,140	3,047	3,530	4,109	
자율주행	2,896	3,018	3,304	3,986	
지능형 로봇	1,320	1,115	1,485	1,980	

《차트 조건》
(1) 차트 데이터는 표 내용에서 연도별 인공지능, 디지털 헬스케어, 자율주행의 값만 이용할 것
(2) 종류 – <묶은 세로 막대형>으로 작업할 것
(3) 제목 – 궁서, 진하게, 12pt, 속성 – 채우기(밝은 색 : 하양), 테두리, 그림자(바깥쪽 : 대각선 오른쪽 아래)
(4) 제목 이외의 전체 글꼴 – 궁서, 보통, 10pt
(5) 축제목과 범례는《출력형태》와 동일하게 처리할 것

《출력형태》

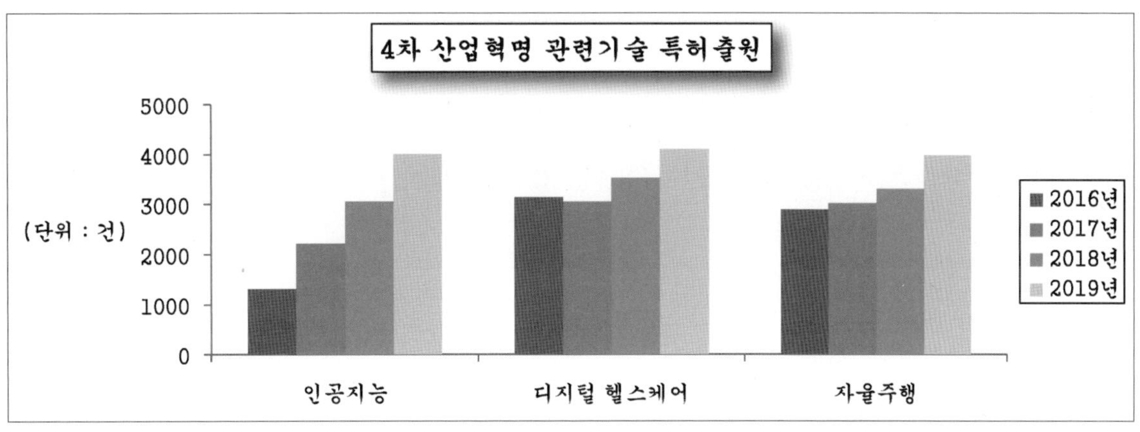

3. 다음 (1), (2)의 수식을 수식 편집기로 각각 입력하시오. (40점)

《출력형태》

$$(1)\ R_H = \frac{1}{hc} \times \frac{2\pi^2 K^2 me^4}{h^2} \qquad\qquad (2)\ V = \frac{1}{R}\int_0^q qdq = \frac{1}{2}\frac{q^2}{R}$$

4. 다음의 《조건》에 따라 《출력형태》와 같이 문서를 작성하시오. (110점)

《조건》   (1) 그리기 도구를 이용하여 작성하고, 모든 도형(글맵시, 지정된 그림 포함)을 《출력형태》와 같이 작성하시오.

                         (2) 도형의 면색은 지시사항이 없으면 색 없음을 제외하고 서로 다르게 임의로 지정하시오.

《출력형태》

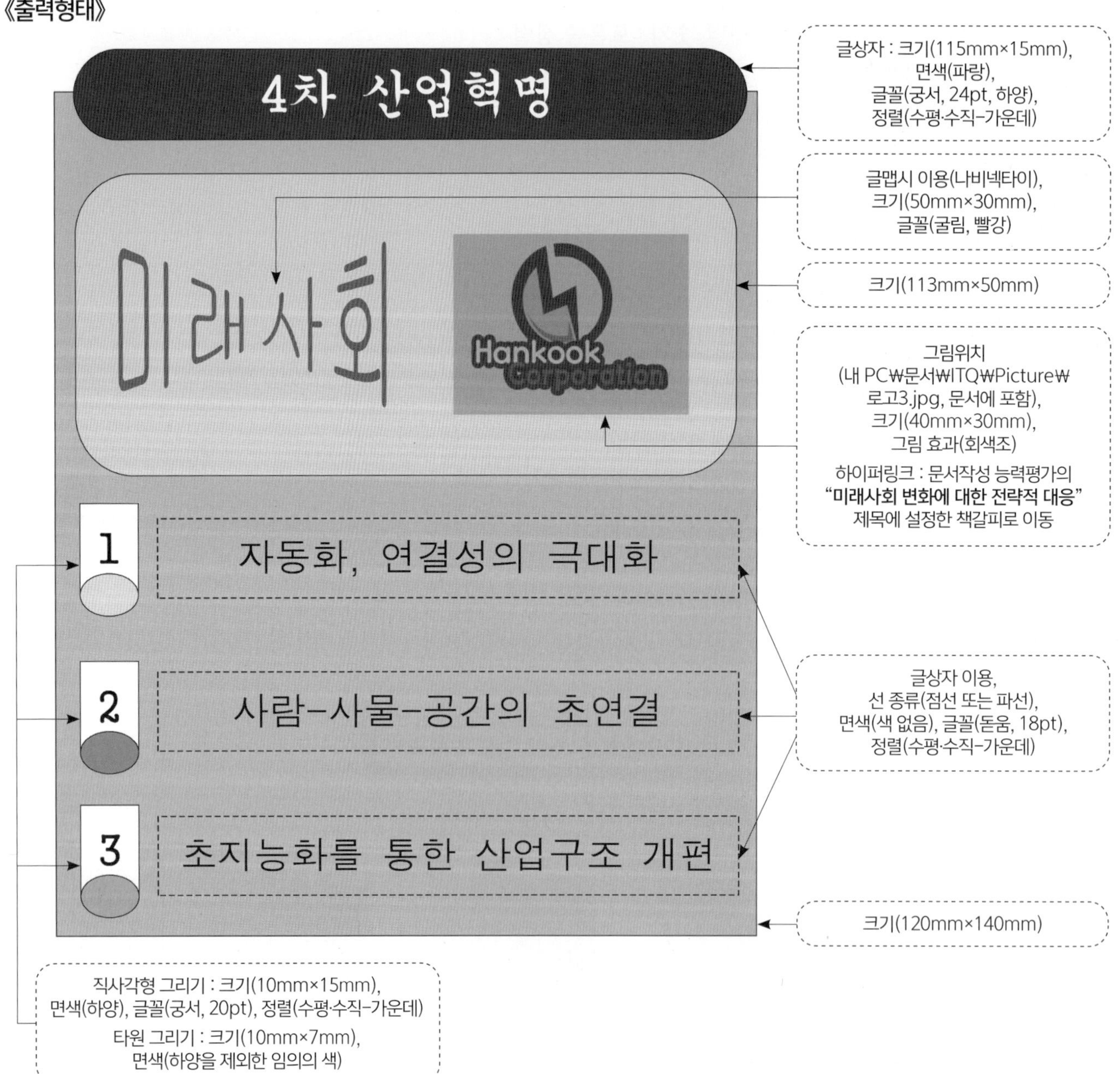

글상자 : 크기(115mm×15mm), 면색(파랑), 글꼴(궁서, 24pt, 하양), 정렬(수평·수직-가운데)

글맵시 이용(나비넥타이), 크기(50mm×30mm), 글꼴(굴림, 빨강)

크기(113mm×50mm)

그림위치
(내 PC₩문서₩ITQ₩Picture₩
로고3.jpg, 문서에 포함),
크기(40mm×30mm),
그림 효과(회색조)

하이퍼링크 : 문서작성 능력평가의
"미래사회 변화에 대한 전략적 대응"
제목에 설정한 책갈피로 이동

글상자 이용,
선 종류(점선 또는 파선),
면색(색 없음), 글꼴(돋움, 18pt),
정렬(수평·수직-가운데)

크기(120mm×140mm)

직사각형 그리기 : 크기(10mm×15mm),
면색(하양), 글꼴(궁서, 20pt), 정렬(수평·수직-가운데)
타원 그리기 : 크기(10mm×7mm),
면색(하양을 제외한 임의의 색)

글꼴 : 궁서, 18pt, 진하게, 가운데 정렬
책갈피 이름 : 산업혁명
덧말 넣기

머리말 기능
굴림, 10pt, 오른쪽 정렬 → 4차 산업혁명

문단 첫 글자 장식 기능
글꼴 : 돋움, 면색 : 노랑

제4차 산업혁명
미래사회 변화에 대한 전략적 대응

그림위치(내 PC₩문서₩ITQ₩Picture₩그림4.jpg, 문서에 포함)
자르기 기능 이용, 크기(40mm×40mm), 바깥 여백 왼쪽 : 2mm

벨 이 최초의 실용적인 전화기를 발명(發明)하지 않았다면 오늘날의 스마트폰은 존재하지 않았을 것이고 여전히 파발마나 횃불을 통해 장거리 의사소통을 했을지도 모른다. 인류 역사 변화의 중심에는 새로운 기술의 등장과 혁신이 자리하고 있었고, 새로운 기술의 등장은 단순히 기술의 변화에 그치지 않고 전 세계의 사회 및 경제구조에 큰 변화(變化)를 일으켰다. 기술 혁신과 이로 인해 일어난 사회, 경제 변화가 크게 나타난 시기를 우리는 산업혁명이라고 부른다.

2019년 다보스포럼에서는 '제4차 산업혁명'이라는 의제가 다시 논의되어졌다. 다보스포럼은 제4차 산업혁명이 가까운 미래에 도래할 것이고, 이로 인해 일자리 지형 변화라는 사회 구조적 변화가 나타날 것이라고 전망하고 있다. 또한 제4차 산업혁명을 디지털 혁명에 기반을 두고 물리적 공간, 디지털적 공간 및 생물학적 공간의 경계가 희석되는 기술융합의 시대라고 정의하면서, 사이버물리시스템㉠에 기반을 둔 제4차 산업혁명은 기계와 제품이 지능을 가지게 되고 인터넷 네트워크로 연결되어 있어 스스로 학습능력을 갖추게 되어 전 세계의 산업구조 및 시장경제 모델에 커다란 영향을 미칠 것으로 전망하고 있다.

각주

※ 4차 산업혁명을 이끄는 기술

글꼴 : 굴림, 18pt, 하양
음영색 : 파랑

1. 디지털 기술
   가. 사물 인터넷 : 공급망 모니터링 시스템 등에 활용
   나. 주문형 경제 : 우버와 같은 플랫폼 비즈니스
2. 생물학 기술
   가. 합성생물학 : DNA 데이터로 유기체 제작
   나. 바이오프린팅 : 3D 프린터로 피부, 뼈, 심장 등 배양

문단 번호 기능 사용
1수준 : 20pt, 오른쪽정렬,
2수준 : 30pt, 오른쪽정렬
줄 간격 : 180%

표 전체 글꼴 : 돋움, 10pt, 가운데 정렬
셀 배경(그러데이션) : 유형(가로),
시작색(하양), 끝색(노랑)

※ 주요국 4차 산업혁명 대응현황

글꼴 : 굴림, 18pt, 기울임, 강조점

구분	미국	독일	일본
주요 정책	AMP 2.0	인더스트리 4.0	4차 산업혁명 선도전략
특징	기술자금 보유한 민간 주도	중견, 중소기업 혁신참여 유도	산업구조 재편기회로 활용
추진 주체	민간 주도	민/관 공동	
핵심 기술	빅데이터, 인공지능	자동화 설비/솔루션	산업용 로봇
	공통 : 산업용 사물 인터넷 등		

글꼴 : 궁서, 24pt, 진하게
장평 95%, 오른쪽 정렬 → **정보통신기획평가원**

각주 구분선 : 5cm

㉠ 자동적, 지능적으로 제어되고 모니터링 되는 다양한 물리적 개체들로 구성된 시스템

쪽 번호 매기기
5로 시작 → 마

정보기술자격(ITQ) 실전모의고사

과　목	코　드	문제유형	시험시간	수험번호	성　명
아래한글	1111	A	60분		

수험자 유의사항

◎ 수험자는 문제지를 받는 즉시 문제지와 **수험표상의 시험과목(프로그램)이 동일한지 반드시 확인**하여야 합니다.
◎ 파일명은 본인의 "수험번호-성명"으로 입력하여 답안폴더(내 PC₩문서₩ITQ)에 하나의 파일로 저장해야 하며, 답안 파일을 전송하지 않아 미제출로 처리될 경우 실격 처리합니다(예:12345678-홍길동.hwpx).
◎ 답안 작성을 마치면 파일을 저장하고, '답안 전송' 버튼을 선택하여 감독위원 PC로 답안을 전송하십시오. 수험생 정보와 저장한 파일명이 다를 경우 전송되지 않으므로 주의하시기 바랍니다.
◎ 답안 작성 중에도 **주기적으로 저장하고, '답안 전송'**하여야 문제 발생을 줄일 수 있습니다. 작업한 내용을 저장하지 않고 전송할 경우 이전에 저장된 내용이 전송되오니 이점 유의하시기 바랍니다.
◎ 답안문서는 지정된 경로 외의 다른 보조기억장치에 저장하는 경우, 지정된 시험 시간 외에 작성된 파일을 활용할 경우, 기타 통신수단(이메일, 메신저, 네트워크 등)을 이용하여 타인에게 전달 또는 외부 반출하는 경우는 부정 처리합니다.
◎ 시험 중 부주의 또는 고의로 시스템을 파손한 경우는 수험자가 변상해야 하며, <수험자 유의사항>에 기재된 방법대로 이행하지 않아 생기는 불이익은 수험생 당사자의 책임임을 알려 드립니다.
◎ 문제의 조건은 한컴오피스 2022/2020 버전으로 설정되어 있으니 유의하시기 바랍니다.
◎ 시험을 완료한 수험자는 답안파일이 전송되었는지 확인한 후 감독위원의 지시에 따라 문제지를 제출하고 퇴실합니다.

답안 작성요령

◎ **온라인 답안 작성 절차**
　수험자 등록 ⇒ 시험 시작 ⇒ 답안파일 저장 ⇒ 답안 전송 ⇒ 시험 종료
◎ **공통 부문**
　• 글꼴에 대한 기본설정은 함초롬바탕, 10포인트, 검정, 줄간격 160%, 양쪽정렬로 합니다.
　• 색상은 조건의 색을 적용하고 색의 구분이 안 될 경우에는 RGB 값을 적용하십시오.
　　(빨강 255,0,0 / 파랑 0,0,255 / 노랑 255,255,0).
　• 각 문항에 주어진 《조건》에 따라 작성하고 언급하지 않은 조건은 《출력형태》와 같이 작성합니다.
　• 용지여백은 왼쪽 ·오른쪽 11mm, 위쪽·아래쪽·머리말·꼬리말 10mm, 제본 0mm로 합니다.
　• 그림 삽입 문제의 경우 「내 PC₩문서₩ITQ₩Picture」 폴더에서 지정된 파일을 선택하여 삽입하십시오.
　• 삽입한 그림은 반드시 문서에 포함하여 저장해야 합니다(미포함 시 감점 처리).
　• 각 항목은 지정된 페이지에 출력형태와 같이 정확히 작성하시기 바라며, 그렇지 않을 경우에 해당 항목은 0점 처리됩니다.
　　※ 페이지구분 : 1페이지 – 기능평가 I (문제번호 표시 : 1. 2.),
　　　　　　　　　 2페이지 – 기능평가 II (문제번호 표시 : 3. 4.),
　　　　　　　　　 3페이지 – 문서작성 능력평가
◎ **기능평가**
　• 문제와 《조건》은 입력하지 않으며 문제번호와 답(《출력형태》)만 작성합니다.
　• 4번 문제는 묶기를 했을 경우 0점 처리됩니다.
◎ **문서작성 능력평가**
　• A4 용지(210mm×297mm) 1매 크기, 세로 서식 문서로 작성합니다.
　• ┈┈┈┈┈ 표시는 문서작성에 대한 지시사항이므로 작성하지 않습니다.

1. 다음의 《조건》에 따라 스타일 기능을 적용하여 《출력형태》와 같이 작성하시오. (50점)

《조건》　(1) 스타일 이름 – governance

　　　　(2) 문단 모양 – 왼쪽 여백 : 15pt, 문단 아래 간격 : 10pt

　　　　(3) 글자 모양 – 글꼴 : 한글(돋움)/영문(굴림), 크기 : 10pt, 장평 : 95%, 자간 : 5%

《출력형태》

Create a framework for governance that forms a private council that links local resources and improves the water quality of private small rivers, centered on local residents.

소하천 지역 주민과 농업인을 중심으로 하는 민간 소하천 수질개선 지역공동체 구성과 지역자원을 연계한 민간 협의체를 구성하는 거버넌스 프레임 워크를 만듭니다.

2. 다음의 《조건》에 따라 《출력형태》와 같이 표와 차트를 작성하시오. (100점)

《표 조건》　(1) 표 전체(표, 캡션) – 돋움, 10pt

　　　　　(2) 정렬 – 문자 : 가운데 정렬, 숫자 : 오른쪽 정렬

　　　　　(3) 셀 배경(면색) : 노랑

　　　　　(4) 한글의 계산 기능을 이용하여 빈칸에 합계를 구하고, 캡션 기능 사용할 것

　　　　　(5) 선 모양은 《출력형태》와 동일하게 처리할 것

《출력형태》

전국 수계 수질개선 지역공동체 현황(단위 : 개)

구분	한강	낙동강	금강	섬진강	합계
환경시민단체	21	13	18	10	
지역마을주민	34	21	16	9	
교육기관	45	28	15	11	
정화시설	9	5	3	2	

《차트 조건》　(1) 차트 데이터는 표 내용에서 구분별 환경시민단체, 지역마을주민, 교육기관의 값만 이용할 것

　　　　　　(2) 종류 – <묶은 가로 막대형>으로 작업할 것

　　　　　　(3) 제목 – 굴림, 진하게, 12pt, 속성 – 채우기(밝은 색 : 하양), 테두리, 그림자(바깥쪽 : 대각선 오른쪽 아래)

　　　　　　(4) 제목 이외의 전체 글꼴 – 굴림, 보통, 10pt

　　　　　　(5) 축제목과 범례는 《출력형태》와 동일하게 처리할 것

《출력형태》

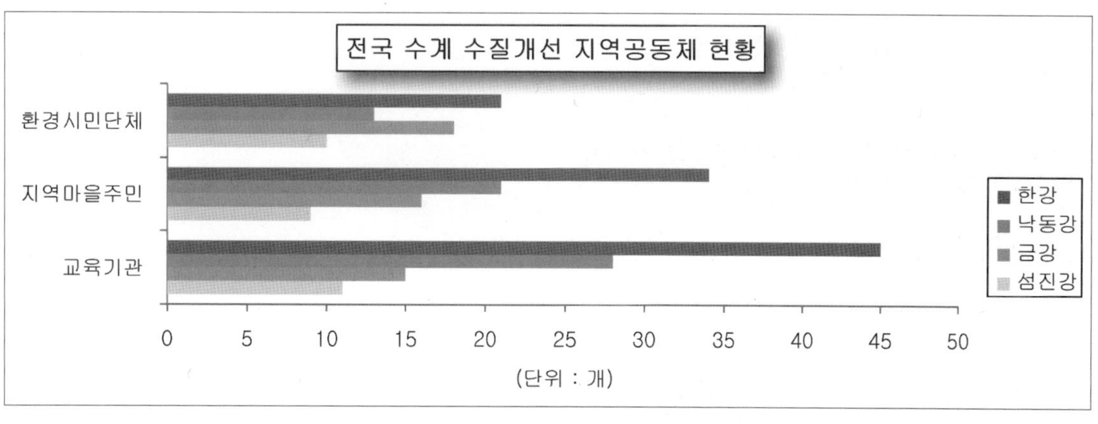

3. 다음 (1), (2)의 수식을 수식 편집기로 각각 입력하시오. (40점)

《출력형태》

$$(1) \quad \frac{V_2}{V_1} = \frac{0.90 \times 10^3}{1.0 \times 10^3} = 0.80 \qquad\qquad (2) \quad \int_a^b A(x-a)(x-b)dx = -\frac{A}{6}(b-a)^3$$

4. 다음의 《조건》에 따라 《출력형태》와 같이 문서를 작성하시오. (110점)

《조건》   (1) 그리기 도구를 이용하여 작성하고, 모든 도형(글맵시, 지정된 그림 포함)을 《출력형태》와 같이 작성하시오.

              (2) 도형의 면색은 지시사항이 없으면 색 없음을 제외하고 서로 다르게 임의로 지정하시오.

《출력형태》

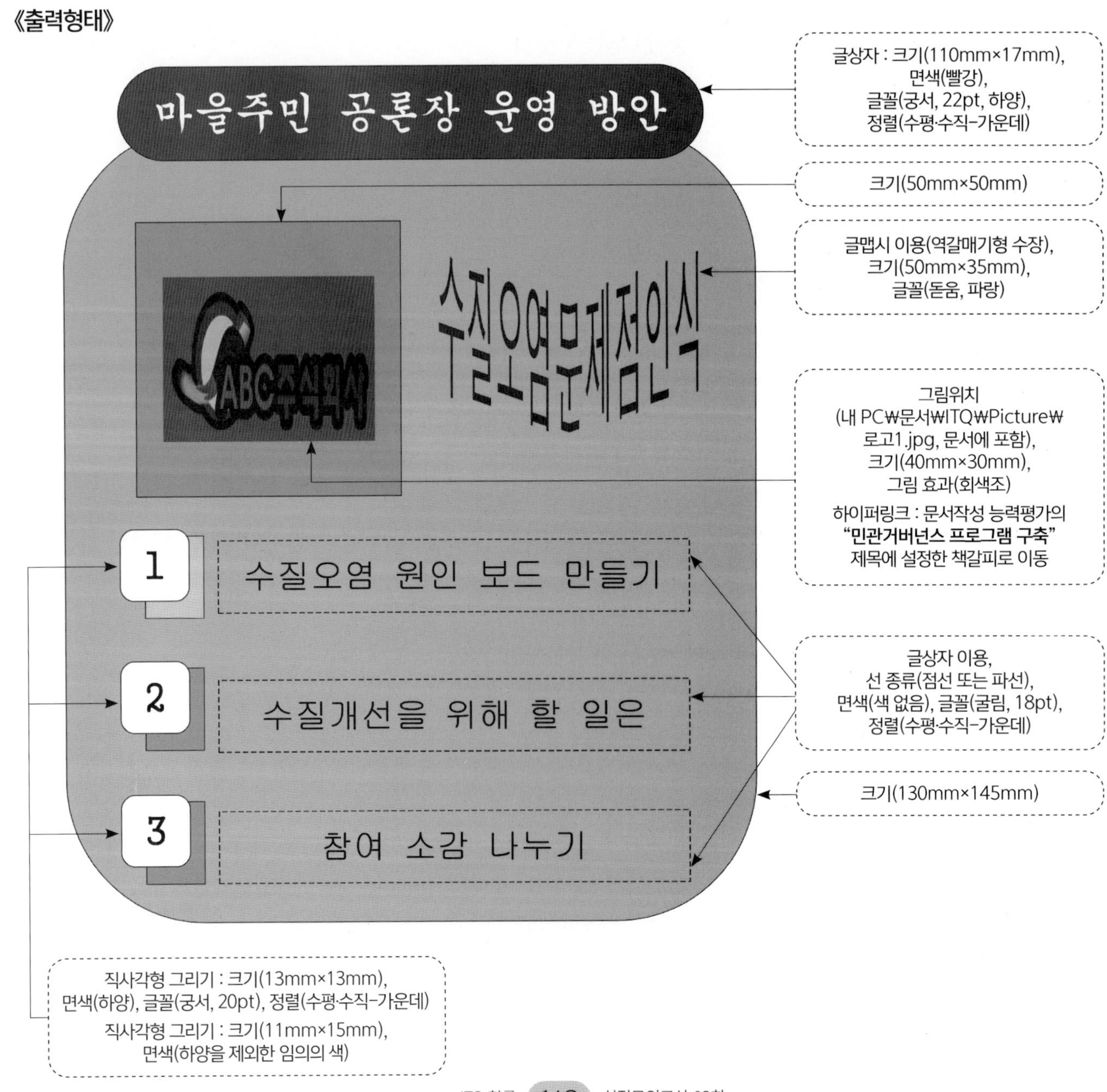

글꼴 : 굴림, 18pt, 진하게, 가운데 정렬
책갈피 이름 : 소하천
덧말 넣기

머리말 기능
돋움, 10pt, 오른쪽 정렬 → 소하천 수질개선

강원 산간지역
민관거버넌스 프로그램 구축

문단 첫 글자 장식 기능
글꼴 : 궁서, 면색 : 노랑

그림위치(내 PC₩문서₩ITQ₩Picture₩그림4.jpg, 문서에 포함)
자르기 기능 이용, 크기(40mm×40mm), 바깥 여백 왼쪽 : 2mm

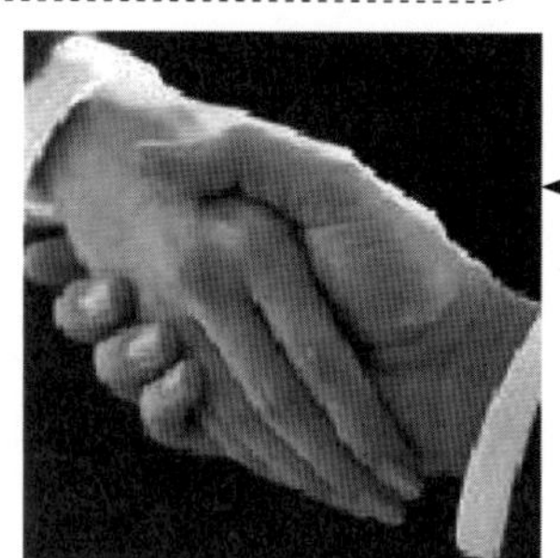

강원 산간지역의 하천 수질은 점오염원보다는 농업비점오염 및 농촌비점오염원의 유입으로 인한 오염(汚染)이 매우 크다. 지형 경사가 큰 산간지역의 특성으로 인하여 우기 시 다량으로 유출되는 토사가 하천으로 유입되면서 수질을 오염시키고, 하류지역 농경지에 토사가 퇴적/매몰되어 부정적인 영향을 미치고 있다. 비점오염원ⓐ의 특성상 배출범위가 광범위하여 수집을 통한 관리가 불가능한 것이 현실이다.

각주

정부에서는 비점오염원 배출 저감을 위한 다양한 방안을 강구하였으나 효과(效果)를 보지 못하였고, 이에 농업비점오염원 배출 저감을 위한 배출원에서부터 사전 예방적 차원의 관리가 중요하다는 것을 인지하게 되었으며, 이를 위해서는 주민과 농업인의 비점오염원 배출 저감 교육과 홍보가 필요하고 주민의 적극적 참여가 매우 중요하다는 것을 강조하게 되었다. 따라서 소하천 수질 관리를 위해서 농업농촌비점오염의 사전 예방적 관리에 주민과 농업인의 적극적 참여를 유도해야 한다. 또한 고령화되는 농촌지역의 특성을 감안한 역량강화 프로그램을 개발 및 운영하여 주민 스스로 지역 환경을 개선하고 지켜나갈 수 있도록 주민의 관심을 유도하는 것이 필요하다.

※ 주민참여 공론장의 목적 및 주요 내용

글꼴 : 궁서, 18pt, 하양
음영색 : 빨강

가. 주민참여 공론장의 목적

　㉠ 강원산간 흙탕물 발생 및 수질오염에 대한 의견 공유

　㉡ 소하천 수질개선을 위한 공동의 목표 수립

나. 주민참여 공론장의 주요 내용

　㉠ 간담회를 통한 소하천 문제점 공유 및 개선안 논의

　㉡ 수질오염 개선방안을 위한 공론장 운영

문단 번호 기능 사용
1수준 : 20pt, 오른쪽정렬,
2수준 : 30pt, 오른쪽정렬
줄 간격 : 180%

표 전체 글꼴 : 굴림, 10pt, 가운데 정렬
셀 배경(그러데이션) : 유형(가로),
시작색(하양), 끝색(노랑)

※ 비점오염원 인식교육

글꼴 : 궁서, 18pt, 기울임, 강조점

구분	교육주제	교육내용	장소
정화활동	수질개선 EM교육	도시의 평균대기질 농도 파악	거주민 인근하천
주민참여	인식개선 교육	미생물을 이용한 쌀뜨물 발효액 만들기	주민센터 교육장
주민실천	실생활 적용교육	토사유출 및 농업비점오염원 관리 필요성	평생교육기관
실천심화	역량강화 교육	비점오염원 저감 시설의 주민참여 관리 방안	평생교육기관
교육시기 운영계획		강원 산간 지역의 주민실천 사업은 농사시기를 고려할 것	

글꼴 : 돋움, 24pt, 진하게
장평 105%, 오른쪽 정렬 → # 원주지방환경청

각주 구분선 : 5cm

㉠ 불특정 장소에서 불특정하게 수질오염물질을 배출하는 배출원

쪽 번호 매기기
6으로 시작 → ⑥

정보기술자격(ITQ) 실전모의고사

과 목	코 드	문제유형	시험시간	수험번호	성 명
아래한글	1111	B	60분		

수험자 유의사항

◎ 수험자는 문제지를 받는 즉시 문제지와 **수험표상의 시험과목(프로그램)이 동일한지 반드시 확인**하여야 합니다.

◎ 파일명은 본인의 "수험번호-성명"으로 입력하여 답안폴더(내 PC\문서\ITQ)에 하나의 파일로 저장해야 하며, 답안 파일을 전송하지 않아 미제출로 처리될 경우 실격 처리합니다(예:12345678-홍길동.hwpx).

◎ 답안 작성을 마치면 파일을 저장하고, '답안 전송' 버튼을 선택하여 감독위원 PC로 답안을 전송하십시오. 수험생 정보와 저장한 파일명이 다를 경우 전송되지 않으므로 주의하시기 바랍니다.

◎ 답안 작성 중에도 **주기적으로 저장하고, '답안 전송'**하여야 문제 발생을 줄일 수 있습니다. 작업한 내용을 저장하지 않고 전송할 경우 이전에 저장된 내용이 전송되오니 이점 유의하시기 바랍니다.

◎ 답안문서는 지정된 경로 외의 다른 보조기억장치에 저장하는 경우, 지정된 시험 시간 외에 작성된 파일을 활용할 경우, 기타 통신수단(이메일, 메신저, 네트워크 등)을 이용하여 타인에게 전달 또는 외부 반출하는 경우는 부정 처리합니다.

◎ 시험 중 부주의 또는 고의로 시스템을 파손한 경우는 수험자가 변상해야 하며, <수험자 유의사항>에 기재된 방법대로 이행하지 않아 생기는 불이익은 수험생 당사자의 책임임을 알려 드립니다.

◎ 문제의 조건은 한컴오피스 2022/2020 버전으로 설정되어 있으니 유의하시기 바랍니다.

◎ 시험을 완료한 수험자는 답안파일이 전송되었는지 확인한 후 감독위원의 지시에 따라 문제지를 제출하고 퇴실합니다.

답안 작성요령

◎ **온라인 답안 작성 절차**
　수험자 등록 ⇒ 시험 시작 ⇒ 답안파일 저장 ⇒ 답안 전송 ⇒ 시험 종료

◎ **공통 부문**
- 글꼴에 대한 기본설정은 함초롬바탕, 10포인트, 검정, 줄간격 160%, 양쪽정렬로 합니다.
- 색상은 조건의 색을 적용하고 색의 구분이 안 될 경우에는 RGB 값을 적용하십시오.
　(빨강 255,0,0 / 파랑 0,0,255 / 노랑 255,255,0).
- 각 문항에 주어진 《조건》에 따라 작성하고 언급하지 않은 조건은 《출력형태》와 같이 작성합니다.
- 용지여백은 왼쪽 ·오른쪽 11mm, 위쪽·아래쪽·머리말·꼬리말 10mm, 제본 0mm로 합니다.
- 그림 삽입 문제의 경우 「내 PC\문서\ITQ\Picture」 폴더에서 지정된 파일을 선택하여 삽입하십시오.
- 삽입한 그림은 반드시 문서에 포함하여 저장해야 합니다(미포함 시 감점 처리).
- 각 항목은 지정된 페이지에 출력형태와 같이 정확히 작성하시기 바라며, 그렇지 않을 경우에 해당 항목은 0점 처리됩니다.
　※ 페이지구분 : 1페이지 – 기능평가 I (문제번호 표시 : 1. 2.),
　　　　　　　　 2페이지 – 기능평가 II (문제번호 표시 : 3. 4.),
　　　　　　　　 3페이지 – 문서작성 능력평가

◎ **기능평가**
- 문제와 《조건》은 입력하지 않으며 문제번호와 답(《출력형태》)만 작성합니다.
- 4번 문제는 묶기를 했을 경우 0점 처리됩니다.

◎ **문서작성 능력평가**
- A4 용지(210mm×297mm) 1매 크기, 세로 서식 문서로 작성합니다.
- 　　　　표시는 문서작성에 대한 지시사항이므로 작성하지 않습니다.

1. 다음의 《조건》에 따라 스타일 기능을 적용하여 《출력형태》와 같이 작성하시오. (50점)

《조건》　　(1) 스타일 이름 – revolution
　　　　　　(2) 문단 모양 – 왼쪽 여백 : 15pt, 문단 아래 간격 : 10pt
　　　　　　(3) 글자 모양 – 글꼴 : 한글(돋움)/영문(굴림), 크기 : 10pt, 장평 : 95%, 자간 : 5%

《출력형태》

The Fourth Industrial Revolution is the current trend of automation and data exchange in manufacturing technologies. It includes the internet of things and cloud computing.

4차 산업혁명이란 유전자, 나노, 인공지능, 사물인터넷, 빅데이터, 모바일 등 모든 기술이 융합하여 물리학, 디지털, 생물학 분야가 상호 교류하여 파괴적 혁신을 일으키는 혁명이라 할 수 있다.

2. 다음의 《조건》에 따라 《출력형태》와 같이 표와 차트를 작성하시오. (100점)

《표 조건》　　(1) 표 전체(표, 캡션) – 돋움, 10pt
　　　　　　(2) 정렬 – 문자 : 가운데 정렬, 숫자 : 오른쪽 정렬
　　　　　　(3) 셀 배경(면색) : 노랑
　　　　　　(4) 한글의 계산 기능을 이용하여 빈칸에 합계를 구하고, 캡션 기능 사용할 것
　　　　　　(5) 선 모양은 《출력형태》와 동일하게 처리할 것

《출력형태》

4차 산업의 지역별 사업체수(단위 : 백 개)

구분	2017년	2018년	2019년	2020년	합계
대전	12	13	15	15	
부산	22	23	26	27	
대구	16	17	19	20	
인천	20	21	23	25	

《차트 조건》　(1) 차트 데이터는 표 내용에서 연도별 대전, 부산, 대구의 값만 이용할 것
　　　　　　(2) 종류 – <묶은 세로 막대형>으로 작업할 것
　　　　　　(3) 제목 – 굴림, 진하게, 12pt, 속성 – 채우기(밝은 색 : 하양), 테두리, 그림자(바깥쪽 : 대각선 오른쪽 아래)
　　　　　　(4) 제목 이외의 전체 글꼴 – 굴림, 보통, 10pt
　　　　　　(5) 축제목과 범례는 《출력형태》와 동일하게 처리할 것

《출력형태》

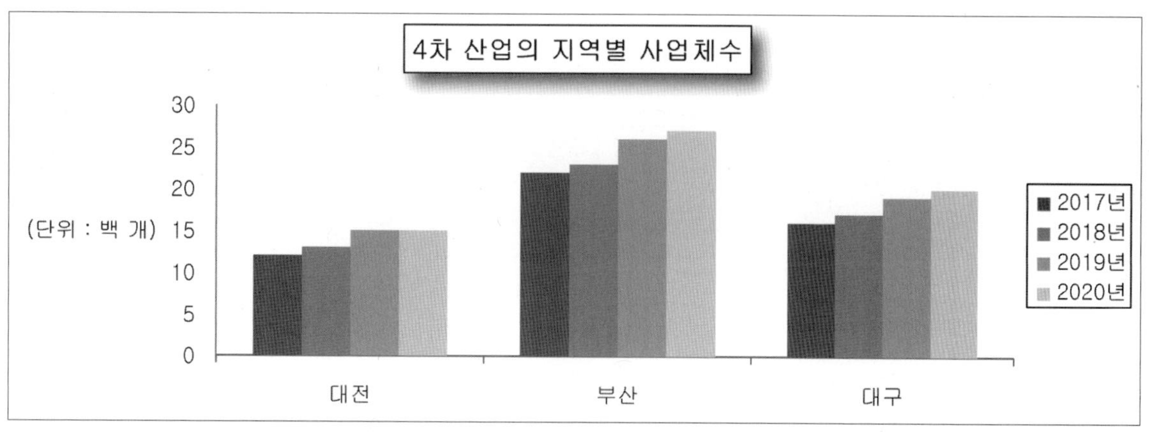

3. 다음 (1), (2)의 수식을 수식 편집기로 각각 입력하시오. (40점)

《출력형태》

$$(1)\ \frac{a^4}{T^2} - 1 = \frac{G}{4\pi^2}(M+m) \qquad\qquad (2)\ \int_0^1 (\sin x + \frac{x}{2})dx = \int_0^1 \frac{1+\sin x}{2}dx$$

4. 다음의 《조건》에 따라 《출력형태》와 같이 문서를 작성하시오. (110점)

《조건》　　　(1) 그리기 도구를 이용하여 작성하고, 모든 도형(글맵시, 지정된 그림 포함)을 《출력형태》와 같이
　　　　　　　　작성하시오.
　　　　　　(2) 도형의 면색은 지시사항이 없으면 색 없음을 제외하고 서로 다르게 임의로 지정하시오.

《출력형태》

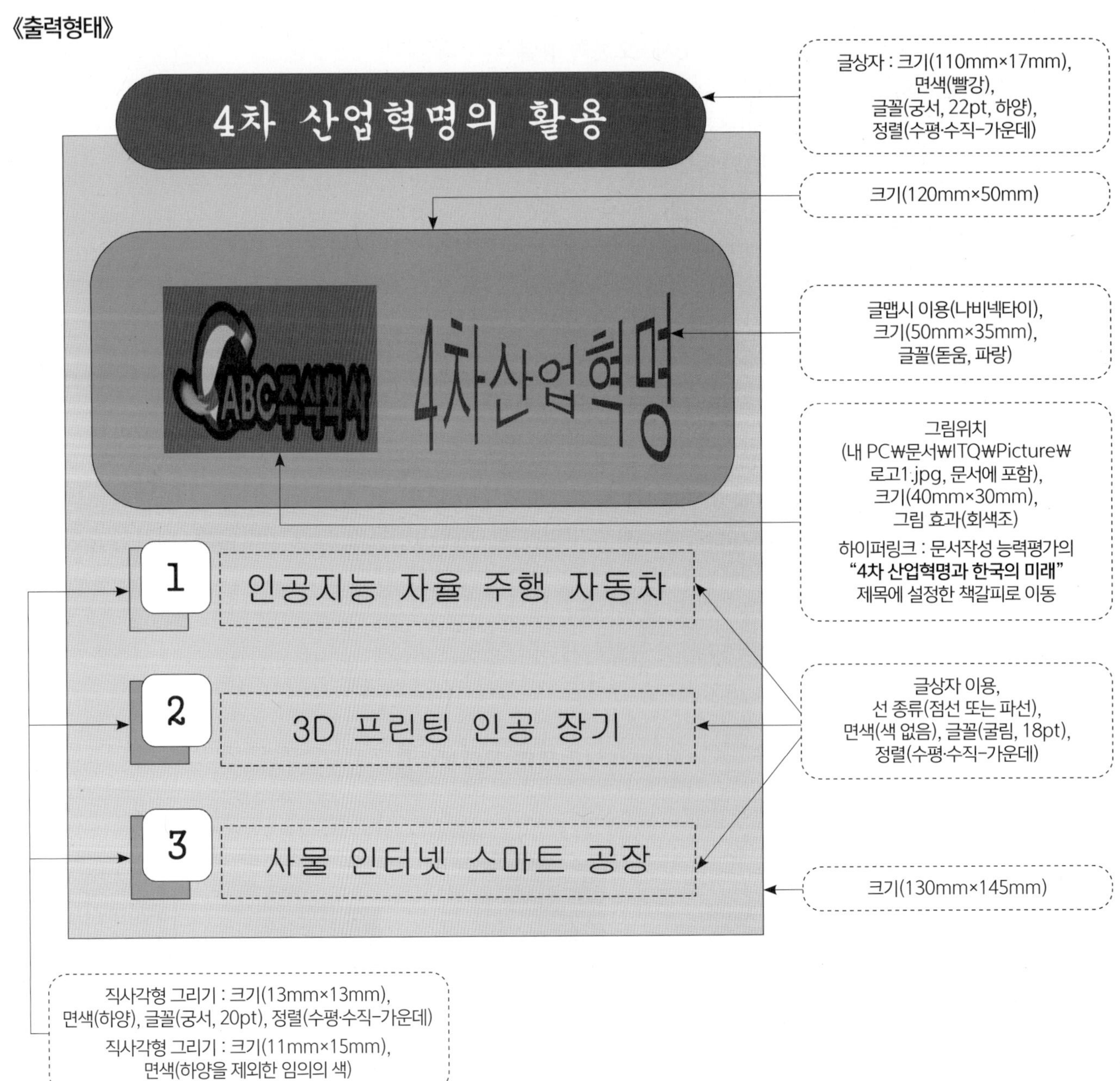

글꼴 : 굴림, 18pt, 진하게, 가운데 정렬
책갈피 이름 : 산업혁명
덧말 넣기

머리말 기능
돋움, 10pt, 오른쪽 정렬 → 4차 산업혁명

융합 기술 혁명
4차 산업혁명과 한국의 미래

문단 첫 글자 장식 기능
글꼴 : 궁서, 면색 : 노랑

각주

그림위치(내 PC₩문서₩ITQ₩Picture₩그림4.jpg, 문서에 포함)
자르기 기능 이용, 크기(40mm×35mm), 바깥 여백 왼쪽 : 2mm

미래의 일자리는 200만 개가 새롭게 증가하지만 700만 개는 사라질 것으로 전망하면서 세계의 주목을 받았다. 현행 사무와 행정, 제조업 등의 일자리는 대규모로 감소할 것으로 예상되고 비즈니스, 금융, 컴퓨터 분야 등의 일자리가 새롭게 나타날 것으로 예상되었다. 4차 산업혁명⊙은 현재 청년 일자리 부족이 심각한 사회 문제로 제기(提起)되고 있는 한국에도 큰 시사점을 주고 있는 상황이다. 4차 산업혁명은 3차 산업혁명의 토대 위에 물리, 디지털, 바이오 기술의 융합을 특징으로 하고 있고, 교육에서도 이러닝 기반의 새로운 혁신(革新)이 예고되고 있다.

정부에서는 4차 산업혁명 준비의 중요성을 인식하고 '4차 산업혁명과 한국의 미래'라는 주제로 미래 교육 포럼을 기획하고 있다. 미국, 독일 등 선진국과의 4차 산업혁명 준비 정도를 비교 및 점검하고 밝은 미래를 위해 한국이 준비해야 할 핵심 사항들을 분야별 전문가 강연을 통해 공유할 수 있는 장을 마련할 예정이다. 이번 행사는 과학기술정보통신부와 교육부가 공동 주최하고 4차산업혁명포럼추진위원회에서 추진할 계획이다. 이번 행사를 통해 우리 청소년들에게 불확실한 미래를 대비할 수 있는 기회가 제공되길 바란다.

★ 4차 산업혁명의 주요 기술

글꼴 : 궁서, 18pt, 하양
음영색 : 빨강

① 디지털 기술

   (ㄱ) 자료의 디지털화를 통한 복합적인 분석

   (ㄴ) 사물 인터넷, 인공지능, 빅 데이터, 공유 플랫폼

② 바이오 기술

   (ㄱ) 생물학 정보의 분석 및 기술 정밀화를 통한 건강 증진

   (ㄴ) 유전공학, 합성 생물학, 바이오 프린팅

문단 번호 기능 사용
1수준 : 20pt, 오른쪽정렬,
2수준 : 30pt, 오른쪽정렬
줄 간격 : 180%

표 전체 글꼴 : 굴림, 10pt, 가운데 정렬
셀 배경(그러데이션) : 유형(가로),
시작색(하양), 끝색(노랑)

★ *미래 직업 세계의 변화*

글꼴 : 궁서, 18pt, 기울임, 강조점

구분	분야	내용
세분화 및 전문화	기후변화 전문가	기후의 변화 요인을 파악하여 관련 정책을 수립하는 역할
	노년 플래너	노인들의 건강, 일, 경제, 정서 등의 업무를 전문적으로 수행
융합형	홀로그램 전시기획가	홀로그램 기술을 공연이나 전시에 활용하여 콘텐츠를 기획
	사용자 경험 디자이너	사용자의 경험을 중시하여 제품이나 서비스를 생산
과학기술 진보	아바타 개발자	인간의 뇌와 컴퓨터를 연계하여 가상 공간에서의 아바타 개발

글꼴 : 돋움, 24pt, 진하게
장평 105%, 오른쪽 정렬 → # 포럼추진위원회

각주 구분선 : 5cm

⊙ 물질적 재화의 생산에 무생물적 자원을 광범위하게 이용하는 조직적 경제 과정

쪽 번호 매기기
4로 시작 → iv

정보기술자격(ITQ) 실전모의고사

과 목	코 드	문제유형	시험시간	수험번호	성 명
아래한글	1111	C	60분		

수험자 유의사항

◎ 수험자는 문제지를 받는 즉시 문제지와 **수험표상의 시험과목(프로그램)이 동일한지 반드시 확인**하여야 합니다.

◎ 파일명은 본인의 "수험번호-성명"으로 입력하여 답안폴더(내 PC₩문서₩ITQ)에 하나의 파일로 저장해야 하며, 답안 파일을 전송하지 않아 미제출로 처리될 경우 실격 처리합니다(예:12345678-홍길동.hwpx).

◎ 답안 작성을 마치면 파일을 저장하고, '답안 전송' 버튼을 선택하여 감독위원 PC로 답안을 전송하십시오. 수험생 정보와 저장한 파일명이 다를 경우 전송되지 않으므로 주의하시기 바랍니다.

◎ 답안 작성 중에도 **주기적으로 저장하고, '답안 전송'**하여야 문제 발생을 줄일 수 있습니다. 작업한 내용을 저장하지 않고 전송할 경우 이전에 저장된 내용이 전송되오니 이점 유의하시기 바랍니다.

◎ 답안문서는 지정된 경로 외의 다른 보조기억장치에 저장하는 경우, 지정된 시험 시간 외에 작성된 파일을 활용할 경우, 기타 통신수단(이메일, 메신저, 네트워크 등)을 이용하여 타인에게 전달 또는 외부 반출하는 경우는 부정 처리합니다.

◎ 시험 중 부주의 또는 고의로 시스템을 파손한 경우는 수험자가 변상해야 하며, <수험자 유의사항>에 기재된 방법대로 이행하지 않아 생기는 불이익은 수험생 당사자의 책임임을 알려 드립니다.

◎ 문제의 조건은 한컴오피스 2022/2020 버전으로 설정되어 있으니 유의하시기 바랍니다.

◎ 시험을 완료한 수험자는 답안파일이 전송되었는지 확인한 후 감독위원의 지시에 따라 문제지를 제출하고 퇴실합니다.

답안 작성요령

◎ **온라인 답안 작성 절차**
　수험자 등록 ⇒ 시험 시작 ⇒ 답안파일 저장 ⇒ 답안 전송 ⇒ 시험 종료

◎ **공통 부문**
- 글꼴에 대한 기본설정은 함초롬바탕, 10포인트, 검정, 줄간격 160%, 양쪽정렬로 합니다.
- 색상은 조건의 색을 적용하고 색의 구분이 안 될 경우에는 RGB 값을 적용하십시오.
  (빨강 255,0,0 / 파랑 0,0,255 / 노랑 255,255,0).
- 각 문항에 주어진 《조건》에 따라 작성하고 언급하지 않은 조건은 《출력형태》와 같이 작성합니다.
- 용지여백은 왼쪽·오른쪽 11mm, 위쪽·아래쪽·머리말·꼬리말 10mm, 제본 0mm로 합니다.
- 그림 삽입 문제의 경우 「내 PC₩문서₩ITQ₩Picture」 폴더에서 지정된 파일을 선택하여 삽입하십시오.
- 삽입한 그림은 반드시 문서에 포함하여 저장해야 합니다(미포함 시 감점 처리).
- 각 항목은 지정된 페이지에 출력형태와 같이 정확히 작성하시기 바라며, 그렇지 않을 경우에 해당 항목은 0점 처리됩니다.
  - ※ 페이지구분 : 1페이지 – 기능평가 I (문제번호 표시 : 1. 2.),
  - 2페이지 – 기능평가 II (문제번호 표시 : 3. 4.),
  - 3페이지 – 문서작성 능력평가

◎ **기능평가**
- 문제와 《조건》은 입력하지 않으며 문제번호와 답(《출력형태》)만 작성합니다.
- 4번 문제는 묶기를 했을 경우 0점 처리됩니다.

◎ **문서작성 능력평가**
- A4 용지(210mm×297mm) 1매 크기, 세로 서식 문서로 작성합니다.
- 　　　　　 표시는 문서작성에 대한 지시사항이므로 작성하지 않습니다.

1. 다음의《조건》에 따라 스타일 기능을 적용하여《출력형태》와 같이 작성하시오. (50점)

《조건》
    (1) 스타일 이름 – namwon
    (2) 문단 모양 – 왼쪽 여백 : 15pt, 문단 아래 간격 : 10pt
    (3) 글자 모양 – 글꼴 : 한글(돋움)/영문(굴림), 크기 : 10pt, 장평 : 95%, 자간 : 5%

《출력형태》

Namwon is a city of culture and tourism, where you can enjoy pristine natural landscape and colorful festivals all year around including the Chunhyang Festival.

남원은 판소리 다섯 마당 중 춘향가와 흥부가의 배경지가 될 만큼 예로부터 국악의 산실이었으며, 우리 민족의 영원한 '사랑의 지침서'인 고전 춘향전의 발상지이다.

2. 다음의《조건》에 따라《출력형태》와 같이 표와 차트를 작성하시오. (100점)

《표 조건》
    (1) 표 전체(표, 캡션) – 돋움, 10pt
    (2) 정렬 – 문자 : 가운데 정렬, 숫자 : 오른쪽 정렬
    (3) 셀 배경(면색) : 노랑
    (4) 한글의 계산 기능을 이용하여 빈칸에 합계를 구하고, 캡션 기능 사용할 것
    (5) 선 모양은《출력형태》와 동일하게 처리할 것

《출력형태》

남원 축제 방문객 현황(단위 : 만 명)

구분	2016년	2017년	2018년	2019년	합계
바래봉 철쭉제	32	28	29	19	
남원춘향제	23	19	27	28	
남원흥부제	28	18	18	19	
바래봉 눈꽃축제	21	14	21	20	

《차트 조건》
    (1) 차트 데이터는 표 내용에서 연도별 바래봉 철쭉제, 남원춘향제, 남원흥부제의 값만 이용할 것
    (2) 종류 – <묶은 세로 막대형>으로 작업할 것
    (3) 제목 – 굴림, 진하게, 12pt, 속성 – 채우기(밝은 색 : 하양), 테두리, 그림자(바깥쪽 : 대각선 오른쪽 아래)
    (4) 제목 이외의 전체 글꼴 – 굴림, 보통, 10pt
    (5) 축제목과 범례는《출력형태》와 동일하게 처리할 것

《출력형태》

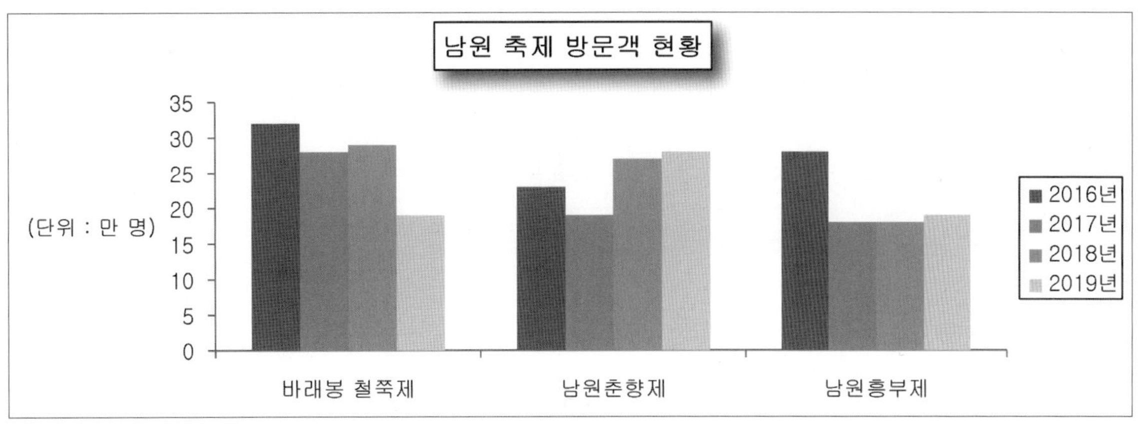

3. 다음 (1), (2)의 수식을 수식 편집기로 각각 입력하시오. (40점)

《출력형태》

$$(1)\ g = \frac{GM}{R^2} = \frac{6.67 \times 10^{-11} \times 6.0 \times 10^{24}}{(6.4 \times 10^7)^2} \qquad (2)\ \int_0^3 \frac{\sqrt{6t^2 - 18t + 12}}{5}\, dt = 11$$

4. 다음의 《조건》에 따라 《출력형태》와 같이 문서를 작성하시오. (110점)

《조건》　　(1) 그리기 도구를 이용하여 작성하고, 모든 도형(글맵시, 지정된 그림 포함)을 《출력형태》와 같이 작성하시오.

　　　　　(2) 도형의 면색은 지시사항이 없으면 색 없음을 제외하고 서로 다르게 임의로 지정하시오.

《출력형태》

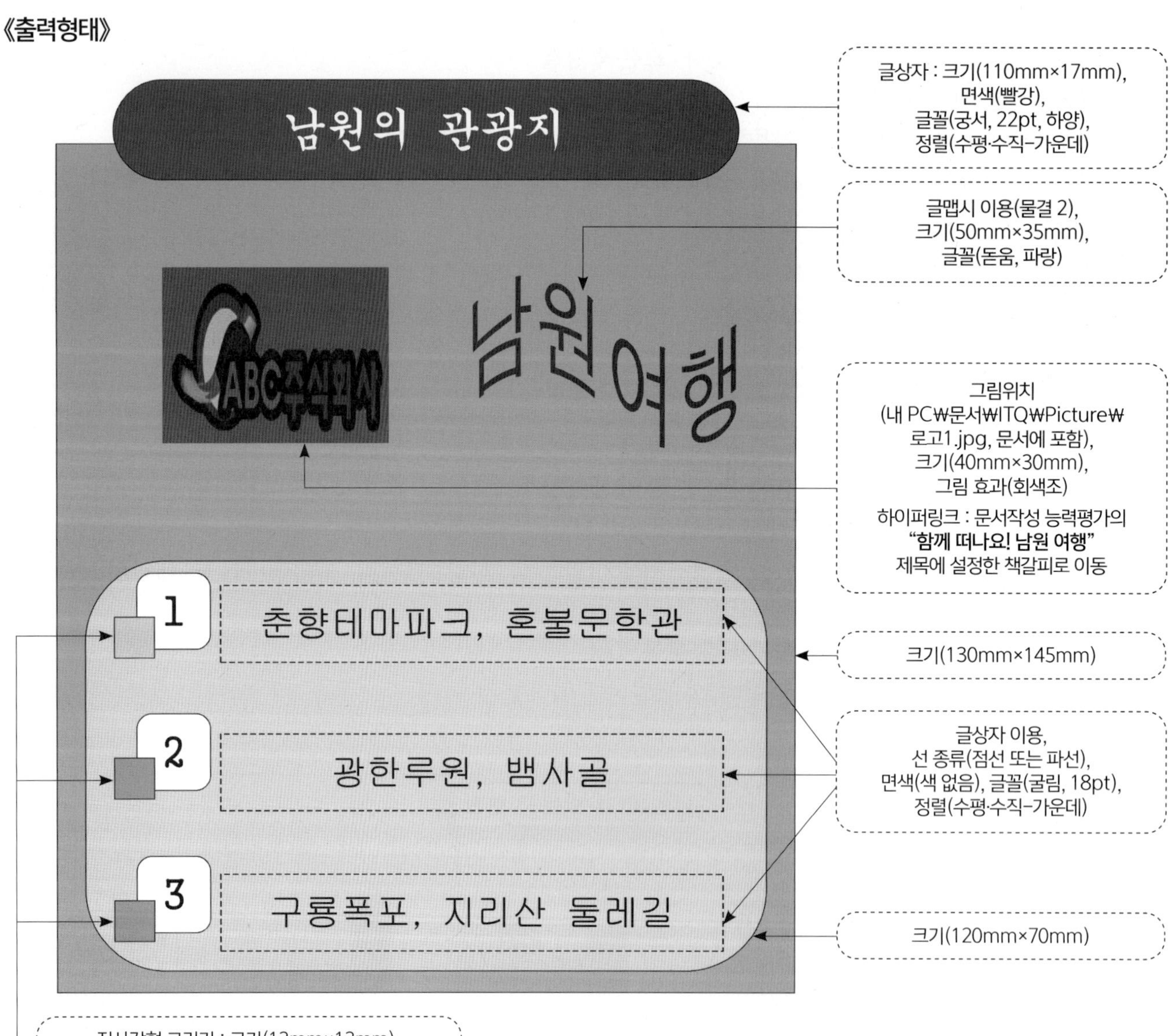

글상자 : 크기(110mm×17mm), 면색(빨강), 글꼴(궁서, 22pt, 하양), 정렬(수평·수직-가운데)

글맵시 이용(물결 2), 크기(50mm×35mm), 글꼴(돋움, 파랑)

그림위치
(내 PC₩문서₩ITQ₩Picture₩로고1.jpg, 문서에 포함), 크기(40mm×30mm), 그림 효과(회색조)

하이퍼링크 : 문서작성 능력평가의 **"함께 떠나요! 남원 여행"** 제목에 설정한 책갈피로 이동

크기(130mm×145mm)

글상자 이용, 선 종류(점선 또는 파선), 면색(색 없음), 글꼴(굴림, 18pt), 정렬(수평·수직-가운데)

크기(120mm×70mm)

직사각형 그리기 : 크기(13mm×13mm), 면색(하양), 글꼴(궁서, 20pt), 정렬(수평·수직-가운데)

직사각형 그리기 : 크기(7mm×7mm), 면색(하양을 제외한 임의의 색)

글꼴 : 굴림, 18pt, 진하게, 가운데 정렬
책갈피 이름 : 남원
덧말 넣기

머리말 기능
돋움, 10pt, 오른쪽 정렬 → 행복도시 남원

춘향골 명품 도시
함께 떠나요! 남원 여행

문단 첫 글자 장식 기능
글꼴 : 궁서, 면색 : 노랑

그림위치(내 PC₩문서₩ITQ₩Picture₩그림4.jpg, 문서에 포함)
자르기 기능 이용, 크기(40mm×35mm), 바깥 여백 왼쪽 : 2mm

남원은 동편제 소리의 발상지이며 춘향가와 흥부가의 배경지로서 국악의 역사가 보존 전승되어 온 국악의 본고장으로, 오늘날 동편제 판소리를 정형화한 가왕 송흥록이 태어난 유서 깊은 곳이다. 춘향이의 사연이 얽혀 있는 곳이 많은 관계로 흔히 춘향골이라 부른다. 이에 춘향의 절개와 정절을 부덕의 상징으로 숭상(崇尙)하고 숭모하기 위한 춘향제가 매년 5월 5일을 전후하여 개최(開催)되고 있다. 신비의 영약으로 잘 알려진 고로쇠 약수가 지리산 뱀사골, 달궁, 반야봉 등에 군락을 이룬 고로쇠나무에서 매년 우수 무렵부터 경칩을 지나 보름 정도까지 약 1개월간 채취되어 점차 국민들로부터 각광을 받고 있어 이 또한 널리 알리고자 축제화하였다. 바래봉 자락에서는 해마다 4월 말에서 5월 중순경까지 철쭉㉠이 장관을 이루어 마치 진홍색 물감을 풀어 놓은 듯 환상적인 비경으로 관광객들을 사로잡고 있다.

각주

또한 남원은 고려 말(1380년) 이성계 장군이 삼남을 휩쓸고 노략질을 하는 왜적을 물리친 황산이 있는 곳으로 고려사, 용비어천가의 고사에 따라 선조 10년(1577년)에 황산대첩비가 건립되었으며, 왜장 아지발도가 이성계의 화살에 맞아 죽을 때 흘린 피가 바위에 붉게 물들어 지금까지 남아 있다는 피바위로도 유명하다.

♥ 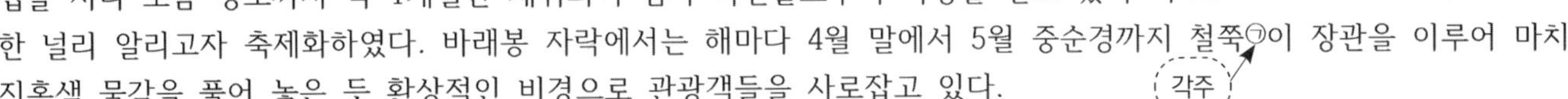

글꼴 : 궁서, 18pt, 하양
음영색 : 빨강

① 남원의 대표적 축제
  (ㄱ) 사랑 이야기 축제 : 춘향제
  (ㄴ) 향토 문화 축제 : 흥부제
② 남원의 대표적 문화 예술
  (ㄱ) 국악 분야 : 남원 판소리
  (ㄴ) 국보 : 실상사 백장암 삼층 석탑

문단 번호 기능 사용
1수준 : 20pt, 오른쪽정렬,
2수준 : 30pt, 오른쪽정렬
줄 간격 : 180%

표 전체 글꼴 : 굴림, 10pt, 가운데 정렬
셀 배경(그러데이션) : 유형(가로),
시작색(하양), 끝색(노랑)

♥ 남원 축제 세부내용

글꼴 : 궁서, 18pt, 기울임, 강조점

구분	시기	장소	주요 행사
바래봉 눈꽃축제	12-2월	운봉읍 용산리	눈썰매 운영, 눈꽃 등반, 눈조각 전시
바래봉 철쭉제	3-5월	운봉읍	철쭉제례, 기념식, 철쭉길 등반대회
고로쇠약수제		산내면 부운리	풍년기원 산신제, 지리산골 터울림
남원흥부제	10월	춘향문화 예술회관	남원농악경연, 각종 백일장, 흥부전 한마당
뱀사골 단풍축제		산내면 와운길	산신제와 등산대회, 판소리 체험

글꼴 : 돋움, 24pt, 진하게
장평 105%, 오른쪽 정렬 → # 남원시문화관광

각주 구분선 : 5cm

㉠ 한국, 중국, 일본 등에 분포하며 걸음을 머뭇거리게 한다는 뜻의 척촉이 변해서 된 이름

쪽 번호 매기기
2로 시작 → ②

정보기술자격(ITQ) 실전모의고사

과　목	코　드	문제유형	시험시간	수험번호	성　명
아래한글	1111	A	60분		

수험자 유의사항

◎ 수험자는 문제지를 받는 즉시 문제지와 **수험표상의 시험과목(프로그램)이 동일한지 반드시 확인**하여야 합니다.

◎ 파일명은 본인의 "수험번호-성명"으로 입력하여 답안폴더(내 PC\문서\ITQ)에 하나의 파일로 저장해야 하며, 답안 파일을 전송하지 않아 미제출로 처리될 경우 실격 처리합니다(예:12345678-홍길동.hwpx).

◎ 답안 작성을 마치면 파일을 저장하고, '답안 전송' 버튼을 선택하여 감독위원 PC로 답안을 전송하십시오. 수험생 정보와 저장한 파일명이 다를 경우 전송되지 않으므로 주의하시기 바랍니다.

◎ 답안 작성 중에도 **주기적으로 저장하고, '답안 전송'**하여야 문제 발생을 줄일 수 있습니다. 작업한 내용을 저장하지 않고 전송할 경우 이전에 저장된 내용이 전송되오니 이점 유의하시기 바랍니다.

◎ 답안문서는 지정된 경로 외의 다른 보조기억장치에 저장하는 경우, 지정된 시험 시간 외에 작성된 파일을 활용할 경우, 기타 통신수단(이메일, 메신저, 네트워크 등)을 이용하여 타인에게 전달 또는 외부 반출하는 경우는 부정 처리합니다.

◎ 시험 중 부주의 또는 고의로 시스템을 파손한 경우는 수험자가 변상해야 하며, <수험자 유의사항>에 기재된 방법대로 이행하지 않아 생기는 불이익은 수험생 당사자의 책임임을 알려 드립니다.

◎ 문제의 조건은 한컴오피스 2022/2020 버전으로 설정되어 있으니 유의하시기 바랍니다.

◎ 시험을 완료한 수험자는 답안파일이 전송되었는지 확인한 후 감독위원의 지시에 따라 문제지를 제출하고 퇴실합니다.

답안 작성요령

◎ **온라인 답안 작성 절차**

　수험자 등록 ⇒ 시험 시작 ⇒ 답안파일 저장 ⇒ 답안 전송 ⇒ 시험 종료

◎ **공통 부문**

- 글꼴에 대한 기본설정은 함초롬바탕, 10포인트, 검정, 줄간격 160%, 양쪽정렬로 합니다.
- 색상은 조건의 색을 적용하고 색의 구분이 안 될 경우에는 RGB 값을 적용하십시오.
  (빨강 255,0,0 / 파랑 0,0,255 / 노랑 255,255,0).
- 각 문항에 주어진 《조건》에 따라 작성하고 언급하지 않은 조건은 《출력형태》와 같이 작성합니다.
- 용지여백은 왼쪽·오른쪽 11mm, 위쪽·아래쪽·머리말·꼬리말 10mm, 제본 0mm로 합니다.
- 그림 삽입 문제의 경우 「내 PC\문서\ITQ\Picture」 폴더에서 지정된 파일을 선택하여 삽입하십시오.
- 삽입한 그림은 반드시 문서에 포함하여 저장해야 합니다(미포함 시 감점 처리).
- 각 항목은 지정된 페이지에 출력형태와 같이 정확히 작성하시기 바라며, 그렇지 않을 경우에 해당 항목은 0점 처리됩니다.
  ※ 페이지구분 : 1페이지 - 기능평가 I (문제번호 표시 : 1. 2.),
  　　　　　　　 2페이지 - 기능평가 II (문제번호 표시 : 3. 4.),
  　　　　　　　 3페이지 - 문서작성 능력평가

◎ **기능평가**

- 문제와 《조건》은 입력하지 않으며 문제번호와 답(《출력형태》)만 작성합니다.
- 4번 문제는 묶기를 했을 경우 0점 처리됩니다.

◎ **문서작성 능력평가**

- A4 용지(210mm×297mm) 1매 크기, 세로 서식 문서로 작성합니다.
- 　　　　 표시는 문서작성에 대한 지시사항이므로 작성하지 않습니다.

1. 다음의 《조건》에 따라 스타일 기능을 적용하여 《출력형태》와 같이 작성하시오. (50점)

《조건》　(1) 스타일 이름 – counseling
　　　　　(2) 문단 모양 – 왼쪽 여백 : 15pt, 문단 아래 간격 : 10pt
　　　　　(3) 글자 모양 – 글꼴 : 한글(굴림)/영문(돋움), 크기 : 10pt, 장평 : 95%, 자간 : 5%

《출력형태》

If you need help with crisis or psychological problems such as youth violence, you can get services such as crisis intervention and emergency rescue through the local youth counseling welfare center.

청소년 폭력 등과 같은 위기문제나 심리문제로 도움이 필요한 경우 언제든지 지역 내 청소년상담복지센터를 통해 위기개입, 긴급구조 등 서비스를 제공받을 수 있다.

2. 다음의 《조건》에 따라 《출력형태》와 같이 표와 차트를 작성하시오. (100점)

《표 조건》　(1) 표 전체(표, 캡션) – 돋움, 10pt
　　　　　　(2) 정렬 – 문자 : 가운데 정렬, 숫자 : 오른쪽 정렬
　　　　　　(3) 셀 배경(면색) : 노랑
　　　　　　(4) 한글의 계산 기능을 이용하여 빈칸에 합계를 구하고, 캡션 기능 사용할 것
　　　　　　(5) 선 모양은 《출력형태》와 동일하게 처리할 것

《출력형태》

사이버범죄 연도별 검거 현황(단위 : 건)

구분	도박	해킹	음란물	기타	합계
2018년	246	49	274	104	
2017년	462	90	212	89	
2016년	783	45	286	169	
2015년	280	44	290	100	

《차트 조건》　(1) 차트 데이터는 표 내용에서 구분별 2018년, 2017년, 2016년의 값만 이용할 것
　　　　　　　(2) 종류 – <묶은 가로 막대형>으로 작업할 것
　　　　　　　(3) 제목 – 궁서, 진하게, 12pt, 속성 – 채우기(밝은 색 : 하양), 테두리, 그림자(바깥쪽 : 대각선 오른쪽 아래)
　　　　　　　(4) 제목 이외의 전체 글꼴 – 궁서, 보통, 10pt
　　　　　　　(5) 축제목과 범례는 《출력형태》와 동일하게 처리할 것

《출력형태》

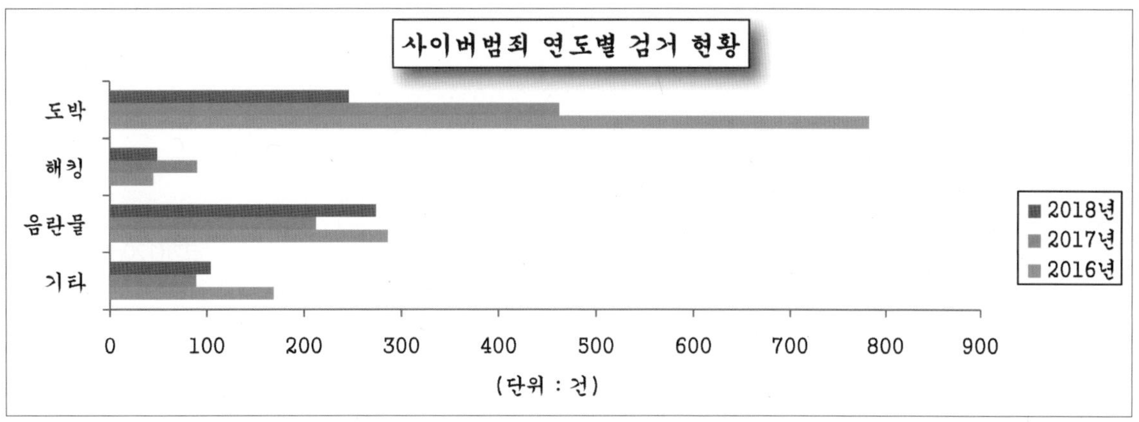

3. 다음 (1), (2)의 수식을 수식 편집기로 각각 입력하시오. (40점)

《출력형태》

기타 기호

(1) $m = \dfrac{\Delta P}{K_a} = \dfrac{\Delta t_b}{K_b} = \dfrac{\Delta t_f}{K_f}$

(2) $\displaystyle\int_0^1 (\sin x + \dfrac{x}{2})dx = \int_0^1 \dfrac{1+\sin x}{2}dx$

4. 다음의 《조건》에 따라 《출력형태》와 같이 문서를 작성하시오. (110점)

《조건》   (1) 그리기 도구를 이용하여 작성하고, 모든 도형(글맵시, 지정된 그림 포함)을 《출력형태》와 같이 작성하시오.

(2) 도형의 면색은 지시사항이 없으면 색 없음을 제외하고 서로 다르게 임의로 지정하시오.

《출력형태》

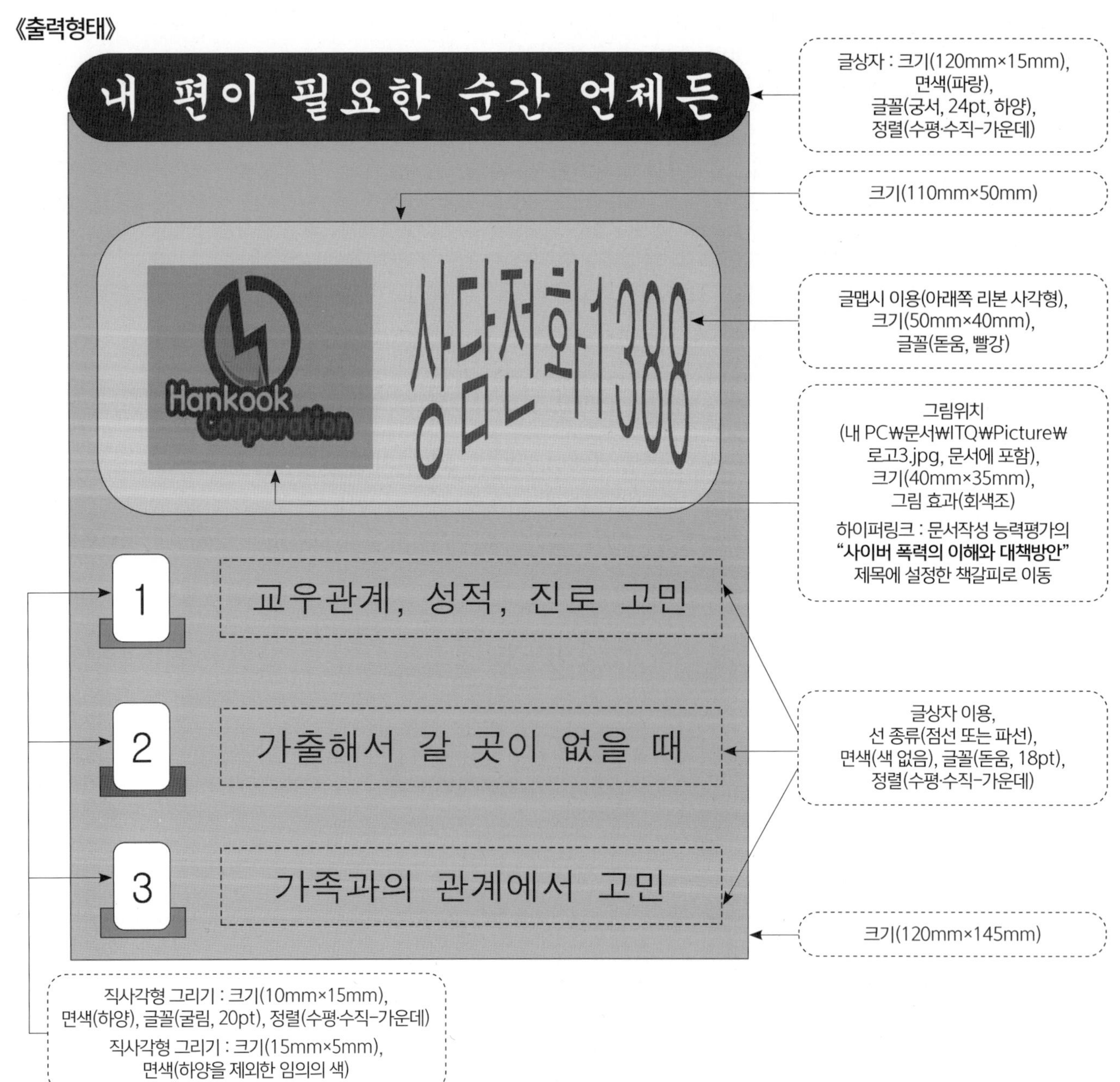

글상자 : 크기(120mm×15mm),
면색(파랑),
글꼴(궁서, 24pt, 하양),
정렬(수평·수직-가운데)

크기(110mm×50mm)

글맵시 이용(아래쪽 리본 사각형),
크기(50mm×40mm),
글꼴(돋움, 빨강)

그림위치
(내 PC₩문서₩ITQ₩Picture₩
로고3.jpg, 문서에 포함),
크기(40mm×35mm),
그림 효과(회색조)

하이퍼링크 : 문서작성 능력평가의
"사이버 폭력의 이해와 대책방안"
제목에 설정한 책갈피로 이동

글상자 이용,
선 종류(점선 또는 파선),
면색(색 없음), 글꼴(돋움, 18pt),
정렬(수평·수직-가운데)

크기(120mm×145mm)

직사각형 그리기 : 크기(10mm×15mm),
면색(하양), 글꼴(굴림, 20pt), 정렬(수평·수직-가운데)
직사각형 그리기 : 크기(15mm×5mm),
면색(하양을 제외한 임의의 색)

글꼴 : 돋움, 18pt, 진하게, 가운데 정렬
책갈피 이름 : 상담
덧말 넣기

머리말 기능
굴림, 10pt, 오른쪽 정렬 → 사이버 폭력의 특성

지도방안
사이버 폭력의 이해와 대책방안

문단 첫 글자 장식 기능
글꼴 : 궁서, 면색 : 노랑

각주

그림위치(내 PC₩문서₩ITQ₩Picture₩그림5.jpg, 문서에 포함)
자르기 기능 이용, 크기(40mm×35mm), 바깥 여백 왼쪽 : 2mm

사이버 폭력(暴力)의 정의는 개인이나 집단이 인터넷①, 전화기 등 정보나 정보통신 기술을 이용하여 글, 이미지, 음성 등으로 금품갈취, 협박, 따돌림, 강제적 심부름, 성희롱, 성폭력 등 정신적, 물질적 피해를 입히는 모든 범죄행위로 사이버 따돌림, 사이버 모욕, 사이버 명예훼손, 사이버 성희롱, 사이버 스토킹, 사이버 갈취 등의 행위를 말한다. 사이버 폭력이 증가하는 이유는 인터넷이 발달하면서 중고등학생 뿐만 아니라 초등학생까지도 스마트폰을 지니고 있을 정도로 누구나 마음만 먹으면 쉽게 사이버 공간에 접할 수 있기 때문이다.

　사이버 학교폭력도 마찬가지로, 피해를 당하면 '보복하고 싶다'라는 감정이 앞서게 되고, 이것이 피해자가 가해자로, 가해자가 피해자로 반복되는 악순환(惡循環)으로 계속된다. 적절한 때에, 적절한 방법으로 자녀가 잘 치유되어 피해자, 가해자라는 이름에서 벗어나도록 하는 것, 악순환에 빠지지 않도록 하는 것이 가장 중요하다. 우리 아이들이 사이버 학교폭력에 관계된 어떤 피해자도, 가해자도 되지 않도록 주의를 기울이고, 아이들의 가장 든든한 울타리가 되어 주어야 한다.

♥ 사이버 세상의 순기능과 역기능

글꼴 : 굴림, 18pt, 하양
음영색 : 파랑

I. 사이버 세상의 순기능
　i. 정보검색이 신속하고 다양한 콘텐츠의 창출과 활용이 가능
　ii. 시공간을 초월하여 다양한 사람들과의 네트워크가 가능
II. 사이버 세상의 역기능
　i. 좋지 않은 소문은 사이버 상에서 순식간에 퍼짐
　ii. 다른 사람을 험담하는 글을 올리면, 많은 사람들이 공유하게 됨

문단 번호 기능 사용
1수준 : 20pt, 오른쪽정렬,
2수준 : 30pt, 오른쪽정렬
줄 간격 : 180%

♥ 사이버 폭력의 원인

글꼴 : 굴림, 18pt, 기울임, 강조점

표 전체 글꼴 : 돋움, 10pt, 가운데 정렬
셀 배경(그러데이션) : 유형(가운데에서),
시작색(하양), 끝색(노랑)

구분		세부 내용
개인적 요인	심리적	질투, 시기, 높은 공격성, 충동성, 스트레스, 낮은 자아 존중감
	매체관인	인터넷 중독, 윤리의식, 사이버 폭력 용인태도, 기기 접근성, 익명성
관계적 요인	교사	교사의 지지 및 친밀감, 부모의 사이버매체 관리 및 감독 정도
	부모	부모의 양육태도, 친밀감, 의사소통 및 가정폭력 경험
	또래	또래의 지지 및 비행친구 수

글꼴 : 돋움, 24pt, 진하게
장평 95%, 오른쪽 정렬 → # 청소년사이버상담센터

각주 구분선 : 5cm

① 아르파네트에서 시작된 세계 최대 규모의 컴퓨터 통신망

쪽 번호 매기기
5로 시작 → 마

정보기술자격(ITQ) 실전모의고사

과　목	코　드	문제유형	시험시간	수험번호	성　명
아래한글	1111	B	60분		

수험자 유의사항

◎ 수험자는 문제지를 받는 즉시 문제지와 **수험표상의 시험과목(프로그램)이 동일한지 반드시 확인**하여야 합니다.

◎ 파일명은 본인의 "수험번호–성명"으로 입력하여 답안폴더(내 PC₩문서₩ITQ)에 하나의 파일로 저장해야 하며, 답안 파일을 전송하지 않아 미제출로 처리될 경우 실격 처리합니다(예:12345678-홍길동.hwpx).

◎ 답안 작성을 마치면 파일을 저장하고, '답안 전송' 버튼을 선택하여 감독위원 PC로 답안을 전송하십시오. 수험생 정보와 저장한 파일명이 다를 경우 전송되지 않으므로 주의하시기 바랍니다.

◎ 답안 작성 중에도 **주기적으로 저장하고, '답안 전송'**하여야 문제 발생을 줄일 수 있습니다. 작업한 내용을 저장하지 않고 전송할 경우 이전에 저장된 내용이 전송되오니 이점 유의하시기 바랍니다.

◎ 답안문서는 지정된 경로 외의 다른 보조기억장치에 저장하는 경우, 지정된 시험 시간 외에 작성된 파일을 활용할 경우, 기타 통신수단(이메일, 메신저, 네트워크 등)을 이용하여 타인에게 전달 또는 외부 반출하는 경우는 부정 처리합니다.

◎ 시험 중 부주의 또는 고의로 시스템을 파손한 경우는 수험자가 변상해야 하며, <수험자 유의사항>에 기재된 방법대로 이행하지 않아 생기는 불이익은 수험생 당사자의 책임임을 알려 드립니다.

◎ 문제의 조건은 한컴오피스 2022/2020 버전으로 설정되어 있으니 유의하시기 바랍니다.

◎ 시험을 완료한 수험자는 답안파일이 전송되었는지 확인한 후 감독위원의 지시에 따라 문제지를 제출하고 퇴실합니다.

답안 작성요령

◎ 온라인 답안 작성 절차

　　수험자 등록 ⇒ 시험 시작 ⇒ 답안파일 저장 ⇒ 답안 전송 ⇒ 시험 종료

◎ 공통 부문

- 글꼴에 대한 기본설정은 함초롬바탕, 10포인트, 검정, 줄간격 160%, 양쪽정렬로 합니다.
- 색상은 조건의 색을 적용하고 색의 구분이 안 될 경우에는 RGB 값을 적용하십시오.
  (빨강 255,0,0 / 파랑 0,0,255 / 노랑 255,255,0).
- 각 문항에 주어진 《조건》에 따라 작성하고 언급하지 않은 조건은 《출력형태》와 같이 작성합니다.
- 용지여백은 왼쪽·오른쪽 11mm, 위쪽·아래쪽·머리말·꼬리말 10mm, 제본 0mm로 합니다.
- 그림 삽입 문제의 경우 「내 PC₩문서₩ITQ₩Picture」 폴더에서 지정된 파일을 선택하여 삽입하십시오.
- 삽입한 그림은 반드시 문서에 포함하여 저장해야 합니다(미포함 시 감점 처리).
- 각 항목은 지정된 페이지에 출력형태와 같이 정확히 작성하시기 바라며, 그렇지 않을 경우에 해당 항목은 0점 처리됩니다.
  - ※ 페이지구분 : 1페이지 – 기능평가Ⅰ (문제번호 표시 : 1. 2.),
  - 　　　　　　　　 2페이지 – 기능평가Ⅱ (문제번호 표시 : 3. 4.),
  - 　　　　　　　　 3페이지 – 문서작성 능력평가

◎ 기능평가

- 문제와 《조건》은 입력하지 않으며 문제번호와 답(《출력형태》)만 작성합니다.
- 4번 문제는 묶기를 했을 경우 0점 처리됩니다.

◎ 문서작성 능력평가

- A4 용지(210mm×297mm) 1매 크기, 세로 서식 문서로 작성합니다.
- 표시는 문서작성에 대한 지시사항이므로 작성하지 않습니다.

SMART KPC
kpc 한국생산성본부

1. 다음의 《조건》에 따라 스타일 기능을 적용하여 《출력형태》와 같이 작성하시오. (50점)

《조건》　(1) 스타일 이름 – noodle

　　　　(2) 문단 모양 – 왼쪽 여백 : 15pt, 문단 아래 간격 : 10pt

　　　　(3) 글자 모양 – 글꼴 : 한글(굴림)/영문(돋움), 크기 : 10pt, 장평 : 95%, 자간 : 5%

《출력형태》

Korean Ramen has become a staple food in Korea. It is the go-to 'meal' for almost every age. Ramen is popular comfort food, mainly because they are cheap, easy to find, and most importantly delicious.

우리나라 라면의 역사는 1963년 9월 식량 부족으로 빈곤했던 시기에 삼양식품이 치킨라면을 선보이면서 시작되었고, 2년 후에 농심에서 롯데라면이 출시되면서 국내 라면 시장이 활성화되었다 .

2. 다음의 《조건》에 따라 《출력형태》와 같이 표와 차트를 작성하시오. (100점)

《표 조건》　(1) 표 전체(표, 캡션) – 돋움, 10pt

　　　　　(2) 정렬 – 문자 : 가운데 정렬, 숫자 : 오른쪽 정렬

　　　　　(3) 셀 배경(면색) : 노랑

　　　　　(4) 한글의 계산 기능을 이용하여 빈칸에 평균(소수점 두 자리)을 구하고, 캡션 기능 사용할 것

　　　　　(5) 선 모양은 《출력형태》와 동일하게 처리할 것

《출력형태》

소매 채널별 평균 가격 비교(단위 : 십원)

소매 채널	온라인	편의점	일반 식품점	대형마트	평균
봉지라면	275	325	314	315	
짜장라면	332	427	397	367	
비빔라면	285	419	339	354	
용기라면	82	105	94	86	

《차트 조건》　(1) 차트 데이터는 표 내용에서 소매 채널별 봉지라면, 짜장라면, 비빔라면의 값만 이용할 것

　　　　　(2) 종류 – <꺾은선형>으로 작업할 것

　　　　　(3) 제목 – 궁서, 진하게, 12pt, 속성 – 채우기(밝은 색 : 하양), 테두리, 그림자(바깥쪽 : 대각선 오른쪽 아래)

　　　　　(4) 제목 이외의 전체 글꼴 – 궁서, 보통, 10pt

　　　　　(5) 축제목과 범례는 《출력형태》와 동일하게 처리할 것

《출력형태》

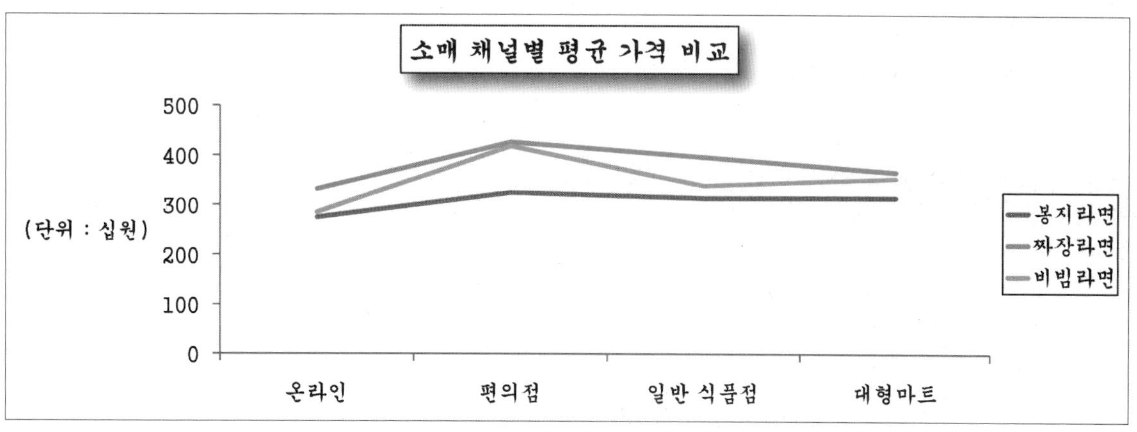

3. 다음 (1), (2)의 수식을 수식 편집기로 각각 입력하시오. (40점)

《출력형태》

$$(1)\ F = \frac{4\pi^2}{T^2} - 1 = 4\pi^2 K \frac{m}{r^2} \qquad (2)\ P_A = P \times \frac{V_A}{V} = P \times \frac{V_A}{V_A + V_B}$$

4. 다음의 《조건》에 따라 《출력형태》와 같이 문서를 작성하시오. (110점)

《조건》　　(1) 그리기 도구를 이용하여 작성하고, 모든 도형(글맵시, 지정된 그림 포함)을 《출력형태》와 같이
　　　　　　　작성하시오.

　　　　　(2) 도형의 면색은 지시사항이 없으면 색 없음을 제외하고 서로 다르게 임의로 지정하시오.

《출력형태》

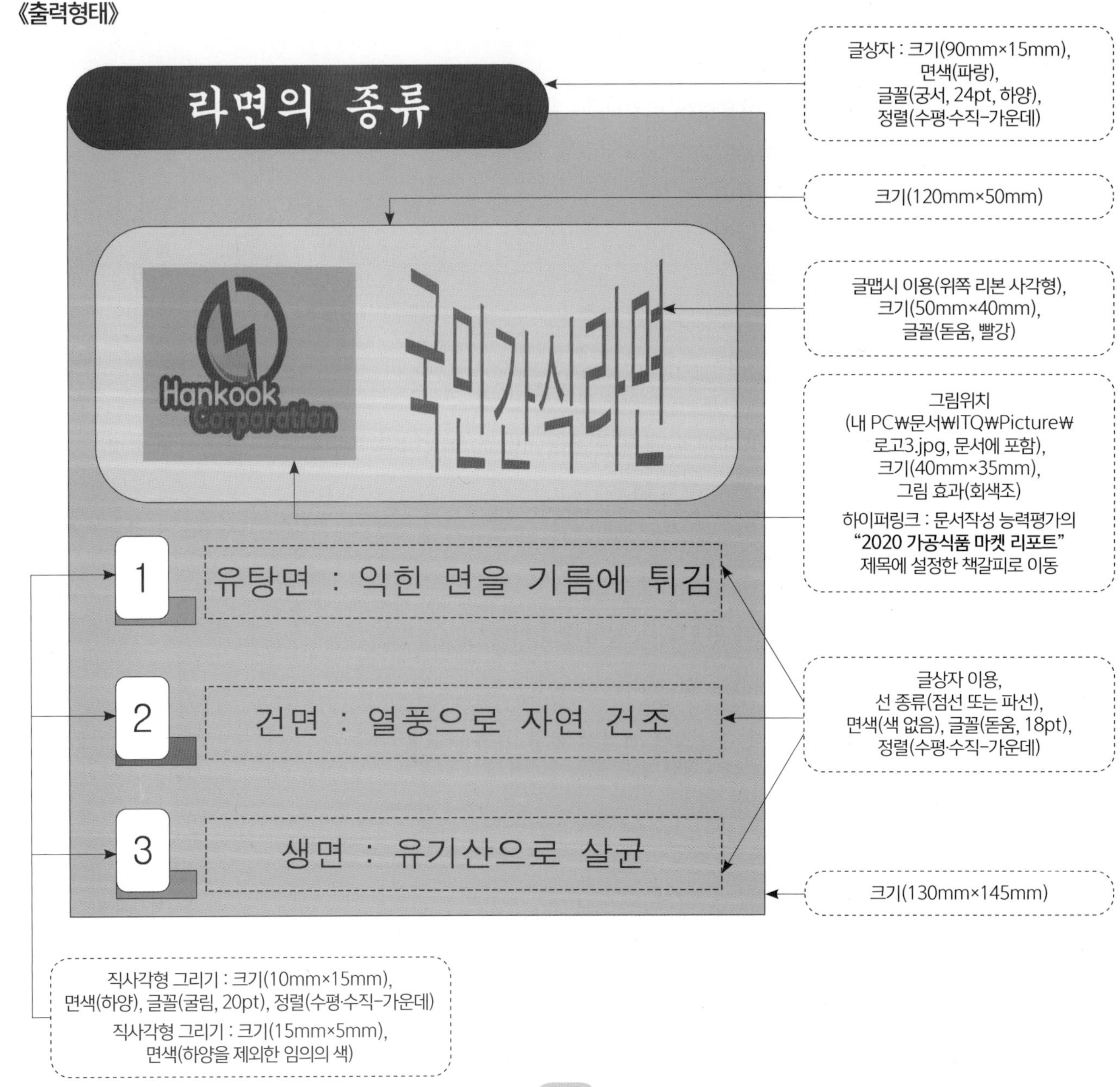

글꼴 : 돋움, 18pt, 진하게, 가운데 정렬
책갈피 이름 : 라면
덧말 넣기

머리말 기능
굴림, 10pt, 오른쪽 정렬 → 국내 라면 시장

간편한 야식 라면

2020 가공식품 마켓 리포트

문단 첫 글자 장식 기능
글꼴 : 궁서, 면색 : 노랑

그림위치(내 PC\문서\ITQ\Picture\그림4.jpg, 문서에 포함)
자르기 기능 이용, 크기(40mm×35mm), 바깥 여백 왼쪽 : 2mm

우리나라는 1980년대에 고도의 경제성장과 산업화에 따른 근대화로 기호식 및 간편식, 새로운 식품산업의 발달에 의해 식생활이 변모(變貌)해 왔으며 특히 라면은 친숙한 식품으로 우리의 생활 속에 널리 보급되어 있다. 최근 라면 시장의 특성은 '라면의 변신'과 '생라면'으로 요약할 수 있다. 각주

오뚜기는 파스타①면에 토마토소스를 더한 파스타 라면을 출시했는데, 이 라면은 4mm의 넓은 면을 사용하였다. 건조한 토마토, 마카로니 등 파스타 재료를 첨가하였고 여기에 할라피뇨와 청양고추 등을 더해 매콤한 맛을 살린 것이 특징이다. 농심은 유럽풍 퓨전라면인 드레싱 누들을 출시하였다. 튀기지 않은 건면을 사용하여 칼로리를 낮추었으며 소비자가 기호에 맞게 충분한 토핑을 더해 먹을 수 있도록 기존 제품보다 30% 많은 양의 소스를 제공(提供)했는데, 발사믹 소스를 사용한 '오리엔탈 소스맛'과 고소함을 살린 '참깨 소스맛' 두 가지가 그것이다. 풀무원은 유탕면이 아닌 '튀기지 않고 바람에 말린 생면을 사용한 생라면을 출시했는데, 이 라면의 면발 두께는 2.5mm로 기존 라면보다 넓고 굵으며 감자 전분을 더하여 쫄깃한 식감을 살린 것이 특징이다.

★ 국내 라면 시장의 매출 규모 현황

글꼴 : 굴림, 18pt, 하양
음영색 : 파랑

1) 2020년 매출 규모

　가) 2019년 대비 21.4% 증가

　나) 다양한 종류의 라면 출시로 시장 활기 회복

2) 2020년 소매 매출액

　가) 할인점과 슈퍼마켓 체인에서 가장 많이 판매됨

　나) 묶음 단위의 대량 판매가 용이한 할인점의 소비 비중이 높음

문단 번호 기능 사용
1수준 : 20pt, 오른쪽정렬,
2수준 : 30pt, 오른쪽정렬
줄 간격 : 180%

표 전체 글꼴 : 돋움, 10pt, 가운데 정렬
셀 배경(그러데이션) : 유형(가운데에서),
시작색(하양), 끝색(노랑)

★ 독특한 나만의 라면 레시피

글꼴 : 굴림, 18pt, 기울임, 강조점

레시피 제목	방법	게시자
파채라면	편마늘, 파채, 고춧가루, 라면스프 볶다가 면 넣어 끓이기	살림고수
라면투움바	버터, 양파, 편마늘, 새우 볶다가 치즈와 면 넣어 볶기	살림고수
계란마요면	끓인 면에 비빔소스, 라면스프, 치즈가루, 마요네즈 두르고 노른자 섞기	자취생
라면그라탕	양파, 마늘, 베이컨 볶다가 우유를 넣어 끓어오르면 치즈 넣기	자취생
해장라면	다진 마늘, 콩나물, 김치, 김칫국물, 고추를 넣고 고춧가루 추가	슈퍼 레시피

글꼴 : 돋움, 24pt, 진하게
장평 95%, 오른쪽 정렬

식품산업통계정보

각주 구분선 : 5cm

① 이탈리아식 국수로 밀가루를 달걀에 반죽하여 만들며 마카로니, 스파게티가 대표적

쪽 번호 매기기
4로 시작 → ④

정보기술자격(ITQ) 실전모의고사

과 목	코 드	문제유형	시험시간	수험번호	성 명
아래한글	1111	C	60분		

수험자 유의사항

◎ 수험자는 문제지를 받는 즉시 문제지와 **수험표상의 시험과목(프로그램)이 동일한지 반드시 확인**하여야 합니다.
◎ 파일명은 본인의 "수험번호-성명"으로 입력하여 답안폴더(내 PC\문서\ITQ)에 하나의 파일로 저장해야 하며, 답안 파일을 전송하지 않아 미제출로 처리될 경우 실격 처리합니다(예:12345678-홍길동.hwpx).
◎ 답안 작성을 마치면 파일을 저장하고, '답안 전송' 버튼을 선택하여 감독위원 PC로 답안을 전송하십시오. 수험생 정보와 저장한 파일명이 다를 경우 전송되지 않으므로 주의하시기 바랍니다.
◎ 답안 작성 중에도 **주기적으로 저장하고, '답안 전송'**하여야 문제 발생을 줄일 수 있습니다. 작업한 내용을 저장하지 않고 전송할 경우 이전에 저장된 내용이 전송되오니 이점 유의하시기 바랍니다.
◎ 답안문서는 지정된 경로 외의 다른 보조기억장치에 저장하는 경우, 지정된 시험 시간 외에 작성된 파일을 활용할 경우, 기타 통신수단(이메일, 메신저, 네트워크 등)을 이용하여 타인에게 전달 또는 외부 반출하는 경우는 부정 처리합니다.
◎ 시험 중 부주의 또는 고의로 시스템을 파손한 경우는 수험자가 변상해야 하며, <수험자 유의사항>에 기재된 방법대로 이행하지 않아 생기는 불이익은 수험생 당사자의 책임임을 알려 드립니다.
◎ 문제의 조건은 한컴오피스 2022/2020 버전으로 설정되어 있으니 유의하시기 바랍니다.
◎ 시험을 완료한 수험자는 답안파일이 전송되었는지 확인한 후 감독위원의 지시에 따라 문제지를 제출하고 퇴실합니다.

답안 작성요령

◎ **온라인 답안 작성 절차**
　수험자 등록 ⇒ 시험 시작 ⇒ 답안파일 저장 ⇒ 답안 전송 ⇒ 시험 종료
◎ **공통 부문**
　• 글꼴에 대한 기본설정은 함초롬바탕, 10포인트, 검정, 줄간격 160%, 양쪽정렬로 합니다.
　• 색상은 조건의 색을 적용하고 색의 구분이 안 될 경우에는 RGB 값을 적용하십시오.
　　(빨강 255,0,0 / 파랑 0,0,255 / 노랑 255,255,0).
　• 각 문항에 주어진 《조건》에 따라 작성하고 언급하지 않은 조건은 《출력형태》와 같이 작성합니다.
　• 용지여백은 왼쪽·오른쪽 11mm, 위쪽·아래쪽·머리말·꼬리말 10mm, 제본 0mm로 합니다.
　• 그림 삽입 문제의 경우 「내 PC\문서\ITQ\Picture」 폴더에서 지정된 파일을 선택하여 삽입하십시오.
　• 삽입한 그림은 반드시 문서에 포함하여 저장해야 합니다(미포함 시 감점 처리).
　• 각 항목은 지정된 페이지에 출력형태와 같이 정확히 작성하시기 바라며, 그렇지 않을 경우에 해당 항목은 0점 처리됩니다.
　　※ 페이지구분 : 1페이지 – 기능평가 I (문제번호 표시 : 1. 2.),
　　　　　　　　　 2페이지 – 기능평가 II (문제번호 표시 : 3. 4.),
　　　　　　　　　 3페이지 – 문서작성 능력평가
◎ **기능평가**
　• 문제와 《조건》은 입력하지 않으며 문제번호와 답(《출력형태》)만 작성합니다.
　• 4번 문제는 묶기를 했을 경우 0점 처리됩니다.
◎ **문서작성 능력평가**
　• A4 용지(210mm×297mm) 1매 크기, 세로 서식 문서로 작성합니다.
　• 표시는 문서작성에 대한 지시사항이므로 작성하지 않습니다.

1. 다음의 《조건》에 따라 스타일 기능을 적용하여 《출력형태》와 같이 작성하시오. (50점)

《조건》
    (1) 스타일 이름 – kimchi
    (2) 문단 모양 – 왼쪽 여백 : 15pt, 문단 아래 간격 : 10pt
    (3) 글자 모양 – 글꼴 : 한글(굴림)/영문(돋움), 크기 : 10pt, 장평 : 95%, 자간 : 5%

《출력형태》

While Kimchi, which used to be a daily side dish on the tables of the Korean people is rich in vitamin, which is effective in preventing bacillus proliferation, and contains anticancer compounds.

김치는 익어 가면서 항균 작용을 하게 된다. 숙성 과정 중 발생하는 젖산균은 새콤한 맛을 더해 줄 뿐만 아니라, 장속의 다른 유해균의 작용을 억제하여 이상 발효를 막아주고 병원균을 억제한다.

2. 다음의 《조건》에 따라 《출력형태》와 같이 표와 차트를 작성하시오. (100점)

《표 조건》
    (1) 표 전체(표, 캡션) – 돋움, 10pt
    (2) 정렬 – 문자 : 가운데 정렬, 숫자 : 오른쪽 정렬
    (3) 셀 배경(면색) : 노랑
    (4) 한글의 계산 기능을 이용하여 빈칸에 평균(소수점 두 자리)을 구하고, 캡션 기능 사용할 것
    (5) 선 모양은 《출력형태》와 동일하게 처리할 것

《출력형태》

미국 절인 배추 국가별 수입동향(단위 : 백만 달러, %)

구분	중국	페루	멕시코	캐나다	평균
2018년	621	658	127	169	
2019년	288	520	148	152	
2020년	577	497	181	168	
점유율(2020년)	24.3	21	7.7	7.1	

《차트 조건》
    (1) 차트 데이터는 표 내용에서 국가별 2018년, 2019년, 2020년의 값만 이용할 것
    (2) 종류 – <묶은 세로 막대형>으로 작업할 것
    (3) 제목 – 궁서, 진하게, 12pt, 속성 – 채우기(밝은 색 : 하양), 테두리, 그림자(바깥쪽 : 대각선 오른쪽 아래)
    (4) 제목 이외의 전체 글꼴 – 궁서, 보통, 10pt
    (5) 축제목과 범례는 《출력형태》와 동일하게 처리할 것

《출력형태》

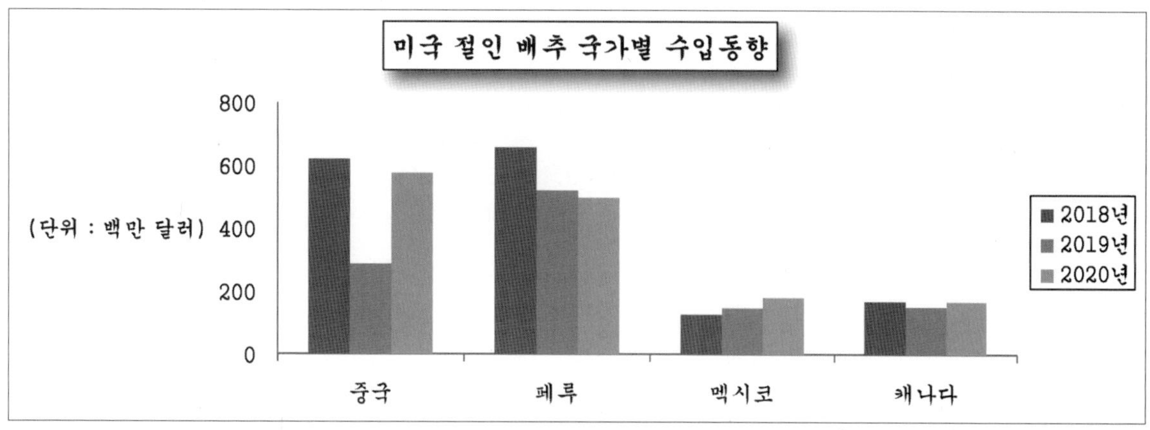

3. 다음 (1), (2)의 수식을 수식 편집기로 각각 입력하시오. (40점)

《출력형태》

$$(1)\ \frac{1}{2}mf^2 = \frac{1}{2}\frac{(m+M)^2}{b}V^2 \qquad (2)\ \sum_{k=1}^{n}k^3 = \frac{n(n+1)}{2} = \sum_{k=1}^{n}k$$

4. 다음의 《조건》에 따라 《출력형태》와 같이 문서를 작성하시오. (110점)

《조건》　　(1) 그리기 도구를 이용하여 작성하고, 모든 도형(글맵시, 지정된 그림 포함)을 《출력형태》와 같이
　　　　　　　작성하시오.
　　　　　　(2) 도형의 면색은 지시사항이 없으면 색 없음을 제외하고 서로 다르게 임의로 지정하시오.

《출력형태》

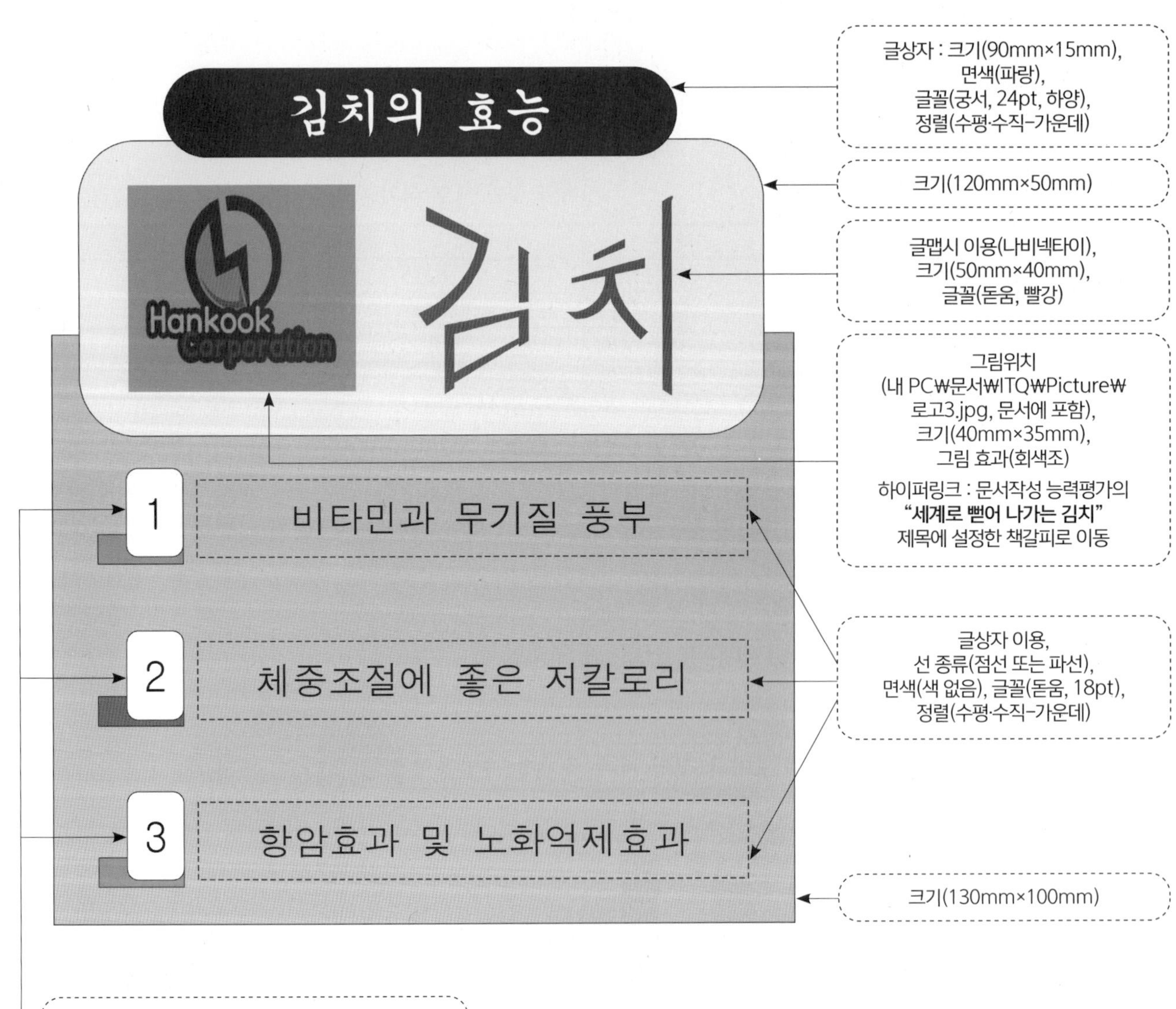

글꼴 : 돋움, 18pt, 진하게, 가운데 정렬
책갈피 이름 : 김치
덧말 넣기

머리말 기능
굴림, 10pt, 오른쪽 정렬 → 한국의 김치

한국의 전통 식품
세계로 뻗어 나가는 김치

문단 첫 글자 장식 기능
글꼴 : 궁서, 면색 : 노랑

각주

그림위치(내 PC￦문서￦ITQ￦Picture￦그림4.jpg, 문서에 포함)
자르기 기능 이용, 크기(40mm×35mm), 바깥 여백 왼쪽 : 2mm

　　배추, 무, 오이 등의 채소를 소금에 절이고 고추, 파, 생강 등 여러 가지 양념을 버무려 담근 염장 발효① 식품인 김치는 다방면의 연구를 통해 암을 예방(豫防)하고 살이 빠지며 대장 건강과 피부에도 좋다는 효능이 과학적으로 입증되었다. 미국의 한 건강 관련 잡지는 올리브기름, 콩, 요구르트와 함께 김치를 세계에서 가장 건강한 식품으로 선정한 바 있다.

　　김치는 오랜 역사를 자랑하는 만큼 각 지역의 기후와 재배작물에 따라 다양한 특징을 보이고 있다. 오늘날과 같이 교통이 발달(發達)하지 않은 과거에는 해당 지역에서 쉽게 구할 수 있는 재료를 이용해 김치를 담갔다. 또한 각 지역의 기후적 특색에 따라 김치 담그는 방법도 차이를 보이게 되었다. 서울을 비롯한 경기 지역은 짜지도 않고 싱겁지도 않은 중간 맛의 온갖 김치가 다 모여 있다. 경상도는 마늘과 고춧가루를 특히 많이 사용하여 맵고 자극적인 것이 특징이다. 멸치젓섞박지, 부추젓김치, 고추김치, 우엉김치, 부추김치 등이 경상도의 별미김치이다. 전라도 김치는 맵고 짭짤하며 진한 맛과 감칠맛이 나는 것이 특징이다. 씁쓸한 맛의 고들빼기김치와 해남의 갓김치, 나주의 동치미 등이 유명하다.

※ 김치의 원료와 계절별 종류

글꼴 : 굴림, 18pt, 하양
음영색 : 파랑

　A. 김치의 원료
　　1. 주원료 : 배추, 무, 오이, 미나리, 가지, 부추, 고들빼기 등
　　2. 부원료 : 채소류, 과실류, 곡류, 젓갈 등
　B. 김치의 계절별 종류
　　1. 봄과 여름 : 미나리김치, 얼갈이김치, 열무김치, 오이김치 등
　　2. 가을과 겨울 : 총각김치, 가지김치, 굴깍두기, 백김치, 동치미 등

문단 번호 기능 사용
1수준 : 20pt, 오른쪽정렬,
2수준 : 30pt, 오른쪽정렬
줄 간격 : 180%

표 전체 글꼴 : 돋움, 10pt, 가운데 정렬
셀 배경(그러데이션) : 유형(가운데에서),
시작색(하양), 끝색(노랑)

※ *2020 김치로 배우는 체험 및 교육*

글꼴 : 굴림, 18pt, 기울임, 강조점

구분	프로그램	내용	운영기준
체험	김치요리교실	김치를 직접 만들고 만든 김치를 가져가는 체험	10명 이상 단체
	김치과학교실	김치만들기와 초등 교과과정의 과학실험, 미각교육 접목	
	주말 김치 체험	체험과 식사를 함께 즐길 수 있는 김치한끼 체험	2팀 이상
교육	김치소믈리에	김치 고수들의 비법을 전수 받는 심화 과정	매주 수(16주)
	김치 최고 전문가	김치 역사, 문화, 과학, 제조기술을 갖춘 전문가 양성	매주 목(12주)

글꼴 : 돋움, 24pt, 진하게
장평 95%, 오른쪽 정렬 → 세계김치연구소

각주 구분선 : 5cm

① 미생물이 유기 화합물을 분해하여 알코올류, 유기산류 등을 생성하는 작용

쪽 번호 매기기
2로 시작 → 나

정보기술자격(ITQ) 실전모의고사

과 목	코 드	문제유형	시험시간	수험번호	성 명
아래한글	1111	A	60분		

수험자 유의사항

◎ 수험자는 문제지를 받는 즉시 문제지와 **수험표상의 시험과목(프로그램)이 동일한지 반드시 확인**하여야 합니다.

◎ 파일명은 본인의 "수험번호–성명"으로 입력하여 답안폴더(내 PC₩문서₩ITQ)에 하나의 파일로 저장해야 하며, 답안 파일을 전송하지 않아 미제출로 처리될 경우 실격 처리합니다(예:12345678-홍길동.hwpx).

◎ 답안 작성을 마치면 파일을 저장하고, '답안 전송' 버튼을 선택하여 감독위원 PC로 답안을 전송하십시오. 수험생 정보와 저장한 파일명이 다를 경우 전송되지 않으므로 주의하시기 바랍니다.

◎ 답안 작성 중에도 **주기적으로 저장하고, '답안 전송'**하여야 문제 발생을 줄일 수 있습니다. 작업한 내용을 저장하지 않고 전송할 경우 이전에 저장된 내용이 전송되오니 이점 유의하시기 바랍니다.

◎ 답안문서는 지정된 경로 외의 다른 보조기억장치에 저장하는 경우, 지정된 시험 시간 외에 작성된 파일을 활용할 경우, 기타 통신수단(이메일, 메신저, 네트워크 등)을 이용하여 타인에게 전달 또는 외부 반출하는 경우는 부정 처리합니다.

◎ 시험 중 부주의 또는 고의로 시스템을 파손한 경우는 수험자가 변상해야 하며, <수험자 유의사항>에 기재된 방법대로 이행하지 않아 생기는 불이익은 수험생 당사자의 책임임을 알려 드립니다.

◎ 문제의 조건은 한컴오피스 2022/2020 버전으로 설정되어 있으니 유의하시기 바랍니다.

◎ 시험을 완료한 수험자는 답안파일이 전송되었는지 확인한 후 감독위원의 지시에 따라 문제지를 제출하고 퇴실합니다.

답안 작성요령

◎ **온라인 답안 작성 절차**

  수험자 등록 ⇒ 시험 시작 ⇒ 답안파일 저장 ⇒ 답안 전송 ⇒ 시험 종료

◎ **공통 부문**

- 글꼴에 대한 기본설정은 함초롬바탕, 10포인트, 검정, 줄간격 160%, 양쪽정렬로 합니다.
- 색상은 조건의 색을 적용하고 색의 구분이 안 될 경우에는 RGB 값을 적용하십시오.
  (빨강 255,0,0 / 파랑 0,0,255 / 노랑 255,255,0).
- 각 문항에 주어진 《조건》에 따라 작성하고 언급하지 않은 조건은 《출력형태》와 같이 작성합니다.
- 용지여백은 왼쪽 ·오른쪽 11mm, 위쪽·아래쪽·머리말·꼬리말 10mm, 제본 0mm로 합니다.
- 그림 삽입 문제의 경우 「내 PC₩문서₩ITQ₩Picture」 폴더에서 지정된 파일을 선택하여 삽입하십시오.
- 삽입한 그림은 반드시 문서에 포함하여 저장해야 합니다(미포함 시 감점 처리).
- 각 항목은 지정된 페이지에 출력형태와 같이 정확히 작성하시기 바라며, 그렇지 않을 경우에 해당 항목은 0점 처리됩니다.
  ※ 페이지구분 : 1페이지 – 기능평가 I (문제번호 표시 : 1. 2.),
  　　　　　　　 2페이지 – 기능평가 II (문제번호 표시 : 3. 4.),
  　　　　　　　 3페이지 – 문서작성 능력평가

◎ **기능평가**

- 문제와 《조건》은 입력하지 않으며 문제번호와 답(《출력형태》)만 작성합니다.
- 4번 문제는 묶기를 했을 경우 0점 처리됩니다.

◎ **문서작성 능력평가**

- A4 용지(210mm×297mm) 1매 크기, 세로 서식 문서로 작성합니다.
- ┈┈┈┈ 표시는 문서작성에 대한 지시사항이므로 작성하지 않습니다.

1. 다음의 《조건》에 따라 스타일 기능을 적용하여 《출력형태》와 같이 작성하시오. (50점)

《조건》　　(1) 스타일 이름 – insurance
　　　　　　(2) 문단 모양 – 왼쪽 여백 : 15pt, 문단 아래 간격 : 10pt
　　　　　　(3) 글자 모양 – 글꼴 : 한글(굴림)/영문(돋움), 크기 : 10pt, 장평 : 95%, 자간 : 5%

《출력형태》

Advanced countries currently provide long-term care service in more various forms prior to our practice because they have experienced the aging phenomenon much earlier.

노인장기요양보험제도는 고령이나 노인성 질병 등의 사유로 일상생활을 혼자서 수행하기 어려운 노인 등에게 신체활동 또는 가사활동 지원 등의 장기요양급여를 제공하는 사회보험제도이다 .

2. 다음의 《조건》에 따라 《출력형태》와 같이 표와 차트를 작성하시오. (100점)

《표 조건》　　(1) 표 전체(표, 캡션) – 궁서, 10pt
　　　　　　　(2) 정렬 – 문자 : 가운데 정렬, 숫자 : 오른쪽 정렬
　　　　　　　(3) 셀 배경(면색) : 노랑
　　　　　　　(4) 한글의 계산 기능을 이용하여 빈칸에 평균(소수점 두 자리)을 구하고, 캡션 기능 사용할 것
　　　　　　　(5) 선 모양은 《출력형태》와 동일하게 처리할 것

《출력형태》　　　　　　　　　　　　　　　　　　　　　　연도별 예상 인구지표(단위 : %)

연도	2015년	2020년	2030년	2040년	평균
0~14세	13.8	12.6	11.5	10.8	
15~64세	73.4	71.7	64.0	56.4	
65세 이상	12.8	15.6	24.5	32.8	
인구성장률	0.53	0.31	0.07	−0.32	

《차트 조건》　　(1) 차트 데이터는 표 내용에서 연도별 0~14세, 15~64세, 65세 이상의 값만 이용할 것
　　　　　　　　(2) 종류 – <묶은 세로 막대형>으로 작업할 것
　　　　　　　　(3) 제목 – 굴림, 진하게, 12pt, 속성 – 채우기(밝은 색 : 하양), 테두리, 그림자(바깥쪽 : 대각선 오른쪽 아래)
　　　　　　　　(4) 제목 이외의 전체 글꼴 – 굴림, 보통, 10pt
　　　　　　　　(5) 축제목과 범례는 《출력형태》와 동일하게 처리할 것

《출력형태》

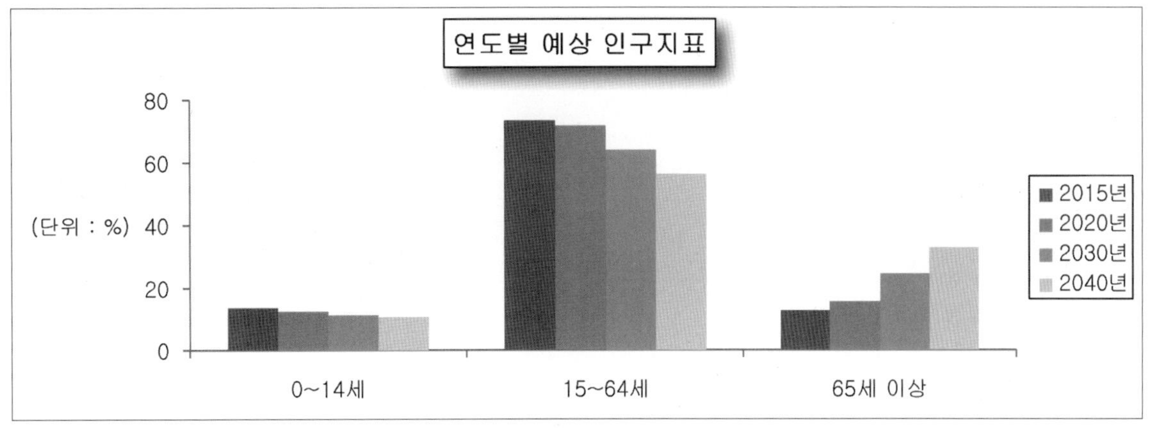

3. 다음 (1), (2)의 수식을 수식 편집기로 각각 입력하시오. (40점)

《출력형태》

(1) $\dfrac{1}{\lambda} = 1.097 \times 10^5 \left(\dfrac{1}{2^2} - \dfrac{1}{n^2} \right)$

(2) $\displaystyle\int_a^b A(x-a)(x-b)dx = -\dfrac{A}{6}(b-a)^3$

4. 다음의 《조건》에 따라 《출력형태》와 같이 문서를 작성하시오. (110점)

《조건》　(1) 그리기 도구를 이용하여 작성하고, 모든 도형(글맵시, 지정된 그림 포함)을 《출력형태》와 같이 작성하시오.

(2) 도형의 면색은 지시사항이 없으면 색 없음을 제외하고 서로 다르게 임의로 지정하시오.

《출력형태》

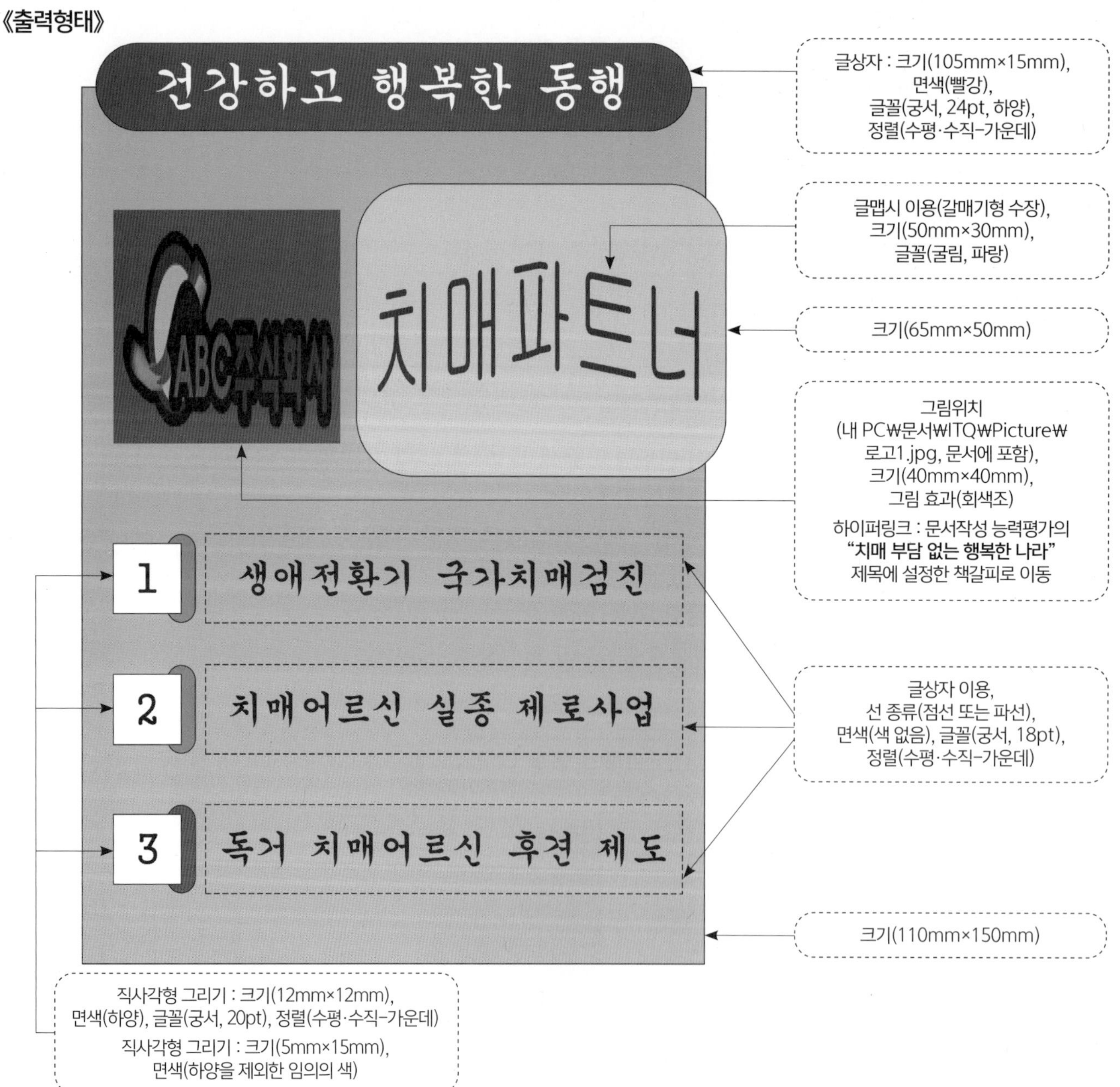

글상자 : 크기(105mm×15mm), 면색(빨강), 글꼴(궁서, 24pt, 하양), 정렬(수평·수직-가운데)

글맵시 이용(갈매기형 수장), 크기(50mm×30mm), 글꼴(굴림, 파랑)

크기(65mm×50mm)

그림위치 (내 PC₩문서₩ITQ₩Picture₩ 로고1.jpg, 문서에 포함), 크기(40mm×40mm), 그림 효과(회색조)

하이퍼링크 : 문서작성 능력평가의 **"치매 부담 없는 행복한 나라"** 제목에 설정한 책갈피로 이동

글상자 이용, 선 종류(점선 또는 파선), 면색(색 없음), 글꼴(궁서, 18pt), 정렬(수평·수직-가운데)

크기(110mm×150mm)

직사각형 그리기 : 크기(12mm×12mm), 면색(하양), 글꼴(궁서, 20pt), 정렬(수평·수직-가운데)
직사각형 그리기 : 크기(5mm×15mm), 면색(하양을 제외한 임의의 색)

글꼴 : 돋움, 18pt, 진하게, 가운데 정렬
책갈피 이름 : 나눔
덧말 넣기

머리말 기능
굴림, 10pt, 오른쪽 정렬 → 치매 국가책임제

고령사회
치매 부담 없는 행복한 나라

문단 첫 글자 장식 기능
글꼴 : 궁서, 면색 : 노랑

각주

그림위치(내 PC₩문서₩ITQ₩Picture₩그림4.jpg, 문서에 포함)
자르기 기능 이용, 크기(40mm×35mm), 바깥 여백 왼쪽 : 2mm

현대 국가는 모두 복지국가(A)를 표방하고 있으나 그 내용이나 정도에 차이가 있다. 대부분의 국가에서는 경제발전과 보건의료의 발달로 인한 평균 수명의 연장, 자녀에 대한 가치관의 변화, 보육 및 교육문제 등으로 출산율이 급격히 저하되어 인구구조의 급속한 고령화 문제에 직면하고 있으며, 이러한 사회변화에 따른 새로운 복지수요를 충족하기 위한 것이 장기요양보장제도이다. 노화(老化) 등에 따라 거동이 불편한 사람에 대하여 신체활동이나 일상가사활동을 지속적으로 지원해주는 문제가 사회적으로 굉장히 필요한 지원이 되었다고 할 수 있는 것이다.

　유엔은 고령인구(高齡人口) 비율이 7%를 넘으면 고령화 사회, 14%를 넘으면 고령사회, 20% 이상이면 초고령사회로 분류한다. 고령화 속도가 가장 빠른 것으로 알려진 일본도 1994년부터 고령사회로 들어서는데 24년이 걸렸다. 한국은 2000년 고령화 사회에 진입한지 17년 만인 2017년에 고령사회로 들어섰다. 2019년 한국의 고령인구는 769만 3721명으로 전체 인구의 14.8%를 차지한다. 고령사회로 인한 치매 환자의 증가가 예상되기에 치매가 있어도 불편하지 않은 대한민국을 만들기 위한 우리 모두의 지혜가 필요할 때이다.

♥ 대한민국 치매 현주소

글꼴 : 궁서, 18pt, 하양
음영색 : 빨강

　가. 인구 고령화와 치매인구 증가

　　① 65세 이상 인구는 2050년 38.1%로 증가 예상

　　② 2030년에는 전체 노인의 10%가 치매인구로 예상

　나. 치매가족의 고통 심화

　　① 치매환자 감당으로 인한 가족 갈등 심화

　　② 치료 및 간병으로 인한 가계 부담 심화

문단 번호 기능 사용
1수준 : 20pt, 오른쪽정렬,
2수준 : 30pt, 오른쪽정렬
줄 간격 : 180%

표 전체 글꼴 : 돋움, 10pt, 가운데 정렬
셀 배경(그러데이션) : 유형(가운데에서),
시작색(하양), 끝색(노랑)

♥ *치매 국가책임제로 달라지는 내용*

글꼴 : 궁서, 18pt, 기울임, 강조점

분야	국가책임제 이전	국가책임제 이후
정보제공	치매 대처 방법 잘 모름	1:1 맞춤형상담, 서비스 연계 및 관리
서비스	경증치매 요양 서비스 받지 못함	경증치매도 장기요양 서비스 혜택 가능
시설확충	치매전문시설 부족, 공격적 환자 거부	입소시설 대폭 확충으로 어르신 돌봄 가능
의료지원	치매 전문 의료기관 부재	중증환자 치매안심요양병원 이용가능
기타	가족들의 피로감 호소	방문요양, 가족휴가제

글꼴 : 굴림, 24pt, 진하게
장평 90%, 오른쪽 정렬 → 보건복지부중앙치매센터

각주 구분선 : 5cm

(A) 국민의 인간다운 생활을 위해 국가가 적극적으로 복지 혜택을 부여하는 국가

쪽 번호 매기기
6으로 시작 → vi

정보기술자격(ITQ) 실전모의고사

과 목	코 드	문제유형	시험시간	수험번호	성 명
아래한글	1111	A	60분		

수험자 유의사항

◎ 수험자는 문제지를 받는 즉시 문제지와 **수험표상의 시험과목(프로그램)이 동일한지 반드시 확인**하여야 합니다.
◎ 파일명은 본인의 "수험번호-성명"으로 입력하여 답안폴더(내 PC₩문서₩ITQ)에 하나의 파일로 저장해야 하며, 답안 파일을 전송하지 않아 미제출로 처리될 경우 실격 처리합니다(예:12345678-홍길동.hwpx).
◎ 답안 작성을 마치면 파일을 저장하고, '답안 전송' 버튼을 선택하여 감독위원 PC로 답안을 전송하십시오. 수험생 정보와 저장한 파일명이 다를 경우 전송되지 않으므로 주의하시기 바랍니다.
◎ 답안 작성 중에도 **주기적으로 저장하고, '답안 전송'**하여야 문제 발생을 줄일 수 있습니다. 작업한 내용을 저장하지 않고 전송할 경우 이전에 저장된 내용이 전송되오니 이점 유의하시기 바랍니다.
◎ 답안문서는 지정된 경로 외의 다른 보조기억장치에 저장하는 경우, 지정된 시험 시간 외에 작성된 파일을 활용할 경우, 기타 통신수단(이메일, 메신저, 네트워크 등)을 이용하여 타인에게 전달 또는 외부 반출하는 경우는 부정 처리합니다.
◎ 시험 중 부주의 또는 고의로 시스템을 파손한 경우는 수험자가 변상해야 하며, <수험자 유의사항>에 기재된 방법대로 이행하지 않아 생기는 불이익은 수험생 당사자의 책임임을 알려 드립니다.
◎ 문제의 조건은 한컴오피스 2022/2020 버전으로 설정되어 있으니 유의하시기 바랍니다.
◎ 시험을 완료한 수험자는 답안파일이 전송되었는지 확인한 후 감독위원의 지시에 따라 문제지를 제출하고 퇴실합니다.

답안 작성요령

◎ 온라인 답안 작성 절차
　수험자 등록 ⇒ 시험 시작 ⇒ 답안파일 저장 ⇒ 답안 전송 ⇒ 시험 종료
◎ 공통 부문
- 글꼴에 대한 기본설정은 함초롬바탕, 10포인트, 검정, 줄간격 160%, 양쪽정렬로 합니다.
- 색상은 조건의 색을 적용하고 색의 구분이 안 될 경우에는 RGB 값을 적용하십시오.
  (빨강 255,0,0 / 파랑 0,0,255 / 노랑 255,255,0).
- 각 문항에 주어진 《조건》에 따라 작성하고 언급하지 않은 조건은 《출력형태》와 같이 작성합니다.
- 용지여백은 왼쪽·오른쪽 11mm, 위쪽·아래쪽·머리말·꼬리말 10mm, 제본 0mm로 합니다.
- 그림 삽입 문제의 경우 「내 PC₩문서₩ITQ₩Picture」 폴더에서 지정된 파일을 선택하여 삽입하십시오.
- 삽입한 그림은 반드시 문서에 포함하여 저장해야 합니다(미포함 시 감점 처리).
- 각 항목은 지정된 페이지에 출력형태와 같이 정확히 작성하시기 바라며, 그렇지 않을 경우에 해당 항목은 0점 처리됩니다.
  ※ 페이지구분 : 1페이지 – 기능평가 I (문제번호 표시 : 1. 2.),
  　　　　　　　 2페이지 – 기능평가 II (문제번호 표시 : 3. 4.),
  　　　　　　　 3페이지 – 문서작성 능력평가
◎ 기능평가
- 문제와 《조건》은 입력하지 않으며 문제번호와 답(《출력형태》)만 작성합니다.
- 4번 문제는 묶기를 했을 경우 0점 처리됩니다.
◎ 문서작성 능력평가
- A4 용지(210mm×297mm) 1매 크기, 세로 서식 문서로 작성합니다.
- 　　　　 표시는 문서작성에 대한 지시사항이므로 작성하지 않습니다.

kpc SMART KPC
한국생산성본부

1. 다음의 《조건》에 따라 스타일 기능을 적용하여 《출력형태》와 같이 작성하시오. (50점)

《조건》
(1) 스타일 이름 – ransomware
(2) 문단 모양 – 왼쪽 여백 : 15pt, 문단 아래 간격 : 10pt
(3) 글자 모양 – 글꼴 : 한글(궁서)/영문(굴림), 크기 : 10pt, 장평 : 95%, 자간 : 5%

《출력형태》

Ransomware is malicious program that locks the system or encrypts data in combination with ransom and software, and requires money to be paid hostage.

랜섬웨어는 몸값과 소프트웨어의 합성어로 시스템을 잠그거나 데이터를 암호화해 사용할 수 없도록 하고 이를 인질로 금전을 요구하는 악성 프로그램을 말한다.

2. 다음의 《조건》에 따라 《출력형태》와 같이 표와 차트를 작성하시오. (100점)

《표 조건》
(1) 표 전체(표, 캡션) – 굴림, 10pt
(2) 정렬 – 문자 : 가운데 정렬, 숫자 : 오른쪽 정렬
(3) 셀 배경(면색) : 노랑
(4) 한글의 계산 기능을 이용하여 빈칸에 평균(소수점 두 자리)을 구하고, 캡션 기능 사용할 것
(5) 선 모양은《출력형태》와 동일하게 처리할 것

《출력형태》

분기별 악성코드 통계 현황(단위 : 건)

종류	1분기	2분기	3분기	4분기	평균
랜섬웨어	275	255	347	463	
정보탈취	80	130	44	82	
원격제어	224	38	18	25	
기타	42	13	54	73	

《차트 조건》
(1) 차트 데이터는 표 내용에서 분기별 랜섬웨어, 정보탈취, 원격제어의 값만 이용할 것
(2) 종류 – <묶은 세로 막대형>으로 작업할 것
(3) 제목 – 궁서, 진하게, 12pt, 속성 – 채우기(밝은 색 : 하양), 테두리, 그림자(바깥쪽 : 대각선 오른쪽 아래)
(4) 제목 이외의 전체 글꼴 – 궁서, 보통, 10pt
(5) 축제목과 범례는《출력형태》와 동일하게 처리할 것

《출력형태》

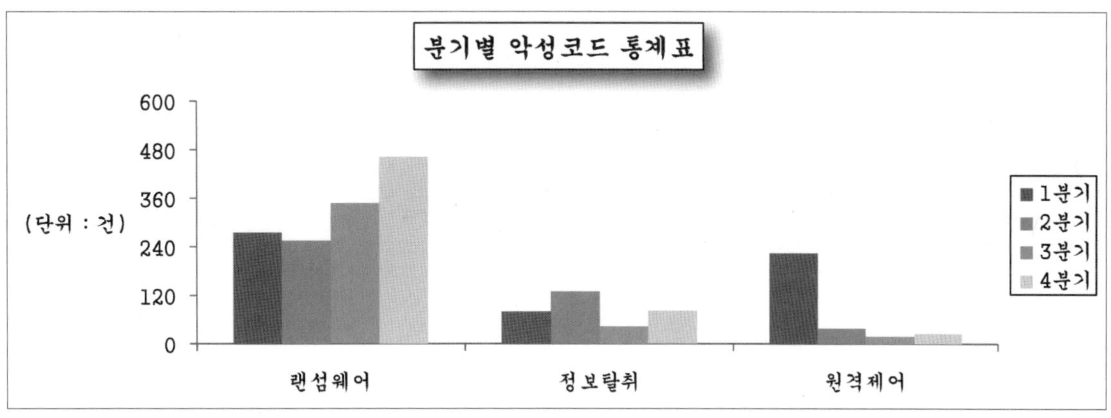

3. 다음 (1), (2)의 수식을 수식 편집기로 각각 입력하시오. (40점)

《출력형태》

$$(1)\ \int_{0}^{3} \frac{\sqrt{6t^2 - 18t + 12}}{5}\,dt = 11 \qquad\qquad (2)\ \frac{b}{\sqrt{a^2 + b^2}} = \frac{2\tan\theta}{1 + \tan^2\theta}$$

4. 다음의 《조건》에 따라 《출력형태》와 같이 문서를 작성하시오. (110점)

《조건》　　(1) 그리기 도구를 이용하여 작성하고, 모든 도형(글맵시, 지정된 그림 포함)을 《출력형태》와 같이
　　　　　　　작성하시오.
　　　　　(2) 도형의 면색은 지시사항이 없으면 색 없음을 제외하고 서로 다르게 임의로 지정하시오.

《출력형태》

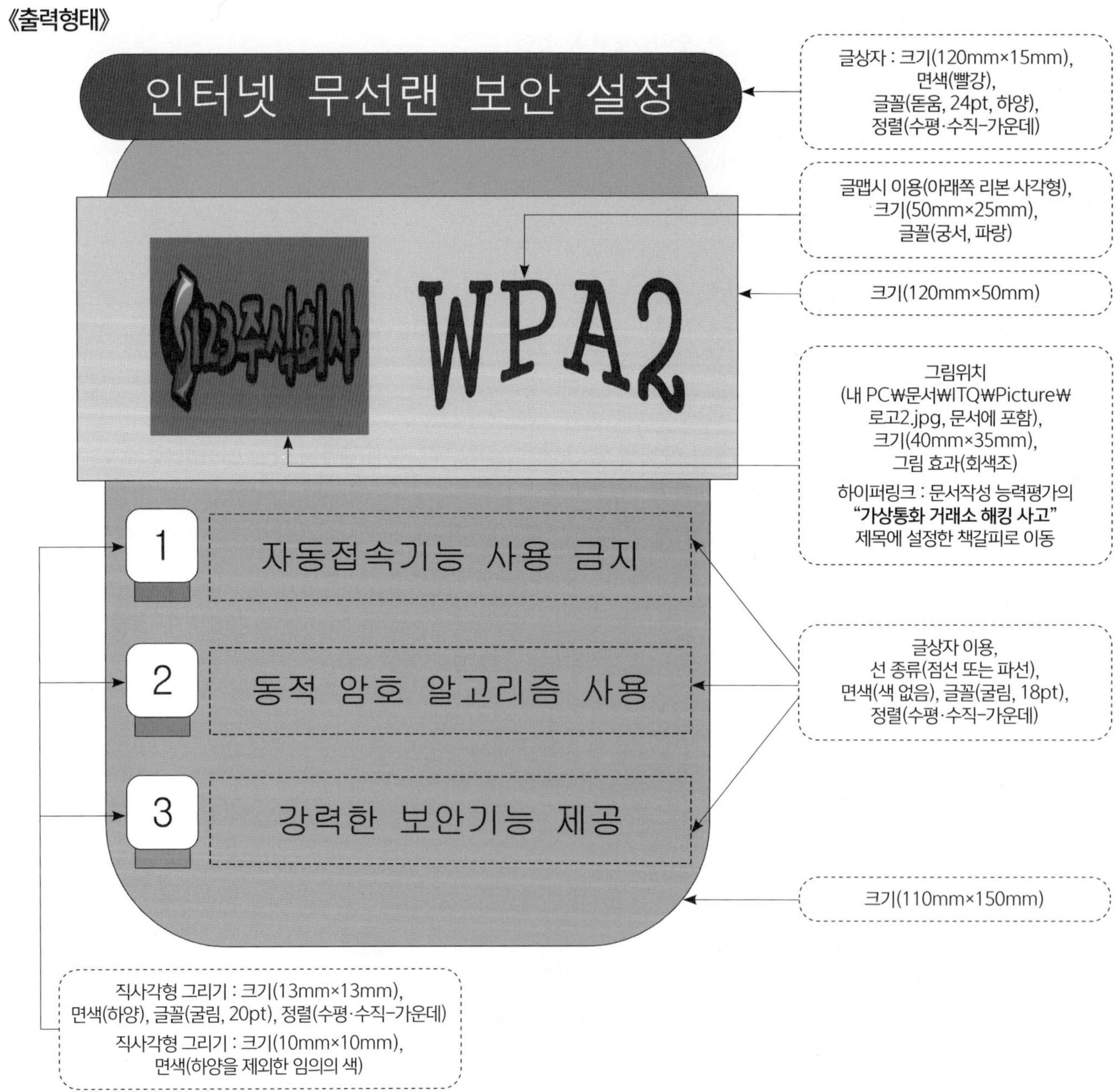

글꼴 : 궁서, 18pt, 진하게, 가운데 정렬
책갈피 이름 : 보안
덧말 넣기

머리말 기능
굴림, 10pt, 오른쪽 정렬 → 인터넷 보호나라

사이버위협
가상통화 거래소 해킹 사고

문단 첫 글자 장식 기능
글꼴 : 돋움, 면색 : 노랑

그림위치(내 PC\문서\ITQ\Picture\그림4.jpg, 문서에 포함)
자르기 기능 이용, 크기(40mm×35mm), 바깥 여백 왼쪽 : 2mm

지난해 가상통화 관련 문제가 최고의 이슈가 되었다. 국내(國內) 가상통화거래소 해킹으로 인한 파산, 정보유출 등 각종 사고가 지속적으로 발생하였고, 각 언론보도를 통해 끊임없이 언급되었다. 또한 자율주행차 등 사물인터넷 관련 사이버 이슈들도 지속적으로 언론에 보도되었으며, 해외에서는 에퀴팩스 개인정보 유출 사고 관련 이슈 등이 보도되었다. 가상통화는 그 자체의 이슈뿐만 아니라 랜섬웨어, 채굴형 악성코드 등과 결합하여 지능화되고 있는 사이버 범죄 세계의 새로운 수익 모델이 되고 있다. 이에 따라 국회 공청회 등에서 법 제정을 위한 논의가 본격적으로 시작되었다.

정보 수집량이 증가하면서 사이버 위협이 확산되고 이를 효과적으로 처리하기 위해선 인공지능기술이 절대적(絕對的)으로 필요한 상황이다. 일반적으로 인공지능기술을 위해서는 데이터모델, 프로세싱 파워, 빅데이터 등 3가지 요소가 필요하다. 이 중에서도 빅데이터, 즉 관련 데이터가 대량으로 필요한데 하나의 기관 데이터 뿐 아니라 타 기관들의 데이터도 필요하게 된다. 따라서 인공지능ⓐ의 정확도를 높이기 위해서는 데이터 공유가 꼭 필요하고 이를 어떻게 해결하느냐가 관건이다.

각주

♣ 랜섬웨어 감염경로 및 대책

글꼴 : 굴림, 18pt, 하양
음영색 : 빨강

I) 신뢰할 수 없는 사이트
  (i) 단순한 홈페이지 방문만으로도 감염
  (ii) 주로 드라이브 바이 다운로드 기법을 통해 유포
II) 스팸메일 및 스피어피싱
  (i) 출처가 불분명한 e-mail을 통한 파일, 주소 링크
  (ii) 첨부파일 실행 또는 주소 링크 클릭에 주의가 필요

문단 번호 기능 사용
  1수준 : 20pt, 오른쪽정렬,
  2수준 : 30pt, 오른쪽정렬
줄 간격 : 180%

표 전체 글꼴 : 돋움, 10pt, 가운데 정렬
셀 배경(그러데이션) : 유형(가로),
  시작색(하양), 끝색(노랑)

♣ 정보보호지원센터 구축현황

글꼴 : 굴림, 18pt, 기울임, 강조점

센터명	구축시기	위치	관할지역
대구센터	2014년 12월	대구광역시 북구 연암로	대구, 경북
호남센터		광주광역시 서구 양동	광주, 전남, 전북, 제주
중부센터	2015년 08월	청주시 청원구 오창읍	충북, 충남, 대전, 강원
동남센터		부산광역시 해운대구 센터중앙로	부산, 경남
경기센터	2016년 10월	성남시 수정구 대왕판교로	경기

글꼴 : 돋움, 24pt, 진하게
장평 110%, 오른쪽 정렬 → # 한국인터넷진흥원

각주 구분선 : 5cm

ⓐ 인간의 학습, 추론, 지각 및 자연언어의 이해능력 등을 컴퓨터 프로그램으로 실현한 기술

쪽 번호 매기기
5로 시작 → ⑤

정보기술자격(ITQ) 실전모의고사

과 목	코 드	문제유형	시험시간	수험번호	성 명
아래한글	1111	A	60분		

수험자 유의사항

◎ 수험자는 문제지를 받는 즉시 문제지와 **수험표상의 시험과목(프로그램)이 동일한지 반드시 확인**하여야 합니다.

◎ 파일명은 본인의 "수험번호-성명"으로 입력하여 답안폴더(내 PC\문서\ITQ)에 하나의 파일로 저장해야 하며, 답안 파일을 전송하지 않아 미제출로 처리될 경우 실격 처리합니다(예:12345678-홍길동.hwpx).

◎ 답안 작성을 마치면 파일을 저장하고, '답안 전송' 버튼을 선택하여 감독위원 PC로 답안을 전송하십시오. 수험생 정보와 저장한 파일명이 다를 경우 전송되지 않으므로 주의하시기 바랍니다.

◎ 답안 작성 중에도 **주기적으로 저장하고, '답안 전송'**하여야 문제 발생을 줄일 수 있습니다. 작업한 내용을 저장하지 않고 전송할 경우 이전에 저장된 내용이 전송되오니 이점 유의하시기 바랍니다.

◎ 답안문서는 지정된 경로 외의 다른 보조기억장치에 저장하는 경우, 지정된 시험 시간 외에 작성된 파일을 활용할 경우, 기타 통신수단(이메일, 메신저, 네트워크 등)을 이용하여 타인에게 전달 또는 외부 반출하는 경우는 부정 처리합니다.

◎ 시험 중 부주의 또는 고의로 시스템을 파손한 경우는 수험자가 변상해야 하며, <수험자 유의사항>에 기재된 방법대로 이행하지 않아 생기는 불이익은 수험생 당사자의 책임임을 알려 드립니다.

◎ 문제의 조건은 한컴오피스 2022/2020 버전으로 설정되어 있으니 유의하시기 바랍니다.

◎ 시험을 완료한 수험자는 답안파일이 전송되었는지 확인한 후 감독위원의 지시에 따라 문제지를 제출하고 퇴실합니다.

답안 작성요령

◎ **온라인 답안 작성 절차**
  수험자 등록 ⇒ 시험 시작 ⇒ 답안파일 저장 ⇒ 답안 전송 ⇒ 시험 종료

◎ **공통 부문**
  · 글꼴에 대한 기본설정은 함초롬바탕, 10포인트, 검정, 줄간격 160%, 양쪽정렬로 합니다.
  · 색상은 조건의 색을 적용하고 색의 구분이 안 될 경우에는 RGB 값을 적용하십시오.
    (빨강 255,0,0 / 파랑 0,0,255 / 노랑 255,255,0).
  · 각 문항에 주어진 《조건》에 따라 작성하고 언급하지 않은 조건은 《출력형태》와 같이 작성합니다.
  · 용지여백은 왼쪽 ·오른쪽 11mm, 위쪽·아래쪽·머리말·꼬리말 10mm, 제본 0mm로 합니다.
  · 그림 삽입 문제의 경우 「내 PC\문서\ITQ\Picture」 폴더에서 지정된 파일을 선택하여 삽입하십시오.
  · 삽입한 그림은 반드시 문서에 포함하여 저장해야 합니다(미포함 시 감점 처리).
  · 각 항목은 지정된 페이지에 출력형태와 같이 정확히 작성하시기 바라며, 그렇지 않을 경우에 해당 항목은 0점 처리됩니다.
    ※ 페이지구분 : 1페이지 – 기능평가 I (문제번호 표시 : 1. 2.),
                  2페이지 – 기능평가 II (문제번호 표시 : 3. 4.),
                  3페이지 – 문서작성 능력평가

◎ **기능평가**
  · 문제와 《조건》은 입력하지 않으며 문제번호와 답(《출력형태》)만 작성합니다.
  · 4번 문제는 묶기를 했을 경우 0점 처리됩니다.

◎ **문서작성 능력평가**
  · A4 용지(210mm×297mm) 1매 크기, 세로 서식 문서로 작성합니다.
  · 표시는 문서작성에 대한 지시사항이므로 작성하지 않습니다.

1. 다음의 《조건》에 따라 스타일 기능을 적용하여 《출력형태》와 같이 작성하시오. (50점)

《조건》　　(1) 스타일 이름 – bicycle

　　　　　　(2) 문단 모양 – 첫 줄 들여쓰기 : 15pt, 문단 아래 간격 : 10pt

　　　　　　(3) 글자 모양 – 글꼴 : 한글(돋움)/영문(굴림), 크기 : 10pt, 장평 : 105%, 자간 : -5%

《출력형태》

　　A bicycle, also called a cycle or bike, is a human-powered or motor-powered, pedal-driven, single-track vehicle, having two wheels attached to a frame, one behind the other.

　　두 바퀴를 연결해서 발을 박차는 단순하고 원시적인 두 바퀴 탈 것에 대한 상상은 이집트 사원의 벽화, 고대 중국 등 여러 지역에서 나타나고 있으며 맥밀란에 의해 페달식 크랭크가 발명되었다.

2. 다음의 《조건》에 따라 《출력형태》와 같이 표와 차트를 작성하시오. (100점)

《표 조건》　　(1) 표 전체(표, 캡션) – 궁서, 10pt

　　　　　　　(2) 정렬 – 문자 : 가운데 정렬, 숫자 : 오른쪽 정렬

　　　　　　　(3) 셀 배경(면색) : 노랑

　　　　　　　(4) 한글의 계산 기능을 이용하여 빈칸에 평균(소수점 두 자리)을 구하고, 캡션 기능 사용할 것

　　　　　　　(5) 선 모양은 《출력형태》와 동일하게 처리할 것

《출력형태》

연도별 자전거 통근통학 인구수(단위 : 천 명)

구분	2000년	2005년	2010년	2015년	평균
인천	1,167	1,242	1,444	1,507	
광주	648	702	825	830	
대전	666	712	832	846	
울산	488	530	609	646	

《차트 조건》　　(1) 차트 데이터는 표 내용에서 연도별 인천, 광주, 대전의 값만 이용할 것

　　　　　　　　(2) 종류 – <꺾은선형>으로 작업할 것

　　　　　　　　(3) 제목 – 굴림, 진하게, 12pt, 속성 – 채우기(밝은 색 : 하양), 테두리, 그림자(바깥쪽 : 대각선 오른쪽 아래)

　　　　　　　　(4) 제목 이외의 전체 글꼴 – 굴림, 보통, 10pt

　　　　　　　　(5) 축제목과 범례는 《출력형태》와 동일하게 처리할 것

《출력형태》

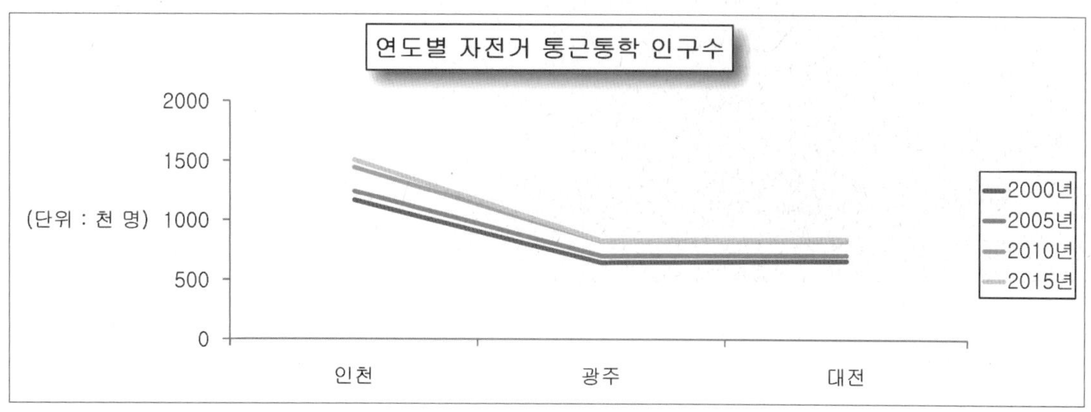

3. 다음 (1), (2)의 수식을 수식 편집기로 각각 입력하시오. (40점)

《출력형태》

(1) $\displaystyle\int_1^2 \frac{\sqrt{3t^2+15-t10-2}}{10-5}\,at = 12$

(2) $\Delta W = \dfrac{1}{2}m(f_x)^2 + \dfrac{1}{2}m(f_y)^2$

4. 다음의 《조건》에 따라 《출력형태》와 같이 문서를 작성하시오. (110점)

《조건》　　(1) 그리기 도구를 이용하여 작성하고, 모든 도형(글맵시, 지정된 그림 포함)을 《출력형태》와 같이
　　　　　　　　작성하시오.

　　　　　　(2) 도형의 면색은 지시사항이 없으면 색 없음을 제외하고 서로 다르게 임의로 지정하시오.

《출력형태》

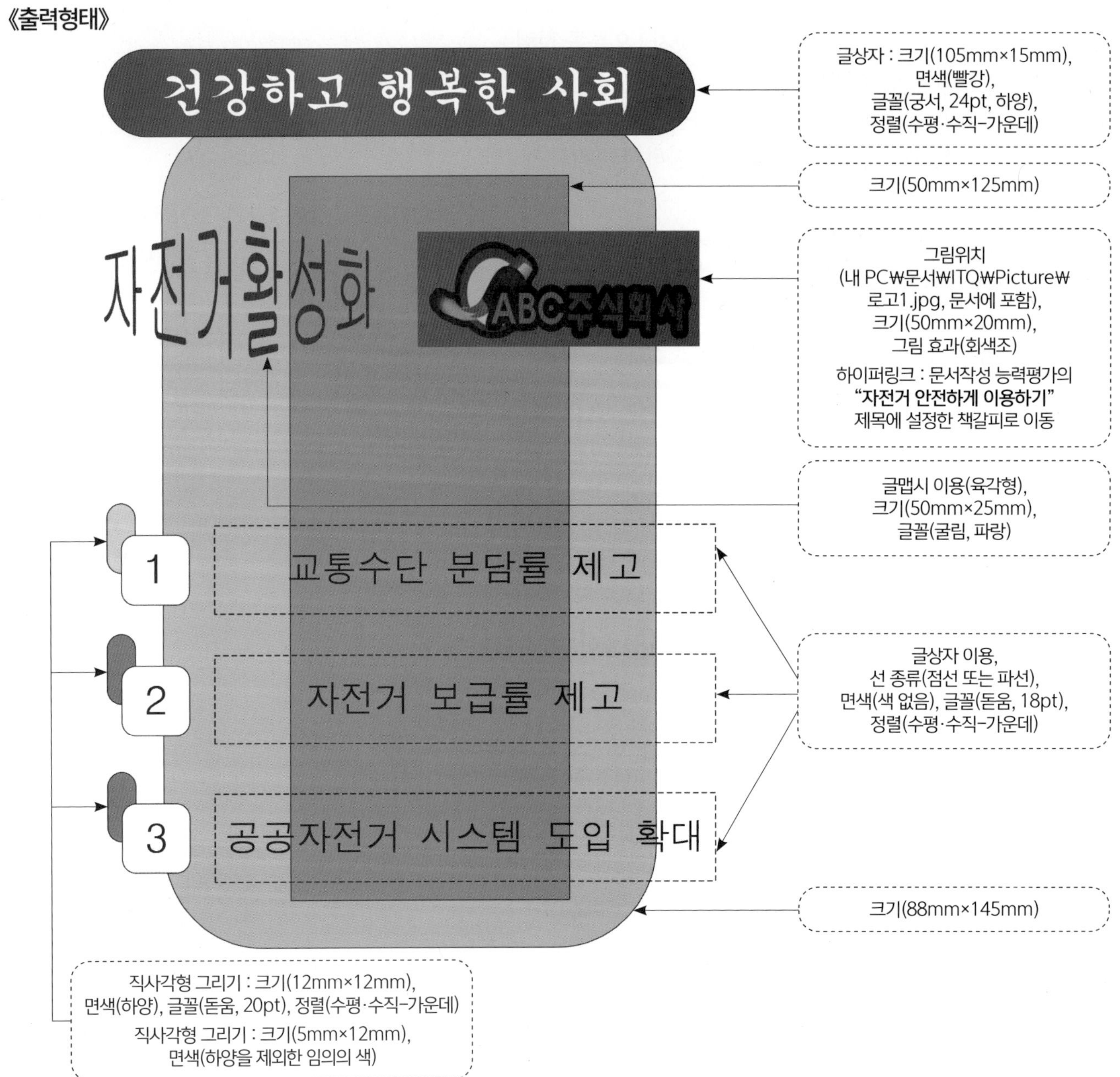

글꼴 : 굴림, 18pt, 진하게, 가운데 정렬
책갈피 이름 : 자전거교통
덧말 넣기

머리말 기능
돋움, 10pt, 오른쪽 정렬 → 자전거 교통포털

안전을 위한 자전거 교육
자전거 안전하게 이용하기

문단 첫 글자 장식 기능
글꼴 : 궁서, 면색 : 노랑

그림위치(내 PC₩문서₩ITQ₩Picture₩그림5.jpg, 문서에 포함)
자르기 기능 이용, 크기(40mm×40mm), 바깥 여백 왼쪽 : 2mm

자전거는 걸음마를 하는 유아부터 걷기조차 힘든 노인까지 이용할 수 있는 운동기구이면서 이동수단이다. 유아기에 처음 접하는 유아용 세발자전거는 단순 놀이기구 수준이지만 이때부터 안전이용에 관한 인식을 심어주는 것이 중요(重要)하다.

초등학교에 입학하면서부터 어린이들은 본격적으로 도로교통법에 적용되는 두발 자전거를 이용하게 된다. 자전거의 속도가 빨라지기 때문에 자전거를 조절하는 능력도 향상시켜야 한다. 따라서 자전거를 안전하게 이용할 수 있도록 안전한 자전거 이용방법과 기본적인 교통법규준수에 대한 교육이 반드시 필요하다. 청소년기로 접어드는 중학생에서 성인에 이르기까지 자전거는 교통수단으로 이용되며 이용 도중에 문제가 발생하는 경우에 대비하여 기초적인 정비①와 응급처치에 대한 교육을 해야 한다. 나이가 들면서 신체와 정신의 기능적 불균형, 즉 생각하는 대로 행동이 따르지 않아 안전 등에 문제가 발생할 수 있기 때문에 고령자를 위한 자전거 교육이 필요하다. 자전거 교육은 평생교육이기 때문에 지속적으로 진행되어야 한다. 자전거 이용자로서 지켜야 할 안전한 자전거 이용방법을 제대로 알고 지켜서 밝고 건강한 자전거 생활 문화를 정착(定着)시켜야 한다.

각주

◆ **왜 자전거 타기가 좋을까**

글꼴 : 돋움, 18pt, 하양
음영색 : 파랑

가. 개인적 이점

　㉮ 생활 속 운동 : 부족한 운동을 보충할 수 있어 건강을 유지

　㉯ 스트레스 해소 : 새로운 마음가짐과 건강하고 건전한 정신 함양

나. 사회적 이점

　㉮ 경제적 이득 : 인구의 1% 자전거 이용 시 연간 약 2,200억 원 이득

　㉯ 환경 보전 : 이산화탄소 발생을 연간 600kg 감소 시킴

문단 번호 기능 사용
1수준 : 20pt, 오른쪽정렬,
2수준 : 30pt, 오른쪽정렬
줄 간격 : 180%

표 전체 글꼴 : 돋움, 10pt, 가운데 정렬
셀 배경(그러데이션) : 유형(가로),
시작색(하양), 끝색(노랑)

◆ *자전거 관련 규정 및 안전*

글꼴 : 돋움, 18pt, 기울임, 강조점

구분	항목	관련 규정 또는 상황	내용
규정	우측통행 위반	도로교통법 제13조 제3항	차의 운전자는 도로의 중앙으로부터 우측부분을 통행
	통행방법 위반	도로교통법 제13조의2	자전거도로가 있으면 자전거도로로 통행
안전	도로 횡단 시	자전거횡단도 없을 경우	차의 직진신호에 따라 오른쪽 가장자리로 지나간다.
		자전거횡단도 있을 경우	신호에 따라 자전거를 타고 지나간다.
	자전거 통학 시		안전한 통학로 이용, 안전모 착용

각주 구분선 : 5cm

글꼴 : 궁서, 24pt, 진하게
장평 110%, 오른쪽 정렬 → **한국교통연구원**

---

① 앞뒤 브레이크 위치 확인, 차체와 핸들은 올바른지 확인, 타이어의 공기압이 적정한지 확인

쪽 번호 매기기
4로 시작 → 라

정보기술자격(ITQ) 실전모의고사

과 목	코 드	문제유형	시험시간	수험번호	성 명
아래한글	1111	A	60분		

수험자 유의사항

◎ 수험자는 문제지를 받는 즉시 문제지와 <u>수험표상의 시험과목(프로그램)이 동일한지 반드시 확인</u>하여야 합니다.
◎ 파일명은 본인의 "수험번호–성명"으로 입력하여 답안폴더(내 PC₩문서₩ITQ)에 하나의 파일로 저장해야 하며, 답안 파일을 전송하지 않아 미제출로 처리될 경우 실격 처리합니다(예:12345678-홍길동.hwpx).
◎ 답안 작성을 마치면 파일을 저장하고, '답안 전송' 버튼을 선택하여 감독위원 PC로 답안을 전송하십시오. 수험생 정보와 저장한 파일명이 다를 경우 전송되지 않으므로 주의하시기 바랍니다.
◎ 답안 작성 중에도 <u>주기적으로 저장하고, '답안 전송'</u>하여야 문제 발생을 줄일 수 있습니다. 작업한 내용을 저장하지 않고 전송할 경우 이전에 저장된 내용이 전송되오니 이점 유의하시기 바랍니다.
◎ 답안문서는 지정된 경로 외의 다른 보조기억장치에 저장하는 경우, 지정된 시험 시간 외에 작성된 파일을 활용할 경우, 기타 통신수단(이메일, 메신저, 네트워크 등)을 이용하여 타인에게 전달 또는 외부 반출하는 경우는 부정 처리합니다.
◎ 시험 중 부주의 또는 고의로 시스템을 파손한 경우는 수험자가 변상해야 하며, <수험자 유의사항>에 기재된 방법대로 이행하지 않아 생기는 불이익은 수험생 당사자의 책임임을 알려 드립니다.
◎ 문제의 조건은 한컴오피스 2022/2020 버전으로 설정되어 있으니 유의하시기 바랍니다.
◎ 시험을 완료한 수험자는 답안파일이 전송되었는지 확인한 후 감독위원의 지시에 따라 문제지를 제출하고 퇴실합니다.

답안 작성요령

◎ 온라인 답안 작성 절차
  수험자 등록 ⇒ 시험 시작 ⇒ 답안파일 저장 ⇒ 답안 전송 ⇒ 시험 종료
◎ 공통 부문
  • 글꼴에 대한 기본설정은 함초롬바탕, 10포인트, 검정, 줄간격 160%, 양쪽정렬로 합니다.
  • 색상은 조건의 색을 적용하고 색의 구분이 안 될 경우에는 RGB 값을 적용하십시오.
    (빨강 255,0,0 / 파랑 0,0,255 / 노랑 255,255,0).
  • 각 문항에 주어진 《조건》에 따라 작성하고 언급하지 않은 조건은 《출력형태》와 같이 작성합니다.
  • 용지여백은 왼쪽·오른쪽 11mm, 위쪽·아래쪽·머리말·꼬리말 10mm, 제본 0mm로 합니다.
  • 그림 삽입 문제의 경우 「내 PC₩문서₩ITQ₩Picture」 폴더에서 지정된 파일을 선택하여 삽입하십시오.
  • 삽입한 그림은 반드시 문서에 포함하여 저장해야 합니다(미포함 시 감점 처리).
  • 각 항목은 지정된 페이지에 출력형태와 같이 정확히 작성하시기 바라며, 그렇지 않을 경우에 해당 항목은 0점 처리됩니다.
    ※ 페이지구분 : 1페이지 – 기능평가 I (문제번호 표시 : 1. 2.),
                2페이지 – 기능평가 II (문제번호 표시 : 3. 4.),
                3페이지 – 문서작성 능력평가
◎ 기능평가
  • 문제와 《조건》은 입력하지 않으며 문제번호와 답(《출력형태》)만 작성합니다.
  • 4번 문제는 묶기를 했을 경우 0점 처리됩니다.
◎ 문서작성 능력평가
  • A4 용지(210mm×297mm) 1매 크기, 세로 서식 문서로 작성합니다.
  • 표시는 문서작성에 대한 지시사항이므로 작성하지 않습니다.

1. 다음의《조건》에 따라 스타일 기능을 적용하여《출력형태》와 같이 작성하시오. (50점)

《조건》　　(1) 스타일 이름 – unification
　　　　　　(2) 문단 모양 – 왼쪽 여백 : 15pt, 문단 아래 간격 : 10pt
　　　　　　(3) 글자 모양 – 글꼴 : 한글(돋움)/영문(굴림), 크기 : 10pt, 장평 : 95%, 자간 : 5%

《출력형태》

In 1960, public discussions on unification issues sprang up in various sectors in South Korean society and government felt the need to listen to the public and set up a consistent unification policy.

1960년대 통일 문제에 대한 대중의 논의는 한국 사회의 여러 분야에서 시작되었고, 정부는 국민들의 말에 귀를 기울이고 일관된 통일 정책을 수립할 필요성을 느꼈다.

2. 다음의《조건》에 따라《출력형태》와 같이 표와 차트를 작성하시오. (100점)

《표 조건》　　(1) 표 전체(표, 캡션) – 돋움, 10pt
　　　　　　　(2) 정렬 – 문자 : 가운데 정렬, 숫자 : 오른쪽 정렬
　　　　　　　(3) 셀 배경(면색) : 노랑
　　　　　　　(4) 한글의 계산 기능을 이용하여 빈칸에 합계를 구하고, 캡션 기능 사용할 것
　　　　　　　(5) 선 모양은《출력형태》와 동일하게 처리할 것

《출력형태》

남북 주요도시 인구현황(단위 : 만 명)

지역	서울	부산	평양	청진	합계
1970년	568	204	98	30	
2000년	1,007	373	277	59	
2018년	972	341	290	64	
2020년	963	339	294	65	

《차트 조건》　(1) 차트 데이터는 표 내용에서 지역별 1970년, 2000년, 2018년의 값만 이용할 것
　　　　　　　(2) 종류 – <묶은 가로 막대형>으로 작업할 것
　　　　　　　(3) 제목 – 굴림, 진하게, 12pt, 속성 – 채우기(밝은 색 : 하양), 테두리, 그림자(바깥쪽 : 아래쪽)
　　　　　　　(4) 제목 이외의 전체 글꼴 – 굴림, 보통, 10pt
　　　　　　　(5) 축제목과 범례는《출력형태》와 동일하게 처리할 것

《출력형태》

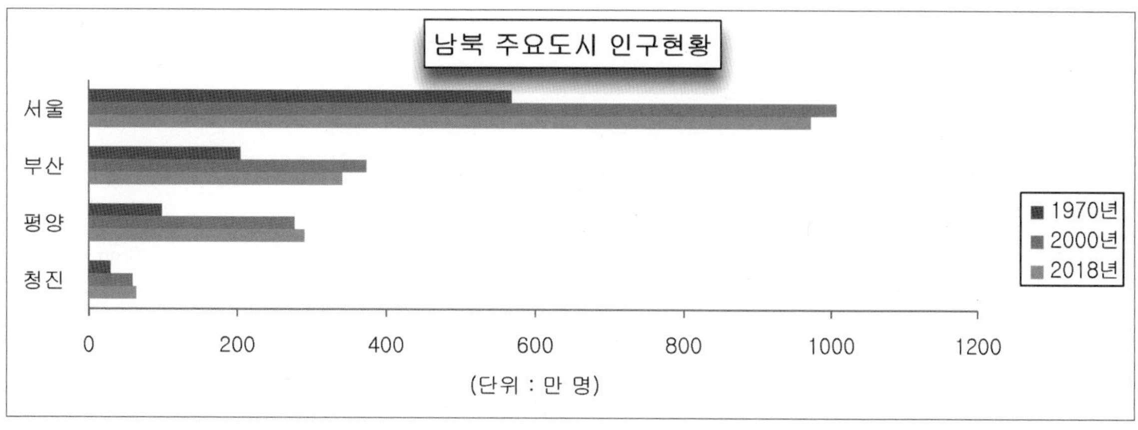

3. 다음 (1), (2)의 수식을 수식 편집기로 각각 입력하시오. (40점)

《출력형태》

(1) $G = 2\int_{\frac{a}{2}}^{a} \dfrac{b\sqrt{a^2 - x^2}}{a}\,dx$

(2) $H_n = \dfrac{a(r^n - 1)}{r - 1} = \dfrac{a(1 + r^n)}{1 - r}\,(r \neq 1)$

4. 다음의 《조건》에 따라 《출력형태》와 같이 문서를 작성하시오. (110점)

《조건》   (1) 그리기 도구를 이용하여 작성하고, 모든 도형(글맵시, 지정된 그림 포함)을 《출력형태》와 같이 작성하시오.

            (2) 도형의 면색은 지시사항이 없으면 색 없음을 제외하고 서로 다르게 임의로 지정하시오.

《출력형태》

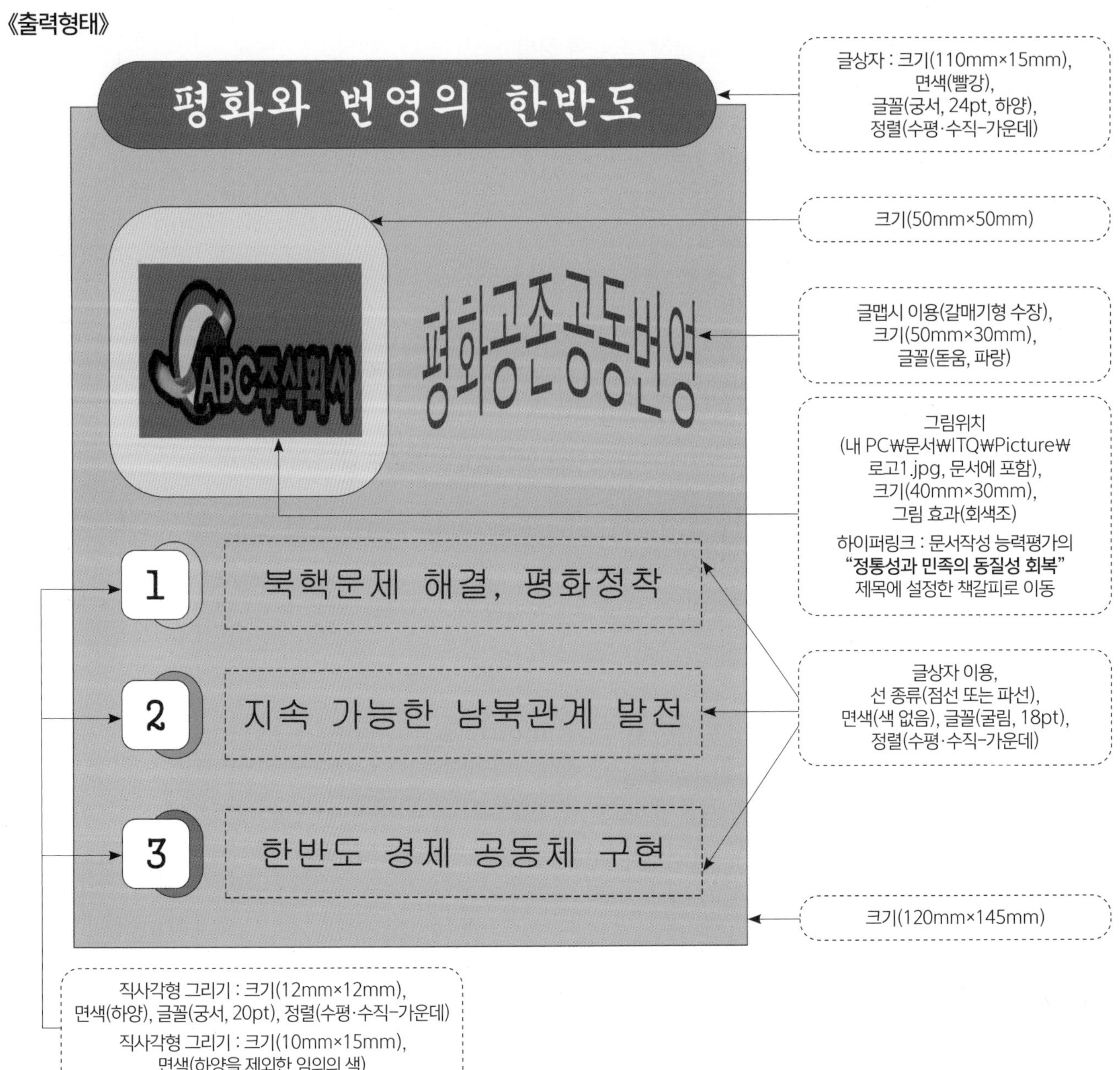

글꼴 : 굴림, 18pt, 진하게, 가운데 정렬
책갈피 이름 : 통일
덧말 넣기

머리말 기능
돋움, 10pt, 오른쪽 정렬 → 통일 우리의 미래

통일한국
정통성과 민족의 동질성 회복

각주

문단 첫 글자 장식 기능
글꼴 : 궁서, 면색 : 노랑

그림위치(내 PC₩문서₩ITQ₩Picture₩그림4.jpg, 문서에 포함)
자르기 기능 이용, 크기(40mm×40mm), 바깥 여백 왼쪽 : 2mm

통일은 남북한 국민이 한 민족㉠ 하나의 국민이라고 느끼고 남북한 단일체제 수립을 넘어 한 마음이 된 상태를 의미한다. 통일은 분단된 국토가 하나 되는 것은 물론 정치적으로 대립되었던 체제를 하나로 만드는 것이고, 경제적으로 서로 다른 제도를 하나로 거듭나게 하는 것이며, 남북주민 사이에 내면화된 이질적인 문화를 하나로 다시 탄생시키는 것이다. 우리가 추구하는 통일은 인류 보편적 가치로 자리 잡은 자유민주주의와 시장경제를 바탕으로 구성원 모두의 자유와 인권이 보장되는 민족공동체의 건설이다.

통일(統一)은 분단으로 인해 굴절된 역사를 바로잡고, 민족공동체 건설을 통해 우리 민족의 총체적 역량을 극대화하기 위해 필요하다. 또한 통일은 분단에 따른 유형, 무형적인 비용을 소멸시키고 새로운 이득(利得)을 창출함으로 인해 국가와 사회뿐 아니라 개인에게도 삶의 질을 향상시킬 것이다. 개인적 차원에서 통일은 이산가족의 고통을 해소하고 남북 간에 자유롭게 오고 가며 살 수 있는 등의 다양한 선택의 기회를 부여하며 인간적인 삶을 보장할 것이다. 통일은 21세기 한민족의 새로운 비상과 선진일류국가로 도약하기 위한 수단으로서 필요하다.

♣ **학교 통일교육의 실태와 방향**

글꼴 : 궁서, 18pt, 하양
음영색 : 파랑

　가. 학교 통일교육의 실태
　　㉠ 대체로 학생들의 부정적인 통일 의식 심화
　　㉡ 정규 수업에 밀려 통일교육의 비활성화
　나. 학교 통일교육의 방향
　　㉠ 학생들의 통일문제에 대한 관심과 올바른 통일의식 함양
　　㉡ 통일 미래의 구체적인 모습과 비전 제시

문단 번호 기능 사용
1수준 : 20pt, 오른쪽정렬,
2수준 : 30pt, 오른쪽정렬,
줄 간격 : 180%

표 전체 글꼴 : 굴림, 10pt, 가운데 정렬
셀 배경(그러데이션) : 유형(가로),
시작색(하양), 끝색(노랑)

♣ *지역별 통일관 현황*

글꼴 : 궁서, 18pt, 기울임, 강조점

지역	위치	운영주체	휴관
서울	서울 구로구 궁동 35번지	서서울생활과학고등학교	매주 일/공휴일
오두산	경기 파주시 통일전망대 내	민간위탁	4-10월/월요일
광주	광주 서구 화정2동	통일교육위원광주협의회	매주 월, 토
부산	부산 부산진구 자유회관 내	자유총연맹 (부산지구)	연중 무휴
기타 지역 현황		경남, 고성, 대전, 양구, 인천, 제주, 청주, 충남	

글꼴 : 돋움, 24pt, 진하게
장평 105%, 오른쪽 정렬 → # 통일교육 운영계획

각주 구분선 : 5cm

㉠ 언어와 문화상의 공통성에 기초하여 오랜 세월 역사적으로 형성된 사회 집단

쪽 번호 매기기
6으로 시작 → ⑥

PART 3

최신
기출문제

최신기출문제를 통해 시험을 완벽하게
대비할 수 있습니다.

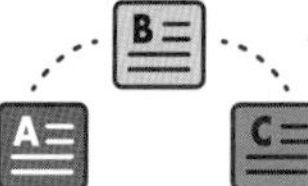

제 01회 | 최신 기출문제

제 02회 | 최신 기출문제

제 03회 | 최신 기출문제

제 04회 | 최신 기출문제

제 05회 | 최신 기출문제

정보기술자격(ITQ) 최신기출문제

과 목	코 드	문제유형	시험시간	수험번호	성 명
아래한글	1111	A	60분		

수험자 유의사항

◎ 수험자는 문제지를 받는 즉시 문제지와 **수험표상의 시험과목(프로그램)이 동일한지 반드시 확인**하여야 합니다.

◎ 파일명은 본인의 "수험번호–성명"으로 입력하여 답안폴더(내 PC\문서\ITQ)에 하나의 파일로 저장해야 하며, 답안 파일을 전송하지 않아 미제출로 처리될 경우 실격 처리합니다(예:12345678-홍길동.hwpx).

◎ 답안 작성을 마치면 파일을 저장하고, '답안 전송' 버튼을 선택하여 감독위원 PC로 답안을 전송하십시오. 수험생 정보와 저장한 파일명이 다를 경우 전송되지 않으므로 주의하시기 바랍니다.

◎ 답안 작성 중에도 **주기적으로 저장하고, '답안 전송'**하여야 문제 발생을 줄일 수 있습니다. 작업한 내용을 저장하지 않고 전송할 경우 이전에 저장된 내용이 전송되오니 이점 유의하시기 바랍니다.

◎ 답안문서는 지정된 경로 외의 다른 보조기억장치에 저장하는 경우, 지정된 시험 시간 외에 작성된 파일을 활용할 경우, 기타 통신수단(이메일, 메신저, 네트워크 등)을 이용하여 타인에게 전달 또는 외부 반출하는 경우는 부정 처리합니다.

◎ 시험 중 부주의 또는 고의로 시스템을 파손한 경우는 수험자가 변상해야 하며, <수험자 유의사항>에 기재된 방법대로 이행하지 않아 생기는 불이익은 수험생 당사자의 책임임을 알려 드립니다.

◎ 문제의 조건은 한컴오피스 2022/2020 버전으로 설정되어 있으니 유의하시기 바랍니다.

◎ 시험을 완료한 수험자는 답안파일이 전송되었는지 확인한 후 감독위원의 지시에 따라 문제지를 제출하고 퇴실합니다.

답안 작성요령

◎ **온라인 답안 작성 절차**
수험자 등록 ⇒ 시험 시작 ⇒ 답안파일 저장 ⇒ 답안 전송 ⇒ 시험 종료

◎ **공통 부문**
- 글꼴에 대한 기본설정은 함초롬바탕, 10포인트, 검정, 줄간격 160%, 양쪽정렬로 합니다.
- 색상은 조건의 색을 적용하고 색의 구분이 안 될 경우에는 RGB 값을 적용하십시오.
 (빨강 255,0,0 / 파랑 0,0,255 / 노랑 255,255,0).
- 각 문항에 주어진 《조건》에 따라 작성하고 언급하지 않은 조건은 《출력형태》와 같이 작성합니다.
- 용지여백은 왼쪽 ·오른쪽 11mm, 위쪽·아래쪽·머리말·꼬리말 10mm, 제본 0mm로 합니다.
- 그림 삽입 문제의 경우 「내 PC\문서\ITQ\Picture」 폴더에서 지정된 파일을 선택하여 삽입하십시오.
- 삽입한 그림은 반드시 문서에 포함하여 저장해야 합니다(미포함 시 감점 처리).
- 각 항목은 지정된 페이지에 출력형태와 같이 정확히 작성하시기 바라며, 그렇지 않을 경우에 해당 항목은 0점 처리됩니다.
 ※ 페이지구분 : 1페이지 – 기능평가 I (문제번호 표시 : 1. 2.),
  2페이지 – 기능평가 II (문제번호 표시 : 3. 4.),
  3페이지 – 문서작성 능력평가

◎ **기능평가**
- 문제와 《조건》은 입력하지 않으며 문제번호와 답(《출력형태》)만 작성합니다.
- 4번 문제는 묶기를 했을 경우 0점 처리됩니다.

◎ **문서작성 능력평가**
- A4 용지(210mm×297mm) 1매 크기, 세로 서식 문서로 작성합니다.
- ⌐ ¬ 표시는 문서작성에 대한 지시사항이므로 작성하지 않습니다.

SMART KPC
kpc 한국생산성본부

1. 다음의《조건》에 따라 스타일 기능을 적용하여《출력형태》와 같이 작성하시오. (50점)

《조건》　(1) 스타일 이름 – apprentice
　　　　　(2) 문단 모양 – 왼쪽 여백 : 15pt, 문단 아래 간격 : 10pt
　　　　　(3) 글자 모양 – 글꼴 : 한글(돋움)/영문(굴림), 크기 : 10pt, 장평 : 95%, 자간 : 5%

《출력형태》

An apprentice is a program in which someone learns a trade by working under a certified expert. The course provides students with a good base for securing apprenticeships in all of industries.

도제는 인증된 전문가의 도움을 받아 훈련을 통해 배우는 프로그램 또는 직위이다. 이 과정은 산업에서는 견습생을 확보하고 학생에게는 장인으로 성장할 수 있는 좋은 기반을 제공한다.

2. 다음의《조건》에 따라《출력형태》와 같이 표와 차트를 작성하시오. (100점)

《표 조건》　(1) 표 전체(표, 캡션) – 돋움, 10pt
　　　　　　(2) 정렬 – 문자 : 가운데 정렬, 숫자 : 오른쪽 정렬
　　　　　　(3) 셀 배경(면색) : 노랑
　　　　　　(4) 한글의 계산 기능을 이용하여 빈칸에 합계를 구하고, 캡션 기능 사용할 것
　　　　　　(5) 선 모양은《출력형태》와 동일하게 처리할 것

《출력형태》

산학일체형 도제학교 참여 학생 현황(단위 : 명)

구분	서울	대전	부산	기타	합계
2014년	968	204	298	2,184	
2016년	2,007	873	977	1,721	
2018년	4,963	2,639	3,308	2,916	
2020년	8,926	4,320	5,347	3,301	

《차트 조건》　(1) 차트 데이터는 표 내용에서 지역별 2014년, 2016년, 2018년의 값만 이용할 것
　　　　　　　(2) 종류 – <묶은 세로 막대형>으로 작업할 것
　　　　　　　(3) 제목 – 굴림, 진하게, 12pt, 속성 – 채우기(밝은 색 : 하양), 테두리, 그림자(바깥쪽 : 대각선 오른쪽 아래)
　　　　　　　(4) 제목 이외의 전체 글꼴 – 굴림, 보통, 10pt
　　　　　　　(5) 축제목과 범례는《출력형태》와 동일하게 처리할 것

《출력형태》

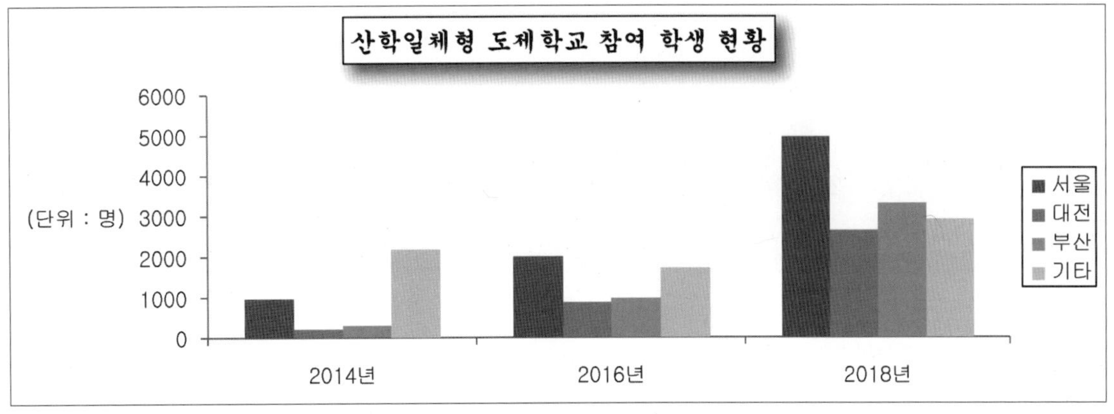

3. 다음 (1), (2)의 수식을 수식 편집기로 각각 입력하시오. (40점)

《출력형태》

(1) $\dfrac{t_A}{t_B} = \sqrt{\dfrac{d_B}{d_A}} = \sqrt{\dfrac{M_B}{M_A}}$

(2) $\dfrac{a^4}{T^2} - 1 = \dfrac{G}{4\pi^2}(M+m)$

4. 다음의 《조건》에 따라 《출력형태》와 같이 문서를 작성하시오. (110점)

《조건》　(1) 그리기 도구를 이용하여 작성하고, 모든 도형(글맵시, 지정된 그림 포함)을 《출력형태》와 같이 작성하시오.

　　　　(2) 도형의 면색은 지시사항이 없으면 색 없음을 제외하고 서로 다르게 임의로 지정하시오.

《출력형태》

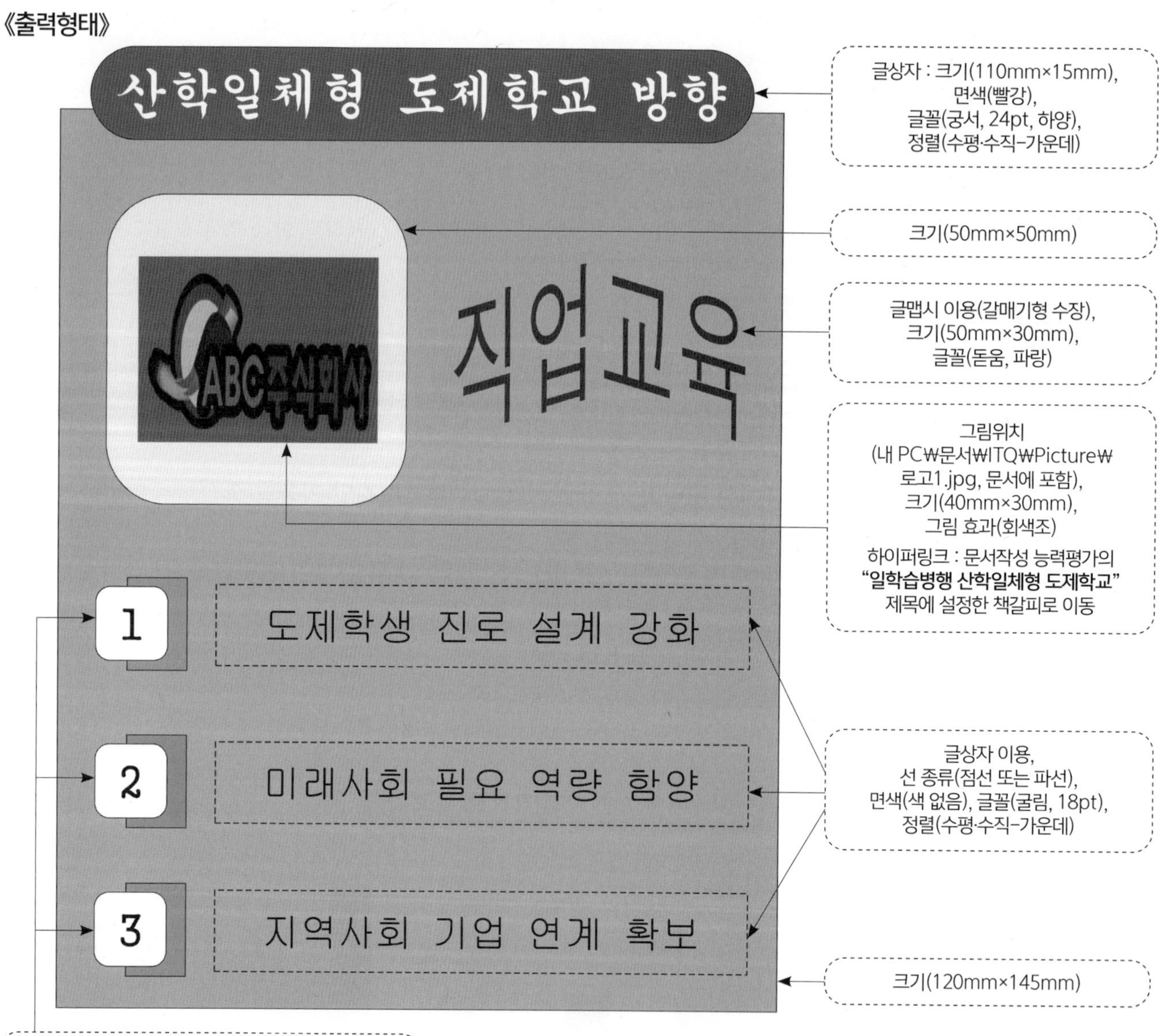

글꼴 : 굴림, 18pt, 진하게, 가운데 정렬
책갈피 이름 : 도제
덧말 넣기

머리말 기능
돋움, 10pt, 오른쪽 정렬 → 산학일체형 도제학교

문단 첫 글자 장식 기능
글꼴 : 궁서, 면색 : 노랑

도제교육
일학습병행 산학일체형 도제학교

각주

그림위치(내 PC₩문서₩ITQ₩Picture₩그림4.jpg, 문서에 포함)
자르기 기능 이용, 크기(40mm×40mm), 바깥 여백 왼쪽 : 2mm

교육부와 고용노동부는 12월 전국 산학일체형 도제학교 관계자가 참석하는 전체 성과 워크숍을 실시한다. 이 워크숍은 고교학점제㉠ 시행 등 학교 여건 변화에 따른 도제학교의 발전방안을 모색(摸索)하고 학교 간 도제학교 운영 노하우를 공유하기 위해 열린다. 이번 워크숍은 한국직업능력개발원 도제교육지원센터에서 2021학년도 주요 사업계획을 소개하고 인적자원개발위원회가 기업 발굴 계획에 대해 안내한다.

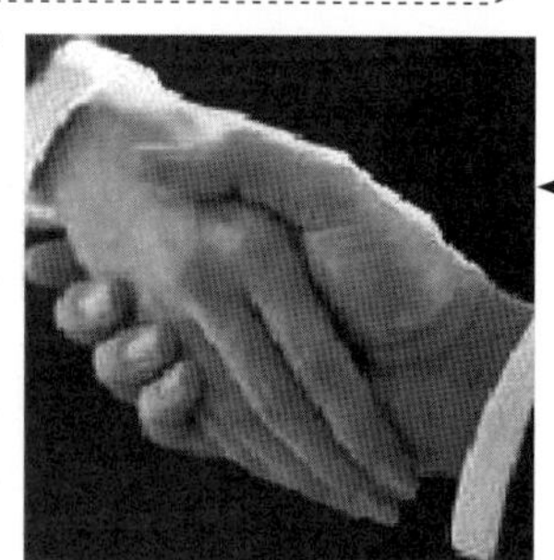

또 노무법인 대표가 도제학교 경쟁력 강화를 위한 노동법 특강을 실시하고 우수 운영 학교 및 우수 교사에 대한 표창을 실시한다. 이어 분임별로 유관기관 지원방안과 신규기업 발굴 활성화 방안, 투명한 예산 집행에 대해 의견을 나누고, 도제교육 홍보 및 신입생 모집 등을 주제로 직업교육 발전방안을 논의한다. 산학일체형 도제학교는 독일과 스위스의 도제교육을 우리 현실에 맞게 직업교육 훈련의 현장성을 제고(提高)하기 위해 도입한 것으로 지난 2015년 전국의 특성화고를 대상으로 시작했다. 도제학교는 학교와 기업에서 1년 또는 2년 동안 NCS(국가직무능력표준)기반 공동 교육과정을 통해 기업별 맞춤형 도제교육을 실시하고, 기업에 필요한 전문기능인력을 양성하는 취업과 연계된 일학습 병행 직업교육 훈련 모델이다.

◆ 산학일체형 도제학교 현황과 방향

글꼴 : 궁서, 18pt, 하양
음영색 : 파랑

가. 산학일체형 도제학교 현황

　㉠ 학습과 일의 병행에 대한 학생 만족도 증가

　㉡ 코로나19의 영향으로 취업생 감소

나. 산학일체형 도제학교 운영 방향

　㉠ 기업의 요구와 학생의 요구에 기반을 둔 교육과정 편성

　㉡ 미래 산업사회 예측을 통한 미래형 교육 운영

문단 번호 기능 사용
1수준 : 20pt, 오른쪽정렬,
2수준 : 30pt, 오른쪽정렬
줄 간격 : 180%

표 전체 글꼴 : 굴림, 10pt, 가운데 정렬
셀 배경(그러데이션) : 유형(가로),
시작색(하양), 끝색(노랑)

◆ 지역별 산학일체형 도제학교 현황

글꼴 : 궁서, 18pt, 기울임, 강조점

지역	주요 운영 학교	참여 분야	비고
서울	용산공업고, 성동공업고	절삭 가공	총 33개 과정
경기	부천공업고, 경기자동차과학고, 평촌경영고	금형, 자동차정비, 회계	지역사회 연계형
전남	목포공업고, 영암전자과학고	용접, 전자응용개발	산업계주도형 과정
경북	경주공고, 금호공고	절삭 가공	공동실습소형
기타 지역 현황		인천, 대전, 세종 등 전기공사, 화학물질, 바이오 분야	

각주 구분선 : 5cm

글꼴 : 돋움, 24pt, 진하게
장평 105%, 오른쪽 정렬 → # 도제학교운영협의회

㉠ 목표한 성취 수준에 도달했을 때 과목을 이수하는 제도

쪽 번호 매기기
5로 시작 → ⑤

정보기술자격(ITQ) 최신기출문제

과　목	코　드	문제유형	시험시간	수험번호	성　명
아래한글	1111	B	60분		

수험자 유의사항

◎ 수험자는 문제지를 받는 즉시 문제지와 **수험표상의 시험과목(프로그램)이 동일한지 반드시 확인**하여야 합니다.
◎ 파일명은 본인의 "수험번호–성명"으로 입력하여 답안폴더(내 PC₩문서₩ITQ)에 하나의 파일로 저장해야 하며, 답안 파일을 전송하지 않아 미제출로 처리될 경우 실격 처리합니다(예:12345678-홍길동.hwpx).
◎ 답안 작성을 마치면 파일을 저장하고, '답안 전송' 버튼을 선택하여 감독위원 PC로 답안을 전송하십시오. 수험생 정보와 저장한 파일명이 다를 경우 전송되지 않으므로 주의하시기 바랍니다.
◎ 답안 작성 중에도 **주기적으로 저장하고, '답안 전송'**하여야 문제 발생을 줄일 수 있습니다. 작업한 내용을 저장하지 않고 전송할 경우 이전에 저장된 내용이 전송되오니 이점 유의하시기 바랍니다.
◎ 답안문서는 지정된 경로 외의 다른 보조기억장치에 저장하는 경우, 지정된 시험 시간 외에 작성된 파일을 활용할 경우, 기타 통신수단(이메일, 메신저, 네트워크 등)을 이용하여 타인에게 전달 또는 외부 반출하는 경우는 부정 처리합니다.
◎ 시험 중 부주의 또는 고의로 시스템을 파손한 경우는 수험자가 변상해야 하며, <수험자 유의사항>에 기재된 방법대로 이행하지 않아 생기는 불이익은 수험생 당사자의 책임임을 알려 드립니다.
◎ 문제의 조건은 한컴오피스 2022/2020 버전으로 설정되어 있으니 유의하시기 바랍니다.
◎ 시험을 완료한 수험자는 답안파일이 전송되었는지 확인한 후 감독위원의 지시에 따라 문제지를 제출하고 퇴실합니다.

답안 작성요령

◎ **온라인 답안 작성 절차**
　수험자 등록 ⇒ 시험 시작 ⇒ 답안파일 저장 ⇒ 답안 전송 ⇒ 시험 종료
◎ **공통 부문**
　• 글꼴에 대한 기본설정은 함초롬바탕, 10포인트, 검정, 줄간격 160%, 양쪽정렬로 합니다.
　• 색상은 조건의 색을 적용하고 색의 구분이 안 될 경우에는 RGB 값을 적용하십시오.
　　(빨강 255,0,0 / 파랑 0,0,255 / 노랑 255,255,0).
　• 각 문항에 주어진 《조건》에 따라 작성하고 언급하지 않은 조건은 《출력형태》와 같이 작성합니다.
　• 용지여백은 왼쪽·오른쪽 11mm, 위쪽·아래쪽·머리말·꼬리말 10mm, 제본 0mm로 합니다.
　• 그림 삽입 문제의 경우 「내 PC₩문서₩ITQ₩Picture」 폴더에서 지정된 파일을 선택하여 삽입하십시오.
　• 삽입한 그림은 반드시 문서에 포함하여 저장해야 합니다(미포함 시 감점 처리).
　• 각 항목은 지정된 페이지에 출력형태와 같이 정확히 작성하시기 바라며, 그렇지 않을 경우에 해당 항목은 0점 처리됩니다.
　　※ 페이지구분 : 1페이지 – 기능평가 I (문제번호 표시 : 1. 2.),
　　　　　　　　　2페이지 – 기능평가 II (문제번호 표시 : 3. 4.),
　　　　　　　　　3페이지 – 문서작성 능력평가
◎ **기능평가**
　• 문제와 《조건》은 입력하지 않으며 문제번호와 답(《출력형태》)만 작성합니다.
　• 4번 문제는 묶기를 했을 경우 0점 처리됩니다.
◎ **문서작성 능력평가**
　• A4 용지(210mm×297mm) 1매 크기, 세로 서식 문서로 작성합니다.
　• ⌐⎯⎯⎯⌐ 표시는 문서작성에 대한 지시사항이므로 작성하지 않습니다.

1. 다음의《조건》에 따라 스타일 기능을 적용하여《출력형태》와 같이 작성하시오. (50점)

《조건》　　(1) 스타일 이름 – logistics

　　　　　　(2) 문단 모양 – 왼쪽 여백 : 15pt, 문단 아래 간격 : 10pt

　　　　　　(3) 글자 모양 – 글꼴 : 한글(돋움)/영문(굴림), 크기 : 10pt, 장평 : 95%, 자간 : 5%

《출력형태》

KOREA MAT 2021 is the only professional trade exhibition of logistics industry in KOREA exhibiting materials handling & logistics from software to hardware after packaging process.

제11회 국제물류산업전은 물류장비 및 물류자동화 시스템뿐만 아니라 물류산업의 중심인 운송서비스 분야까지 산업 전반을 아우르는 국내 유일의 물류산업 전문 전시회이다.

2. 다음의《조건》에 따라《출력형태》와 같이 표와 차트를 작성하시오. (100점)

《표 조건》　　(1) 표 전체(표, 캡션) – 돋움, 10pt

　　　　　　　(2) 정렬 – 문자 : 가운데 정렬, 숫자 : 오른쪽 정렬

　　　　　　　(3) 셀 배경(면색) : 노랑

　　　　　　　(4) 한글의 계산 기능을 이용하여 빈칸에 합계를 구하고, 캡션 기능 사용할 것

　　　　　　　(5) 선 모양은《출력형태》와 동일하게 처리할 것

《출력형태》　　　　　　　　　　　　　　　　연도별 국제물류산업전 관람객 현황(단위 : 명)

구분	2016년	2017년	2018년	2019년	합계
1일차	12,200	12,800	11,300	13,200	
2일차	22,700	19,400	20,900	22,900	
3일차	16,800	13,900	14,800	17,800	
4일차	10,600	12,400	10,200	12,600	

《차트 조건》　　(1) 차트 데이터는 표 내용에서 연도별 1일차, 2일차, 3일차의 값만 이용할 것

　　　　　　　　(2) 종류 – <묶은 세로 막대형>으로 작업할 것

　　　　　　　　(3) 제목 – 굴림, 진하게, 12pt, 속성 – 채우기(밝은 색 : 하양), 테두리, 그림자(바깥쪽 : 대각선 오른쪽 아래)

　　　　　　　　(4) 제목 이외의 전체 글꼴 – 굴림, 보통, 10pt

　　　　　　　　(5) 축제목과 범례는《출력형태》와 동일하게 처리할 것

《출력형태》

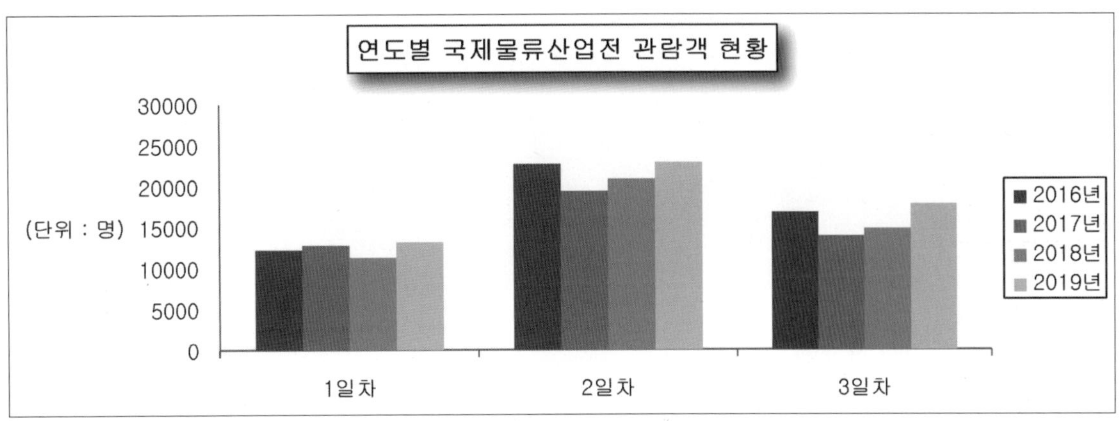

3. 다음 (1), (2)의 수식을 수식 편집기로 각각 입력하시오. (40점)

《출력형태》

$$(1)\ L = \frac{m+M}{m}\ V = \frac{m+M}{m}\sqrt{2gh} \qquad (2)\ Q = \frac{F}{h^2} = \frac{1}{3}\frac{N}{h^3}m\overline{g^2}$$

4. 다음의 《조건》에 따라 《출력형태》와 같이 문서를 작성하시오. (110점)

《조건》 (1) 그리기 도구를 이용하여 작성하고, 모든 도형(글맵시, 지정된 그림 포함)을 《출력형태》와 같이 작성하시오.

(2) 도형의 면색은 지시사항이 없으면 색 없음을 제외하고 서로 다르게 임의로 지정하시오.

《출력형태》

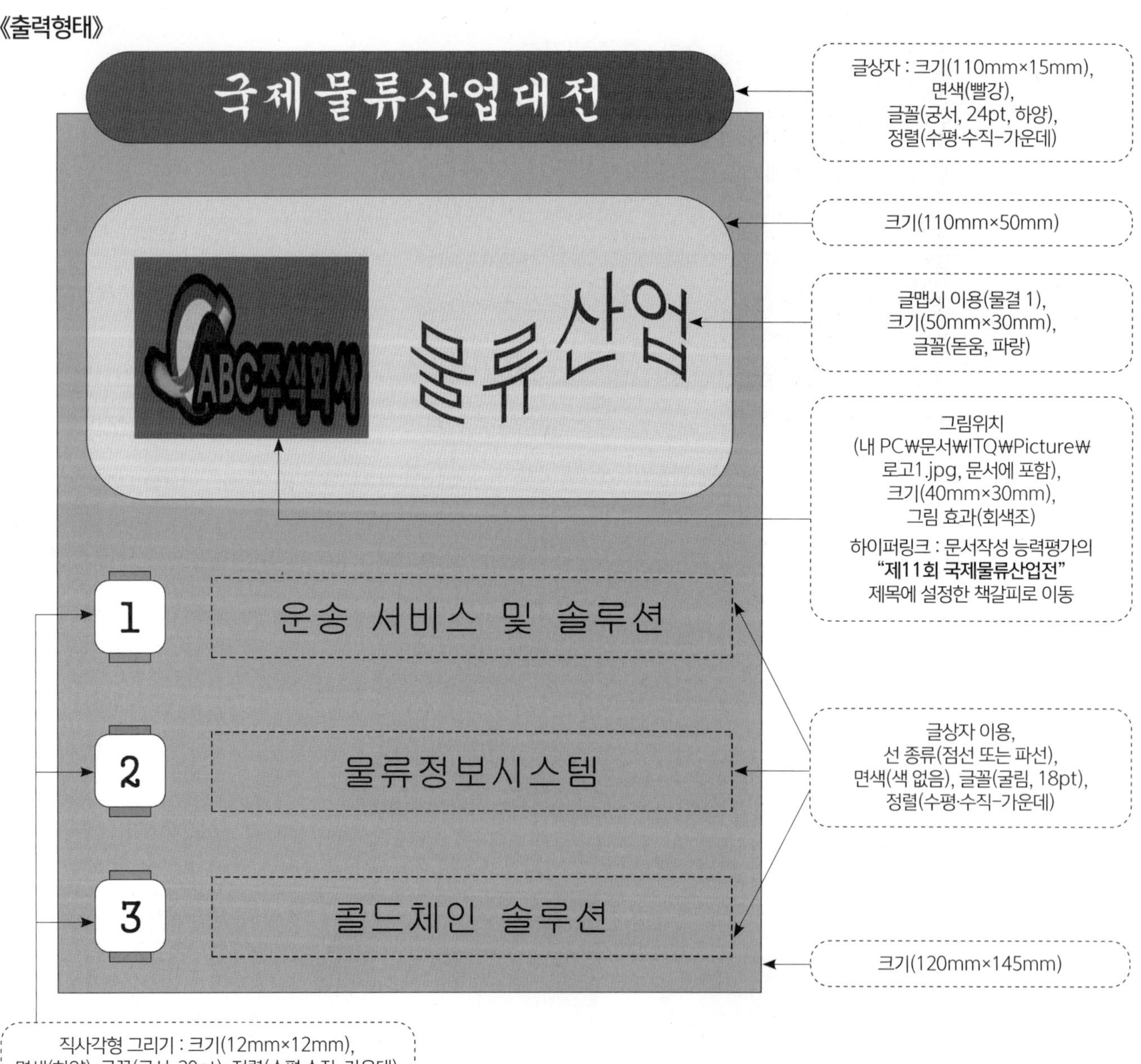

글상자 : 크기(110mm×15mm),
면색(빨강),
글꼴(궁서, 24pt, 하양),
정렬(수평·수직-가운데)

크기(110mm×50mm)

글맵시 이용(물결 1),
크기(50mm×30mm),
글꼴(돋움, 파랑)

그림위치
(내 PC₩문서₩ITQ₩Picture₩
로고1.jpg, 문서에 포함),
크기(40mm×30mm),
그림 효과(회색조)

하이퍼링크 : 문서작성 능력평가의
"제11회 국제물류산업전"
제목에 설정한 책갈피로 이동

글상자 이용,
선 종류(점선 또는 파선),
면색(색 없음), 글꼴(굴림, 18pt),
정렬(수평·수직-가운데)

크기(120mm×145mm)

직사각형 그리기 : 크기(12mm×12mm),
면색(하양), 글꼴(궁서, 20pt), 정렬(수평·수직-가운데)
직사각형 그리기 : 크기(7mm×15mm),
면색(하양을 제외한 임의의 색)

물류산업전시회
제11회 국제물류산업전

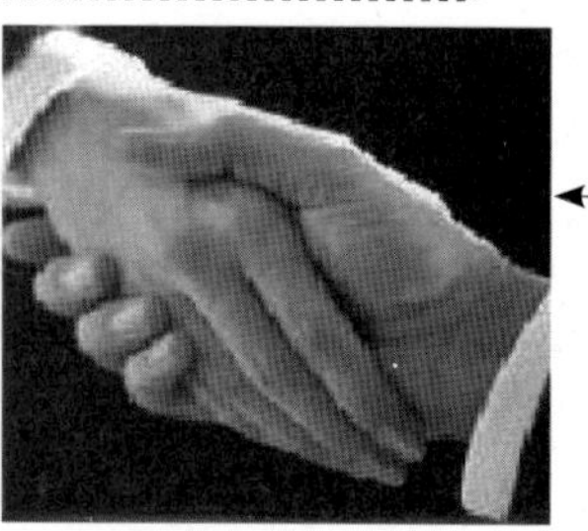

물류란 물적 유통(Physical Distribution)의 줄인 말로 생산자로부터 소비자로의 물건의 흐름을 가리킨다. 물류는 소유의 효용을 만족시켜주는 거래를 제외한 장소와 시간의 효용을 창출(創出)하는 부분으로 상품을 수송, 하역ⓐ, 보관, 포장하는 과정과 유통가공이나 수송 기초시설 등의 물자유통 과정 그리고 통신 기초시설과 정보망 등의 정보유통 개념을 모두 포함한다. 국내 물류산업은 IT, 전자상거래 등 첨단산업과 융합하여 유망 서비스업으로 진화를 거듭하고 있으며 최근에는 일반 택배와 같은 물류시장이 급성장하며 국민 생활에 대한 기여도가 날로 커지고 있다.

　최신 물류기술을 선보이는 제11회 국제물류산업전은 300여개사 1,500부스 규모로 진행될 예정이며, 코로나19 장기화에 따라 전시부스 외에도 국내외 바이어를 대상으로 한 온라인 상담시스템을 구축하여 포스트 코로나에 대응할 계획이다. 국제물류산업전은 효과적인 물류 시스템, 물류합리화의 효율성 향상에 필요한 최신 정보를 제공하며 기업 물류비 절감의 핵심(核心), 물류자동화 시스템과 운송 시스템, 하드웨어와 소프트웨어 간의 최적화된 솔루션에 대한 올바른 길을 제시하고 있다.

◆ 제11회 국제물류산업전 개요

① 일시 및 장소

　(ㄱ) 일시 : 2021년 4월 13일 - 16일, 4일간

　(ㄴ) 장소 : 고양시 킨텍스 제1전시장

② 주최 및 후원

　(ㄱ) 주최 : 한국통합물류협회, 경연전람, 케이와이엑스포

　(ㄴ) 후원 : 건설기계협동조합, 한국식품콜드체인협회

◆ 국제물류산업전 관련 주요 세미나

날짜	세미나명	주최/주관	장소
4월 13일	2021 춘계학술대회	한국물류과학기술학회	204호
	한국청년물류포럼 물류콘서트	한국청년물류포럼	208호
4월 14일	식품콜드체인 고도화를 위한 신기술 세미나	한국식품콜드체인협회	204호
	물류 구현 자동인식/머신비전 활용 전략 세미나	첨단, 자동인식비전	3층 그랜드볼룸
	포스트 코로나 시대의 물류 그리고 창업	인천창조경제혁신센터	208호

국제물류산업전운영위원회

ⓐ 화물수송 과정에서 짐을 싣고 내리는 일체의 현장 처리 작업

정보기술자격(ITQ) 최신기출문제

과 목	코 드	문제유형	시험시간	수험번호	성 명
아래한글	1111	C	60분		

수험자 유의사항

◎ 수험자는 문제지를 받는 즉시 문제지와 <u>수험표상의 시험과목(프로그램)이 동일한지 반드시 확인</u>하여야 합니다.
◎ 파일명은 본인의 "수험번호–성명"으로 입력하여 답안폴더(내 PC₩문서₩ITQ)에 하나의 파일로 저장해야 하며, 답안 파일을 전송하지 않아 미제출로 처리될 경우 실격 처리합니다(예:12345678–홍길동.hwpx).
◎ 답안 작성을 마치면 파일을 저장하고, '답안 전송' 버튼을 선택하여 감독위원 PC로 답안을 전송하십시오. 수험생 정보와 저장한 파일명이 다를 경우 전송되지 않으므로 주의하시기 바랍니다.
◎ 답안 작성 중에도 <u>주기적으로 저장하고, '답안 전송'</u>하여야 문제 발생을 줄일 수 있습니다. 작업한 내용을 저장하지 않고 전송할 경우 이전에 저장된 내용이 전송되오니 이점 유의하시기 바랍니다.
◎ 답안문서는 지정된 경로 외의 다른 보조기억장치에 저장하는 경우, 지정된 시험 시간 외에 작성된 파일을 활용할 경우, 기타 통신수단(이메일, 메신저, 네트워크 등)을 이용하여 타인에게 전달 또는 외부 반출하는 경우는 부정 처리합니다.
◎ 시험 중 부주의 또는 고의로 시스템을 파손한 경우는 수험자가 변상해야 하며, <수험자 유의사항>에 기재된 방법대로 이행하지 않아 생기는 불이익은 수험생 당사자의 책임임을 알려 드립니다.
◎ 문제의 조건은 한컴오피스 2022/2020 버전으로 설정되어 있으니 유의하시기 바랍니다.
◎ 시험을 완료한 수험자는 답안파일이 전송되었는지 확인한 후 감독위원의 지시에 따라 문제지를 제출하고 퇴실합니다.

답안 작성요령

◎ 온라인 답안 작성 절차
  수험자 등록 ⇒ 시험 시작 ⇒ 답안파일 저장 ⇒ 답안 전송 ⇒ 시험 종료
◎ 공통 부문
  • 글꼴에 대한 기본설정은 함초롬바탕, 10포인트, 검정, 줄간격 160%, 양쪽정렬로 합니다.
  • 색상은 조건의 색을 적용하고 색의 구분이 안 될 경우에는 RGB 값을 적용하십시오.
    (빨강 255,0,0 / 파랑 0,0,255 / 노랑 255,255,0).
  • 각 문항에 주어진 《조건》에 따라 작성하고 언급하지 않은 조건은 《출력형태》와 같이 작성합니다.
  • 용지여백은 왼쪽·오른쪽 11mm, 위쪽·아래쪽·머리말·꼬리말 10mm, 제본 0mm로 합니다.
  • 그림 삽입 문제의 경우 「내 PC₩문서₩ITQ₩Picture」 폴더에서 지정된 파일을 선택하여 삽입하십시오.
  • 삽입한 그림은 반드시 문서에 포함하여 저장해야 합니다(미포함 시 감점 처리).
  • 각 항목은 지정된 페이지에 출력형태와 같이 정확히 작성하시기 바라며, 그렇지 않을 경우에 해당 항목은 0점 처리됩니다.
    ※ 페이지구분 : 1페이지 – 기능평가 I (문제번호 표시 : 1. 2.),
                      2페이지 – 기능평가 II (문제번호 표시 : 3. 4.),
                      3페이지 – 문서작성 능력평가
◎ 기능평가
  • 문제와 《조건》은 입력하지 않으며 문제번호와 답(《출력형태》)만 작성합니다.
  • 4번 문제는 묶기를 했을 경우 0점 처리됩니다.
◎ 문서작성 능력평가
  • A4 용지(210mm×297mm) 1매 크기, 세로 서식 문서로 작성합니다.
  • ⁝⁝⁝⁝⁝ 표시는 문서작성에 대한 지시사항이므로 작성하지 않습니다.

1. 다음의《조건》에 따라 스타일 기능을 적용하여《출력형태》와 같이 작성하시오. (50점)

《조건》　　(1) 스타일 이름 – museum

　　　　　(2) 문단 모양 – 왼쪽 여백 : 15pt, 문단 아래 간격 : 10pt

　　　　　(3) 글자 모양 – 글꼴 : 한글(돋움)/영문(굴림), 크기 : 10pt, 장평 : 95%, 자간 : 5%

《출력형태》

Located in Majang-dong, Seongdong-gu, the Museum is in a six-level building on land of 1,728 square meters, showing the past, present and future of the stream as well as the whole restoration process.

청계천박물관은 복원되기 이전의 청계천의 모습부터 복원 이후 도시 변화의 모습을 전시하고 있으며 청계천 문화와 관련된 다양한 주제의 전시가 열리고 시민들이 참여하는 문화 소통의 장이 되고 있다.

2. 다음의《조건》에 따라《출력형태》와 같이 표와 차트를 작성하시오. (100점)

《표 조건》　　(1) 표 전체(표, 캡션) – 돋움, 10pt

　　　　　　(2) 정렬 – 문자 : 가운데 정렬, 숫자 : 오른쪽 정렬

　　　　　　(3) 셀 배경(면색) : 노랑

　　　　　　(4) 한글의 계산 기능을 이용하여 빈칸에 합계를 구하고, 캡션 기능 사용할 것

　　　　　　(5) 선 모양은《출력형태》와 동일하게 처리할 것

《출력형태》

청계천 유지관리비 내역(단위 : 십만 원)

구분	2015년	2016년	2017년	2018년	합계
시설 수리 및 점검	8,130	9,490	9,480	9,240	
위탁관리비	1,010	1,440	1,420	1,390	
전기료	6,920	6,890	6,940	6,870	
기타경비	3,210	2,170	2,650	2,340	

《차트 조건》　　(1) 차트 데이터는 표 내용에서 연도별 시설 수리 및 점검, 위탁관리비, 전기료의 값만 이용할 것

　　　　　　　(2) 종류 – <묶은 세로 막대형>으로 작업할 것

　　　　　　　(3) 제목 – 굴림, 진하게, 12pt, 속성 – 채우기(밝은 색 : 하양), 테두리, 그림자(바깥쪽 : 대각선 오른쪽 아래)

　　　　　　　(4) 제목 이외의 전체 글꼴 – 굴림, 보통, 10pt

　　　　　　　(5) 축제목과 범례는《출력형태》와 동일하게 처리할 것

《출력형태》

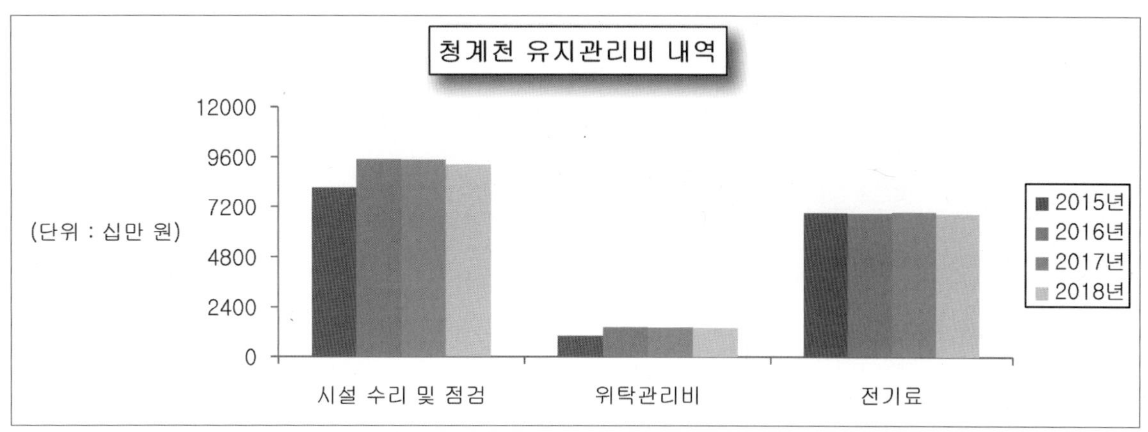

3. 다음 (1), (2)의 수식을 수식 편집기로 각각 입력하시오. (40점)

《출력형태》

$$(1)\ \frac{k_x}{2h} \times (-2mk_x) = -\frac{mk^2}{h}$$

그리스 대문자(※기타 기호와 다름)

$$(2)\ m = \frac{\Delta P}{K_a} = \frac{\Delta t_b}{K_b} = \frac{\Delta t_f}{K_f}$$

4. 다음의 《조건》에 따라 《출력형태》와 같이 문서를 작성하시오. (110점)

《조건》　　(1) 그리기 도구를 이용하여 작성하고, 모든 도형(글맵시, 지정된 그림 포함)을 《출력형태》와 같이 작성하시오.

　　　　　　(2) 도형의 면색은 지시사항이 없으면 색 없음을 제외하고 서로 다르게 임의로 지정하시오.

《출력형태》

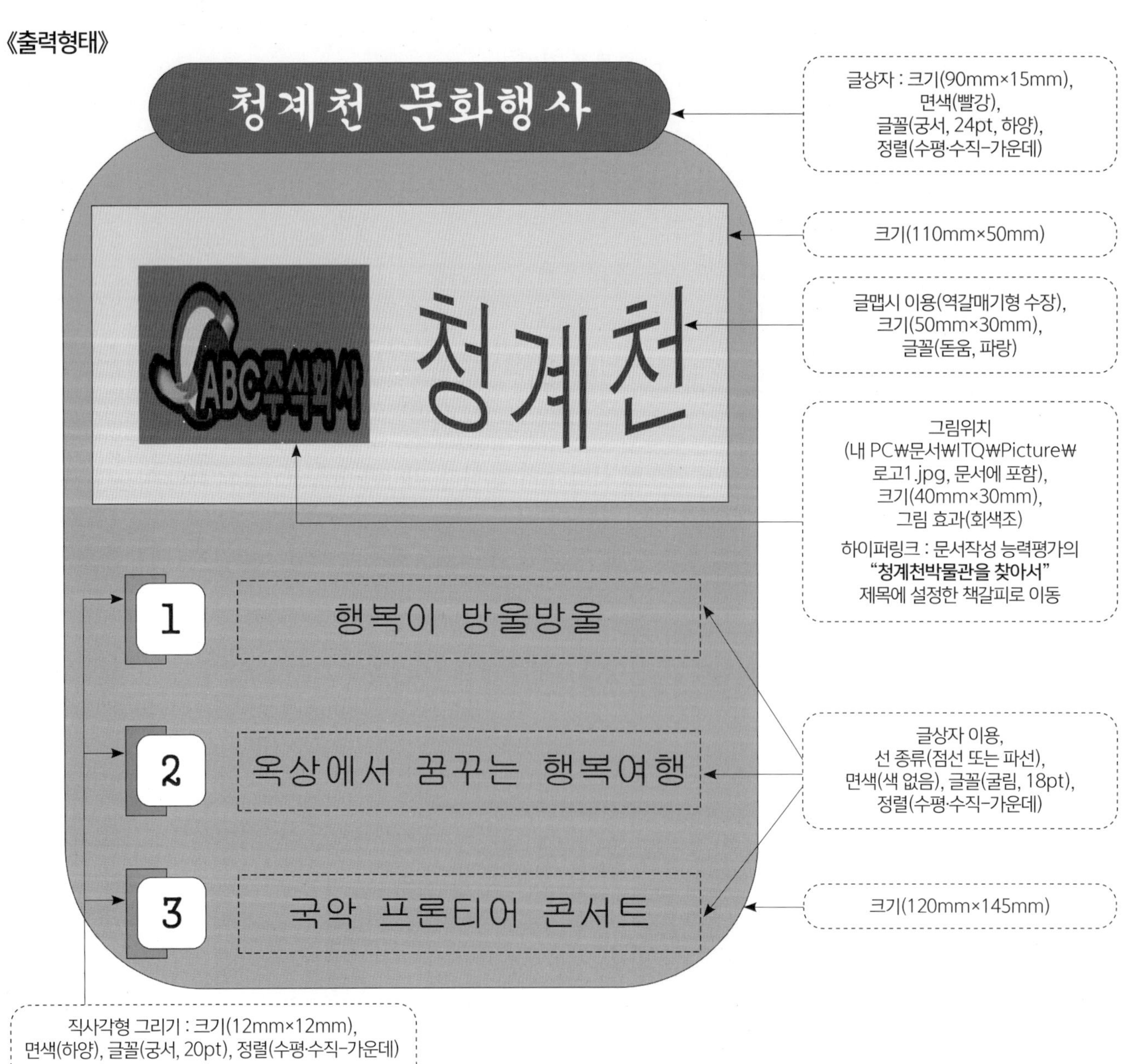

글꼴 : 굴림, 18pt, 진하게, 가운데 정렬
책갈피 이름 : 청계천
덧말 넣기

머리말 기능
돋움, 10pt, 오른쪽 정렬 → 청계천박물관

문화가 흐르는 청계천
청계천박물관을 찾아서

문단 첫 글자 장식 기능
글꼴 : 궁서, 면색 : 노랑

각주

그림위치(내 PC\문서\ITQ\Picture\그림4.jpg, 문서에 포함)
자르기 기능 이용, 크기(40mm×40mm), 바깥 여백 왼쪽 : 2mm

청계천박물관ⓐ은 청계천의 역사와 문화(文化)가 살아 숨 쉬는 문화 복합공간으로 2005년 9월 26일에 문을 열었습니다. 문화관 건물 정면의 긴 유리 튜브 형태는 청계천의 물길을 상징하며 지상 4층, 지하 2층의 1,728평 규모로 상설 전시실과 기획 전시실, 교육실과 강당 등을 갖추고 있습니다.

청계천의 역사적 여정이 주제별로 전시된 상설 전시실은 조선 시대부터 현재에 이르기까지 청계천의 역사를 다양한 관점에서 다루고 있으며, 위에서 아래로 흐르는 물의 속성을 따라 4층에서부터 1층으로 내려오며 관람하는 것이 특징입니다. 전시 내용은 '서울, 청계천', '개천시대', '청계천, 청계로', '청계천 복원 사업', '복원 후 10년' 등 크게 5개의 주제로 구성되어 지난 10년간 축적(蓄積)된 청계천 관련 자료들이 총망라되어 있으며, 기획 전시실은 청계천 문화와 관련하여 다양한 주제의 기획 전시와 흥미로운 문화 행사를 선보이면서 청계천의 문화 공간으로 자리 잡게 되었습니다. 또한 문화가 흐르는 청계천의 밤을 비롯하여 다양한 문화이벤트를 강당, 옥상, 청계천, 동대문역사문화공원 야외무대 등 다양한 공간을 활용하여 연극, 영화, 음악 등 매월 다채로운 프로그램을 선보이고 있습니다.

♥ 청계천 교육프로그램

글꼴 : 궁서, 18pt, 하양
음영색 : 파랑

① 졸졸졸 개천, 콸콸콸 준천
　(ㄱ) 교육기간 : 3월 - 11월(격주 수)
　(ㄴ) 접수대상 : 초등학교 4 - 6학년 학급단체
② 씽씽 보드게임! 청계천 시간여행
　(ㄱ) 교육기간 : 11월 - 12월(매주 수, 목, 금)
　(ㄴ) 접수대상 : 초등학교 1 - 3학년 학급단체

문단 번호 기능 사용
1수준 : 20pt, 오른쪽정렬,
2수준 : 30pt, 오른쪽정렬
줄 간격 : 180%

표 전체 글꼴 : 굴림, 10pt, 가운데 정렬
셀 배경(그러데이션) : 유형(가로),
시작색(하양), 끝색(노랑)

♥ 청계천아카데미 세부내용

글꼴 : 궁서, 18pt, 기울임, 강조점

구분	일반 강좌	전문 강좌	현장 투어
프로그램	사업 안내 및 홍보 영상물 상영	비기술(사업조직, 사업홍보, 갈등관리)	청계광장-삼일교, 황학교-두물다리
		기술분야(하천복원, 도시계획)	
소요 시간	20분	각 60분	60분
대상	방문객	벤치마킹 목적의 국내외 전문가 및 단체	방문객
연락처	청계천박물관, 청계천아카데미		서울시 청계천 도보 관광

각주 구분선 : 5cm

글꼴 : 돋움, 24pt, 진하게
장평 105%, 오른쪽 정렬 → 청계천박물관

ⓐ 서울시 성동구 청계천로 530에 위치하며, 청계천 순환 2층 시티투어버스가 경유

쪽 번호 매기기
4로 시작 → ④

정보기술자격(ITQ) 최신기출문제

과 목	코 드	문제유형	시험시간	수험번호	성 명
아래한글	1111	A	60분		

수험자 유의사항

◎ 수험자는 문제지를 받는 즉시 문제지와 **수험표상의 시험과목(프로그램)이 동일한지 반드시 확인**하여야 합니다.
◎ 파일명은 본인의 "수험번호-성명"으로 입력하여 답안폴더(내 PC\문서\ITQ)에 하나의 파일로 저장해야 하며, 답안 파일을 전송하지 않아 미제출로 처리될 경우 실격 처리합니다(예:12345678-홍길동.hwpx).
◎ 답안 작성을 마치면 파일을 저장하고, '답안 전송' 버튼을 선택하여 감독위원 PC로 답안을 전송하십시오. 수험생 정보와 저장한 파일명이 다를 경우 전송되지 않으므로 주의하시기 바랍니다.
◎ 답안 작성 중에도 **주기적으로 저장하고, '답안 전송'**하여야 문제 발생을 줄일 수 있습니다. 작업한 내용을 저장하지 않고 전송할 경우 이전에 저장된 내용이 전송되오니 이점 유의하시기 바랍니다.
◎ 답안문서는 지정된 경로 외의 다른 보조기억장치에 저장하는 경우, 지정된 시험 시간 외에 작성된 파일을 활용할 경우, 기타 통신수단(이메일, 메신저, 네트워크 등)을 이용하여 타인에게 전달 또는 외부 반출하는 경우는 부정 처리합니다.
◎ 시험 중 부주의 또는 고의로 시스템을 파손한 경우는 수험자가 변상해야 하며, <수험자 유의사항>에 기재된 방법대로 이행하지 않아 생기는 불이익은 수험생 당사자의 책임임을 알려 드립니다.
◎ 문제의 조건은 한컴오피스 2022/2020 버전으로 설정되어 있으니 유의하시기 바랍니다.
◎ 시험을 완료한 수험자는 답안파일이 전송되었는지 확인한 후 감독위원의 지시에 따라 문제지를 제출하고 퇴실합니다.

답안 작성요령

◎ **온라인 답안 작성 절차**
  수험자 등록 ⇒ 시험 시작 ⇒ 답안파일 저장 ⇒ 답안 전송 ⇒ 시험 종료
◎ **공통 부문**
  • 글꼴에 대한 기본설정은 함초롬바탕, 10포인트, 검정, 줄간격 160%, 양쪽정렬로 합니다.
  • 색상은 조건의 색을 적용하고 색의 구분이 안 될 경우에는 RGB 값을 적용하십시오.
    (빨강 255,0,0 / 파랑 0,0,255 / 노랑 255,255,0).
  • 각 문항에 주어진 《조건》에 따라 작성하고 언급하지 않은 조건은 《출력형태》와 같이 작성합니다.
  • 용지여백은 왼쪽·오른쪽 11mm, 위쪽·아래쪽·머리말·꼬리말 10mm, 제본 0mm로 합니다.
  • 그림 삽입 문제의 경우 「내 PC\문서\ITQ\Picture」 폴더에서 지정된 파일을 선택하여 삽입하십시오.
  • 삽입한 그림은 반드시 문서에 포함하여 저장해야 합니다(미포함 시 감점 처리).
  • 각 항목은 지정된 페이지에 출력형태와 같이 정확히 작성하시기 바라며, 그렇지 않을 경우에 해당 항목은 0점 처리됩니다.
    ※ 페이지구분 : 1페이지 – 기능평가 I (문제번호 표시 : 1. 2.),
                  2페이지 – 기능평가 II (문제번호 표시 : 3. 4.),
                  3페이지 – 문서작성 능력평가
◎ **기능평가**
  • 문제와 《조건》은 입력하지 않으며 문제번호와 답(《출력형태》)만 작성합니다.
  • 4번 문제는 묶기를 했을 경우 0점 처리됩니다.
◎ **문서작성 능력평가**
  • A4 용지(210mm×297mm) 1매 크기, 세로 서식 문서로 작성합니다.
  • ⌜‿‿‿‿‿⌟ 표시는 문서작성에 대한 지시사항이므로 작성하지 않습니다.

1. 다음의 《조건》에 따라 스타일 기능을 적용하여 《출력형태》와 같이 작성하시오. (50점)

《조건》
(1) 스타일 이름 – green
(2) 문단 모양 – 왼쪽 여백 : 15pt, 문단 아래 간격 : 10pt
(3) 글자 모양 – 글꼴 : 한글(굴림)/영문(돋움), 크기 : 10pt, 장평 : 95%, 자간 : 5%

《출력형태》

In the OECD policy brief, Korean Green New Deal was showcased as an exemplary model for green recovery from Covid-19 that will ensure an accelerated transition toward a more sustainable economy.

스마트 그린도시는 도시화, 산업화로 훼손된 자연의 건강성을 회복하고, 코로나19나 아프리카돼지열병 등 야생동물 매개 질병으로부터 안전한 생태환경으로 전환하기 위한 환경부 그린뉴딜 사업입니다.

2. 다음의 《조건》에 따라 《출력형태》와 같이 표와 차트를 작성하시오. (100점)

《표 조건》
(1) 표 전체(표, 캡션) – 돋움, 10pt
(2) 정렬 – 문자 : 가운데 정렬, 숫자 : 오른쪽 정렬
(3) 셀 배경(면색) : 노랑
(4) 한글의 계산 기능을 이용하여 빈칸에 합계를 구하고, 캡션 기능 사용할 것
(5) 선 모양은 《출력형태》와 동일하게 처리할 것

《출력형태》

도시별 하루 생활 폐기물 현황(단위 : 톤)

구분	서울시	인천시	부산시	대전시	광주시
매립	799	252	260	381	158
소각	2,238	692	416	225	26
재활용	6,180	1,323	2,667	1,058	1,085
합계					

《차트 조건》
(1) 차트 데이터는 표 내용에서 구분별 서울시, 인천시, 부산시, 대전시의 값만 이용할 것
(2) 종류 – <묶은 가로 막대형>으로 작업할 것
(3) 제목 – 굴림, 진하게, 12pt, 속성 – 채우기(밝은 색 : 하양), 테두리, 그림자(바깥쪽 : 대각선 오른쪽 아래)
(4) 제목 이외의 전체 글꼴 – 굴림, 보통, 10pt
(5) 축제목과 범례는 《출력형태》와 동일하게 처리할 것

《출력형태》

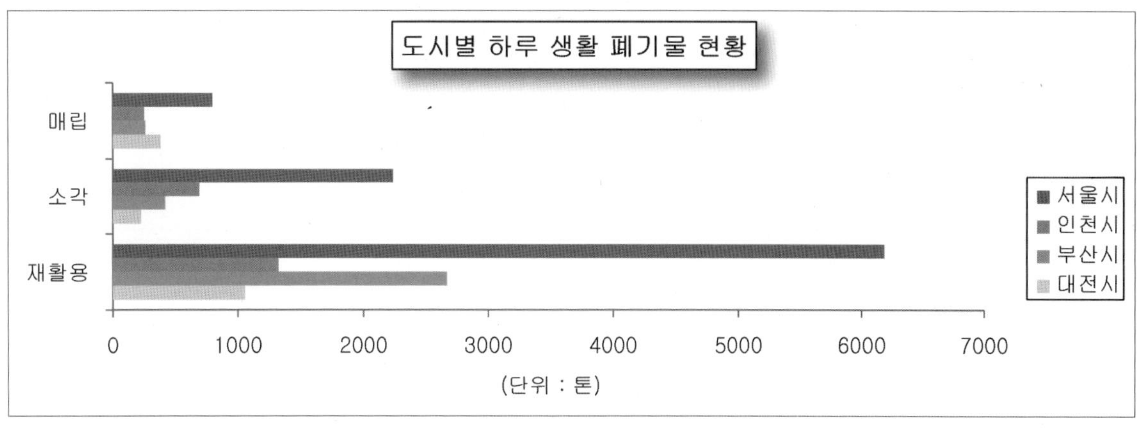

3. 다음 (1), (2)의 수식을 수식 편집기로 각각 입력하시오. (40점)

《출력형태》

$$(1)\ Y = \sqrt{\frac{gL}{2\pi}} = \frac{gT}{2\pi} \qquad\qquad (2)\ \int_0^3 \frac{\sqrt{6t^2 - 18t + 12}}{5}\,dt = 11$$

4. 다음의 《조건》에 따라 《출력형태》와 같이 문서를 작성하시오. (110점)

《조건》　　(1) 그리기 도구를 이용하여 작성하고, 모든 도형(글맵시, 지정된 그림 포함)을 《출력형태》와 같이
　　　　　　　작성하시오.
　　　　　(2) 도형의 면색은 지시사항이 없으면 색 없음을 제외하고 서로 다르게 임의로 지정하시오.

《출력형태》

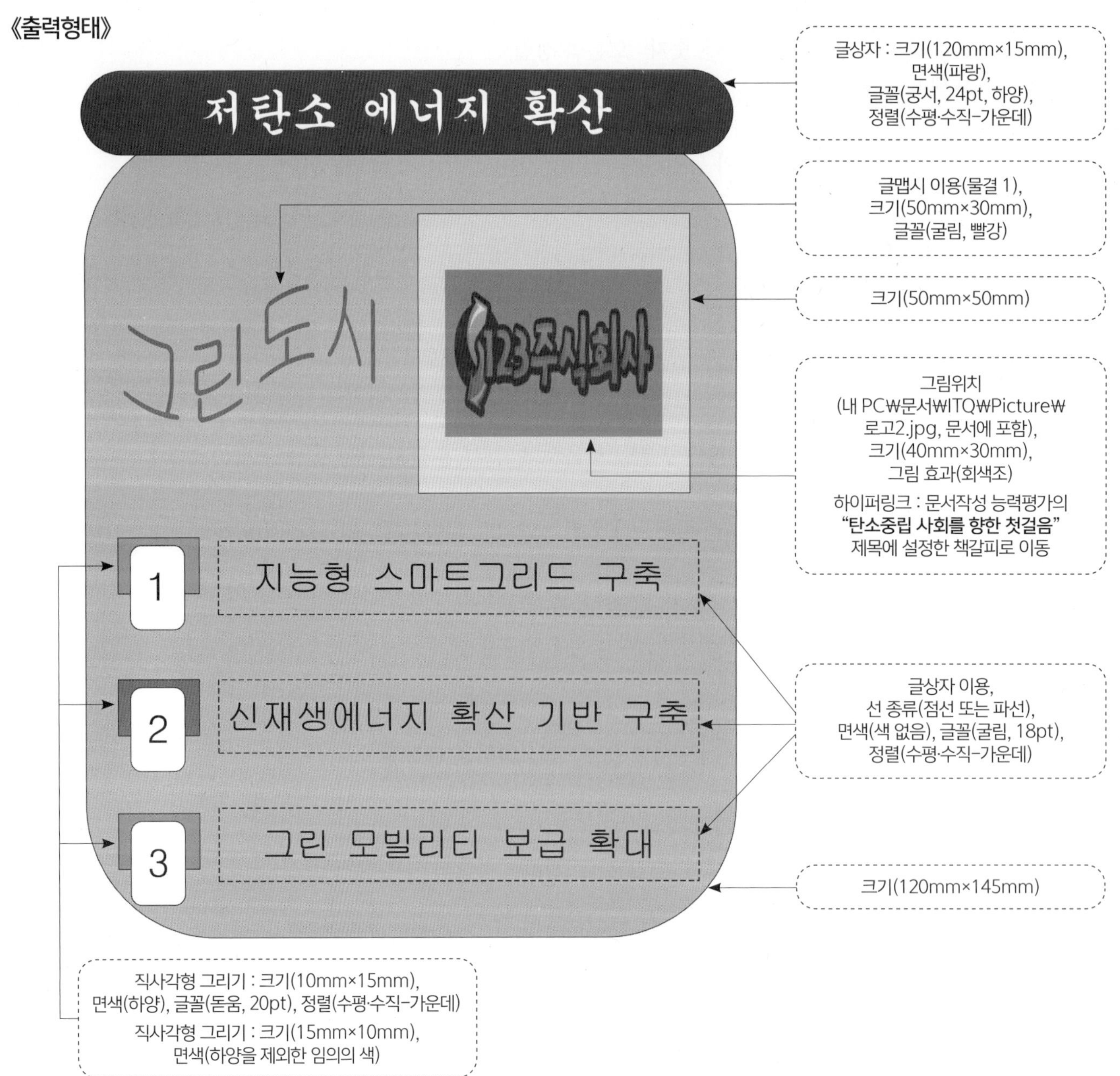

글꼴 : 궁서, 18pt, 진하게, 가운데 정렬
책갈피 이름 : 환경
덧말 넣기

머리말 기능
굴림, 10pt, 오른쪽 정렬 → 한국판 뉴딜 사업

그린뉴딜
탄소중립 사회를 향한 첫걸음

문단 첫 글자 장식 기능
글꼴 : 돋움, 면색 : 노랑

각주

그림위치(내 PC\문서\ITQ\Picture\그림4.jpg, 문서에 포함)
자르기 기능 이용, 크기(40mm×30mm), 바깥 여백 왼쪽 : 2mm

그린뉴딜 5대 주요사업 중 스마트 그린도시에서 탄소중립Ⓐ은 우리 사회가 지향해야 할 방향이다. 국가의 장기적 지향점으로서 앞으로 사회 변화상을 고려해 도전과 기회의 관점에서 바라볼 필요가 있다. 기업이나 개인이 발생시킨 이산화탄소 배출량만큼 이산화탄소 흡수량도 늘려 실질적인 이산화탄소 배출량을 제로로 만든다는 개념이다. 다시 말하면 대기 중으로 배출한 이산화탄소의 양을 상쇄할 정도의 이산화탄소를 다시 흡수하는 대책을 세움으로써 이산화탄소 총량을 중립(中立) 상태로 만든다는 뜻이다.

　시행 방안으로는 첫째, 이산화탄소 배출량에 상응하는 만큼의 숲을 조성하여 산소를 공급하거나 화석연료를 대체할 수 있는 무공해에너지인 태양열, 풍력 에너지 등 재생에너지 분야에 투자하는 방법, 둘째, 이산화탄소 배출량에 상응하는 탄소배출권을 구매하는 방법 등이 있다. 탄소배출권이란 이산화탄소 배출량을 돈으로 환산하여 시장에서 거래할 수 있도록 한 것인데, 탄소배출권을 구매하기 위해 지불한 돈은 삼림(森林)을 조성하는 등 이산화탄소 흡수량을 늘리는 데에 사용된다. 각 나라에서는 지구온난화의 주범인 이산화탄소의 배출량을 조절하기 위해 탄소중립 운동을 활발히 시행하고 있다.

■ 국토생태계 녹색 복원

글꼴 : 궁서, 18pt, 하양
음영색 : 파랑

1. 왜 필요할까요?
　　가. 도시지역 내 생태공간 확충을 통해 국토의 지속가능성을 확보
　　나. 포스트 코로나에 대비하여 사람과 야생동물 간의 안전한 공존
2. 어떻게 하나요?
　　가. 국립공원 16개소 및 도시훼손지 25개소 등 자연환경 복원
　　나. 멸종 위기종 서식지 중심 복원 및 관리사업 추진

문단 번호 기능 사용
　1수준 : 20pt, 오른쪽정렬,
　2수준 : 30pt, 오른쪽정렬
줄 간격 : 180%

표 전체 글꼴 : 돋움, 10pt, 가운데 정렬
셀 배경(그러데이션) : 유형(왼쪽 대각선),
　　시작색(하양), 끝색(노랑)

■ *환경보건센터 운영 현황*

글꼴 : 궁서, 18pt, 기울임, 강조점

센터명	전문 분야	유효기간	사업 내용	지역
서경대학교	환경보건 연구정보	2025. 08. 16.	환경보건 분야 연구정보 구축	서울
서울시립대학교	환경보건 전문인력 육성	2025. 07. 26.	환경독성/보건 분야 전문인력 육성	서울
인하대병원	환경보건 전문인력 육성	2025. 07. 26.	환경의학 분야 전문인력 육성	인천
순천향대구미병원	환경독성	2024. 12. 31.	화학물질과 건강영향	구미

글꼴 : 굴림, 24pt, 진하게
장평 105%, 오른쪽 정렬 → # 환경부 그린뉴딜

각주 구분선 : 5cm

Ⓐ 이산화탄소의 실질적인 배출량을 0으로 만든다는 개념

쪽 번호 매기기
5로 시작 → ⑤

정보기술자격(ITQ) 최신기출문제

과 목	코 드	문제유형	시험시간	수험번호	성 명
아래한글	1111	B	60분		

수험자 유의사항

◎ 수험자는 문제지를 받는 즉시 문제지와 **수험표상의 시험과목(프로그램)이 동일한지 반드시 확인**하여야 합니다.

◎ 파일명은 본인의 "수험번호-성명"으로 입력하여 답안폴더(내 PC\문서\ITQ)에 하나의 파일로 저장해야 하며, 답안 파일을 전송하지 않아 미제출로 처리될 경우 실격 처리합니다(예:12345678-홍길동.hwpx).

◎ 답안 작성을 마치면 파일을 저장하고, '답안 전송' 버튼을 선택하여 감독위원 PC로 답안을 전송하십시오. 수험생 정보와 저장한 파일명이 다를 경우 전송되지 않으므로 주의하시기 바랍니다.

◎ 답안 작성 중에도 **주기적으로 저장하고, '답안 전송'**하여야 문제 발생을 줄일 수 있습니다. 작업한 내용을 저장하지 않고 전송할 경우 이전에 저장된 내용이 전송되오니 이점 유의하시기 바랍니다.

◎ 답안문서는 지정된 경로 외의 다른 보조기억장치에 저장하는 경우, 지정된 시험 시간 외에 작성된 파일을 활용할 경우, 기타 통신수단(이메일, 메신저, 네트워크 등)을 이용하여 타인에게 전달 또는 외부 반출하는 경우는 부정 처리합니다.

◎ 시험 중 부주의 또는 고의로 시스템을 파손한 경우는 수험자가 변상해야 하며, <수험자 유의사항>에 기재된 방법대로 이행하지 않아 생기는 불이익은 수험생 당사자의 책임임을 알려 드립니다.

◎ 문제의 조건은 한컴오피스 2022/2020 버전으로 설정되어 있으니 유의하시기 바랍니다.

◎ 시험을 완료한 수험자는 답안파일이 전송되었는지 확인한 후 감독위원의 지시에 따라 문제지를 제출하고 퇴실합니다.

답안 작성요령

◎ **온라인 답안 작성 절차**
  수험자 등록 ⇒ 시험 시작 ⇒ 답안파일 저장 ⇒ 답안 전송 ⇒ 시험 종료

◎ **공통 부문**
  • 글꼴에 대한 기본설정은 함초롬바탕, 10포인트, 검정, 줄간격 160%, 양쪽정렬로 합니다.
  • 색상은 조건의 색을 적용하고 색의 구분이 안 될 경우에는 RGB 값을 적용하십시오.
    (빨강 255,0,0 / 파랑 0,0,255 / 노랑 255,255,0).
  • 각 문항에 주어진 《조건》에 따라 작성하고 언급하지 않은 조건은 《출력형태》와 같이 작성합니다.
  • 용지여백은 왼쪽 ·오른쪽 11mm, 위쪽·아래쪽·머리말·꼬리말 10mm, 제본 0mm로 합니다.
  • 그림 삽입 문제의 경우 「내 PC\문서\ITQ\Picture」 폴더에서 지정된 파일을 선택하여 삽입하십시오.
  • 삽입한 그림은 반드시 문서에 포함하여 저장해야 합니다(미포함 시 감점 처리).
  • 각 항목은 지정된 페이지에 출력형태와 같이 정확히 작성하시기 바라며, 그렇지 않을 경우에 해당 항목은 0점 처리됩니다.
    ※ 페이지구분 : 1페이지 – 기능평가 I (문제번호 표시 : 1. 2.),
                2페이지 – 기능평가 II (문제번호 표시 : 3. 4.),
                3페이지 – 문서작성 능력평가

◎ **기능평가**
  • 문제와 《조건》은 입력하지 않으며 문제번호와 답(《출력형태》)만 작성합니다.
  • 4번 문제는 묶기를 했을 경우 0점 처리됩니다.

◎ **문서작성 능력평가**
  • A4 용지(210mm×297mm) 1매 크기, 세로 서식 문서로 작성합니다.
  • (   ) 표시는 문서작성에 대한 지시사항이므로 작성하지 않습니다.

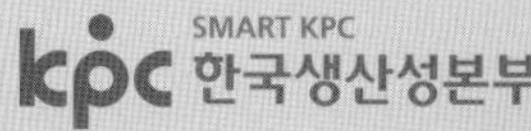

1. 다음의 《조건》에 따라 스타일 기능을 적용하여 《출력형태》와 같이 작성하시오. (50점)

《조건》　(1) 스타일 이름 – autonomous
　　　　　(2) 문단 모양 – 왼쪽 여백 : 15pt, 문단 아래 간격 : 10pt
　　　　　(3) 글자 모양 – 글꼴 : 한글(굴림)/영문(돋움), 크기 : 10pt, 장평 : 95%, 자간 : 5%

《출력형태》

Autonomous cars have control systems that are capable of analyzing sensory data to distinguish between different cars on the road, which is very useful in planning a path to the desired destination.

이미 실용화되고 있는 무인자동차로는 이스라엘 군에서 미리 설정된 경로를 순찰하는 무인차량과 해외 광산, 건설 현장 등에서 운용되고 있는 덤프트럭 등의 무인운행 시스템이 있다.

2. 다음의 《조건》에 따라 《출력형태》와 같이 표와 차트를 작성하시오. (100점)

《표 조건》　(1) 표 전체(표, 캡션) – 돋움, 10pt
　　　　　　(2) 정렬 – 문자 : 가운데 정렬, 숫자 : 오른쪽 정렬
　　　　　　(3) 셀 배경(면색) : 노랑
　　　　　　(4) 한글의 계산 기능을 이용하여 빈칸에 평균(소수점 두 자리)을 구하고, 캡션 기능 사용할 것
　　　　　　(5) 선 모양은 《출력형태》와 동일하게 처리할 것

《출력형태》

무인자동차 관련 상장사(단위 : 억 원, %)

종목	매출액	영업이익	순이익	주가수익비율	주가순자산비율
테크닉스	2,024	308	300	16.8	2.3
셀프드라이빙	1,967	232	234	8.9	2.1
일렉트로	2,208	229	126	15.3	1.2
평균					

《차트 조건》　(1) 차트 데이터는 표 내용에서 종목별 매출액, 영업이익, 순이익, 주가수익비율의 값만 이용할 것
　　　　　　　(2) 종류 – <묶은 세로 막대형>으로 작업할 것
　　　　　　　(3) 제목 – 굴림, 진하게, 12pt 속성 – 채우기(밝은 색 : 하양), 테두리, 그림자(바깥쪽 : 대각선 오른쪽 아래)
　　　　　　　(4) 제목 이외의 전체 글꼴 – 굴림, 보통, 10pt
　　　　　　　(5) 축제목과 범례는 《출력형태》와 동일하게 처리할 것

《출력형태》

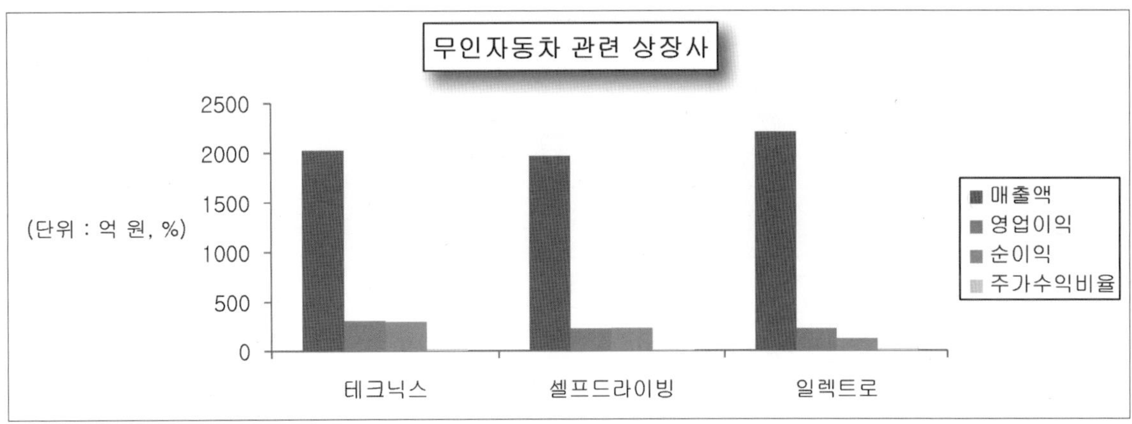

3. 다음 (1), (2)의 수식을 수식 편집기로 각각 입력하시오. (40점)

《출력형태》

$$(1)\ m = \frac{\varDelta P}{K_a} = \frac{\varDelta t_b}{K_b} = \frac{\varDelta t_f}{K_f} \qquad (2)\ h = \sqrt{k^2 - r^2},\ M = \frac{1}{3}\pi r^2 h$$

4. 다음의 《조건》에 따라 《출력형태》와 같이 문서를 작성하시오. (110점)

《조건》　(1) 그리기 도구를 이용하여 작성하고, 모든 도형(글맵시, 지정된 그림 포함)을 《출력형태》와 같이 작성하시오.

　(2) 도형의 면색은 지시사항이 없으면 색 없음을 제외하고 서로 다르게 임의로 지정하시오.

《출력형태》

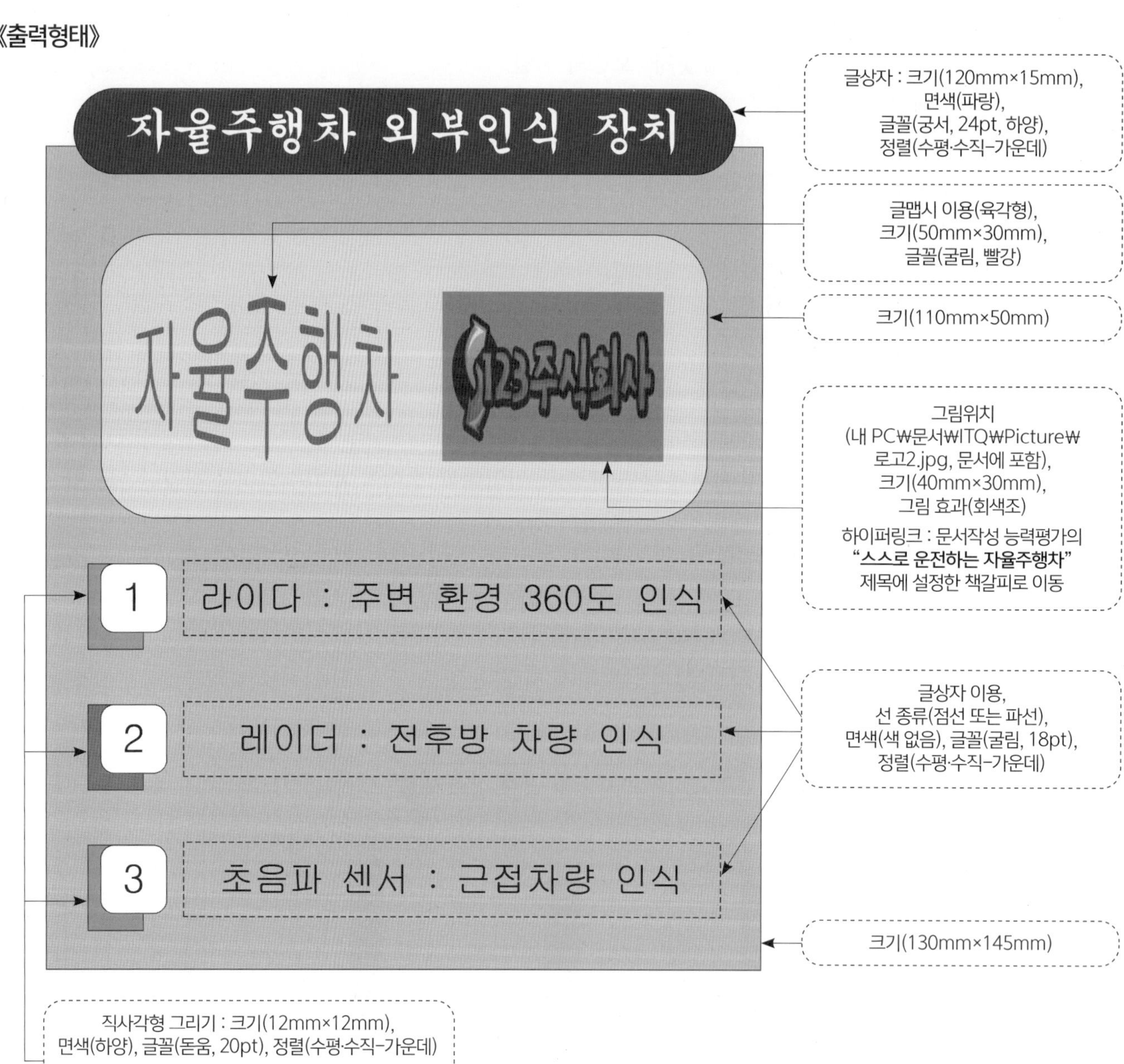

글상자 : 크기(120mm×15mm), 면색(파랑), 글꼴(궁서, 24pt, 하양), 정렬(수평·수직-가운데)

글맵시 이용(육각형), 크기(50mm×30mm), 글꼴(굴림, 빨강)

크기(110mm×50mm)

그림위치
(내 PC₩문서₩ITQ₩Picture₩
로고2.jpg, 문서에 포함),
크기(40mm×30mm),
그림 효과(회색조)

하이퍼링크 : 문서작성 능력평가의 **"스스로 운전하는 자율주행차"** 제목에 설정한 책갈피로 이동

글상자 이용, 선 종류(점선 또는 파선), 면색(색 없음), 글꼴(굴림, 18pt), 정렬(수평·수직-가운데)

크기(130mm×145mm)

직사각형 그리기 : 크기(12mm×12mm), 면색(하양), 글꼴(돋움, 20pt), 정렬(수평·수직-가운데)

직사각형 그리기 : 크기(10mm×15mm), 면색(하양을 제외한 임의의 색)

글꼴 : 궁서, 18pt, 진하게, 가운데 정렬
책갈피 이름 : 자율주행
덧말 넣기

머리말 기능
굴림, 10pt, 오른쪽 정렬 → 자율 주행

도로위의 혁신
스스로 운전하는 자율주행차

문단 첫 글자 장식 기능
글꼴 : 돋움, 면색 : 노랑

각주

그림위치(내 PC\문서\ITQ\Picture\그림4.jpg, 문서에 포함)
자르기 기능 이용, 크기(40mm×40mm), 바깥 여백 왼쪽 : 2mm

자율주행 자동차란 운전자의 개입 없이 주변 환경을 인식하고, 주행 상황을 판단하여 차량을 제어(制御)함으로써 스스로 주어진 목적지까지 주행하는 자동차를 말한다. 최근에는 이러한 자율주행 자동차가 교통사고[A]를 줄이고, 교통 효율성을 높이며, 연료를 절감하고, 운전을 대신 해줌으로써 편의를 증대시킬 수 있는 미래의 개인 교통수단으로 주목(注目)받고 있다.

자율주행 자동차 기술로는 운전자 보조 기술, 자동주행 기술, 무인자동차 또는 자율주행 기술이 있다. 운전자 보조 기술은 종방향 또는 횡방향 중 한 가지에 대해서 운전자에게 경고하거나 제어를 도와주는 기술을 말한다. 자동주행 기술은 종횡 방향 모두에 대해 제어를 도와주는 기술을 말한다. 단, 항상 운전자가 주변 상황을 계속 모니터링하고 있다가 언제든지 개입할 수 있다는 가정을 가지고 있다. 자동주행과 자율주행의 차이는 운전자가 항상 개입을 할 수 있도록 준비해야 하는지 아닌지에 따라 구별한다. 자율주행 차량의 경우 운전자가 신문을 보거나 잠을 자도 상관없이 차량이 자율로 주행하는 개념이다.

★ 자율주행 프로세스

글꼴 : 궁서, 18pt, 하양
음영색 : 파랑

  A. 인지
    ⓐ 각종 센서를 이용하여 차선 및 차량에 관한 정보 인지
    ⓑ 경로 선택, 차량 간 통신을 통해 주변 도로 및 상황 정보 획득
  B. 판단 및 제어
    ⓐ 주행상황 판단 및 주행전략 결정, 주행경로 생성
    ⓑ 목표 조향각/토크, 목표 가감속

문단 번호 기능 사용
1수준 : 20pt, 오른쪽정렬,
2수준 : 30pt, 오른쪽정렬
줄 간격 : 180%

표 전체 글꼴 : 돋움, 10pt, 가운데 정렬
셀 배경(그러데이션) : 유형(왼쪽 대각선),
시작색(하양), 끝색(노랑)

★ 자율주행 진행 단계

글꼴 : 궁서, 18pt, 기울임, 강조점

단계	특징	내용	모니터링
1단계	운전자 지원	조향 또는 가속 및 감속 중 하나를 수행	운전자
2단계	부분 자동화	조향 또는 가속 및 감속 모두 수행하는 주행보조 기술	운전자
3단계	조건부 자동화	차량 제어와 주행환경을 인식하지만 운전자가 적절하게 제어	자율주행 시스템
4단계	고도 자동화	모든 측면을 시스템이 수행하지만 전적으로 제어하는 것은 아님	자율주행 시스템

글꼴 : 굴림, 24pt, 진하게
장평 105%, 오른쪽 정렬 → # 한국전자통신연구원

각주 구분선 : 5cm

[A] 94%에 이르는 대부분의 교통사고는 운전자의 부주의로 인해 발생

쪽 번호 매기기
5로 시작 → E

ITQ OA MASTER
파워
포인트
2021

ITQ 파워포인트 목차

● PART 01 ● 출제유형 마스터하기

출제유형 01 [전체 구성] 슬라이드 마스터 ·········· 210
출제유형 02 [슬라이드 1] 표지 디자인 ·········· 228
출제유형 03 [슬라이드 2] 목차 슬라이드 ·········· 242
출제유형 04 [슬라이드 3] 텍스트/동영상 슬라이드 ·········· 258
출제유형 05 [슬라이드 4] 표 슬라이드 ·········· 272
출제유형 06 [슬라이드 5] 차트 슬라이드 ·········· 288
출제유형 07 [슬라이드 6] 도형 슬라이드 ·········· 308

● PART 02 ● 실전모의고사

제01회 실전모의고사 ·········· 332
제02회 실전모의고사 ·········· 336
제03회 실전모의고사 ·········· 340
제04회 실전모의고사 ·········· 344
제05회 실전모의고사 ·········· 348
제06회 실전모의고사 ·········· 352
제07회 실전모의고사 ·········· 356
제08회 실전모의고사 ·········· 360
제09회 실전모의고사 ·········· 364
제10회 실전모의고사 ·········· 368
제11회 실전모의고사 ·········· 372
제12회 실전모의고사 ·········· 376

● PART 03 ● 최신기출문제

제01회 최신기출문제 ·········· 382
제02회 최신기출문제 ·········· 386
제03회 최신기출문제 ·········· 390
제04회 최신기출문제 ·········· 394
제05회 최신기출문제 ·········· 398

출제유형 마스터하기

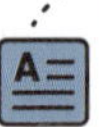

출제유형 01 | [전체 구성] 슬라이드 마스터

출제유형 02 | [슬라이드 1] 표지 디자인

출제유형 03 | [슬라이드 2] 목차 슬라이드

출제유형 04 | [슬라이드 3] 텍스트/동영상 슬라이드

출제유형 05 | [슬라이드 4] 표 슬라이드

출제유형 06 | [슬라이드 5] 차트 슬라이드

출제유형 07 | [슬라이드 6] 도형 슬라이드

[전체 구성] 슬라이드 마스터

⊘ **실습파일** : 없음　　⊘ **완성파일** : 01차시(완성).pptx

[배점] 60점 (500점 만점)

[전체 구성]

(1) 슬라이드 크기 및 순서 : 크기를 A4 용지로 설정하고 슬라이드 순서에 맞게 작성한다.

(2) 슬라이드 마스터 : 2~6슬라이드의 제목, 하단 로고, 슬라이드 번호는 슬라이드 마스터를 이용하여 작성한다.
- 제목 글꼴(돋움, 40pt, 흰색), 가운데 맞춤, 도형(선 없음)
- 하단 로고(「내 PC₩문서₩ITQ₩Picture₩로고1.jpg」, 배경(회색) 투명색으로 설정)

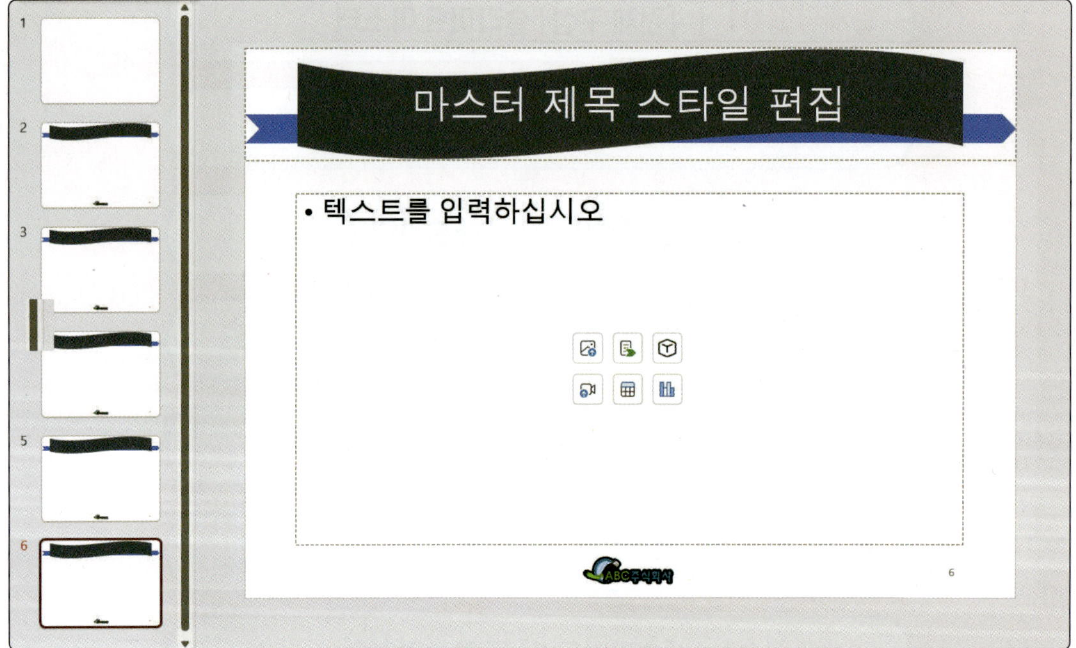

답안 파일 저장 〉 슬라이드 크기 변경 〉 슬라이드 마스터에 제목 도형 작업 〉

슬라이드 마스터 로고 이미지 삽입 〉 슬라이드 번호 지정 〉 슬라이드 추가

Check 01 시험 준비 ： ITQ 파워포인트 시험을 위한 기본 작업이 필요해요!

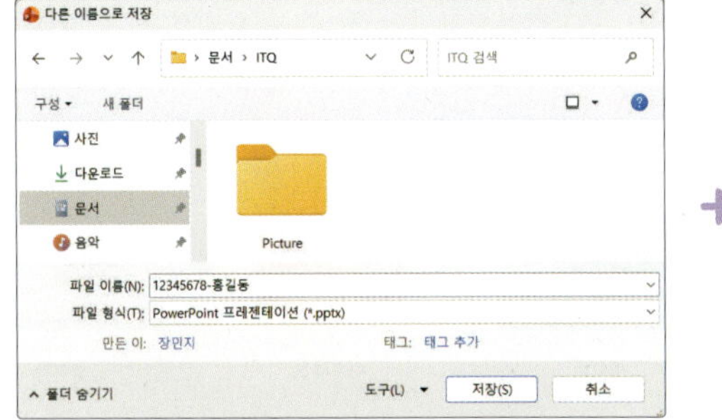

지정된 경로에 답안 파일 저장

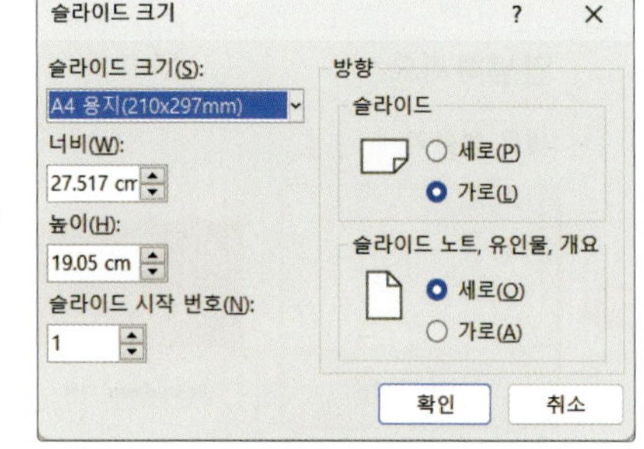

슬라이드 크기 변경

Check 02 제목 작업 ： 슬라이드 마스터 기능으로 제목 상자를 완성해요!

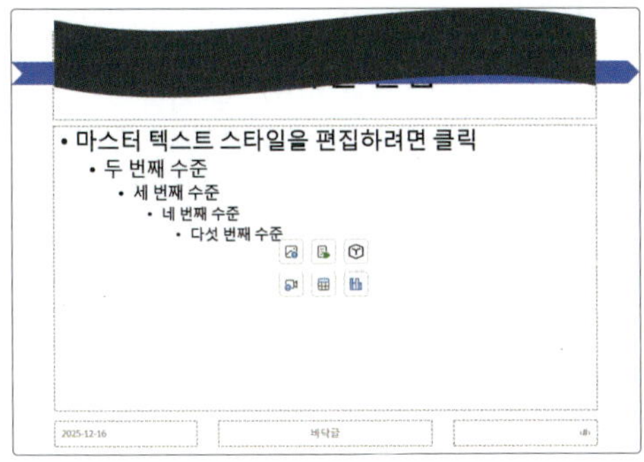

도형 삽입 및 편집

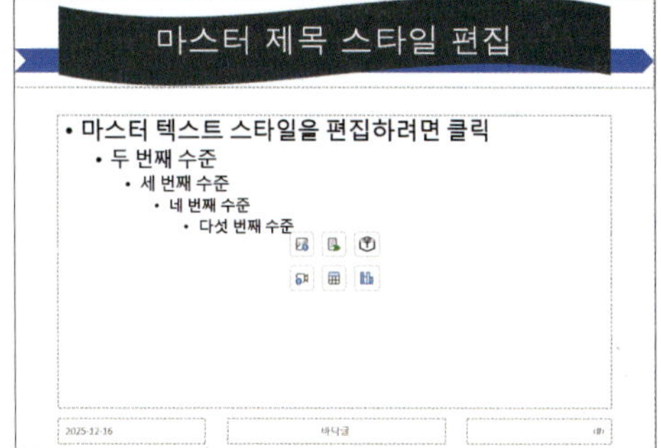

슬라이드 마스터 제목 상자 편집

Check 03 로고 & 번호 작업 ： 슬라이드 마스터 기능으로 로고 이미지와 슬라이드 번호를 추가해요!

로고 이미지 삽입 후 회색 배경을 투명하게 설정

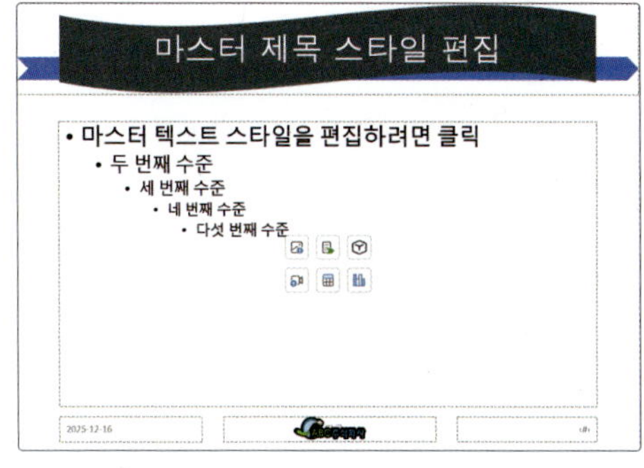

로고 배치 후 슬라이드 번호 지정

답안 파일 저장하기

> [수험자 유의사항]
> 파일명은 본인의 "수험번호-성명"으로 입력하여 답안폴더(내 PC₩문서₩ITQ)에 하나의 파일로 저장해야 하며, 답안파일을 전송하지 않아 미제출로 처리될 경우 실격 처리합니다. (예:12345678-홍길동.pptx)

1 파워포인트 2021 프로그램을 실행한 후 **[새 프레젠테이션]**을 선택합니다.

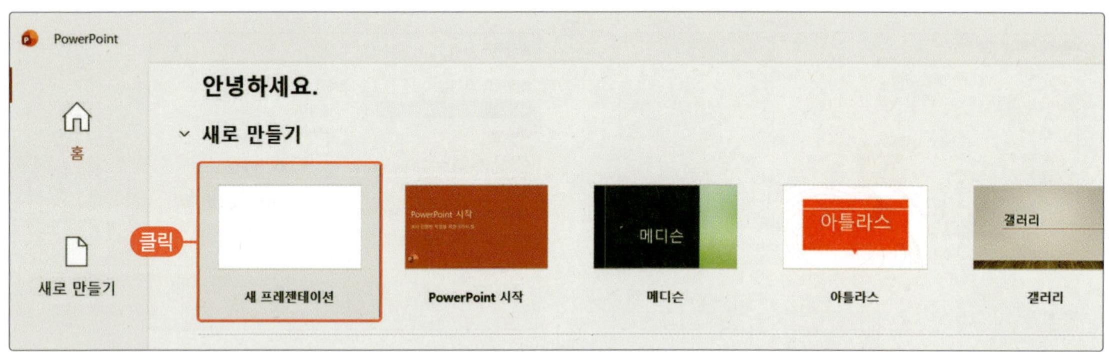

2 새 프레젠테이션이 열리면 [파일] 탭-**[다른 이름으로 저장]**을 클릭하여 답안 파일을 저장합니다.

✿ 답안 파일을 맨 처음 저장할 때는 [다른 이름으로 저장]을, 이후에는 [저장] 메뉴를 이용해요.

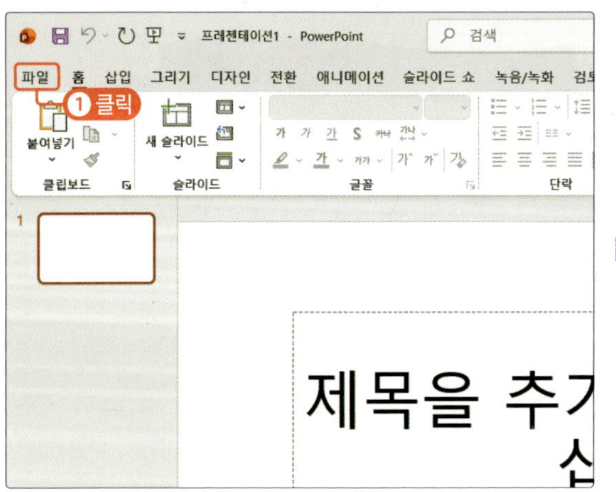
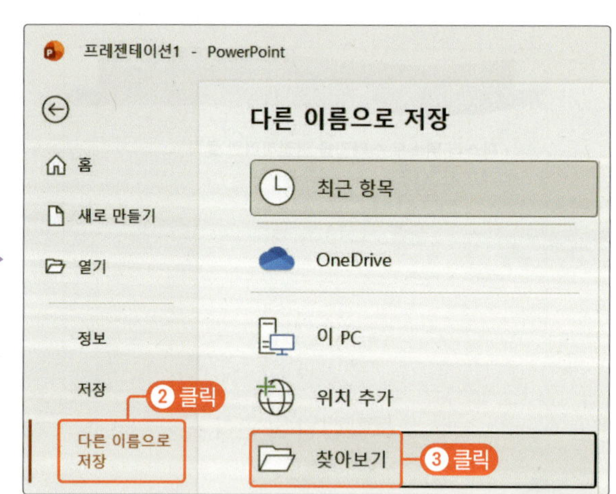
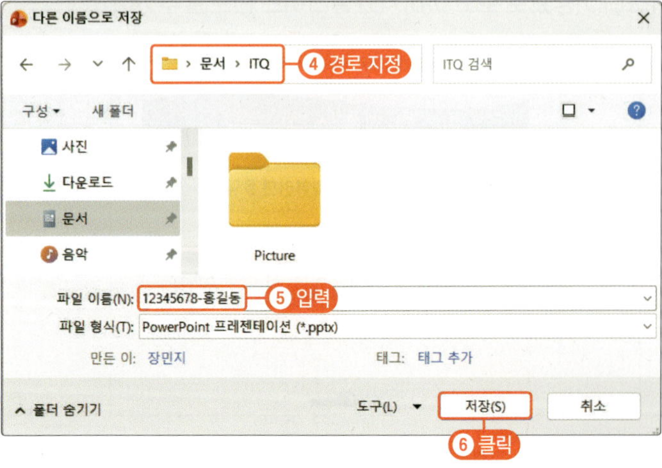

> **ITQ 꿀팁**
>
> 답안 파일 저장 시 '저장 경로'와 '파일명'을 정확하게 입력하세요.
> ・ 저장 경로 : [내 PC]-[문서]-[ITQ] 폴더
> ・ 파일 이름 : 수험번호-성명

3 답안 파일 저장이 완료되면 제목 표시줄의 파일명이 **12345678-홍길동**으로 변경된 것을 확인할 수 있습니다.

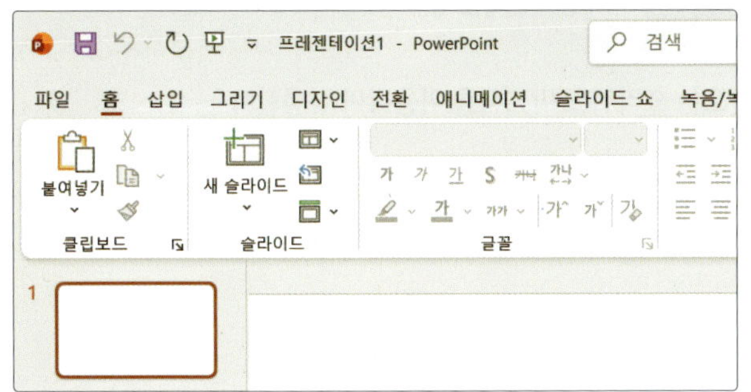
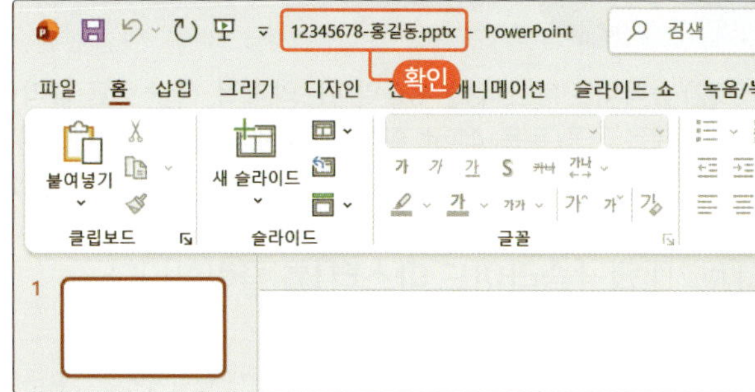

STEP 02 슬라이드 크기 변경하기

(1) 슬라이드 크기 및 순서 : 크기를 A4 용지로 설정하고 슬라이드 순서에 맞게 작성한다.

1 [디자인] 탭에서 [슬라이드 크기]-**[사용자 지정 슬라이드 크기]**를 선택합니다.

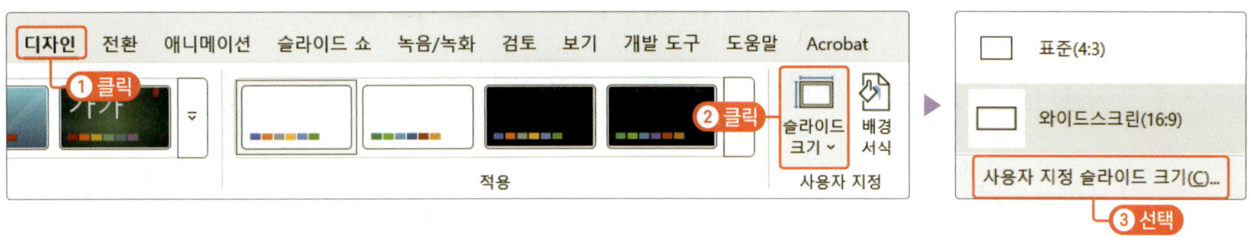

2 슬라이드 크기를 **A4용지(210×297mm)**로 선택하고 <확인>을 클릭합니다.

3 콘텐츠 크기 조정 안내 창이 나오면 **[맞춤 확인]**을 선택합니다.

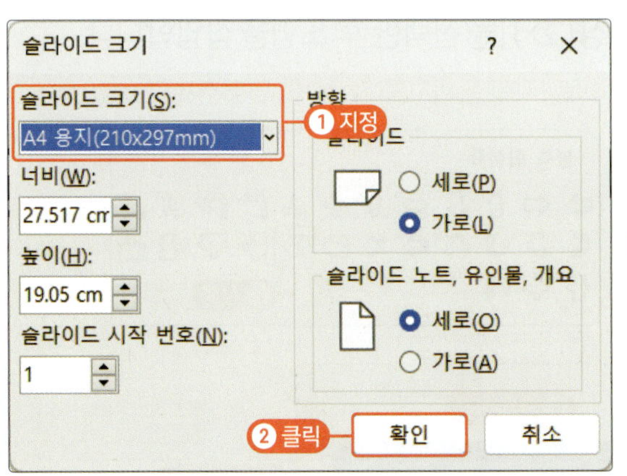

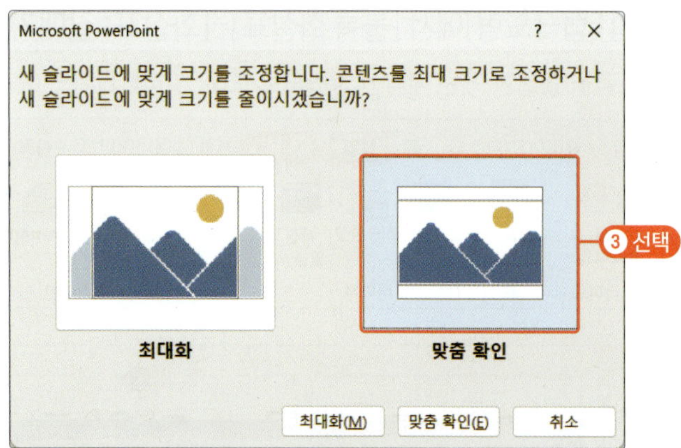

Level UP   콘텐츠 크기 옵션

해당 기능은 슬라이드의 크기를 변경했을 때 슬라이드 안의 '텍스트, 도형, 그림' 등의 요소를 어떻게 조정할지 선택하는 역할을 합니다. ITQ 답안 작성에서는 반드시 [맞춤 확인]을 선택해 주세요.

슬라이드 마스터에 제목 도형 작업하기

(2) 슬라이드 마스터 : 2~6슬라이드의 제목, 하단 로고, 슬라이드 번호는 슬라이드 마스터를 이용하여 작성한다.
- 제목 글꼴(돋움, 40pt, 흰색), 가운데 맞춤, 도형(선 없음)

1 [보기] 탭-[슬라이드 마스터]를 클릭합니다.

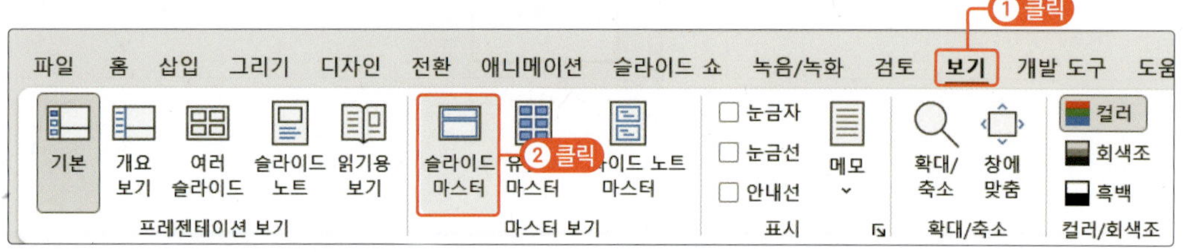

2 슬라이드 마스터 화면이 활성화되면 세 번째 [제목 및 내용 레이아웃]을 선택합니다.

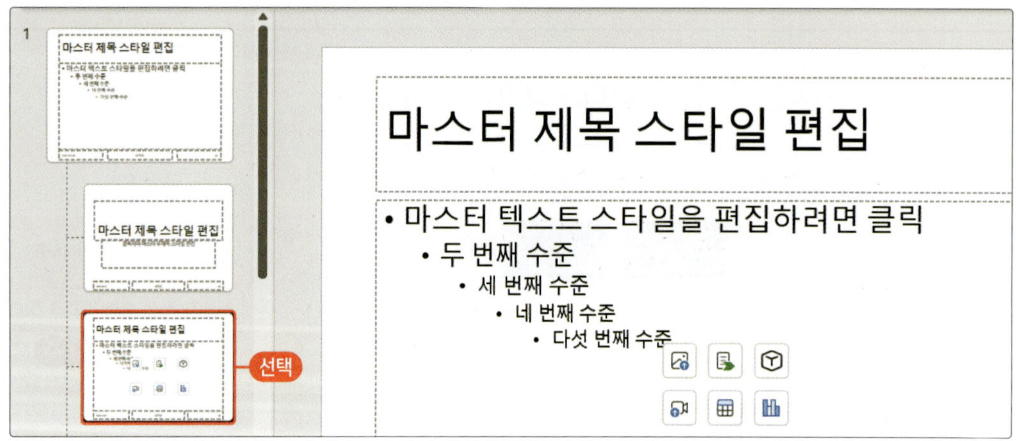

3 [삽입] 탭-[도형]에서 [블록 화살표]-[화살표: 갈매기형 수장(⋙)]을 선택한 후 도형을 삽입합니다.

★ 도형을 삽입할 때는 대각선 방향으로 드래그하며, 크기와 위치는 14페이지의 문제지를 참고하여 맞춰주세요.

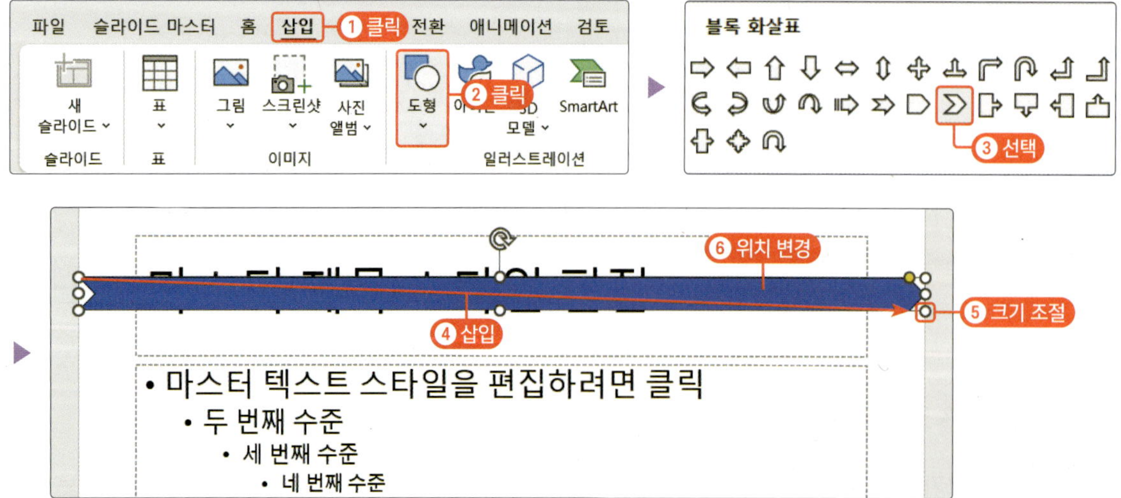

도형 작성하기

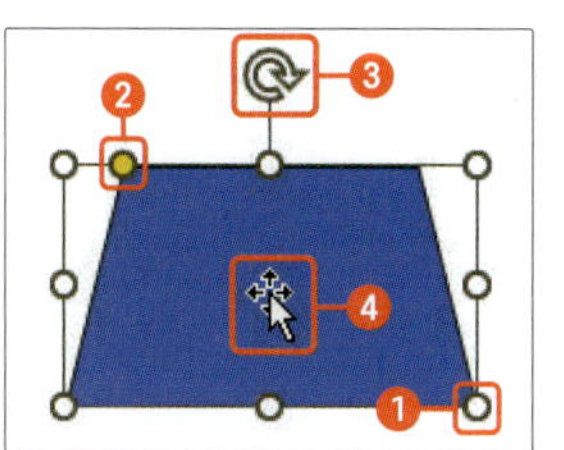

❶ **크기 조절** : 도형 주변에 표시되는 크기 조절점(◦)을 드래그해요.

❷ **모양 변형** : 도형 주변에 표시되는 노란색 조절점(◉)을 드래그해요.

❸ **회전** : 도형 주변에 표시되는 회전 핸들(◉)을 드래그해요.

❹ **위치 변경** : 도형 중앙에 마우스 커서를 위치시켜 ✥ 모양으로 변경되었을 때 드래그해요.

4 [도형 서식] 탭에서 [도형 윤곽선]–[윤곽선 없음]을 선택하여 도형의 테두리를 없앱니다.

★ 도형 선택이 해제되었을 경우 도형을 클릭해 주세요.

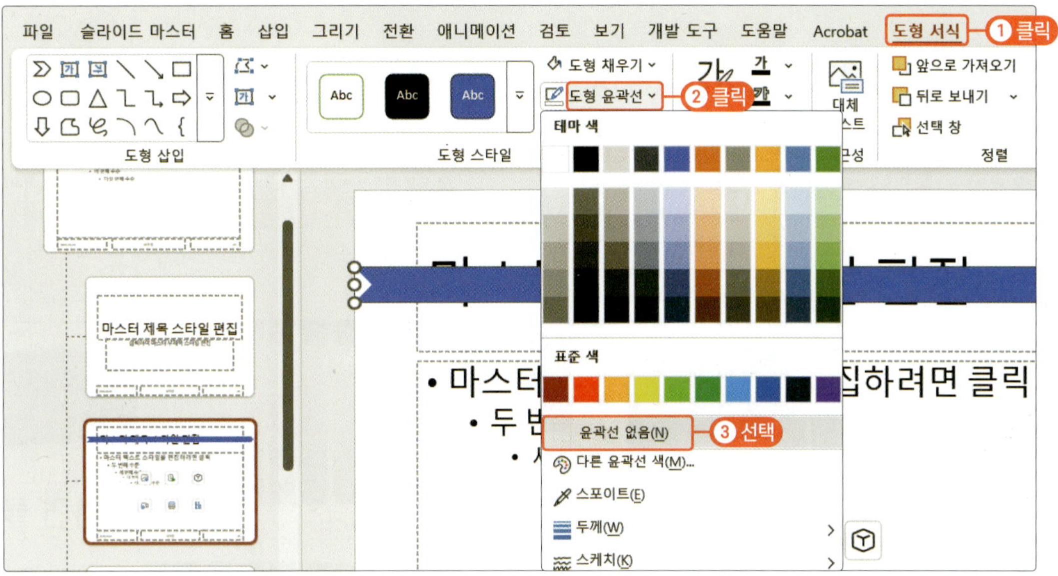

5 이번에는 [삽입] 탭–[도형]에서 [별 및 현수막]–[물결(▱)]을 선택합니다.

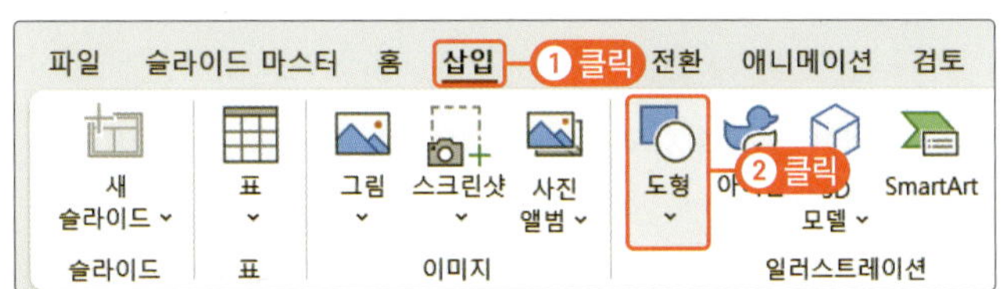

ITQ 꿀팁

ITQ 파워포인트 시험은 작성해야 하는 도형의 이름이 표시되지 않기 때문에 문제지의 출력형태를 참고하여 모양이 같은 도형을 찾아서 추가해야 해요. 슬라이드에 추가된 도형의 크기 및 위치 역시 출력형태를 참고하여 최대한 비슷하게 맞춰주세요.

6 14페이지의 출력형태를 참고하여 도형을 삽입합니다.

★ 도형을 삽입할 때는 대각선 방향으로 드래그해요.

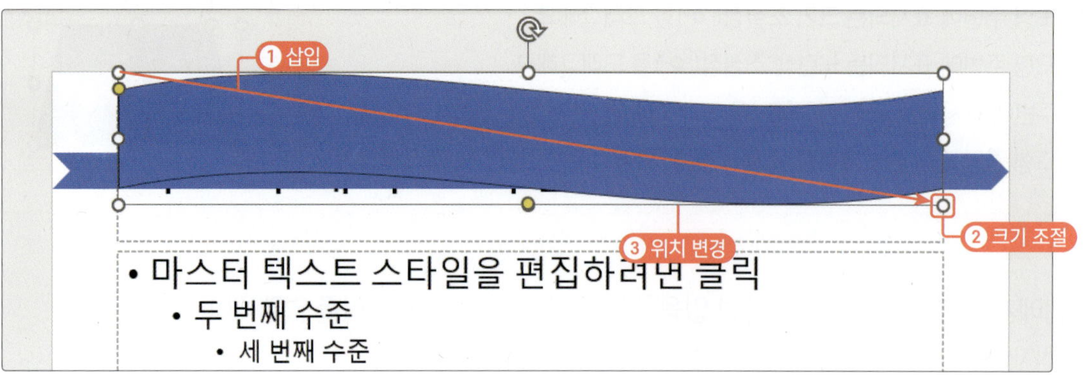

7 [도형 서식] 탭에서 [도형 채우기] 색을 변경한 다음 [도형 윤곽선]-**[윤곽선 없음]**으로 지정합니다.

ITQ 파워포인트 시험은 흑백 문제지로 출제되며, 도형 색상에 대한 별도의 지시사항이 없기 때문에 겹치는 도형의 색상만 다르게 지정해 주세요.

8 도형이 선택된 상태에서 [도형 서식] 탭-[회전]-**[좌우 대칭]**을 선택합니다.

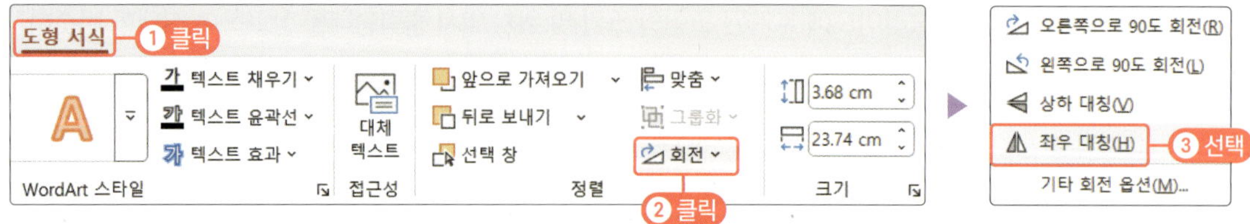

9 앞쪽 도형이 좌우로 대칭된 것을 확인합니다.

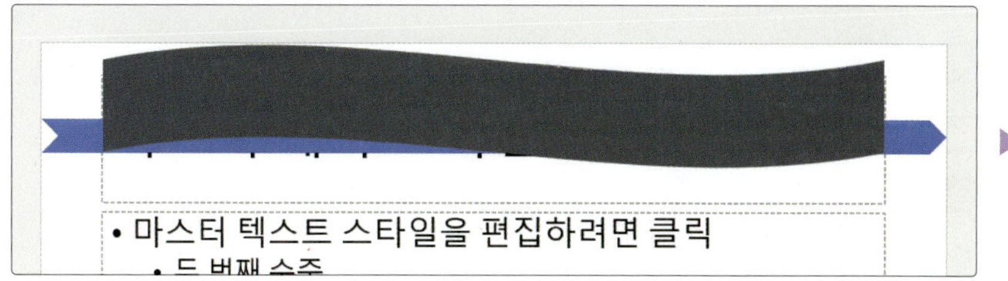

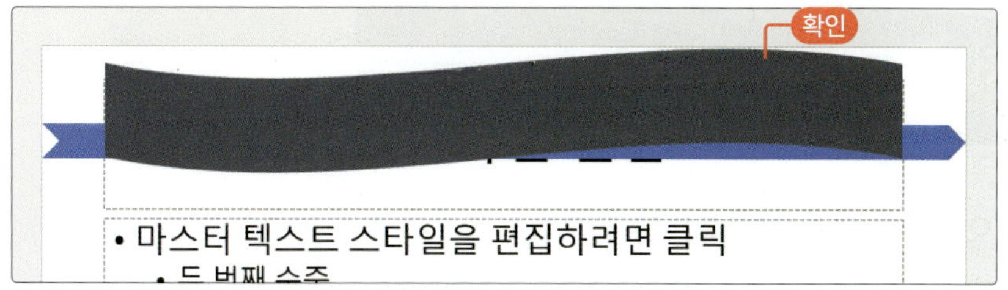

슬라이드 마스터 제목에 글꼴 서식 지정하기

(2) 슬라이드 마스터 : 2~6슬라이드의 제목, 하단 로고, 슬라이드 번호는 슬라이드 마스터를 이용하여 작성한다.
   - 제목 글꼴(돋움, 40pt, 흰색), 가운데 맞춤, 도형(선 없음)

1 도형 뒤쪽의 텍스트 상자 테두리 위에서 우클릭하여 [맨 앞으로 가져오기]를 선택합니다.

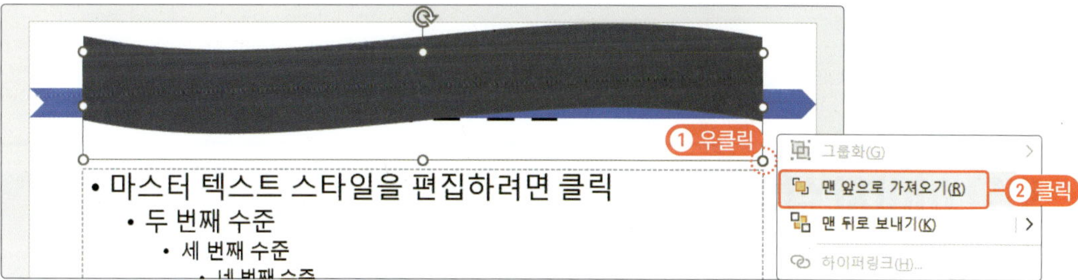

2 텍스트 상자의 크기 및 위치를 아래와 같이 변경합니다.

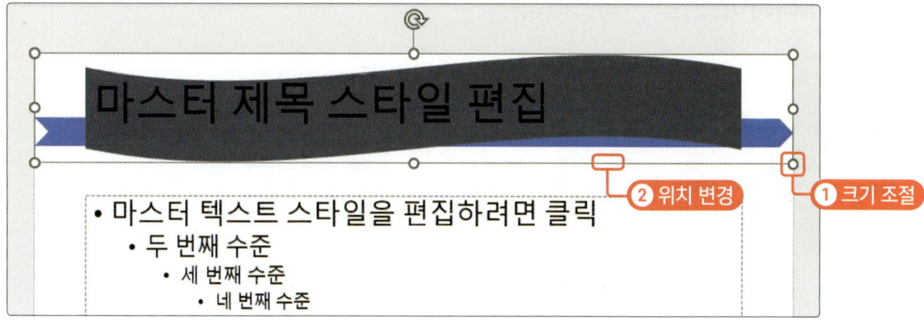

3 텍스트 상자가 선택된 상태에서 [홈] 탭에서 **글꼴 서식**을 지정합니다.

♣ 글꼴 서식 및 정렬 방식은 문제지를 참고하여 설정해 주세요.

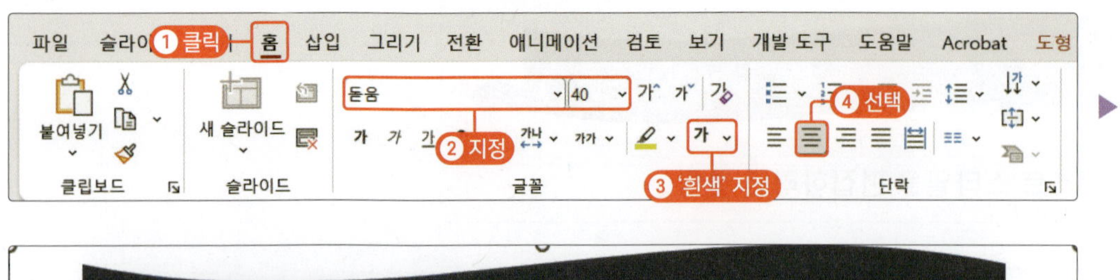

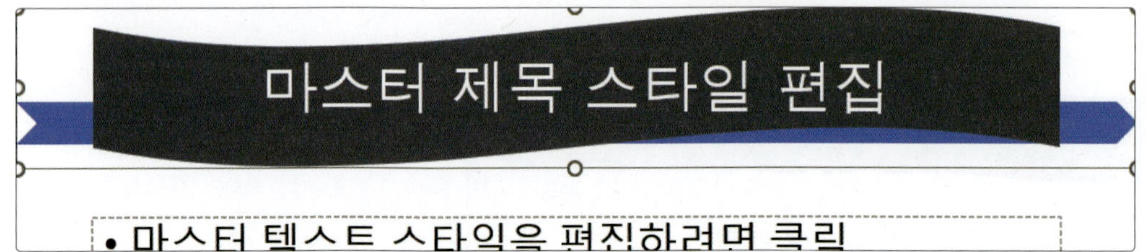

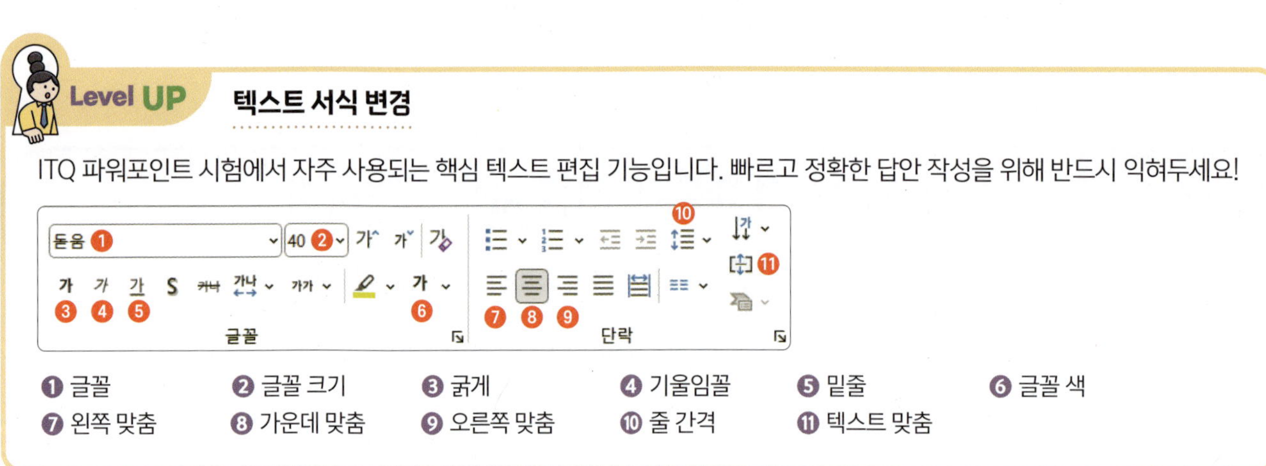

Level UP **텍스트 서식 변경**

ITQ 파워포인트 시험에서 자주 사용되는 핵심 텍스트 편집 기능입니다. 빠르고 정확한 답안 작성을 위해 반드시 익혀두세요!

❶ 글꼴	❷ 글꼴 크기	❸ 굵게	❹ 기울임꼴	❺ 밑줄	❻ 글꼴 색
❼ 왼쪽 맞춤	❽ 가운데 맞춤	❾ 오른쪽 맞춤	❿ 줄 간격	⓫ 텍스트 맞춤	

STEP 05 **로고 이미지 삽입하기**

(2) 슬라이드 마스터 : 2~6슬라이드의 제목, 하단 로고, 슬라이드 번호는 슬라이드 마스터를 이용하여 작성한다.
　- 하단 로고(「내 PC₩문서₩ITQ₩Picture₩로고1.jpg」, 배경(회색) 투명색으로 설정)

1 [삽입] 탭-[그림]을 클릭한 다음 [이 디바이스]를 선택합니다.

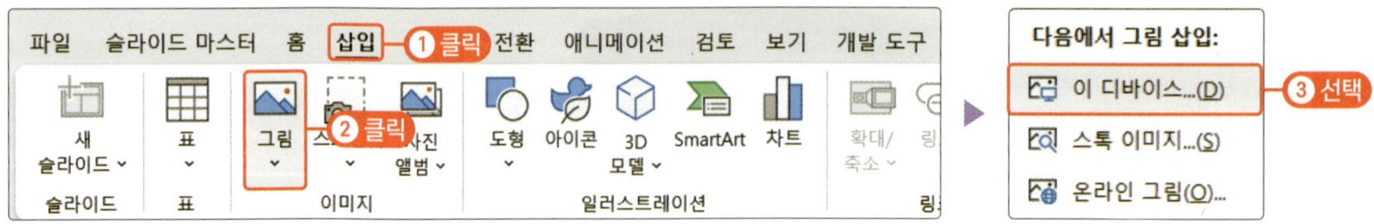

2 [내 PC]-[문서]-[ITQ]-[Picture] 폴더에서 **로고1.jpg**을 삽입합니다.

★ 원하는 그림을 더블클릭하면 바로 삽입할 수 있어요.

3 [그림 서식] 탭-[색]-[**투명한 색 설정**]을 선택한 후 로고 이미지의 **회색** 부분을 클릭하여 배경을 투명하게 변경합니다.

4 14페이지의 출력형태를 참고하여 로고의 크기와 위치를 변경합니다.

★ 슬라이드 마스터에 삽입되는 로고는 텍스트 상자를 침범하지 않도록 적당한 크기로 삽입해 주세요.

슬라이드 마스터란?

슬라이드 마스터는 전체 슬라이드의 기본 디자인을 한 번에 설정하는 기능입니다. 제목에 사용되는 도형, 텍스트, 로고처럼 반복되는 요소를 슬라이드 마스터에서 작업하면 모든 슬라이드에 자동으로 적용됩니다. ITQ 파워포인트 시험에서는 마스터 활용 여부도 채점 기준에 포함되므로, 문제지의 [전체구성]에서 '(2) 슬라이드 마스터' 내용을 참고하여 작업을 진행해 주세요.

STEP 06 슬라이드 번호 표시하기

(2) 슬라이드 마스터 : 2~6슬라이드의 제목, 하단 로고, 슬라이드 번호는 슬라이드 마스터를 이용하여 작성한다.

1 [삽입] 탭에서 [머리글/바닥글]을 클릭합니다.

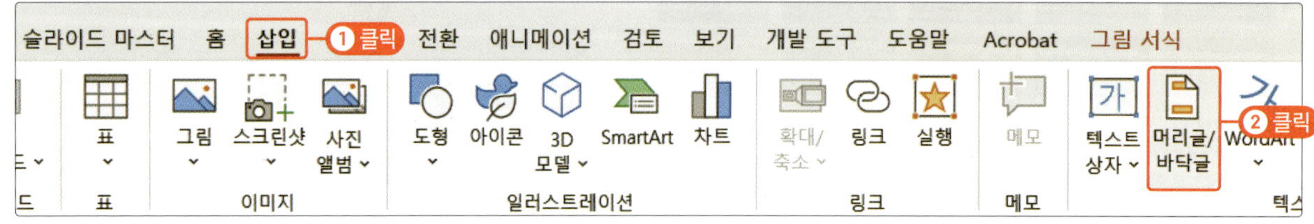

2 슬라이드 번호와 제목 슬라이드에는 표시 안 함 항목에 체크한 후 <모두 적용>을 클릭합니다.

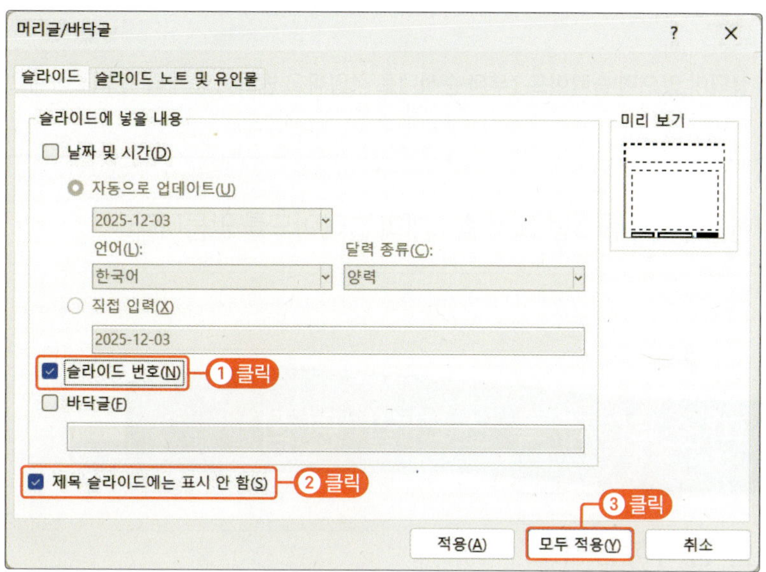

Level UP   **슬라이드 번호 위치 변경**

❶ 슬라이드 하단의 '날짜'와 '바닥글' 텍스트 상자를 선택한 후 Delete 를 눌러 삭제합니다.

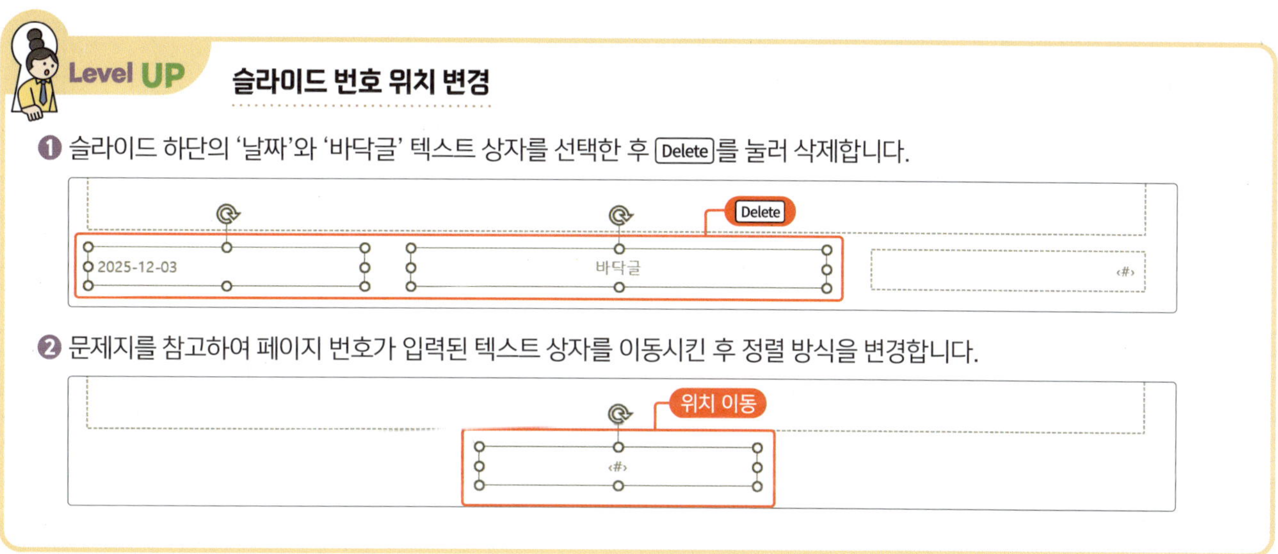

❷ 문제지를 참고하여 페이지 번호가 입력된 텍스트 상자를 이동시킨 후 정렬 방식을 변경합니다.

---

3 [슬라이드 마스터] 탭-[**마스터 보기 닫기**]를 클릭하여 슬라이드 마스터 편집을 종료합니다.

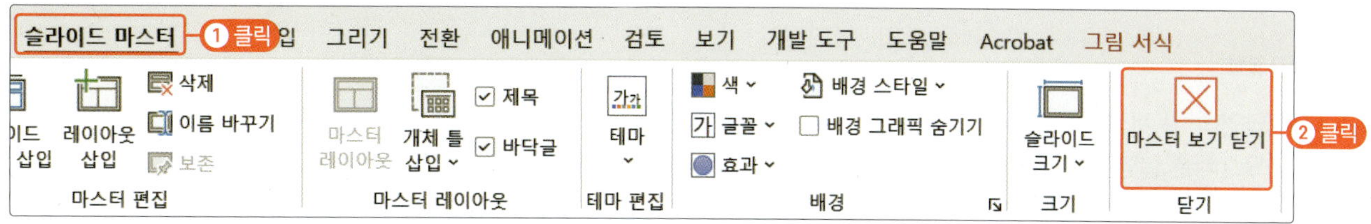

슬라이드 추가하기

[답안 작성요령] 슬라이드의 총 개수는 6개로 구성되어 있으며 슬라이드 1부터 순서대로 작업하고 반드시 문제와 세부 조건대로 합니다.

1 축소판 그림 창에서 [슬라이드 1]을 클릭한 후 Enter 를 5번 눌러 총 6개의 슬라이드를 만듭니다.

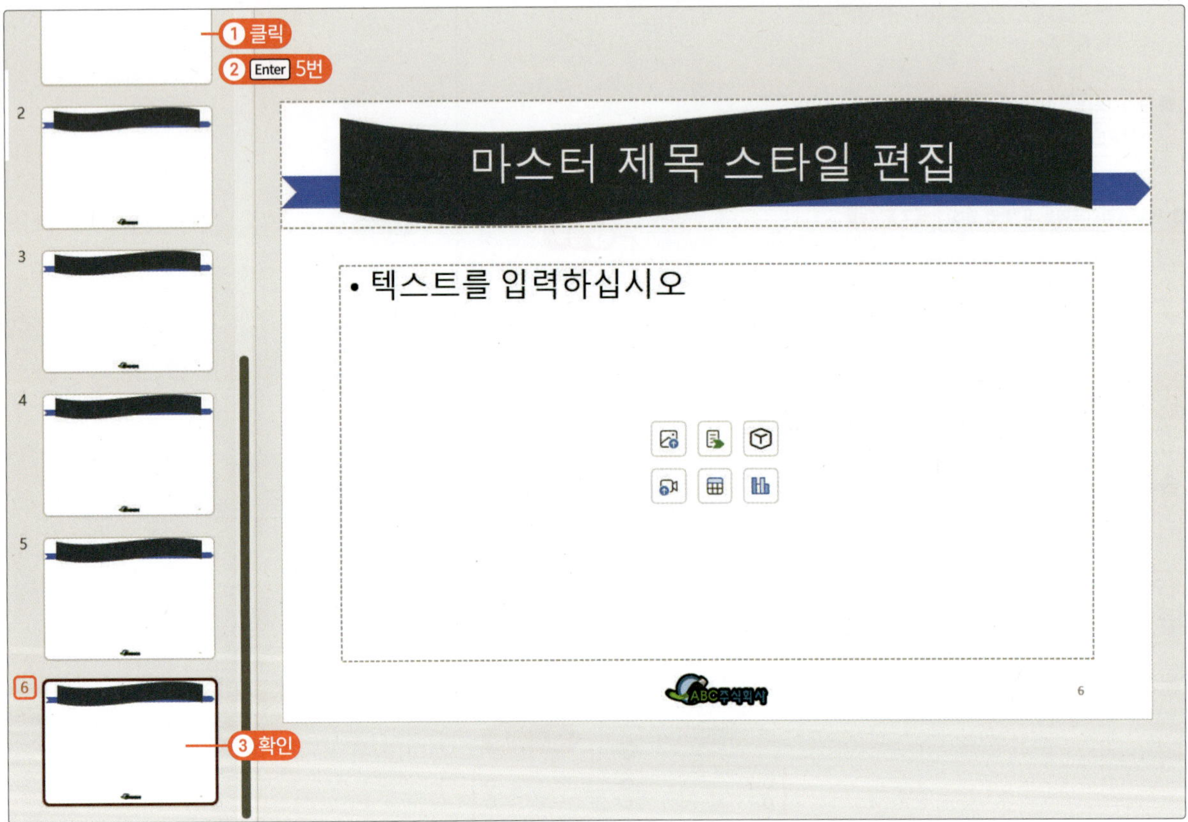

2 작업이 완료되면 [저장(🖫)]을 클릭하거나, Ctrl + S 를 눌러 답안 파일을 저장합니다.

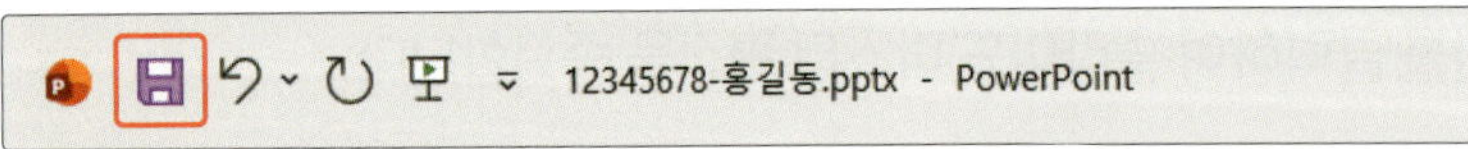

ITQ 꿀팁

답안 파일 저장은 ITQ 시험에서 가장 중요한 단계로 답안 작성 도중에 작업을 완료한 부분까지 수시로 저장해야 해요. [빠른 실행 도구 모음]에서 저장 아이콘(🖫)을 클릭하거나, Ctrl + S 를 눌러 답안 파일을 저장할 수 있어요.

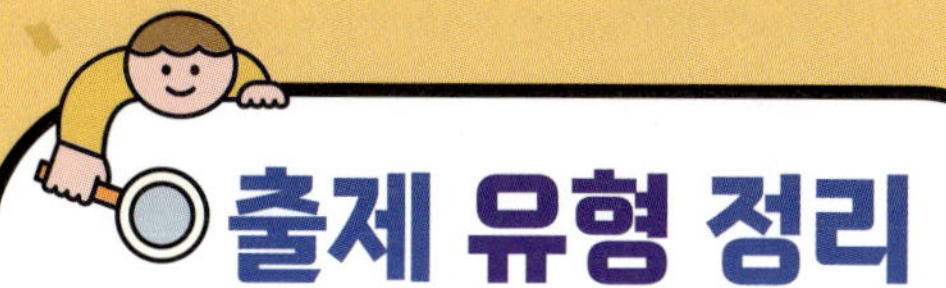

1 아래 조건에 맞추어 슬라이드 마스터를 작성해 보세요.

⊘ 실습파일 : 없음
⊘ 완성파일 : 12345678-이현정.pptx

《전체구성》

(1) 슬라이드 크기 및 순서 : 크기를 A4 용지로 설정하고 슬라이드 순서에 맞게 작성한다.

(2) 슬라이드 마스터 : 2~6슬라이드의 제목, 하단 로고, 슬라이드 번호는 슬라이드 마스터를 이용하여 작성한다.
  - 제목 글꼴(돋움, 40pt, 흰색), 가운데 맞춤, 도형(선 없음)
  - 하단 로고(「내 PC₩문서₩ITQ₩Picture₩로고2.jpg」, 배경(회색) 투명색으로 설정)

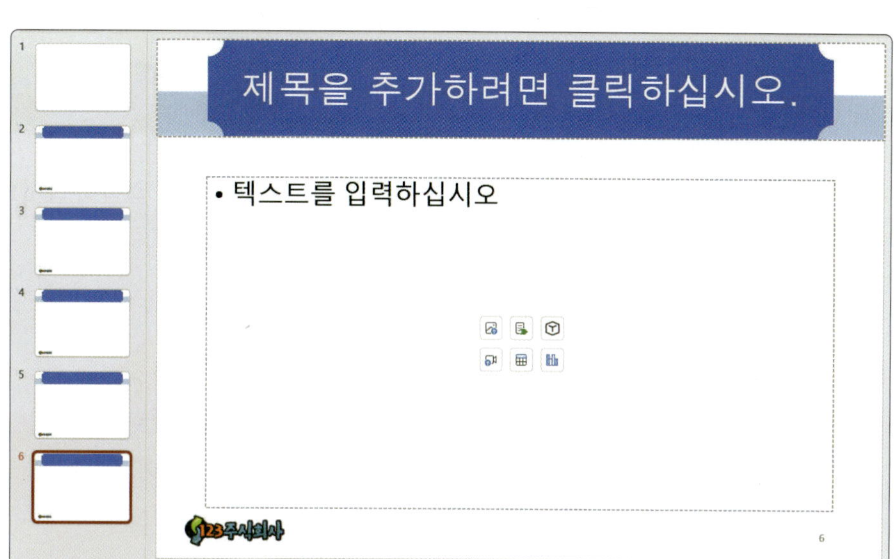

2 아래 조건에 맞추어 슬라이드 마스터를 작성해 보세요.

⊘ 실습파일 : 없음
⊘ 완성파일 : 12345678-이혜림.pptx

《전체구성》

(1) 슬라이드 크기 및 순서 : 크기를 A4 용지로 설정하고 슬라이드 순서에 맞게 작성한다.

(2) 슬라이드 마스터 : 2~6슬라이드의 제목, 하단 로고, 슬라이드 번호는 슬라이드 마스터를 이용하여 작성한다.
  - 제목 글꼴(굴림, 40pt, 흰색), 가운데 맞춤, 도형(선 없음)
  - 하단 로고(「내 PC₩문서₩ITQ₩Picture₩로고1.jpg」, 배경(회색) 투명색으로 설정)

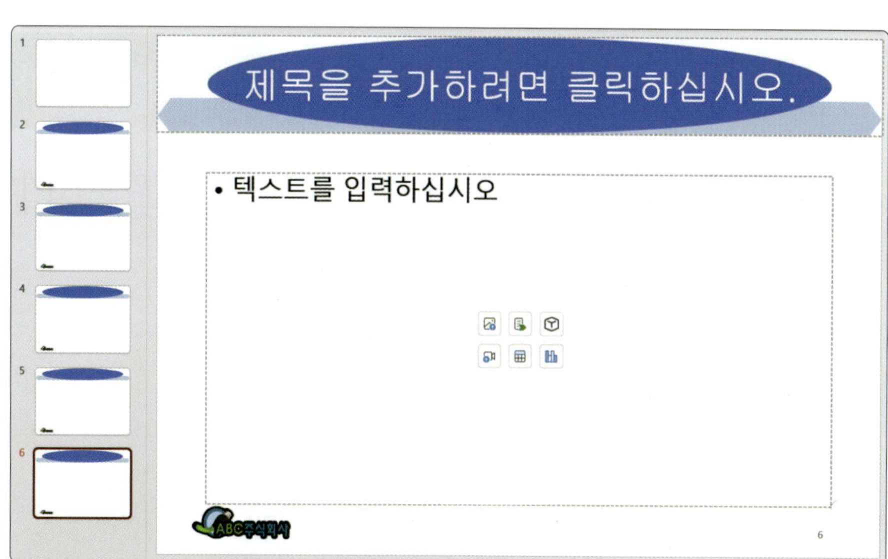

3 아래 조건에 맞추어 슬라이드 마스터를 작성해 보세요.

⊙ **실습파일** : 없음
⊙ **완성파일** : 12345678-이가현.pptx

《전체구성》

(1) 슬라이드 크기 및 순서 : 크기를 A4 용지로 설정하고 슬라이드 순서에 맞게 작성한다.

(2) 슬라이드 마스터 : 2~6슬라이드의 제목, 하단 로고, 슬라이드 번호는 슬라이드 마스터를 이용하여 작성 한다.
  - 제목 글꼴(돋움, 40pt, 흰색), 가운데 맞춤, 도형(선 없음)
  - 하단 로고(「내 PC\문서\ITQ\ Picture\로고2.jpg」, 배경(회색) 투명색으로 설정)

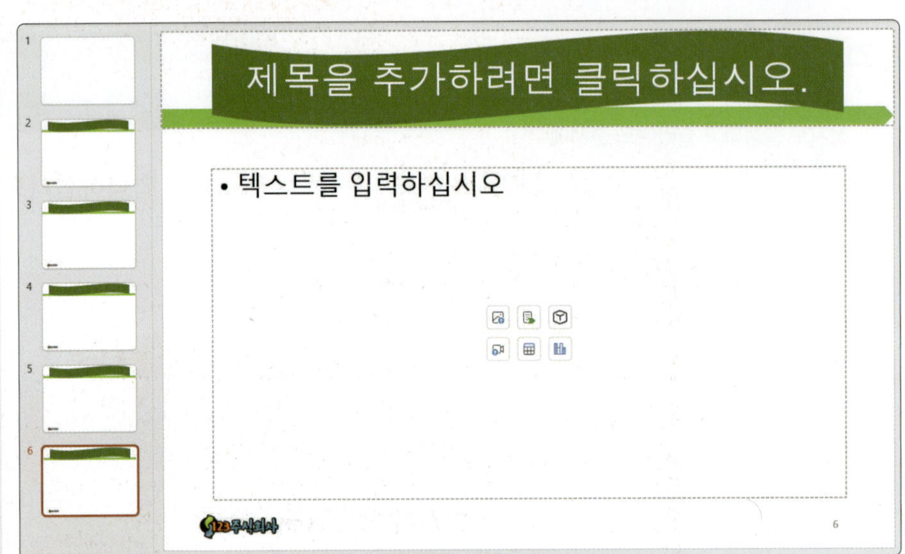

---

4 아래 조건에 맞추어 슬라이드 마스터를 작성해 보세요.

⊙ **실습파일** : 없음
⊙ **완성파일** : 12345678-박우식.pptx

《전체구성》

(1) 슬라이드 크기 및 순서 : 크기를 A4 용지로 설정하고 슬라이드 순서에 맞게 작성한다.

(2) 슬라이드 마스터 : 2~6슬라이드의 제목, 하단 로고, 슬라이드 번호는 슬라이드 마스터를 이용하여 작성 한다.
  - 제목 글꼴(궁서, 40pt, 흰색), 가운데 맞춤, 도형(선 없음)
  - 하단 로고(「내 PC\문서\ITQ\ Picture\로고3.jpg」, 배경(연보라) 투명색으로 설정)

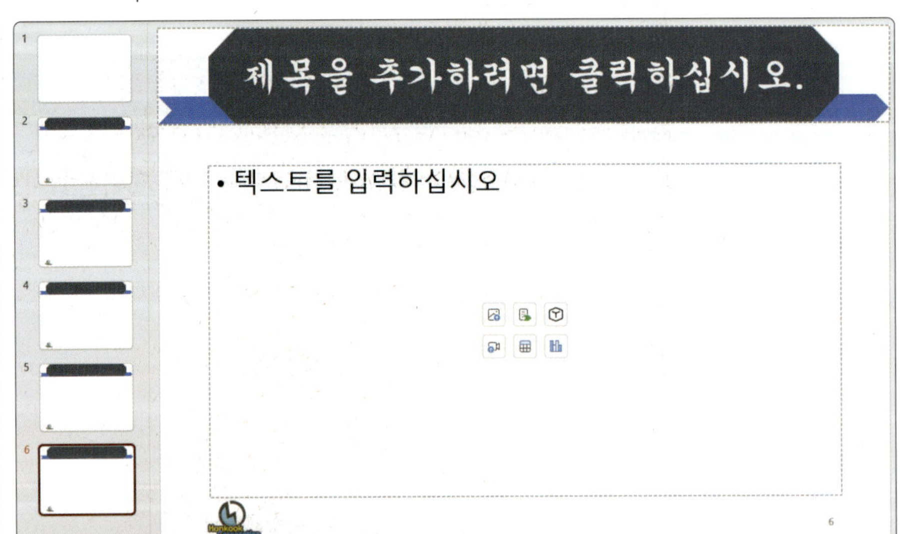

5 아래 조건에 맞추어 슬라이드 마스터를 작성해 보세요.

《전체구성》

(1) 슬라이드 크기 및 순서 : 크기를 A4 용지로 설정하고 슬라이드 순서에 맞게 작성한다.

(2) 슬라이드 마스터 : 2~6슬라이드의 제목, 하단 로고, 슬라이드 번호는 슬라이드 마스터를 이용하여 작성한다.
   - 제목 글꼴(돋움, 40pt, 흰색), 가운데 맞춤, 도형(선 없음)
   - 하단 로고(「내 PC₩문서₩ITQ₩Picture₩로고1.jpg」, 배경(회색) 투명색으로 설정)

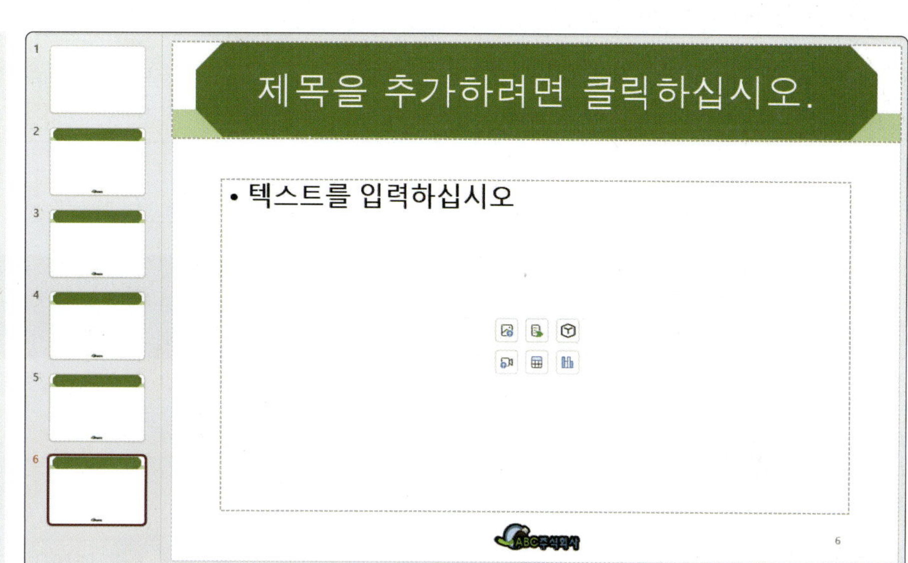

6 아래 조건에 맞추어 슬라이드 마스터를 작성해 보세요.

《전체구성》

(1) 슬라이드 크기 및 순서 : 크기를 A4 용지로 설정하고 슬라이드 순서에 맞게 작성한다.

(2) 슬라이드 마스터 : 2~6슬라이드의 제목, 하단 로고, 슬라이드 번호는 슬라이드 마스터를 이용하여 작성한다.
   - 제목 글꼴(돋움, 40pt, 흰색, 굵게), 가운데 맞춤, 도형(선 없음)
   - 하단 로고(「내 PC₩문서₩ITQ₩Picture₩로고2.jpg」, 배경(회색) 투명색으로 설정)

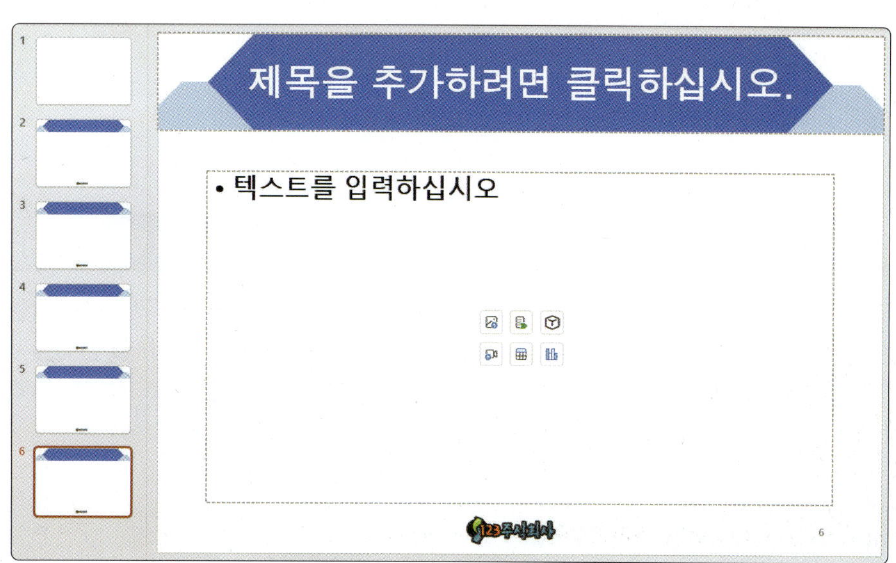

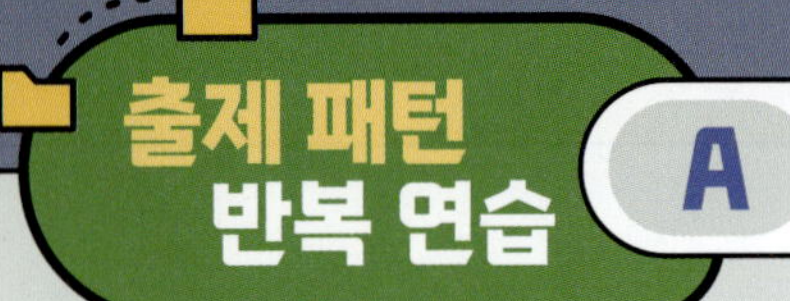

A 조건 맞추어 각 슬라이드에 도형을 작성해 보세요.

⊘ 실습파일 : 패턴01-1(문제).pptx   ⊘ 완성파일 : 패턴01-1(완성).pptx

패턴 01   [삽입]-[도형( )]-사각형

❶ 도형1(직사각형) ❷ 도형2(사각형: 위쪽 모서리의 한쪽은 둥글고 다른 한쪽은 잘림) ❸ 선 없음

패턴 02   [삽입]-[도형( )]-사각형/순서도

❶ 도형1(직사각형) ❷ 도형2(순서도: 지연) ❸ 선 없음

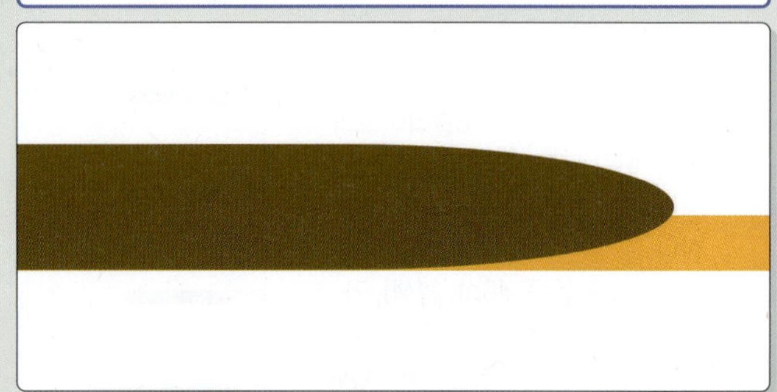

패턴 03   [삽입]-[도형( )]-사각형/기본 도형

❶ 도형1(직사각형) ❷ 도형2(육각형) ❸ 선 없음

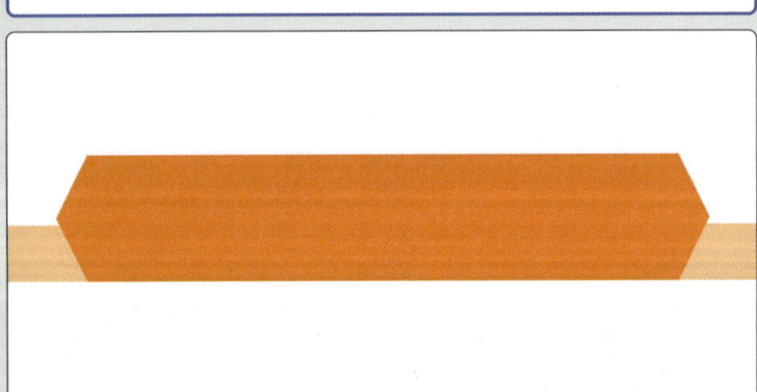

패턴 04   [삽입]-[도형( )]-사각형/순서도

❶ 도형1(직사각형) ❷ 도형2(순서도: 수동 입력) ❸ 선 없음

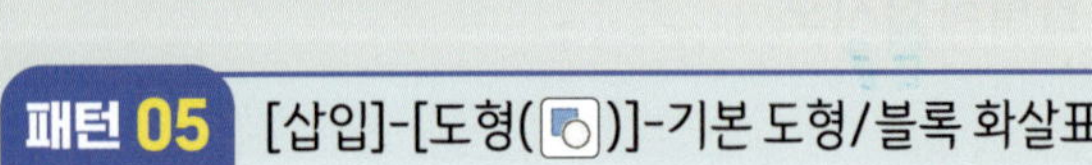

패턴 05   [삽입]-[도형( )]-기본 도형/블록 화살표

❶ 도형1(평행 사변형) ❷ 도형2(화살표: 오각형) ❸ 선 없음

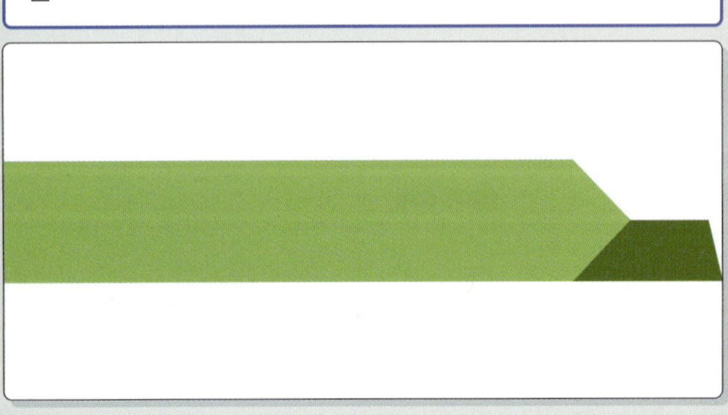

패턴 06   [삽입]-[도형( )]-사각형

❶ 도형1(직사각형) ❷ 도형2(사각형: 잘린 대각선 방향 모서리) ❸ 선 없음

⊘ **실습파일** : 패턴01-2(문제).pptx　⊘ **완성파일** : 패턴01-2(완성).pptx

패턴 01　[삽입]-[도형(📷)]-블록 화살표/기본 도형

❶ 도형1(화살표: 왼쪽/오른쪽) ❷ 도형2(육각형) ❸ 선 없음

패턴 02　[삽입]-[도형(📷)]-사각형/기본 도형

❶ 도형1(직사각형) ❷ 도형2(오각형) ❸ 선 없음

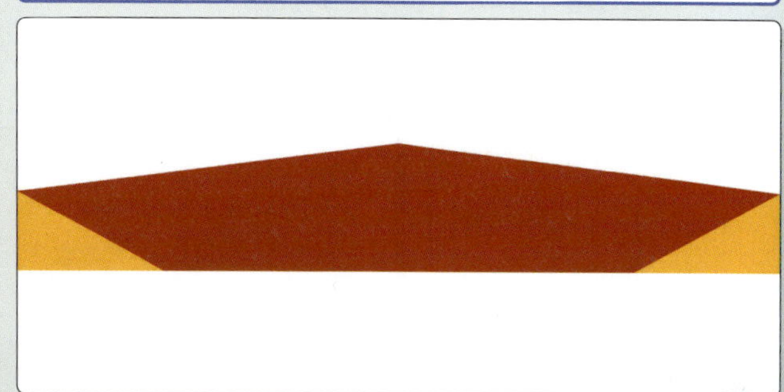

패턴 03　[삽입]-[도형(📷)]-사각형/블록 화살표

❶ 도형1(직사각형) ❷ 도형2(화살표: 왼쪽/오른쪽) ❸ 선 없음

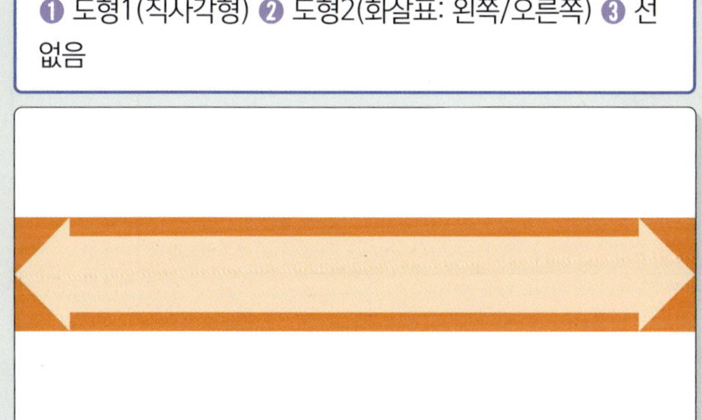

패턴 04　[삽입]-[도형(📷)]-사각형/순서도

❶ 도형1(직사각형) ❷ 도형2(순서도: 천공 테이프) ❸ 선 없음

패턴 05　[삽입]-[도형(📷)]-사각형/순서도

❶ 도형1(직사각형) ❷ 도형2(순서도: 문서) ❸ 선 없음

패턴 06　[삽입]-[도형(📷)]-사각형/블록 화살표

❶ 도형1(직사각형) ❷ 도형2(화살표: 줄무늬가 있는 오른쪽) ❸ 선 없음

[슬라이드 1] 표지 디자인

⊘ 실습파일 : 02차시(문제).pptx   ⊘ 완성파일 : 02차시(완성).pptx

[배점] 40점 (500점 만점)

[슬라이드 1]《표지 디자인》

(1) 표지 디자인 : 도형, 워드아트 및 그림을 이용하여 작성한다.

세부 조건

① 도형 편집
- 도형에 그림 채우기 : 「내 PC₩문서₩ITQ₩Picture₩그림1.jpg」, 투명도 50%
- 도형 효과 : 부드러운 가장자리 5포인트

② 워드아트 삽입
- 변환 : 갈매기형 수장, 위로
- 글꼴 : 굴림, 굵게
- 텍스트 반사 : 근접 반사, 터치

③ 그림 삽입
- 「내 PC₩문서₩ITQ₩Picture₩로고1.jpg」
- 배경(회색) 투명색으로 설정

레이아웃 변경 > 도형 삽입 및 편집 > 워드아트 삽입 및 편집 > 로고 이미지 삽입

Check 01 도형 작업 : 도형을 삽입한 후 그림을 채우고 투명도와 도형 효과를 적용해요!

| 도형 추가 | 도형에 그림 채우기 | 투명도 지정 | 도형 효과 적용 |

Check 02 워드아트 작업 : 워드아트로 내용을 입력한 후 글꼴 서식 변경 및 효과를 적용해요!

필요한 내용을 적으십시오. ➡ 필요한 내용을 적으십시오.

워드아트 삽입 · · · · · · · · · · 워드아트 서식 삭제

➡ Digital Wallet ➡ Digital Wallet ➡ Digital Wallet

내용 입력 후 글꼴 서식 변경 · · · · 변환 효과 적용 · · · · 반사 효과 적용

Check 03 로고 이미지 작업 : 로고 이미지를 삽입한 후 회색 부분을 투명하게 설정하고 배치해요!

로고 이미지 삽입 후 바깥쪽을 투명하게 설정 · · · · 로고의 크기 및 위치 변경

도형 삽입 후 편집하기

- 도형에 그림 채우기 : 「내 PC\문서\ITQ\Picture\그림1.jpg」, 투명도 50%
- 도형 효과 : 부드러운 가장자리 5포인트

1 파워포인트 2021 프로그램을 실행한 후 [02차시] 폴더에서 **02차시(문제).pptx** 파일을 불러옵니다.

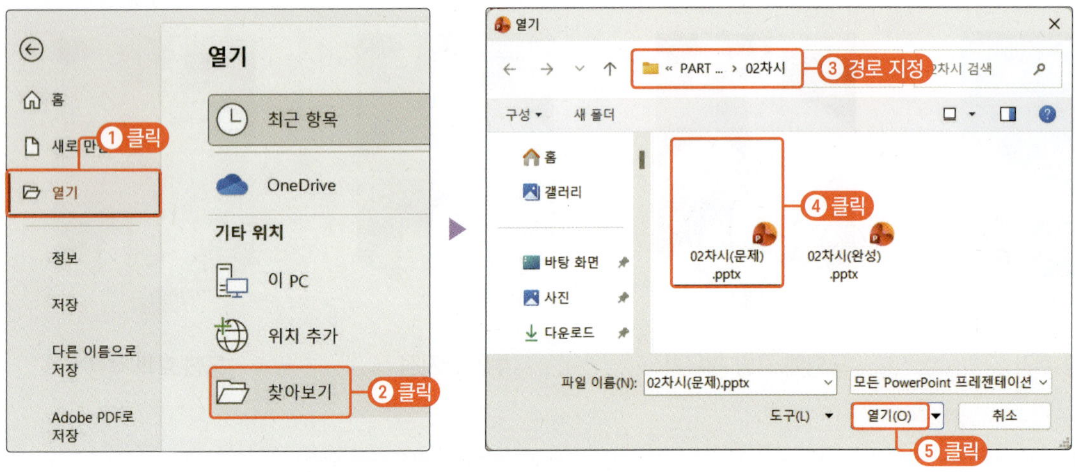

2 첫 번째 슬라이드의 빈 곳 위에서 우클릭하여 [레이아웃]-**[빈 화면]**을 선택합니다.

★ 슬라이드 1(표지 디자인) 작업 시에는 슬라이드 레이아웃을 '빈 화면'으로 지정해요.

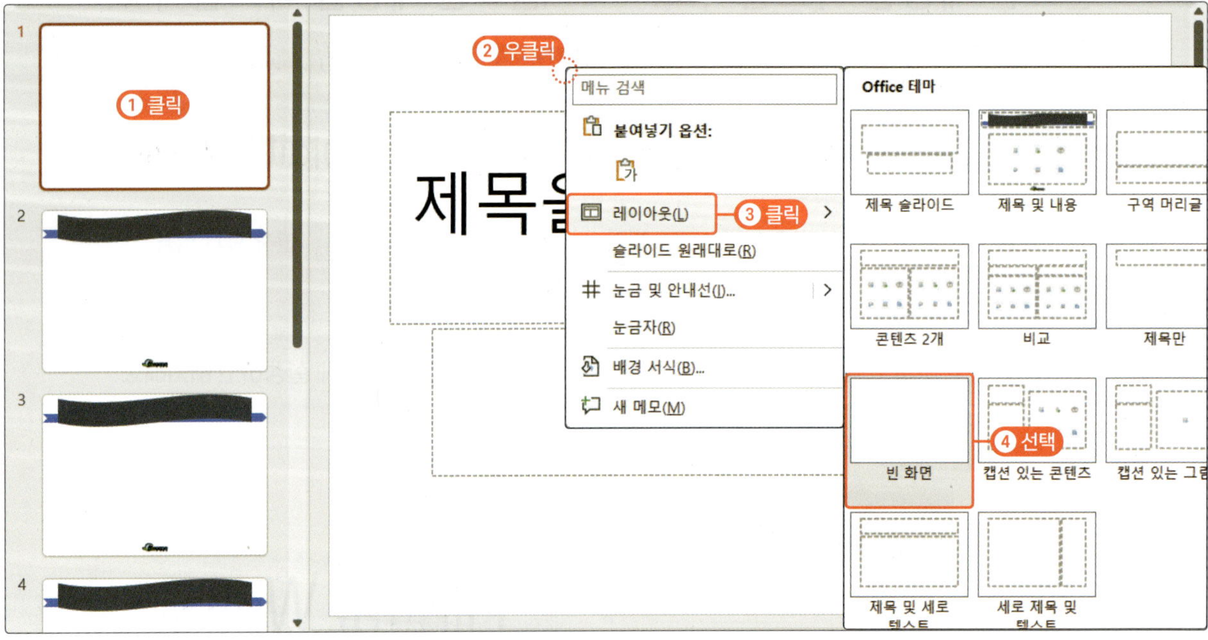

3 [삽입] 탭-[도형]에서 [순서도]-[순서도: 다른 페이지 연결선(▽)]을 선택한 후 도형을 삽입합니다.

★ 32페이지의 출력형태를 참고하여 도형의 크기와 위치를 맞춰주세요.

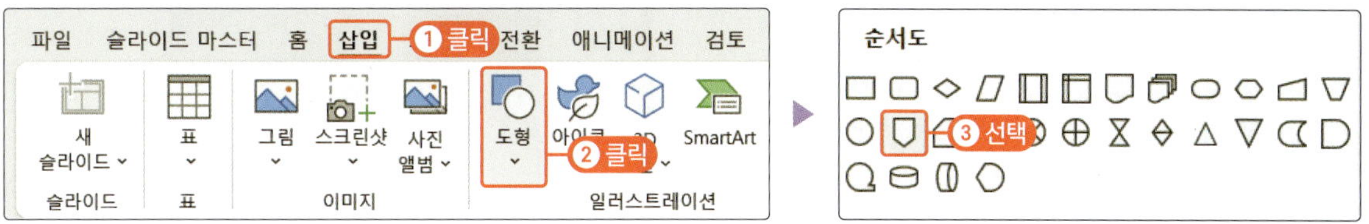

4 크기와 위치가 변경된 도형 위에서 우클릭하여 **[도형 서식]**을 클릭합니다.

5 오른쪽 창이 활성화되면 [채우기]-**[그림 또는 질감 채우기]**에서 <삽입>을 클릭합니다.

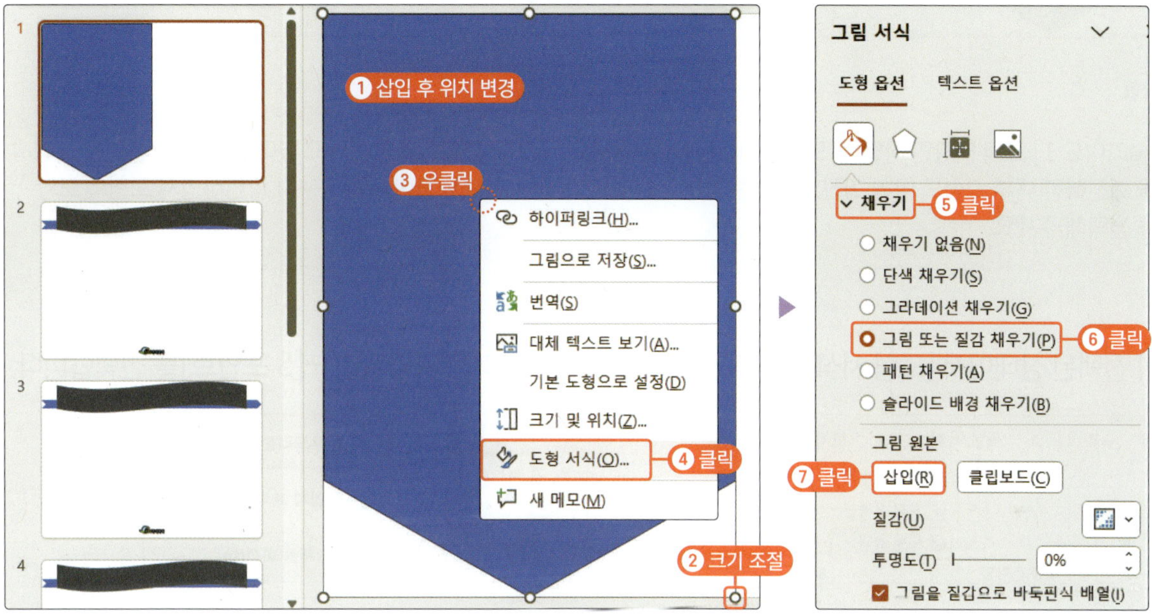

6 [내 PC]-[문서]-[ITQ]-[Picture] 폴더에서 **그림1.jpg**을 삽입합니다.

★ 원하는 그림을 더블클릭하면 바로 삽입할 수 있어요.

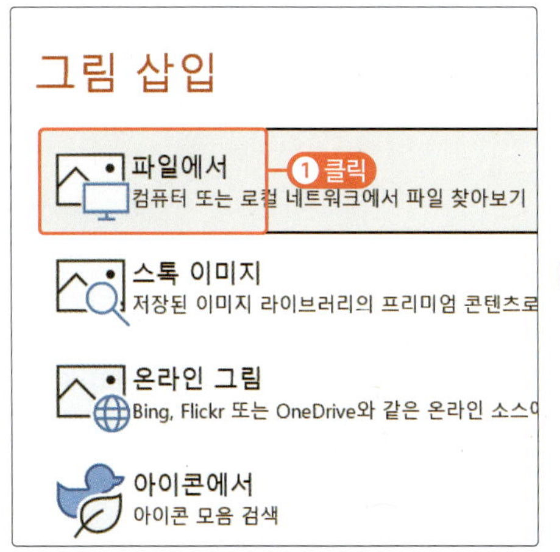

7 도형 안에 그림이 삽입되면 **투명도**를 50%로 변경합니다.

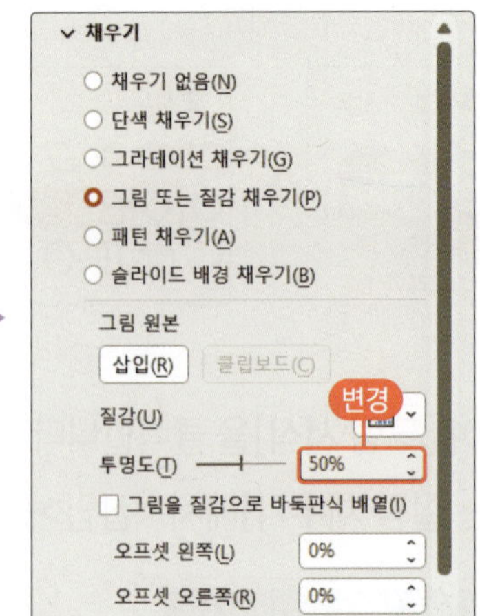

[슬라이드 1] 표지 디자인 작업 시 도형 안에 그림을 채우는 문제가 고정적으로 출제되고 있어요. 그림이 삽입된 도형을 회전하면 내부 그림도 함께 회전되기 때문에 출력형태와 그림의 회전 방향이 일치하는지 확인하면서 도형의 모양을 선택해 주세요.

8 도형이 선택된 상태에서 [도형 서식] 탭-[도형 효과]에서 **[부드러운 가장자리]-[5 포인트]**를 선택합니다.

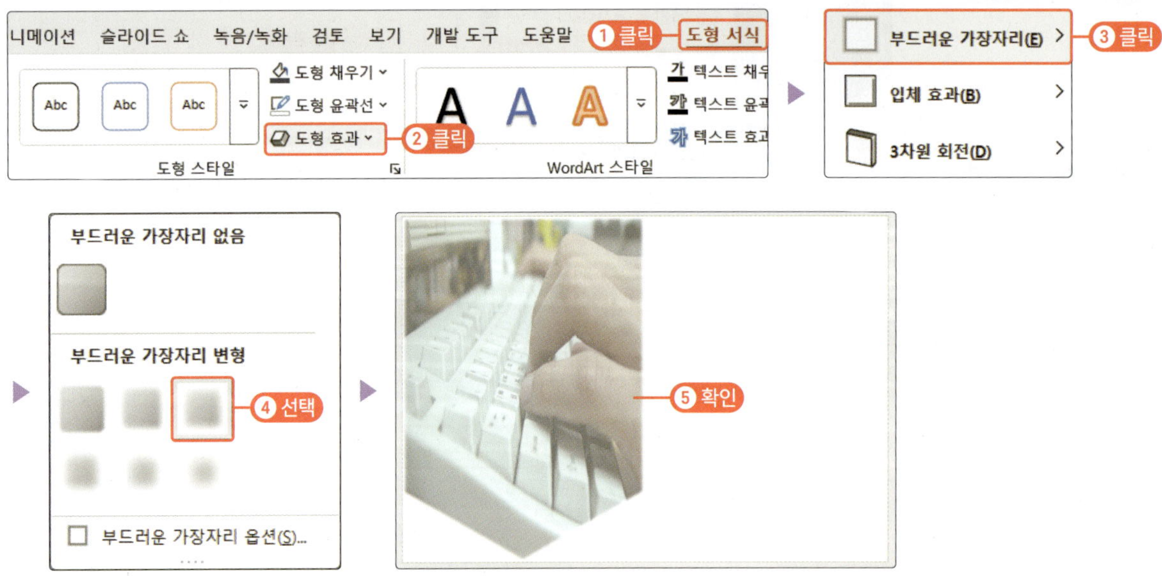

그림이 삽입된 도형에 '부드러운 가장자리' 효과를 지정하는 문제가 고정적으로 출제되고 있어요. 이 효과를 적용하면 도형 윤곽선이 눈에 보이지 않으며, 별도로 윤곽선을 없애는 작업을 하지 않더라도 채점 기준에 영향을 주지 않으니 참고해 주세요.

워드아트 삽입하기

- 변환 : 갈매기형 수장, 위로   - 글꼴 : 굴림, 굵게   - 텍스트 반사 : 근접 반사, 터치

1 [삽입] 탭-[WordArt]를 클릭한 후 임의의 워드아트 스타일을 선택합니다.

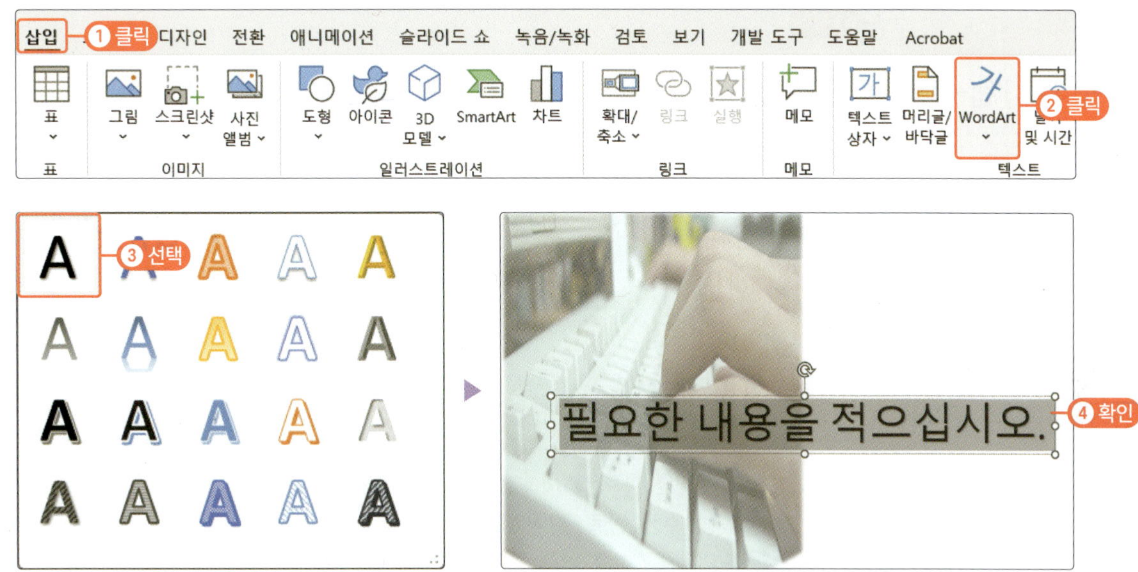

2 워드아트에 미리 적용된 서식을 지우기 위해 [도형 서식] 탭-[WordArt 스타일]의 빠른 스타일 단추를 눌러 [WordArt 서식 지우기]를 선택합니다.

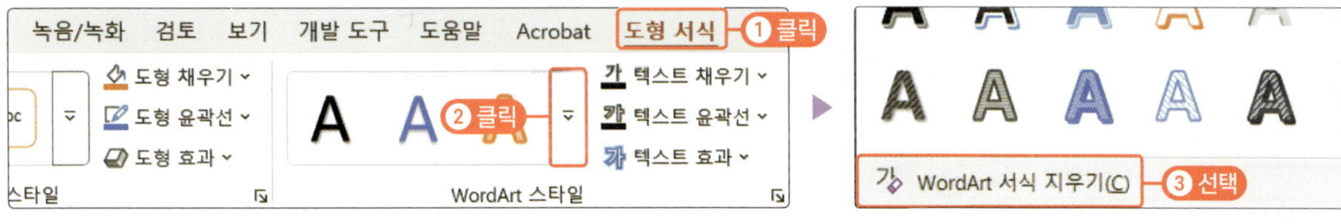

3 Digital Wallet을 입력한 다음 [홈] 탭에서 **글꼴 서식(굴림, 굵게)**을 지정합니다.

★ 워드아트의 테두리가 선택된 상태에서 글꼴 서식을 변경해요.

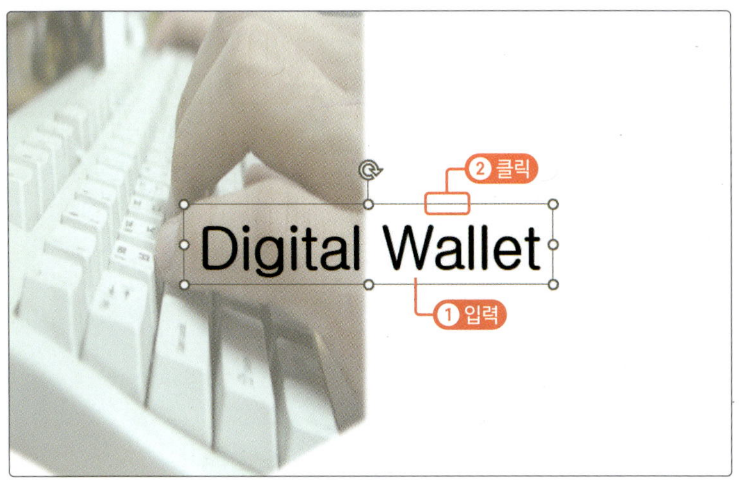

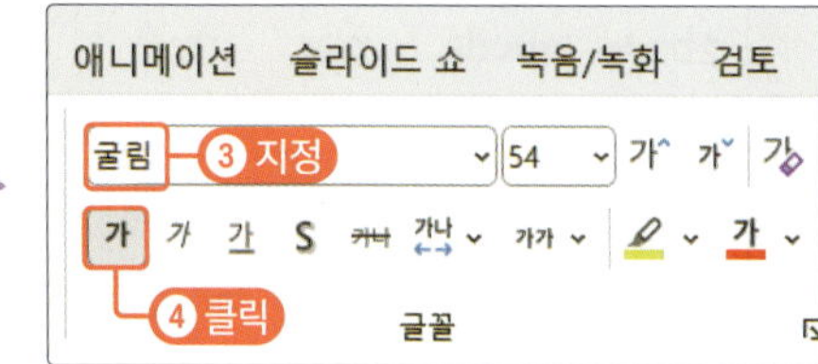

4 워드아트가 선택된 상태에서 [도형 서식] 탭-[텍스트 효과]-**[변환]**을 클릭한 후 **[갈매기형 수장: 위로]**를 찾아 선택합니다.

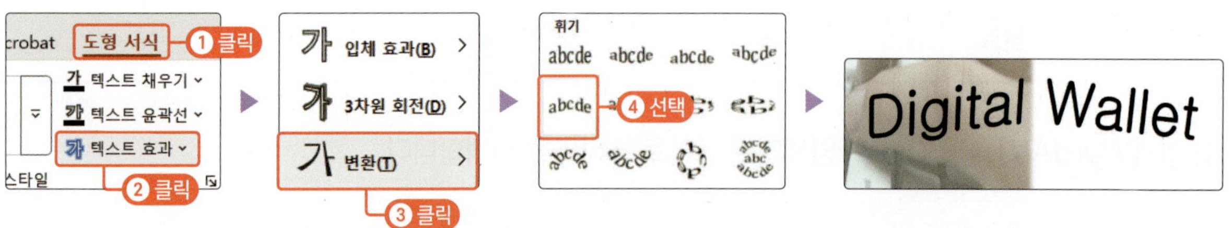

5 이어서, [도형 서식] 탭-[텍스트 효과]-**[반사]**를 클릭한 후 **[근접 반사: 터치]**를 선택합니다.

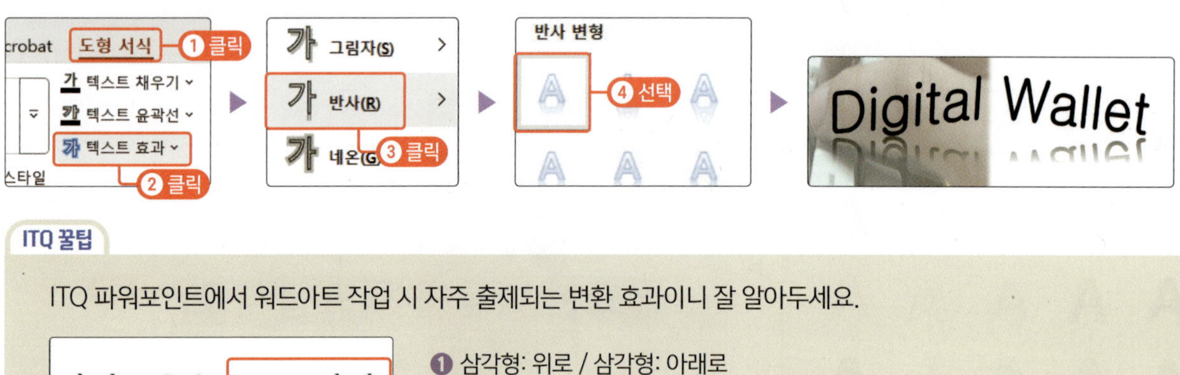

ITQ 꿀팁

ITQ 파워포인트에서 워드아트 작업 시 자주 출제되는 변환 효과이니 잘 알아두세요.

❶ 삼각형: 위로 / 삼각형: 아래로
❷ 갈매기형 수장: 위로 / 갈매기형 수장: 아래로
❸ 물결: 아래로 / 물결: 위로
❹ 팽창 / 수축
❺ 팽창: 아래쪽 / 수축: 아래쪽
❻ 팽창: 위쪽 / 수축: 위쪽
❼ 기울기: 위로 / 기울기: 아래로
❽ 계단식: 위로 / 계단식: 아래로

6 32페이지의 출력형태를 참고하여 워드아트의 크기와 위치를 변경합니다.

★ 변환이 적용된 워드아트의 크기는 조절점을 드래그하여 조절할 수 있어요.

STEP 03 그림 삽입하기

③ 그림 삽입
 - 「내 PC₩문서₩ITQ₩Picture₩로고1.jpg」
 - 배경(회색) 투명색으로 설정

1 [삽입] 탭-[그림]을 클릭한 다음 **[이 디바이스]**를 선택합니다.

2 [내 PC]-[문서]-[ITQ]-[Picture] 폴더에서 **로고1.jpg**을 삽입합니다.

3 [그림 서식] 탭-[색]-**[투명한 색 설정]**을 선택한 후 그림의 **회색** 부분을 클릭하여 배경을 투명하게 변경합니다.

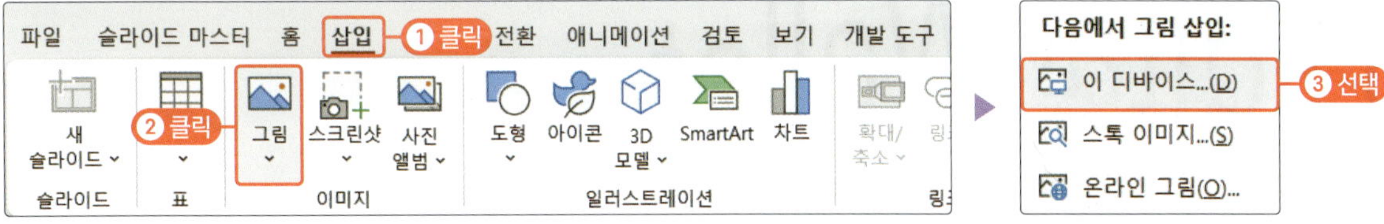

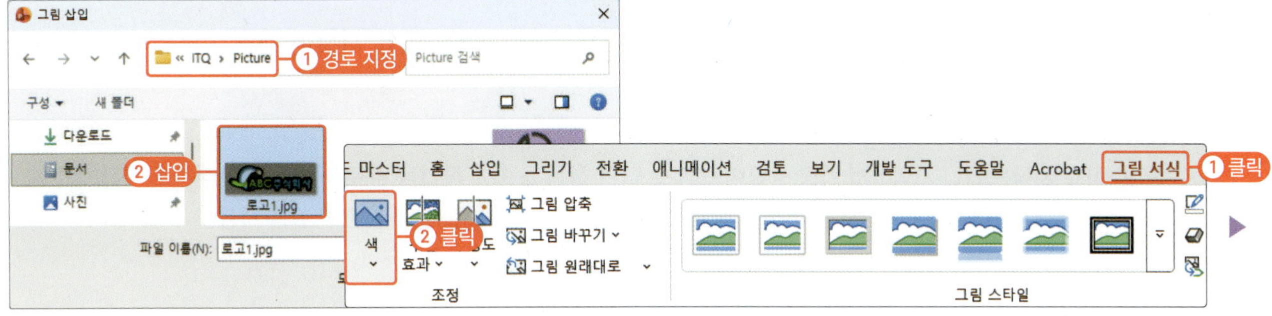

삽입한 로고 이미지의 배경을 투명하게 설정하는 문제가 고정적으로 출제되고 있어요.

4 32페이지의 출력형태를 참고하여 로고의 크기와 위치를 변경합니다.

5 작업이 완료되면 [저장(🖫)]을 클릭하거나, Ctrl + S 를 눌러 답안 파일을 저장합니다.

답안 파일 저장은 ITQ 시험에서 가장 중요한 단계로 답안 작성 도중에 작업을 완료한 부분까지 수시로 저장해야 해요. [빠른 실행 도구 모음]에서 저장 아이콘(🖫)을 클릭하거나, Ctrl + S 를 눌러 답안 파일을 저장할 수 있어요.

1 《세부조건》에 맞추어 《표지 디자인》을 작성해 보세요.

- ⊘ 실습파일 : 유형02-1(문제).pptx
- ⊘ 완성파일 : 유형02-1(완성).pptx

(1) 표지 디자인 : 도형, 워드아트 및 그림을 이용하여 작성한다.

《세부 조건》

① 도형 편집
- 도형에 그림 채우기 :
「내 PC\문서\ITQ\Picture\그림1.jpg」, 투명도 50%
- 도형 효과 :
부드러운 가장자리 5포인트

② 워드아트 삽입
- 변환 : 물결, 아래로
- 글꼴 : 굴림, 굵게
- 텍스트 반사 : 전체 반사, 터치

③ 그림 삽입
- 「내 PC\문서\ITQ\Picture\로고2.jpg」
- 배경(회색) 투명색으로 설정

---

2 《세부조건》에 맞추어 《표지 디자인》을 작성해 보세요.

- ⊘ 실습파일 : 유형02-2(문제).pptx
- ⊘ 완성파일 : 유형02-2(완성).pptx

(1) 표지 디자인 : 도형, 워드아트 및 그림을 이용하여 작성한다.

《세부 조건》

① 도형 편집
- 도형에 그림 채우기 :
「내 PC\문서\ITQ\Picture\그림1.jpg」, 투명도 50%
- 도형 효과 :
부드러운 가장자리 5포인트

② 워드아트 삽입
- 변환 : 삼각형, 위로
- 글꼴 : 돋움, 굵게
- 텍스트 반사 : 근접 반사, 터치

③ 그림 삽입
- 「내 PC\문서\ITQ\Picture\로고1.jpg」
- 배경(회색) 투명색으로 설정

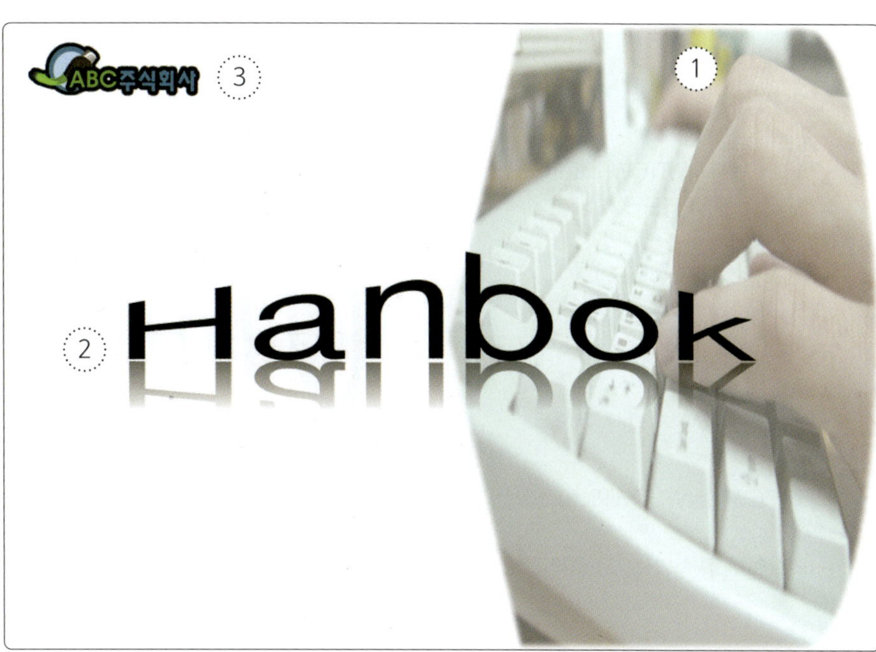

3 《세부조건》에 맞추어 《표지 디자인》을 작성해 보세요.

(1) 표지 디자인 : 도형, 워드아트 및 그림을 이용하여 작성한다.

《세부 조건》

① 도형 편집
  – 도형에 그림 채우기 :
    「내 PC₩문서₩ITQ₩Picture₩
    그림1.jpg」, 투명도 50%
  – 도형 효과 :
    부드러운 가장자리 5포인트
② 워드아트 삽입
  – 변환 : 갈매기형 수장, 위로
  – 글꼴 : 궁서, 굵게
  – 텍스트 반사 : 근접 반사, 4pt 오
    프셋
③ 그림 삽입
  – 「내 PC₩문서₩ITQ₩Picture₩
    로고2.jpg」
  – 배경(회색) 투명색으로 설정

---

4 《세부조건》에 맞추어 《표지 디자인》을 작성해 보세요.

(1) 표지 디자인 : 도형, 워드아트 및 그림을 이용하여 작성한다.

《세부 조건》

① 도형 편집
  – 도형에 그림 채우기 :
    「내 PC₩문서₩ITQ₩Picture₩
    그림3.jpg」, 투명도 50%
  – 도형 효과 :
    부드러운 가장자리 5포인트
② 워드아트 삽입
  – 변환 : 수축, 아래쪽
  – 글꼴 : 돋움, 굵게
  – 텍스트 반사 : 전체 반사, 터치
③ 그림 삽입
  – 「내 PC₩문서₩ITQ₩Picture₩
    로고3.jpg」
  – 배경(연보라) 투명색으로 설정

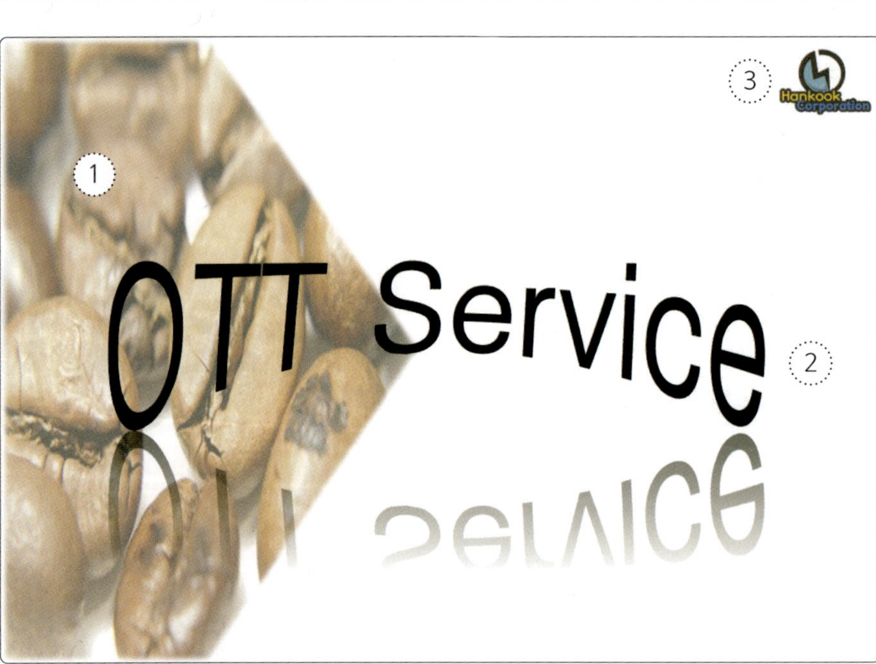

5 《세부조건》에 맞추어 《표지 디자인》을 작성해 보세요.

⊘ 실습파일 : 유형02-5(문제).pptx
⊘ 완성파일 : 유형02-5(완성).pptx

(1) 표지 디자인 : 도형, 워드아트 및 그림을 이용하여 작성한다.

《세부 조건》

① 도형 편집
 - 도형에 그림 채우기 :
   「내 PC₩문서₩ITQ₩Picture₩
   그림1.jpg」, 투명도 50%
 - 도형 효과 :
   부드러운 가장자리 5포인트

② 워드아트 삽입
 - 변환 : 갈매기형 수장, 위로
 - 글꼴 : 굴림, 굵게
 - 텍스트 반사 : 근접 반사, 터치

③ 그림 삽입
 - 「내 PC₩문서₩ITQ₩Picture₩
   로고1.jpg」
 - 배경(회색) 투명색으로 설정

---

6 《세부조건》에 맞추어 《표지 디자인》을 작성해 보세요.

⊘ 실습파일 : 유형02-6(문제).pptx
⊘ 완성파일 : 유형02-6(완성).pptx

(1) 표지 디자인 : 도형, 워드아트 및 그림을 이용하여 작성한다.

《세부 조건》

① 도형편집
 - 도형에 그림 채우기 :
   「내PC₩문서₩ITQ₩Picture₩
   그림3.jpg」, 투명도 50%
 - 도형 효과 :
   부드러운 가장자리 5포인트

② 워드아트삽입
 - 변환 : 갈매기형 수장, 아래로
 - 글꼴: 굴림 굵게
 - 텍스트 반사 : 근접 반사, 터치

③ 그림삽입
 - 「내PC₩문서₩ITQ₩Picture₩
   로고2.jpg」
 - 배경(회색) 투명색으로설정

A 조건 맞추어 각 슬라이드에 그림이 삽입된 도형을 작성해 보세요.

◎ 실습파일 : 패턴02-1(문제).pptx　　◎ 완성파일 : 패턴02-1(완성).pptx

패턴 01　[삽입]-[도형(🖾)]-블록 화살표

❶ 도형(화살표: 갈매기형 수장) ❷ 채우기(그림2.jpg) ❸ 투명도(50%) ❹ 도형 효과(부드러운 가장자리 5포인트)

패턴 02　[삽입]-[도형(🖾)]-사각형

❶ 도형(사각형: 잘린 대각선 방향 모서리) ❷ 채우기(그림1.jpg) ❸ 투명도(50%) ❹ 도형 효과(부드러운 가장자리 5포인트)

패턴 03　[삽입]-[도형(🖾)]-사각형

❶ 도형(직사각형) ❷ 채우기(그림3.jpg) ❸ 투명도(50%) ❹ 도형 효과(부드러운 가장자리 5포인트)

패턴 04　[삽입]-[도형(🖾)]-기본 도형

❶ 도형(현) ❷ 채우기(그림1.jpg) ❸ 투명도(50%) ❹ 도형 효과(부드러운 가장자리 5포인트)

B 조건 맞추어 각 슬라이드에 워드아트를 작성해 보세요.

⊘ 실습파일 : 패턴02-2(문제).pptx   ⊘ 완성파일 : 패턴02-2(완성).pptx

패턴 01   [삽입]-[WordArt(🖋)]

❶ 워드아트(Ⓐ) ❷ 변환(삼각형, 아래로) ❸ 글꼴(궁서, 굵게) ❹ 텍스트 반사(1/2 반사, 터치)

패턴 02   [삽입]-[WordArt(🖋)]

❶ 워드아트(Ⓐ) ❷ 변환(기울기, 위로) ❸ 글꼴(돋움, 굵게) ❹ 텍스트 반사(근접 반사, 4pt 오프셋)

패턴 03   [삽입]-[WordArt(🖋)]

❶ 워드아트(Ⓐ) ❷ 변환(곡선, 아래로) ❸ 글꼴(맑은 고딕, 굵게) ❹ 텍스트 반사(근접 반사, 터치)

패턴 04   [삽입]-[WordArt(🖋)]

❶ 워드아트(Ⓐ) ❷ 변환(삼각형, 위로) ❸ 글꼴(돋움, 굵게) ❹ 텍스트 반사(1/2 반사, 터치)

패턴 05   [삽입]-[WordArt(🖋)]

❶ 워드아트(Ⓐ) ❷ 변환(삼각형, 위로) ❸ 글꼴(돋움, 굵게) ❹ 텍스트 반사(1/2 반사, 4pt 오프셋)

패턴 06   [삽입]-[WordArt(🖋)]

❶ 워드아트(Ⓐ) ❷ 변환(수축, 아래로) ❸ 글꼴(궁서, 굵게) ❹ 텍스트 반사(1/2 반사, 터치)

[슬라이드 2] 목차 슬라이드

◇ 실습파일 : 03차시(문제).pptx   ◇ 완성파일 : 03차시(완성).pptx

[배점] 60점 (500점 만점)

[슬라이드 2]《목차 슬라이드》

(1) 출력형태와 같이 도형을 이용하여 목차를 작성한다(글꼴 : 돋움, 24pt).
(2) 도형 : 선 없음

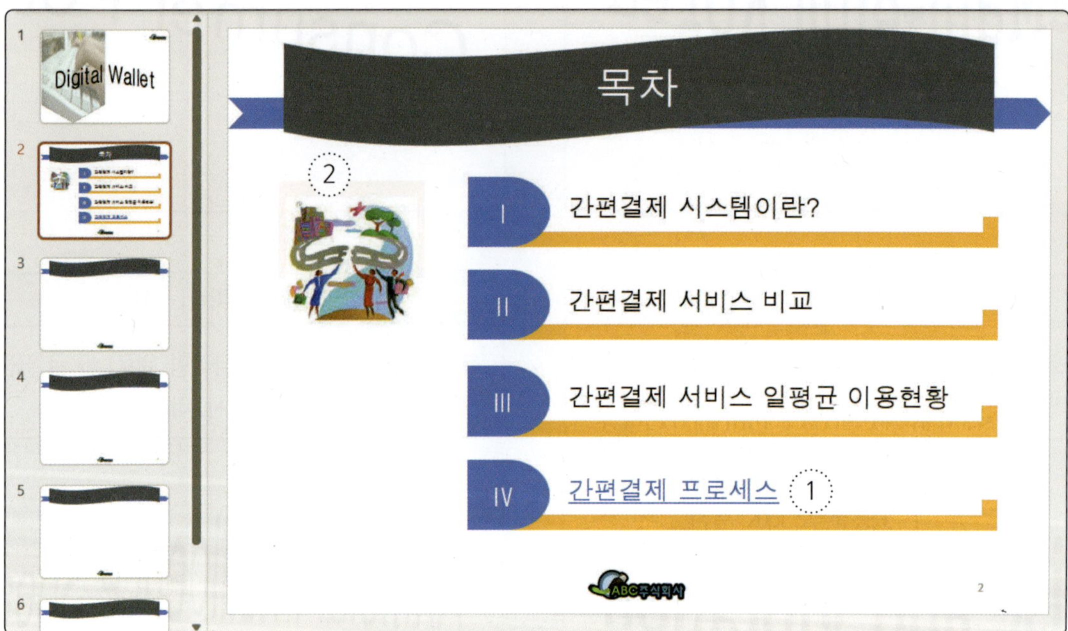

세부 조건

① 텍스트에 링크 적용
　– '슬라이드 6'

② 그림 삽입
　– 「내 PC₩문서₩ITQ₩Picture₩그림4.jpg」
　– 자르기 기능 이용

목차 도형 작성 › 가로 텍스트 상자 삽입 › 하이퍼링크 적용 › 그림 삽입 및 편집

Check 01 목차 작업 ： 목차에 필요한 도형과 텍스트 상자를 추가하고, 하이퍼링크를 적용해요!

왼쪽 도형 작성

목차 번호 입력 후 글꼴 서식 변경

뒤쪽 도형 작성

텍스트 상자에 내용 입력 및 글꼴 서식 변경

간편결제 서비스 일평균 이용현황
간편결제 서비스 일평균 이용현황
간편결제 서비스 일평균 이용현황
간편결제 서비스 일평균 이용현황

작성된 개체 선택 후 복사

간편결제 시스템이란?
간편결제 서비스 비교
간편결제 서비스 일평균 이용현황
간편결제 프로세스

내용 수정 및 하이퍼링크 적용

Check 02 그림 삽입 ： 그림을 삽입한 후 필요한 그림만 남기고 잘라내어 배치해요.

그림 삽입

그림 자르기

그림 배치

번호가 입력된 목차 도형 만들기

(1) 출력형태와 같이 도형을 이용하여 목차를 작성한다(글꼴 : 돋움, 24pt).
(2) 도형 : 선 없음

1 파워포인트 2021 프로그램을 실행한 후 [03차시] 폴더에서 **03차시(문제).pptx** 파일을 불러옵니다.

2 [슬라이드 2]를 선택한 후 슬라이드 제목을 입력합니다.

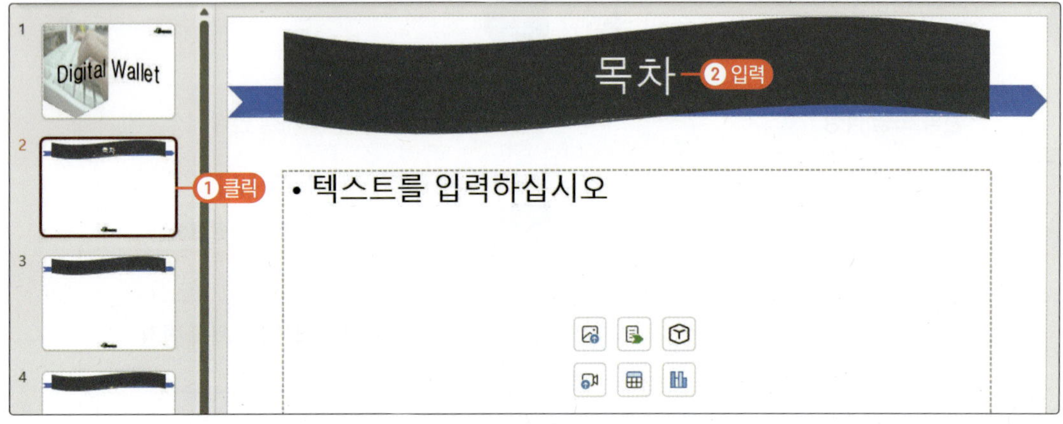

3 [슬라이드 2]에서 텍스트 상자의 테두리를 선택한 후 Delete 를 눌러 삭제합니다.

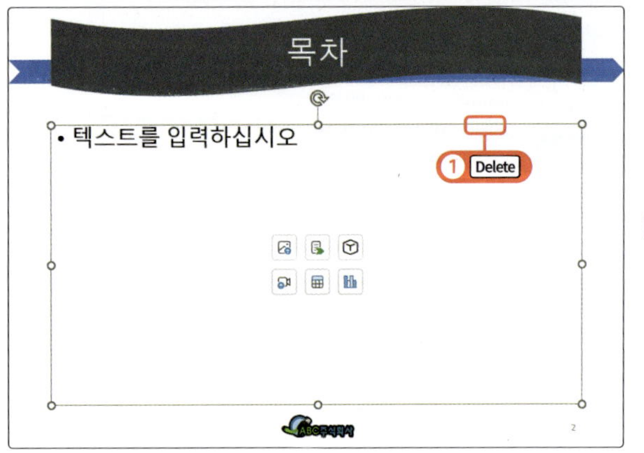

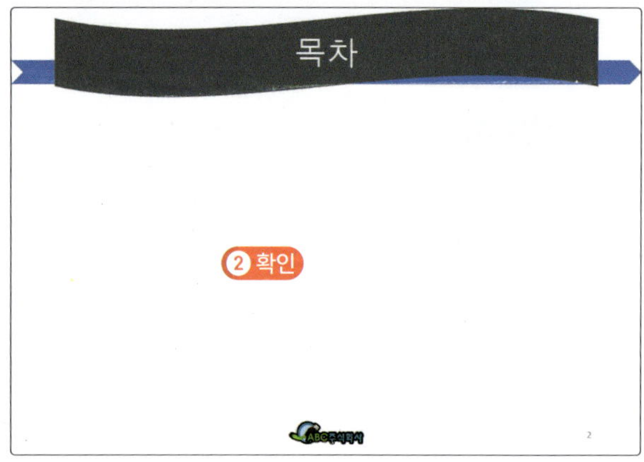

4 [삽입] 탭-[도형]에서 [순서도]-[**순서도: 지연(▷)**]을 선택합니다.

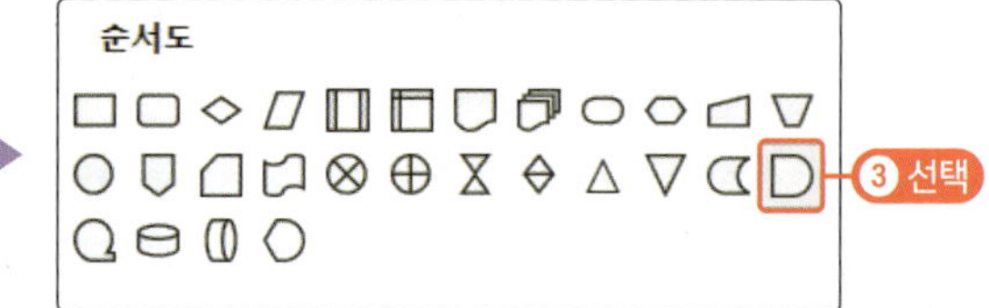

5 도형을 삽입한 후 크기와 위치를 변경합니다.

★ 46페이지의 출력형태를 참고하여 도형의 크기와 위치를 맞춰주세요.

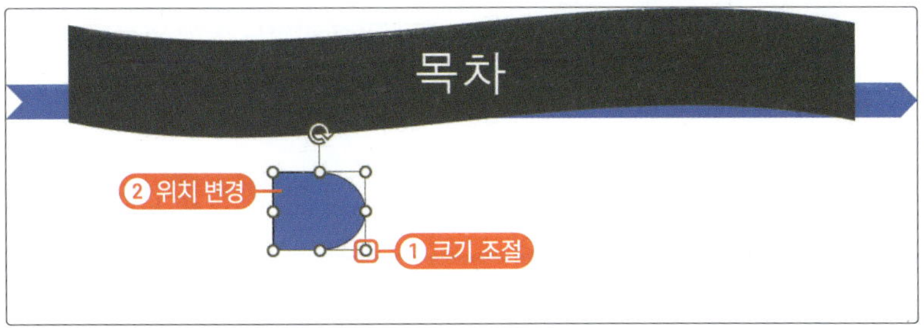

6 [도형 서식] 탭에서 [도형 윤곽선]-[윤곽선 없음]으로 선택합니다.

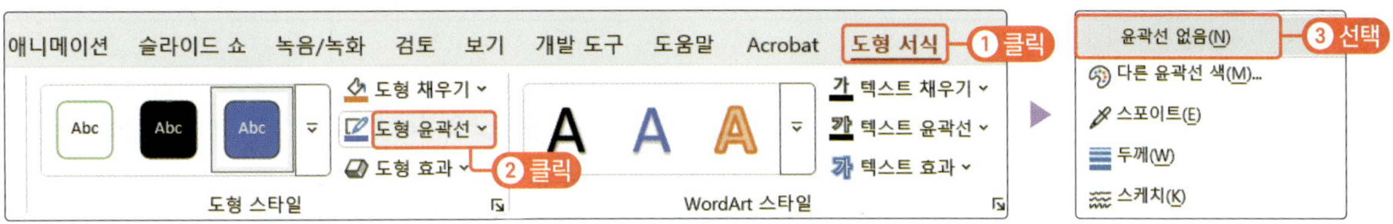

7 도형이 선택된 상태에서 아래 순서에 따라 도형 안에 로마 숫자를 입력한 후 글꼴 서식을 변경합니다.

★ 조건에 맞추어 글꼴과 글꼴 크기를 지정하고, 글꼴 색과 번호 형식은 출력형태를 참고하여 작업해요.

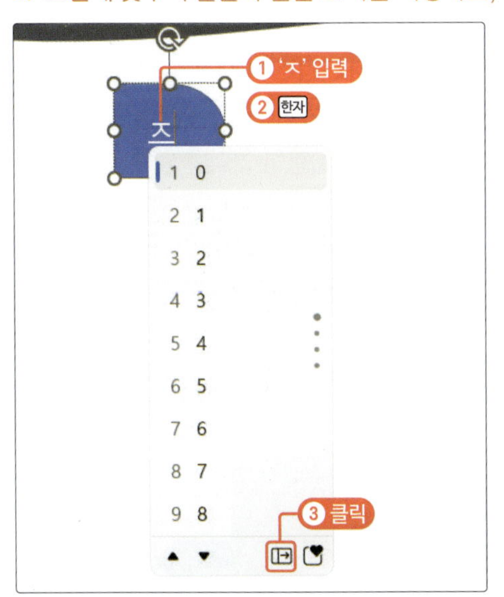

▲ "ㅈ"을 입력한 후 한자 키 누르기

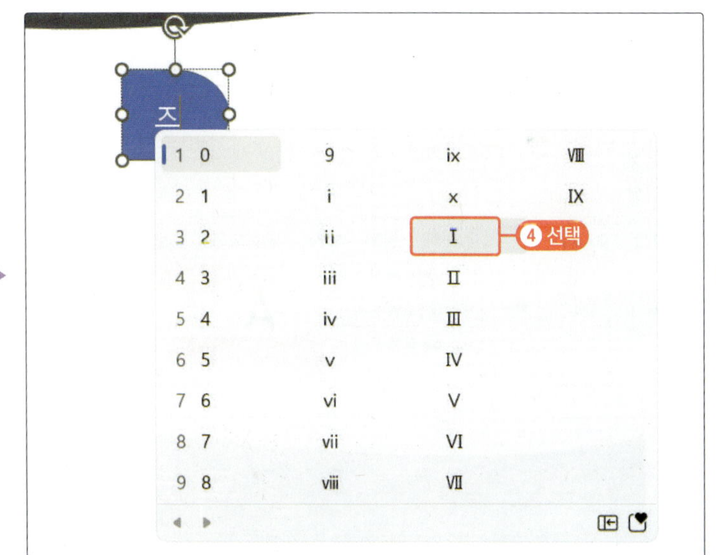

▲ 문제지와 동일한 로마 숫자 찾아 선택하기

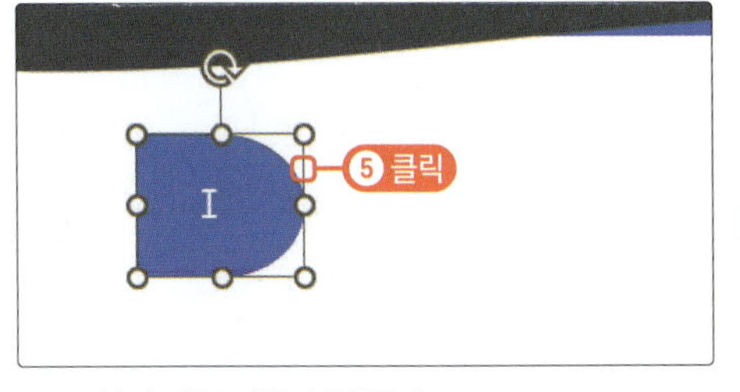

▲ 도형의 테두리를 선택하기

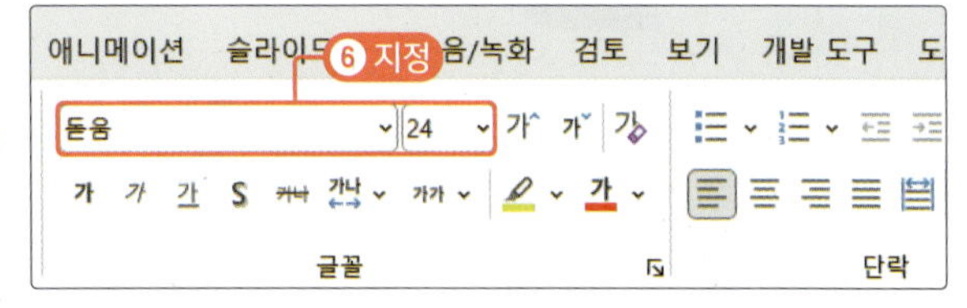

▲ 글꼴 서식 변경하기

최근 출제된 기출 유형을 살펴보면 대체로 A, B, C… 또는 1, 2, 3… 형식으로 목차 번호가 출제되고 있어요. 다만 과년도 기출문제에 로마 숫자를 입력하는 문제가 출제된 경우도 있었으니, 로마 숫자 입력 방법도 함께 익혀두세요.

STEP 02 뒤쪽 도형과 텍스트 상자 작업하기

(1) 출력형태와 같이 도형을 이용하여 목차를 작성한다(글꼴 : 돋움, 24pt).
(2) 도형 : 선 없음

1 [삽입] 탭-[도형]에서 [기본 도형]-[L 도형(⌐)]을 선택한 후 도형을 삽입합니다.

✿ 46페이지의 출력형태를 참고하여 도형의 크기와 위치를 맞춰주세요.

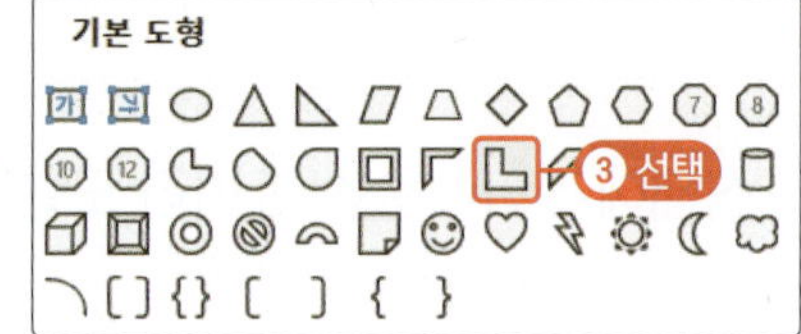

2 [도형 서식] 탭에서 [도형 윤곽선]-[윤곽선 없음]과 [도형 채우기] 색을 **임의의 색상**으로 지정합니다.

✿ ITQ 파워포인트 시험은 흑백 문제지로 출제되기 때문에 도형 색과 관련된 별도의 지시사항이 없다면 임의의 색을 선택해주세요.

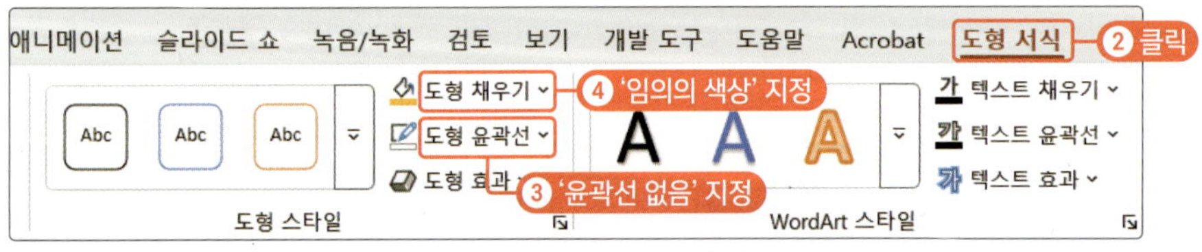

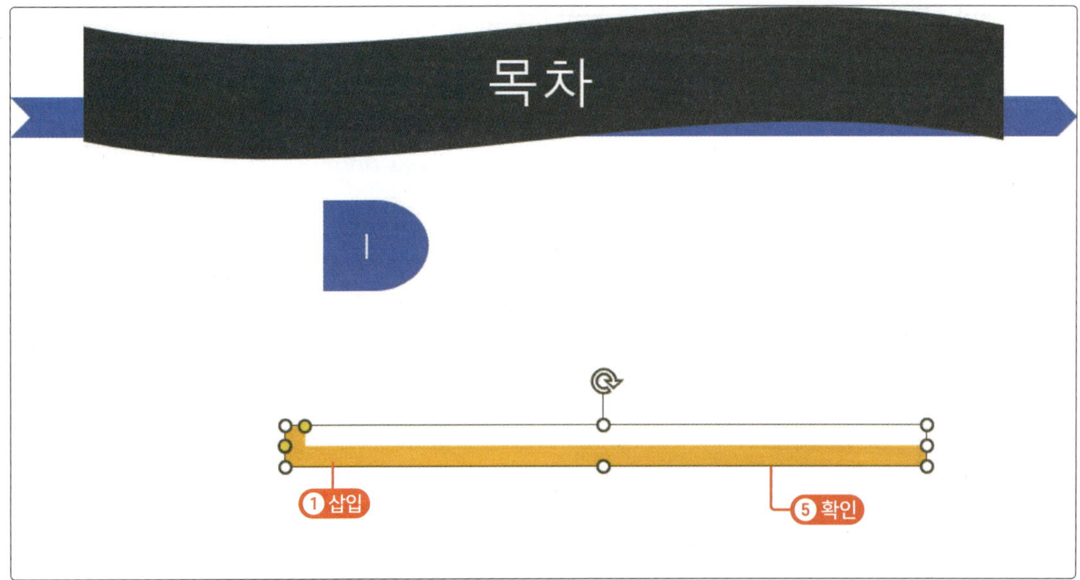

3 도형이 선택된 상태에서 [도형 서식] 탭-[회전]-**[좌우 대칭]**을 선택합니다.

4 도형의 위치를 변경한 다음 우클릭하여 **[맨 뒤로 보내기]**를 선택해 뒤쪽으로 배치합니다.

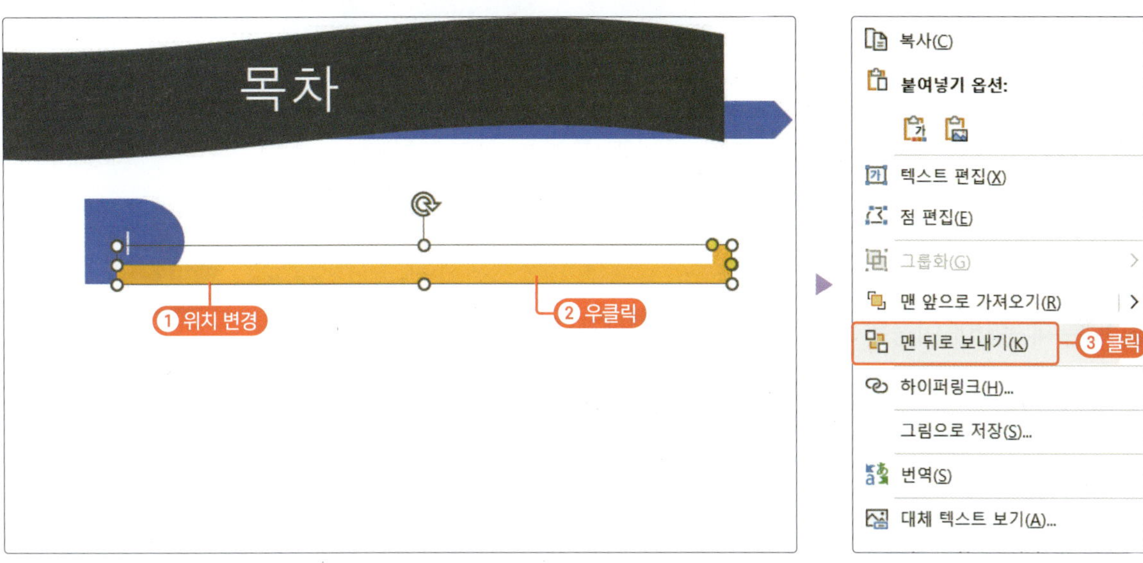

5 [삽입] 탭-**[가로 텍스트 상자 그리기]**를 선택한 후 슬라이드의 빈 곳을 클릭하여 목차 내용을 입력합니다.

★ 46페이지를 참고하여 목차 슬라이드에 입력된 내용 중에서 가장 긴 텍스트를 입력해 주세요.

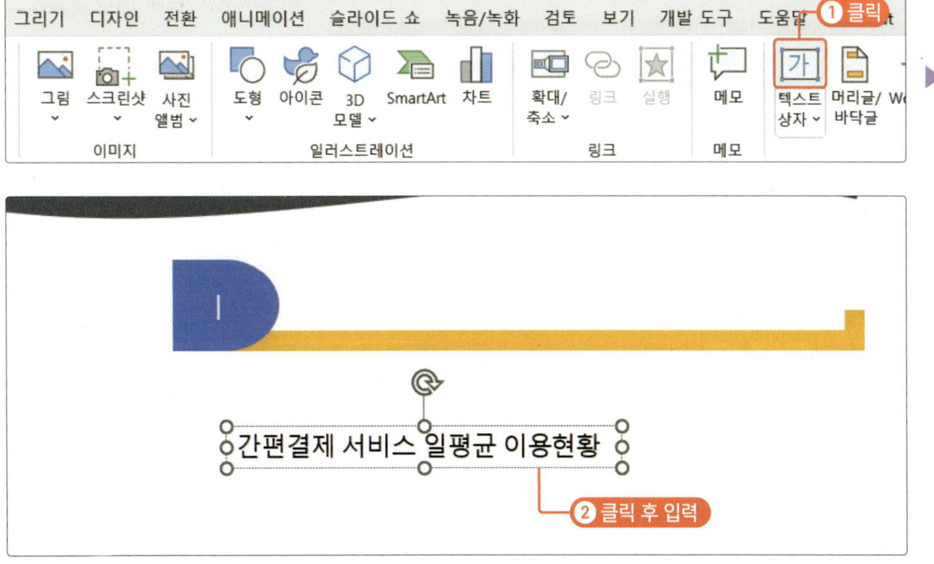

6 [홈] 탭에서 **글꼴 서식(돋움, 24pt)**을 지정한 후 텍스트 상자의 위치를 변경합니다.

   ✿ 글꼴 서식은 텍스트 상자의 테두리를 선택하거나, 내용을 블록으로 지정한 상태에서 작업해 주세요.

   ✿ 텍스트 상자보다 뒤쪽 도형의 너비가 짧으면 조절점을 이용하여 늘여주세요.

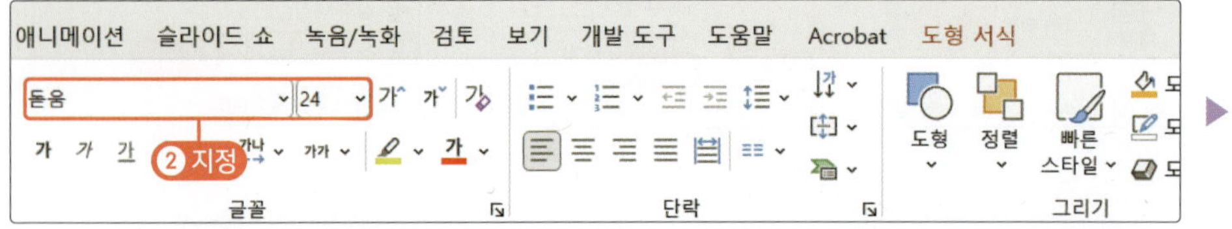

7 Shift 를 누른 채 목차에 이용된 모든 도형과 텍스트 상자를 선택합니다.

8 Ctrl + Shift 를 누른 채 아래쪽으로 드래그하여 복사합니다.

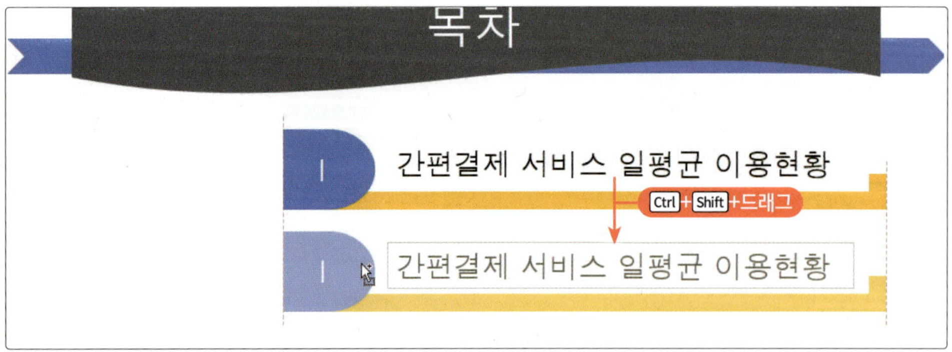

Level UP **개체 복사하기**

슬라이드 작업 속도를 높이기 위해 아래와 같이 복사 기능을 익혀두는 것이 좋아요.

❶ **반듯하게 복사** : Ctrl + Shift 를 누른 채 개체를 드래그

❷ **자유롭게 복사** : Ctrl 을 누른 채 개체를 드래그

9 똑같은 방법으로 2개를 더 복사한 다음 **목차 번호**와 **텍스트 내용**을 수정합니다.

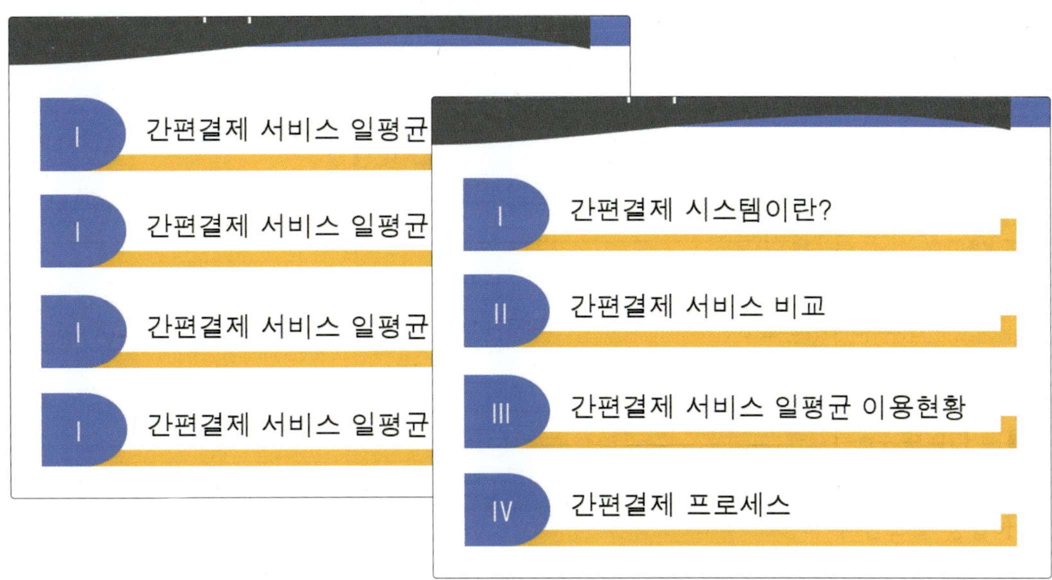

STEP 03 텍스트에 하이퍼링크 적용하기

① 텍스트에 링크 적용
-> '슬라이드 6'

1 하이퍼링크가 적용될 텍스트를 블록으로 지정한 후 우클릭하여 [**하이퍼링크**]를 클릭합니다.

★ 46페이지의 출력형태를 참고하여 밑줄이 들어간 텍스트에 하이퍼링크를 적용해 보세요.

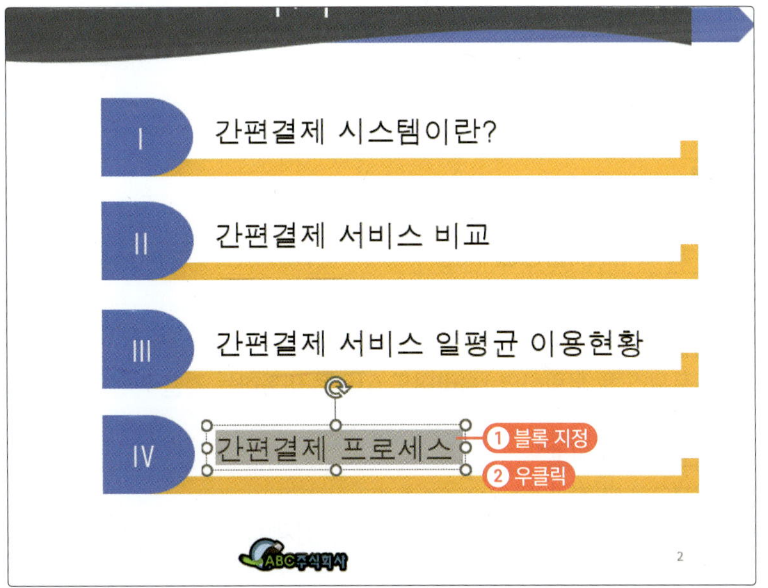

2 [하이퍼링크 삽입] 대화상자에서 **[현재 문서]–[슬라이드 6]**을 선택한 후 <확인>을 클릭합니다.

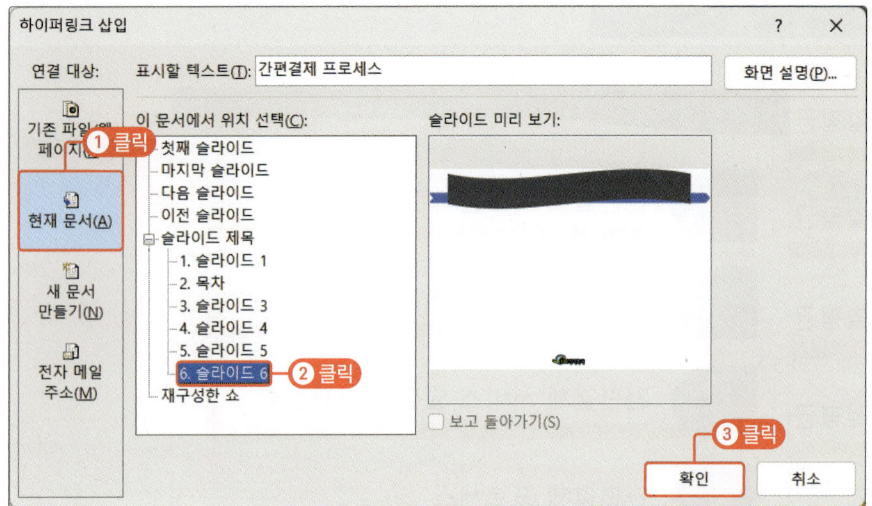

ITQ 꿀팁

> [슬라이드 2]에서 '간편결제 프로세스'를 클릭하면 [슬라이드 6]으로 이동할 수 있도록 하이퍼링크를 지정했어요. ITQ 파워포인트 시험에서는 현재 문서의 특정 슬라이드로 하이퍼링크를 연결하는 문제가 고정적으로 출제되고 있어요.

3 '간편결제 프로세스' 텍스트에 하이퍼링크가 적용된 것을 확인합니다.

Level UP — **하이퍼링크 확인 및 수정**

· F5를 눌러 슬라이드 쇼를 실행한 후 '간편결제 프로세스'를 클릭하면 [슬라이드 6]으로 이동하는 것을 확인할 수 있습니다.
· 하이퍼링크가 적용된 텍스트는 밑줄과 함께 파란색으로 표시됩니다.
· 하이퍼링크가 실행된 후에는 텍스트와 밑줄이 자주색으로 변경됩니다.
· 하이퍼링크로 연결된 슬라이드가 조건과 다를 경우, 텍스트 위에서 우클릭하여 [링크 편집] 메뉴를 이용해 연결된 슬라이드를 수정할 수 있습니다.

STEP 04 그림 삽입하고 자르기

② 그림 삽입
  -「내 PC₩문서₩ITQ₩Picture₩그림4.jpg」
  - 자르기 기능 이용

1 [삽입] 탭-[그림]을 클릭한 다음 **[이 디바이스]**를 선택합니다.

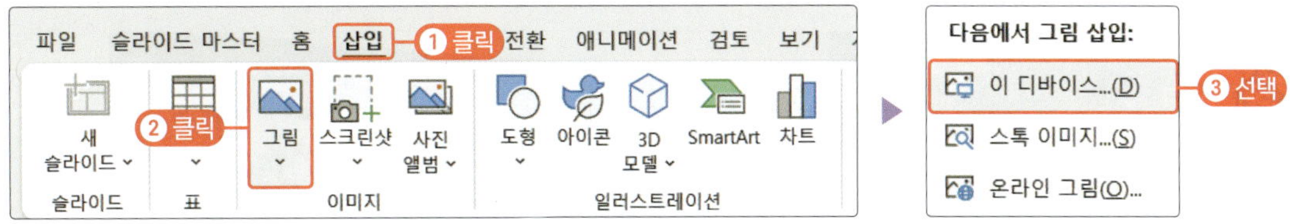

2 [내 PC]-[문서]-[ITQ]-[Picture] 폴더에서 **그림4.jpg**를 삽입합니다.

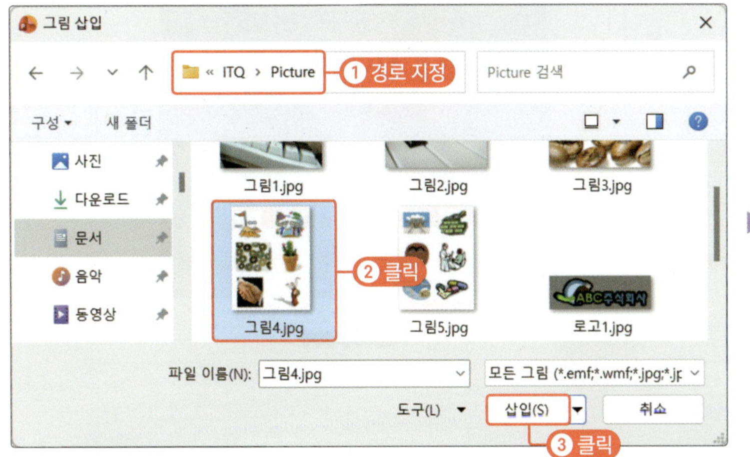

3 필요한 그림만 남기기 위해 [그림 서식] 탭-**[자르기]**를 클릭합니다.

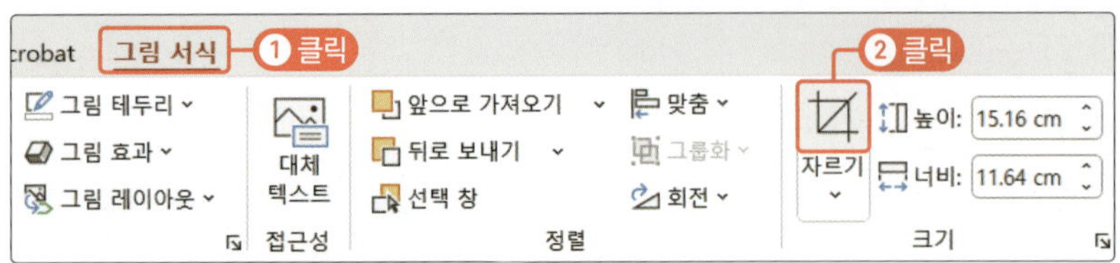

4 그림에 자르기 핸들이 표시되면 드래그하여 필요한 그림만 남긴 후 Esc 를 누릅니다.

5 슬라이드에 그림을 배치한 다음 **[저장(🖫)]**을 클릭하거나, Ctrl + S 를 눌러 답안 파일을 저장합니다.

★ ???페이지의 출력형태를 참고하여 그림의 위치를 변경해 보세요.

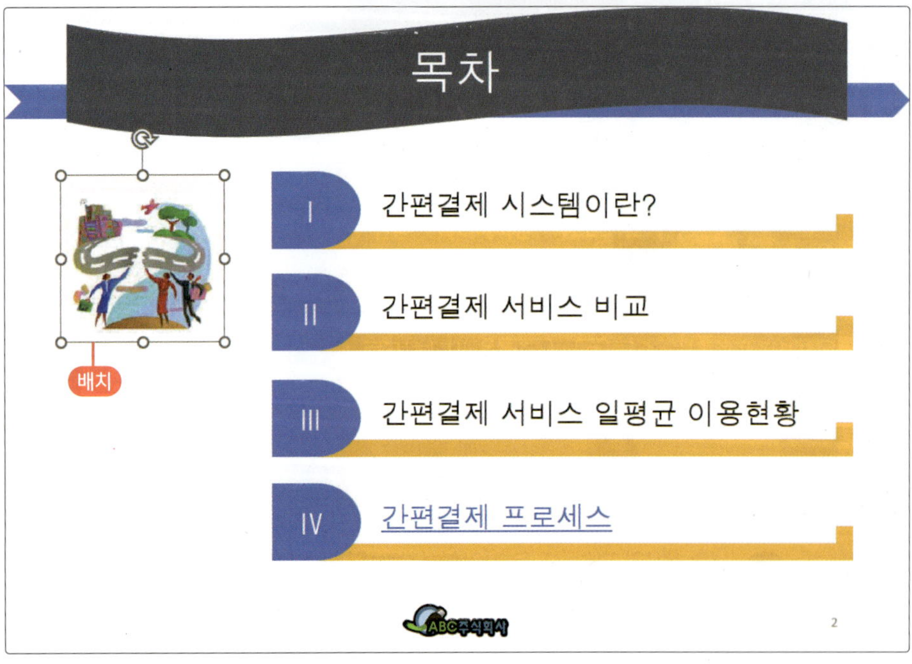

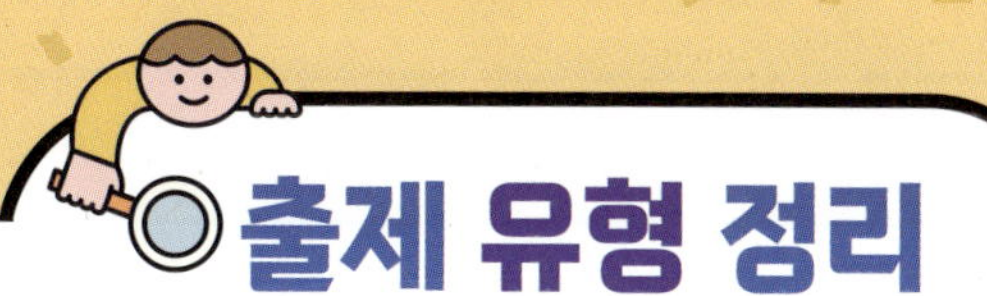

1 《세부조건》에 맞추어 《목차 슬라이드》를 작성해 보세요.

⊘ 실습파일 : 유형03-1(문제).pptx
⊘ 완성파일 : 유형03-1(완성).pptx

(1) 출력형태와 같이 도형을 이용하여 목차를 작성한다(글꼴 : 굴림, 24pt).
(2) 도형 : 선 없음

《세부 조건》

① 텍스트에 링크 적용
 -> '슬라이드 5'

② 그림 삽입
 -「내 PC\문서\ITQ\Picture\
  그림4.jpg」
 - 자르기 기능 이용

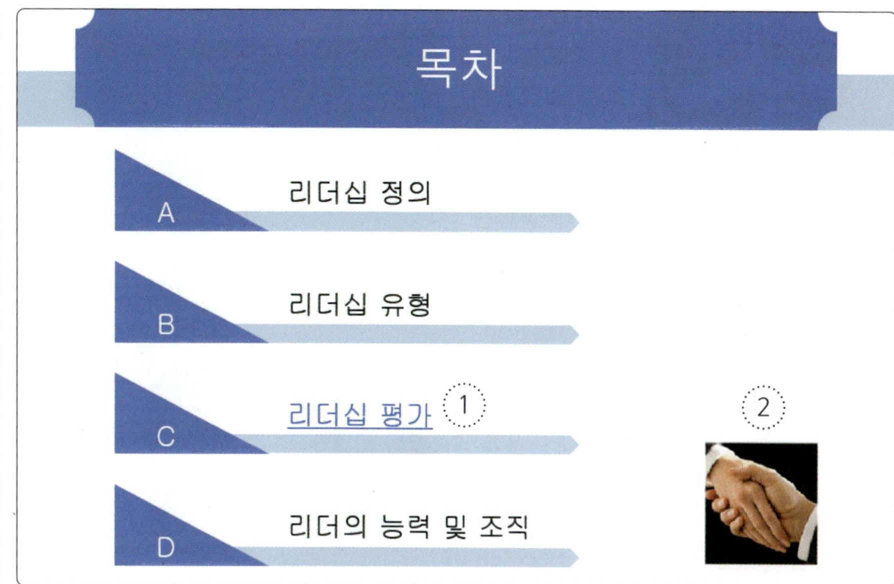

2 《세부조건》에 맞추어 《목차 슬라이드》를 작성해 보세요.

⊘ 실습파일 : 유형03-2(문제).pptx
⊘ 완성파일 : 유형03-2(완성).pptx

(1) 출력형태와 같이 도형을 이용하여 목차를 작성한다(글꼴 : 돋움, 24pt).
(2) 도형 : 선 없음

《세부 조건》

① 텍스트에 링크 적용
 -> '슬라이드 6'

② 그림 삽입
 -「내 PC\문서\ITQ\Picture\
  그림4.jpg」
 - 자르기 기능 이용

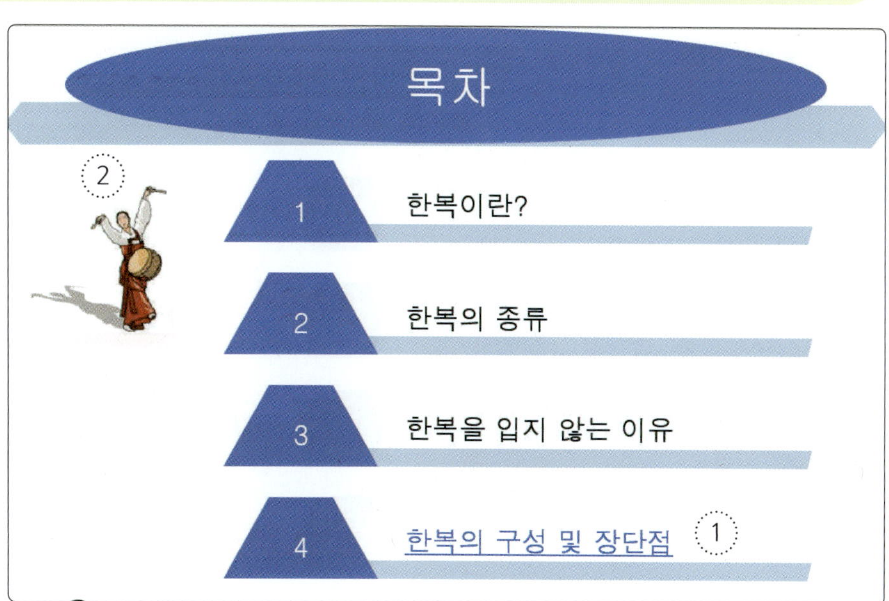

(1) 출력형태와 같이 도형을 이용하여 목차를 작성한다(글꼴 : 돋움, 24pt).
(2) 도형 : 선 없음

《세부 조건》
① 텍스트에 링크 적용
 -> '슬라이드 5'
② 그림 삽입
 - 「내 PC\문서\ITQ\Picture\ 그림4.jpg」
 - 자르기 기능 이용

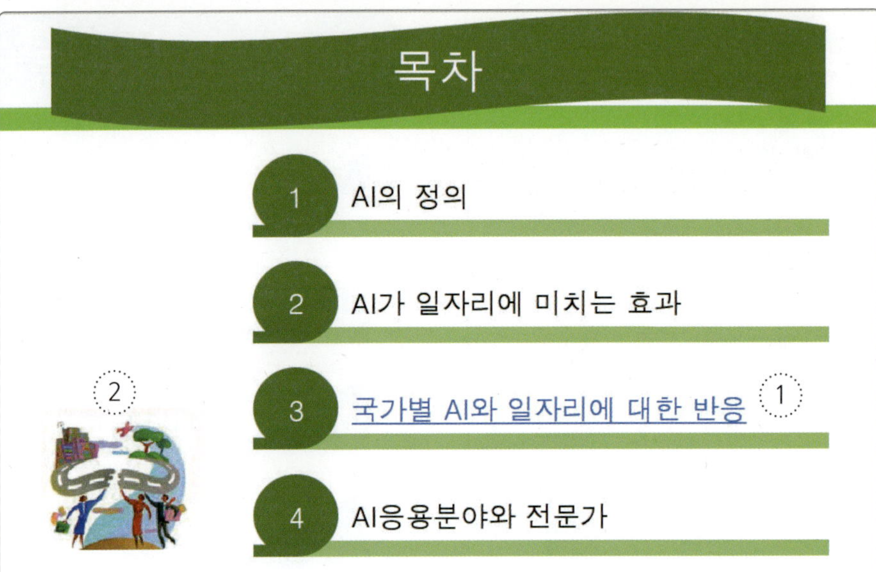

④ 《세부조건》에 맞추어 《목차 슬라이드》를 작성해 보세요.

✅ 실습파일 : 유형03-4(문제).pptx
✅ 완성파일 : 유형03-4(완성).pptx

(1) 출력형태와 같이 도형을 이용하여 목차를 작성한다(글꼴 : 굴림, 24pt).
(2) 도형 : 선 없음

《세부 조건》
① 텍스트에 링크 적용
 -> '슬라이드 4'
② 그림 삽입
 - 「내 PC\문서\ITQ\Picture\ 그림5.jpg」
 - 자르기 기능 이용

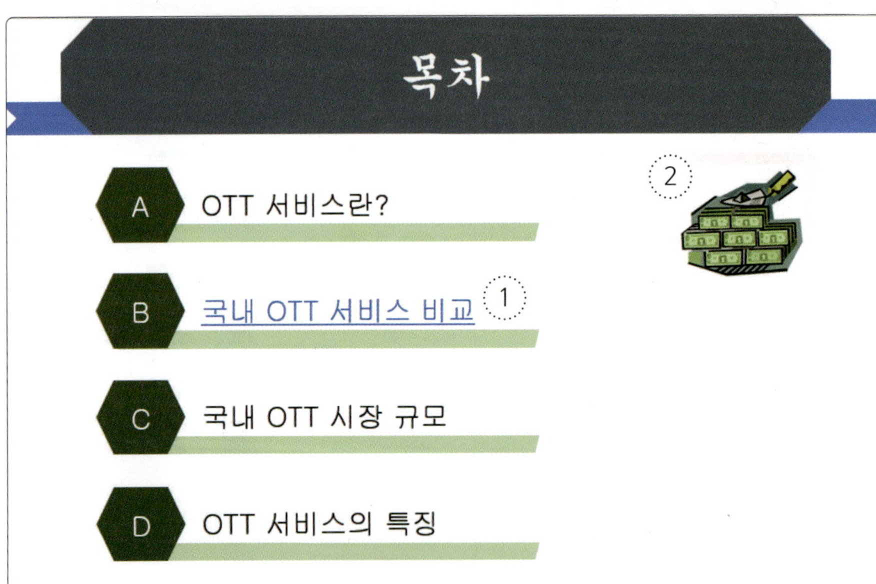

5 《세부조건》에 맞추어 《목차 슬라이드》를 작성해 보세요.

⊙ 실습파일 : 유형03-5(문제).pptx
⊙ 완성파일 : 유형03-5(완성).pptx

(1) 출력형태와 같이 도형을 이용하여 목차를 작성한다(글꼴 : 돋움, 24pt).
(2) 도형 : 선 없음

《세부 조건》

① 텍스트에 링크 적용
　-> '슬라이드 6'

② 그림 삽입
　- 「내 PC₩문서₩ITQ₩Picture₩
　　그림5.jpg」
　- 자르기 기능 이용

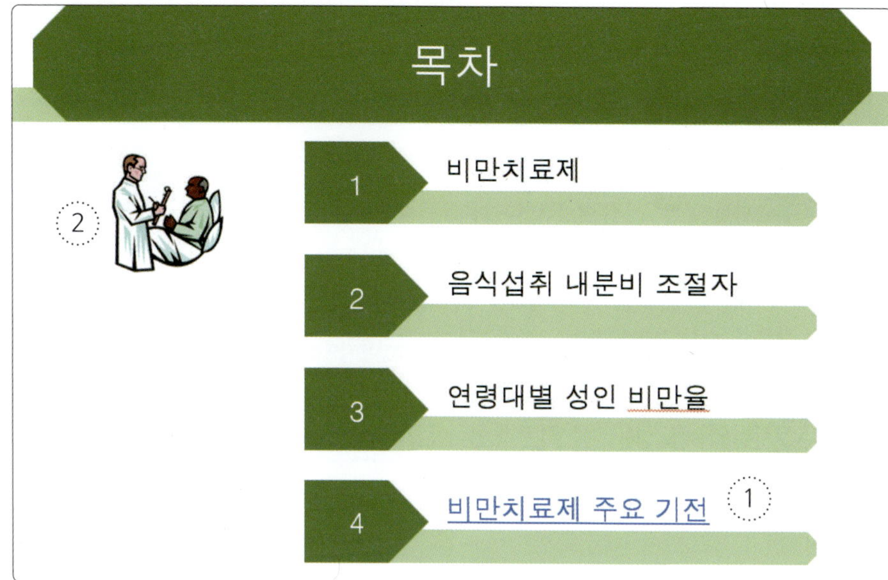

---

6 《세부조건》에 맞추어 《목차 슬라이드》를 작성해 보세요.

⊙ 실습파일 : 유형03-6(문제).pptx
⊙ 완성파일 : 유형03-6(완성).pptx

(1) 출력형태와 같이 도형을 이용하여 목차를 작성한다(글꼴 : 굴림, 24pt).
(2) 도형 : 선 없음

《세부 조건》

① 텍스트에링크적용
　-> '슬라이드4'

② 그림삽입
　- 「내PC₩문서₩ITQ₩Picture₩
　　그림4.jpg」
　- 자르기기능이용

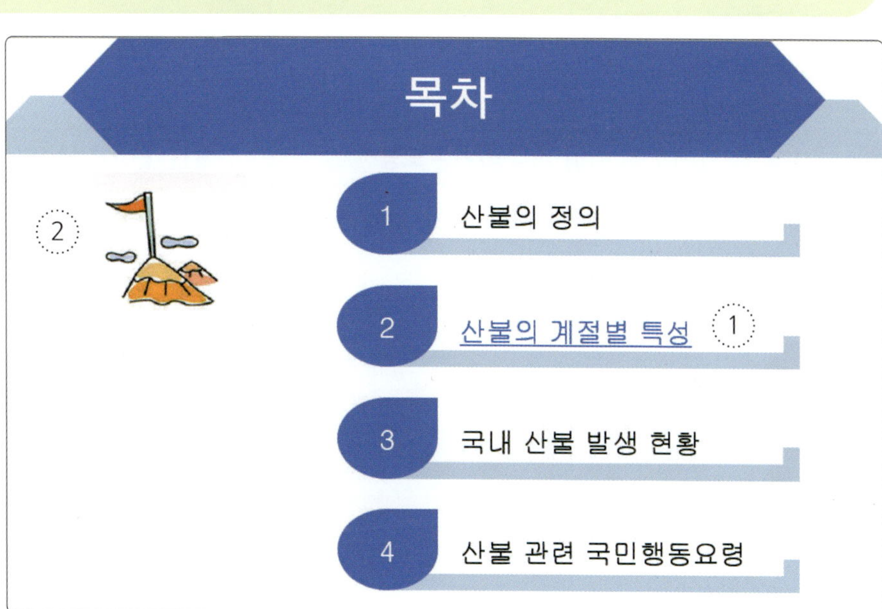

⊘ 실습파일 : 패턴03-1(문제).pptx　　⊘ 완성파일 : 패턴03-1(완성).pptx

패턴 01　[삽입]-[도형( )]-사각형

❶ 도형1(직사각형) ❷ 도형2(사각형: 잘린 대각선 방향 모서리) ❸ 선 없음 ❹ 글꼴(굴림, 24pt)

패턴 02　[삽입]-[도형( )]-기본 도형

❶ 도형1(L 도형) ❷ 도형2(눈물 방울) ❸ 선 없음 ❹ 글꼴(굴림, 24pt)

패턴 03　[삽입]-[도형( )]-기본 도형

❶ 도형1(사다리꼴) ❷ 도형2(하트) ❸ 선 없음 ❹ 글꼴(돋움, 24pt)

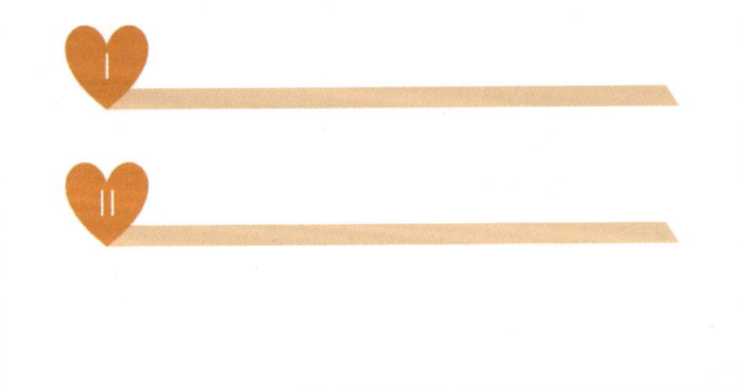

패턴 04　[삽입]-[도형( )]-사각형/별 및 현수막

❶ 도형1(직사각형) ❷ 도형2(두루마리 모양: 가로로 말림) ❸ 선 없음 ❹ 글꼴(굴림, 24pt)

패턴 05　[삽입]-[도형( )]-사각형/기본 도형

❶ 도형1(직사각형) ❷ 도형2(사다리꼴) ❸ 선 없음 ❹ 글꼴(굴림, 24pt)

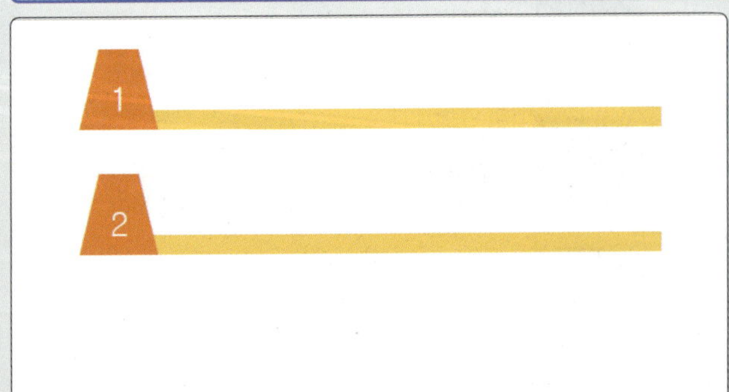

패턴 06　[삽입]-[도형( )]-사각형/블록 화살표

❶ 도형1(직사각형) ❷ 도형2(화살표: 오각형) ❸ 선 없음 ❹ 글꼴(굴림, 24pt)

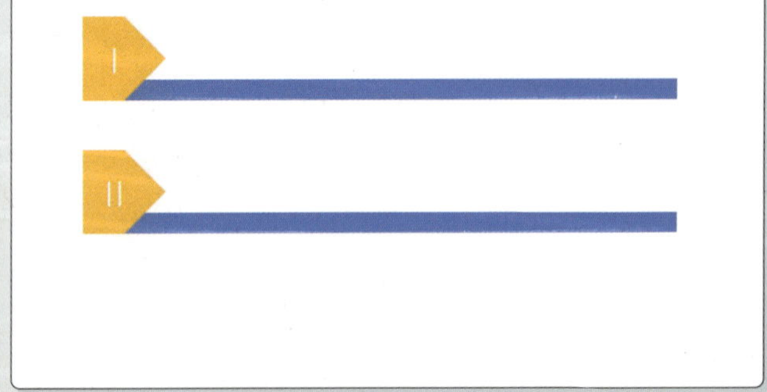

⊘ 실습파일 : 패턴03-2(문제).pptx   ⊘ 완성파일 : 패턴03-2(완성).pptx

패턴 01   [삽입]-[도형()]-별 및 현수막/기본 도형

❶ 도형1(물결) ❷ 도형2(평행 사변형) ❸ 선 없음 ❹ 글꼴
(굴림, 24pt) ❺ 텍스트에 링크 적용(슬라이드 6)

C   교육정책에 대한 의견

D   고교학점제 운영체계

패턴 02   [삽입]-[도형()]-사각형/순서도

❶ 도형1(직사각형) ❷ 도형2(순서도: 지연) ❸ 선 없음 ❹
글꼴(돋움, 24pt) ❺ 텍스트에 링크 적용(슬라이드 5)

III   하천수의 수질 현황

IV   수돗물 및 하수 처리 과정

패턴 03   [삽입]-[도형()]-사각형/블록 화살표

❶ 도형1(직사각형) ❷ 도형2(화살표: 위쪽) ❸ 선 없음 ❹
글꼴(굴림, 24pt) ❺ 텍스트에 링크 적용(슬라이드 4)

B   미세먼지 예보등급 및 내용

C   국외대기 오염현황

패턴 04   [삽입]-[도형()]-사각형/순서도

❶ 도형1(직사각형) ❷ 도형2(순서도: 저장 데이터) ❸ 선
없음 ❹ 글꼴(굴림, 24pt) ❺ 텍스트에 링크 적용(슬라이드
6)

3   따릉이 운영현황

4   따릉이 이용절차

패턴 05   [삽입]-[도형()]-블록 화살표/기본 도형

❶ 도형1(화살표: 오각형) ❷ 도형2(배지) ❸ 선 없음 ❹ 글꼴
(굴림, 24pt) ❺ 텍스트에 링크 적용(슬라이드 3)

I   블로그의 이해

II   블로그와 카페 비교

패턴 06   [삽입]-[도형()]-블록 화살표/기본 도형

❶ 도형1(화살표: 위로 굽음) ❷ 도형2(육각형) ❸ 선 없음 ❹
글꼴(돋움, 24pt) ❺ 텍스트에 링크 적용(슬라이드 4)

C   태아의 체중 변화

D   산전 검사

[슬라이드 3] 텍스트/동영상 슬라이드

⊘ **실습파일** : 04차시(문제).pptx   ⊘ **완성파일** : 04차시(완성).pptx

[배점] 60점 (500점 만점)

[슬라이드 3]《텍스트/동영상 슬라이드》
(1) 텍스트 작성 : 글머리 기호 사용(➢, ✓)
　➢문단(굴림, 24pt, 굵게, 줄간격 : 1.5줄), ✓ 문단(굴림, 20pt, 줄간격 : 1.5줄)

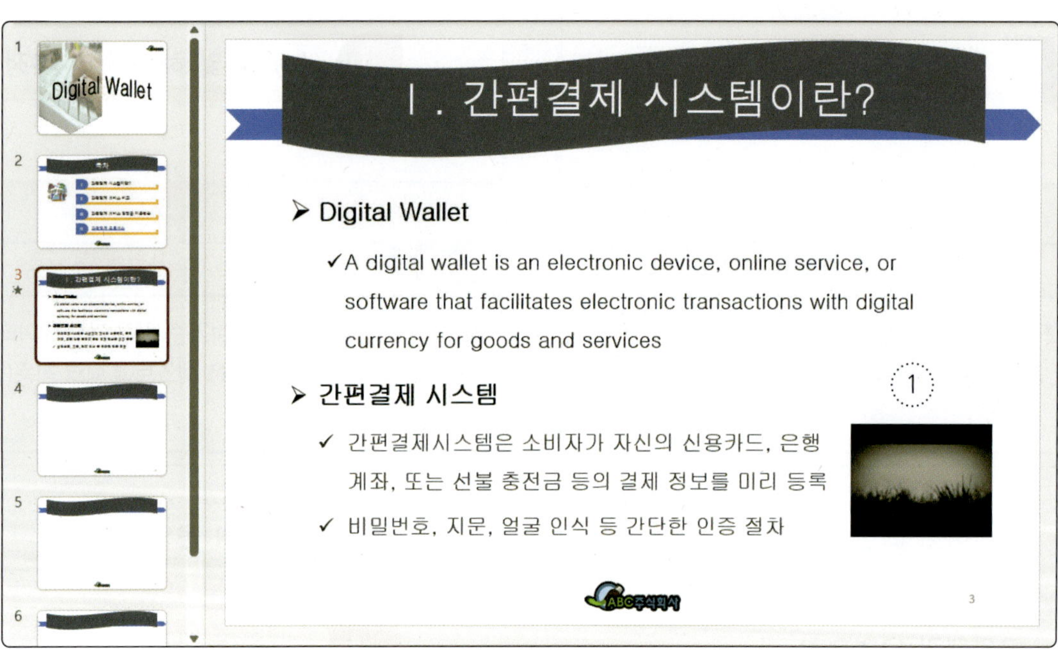

세부 조건

① 동영상 삽입 :
　–「내 PC₩문서₩ITQ₩Picture₩동영상.wmv」
　– 자동실행, 반복재생 설정

텍스트 입력 **›** 글머리 기호 매기기 **›** 문단 서식 지정 **›** 아래쪽 텍스트 상자 작성 **›** 동영상 삽입

Check 01 텍스트 상자 작업 ： 영문으로 입력된 텍스트 상자를 작업해요!

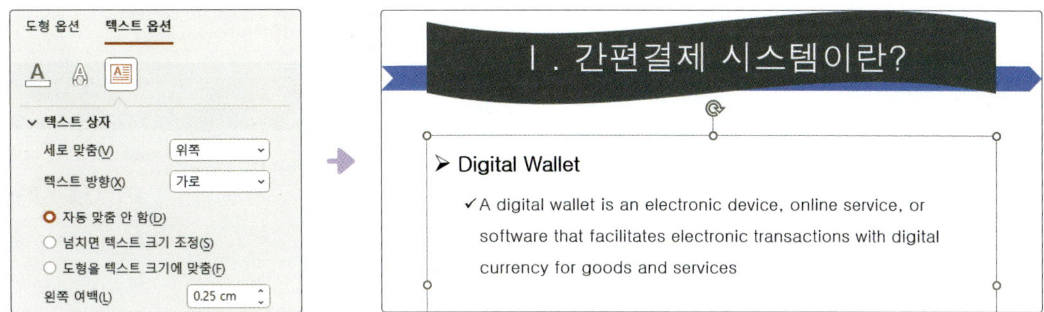

자동 맞춤 안 함 지정 　　　　 텍스트 상자에 내용 입력 후 글머리 기호 및 서식 지정

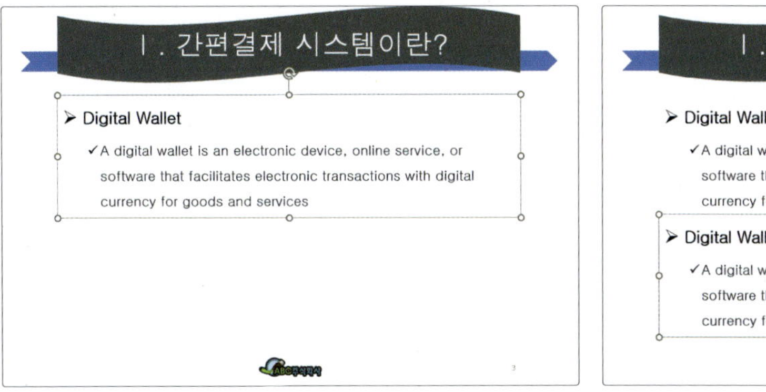

텍스트 상자의 크기 및 위치 변경

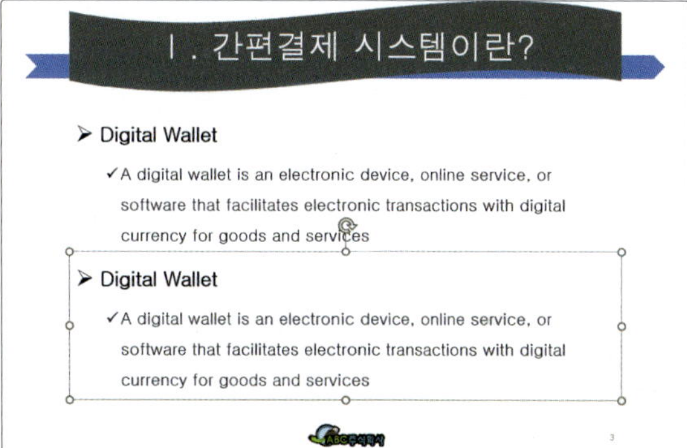

텍스트 상자를 아래쪽으로 복사

Check 02 내용 수정 및 동영상 삽입 ： 한글 내용으로 수정 후 동영상을 삽입해요!

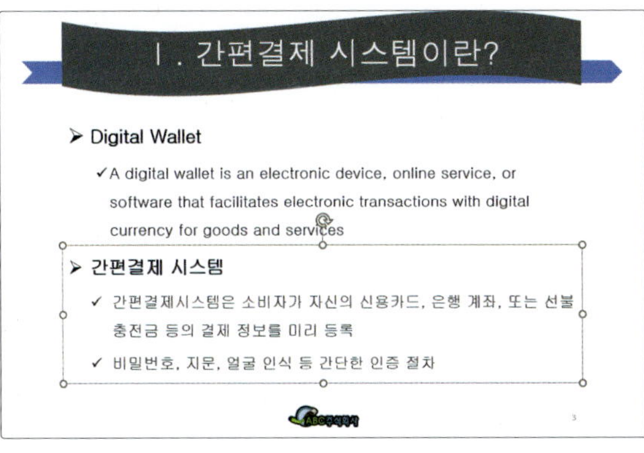

한글 내용으로 수정

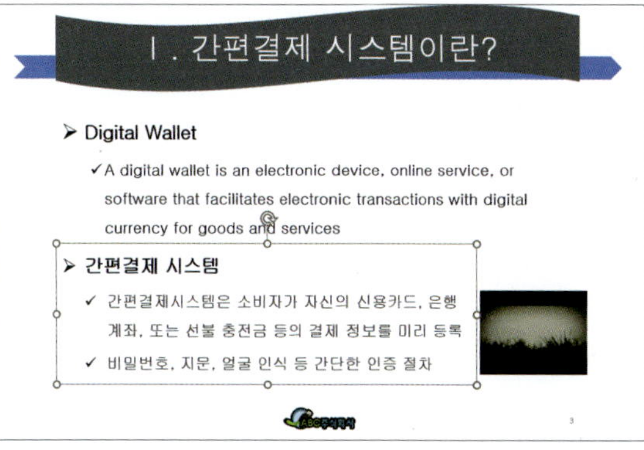

텍스트 상자 크기 변경 후 동영상 삽입

(1) 텍스트 작성 : 글머리 기호 사용(➢, ✓)
  ➢문단(굴림, 24pt, 굵게, 줄간격 : 1.5줄), ✓문단(굴림, 20pt, 줄간격 : 1.5줄)

1 파워포인트 2021 프로그램을 실행한 후 [04차시] 폴더에서 **04차시(문제).pptx** 파일을 불러옵니다.

2 [슬라이드 3]을 선택한 후 아래 순서에 따라 슬라이드의 제목을 입력합니다.

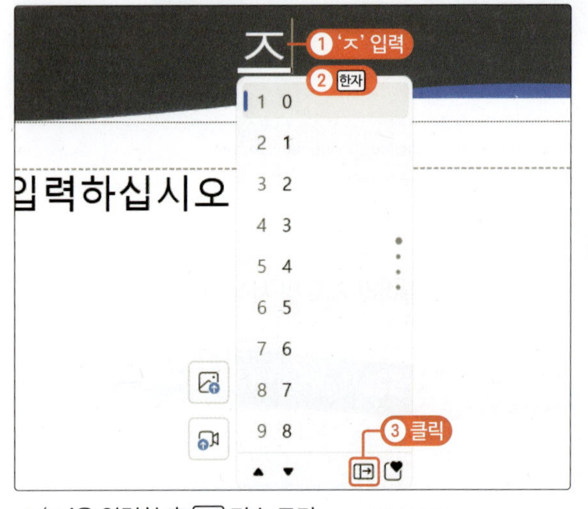

▲ 'ㅈ'을 입력한 후 [한자] 키 누르기

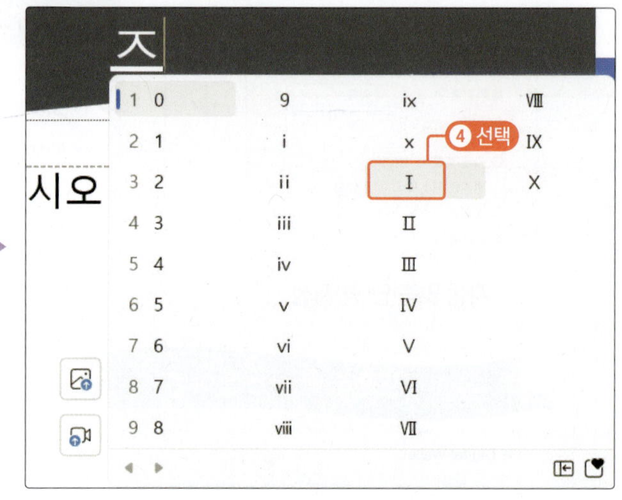

▲ 문제지와 동일한 로마 숫자 찾아 선택하기

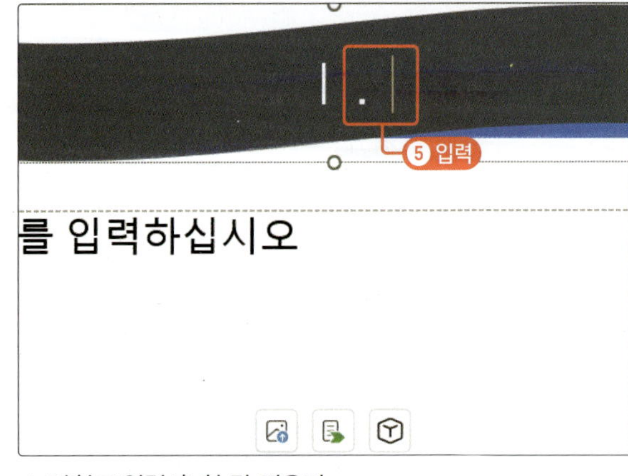

▲ 마침표 입력 후 한 칸 띄우기

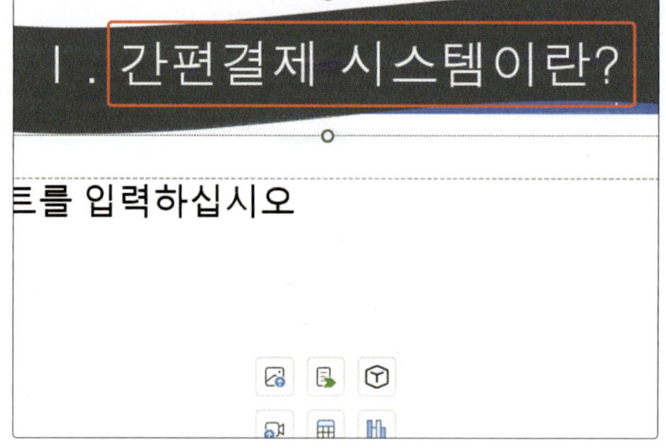

▲ 내용 입력하기

ITQ 꿀팁

최근 출제된 기출 유형을 살펴보면 대체로 A, B, C… 또는 1, 2, 3… 형식으로 목차 번호가 출제되고 있어요. 다만 과년도 기출문제에 로마 숫자를 입력하는 문제가 출제된 경우도 있었으니, 로마 숫자 입력 방법도 함께 익혀두세요.

3 크기 관련 옵션을 지정하기 위해 텍스트 상자의 테두리를 우클릭한 후 **[도형 서식]**을 클릭합니다.

4 오른쪽 창이 활성화되면 [텍스트 옵션]–[텍스트 상자]를 클릭하여 **자동 맞춤 안 함**을 선택합니다.

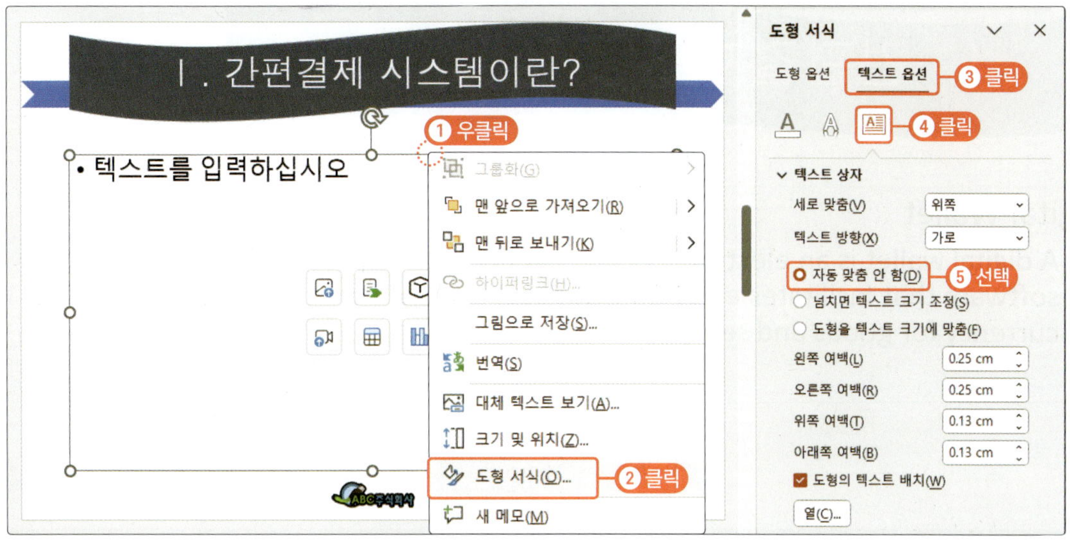

Level UP **자동 맞춤 안 함**

텍스트 상자는 입력된 내용이 넘치면 '글꼴 크기'와 '줄 간격'이 상자 크기에 맞춰 자동으로 줄어들도록 설정되어 있습니다. ITQ 파워포인트 시험에서 [슬라이드 3] 작업 시에는 '자동 맞춤 안 함'을 선택하여 입력 내용의 길이와 관계없이 지정한 글꼴 서식이 그대로 유지되도록 설정해 주세요.

5 박스 안쪽을 클릭하여 Digital Wallet을 입력한 후 Enter 를 눌러 아랫줄로 이동합니다.

6 다음 문장을 하위 목록으로 만들기 위해 Tab 을 눌러 들여쓰기를 적용합니다.

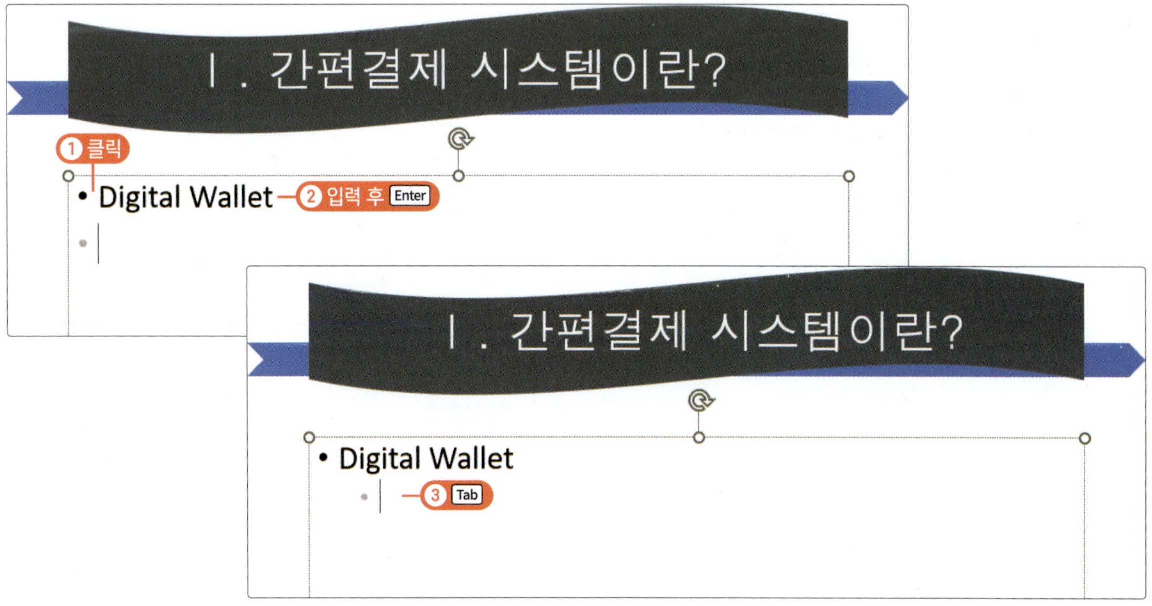

7 아래 그림을 참고하여 영문 내용을 입력합니다.

✿ 내용이 2줄 이상이면 Enter 를 누르지 않고 이어서 입력해 주세요.

STEP 02 글머리 기호 및 글꼴 서식 변경하기

(1) 텍스트 작성 : 글머리 기호 사용(➢, ✓)
　➢문단(굴림, 24pt, 굵게, 줄간격 : 1.5줄), ✓문단(굴림, 20pt, 줄간격 : 1.5줄)

1 첫 번째 줄을 블록으로 지정한 다음 [홈] 탭에서 [글머리 기호]의 목록 단추를 눌러 ➢를 선택합니다.

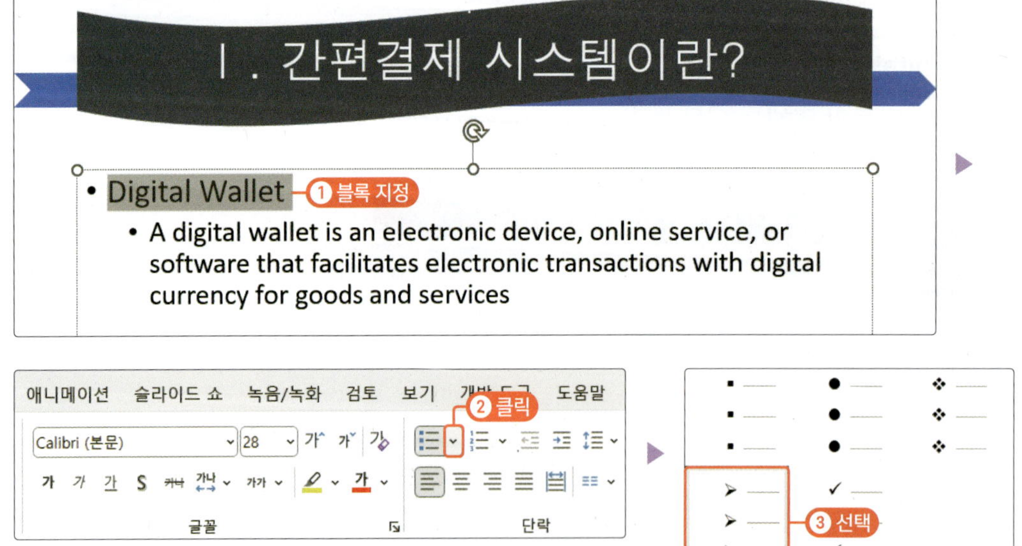

ITQ 꿀팁

글머리 기호는 '➢, ◆, ✓, ✤' 모양이 주로 출제되고 있어요.

2 `Space Bar`를 이용하여 글머리 기호와 내용 사이를 한 칸 띄웁니다.

★ 글머리 기호를 입력한 후 띄어쓰기 적용 여부는 출력형태를 참고하세요.

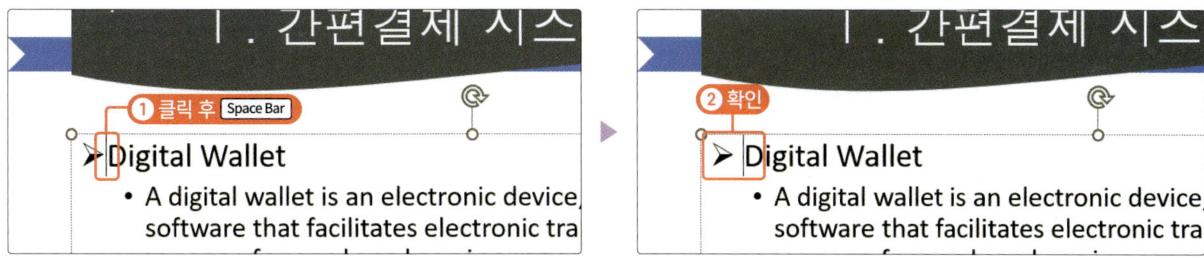

ITQ 꿀팁

글머리 기호 뒤의 공백은 '오피스 버전' 및 '시스템 환경'에 따라 공백 유무가 다르기 때문에 채점 항목에는 포함되지 않아요. 교재는 출력형태와 동일하게 맞추기 위해 `Space Bar`를 눌러 한 칸을 띄었지만 공백을 추가하지 않아도 감점되지 않아요.

3 첫 번째 줄을 다시 블록으로 지정한 후 [홈] 탭에서 **글꼴 서식**과 **줄간격**을 변경합니다.

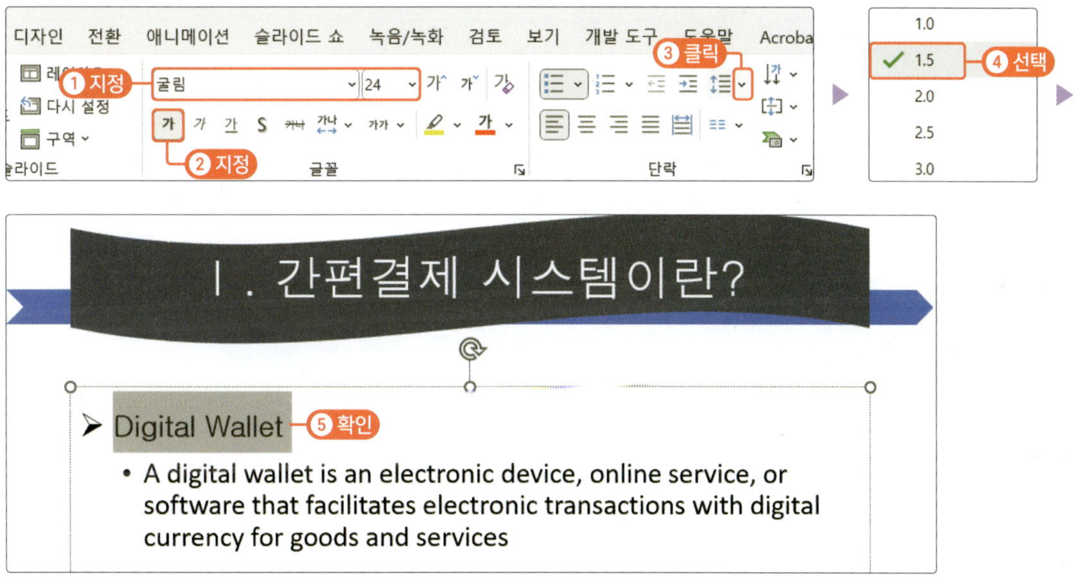

4 똑같은 방법으로 하위 문장의 글머리 기호를 '✓'로 변경한 다음 **글꼴 서식**과 **줄간격**을 변경합니다.

★ ✓문단(굴림, 20pt, 줄간격 : 1.5줄)

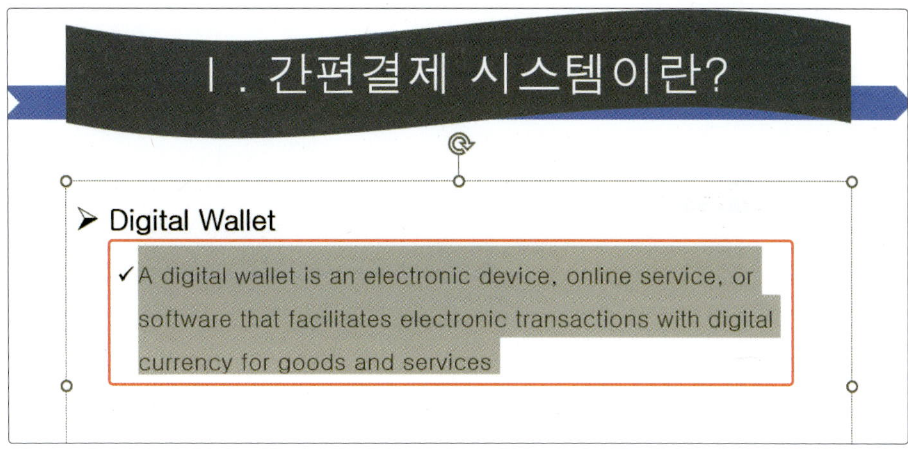

다양한 글머리 기호 찾기

시험에서는 다양한 모양의 글머리 기호가 출제될 수 있으니 아래 방법을 숙지하는 것이 좋습니다.

❶ [홈] 탭-[글머리 기호] 목록 단추-[글머리 기호 및 번호 매기기] 클릭
❷ [글머리 기호 및 번호 매기기] 대화상자에서 <사용자 지정>을 클릭
❸ 글꼴을 [Wingdings]로 변경한 다음 기호를 찾아 선택

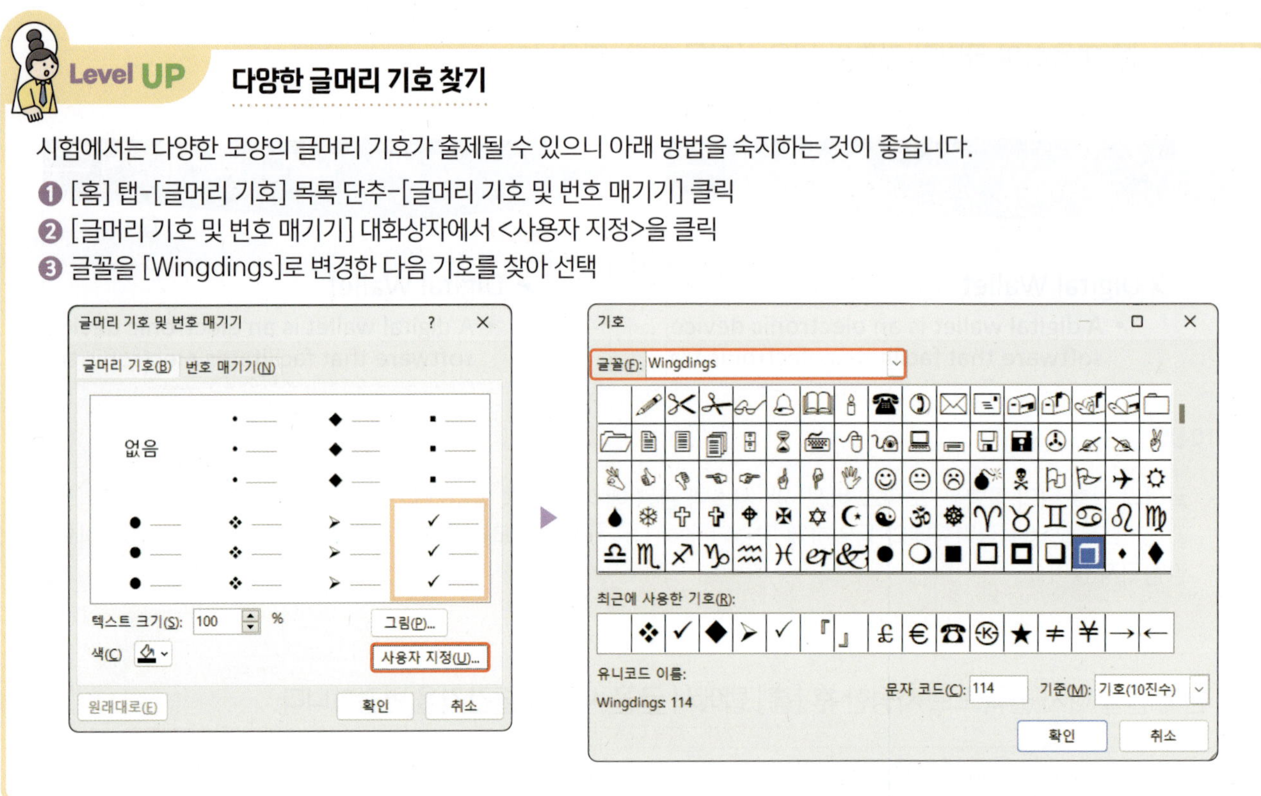

5 텍스트 상자의 아래쪽 가운데 조절점을 드래그하여 크기를 줄인 후 위치를 변경합니다.

★ 교재에서는 텍스트 상자의 위치를 살짝 위쪽으로 배치했어요.

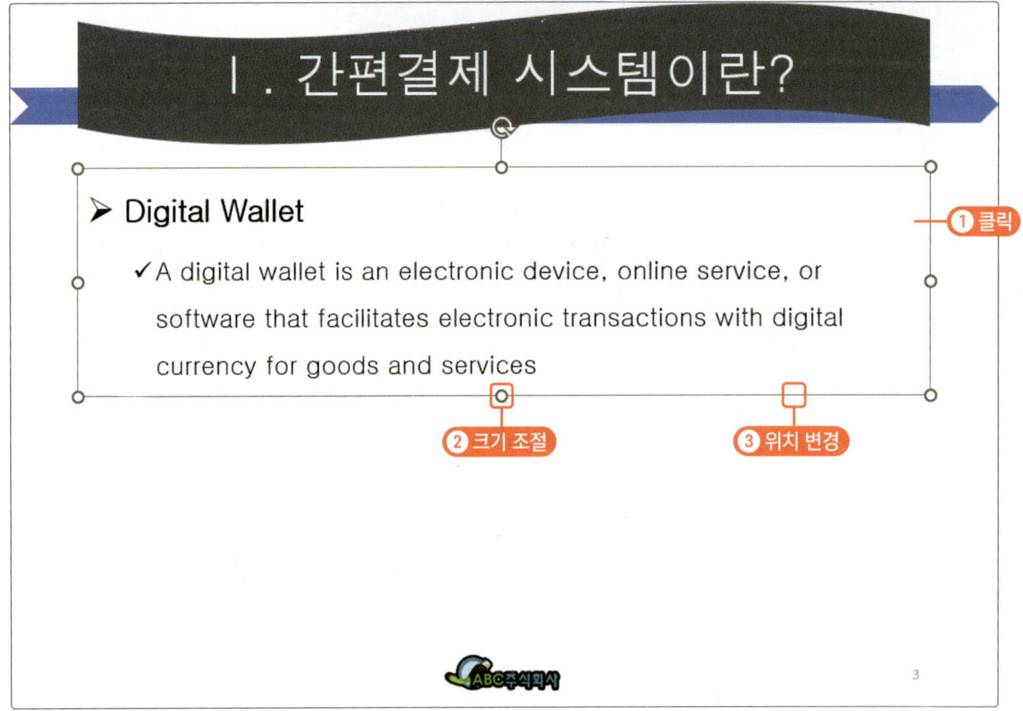

6 [Ctrl]+[Shift]를 누른 채 텍스트 상자의 테두리를 아래쪽으로 드래그하여 반듯하게 복사합니다.

7 복사된 텍스트 상자의 제목 및 내용을 아래와 같이 수정합니다.

★ 텍스트 상자를 복사할 때는 테두리를 클릭한 채 드래그해야 해요.

★ 첫 번째 내용 입력이 완료되면 [Enter]를 눌러 두 번째 내용을 입력해 주세요.

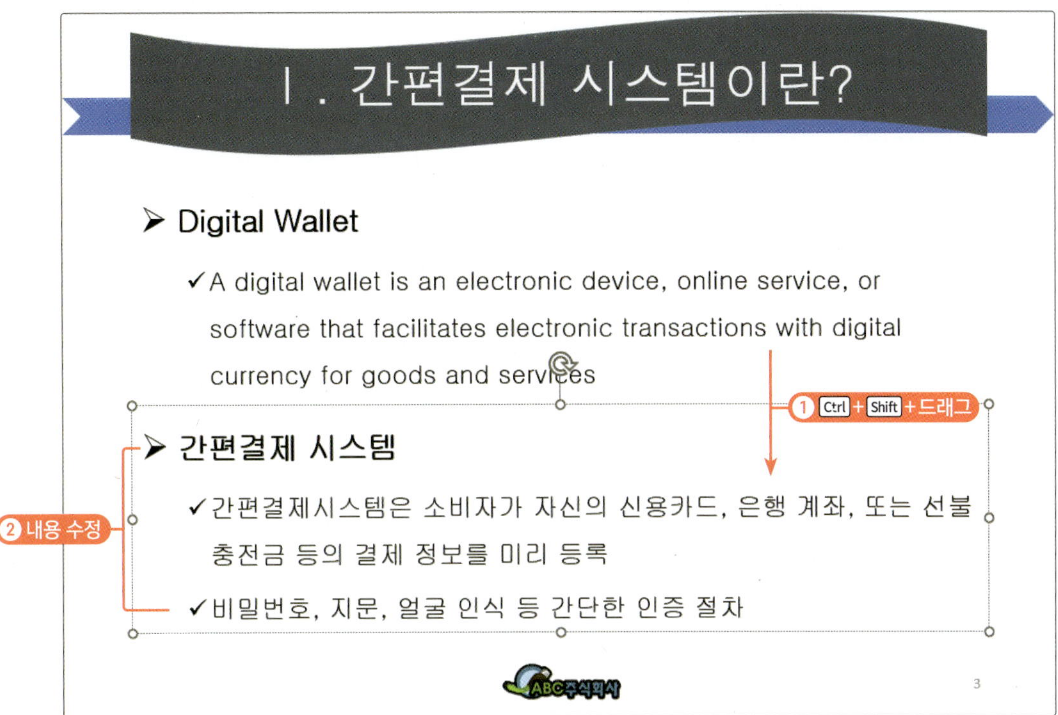

8 두 번째 텍스트 상자의 오른쪽 가운데 조절점을 드래그하여 출력형태와 동일한 위치에 오른쪽 글자가 표시되도록 크기를 줄입니다.

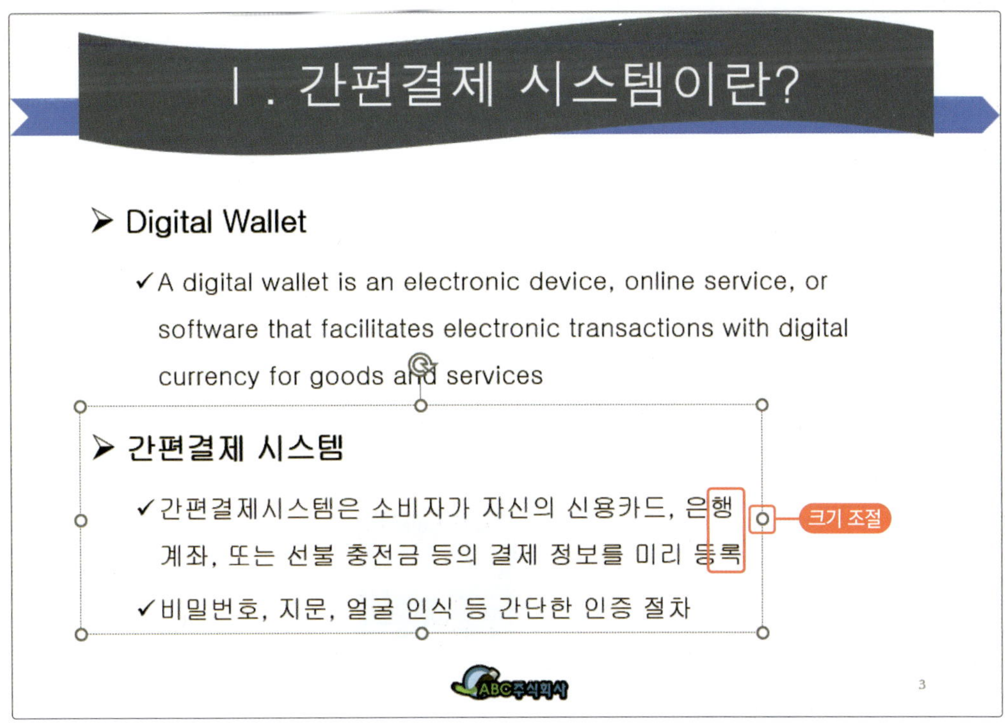

동영상 삽입하기

① 동영상 삽입 :
- 「내 PC\문서\ITQ\Picture\동영상.wmv」
- 자동실행, 반복재생 설정

1 [삽입] 탭-[비디오]-**[이 디바이스]**를 선택합니다.

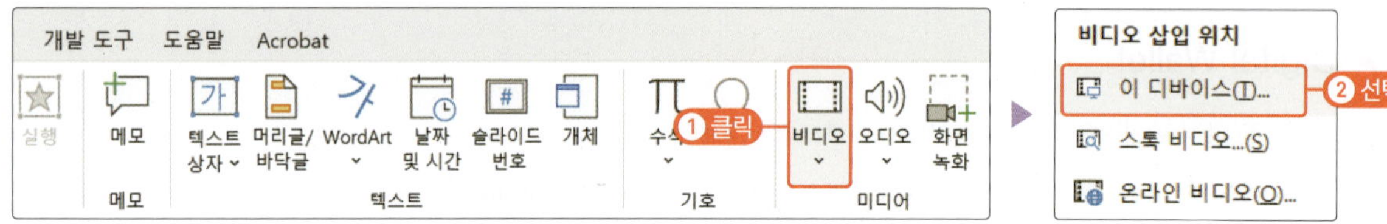

2 [내 PC]-[문서]-[ITQ]-[Picture] 폴더에서 **동영상.wmv**을 삽입합니다.

3 슬라이드에 동영상이 삽입되면 크기와 위치를 변경합니다.

★ 62페이지의 출력형태를 참고하여 동영상의 크기와 위치를 맞춰주세요.

4 동영상이 선택된 상태에서 [재생] 탭의 비디오 옵션 시작을 **자동 실행**으로 변경한 후 **반복 재생**을 체크합니다.

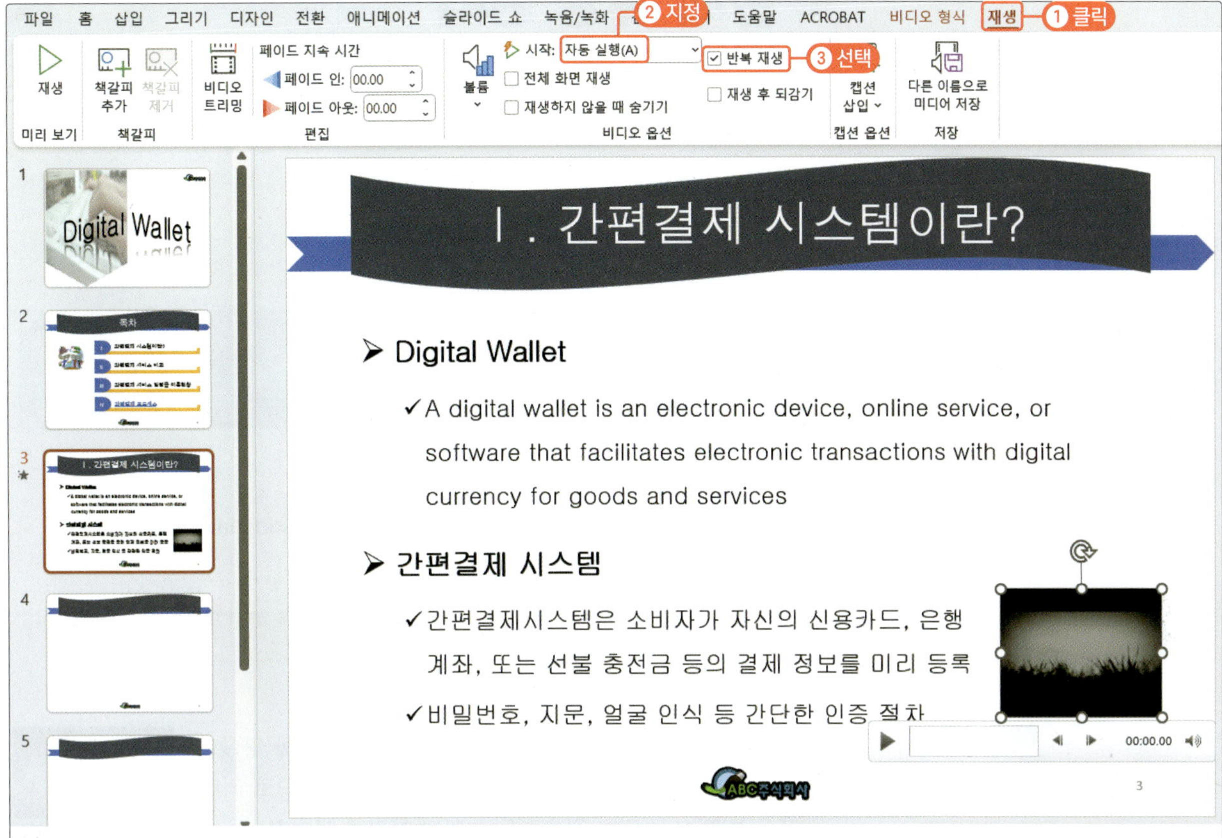

[슬라이드 3]은 동영상을 삽입한 후 비디오 옵션에서 '자동 실행'과 '반복 재생'을 지정하는 유형의 문제가 고정적으로 출제되고 있어요.

5 작업이 완료되면 [저장(🖫)]을 클릭하거나, Ctrl + S 를 눌러 답안 파일을 저장합니다.

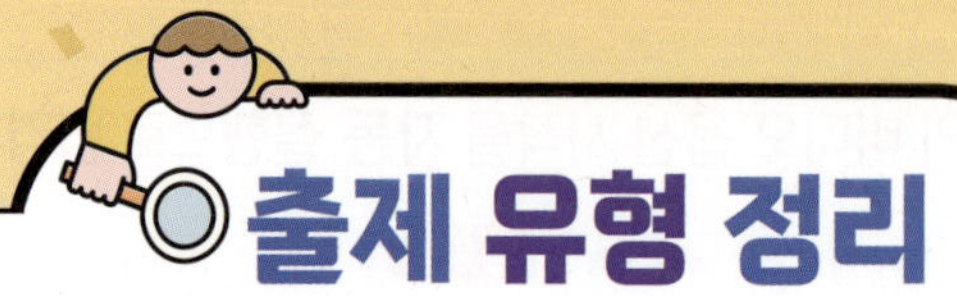

1 《세부조건》에 맞추어 《텍스트/동영상 슬라이드》를 작성해 보세요.

☑ **실습파일** : 유형04-1(문제).pptx
☑ **완성파일** : 유형04-1(완성).pptx

(1) 텍스트 작성 : 글머리 기호 사용(◆, ✓)
　　◆문단(돋움, 24pt, 굵게, 줄간격 : 1.5줄), ✓문단(돋움, 20pt, 줄간격 : 1.5줄)

《세부 조건》

① 동영상 삽입 :
- 「내 PC₩문서₩ITQ₩Picture₩동영상.wmv」
- 자동실행, 반복재생 설정

2 《세부조건》에 맞추어 《텍스트/동영상 슬라이드》를 작성해 보세요.

☑ **실습파일** : 유형04-2(문제).pptx
☑ **완성파일** : 유형04-2(완성).pptx

(1) 텍스트 작성 : 글머리 기호 사용(❖, ✓)
　　❖문단(굴림, 24pt, 굵게, 줄간격 : 1.5줄), ✓문단(굴림, 20pt, 줄간격 : 1.5줄)

《세부 조건》

① 동영상 삽입 :
- 「내 PC₩문서₩ITQ₩Picture₩동영상.wmv」
- 자동실행, 반복재생 설정

3 《세부조건》에 맞추어 《텍스트/동영상 슬라이드》를 작성해 보세요.

- ⊘ **실습파일** : 유형04-3(문제).pptx
- ⊘ **완성파일** : 유형04-3(완성).pptx

(1) 텍스트 작성 : 글머리 기호 사용(❖, ✓)
 ❖문단(돋움, 24pt, 굵게, 줄간격 : 1.5줄), ✓문단(돋움, 20pt, 줄간격 : 1.5줄)

《세부 조건》

① 동영상 삽입 :
 - 「내 PC₩문서₩ITQ₩Picture₩
 동영상.wmv」
 - 자동실행, 반복재생 설정

1. AI의 정의

❖**What is AI?**

 ✓ Artificial Intelligence(AI) is the ability of machines to learn, perceive, and act intelligently, enabling them to perform tasks requiring human-like intelligence

❖**AI의 정의**

 ✓ 인간의 학습능력, 추론능력, 지각능력을 인공적으로 구현하려는 컴퓨터 과학의 세부 분야 중 하나

 ✓ 인간의 지능을 모방한 기능을 갖춘 컴퓨터 시스템으로 인간의 지능을 기계 등에 인공적으로 시연(구현)한 것

---

4 《세부조건》에 맞추어 《텍스트/동영상 슬라이드》를 작성해 보세요.

- ⊘ **실습파일** : 유형04-4(문제).pptx
- ⊘ **완성파일** : 유형04-4(완성).pptx

(1) 텍스트 작성 : 글머리 기호 사용(◆, ✓)
 ◆문단(굴림, 24pt, 굵게, 줄간격 : 1.5줄), ✓문단(굴림, 20pt, 줄간격 : 1.5줄)

《세부 조건》

① 동영상 삽입 :
 - 「내 PC₩문서₩ITQ₩Picture₩
 동영상.wmv」
 - 자동실행, 반복재생 설정

A. OTT 서비스란?

◆ **What is OTT Service?**

 ✓ OTT (Over-The-Top) Service is a media service that delivers video content over the internet, bypassing traditional distribution channels such as cable or satellite television

◆ **OTT 서비스의 정의**

 ✓ 인터넷을 통해 방송 프로그램, 영화, 교육 등 각종 미디어 콘텐츠를 제공하는 서비스

 ✓ Over-The-Top의 줄임말이며 콘텐츠 유통이 모바일까지 포함하면서 OTT의 의미가 확대

⊘ **실습파일** : 유형04-5(문제).pptx
⊘ **완성파일** : 유형04-5(완성).pptx

(1) 텍스트 작성 : 글머리 기호 사용(➢, ✓)
　➢문단(굴림, 24pt, 굵게, 줄간격 : 1.5줄), ✓문단(굴림, 20pt, 줄간격 : 1.5줄)

《세부 조건》

① 동영상 삽입 :
- 「내 PC₩문서₩ITQ₩Picture₩동영상.wmv」
- 자동실행, 반복재생 설정

1. 비만치료제

➢ **Anti-Obesity Drugs**

　✓With the rise in obesity and groundbreaking treatments, the weight-loss drug market is gaining prominence

➢ **비만치료제**

　✓비만치료는 섭취 열량을 줄이고, 에너지 소비량을 늘리는 방법 권장

　✓생활 습관 개선을 통해 치료되지 않는 경우 비만치료제를 통해 치료에 도움을 받을 수 있음

---

⑥ 《세부조건》에 맞추어 《텍스트/동영상 슬라이드》를 작성해 보세요.

⊘ **실습파일** : 유형04-6(문제).pptx
⊘ **완성파일** : 유형04-6(완성).pptx

(1) 텍스트 작성 : 글머리 기호 사용(➢, ▪)
　➢문단(굴림, 24pt, 굵게, 줄간격 : 1.5줄), ▪문단(굴림, 20pt, 줄간격 : 1.5줄)

《세부 조건》

① 동영상 삽입 :
- 「내 PC₩문서₩ITQ₩Picture₩동영상.wmv」
- 자동실행, 반복재생 설정

1. 산불의 정의

➢**Wildfire**

　▪ A wildfire or forest fire, wildland fire is a fire in an area of combustible vegetation occurring in rural area

➢**산불**

　▪ 산림이나 산림에 잇닿은 지역의 나무, 풀, 낙엽 등이 인위적 또는 자연적으로 발생한 불에 타는 것

　▪ 우리나라는 자연현상으로 인한 산불보다 대부분 등산이나 인근 거주민의 소각 또는 취사행위 때문에 발생함

⊘ 실습파일 : 패턴04-1(문제).pptx ⊘ 완성파일 : 패턴04-1(완성).pptx

패턴 01 [홈]-[글머리 기호(▤)]-목록 단추(▾)

❶ 글머리 기호(❖, •) ❷ ❖문단(굴림, 24pt, 굵게, 줄간격 : 1.5줄) ❸ • 문단(굴림, 20pt, 줄간격 : 1.5줄)

❖World Jamborees
- Held in the Boy Scouts camp competition
- In 1920, Olympia, London, England camp held in the first international

패턴 02 [홈]-[글머리 기호(▤)]-목록 단추(▾)

❶ 글머리 기호(◆, ✓) ❷ ◆문단(굴림, 24pt, 굵게, 줄간격 : 1.5줄) ❸ ✓문단(굴림, 20pt, 줄간격 : 1.5줄)

◆ 소비자 정책
- ✓시장경제에서 소비자 문제를 해결하기 위하여 정부가 개입하는 일련의 과정
- ✓보호론적 관점에서 소비자가 자주적으로 문제를 해결할 수 있도록 지원

패턴 03 [홈]-[글머리 기호(▤)]-목록 단추(▾)

❶ 글머리 기호(❖, •) ❷ ❖문단(굴림, 24pt, 굵게, 줄간격 : 1.5줄) ❸ • 문단(굴림, 20pt, 줄간격 : 1.5줄)

❖ Chronic fatigue syndrome
- Self-reported impairment in short-term memory or concentration
- Tender cervical or axillary nodes

패턴 04 [홈]-[글머리 기호(▤)]-목록 단추(▾)

❶ 글머리 기호(❖, ▪) ❷ ❖문단(굴림, 24pt, 굵게, 줄간격 : 1.5줄) ❸ ▪ 문단(굴림, 20pt, 줄간격 : 1.5줄)

❖인공지능 비서
- ▪ 음성인식, 문장분석, 상황인지 등 인공지능 기술과 첨단 기술이 결합해 사용자의 언어를 이해
- ▪ 사용자가 원하는 지시사항을 수행하는 소프트웨어 애플리케이션

패턴 05 [홈]-[글머리 기호(▤)]-목록 단추(▾)

❶ 글머리 기호(❖, ➤) ❷ ❖문단(굴림, 24pt, 굵게, 줄간격 : 1.5줄) ❸ ➤문단(굴림, 20pt, 줄간격 : 1.5줄)

❖AI secretary
- ➤A Software that combines artificial intelligence and advanced technology to understand the user's language and perform the instructions that the user wants

패턴 06 [홈]-[글머리 기호(▤)]-목록 단추(▾)

❶ 글머리 기호(◆, •) ❷ ◆문단(굴림, 24pt, 굵게, 줄간격 : 1.5줄) ❸ • 문단(굴림, 20pt, 줄간격 : 1.5줄)

◆ 만성피로란?
- 충분히 휴식을 취하고 일을 줄여도 기운이 없어서 지속적인 노력이나 집중이 필요한 일을 할 수 없는 상태로 원인에 관계없이 6개월 이상 지속되거나 반복되는 심한 피로 증상

[슬라이드 4] 표 슬라이드

⊘ **실습파일** : 05차시(문제).pptx　⊘ **완성파일** : 05차시(완성).pptx

[배점] 80점 (500점 만점)

[슬라이드 4]《표 슬라이드》

(1) 도형과 표 작성 기능을 이용하여 슬라이드를 작성한다(글꼴 : 굴림, 18pt).

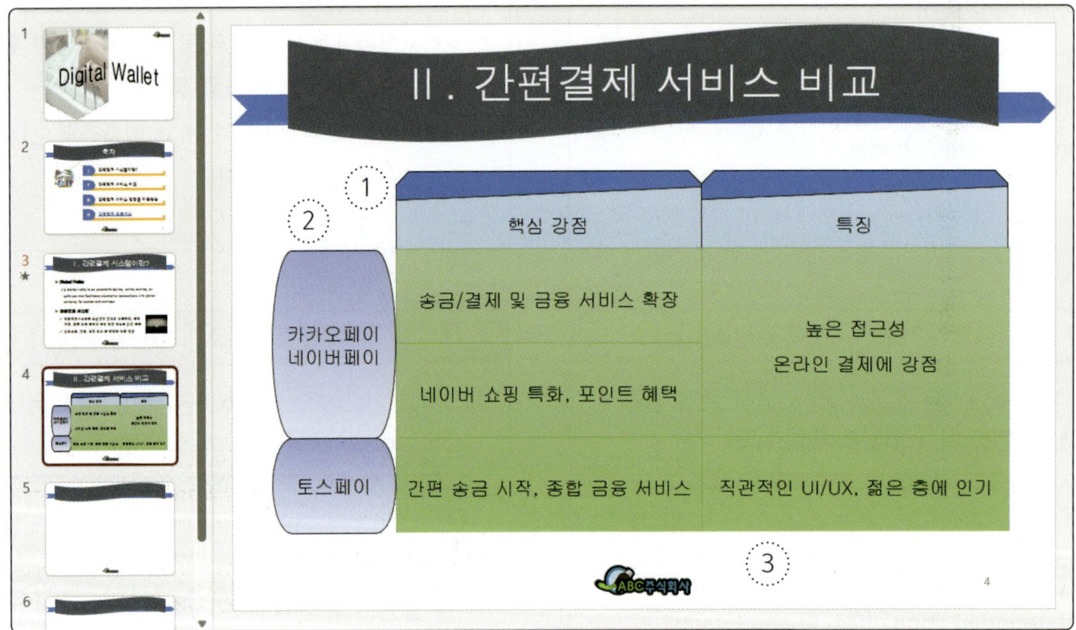

세부 조건

① 상단 도형 : 2개 도형의 조합으로 작성

② 좌측 도형 : 그라데이션 효과(선형 아래쪽)

③ 표 스타일 : 테마 스타일 1 – 강조 6

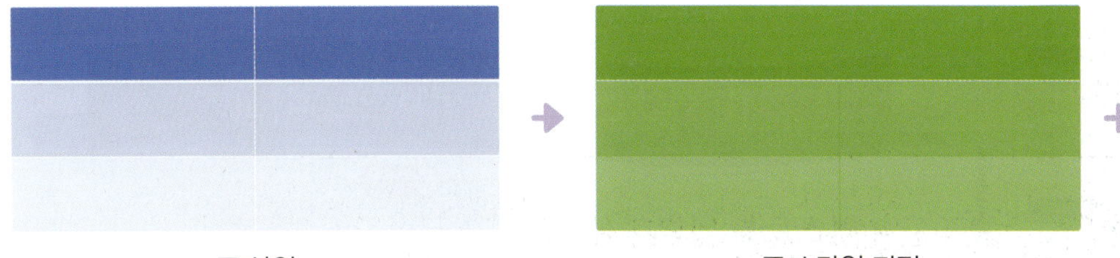

Check 01 표 작성 ： 표를 삽입하여 스타일을 지정한 후 필요한 내용을 입력해요!

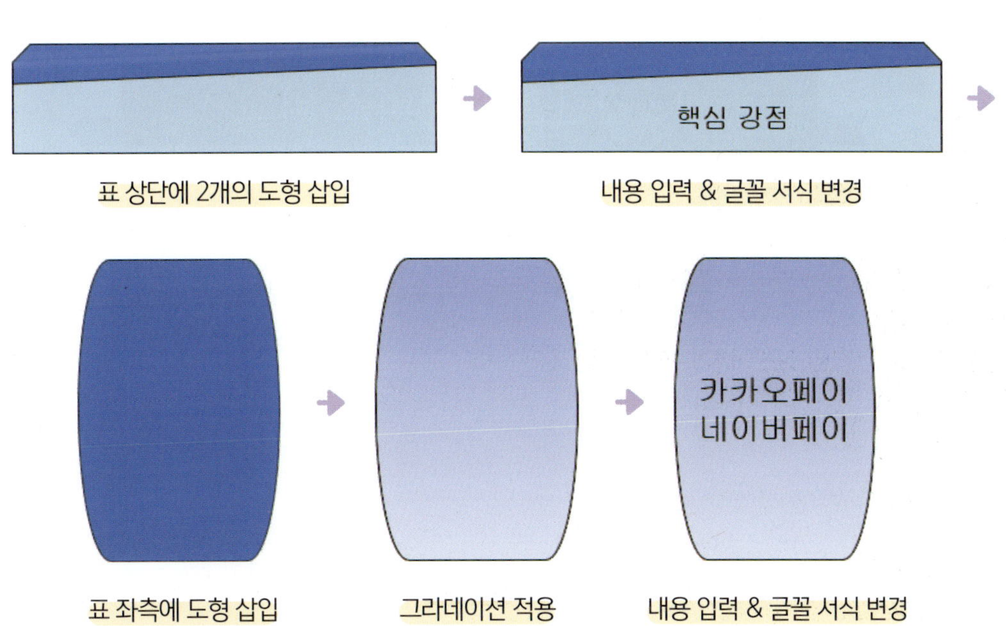

Check 02 도형 작성 ： 표의 상단과 좌측에 도형을 추가해요!

STEP 01 표 삽입 후 스타일 지정하기

(1) 도형과 표 작성 기능을 이용하여 슬라이드를 작성한다(글꼴 : 굴림, 18pt).
　③ 표 스타일 : 테마 스타일 1 – 강조 6

1 파워포인트 2021 프로그램을 실행한 후 [05차시] 폴더에서 **05차시(문제).pptx** 파일을 불러옵니다.

2 [슬라이드 4]를 선택한 후 슬라이드의 제목을 입력합니다.

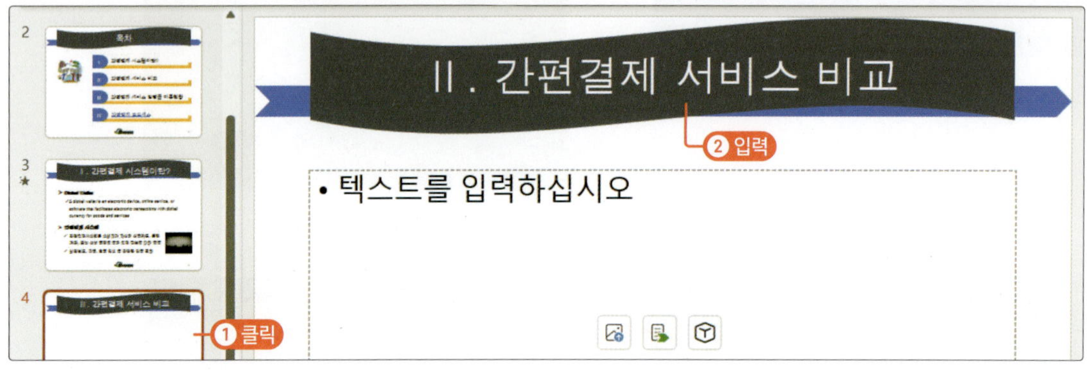

3 [삽입] 탭-[표]를 클릭한 다음 **2×3 표** 크기로 지정하여 슬라이드에 표를 삽입합니다.

4 76페이지의 출력형태를 참고하여 표의 크기와 위치를 변경합니다.

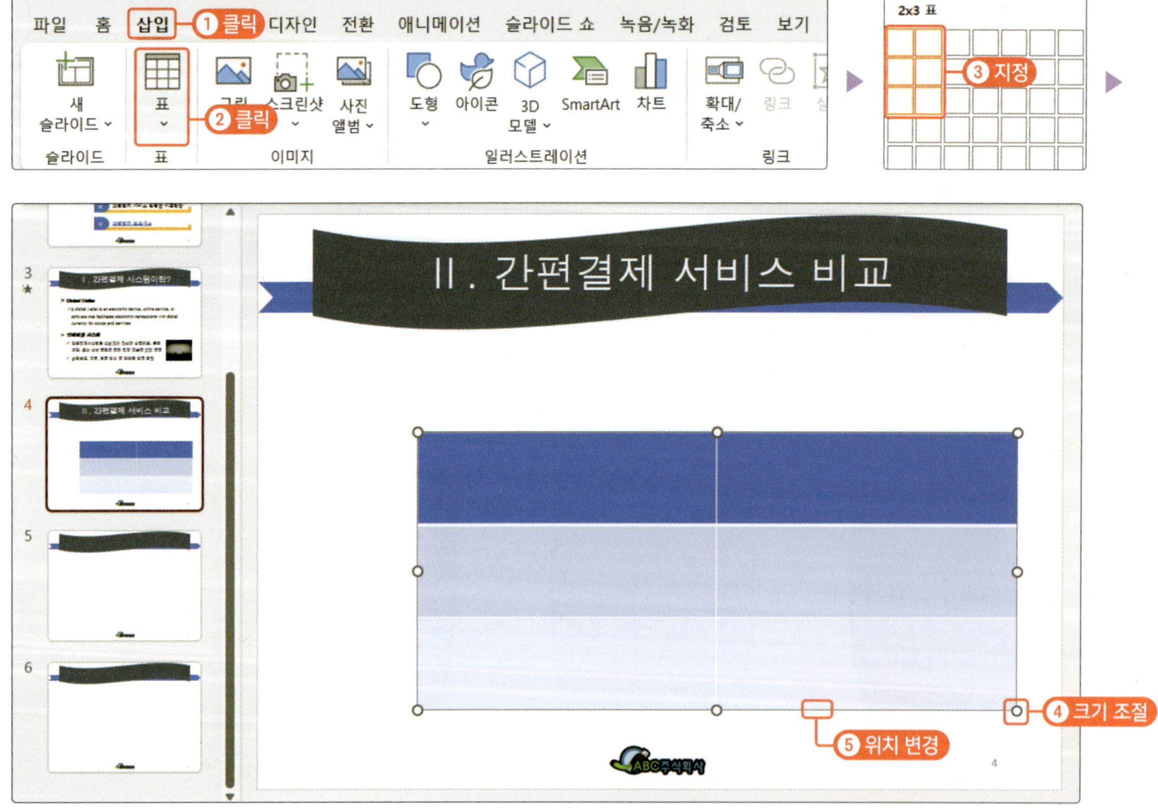

- **크기 조절** : 표 주변에 표시된 조절점 을 드래그하여 표의 크기를 조절할 수 있어요.
- **위치 변경** : 표 테두리 위에서 마우스 포인터가 모양일 때 드래그하여 표의 위치를 변경할 수 있어요.

5 표가 선택된 상태에서 [테이블 디자인] 탭의 [표 스타일] 목록 단추를 눌러 **[테마 스타일 1 – 강조 6]**을 선택합니다.

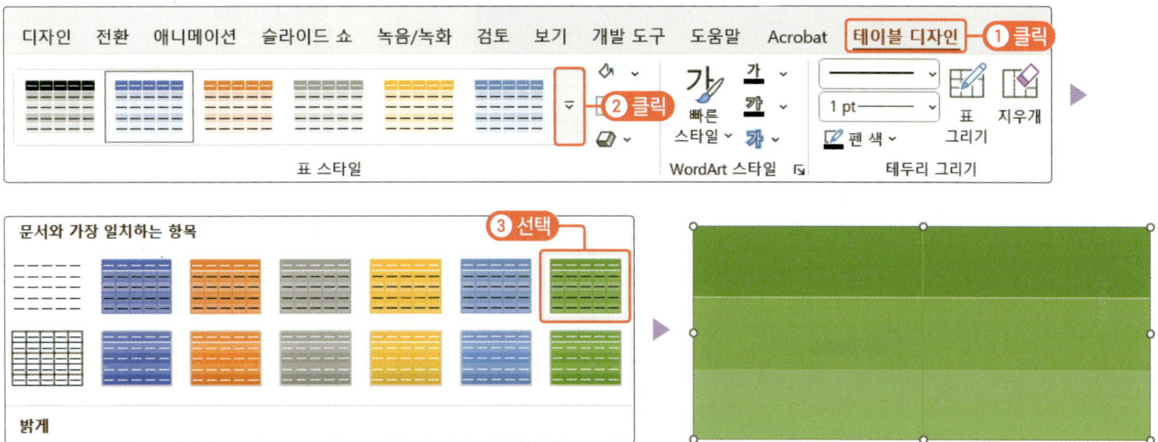

6 [테이블 디자인] 탭에서 **머리글 행**과 **줄무늬 행**의 체크 표시를 해제하여 행의 구분을 없앱니다.

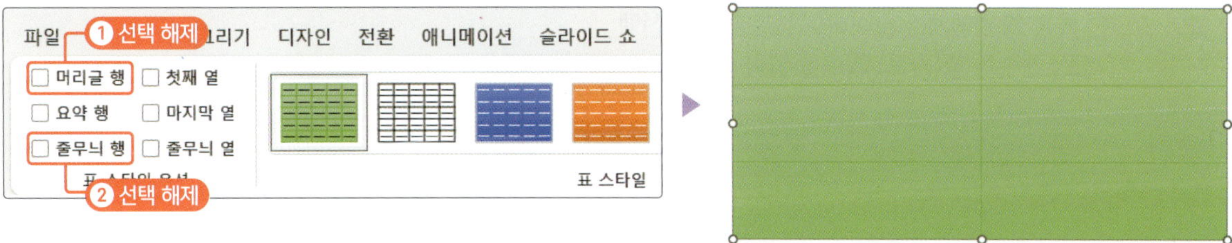

ITQ 꿀팁

- 표 스타일은 [테마 스타일 1 – 강조 5( )]와 [테마 스타일 1 – 강조 6( )]이 주로 출제되고 있어요.
- 표 스타일 적용 후 '머리글 행'과 '줄무늬 행' 옵션을 해제하여 출력형태와 동일하게 만들어주세요.

셀에 데이터 입력 후 글꼴 서식 변경하기

(1) 도형과 표 작성 기능을 이용하여 슬라이드를 작성한다(글꼴 : 굴림, 18pt).

1 내용 입력 전 아래와 같이 셀을 드래그한 다음 우클릭하여 **[셀 병합]**을 클릭합니다.

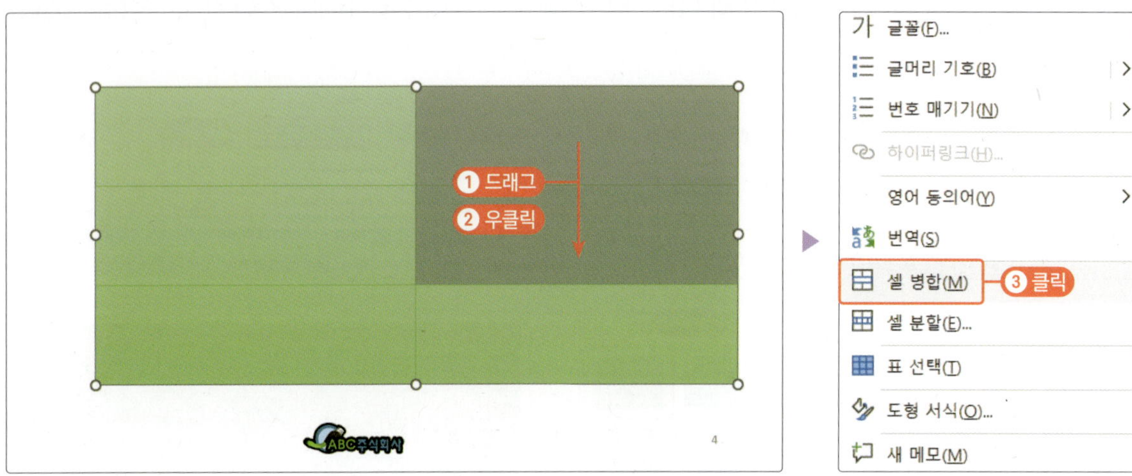

Level UP — 표 안의 셀을 분할하기

표를 작업할 때 '셀 분할' 기능이 필요한 경우가 있으므로 사용 방법을 잘 익혀두는 것이 좋아요.

❶ 셀 분할이 필요한 특정 셀 위에서 우클릭하여 [셀 분할]을 선택
❷ 분할하려는 열(세로) 개수와 행(가로) 개수를 입력

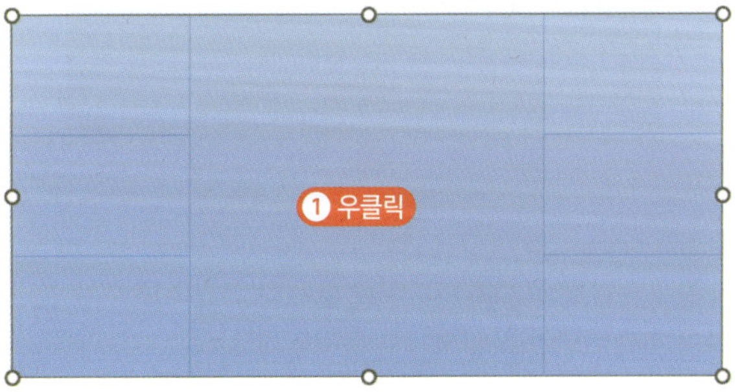

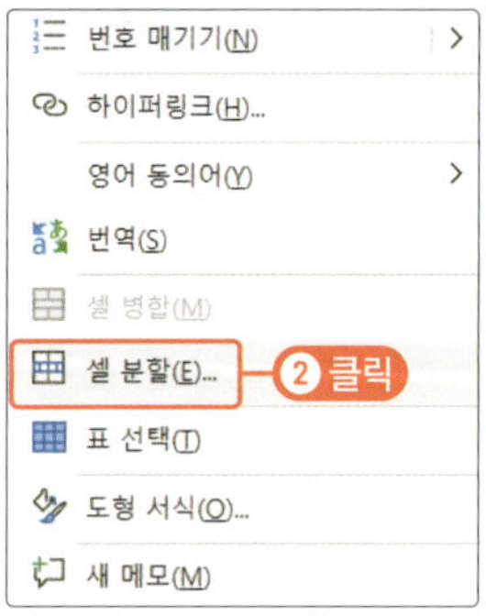

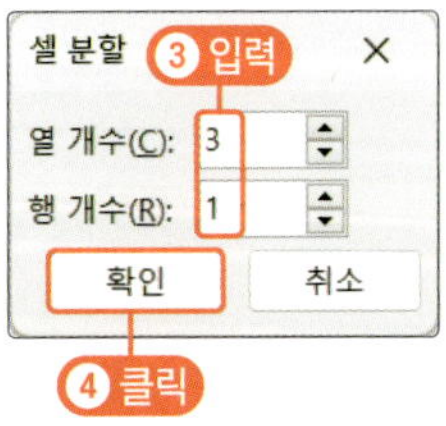

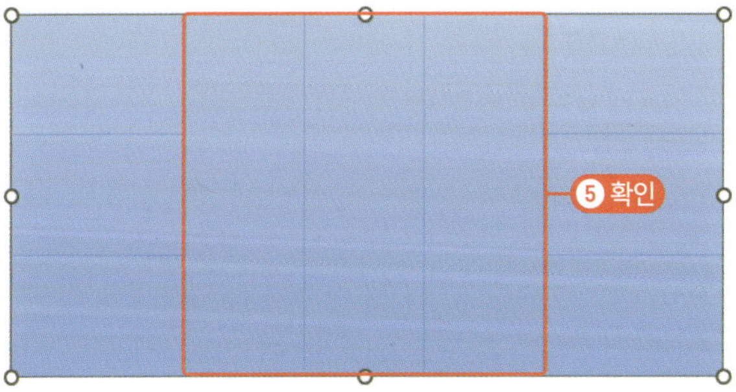

2 각 셀에 필요한 데이터를 입력합니다.

✿ 셀이 선택된 상태에서 `Tab` 또는 방향키(`↑` `↓` `←` `→`)를 눌러 다른 셀로 이동할 수 있어요.

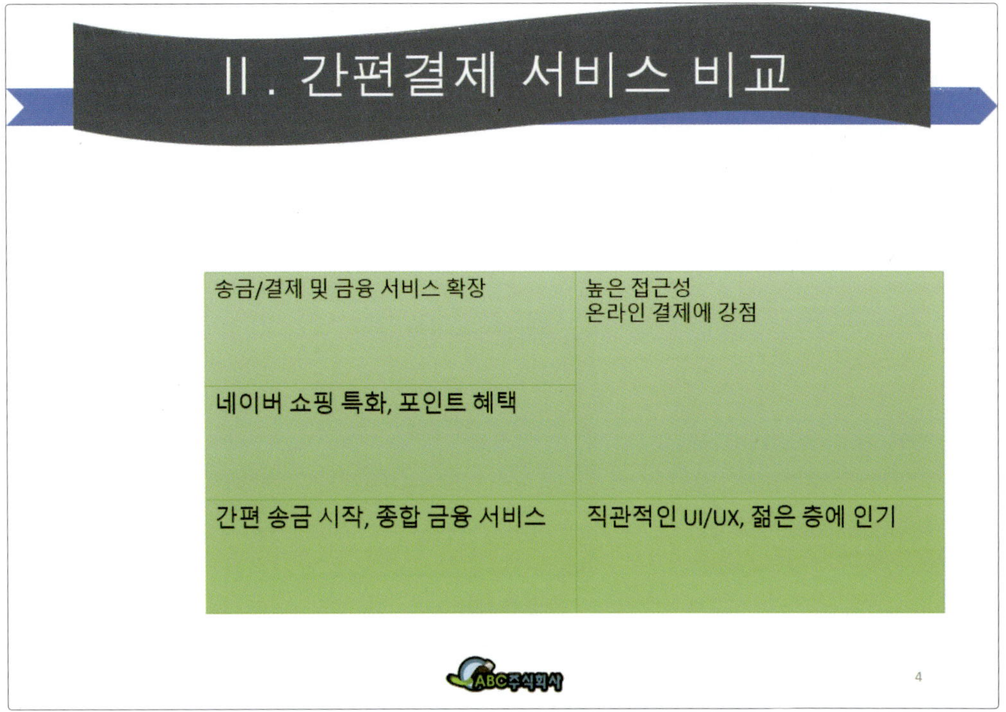

3 표의 테두리를 선택한 다음 [홈] 탭에서 **글꼴 서식(굴림, 18pt)**을 지정합니다.

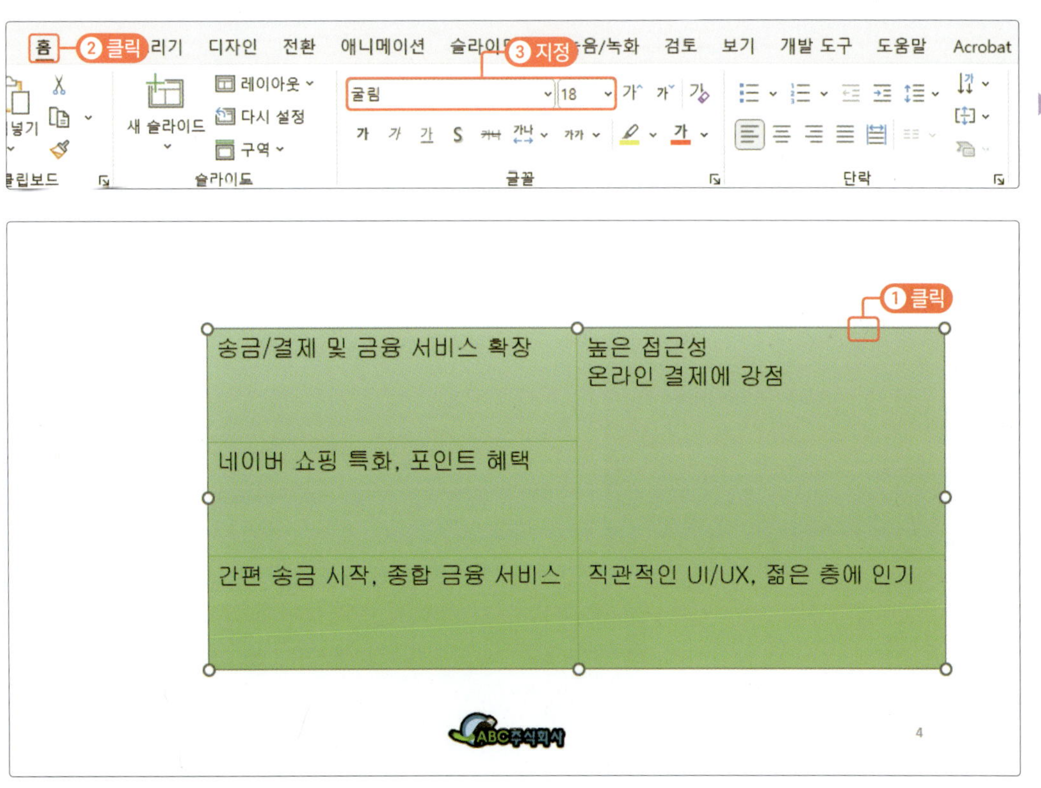

4 표가 선택된 상태에서 [홈] 탭의 **가운데 맞춤**과 텍스트 맞춤을 **중간**으로 지정하고, 줄 간격을 **1.5**로 변경합니다.

★ 가운데 맞춤은 '가로' 가운데로 정렬하고, 텍스트 맞춤–중간은 '세로' 가운데로 정렬해요.

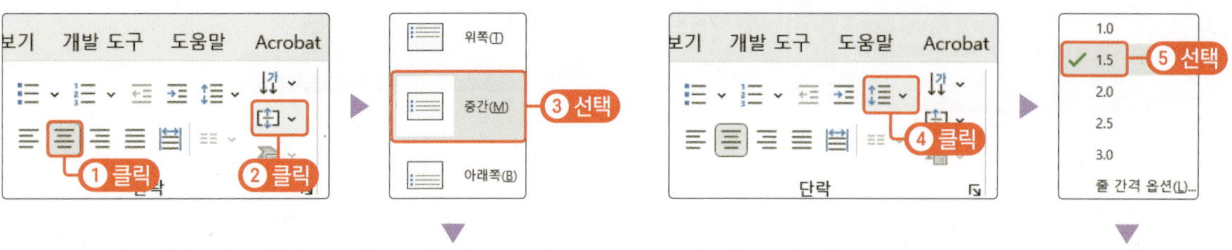

▲ 가로–세로 정렬 지정　　　　　　　▲ 줄 간격 지정

ITQ 꿀팁

· 텍스트 정렬에 관련된 별도의 지시사항은 없지만 출력형태와 동일하게 보이도록 맞춰 주세요.
· 줄 간격은 문제지와 비슷하게 보이기 위한 작업일 뿐, 점수에는 영향을 주지 않으므로 기본값으로 두어도 괜찮아요.

Level UP　　**셀의 크기 변경하기**

셀 구분선 위에 마우스 포인터를 위치시킨 후 ⊣⊢ 모양으로 바뀌었을 때 드래그하여 각 셀의 너비 또는 높이를 변경할 수 있습니다.

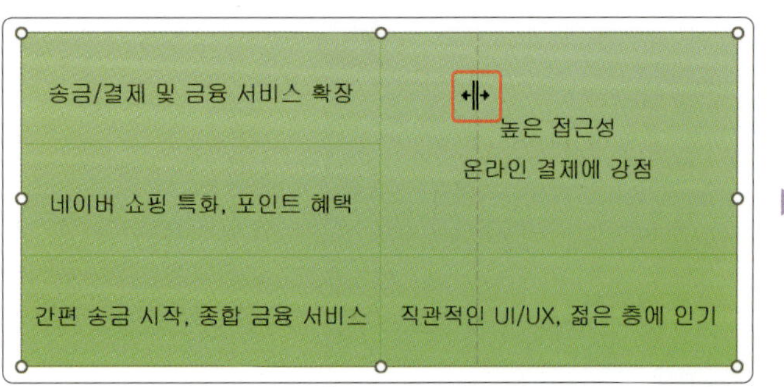
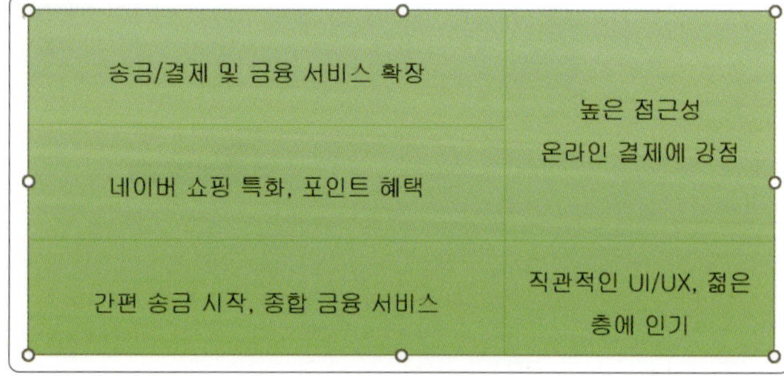

표 상단의 뒤쪽 도형 작성하기

(1) 도형과 표 작성 기능을 이용하여 슬라이드를 작성한다(글꼴 : 굴림, 18pt).
　① 상단 도형 : 2개 도형의 조합으로 작성

1 [삽입] 탭-[도형]에서 [사각형]-**[사각형: 잘린 위쪽 모서리(△)]**를 선택한 후 도형을 삽입합니다.

★ 76페이지의 출력형태를 참고하여 표를 살짝 덮도록 도형의 크기와 위치를 맞춰주세요.

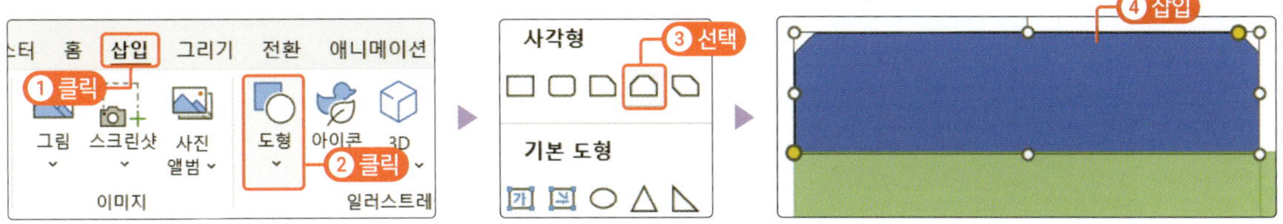

2 도형의 윤곽선 색상을 변경하기 위해 [도형 서식] 탭-[도형 윤곽선]-**[검정, 텍스트 1]**을 선택합니다.

★ 도형의 테두리 색은 별도의 지시사항이 없기 때문에 교재에서는 검정색으로 지정했어요.

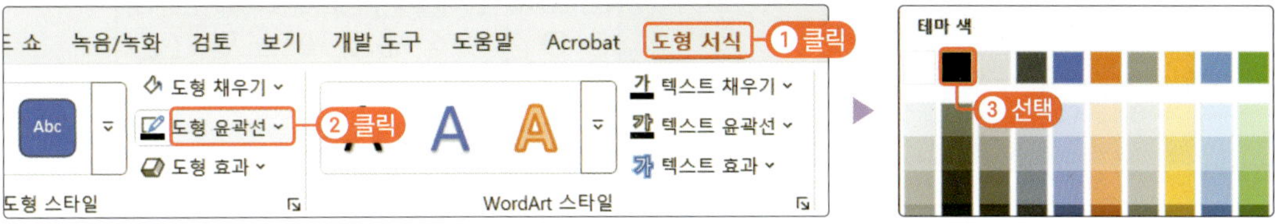

3 윤곽선이 지정된 도형을 우클릭한 후 **[기본 도형으로 설정]**을 선택합니다.

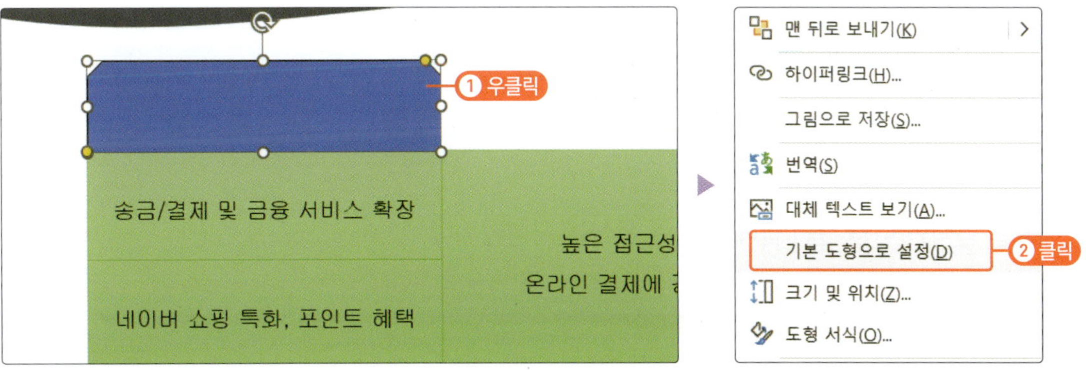

> **ITQ 꿀팁**
>
> [슬라이드 4]의 출력형태를 보면 삽입된 도형에 테두리가 적용되어 있어요. 윤곽선이 지정된 도형을 [기본 도형으로
> 설정]하면, 이후에 새로 삽입하는 도형에도 동일한 테두리가 자동으로 적용되어 작업 시간을 줄일 수 있어요.

표 상단의 앞쪽 도형 작성하기

(1) 도형과 표 작성 기능을 이용하여 슬라이드를 작성한다(글꼴 : 굴림, 18pt).
  ① 상단 도형 : 2개 도형의 조합으로 작성

1 [삽입] 탭-[도형]에서 [순서도]-[**순서도: 수동 입력(▱)**]을 선택하여 뒤쪽 도형에 겹치게 삽입합니다.

★ 뒤쪽 도형과 겹치도록 앞쪽 도형의 위치와 크기를 변경해요.

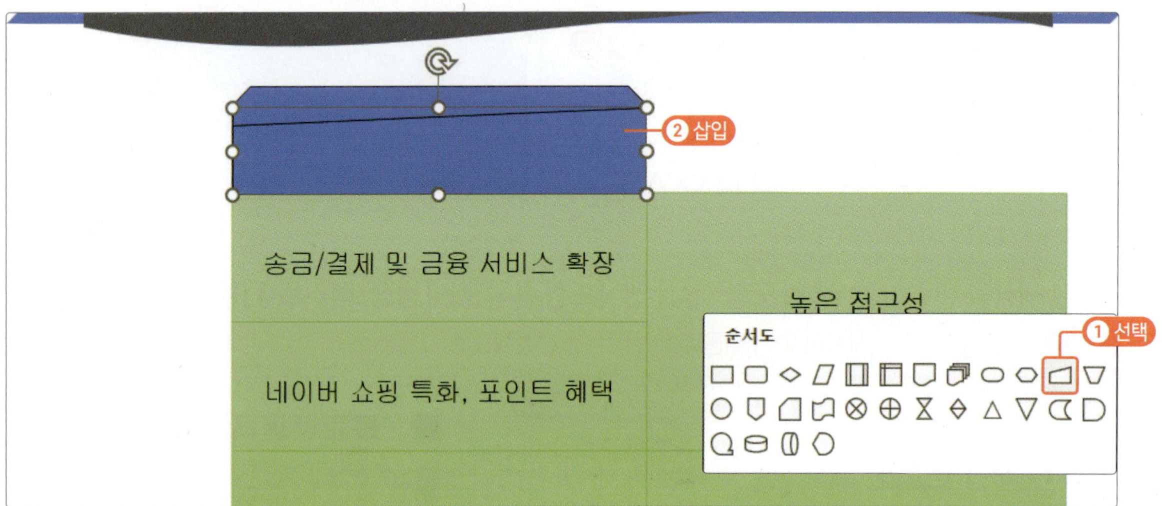

2 [도형 서식] 탭-[**도형 채우기**]를 클릭하여 뒤쪽 도형보다 **연한 색**을 선택합니다.

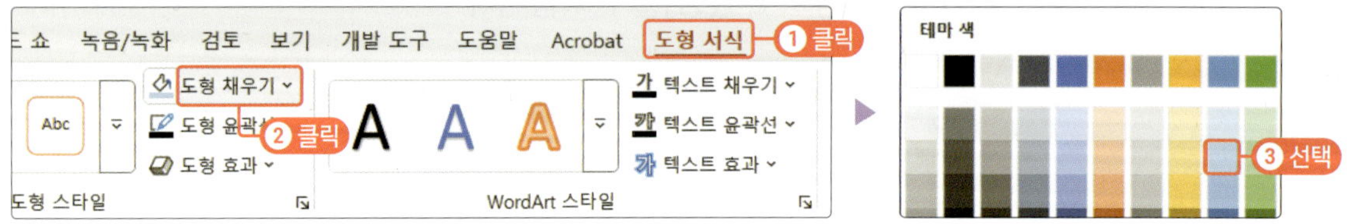

3 앞쪽 도형에 내용을 입력한 다음 [홈] 탭에서 글꼴 서식을 지정합니다.

★ 도형에 입력된 텍스트의 글꼴 색은 문제지를 참고하여 '검정' 또는 '흰색'으로 지정해요.

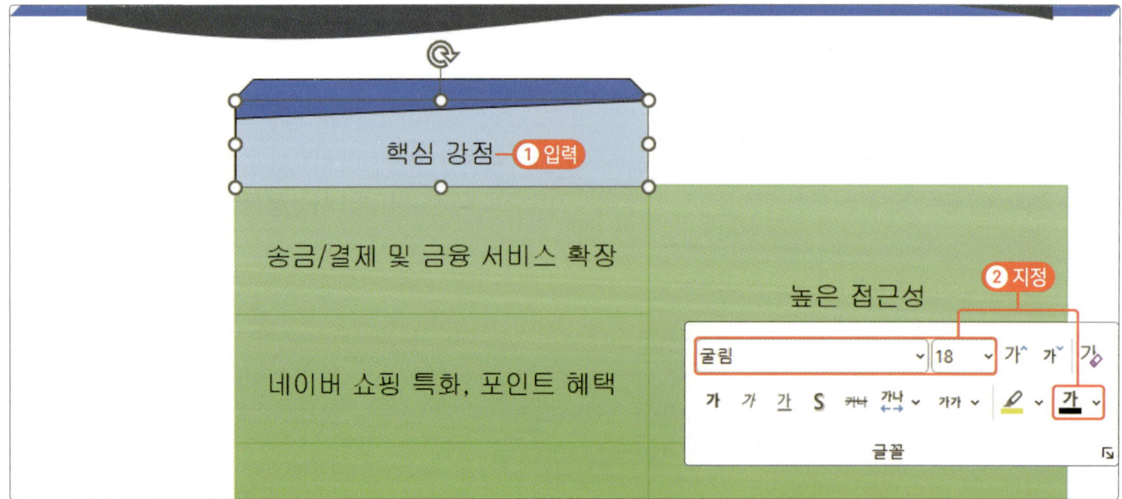

4 `Shift`를 이용하여 겹쳐진 두 개의 도형을 선택한 후 `Ctrl`+`Shift`를 누른 채 오른쪽으로 드래그하여 복사합니다.

5 도형 안의 내용을 수정하여 상단 도형 작업을 완료합니다.

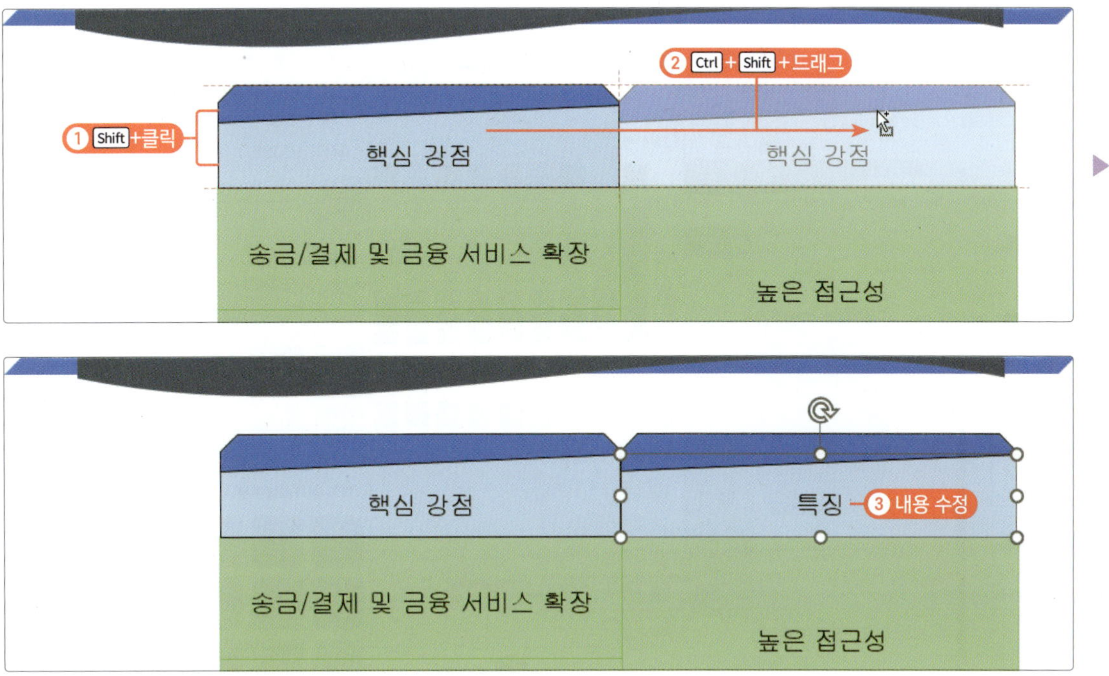

표 좌측의 그라데이션 도형 작성하기

(1) 도형과 표 작성 기능을 이용하여 슬라이드를 작성한다(글꼴 : 굴림, 18pt).
  ② 좌측 도형 : 그라데이션 효과(선형 아래쪽)

1 [삽입] 탭-[도형]에서 [순서도]-[순서도: 수행의 시작/종료(◯)]를 선택하여 슬라이드에 삽입합니다.

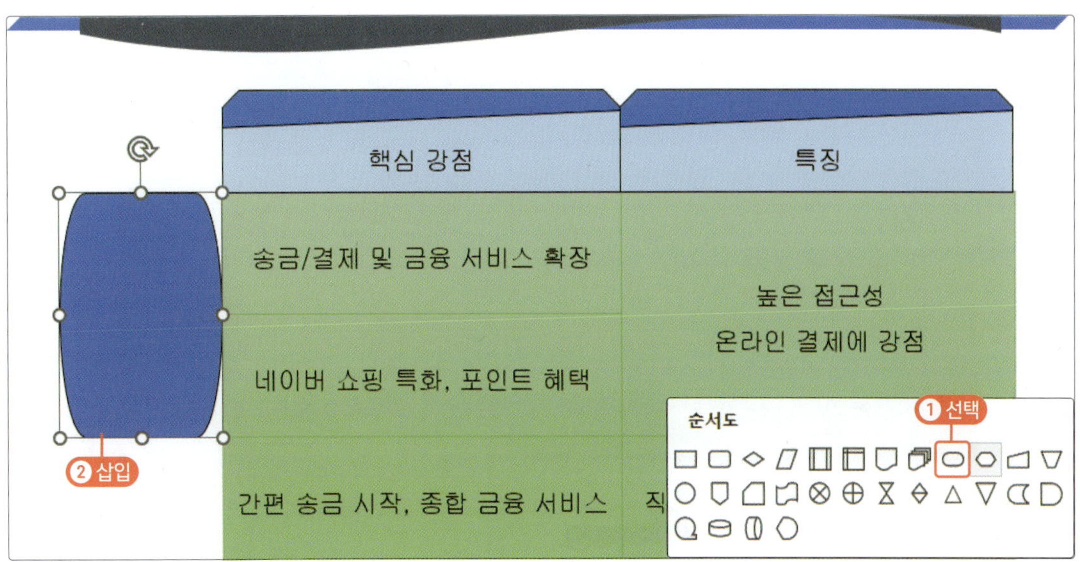

2 [도형 서식] 탭에서 [도형 채우기]를 클릭한 후 [그라데이션]-[밝은 그라데이션]-**[선형 아래쪽]**을 선택합니다.

★ 왼쪽 도형이 선택된 상태에서 그라데이션을 지정하세요.

3 도형에 그라데이션이 적용되면 내용을 입력한 다음 [홈] 탭에서 글꼴 서식을 변경합니다.

★ 도형에 입력된 내용의 글꼴 색은 문제지를 참고하여 '검정' 또는 '흰색'으로 지정해요.

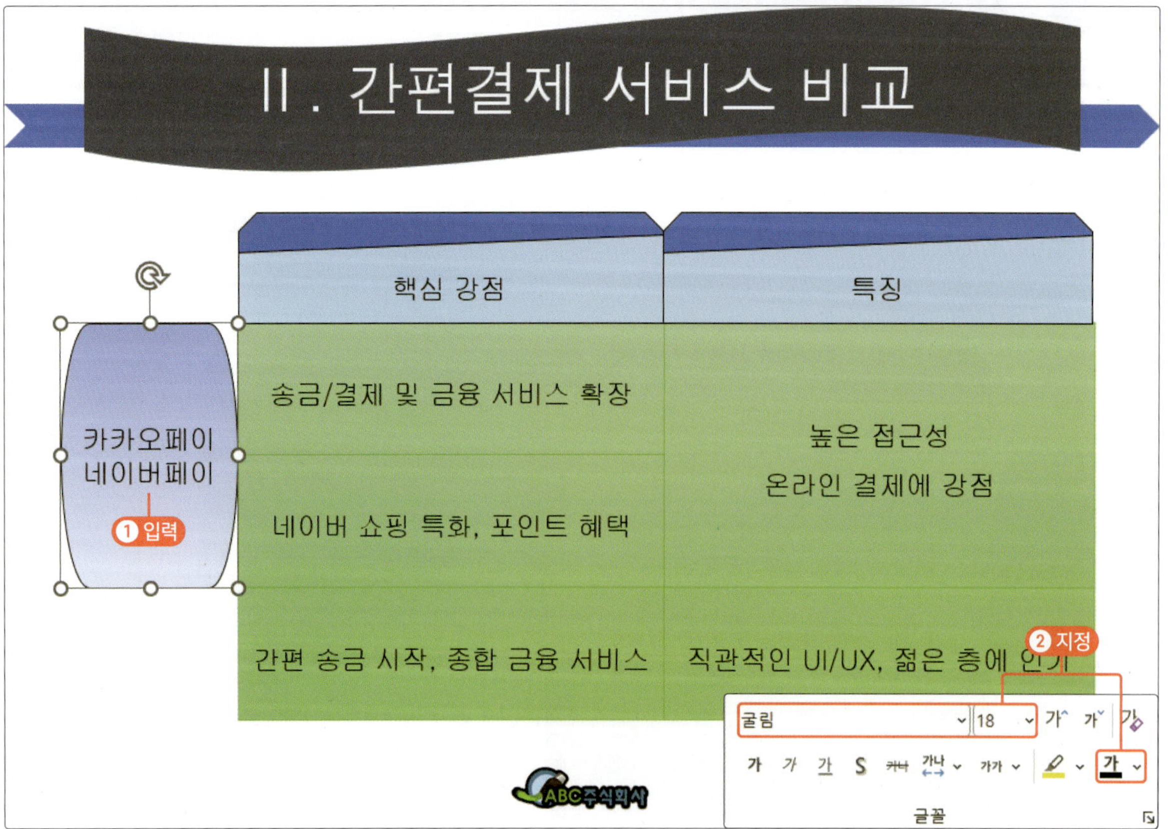

표의 좌측 도형 작성 시 [밝은 그라데이션]과 [어두운 그라데이션]의 구분은 출력형태를 참고하여 작업하세요.

4 [Ctrl]+[Shift]를 누른 채 도형을 아래쪽으로 드래그하여 복사한 다음 높이를 조절하고 내용을 수정합니다.

5 표의 테두리를 우클릭하여 [맨 앞으로 가져오기]를 선택합니다.

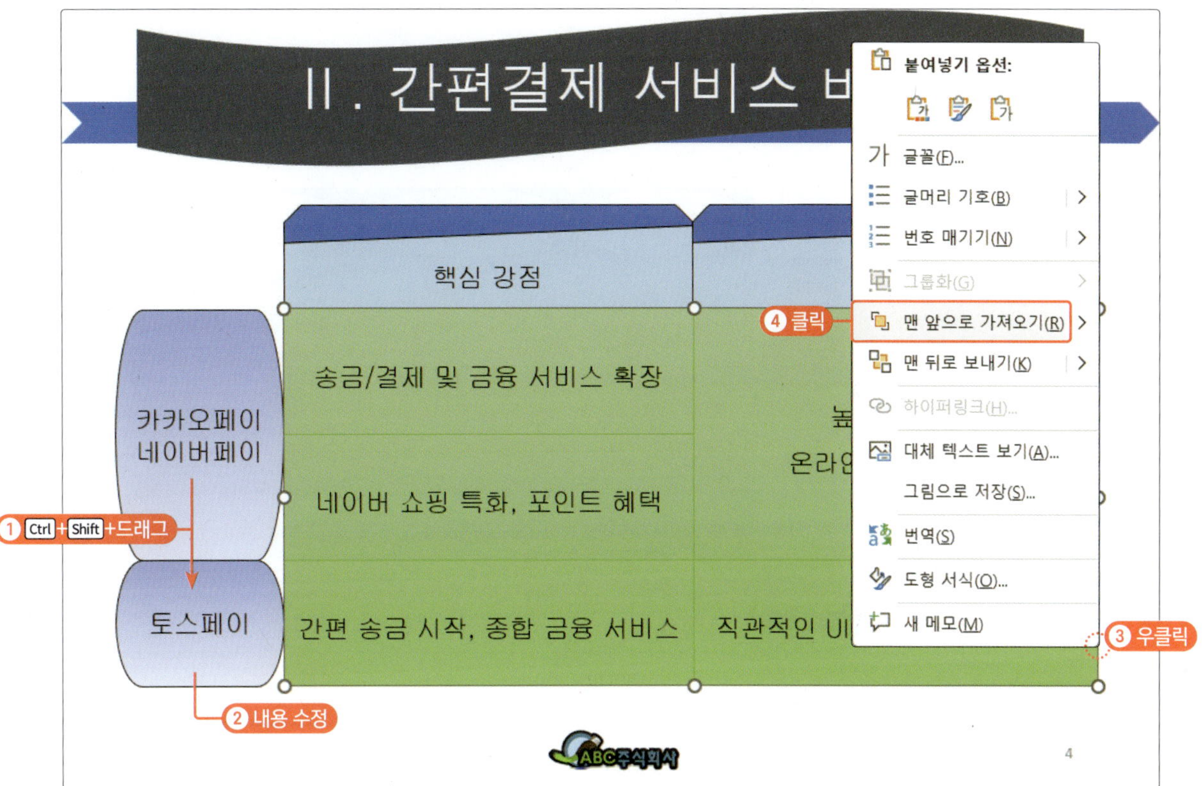

Level UP **도형 이동하기**

· 도형이 선택된 상태에서 방향키([↑][↓][←][→])를 눌러 미세하게 위치를 조정할 수 있어요.
· [Shift]를 누른 채 도형을 드래그하면 '수직' 또는 '수평'으로 반듯하게 이동할 수 있어요.

6 작업이 완료되면 [저장(💾)]을 클릭하거나, [Ctrl]+[S]를 눌러 답안 파일을 저장합니다.

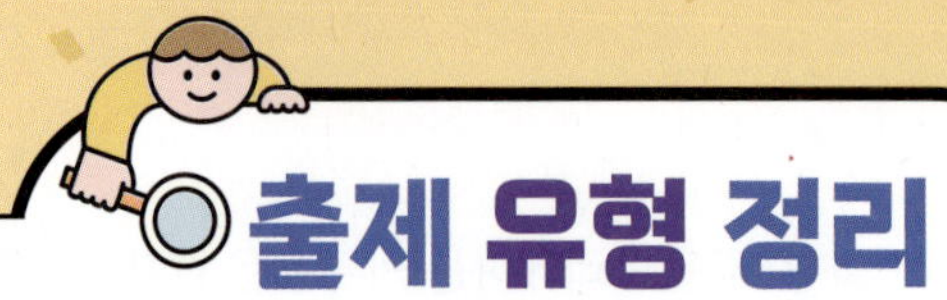

출제 유형 정리

1 《세부조건》에 맞추어 《표 슬라이드》를 작성해 보세요.

⊘ **실습파일** : 유형05-1(문제).pptx
⊘ **완성파일** : 유형05-1(완성).pptx

(1) 도형과 표 작성 기능을 이용하여 슬라이드를 작성한다(글꼴 : 굴림, 18pt).

《세부 조건》

① 상단 도형 :
　2개 도형의 조합으로 작성

② 좌측 도형 :
　그라데이션 효과(선형 아래쪽)

③ 표 스타일 :
　테마 스타일 1 – 강조 1

B. 리더십 유형

	유형	핵심 키워드	구체적 내용
목표 중심	변혁적 리더십	혁신, 카리스마	구성원의 정서와 가치관 등을 통해 변화를 유도함
	서번트 리더십	배려, 희생	타인을 위한 봉사와 헌신에 초점을 맞춤
직무 중심	감성 리더십	공감, 신뢰구축	조직을 우선하는 마음가짐, 규범적이고 상식적인
	윤리적 리더십	신념, 솔선수범	행동과 책임감을 실천함

---

2 《세부조건》에 맞추어 《표 슬라이드》를 작성해 보세요.

⊘ **실습파일** : 유형05-2(문제).pptx
⊘ **완성파일** : 유형05-2(완성).pptx

(1) 도형과 표 작성 기능을 이용하여 슬라이드를 작성한다(글꼴 : 돋움, 18pt).

《세부 조건》

① 상단 도형 :
　2개 도형의 조합으로 작성

② 좌측 도형 :
　그라데이션 효과(선형 아래쪽)

③ 표 스타일 :
　테마 스타일 1 – 강조 5

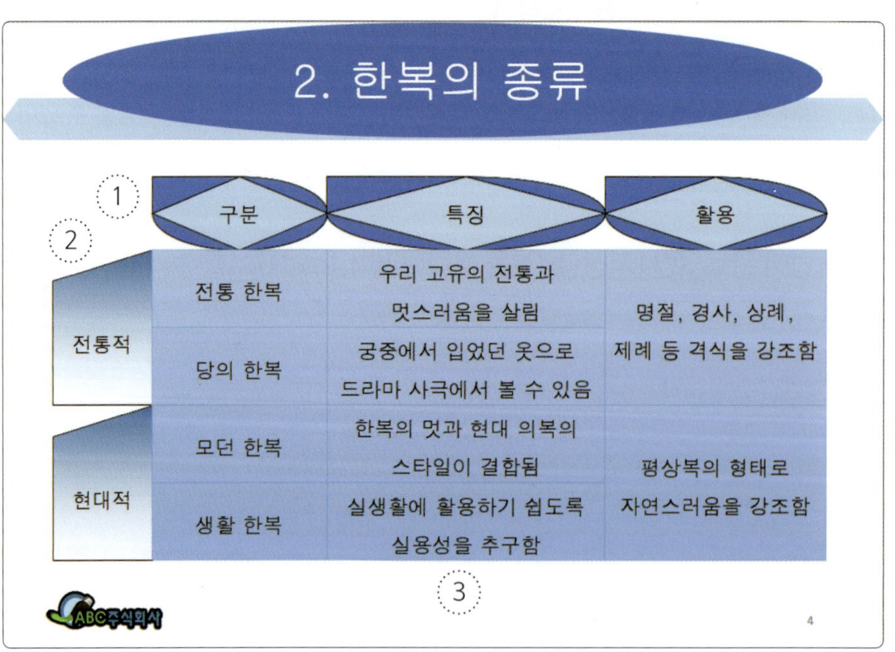

	구분	특징	활용
전통적	전통 한복	우리 고유의 전통과 멋스러움을 살림	명절, 경사, 상례, 제례 등 격식을 강조함
	당의 한복	궁중에서 입었던 옷으로 드라마 사극에서 볼 수 있음	
현대적	모던 한복	한복의 멋과 현대 의복의 스타일이 결합됨	평상복의 형태로 자연스러움을 강조함
	생활 한복	실생활에 활용하기 쉽도록 실용성을 추구함	

3　《세부조건》에 맞추어 《표 슬라이드》를 작성해 보세요.

⊘ 실습파일 : 유형05-3(문제).pptx
⊘ 완성파일 : 유형05-3(완성).pptx

(1) 도형과 표 작성 기능을 이용하여 슬라이드를 작성한다(글꼴 : 굴림, 18pt).

《세부 조건》

① 상단 도형 :
　2개 도형의 조합으로 작성

② 좌측 도형 :
　그라데이션 효과(선형 아래쪽)

③ 표 스타일 :
　테마 스타일 1 – 강조 6

4　《세부조건》에 맞추어 《표 슬라이드》를 작성해 보세요.

⊘ 실습파일 : 유형05-4(문제).pptx
⊘ 완성파일 : 유형05-4(완성).pptx

(1) 도형과 표 작성 기능을 이용하여 슬라이드를 작성한다(글꼴 : 돋움, 18pt).

《세부 조건》

① 상단 도형 :
　2개 도형의 조합으로 작성

② 좌측 도형 :
　그라데이션 효과(선형 아래쪽)

③ 표 스타일 :
　테마 스타일 1 – 강조 5

《세부조건》에 맞추어 《표 슬라이드》를 작성해 보세요.

⊘ **실습파일** : 유형05-5(문제).pptx
⊘ **완성파일** : 유형05-5(완성).pptx

(1) 도형과 표 작성 기능을 이용하여 슬라이드를 작성한다(글꼴 : 굴림, 18pt).

《세부 조건》

① 상단 도형 :
　2개 도형의 조합으로 작성

② 좌측 도형 :
　그라데이션 효과(선형 아래쪽)

③ 표 스타일 :
　테마 스타일 1 - 강조 6

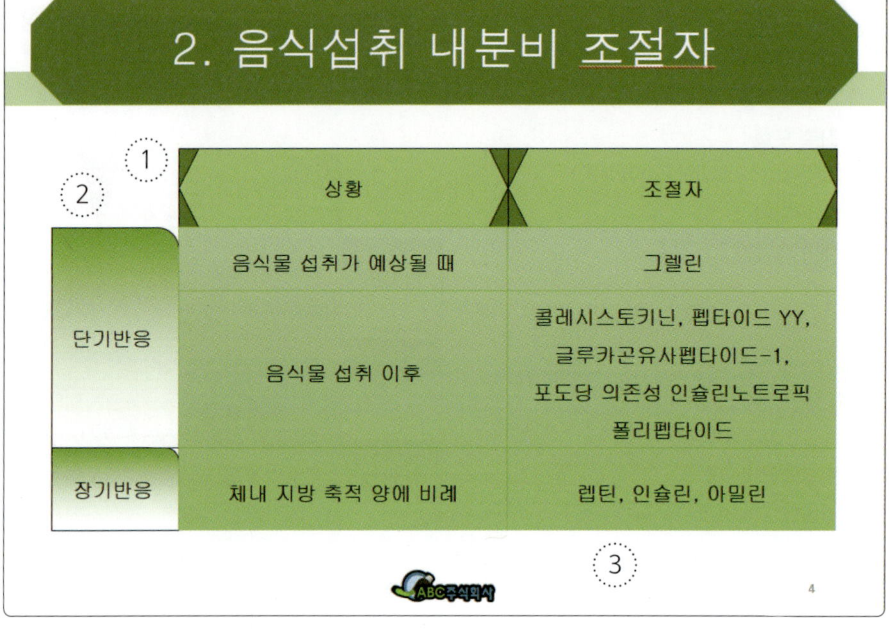

《세부조건》에 맞추어 《표 슬라이드》를 작성해 보세요.

⊘ **실습파일** : 유형05-6(문제).pptx
⊘ **완성파일** : 유형05-6(완성).pptx

(1) 도형과 표 작성 기능을 이용하여 슬라이드를 작성한다(글꼴 : 굴림, 18pt).

《세부 조건》

① 상단도형 :
　2개 도형의 조합으로 작성

② 좌측도형 :
　그라데이션 효과(선형 아래쪽)

③ 표스타일 :
　테마 스타일 1 - 강조 1

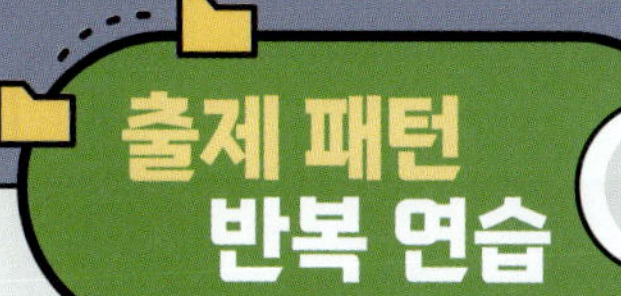

A 조건 맞추어 각 슬라이드에 표와 도형을 작성해 보세요.

⊘ 실습파일 : 패턴05-1(문제).pptx   ⊘ 완성파일 : 패턴05-1(완성).pptx

패턴 01 [삽입]-[도형(⬚)] / [삽입]-[표(⬚)]

❶ 상단 도형(2개 도형 조합) ❷ 좌측 도형(그라데이션 효과 : 선형 아래쪽) ❸ 표 스타일(테마 스타일 1 - 강조 1) ❹ 글꼴(돋움, 18pt)

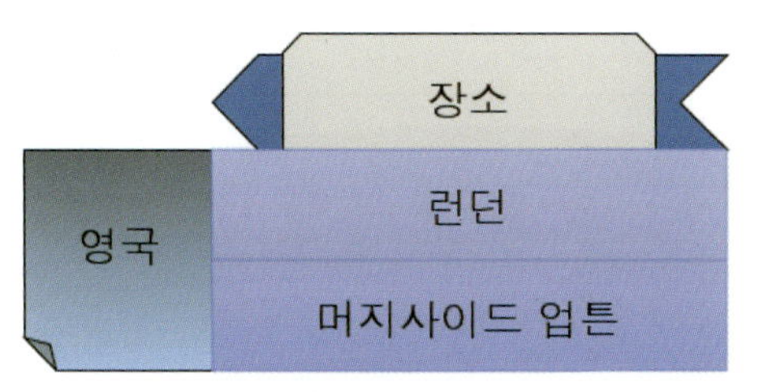

패턴 02 [삽입]-[도형(⬚)] / [삽입]-[표(⬚)]

❶ 상단 도형(2개 도형 조합) ❷ 좌측 도형(그라데이션 효과 : 선형 오른쪽) ❸ 표 스타일(테마 스타일 1 - 강조 4) ❹ 글꼴(돋움, 18pt)

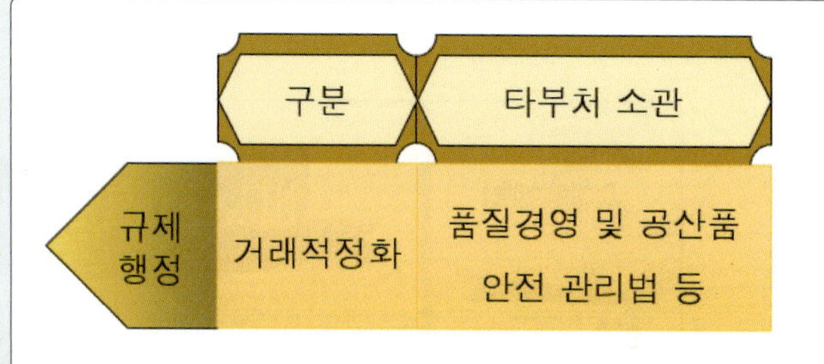

패턴 03 [삽입]-[도형(⬚)] / [삽입]-[표(⬚)]

❶ 상단 도형(2개 도형 조합) ❷ 좌측 도형(그라데이션 효과 : 선형 아래쪽) ❸ 표 스타일(테마 스타일 1 - 강조 1) ❹ 글꼴(돋움, 18pt)

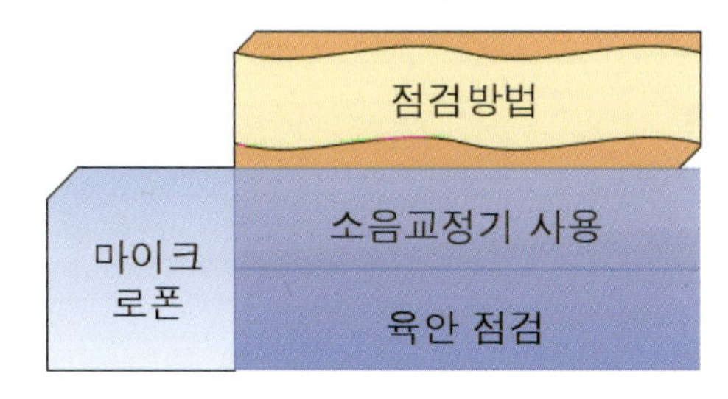

패턴 04 [삽입]-[도형(⬚)] / [삽입]-[표(⬚)]

❶ 상단 도형(2개 도형 조합) ❷ 좌측 도형(그라데이션 효과 : 선형 위쪽) ❸ 표 스타일(테마 스타일 1 - 강조 6) ❹ 글꼴(돋움, 18pt)

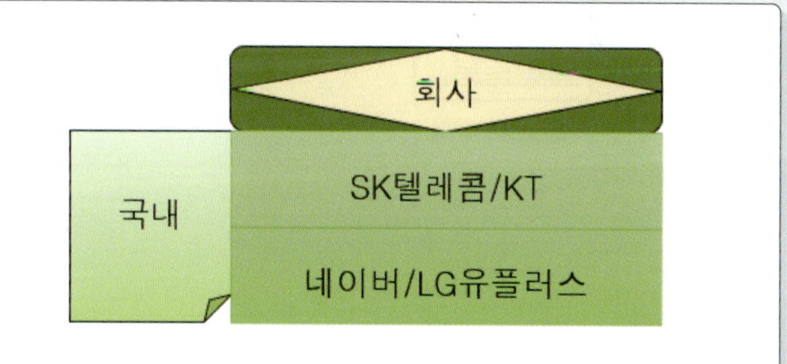

패턴 05 [삽입]-[도형(⬚)] / [삽입]-[표(⬚)]

❶ 상단 도형(2개 도형 조합) ❷ 좌측 도형(그라데이션 효과 : 선형 아래쪽) ❸ 표 스타일(테마 스타일 1 - 강조 4) ❹ 글꼴(돋움, 18pt)

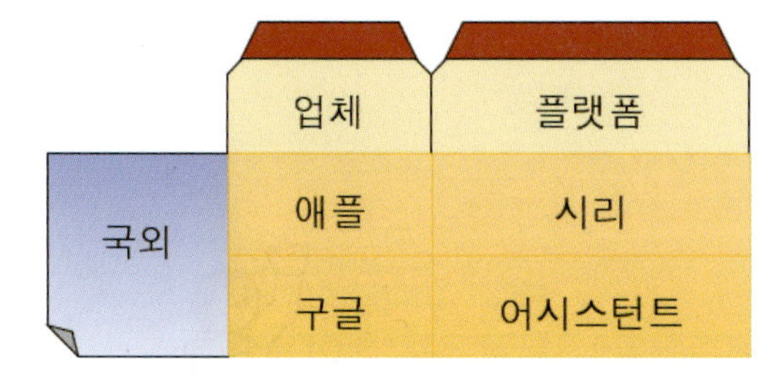

패턴 06 [삽입]-[도형(⬚)] / [삽입]-[표(⬚)]

❶ 상단 도형(2개 도형 조합) ❷ 좌측 도형(그라데이션 효과 : 선형 왼쪽) ❸ 표 스타일(테마 스타일 1 - 강조 1) ❹ 글꼴(돋움, 18pt)

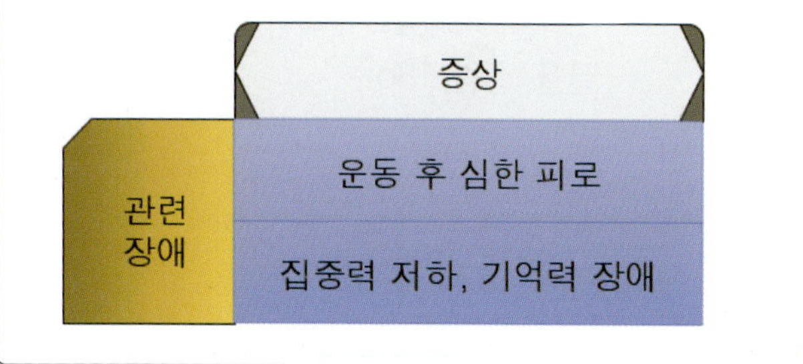

[슬라이드 5] 차트 슬라이드

⊘ **실습파일** : 06차시(문제).pptx ⊘ **완성파일** : 06차시(완성).pptx

[배점] 100점 (500점 만점)

[슬라이드 5]《차트 슬라이드》

(1) 차트 작성 기능을 이용하여 슬라이드를 작성한다.
(2) 차트 : 종류(묶은 세로 막대형), 글꼴(돋움, 16pt), 외곽선

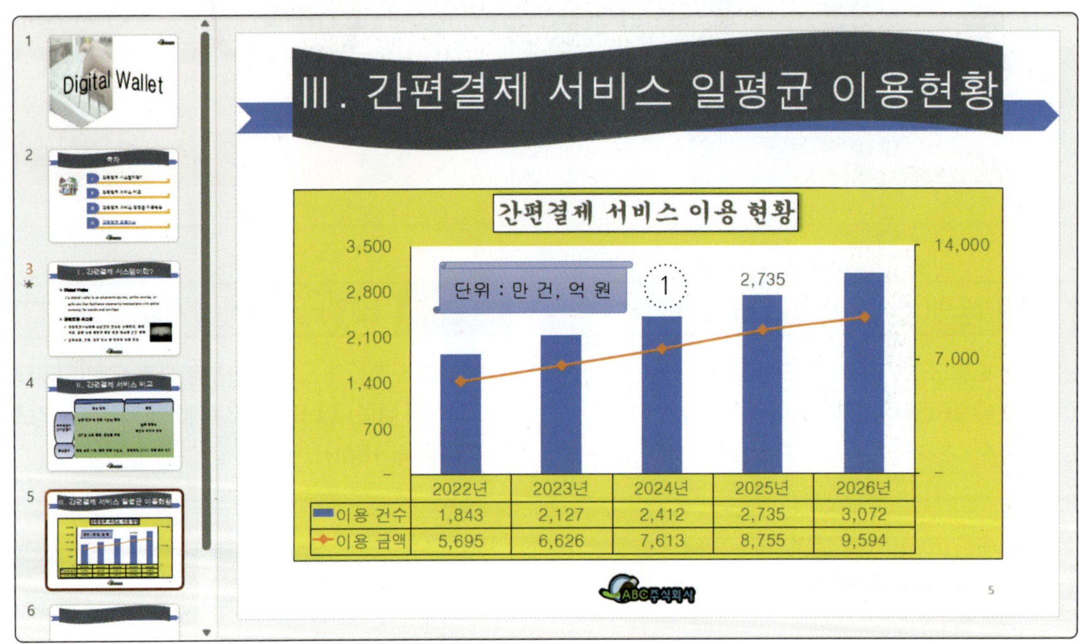

	2022년	2023년	2024년	2025년	2026년
이용 건수	1,843	2,127	2,412	2,735	3,072
이용 금액	5,695	6,626	7,613	8,755	9,594

세부 조건

※ 차트설명
- 차트제목 : 궁서, 24pt, 굵게, 채우기(흰색), 테두리, 그림자(오프셋 오른쪽)
- 차트영역 : 채우기(노랑), 그림영역 : 채우기(흰색)
- 데이터 서식 : 이용 금액 계열을 표식(◆)이 있는 꺾은선형으로 변경 후 보조축으로 지정
- 값 표시 : 2025년의 이용 건수 계열만

① 도형 삽입
 – 스타일 : 미세효과 – 파랑, 강조1
 – 글꼴 : 굴림, 18pt

차트 삽입 및 데이터 입력 > 차트 레이아웃 변경 > 차트 세부 조건 작업 > 도형 추가

Check 01 차트 작성 : 필요한 데이터를 입력하여 차트를 삽입하고 편집해요!

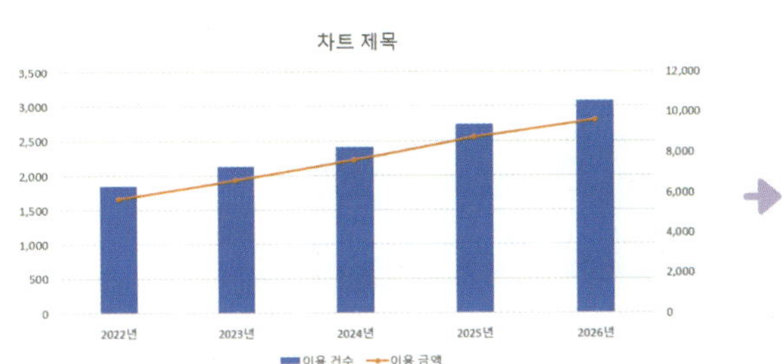

차트 삽입 후 데이터 입력

차트 기본 서식 지정

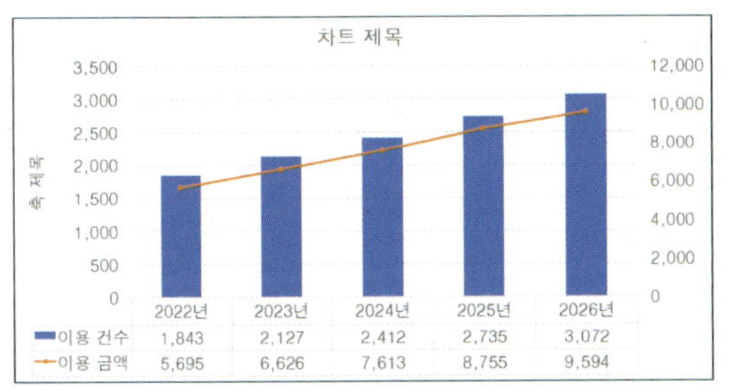

차트 레이아웃 변경

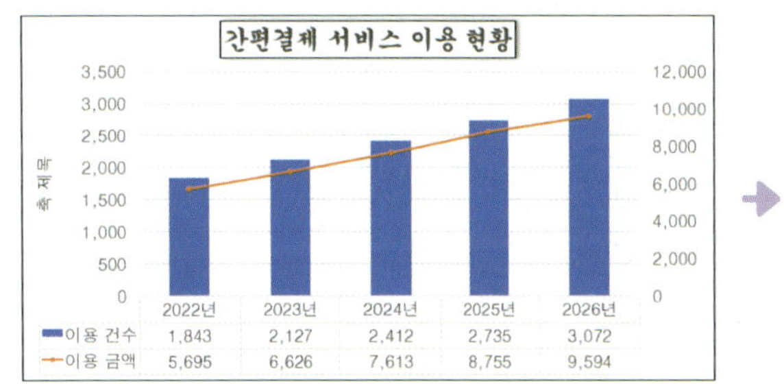

차트 제목 서식 지정

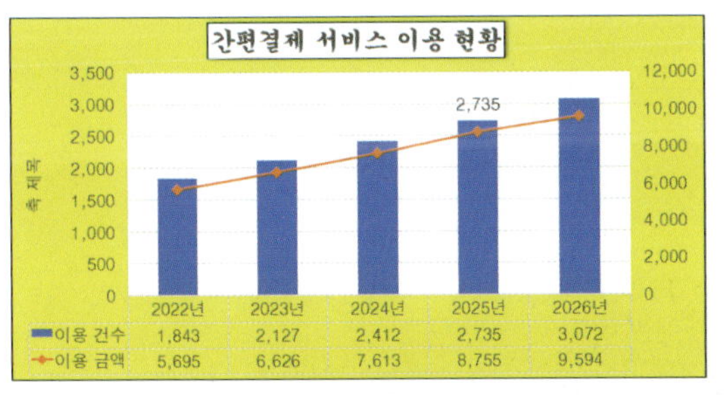

기타 서식 지정

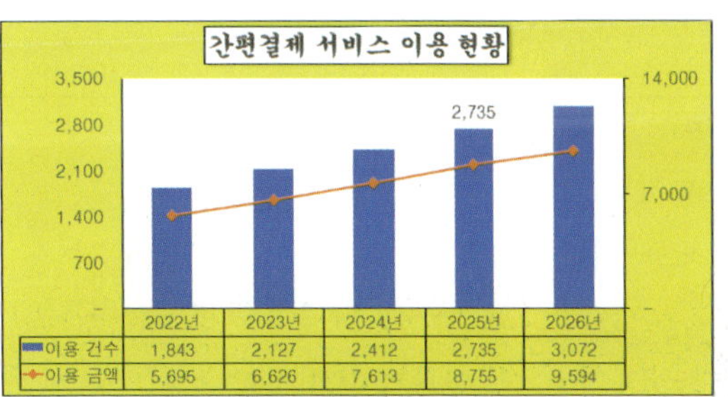

축 서식 지정

Check 02 도형 작성 : 차트 안에 도형을 추가해요!

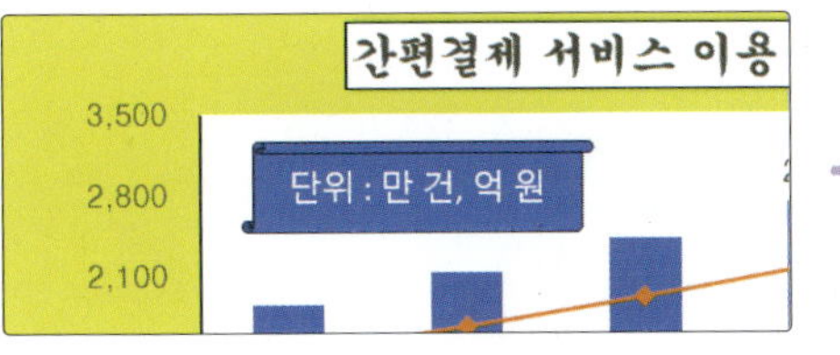

도형 삽입 후 내용 입력

도형 스타일 지정 & 글꼴 서식 변경

차트 삽입 후 데이터 입력하기

(1) 차트 작성 기능을 이용하여 슬라이드를 작성한다.
(2) 차트 : 종류(묶은 세로 막대형), 글꼴(돋움, 16pt), 외곽선
  ■ 데이터 서식 : 이용 금액 계열을 표식(◆)이 있는 꺾은선형으로 변경 후 보조축으로 지정

1 파워포인트 2021 프로그램을 실행한 후 [06차시] 폴더에서 **06차시(문제).pptx** 파일을 불러옵니다.

2 [슬라이드 5]에 제목을 입력한 다음 **차트 삽입 아이콘**을 클릭합니다.

★ [삽입] 탭에서 [차트]를 클릭해도 결과는 동일해요.

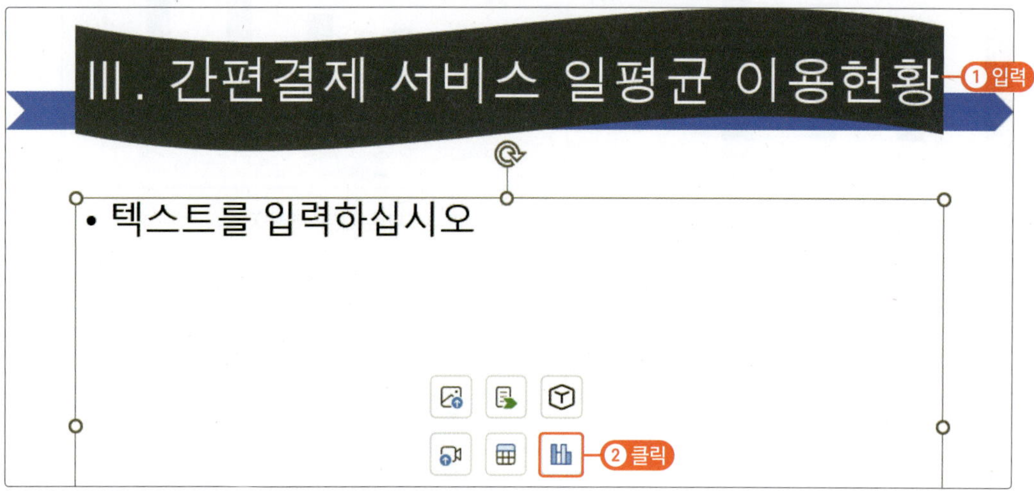

3 [혼합] 차트에서 **계열1**은 **묶은 세로 막대형**, **계열2**는 **표식이 있는 꺾은선형**으로 지정한 후 **보조 축**을 체크합니다.

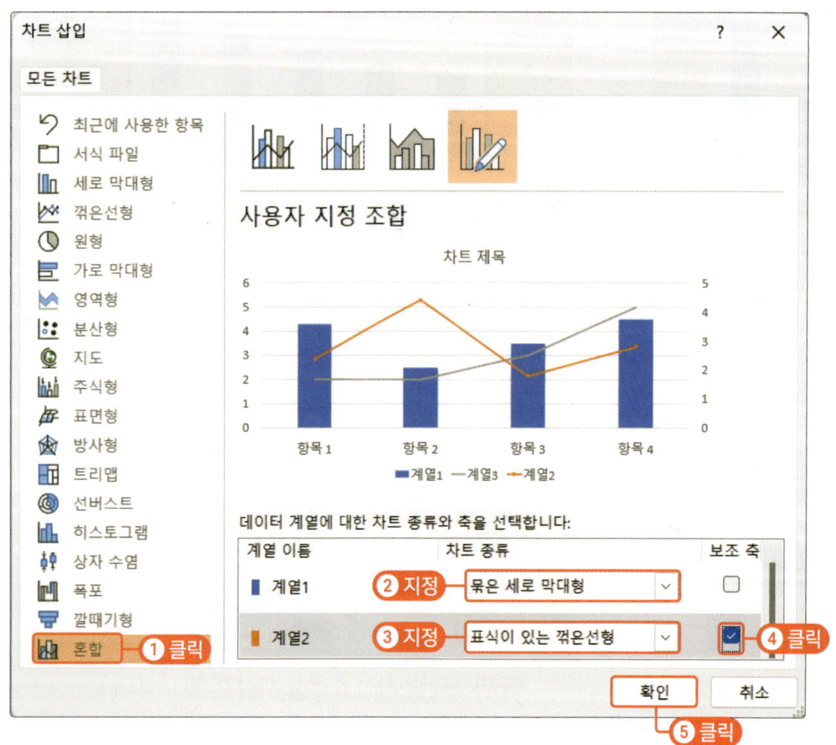

4 차트가 삽입되면서 엑셀 창이 나타나면 **채우기 핸들**( )을 아래쪽으로 드래그하여 **항목을 5개로** 만듭니다.

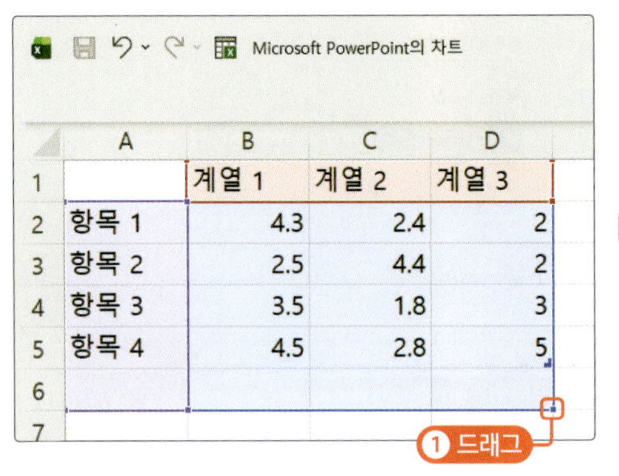
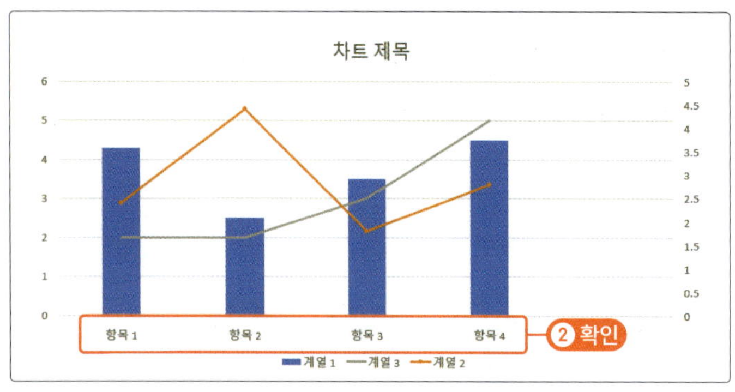

5 계열은 '이용 건수'와 '이용 금액' 뿐이므로 **채우기 핸들**( )을 왼쪽으로 드래그하여 **계열을 2개로** 만듭니다.

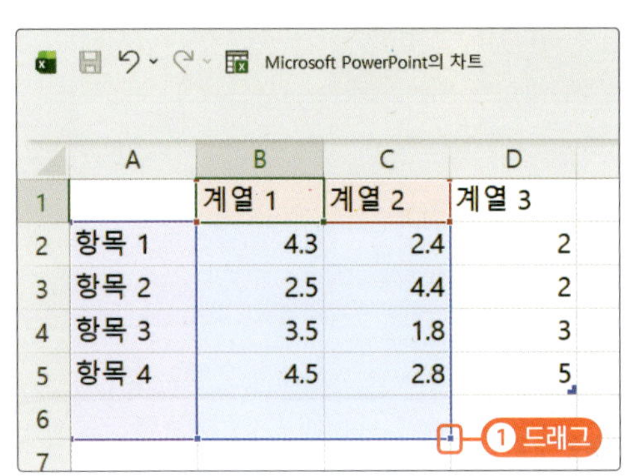
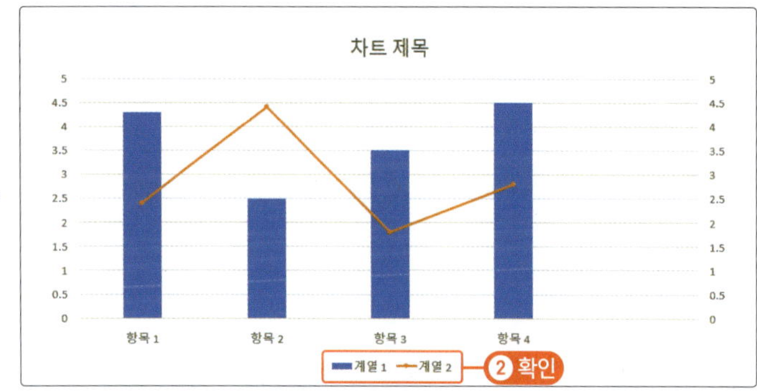

6 아래 그림과 92페이지의 문제지를 참고하여 차트에 필요한 데이터를 입력한 후 엑셀 창을 종료합니다.

★ 출력형태에서 차트 아래 데이터 표를 참고하여 엑셀에 데이터를 입력(천 단위 구분 기호 포함 : 1,843)하며, Tab 또는 방향키(↑ ↓ ← →)를 눌러 다른 셀로 이동할 수 있어요.

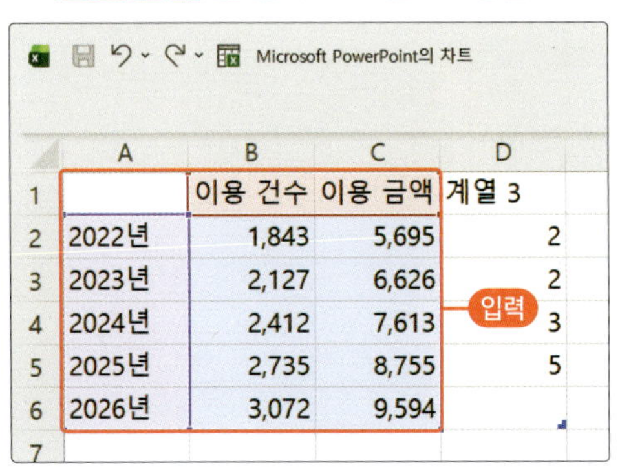
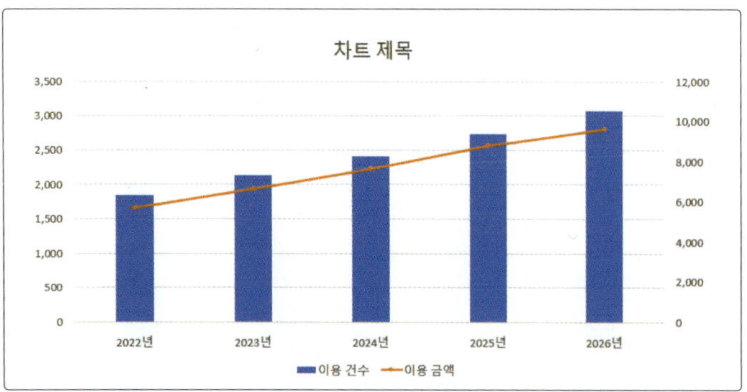

Level UP   **차트에 소수 자릿수 표시하기**

소수 자릿수를 변경하는 유형의 문제가 종종 출제되고 있으니 표시 방법을 숙지하도록 합니다.

❶ 단위(%)를 포함하여 데이터를 입력한 다음 백분율이 입력된 부분을 블록으로 지정하기

❷ 블록으로 지정된 셀 위에서 우클릭하여 [셀 서식] 클릭하기

❸ [표시 형식] 탭의 '백분율' 범주에서 '소수 자릿수' 변경하기

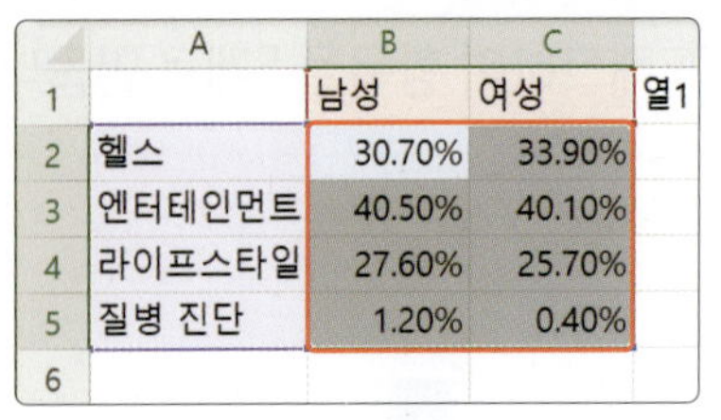 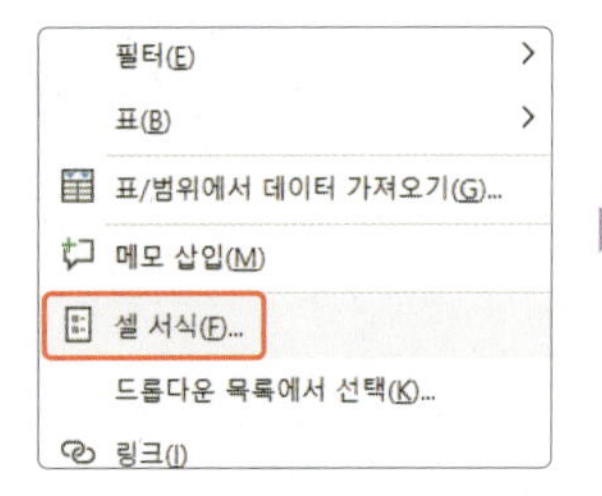 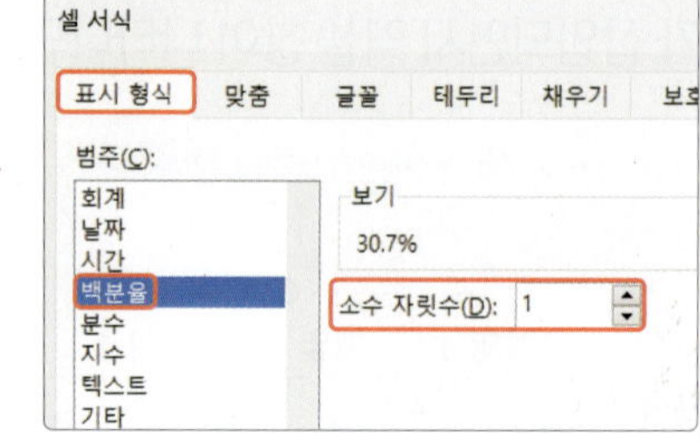

❹ 차트에 표시된 백분율의 소수 자릿수가 변경된 것을 확인하기

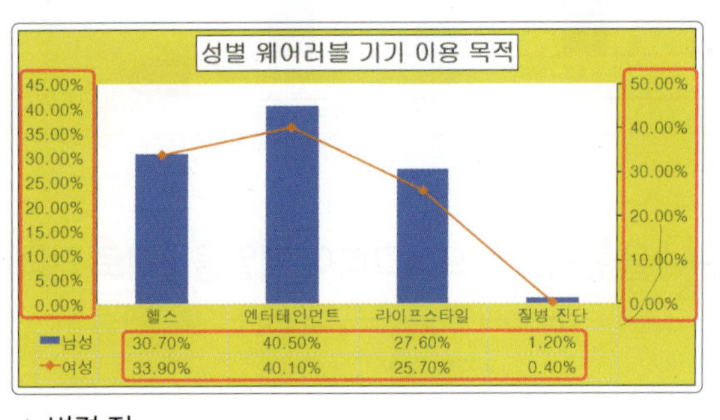

▲ 변경 전

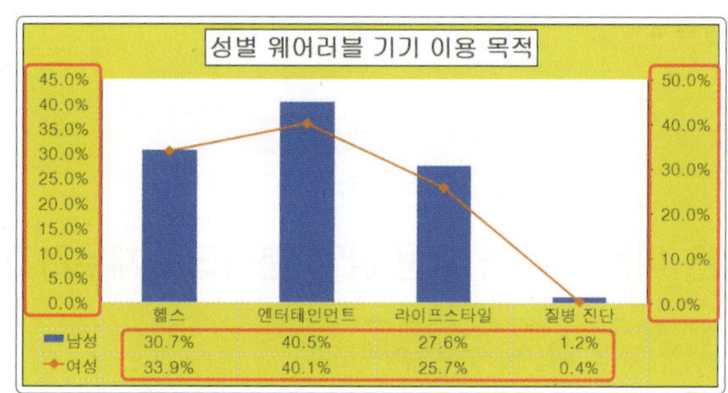

▲ 변경 후

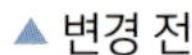

STEP 02   # 차트 기본 서식과 레이아웃 지정하기

(2) 차트 : 종류(묶은 세로 막대형), 글꼴(돋움, 16pt), 외곽선

1 차트의 바깥쪽 테두리를 선택한 후 [홈] 탭에서 **글꼴 서식(돋움, 16pt)**을 지정합니다.

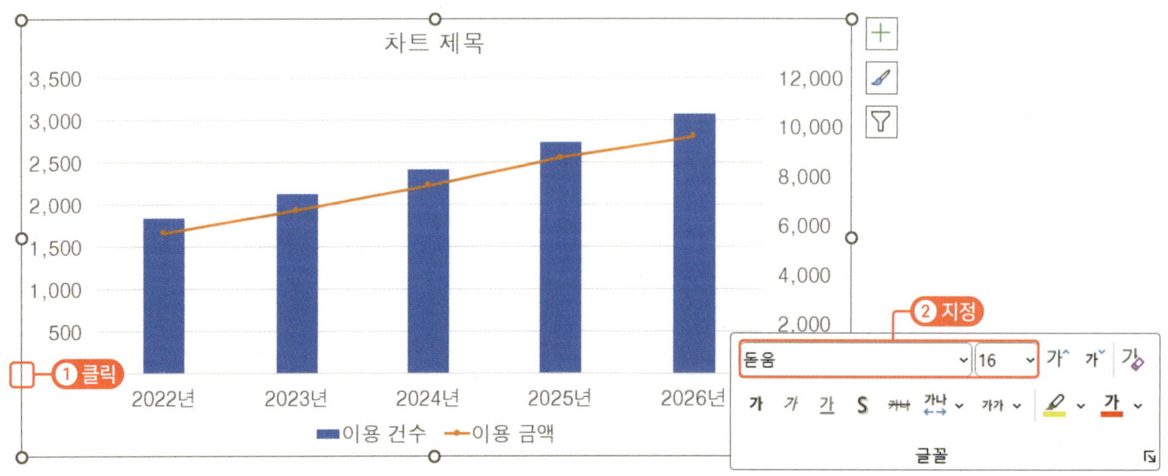

2 외곽선을 적용하기 위해 차트가 선택된 상태에서 [서식] 탭의 [도형 윤곽선]–[검정, 텍스트 1]을 선택합니다.

✿ 차트의 테두리 색상은 별도의 지시사항이 없기 때문에 교재에서는 검정색으로 지정했어요.

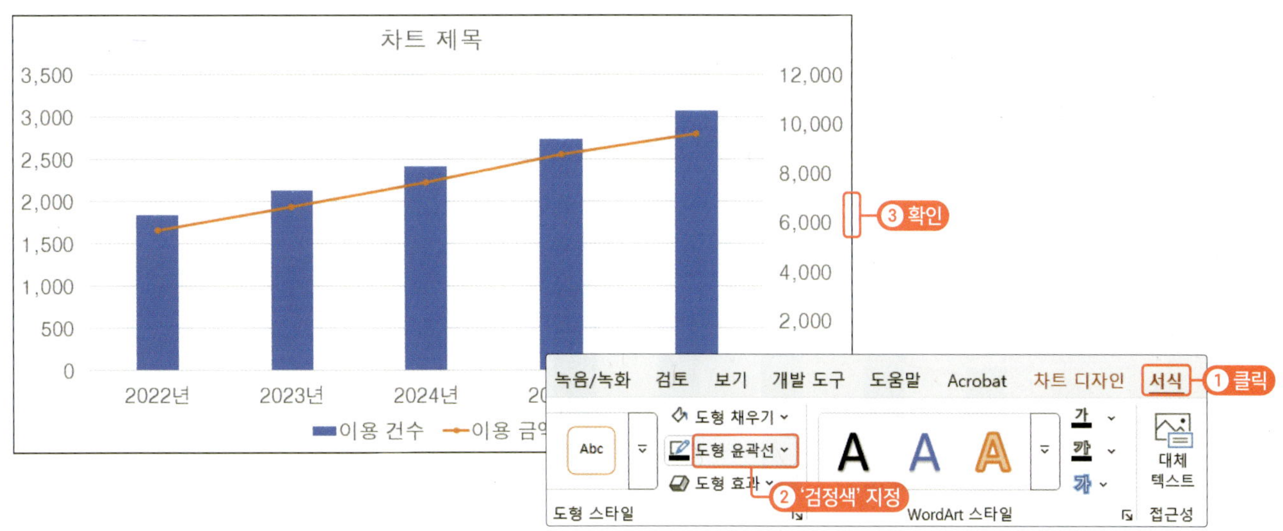

Level UP   차트 구성 요소 알아보기

· 차트를 수월하게 작성하기 위해서는 차트의 구성 요소를 잘 알아두는 것이 좋습니다.

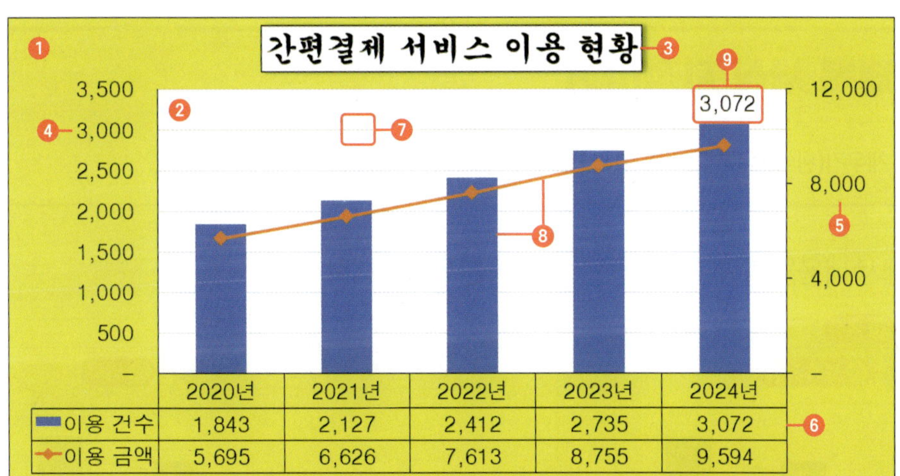

| ① 차트 영역 | ② 그림 영역 | ③ 차트 제목 | ④ 세로(값) 축 | ⑤ 보조 세로(값) 축 |
| ⑥ 데이터 표 | ⑦ 눈금선 | ⑧ 데이터 계열 | ⑨ 데이터 레이블 | |

· 차트가 선택된 상태에서 [서식] 탭-[현재 선택 영역] 그룹을 이용하면 차트 구성 요소를 빠르게 선택할 수 있습니다.

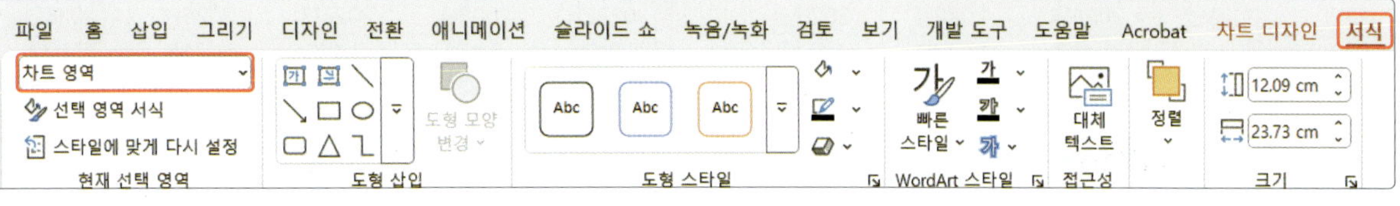

3 차트가 선택된 상태에서 [차트 디자인] 탭의 [빠른 레이아웃]–[레이아웃 5]를 선택합니다.

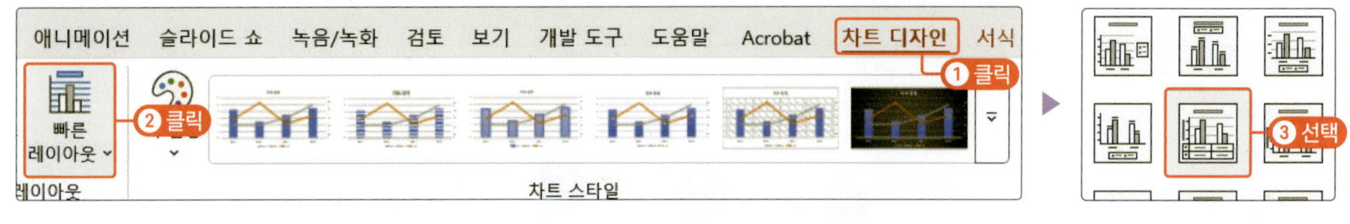

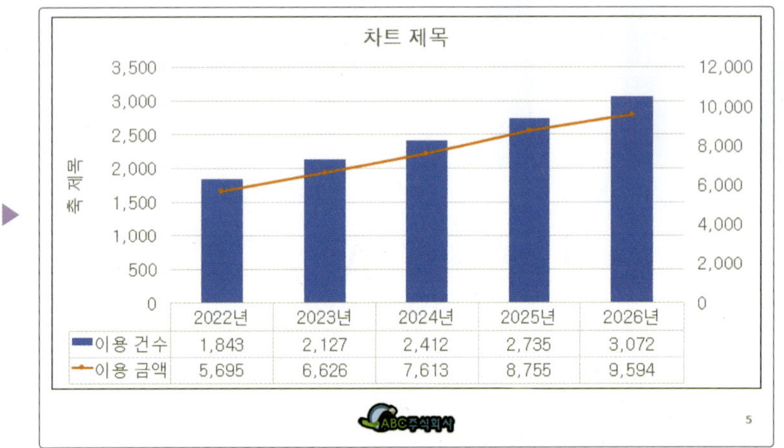

ITQ 꿀팁

차트 아래에 데이터 표를 함께 표시하기 위해 [레이아웃 5]를 선택하는 문제가 꾸준히 출제되고 있어요.

STEP 03 차트 제목 서식 지정하기

- 차트제목 : 궁서, 24pt, 굵게, 채우기(흰색), 테두리, 그림자(오프셋 오른쪽)

1 차트 제목이 선택된 상태에서 내용을 블록으로 지정한 후 제목을 입력합니다.

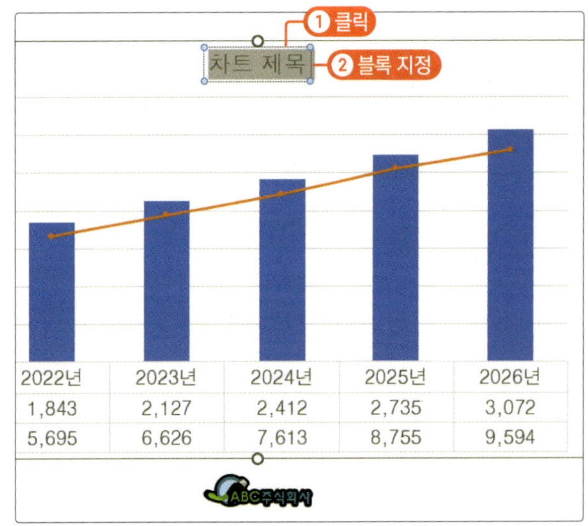

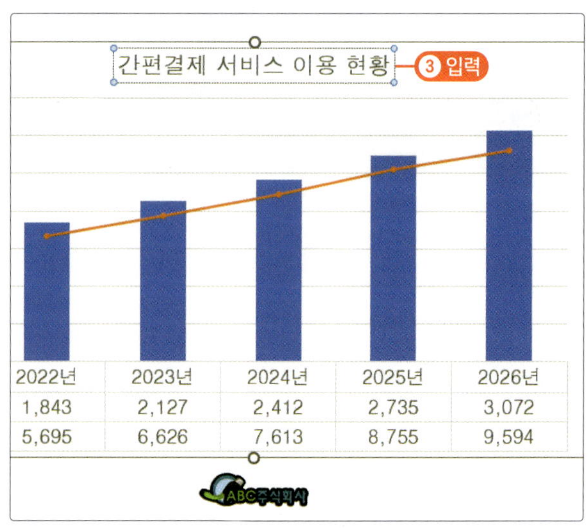

2 차트 제목의 테두리를 선택한 후 [홈] 탭에서 글꼴 서식을 지정합니다.

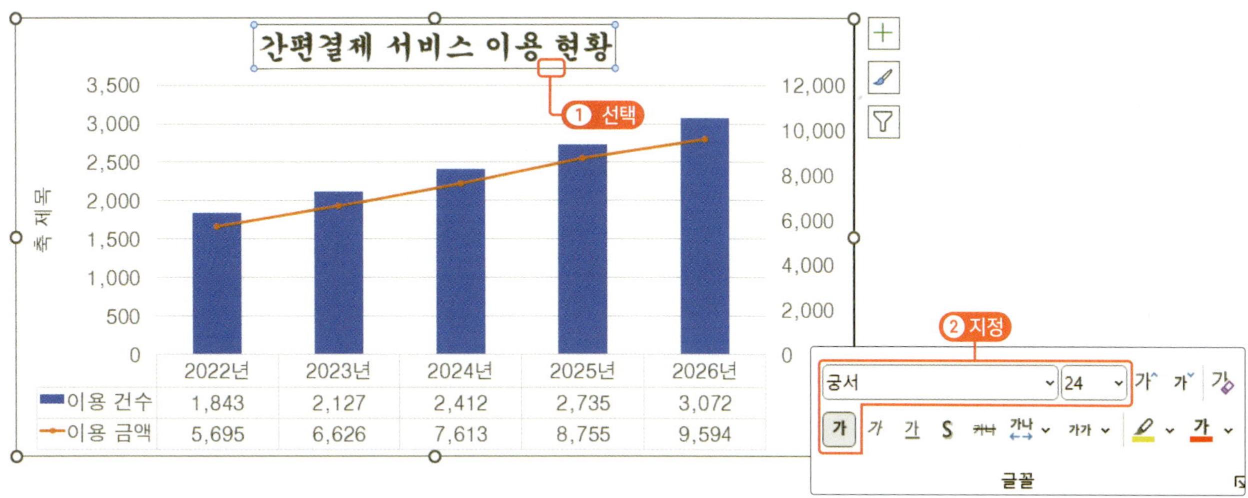

3 제목이 선택된 상태에서 [서식] 탭의 [도형 채우기]-**[흰색, 배경 1]**과 [도형 윤곽선]-**[검정, 텍스트 1]**을 선택합니다.

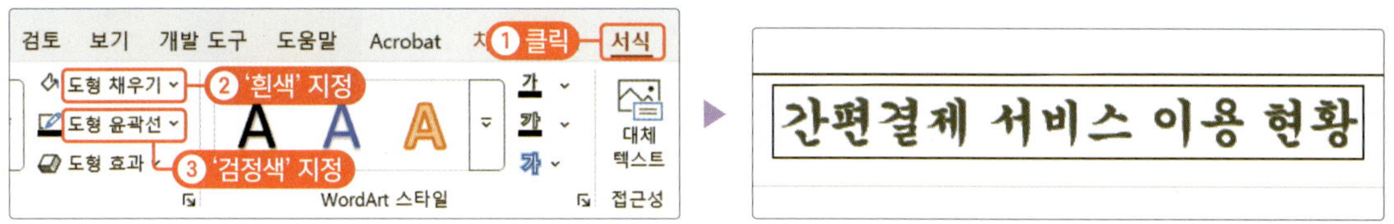

4 차트 제목에 그림자 효과를 적용하기 위해 [서식] 탭에서 [도형 효과]를 클릭한 후 [그림자]-[바깥쪽]-**[오프셋: 오른쪽]**을 선택합니다.

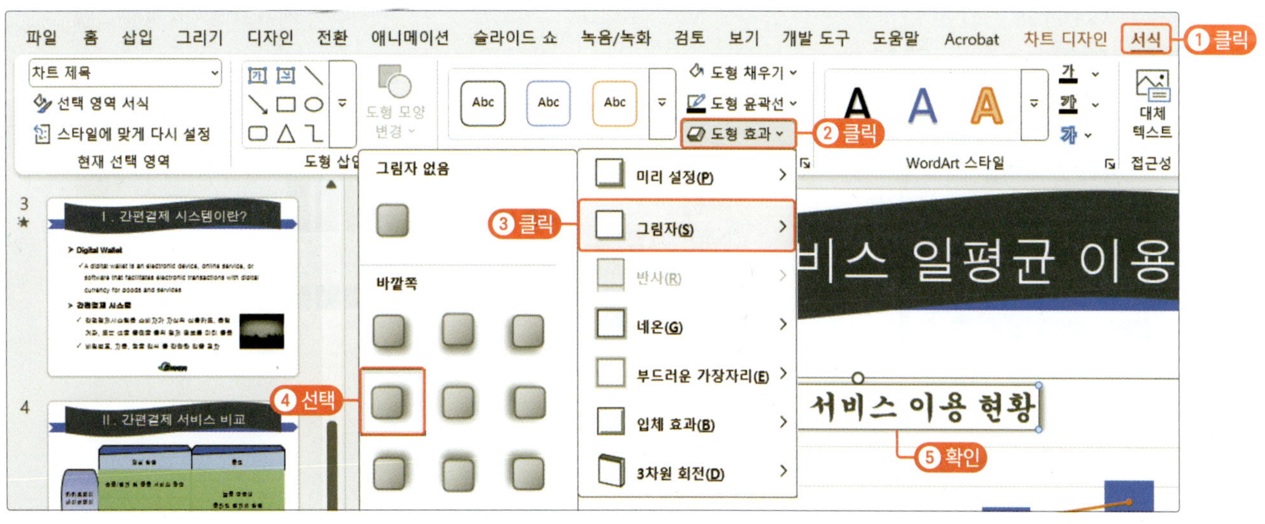

> **ITQ 꿀팁**
>
> 차트 제목에 글꼴 서식을 지정한 다음 '채우기(흰색), 테두리, 그림자 효과'를 적용하는 유형이 고정적으로 출제되고 있어요.

STEP 04 기타 서식 변경 후 값(데이터 레이블) 표시하기

- 차트영역 : 채우기(노랑), 그림영역 : 채우기(흰색)
- 데이터 서식 : 이용 금액 계열을 표식(◆)이 있는 꺾은선형으로 변경 후 보조축으로 지정
- 값 표시 : 2025년의 이용 건수 계열만

1 차트의 바깥쪽 테두리를 선택한 후 [서식] 탭에서 [도형 채우기]–[**노랑**]을 선택합니다.

★ 문제지의 세부 조건에 따라 차트 영역의 색을 선택해 주세요.

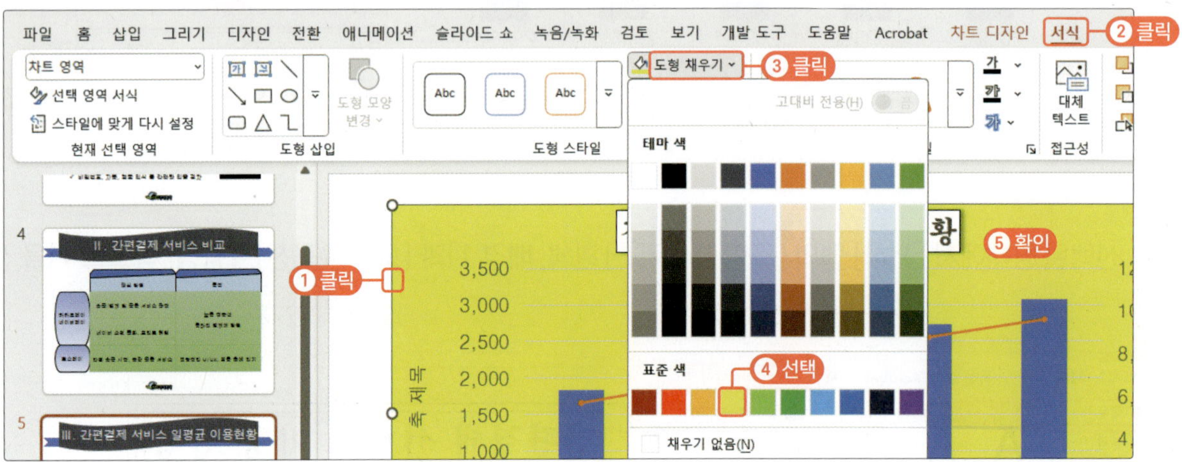

2 그림 영역을 선택한 후 [도형 채우기]–[**흰색, 배경 1**]을 선택합니다.

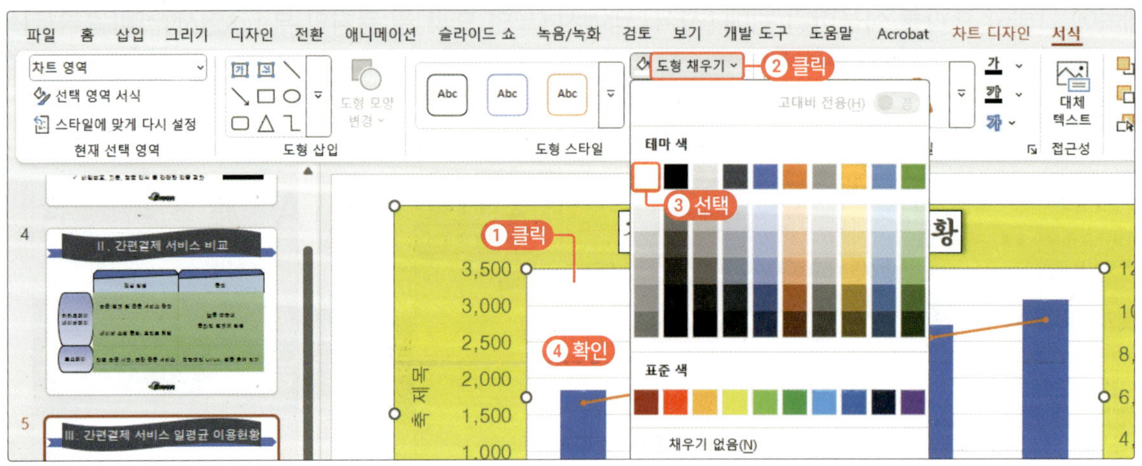

Level UP **차트 제목이 노란색으로 표시된다면?**

만약 차트 제목이 노란색으로 표시된다면, 차트 제목의 테두리를 선택한 다음 [도형 채우기]를 [흰색, 배경 1]로 지정합니다.

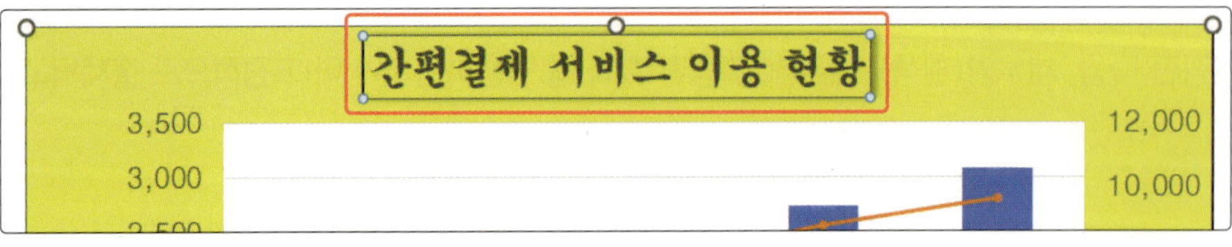

3 꺾은선형 그래프의 표식을 변경하기 위해 표식 위에서 우클릭하여 **[데이터 계열 서식]**을 클릭합니다.

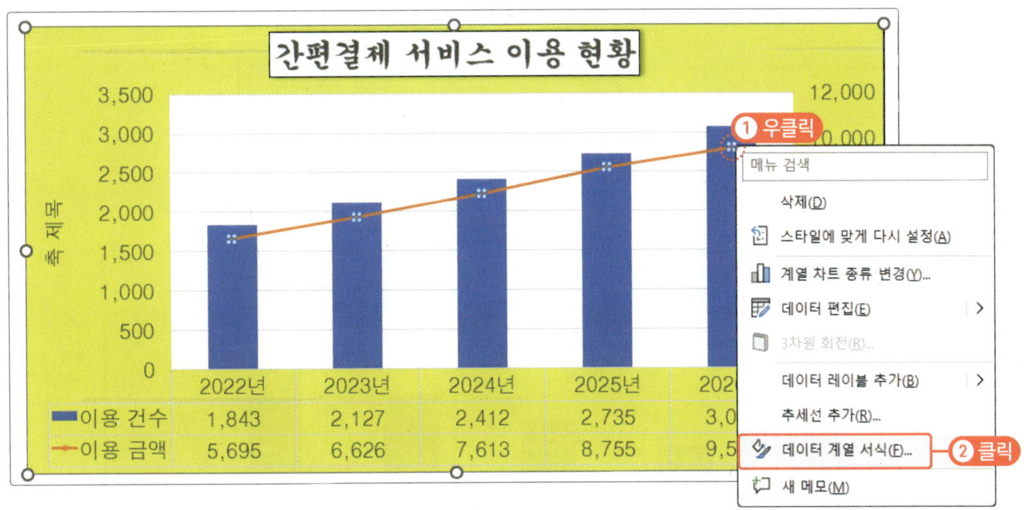

4 오른쪽 창이 활성화되면 [채우기 및 선]–[표식]–**[표식 옵션]**에서 표식의 **형식**과 **크기**를 지정합니다.

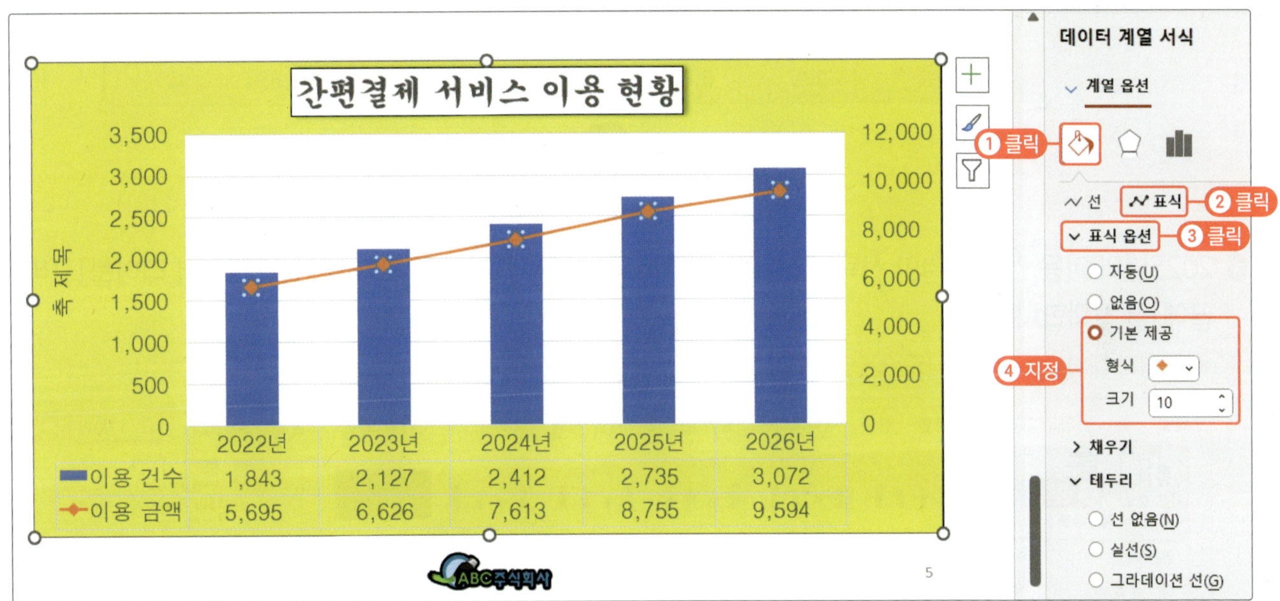

> **ITQ 꿀팁**
>
> 표식의 크기는 10 정도로 설정하고, 출력형태를 참고하여 표식의 형식을 선택하세요. 최근 출제 유형에서는 ◆ 모양의 표식이 자주 출제되고 있어요.

5 '2025년의 이용 건수 계열'에만 '값'을 표시하기 위해 **이용 건수** 계열을 클릭하여 전체가 선택되면 **2025년** 요소만 다시 클릭합니다.

6 2025년의 이용 건수 계열만 선택된 상태에서 [차트 디자인] 탭-[차트 요소 추가]-[데이터 레이블]-**[바깥쪽 끝에]**를 선택합니다.

★ 데이터 레이블의 위치는 다양하게 출제되고 있으니 문제지를 참고하여 작업해 주세요.

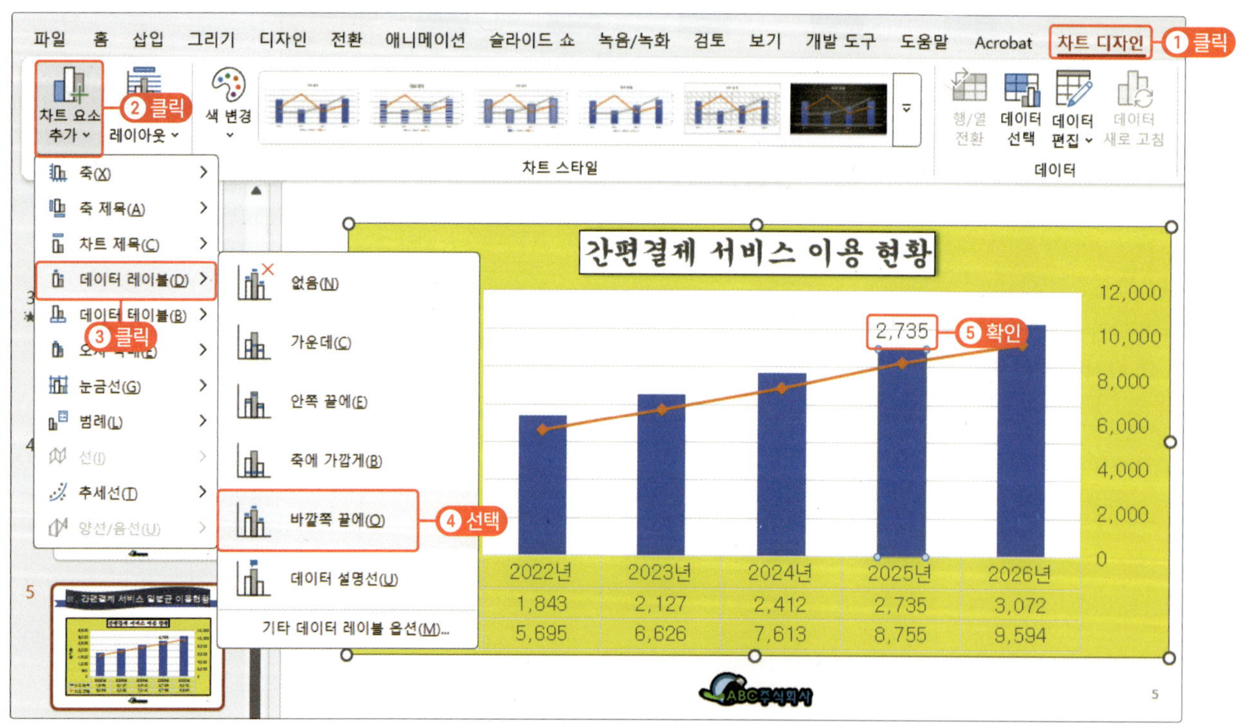

데이터 레이블(값 표시)은 특정 계열의 일부 요소에만 값을 표시하거나, 전체 계열에 값을 표시하는 유형으로 출제되고 있어요.

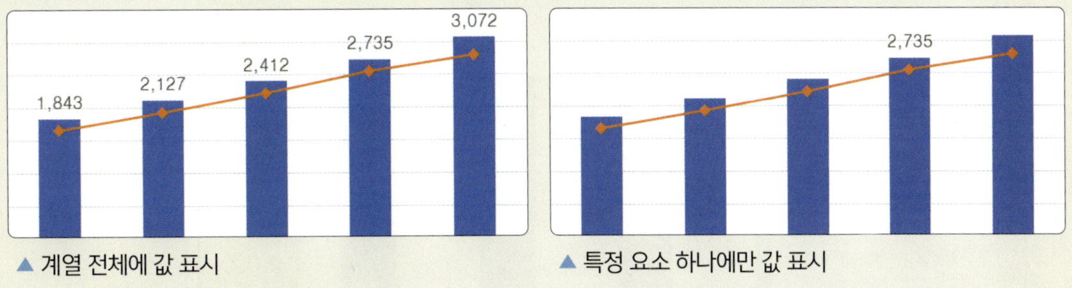

STEP 05 축 서식 지정하기

[답안 작성 요령]
별도의 지시사항이 없는 경우 출력형태를 참조하여 글꼴색은 검정 또는 흰색으로 작성하고, 기타사항은 전체적인 균형을 고려하여 작성합니다.

1 차트의 **축 제목**을 선택한 다음 Delete 를 눌러 삭제합니다.

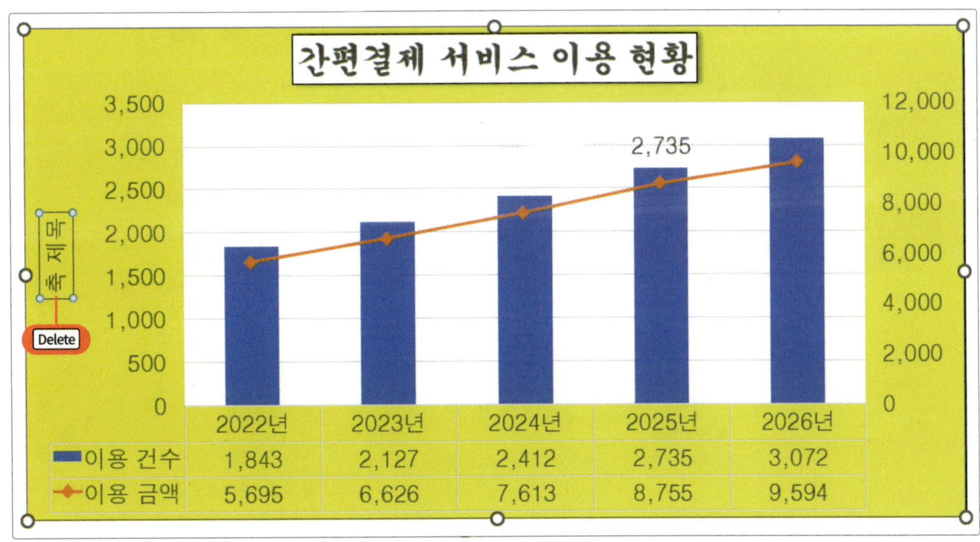

	2022년	2023년	2024년	2025년	2026년
이용 건수	1,843	2,127	2,412	2,735	3,072
이용 금액	5,695	6,626	7,613	8,755	9,594

[슬라이드 5]에서 차트 작업은 문제지의 출력형태가 기준이에요. 세부조건에 별도의 지시사항이 없더라도 '축 제목, 축 간격, 눈금선' 등의 형태를 출력형태와 비교하여 동일하게 작업해 주세요.

2 **세로 축** 위에서 우클릭하여 [축 서식]을 클릭합니다.

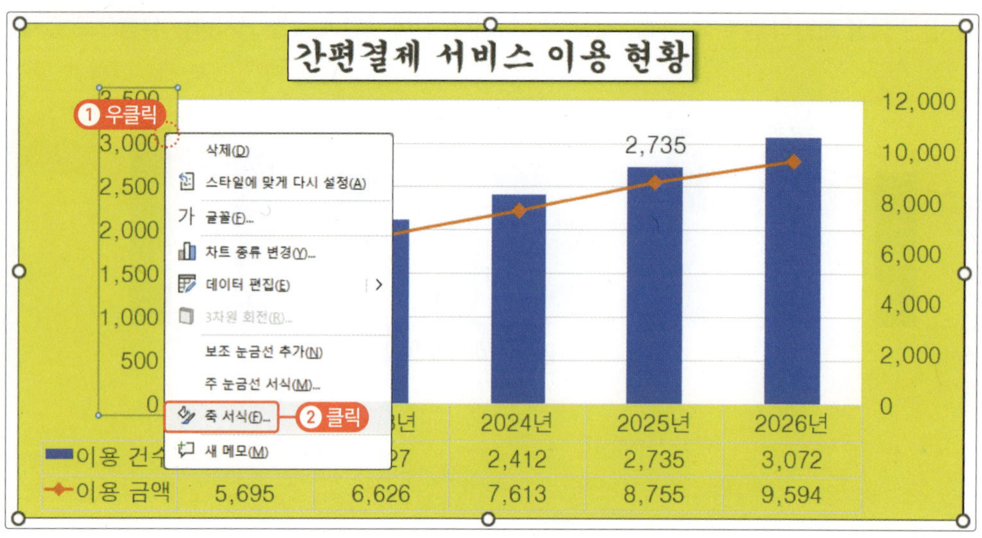

3 오른쪽 창이 활성화되면 [축 옵션]에서 기본 단위에 **700**을 입력합니다.

4 최소값을 –로 표시하기 위해 [표시 형식]에서 **범주**를 **회계**로 지정한 후 **기호**를 **없음**으로 선택합니다.

5 축에 **실선**을 표시하기 위해 [채우기 및 선]–[선]에서 **실선**을 선택한 다음 **색(검정, 텍스트 1)**을 지정합니다.

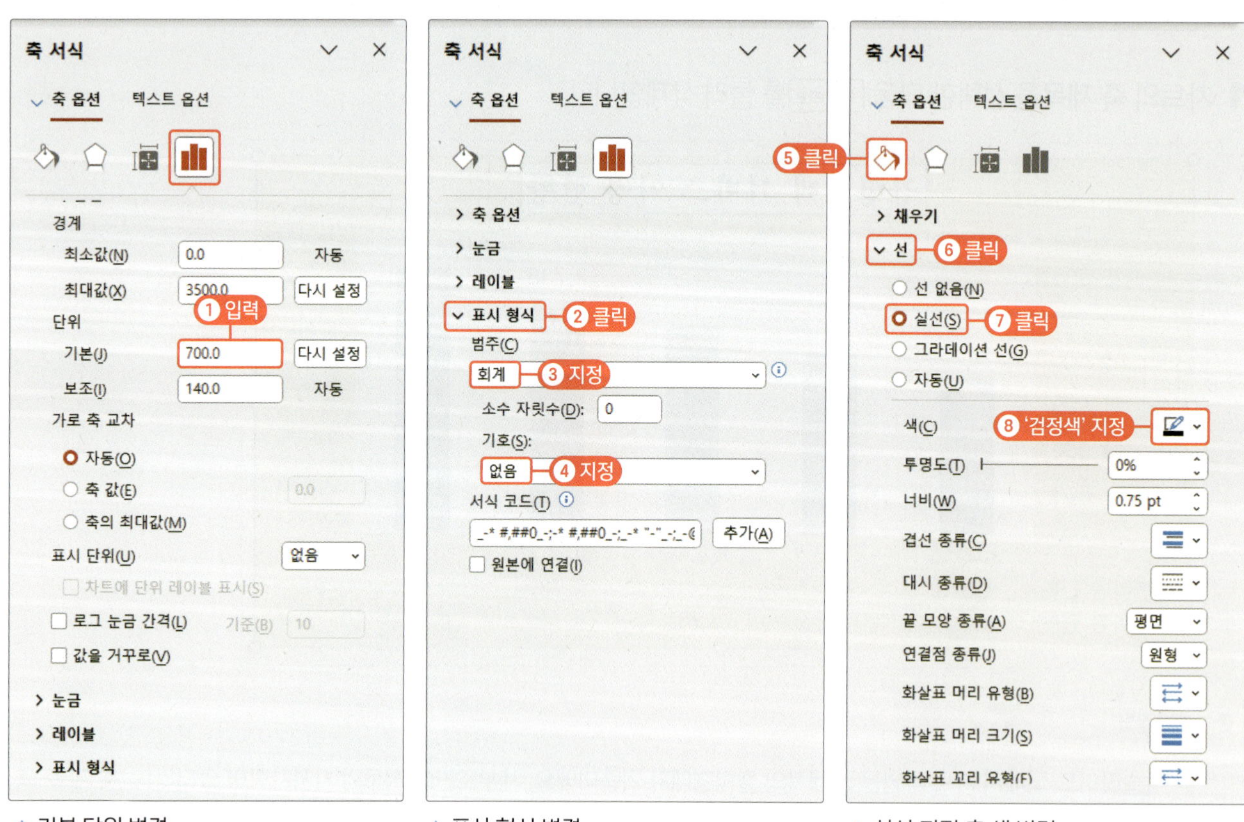

▲ 기본 단위 변경　　　　▲ 표시 형식 변경　　　　▲ 실선 지정 후 색 변경

6 세로 축의 단위가 변경된 것을 확인한 다음 **보조 세로 축** 위에서 우클릭하여 **[축 서식]**을 클릭합니다.

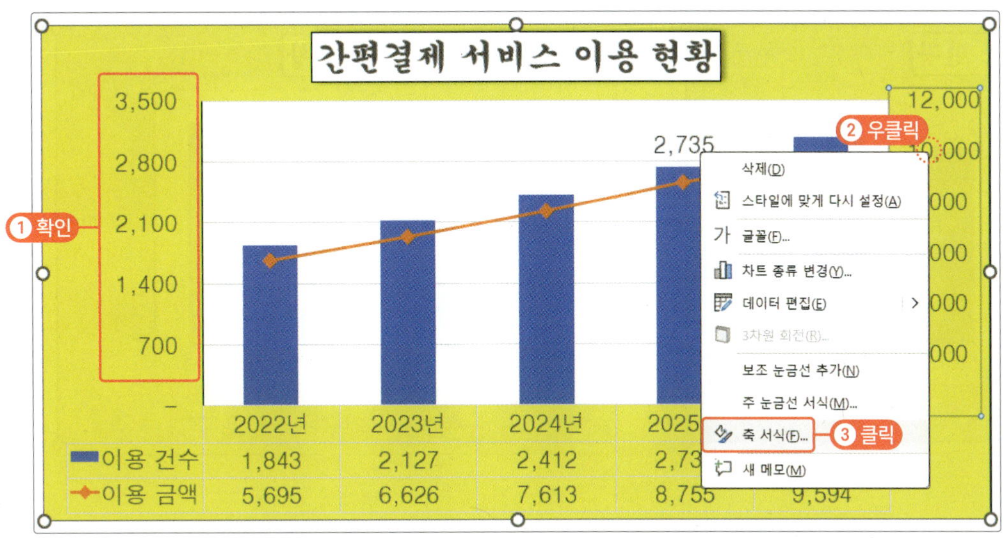

7 오른쪽 창이 활성화되면 [축 옵션]에서 **최대값(14000)**과 **기본 단위(7000)**를 입력합니다.

8 최소값을 −로 표시하기 위해 [표시 형식]에서 **범주**를 회계로 지정한 후 **기호**를 없음으로 선택합니다.

9 축에 **실선**을 표시하기 위해 [채우기 및 선]−[선]에서 **실선**을 선택한 다음 **색(검정, 텍스트 1)**을 지정합니다.

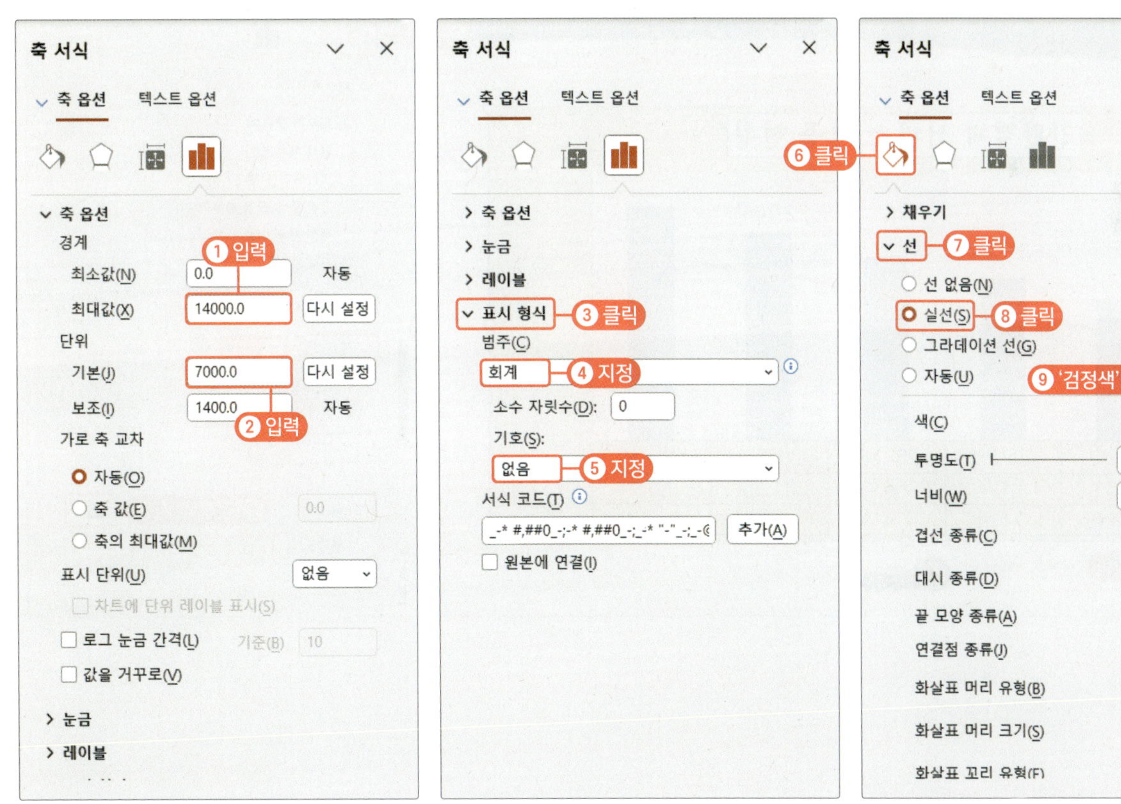

▲ 최대값 및 기본 단위 변경   ▲ 표시 형식 변경   ▲ 실선 지정 후 색 변경

10 보조 세로 축의 단위가 변경된 것을 확인한 후 **주 눈금선**을 선택하여 [Delete]를 눌러 삭제합니다.

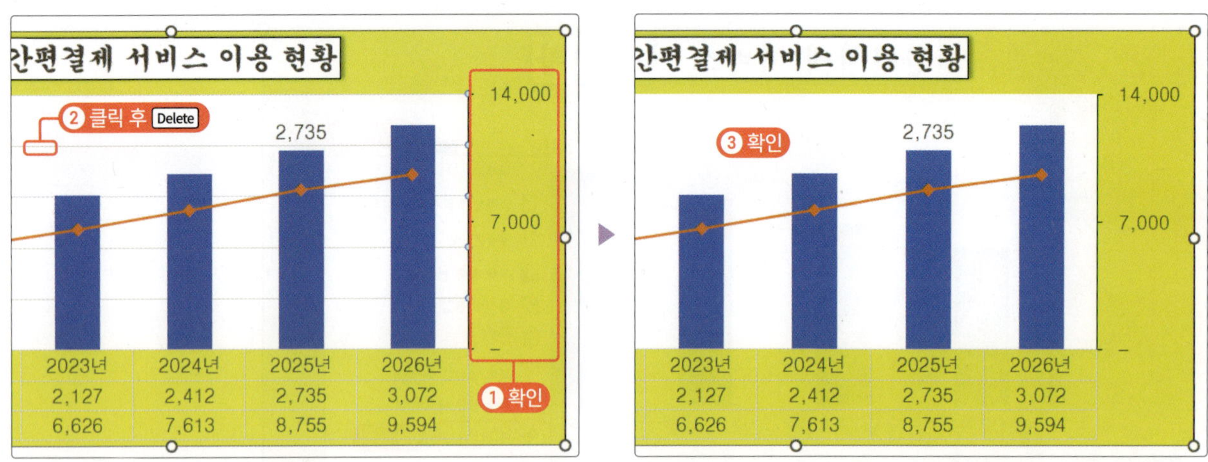

11 차트 아래쪽의 **데이터 표**를 선택한 다음 오른쪽 창의 [표 옵션]–[채우기 및 선]–[테두리]에서 **실선**을 선택한 후 **색(검정, 텍스트 1)**을 지정합니다.

★ 작업이 완료되면 92페이지의 출력형태와 비교하여 차트 결과가 일치하는지 확인해 보세요.

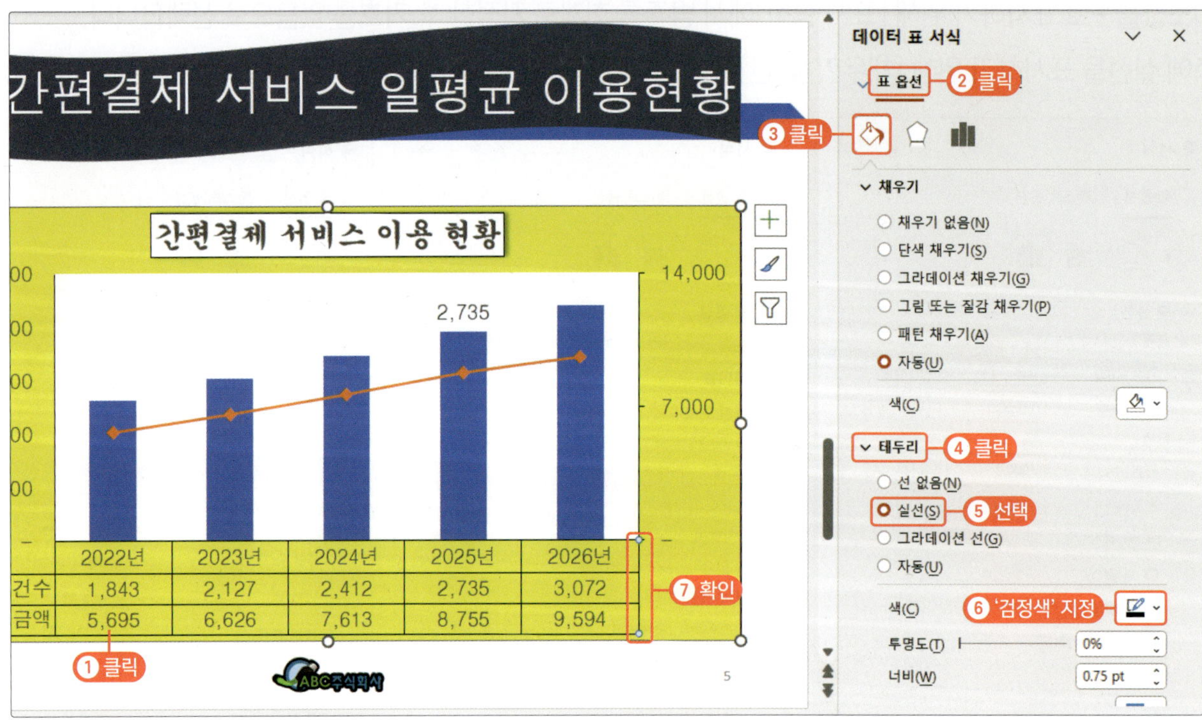

도형을 삽입한 후 스타일 지정하기

① 도형 삽입
- 스타일 : 미세효과 – 파랑, 강조1
- 글꼴 : 굴림, 18pt

1 [삽입] 탭-[도형]에서 [별 및 현수막]-[두루마리 모양: 세로로 말림(▯)]을 선택합니다.

2 그림 영역에 도형을 삽입한 후 도형 안쪽에 내용을 입력합니다.

★ 92페이지의 출력형태를 참고하여 도형의 크기와 위치를 맞춰주세요.

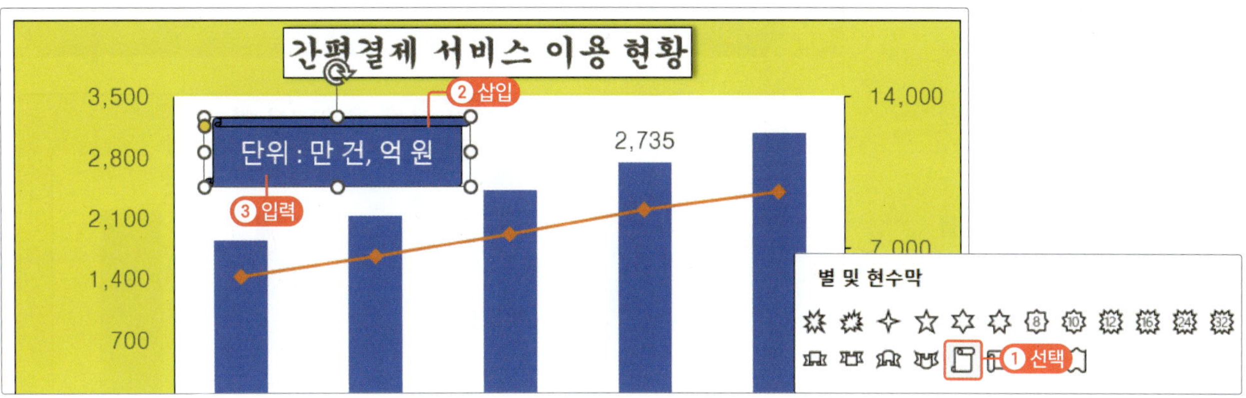

3 도형 스타일을 지정하기 위해 [도형 서식] 탭에서 [도형 스타일]의 빠른 스타일 단추를 눌러 **[미세 효과 – 파랑, 강조 1]**을 선택합니다.

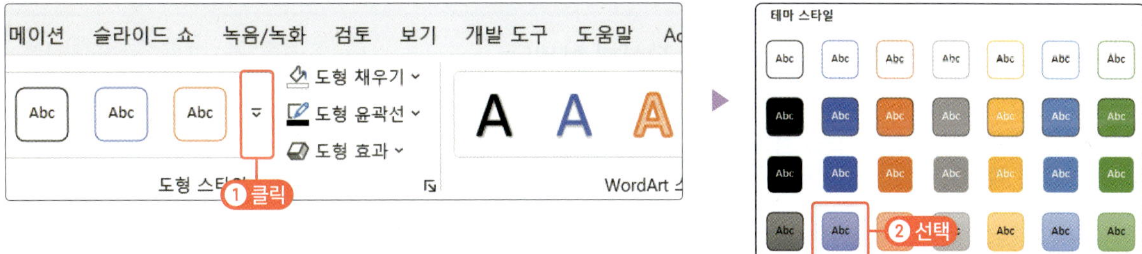

4 [홈] 탭에서 **글꼴 서식(굴림, 18pt)**을 지정한 후 모든 작업이 완료되면 **[저장(▯)]**을 클릭하거나, Ctrl+S 를 눌러 답안 파일을 저장합니다.

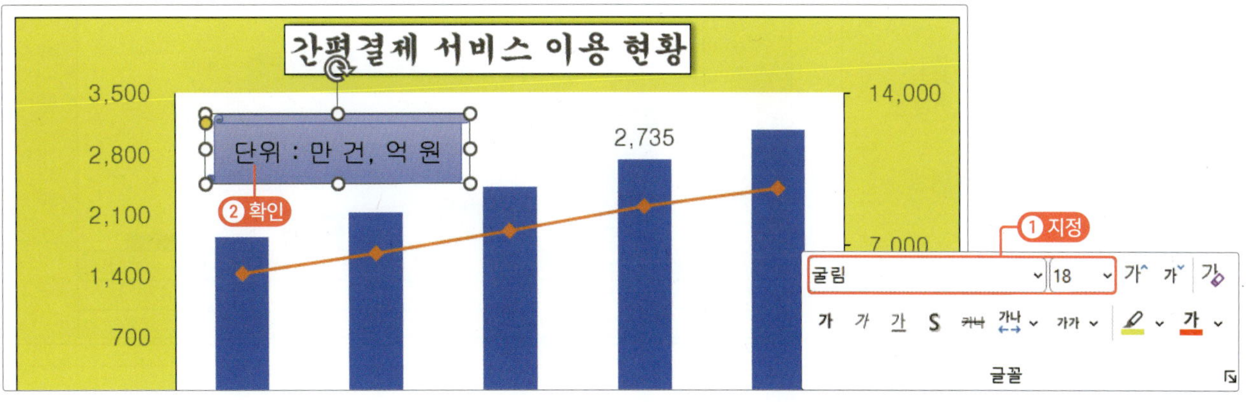

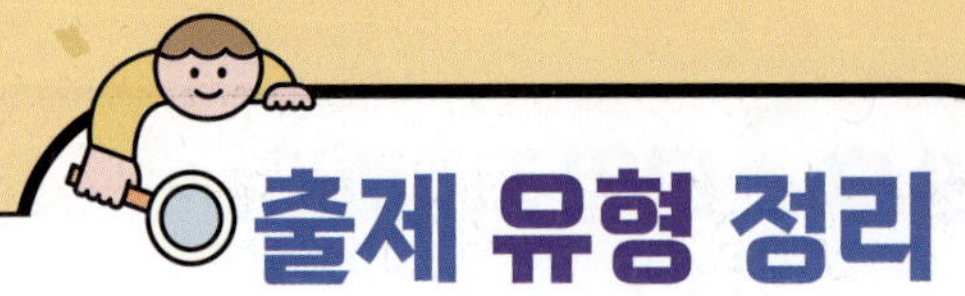

1

《세부조건》에 맞추어 **《차트 슬라이드》**를 작성해 보세요.

- ⊘ **실습파일** : 유형06-1(문제).pptx
- ⊘ **완성파일** : 유형06-1(완성).pptx

(1) 차트 작성 기능을 이용하여 슬라이드를 작성한다.
(2) 차트 : 종류(묶은 세로 막대형), 글꼴(돋움, 16pt), 외곽선

《세부 조건》

※ 차트설명
- · 차트제목 : 궁서, 24pt, 굵게, 채우기(흰색), 테두리, 그림자(오프셋 왼쪽)
- · 차트영역 : 채우기(노랑) 그림영역 : 채우기(흰색)
- · 데이터 서식 : 조직외 계열을 표식(◆)이 있는 꺾은선형으로 변경 후 보조축으로 지정
- · 값 표시 : 탁월형의 조직내 계열만

① 도형 삽입
- – 스타일 : 미세효과 – 파랑, 강조1
- – 글꼴 : 굴림, 18pt

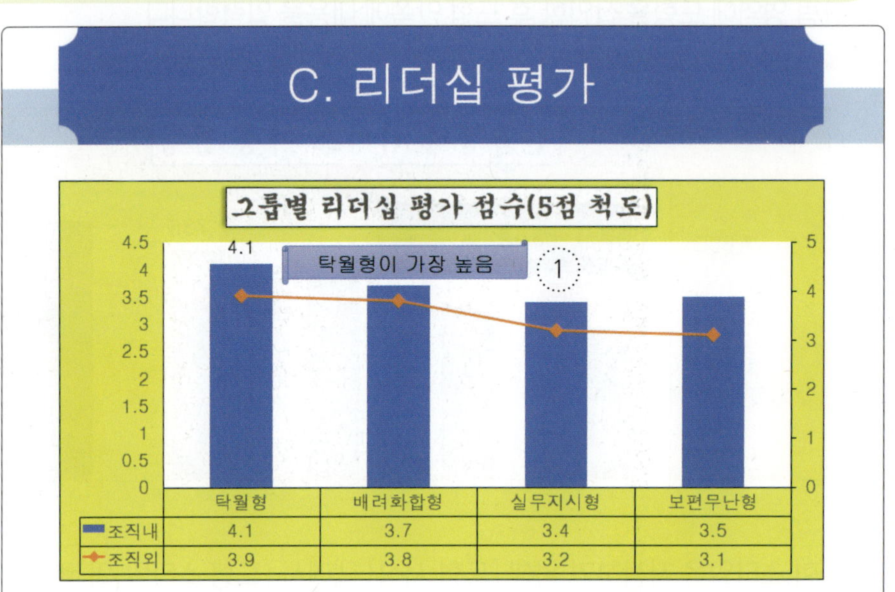

	탁월형	배려화합형	실무지시형	보편무난형
조직내	4.1	3.7	3.4	3.5
조직외	3.9	3.8	3.2	3.1

2

《세부조건》에 맞추어 **《차트 슬라이드》**를 작성해 보세요.

- ⊘ **실습파일** : 유형06-2(문제).pptx
- ⊘ **완성파일** : 유형06-2(완성).pptx

(1) 차트 작성 기능을 이용하여 슬라이드를 작성한다.
(2) 차트 : 종류(묶은 세로 막대형), 글꼴(굴림, 16pt), 외곽선

《세부 조건》

※ 차트설명
- · 차트제목 : 궁서, 24pt, 굵게, 채우기(흰색), 테두리, 그림자(오프셋 오른쪽)
- · 차트영역 : 채우기(노랑) 그림영역 : 채우기(흰색)
- · 데이터 서식 : 여성 계열을 표식(◆)이 있는 꺾은선형으로 변경 후 보조축으로 지정
- · 값 표시 : 활동의 불편성의 여성 계열만

① 도형 삽입
- – 스타일 : 미세효과 – 파랑, 강조5
- – 글꼴 : 돋움, 18pt

	활동의 불편성	부담스런 가격	관리의 어려움	멋과 유행성
남성	56.5	20.8	15.8	6.9
여성	60.3	19.7	14.6	5.4

3 《세부조건》에 맞추어 《차트 슬라이드》를 작성해 보세요.

(1) 차트 작성 기능을 이용하여 슬라이드를 작성한다.
(2) 차트 : 종류(묶은 세로 막대형), 글꼴(굴림, 16pt), 외곽선

《세부 조건》

※ 차트설명
  · 차트제목 : 돋움, 24pt, 굵게,
    채우기(흰색), 테두리,
    그림자(오프셋 오른쪽)
  · 차트영역 : 채우기(노랑)
    그림영역 : 채우기(흰색)
  · 데이터 서식 : 부정적 계열을
    표식(◆)이 있는 꺾은선형으로
    변경 후 보조축으로 지정
  · 값 표시 : 중국의 긍정적 계열만
① 도형 삽입
  − 스타일 :
    미세효과 − 녹색, 강조6
  − 글꼴 : 굴림, 18pt

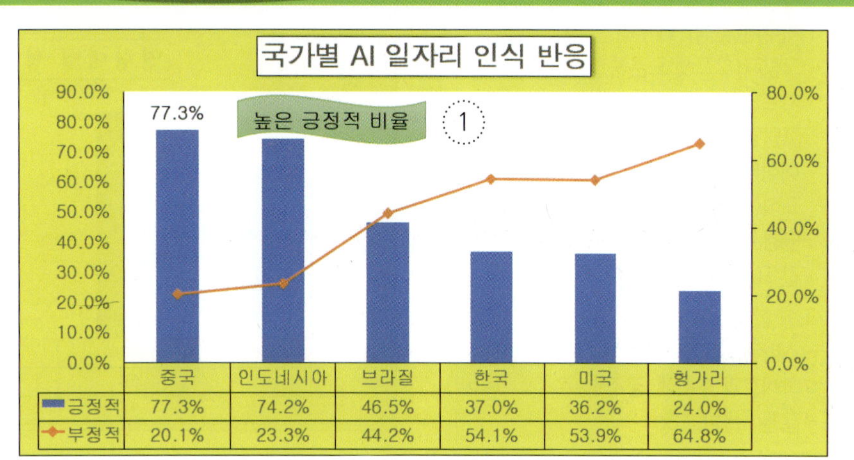

	중국	인도네시아	브라질	한국	미국	헝가리
긍정적	77.3%	74.2%	46.5%	37.0%	36.2%	24.0%
부정적	20.1%	23.3%	44.2%	54.1%	53.9%	64.8%

---

4 《세부조건》에 맞추어 《차트 슬라이드》를 작성해 보세요.

(1) 차트 작성 기능을 이용하여 슬라이드를 작성한다.
(2) 차트 : 종류(묶은 세로 막대형), 글꼴(돋움, 16pt), 외곽선

《세부 조건》

※ 차트설명
  · 차트제목 : 굴림, 24pt, 굵게,
    채우기(흰색), 테두리,
    그림자(오프셋 오른쪽)
  · 차트영역 : 채우기(노랑)
    그림영역 : 채우기(흰색)
  · 데이터 서식 : 전년대비증감율 계
    열을 표식(●)이 있는 꺾은선형
    으로 변경 후 보조축으로 지정
  · 값 표시 : 2024년의 시장규모
    (억 원) 계열만
① 도형 삽입
  − 스타일 :
    미세효과 −파랑, 강조1
  − 글꼴 : 굴림, 18pt

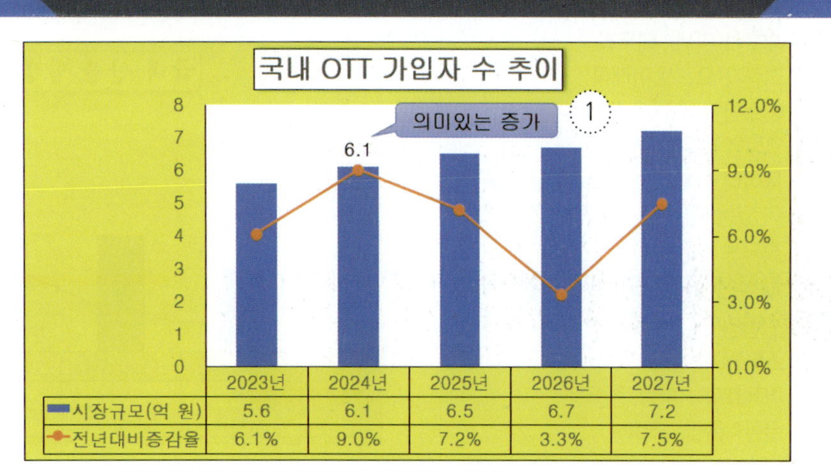

	2023년	2024년	2025년	2026년	2027년
시장규모(억 원)	5.6	6.1	6.5	6.7	7.2
전년대비증감율	6.1%	9.0%	7.2%	3.3%	7.5%

5 《세부조건》에 맞추어 《차트 슬라이드》를 작성해 보세요.

(1) 차트 작성 기능을 이용하여 슬라이드를 작성한다.
(2) 차트 : 종류(묶은 세로 막대형), 글꼴(돋움, 16pt), 외곽선

《세부 조건》
※ 차트설명
· 차트제목 : 궁서, 24pt, 굵게,
  채우기(흰색), 테두리,
  그림자(오프셋 오른쪽)
· 차트영역 : 채우기(노랑)
  그림영역 : 채우기(흰색)
· 데이터 서식 : 여자 계열을
  표식(◆)이 있는 꺾은선형으로
  변경 후 보조축으로 지정
· 값 표시 : 30대의 남자 계열만

① 도형 삽입
  - 스타일 :
  미세효과 - 회색, 강조3
  - 글꼴 : 굴림, 18pt

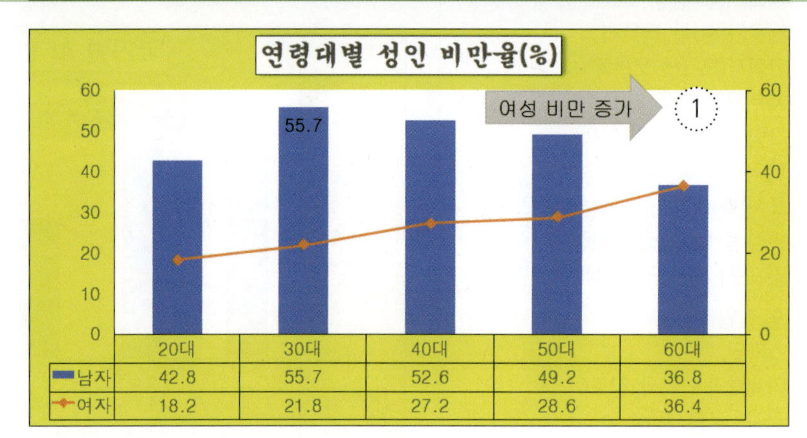

	20대	30대	40대	50대	60대
남자	42.8	55.7	52.6	49.2	36.8
여자	18.2	21.8	27.2	28.6	36.4

---

6 《세부조건》에 맞추어 《차트 슬라이드》를 작성해 보세요.

(1) 차트 작성 기능을 이용하여 슬라이드를 작성한다.
(2) 차트 : 종류(묶은 세로 막대형), 글꼴(돋움, 16pt), 외곽선

《세부 조건》
※ 차트설명
· 차트제목 : 궁서, 24pt, 굵게,
  채우기(흰색), 테두리,
  그림자(오프셋 아래쪽)
· 차트영역 : 채우기(노랑)
  그림영역 : 채우기(흰색)
· 데이터 서식 : 면적 계열을 표식(◆)
  이 있는 꺾은선형으로 변경 후 보조
  축으로 지정
· 값 표시 : 2020년대의 건수 계열만

① 도형삽입
  - 스타일 :
  미세효과 - 파랑, 강조1
  - 글꼴 : 굴림, 18pt

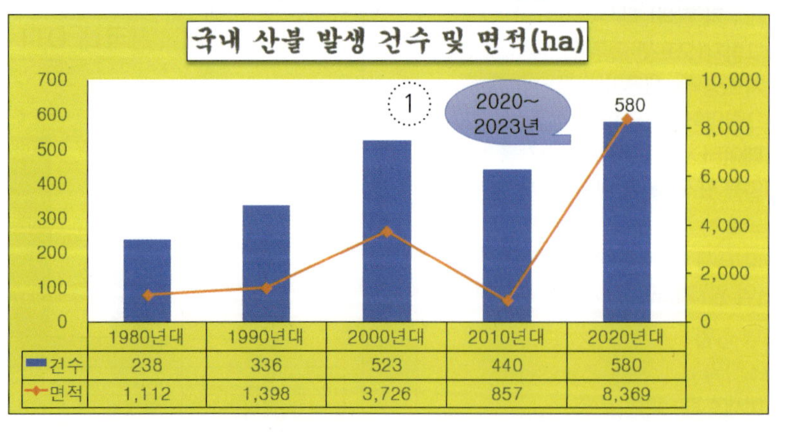

	1980년대	1990년대	2000년대	2010년대	2020년대
건수	238	336	523	440	580
면적	1,112	1,398	3,726	857	8,369

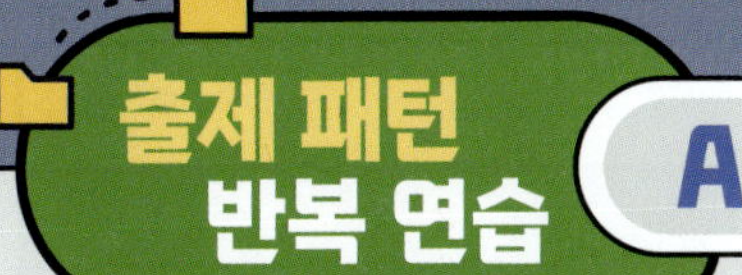

A 조건에 맞추어 각 슬라이드에 작성된 차트를 완성해 보세요.

☑ 실습파일 : 패턴06-1(문제).pptx ☑ 완성파일 : 패턴06-1(완성).pptx

패턴 01 · 글꼴(돋움, 16pt), 외곽선

❶ 차트 제목(궁서, 24pt, 굵게, 채우기-흰색, 테두리, 그림자-오프셋 아래쪽) ❷ 차트 영역(채우기-노랑) ❸ 그림 영역(채우기-흰색) ❹ 참가자 계열 표식 모양(■) 변경 ❺ 값 표시(2015년의 참가자 계열만)

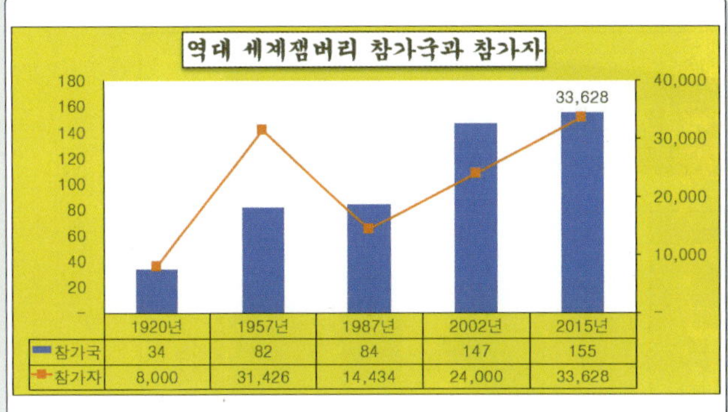

	1920년	1957년	1987년	2002년	2015년
참가국	34	82	84	147	155
참가자	8,000	31,426	14,434	24,000	33,628

패턴 02 · 글꼴(돋움, 16pt), 외곽선

❶ 차트 제목(돋움, 24pt, 굵게, 채우기-흰색, 테두리, 그림자-오프셋 오른쪽) ❷ 차트 영역(채우기-노랑) ❸ 그림 영역(채우기-흰색) ❹ 2024년 계열 표식 모양(■) 변경 ❺ 값 표시(대전의 2024년 계열만)

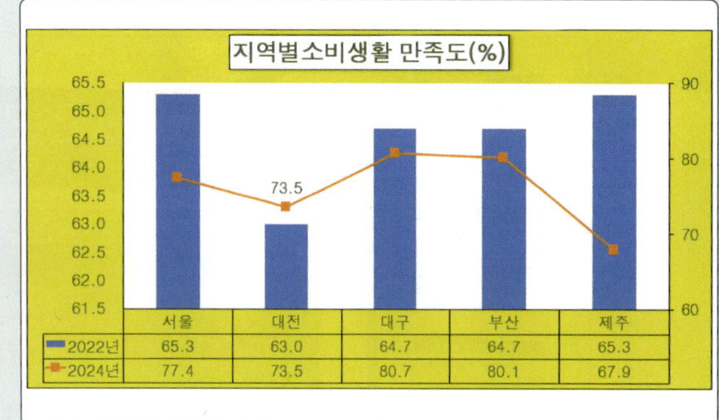

	서울	대전	대구	부산	제주
2022년	65.3	63.0	64.7	64.7	65.3
2024년	77.4	73.5	80.7	80.1	67.9

패턴 03 · 글꼴(돋움, 16pt), 외곽선

❶ 차트 제목(굴림, 24pt, 굵게, 채우기-흰색, 테두리, 그림자-오프셋 오른쪽 위) ❷ 차트 영역(채우기-노랑) ❸ 그림 영역(채우기-흰색) ❹ 밤 계열 표식 모양(◆) 변경 ❺ 값 표시(마 지역의 밤 계열만)

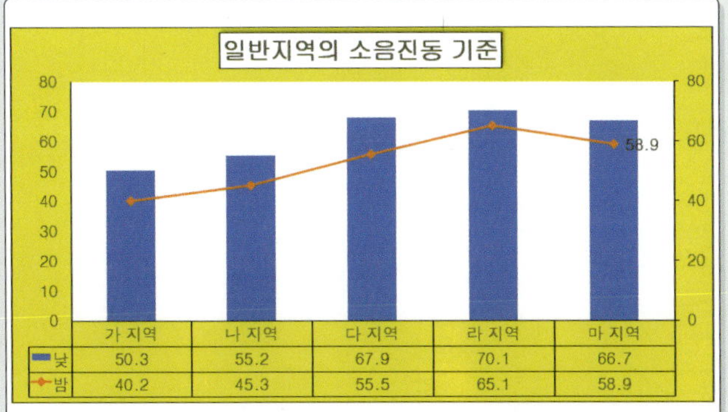

	가 지역	나 지역	다 지역	라 지역	마 지역
낮	50.3	55.2	67.9	70.1	66.7
밤	40.2	45.3	55.5	65.1	58.9

패턴 04 · 글꼴(돋움, 16pt), 외곽선

❶ 차트 제목(궁서, 24pt, 굵게, 채우기-흰색, 테두리, 그림자-오프셋 위쪽) ❷ 차트 영역(채우기-노랑) ❸ 그림 영역(채우기-흰색) ❹ 영상처리 계열 표식 모양(▲) 변경 ❺ 값 표시(2024년의 영상처리 계열만)

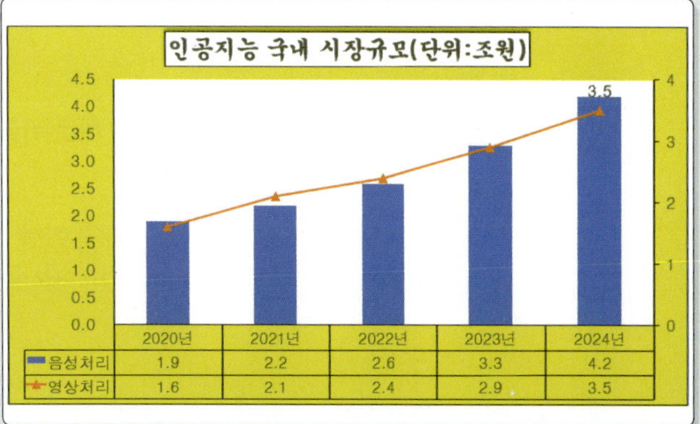

	2020년	2021년	2022년	2023년	2024년
음성처리	1.9	2.2	2.6	3.3	4.2
영상처리	1.6	2.1	2.4	2.9	3.5

[슬라이드 6] 도형 슬라이드

⊘ **실습파일** : 07차시(문제).pptx　⊘ **완성파일** : 07차시(완성).pptx

[배점] 100점 (500점 만점)

[슬라이드 6]《도형 슬라이드》
(1) 슬라이드와 같이 도형 및 스마트아트를 배치한다(글꼴 : 돋움, 18pt).
(2) 애니메이션 순서 : ① ⇒ ②

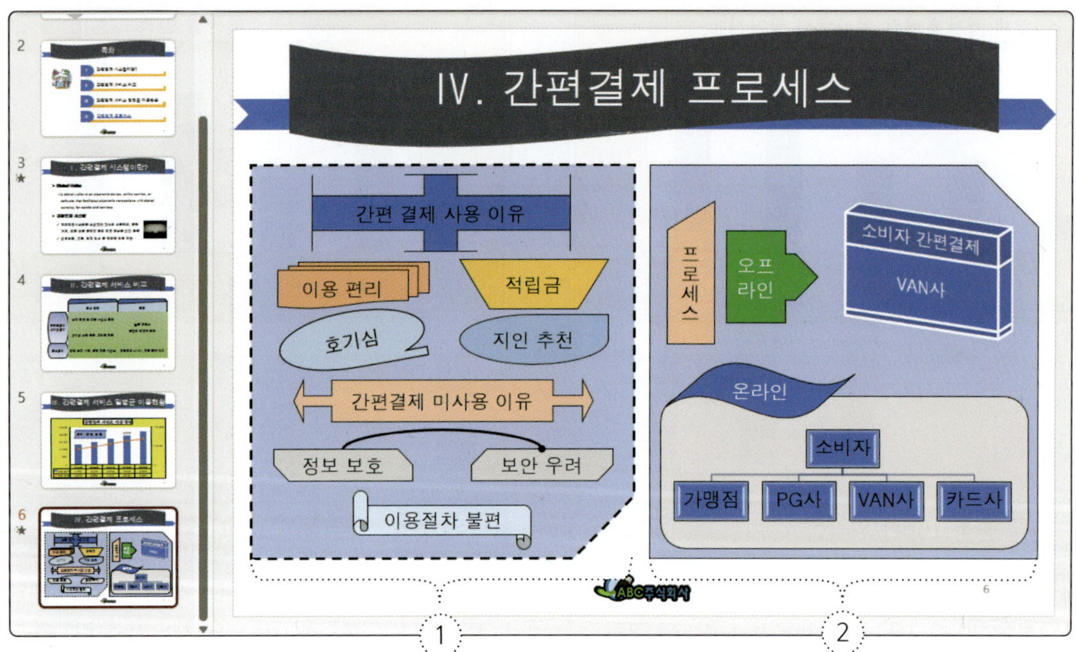

세부 조건

① 도형 편집
　– 그룹화 후 애니메이션 효과 : 나누기(세로 바깥쪽으로)

② 도형 및 스마트아트 편집
　– 스마트아트 디자인 : 3차원 벽돌, 3차원 만화
　– 그룹화 후 애니메이션 효과 : 날아오기(왼쪽에서)

배경 도형 작성 › 왼쪽 도형 작성 › 오른쪽 도형 작성 › 스마트아트 삽입 › 애니메이션 지정

Check 01 도형 작성 : 도형을 삽입하고 조건과 출력 형태에 맞추어 편집해요!

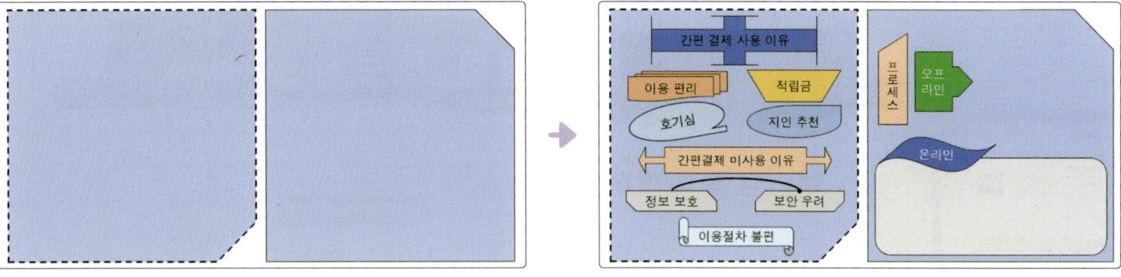

뒤쪽 배경 도형 작업   도형 작업

Check 02 스마트아트 작성 : 스마트아트를 삽입하고 편집해요!

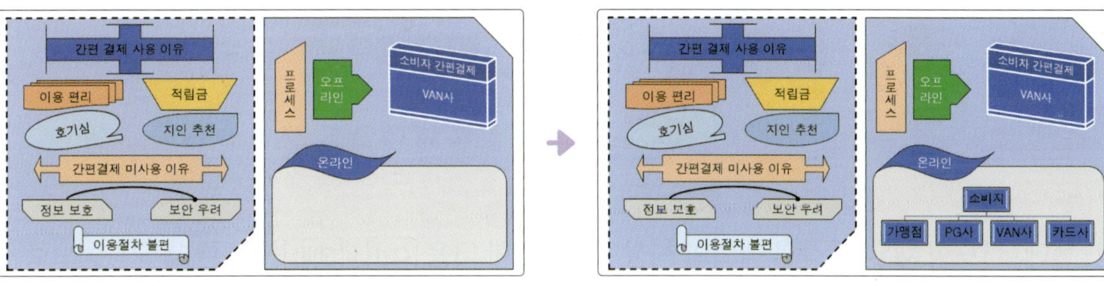

첫 번째 스마트아트 작업   두 번째 스마트아트 작업

Check 03 그룹 지정 및 애니메이션 적용 : 개체를 그룹으로 지정한 후 애니메이션을 적용해요.

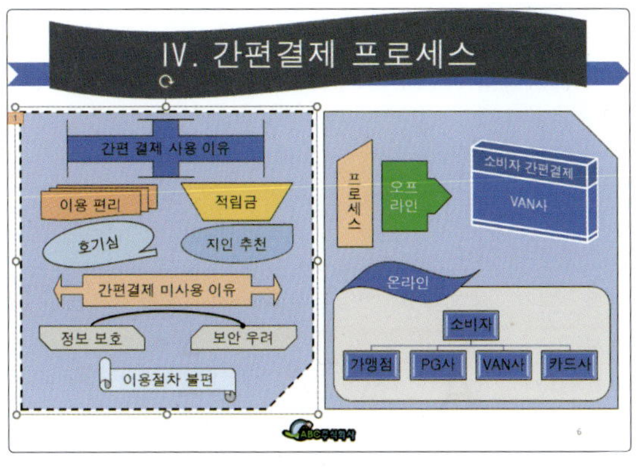

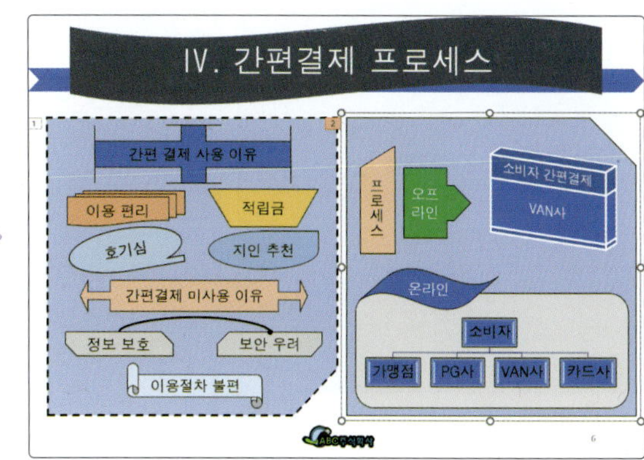

왼쪽 개체 그룹화 & 애니메이션 적용   오른쪽 개체 그룹화 & 애니메이션 적용

뒤쪽 배경 도형 작성하기

(1) 슬라이드와 같이 도형 및 스마트아트를 배치한다(글꼴 : 돋움, 18pt).

1 파워포인트 2021 프로그램을 실행한 후 [07차시] 폴더에서 **07차시(문제).pptx** 파일을 불러옵니다.

2 [슬라이드 6]에 제목을 입력한 다음 텍스트 상자를 **삭제**합니다.

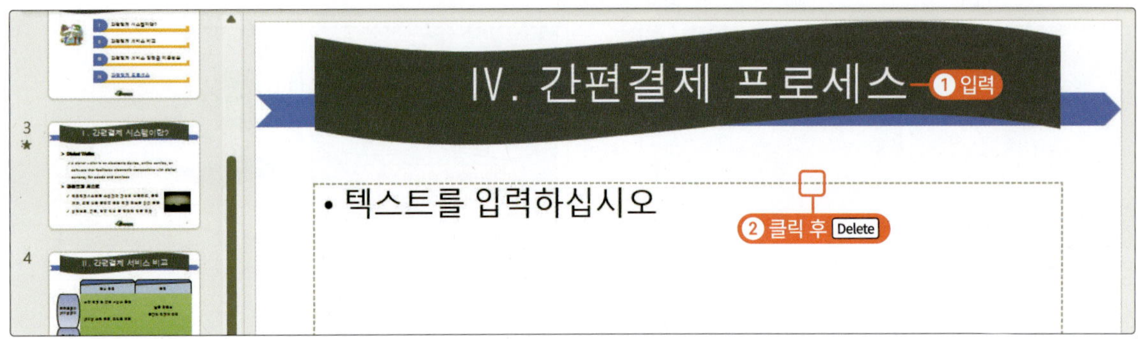

3 [삽입] 탭-[도형]에서 [사각형]-[**사각형: 잘린 한쪽 모서리(▱)**]를 선택한 후 슬라이드에 삽입합니다.

★ 112페이지의 문제지를 참고하여 도형의 크기와 위치를 맞춰주세요.

4 [서식] 탭에서 [**도형 채우기**] 색을 **임의의 색상**으로 지정한 다음 Ctrl+Shift를 누른 채 오른쪽으로 드래그하여 도형을 복사합니다.

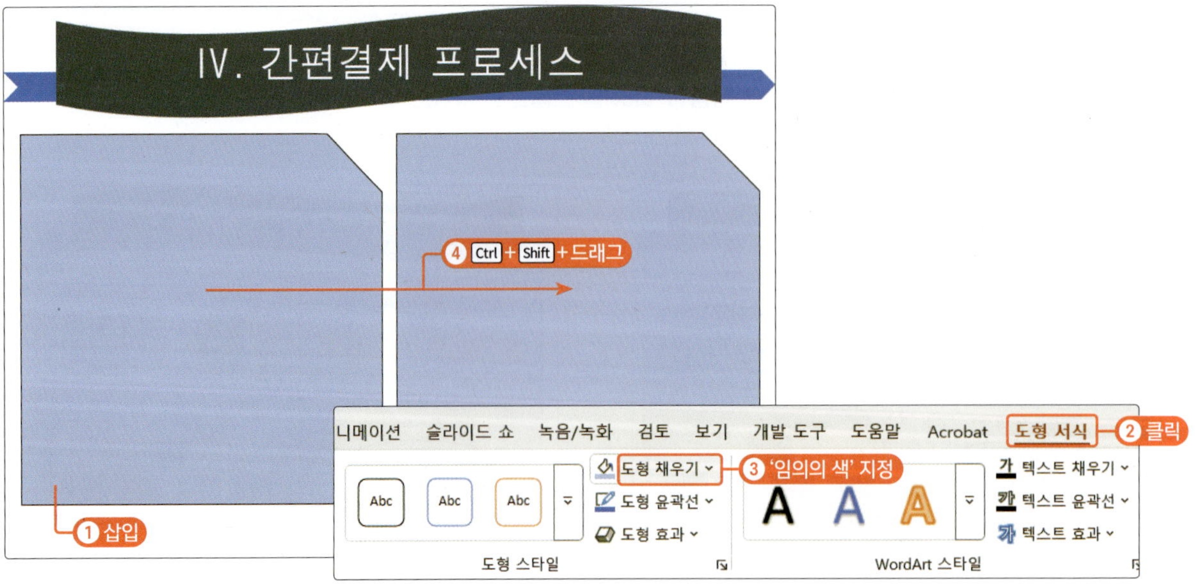

5 왼쪽 도형을 선택한 다음 [도형 서식] 탭-[도형 윤곽선]-[두께]를 [2¼pt]로 선택합니다.

6 이번에는 [도형 윤곽선]-[대시]에서 **파선 모양**을 선택합니다.

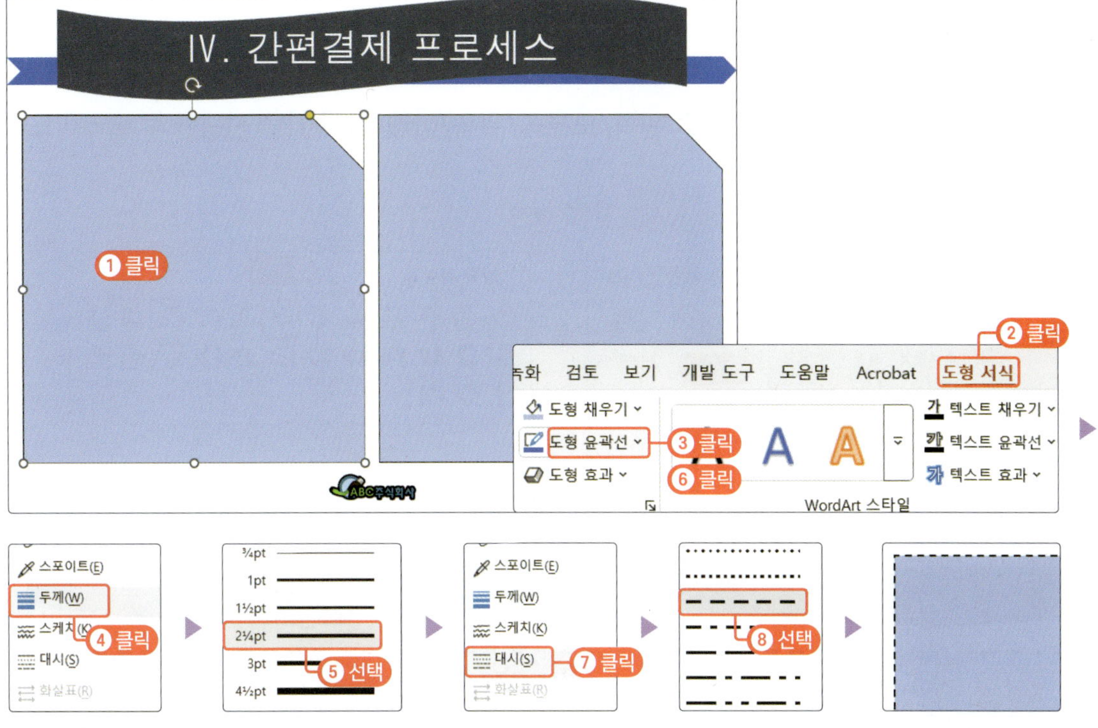

7 왼쪽 도형을 선택한 후 [도형 서식] 탭-[회전]-**[상하 대칭]**을 선택합니다.

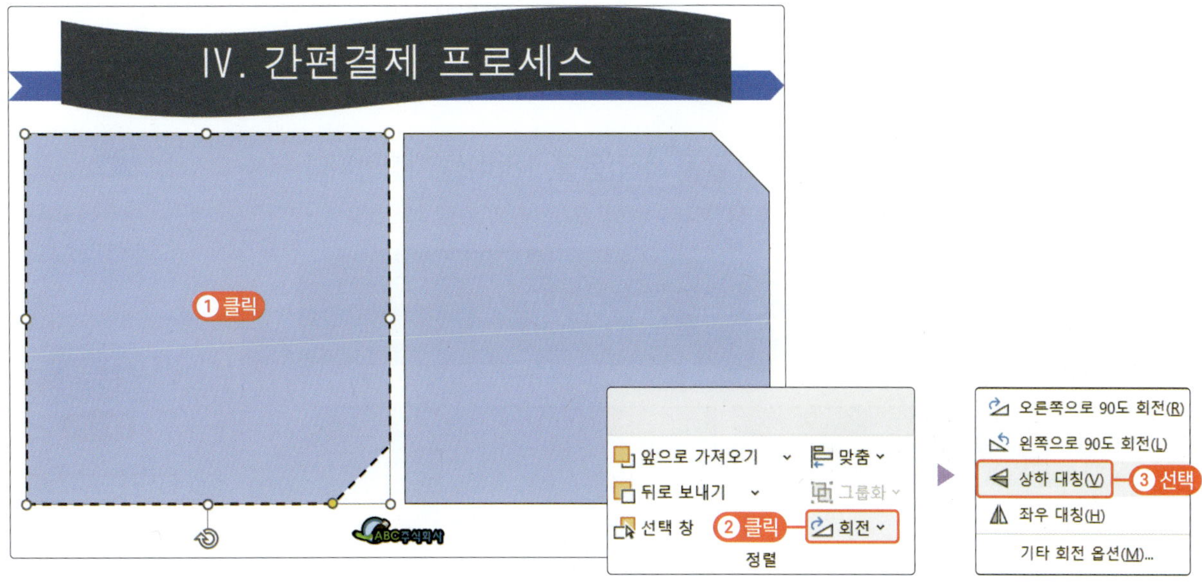

왼쪽 도형 작성하기

(1) 슬라이드와 같이 도형 및 스마트아트를 배치한다(글꼴 : 돋움, 18pt).

1 [삽입] 탭-[도형]에서 [블록 화살표]-**[화살표: 왼쪽/오른쪽/위쪽/아래쪽(✛)]**을 선택한 후 슬라이드에 삽입합니다.

✿ 112페이지의 출력형태를 참고하여 도형의 크기와 위치를 맞춰주세요.

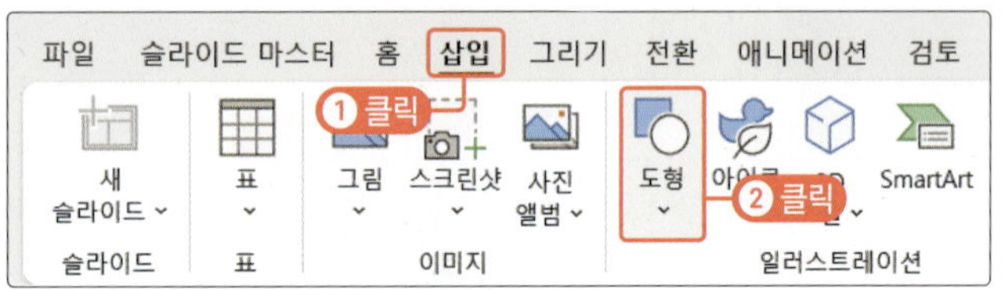
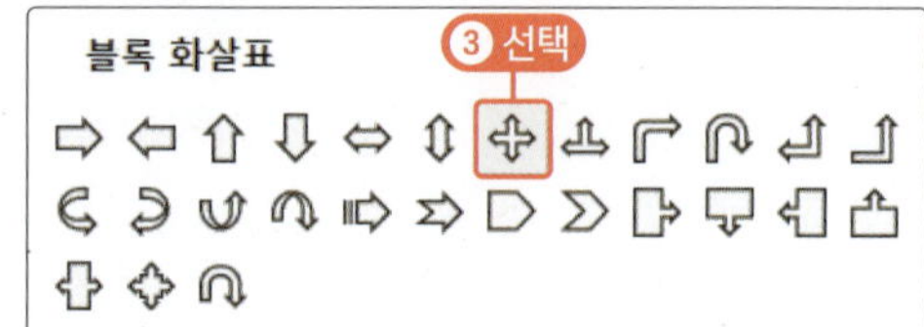

2 도형 주변의 **노란색 조절점(●)**을 드래그하여 모양을 변형합니다.

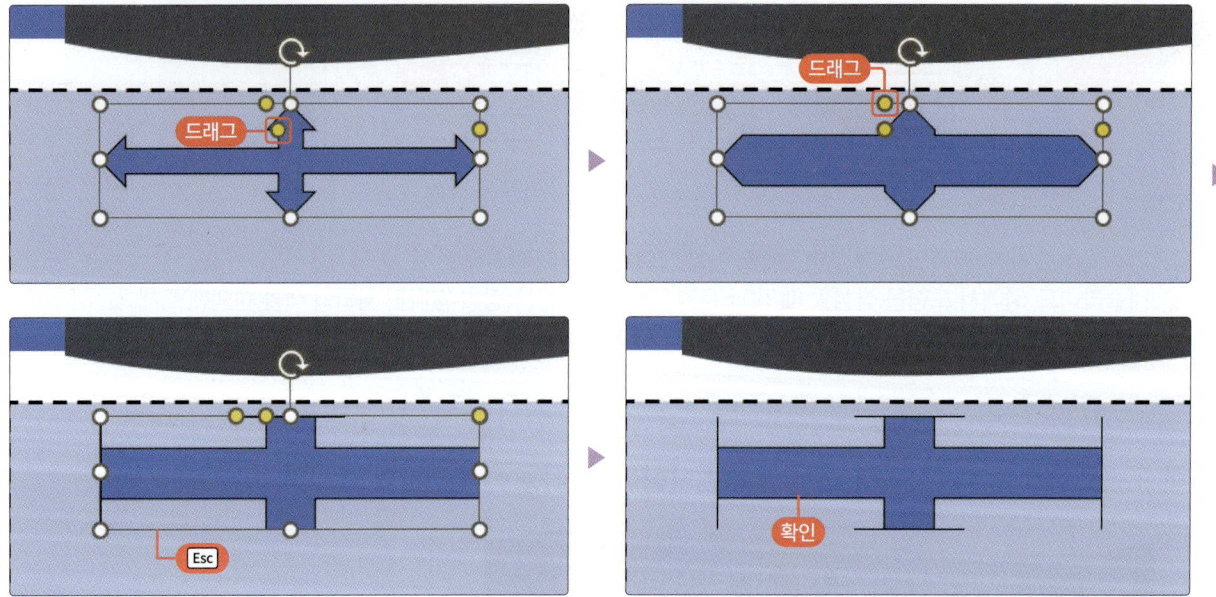

3 도형 안에 내용을 입력한 다음 [홈] 탭에서 **글꼴 서식(돋움, 18pt)**을 지정합니다.

✿ 도형에 입력된 텍스트의 글꼴 색은 문제지를 참고하여 '검정' 또는 '흰색'으로 지정해요.

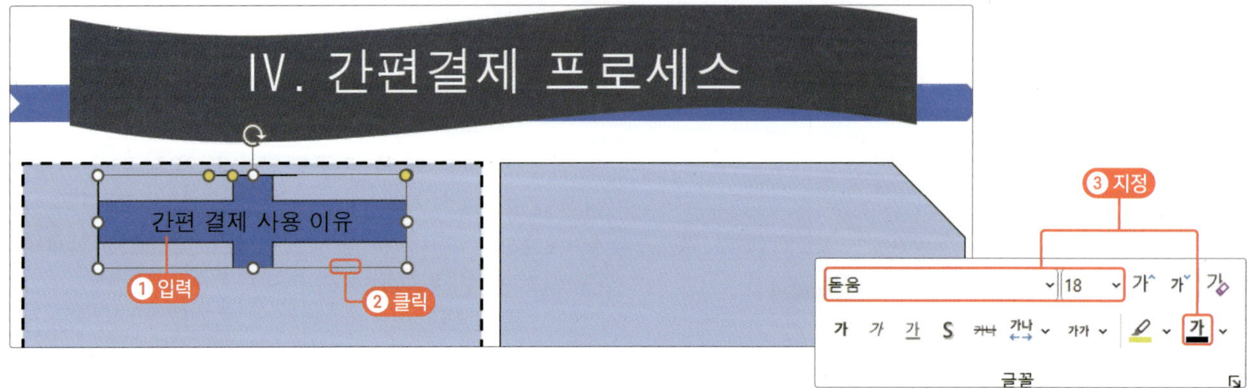

4 도형 위에서 우클릭하여 [기본 도형으로 설정]을 클릭합니다.

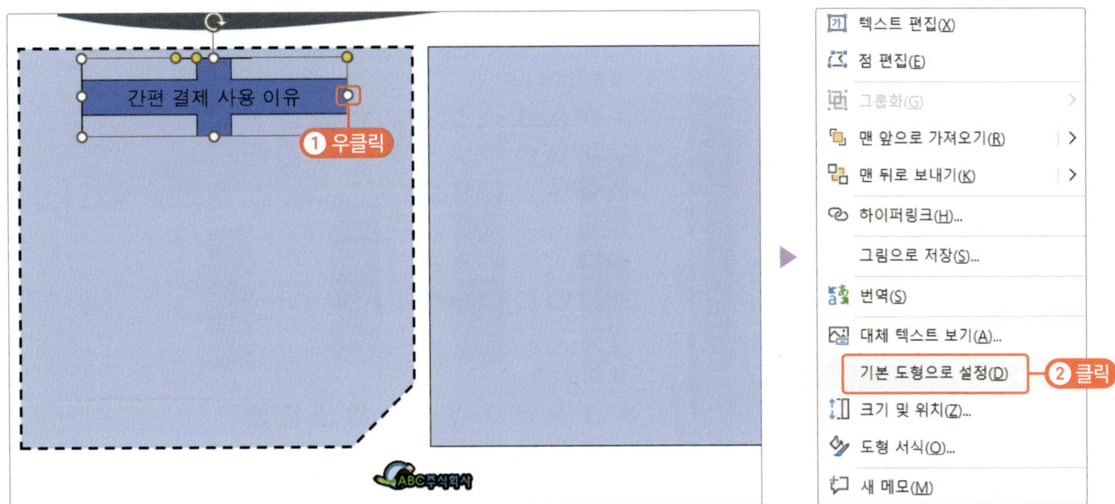

ITQ 꿀팁

[슬라이드 6]의 출력형태를 확인해 보면 도형의 윤곽선이 얇은 검정으로 지정되어 있어요. 세부조건에 따라 글꼴을 '돋움, 18pt'로 지정하고 글꼴 색은 '검정색'으로 변경한 후 [기본 도형으로 설정]을 지정해 주세요. 기본 도형으로 설정되면 이후에 새로 삽입하는 모든 도형에 동일한 서식이 자동으로 적용되어 작업 시간을 줄일 수 있어요.

5 112페이지의 출력형태를 참고하여 4개의 도형을 작성합니다.

❀ 도형 삽입 후 내용을 입력하고, 임의의 색으로 도형 색상을 변경해요.

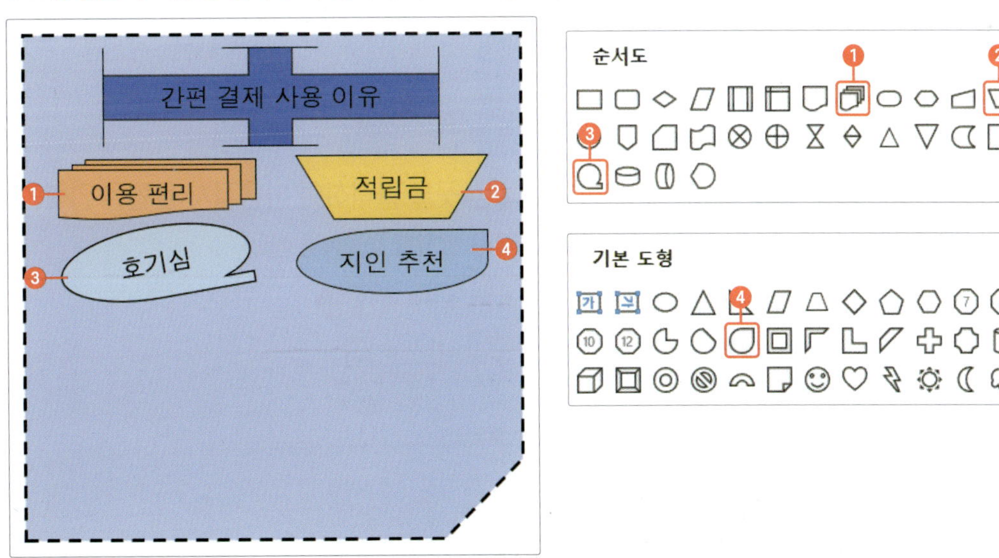

Level UP　　**도형 작성 방법**

· ❸번 도형 : 회전 핸들(◉)을 드래그하여 도형을 회전시켜요.

6 112페이지의 출력형태를 참고하여 4개의 도형을 작성합니다.

★ 도형 삽입 후 내용을 입력하고, 임의의 색으로 도형 색상을 변경해요.

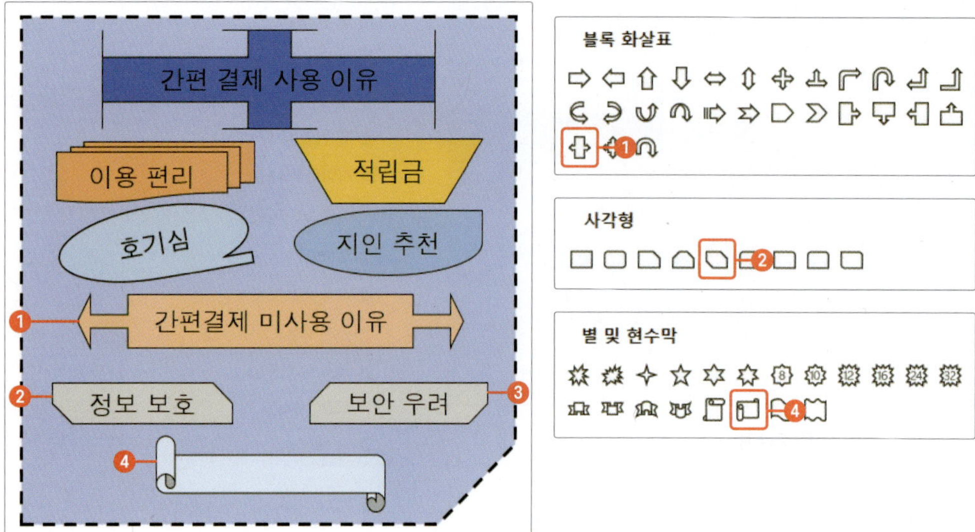

Level UP 도형 작성 방법

- **1**번 도형 : 도형 중앙과 왼쪽 상단의 노란색 조절점(◉)을 이용하여 모양을 변형해요.
- **2**번 도형 : 도형 우측의 노란색 조절점(◉)을 이용하여 모양을 변형해요.
- **3**번 도형 : **2**번 도형을 복사한 후 [도형 서식] 탭-[회전]-[좌우 대칭]을 지정해요.
  ([Ctrl]+[Shift]를 누른 채 도형을 드래그하면 반듯하게 복사할 수 있습니다.)
- **4**번 도형 : [도형 서식] 탭-[회전]-[상하 대칭]을 지정한 후 노란색 조절점(◉)을 이용하여 모양을 변형해요.

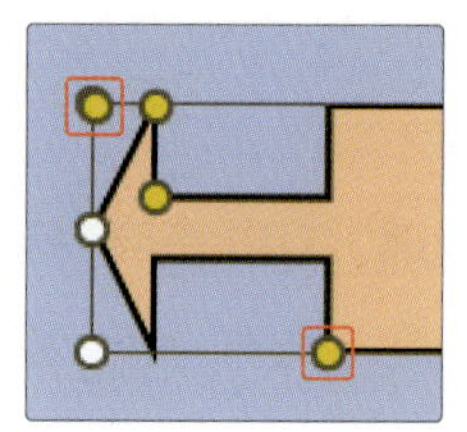

▲ **1**번 도형 변경

7 [삽입] 탭-**[가로 텍스트 상자 그리기]**를 선택한 후 슬라이드의 빈 곳을 클릭하여 **이용절차 불편**을 입력합니다.

★ 상하 대칭된 도형에 텍스트를 입력하면 글자가 거꾸로 표시되므로 텍스트 상자를 활용해야 해요.

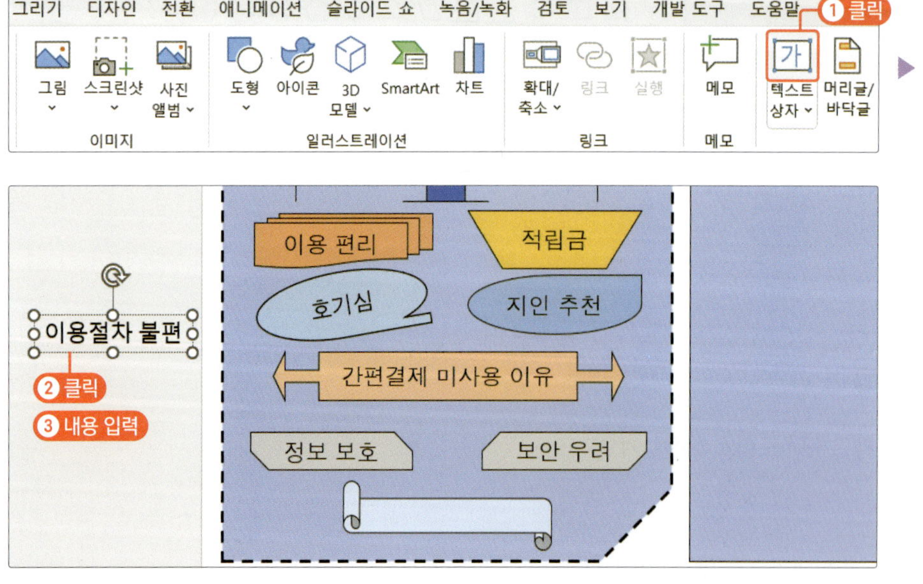

8 [홈] 탭에서 **글꼴 서식(돋움, 18pt)**를 지정한 후 도형 앞쪽에 배치합니다.

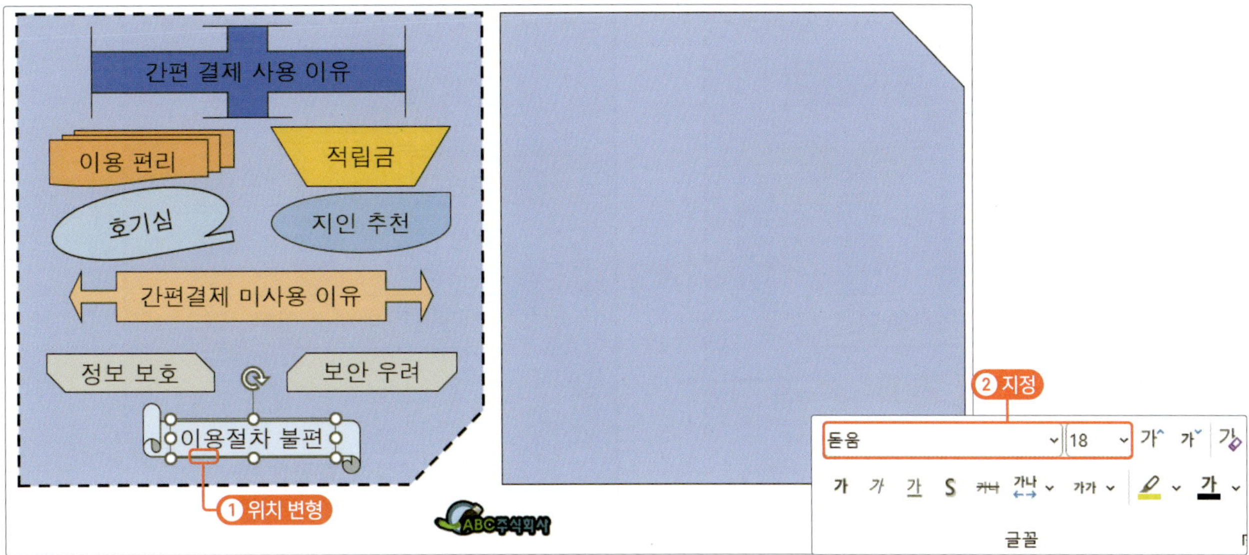

9 [삽입] 탭-[도형]에서 [선]-**[연결선: 구부러진 화살표(ㄹ)]**를 선택합니다.

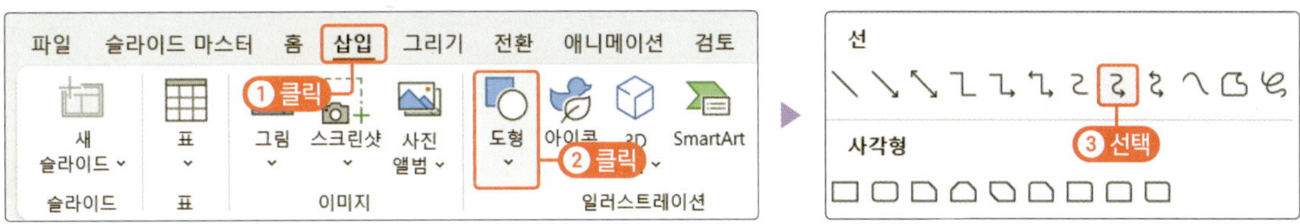

10 **정보 보호** 도형 위쪽의 연결 지점을 클릭하여 선을 삽입합니다.

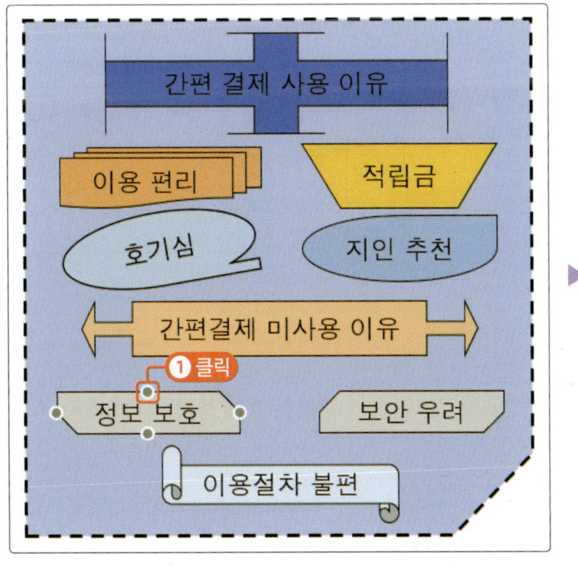

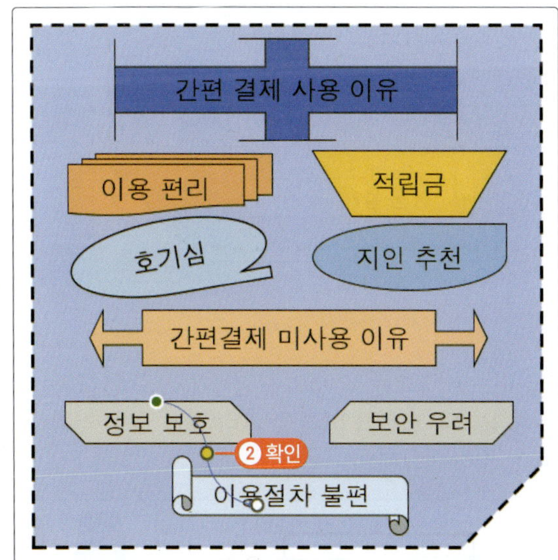

11 연결선 끝 점을 **보안 우려** 도형 위쪽의 연결 지점으로 드래그합니다.

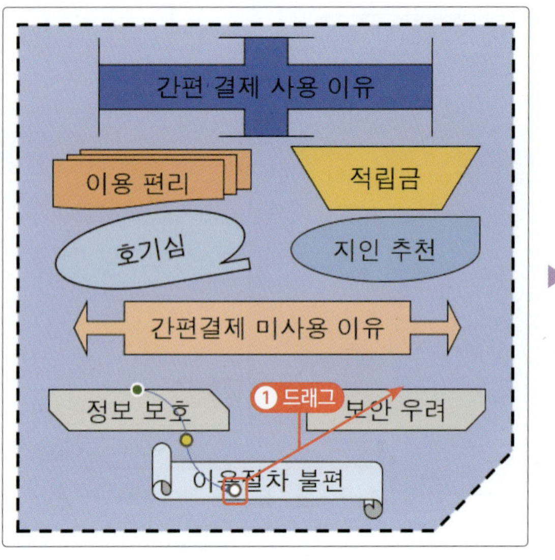

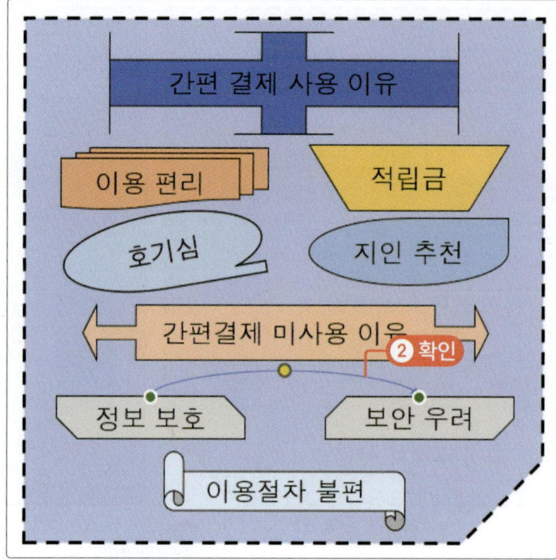

12 선 도형 위에서 우클릭하여 [도형 서식]을 클릭합니다.

13 오른쪽 창이 활성화되면 **색(검정, 텍스트 1), 너비(2.25), 화살표 꼬리 유형(→●)**을 지정합니다.

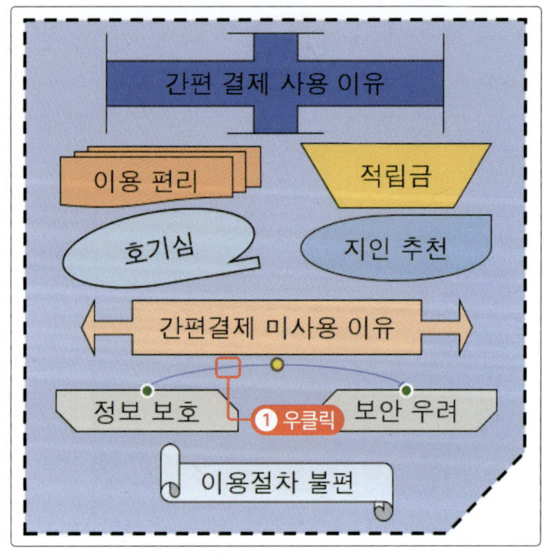

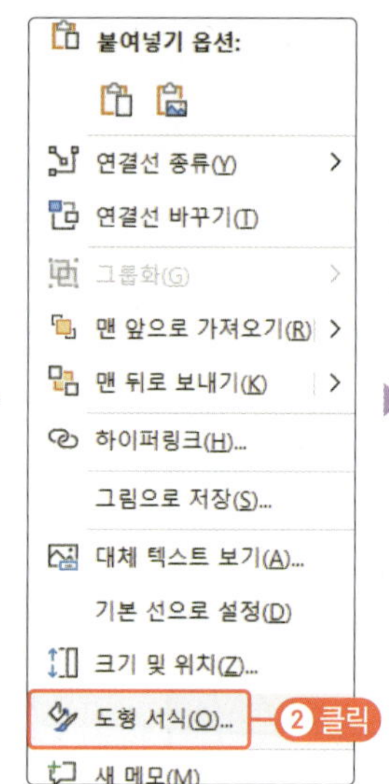

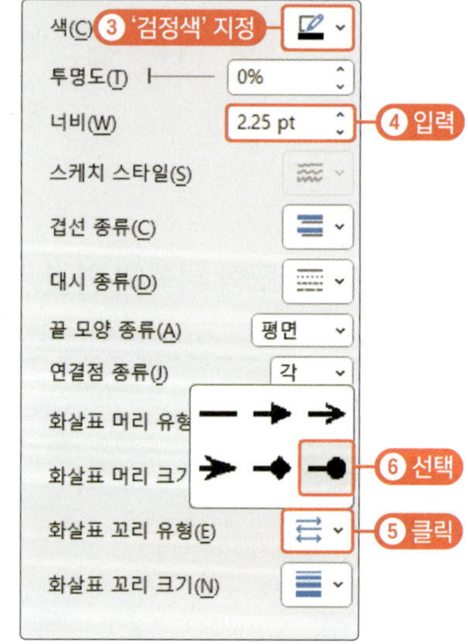

[슬라이드 6]에서는 두 개의 도형을 선으로 연결하는 문제가 반복적으로 출제돼요. 선 도형은 '너비'뿐만 아니라 '대시 종류'나 '화살표 머리 및 꼬리 유형' 등을 변경하는 문제가 출제되고 있으니 출력형태를 꼼꼼히 확인하며 작업하는 것이 중요해요.

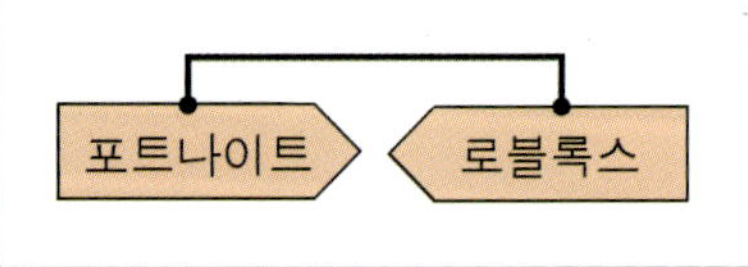

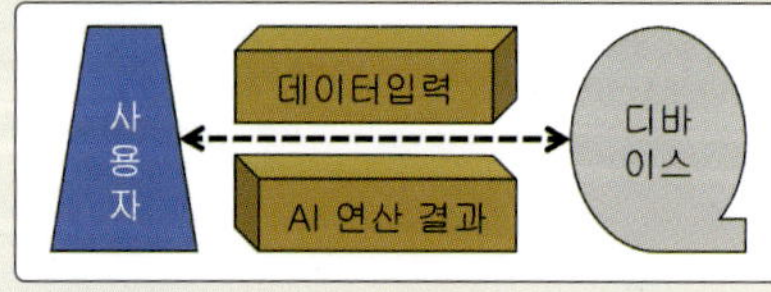

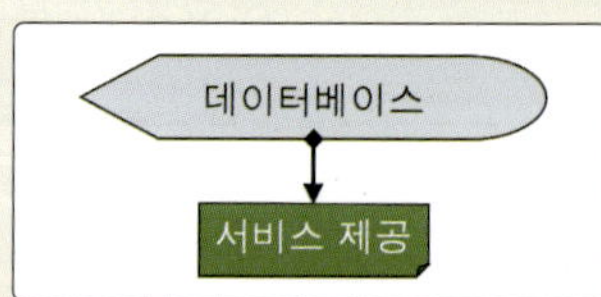

슬라이드에 삽입된 도형 이름 확인하기

도형 모양이 변형되었거나 처음 보는 도형이 있을 때 해당 도형에 대한 이름을 알고 싶다면 아래와 같은 방법으로 확인할 수 있습니다.

❶ 정답 파일을 열어서 원하는 슬라이드 선택하기

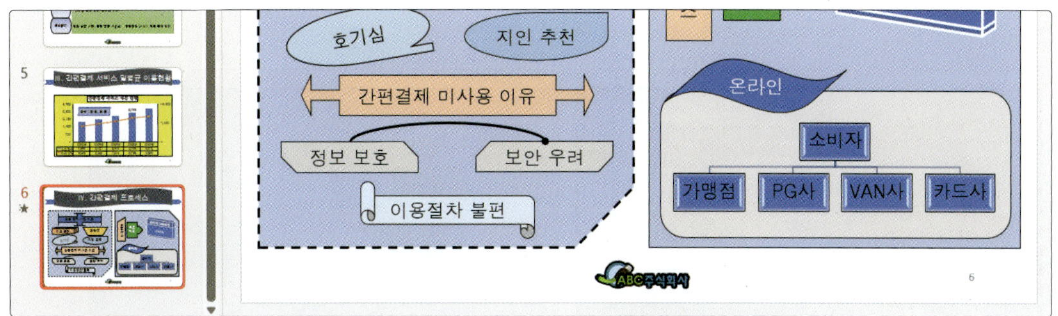

❷ [홈] 탭에서 [선택]-[선택 창] 클릭하기

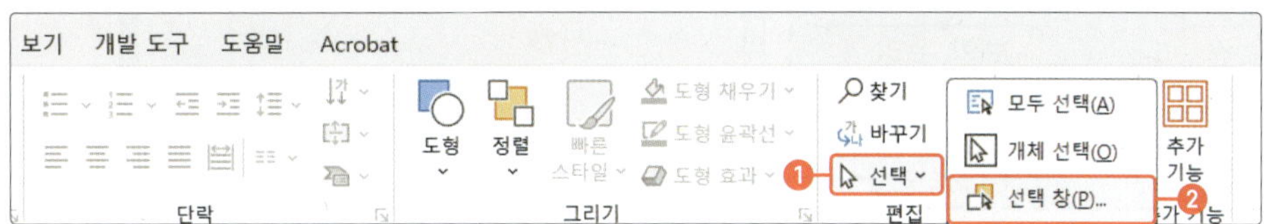

❸ 오른쪽에 [선택] 창이 활성화되면 원하는 도형을 클릭하여 이름 확인하기

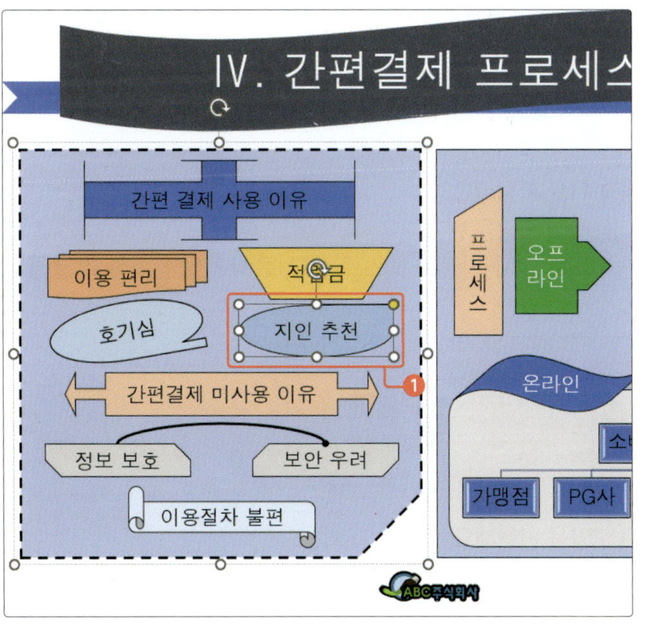

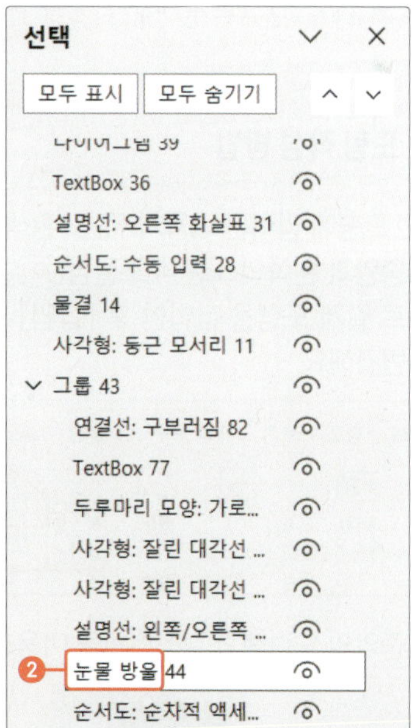

오른쪽 도형 작성하기

(1) 슬라이드와 같이 도형 및 스마트아트를 배치한다(글꼴 : 돋움, 18pt).

1 112페이지의 출력형태를 참고하여 4개의 도형을 작성합니다.

★ 도형 삽입 후 내용을 입력하고, 임의의 색으로 도형 색상을 변경해요.

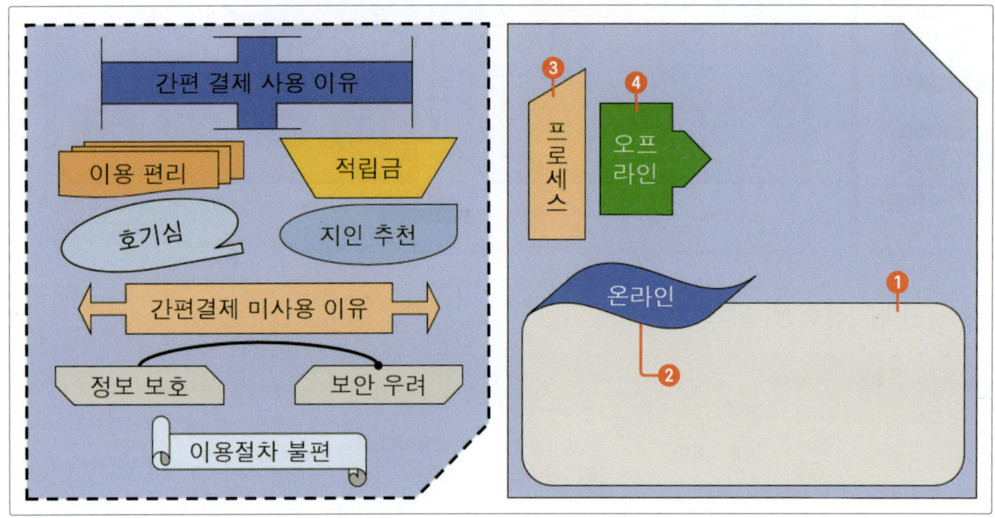

① [사각형]-[사각형: 둥근 모서리(▢)]
② [별 및 현수막]-[물결(▱)]
③ [순서도]-[순서도: 수동 입력(▱)]
④ [블록 화살표]-[설명선: 오른쪽 화살표(▷)]

Level UP 도형 작성 방법

- ❷번 도형과 ❹번 도형에 입력된 내용의 색은 [흰색, 배경 1]로 지정해요.
- ❷번 도형 : 도형 중앙과 왼쪽의 노란색 조절점(◉)을 이용하여 모양을 변형해요.
- ❸번 도형 : 세로로 길게 도형을 삽입한 후 [삽입] 탭-[텍스트 상자]-[세로 텍스트 상자]로 내용을 입력하고, 글꼴 서식 (돋움, 18pt)을 변경해요.

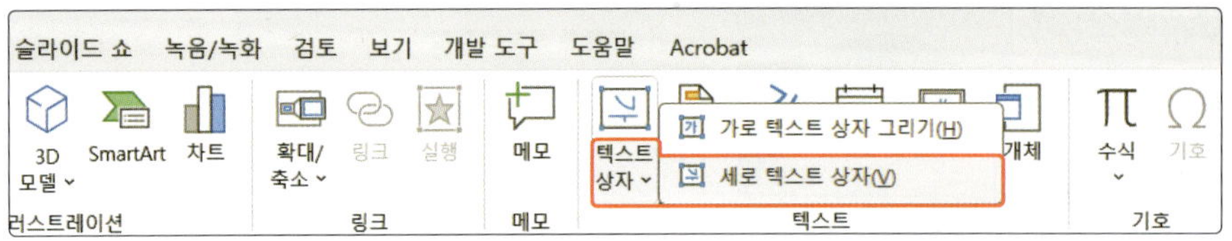

- ❹번 도형 : 도형 중앙의 노란색 조절점(◉)을 이용하여 모양을 변형해요.

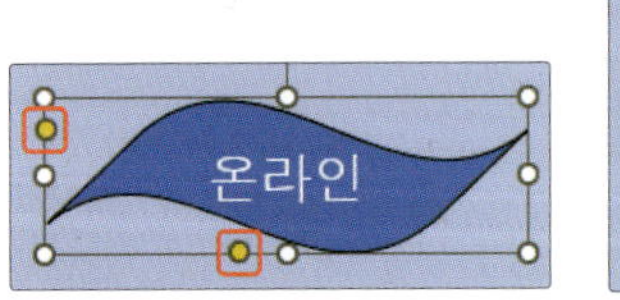
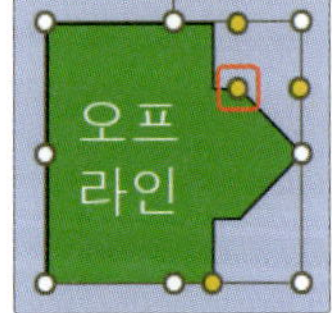

▲ ❷번 도형 변경   ▲ ❹번 도형 변경

ITQ 꿀팁

[슬라이드 6]에서 도형 작성 시 글꼴 색은 문제지의 출력형태를 참고하여 지정해 주세요.

첫 번째 SmartArt 삽입 후 편집하기

(1) 슬라이드와 같이 도형 및 스마트아트를 배치한다(글꼴 : 돋움, 18pt).
  ② 도형 및 스마트아트 편집
   - 스마트아트 디자인 : 3차원 벽돌, 3차원 만화

1 스마트아트를 추가하기 위해 [삽입] 탭-[SmartArt]를 클릭합니다.

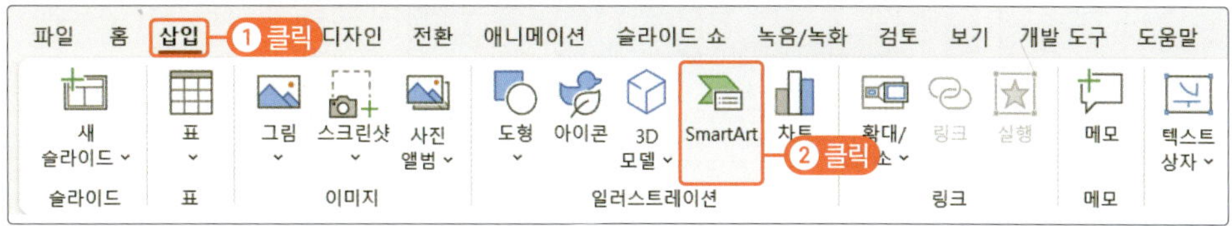

2 [목록형]을 클릭한 후 [표 목록형]을 선택합니다.

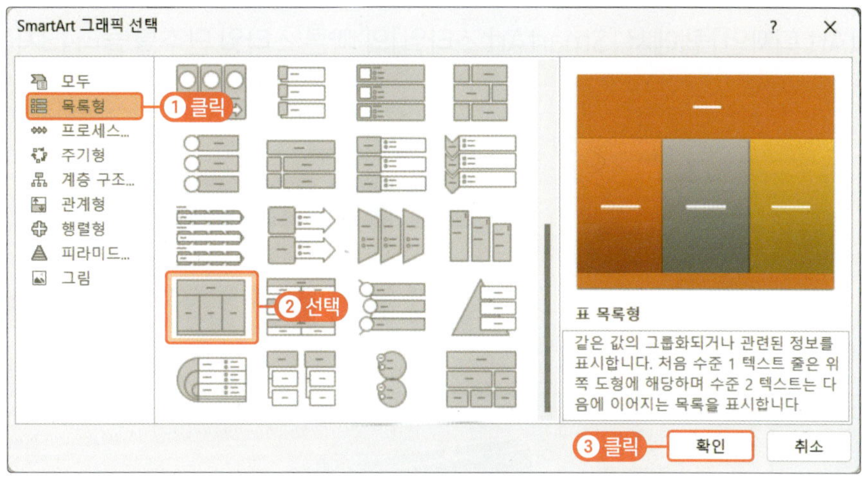

3 스마트아트가 슬라이드에 삽입되면 불필요한 도형을 Delete 로 삭제한 다음 내용을 입력합니다.

★ 112페이지의 출력형태를 참고하여 도형을 삭제해 주세요.

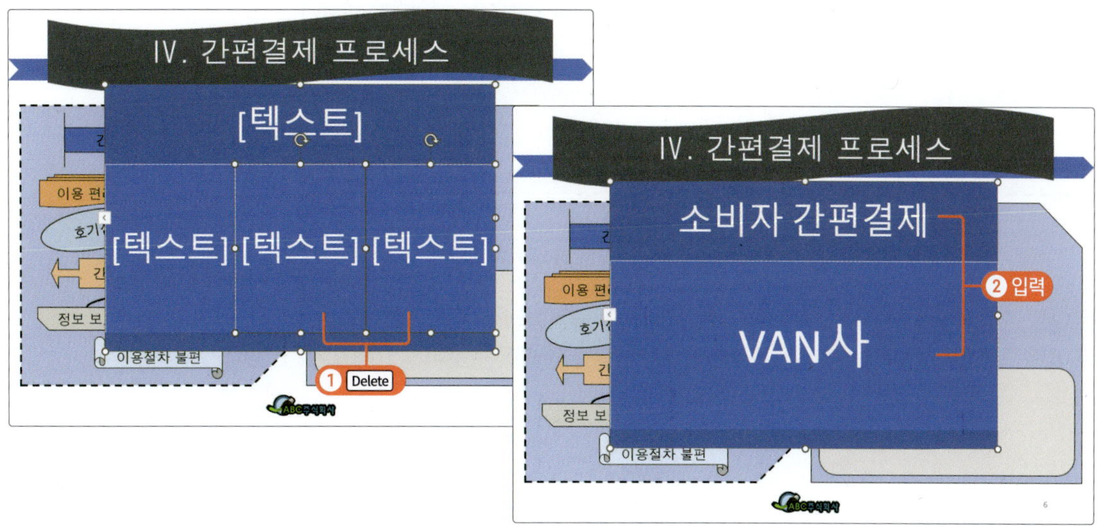

4 스마트아트의 테두리를 선택한 후 [홈] 탭에서 **글꼴 서식(돋움, 18pt)**을 지정합니다.

5 스마트아트 바깥쪽 조절점을 드래그하여 크기를 조절한 후 위치를 변경합니다.

★ 112페이지의 출력형태를 참고하여 크기와 위치를 맞춰주세요.

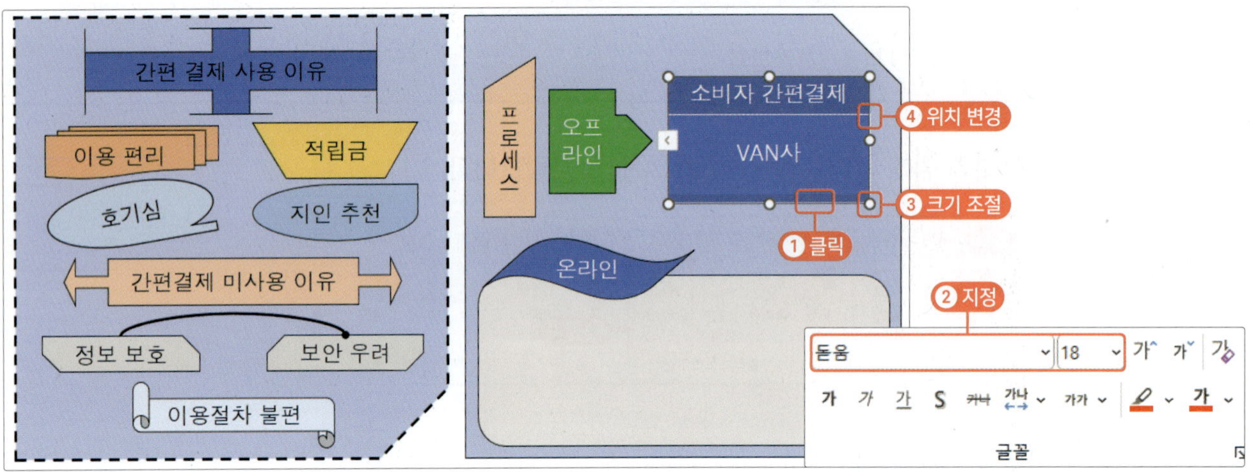

6 스타일을 지정하기 위해 [SmartArt 디자인] 탭에서 [SmartArt 스타일]의 빠른 스타일 단추를 눌러 **[3차원-벽돌]**을 선택합니다.

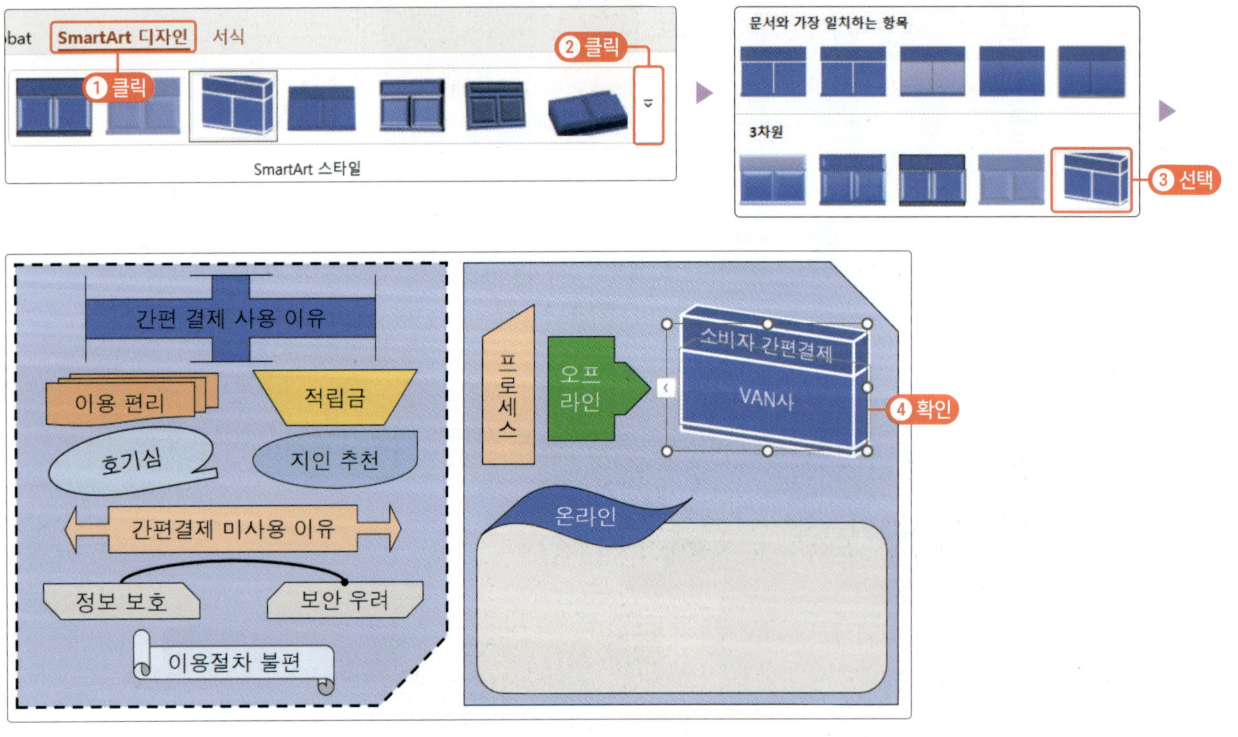

ITQ 꿀팁

· 스마트아트 도형에 입력된 띄어쓰기와 줄 수는 문제지의 출력형태를 기준으로 작업하세요.
· 스마트아트 모양은 다양하게 출제되므로, 여러 가지 유형을 연습하는 것이 중요해요.

두 번째 SmartArt 삽입 후 편집하기

(1) 슬라이드와 같이 도형 및 스마트아트를 배치한다(글꼴 : 돋움, 18pt).
　② 도형 및 스마트아트 편집
　　 - 스마트아트 디자인 : 3차원 벽돌, 3차원 만화

1 두번째 스마트아트를 추가하기 위해 [삽입] 탭-[SmartArt]를 클릭합니다.

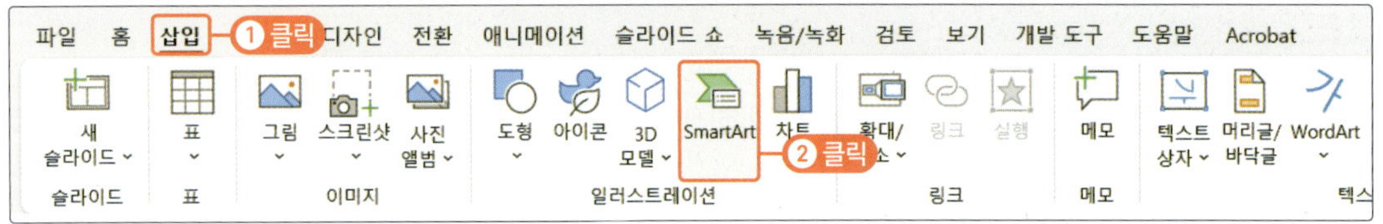

2 [계층 구조형]을 클릭한 후 [조직도형]을 선택합니다.

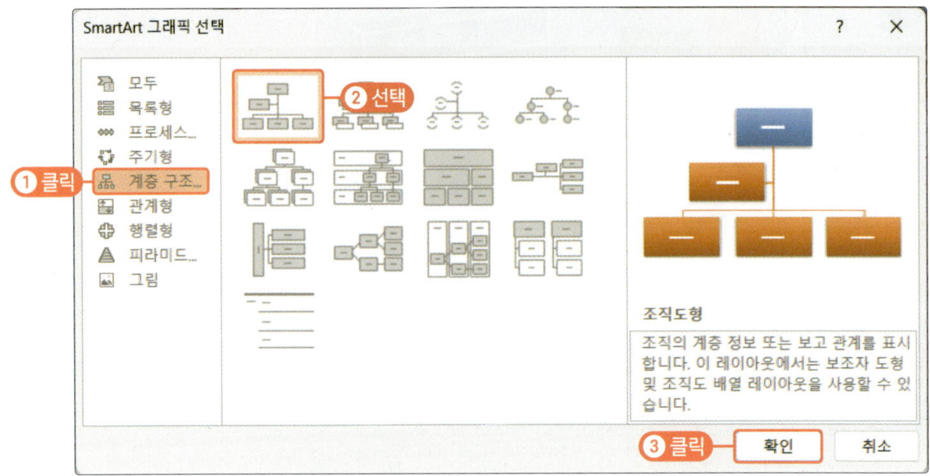

3 스마트아트가 슬라이드에 삽입되면 불필요한 도형을 `Delete`로 삭제합니다.

★ 112페이지의 출력형태를 참고하여 도형을 삭제해 주세요.

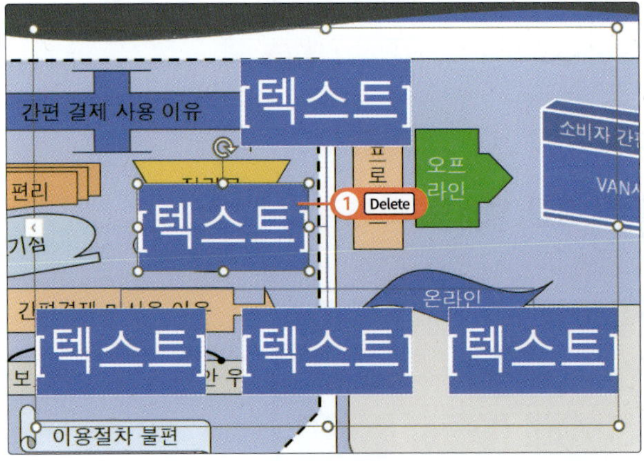

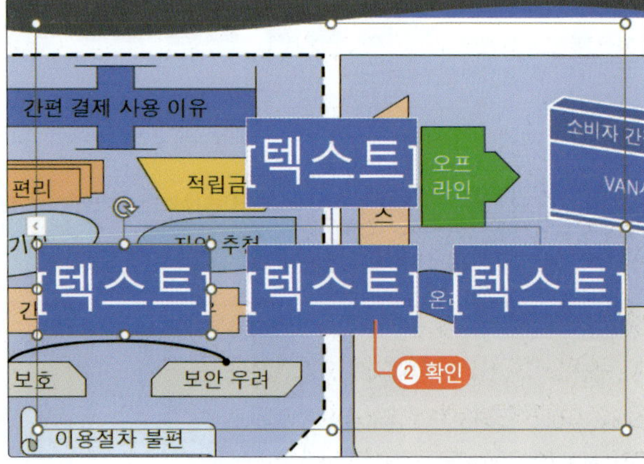

4 하위 계층 도형의 테두리를 우클릭한 후 [도형 추가]-[**뒤에 도형 추가**]를 선택합니다.

5 각 도형에 내용을 입력한 후 스마트아트의 테두리를 선택하여 **글꼴 서식(돋움, 18pt)**과 글꼴 색을 **검정, 텍스트 1**로 지정합니다.

6 스마트아트 바깥쪽 조절점을 드래그하여 크기를 조절한 후 위치를 변경합니다.

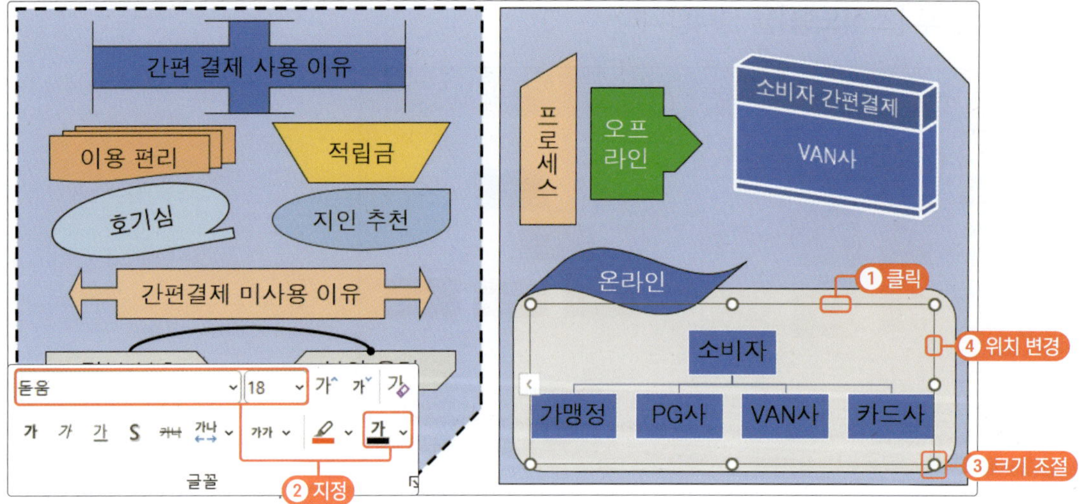

7 [SmartArt 디자인] 탭에서 [SmartArt 스타일]의 빠른 스타일 단추를 눌러 [**3차원-만화**]를 선택합니다.

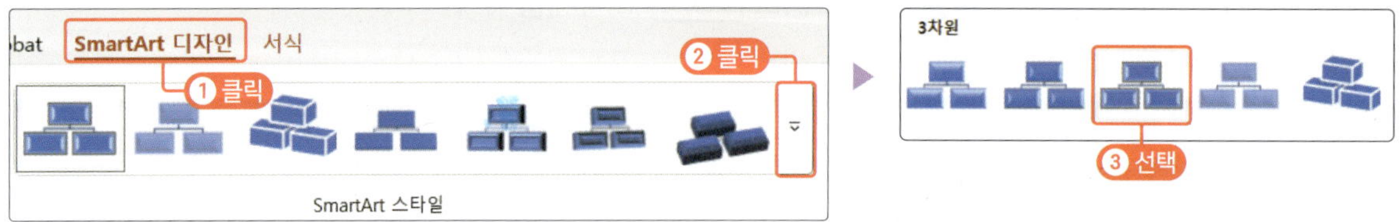

8 스타일 적용으로 인하여 글꼴 색이 흰색으로 변경되면 다시 **검정, 텍스트1**로 변경합니다.

★ 112페이지의 출력형태를 참고하여 스마트아트의 글꼴 색을 지정합니다.

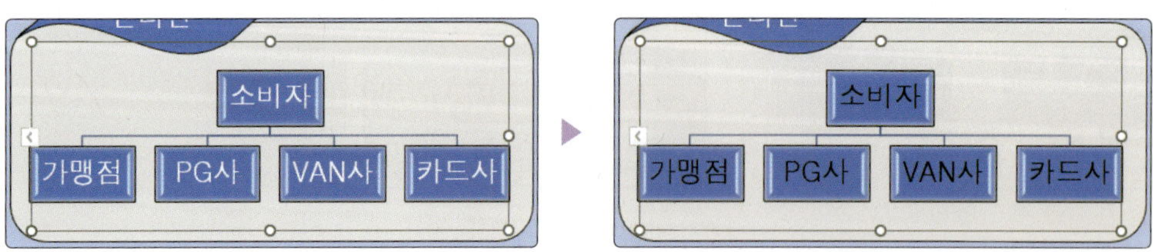

개체 그룹 지정 후 애니메이션 적용하기

(2) 애니메이션 순서 : ① ⇒ ②
　① 도형 편집
　　- 그룹화 후 애니메이션 효과 : 나누기(세로 바깥쪽으로)
　② 도형 및 스마트아트 편집
　　- 그룹화 후 애니메이션 효과 : 날아오기(왼쪽에서)

1 슬라이드 왼쪽에 삽입된 모든 개체들이 선택되도록 드래그한 후 우클릭하여 [그룹화]–[**그룹**]을 선택합니다.

　★ [Ctrl]+[G]를 눌러 그룹으로 지정할 수도 있어요.

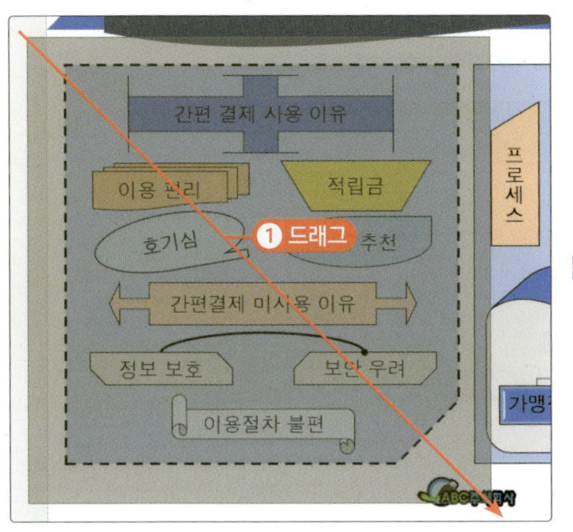

2 [애니메이션] 탭을 클릭한 다음 애니메이션 스타일 단추를 눌러 [나타내기]–[**나누기**]를 선택합니다.

　★ 애니메이션 순서 조건(① ⇒ ②)에 따라 왼쪽 도형 그룹에 대한 애니메이션을 먼저 작업해요.

3 [애니메이션] 탭에서 [효과 옵션]을 [세로 **바깥쪽으로**]로 변경합니다.

> ★ 애니메이션이 적용된 그룹 개체가 선택된 상태에서 효과 옵션을 변경할 수 있어요.

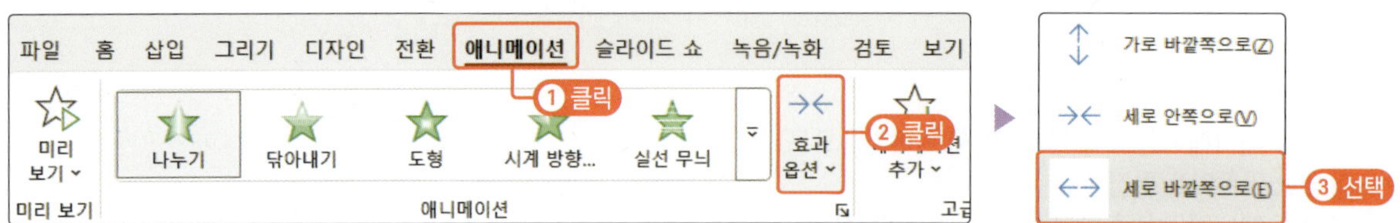

4 이번에는 슬라이드 오른쪽에 삽입된 모든 개체들이 선택되도록 드래그한 후 우클릭하여 [그룹화]–[**그룹**]을 선택합니다.

> ★ 개체를 선택할 때 슬라이드 번호가 포함되지 않도록 유의하면서 작업해 주세요.

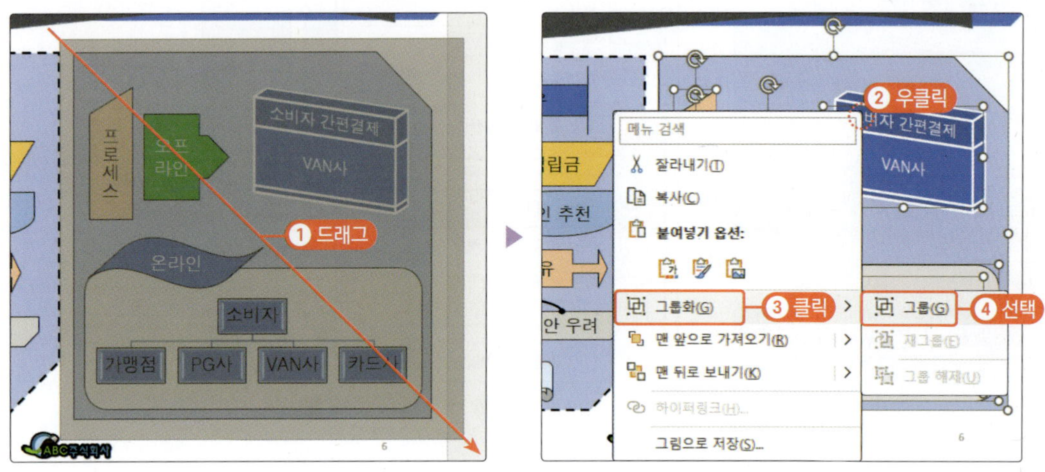

5 [애니메이션] 탭을 클릭한 다음 애니메이션 스타일 단추를 눌러 [나타내기]–[**날아오기**]를 선택하고, [효과 옵션]을 [**왼쪽에서**]로 변경합니다.

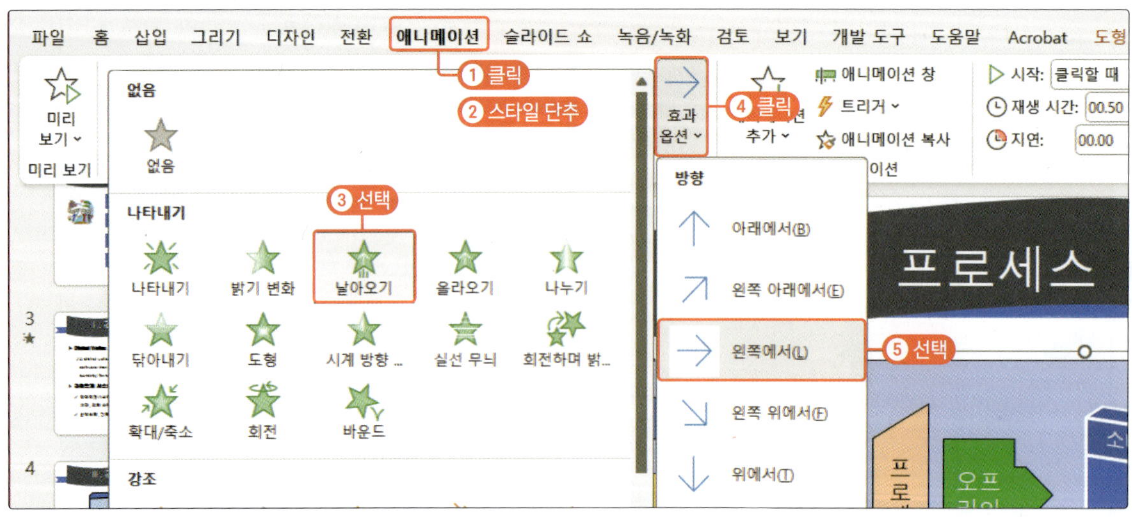

6 모든 작업이 완료되면 [저장(🖫)]을 클릭하거나, Ctrl + S 를 눌러 답안 파일을 저장합니다.

1 《세부조건》에 맞추어 《도형 슬라이드》를 작성해 보세요.

⊙ 실습파일 : 유형07-1(문제).pptx
⊙ 완성파일 : 유형07-1(완성).pptx

(1) 슬라이드와 같이 도형 및 스마트아트를 배치한다(글꼴 : 돋움, 18pt).
(2) 애니메이션 순서 : ① ⇒ ②

《세부 조건》

① 도형 및 스마트아트 편집
- 스마트아트 디자인
  : 3차원 경사, 3차원 만화
- 그룹화 후 애니메이션 효과
  : 날아오기(왼쪽에서)

② 도형 편집
- 그룹화 후 애니메이션 효과
  : 밝기 변화

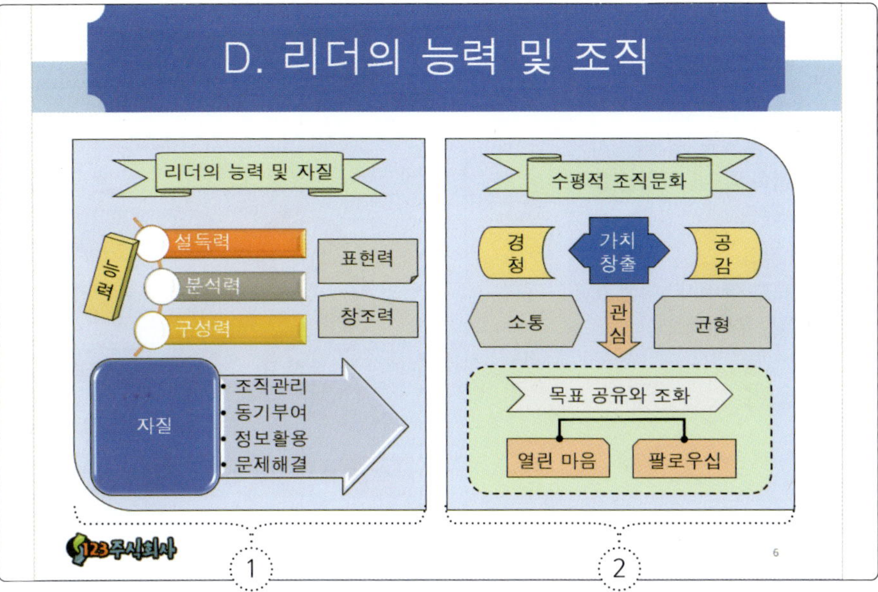

2 《세부조건》에 맞추어 《도형 슬라이드》를 작성해 보세요.

⊙ 실습파일 : 유형07-2(문제).pptx
⊙ 완성파일 : 유형07-2(완성).pptx

(1) 슬라이드와 같이 도형 및 스마트아트를 배치한다(글꼴 : 돋움, 18pt).
(2) 애니메이션 순서 : ① ⇒ ②

《세부 조건》

① 도형 및 스마트아트 편집
- 스마트아트 디자인
  : 3차원 벽돌, 3차원 만화
- 그룹화 후 애니메이션 효과
  : 올라오기(서서히 아래로)

② 도형 편집
- 그룹화 후 애니메이션 효과
  : 회전

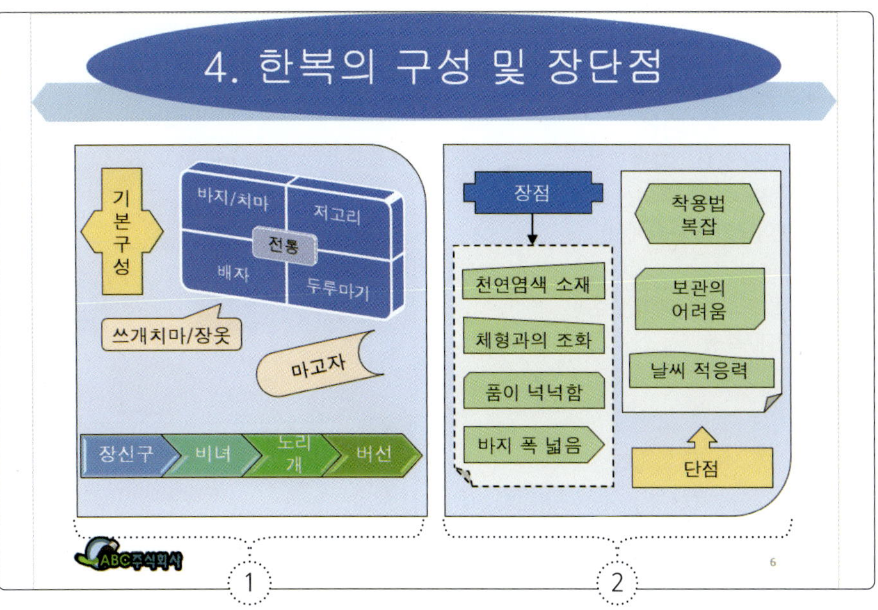

3 《세부조건》에 맞추어 《도형 슬라이드》를 작성해 보세요.

☑ **실습파일** : 유형07-3(문제).pptx
☑ **완성파일** : 유형07-3(완성).pptx

(1) 슬라이드와 같이 도형 및 스마트아트를 배치한다(글꼴 : 굴림, 18pt).
(2) 애니메이션 순서 : ① ⇒ ②

《세부 조건》

① 도형 및 스마트아트 편집
- 스마트아트 디자인
  : 3차원 벽돌, 3차원 경사
- 그룹화 후 애니메이션 효과
  : 바운드
② 도형 편집
- 그룹화 후 애니메이션 효과
  : 실선 무늬(세로)

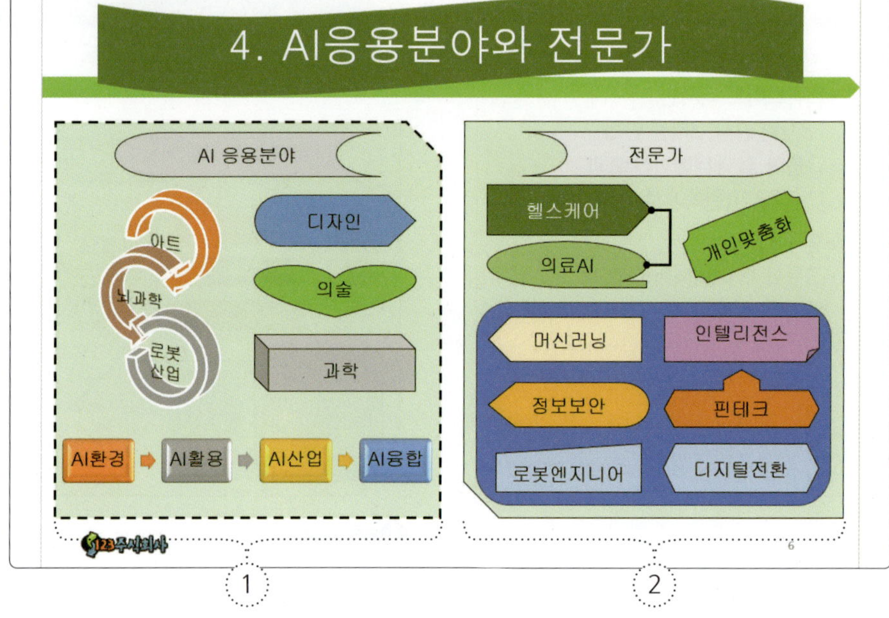

① ②

---

4 《세부조건》에 맞추어 《도형 슬라이드》를 작성해 보세요.

☑ **실습파일** : 유형07-4(문제).pptx
☑ **완성파일** : 유형07-4(완성).pptx

(1) 슬라이드와 같이 도형 및 스마트아트를 배치한다(글꼴 : 돋움, 18pt).
(2) 애니메이션 순서 : ① ⇒ ②

《세부 조건》

① 도형 및 스마트아트 편집
- 스마트아트 디자인
  : 3차원 경사, 3차원 만화
- 그룹화 후 애니메이션 효과
  : 날아오기(오른쪽에서)
② 도형 편집
- 그룹화 후 애니메이션 효과
  : 확대/축소

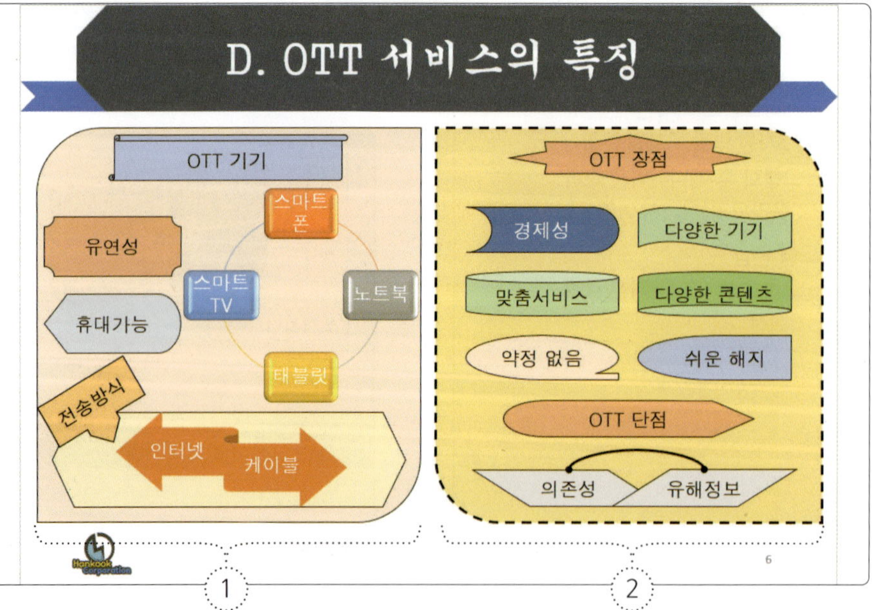

① ②

《세부조건》에 맞추어 《도형 슬라이드》를 작성해 보세요.

☑ 실습파일 : 유형07-5(문제).pptx
☑ 완성파일 : 유형07-5(완성).pptx

(1) 슬라이드와 같이 도형 및 스마트아트를 배치한다(글꼴 : 돋움, 18pt).
(2) 애니메이션 순서 : ① ⇒ ②

《세부 조건》

① 도형 및 스마트아트 편집
　- 스마트아트 디자인
　　: 3차원 만화, 3차원 벽돌
　- 그룹화 후 애니메이션 효과
　　: 나타나기
② 도형 편집
　- 그룹화 후 애니메이션 효과
　　: 날아오기(위에서)

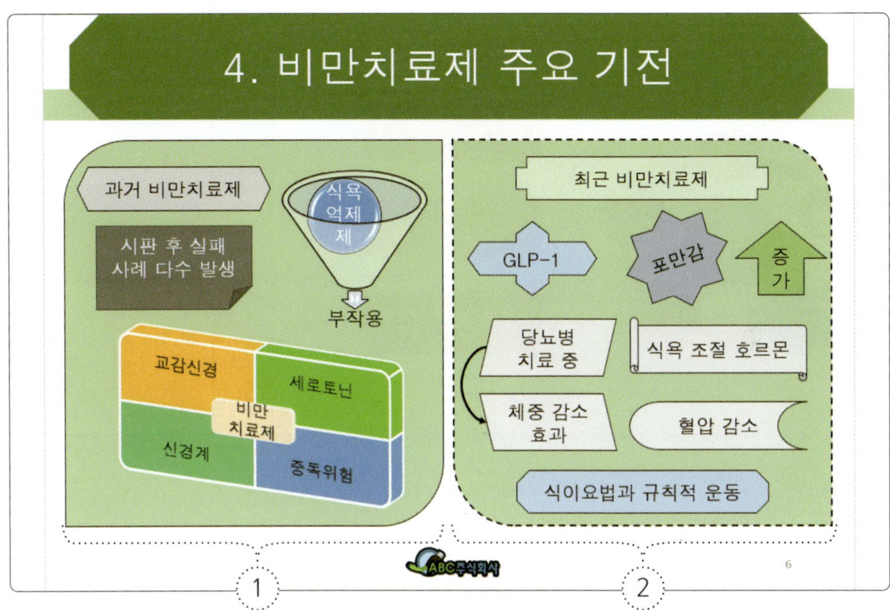

《세부조건》에 맞추어 《도형 슬라이드》를 작성해 보세요.

☑ 실습파일 : 유형07-6(문제).pptx
☑ 완성파일 : 뉴형07-6(완성).pptx

(1) 슬라이드와 같이 도형 및 스마트아트를 배치한다(글꼴 : 돋움, 18pt).
(2) 애니메이션 순서 : ① ⇒ ②

《세부 조건》

① 도형및스마트아트편집
　- 스마트아트 디자인
　　: 3차원 만화, 3차원 경사
　- 그룹화 후 애니메이션 효과
　　: 회전
② 도형편집
　- 그룹화 후 애니메이션 효과
　　: 나누기(가로 안쪽으로)

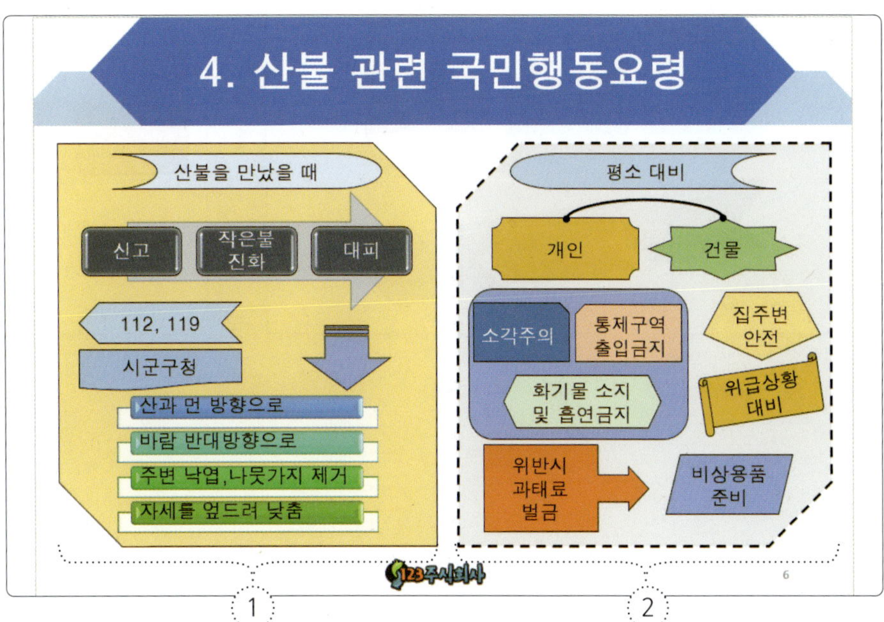

A 조건 맞추어 각 슬라이드에 스마트아트를 작성해 보세요.

⊘ 실습파일 : 패턴07-1(문제).pptx   ⊘ 완성파일 : 패턴07-1(완성).pptx

패턴 01 [삽입]-[SmartArt(▣)], 글꼴(굴림, 18pt)

❶ 스마트아트 디자인(3차원 평면, 3차원 광택 처리) ❷ 그룹화 후 애니메이션 효과(바운드)

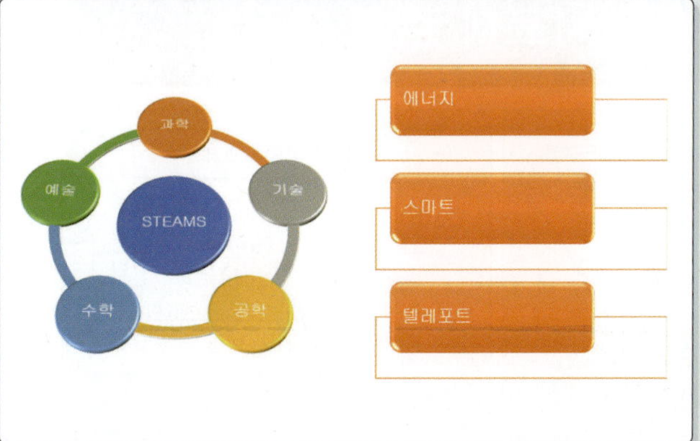

패턴 02 [삽입]-[SmartArt(▣)], 글꼴(굴림, 18pt)

❶ 스마트아트 디자인(3차원 경사, 3차원 만화) ❷ 그룹화 후 애니메이션 효과(시계 방향 회전)

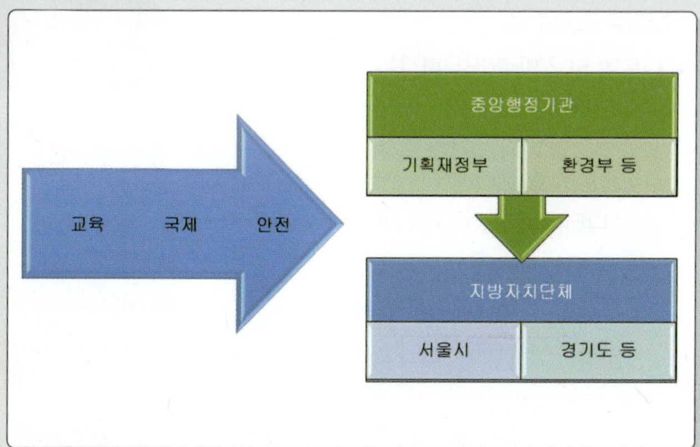

패턴 03 [삽입]-[SmartArt(▣)], 글꼴(굴림, 18pt)

❶ 스마트아트 디자인(3차원 파우더, 3차원 벽돌) ❷ 그룹화 후 애니메이션 효과(밝기 변화)

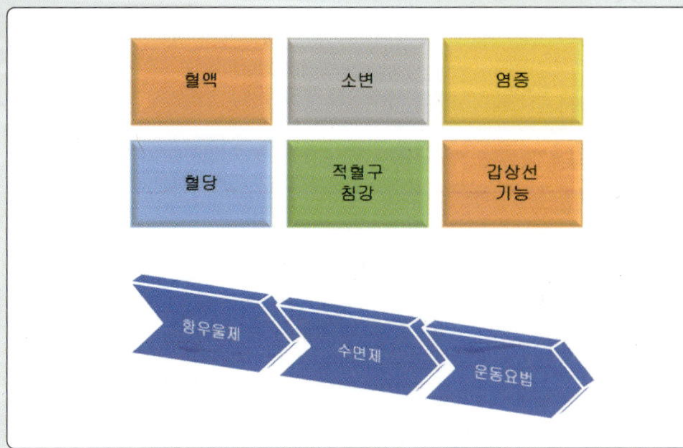

패턴 04 [삽입]-[SmartArt(▣)], 글꼴(굴림, 18pt)

❶ 스마트아트 디자인(3차원 경사, 강한 효과) ❷ 그룹화 후 애니메이션 효과(나타내기)

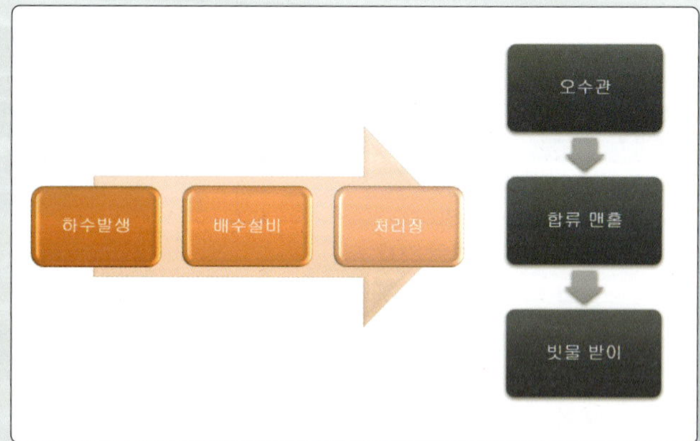

⊘ 실습파일 : 패턴07-2(문제).pptx ⊘ 완성파일 : 패턴07-2(완성).pptx

패턴 01 [삽입]-[도형(◻)]-모양 변형(◉)

❶ 도형1(설명선: 왼쪽/오른쪽/위쪽/아래쪽) ❷ 도형2(설명선: 오른쪽 화살표) ❸ 도형3(연결선: 구부러짐) ❹ 도형4(설명선: 왼쪽/오른쪽 화살표) ❺ 도형5(설명선: 왼쪽/오른쪽 화살표) ❻ 도형6(연결선: 꺾임)

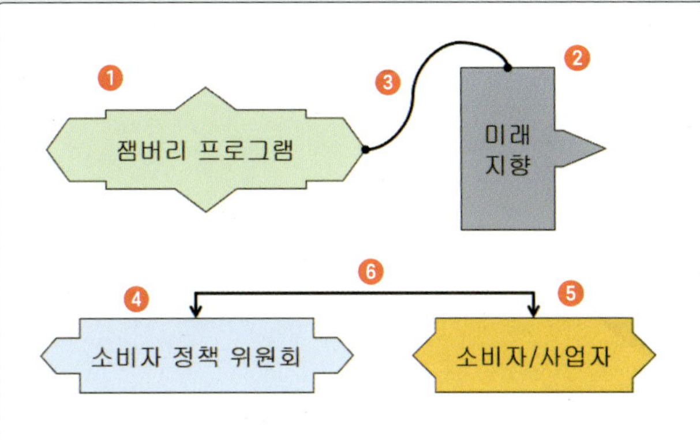

패턴 02 [삽입]-[도형(◻)]-모양 변형(◉)

❶ 도형1(화살표: 왼쪽/오른쪽/위쪽/아래쪽) ❷ 도형2(설명선: 오른쪽 화살표) ❸ 도형3(연결선: 꺾임) ❹ 도형4(설명선: 왼쪽/오른쪽 화살표) ❺ 도형5(설명선: 왼쪽/오른쪽/위쪽/아래쪽) ❻ 도형6(연결선: 꺾임)

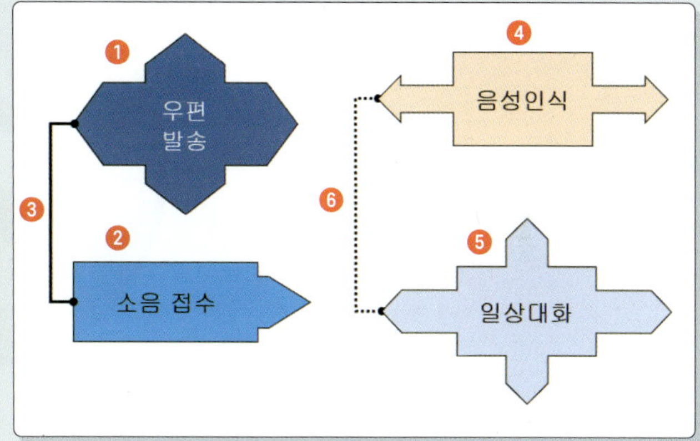

패턴 03 [삽입]-[도형(◻)]-모양 변형(◉)

❶ 도형1(설명선: 왼쪽/오른쪽 화살표) ❷ 도형2(화살표: 아래로 구부러짐) ❸ 도형3(부분 원형) ❹ 도형4(설명선: 왼쪽 화살표) ❺ 도형6(연결선: 구부러짐)

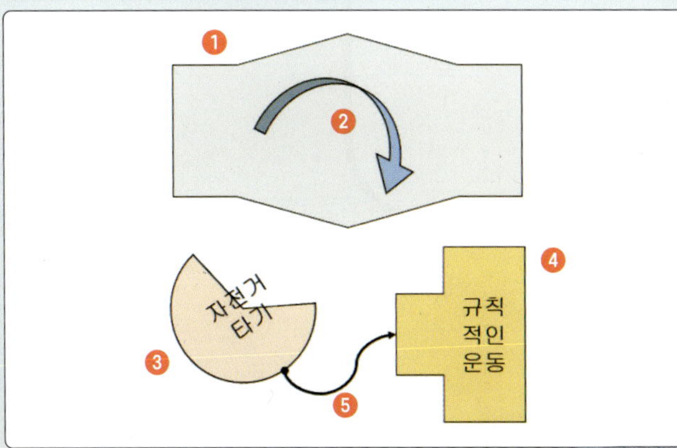

패턴 04 [삽입]-[도형(◻)]-모양 변형(◉)

❶ 도형1(설명선: 위쪽 화살표) ❷ 도형2(설명선: 왼쪽/오른쪽 화살표) ❸ 도형3(연결선: 꺾임) ❹ 도형4(화살표: 왼쪽/오른쪽/위쪽/아래쪽) ❺ 도형5(설명선: 왼쪽/오른쪽/위쪽/아래쪽) ❻ 도형6(연결선: 꺾임)

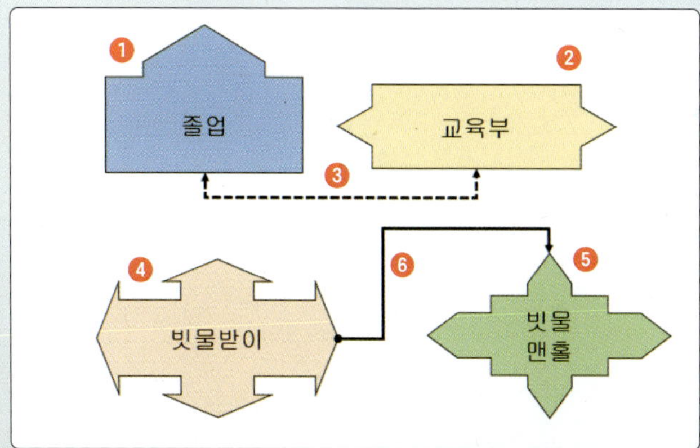

실전
모의고사

실전모의고사를 통해 시험을 완벽하게
대비할 수 있습니다.

제 01회 ｜ 실전 모의고사	제 07회 ｜ 실전 모의고사
제 02회 ｜ 실전 모의고사	제 08회 ｜ 실전 모의고사
제 03회 ｜ 실전 모의고사	제 09회 ｜ 실전 모의고사
제 04회 ｜ 실전 모의고사	제 10회 ｜ 실전 모의고사
제 05회 ｜ 실전 모의고사	제 11회 ｜ 실전 모의고사
제 06회 ｜ 실전 모의고사	제 12회 ｜ 실전 모의고사

정보기술자격(ITQ) 실전모의고사

과 목	코 드	문제유형	시험시간	수험번호	성 명
한글파워포인트	1142	A	60분		

수험자 유의사항

◎ 수험자는 문제지를 받는 즉시 문제지와 <u>수험표상의 시험과목(프로그램)이 동일한지 반드시 확인</u>하여야 합니다.

◎ 파일명은 본인의 "수험번호-성명"으로 입력하여 답안폴더(내 PC₩문서₩ITQ)에 하나의 파일로 저장해야 하며, 답안문서 파일명이 "수험번호-성명"과 일치하지 않거나, 답안 파일을 전송하지 않아 미제출로 처리될 경우 실격 처리합니다 (예:12345678-홍길동.pptx).

◎ 답안 작성을 마치면 파일을 저장하고, '답안 전송' 버튼을 선택하여 감독위원 PC로 답안을 전송하십시오. 수험생 정보와 저장한 파일명이 다를 경우 전송되지 않으므로 주의하시기 바랍니다.

◎ 답안 작성 중에도 <u>주기적으로 저장하고, '답안 전송'</u>하여야 문제 발생을 줄일 수 있습니다. 작업한 내용을 저장하지 않고 전송할 경우 이전에 저장된 내용이 전송되오니 이점 유의하시기 바랍니다.

◎ 답안문서는 지정된 경로 외의 다른 보조기억장치에 저장하는 경우, 지정된 시험 시간 외에 작성된 파일을 활용할 경우, 기타 통신수단(이메일, 메신저, 네트워크 등)을 이용하여 타인에게 전달 또는 외부 반출하는 경우는 부정 처리합니다.

◎ 시험 중 부주의 또는 고의로 시스템을 파손한 경우는 수험자가 변상해야 하며, <수험자 유의사항>에 기재된 방법대로 이행하지 않아 생기는 불이익은 수험생 당사자의 책임임을 알려 드립니다.

◎ 문제의 조건은 MS오피스 2021 버전으로 설정되어 있으니 유의하시기 바랍니다.

◎ 시험을 완료한 수험자는 답안 파일이 전송되었는지 확인한 후 감독위원의 지시에 따라 문제지를 제출하고 퇴실합니다.

답안 작성요령

◎ 온라인 답안 작성 절차

　수험자 등록 ⇒ 시험 시작 ⇒ 답안 파일 저장 ⇒ 답안 전송 ⇒ 시험 종료

◎ 슬라이드의 크기는 A4 Paper로 설정하여 작성합니다.

◎ 슬라이드의 총 개수는 6개로 구성되어 있으며 슬라이드 1부터 순서대로 작업하고 반드시 문제와 세부 조건대로 합니다.

◎ 별도의 지시사항이 없는 경우 출력형태를 참조하여 글꼴 색은 검정 또는 흰색으로 작성하고, 기타 사항은 전체적인 균형을 고려하여 작성합니다.

◎ 슬라이드 도형 및 개체에 출력형태와 다른 스타일(그림자, 외곽선 등)을 적용했을 경우 감점처리 됩니다.

◎ 슬라이드 번호를 작성합니다(슬라이드 1에는 생략).

◎ 2~6번 슬라이드 제목 도형과 하단 로고는 슬라이드 마스터를 이용하여 출력형태와 동일하게 작성합니다(슬라이드 1에는 생략).

◎ 문제와 세부 조건, 세부 조건 번호 ⟨⟩(점선원)는 입력하지 않습니다.

◎ 각 개체의 위치는 오른쪽의 슬라이드와 동일하게 구성합니다.

◎ 그림 삽입 문제의 경우 반드시 「내 PC₩문서₩ITQ₩Picture」 폴더에서 정확한 파일을 선택하여 삽입하십시오.

◎ 각 슬라이드를 각각의 파일로 작업해서 저장할 경우 실격 처리됩니다.

kpc 한국생산성본부

(1) 슬라이드 크기 및 순서 : 크기를 A4 용지로 설정하고 슬라이드 순서에 맞게 작성한다.
(2) 슬라이드 마스터 : 2~6슬라이드의 제목, 하단 로고, 슬라이드 번호는 슬라이드 마스터를 이용하여 작성한다.
   – 제목 글꼴(굴림, 40pt, 흰색), 가운데 맞춤, 도형(선 없음)
   – 하단 로고(「내 PC₩문서₩ITQ₩Picture₩로고2.jpg」, 배경(회색) 투명색으로 설정)

슬라이드 1 제목 슬라이드 (40점)

(1) 표지 디자인 : 도형, 워드아트 및 그림을 이용하여 작성한다.

세부 조건

① 도형 편집
   – 도형에 그림 채우기 :
     「내 PC₩문서₩ITQ₩Picture₩
     그림3.jpg」, 투명도 50%
   – 도형 효과 :
     부드러운 가장자리 5포인트
② 워드아트 삽입
   – 변환 : 삼각형, 아래로
   – 글꼴 : 궁서, 굵게
   – 텍스트 반사 :
     1/2 반사, 터치
③ 그림 삽입
   – 「내 PC₩문서₩ITQ₩Picture₩
     로고2.jpg」
   – 배경(회색) 투명색으로 설정

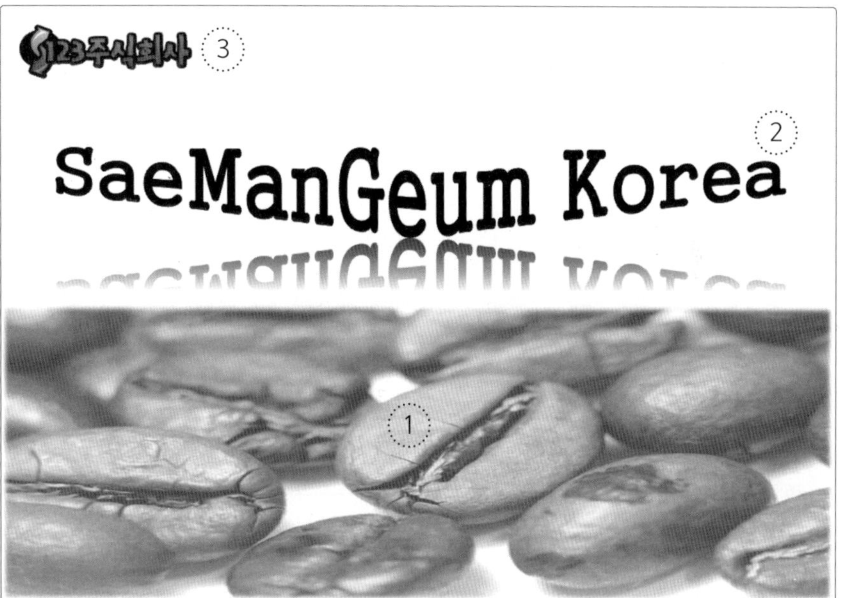

슬라이드 2 목차 슬라이드 (60점)

(1) 출력형태와 같이 도형을 이용하여 목차를 작성한다(글꼴 : 굴림, 24pt).
(2) 도형 : 선 없음

세부 조건

① 텍스트에 링크 적용
   → '슬라이드 4'
② 그림 삽입
   – 「내 PC₩문서₩ITQ₩Picture₩
     그림4.jpg」
   – 자르기 기능 이용

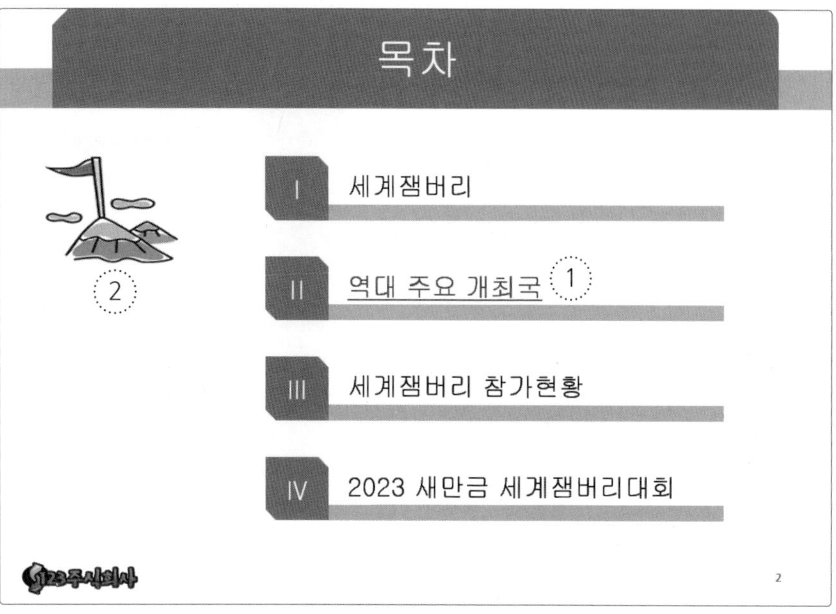

(1) 텍스트 작성 : 글머리 기호 사용(❖, •)
　　❖ 문단(굴림, 24pt, 굵게, 줄 간격 : 1.5줄), • 문단(굴림, 20pt, 줄 간격 : 1.5줄)

세부 조건

① 동영상 삽입 :
- 「내 PC₩문서₩ITQ₩Picture₩
  동영상.wmv」
- 자동 실행, 반복 재생 설정

(1) 도형과 표 작성 기능을 이용하여 슬라이드를 작성한다(글꼴 : 돋움, 18pt).

세부 조건

① 상단 도형 :
　2개 도형의 조합으로 작성
② 좌측 도형 :
　그라데이션 효과(선형 아래쪽)
③ 표 스타일 :
　테마 스타일 1 - 강조 1

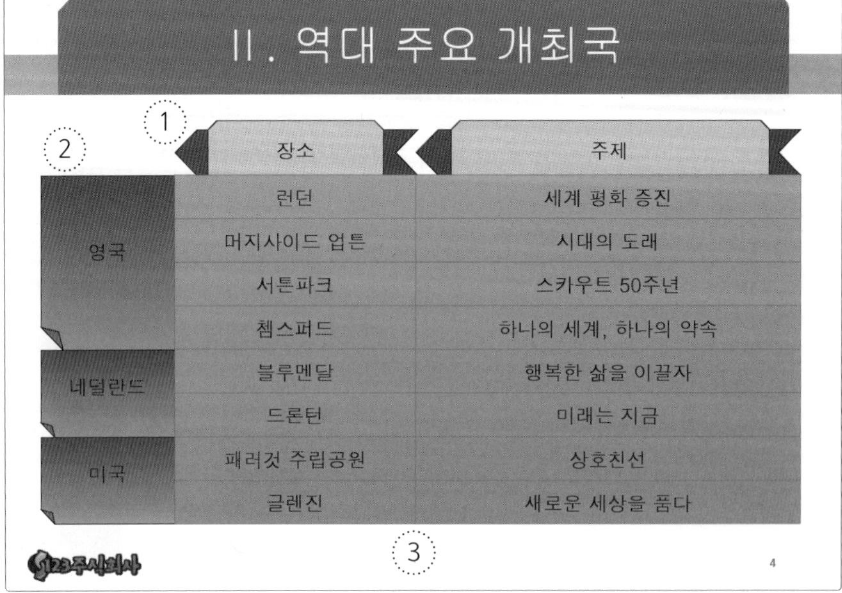

(1) 차트 작성 기능을 이용하여 슬라이드를 작성한다.
(2) 차트 : 종류(묶은 세로 막대형), 글꼴(돋움, 16pt), 외곽선

세부 조건

※ 차트 설명
　• 차트 제목 : 궁서, 24pt, 굵게,
　　채우기(흰색), 테두리,
　　그림자(오프셋 아래쪽)
　• 차트 영역 : 채우기(노랑)
　　그림 영역 : 채우기(흰색)
　• 데이터 서식 : 참가자 계열을
　　표식이 있는 꺾은선형으로 변경 후
　　보조 축으로 지정
　• 값 표시 : 2015년의 참가자 계열만
　① 도형 삽입
　　- 스타일 :
　　　미세 효과 – 파랑, 강조 1
　　- 글꼴 : 굴림, 18pt

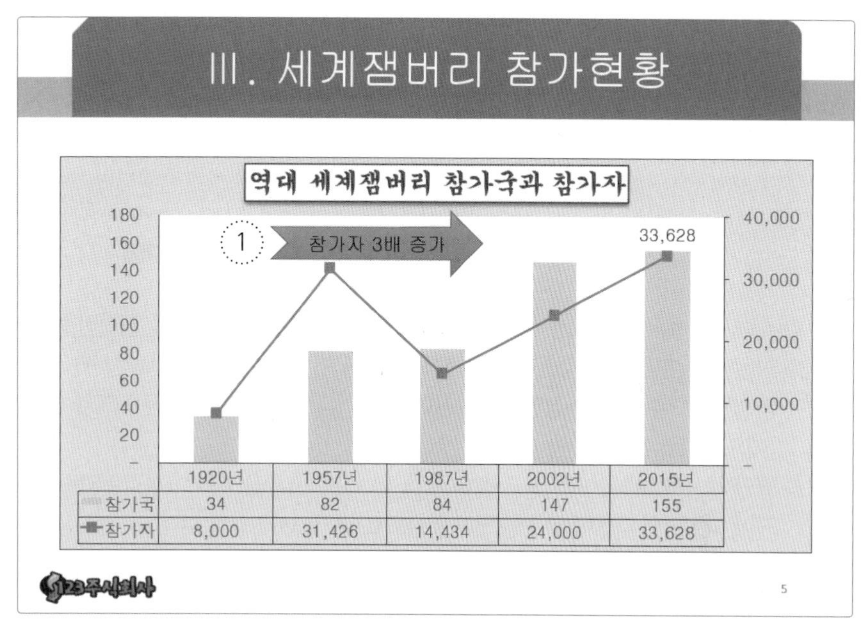

(1) 슬라이드와 같이 도형 및 스마트아트를 배치한다(글꼴 : 굴림, 18pt).
(2) 애니메이션 순서 : ① ⇒ ②

세부 조건

① 도형 및 스마트아트 편집
　- 스마트아트 디자인 :
　　3차원 경사,
　　3차원 광택 처리
　- 그룹화 후 애니메이션 효과 :
　　바운드(나타내기)
② 도형 편집
　- 그룹화 후 애니메이션 효과 :
　　시계 방향 회전(나타내기)

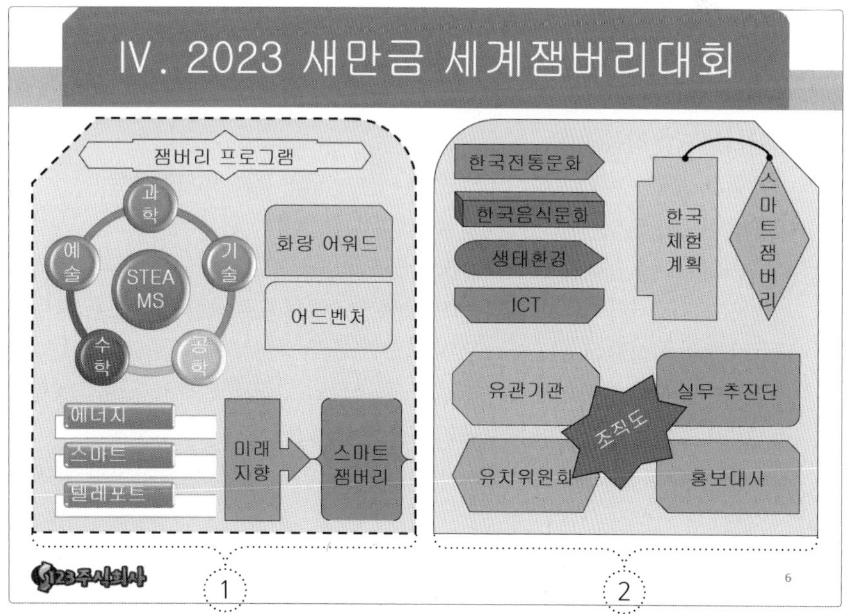

정보기술자격(ITQ) 실전모의고사

과　목	코　드	문제유형	시험시간	수험번호	성　명
한글파워포인트	1142	A	60분		

수험자 유의사항

◎ 수험자는 문제지를 받는 즉시 문제지와 <u>수험표상의 시험과목(프로그램)이 동일한지 반드시 확인</u>하여야 합니다.

◎ 파일명은 본인의 "수험번호-성명"으로 입력하여 답안폴더(내 PC\문서\ITQ)에 하나의 파일로 저장해야 하며, 답안문서 파일명이 "수험번호-성명"과 일치하지 않거나, 답안 파일을 전송하지 않아 미제출로 처리될 경우 실격 처리합니다 (예:12345678-홍길동.pptx).

◎ 답안 작성을 마치면 파일을 저장하고, '답안 전송' 버튼을 선택하여 감독위원 PC로 답안을 전송하십시오. 수험생 정보와 저장한 파일명이 다를 경우 전송되지 않으므로 주의하시기 바랍니다.

◎ 답안 작성 중에도 <u>주기적으로 저장하고, '답안 전송'</u>하여야 문제 발생을 줄일 수 있습니다. 작업한 내용을 저장하지 않고 전송할 경우 이전에 저장된 내용이 전송되오니 이점 유의하시기 바랍니다.

◎ 답안문서는 지정된 경로 외의 다른 보조기억장치에 저장하는 경우, 지정된 시험 시간 외에 작성된 파일을 활용할 경우, 기타 통신수단(이메일, 메신저, 네트워크 등)을 이용하여 타인에게 전달 또는 외부 반출하는 경우는 부정 처리합니다.

◎ 시험 중 부주의 또는 고의로 시스템을 파손한 경우는 수험자가 변상해야 하며, <수험자 유의사항>에 기재된 방법대로 이행하지 않아 생기는 불이익은 수험생 당사자의 책임임을 알려 드립니다.

◎ 문제의 조건은 MS오피스 2021 버전으로 설정되어 있으니 유의하시기 바랍니다.

◎ 시험을 완료한 수험자는 답안 파일이 전송되었는지 확인한 후 감독위원의 지시에 따라 문제지를 제출하고 퇴실합니다.

답안 작성요령

◎ 온라인 답안 작성 절차

　　수험자 등록 ⇒ 시험 시작 ⇒ 답안 파일 저장 ⇒ 답안 전송 ⇒ 시험 종료

◎ 슬라이드의 크기는 A4 Paper로 설정하여 작성합니다.

◎ 슬라이드의 총 개수는 6개로 구성되어 있으며 슬라이드 1부터 순서대로 작업하고 반드시 문제와 세부 조건대로 합니다.

◎ 별도의 지시사항이 없는 경우 출력형태를 참조하여 글꼴 색은 검정 또는 흰색으로 작성하고, 기타 사항은 전체적인 균형을 고려하여 작성합니다.

◎ 슬라이드 도형 및 개체에 출력형태와 다른 스타일(그림자, 외곽선 등)을 적용했을 경우 감점처리 됩니다.

◎ 슬라이드 번호를 작성합니다(슬라이드 1에는 생략).

◎ 2~6번 슬라이드 제목 도형과 하단 로고는 슬라이드 마스터를 이용하여 출력형태와 동일하게 작성합니다(슬라이드 1에는 생략).

◎ 문제와 세부 조건, 세부 조건 번호 ◌(점선원)는 입력하지 않습니다.

◎ 각 개체의 위치는 오른쪽의 슬라이드와 동일하게 구성합니다.

◎ 그림 삽입 문제의 경우 반드시 「내 PC\문서\ITQ\Picture」 폴더에서 정확한 파일을 선택하여 삽입하십시오.

◎ 각 슬라이드를 각각의 파일로 작업해서 저장할 경우 실격 처리됩니다.

kpc 한국생산성본부

(1) 슬라이드 크기 및 순서 : 크기를 A4 용지로 설정하고 슬라이드 순서에 맞게 작성한다.

(2) 슬라이드 마스터 : 2~6슬라이드의 제목, 하단 로고, 슬라이드 번호는 슬라이드 마스터를 이용하여 작성한다.
- 제목 글꼴(돋움, 40pt, 흰색), 왼쪽 맞춤, 도형(선 없음)
- 하단 로고(「내 PC₩문서₩ITQ₩Picture₩로고3.jpg」, 배경(연보라) 투명색으로 설정)

슬라이드 1   제목 슬라이드 (40점)

(1) 표지 디자인 : 도형, 워드아트 및 그림을 이용하여 작성한다.

세부 조건

① 도형 편집
- 도형에 그림 채우기 :
「내 PC₩문서₩ITQ₩Picture₩
그림2.jpg」, 투명도 50%
- 도형 효과 :
부드러운 가장자리 5포인트
② 워드아트 삽입
- 변환 : 기울기, 위로
- 글꼴 : 돋움, 굵게
- 텍스트 반사 :
근접 반사, 4 pt 오프셋
③ 그림 삽입
- 「내 PC₩문서₩ITQ₩Picture₩
로고3.jpg」
- 배경(연보라) 투명색으로 설정

슬라이드 2   목차 슬라이드 (60점)

(1) 출력형태와 같이 도형을 이용하여 목차를 작성한다(글꼴 : 굴림, 24pt).

(2) 도형 : 선 없음

세부 조건

① 텍스트에 링크 적용
→ '슬라이드 6'
② 그림 삽입
- 「내 PC₩문서₩ITQ₩Picture₩
그림4.jpg」
- 자르기 기능 이용

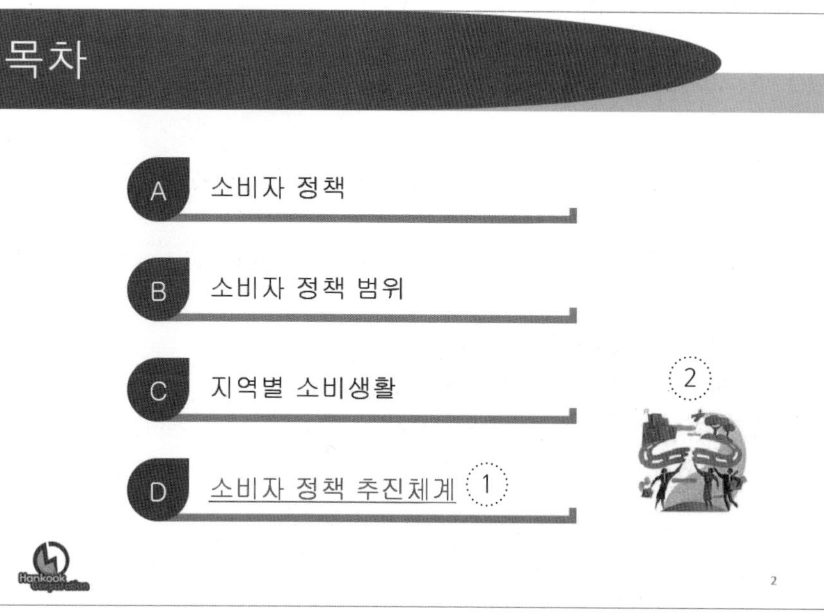

(1) 텍스트 작성 : 글머리 기호 사용(◆, ✓)

　　◆문단(굴림, 24pt, 굵게, 줄 간격 : 1.5줄), ✓문단(굴림, 20pt, 줄 간격 : 1.5줄)

세부 조건

① 동영상 삽입 :
- 「내 PC₩문서₩ITQ₩Picture₩동영상.wmv」
- 자동 실행, 반복 재생 설정

A. 소비자 정책

◆ Consumer law

　✓Consumer law is considered as an area of law that regulates private law relationships between individual consumers and the businesses that sell those goods and services

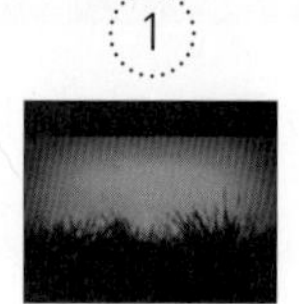

◆ 소비자 정책

　✓시장경제에서 소비자 문제를 해결하기 위하여 정부가 법과 제도 등을 통하여 시장에 직/간접적으로 개입하는 일련의 과정

　✓보호론적 관점에서 소비자가 자주적으로 문제를 해결할 수 있도록 지원해 주는 주권론적 관점으로 패러다임이 전환

3

---

(1) 도형과 표 작성 기능을 이용하여 슬라이드를 작성한다(글꼴 : 돋움, 18pt).

세부 조건

① 상단 도형 :
2개 도형의 조합으로 작성

② 좌측 도형 :
그라데이션 효과(선형 오른쪽)

③ 표 스타일 :
테마 스타일 1 – 강조 4

B. 소비자 정책 범위

구분		공정위 소관	타부처 소관
규제행정	거래적정화	공정거래법, 표시광고법, 할부거래법, 방문판매법, 약관규제법 등	품질경영 및 공산품 안전관리법, 산업표준화법 등
	안정성보장	소비자기본법	약사법, 식품위생법 등
지원행정	정보제공	표시광고법	각 부처 개별법령
	피해규제	소비자기본법, 제조물책임법	민법

4

(1) 차트 작성 기능을 이용하여 슬라이드를 작성한다.
(2) 차트 : 종류(묶은 세로 막대형), 글꼴(돋움, 16pt), 외곽선

세부 조건

※ 차트 설명
- 차트 제목 : 궁서, 24pt, 굵게,
  채우기(흰색), 테두리,
  그림자(오프셋 오른쪽)
- 차트 영역 : 채우기(노랑)
  그림 영역 : 채우기(흰색)
- 데이터 서식 : 2024년 계열을
  표식이 있는 꺾은선형으로 변경 후
  보조 축으로 지정
- 값 표시 : 대전의 2024년 계열만
① 도형 삽입
  - 스타일 :
    미세 효과 – 파랑, 강조 1
  - 글꼴 : 돋움, 18pt

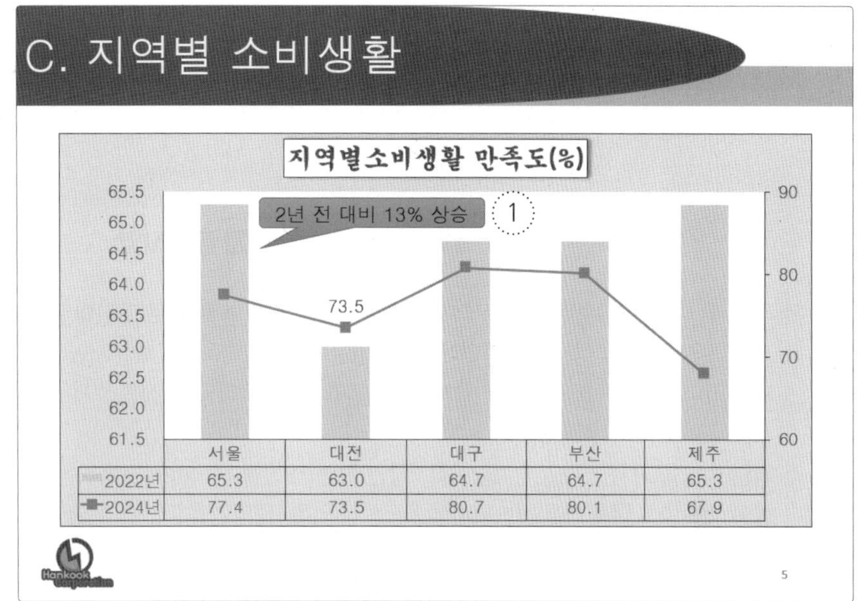

	서울	대전	대구	부산	제주
2022년	65.3	63.0	64.7	64.7	65.3
2024년	77.4	73.5	80.7	80.1	67.9

(1) 슬라이드와 같이 도형 및 스마트아트를 배치한다(글꼴 : 굴림, 18pt).
(2) 애니메이션 순서 : ① ⇒ ②

세부 조건

① 도형 편집
  - 그룹화 후 애니메이션 효과 :
    바운드(나타내기)
② 도형 및 스마트아트 편집
  - 스마트아트 디자인 :
    3차원 경사,
    3차원 만화
  - 그룹화 후 애니메이션 효과 :
    시계 방향 회전(나타내기)

정보기술자격(ITQ) 실전모의고사

과 목	코 드	문제유형	시험시간	수험번호	성 명
한글파워포인트	1142	A	60분		

수험자 유의사항

◎ 수험자는 문제지를 받는 즉시 문제지와 **수험표상의 시험과목(프로그램)이 동일한지 반드시 확인**하여야 합니다.

◎ 파일명은 본인의 "수험번호-성명"으로 입력하여 답안폴더(내 PC\문서\ITQ)에 하나의 파일로 저장해야 하며, 답안문서 파일명이 "수험번호-성명"과 일치하지 않거나, 답안 파일을 전송하지 않아 미제출로 처리될 경우 실격 처리합니다 (예:12345678-홍길동.pptx).

◎ 답안 작성을 마치면 파일을 저장하고, '답안 전송' 버튼을 선택하여 감독위원 PC로 답안을 전송하십시오. 수험생 정보와 저장한 파일명이 다를 경우 전송되지 않으므로 주의하시기 바랍니다.

◎ 답안 작성 중에도 **주기적으로 저장하고, '답안 전송'**하여야 문제 발생을 줄일 수 있습니다. 작업한 내용을 저장하지 않고 전송할 경우 이전에 저장된 내용이 전송되오니 이점 유의하시기 바랍니다.

◎ 답안문서는 지정된 경로 외의 다른 보조기억장치에 저장하는 경우, 지정된 시험 시간 외에 작성된 파일을 활용할 경우, 기타 통신수단(이메일, 메신저, 네트워크 등)을 이용하여 타인에게 전달 또는 외부 반출하는 경우는 부정 처리합니다.

◎ 시험 중 부주의 또는 고의로 시스템을 파손한 경우는 수험자가 변상해야 하며, <수험자 유의사항>에 기재된 방법대로 이행하지 않아 생기는 불이익은 수험생 당사자의 책임임을 알려 드립니다.

◎ 문제의 조건은 MS오피스 2021 버전으로 설정되어 있으니 유의하시기 바랍니다.

◎ 시험을 완료한 수험자는 답안 파일이 전송되었는지 확인한 후 감독위원의 지시에 따라 문제지를 제출하고 퇴실합니다.

답안 작성요령

◎ 온라인 답안 작성 절차

　　수험자 등록 ⇒ 시험 시작 ⇒ 답안 파일 저장 ⇒ 답안 전송 ⇒ 시험 종료

◎ 슬라이드의 크기는 A4 Paper로 설정하여 작성합니다.

◎ 슬라이드의 총 개수는 6개로 구성되어 있으며 슬라이드 1부터 순서대로 작업하고 반드시 문제와 세부 조건대로 합니다.

◎ 별도의 지시사항이 없는 경우 출력형태를 참조하여 글꼴 색은 검정 또는 흰색으로 작성하고, 기타 사항은 전체적인 균형을 고려하여 작성합니다.

◎ 슬라이드 도형 및 개체에 출력형태와 다른 스타일(그림자, 외곽선 등)을 적용했을 경우 감점처리 됩니다.

◎ 슬라이드 번호를 작성합니다(슬라이드 1에는 생략).

◎ 2~6번 슬라이드 제목 도형과 하단 로고는 슬라이드 마스터를 이용하여 출력형태와 동일하게 작성합니다(슬라이드 1에는 생략).

◎ 문제와 세부 조건, 세부 조건 번호 ◌(점선원)는 입력하지 않습니다.

◎ 각 개체의 위치는 오른쪽의 슬라이드와 동일하게 구성합니다.

◎ 그림 삽입 문제의 경우 반드시 「내 PC\문서\ITQ\Picture」 폴더에서 정확한 파일을 선택하여 삽입하십시오.

◎ 각 슬라이드를 각각의 파일로 작업해서 저장할 경우 실격 처리됩니다.

kpc 한국생산성본부

(1) 슬라이드 크기 및 순서 : 크기를 A4 용지로 설정하고 슬라이드 순서에 맞게 작성한다.
(2) 슬라이드 마스터 : 2~6슬라이드의 제목, 하단 로고, 슬라이드 번호는 슬라이드 마스터를 이용하여 작성한다.
 - 제목 글꼴(돋움, 40pt, 흰색), 가운데 맞춤, 도형(선 없음)
 - 하단 로고(「내 PC₩문서₩ITQ₩Picture₩로고1.jpg」, 배경(회색) 투명색으로 설정)

슬라이드 1 제목 슬라이드 (40점)

(1) 표지 디자인 : 도형, 워드아트 및 그림을 이용하여 작성한다.

세부 조건

① 도형 편집
 - 도형에 그림 채우기 :
   「내 PC₩문서₩ITQ₩Picture₩
   그림1.jpg」, 투명도 50%
 - 도형 효과 :
   부드러운 가장자리 5포인트
② 워드아트 삽입
 - 변환 : 곡선, 아래로
 - 글꼴 : 맑은 고딕, 굵게
 - 텍스트 반사 :
   근접 반사, 터치
③ 그림 삽입
 - 「내 PC₩문서₩ITQ₩Picture₩
   로고1.jpg」
 - 배경(회색) 투명색으로 설정

슬라이드 2 목차 슬라이드 (60점)

(1) 출력형태와 같이 도형을 이용하여 목차를 작성한다(글꼴 : 돋움, 24pt).
(2) 도형 : 선 없음

세부 조건

① 텍스트에 링크 적용
 → '슬라이드 5'
② 그림 삽입
 - 「내 PC₩문서₩ITQ₩Picture₩
   그림4.jpg」
 - 자르기 기능 이용

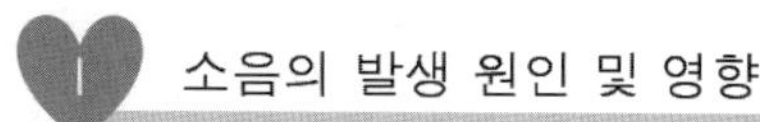
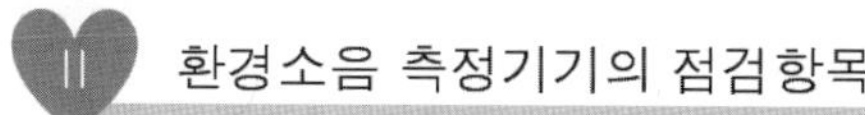

(1) 텍스트 작성 : 글머리 기호 사용(✓, ▪)
　　✓문단(굴림, 24pt, 굵게, 줄 간격 : 1.5줄), ▪ 문단(굴림, 20pt, 줄 간격 : 1.5줄)

세부 조건

① 동영상 삽입 :
　– 「내 PC\문서\ITQ\Picture\
　　동영상.wmv」
　– 자동 실행, 반복 재생 설정

---

(1) 도형과 표 작성 기능을 이용하여 슬라이드를 작성한다(글꼴 : 돋움, 18pt).

세부 조건

① 상단 도형 :
　2개 도형의 조합으로 작성
② 좌측 도형 :
　그라데이션 효과(선형 아래쪽)
③ 표 스타일 :
　테마 스타일 1 – 강조 1

(1) 차트 작성 기능을 이용하여 슬라이드를 작성한다.
(2) 차트 : 종류(묶은 세로 막대형), 글꼴(돋움, 16pt), 외곽선

세부 조건

※ 차트 설명
 · 차트 제목 : 궁서, 24pt, 굵게,
　채우기(흰색), 테두리,
　그림자(오프셋 오른쪽 위)
 · 차트 영역 : 채우기(노랑)
　그림 영역 : 채우기(흰색)
 · 데이터 서식 :
　밤 계열을 표식이 있는 꺾은선형으로
　변경 후 보조 축으로 지정
 · 값 표시 : 마 지역의 밤 계열만
① 도형 삽입
 – 스타일 :
　미세 효과 – 파랑, 강조 1
 – 글꼴 : 돋움, 18pt

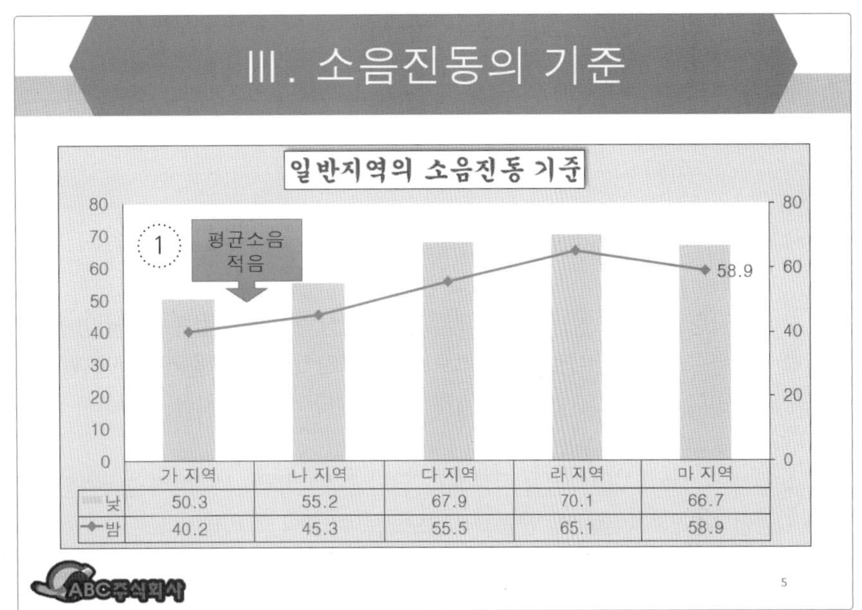

	가 지역	나 지역	다 지역	라 지역	마 지역
낮	50.3	55.2	67.9	70.1	66.7
밤	40.2	45.3	55.5	65.1	58.9

(1) 슬라이드와 같이 도형 및 스마트아트를 배치한다(글꼴 : 굴림, 18pt).
(2) 애니메이션 순서 : ① ⇒ ②

세부 조건

① 도형 및 스마트아트 편집
 – 스마트아트 디자인 :
　3차원 벽돌,
　3차원 경사
 – 그룹화 후 애니메이션 효과 :
　실선 무늬(나타내기, 세로)
② 도형 편집
 – 그룹화 후 애니메이션 효과 :
　회전하며 밝기 변화(나타내기)

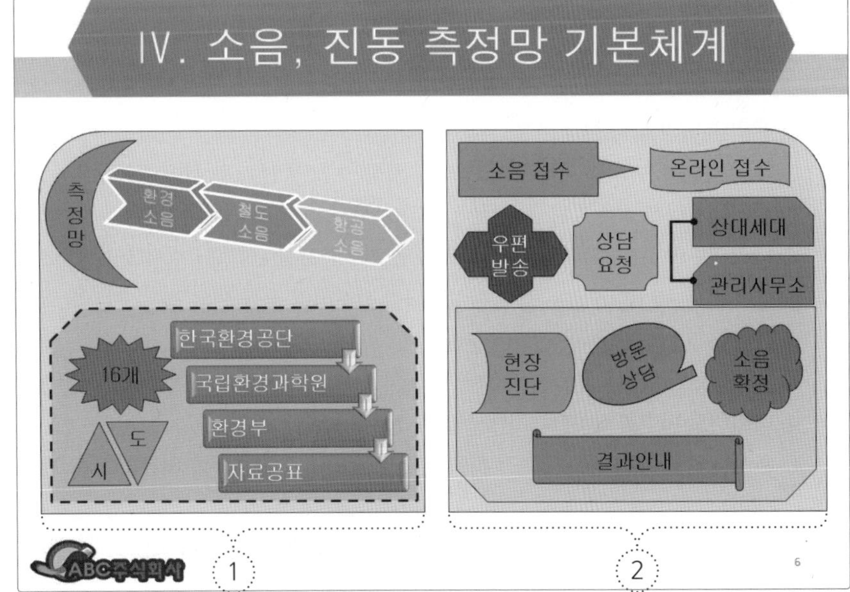

정보기술자격(ITQ) 실전모의고사

과 목	코 드	문제유형	시험시간	수험번호	성 명
한글파워포인트	1142	A	60분		

수험자 유의사항

◎ 수험자는 문제지를 받는 즉시 문제지와 <u>수험표상의 시험과목(프로그램)이 동일한지 반드시 확인</u>하여야 합니다.

◎ 파일명은 본인의 "수험번호-성명"으로 입력하여 답안폴더(내 PC\문서\ITQ)에 하나의 파일로 저장해야 하며, 답안문서 파일명이 "수험번호-성명"과 일치하지 않거나, 답안 파일을 전송하지 않아 미제출로 처리될 경우 실격 처리합니다 (예:12345678-홍길동.pptx).

◎ 답안 작성을 마치면 파일을 저장하고, '답안 전송' 버튼을 선택하여 감독위원 PC로 답안을 전송하십시오. 수험생 정보와 저장한 파일명이 다를 경우 전송되지 않으므로 주의하시기 바랍니다.

◎ 답안 작성 중에도 <u>주기적으로 저장하고, '답안 전송'</u>하여야 문제 발생을 줄일 수 있습니다. 작업한 내용을 저장하지 않고 전송할 경우 이전에 저장된 내용이 전송되오니 이점 유의하시기 바랍니다.

◎ 답안문서는 지정된 경로 외의 다른 보조기억장치에 저장하는 경우, 지정된 시험 시간 외에 작성된 파일을 활용할 경우, 기타 통신수단(이메일, 메신저, 네트워크 등)을 이용하여 타인에게 전달 또는 외부 반출하는 경우는 부정 처리합니다.

◎ 시험 중 부주의 또는 고의로 시스템을 파손한 경우는 수험자가 변상해야 하며, <수험자 유의사항>에 기재된 방법대로 이행하지 않아 생기는 불이익은 수험생 당사자의 책임임을 알려 드립니다.

◎ 문제의 조건은 MS오피스 2021 버전으로 설정되어 있으니 유의하시기 바랍니다.

◎ 시험을 완료한 수험자는 답안 파일이 전송되었는지 확인한 후 감독위원의 지시에 따라 문제지를 제출하고 퇴실합니다.

답안 작성요령

◎ 온라인 답안 작성 절차

　수험자 등록 ⇒ 시험 시작 ⇒ 답안 파일 저장 ⇒ 답안 전송 ⇒ 시험 종료

◎ 슬라이드의 크기는 A4 Paper로 설정하여 작성합니다.

◎ 슬라이드의 총 개수는 6개로 구성되어 있으며 슬라이드 1부터 순서대로 작업하고 반드시 문제와 세부 조건대로 합니다.

◎ 별도의 지시사항이 없는 경우 출력형태를 참조하여 글꼴 색은 검정 또는 흰색으로 작성하고, 기타 사항은 전체적인 균형을 고려하여 작성합니다.

◎ 슬라이드 도형 및 개체에 출력형태와 다른 스타일(그림자, 외곽선 등)을 적용했을 경우 감점처리 됩니다.

◎ 슬라이드 번호를 작성합니다(슬라이드 1에는 생략).

◎ 2~6번 슬라이드 제목 도형과 하단 로고는 슬라이드 마스터를 이용하여 출력형태와 동일하게 작성합니다(슬라이드 1에는 생략).

◎ 문제와 세부 조건, 세부 조건 번호 ⚬(점선원)는 입력하지 않습니다.

◎ 각 개체의 위치는 오른쪽의 슬라이드와 동일하게 구성합니다.

◎ 그림 삽입 문제의 경우 반드시 「내 PC\문서\ITQ\Picture」 폴더에서 정확한 파일을 선택하여 삽입하십시오.

◎ 각 슬라이드를 각각의 파일로 작업해서 저장할 경우 실격 처리됩니다.

kpc 한국생산성본부

(1) 슬라이드 크기 및 순서 : 크기를 A4 용지로 설정하고 슬라이드 순서에 맞게 작성한다.
(2) 슬라이드 마스터 : 2~6슬라이드의 제목, 하단 로고, 슬라이드 번호는 슬라이드 마스터를 이용하여 작성한다.
- 제목 글꼴(돋움, 40pt, 빨강), 가운데 맞춤, 도형(선 없음)
- 하단 로고(「내 PC₩문서₩ITQ₩Picture₩로고1.jpg」, 배경(회색) 투명색으로 설정)

슬라이드 1 　제목 슬라이드 (40점)

(1) 표지 디자인 : 도형, 워드아트 및 그림을 이용하여 작성한다.

세부 조건

① 도형 편집
- 도형에 그림 채우기 :
「내 PC₩문서₩ITQ₩Picture₩
그림1.jpg」, 투명도 50%
- 도형 효과 :
부드러운 가장자리 5포인트
② 워드아트 삽입
- 변환 : 삼각형, 위로
- 글꼴 : 돋움, 굵게
- 텍스트 반사 :
1/2 반사, 터치
③ 그림 삽입
- 「내 PC₩문서₩ITQ₩Picture₩
로고1.jpg」
- 배경(회색) 투명색으로 설정

슬라이드 2 　목차 슬라이드 (60점)

(1) 출력형태와 같이 도형을 이용하여 목차를 작성한다(글꼴 : 굴림, 24pt).
(2) 도형 : 선 없음

세부 조건

① 텍스트에 링크 적용
→ '슬라이드 4'
② 그림 삽입
- 「내 PC₩문서₩ITQ₩Picture₩
그림5.jpg」
- 자르기 기능 이용

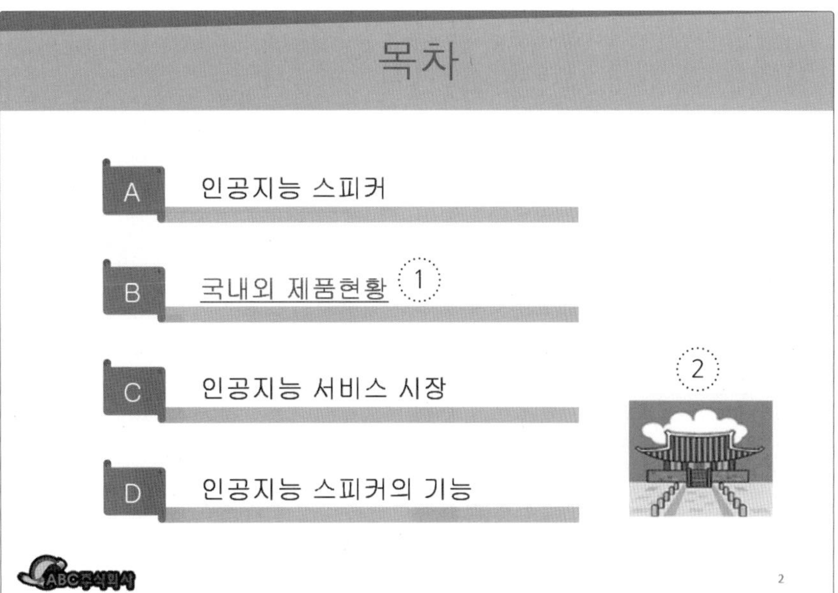

(1) 텍스트 작성 : 글머리 기호 사용(❖, ✓)

❖ 문단(굴림, 24pt, 굵게, 줄 간격 : 1.5줄), ✓ 문단(굴림, 20pt, 줄 간격 : 1.5줄)

세부 조건

① 동영상 삽입 :
- 「내 PC₩문서₩ITQ₩Picture₩동영상.wmv」
- 자동 실행, 반복 재생 설정

(1) 도형과 표 작성 기능을 이용하여 슬라이드를 작성한다(글꼴 : 돋움, 18pt).

세부 조건

① 상단 도형 :
2개 도형의 조합으로 작성

② 좌측 도형 :
그라데이션 효과(선형 위쪽)

③ 표 스타일 :
테마 스타일 1 – 강조 6

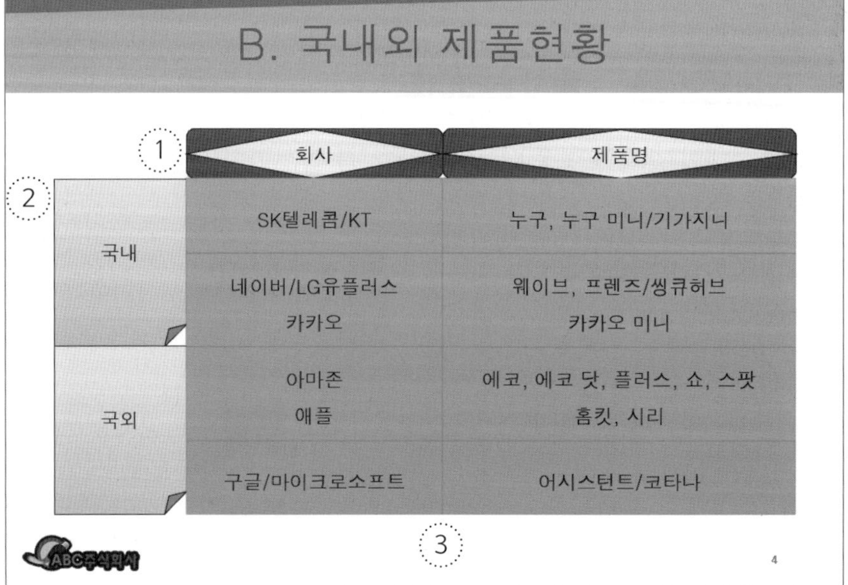

(1) 차트 작성 기능을 이용하여 슬라이드를 작성한다.
(2) 차트 : 종류(묶은 세로 막대형), 글꼴(돋움, 16pt), 외곽선

세부 조건

※ 차트 설명
- 차트 제목 : 궁서, 24pt, 굵게,
  채우기(흰색), 테두리,
  그림자(오프셋 위쪽)
- 차트 영역 : 채우기(노랑)
  그림 영역 : 채우기(흰색)
- 데이터 서식 : 영상처리 계열을
  표식이 있는 꺾은선형으로 변경 후
  보조 축으로 지정
- 값 표시 : 2024년의 영상처리 계열만
① 도형 삽입
- 스타일 :
  미세 효과 – 주황, 강조 2
- 글꼴 : 굴림, 18pt

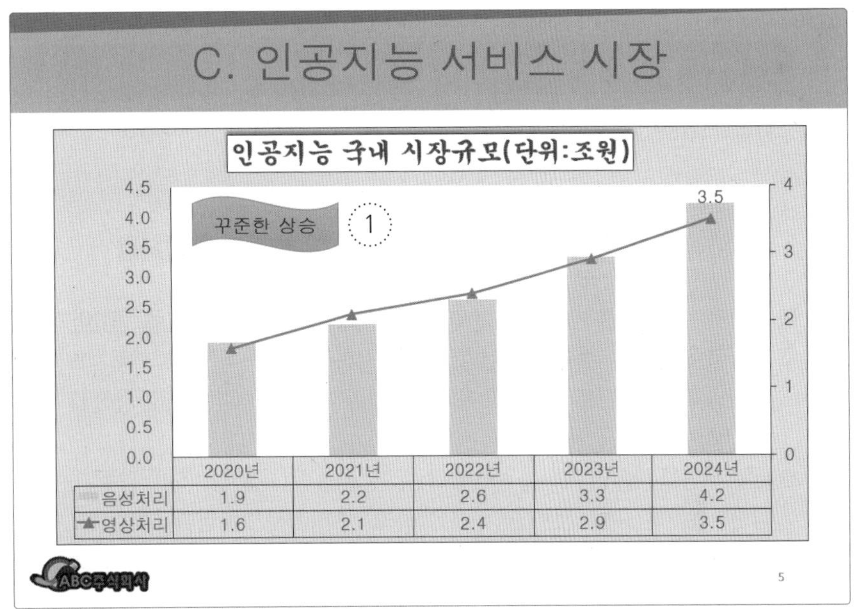

	2020년	2021년	2022년	2023년	2024년
음성처리	1.9	2.2	2.6	3.3	4.2
영상처리	1.6	2.1	2.4	2.9	3.5

(1) 슬라이드와 같이 도형 및 스마트아트를 배치한다(글꼴 : 굴림, 18pt).
(2) 애니메이션 순서 : ① ⇒ ②

세부 조건

① 도형 및 스마트아트 편집
- 스마트아트 디자인 :
  3차원 벽돌,
  3차원 광택 처리
- 그룹화 후 애니메이션 효과 :
  실선 무늬(나타내기, 세로)
② 도형 편집
- 그룹화 후 애니메이션 효과 :
  회전하며 밝기 변화(나타내기)

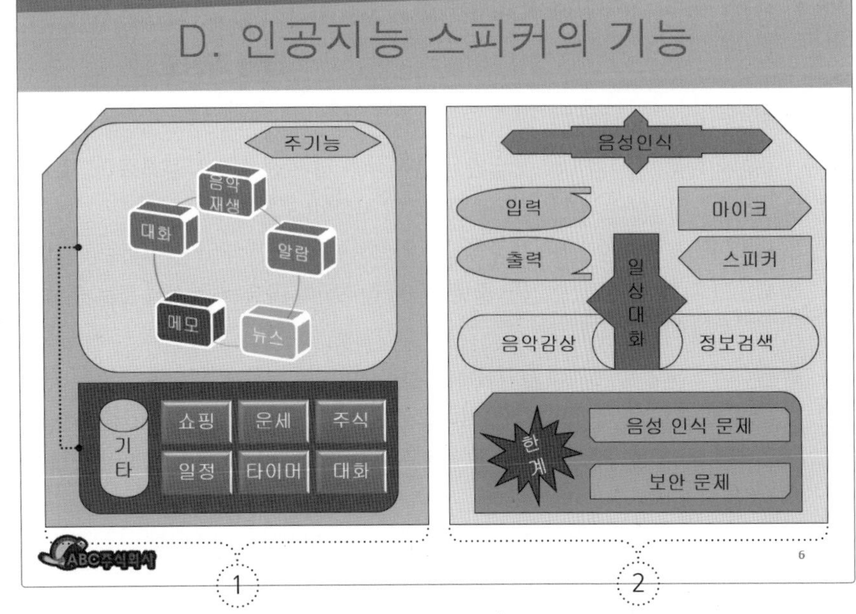

정보기술자격(ITQ) 실전모의고사

과 목	코 드	문제유형	시험시간	수험번호	성 명
한글파워포인트	1142	A	60분		

수험자 유의사항

◎ 수험자는 문제지를 받는 즉시 문제지와 수험표상의 시험과목(프로그램)이 동일한지 반드시 확인하여야 합니다.

◎ 파일명은 본인의 "수험번호-성명"으로 입력하여 답안폴더(내 PC\문서\ITQ)에 하나의 파일로 저장해야 하며, 답안문서 파일명이 "수험번호-성명"과 일치하지 않거나, 답안 파일을 전송하지 않아 미제출로 처리될 경우 실격 처리합니다 (예:12345678-홍길동.pptx).

◎ 답안 작성을 마치면 파일을 저장하고, '답안 전송' 버튼을 선택하여 감독위원 PC로 답안을 전송하십시오. 수험생 정보와 저장한 파일명이 다를 경우 전송되지 않으므로 주의하시기 바랍니다.

◎ 답안 작성 중에도 주기적으로 저장하고, '답안 전송'하여야 문제 발생을 줄일 수 있습니다. 작업한 내용을 저장하지 않고 전송할 경우 이전에 저장된 내용이 전송되오니 이점 유의하시기 바랍니다.

◎ 답안문서는 지정된 경로 외의 다른 보조기억장치에 저장하는 경우, 지정된 시험 시간 외에 작성된 파일을 활용할 경우, 기타 통신수단(이메일, 메신저, 네트워크 등)을 이용하여 타인에게 전달 또는 외부 반출하는 경우는 부정 처리합니다.

◎ 시험 중 부주의 또는 고의로 시스템을 파손한 경우는 수험자가 변상해야 하며, <수험자 유의사항>에 기재된 방법대로 이행하지 않아 생기는 불이익은 수험생 당사자의 책임임을 알려 드립니다.

◎ 문제의 조건은 MS오피스 2021 버전으로 설정되어 있으니 유의하시기 바랍니다.

◎ 시험을 완료한 수험자는 답안 파일이 전송되었는지 확인한 후 감독위원의 지시에 따라 문제지를 제출하고 퇴실합니다.

답안 작성요령

◎ 온라인 답안 작성 절차

　수험자 등록 ⇒ 시험 시작 ⇒ 답안 파일 저장 ⇒ 답안 전송 ⇒ 시험 종료

◎ 슬라이드의 크기는 A4 Paper로 설정하여 작성합니다.

◎ 슬라이드의 총 개수는 6개로 구성되어 있으며 슬라이드 1부터 순서대로 작업하고 반드시 문제와 세부 조건대로 합니다.

◎ 별도의 지시사항이 없는 경우 출력형태를 참조하여 글꼴 색은 검정 또는 흰색으로 작성하고, 기타 사항은 전체적인 균형을 고려하여 작성합니다.

◎ 슬라이드 도형 및 개체에 출력형태와 다른 스타일(그림자, 외곽선 등)을 적용했을 경우 감점처리 됩니다.

◎ 슬라이드 번호를 작성합니다(슬라이드 1에는 생략).

◎ 2~6번 슬라이드 제목 도형과 하단 로고는 슬라이드 마스터를 이용하여 출력형태와 동일하게 작성합니다(슬라이드 1에는 생략).

◎ 문제와 세부 조건, 세부 조건 번호 ◌(점선원)는 입력하지 않습니다.

◎ 각 개체의 위치는 오른쪽의 슬라이드와 동일하게 구성합니다.

◎ 그림 삽입 문제의 경우 반드시 「내 PC\문서\ITQ\Picture」 폴더에서 정확한 파일을 선택하여 삽입하십시오.

◎ 각 슬라이드를 각각의 파일로 작업해서 저장할 경우 실격 처리됩니다.

kpc 한국생산성본부

(1) 슬라이드 크기 및 순서 : 크기를 A4 용지로 설정하고 슬라이드 순서에 맞게 작성한다.
(2) 슬라이드 마스터 : 2~6슬라이드의 제목, 하단 로고, 슬라이드 번호는 슬라이드 마스터를 이용하여 작성한다.
　　– 제목 글꼴(돋움, 40pt, 파랑), 왼쪽 맞춤, 도형(선 없음)
　　– 하단 로고(「내 PC₩문서₩ITQ₩Picture₩로고2.jpg」, 배경(회색) 투명색으로 설정)

슬라이드 1　제목 슬라이드 (40점)

(1) 표지 디자인 : 도형, 워드아트 및 그림을 이용하여 작성한다.

세부 조건

① 도형 편집
　– 도형에 그림 채우기 :
　　「내 PC₩문서₩ITQ₩Picture₩
　　그림1.jpg」, 투명도 50%
　– 도형 효과 :
　　부드러운 가장자리 5포인트
② 워드아트 삽입
　– 변환 : 삼각형, 위로
　– 글꼴 : 돋움, 굵게
　– 텍스트 반사 :
　　1/2 반사, 4 pt 오프셋
③ 그림 삽입
　– 「내 PC₩문서₩ITQ₩Picture₩
　　로고2.jpg」
　– 배경(회색) 투명색으로 설정

슬라이드 2　목차 슬라이드 (60점)

(1) 출력형태와 같이 도형을 이용하여 목차를 작성한다(글꼴 : 굴림, 24pt).
(2) 도형 : 선 없음

세부 조건

① 텍스트에 링크 적용
　→ '슬라이드 6'
② 그림 삽입
　– 「내 PC₩문서₩ITQ₩Picture₩
　　그림5.jpg」
　– 자르기 기능 이용

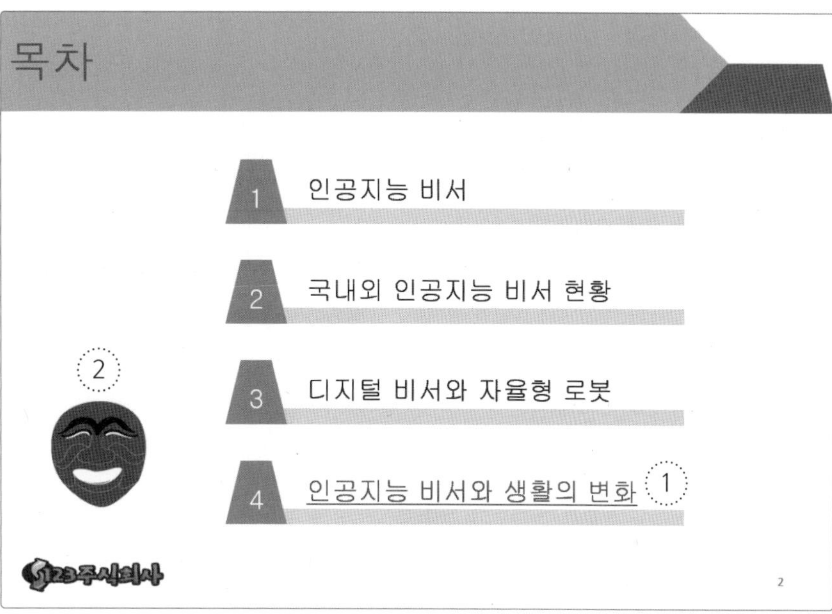

(1) 텍스트 작성 : 글머리 기호 사용(❖, ➢)
    ❖ 문단(굴림, 24pt, 굵게, 줄 간격 : 1.5줄), ➢ 문단(굴림, 20pt, 줄 간격 : 1.5줄)

세부 조건

① 동영상 삽입 :
 – 「내 PC₩문서₩ITQ₩Picture₩
   동영상.wmv」
 – 자동 실행, 반복 재생 설정

1. 인공지능 비서

❖ AI secretary

   ➢ A Software that combines artificial intelligence and advanced technology to understand the user's language and perform the instructions that the user wants

❖ 인공지능 비서

   ➢ 머신러닝, 음성인식, 문장분석, 상황인지 등 인공지능 기술과 첨단 기술이 결합해 사용자의 언어를 이해

   ➢ 사용자가 원하는 지시사항을 수행하는 소프트웨어 애플리케이션

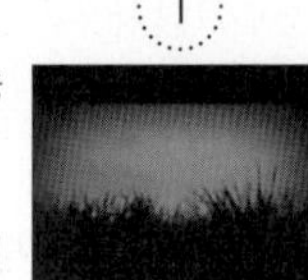

(1) 도형과 표 작성 기능을 이용하여 슬라이드를 작성한다(글꼴 : 돋움, 18pt).

세부 조건

① 상단 도형 :
 2개 도형의 조합으로 작성
② 좌측 도형 :
 그라데이션 효과(선형 아래쪽)
③ 표 스타일 :
 테마 스타일 1 – 강조 4

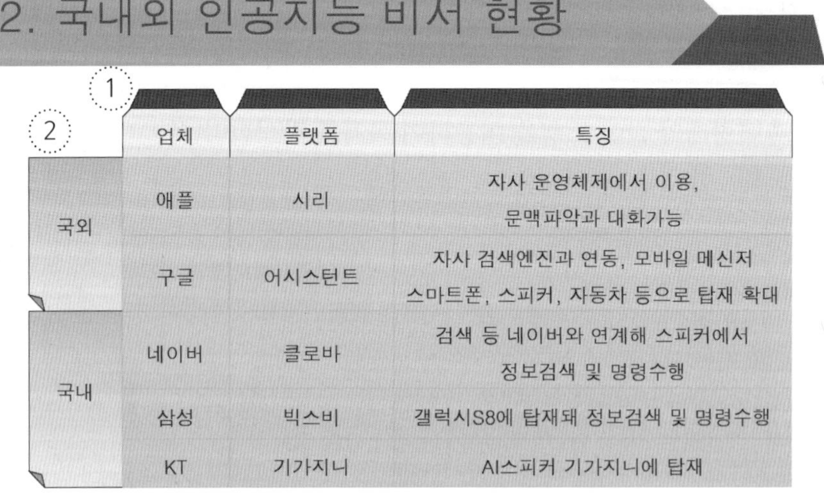

	업체	플랫폼	특징
국외	애플	시리	자사 운영체제에서 이용, 문맥파악과 대화가능
	구글	어시스턴트	자사 검색엔진과 연동, 모바일 메신저 스마트폰, 스피커, 자동차 등으로 탑재 확대
국내	네이버	클로바	검색 등 네이버와 연계해 스피커에서 정보검색 및 명령수행
	삼성	빅스비	갤럭시S8에 탑재돼 정보검색 및 명령수행
	KT	기가지니	AI스피커 기가지니에 탑재

(1) 차트 작성 기능을 이용하여 슬라이드를 작성한다.
(2) 차트 : 종류(묶은 세로 막대형), 글꼴(돋움, 16pt), 외곽선

세부 조건

※ 차트 설명
· 차트 제목 : 궁서, 24pt, 굵게,
  채우기(흰색), 테두리,
  그림자(오프셋 위쪽)
· 차트 영역 : 채우기(노랑)
  그림 영역 : 채우기(흰색)
· 데이터 서식 : 자율형 로봇 계열을
  표식이 있는 꺾은선형으로 변경 후
  보조 축으로 지정
· 값 표시 : 2024년의 자율형 로봇 계열만
① 도형 삽입
 – 스타일 :
   미세 효과 – 파랑, 강조 5
 – 글꼴 : 굴림, 18pt

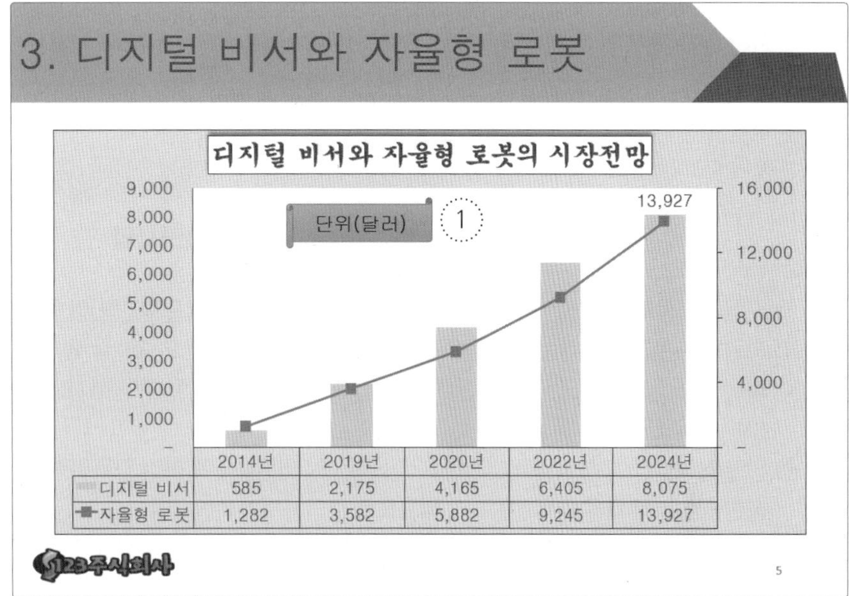

	2014년	2019년	2020년	2022년	2024년
디지털 비서	585	2,175	4,165	6,405	8,075
자율형 로봇	1,282	3,582	5,882	9,245	13,927

(1) 슬라이드와 같이 도형 및 스마트아트를 배치한다(글꼴 : 굴림, 18pt).
(2) 애니메이션 순서 : ① ⇒ ②

세부 조건

① 도형 및 스마트아트 편집
 – 스마트아트 디자인 :
   3차원 광택 처리,
   3차원 만화
 – 그룹화 후 애니메이션 효과 :
   밝기 변화(나타내기)
② 도형 편집
 – 그룹화 후 애니메이션 효과 :
   나누기(나타내기, 세로 바깥쪽으로)

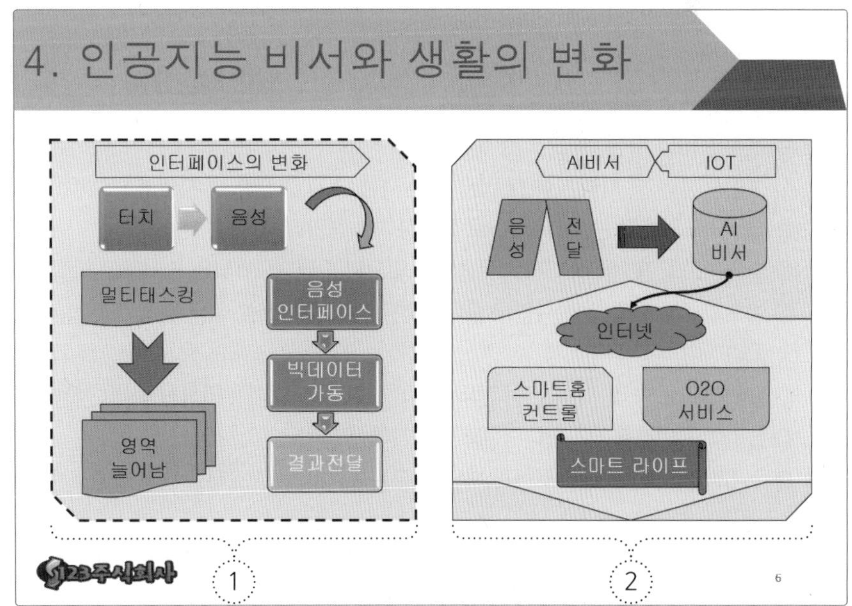

정보기술자격(ITQ) 실전모의고사

과 목	코 드	문제유형	시험시간	수험번호	성 명
한글파워포인트	1142	A	60분		

수험자 유의사항

◎ 수험자는 문제지를 받는 즉시 문제지와 **수험표상의 시험과목(프로그램)이 동일한지 반드시 확인**하여야 합니다.

◎ 파일명은 본인의 "수험번호-성명"으로 입력하여 답안폴더(내 PC\문서\ITQ)에 하나의 파일로 저장해야 하며, 답안문서 파일명이 "수험번호-성명"과 일치하지 않거나, 답안 파일을 전송하지 않아 미제출로 처리될 경우 실격 처리합니다 (예:12345678-홍길동.pptx).

◎ 답안 작성을 마치면 파일을 저장하고, '답안 전송' 버튼을 선택하여 감독위원 PC로 답안을 전송하십시오. 수험생 정보와 저장한 파일명이 다를 경우 전송되지 않으므로 주의하시기 바랍니다.

◎ 답안 작성 중에도 **주기적으로 저장하고, '답안 전송'**하여야 문제 발생을 줄일 수 있습니다. 작업한 내용을 저장하지 않고 전송할 경우 이전에 저장된 내용이 전송되오니 이점 유의하시기 바랍니다.

◎ 답안문서는 지정된 경로 외의 다른 보조기억장치에 저장하는 경우, 지정된 시험 시간 외에 작성된 파일을 활용할 경우, 기타 통신수단(이메일, 메신저, 네트워크 등)을 이용하여 타인에게 전달 또는 외부 반출하는 경우는 부정 처리합니다.

◎ 시험 중 부주의 또는 고의로 시스템을 파손한 경우는 수험자가 변상해야 하며, <수험자 유의사항>에 기재된 방법대로 이행하지 않아 생기는 불이익은 수험생 당사자의 책임임을 알려 드립니다.

◎ 문제의 조건은 MS오피스 2021 버전으로 설정되어 있으니 유의하시기 바랍니다.

◎ 시험을 완료한 수험자는 답안 파일이 전송되었는지 확인한 후 감독위원의 지시에 따라 문제지를 제출하고 퇴실합니다.

답안 작성요령

◎ 온라인 답안 작성 절차

　수험자 등록 ⇒ 시험 시작 ⇒ 답안 파일 저장 ⇒ 답안 전송 ⇒ 시험 종료

◎ 슬라이드의 크기는 A4 Paper로 설정하여 작성합니다.

◎ 슬라이드의 총 개수는 6개로 구성되어 있으며 슬라이드 1부터 순서대로 작업하고 반드시 문제와 세부 조건대로 합니다.

◎ 별도의 지시사항이 없는 경우 출력형태를 참조하여 글꼴 색은 검정 또는 흰색으로 작성하고, 기타 사항은 전체적인 균형을 고려하여 작성합니다.

◎ 슬라이드 도형 및 개체에 출력형태와 다른 스타일(그림자, 외곽선 등)을 적용했을 경우 감점처리 됩니다.

◎ 슬라이드 번호를 작성합니다(슬라이드 1에는 생략).

◎ 2~6번 슬라이드 제목 도형과 하단 로고는 슬라이드 마스터를 이용하여 출력형태와 동일하게 작성합니다(슬라이드 1에는 생략).

◎ 문제와 세부 조건, 세부 조건 번호(점선원)는 입력하지 않습니다.

◎ 각 개체의 위치는 오른쪽의 슬라이드와 동일하게 구성합니다.

◎ 그림 삽입 문제의 경우 반드시 「내 PC\문서\ITQ\Picture」 폴더에서 정확한 파일을 선택하여 삽입하십시오.

◎ 각 슬라이드를 각각의 파일로 작업해서 저장할 경우 실격 처리됩니다.

(1) 슬라이드 크기 및 순서 : 크기를 A4 용지로 설정하고 슬라이드 순서에 맞게 작성한다.

(2) 슬라이드 마스터 : 2~6슬라이드의 제목, 하단 로고, 슬라이드 번호는 슬라이드 마스터를 이용하여 작성한다.
- 제목 글꼴(굴림, 40pt, 흰색), 가운데 맞춤, 도형(선 없음)
- 하단 로고(「내 PC\문서\ITQ\Picture\로고2.jpg」, 배경(회색) 투명색으로 설정)

슬라이드 1   제목 슬라이드 (40점)

(1) 표지 디자인 : 도형, 워드아트 및 그림을 이용하여 작성한다.

세부 조건

① 도형 편집
- 도형에 그림 채우기 :
「내 PC\문서\ITQ\Picture\
그림3.jpg」, 투명도 50%
- 도형 효과 :
부드러운 가장자리 5포인트

② 워드아트 삽입
- 변환 : 수축, 아래쪽
- 글꼴 : 궁서, 굵게
- 텍스트 반사 :
1/2 반사, 터치

③ 그림 삽입
- 「내 PC\문서\ITQ\Picture\
로고2.jpg」
- 배경(회색) 투명색으로 설정

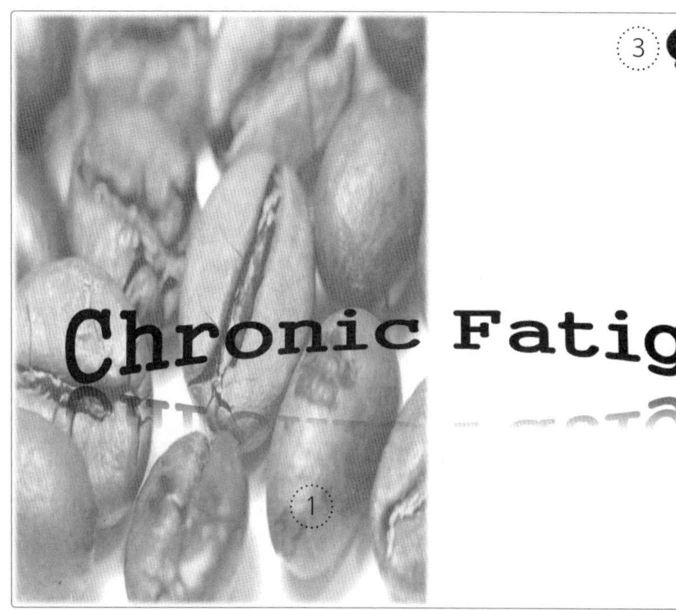

슬라이드 2   목차 슬라이드 (60점)

(1) 출력형태와 같이 도형을 이용하여 목차를 작성한다(글꼴 : 굴림, 24pt).

(2) 도형 : 선 없음

세부 조건

① 텍스트에 링크 적용
→ '슬라이드 4'

② 그림 삽입
- 「내 PC\문서\ITQ\Picture\
그림4.jpg」
- 자르기 기능 이용

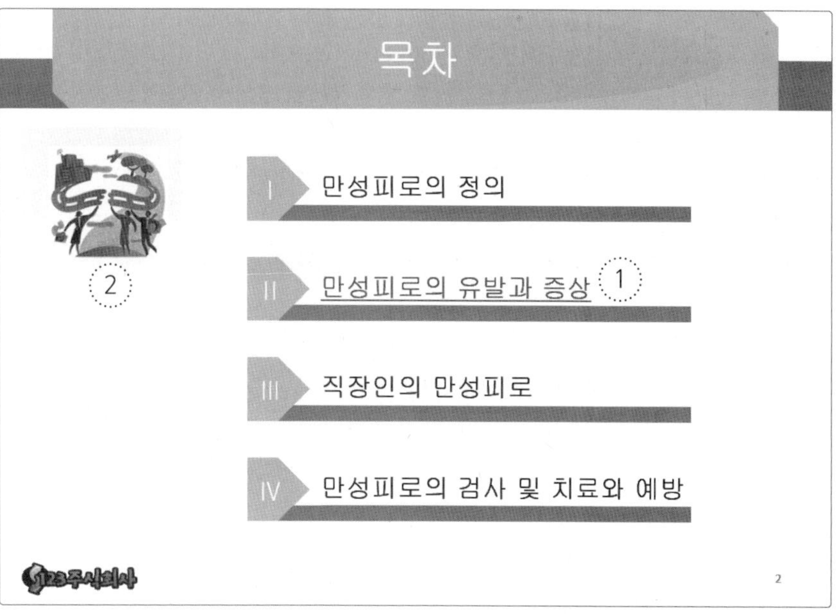

(1) 텍스트 작성 : 글머리 기호 사용(❖, ・)

　　❖ 문단(굴림, 24pt, 굵게, 줄 간격 : 1.5줄), ・문단(굴림, 20pt, 줄 간격 : 1.5줄)

세부 조건

① 동영상 삽입 :
- 「내 PC₩문서₩ITQ₩Picture₩
  동영상.wmv」
- 자동 실행, 반복 재생 설정

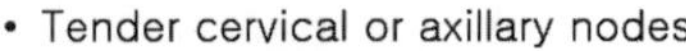

---

(1) 도형과 표 작성 기능을 이용하여 슬라이드를 작성한다(글꼴 : 돋움, 18pt).

세부 조건

① 상단 도형 :
　2개 도형의 조합으로 작성
② 좌측 도형 :
　그라데이션 효과(선형 왼쪽)
③ 표 스타일 :
　테마 스타일 1 - 강조 1

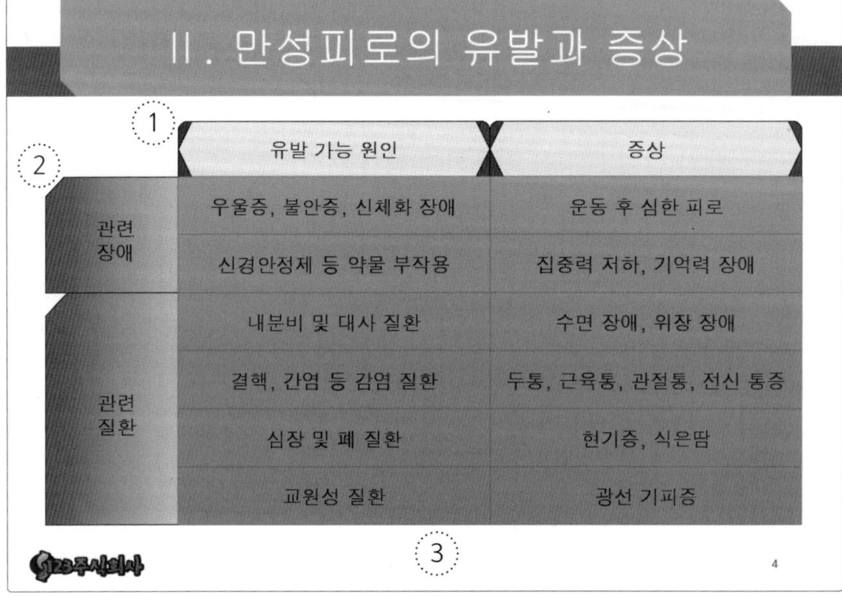

	유발 가능 원인	증상
관련 장애	우울증, 불안증, 신체화 장애	운동 후 심한 피로
관련 장애	신경안정제 등 약물 부작용	집중력 저하, 기억력 장애
관련 질환	내분비 및 대사 질환	수면 장애, 위장 장애
관련 질환	결핵, 간염 등 감염 질환	두통, 근육통, 관절통, 전신 통증
관련 질환	심장 및 폐 질환	현기증, 식은땀
관련 질환	교원성 질환	광선 기피증

(1) 차트 작성 기능을 이용하여 슬라이드를 작성한다.
(2) 차트 : 종류(묶은 세로 막대형), 글꼴(돋움, 16pt), 외곽선

세부 조건

※ 차트 설명
- 차트 제목 : 궁서, 24pt, 굵게, 채우기(흰색), 테두리, 그림자(오프셋 아래쪽)
- 차트 영역 : 채우기(노랑) 그림 영역 : 채우기(흰색)
- 데이터 서식 : 남자 계열을 표식이 있는 꺾은선형으로 변경 후 보조 축으로 지정
- 값 표시 : 2024년의 남자 계열만

① 도형 삽입
- 스타일 : 미세 효과 – 파랑, 강조 1
- 글꼴 : 굴림, 18pt

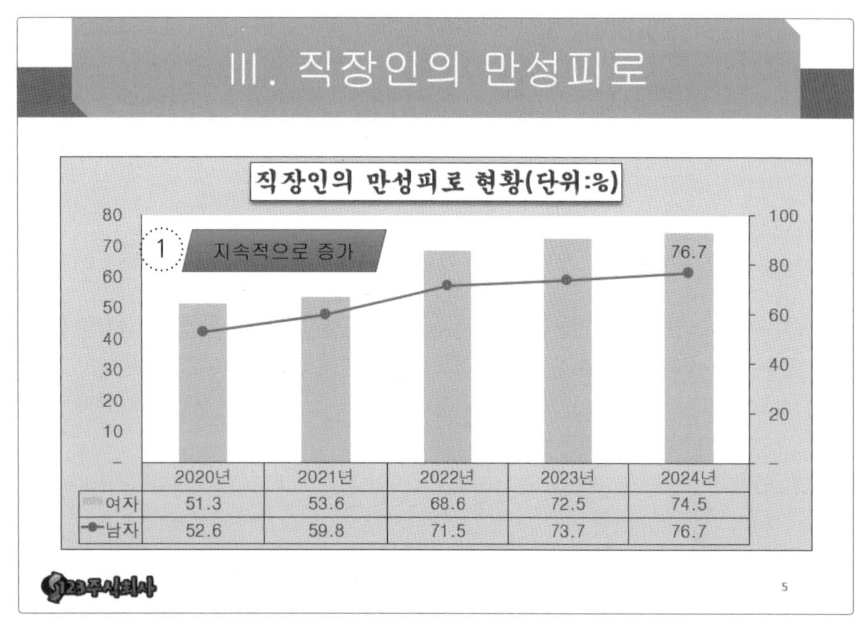

(1) 슬라이드와 같이 도형 및 스마트아트를 배치한다(글꼴 : 굴림, 18pt).
(2) 애니메이션 순서 : ① ⇒ ②

세부 조건

① 도형 및 스마트아트 편집
- 스마트아트 디자인 : 3차원 경사, 3차원 벽돌
- 그룹화 후 애니메이션 효과 : 바운드(나타내기)
② 도형 편집
- 그룹화 후 애니메이션 효과 : 시계 방향 회전(나타내기)

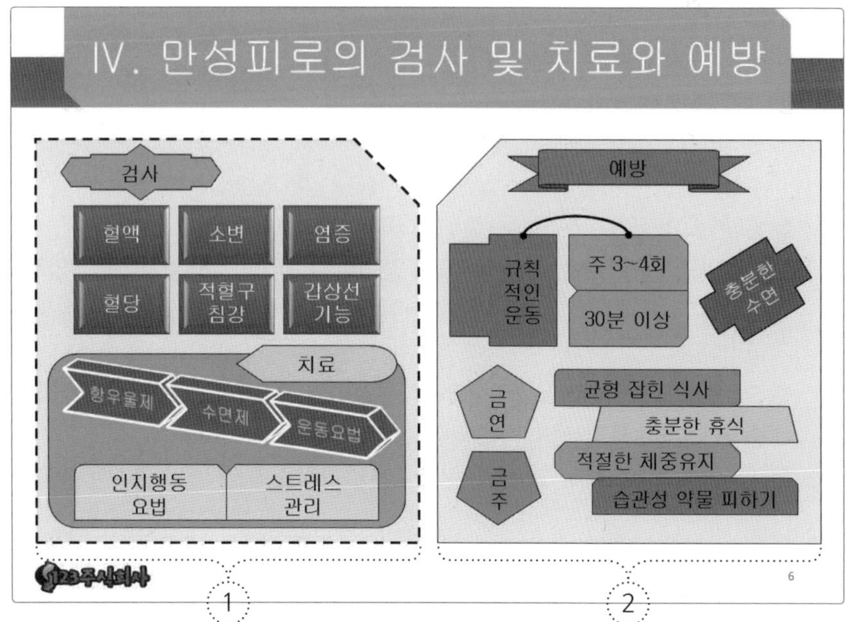

정보기술자격(ITQ) 실전모의고사

과 목	코 드	문제유형	시험시간	수험번호	성 명
한글파워포인트	1142	A	60분		

수험자 유의사항

◎ 수험자는 문제지를 받는 즉시 문제지와 **수험표상의 시험과목(프로그램)이 동일한지 반드시 확인**하여야 합니다.

◎ 파일명은 본인의 "수험번호-성명"으로 입력하여 답안폴더(내 PC₩문서₩ITQ)에 하나의 파일로 저장해야 하며, 답안문서 파일명이 "수험번호-성명"과 일치하지 않거나, 답안 파일을 전송하지 않아 미제출로 처리될 경우 실격 처리합니다 (예:12345678-홍길동.pptx).

◎ 답안 작성을 마치면 파일을 저장하고, '답안 전송' 버튼을 선택하여 감독위원 PC로 답안을 전송하십시오. 수험생 정보와 저장한 파일명이 다를 경우 전송되지 않으므로 주의하시기 바랍니다.

◎ 답안 작성 중에도 **주기적으로 저장하고, '답안 전송'**하여야 문제 발생을 줄일 수 있습니다. 작업한 내용을 저장하지 않고 전송할 경우 이전에 저장된 내용이 전송되오니 이점 유의하시기 바랍니다.

◎ 답안문서는 지정된 경로 외의 다른 보조기억장치에 저장하는 경우, 지정된 시험 시간 외에 작성된 파일을 활용할 경우, 기타 통신수단(이메일, 메신저, 네트워크 등)을 이용하여 타인에게 전달 또는 외부 반출하는 경우는 부정 처리합니다.

◎ 시험 중 부주의 또는 고의로 시스템을 파손한 경우는 수험자가 변상해야 하며, <수험자 유의사항>에 기재된 방법대로 이행하지 않아 생기는 불이익은 수험생 당사자의 책임임을 알려 드립니다.

◎ 문제의 조건은 MS오피스 2021 버전으로 설정되어 있으니 유의하시기 바랍니다.

◎ 시험을 완료한 수험자는 답안 파일이 전송되었는지 확인한 후 감독위원의 지시에 따라 문제지를 제출하고 퇴실합니다.

답안 작성요령

◎ 온라인 답안 작성 절차

　수험자 등록 ⇒ 시험 시작 ⇒ 답안 파일 저장 ⇒ 답안 전송 ⇒ 시험 종료

◎ 슬라이드의 크기는 A4 Paper로 설정하여 작성합니다.

◎ 슬라이드의 총 개수는 6개로 구성되어 있으며 슬라이드 1부터 순서대로 작업하고 반드시 문제와 세부 조건대로 합니다.

◎ 별도의 지시사항이 없는 경우 출력형태를 참조하여 글꼴 색은 검정 또는 흰색으로 작성하고, 기타 사항은 전체적인 균형을 고려하여 작성합니다.

◎ 슬라이드 도형 및 개체에 출력형태와 다른 스타일(그림자, 외곽선 등)을 적용했을 경우 감점처리 됩니다.

◎ 슬라이드 번호를 작성합니다(슬라이드 1에는 생략).

◎ 2~6번 슬라이드 제목 도형과 하단 로고는 슬라이드 마스터를 이용하여 출력형태와 동일하게 작성합니다(슬라이드 1에는 생략).

◎ 문제와 세부 조건, 세부 조건 번호 ⦂(점선원)는 입력하지 않습니다.

◎ 각 개체의 위치는 오른쪽의 슬라이드와 동일하게 구성합니다.

◎ 그림 삽입 문제의 경우 반드시 「내 PC₩문서₩ITQ₩Picture」 폴더에서 정확한 파일을 선택하여 삽입하십시오.

◎ 각 슬라이드를 각각의 파일로 작업해서 저장할 경우 실격 처리됩니다.

kpc 한국생산성본부

(1) 슬라이드 크기 및 순서 : 크기를 A4 용지로 설정하고 슬라이드 순서에 맞게 작성한다.
(2) 슬라이드 마스터 : 2~6슬라이드의 제목, 하단 로고, 슬라이드 번호는 슬라이드 마스터를 이용하여 작성한다.
  – 제목 글꼴(돋움, 40pt, 흰색), 가운데 맞춤, 도형(선 없음)
  – 하단 로고(「내 PC\문서\ITQ\Picture\로고3.jpg」, 배경(연보라) 투명색으로 설정)

슬라이드 1 제목 슬라이드 (40점)

(1) 표지 디자인 : 도형, 워드아트 및 그림을 이용하여 작성한다.

세부 조건

① 도형 편집
  – 도형에 그림 채우기 :
    「내 PC\문서\ITQ\Picture\
    그림2.jpg」, 투명도 50%
  – 도형 효과 :
    부드러운 가장자리 5포인트
② 워드아트 삽입
  – 변환 : 물결, 아래로
  – 글꼴 : 돋움, 굵게
  – 텍스트 반사 :
    근접 반사, 4 pt 오프셋
③ 그림 삽입
  – 「내 PC\문서\ITQ\Picture\
    로고3.jpg」
  – 배경(연보라) 투명색으로 설정

슬라이드 2 목차 슬라이드 (60점)

(1) 출력형태와 같이 도형을 이용하여 목차를 작성한다(글꼴 : 굴림, 24pt).
(2) 도형 : 선 없음

세부 조건

① 텍스트에 링크 적용
  → '슬라이드 6'
② 그림 삽입
  – 「내 PC\문서\ITQ\Picture\
    그림5.jpg」
  – 자르기 기능 이용

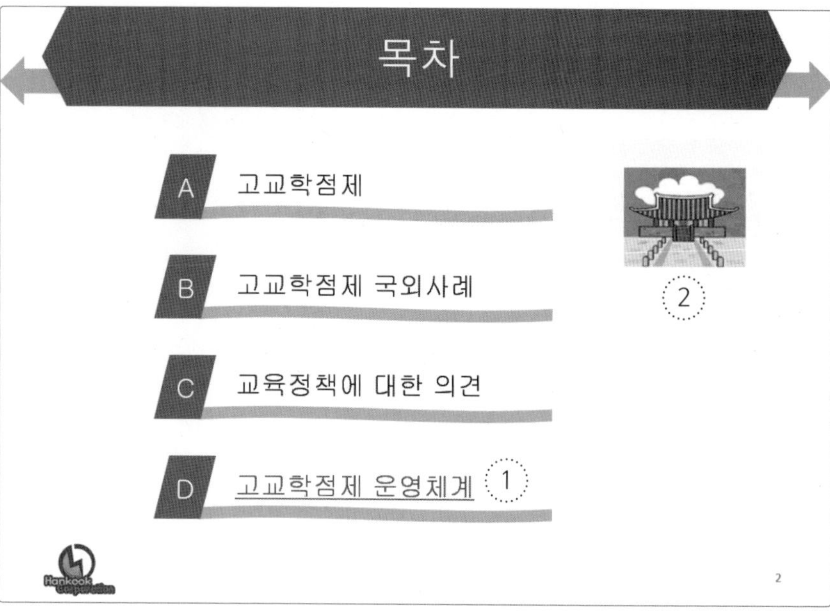

(1) 텍스트 작성 : 글머리 기호 사용(◆, ✓)
　◆문단(굴림, 24pt, 굵게, 줄 간격 : 1.5줄), ✓문단(굴림, 20pt, 줄 간격 : 1.5줄)

세부 조건

① 동영상 삽입 :
　– 「내 PC₩문서₩ITQ₩Picture₩
　　동영상.wmv」
　– 자동 실행, 반복 재생 설정

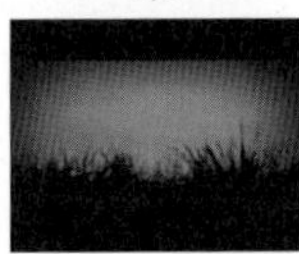

(1) 도형과 표 작성 기능을 이용하여 슬라이드를 작성한다(글꼴 : 돋움, 18pt).

세부 조건

① 상단 도형 :
　2개 도형의 조합으로 작성
② 좌측 도형 :
　그라데이션 효과(선형 아래쪽)
③ 표 스타일 :
　테마 스타일 1 – 강조 5

	미국	핀란드	영국	캐나다	한국
졸업 요건	학점이수 졸업시험	학점이수 졸업시험	졸업시험	학점이수 졸업시험	출석일수
내신	절대평가	절대평가	절대평가	절대평가	상대평가
대학 입시	SAT 고교내신	고교내신 졸업시험 대학별시험	고교내신 졸업시험	고교내신 졸업시험	수능시험 고교내신 대학별시험

(1) 차트 작성 기능을 이용하여 슬라이드를 작성한다.

(2) 차트 : 종류(묶은 세로 막대형), 글꼴(돋움, 16pt), 외곽선

세부 조건

※ 차트 설명
- 차트 제목 : 궁서, 24pt, 굵게, 채우기(흰색), 테두리, 그림자(오프셋 왼쪽)
- 차트 영역 : 채우기(노랑)
  그림 영역 : 채우기(흰색)
- 데이터 서식 : 고교학점제 계열을 표식이 있는 꺾은선형으로 변경 후 보조 축으로 지정
- 값 표시 : 보통의 고교학점제 계열만
① 도형 삽입
  - 스타일 : 미세 효과 – 파랑, 강조 1
  - 글꼴 : 돋움, 18pt

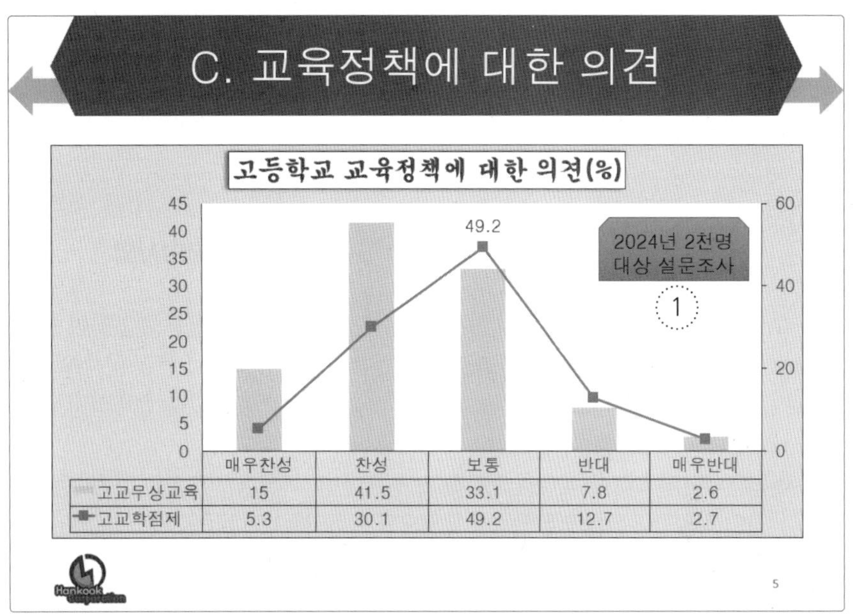

	매우찬성	찬성	보통	반대	매우반대
고교무상교육	15	41.5	33.1	7.8	2.6
고교학점제	5.3	30.1	49.2	12.7	2.7

---

(1) 슬라이드와 같이 도형 및 스마트아트를 배치한다(글꼴 : 굴림, 18pt).

(2) 애니메이션 순서 : ① ⇒ ②

세부 조건

① 도형 및 스마트아트 편집
  - 스마트아트 디자인 : 3차원 경사, 3차원 만화
  - 그룹화 후 애니메이션 효과 : 바운드(나타내기)
② 도형 편집
  - 그룹화 후 애니메이션 효과 : 시계 방향 회전(나타내기)

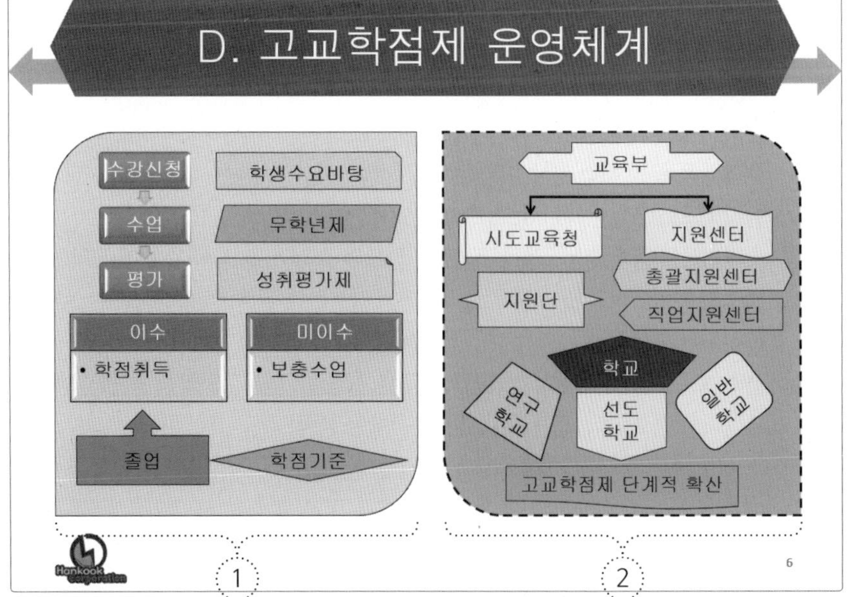

정보기술자격(ITQ) 실전모의고사

과　목	코　드	문제유형	시험시간	수험번호	성　명
한글파워포인트	1142	A	60분		

수험자 유의사항

◎ 수험자는 문제지를 받는 즉시 문제지와 **수험표상의 시험과목(프로그램)이 동일한지 반드시 확인**하여야 합니다.
◎ 파일명은 본인의 "수험번호-성명"으로 입력하여 답안폴더(내 PC\문서\ITQ)에 하나의 파일로 저장해야 하며, 답안문서 파일명이 "수험번호-성명"과 일치하지 않거나, 답안 파일을 전송하지 않아 미제출로 처리될 경우 실격 처리합니다 (예:12345678-홍길동.pptx).
◎ 답안 작성을 마치면 파일을 저장하고, '답안 전송' 버튼을 선택하여 감독위원 PC로 답안을 전송하십시오. 수험생 정보와 저장한 파일명이 다를 경우 전송되지 않으므로 주의하시기 바랍니다.
◎ 답안 작성 중에도 **주기적으로 저장하고, '답안 전송'**하여야 문제 발생을 줄일 수 있습니다. 작업한 내용을 저장하지 않고 전송할 경우 이전에 저장된 내용이 전송되오니 이점 유의하시기 바랍니다.
◎ 답안문서는 지정된 경로 외의 다른 보조기억장치에 저장하는 경우, 지정된 시험 시간 외에 작성된 파일을 활용할 경우, 기타 통신수단(이메일, 메신저, 네트워크 등)을 이용하여 타인에게 전달 또는 외부 반출하는 경우는 부정 처리합니다.
◎ 시험 중 부주의 또는 고의로 시스템을 파손한 경우는 수험자가 변상해야 하며, <수험자 유의사항>에 기재된 방법대로 이행하지 않아 생기는 불이익은 수험생 당사자의 책임임을 알려 드립니다.
◎ 문제의 조건은 MS오피스 2021 버전으로 설정되어 있으니 유의하시기 바랍니다.
◎ 시험을 완료한 수험자는 답안 파일이 전송되었는지 확인한 후 감독위원의 지시에 따라 문제지를 제출하고 퇴실합니다.

답안 작성요령

◎ 온라인 답안 작성 절차
　　수험자 등록 ⇒ 시험 시작 ⇒ 답안 파일 저장 ⇒ 답안 전송 ⇒ 시험 종료
◎ 슬라이드의 크기는 A4 Paper로 설정하여 작성합니다.
◎ 슬라이드의 총 개수는 6개로 구성되어 있으며 슬라이드 1부터 순서대로 작업하고 반드시 문제와 세부 조건대로 합니다.
◎ 별도의 지시사항이 없는 경우 출력형태를 참조하여 글꼴 색은 검정 또는 흰색으로 작성하고, 기타 사항은 전체적인 균형을 고려하여 작성합니다.
◎ 슬라이드 도형 및 개체에 출력형태와 다른 스타일(그림자, 외곽선 등)을 적용했을 경우 감점처리 됩니다.
◎ 슬라이드 번호를 작성합니다(슬라이드 1에는 생략).
◎ 2~6번 슬라이드 제목 도형과 하단 로고는 슬라이드 마스터를 이용하여 출력형태와 동일하게 작성합니다(슬라이드 1에는 생략).
◎ 문제와 세부 조건, 세부 조건 번호 ⦂(점선원)는 입력하지 않습니다.
◎ 각 개체의 위치는 오른쪽의 슬라이드와 동일하게 구성합니다.
◎ 그림 삽입 문제의 경우 반드시 「내 PC\문서\ITQ\Picture」 폴더에서 정확한 파일을 선택하여 삽입하십시오.
◎ 각 슬라이드를 각각의 파일로 작업해서 저장할 경우 실격 처리됩니다.

kpc 한국생산성본부

(1) 슬라이드 크기 및 순서 : 크기를 A4 용지로 설정하고 슬라이드 순서에 맞게 작성한다.
(2) 슬라이드 마스터 : 2~6슬라이드의 제목, 하단 로고, 슬라이드 번호는 슬라이드 마스터를 이용하여 작성한다.
- 제목 글꼴(돋움, 40pt, 흰색), 가운데 맞춤, 도형(선 없음)
- 하단 로고(「내 PC₩문서₩ITQ₩Picture₩로고1.jpg」, 배경(회색) 투명색으로 설정)

슬라이드 1 　제목 슬라이드 (40점)

(1) 표지 디자인 : 도형, 워드아트 및 그림을 이용하여 작성한다.

세부 조건

① 도형 편집
- 도형에 그림 채우기 :
「내 PC₩문서₩ITQ₩Picture₩
그림1.jpg」, 투명도 50%
- 도형 효과 :
부드러운 가장자리 5포인트
② 워드아트 삽입
- 변환 : 곡선, 아래로
- 글꼴 : 맑은 고딕, 굵게
- 텍스트 반사 :
근접 반사, 터치
③ 그림 삽입
- 「내 PC₩문서₩ITQ₩Picture₩
로고1.jpg」
- 배경(회색) 투명색으로 설정

슬라이드 2 　목차 슬라이드 (60점)

(1) 출력형태와 같이 도형을 이용하여 목차를 작성한다(글꼴 : 돋움, 24pt).
(2) 도형 : 선 없음

세부 조건

① 텍스트에 링크 적용
→ '슬라이드 5'
② 그림 삽입
- 「내 PC₩문서₩ITQ₩Picture₩
그림4.jpg」
- 자르기 기능 이용

(1) 텍스트 작성 : 글머리 기호 사용(✓, ▪)

     ✓ 문단(굴림, 24pt, 굵게, 줄 간격 : 1.5줄), ▪ 문단(굴림, 20pt, 줄 간격 : 1.5줄)

세부 조건

① 동영상 삽입 :
 - 「내 PC₩문서₩ITQ₩Picture₩동영상.wmv」
 - 자동 실행, 반복 재생 설정

(1) 도형과 표 작성 기능을 이용하여 슬라이드를 작성한다(글꼴 : 돋움, 18pt).

세부 조건

① 상단 도형 :
 2개 도형의 조합으로 작성
② 좌측 도형 :
 그라데이션 효과(선형 위쪽)
③ 표 스타일 :
 테마 스타일 1 - 강조 1

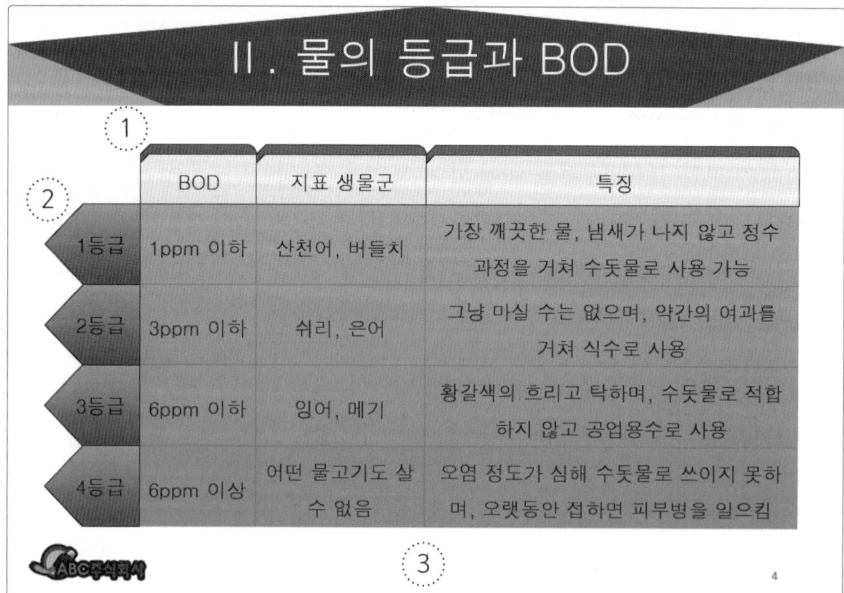

	BOD	지표 생물군	특징
1등급	1ppm 이하	산천어, 버들치	가장 깨끗한 물, 냄새가 나지 않고 정수 과정을 거쳐 수돗물로 사용 가능
2등급	3ppm 이하	쉬리, 은어	그냥 마실 수는 없으며, 약간의 여과를 거쳐 식수로 사용
3등급	6ppm 이하	잉어, 메기	황갈색의 흐리고 탁하며, 수돗물로 적합 하지 않고 공업용수로 사용
4등급	6ppm 이상	어떤 물고기도 살 수 없음	오염 정도가 심해 수돗물로 쓰이지 못하 며, 오랫동안 접하면 피부병을 일으킴

(1) 차트 작성 기능을 이용하여 슬라이드를 작성한다.

(2) 차트 : 종류(묶은 세로 막대형), 글꼴(돋움, 16pt), 외곽선

세부 조건

※ 차트 설명
- 차트 제목 : 궁서, 24pt, 굵게,
  채우기(흰색), 테두리,
  그림자(오프셋 오른쪽 위)
- 차트 영역 : 채우기(노랑)
  그림 영역 : 채우기(흰색)
- 데이터 서식 :
  수소이온농도(pH) 계열을
  표식이 있는 꺾은선형으로 변경 후
  보조 축으로 지정
- 값 표시 : 우치의 수온 계열만

① 도형 삽입
  - 스타일 : 미세 효과 – 파랑, 강조 1
  - 글꼴 : 돋움, 18pt

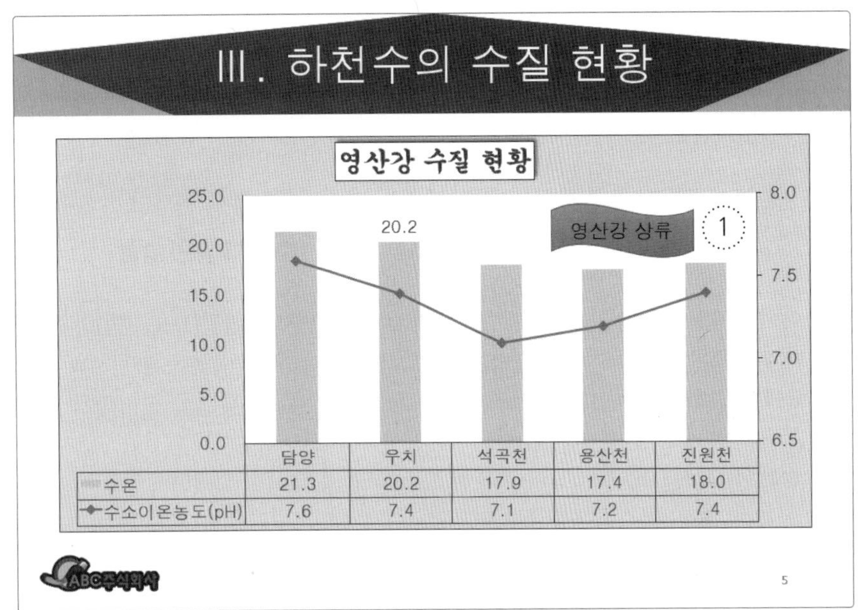

	담양	우치	석곡천	용산천	진원천
수온	21.3	20.2	17.9	17.4	18.0
수소이온농도(pH)	7.6	7.4	7.1	7.2	7.4

(1) 슬라이드와 같이 도형 및 스마트아트를 배치한다(글꼴 : 굴림, 18pt).

(2) 애니메이션 순서 : ① ⇒ ②

세부 조건

① 도형 편집
  - 그룹화 후 애니메이션 효과 :
    실선 무늬(나타내기, 세로)
② 도형 및 스마트아트 편집
  - 스마트아트 디자인 :
    3차원 경사,
    강한 효과
  - 그룹화 후 애니메이션 효과 :
    회전하며 밝기 변화(나타내기)

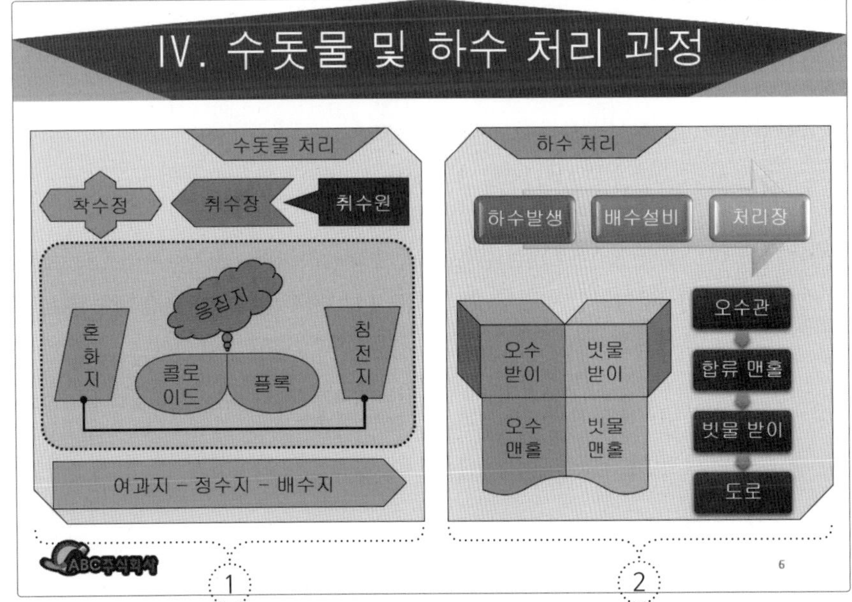

정보기술자격(ITQ) 실전모의고사

과 목	코 드	문제유형	시험시간	수험번호	성 명
한글파워포인트	1142	A	60분		

수험자 유의사항

◎ 수험자는 문제지를 받는 즉시 문제지와 <u>수험표상의 시험과목(프로그램)이 동일한지 반드시 확인</u>하여야 합니다.

◎ 파일명은 본인의 "수험번호-성명"으로 입력하여 답안폴더(내 PC₩문서₩ITQ)에 하나의 파일로 저장해야 하며, 답안문서 파일명이 "수험번호-성명"과 일치하지 않거나, 답안 파일을 전송하지 않아 미제출로 처리될 경우 실격 처리합니다 (예:12345678-홍길동.pptx).

◎ 답안 작성을 마치면 파일을 저장하고, '답안 전송' 버튼을 선택하여 감독위원 PC로 답안을 전송하십시오. 수험생 정보와 저장한 파일명이 다를 경우 전송되지 않으므로 주의하시기 바랍니다.

◎ 답안 작성 중에도 <u>주기적으로 저장하고, '답안 전송'</u>하여야 문제 발생을 줄일 수 있습니다. 작업한 내용을 저장하지 않고 전송할 경우 이전에 저장된 내용이 전송되오니 이점 유의하시기 바랍니다.

◎ 답안문서는 지정된 경로 외의 다른 보조기억장치에 저장하는 경우, 지정된 시험 시간 외에 작성된 파일을 활용할 경우, 기타 통신수단(이메일, 메신저, 네트워크 등)을 이용하여 타인에게 전달 또는 외부 반출하는 경우는 부정 처리합니다.

◎ 시험 중 부주의 또는 고의로 시스템을 파손한 경우는 수험자가 변상해야 하며, <수험자 유의사항>에 기재된 방법대로 이행하지 않아 생기는 불이익은 수험생 당사자의 책임임을 알려 드립니다.

◎ 문제의 조건은 MS오피스 2021 버전으로 설정되어 있으니 유의하시기 바랍니다.

◎ 시험을 완료한 수험자는 답안 파일이 전송되었는지 확인한 후 감독위원의 지시에 따라 문제지를 제출하고 퇴실합니다.

답안 작성요령

◎ 온라인 답안 작성 절차

　　수험자 등록 ⇒ 시험 시작 ⇒ 답안 파일 저장 ⇒ 답안 전송 ⇒ 시험 종료

◎ 슬라이드의 크기는 A4 Paper로 설정하여 작성합니다.

◎ 슬라이드의 총 개수는 6개로 구성되어 있으며 슬라이드 1부터 순서대로 작업하고 반드시 문제와 세부 조건대로 합니다.

◎ 별도의 지시사항이 없는 경우 출력형태를 참조하여 글꼴 색은 검정 또는 흰색으로 작성하고, 기타 사항은 전체적인 균형을 고려하여 작성합니다.

◎ 슬라이드 도형 및 개체에 출력형태와 다른 스타일(그림자, 외곽선 등)을 적용했을 경우 감점처리 됩니다.

◎ 슬라이드 번호를 작성합니다(슬라이드 1에는 생략).

◎ 2~6번 슬라이드 제목 도형과 하단 로고는 슬라이드 마스터를 이용하여 출력형태와 동일하게 작성합니다(슬라이드 1에는 생략).

◎ 문제와 세부 조건, 세부 조건 번호 ◌(점선원)는 입력하지 않습니다.

◎ 각 개체의 위치는 오른쪽의 슬라이드와 동일하게 구성합니다.

◎ 그림 삽입 문제의 경우 반드시 「내 PC₩문서₩ITQ₩Picture」 폴더에서 정확한 파일을 선택하여 삽입하십시오.

◎ 각 슬라이드를 각각의 파일로 작업해서 저장할 경우 실격 처리됩니다.

(1) 슬라이드 크기 및 순서 : 크기를 A4 용지로 설정하고 슬라이드 순서에 맞게 작성한다.
(2) 슬라이드 마스터 : 2~6슬라이드의 제목, 하단 로고, 슬라이드 번호는 슬라이드 마스터를 이용하여 작성한다.
　　－ 제목 글꼴(돋움, 40pt, 빨강), 가운데 맞춤, 도형(선 없음)
　　－ 하단 로고(「내 PC\문서\ITQ\Picture\로고1.jpg」, 배경(회색) 투명색으로 설정)

슬라이드 1　　제목 슬라이드 (40점)

(1) 표지 디자인 : 도형, 워드아트 및 그림을 이용하여 작성한다.

세부 조건

① 도형 편집
　－ 도형에 그림 채우기 :
　　「내 PC\문서\ITQ\Picture\
　　그림1.jpg」, 투명도 50%
　－ 도형 효과 :
　　부드러운 가장자리 5포인트
② 워드아트 삽입
　－ 변환 : 수축, 위쪽
　－ 글꼴 : 돋움, 굵게
　－ 텍스트 반사 :
　　1/2 반사, 터치
③ 그림 삽입
　－「내 PC\문서\ITQ\Picture\
　　로고1.jpg」
　－ 배경(회색) 투명색으로 설정

슬라이드 2　　목차 슬라이드 (60점)

(1) 출력형태와 같이 도형을 이용하여 목차를 작성한다(글꼴 : 굴림, 24pt).
(2) 도형 : 선 없음

세부 조건

① 텍스트에 링크 적용
　→ '슬라이드 4'
② 그림 삽입
　－「내 PC\문서\ITQ\Picture\
　　그림5.jpg」
　－ 자르기 기능 이용

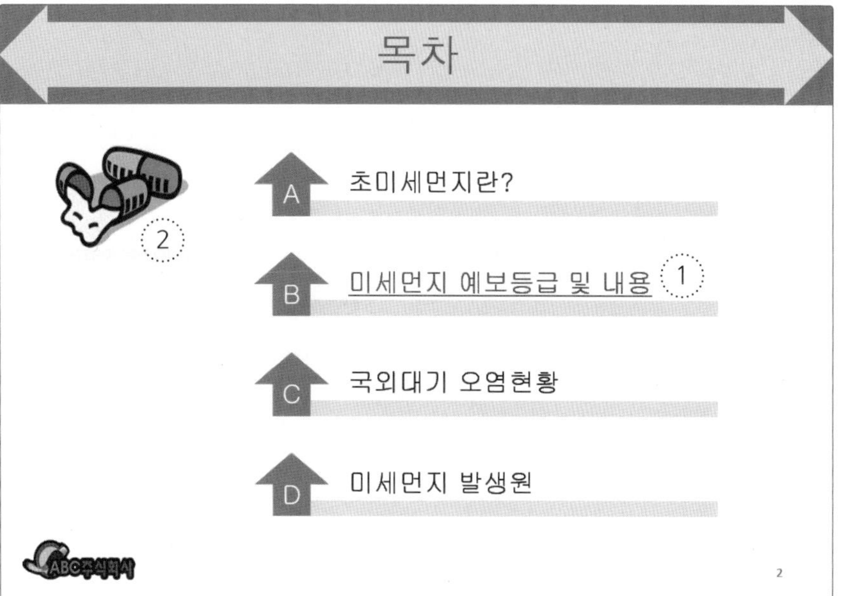

(1) 텍스트 작성 : 글머리 기호 사용(❖, ✓)

    ❖문단(굴림, 24pt, 굵게, 줄 간격 : 1.5줄), ✓문단(굴림, 20pt, 줄 간격 : 1.5줄)

세부 조건

① 동영상 삽입 :
 - 「내 PC₩문서₩ITQ₩Picture₩
   동영상.wmv」
 - 자동 실행, 반복 재생 설정

A. 초미세먼지란?

❖What's CAI

  ✓The CAI(Comprehensive air-quality index) is a way of describing ambient air quality based on health risk of air pollution

❖초미세먼지

  ✓먼지는 입자의 크기에 따라 총먼지, 지름이 10마이크로미터 이하인 미세먼지, 지름이 2.5마이크로미터 이하인 초미세먼지로 나뉨

  ✓미세먼지는 호흡기 질환을 일으키는 직접적인 원인이 됨

---

(1) 도형과 표 작성 기능을 이용하여 슬라이드를 작성한다(글꼴 : 돋움, 18pt).

세부 조건

① 상단 도형 :
  2개 도형의 조합으로 작성

② 좌측 도형 :
  그라데이션 효과(선형 아래쪽)

③ 표 스타일 :
  테마 스타일 1 – 강조 6

B. 미세먼지 예보등급 및 내용

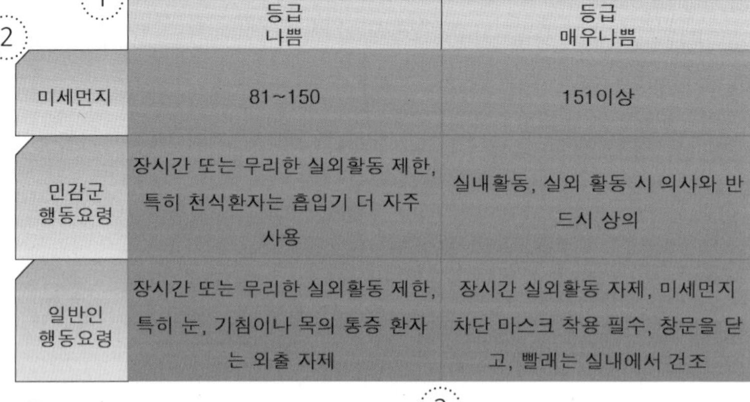

	등급 나쁨	등급 매우나쁨
미세먼지	81~150	151이상
민감군 행동요령	장시간 또는 무리한 실외활동 제한, 특히 천식환자는 흡입기 더 자주 사용	실내활동, 실외 활동 시 의사와 반드시 상의
일반인 행동요령	장시간 또는 무리한 실외활동 제한, 특히 눈, 기침이나 목의 통증 환자는 외출 자제	장시간 실외활동 자제, 미세먼지 차단 마스크 착용 필수, 창문을 닫고, 빨래는 실내에서 건조

(1) 차트 작성 기능을 이용하여 슬라이드를 작성한다.
(2) 차트 : 종류(묶은 세로 막대형), 글꼴(돋움, 16pt), 외곽선

세부 조건

※ 차트 설명
- 차트 제목 : 궁서, 24pt, 굵게, 채우기(흰색), 테두리, 그림자(오프셋 위쪽)
- 차트 영역 : 채우기(노랑) 그림 영역 : 채우기(흰색)
- 데이터 서식 : 초미세먼지 계열을 표식이 있는 꺾은선형으로 변경 후 보조 축으로 지정
- 값 표시 : 영국의 초미세먼지 계열만

① 도형 삽입
- 스타일 : 미세 효과 – 주황, 강조 2
- 글꼴 : 굴림, 18pt

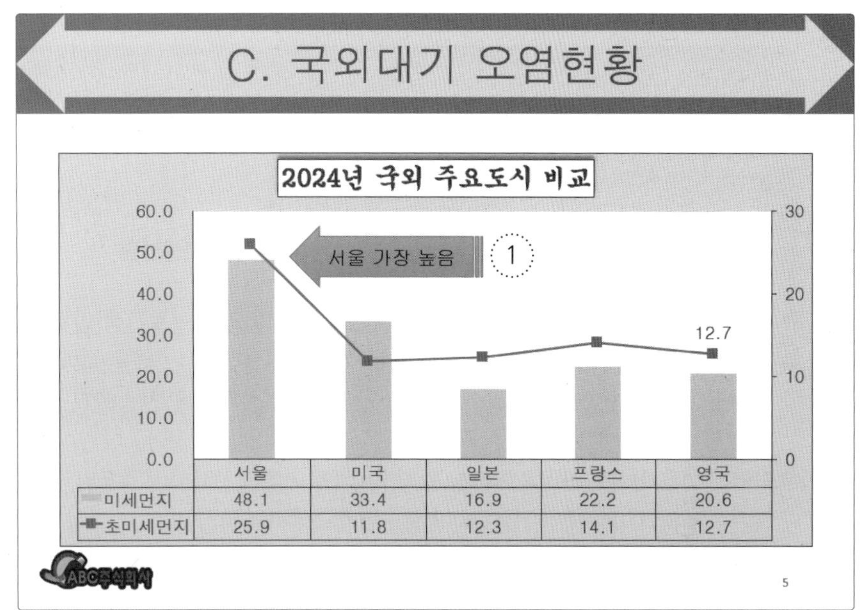

	서울	미국	일본	프랑스	영국
미세먼지	48.1	33.4	16.9	22.2	20.6
초미세먼지	25.9	11.8	12.3	14.1	12.7

(1) 슬라이드와 같이 도형 및 스마트아트를 배치한다(글꼴 : 굴림, 18pt).
(2) 애니메이션 순서 : ① ⇒ ②

세부 조건

① 도형 편집
- 그룹화 후 애니메이션 효과 : 실선 무늬(나타내기, 세로)

② 도형 및 스마트아트 편집
- 스마트아트 디자인 : 3차원 만화, 3차원 경사
- 그룹화 후 애니메이션 효과 : 회전하며 밝기 변화(나타내기)

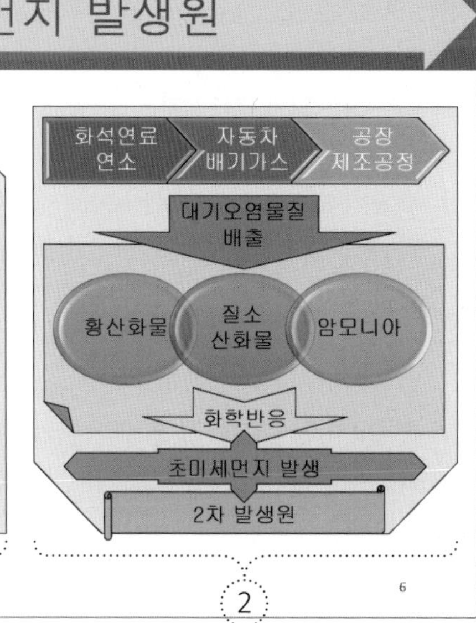

정보기술자격(ITQ) 실전모의고사

과 목	코 드	문제유형	시험시간	수험번호	성 명
한글파워포인트	1142	A	60분		

수험자 유의사항

◎ 수험자는 문제지를 받는 즉시 문제지와 <u>수험표상의 시험과목(프로그램)이 동일한지 반드시 확인</u>하여야 합니다.

◎ 파일명은 본인의 "수험번호-성명"으로 입력하여 답안폴더(내 PC₩문서₩ITQ)에 하나의 파일로 저장해야 하며, 답안문서 파일명이 "수험번호-성명"과 일치하지 않거나, 답안 파일을 전송하지 않아 미제출로 처리될 경우 실격 처리합니다 (예:12345678-홍길동.pptx).

◎ 답안 작성을 마치면 파일을 저장하고, '답안 전송' 버튼을 선택하여 감독위원 PC로 답안을 전송하십시오. 수험생 정보와 저장한 파일명이 다를 경우 전송되지 않으므로 주의하시기 바랍니다.

◎ 답안 작성 중에도 <u>주기적으로 저장하고, '답안 전송'</u>하여야 문제 발생을 줄일 수 있습니다. 작업한 내용을 저장하지 않고 전송할 경우 이전에 저장된 내용이 전송되오니 이점 유의하시기 바랍니다.

◎ 답안문서는 지정된 경로 외의 다른 보조기억장치에 저장하는 경우, 지정된 시험 시간 외에 작성된 파일을 활용할 경우, 기타 통신수단(이메일, 메신저, 네트워크 등)을 이용하여 타인에게 전달 또는 외부 반출하는 경우는 부정 처리합니다.

◎ 시험 중 부주의 또는 고의로 시스템을 파손한 경우는 수험자가 변상해야 하며, <수험자 유의사항>에 기재된 방법대로 이행하지 않아 생기는 불이익은 수험생 당사자의 책임임을 알려 드립니다.

◎ 문제의 조건은 MS오피스 2021 버전으로 설정되어 있으니 유의하시기 바랍니다.

◎ 시험을 완료한 수험자는 답안 파일이 전송되었는지 확인한 후 감독위원의 지시에 따라 문제지를 제출하고 퇴실합니다.

답안 작성요령

◎ 온라인 답안 작성 절차

    수험자 등록 ⇒ 시험 시작 ⇒ 답안 파일 저장 ⇒ 답안 전송 ⇒ 시험 종료

◎ 슬라이드의 크기는 A4 Paper로 설정하여 작성합니다.

◎ 슬라이드의 총 개수는 6개로 구성되어 있으며 슬라이드 1부터 순서대로 작업하고 반드시 문제와 세부 조건대로 합니다.

◎ 별도의 지시사항이 없는 경우 출력형태를 참조하여 글꼴 색은 검정 또는 흰색으로 작성하고, 기타 사항은 전체적인 균형을 고려하여 작성합니다.

◎ 슬라이드 도형 및 개체에 출력형태와 다른 스타일(그림자, 외곽선 등)을 적용했을 경우 감점처리 됩니다.

◎ 슬라이드 번호를 작성합니다(슬라이드 1에는 생략).

◎ 2~6번 슬라이드 제목 도형과 하단 로고는 슬라이드 마스터를 이용하여 출력형태와 동일하게 작성합니다(슬라이드 1에는 생략).

◎ 문제와 세부 조건, 세부 조건 번호 ⊙(점선원)는 입력하지 않습니다.

◎ 각 개체의 위치는 오른쪽의 슬라이드와 동일하게 구성합니다.

◎ 그림 삽입 문제의 경우 반드시 「내 PC₩문서₩ITQ₩Picture」 폴더에서 정확한 파일을 선택하여 삽입하십시오.

◎ 각 슬라이드를 각각의 파일로 작업해서 저장할 경우 실격 처리됩니다.

kpc 한국생산성본부

(1) 슬라이드 크기 및 순서 : 크기를 A4 용지로 설정하고 슬라이드 순서에 맞게 작성한다.
(2) 슬라이드 마스터 : 2~6슬라이드의 제목, 하단 로고, 슬라이드 번호는 슬라이드 마스터를 이용하여 작성한다.
 – 제목 글꼴(돋움, 40pt, 파랑), 가운데 맞춤, 도형(선 없음)
 – 하단 로고(「내 PC₩문서₩ITQ₩Picture₩로고2.jpg」, 배경(회색) 투명색으로 설정)

슬라이드 1 　제목 슬라이드 (40점)

(1) 표지 디자인 : 도형, 워드아트 및 그림을 이용하여 작성한다.

세부 조건

① 도형 편집
 – 도형에 그림 채우기 :
　「내 PC₩문서₩ITQ₩Picture₩
　그림3.jpg」, 투명도 50%
 – 도형 효과 :
　부드러운 가장자리 5포인트
② 워드아트 삽입
 – 변환 : 곡선, 아래로
 – 글꼴 : 돋움, 굵게
 – 텍스트 반사 :
　1/2 반사, 4 pt 오프셋
③ 그림 삽입
 – 「내 PC₩문서₩ITQ₩Picture₩
　로고2.jpg」
 – 배경(회색) 투명색으로 설정

슬라이드 2 　목차 슬라이드 (60점)

(1) 출력형태와 같이 도형을 이용하여 목차를 작성한다(글꼴 : 굴림, 24pt).
(2) 도형 : 선 없음

세부 조건

① 텍스트에 링크 적용
 → '슬라이드 6'
② 그림 삽입
 – 「내 PC₩문서₩ITQ₩Picture₩
　그림5.jpg」
 – 자르기 기능 이용

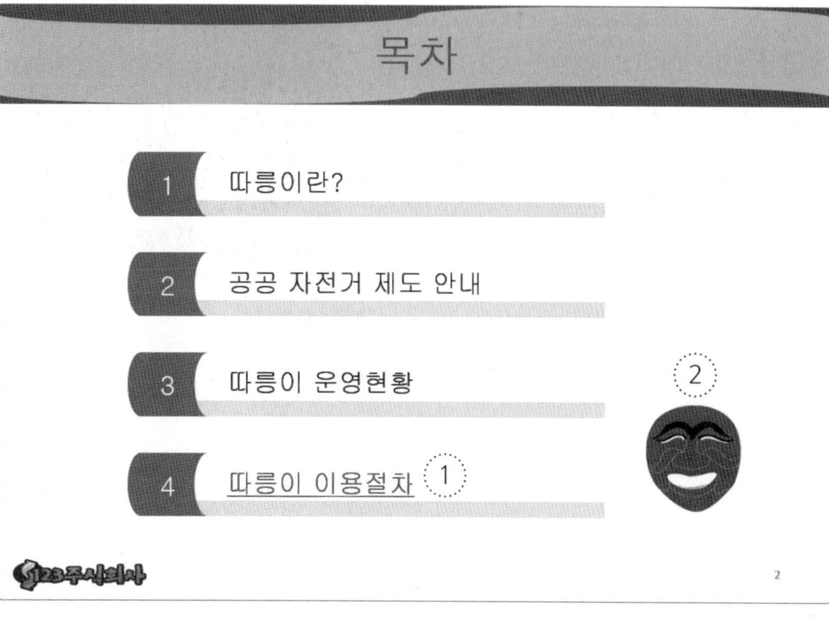

(1) 텍스트 작성 : 글머리 기호 사용(❖, ➤)
　　❖문단(굴림, 24pt, 굵게, 줄 간격 : 1.5줄), ➤문단(굴림, 20pt, 줄 간격 : 1.5줄)

세부 조건

① 동영상 삽입 :
- 「내 PC₩문서₩ITQ₩Picture₩
  동영상.wmv」
- 자동 실행, 반복 재생 설정

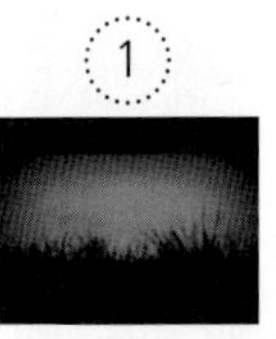

(1) 도형과 표 작성 기능을 이용하여 슬라이드를 작성한다(글꼴 : 돋움, 18pt).

세부 조건

① 상단 도형 :
　2개 도형의 조합으로 작성
② 좌측 도형 :
　그라데이션 효과(선형 아래쪽)
③ 표 스타일 :
　테마 스타일 1 – 강조 4

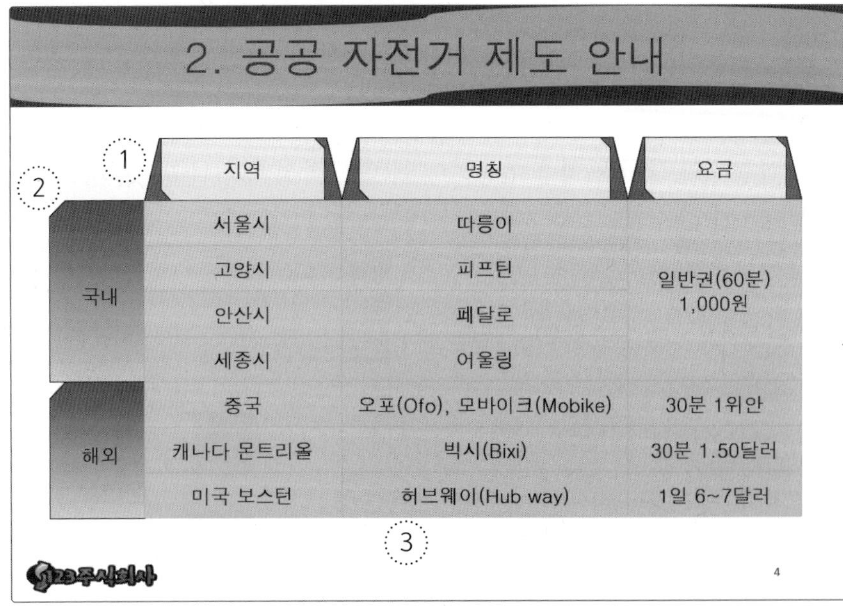

	지역	명칭	요금
국내	서울시	따릉이	
	고양시	피프틴	일반권(60분) 1,000원
	안산시	페달로	
	세종시	어울링	
해외	중국	오포(Ofo), 모바이크(Mobike)	30분 1위안
	캐나다 몬트리올	빅시(Bixi)	30분 1.50달러
	미국 보스턴	허브웨이(Hub way)	1일 6~7달러

(1) 차트 작성 기능을 이용하여 슬라이드를 작성한다.
(2) 차트 : 종류(묶은 세로 막대형), 글꼴(돋움, 16pt), 외곽선

세부 조건

※ 차트 설명
- 차트 제목 : 궁서, 24pt, 굵게,
  채우기(흰색), 테두리,
  그림자(오프셋 위쪽)
- 차트 영역 : 채우기(노랑)
  그림 영역 : 채우기(흰색)
- 데이터 서식 : 이용건수(천건) 계열을
  표식이 있는 꺾은선형으로 변경 후
  보조 축으로 지정
- 값 표시 :
  2024년 12월의 이용건수(천건) 계열만

① 도형 삽입
 - 스타일 :
   미세 효과 – 파랑, 강조 5
 - 글꼴 : 굴림, 18pt

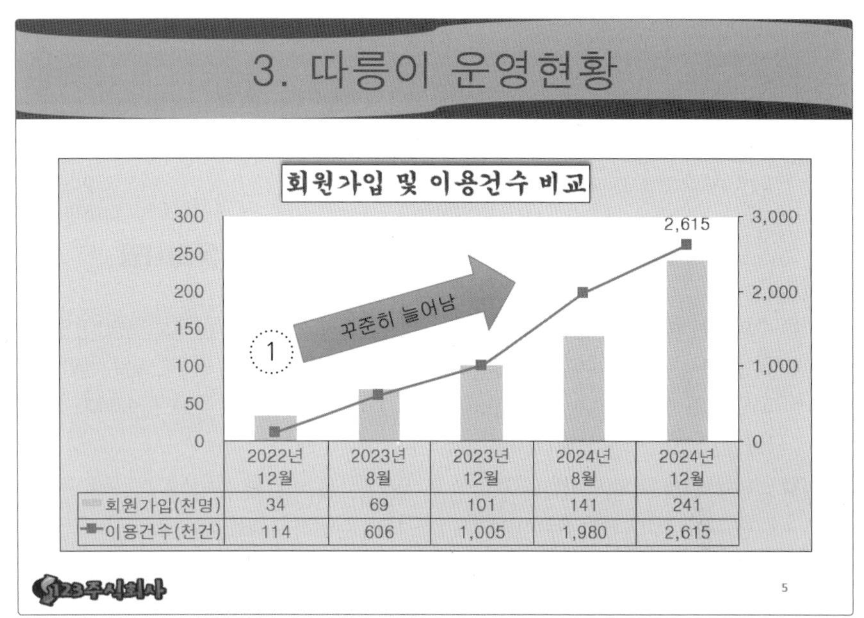

(1) 슬라이드와 같이 도형 및 스마트아트를 배치한다(글꼴 : 굴림, 18pt).
(2) 애니메이션 순서 : ① ⇒ ②

세부 조건

① 도형 편집
 - 그룹화 후 애니메이션 효과 :
   밝기 변화(나타내기)
② 도형 및 스마트아트 편집
 - 스마트아트 디자인 :
   3차원 광택 처리,
   강한 효과
 - 그룹화 후 애니메이션 효과 :
   나누기(나타내기, 세로 바깥쪽으로)

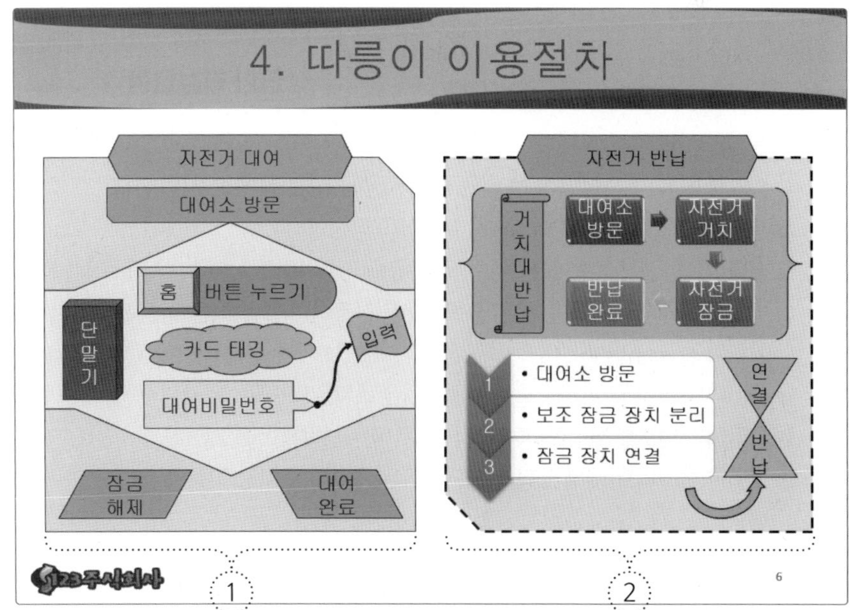

정보기술자격(ITQ) 실전모의고사

과　목	코　드	문제유형	시험시간	수험번호	성　명
한글파워포인트	1142	A	60분		

수험자 유의사항

◎ 수험자는 문제지를 받는 즉시 문제지와 <u>수험표상의 시험과목(프로그램)이 동일한지 반드시 확인</u>하여야 합니다.

◎ 파일명은 본인의 "수험번호-성명"으로 입력하여 답안폴더(내 PC₩문서₩ITQ)에 하나의 파일로 저장해야 하며, 답안문서 파일명이 "수험번호-성명"과 일치하지 않거나, 답안 파일을 전송하지 않아 미제출로 처리될 경우 실격 처리합니다 (예:12345678-홍길동.pptx).

◎ 답안 작성을 마치면 파일을 저장하고, '답안 전송' 버튼을 선택하여 감독위원 PC로 답안을 전송하십시오. 수험생 정보와 저장한 파일명이 다를 경우 전송되지 않으므로 주의하시기 바랍니다.

◎ 답안 작성 중에도 <u>주기적으로 저장하고, '답안 전송'</u>하여야 문제 발생을 줄일 수 있습니다. 작업한 내용을 저장하지 않고 전송할 경우 이전에 저장된 내용이 전송되오니 이점 유의하시기 바랍니다.

◎ 답안문서는 지정된 경로 외의 다른 보조기억장치에 저장하는 경우, 지정된 시험 시간 외에 작성된 파일을 활용할 경우, 기타 통신수단(이메일, 메신저, 네트워크 등)을 이용하여 타인에게 전달 또는 외부 반출하는 경우는 부정 처리합니다.

◎ 시험 중 부주의 또는 고의로 시스템을 파손한 경우는 수험자가 변상해야 하며, <수험자 유의사항>에 기재된 방법대로 이행하지 않아 생기는 불이익은 수험생 당사자의 책임임을 알려 드립니다.

◎ 문제의 조건은 MS오피스 2021 버전으로 설정되어 있으니 유의하시기 바랍니다.

◎ 시험을 완료한 수험자는 답안 파일이 전송되었는지 확인한 후 감독위원의 지시에 따라 문제지를 제출하고 퇴실합니다.

답안 작성요령

◎ 온라인 답안 작성 절차

수험자 등록 ⇒ 시험 시작 ⇒ 답안 파일 저장 ⇒ 답안 전송 ⇒ 시험 종료

◎ 슬라이드의 크기는 A4 Paper로 설정하여 작성합니다.

◎ 슬라이드의 총 개수는 6개로 구성되어 있으며 슬라이드 1부터 순서대로 작업하고 반드시 문제와 세부 조건대로 합니다.

◎ 별도의 지시사항이 없는 경우 출력형태를 참조하여 글꼴 색은 검정 또는 흰색으로 작성하고, 기타 사항은 전체적인 균형을 고려하여 작성합니다.

◎ 슬라이드 도형 및 개체에 출력형태와 다른 스타일(그림자, 외곽선 등)을 적용했을 경우 감점처리 됩니다.

◎ 슬라이드 번호를 작성합니다(슬라이드 1에는 생략).

◎ 2~6번 슬라이드 제목 도형과 하단 로고는 슬라이드 마스터를 이용하여 출력형태와 동일하게 작성합니다(슬라이드 1에는 생략).

◎ 문제와 세부 조건, 세부 조건 번호 ⊙(점선원)는 입력하지 않습니다.

◎ 각 개체의 위치는 오른쪽의 슬라이드와 동일하게 구성합니다.

◎ 그림 삽입 문제의 경우 반드시 「내 PC₩문서₩ITQ₩Picture」 폴더에서 정확한 파일을 선택하여 삽입하십시오.

◎ 각 슬라이드를 각각의 파일로 작업해서 저장할 경우 실격 처리됩니다.

kpc 한국생산성본부

(1) 슬라이드 크기 및 순서 : 크기를 A4 용지로 설정하고 슬라이드 순서에 맞게 작성한다.
(2) 슬라이드 마스터 : 2~6슬라이드의 제목, 하단 로고, 슬라이드 번호는 슬라이드 마스터를 이용하여 작성한다.
  – 제목 글꼴(굴림, 40pt, 흰색), 가운데 맞춤, 도형(선 없음)
  – 하단 로고(「내 PC￦문서￦ITQ￦Picture￦로고2.jpg」, 배경(회색) 투명색으로 설정)

슬라이드 1 　　제목 슬라이드 (40점)

(1) 표지 디자인 : 도형, 워드아트 및 그림을 이용하여 작성한다.

세부 조건

① 도형 편집
  – 도형에 그림 채우기 :
    「내 PC￦문서￦ITQ￦Picture￦
    그림3.jpg」, 투명도 50%
  – 도형 효과 :
    부드러운 가장자리 5포인트
② 워드아트 삽입
  – 변환 : 페이드, 오른쪽
  – 글꼴 : 궁서, 굵게
  – 텍스트 반사 :
    1/2 반사, 터치
③ 그림 삽입
  – 「내 PC￦문서￦ITQ￦Picture￦
    로고2.jpg」
  – 배경(회색) 투명색으로 설정

슬라이드 2 　　목차 슬라이드 (60점)

(1) 출력형태와 같이 도형을 이용하여 목차를 작성한다(글꼴 : 굴림, 24pt).
(2) 도형 : 선 없음

세부 조건

① 텍스트에 링크 적용
  → '슬라이드 4'
② 그림 삽입
  – 「내 PC￦문서￦ITQ￦Picture￦
    그림4.jpg」
  – 자르기 기능 이용

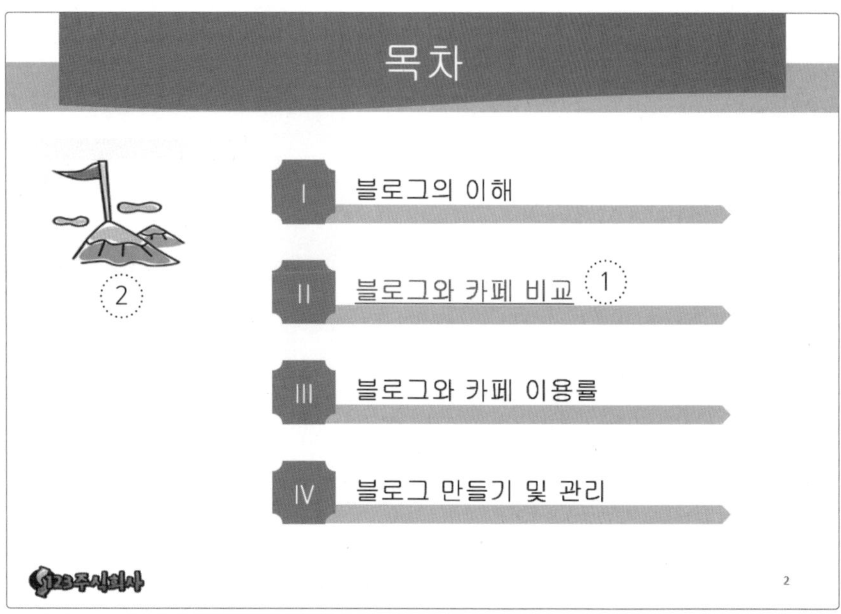

(1) 텍스트 작성 : 글머리 기호 사용(❖, •)

　　❖문단(굴림, 24pt, 굵게, 줄 간격 : 1.5줄), •문단(굴림, 20pt, 줄 간격 : 1.5줄)

세부 조건

① 동영상 삽입 :
　– 「내 PC₩문서₩ITQ₩Picture₩
　　동영상.wmv」
　– 자동 실행, 반복 재생 설정

(1) 도형과 표 작성 기능을 이용하여 슬라이드를 작성한다(글꼴 : 돋움, 18pt).

세부 조건

① 상단 도형 :
　2개 도형의 조합으로 작성
② 좌측 도형 :
　그라데이션 효과(선형 위쪽)
③ 표 스타일 :
　테마 스타일 1 – 강조 1

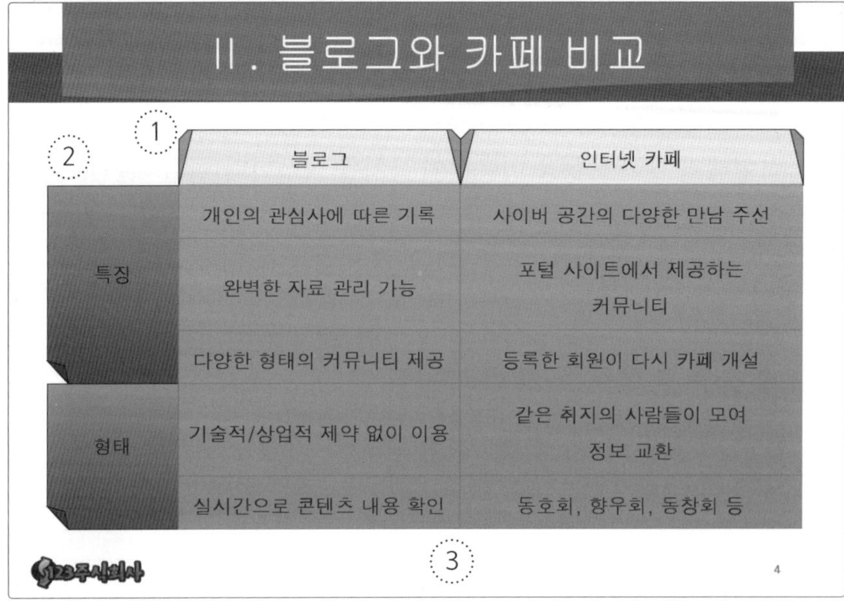

(1) 차트 작성 기능을 이용하여 슬라이드를 작성한다.
(2) 차트 : 종류(묶은 세로 막대형), 글꼴(돋움, 16pt), 외곽선

세부 조건

※ 차트 설명
- 차트 제목 : 궁서, 24pt, 굵게,
  채우기(흰색), 테두리,
  그림자(오프셋 아래쪽)
- 차트 영역 : 채우기(노랑)
  그림 영역 : 채우기(흰색)
- 데이터 서식 : 카페 계열을
  표식이 있는 꺾은선형으로 변경 후
  보조 축으로 지정
- 값 표시 : 2024년의 카페 계열만

① 도형 삽입
- 스타일 :
  미세 효과 – 파랑, 강조 1
- 글꼴 : 굴림, 18pt

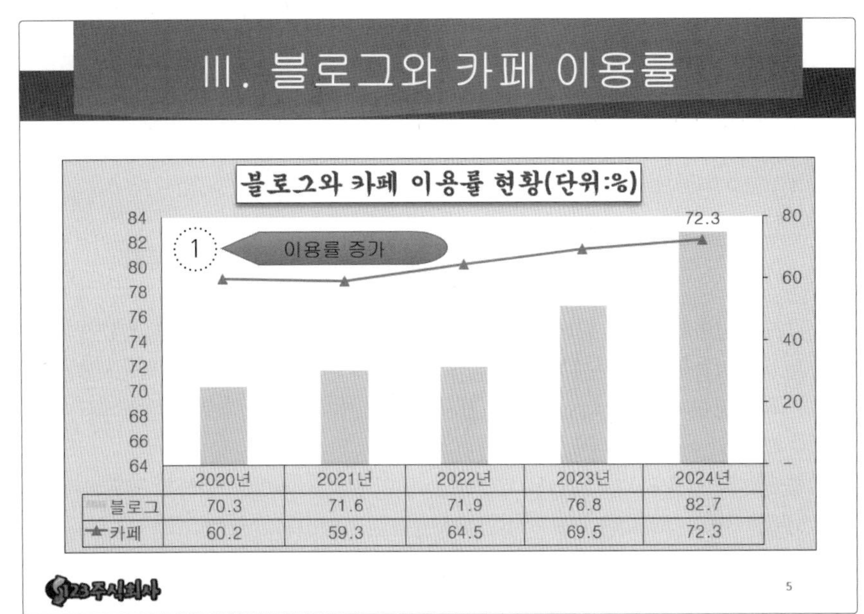

	2020년	2021년	2022년	2023년	2024년
블로그	70.3	71.6	71.9	76.8	82.7
카페	60.2	59.3	64.5	69.5	72.3

(1) 슬라이드와 같이 도형 및 스마트아트를 배치한다(글꼴 : 굴림, 18pt).
(2) 애니메이션 순서 : ① ⇒ ②

세부 조건

① 도형 및 스마트아트 편집
- 스마트아트 디자인 :
  3차원 경사,
  3차원 광택 처리
- 그룹화 후 애니메이션 효과 :
  바운드(나타내기)

② 도형 편집
- 그룹화 후 애니메이션 효과 :
  시계 방향 회전(나타내기)

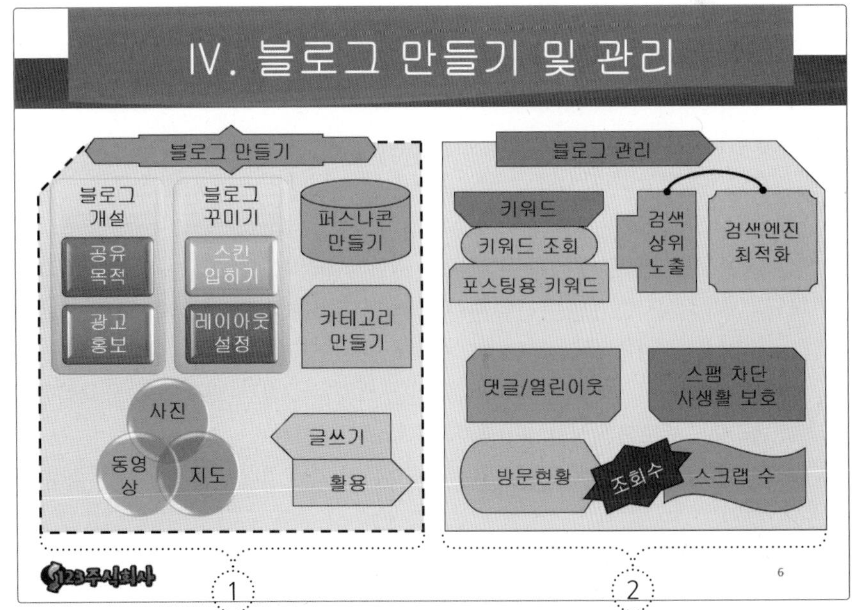

정보기술자격(ITQ) 실전모의고사

과 목	코 드	문제유형	시험시간	수험번호	성 명
한글파워포인트	1142	A	60분		

수험자 유의사항

◎ 수험자는 문제지를 받는 즉시 문제지와 <u>수험표상의 시험과목(프로그램)이 동일한지 반드시 확인</u>하여야 합니다.

◎ 파일명은 본인의 "수험번호−성명"으로 입력하여 답안폴더(내 PC\문서\ITQ)에 하나의 파일로 저장해야 하며, 답안문서 파일명이 "수험번호−성명"과 일치하지 않거나, 답안 파일을 전송하지 않아 미제출로 처리될 경우 실격 처리합니다 (예:12345678−홍길동.pptx).

◎ 답안 작성을 마치면 파일을 저장하고, '답안 전송' 버튼을 선택하여 감독위원 PC로 답안을 전송하십시오. 수험생 정보와 저장한 파일명이 다를 경우 전송되지 않으므로 주의하시기 바랍니다.

◎ 답안 작성 중에도 <u>주기적으로 저장하고, '답안 전송'</u>하여야 문제 발생을 줄일 수 있습니다. 작업한 내용을 저장하지 않고 전송할 경우 이전에 저장된 내용이 전송되오니 이점 유의하시기 바랍니다.

◎ 답안문서는 지정된 경로 외의 다른 보조기억장치에 저장하는 경우, 지정된 시험 시간 외에 작성된 파일을 활용할 경우, 기타 통신수단(이메일, 메신저, 네트워크 등)을 이용하여 타인에게 전달 또는 외부 반출하는 경우는 부정 처리합니다.

◎ 시험 중 부주의 또는 고의로 시스템을 파손한 경우는 수험자가 변상해야 하며, <수험자 유의사항>에 기재된 방법대로 이행하지 않아 생기는 불이익은 수험생 당사자의 책임임을 알려 드립니다.

◎ 문제의 조건은 MS오피스 2021 버전으로 설정되어 있으니 유의하시기 바랍니다.

◎ 시험을 완료한 수험자는 답안 파일이 전송되었는지 확인한 후 감독위원의 지시에 따라 문제지를 제출하고 퇴실합니다.

답안 작성요령

◎ 온라인 답안 작성 절차

　수험자 등록 ⇒ 시험 시작 ⇒ 답안 파일 저장 ⇒ 답안 전송 ⇒ 시험 종료

◎ 슬라이드의 크기는 A4 Paper로 설정하여 작성합니다.

◎ 슬라이드의 총 개수는 6개로 구성되어 있으며 슬라이드 1부터 순서대로 작업하고 반드시 문제와 세부 조건대로 합니다.

◎ 별도의 지시사항이 없는 경우 출력형태를 참조하여 글꼴 색은 검정 또는 흰색으로 작성하고, 기타 사항은 전체적인 균형을 고려하여 작성합니다.

◎ 슬라이드 도형 및 개체에 출력형태와 다른 스타일(그림자, 외곽선 등)을 적용했을 경우 감점처리 됩니다.

◎ 슬라이드 번호를 작성합니다(슬라이드 1에는 생략).

◎ 2~6번 슬라이드 제목 도형과 하단 로고는 슬라이드 마스터를 이용하여 출력형태와 동일하게 작성합니다(슬라이드 1에는 생략).

◎ 문제와 세부 조건, 세부 조건 번호 ⦂(점선원)는 입력하지 않습니다.

◎ 각 개체의 위치는 오른쪽의 슬라이드와 동일하게 구성합니다.

◎ 그림 삽입 문제의 경우 반드시 「내 PC\문서\ITQ\Picture」 폴더에서 정확한 파일을 선택하여 삽입하십시오.

◎ 각 슬라이드를 각각의 파일로 작업해서 저장할 경우 실격 처리됩니다.

kpc 한국생산성본부

(1) 슬라이드 크기 및 순서 : 크기를 A4 용지로 설정하고 슬라이드 순서에 맞게 작성한다.
(2) 슬라이드 마스터 : 2~6슬라이드의 제목, 하단 로고, 슬라이드 번호는 슬라이드 마스터를 이용하여 작성한다.
　　－ 제목 글꼴(돋움, 40pt, 흰색), 가운데 맞춤, 도형(선 없음)
　　－ 하단 로고(「내 PC\문서\ITQ\Picture\로고3.jpg」, 배경(연보라) 투명색으로 설정

슬라이드 1　　제목 슬라이드　(40점)

(1) 표지 디자인 : 도형, 워드아트 및 그림을 이용하여 작성한다.

세부 조건

① 도형 편집
－ 도형에 그림 채우기 :
「내 PC\문서\ITQ\Picture\
그림2.jpg」, 투명도 50%
－ 도형 효과 :
부드러운 가장자리 5포인트
② 워드아트 삽입
－ 변환 : 곡선, 위로
－ 글꼴 : 돋움, 굵게
－ 텍스트 반사 :
근접 반사, 4pt 오프셋
③ 그림 삽입
－ 「내 PC\문서\ITQ\Picture\
로고3.jpg」
－ 배경(연보라) 투명색으로 설정

슬라이드 2　　목차 슬라이드　(60점)

(1) 출력형태와 같이 도형을 이용하여 목차를 작성한다(글꼴 : 굴림, 24pt).
(2) 도형 : 선 없음

세부 조건

① 텍스트에 링크 적용
→ '슬라이드 6'
② 그림 삽입
－ 「내 PC\문서\ITQ\Picture\
그림4.jpg」
－ 자르기 기능 이용

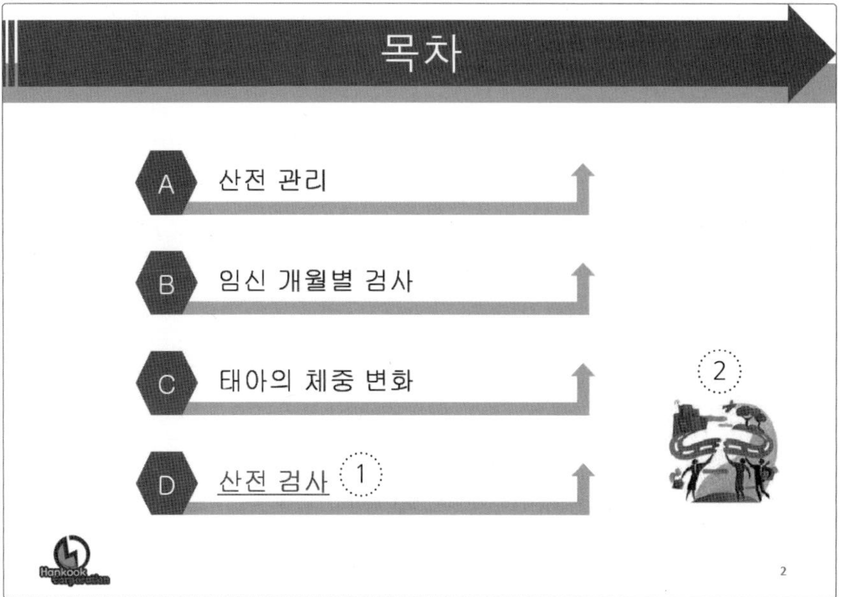

(1) 텍스트 작성 : 글머리 기호 사용(◆, ✓)

    ◆문단(굴림, 24pt, 굵게, 줄 간격 : 1.5줄), ✓문단(굴림, 20pt, 줄 간격 : 1.5줄)

세부 조건

① 동영상 삽입 :
- 「내 PC₩문서₩ITQ₩Picture₩동영상.wmv」
- 자동 실행, 반복 재생 설정

A. 산전 관리

◆ Prenatal care

   ✓Prenatal care (also known as antenatal care) refers to the regular medical and nursing care recommended for women during pregnancy

◆ 산전 관리

   ✓산전 운동은 임산부의 신체적 능력에 따라 차이가 많이 나므로 운동을 시행할 동안 과도한 체력 저하, 현기증 등이 발생할 때에는 즉시 운동을 멈추고 휴식을 취해야 함

---

(1) 도형과 표 작성 기능을 이용하여 슬라이드를 작성한다(글꼴 : 돋움, 18pt).

세부 조건

① 상단 도형 :
  2개 도형의 조합으로 작성
② 좌측 도형 :
  그라데이션 효과(선형 아래쪽)
③ 표 스타일 :
  테마 스타일 1 – 강조 4

B. 임신 개월별 검사

	1~3개월	4~7개월	8~10개월
기본 검사	소변검사, 체중, 혈압, 혈액검사	소변, 체중, 혈압, 기형아 선별검사, 당뇨검사	소변검사, 혈압, 분만에 필요한 혈액검사
진찰	복부 진찰, 풍진검사	복부 진찰, 태아 심음 확인	복부 진찰, 내진
기타	초음파 검사, 정신지체 선별검사	초음파 검사, 특수 검사(양수검사, 정밀 초음파 검사)	초음파검사, 태아 심박동 검사

(1) 차트 작성 기능을 이용하여 슬라이드를 작성한다.
(2) 차트 : 종류(묶은 세로 막대형), 글꼴(돋움, 16pt), 외곽선

세부 조건

※ 차트 설명
 · 차트 제목 : 궁서, 24pt, 굵게,
　채우기(흰색), 테두리,
　그림자(오프셋 오른쪽)
 · 차트 영역 : 채우기(노랑)
　그림 영역 : 채우기(흰색)
 · 데이터 서식 : 체중(g) 계열을
　표식이 있는 꺾은선형으로 변경 후
　보조 축으로 지정
 · 값 표시 : 10개월의 신장(cm) 계열만

① 도형 삽입
 - 스타일 :
　미세 효과 – 파랑, 강조 1
 - 글꼴 : 돋움, 18pt

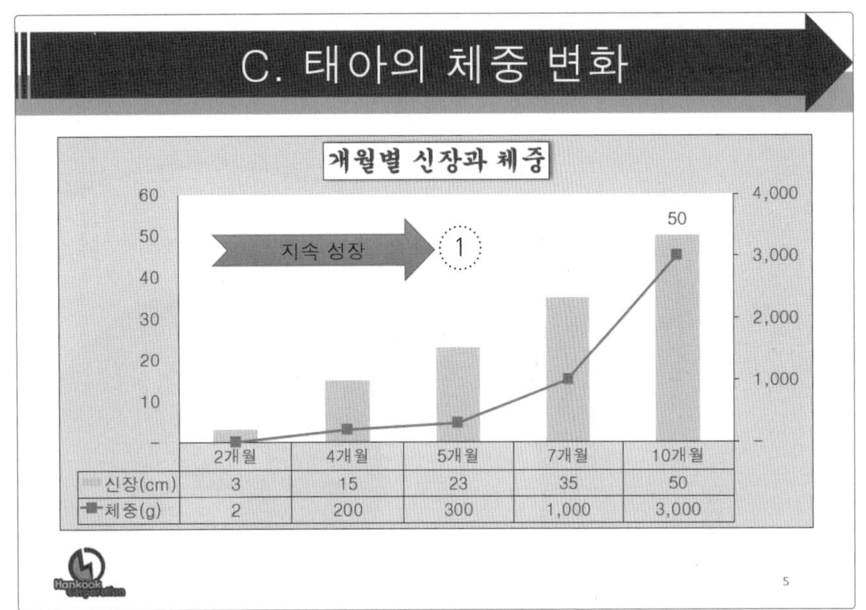

신장(cm)	2개월	4개월	5개월	7개월	10개월
신장(cm)	3	15	23	35	50
체중(g)	2	200	300	1,000	3,000

(1) 슬라이드와 같이 도형 및 스마트아트를 배치한다(글꼴 : 굴림, 18pt).
(2) 애니메이션 순서 : ① ⇒ ②

세부 조건

① 도형 편집
 - 그룹화 후 애니메이션 효과 :
　바운드(나타내기)
② 도형 및 스마트아트 편집
 - 스마트아트 디자인 :
　3차원 경사,
　3차원 만화
 - 그룹화 후 애니메이션 효과 :
　시계 방향 회전(나타내기)

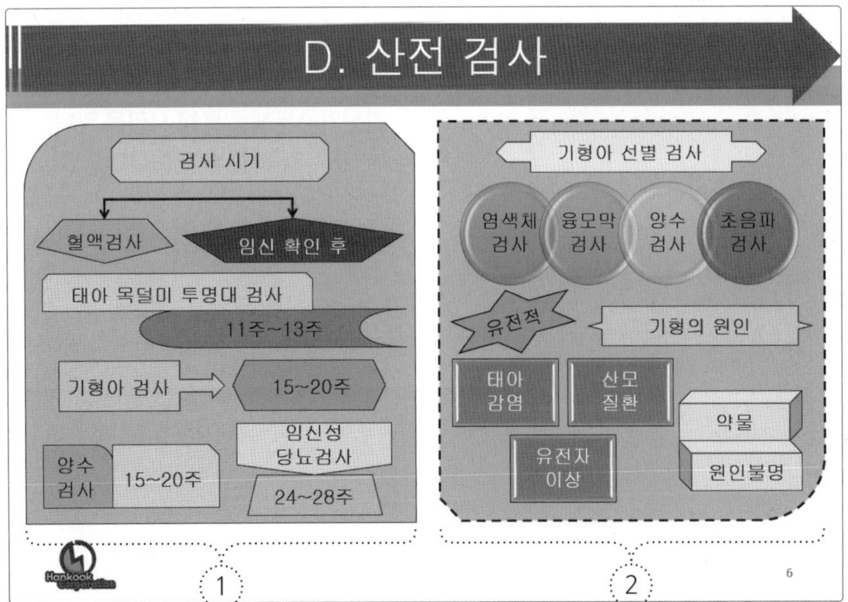

PART 3

최신 기출문제

최신기출문제를 통해 시험을 완벽하게
대비할 수 있습니다.

제 01회 | 최신 기출문제

제 02회 | 최신 기출문제

제 03회 | 최신 기출문제

제 04회 | 최신 기출문제

제 05회 | 최신 기출문제

정보기술자격(ITQ) 최신기출문제

과 목	코 드	문제유형	시험시간	수험번호	성 명
한글파워포인트	1142	A	60분		

수험자 유의사항

◎ 수험자는 문제지를 받는 즉시 문제지와 <u>수험표상의 시험과목(프로그램)이 동일한지 반드시 확인</u>하여야 합니다.

◎ 파일명은 본인의 "수험번호-성명"으로 입력하여 답안폴더(내 PC₩문서₩ITQ)에 하나의 파일로 저장해야 하며, 답안문서 파일명이 "수험번호-성명"과 일치하지 않거나, 답안 파일을 전송하지 않아 미제출로 처리될 경우 실격 처리합니다 (예:12345678-홍길동.pptx).

◎ 답안 작성을 마치면 파일을 저장하고, '답안 전송' 버튼을 선택하여 감독위원 PC로 답안을 전송하십시오. 수험생 정보와 저장한 파일명이 다를 경우 전송되지 않으므로 주의하시기 바랍니다.

◎ 답안 작성 중에도 <u>주기적으로 저장하고, '답안 전송'</u>하여야 문제 발생을 줄일 수 있습니다. 작업한 내용을 저장하지 않고 전송할 경우 이전에 저장된 내용이 전송되오니 이점 유의하시기 바랍니다.

◎ 답안문서는 지정된 경로 외의 다른 보조기억장치에 저장하는 경우, 지정된 시험 시간 외에 작성된 파일을 활용할 경우, 기타 통신수단(이메일, 메신저, 네트워크 등)을 이용하여 타인에게 전달 또는 외부 반출하는 경우는 부정 처리합니다.

◎ 시험 중 부주의 또는 고의로 시스템을 파손한 경우는 수험자가 변상해야 하며, <수험자 유의사항>에 기재된 방법대로 이행하지 않아 생기는 불이익은 수험생 당사자의 책임임을 알려 드립니다.

◎ 문제의 조건은 MS오피스 2021 버전으로 설정되어 있으니 유의하시기 바랍니다.

◎ 시험을 완료한 수험자는 답안 파일이 전송되었는지 확인한 후 감독위원의 지시에 따라 문제지를 제출하고 퇴실합니다.

답안 작성요령

◎ 온라인 답안 작성 절차

　　수험자 등록 ⇒ 시험 시작 ⇒ 답안 파일 저장 ⇒ 답안 전송 ⇒ 시험 종료

◎ 슬라이드의 크기는 A4 Paper로 설정하여 작성합니다.

◎ 슬라이드의 총 개수는 6개로 구성되어 있으며 슬라이드 1부터 순서대로 작업하고 반드시 문제와 세부 조건대로 합니다.

◎ 별도의 지시사항이 없는 경우 출력형태를 참조하여 글꼴 색은 검정 또는 흰색으로 작성하고, 기타 사항은 전체적인 균형을 고려하여 작성합니다.

◎ 슬라이드 도형 및 개체에 출력형태와 다른 스타일(그림자, 외곽선 등)을 적용했을 경우 감점처리 됩니다.

◎ 슬라이드 번호를 작성합니다(슬라이드 1에는 생략).

◎ 2~6번 슬라이드 제목 도형과 하단 로고는 슬라이드 마스터를 이용하여 출력형태와 동일하게 작성합니다(슬라이드 1에는 생략).

◎ 문제와 세부 조건, 세부 조건 번호 ◌(점선원)는 입력하지 않습니다.

◎ 각 개체의 위치는 오른쪽의 슬라이드와 동일하게 구성합니다.

◎ 그림 삽입 문제의 경우 반드시 「내 PC₩문서₩ITQ₩Picture」 폴더에서 정확한 파일을 선택하여 삽입하십시오.

◎ 각 슬라이드를 각각의 파일로 작업해서 저장할 경우 실격 처리됩니다.

(1) 슬라이드 크기 및 순서 : 크기를 A4 용지로 설정하고 슬라이드 순서에 맞게 작성한다.

(2) 슬라이드 마스터 : 2~6슬라이드의 제목, 하단 로고, 슬라이드 번호는 슬라이드 마스터를 이용하여 작성한다.
- 제목 글꼴(굴림, 40pt, 흰색), 가운데 맞춤, 도형(선 없음)
- 하단 로고(「내 PC₩문서₩ITQ₩Picture₩로고3.jpg」, 배경(연보라) 투명색으로 설정)

슬라이드 1 　제목 슬라이드 (40점)

(1) 표지 디자인 : 도형, 워드아트 및 그림을 이용하여 작성한다.

세부 조건

① 도형 편집
- 도형에 그림 채우기 :
「내 PC₩문서₩ITQ₩Picture₩
그림2.jpg」, 투명도 50%
- 도형 효과 :
부드러운 가장자리 5포인트

② 워드아트 삽입
- 변환 : 페이드, 오른쪽
- 글꼴 : 돋움, 굵게
- 텍스트 반사 :
근접 반사, 터치

③ 그림 삽입
- 「내 PC₩문서₩ITQ₩Picture₩
로고3.jpg」
- 배경(연보라) 투명색으로 설정

슬라이드 2 　목차 슬라이드 (60점)

(1) 출력형태와 같이 도형을 이용하여 목차를 작성한다(글꼴 : 굴림, 24pt).

(2) 도형 : 선 없음

세부 조건

① 텍스트에 링크 적용
→ '슬라이드 6'

② 그림 삽입
- 「내 PC₩문서₩ITQ₩Picture₩
그림4.jpg」
- 자르기 기능 이용

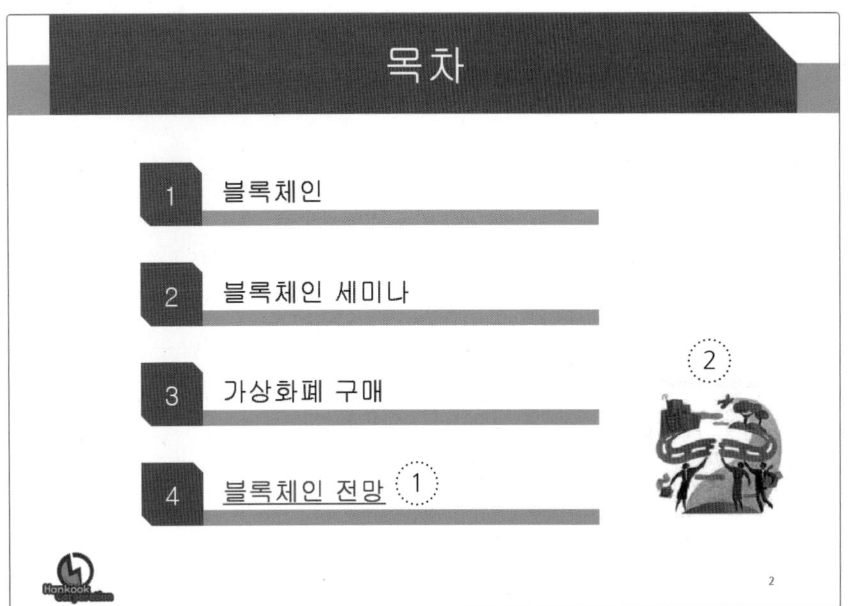

(1) 텍스트 작성 : 글머리 기호 사용(◆, ▪)

　　◆문단(굴림, 24pt, 굵게, 줄 간격 : 1.5줄), ▪ 문단(굴림, 20pt, 줄 간격 : 1.5줄)

세부 조건

① 동영상 삽입 :
 - 「내 PC₩문서₩ITQ₩Picture₩동영상.wmv」
 - 자동 실행, 반복 재생 설정

---

1. 블록체인

◆**Block Chain**

 ▪ A blockchain, originally block chain, is a growing list of records, called blocks, which are linked using cryptography

 ▪ Each block contains a cryptographic hash of the previous block, a timestamp, and transaction data

◆**블록체인 기술**

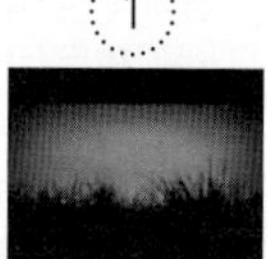

 ▪ 비트코인을 비롯한 대부분의 암호화폐 거래에 사용하며 블록체인 소프트웨어를 실행하는 많은 사용자들의 각 컴퓨터에서 서버가 운영되어 중앙은행 없이 개인 간의 자유로운 거래 가능

---

(1) 도형과 표 작성 기능을 이용하여 슬라이드를 작성한다(글꼴 : 돋움, 18pt).

세부 조건

① 상단 도형 :
　2개 도형의 조합으로 작성

② 좌측 도형 :
　그라데이션 효과(선형 아래쪽)

③ 표 스타일 :
　테마 스타일 1 - 강조 5

---

2. 블록체인 세미나

	시간	내용	비고
10/30	14:00~15:00	등록 및 네트워킹	
	15:00~17:00	기조연설	박술래 원장
10/31	10:00~11:30	블록체인의 역할과 미래	이동희 교수
	13:00~14:30	산업계의 블록체인	김희라 상무
	14:30~16:00	패널토의	진행 : 정지은 교수
	16:00~17:00	폐회식	

(1) 차트 작성 기능을 이용하여 슬라이드를 작성한다.

(2) 차트 : 종류(묶은 세로 막대형), 글꼴(돋움, 16pt), 외곽선

세부 조건

※ 차트 설명
- 차트 제목 : 돋움, 20pt, 굵게,
  채우기(흰색), 테두리,
  그림자(오프셋 오른쪽)
- 차트 영역 : 채우기(노랑)
  그림 영역 : 채우기(흰색)
- 데이터 서식 : 구매경험 있음 계열을
  표식이 있는 꺾은선형으로 변경 후
  보조 축으로 지정
- 값 표시 : 50대의 구매경험 있음 계열만

① 도형 삽입
- 스타일 :
  미세 효과 – 파랑, 강조 1
- 글꼴 : 돋움, 18pt

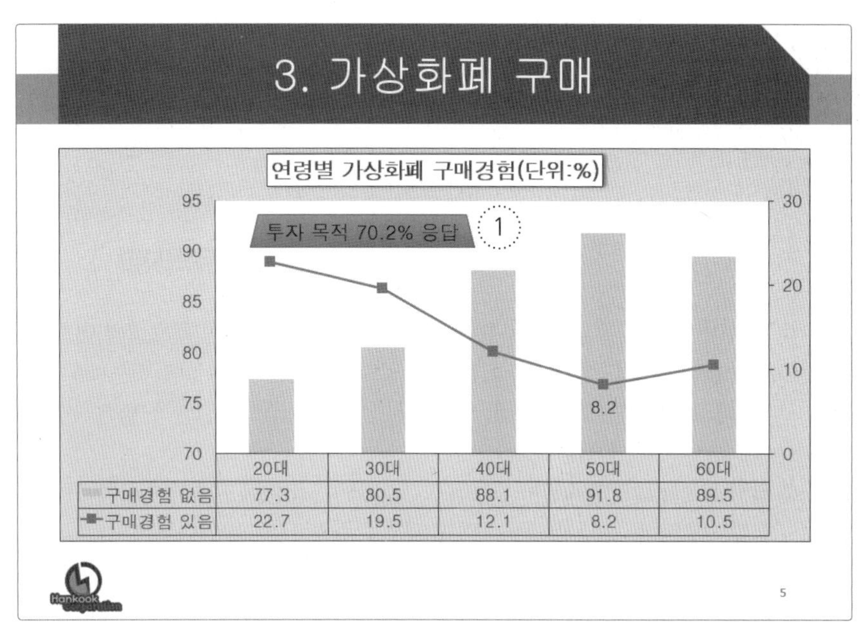

	20대	30대	40대	50대	60대
구매경험 없음	77.3	80.5	88.1	91.8	89.5
구매경험 있음	22.7	19.5	12.1	8.2	10.5

(1) 슬라이드와 같이 도형 및 스마트아트를 배치한다(글꼴 : 굴림, 18pt).

(2) 애니메이션 순서 : ① ⇒ ②

세부 조건

① 도형 편집
- 그룹화 후 애니메이션 효과 :
  닦아내기(나타내기, 위에서)
② 도형 및 스마트아트 편집
- 스마트아트 디자인 :
  3차원 광택 처리,
  강한 효과
- 그룹화 후 애니메이션 효과 :
  시계 방향 회전(나타내기)

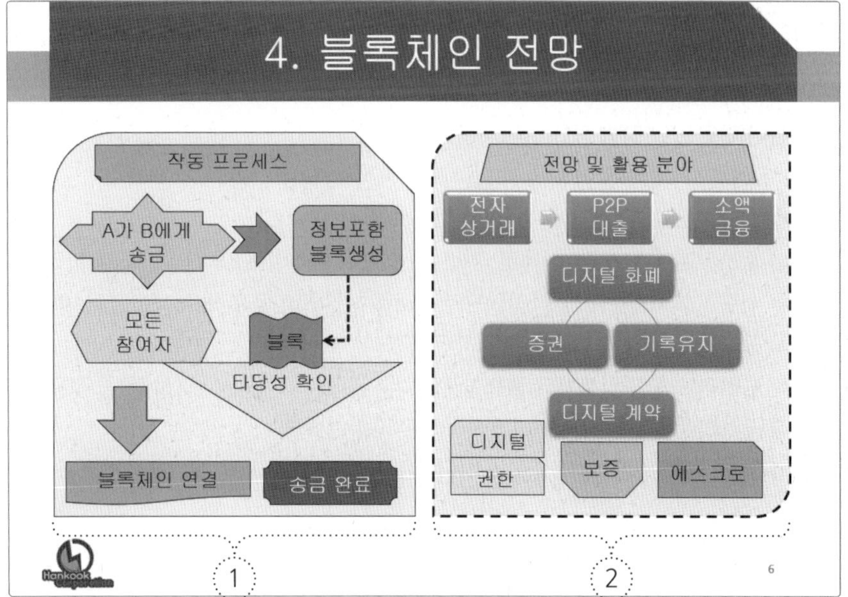

정보기술자격(ITQ) 최신기출문제

과 목	코 드	문제유형	시험시간	수험번호	성 명
한글파워포인트	1142	A	60분		

수험자 유의사항

◎ 수험자는 문제지를 받는 즉시 문제지와 <u>수험표상의 시험과목(프로그램)이 동일한지 반드시 확인</u>하여야 합니다.

◎ 파일명은 본인의 "수험번호–성명"으로 입력하여 답안폴더(내 PC₩문서₩ITQ)에 하나의 파일로 저장해야 하며, 답안문서 파일명이 "수험번호–성명"과 일치하지 않거나, 답안 파일을 전송하지 않아 미제출로 처리될 경우 실격 처리합니다 (예:12345678-홍길동.pptx).

◎ 답안 작성을 마치면 파일을 저장하고, '답안 전송' 버튼을 선택하여 감독위원 PC로 답안을 전송하십시오. 수험생 정보와 저장한 파일명이 다를 경우 전송되지 않으므로 주의하시기 바랍니다.

◎ 답안 작성 중에도 <u>주기적으로 저장하고, '답안 전송'</u>하여야 문제 발생을 줄일 수 있습니다. 작업한 내용을 저장하지 않고 전송할 경우 이전에 저장된 내용이 전송되오니 이점 유의하시기 바랍니다.

◎ 답안문서는 지정된 경로 외의 다른 보조기억장치에 저장하는 경우, 지정된 시험 시간 외에 작성된 파일을 활용할 경우, 기타 통신수단(이메일, 메신저, 네트워크 등)을 이용하여 타인에게 전달 또는 외부 반출하는 경우는 부정 처리합니다.

◎ 시험 중 부주의 또는 고의로 시스템을 파손한 경우는 수험자가 변상해야 하며, <수험자 유의사항>에 기재된 방법대로 이행하지 않아 생기는 불이익은 수험생 당사자의 책임임을 알려 드립니다.

◎ 문제의 조건은 MS오피스 2021 버전으로 설정되어 있으니 유의하시기 바랍니다.

◎ 시험을 완료한 수험자는 답안 파일이 전송되었는지 확인한 후 감독위원의 지시에 따라 문제지를 제출하고 퇴실합니다.

답안 작성요령

◎ 온라인 답안 작성 절차

    수험자 등록 ⇒ 시험 시작 ⇒ 답안 파일 저장 ⇒ 답안 전송 ⇒ 시험 종료

◎ 슬라이드의 크기는 A4 Paper로 설정하여 작성합니다.

◎ 슬라이드의 총 개수는 6개로 구성되어 있으며 슬라이드 1부터 순서대로 작업하고 반드시 문제와 세부 조건대로 합니다.

◎ 별도의 지시사항이 없는 경우 출력형태를 참조하여 글꼴 색은 검정 또는 흰색으로 작성하고, 기타 사항은 전체적인 균형을 고려하여 작성합니다.

◎ 슬라이드 도형 및 개체에 출력형태와 다른 스타일(그림자, 외곽선 등)을 적용했을 경우 감점처리 됩니다.

◎ 슬라이드 번호를 작성합니다(슬라이드 1에는 생략).

◎ 2~6번 슬라이드 제목 도형과 하단 로고는 슬라이드 마스터를 이용하여 출력형태와 동일하게 작성합니다(슬라이드 1에는 생략).

◎ 문제와 세부 조건, 세부 조건 번호 ⫶⫶(점선원)는 입력하지 않습니다.

◎ 각 개체의 위치는 오른쪽의 슬라이드와 동일하게 구성합니다.

◎ 그림 삽입 문제의 경우 반드시 「내 PC₩문서₩ITQ₩Picture」 폴더에서 정확한 파일을 선택하여 삽입하십시오.

◎ 각 슬라이드를 각각의 파일로 작업해서 저장할 경우 실격 처리됩니다.

kpc 한국생산성본부

<table>
<tr><td>전체 구성</td><td align="right">(60점)</td></tr>
</table>

(1) 슬라이드 크기 및 순서 : 크기를 A4 용지로 설정하고 슬라이드 순서에 맞게 작성한다.

(2) 슬라이드 마스터 : 2~6슬라이드의 제목, 하단 로고, 슬라이드 번호는 슬라이드 마스터를 이용하여 작성한다.

  – 제목 글꼴(돋움, 40pt, 흰색), 왼쪽 맞춤, 도형(선 없음)

  – 하단 로고(「내 PC₩문서₩ITQ₩Picture₩로고2.jpg」, 배경(회색) 투명색으로 설정)

<table>
<tr><td>슬라이드 1</td><td>제목 슬라이드</td><td align="right">(40점)</td></tr>
</table>

(1) 표지 디자인 : 도형, 워드아트 및 그림을 이용하여 작성한다.

세부 조건

① 도형 편집
  – 도형에 그림 채우기 :
    「내 PC₩문서₩ITQ₩Picture₩
    그림1.jpg」, 투명도 50%
  – 도형 효과 :
    부드러운 가장자리 5포인트
② 워드아트 삽입
  – 변환 : 삼각형, 위로
  – 글꼴 : 돋움, 굵게
  – 텍스트 반사 :
    근접 반사, 4pt 오프셋
③ 그림 삽입
  – 「내 PC₩문서₩ITQ₩Picture₩
    로고2.jpg」
  – 배경(회색) 투명색으로 설정

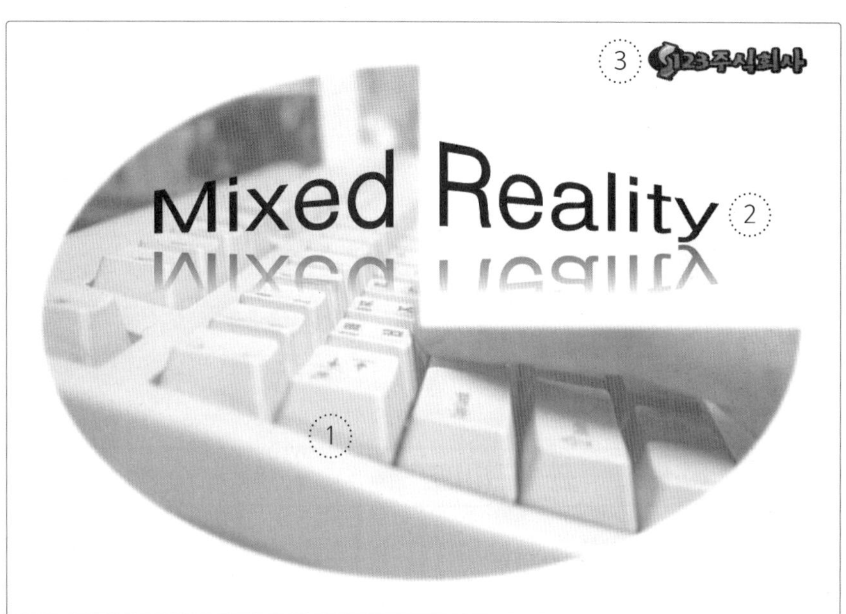

<table>
<tr><td>슬라이드 2</td><td>목차 슬라이드</td><td align="right">(60점)</td></tr>
</table>

(1) 출력형태와 같이 도형을 이용하여 목차를 작성한다(글꼴 : 굴림, 24pt).

(2) 도형 : 선 없음

세부 조건

① 텍스트에 링크 적용
  → '슬라이드 6'
② 그림 삽입
  – 「내 PC₩문서₩ITQ₩Picture₩
    그림5.jpg」
  – 자르기 기능 이용

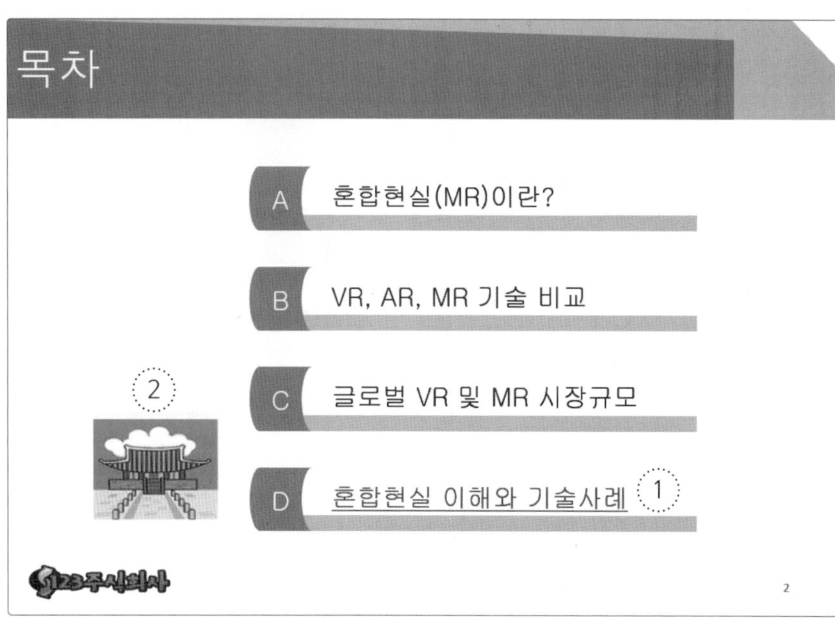

(1) 텍스트 작성 : 글머리 기호 사용(❖, ▪)
　　❖ 문단(굴림, 24pt, 굵게, 줄 간격 : 1.5줄), ▪ 문단(굴림, 20pt, 줄 간격 : 1.5줄)

세부 조건

① 동영상 삽입 :
- 「내 PC₩문서₩ITQ₩Picture₩동영상.wmv」
- 자동 실행, 반복 재생 설정

A. 혼합현실(MR)이란?

❖ **Mixed Reality(MR)**

　▪ A reality created by mixing various methods

　▪ A word that refers to all the ways that exist between reality, virtual reality(VR) and augmented reality(AR)

❖ **혼합현실**

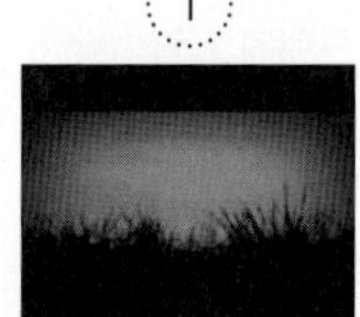

　▪ 다양한 방식을 혼합해 만들어낸 현실로 현실과 가상현실, 증강현실 사이에 존재할 수 있는 모든 방식을 통틀어 일컫는 말

---

(1) 도형과 표 작성 기능을 이용하여 슬라이드를 작성한다(글꼴 : 돋움, 18pt).

세부 조건

① 상단 도형 :
　2개 도형의 조합으로 작성
② 좌측 도형 :
　그라데이션 효과(선형 아래쪽)
③ 표 스타일 :
　테마 스타일 1 – 강조 1

B. VR, AR, MR 기술 비교

	가상현실(VR)	증강현실(AR)	혼합현실(MR)
구현방식	현실세계를 차단하고 디지털 환경만 구축	현실 정보 위에 가상 정보를 업혀서 보여주는 기술	현실 정보 기반에 가상 정보들 융합
장점	몰입감 뛰어남	현실과 상호작용 가능	현실과 상호작용 우수 사실감, 몰입감 극대
단점	현실과 상호작용 약함	시야와 정보 분리 몰입감 떨어짐	데이터의 대용량 장비나 기술적 제약

(1) 차트 작성 기능을 이용하여 슬라이드를 작성한다.
(2) 차트 : 종류(묶은 세로 막대형), 글꼴(돋움, 16pt), 외곽선

세부 조건

※ 차트 설명
- 차트 제목 : 궁서, 24pt, 굵게,
  채우기(흰색), 테두리,
  그림자(오프셋 오른쪽)
- 차트 영역 : 채우기(노랑)
  그림 영역 : 채우기(흰색)
- 데이터 서식 : MR 계열을
  표식이 있는 꺾은선형으로 변경 후
  보조 축으로 지정
- 값 표시 : 2024년의 MR 계열만
① 도형 삽입
- 스타일 :
  미세 효과 – 주황, 강조 2
- 글꼴 : 굴림, 18pt

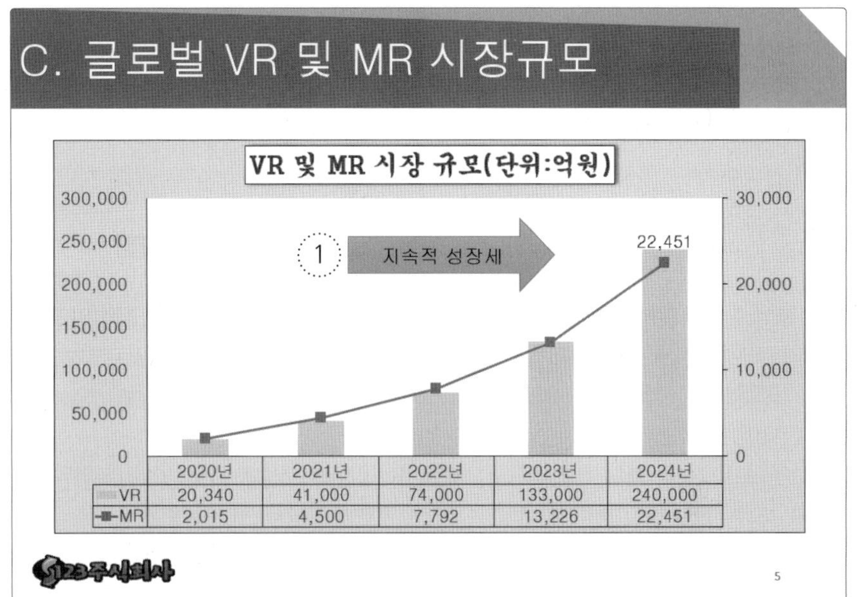

	2020년	2021년	2022년	2023년	2024년
VR	20,340	41,000	74,000	133,000	240,000
MR	2,015	4,500	7,792	13,226	22,451

(1) 슬라이드와 같이 도형 및 스마트아트를 배치한다(글꼴 : 굴림, 18pt).
(2) 애니메이션 순서 : ① ⇒ ②

세부 조건

① 도형 및 스마트아트 편집
- 스마트아트 디자인 :
  3차원 광택 처리,
  3차원 만화
- 그룹화 후 애니메이션 효과 :
  닦아내기(나타내기, 위에서)
② 도형 편집
- 그룹화 후 애니메이션 효과 :
  바운드(나타내기)

정보기술자격(ITQ) 최신기출문제

과 목	코 드	문제유형	시험시간	수험번호	성 명
한글파워포인트	1142	A	60분		

수험자 유의사항

◎ 수험자는 문제지를 받는 즉시 문제지와 <u>수험표상의 시험과목(프로그램)이 동일한지 반드시 확인</u>하여야 합니다.
◎ 파일명은 본인의 "수험번호-성명"으로 입력하여 답안폴더(내 PC₩문서₩ITQ)에 하나의 파일로 저장해야 하며, 답안문서 파일명이 "수험번호-성명"과 일치하지 않거나, 답안 파일을 전송하지 않아 미제출로 처리될 경우 실격 처리합니다 (예:12345678-홍길동.pptx).
◎ 답안 작성을 마치면 파일을 저장하고, '답안 전송' 버튼을 선택하여 감독위원 PC로 답안을 전송하십시오. 수험생 정보와 저장한 파일명이 다를 경우 전송되지 않으므로 주의하시기 바랍니다.
◎ 답안 작성 중에도 <u>주기적으로 저장하고, '답안 전송'</u>하여야 문제 발생을 줄일 수 있습니다. 작업한 내용을 저장하지 않고 전송할 경우 이전에 저장된 내용이 전송되오니 이점 유의하시기 바랍니다.
◎ 답안문서는 지정된 경로 외의 다른 보조기억장치에 저장하는 경우, 지정된 시험 시간 외에 작성된 파일을 활용할 경우, 기타 통신수단(이메일, 메신저, 네트워크 등)을 이용하여 타인에게 전달 또는 외부 반출하는 경우는 부정 처리합니다.
◎ 시험 중 부주의 또는 고의로 시스템을 파손한 경우는 수험자가 변상해야 하며, <수험자 유의사항>에 기재된 방법대로 이행하지 않아 생기는 불이익은 수험생 당사자의 책임임을 알려 드립니다.
◎ 문제의 조건은 MS오피스 2021 버전으로 설정되어 있으니 유의하시기 바랍니다.
◎ 시험을 완료한 수험자는 답안 파일이 전송되었는지 확인한 후 감독위원의 지시에 따라 문제지를 제출하고 퇴실합니다.

답안 작성요령

◎ 온라인 답안 작성 절차
  수험자 등록 ⇒ 시험 시작 ⇒ 답안 파일 저장 ⇒ 답안 전송 ⇒ 시험 종료
◎ 슬라이드의 크기는 A4 Paper로 설정하여 작성합니다.
◎ 슬라이드의 총 개수는 6개로 구성되어 있으며 슬라이드 1부터 순서대로 작업하고 반드시 문제와 세부 조건대로 합니다.
◎ 별도의 지시사항이 없는 경우 출력형태를 참조하여 글꼴 색은 검정 또는 흰색으로 작성하고, 기타 사항은 전체적인 균형을 고려하여 작성합니다.
◎ 슬라이드 도형 및 개체에 출력형태와 다른 스타일(그림자, 외곽선 등)을 적용했을 경우 감점처리 됩니다.
◎ 슬라이드 번호를 작성합니다(슬라이드 1에는 생략).
◎ 2~6번 슬라이드 제목 도형과 하단 로고는 슬라이드 마스터를 이용하여 출력형태와 동일하게 작성합니다(슬라이드 1에는 생략).
◎ 문제와 세부 조건, 세부 조건 번호 ◌(점선원)는 입력하지 않습니다.
◎ 각 개체의 위치는 오른쪽의 슬라이드와 동일하게 구성합니다.
◎ 그림 삽입 문제의 경우 반드시 「내 PC₩문서₩ITQ₩Picture」 폴더에서 정확한 파일을 선택하여 삽입하십시오.
◎ 각 슬라이드를 각각의 파일로 작업해서 저장할 경우 실격 처리됩니다.

kpc 한국생산성본부

(1) 슬라이드 크기 및 순서 : 크기를 A4 용지로 설정하고 슬라이드 순서에 맞게 작성한다.
(2) 슬라이드 마스터 : 2~6슬라이드의 제목, 하단 로고, 슬라이드 번호는 슬라이드 마스터를 이용하여 작성한다.
    - 제목 글꼴(굴림, 40pt, 흰색), 가운데 맞춤, 도형(선 없음)
    - 하단 로고(「내 PC₩문서₩ITQ₩Picture₩로고3.jpg」, 배경(연보라) 투명색으로 설정)

슬라이드 1   제목 슬라이드   (40점)

(1) 표지 디자인 : 도형, 워드아트 및 그림을 이용하여 작성한다.

세부 조건

① 도형 편집
- 도형에 그림 채우기 :
「내 PC₩문서₩ITQ₩Picture₩
그림1.jpg」, 투명도 50%
- 도형 효과 :
부드러운 가장자리 5포인트

② 워드아트 삽입
- 변환 : 팽창, 위쪽
- 글꼴 : 굴림, 굵게
- 텍스트 반사 :
근접 반사, 터치

③ 그림 삽입
- 「내 PC₩문서₩ITQ₩Picture₩
로고3.jpg」
- 배경(연보라) 투명색으로 설정

슬라이드 2   목차 슬라이드   (60점)

(1) 출력형태와 같이 도형을 이용하여 목차를 작성한다(글꼴 : 굴림, 24pt).
(2) 도형 : 선 없음

세부 조건

① 텍스트에 링크 적용
→ '슬라이드 3'

② 그림 삽입
- 「내 PC₩문서₩ITQ₩Picture₩
그림4.jpg」
- 자르기 기능 이용

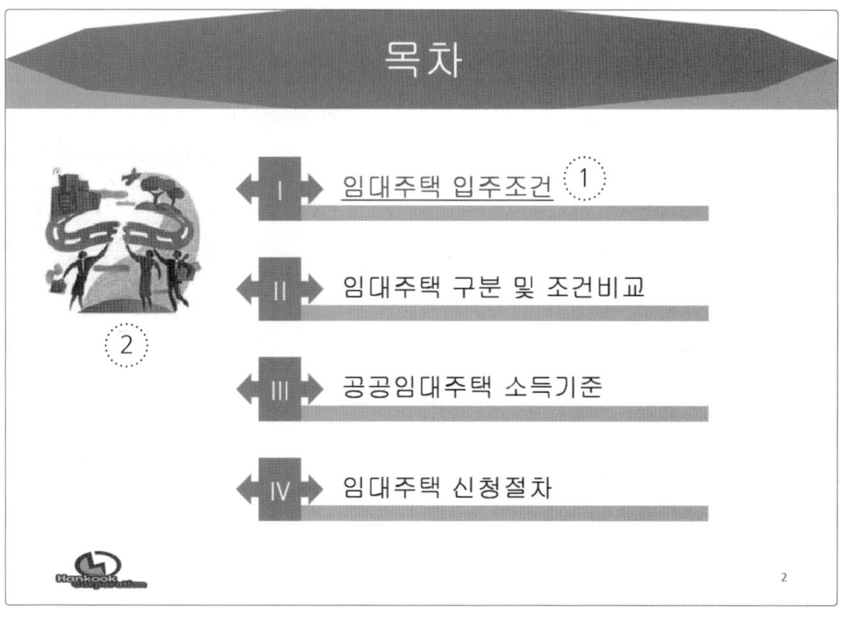

(1) 텍스트 작성 : 글머리 기호 사용(✓, ❖)

　　✓문단(굴림, 24pt, 굵게, 줄 간격 : 1.5줄), ❖문단(굴림, 20pt, 줄 간격 : 1.5줄)

세부 조건

① 동영상 삽입 :
- 「내 PC₩문서₩ITQ₩Picture₩ 동영상.wmv」
- 자동 실행, 반복 재생 설정

(1) 도형과 표 작성 기능을 이용하여 슬라이드를 작성한다(글꼴 : 돋움, 18pt).

세부 조건

① 상단 도형 :
　2개 도형의 조합으로 작성
② 좌측 도형 :
　그라데이션 효과(선형 아래쪽)
③ 표 스타일 :
　테마 스타일 1 – 강조 1

	사업 시행사	임대기간	입주조건
영구임대	국가, 지자체, LH공사, 지방공사	영구 또는 50년	생계급여 또는 의료급여 수급자, 국가유공자, 일본군 위안부 피해자, 한부모가족 등 사회보호계층
공공임대	정부(LH공사)	최대 10년	주택청약종합저축통장 또는 청약저축이 있는 무주택자
민간임대	민간 사업자	최대 8년	없음

(1) 차트 작성 기능을 이용하여 슬라이드를 작성한다.
(2) 차트 : 종류(묶은 세로 막대형), 글꼴(굴림, 16pt), 외곽선

세부 조건

※ 차트 설명
 · 차트 제목 : 굴림, 24pt, 굵게,
   채우기(흰색), 테두리,
   그림자(오프셋 오른쪽)
 · 차트 영역 : 채우기(노랑)
   그림 영역 : 채우기(흰색)
 · 데이터 서식 : 노부모, 다자녀 계열을
   표식이 있는 꺾은선형으로 변경 후
   보조 축으로 지정
 · 값 표시 : 노부모, 다자녀 계열만
 ① 도형 삽입
  - 스타일 :
    미세 효과 – 파랑, 강조 1
  - 글꼴 : 돋움, 18pt

---

(1) 슬라이드와 같이 도형 및 스마트아트를 배치한다(글꼴 : 굴림, 18pt).
(2) 애니메이션 순서 : ① ⇒ ②

세부 조건

① 도형 편집
  - 그룹화 후 애니메이션 효과 :
    나누기(나타내기, 세로 바깥쪽으로)
② 도형 및 스마트아트 편집
  - 스마트아트 디자인 :
    3차원 만화,
    3차원 경사
  - 그룹화 후 애니메이션 효과 :
    밝기 변화(나타내기)

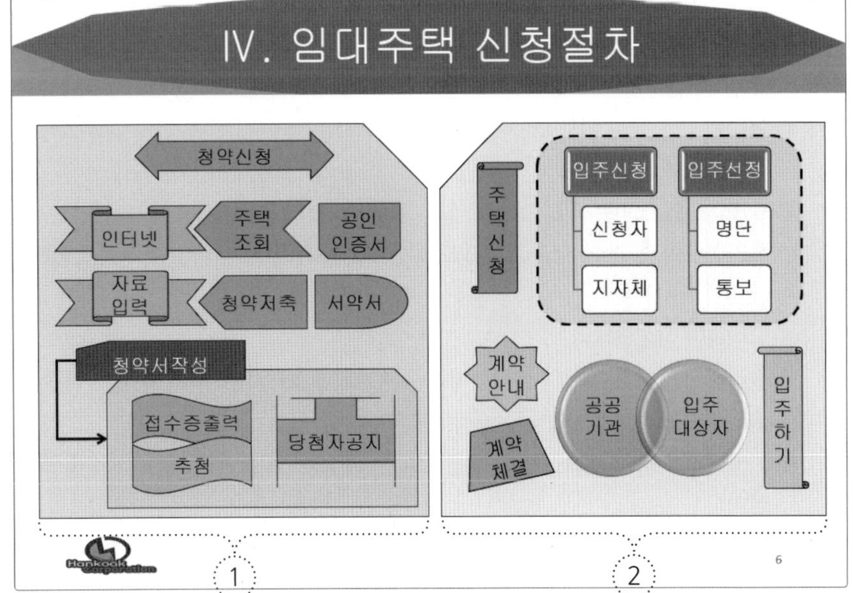

정보기술자격(ITQ) 최신기출문제

과 목	코 드	문제유형	시험시간	수험번호	성 명
한글파워포인트	1142	A	60분		

수험자 유의사항

◎ 수험자는 문제지를 받는 즉시 문제지와 <u>수험표상의 시험과목(프로그램)이 동일한지 반드시 확인</u>하여야 합니다.

◎ 파일명은 본인의 "수험번호-성명"으로 입력하여 답안폴더(내 PC₩문서₩ITQ)에 하나의 파일로 저장해야 하며, 답안문서 파일명이 "수험번호-성명"과 일치하지 않거나, 답안 파일을 전송하지 않아 미제출로 처리될 경우 실격 처리합니다 (예:12345678-홍길동.pptx).

◎ 답안 작성을 마치면 파일을 저장하고, '답안 전송' 버튼을 선택하여 감독위원 PC로 답안을 전송하십시오. 수험생 정보와 저장한 파일명이 다를 경우 전송되지 않으므로 주의하시기 바랍니다.

◎ 답안 작성 중에도 <u>주기적으로 저장하고, '답안 전송'</u>하여야 문제 발생을 줄일 수 있습니다. 작업한 내용을 저장하지 않고 전송할 경우 이전에 저장된 내용이 전송되오니 이점 유의하시기 바랍니다.

◎ 답안문서는 지정된 경로 외의 다른 보조기억장치에 저장하는 경우, 지정된 시험 시간 외에 작성된 파일을 활용할 경우, 기타 통신수단(이메일, 메신저, 네트워크 등)을 이용하여 타인에게 전달 또는 외부 반출하는 경우는 부정 처리합니다.

◎ 시험 중 부주의 또는 고의로 시스템을 파손한 경우는 수험자가 변상해야 하며, <수험자 유의사항>에 기재된 방법대로 이행하지 않아 생기는 불이익은 수험생 당사자의 책임임을 알려 드립니다.

◎ 문제의 조건은 MS오피스 2021 버전으로 설정되어 있으니 유의하시기 바랍니다.

◎ 시험을 완료한 수험자는 답안 파일이 전송되었는지 확인한 후 감독위원의 지시에 따라 문제지를 제출하고 퇴실합니다.

답안 작성요령

◎ 온라인 답안 작성 절차

　수험자 등록 ⇒ 시험 시작 ⇒ 답안 파일 저장 ⇒ 답안 전송 ⇒ 시험 종료

◎ 슬라이드의 크기는 A4 Paper로 설정하여 작성합니다.

◎ 슬라이드의 총 개수는 6개로 구성되어 있으며 슬라이드 1부터 순서대로 작업하고 반드시 문제와 세부 조건대로 합니다.

◎ 별도의 지시사항이 없는 경우 출력형태를 참조하여 글꼴 색은 검정 또는 흰색으로 작성하고, 기타 사항은 전체적인 균형을 고려하여 작성합니다.

◎ 슬라이드 도형 및 개체에 출력형태와 다른 스타일(그림자, 외곽선 등)을 적용했을 경우 감점처리 됩니다.

◎ 슬라이드 번호를 작성합니다(슬라이드 1에는 생략).

◎ 2~6번 슬라이드 제목 도형과 하단 로고는 슬라이드 마스터를 이용하여 출력형태와 동일하게 작성합니다(슬라이드 1에는 생략).

◎ 문제와 세부 조건, 세부 조건 번호 ◌(점선원)는 입력하지 않습니다.

◎ 각 개체의 위치는 오른쪽의 슬라이드와 동일하게 구성합니다.

◎ 그림 삽입 문제의 경우 반드시 「내 PC₩문서₩ITQ₩Picture」 폴더에서 정확한 파일을 선택하여 삽입하십시오.

◎ 각 슬라이드를 각각의 파일로 작업해서 저장할 경우 실격 처리됩니다.

kpc 한국생산성본부

(1) 슬라이드 크기 및 순서 : 크기를 A4 용지로 설정하고 슬라이드 순서에 맞게 작성한다.

(2) 슬라이드 마스터 : 2~6슬라이드의 제목, 하단 로고, 슬라이드 번호는 슬라이드 마스터를 이용하여 작성한다.
 – 제목 글꼴(돋움, 40pt, 빨강), 가운데 맞춤, 도형(선 없음)
 – 하단 로고(「내 PC₩문서₩ITQ₩Picture₩로고2.jpg」, 배경(회색) 투명색으로 설정)

슬라이드 1 제목 슬라이드 (40점)

(1) 표지 디자인 : 도형, 워드아트 및 그림을 이용하여 작성한다.

세부 조건

① 도형 편집
 – 도형에 그림 채우기 :
  「내 PC₩문서₩ITQ₩Picture₩
  그림3.jpg」, 투명도 50%
 – 도형 효과 :
  부드러운 가장자리 5포인트
② 워드아트 삽입
 –변환:이중 물결, 아래에서 위로
 – 글꼴 : 굴림, 굵게
 – 텍스트 반사 :
  근접 반사, 터치
③ 그림 삽입
 –「내 PC₩문서₩ITQ₩Picture₩
  로고2.jpg」
 – 배경(회색) 투명색으로 설정

슬라이드 2 목차 슬라이드 (60점)

(1) 출력형태와 같이 도형을 이용하여 목차를 작성한다(글꼴 : 굴림, 24pt).
(2) 도형 : 선 없음

세부 조건

① 텍스트에 링크 적용
 → '슬라이드 5'
② 그림 삽입
 –「내 PC₩문서₩ITQ₩Picture₩
  그림5.jpg」
 – 자르기 기능 이용

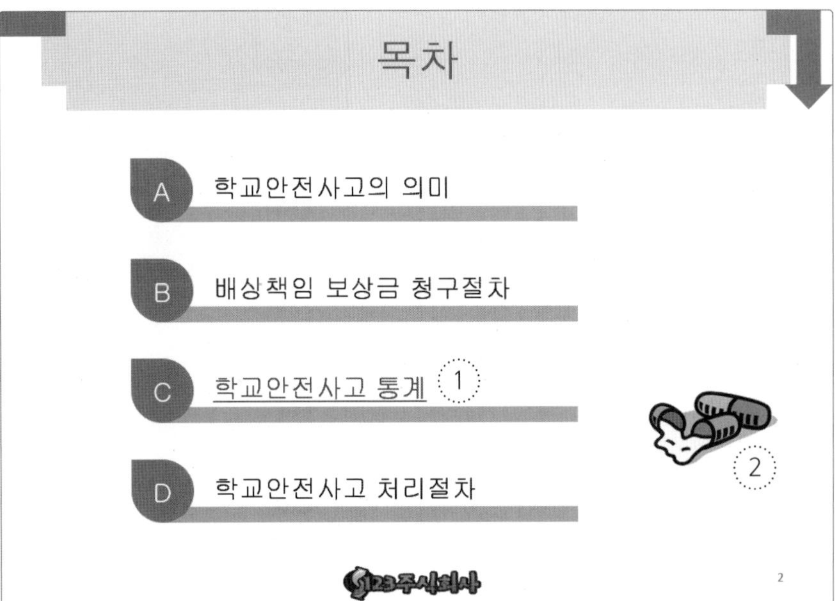

(1) 텍스트 작성 : 글머리 기호 사용(◆, ✓)

    ◆문단(굴림, 24pt, 굵게, 줄 간격 : 1.5줄), ✓문단(굴림, 20pt, 줄 간격 : 1.5줄)

세부 조건

① 동영상 삽입 :
- 「내 PC₩문서₩ITQ₩Picture₩ 동영상.wmv」
- 자동 실행, 반복 재생 설정

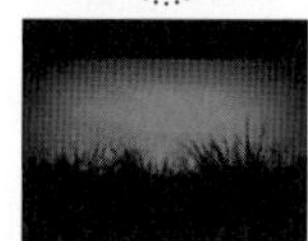

---

(1) 도형과 표 작성 기능을 이용하여 슬라이드를 작성한다(글꼴 : 돋움, 18pt).

세부 조건

① 상단 도형 :
    2개 도형의 조합으로 작성

② 좌측 도형 :
    그라데이션 효과(선형 아래쪽)

③ 표 스타일 :
    테마 스타일 1 – 강조 2

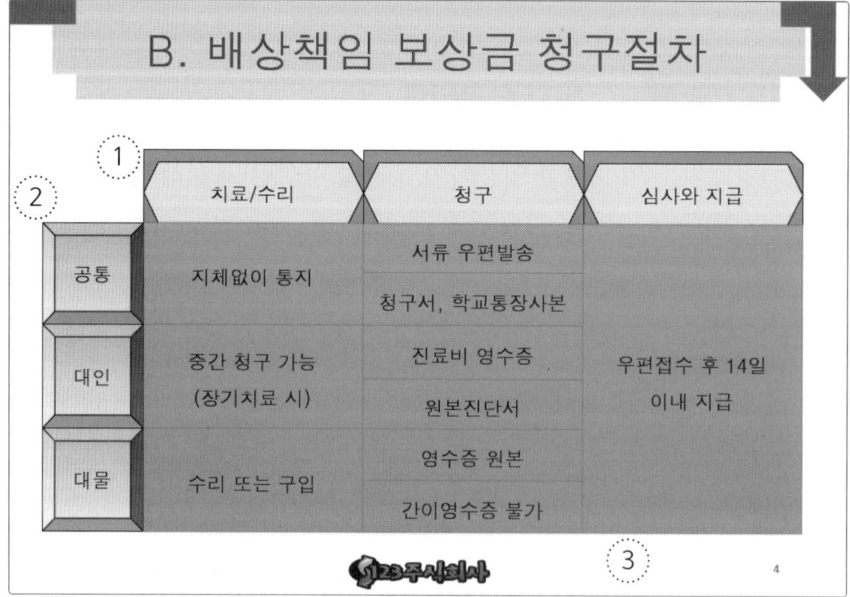

(1) 차트 작성 기능을 이용하여 슬라이드를 작성한다.
(2) 차트 : 종류(묶은 세로 막대형), 글꼴(돋움, 16pt), 외곽선

세부 조건

※ 차트 설명
- 차트 제목 : 돋움, 24pt, 굵게,
  채우기(흰색), 테두리,
  그림자(오프셋 위쪽)
- 차트 영역 : 채우기(노랑)
  그림 영역 : 채우기(흰색)
- 데이터 서식 : 2016년 계열을
  표식이 있는 꺾은선형으로 변경 후
  보조 축으로 지정
- 값 표시 : 특수학교의 2016년 계열만
① 도형 삽입
- 스타일 :
  미세 효과 – 주황, 강조 2
- 글꼴 : 돋움, 18pt

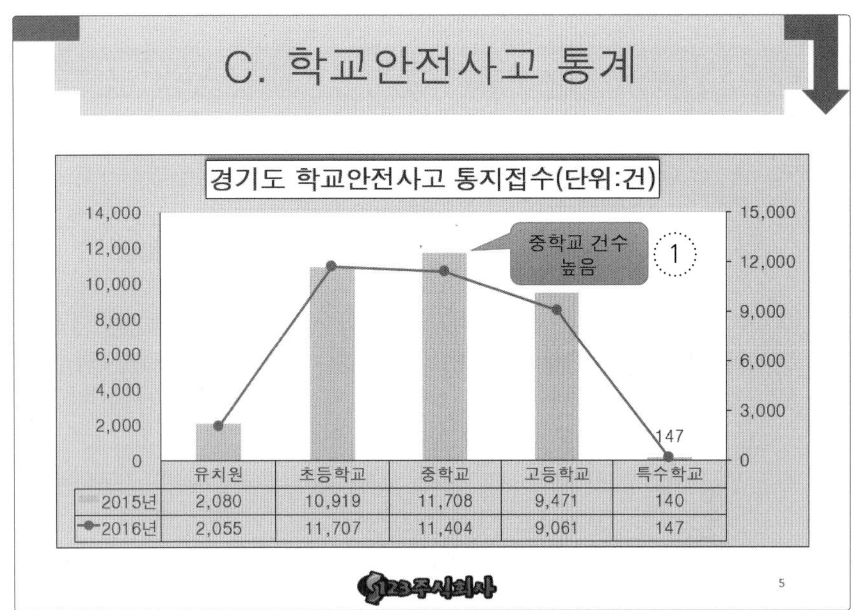

(1) 슬라이드와 같이 도형 및 스마트아트를 배치한다(글꼴 : 굴림, 18pt).
(2) 애니메이션 순서 : ① ⇒ ②

세부 조건

① 도형 및 스마트아트 편집
- 스마트아트 디자인 :
  3차원 벽돌,
  3차원 만화
- 그룹화 후 애니메이션 효과 :
  실선 무늬(나타내기, 세로)
② 도형 편집
- 그룹화 후 애니메이션 효과 :
  시계 방향 회전(나타내기)

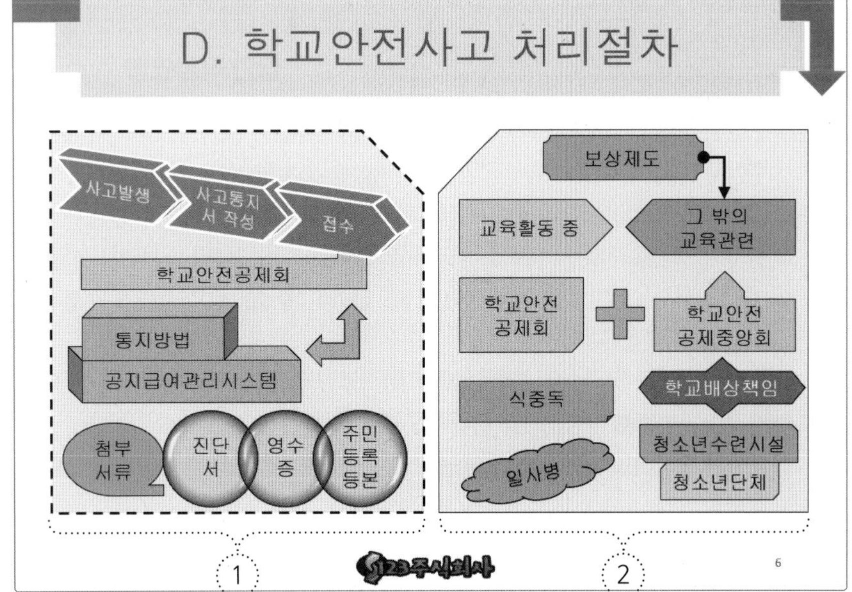

정보기술자격(ITQ) 최신기출문제

과 목	코 드	문제유형	시험시간	수험번호	성 명
한글파워포인트	1142	A	60분		

수험자 유의사항

◎ 수험자는 문제지를 받는 즉시 문제지와 <u>수험표상의 시험과목(프로그램)이 동일한지 반드시 확인</u>하여야 합니다.
◎ 파일명은 본인의 "수험번호-성명"으로 입력하여 답안폴더(내 PC\문서\ITQ)에 하나의 파일로 저장해야 하며, 답안문서 파일명이 "수험번호-성명"과 일치하지 않거나, 답안 파일을 전송하지 않아 미제출로 처리될 경우 실격 처리합니다 (예:12345678-홍길동.pptx).
◎ 답안 작성을 마치면 파일을 저장하고, '답안 전송' 버튼을 선택하여 감독위원 PC로 답안을 전송하십시오. 수험생 정보와 저장한 파일명이 다를 경우 전송되지 않으므로 주의하시기 바랍니다.
◎ 답안 작성 중에도 <u>주기적으로 저장하고, '답안 전송'</u>하여야 문제 발생을 줄일 수 있습니다. 작업한 내용을 저장하지 않고 전송할 경우 이전에 저장된 내용이 전송되오니 이점 유의하시기 바랍니다.
◎ 답안문서는 지정된 경로 외의 다른 보조기억장치에 저장하는 경우, 지정된 시험 시간 외에 작성된 파일을 활용할 경우, 기타 통신수단(이메일, 메신저, 네트워크 등)을 이용하여 타인에게 전달 또는 외부 반출하는 경우는 부정 처리합니다.
◎ 시험 중 부주의 또는 고의로 시스템을 파손한 경우는 수험자가 변상해야 하며, <수험자 유의사항>에 기재된 방법대로 이행하지 않아 생기는 불이익은 수험생 당사자의 책임임을 알려 드립니다.
◎ 문제의 조건은 MS오피스 2021 버전으로 설정되어 있으니 유의하시기 바랍니다.
◎ 시험을 완료한 수험자는 답안 파일이 전송되었는지 확인한 후 감독위원의 지시에 따라 문제지를 제출하고 퇴실합니다.

답안 작성요령

◎ 온라인 답안 작성 절차
  수험자 등록 ⇒ 시험 시작 ⇒ 답안 파일 저장 ⇒ 답안 전송 ⇒ 시험 종료
◎ 슬라이드의 크기는 A4 Paper로 설정하여 작성합니다.
◎ 슬라이드의 총 개수는 6개로 구성되어 있으며 슬라이드 1부터 순서대로 작업하고 반드시 문제와 세부 조건대로 합니다.
◎ 별도의 지시사항이 없는 경우 출력형태를 참조하여 글꼴 색은 검정 또는 흰색으로 작성하고, 기타 사항은 전체적인 균형을 고려하여 작성합니다.
◎ 슬라이드 도형 및 개체에 출력형태와 다른 스타일(그림자, 외곽선 등)을 적용했을 경우 감점처리 됩니다.
◎ 슬라이드 번호를 작성합니다(슬라이드 1에는 생략).
◎ 2~6번 슬라이드 제목 도형과 하단 로고는 슬라이드 마스터를 이용하여 출력형태와 동일하게 작성합니다(슬라이드 1에는 생략).
◎ 문제와 세부 조건, 세부 조건 번호 ⦂(점선원)는 입력하지 않습니다.
◎ 각 개체의 위치는 오른쪽의 슬라이드와 동일하게 구성합니다.
◎ 그림 삽입 문제의 경우 반드시 「내 PC\문서\ITQ\Picture」 폴더에서 정확한 파일을 선택하여 삽입하십시오.
◎ 각 슬라이드를 각각의 파일로 작업해서 저장할 경우 실격 처리됩니다.

kpc 한국생산성본부

(1) 슬라이드 크기 및 순서 : 크기를 A4 용지로 설정하고 슬라이드 순서에 맞게 작성한다.

(2) 슬라이드 마스터 : 2~6슬라이드의 제목, 하단 로고, 슬라이드 번호는 슬라이드 마스터를 이용하여 작성한다.
- 제목 글꼴(돋움, 40pt, 흰색), 가운데 맞춤, 도형(선 없음)
- 하단 로고(「내 PC₩문서₩ITQ₩Picture₩로고2.jpg」, 배경(회색) 투명색으로 설정)

슬라이드 1　제목 슬라이드　(40점)

(1) 표지 디자인 : 도형, 워드아트 및 그림을 이용하여 작성한다.

세부 조건

① 도형 편집
- 도형에 그림 채우기 :
「내 PC₩문서₩ITQ₩Picture₩
그림2.jpg」, 투명도 50%
- 도형 효과 :
부드러운 가장자리 5포인트
② 워드아트 삽입
- 변환 : 삼각형, 위로
- 글꼴 : 궁서, 굵게
- 텍스트 반사 :
1/2 반사, 터치
③ 그림 삽입
- 「내 PC₩문서₩ITQ₩Picture₩
로고2.jpg」
- 배경(회색) 투명색으로 설정

슬라이드 2　목차 슬라이드　(60점)

(1) 출력형태와 같이 도형을 이용하여 목차를 작성한다(글꼴 : 돋움, 24pt).
(2) 도형 : 선 없음

세부 조건

① 텍스트에 링크 적용
→ '슬라이드 6'
② 그림 삽입
- 「내 PC₩문서₩ITQ₩Picture₩
그림4.jpg」
- 자르기 기능 이용

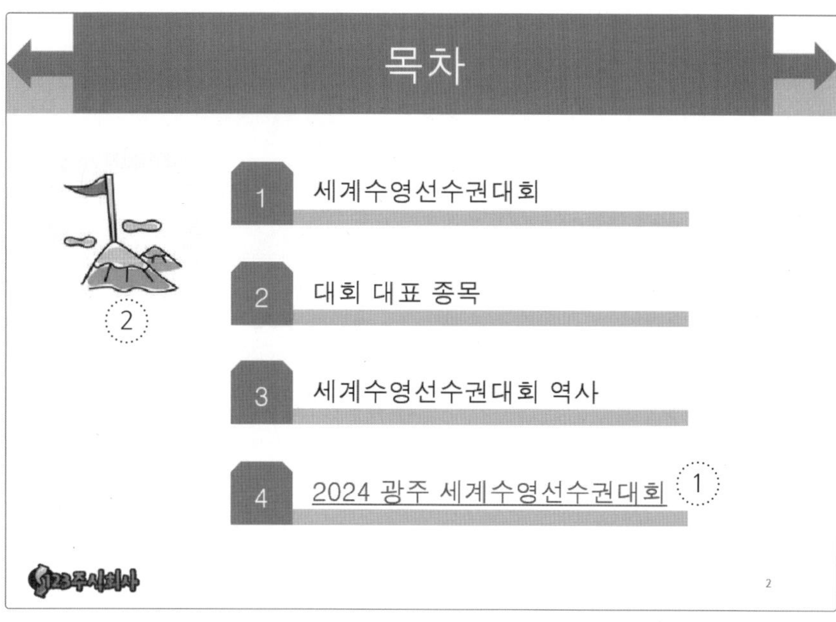

(1) 텍스트 작성 : 글머리 기호 사용(➢, ▪)
　　➢문단(굴림, 24pt, 굵게, 줄 간격 : 1.5줄), ▪ 문단(굴림, 20pt, 줄 간격 : 1.5줄)

세부 조건

① 동영상 삽입 :
　- 「내 PC\문서\ITQ\Picture\
　　동영상.wmv」
　- 자동 실행, 반복 재생 설정

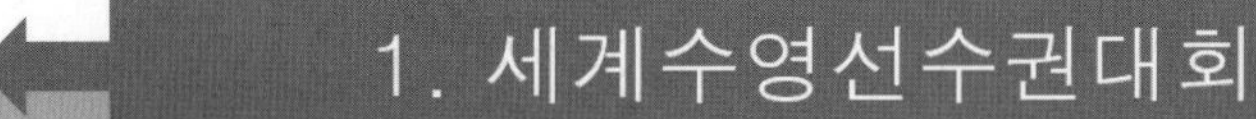

(1) 도형과 표 작성 기능을 이용하여 슬라이드를 작성한다(글꼴 : 돋움, 18pt).

세부 조건

① 상단 도형 :
　2개 도형의 조합으로 작성
② 좌측 도형 :
　그라데이션 효과(선형 아래쪽)
③ 표 스타일 :
　테마 스타일 1 – 강조 5

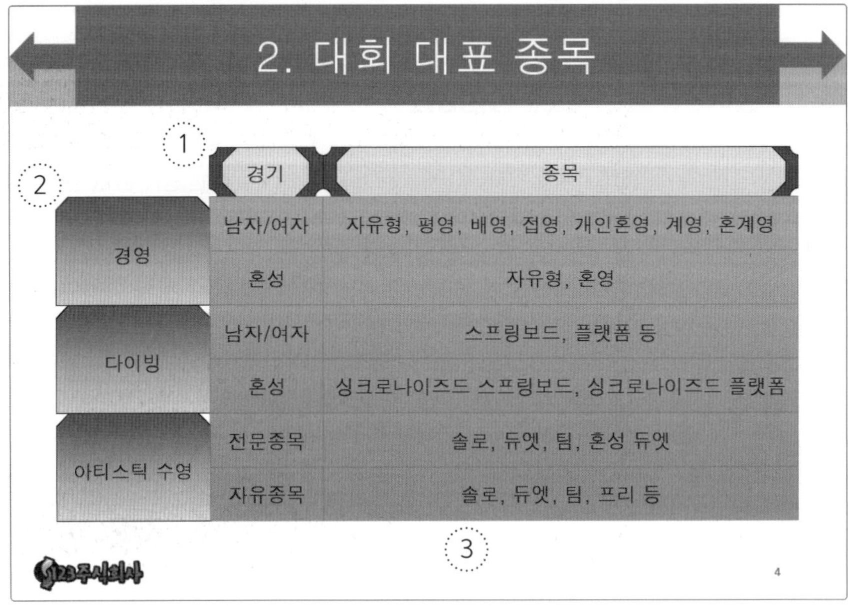

경기		종목
경영	남자/여자	자유형, 평영, 배영, 접영, 개인혼영, 계영, 혼계영
	혼성	자유형, 혼영
다이빙	남자/여자	스프링보드, 플랫폼 등
	혼성	싱크로나이즈드 스프링보드, 싱크로나이즈드 플랫폼
아티스틱 수영	전문종목	솔로, 듀엣, 팀, 혼성 듀엣
	자유종목	솔로, 듀엣, 팀, 프리 등

(1) 차트 작성 기능을 이용하여 슬라이드를 작성한다.
(2) 차트 : 종류(묶은 세로 막대형), 글꼴(돋움, 16pt), 외곽선

세부 조건

※ 차트 설명
- 차트 제목 : 궁서, 24pt, 굵게, 채우기(흰색), 테두리, 그림자(오프셋 오른쪽)
- 차트 영역 : 채우기(노랑) 그림 영역 : 채우기(흰색)
- 데이터 서식 : 선수(명) 계열을 표식이 있는 꺾은선형으로 변경 후 보조 축으로 지정
- 값 표시 : 2015년의 선수(명) 계열만
① 도형 삽입
　- 스타일 : 미세 효과 – 파랑, 강조 5
　- 글꼴 : 돋움, 18pt

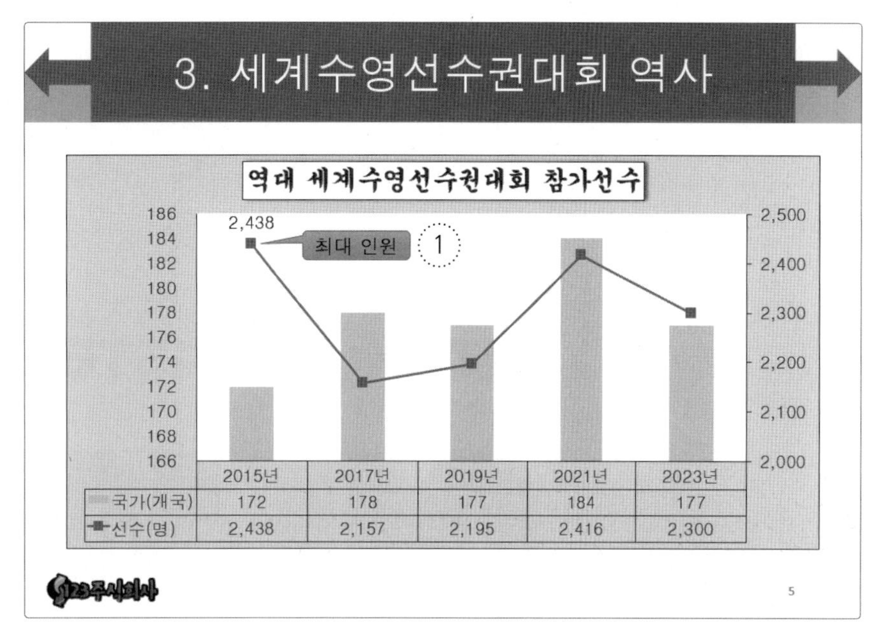

	2015년	2017년	2019년	2021년	2023년
국가(개국)	172	178	177	184	177
선수(명)	2,438	2,157	2,195	2,416	2,300

(1) 슬라이드와 같이 도형 및 스마트아트를 배치한다(글꼴 : 굴림, 18pt).
(2) 애니메이션 순서 : ① ⇒ ②

세부 조건

① 도형 및 스마트아트 편집
　- 스마트아트 디자인 : 3차원 광택 처리, 3차원 벽돌
　- 그룹화 후 애니메이션 효과 : 올라오기(나타내기, 서서히 아래로)
② 도형 편집
　- 그룹화 후 애니메이션 효과 : 나타내기(나타내기)

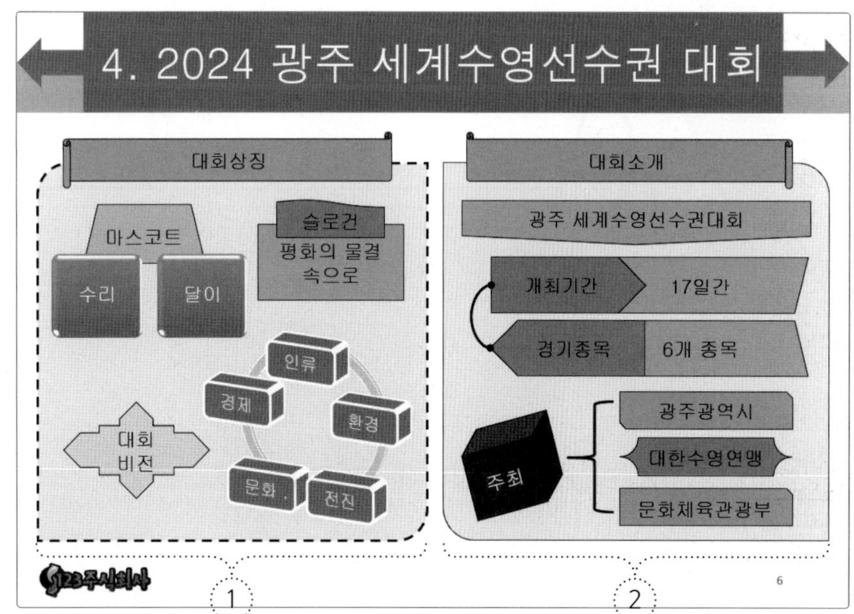

ITQ OA MASTER
엑셀
2021

ITQ 엑셀 목차

• PART 01 • 출제유형 마스터하기

출제유형 **01** 답안 파일 준비하기 ·········· 406

출제유형 **02** [제1작업] 표 서식 작성 Ⅰ ·········· 414

출제유형 **03** [제1작업] 표 서식 작성 Ⅱ ·········· 430

출제유형 **04** [제1작업] 값 계산 및 조건부 서식 ······ 444

출제유형 **05-1** [제2작업] 유형1_필터 및 서식 ······ 492

출제유형 **05-2** [제2작업]
유형2_목표값 찾기 및 필터 ·········· 504

출제유형 **06-1** [제3작업] 유형1_피벗테이블 ········· 516

출제유형 **06-2** [제3작업] 유형2_정렬 및 부분합 ····· 528

출제유형 **07** [제4작업] 그래프 ·················· 540

• PART 02 • 실전모의고사

제**01**회 실전모의고사 ·················· 562

제**02**회 실전모의고사 ·················· 566

제**03**회 실전모의고사 ·················· 570

제**04**회 실전모의고사 ·················· 574

세**05**회 실진모의고사 ·················· 578

제**06**회 실전모의고사 ·················· 582

제**07**회 실전모의고사 ·················· 586

제**08**회 실전모의고사 ·················· 590

제**09**회 실전모의고사 ·················· 594

제**10**회 실전모의고사 ·················· 598

제**11**회 실전모의고사 ·················· 602

제**12**회 실전모의고사 ·················· 606

• PART 03 • 최신기출문제

제**01**회 최신기출문제 ·················· 612

제**02**회 최신기출문제 ·················· 616

제**03**회 최신기출문제 ·················· 620

제**04**회 최신기출문제 ·················· 624

제**05**회 최신기출문제 ·················· 628

출제유형 마스터하기

ITQ 엑셀 시험의 최신 출제 유형을 통해
발빠르게 자격증을 취득해 보세요!

출제유형 01 | 답안 파일 준비하기

출제유형 02 | [제1작업] 표 서식 작성 I

출제유형 03 | [제1작업] 표 서식 작성 II

출제유형 04 | [제1작업] 값 계산 및 조건부 서식

출제유형 05-1 | [제2작업] 유형1_필터 및 서식

출제유형 05-2 | [제2작업] 유형2_목표값 찾기 및 필터

출제유형 06-1 | [제3작업] 유형1_피벗테이블

출제유형 06-2 | [제3작업] 유형2_정렬 및 부분합

출제유형 07 | [제4작업] 그래프

답안 파일 준비하기

⊘ **실습파일** : 직접 입력 ⊘ **완성파일** : 12345678-이가현.xlsx

[배점] 240점 (500점 만점)

《출력형태》

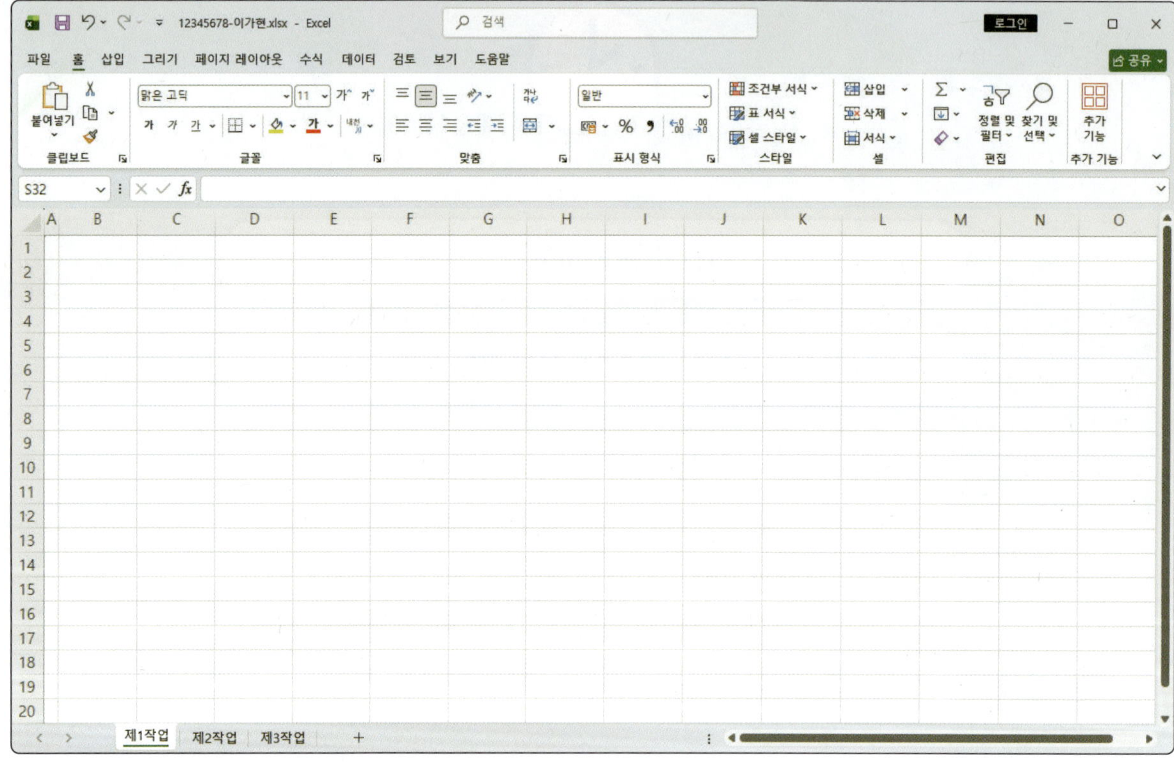

《답안 작성 요령》

· 문제는 총 4단계, 즉 제1작업부터 제4작업까지 구성되어 있으며 반드시 제1작업부터 순서대로 작성하고 조건대로 작업하시오.

· 모든 작업시트의 A열은 열 너비 '1'로, 나머지 열은 적당하게 조절하시오.

· 모든 작업시트의 테두리(굵은선, 가는선 등)는 《출력형태》와 같이 작업하시오.

· 해당 작업란에서는 각각 제시된 조건에 따라 《출력형태》와 같이 작업하시오.

· 답안 시트 이름은 "제1작업", "제2작업", "제3작업", "제4작업"이어야 하며 답안 시트 이외의 것은 감점 처리됩니다.

· 각 시트를 파일로 나누어 작업해서 저장할 경우 실격 처리됩니다.

시트 추가 > 시트 이름 변경 > 시트 그룹화 > 열 너비 변경 > 답안 파일 저장

Check 01 시트 추가 및 이름 변경 ：시트 2개를 추가한 후 이름을 변경해요!

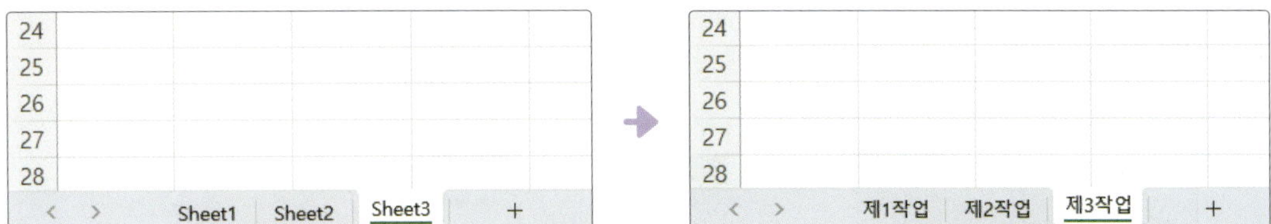

시트 2개를 추가 → 시트 이름 변경

Check 02 시트 그룹화 및 열 너비 지정 ： 시트를 그룹화한 후 A열 너비를 1로 지정해요!

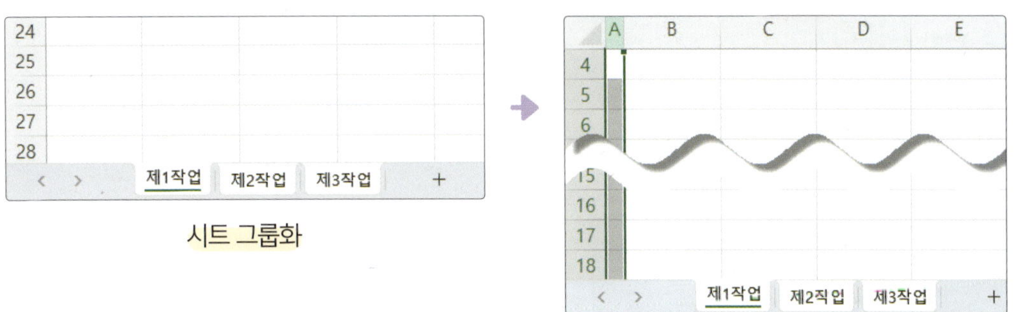

시트 그룹화 → A열 너비를 1로 지정

Check 03 답안 파일 저장 ： 시트 그룹 해제 후 답안 파일을 저장해요!

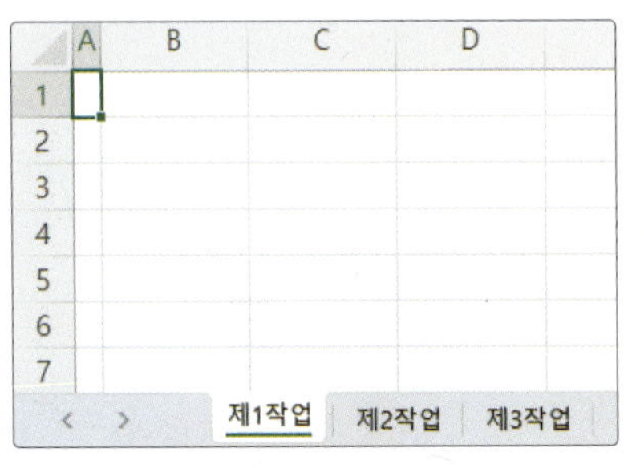

시트 그룹 해제

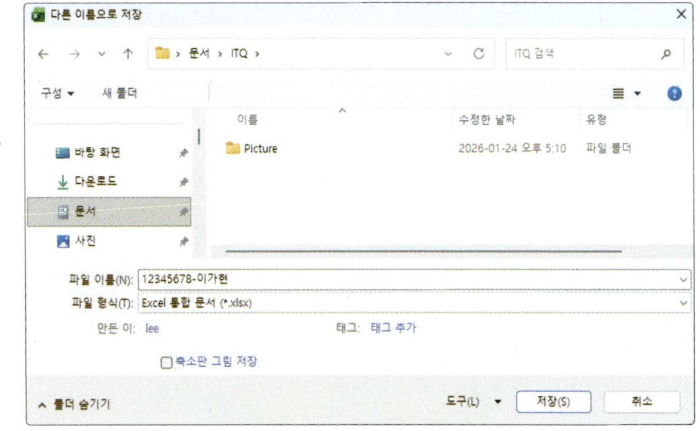

지정된 경로에 답안 파일 저장

시트 추가 후 이름 변경하기

답안 시트 이름은 "제1작업", "제2작업", "제3작업", "제4작업"이어야 하며 답안 시트 이외의 것은 감점 처리됩니다.

1 엑셀 2021 프로그램을 실행한 후 [새 통합 문서]를 선택합니다.

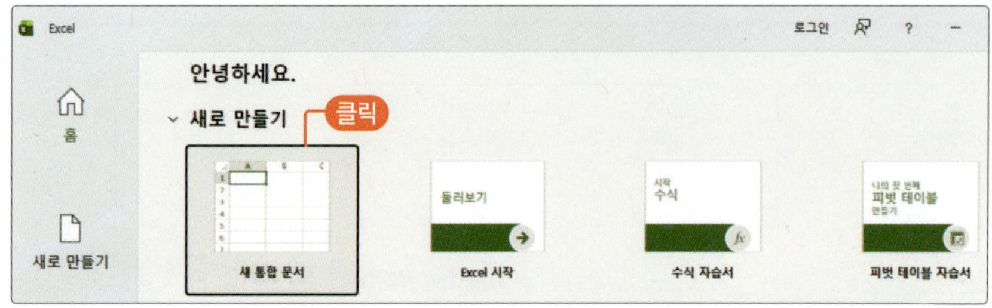

2 시트 2개를 추가하기 위해 시트 탭에서 **새 시트(+)**를 두 번 클릭합니다.

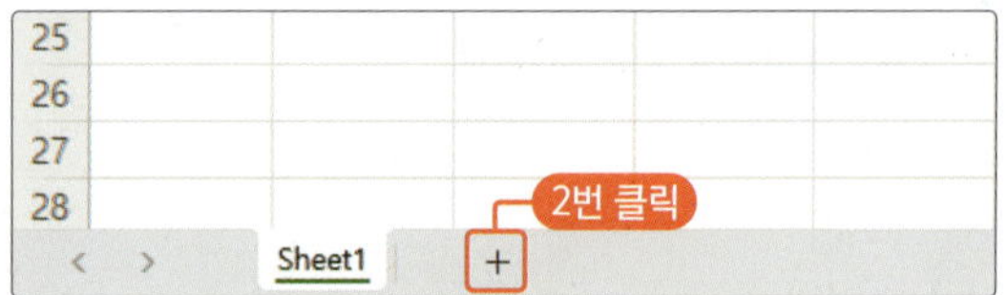

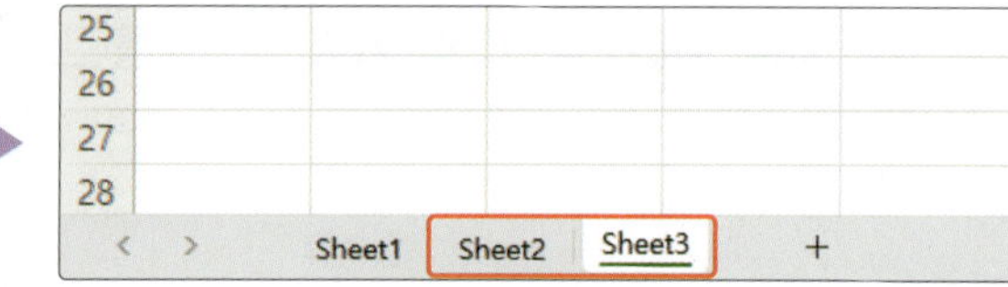

3 시트가 추가되면 [Sheet1]을 더블클릭하여 **제1작업**으로 시트 이름을 변경합니다.

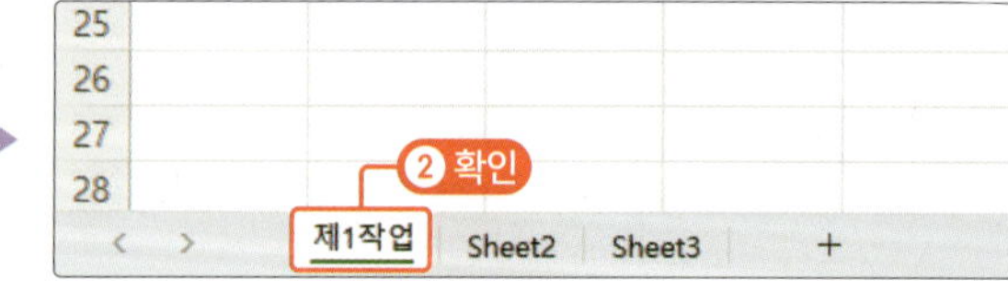

4 같은 방법으로 나머지 시트 2개의 이름을 **제2작업**과 **제3작업**으로 변경합니다.

★ [제4작업] 시트는 마지막 작업인 차트(그래프)를 작성할 때 시트를 추가하고 이름을 변경해요.

Level UP 시트 관리하기

시트 위에서 우클릭하여 바로 가기 메뉴가 나오면 '삽입, 삭제, 이름 바꾸기' 등 여러 가지 작업을 할 수 있습니다.

시트 그룹화 후 열 너비 조절하기

모든 작업 시트의 A열은 열너비 '1'로, 나머지 열은 적당하게 조절하시오.

1 [제1작업] 시트를 클릭한 후 [Shift]를 누른 채 [제3작업] 시트를 선택하여 그룹으로 지정합니다.

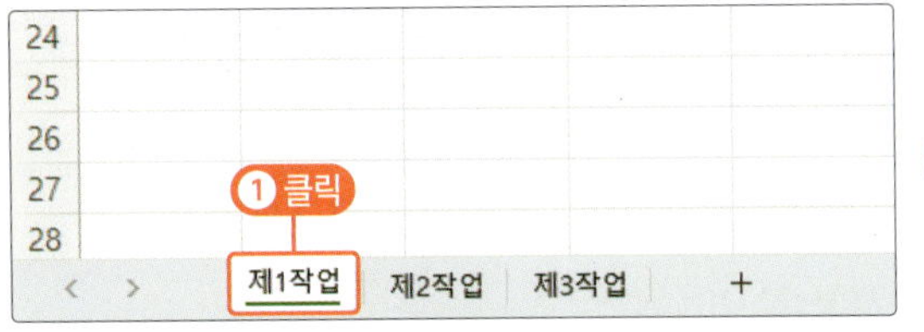

2 [A]열의 열 머리글 위에서 우클릭하여 [열 너비]를 선택한 후 열 너비를 1로 변경합니다.

★ 3개의 시트가 그룹으로 지정되어 있기 때문에 모든 시트의 [A]열 너비가 동시에 1로 변경돼요.

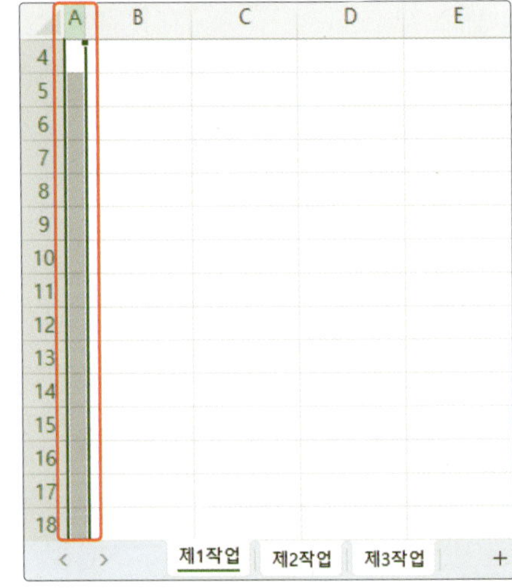

3 [제2작업] 시트를 클릭하여 그룹을 해제한 후 각각의 시트를 선택해 [A]열의 너비가 1로 변경된 것을 확인합니다.

★ 모든 확인이 끝나면 [제1작업] 시트를 클릭해요.

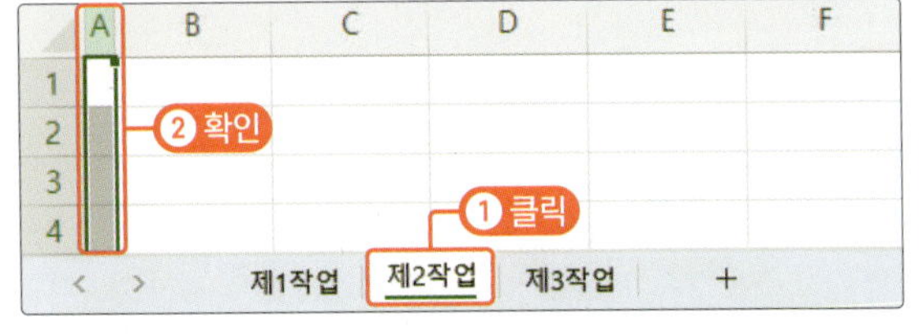

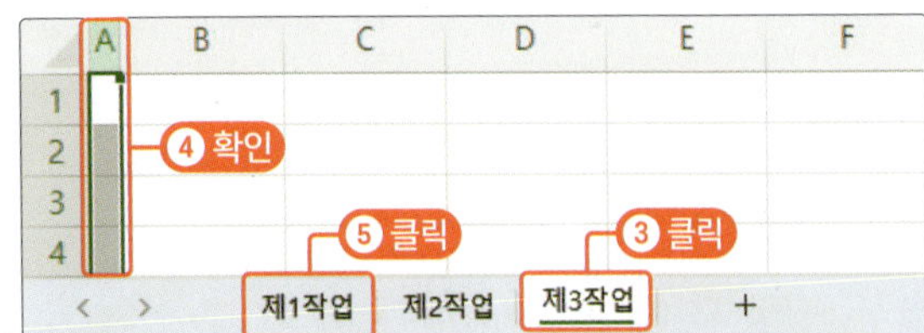

바로 가기 메뉴로 시트 그룹 및 그룹 해제하기

시트 위에서 우클릭하여 [모든 시트 선택]으로 그룹을 지정하고, [시트 그룹 해제]로 그룹을 해제할 수 있습니다.

4 기본 작업이 끝나면 [파일] 탭-[다른 이름으로 저장]-[찾아보기]를 클릭하여 답안 파일을 저장합니다.

★ 답안 파일을 맨 처음 저장할 때는 [다른 이름으로 저장]을 이후에는 [저장]을 이용해요.

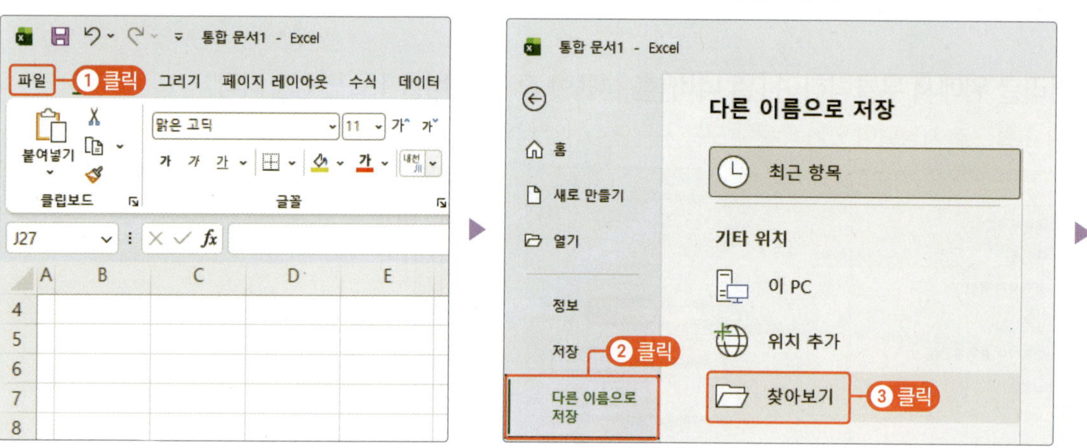

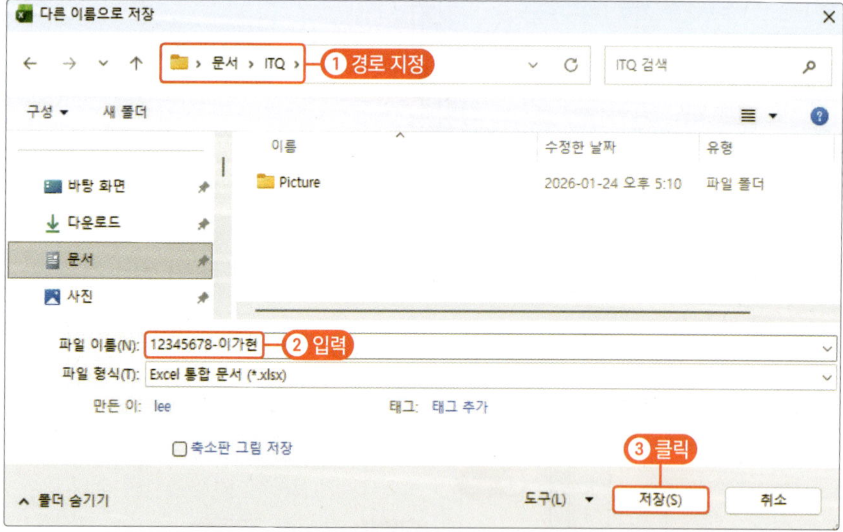

답안 파일 저장 시 '저장 경로'와 '파일명'을 정확하게 입력하세요.
· 저장 경로 : [내 PC]-[문서]-[ITQ] 폴더
· 파일 이름 : 수험번호-성명

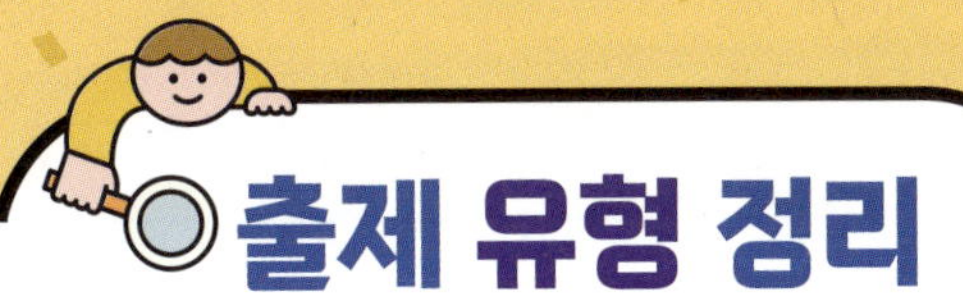

출제 유형 정리

1 ITQ 엑셀 답안 작성에 필요한 기본 작업을 설정한 후 '수험번호-성명' 형식으로 저장합니다.

⊘ **실습파일** : 없음   ⊘ **완성파일** : 12345678-윤다온.xlsx

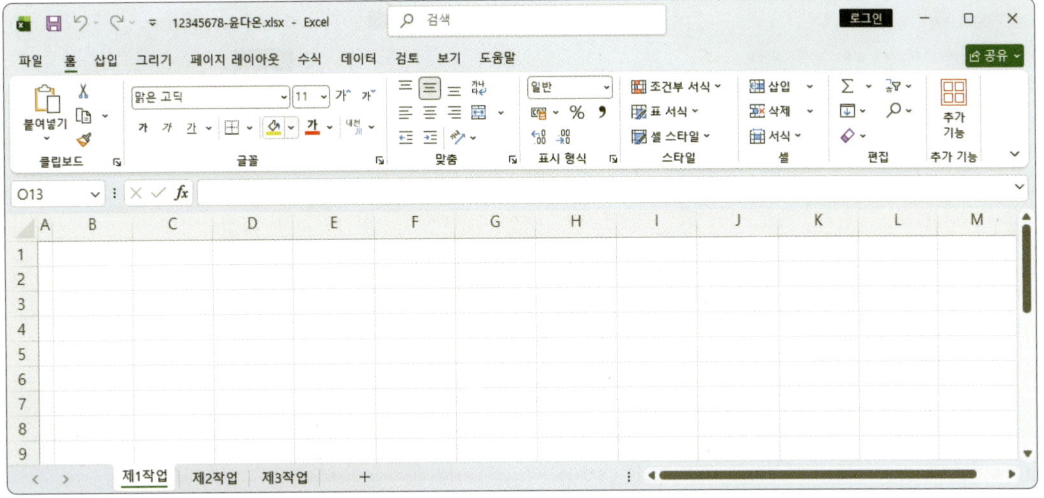

《답안 작성 요령》
· 모든 작업시트의 A열은 열 너비 '1'로, 나머지 열은 적당하게 조절하시오.
· 답안 시트 이름은 "제1작업", "제2작업", "제3작업", "제4작업"이어야 하며 답안 시트 이외의 것은 감점 처리됩니다.

2 ITQ 엑셀 답안 작성에 필요한 기본 작업을 설정한 후 '수험번호-성명' 형식으로 저장합니다.

⊘ **실습파일** : 없음   ⊘ **완성파일** : 12345678-한가람.xlsx

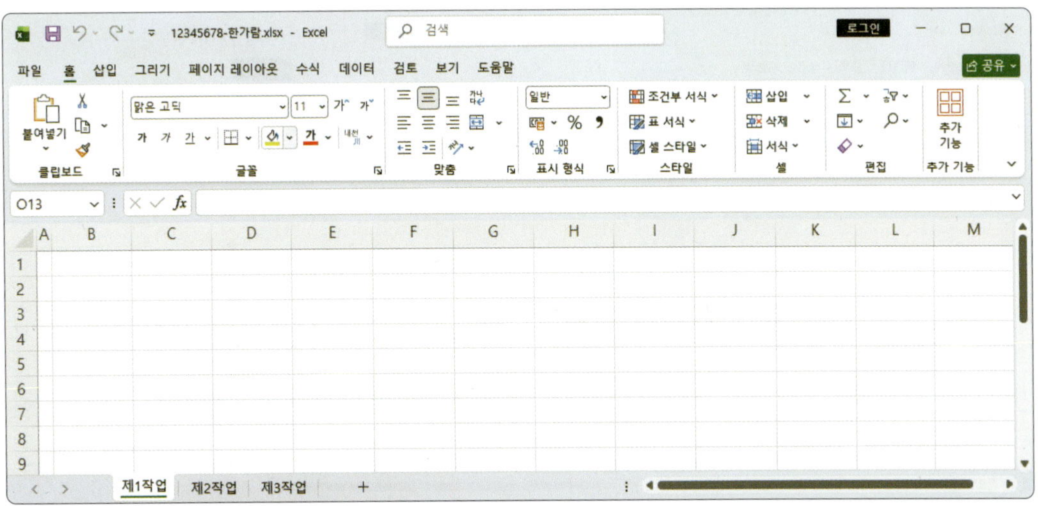

《답안 작성 요령》
· 모든 작업시트의 A열은 열 너비 '1'로, 나머지 열은 적당하게 조절하시오.
· 답안 시트 이름은 "제1작업", "제2작업", "제3작업", "제4작업"이어야 하며 답안 시트 이외의 것은 감점 처리됩니다.

3 ITQ 엑셀 답안 작성에 필요한 기본 작업을 설정한 후 '수험번호-성명' 형식으로 저장합니다.

⊘ 실습파일 : 없음   ⊘ 완성파일 : 12345678-신별하.xlsx

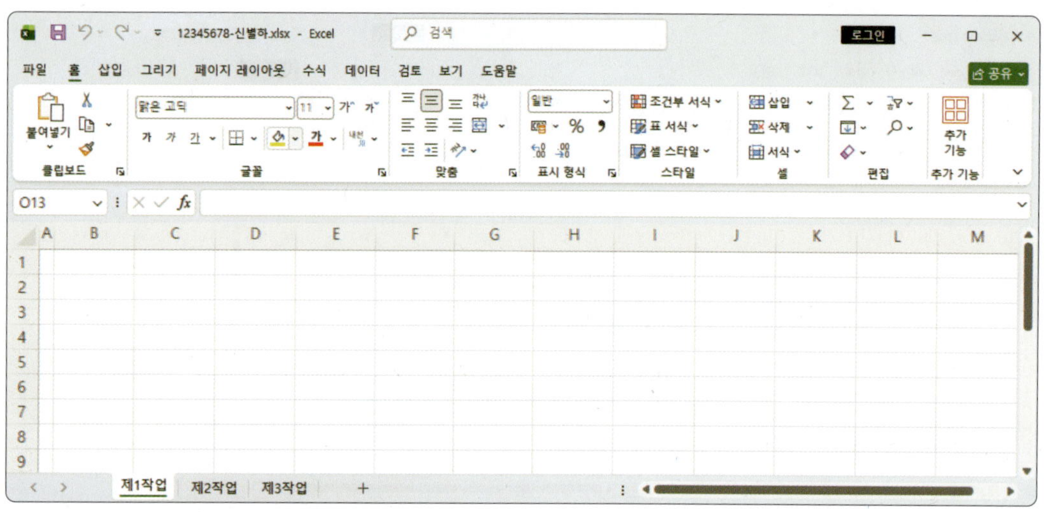

《답안 작성 요령》
· 모든 작업시트의 A열은 열 너비 '1'로, 나머지 열은 적당하게 조절하시오.
· 답안 시트 이름은 "제1작업", "제2작업", "제3작업", "제4작업"이어야 하며 답안 시트 이외의 것은 감점 처리됩니다.

 **4** ITQ 엑셀 답안 작성에 필요한 기본 작업을 설정한 후 '수험번호-성명' 형식으로 저장합니다. 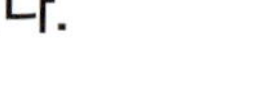

⊘ 실습파일 : 없음   ⊘ 완성파일 : 12345678-최슬아.xlsx

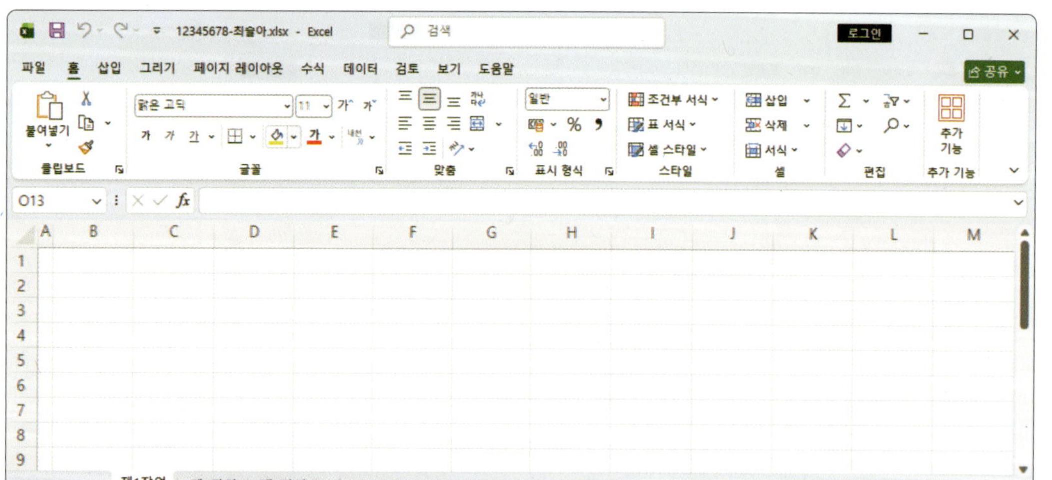

《답안 작성 요령》
· 모든 작업시트의 A열은 열 너비 '1'로, 나머지 열은 적당하게 조절하시오.
· 답안 시트 이름은 "제1작업", "제2작업", "제3작업", "제4작업"이어야 하며 답안 시트 이외의 것은 감점 처리됩니다.

5 ITQ 엑셀 답안 작성에 필요한 기본 작업을 설정한 후 '수험번호-성명' 형식으로 저장합니다.

⊘ **실습파일** : 없음   ⊘ **완성파일** : 12345678-권마루.xlsx

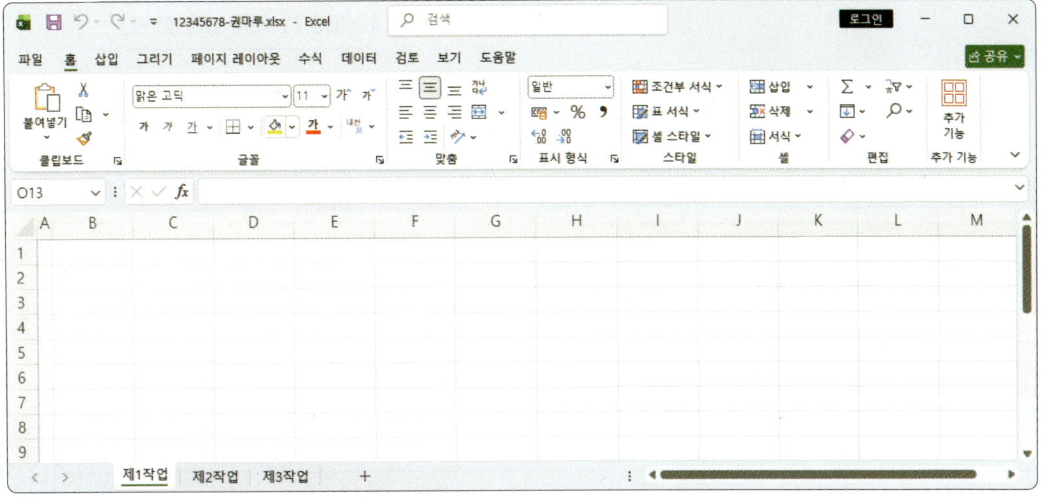

《답안 작성 요령》
- 모든 작업시트의 A열은 열 너비 '1'로, 나머지 열은 적당하게 조절하시오.
- 답안 시트 이름은 "제1작업", "제2작업", "제3작업", "제4작업"이어야 하며 답안 시트 이외의 것은 감점 처리됩니다.

6 ITQ 엑셀 답안 작성에 필요한 기본 작업을 설정한 후 '수험번호-성명' 형식으로 저장합니다.

⊘ **실습파일** : 없음   ⊘ **완성파일** : 12345678-최강우.xlsx

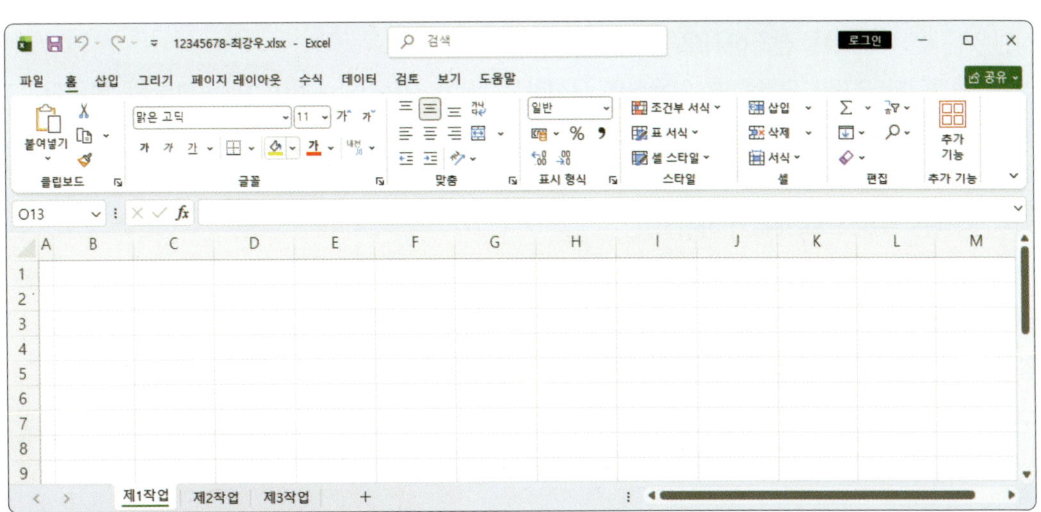

《답안 작성 요령》
- 모든 작업시트의 A열은 열 너비 '1'로, 나머지 열은 적당하게 조절하시오.
- 답안 시트 이름은 "제1작업", "제2작업", "제3작업", "제4작업"이어야 하며 답안 시트 이외의 것은 감점 처리됩니다.

[제1작업] 표 서식 작성 I [데이터 입력 및 제목 작성]

⊘ **실습파일** : 02차시(문제).xlsx ⊘ **완성파일** : 02차시(완성).xlsx

[배점] 240점 (500점 만점)

☞ 다음은 '영화 스트리밍 서비스 이용 현황'에 대한 자료이다. 자료를 입력하고 조건에 맞도록 작업하시오.

《출력형태》

코드	영화명	상영일	관람기기	관람인원 (단위:명)	관람시간 (단위:분)	요금	할인요금	비고
S-121	스파이더맨	2025-10-10	스마트폰	1,842	120	10,000	(1)	(2)
T-231	겨울왕국	2025-11-11	태블릿	2,948	100	8,000	(1)	(2)
N-341	인셉션	2025-10-12	노트북	1,120	150	12,000	(1)	(2)
S-142	기생충	2025-10-16	스마트폰	1,984	140	10,000	(1)	(2)
N-312	타이타닉	2025-10-12	노트북	1,450	160	15,000	(1)	(2)
T-214	노인과 바다	2025-10-15	태블릿	2,140	90	9,000	(1)	(2)
S-134	미션 임파서블	2025-11-15	스마트폰	2,848	130	11,000	(1)	(2)
T-242	조커	2025-10-12	태블릿	1,002	110	8,500	(1)	(2)
10월 12일 상영 영화 개수			(3)		최대 관람시간(단위:분)			(5)
스마트폰 관람인원(단위:명) 평균			(4)		영화명	스파이더맨	요금	(6)

결재 / 담당 / 팀장 / 부장

영화 스트리밍 서비스 이용 현황

《조건》

○ 모든 데이터의 서식에는 글꼴(굴림, 11pt), 정렬은 숫자 및 회계 서식은 오른쪽 정렬, 나머지 서식은 가운데 정렬로 작성하며 예외적인 것은 《출력형태》를 참조하시오.

○ 제 목 ⇒ 도형(배지)과 그림자(오프셋 오른쪽)를 이용하여 작성하고 "영화 스트리밍 서비스 이용 현황"을 입력한 후 다음 서식을 적용하시오(글꼴-굴림, 24pt, 검정, 굵게, 채우기-노랑).

○ 임의의 셀에 결재란을 작성하여 그림으로 복사 기능을 이용하여 붙이기 하시오(단, 원본 삭제).

○ 「B4:J4, G14, I14」 영역은 '주황'으로 채우기 하시오.

○ 유효성 검사를 이용하여 「H14」 셀에 영화명(「C5:C12」 영역)이 선택 표시되도록 하시오.

○ 셀 서식 ⇒ 「H5:H12」 영역에 셀 서식을 이용하여 숫자 뒤에 '원'을 표시하시오(예 : 10,000원).

○ 「G5:G12」 영역에 대해 '관람시간'으로 이름정의를 하시오.

기본 서식 지정 및 셀 병합 > 데이터 입력 후 테두리 지정 > 제목 작업

Check 01 기본 서식 지정 및 셀 병합 ː [제1작업] 시트에 기본 서식을 지정한 후 셀을 병합해요!

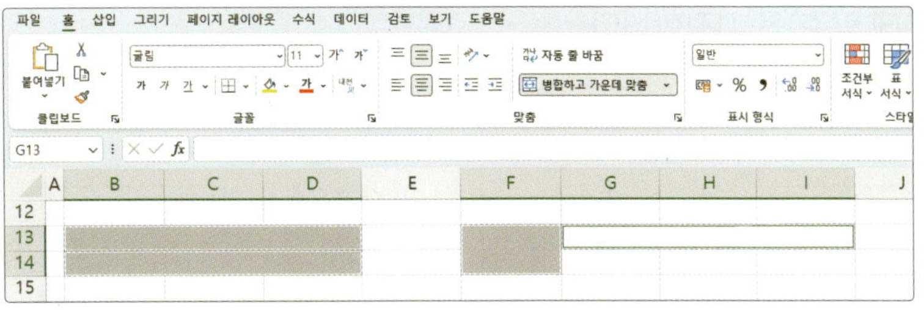

[제1작업] 시트에 글꼴 서식, 정렬, 셀 병합을 지정

Check 02 데이터 입력 및 테두리 지정 ː 셀에 데이터를 입력한 후 테두리를 지정해요.

	코드	영화명	상영일	관람기기	관람인원 (단위:명)	관람시간 (단위:분)	요금	할인요금	비고
	S-121	스파이더맨	2025-10-10	스마트폰	1842	120	10000		
	T-231	겨울왕국	2025-11-11	태블릿	2948	100	8000		
	N-341	인셉션	2025-10-12	노트북	1120	150	12000		
	S-142	기생충	2025-10-16	스마트폰	1984	140	10000		
	N-312	타이타닉	2025-10-12	노트북	1450	160	15000		
	T-214	노인과 바다	2025-10-15	태블릿	2140	90	9000		
	S-134	미션 임파서블	2025-11-15	스마트폰	2848	130	11000		
	T-242	조커	2025-10-12	태블릿	1002	110	8500		
	10월 12일 상영 영화 개수					최대 관람시간(단위:분)			
	스마트폰 관람인원(단위:명) 평균				영화명		요금		

데이터 입력 & 열 너비 및 행 높이 조절 & 테두리 지정

Check 03 제목 작업 ː 도형을 이용하여 제목을 작성한 후 글꼴 서식 및 그림자를 지정해요!

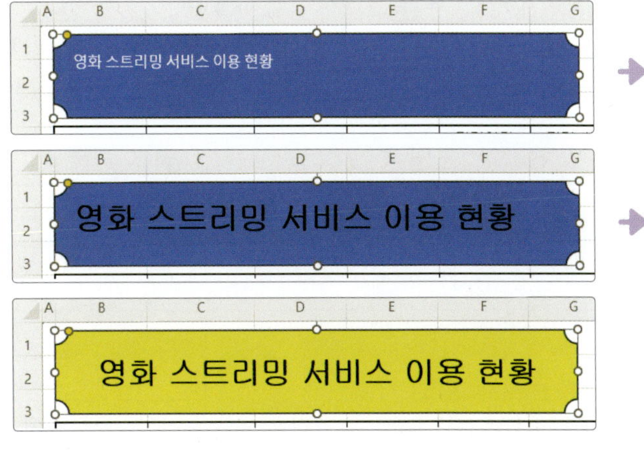

도형 삽입 & 제목 입력 및 서식 지정 & 그림자 지정

기본 서식 지정 및 데이터 입력하기

○ 모든 데이터의 서식에는 글꼴(굴림, 11pt), 정렬은 숫자 및 회계 서식은 오른쪽 정렬, 나머지 서식은 가운데 정렬로 작성하며 예외적인 것은 《출력형태》를 참조하시오.

☞ 다음은 '영화 스트리밍 서비스 이용 현황'에 대한 자료이다. 자료를 입력하고 조건에 맞도록 작업하시오.

1 02차시(문제).xlsx 파일을 불러와 [제1작업] 시트를 클릭합니다. ◢를 클릭한 후 [홈] 탭에서 **글꼴 서식(굴림, 11)** 및 **정렬(가운데 맞춤)**을 지정합니다.

★ Ctrl + A 를 눌러 모든 셀을 선택할 수도 있어요.

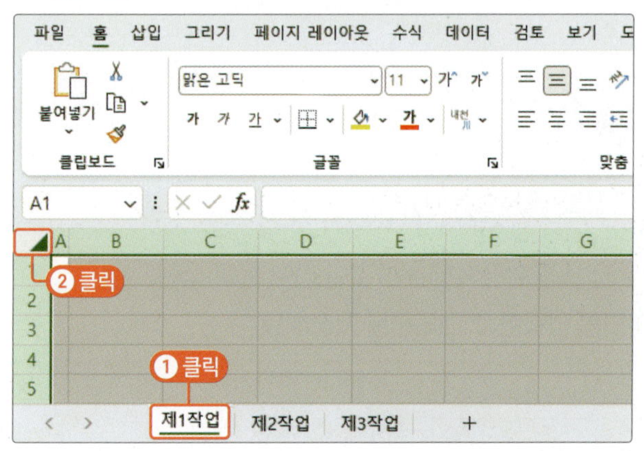
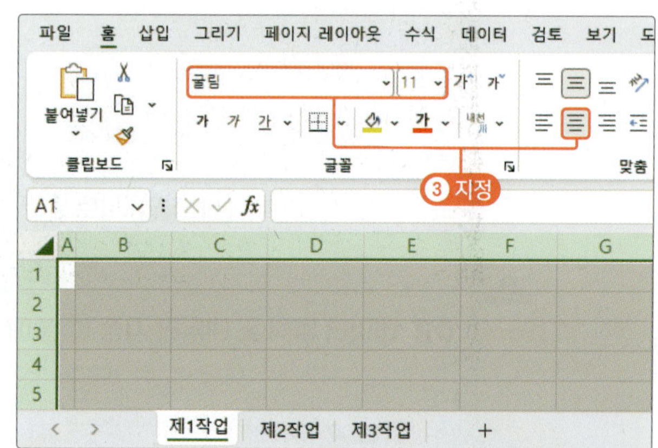

2 [B13:D13]을 드래그한 후 Ctrl 을 누른 채 [B14:D14], [F13:F14], [G13:I13]을 추가로 드래그합니다. 이어서, [홈] 탭에서 **[병합하고 가운데 맞춤]**을 클릭합니다.

★ Ctrl 을 누른 채 셀을 드래그하면 떨어져 있는 셀들을 연속으로 선택할 수 있어요.

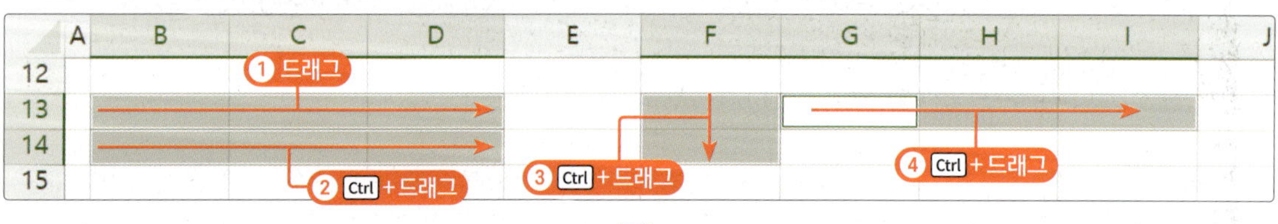

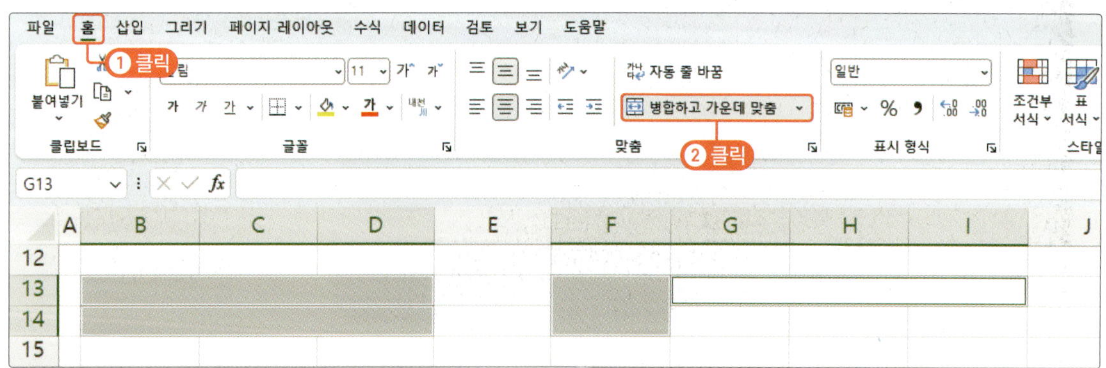

> **ITQ 꿀팁**
>
> [B13:D13], [B14:D14], [F13:F14], [G13:I13] 영역의 셀 병합은 고정적으로 출제되고 있어요.

3 문제지의 《출력형태》를 참고하여 각각의 셀에 데이터를 입력합니다.

✦ 숫자를 입력할 때는 천 단위 구분기호(,)는 입력하지 않고 숫자만 입력해요.

✦ [C10] 셀 내용 : 노인과 바다, [C11] 셀 내용 : 미션 임파서블

	A	B	C	D	E	F	G	H	I	J
1										
2										
3										
4		코드	영화명	상영일	관람기기	관람인원 (단위:명)	관람시간 (단위:분)	요금	할인요금	비고
5		S-121	스파이더맨	2025-10-10	스마트폰	1842	120	10000		
6		T-231	겨울왕국	2025-11-11	태블릿	2948	100	8000		
7		N-341	인셉션	2025-10-12	노트북	1120	150	12000		
8		S-142	기생충	2025-10-16	스마트폰	1984	140	10000		
9		N-312	타이타닉	2025-10-12	노트북	1450	160	15000		
10		T-214	노인과 바다	2025-10-15	태블릿	2140	90	9000		
11		S-134	미션 임파서블	2025-11-15	스마트폰	2848	130	11000		
12		T-242	조커	2025-10-12	태블릿	1002	110	8500		
13		10월 12일 상영 영화 개수					최대 관람시간(단위:분)			
14		스마트폰 관람인원(단위:명) 평균				영화명			요금	
15										

> **ITQ 꿀팁**
>
> · ITQ 엑셀 시험은 작업에 필요한 데이터를 제공하지 않기 때문에 문제지의 《출력형태》를 보면서 직접 입력해야 해요.
> · 날짜 또는 숫자를 입력할 때 셀의 너비가 좁으면 값이 ####으로 표시되며, 해당 열의 너비를 조절하면 정상적으로 표시돼요.

Level UP **데이터 입력 방법**

❶ 날짜 입력 : 숫자 사이에 하이픈(-)을 입력합니다.(예 : 2026-12-25)

❷ 백분율 입력 : 숫자 뒤에 퍼센트(%)를 입력합니다.(예 : 58%)

❸ 소숫점 입력 : 숫자 사이에 마침표(.)를 입력합니다.(예 : 0.1/0.01/0.15%)

❹ 두 줄 데이터 입력 : 윗줄 내용 입력 후 Alt + Enter를 눌러 다음 줄에 내용을 입력합니다.

❺ 셀 이동 : 데이터 입력 후 방향키(↑, ↓, ←, →) 또는 Tab을 누릅니다.

❻ 데이터 수정 : 셀을 더블클릭하거나 F2를 눌러 수정합니다.

❼ 소수 자릿수 지정

· 숫자를 입력한 후 Ctrl + 1을 누릅니다.
· [표시 형식]탭-[범주]에서 '숫자', '회계', '백분율'을 선택하여 필요한 자릿수만큼 수소 자릿수(예:1.0/1.00/10.0%/10.00%)를 지정합니다.

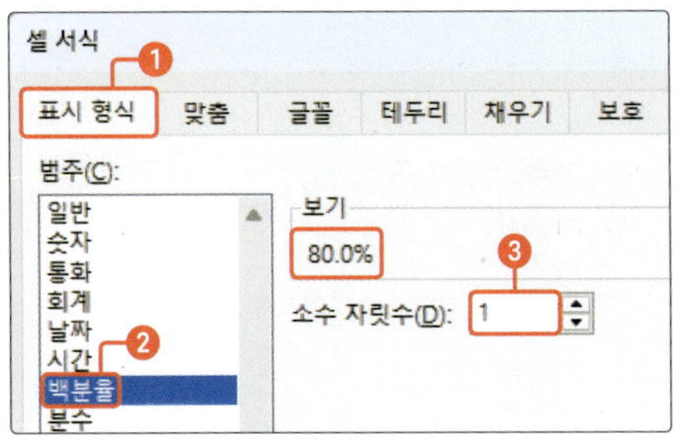

▲ 백분율 소수 첫째자리

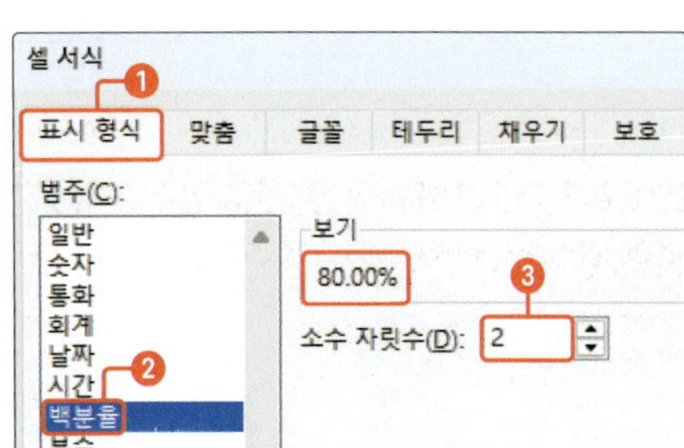

▲ 백분율 소수 둘째자리

열 너비 및 행 높이 조절하기

모든 작업 시트의 A열은 열 너비 '1'로, 나머지 열은 적당하게 조절하시오.

1 [C]와 [D] 열 머리글 사이에 마우스 포인터(✛)를 위치시킨 후 더블클릭합니다.

★ 열 머리글의 경계선을 더블클릭하면 가장 긴 글자에 맞추어 자동으로 열 너비가 조절돼요.

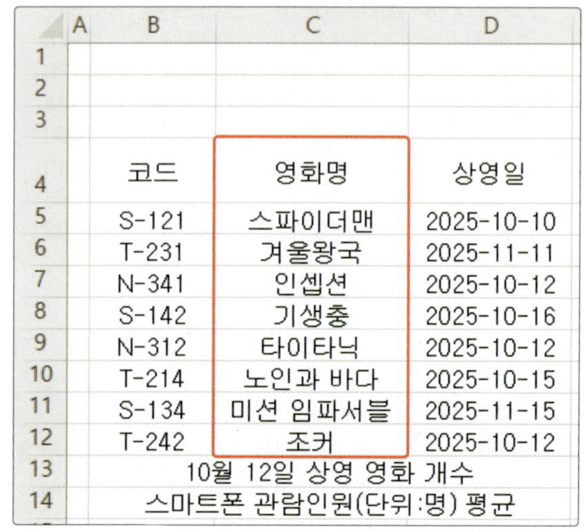

 **Level UP** 열 너비 조절하기

경계선을 더블클릭하여 열의 너비를 조절한 이후에도 《출력형태》에 비해 간격이 좁다면 열 머리글 사이에 마우스 포인터(✛)를 위치시킨 후 드래그하여 열의 너비를 조절합니다.

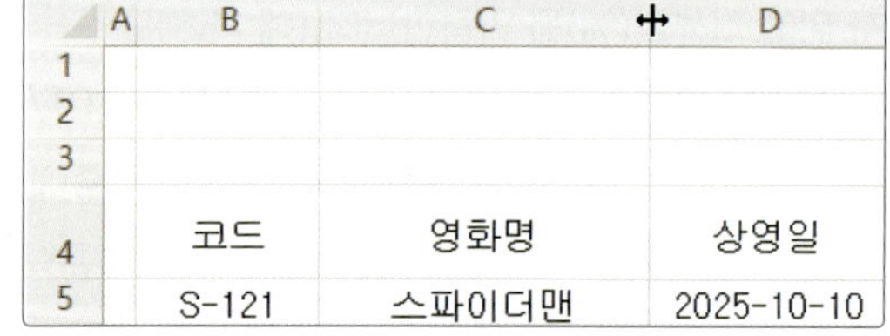

2 같은 방법으로 문제지의 《출력형태》를 참고하여 열 너비를 조절합니다.

코드	영화명	상영일	관람기기	관람인원 (단위:명)	관람시간 (단위:분)	요금	할인요금	비고
S-121	스파이더맨	2025-10-10	스마트폰	1842	120	10000		
T-231	겨울왕국	2025-11-11	태블릿	2948	100	8000		
N-341	인셉션	2025-10-12	노트북	1120	150	12000		
S-142	기생충	2025-10-16	스마트폰	1984	140	10000		
N-312	타이타닉	2025-10-12	노트북	1450	160	15000		
T-214	노인과 바다	2025-10-15	태블릿	2140	90	9000		
S-134	미션 임파서블	2025-11-15	스마트폰	2848	130	11000		
T-242	조커	2025-10-12	태블릿	1002	110	8500		
10월 12일 상영 영화 개수					최대 관람시간(단위:분)			
스마트폰 관람인원(단위:명) 평균				영화명			요금	

3 제목이 들어갈 [1:3] 행의 머리글을 드래그하여 우클릭합니다. **[행 높이]**를 클릭한 후 행 높이를 25로 변경합니다.

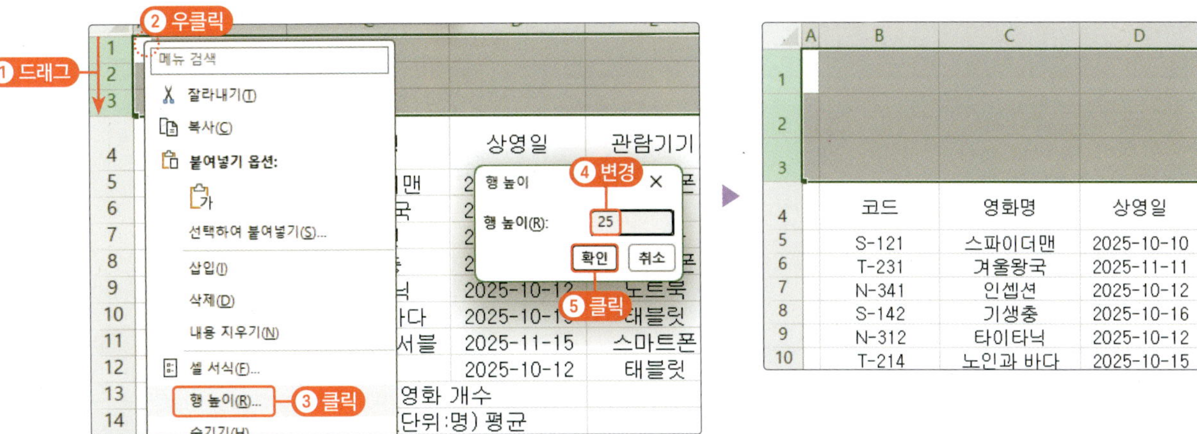

4 본문 제목과 내용이 입력될 [4:14] 행의 높이도 같은 방법으로 변경합니다.

	코드	영화명	상영일	관람기기	관람인원 (단위:명)	관람시간 (단위:분)	요금	할인요금	비고
4	코드	영화명	상영일	관람기기	관람인원 (단위:명)	관람시간 (단위:분)	요금	할인요금	비고
5	S-121	스파이더맨	2025-10-10	스마트폰	1842	120	10000		
6	T-231	겨울왕국	2025-11-11	태블릿	2948	100	8000		
7	N-341	인셉션	2025-10-12	노트북	1120	150	12000		
8	S-142	기생충	2025-10-16	스마트폰	1984	140	10000		
9	N-312	타이타닉	2025-10-12	노트북	1450	160	15000		
10	T-214	노인과 비다	2025-10-15	태블릿	2140	90	9000		
11	S-134	미션 임파서블	2025-11-15	스마트폰	2848	130	11000		
12	T-242	조커	2025-10-12	태블릿	1002	110	8500		
13	10월 12일 상영 영화 개수				최대 관람시간(단위:분)				
14	스마트폰 관람인원(단위:명) 평균				영화명		요금		

ITQ 꿀팁

행 높이 변경은 별도의 조건이 없으며, 채점 기준에도 포함되지 않기 때문에 문제지의 《출력형태》를 참고하여 적당한 높이로 조절해 주세요.

STEP 03 셀 테두리 지정하기

○ 모든 작업시트의 테두리는 《출력형태》와 같이 작업하시오.

1 [B4:J14]를 드래그한 후 [홈] 탭에서 [테두리] 목록 단추를 눌러 [모든 테두리]와 [굵은 바깥쪽 테두리]를 순서대로 선택합니다.

★ 문제지의 《출력형태》를 참고하여 테두리를 지정해요.

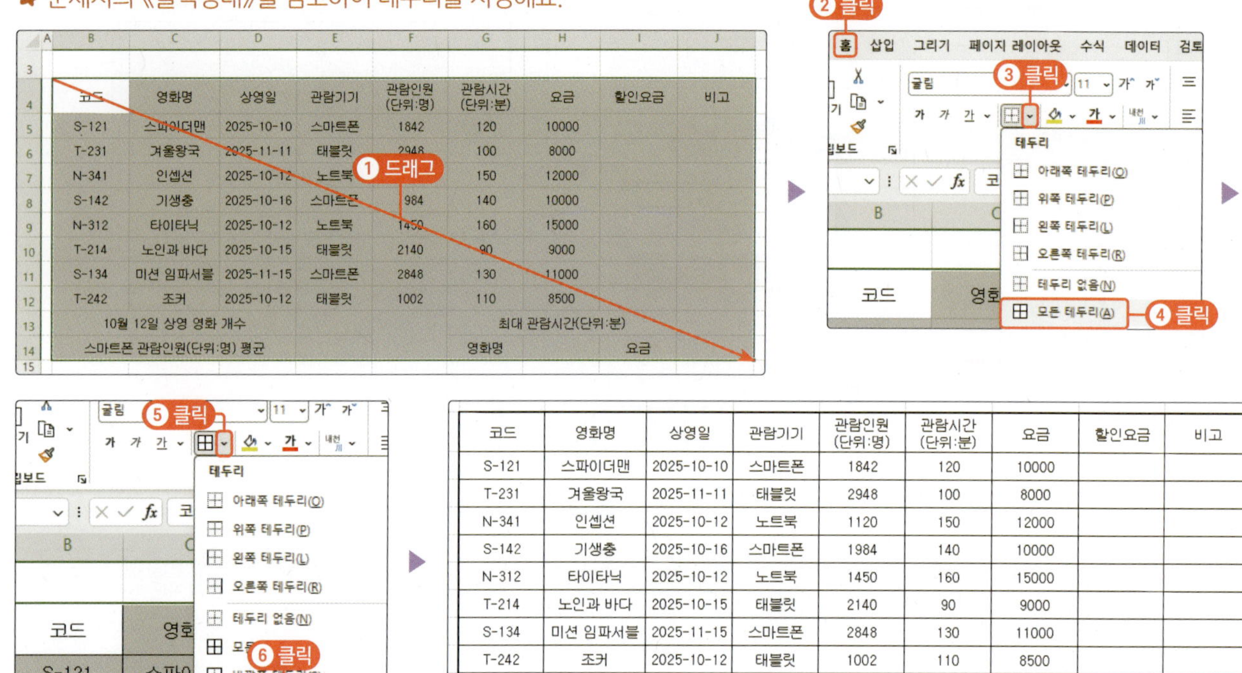

코드	영화명	상영일	관람기기	관람인원 (단위:명)	관람시간 (단위:분)	요금	할인요금	비고
S-121	스파이더맨	2025-10-10	스마트폰	1842	120	10000		
T-231	겨울왕국	2025-11-11	태블릿	2948	100	8000		
N-341	인셉션	2025-10-12	노트북	1120	150	12000		
S-142	기생충	2025-10-16	스마트폰	1984	140	10000		
N-312	타이타닉	2025-10-12	노트북	1450	160	15000		
T-214	노인과 바다	2025-10-15	태블릿	2140	90	9000		
S-134	미션 임파서블	2025-11-15	스마트폰	2848	130	11000		
T-242	조커	2025-10-12	태블릿	1002	110	8500		
10월 12일 상영 영화 개수						최대 관람시간(단위:분)		
스마트폰 관람인원(단위:명) 평균					영화명		요금	

2 [B4:J4]를 드래그한 후 Ctrl을 누른 채 [B13:J14]를 드래그합니다. [홈] 탭에서 [테두리] 목록 단추를 눌러 [굵은 바깥쪽 테두리]를 선택합니다.

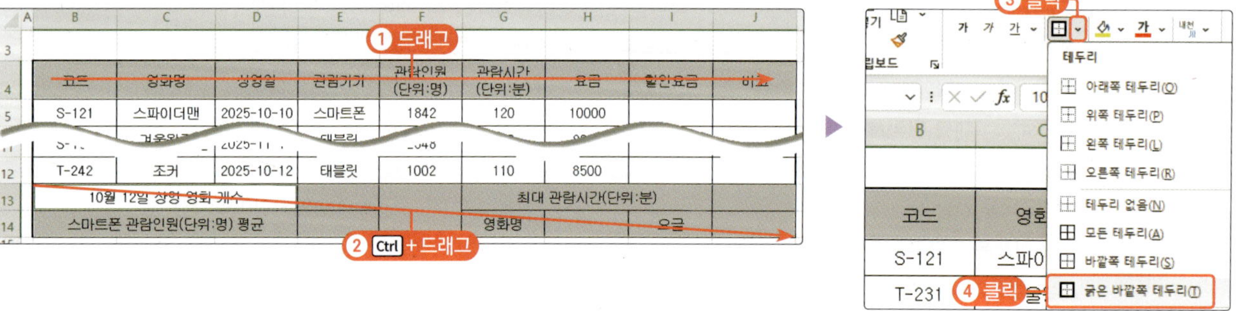

3 대각선 테두리를 지정하기 위해 [F13:F14] 셀 위에서 우클릭하여 [셀 서식]을 클릭합니다.

★ Ctrl+1를 눌러 [셀 서식]을 실행할 수도 있어요.

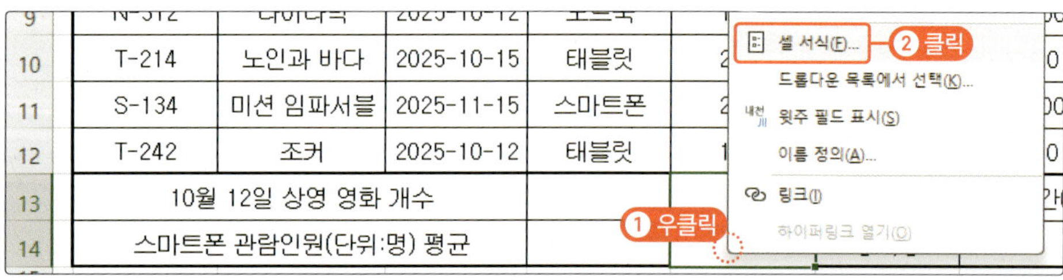

4 [셀 서식] 대화상자에서 [테두리] 탭을 클릭한 후 왼쪽과 오른쪽의 대각선 테두리를 선택합니다.

✿ 테두리 작업이 끝나면 문제지의 《출력형태》와 같은지 확인해 보세요.

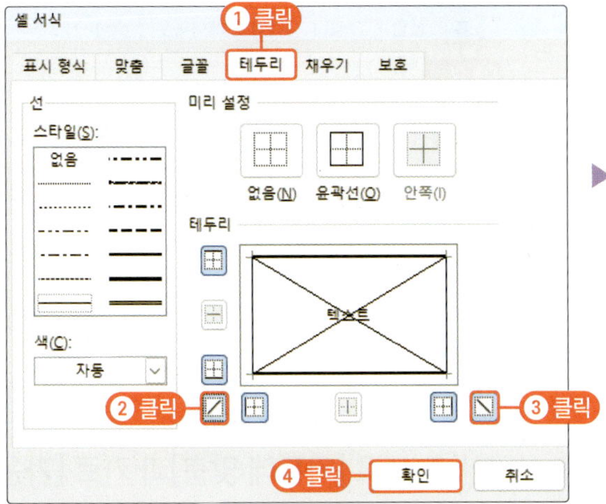

7	노트북	1120	150
8	스마트폰	1984	140
9	노트북	1450	160
10	태블릿	2140	90
11	스마트폰	2848	130
12	태블릿	1002	110
13			최대
14			영화명

도형을 이용하여 제목 작성하기

○ 제목 ➡ 도형(배지)과 그림자(오프셋 오른쪽)를 이용하여 작성하고 "영화 스트리밍 서비스 이용 현황"을 입력한 후 다음 서식을 적용하시오(글꼴-굴림, 24pt, 검정, 굵게, 채우기-노랑).

1 [삽입] 탭-[도형]에서 [기본 도형-배지(⬡)]를 선택한 후 제목 도형을 삽입합니다.

✿ 문제지의 《출력형태》를 참고하여 도형의 크기와 위치를 변경해요.

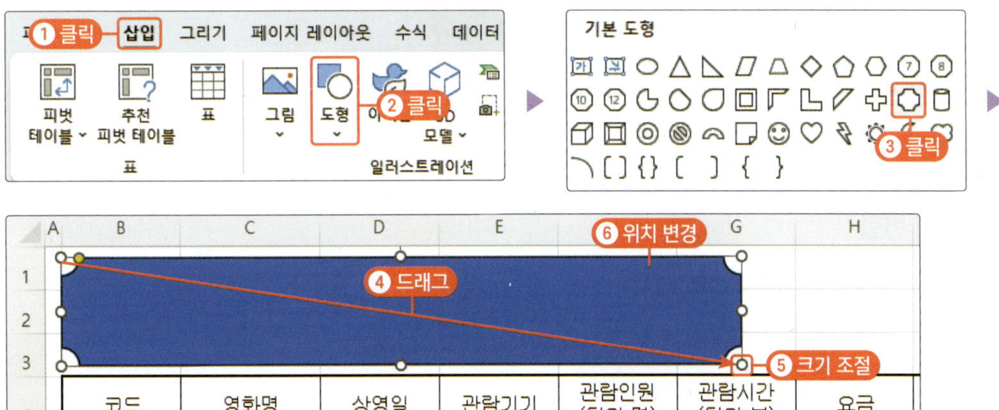

| 코드 | 영화명 | 상영일 | 관람기기 | 관람인원
(단위:명) | 관람시간
(단위:분) | 요금 |

Level UP 도형 작성하기

❶ **크기 조절** : 흰색 조절점을 드래그합니다.
❷ **모양 변형** : 노란색 조절점을 드래그합니다.
❸ **회전** : 회전 핸들을 드래그합니다.
❹ **위치 변경** : 도형 중앙에 마우스 커서를 위치시킨 후 드래그합니다.

✿ 도형을 선택한 후 방향키를 이용하면 세밀하게 위치를 변경할 수 있어요.

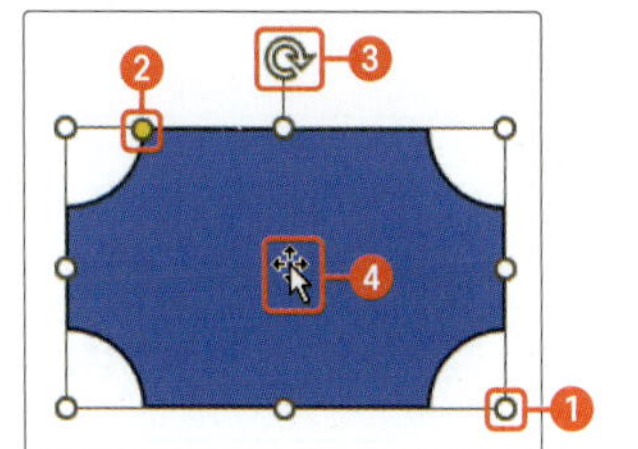

2 도형에 **영화 스트리밍 서비스 이용 현황**을 입력한 후 [홈] 탭에서 **글꼴 서식**을 지정합니다.

★ 도형의 테두리를 클릭한 후 '글꼴(굴림), 글꼴 크기(24), 굵게, 글꼴 색(검정, 텍스트 1)'을 지정해요.

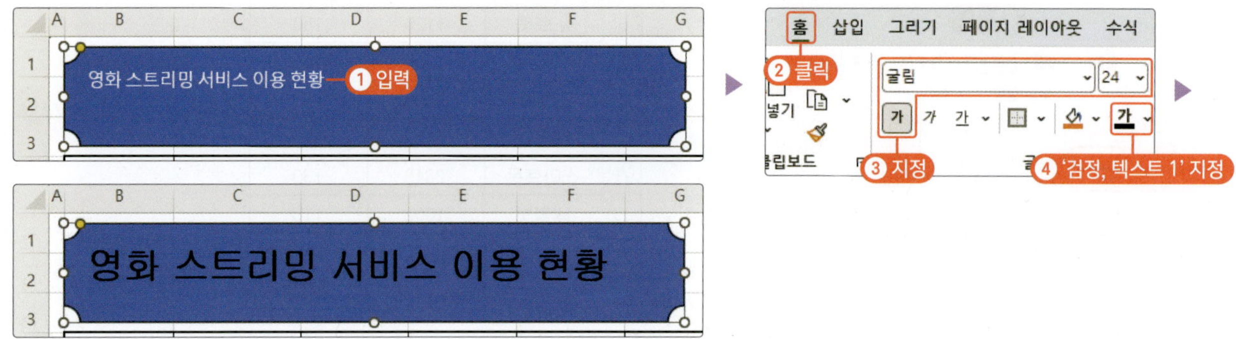

3 도형이 선택된 상태에서 [채우기 색] 목록 단추를 눌러 **노랑**을 선택한 후 세로 **[가운데 맞춤]**과 가로 **[가운데 맞춤]**을 각각 클릭합니다.

Level UP　　**도형 모양 변형**

도형 모양이 《출력형태》와 다를 경우 노란색 조절점(◉)을 드래그하여 모양을 변형시킵니다.

4 도형이 선택된 상태에서 [도형 서식] 탭-[도형 효과]에서 [그림자]-**[바깥쪽-오프셋: 오른쪽]**을 선택합니다.

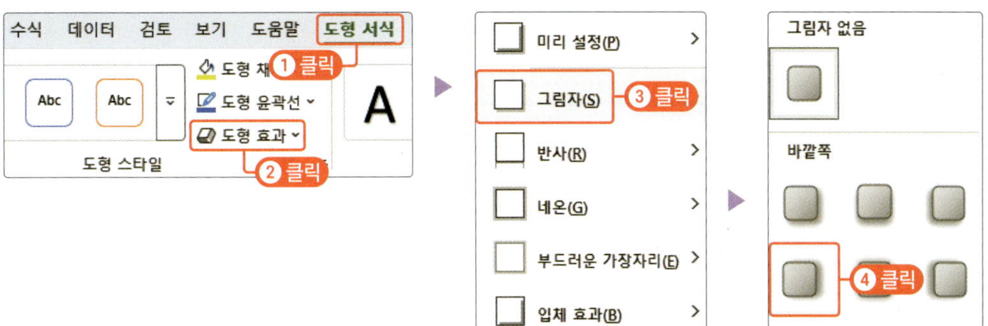

> **ITQ 꿀팁**
>
> 제목의 글꼴 서식(글꼴-굴림, 글꼴 크기-24pt, 굵게, 글꼴 색-검정), 도형 서식(채우기 색-노랑, 그림자-오프셋: 오른쪽)은 고정적으로 출제되고 있어요.

5 작업이 완료되면 [저장(🖫)]을 클릭하거나, Ctrl + S 를 눌러 답안 파일을 저장합니다.

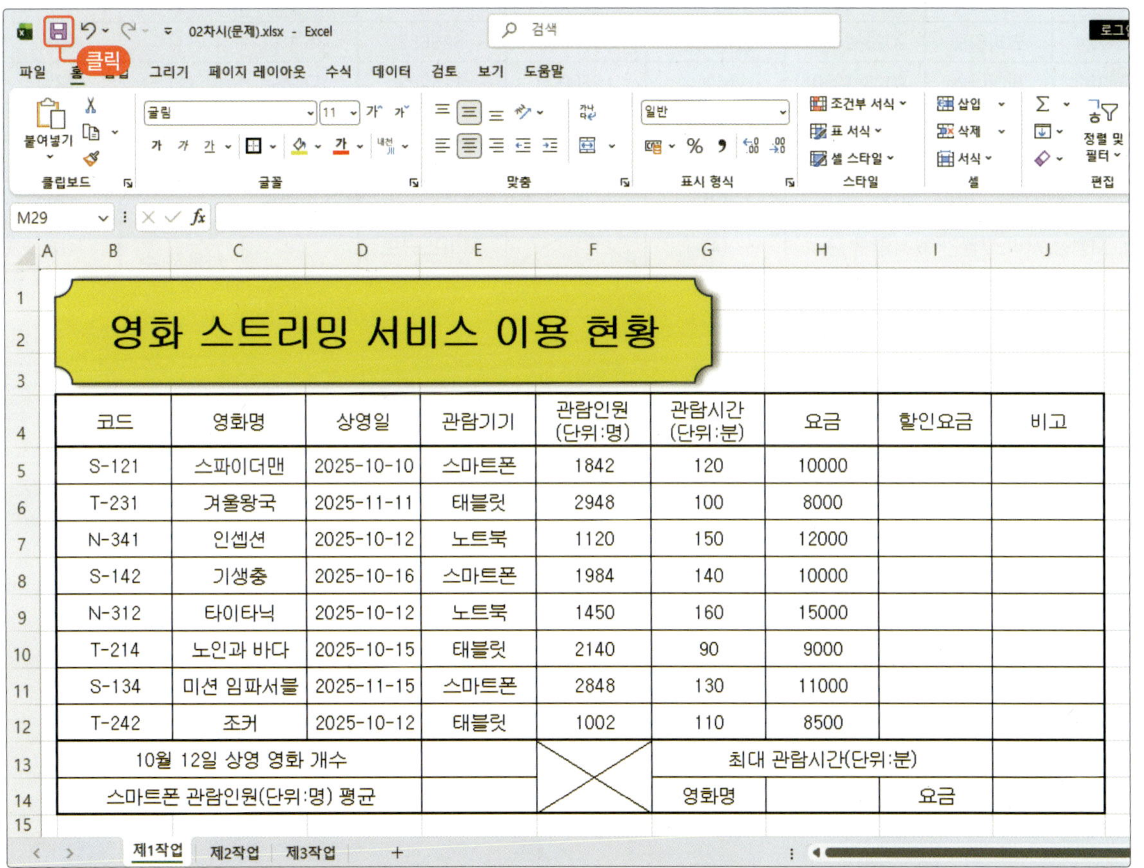

영화 스트리밍 서비스 이용 현황

코드	영화명	상영일	관람기기	관람인원 (단위:명)	관람시간 (단위:분)	요금	할인요금	비고
S-121	스파이더맨	2025-10-10	스마트폰	1842	120	10000		
T-231	겨울왕국	2025-11-11	태블릿	2948	100	8000		
N-341	인셉션	2025-10-12	노트북	1120	150	12000		
S-142	기생충	2025-10-16	스마트폰	1984	140	10000		
N-312	타이타닉	2025-10-12	노트북	1450	160	15000		
T-214	노인과 바다	2025-10-15	태블릿	2140	90	9000		
S-134	미션 임파서블	2025-11-15	스마트폰	2848	130	11000		
T-242	조커	2025-10-12	태블릿	1002	110	8500		
10월 12일 상영 영화 개수					최대 관람시간(단위:분)			
스마트폰 관람인원(단위:명) 평균					영화명		요금	

제1작업 제2작업 제3작업 +

> **ITQ 꿀팁**
>
> 답안 파일 저장은 ITQ 시험에서 가장 중요한 과정으로 답안 작성 도중에 작업을 완료한 부분까지 수시로 저장해야 해요. [빠른 실행 도구 모음]에서 '저장 아이콘(🖫)'을 클릭하거나, Ctrl + S 를 눌러 답안 파일을 저장할 수 있어요.

1 다음은 'AI 서비스 자사 이용 현황'에 대한 자료이다. 자료를 입력하고 조건에 맞도록 작업하시오.

⊘ **실습파일** : 유형02-1(문제).xlsx   ⊘ **완성파일** : 유형02-1(완성).xlsx

《출력형태》

AI 서비스 자사 이용 현황

서비스코드	서비스명	출시일	서비스유형	월간 처리량	연간 누적 사용자 수	만족도	이용방법	출시순위
NV-134	클로바X	2023-04-02	업무지원	1800000	170848	85.2%	(1)	(2)
OA-274	챗GPT	2022-11-30	LLM생성	2400000	251571	88.7%	(1)	(2)
DB-193	딥브레인AI	2023-02-28	기타	500000	73362	78.9%	(1)	(2)
AP-288	클로드	2023-03-14	기타	1204000	89461	82.5%	(1)	(2)
MS-224	코파일럿	2023-02-07	업무지원	2000000	629652	85.1%	(1)	(2)
GG-382	제미나이	2023-12-06	LLM생성	1570000	116089	90.0%	(1)	(2)
GG-127	팜2	2023-05-10	업무지원	250000	164955	77.6%	(1)	(2)
MT-312	라마	2023-02-24	LLM생성	650000	153678	81.0%	(1)	(2)
업무지원 서비스 개수			(3)			최고 만족도		(5)
LLM생성 서비스 월간 처리량 평균			(4)		서비스코드		연간 누적 사용자 수	(6)

《조건》

○ 모든 데이터의 서식에는 글꼴(굴림, 11pt), 정렬은 숫자 및 회계 서식은 오른쪽 정렬, 나머지 서식은 가운데 정렬로 작성하며 예외적인 것은 《출력형태》를 참조하시오.

○ 제 목 ⇒ 도형(배지)과 그림자(오프셋 오른쪽)를 이용하여 작성하고 "AI 서비스 자사 이용 현황"을 입력한 후 다음 서식을 적용하시오(글꼴-굴림, 24pt, 검정, 굵게, 채우기-노랑).

○ 임의의 셀에 결재란을 작성하여 그림으로 복사 기능을 이용하여 붙이기 하시오(단, 원본 삭제).

○ 「B4:J4, G14, I14」 영역은 '주황'으로 채우기 하시오.

○ 유효성 검사를 이용하여 「H14」 셀에 서비스코드(「B5:B12」 영역)가 선택 표시되도록 하시오.

○ 셀 서식 ⇒ 「G5:G12」 영역에 셀 서식을 이용하여 숫자 뒤에 '명'을 표시하시오(예 : 170,848명).

○ 「H5:H12」 영역에 대해 '만족도'로 이름정의를 하시오.

 **2** 다음은 '2026년 헬스 등록회원 현황'에 대한 자료이다. 자료를 입력하고 조건에 맞도록 작업하시오.

⊘ **실습파일** : 유형02-2(문제).xlsx ⊘ **완성파일** : 유형02-2(완성).xlsx

《출력형태》

회원코드	회원명	등록경로	등록일	나이	등록비 (단위:원)	등록횟수	운동 종류	등록월
HP-832	유미행	전단지	2026-06-03	51	80000	22	(1)	(2)
PH-517	강지우	지인소개	2026-05-14	48	140000	19	(1)	(2)
HK-296	김현성	인터넷검색	2026-03-05	33	50000	7	(1)	(2)
YF-626	주민재	전단지	2026-03-07	37	230000	16	(1)	(2)
YK-725	나경훈	전단지	2026-04-25	21	160000	5	(1)	(2)
HM-519	박정우	지인소개	2026-05-16	53	218000	12	(1)	(2)
PA-248	박지산	인터넷검색	2026-05-26	26	308000	3	(1)	(2)
PD-227	채수영	지인소개	2026-07-16	29	77000	12	(1)	(2)
40세 이상 회원 수			(3)		전단지를 통해 등록한 회원의 등록횟수 평균			(5)
최대 등록비(단위:원)			(4)		회원코드		등록일	(6)

《조건》

○ 모든 데이터의 서식에는 글꼴(굴림, 11pt), 정렬은 숫자 및 회계 서식은 오른쪽 정렬, 나머지 서식온 가운데 징렬로 작성하며 예외적인 것은 《출력형태》를 참조하시오.

○ 제 목 ⇒ 도형(육각형)과 그림자(오프셋 가운데)를 이용하여 작성하고 "2026년 헬스 등록회원 현황"을 입력한 후 다음 서식을 적용하시오(글꼴-굴림, 24pt, 검정, 굵게, 채우기-노랑).

○ 임의의 셀에 결재란을 작성하여 그림으로 복사 기능을 이용하여 붙이기 하시오(단, 원본 삭제).

○ 「B4:J4, G14, I14」 영역은 '주황'으로 채우기 하시오.

○ 유효성 검사를 이용하여 「H14」 셀에 회원코드(「B5:B12」 영역)가 선택 표시되도록 하시오.

○ 셀 서식 ⇒ 「H5:H12」 영역에 셀 서식을 이용하여 숫자 뒤에 '회'를 표시하시오(예 : 22회).

○ 「F5:F12」 영역에 대해 '나이'로 이름정의를 하시오.

3 다음은 '반려견 유모차 판매 현황'에 대한 자료이다. 자료를 입력하고 조건에 맞도록 작업하시오.

⊘ **실습파일** : 유형02-3(문제).xlsx   ⊘ **완성파일** : 유형02-3(완성).xlsx

《**출력형태**》

상품코드	상품명	제조사	탑승 가능 무게(kg)	상품가격 (단위:원)	판매수량	할인율	사은품	판매순위
TC21-32	루루테일	콤펫	30	549000	97	20%	(1)	(2)
HG22-13	리버블루	에어버기	15	1290000	241	10%	(1)	(2)
HG31-23	포레스트모스	에어버기	18	1050000	305	5%	(1)	(2)
DC32-22	인스타	이비야야	24	590000	196	5%	(1)	(2)
TC44-31	미리클랜	콤펫	28	390000	126	10%	(1)	(2)
DF23-11	미리미리	콤펫	15	490000	68	20%	(1)	(2)
HW12-23	카카오	에어버기	17	1190000	125	5%	(1)	(2)
DE21-11	빅버디	이비야야	17	470000	348	10%	(1)	(2)
이비야야 제조사 상품의 판매수량 평균			(3)		최소 탑승 가능 무게(kg)			(5)
콤펫 제조사 상품의 판매수량 합계			(4)		상품코드		판매수량	(6)

《**조건**》

○ 모든 데이터의 서식에는 글꼴(굴림, 11pt), 정렬은 숫자 및 회계 서식은 오른쪽 정렬, 나머지 서식은 가운데 정렬로 작성하며 예외적인 것은 《출력형태》를 참조하시오.

○ 제 목 ⇒ 도형(사다리꼴)과 그림자(오프셋 왼쪽)를 이용하여 작성하고 "반려견 유모차 판매 현황"을 입력한 후 다음 서식을 적용하시오(글꼴-굴림, 24pt, 검정, 굵게, 채우기-노랑).

○ 임의의 셀에 결재란을 작성하여 그림으로 복사 기능을 이용하여 붙이기 하시오(단, 원본 삭제).

○ 「B4:J4, G14, I14」 영역은 '주황'으로 채우기 하시오.

○ 유효성 검사를 이용하여 「H14」 셀에 상품코드(「B5:B12」 영역)가 선택 표시되도록 하시오.

○ 셀 서식 ⇒ 「G5:G12」 영역에 셀 서식을 이용하여 숫자 뒤에 '개'를 표시하시오(예 : 97개).

○ 「E5:E12」 영역에 대해 '무게'로 이름정의를 하시오.

4 다음은 '헬스푸드 가맹점 관리현황'에 대한 자료이다. 자료를 입력하고 조건에 맞도록 작업하시오.

⊘ **실습파일** : 유형02-4(문제).xlsx   ⊘ **완성파일** : 유형02-4(완성).xlsx

《**출력형태**》

가맹코드	가맹점명	지역	개점일	최고월매출 (단위:원)	최고일매출 (단위:원)	직원수	순위	평가
S-001	사당방배점	서울	2025-01-20	61500000	3370000	5	(1)	(2)
K-001	수지점	경기	2024-11-10	57600000	2800000	4	(1)	(2)
D-001	서구계백점	대전	2025-06-20	63500000	3050000	7	(1)	(2)
S-002	상봉점	서울	2026-01-20	71850000	3900000	8	(1)	(2)
S-003	왕십리점	서울	2025-12-10	55700000	2700000	4	(1)	(2)
K-002	수원인계점	경기	2025-05-20	77500000	4050000	7	(1)	(2)
K-003	안양평촌점	경기	2026-02-10	58850000	2900000	5	(1)	(2)
D-002	유성점	대전	2024-12-10	60500000	2800000	3	(1)	(2)
경기 지역 가맹점수			(3)		최대 최고월매출(단위:원)			(5)
서울 지역 최고월매출(단위:원) 평균			(4)		가맹점명		개점일	(6)

《**조건**》

○ 모든 데이터의 서식에는 글꼴(굴림, 11pt), 정렬은 숫자 및 회계 서식은 오른쪽 정렬, 나머지 서식은 가운데 정렬로 작성하며 예외적인 것은 《출력형태》를 참조하시오.

○ 제 목 ⇒ 도형(십자형)과 그림자(오프셋 오른쪽)를 이용하여 작성하고 "헬스푸드 가맹점 관리현황"을 입력한 후 다음 서식을 적용하시오(글꼴-굴림, 24pt, 검정, 굵게, 채우기-노랑).

○ 임의의 셀에 결재란을 작성하여 그림으로 복사 기능을 이용하여 붙이기 하시오(단, 원본 삭제).

○ 「B4:J4, G14, I14」 영역은 '주황'으로 채우기 하시오.

○ 유효성 검사를 이용하여 「H14」 셀에 가맹점명(「C5:C12」 영역)이 선택 표시되도록 하시오.

○ 셀 서식 ⇒ 「H5:H12」 영역에 셀 서식을 이용하여 숫자 뒤에 '명'을 표시하시오(예 : 5명).

○ 「F5:F12」 영역에 대해 '최고월매출'로 이름정의를 하시오.

A 조건에 맞추어 각 시트에 서식 및 테두리를 지정해 보세요.

⊘ 실습파일 : 패턴02-1(문제).xlsx   ⊘ 완성파일 : 패턴02-1(완성).xlsx

패턴 01 [홈]-[글꼴], [홈]-[맞춤]

❶ 글꼴 서식(굴림, 11pt) ❷ 가운데 맞춤 ❸ 병합하고 가운데 맞춤 ❹ 테두리 지정

회원코드	회원명	등록일	등록경로
H2834	김미지	2026-06-03	카톡채널
P2543	임상희	2026-09-14	홈페이지
H1296	이희열	2026-10-05	홈페이지
밴드를 통해 등록한 회원명			
홈페이지를 통해 등록한 회원수			

패턴 02 [홈]-[글꼴], [홈]-[맞춤]

❶ 글꼴 서식(굴림, 11pt) ❷ 가운데 맞춤 ❸ 병합하고 가운데 맞춤 ❹ 테두리 지정

제품코드	모델명	방식	가격
BK1-021	프리그	전기요	83300
RA2-019	라셀트리	전기매트	151260
HL3-099	더 케어 슬림	온수매트	220760
온수매트 가격 평균			
전기요 최고 가격			

패턴 03 [홈]-[글꼴], [홈]-[맞춤]

❶ 글꼴 서식(굴림, 11pt) ❷ 가운데 맞춤 ❸ 병합하고 가운데 맞춤 ❹ 테두리 지정

상품코드	상품명	분류	판매가격
W2113	워시타워 드럼	세탁기	1298
R1210	비스포크 김치	냉장고	2799
R1213	캐리어 클라윈드	냉장고	1899
세탁기 판매수량 평균			
비스포크 김치 냉장고			

패턴 04 [홈]-[글꼴], [홈]-[맞춤]

❶ 글꼴 서식(굴림, 11pt) ❷ 가운데 맞춤 ❸ 병합하고 가운데 맞춤 ❹ 테두리 지정

분류코드	어린이집명	지역	등록률(%)
BB9002	아이꿈	부산	72
SA1003	서울숲속	서울	98
DN6007	아이터	대구	97
직장 어린이집의 인원 평균			
가정 어린이집의 인원 합계			

패턴 05 [홈]-[글꼴], [홈]-[맞춤]

❶ 글꼴 서식(굴림, 11pt) ❷ 가운데 맞춤 ❸ 병합하고 가운데 맞춤 ❹ 테두리 지정

상품코드	상품명	분류	상품가격 (단위:원)
DC02-2	아우디 Z8	3인승	623000
HG02-1	벤츠 Z3	1인승	420000
HG01-2	그릭블루 L2	1인승	357000
분류가 1인승인 상품가격 평균			
가장 비싼 상품가격			

패턴 06 [홈]-[글꼴], [홈]-[맞춤]

❶ 글꼴 서식(굴림, 11pt) ❷ 가운데 맞춤 ❸ 병합하고 가운데 맞춤 ❹ 테두리 지정

임대코드	입주상가	구분	실평수
LC12-2	GS25	편의시설	17
LR13-1	우리분식	음식점	19
LA11-3	코딩영재교실	학원	33
편의시설 월임대료(단위:원) 평균			
실평수가 20이상인 개수			

 조건에 맞추어 각 시트에 제목을 작성해 보세요.

⊘ 실습파일 : 패턴02-2(문제).xlsx   ⊘ 완성파일 : 패턴02-2(완성).xlsx

패턴 01 [삽입]-[도형]-[십자형]

❶ 도형(십자형) ❷ 그림자(오프셋 오른쪽) ❸ 글꼴(굴림, 24pt, 검정, 굵게, 채우기-노랑)

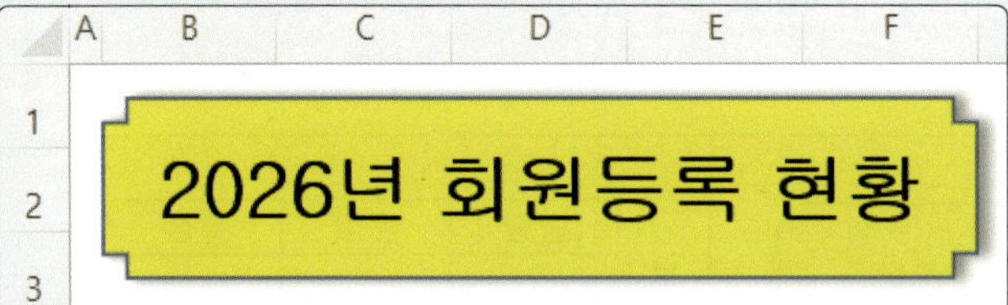

패턴 02 [삽입]-[도형]-[사다리꼴]

❶ 도형(사다리꼴) ❷ 그림자(오프셋 가운데) ❸ 글꼴(굴림, 24pt, 검정, 굵게, 채우기-노랑)

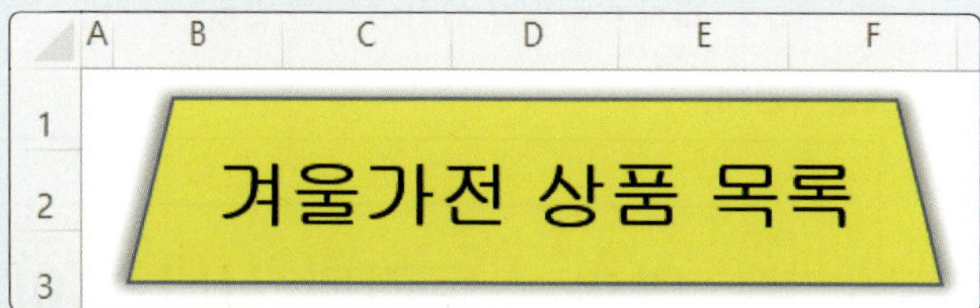

패턴 03 [삽입]-[도형]-[사각형: 잘린 위쪽 모서리]

❶ 도형(사각형: 잘린 위쪽 모서리) ❷ 그림자(오프셋 아래쪽) ❸ 글꼴(굴림, 24pt, 검정, 굵게, 채우기-노랑)

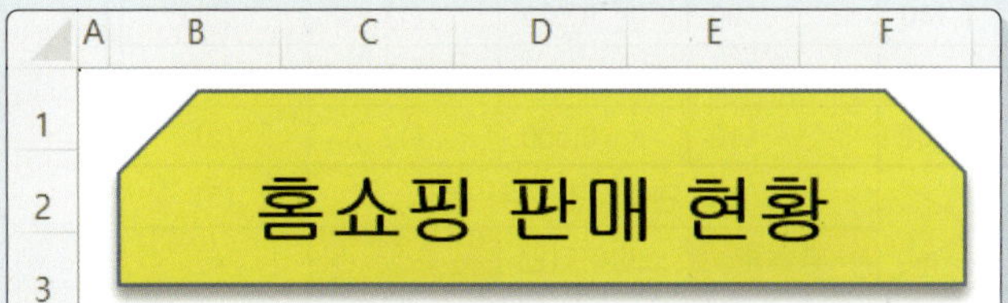

패턴 04 [삽입]-[도형]-[평행 사변형]

❶ 도형(평행 사변형) ❷ 그림자(오프셋 왼쪽) ❸ 글꼴(굴림, 24pt, 검정, 굵게, 채우기-노랑)

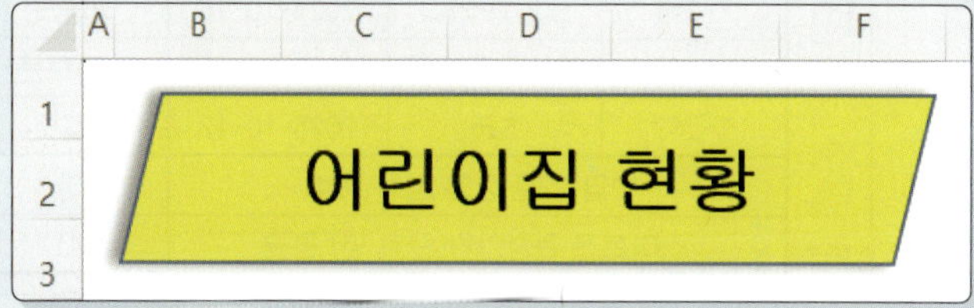

패턴 05 [삽입]-[도형]-[육각형]

❶ 도형(육각형) ❷ 그림자(오프셋 아래쪽) ❸ 글꼴(굴림, 24pt, 검정, 굵게, 채우기-노랑)

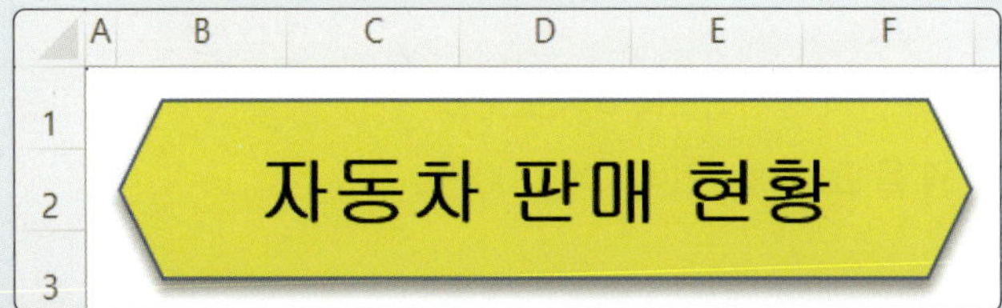

패턴 06 [삽입]-[도형]-[배지]

❶ 도형(배지) ❷ 그림자(오프셋 오른쪽) ❸ 글꼴(굴림, 24pt, 검정, 굵게, 채우기-노랑)

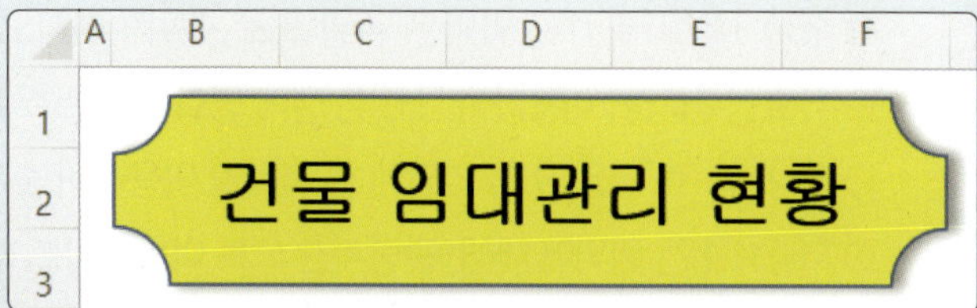

[제1작업] 표 서식 작성 Ⅱ [결재란 및 셀 서식 작업]

⊘ 실습파일 : 03차시(문제).xlsx ⊘ 완성파일 : 03차시(완성).xlsx

[배점] 240점 (500점 만점)

☞ 다음은 '영화 스트리밍 서비스 이용 현황'에 대한 자료이다. 자료를 입력하고 조건에 맞도록 작업하시오.

《출력형태》

코드	영화명	상영일	관람기기	관람인원 (단위:명)	관람시간 (단위:분)	요금	할인요금	비고
S-121	스파이더맨	2025-10-10	스마트폰	1,842	120	10,000	(1)	(2)
T-231	겨울왕국	2025-11-11	태블릿	2,948	100	8,000	(1)	(2)
N-341	인셉션	2025-10-12	노트북	1,120	150	12,000	(1)	(2)
S-142	기생충	2025-10-16	스마트폰	1,984	140	10,000	(1)	(2)
N-312	타이타닉	2025-10-12	노트북	1,450	160	15,000	(1)	(2)
T-214	노인과 바다	2025-10-15	태블릿	2,140	90	9,000	(1)	(2)
S-134	미션 임파서블	2025-11-15	스마트폰	2,848	130	11,000	(1)	(2)
T-242	조커	2025-10-12	태블릿	1,002	110	8,500	(1)	(2)
10월 12일 상영 영화 개수			(3)			최대 관람시간(단위:분)		(5)
스마트폰 관람인원(단위:명) 평균			(4)			영화명	스파이더맨 / 요금	(6)

결재 / 담당 / 팀장 / 부장

제목: 영화 스트리밍 서비스 이용 현황

《조건》

○ 모든 데이터의 서식에는 글꼴(굴림, 11pt), 정렬은 숫자 및 회계 서식은 오른쪽 정렬, 나머지 서식은 가운데 정렬로 작성하며 예외적인 것은 《출력형태》를 참조하시오.

○ 제 목 ⇒ 도형(배지)과 그림자(오프셋 오른쪽)를 이용하여 작성하고 "영화 스트리밍 서비스 이용 현황"을 입력한 후 다음 서식을 적용하시오(글꼴-굴림, 24pt, 검정, 굵게, 채우기-노랑).

○ 임의의 셀에 결재란을 작성하여 그림으로 복사 기능을 이용하여 붙이기 하시오(단, 원본 삭제).

○ 「B4:J4, G14, I14」 영역은 '주황'으로 채우기 하시오.

○ 유효성 검사를 이용하여 「H14」 셀에 영화명(「C5:C12」 영역)이 선택 표시되도록 하시오.

○ 셀 서식 ⇒ 「H5:H12」 영역에 셀 서식을 이용하여 숫자 뒤에 '원'을 표시하시오(예 : 10,000원).

○ 「G5:G12」 영역에 대해 '관람시간'으로 이름정의를 하시오.

색 채우기 › 데이터 유효성 검사 › 셀 서식 지정 › 이름 정의 › 결재란 작성

Check 01 색 채우기 작업 : 지정된 셀에 주황색으로 색을 채워요.

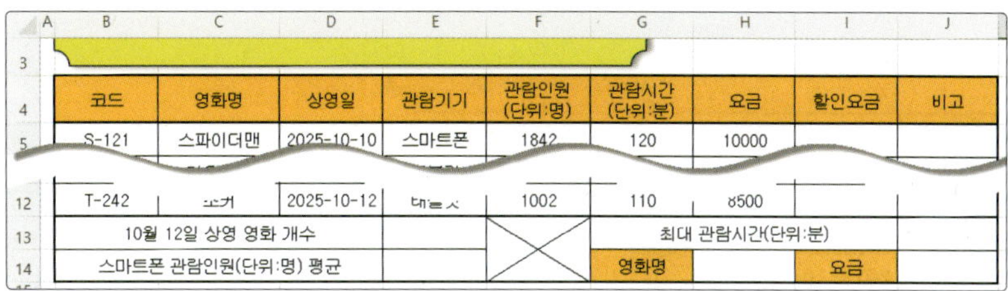

셀 선택 & 색 채우기(주황색)

Check 02 데이터 유효성 검사 및 셀 서식 작업 : 데이터 유효성 검사 및 셀에 서식을 지정해요!

데이터 유효성 검사

셀 서식 지정

Check 03 이름 정의 및 결재란 작성 : 지정된 범위를 이름으로 정의한 후 결재란을 작성해요!

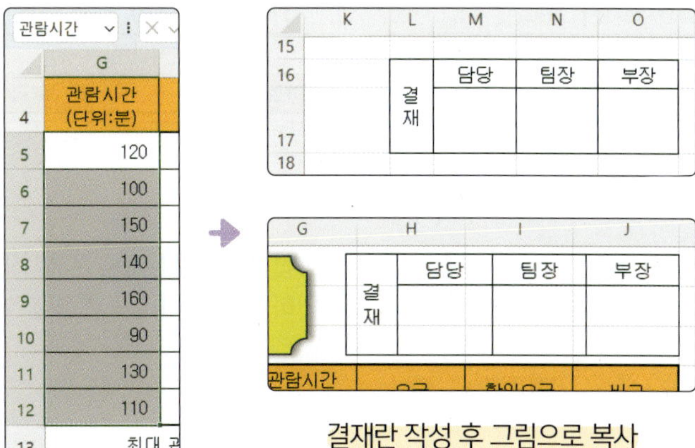

이름 정의

결재란 작성 후 그림으로 복사

STEP 01 · 셀에 색 채우기

○ 「B4:J4, G14, I14」 영역은 '주황'으로 채우기 하시오.

1 03차시(문제).xlsx 파일을 불러와 [제1작업] 시트를 클릭합니다. [B4:J4]를 드래그한 후 Ctrl 을 누른 채 [G14], [I14] 셀을 각각 클릭합니다.

✦ Ctrl 을 누른 채 셀을 클릭하면 떨어져 있는 셀들을 연속으로 선택할 수 있어요.

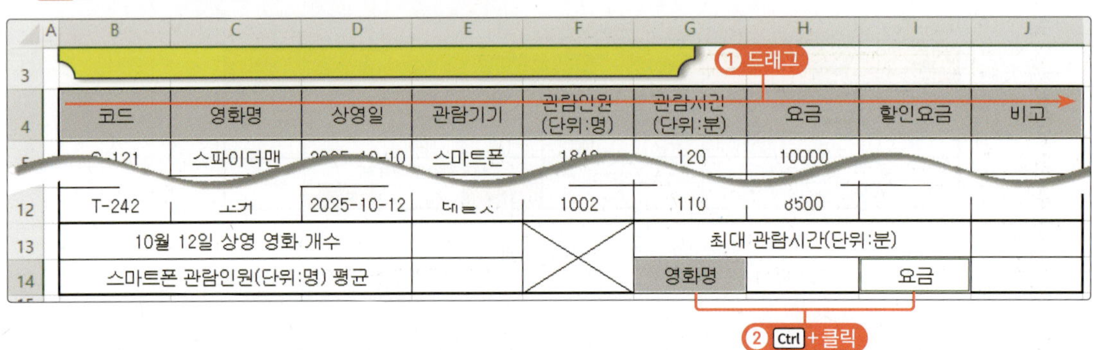

2 [홈] 탭에서 [채우기 색] 목록 단추를 눌러 **주황**을 선택합니다.

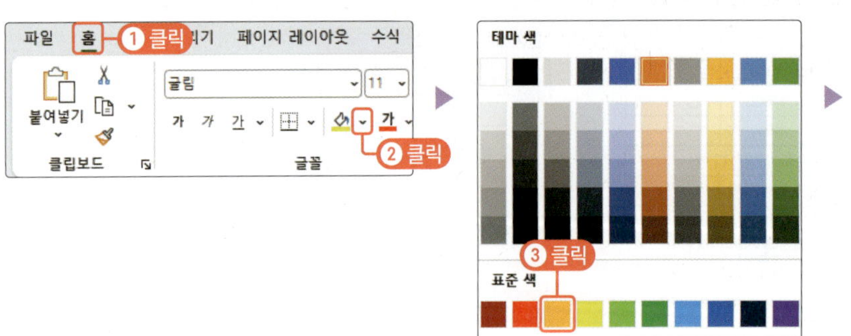

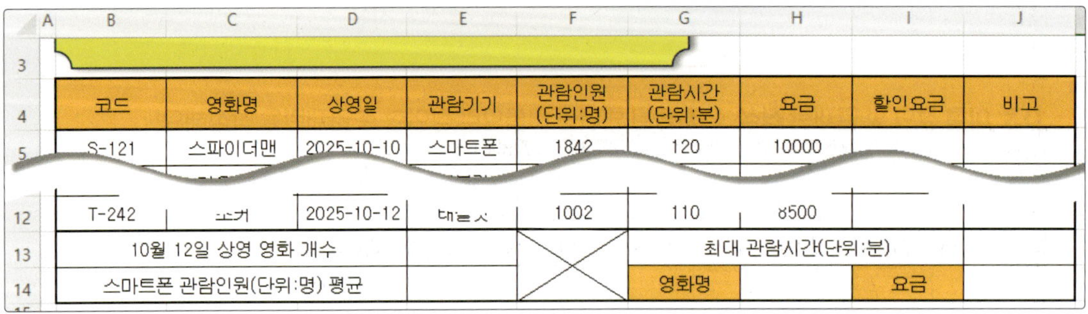

ITQ 꿀팁

셀 채우기 색은 '주황'이 고정적으로 출제되고 있습니다. [제1작업]을 작업할 때는 문제지의 《조건》 순서에 맞추어 작업하는 것을 추천해요. 단, '결재란' 작성은 셀 서식 작업으로 인하여 셀의 너비가 변경될 수 있기 때문에 가장 마지막에 작업하는 것이 좋아요.

○ 유효성 검사를 이용하여 「H14」 셀에 영화명(「C5:C12」 영역)이 선택 표시되도록 하시오.

1 [H14] 셀을 선택한 후 [데이터] 탭에서 **[데이터 유효성 검사]**를 클릭합니다.

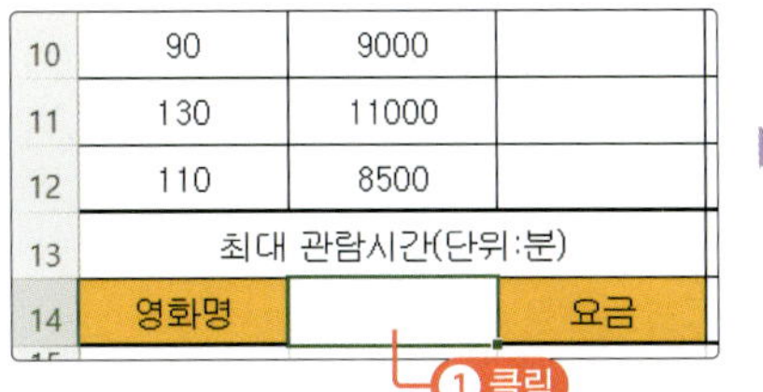

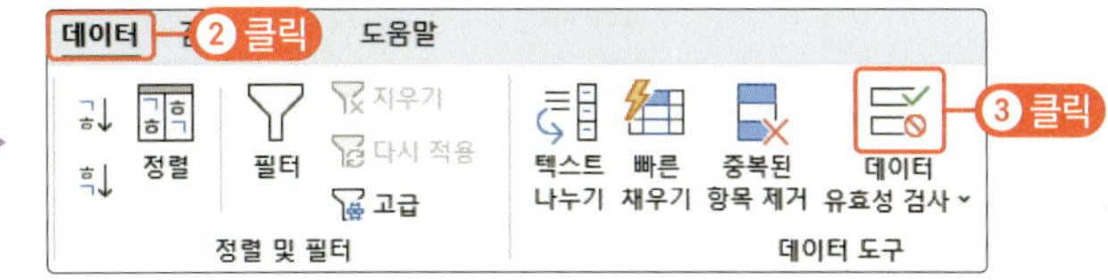

2 [데이터 유효성] 대화상자의 [설정] 탭에서 제한 대상을 **목록**으로 선택한 후 원본을 **[C5:C12]**로 지정합니다.

★ 원본 입력 칸을 클릭한 후 [C5:C12]를 드래그하여 범위를 지정해요.

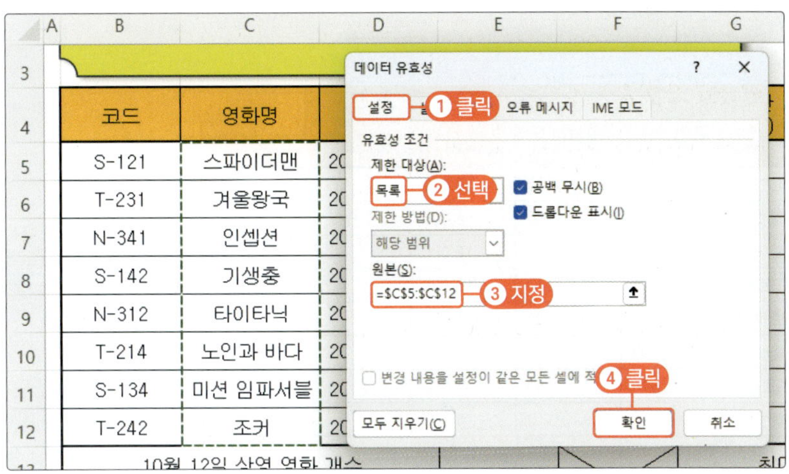

3 데이터 유효성 검사가 적용된 [H14] 셀의 목록 단추를 눌러 **스파이더맨**을 선택합니다.

★ 문제지의 《출력형태》를 참고하여 '영화명'을 선택해요.

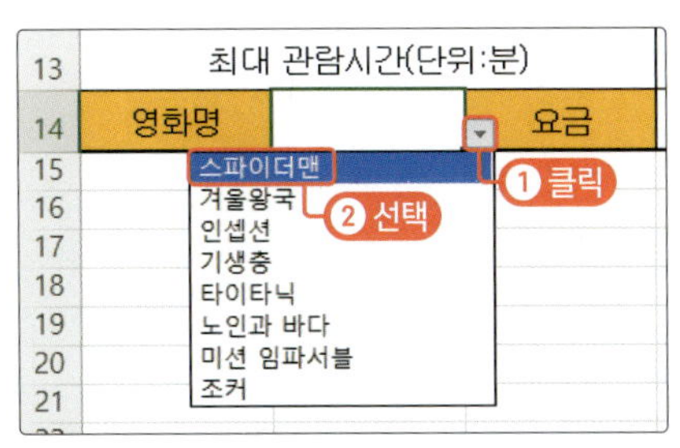

 **Level UP**　　**데이터 유효성 검사 삭제**

❶ 유효성 검사가 적용된 셀([H14])을 선택한 후 [데이터] 탭에서 [데이터 유효성 검사]를 클릭합니다.
❷ [데이터 유효성] 대화상자에서 <모두 지우기>를 클릭합니다.

셀 서식 지정 및 이름 정의하기

○ 모든 데이터의 서식에는 글꼴(굴림, 11pt), 정렬은 숫자 및 회계 서식은 오른쪽 정렬, 나머지 서식은 가운데 정렬로 작성하며 예외적인 것은 《출력형태》를 참조하시오.
○ 셀 서식 ➡ 「H5:H12」 영역에 셀 서식을 이용하여 숫자 뒤에 '원'을 표시하시오(예 : 10,000원).
○ 「G5:G12」 영역에 대해 '관람시간'으로 이름정의를 하시오.

1 [F5:H12]를 드래그한 후 [홈] 탭에서 **[쉼표 스타일]**을 클릭합니다.

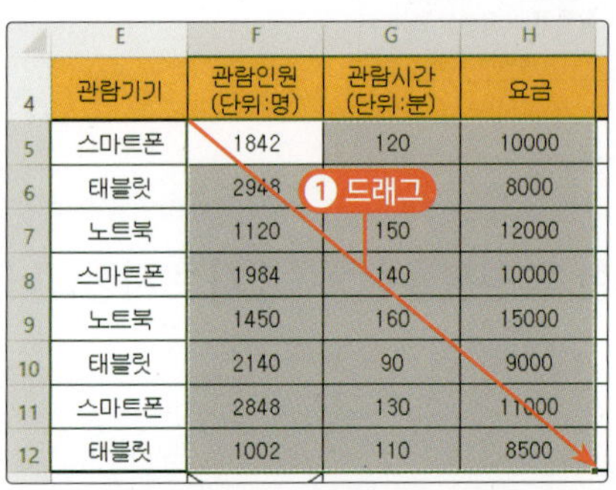
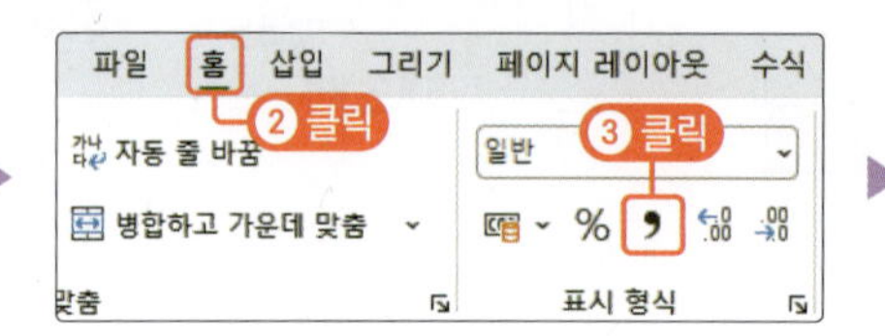

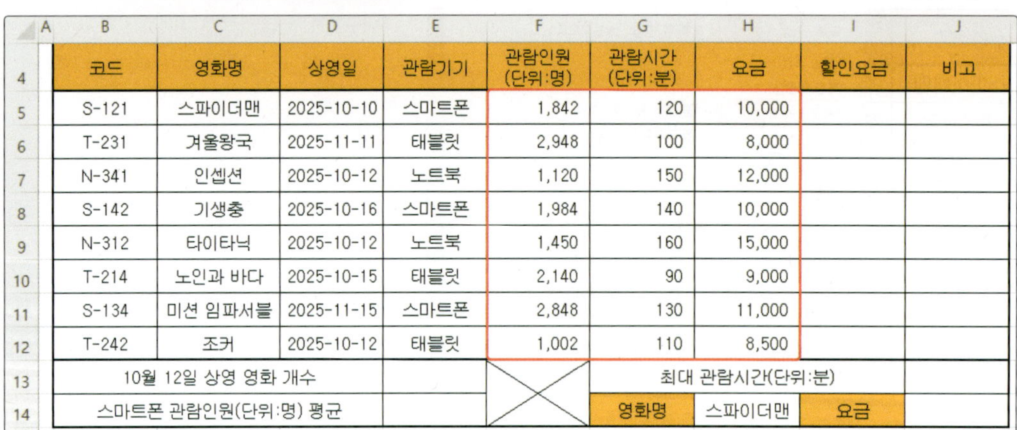

	코드	영화명	상영일	관람기기	관람인원 (단위:명)	관람시간 (단위:분)	요금	할인요금	비고
5	S-121	스파이더맨	2025-10-10	스마트폰	1,842	120	10,000		
6	T-231	겨울왕국	2025-11-11	태블릿	2,948	100	8,000		
7	N-341	인셉션	2025-10-12	노트북	1,120	150	12,000		
8	S-142	기생충	2025-10-16	스마트폰	1,984	140	10,000		
9	N-312	타이타닉	2025-10-12	노트북	1,450	160	15,000		
10	T-214	노인과 바다	2025-10-15	태블릿	2,140	90	9,000		
11	S-134	미션 임파서블	2025-11-15	스마트폰	2,848	130	11,000		
12	T-242	조커	2025-10-12	태블릿	1,002	110	8,500		
13	10월 12일 상영 영화 개수					최대 관람시간(단위:분)			
14	스마트폰 관람인원(단위:명) 평균				영화명	스파이더맨	요금		

2 [H5:H12]를 드래그한 후 [Ctrl]+[1]을 누릅니다. [셀 서식] 대화상자의 [표시 형식] 탭에서 **사용자 지정**을 클릭합니다.

★ [H5:H12] 영역 위에서 우클릭하여 [셀 서식]을 선택할 수도 있어요.

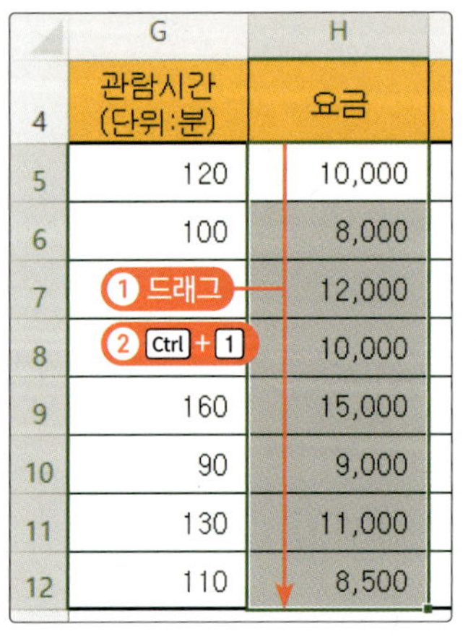

3 형식 입력 칸을 #,##0"원"으로 변경한 후 결과를 확인합니다.

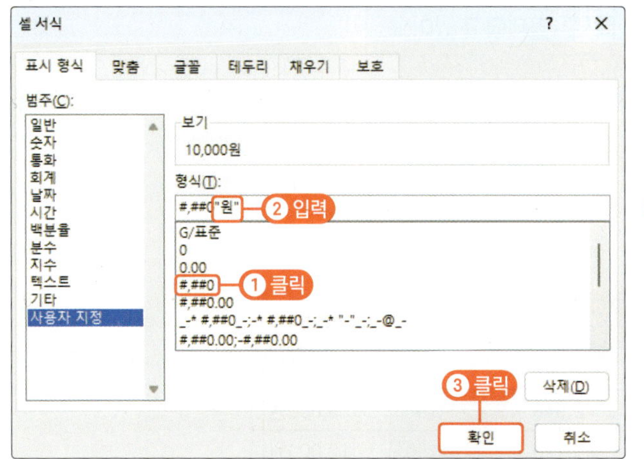

4 [F5:H12]를 드래그한 후 [홈] 탭에서 [오른쪽 맞춤]을 클릭합니다.

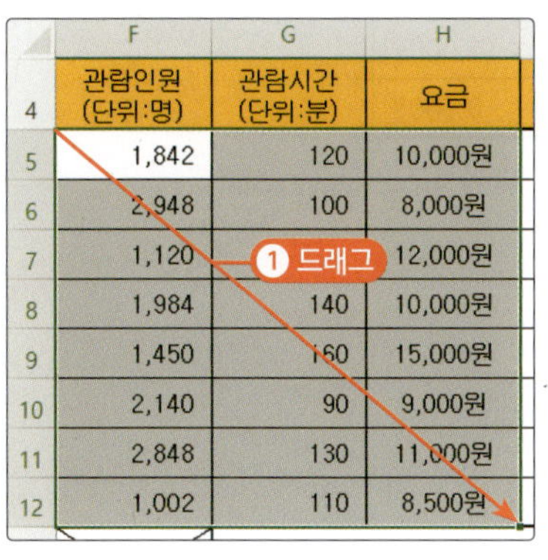
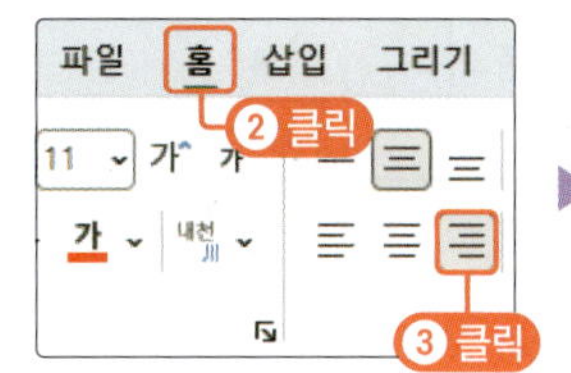

Level UP   **사용자 지정 표시 형식**

❶ **#** : 숫자를 표시하는 기호이며, 유효하지 않은 숫자 0은 표시하지 않습니다.
  – 데이터 입력 : 1.0 ➡ 형식 지정 : #.# ➡ 결과 : 1

❷ **0** : 숫자를 표시하는 기호이며, 유효하지 않은 숫자 0을 표시합니다.
  – 데이터 입력 : 1.0 ➡ 형식 지정 : #.0 ➡ 결과 : 1.0

❸ **,(쉼표)** : 천 단위 구분 기호를 표시합니다.
  – 데이터 입력 : 123456 ➡ 형식 지정 : #,##0 ➡ 결과 : 123,456

❹ **.(마침표)** : 소수점을 표시합니다.
  – 데이터 입력 : 123 ➡ 형식 지정 : 0.00 ➡ 결과 : 123.00

❺ **" "** : 큰 따옴표("") 안쪽의 텍스트를 표시합니다.
  – 데이터 입력 : 50000 ➡ 형식 지정 : #,##0"원" ➡ 결과 : 50,000원

❻ **@** : 특정 문자를 연결하여 표시합니다.
  – 데이터 입력 : ITQ ➡ 형식 지정 : @"엑셀" ➡ 결과 : ITQ엑셀

❼ **G/표준** : 특별한 서식 없이 입력상태 그대로 숫자를 표시합니다.
  – 데이터 입력 : 100 ➡ 형식 지정 : G/표준"m" ➡ 결과 : 100m

5 이름 정의를 위해 [G5:G12]를 드래그한 후 이름 상자에 **관람시간**을 입력합니다.

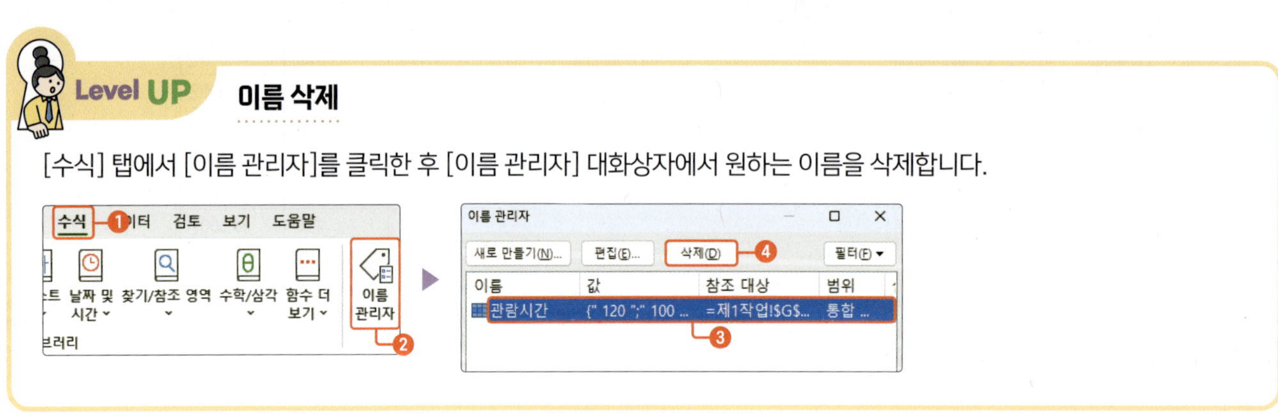

Level UP — **이름 삭제**

[수식] 탭에서 [이름 관리자]를 클릭한 후 [이름 관리자] 대화상자에서 원하는 이름을 삭제합니다.

STEP 04 결재란 작성하기

○ 임의의 셀에 결재란을 작성하여 그림으로 복사 기능을 이용하여 붙이기 하시오(단, 원본 삭제).

1 데이터가 없는 임의의 셀([M16:O16])에 결재 라인(**담당**, **팀장**, **부장**)을 입력합니다.

	K	L	M	N	O	P
15						
16			담당	팀장	부장	
17						
18						

2 [L16:L17]을 드래그한 후 [홈] 탭에서 **[병합하고 가운데 맞춤]**을 클릭하고 **결재**를 입력합니다.

★ '결'을 입력한 후 Alt + Enter 를 눌러 '재'를 입력해요.

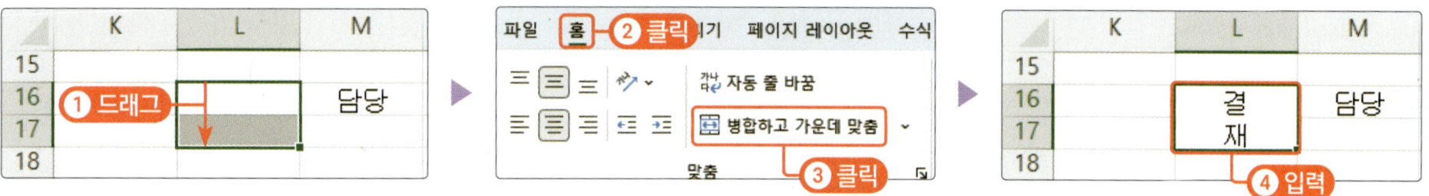

3 [L16:O17]을 드래그한 후 [홈] 탭에서 [테두리] 목록 단추를 눌러 **[모든 테두리]**를 선택합니다.

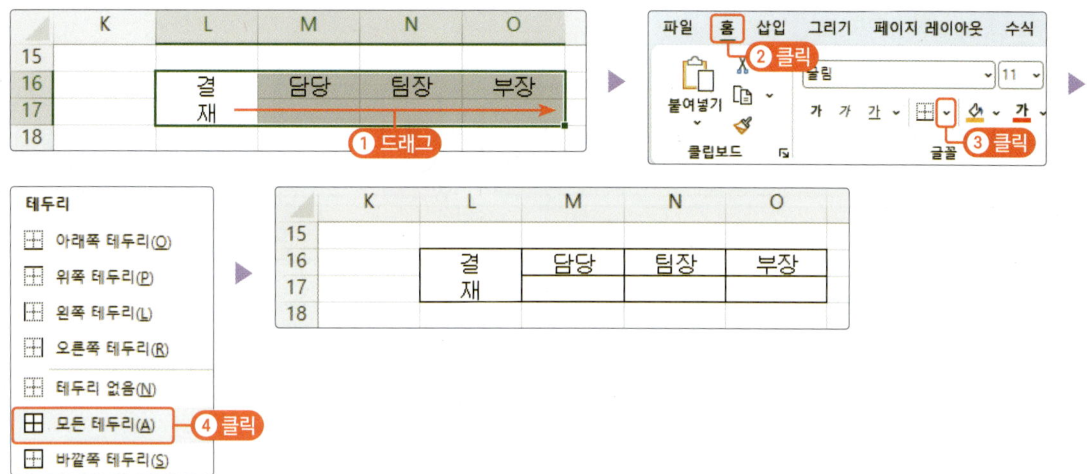

4 문제지의 《출력형태》를 참고하여 **행([16], [17])**의 높이와 **열([L], [M:O])**의 너비를 조절합니다.

✿ 행 머리글 또는 열 머리글 위에서 우클릭하여 [행 높이] 또는 [열 너비]를 클릭하세요.

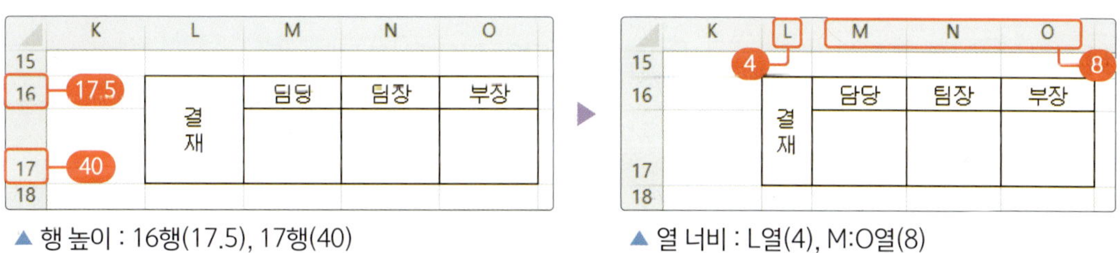

▲ 행 높이 : 16행(17.5), 17행(40)　　　　▲ 열 너비 : L열(4), M:O열(8)

5 결재란을 그림으로 복사하기 위해 [L16:O17]을 드래그한 후 [홈] 탭에서 [복사] 목록 단추를 눌러 **[그림으로 복사]**를 선택합니다.

✿ '모양(화면에 표시된 대로)'과 '형식(그림)'은 눈으로 확인해요.

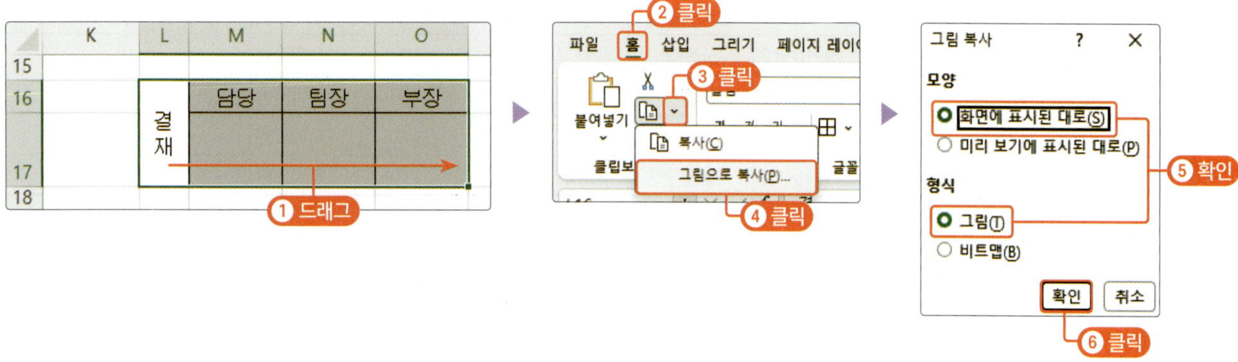

6 [H1] 셀을 클릭한 후 [홈] 탭에서 **[붙여넣기]**를 클릭합니다.

★ [H1] 셀을 클릭한 후 Ctrl+V를 눌러 붙여넣을 수도 있어요.

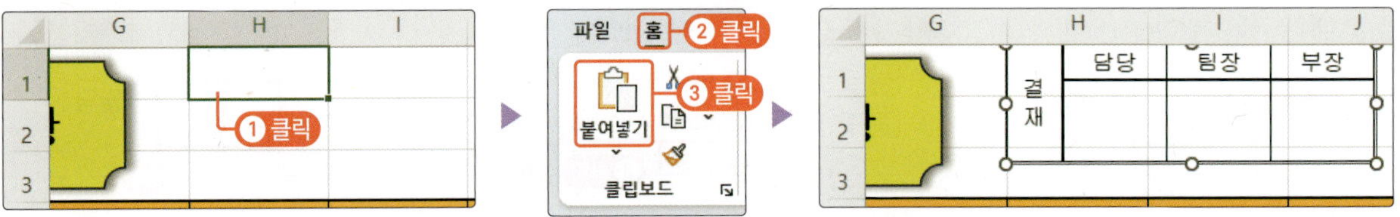

7 문제지의 《출력형태》를 참고하여 조절점으로 크기를 조절한 후 방향키로 위치를 변경합니다.

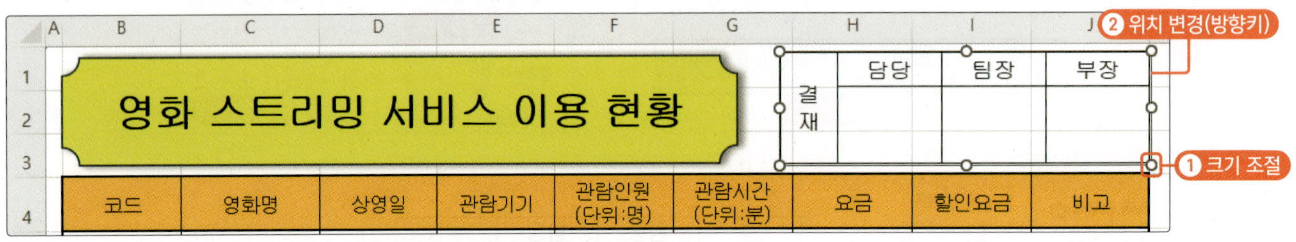

8 원본 결재란을 삭제하기 위해 [L:O] 열 머리글을 드래그한 후 우클릭하여 **[삭제]**를 클릭합니다.

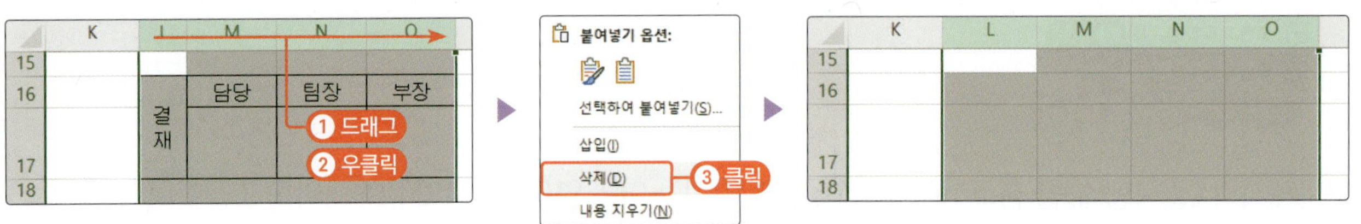

9 작업이 완료되면 [저장(💾)]을 클릭하거나, Ctrl+S를 눌러 답안 파일을 저장합니다.

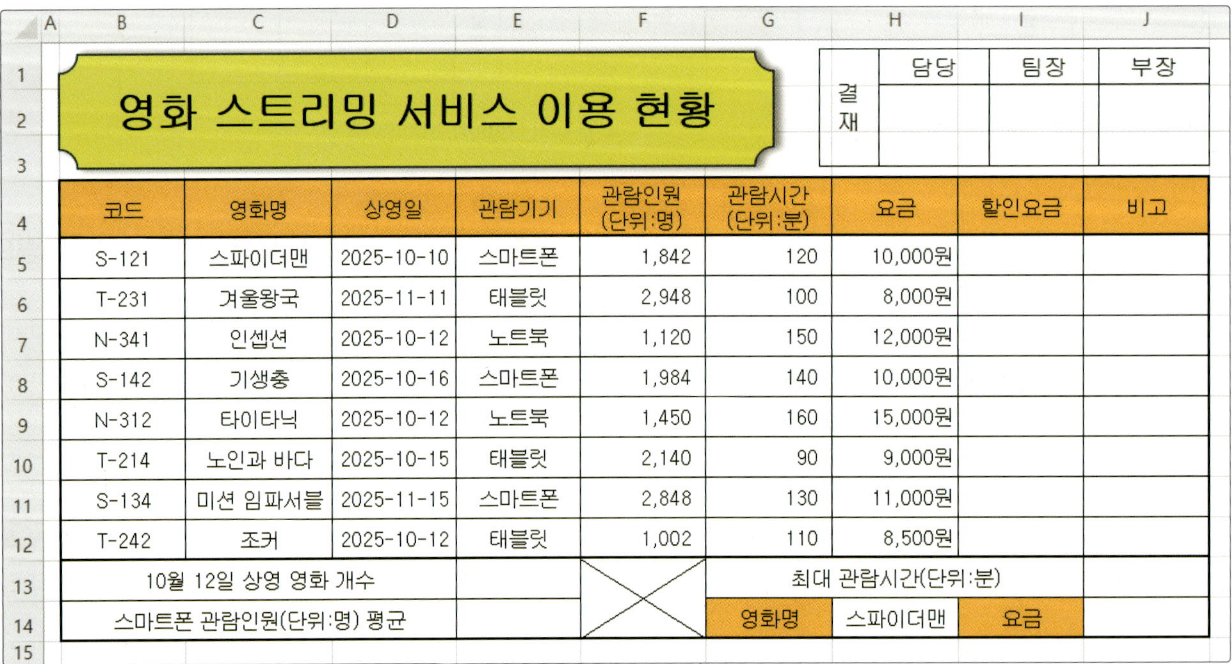

코드	영화명	상영일	관람기기	관람인원 (단위:명)	관람시간 (단위:분)	요금	할인요금	비고
S-121	스파이더맨	2025-10-10	스마트폰	1,842	120	10,000원		
T-231	겨울왕국	2025-11-11	태블릿	2,948	100	8,000원		
N-341	인셉션	2025-10-12	노트북	1,120	150	12,000원		
S-142	기생충	2025-10-16	스마트폰	1,984	140	10,000원		
N-312	타이타닉	2025-10-12	노트북	1,450	160	15,000원		
T-214	노인과 바다	2025-10-15	태블릿	2,140	90	9,000원		
S-134	미션 임파서블	2025-11-15	스마트폰	2,848	130	11,000원		
T-242	조커	2025-10-12	태블릿	1,002	110	8,500원		
10월 12일 상영 영화 개수					최대 관람시간(단위:분)			
스마트폰 관람인원(단위:명) 평균					영화명	스파이더맨	요금	

1 다음은 'AI 서비스 자사 이용 현황'에 대한 자료이다. 자료를 입력하고 조건에 맞도록 작업하시오.

⊘ **실습파일** : 유형03-1(문제).xlsx　　⊘ **완성파일** : 유형03-1(완성).xlsx

《**출력형태**》

	담당	책임	팀장
확인			

AI 서비스 자사 이용 현황

서비스코드	서비스명	출시일	서비스유형	월간 처리량	연간 누적 사용자 수	만족도	이용방법	출시순위
NV-134	클로바X	2023-04-02	업무지원	1,800,000	170,848	85.2%	(1)	(2)
OA-274	챗GPT	2022-11-30	LLM생성	2,400,000	251,571	88.7%	(1)	(2)
DB-193	딥브레인AI	2023-02-28	기타	500,000	73,362	78.9%	(1)	(2)
AP-288	클로드	2023-03-14	기타	1,204,000	89,461	82.5%	(1)	(2)
MS-224	코파일럿	2023-02-07	업무지원	2,000,000	629,652	85.1%	(1)	(2)
GG-382	제미나이	2023-12-06	LLM생성	1,570,000	116,089	90.0%	(1)	(2)
GG-127	팜2	2023-05-10	업무지원	250,000	164,955	77.6%	(1)	(2)
MT-312	라마	2023-02-24	LLM생성	650,000	153,678	81.0%	(1)	(2)
업무지원 서비스 개수			(3)		최고 만족도			(5)
LLM생성 서비스 월간 처리량 평균			(4)		서비스코드	NV-134	연간 누적 사용자 수	(6)

《**조건**》

○ 모든 데이터의 서식에는 글꼴(굴림, 11pt), 정렬은 숫자 및 회계 서식은 오른쪽 정렬, 나머지 서식은 가운데 정렬로 작성하며 예외적인 것은 《출력형태》를 참조하시오.

○ 제 목 ⇒ 도형(배지)과 그림자(오프셋 오른쪽)를 이용하여 작성하고 "AI 서비스 자사 이용 현황"을 입력한 후 다음 서식을 적용하시오(글꼴-굴림, 24pt, 검정, 굵게, 채우기-노랑).

○ 임의의 셀에 결재란을 작성하여 그림으로 복사 기능을 이용하여 붙이기 하시오(단, 원본 삭제).

○ 「B4:J4, G14, I14」 영역은 '주황'으로 채우기 하시오.

○ 유효성 검사를 이용하여 「H14」 셀에 서비스코드(「B5:B12」 영역)가 선택 표시되도록 하시오.

○ 셀 서식 ⇒ 「G5:G12」 영역에 셀 서식을 이용하여 숫자 뒤에 '명'을 표시하시오(예 : 170,848명).

○ 「H5:H12」 영역에 대해 '만족도'로 이름정의를 하시오.

2 다음은 '2026년 헬스 등록회원 현황'에 대한 자료이다. 자료를 입력하고 조건에 맞도록 작업하시오.

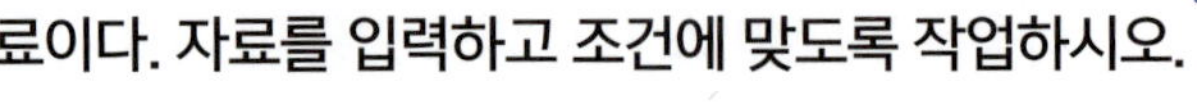

《출력형태》

회원코드	회원명	등록경로	등록일	나이	등록비 (단위:원)	등록횟수	운동 종류	등록월
HP-832	유미행	전단지	2026-06-03	51	80,000	22	(1)	(2)
PH-517	강지우	지인소개	2026-05-14	48	140,000	19	(1)	(2)
HK-296	김현성	인터넷검색	2026-03-05	33	50,000	7	(1)	(2)
YF-626	주민재	전단지	2026-03-07	37	230,000	16	(1)	(2)
YK-725	나경훈	전단지	2026-04-25	21	160,000	5	(1)	(2)
HM-519	박정우	지인소개	2026-05-16	53	218,000	12	(1)	(2)
PA-248	박지산	인터넷검색	2026-05-26	26	308,000	3	(1)	(2)
PD-227	채수영	지인소개	2026-07-16	29	77,000	12	(1)	(2)
40세 이상 회원 수			(3)		전단지를 통해 등록한 회원의 등록횟수 평균			(5)
최대 등록비(단위:원)			(4)		회원코드	HP-832	등록일	(6)

결재 / 담당 / 대리 / 팀장

《조건》

○ 모든 데이터의 서식에는 글꼴(굴림, 11pt), 정렬은 숫자 및 회계 서식은 오른쪽 정렬, 나머지 서식은 가운데 정렬로 작성하며 예외적인 것은 《출력형태》를 참조하시오.

○ 제 목 ⇒ 도형(육각형)과 그림자(오프셋 가운데)를 이용하여 작성하고 "2026년 헬스 등록회원 현황"을 입력한 후 다음 서식을 적용하시오(글꼴-굴림, 24pt, 검정, 굵게, 채우기-노랑).

○ 임의의 셀에 결재란을 작성하여 그림으로 복사 기능을 이용하여 붙이기 하시오(단, 원본 삭제).

○ 「B4:J4, G14, I14」 영역은 '주황'으로 채우기 하시오.

○ 유효성 검사를 이용하여 「H14」 셀에 회원코드(「B5:B12」 영역)가 선택 표시되도록 하시오.

○ 셀 서식 ⇒ 「H5:H12」 영역에 셀 서식을 이용하여 숫자 뒤에 '회'를 표시하시오(예 : 22회).

○ 「F5:F12」 영역에 대해 '나이'로 이름정의를 하시오.

3 다음은 '반려견 유모차 판매 현황'에 대한 자료이다. 자료를 입력하고 조건에 맞도록 작업하시오.

⊘ **실습파일** : 유형03-3(문제).xlsx ⊘ **완성파일** : 유형03-3(완성).xlsx

《출력형태》

상품코드	상품명	제조사	탑승 가능 무게(kg)	상품가격 (단위:원)	판매수량	할인율	사은품	판매순위
TC21-32	루루테일	콤펫	30	549,000	97	20%	(1)	(2)
HG22-13	리버블루	에어버기	15	1,290,000	241	10%	(1)	(2)
HG31-23	포레스트모스	에어버기	18	1,050,000	305	5%	(1)	(2)
DC32-22	인스타	이비야야	24	590,000	196	5%	(1)	(2)
TC44-31	미리클랜	콤펫	28	390,000	126	10%	(1)	(2)
DF23-11	미리미리	콤펫	15	490,000	68	20%	(1)	(2)
HW12-23	카카오	에어버기	17	1,190,000	125	5%	(1)	(2)
DE21-11	빅버디	이비야야	17	470,000	348	10%	(1)	(2)
이비야야 제조사 상품의 판매수량 평균			(3)	✕		최소 탑승 가능 무게(kg)		(5)
콤펫 제조사 상품의 판매수량 합계			(4)			상품코드	TC21-32	판매수량	(6)

결재 / 담당 / 대리 / 지점장

《조건》

○ 모든 데이터의 서식에는 글꼴(굴림, 11pt), 정렬은 숫자 및 회계 서식은 오른쪽 정렬, 나머지 서식은 가운데 정렬로 작성하며 예외적인 것은 《출력형태》를 참조하시오.

○ 제 목 ⇒ 도형(사다리꼴)과 그림자(오프셋 왼쪽)를 이용하여 작성하고 "반려견 유모차 판매 현황"을 입력한 후 다음 서식을 적용하시오(글꼴-굴림, 24pt, 검정, 굵게, 채우기-노랑).

○ 임의의 셀에 결재란을 작성하여 그림으로 복사 기능을 이용하여 붙이기 하시오(단, 원본 삭제).

○ 「B4:J4, G14, I14」 영역은 '주황'으로 채우기 하시오.

○ 유효성 검사를 이용하여 「H14」 셀에 상품코드(「B5:B12」 영역)가 선택 표시되도록 하시오.

○ 셀 서식 ⇒ 「G5:G12」 영역에 셀 서식을 이용하여 숫자 뒤에 '개'를 표시하시오(예 : 97개).

○ 「E5:E12」 영역에 대해 '무게'로 이름정의를 하시오.

 **4** 다음은 '헬스푸드 가맹점 관리현황'에 대한 자료이다. 자료를 입력하고 조건에 맞도록 작업하시오.

⊘ **실습파일** : 유형03-4(문제).xlsx　　⊘ **완성파일** : 유형03-4(완성).xlsx

《출력형태》

가맹코드	가맹점명	지역	개점일	최고월매출 (단위:원)	최고일매출 (단위:원)	직원수	순위	평가
S-001	사당방배점	서울	2025-01-20	61,500,000	3,370,000	5명	(1)	(2)
K-001	수지점	경기	2024-11-10	57,600,000	2,800,000	4명	(1)	(2)
D-001	서구계백점	대전	2025-06-20	63,500,000	3,050,000	7명	(1)	(2)
S-002	상봉점	서울	2026-01-20	71,850,000	3,900,000	8명	(1)	(2)
S-003	왕십리점	서울	2025-12-10	55,700,000	2,700,000	4명	(1)	(2)
K-002	수원인계점	경기	2025-05-20	77,500,000	4,050,000	7명	(1)	(2)
K-003	안양평촌점	경기	2026-02-10	58,850,000	2,900,000	5명	(1)	(2)
D-002	유성점	대전	2024-12-10	60,500,000	2,800,000	3명	(1)	(2)
경기 지역 가맹점수			(3)		최대 최고월매출(단위:원)			(5)
서울 지역 최고월매출(단위:원) 평균			(4)		가맹점명	사당방배점	개점일	(6)

표 상단에는 제목 "헬스푸드 가맹점 관리현황"과 결재란(담당/과장/부장)이 있습니다.

《조건》

○ 모든 데이터의 서식에는 글꼴(굴림, 11pt), 정렬은 숫자 및 회계 서식은 오른쪽 정렬, 나머지 서식은 가운데 정렬로 작성하며 예외적인 것은 《출력형태》를 참조하시오.

○ 제 목 ⇒ 도형(십자형)과 그림자(오프셋 오른쪽)를 이용하여 작성하고 "헬스푸드 가맹점 관리현황"을 입력한 후 다음 서식을 적용하시오(글꼴-굴림, 24pt, 검정, 굵게, 채우기-노랑).

○ 임의의 셀에 결재란을 작성하여 그림으로 복사 기능을 이용하여 붙이기 하시오(단, 원본 삭제).

○ 「B4:J4, G14, I14」 영역은 '주황'으로 채우기 하시오.

○ 유효성 검사를 이용하여 「H14」 셀에 가맹점명(「C5:C12」 영역)이 선택 표시되도록 하시오.

○ 셀 서식 ⇒ 「H5:H12」 영역에 셀 서식을 이용하여 숫자 뒤에 '명'을 표시하시오(예 : 5명).

○ 「F5:F12」 영역에 대해 '최고월매출'로 이름정의를 하시오.

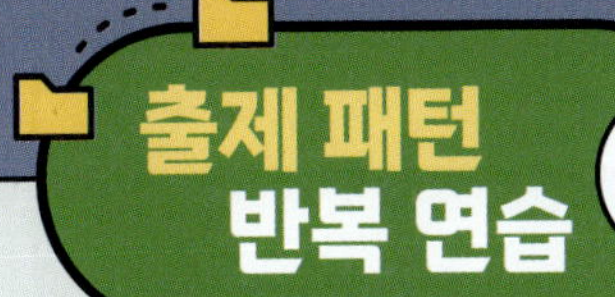

A 조건에 맞추어 각 시트를 작업해 보세요.

⊙ 실습파일 : 패턴03-1(문제).xlsx   ⊙ 완성파일 : 패턴03-1(완성).xlsx

패턴 01 [홈]-[글꼴], [데이터]-[데이터 유효성 검사]

❶ 채우기 색(주황) ❷ 셀 서식([D3:D5] ❸ 이름정의
([B3:B5] → 회원코드) ❹ 유효성 검사([D6] → 회원코드
([B3:B5])

회원코드	회원명	PT비용
H2834	김미지	120,000원
P2543	임상희	135,000원
H1296	이희열	125,000원
회원코드		H2834

패턴 02 [홈]-[글꼴], [데이터]-[데이터 유효성 검사]

❶ 채우기 색(주황) ❷ 셀 서식([D3:D5] ❸ 이름정의
([B3:B5] → 제품코드) ❹ 유효성 검사([D6] → 제품코드
([B3:B5])

제품코드	모델명	가격
BK1-021	프리그 전기요	83,300원
RA2-019	라셀트리	151,260원
HL3-099	더 케어 슬림	220,760원
제품코드		BK1-021

패턴 03 [홈]-[글꼴], [데이터]-[데이터 유효성 검사]

❶ 채우기 색(주황) ❷ 셀 서식([D3:D5] ❸ 이름정의
([B3:B5] → 분류코드) ❹ 유효성 검사([D6] → 분류코드
([B3:B5])

분류코드	어린이집명	인원
BB9002	아이꿈	41명
SA1003	서울숲속	38명
DN6007	아이터	29명
분류코드		BB9002

패턴 04 [홈]-[복사] 목록 단추-[그림으로 복사]

❶ 결재란 작성 ❷ 그림으로 복사 ❸ 붙여넣기 ❹ 원본 삭제

	담당	과장	부장
결재			

패턴 05 [홈]-[복사] 목록 단추-[그림으로 복사]

❶ 결재란 작성 ❷ 그림으로 복사 ❸ 붙여넣기 ❹ 원본 삭제

	담당	팀장	본부장
확인			

패턴 06 [홈]-[복사] 목록 단추-[그림으로 복사]

❶ 결재란 작성 ❷ 그림으로 복사 ❸ 붙여넣기 ❹ 원본 삭제

	담당	본부장	대표
결재			

[제1작업] 값 계산 및 조건부 서식

◇ **실습파일** : 04차시(문제).xlsx　◇ **완성파일** : 04차시(완성).xlsx

[배점] 240점 (500점 만점)

☞ 다음은 '영화 스트리밍 서비스 이용 현황'에 대한 자료이다. 자료를 입력하고 조건에 맞도록 작업하시오.

《출력형태》

코드	영화명	상영일	관람기기	관람인원 (단위:명)	관람시간 (단위:분)	요금	할인요금	비고
S-121	스파이더맨	2025-10-10	스마트폰	1,842	120	10,000	(1)	(2)
T-231	겨울왕국	2025-11-11	태블릿	2,948	100	8,000	(1)	(2)
N-341	인셉션	2025-10-12	노트북	1,120	150	12,000	(1)	(2)
S-142	기생충	2025-10-16	스마트폰	1,984	140	10,000	(1)	(2)
N-312	타이타닉	2025-10-12	노트북	1,450	160	15,000	(1)	(2)
T-214	노인과 바다	2025-10-15	태블릿	2,140	90	9,000	(1)	(2)
S-134	미션 임파서블	2025-11-15	스마트폰	2,848	130	11,000	(1)	(2)
T-242	조커	2025-10-12	태블릿	1,002	110	8,500	(1)	(2)
10월 12일 상영 영화 개수			(3)			최대 관람시간(단위:분)		(5)
스마트폰 관람인원(단위:명) 평균			(4)			영화명	스파이더맨	요금	(6)

결재 / 담당 / 팀장 / 부장

《조건》

☞ (1)~(6) 셀은 반드시 주어진 함수를 이용하여 값을 구하시오(결과값을 직접 입력하면 해당 셀은 0점 처리됨).

(1) 할인요금 ⇒ 「요금 - 할인금액」으로 구하시오. 단, 할인금액은 코드의 세 번째 글자가 1이면 '300', 2이면 '500', 3이면 '800'으로 계산하시오(CHOOSE, MID 함수).

(2) 비고 ⇒ 관람인원(단위:명)이 2,000 이상이면 '상영연장', 그 외에는 '상영종영'으로 구하시오(IF 함수).

(3) 10월 12일 상영 영화 개수 ⇒ (COUNTIF 함수).

(4) 스마트폰 관람인원(단위:명) 평균 ⇒ 스마트폰으로 관람한 관람인원(단위:명) 평균을 구하시오(DAVERAGE 함수).

(5) 최대 관람시간(단위:분) ⇒ 정의된 이름(관람시간)을 이용하여 구하시오(MAX 함수).

(6) 요금 ⇒ 「H14」 셀에서 선택한 영화명에 대한 요금을 구하시오(VLOOKUP 함수).

(7) 조건부 서식의 수식을 이용하여 관람인원(단위:명)이 '2,000' 이상인 행 전체에 다음의 서식을 적용하시오
　 (글꼴 : 파랑, 굵게).

(1)~(6)까지 함수 계산 > 조건부 서식 지정

Check 01 (1)~(6)까지 함수 계산 : 《조건》에서 제시한 함수를 이용하여 계산해요!

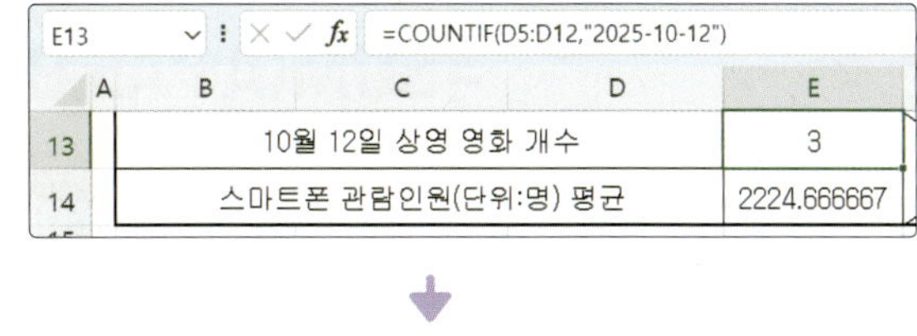

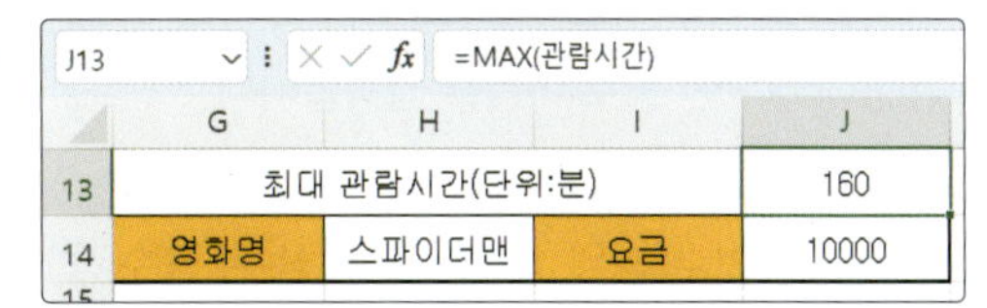

(1)~(6)까지 《조건》에 제시된 함수를 이용하여 값을 계산

Check 02 조건부 서식 작업 : 수식을 이용하여 조건부 서식을 지정해요.

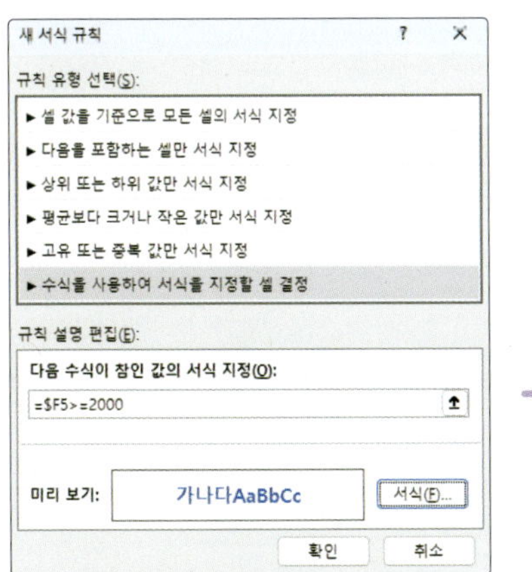

수식으로 조건부 서식 지정

코드	영화명	상영일	관람기기	관람인원 (단위:명)	관람시간 (단위:분)	요금	할인요금	비고
S-121	스파이더맨	2025-10-10	스마트폰	1,842	120	10,000원	9700	상영종영
T-231	겨울왕국	2025-11-11	태블릿	2,948	100	8,000원	7500	상영연장
N-341	인셉션	2025-10-12	노트북	1,120	150	12,000원	11200	상영종영
S-142	기생충	2025-10-16	스마트폰	1,984	140	10,000원	9700	상영종영
N-312	타이타닉	2025-10-12	노트북	1,450	160	15,000원	14200	상영종영
T-214	노인과 바다	2025-10-15	태블릿	2,140	90	9,000원	8500	상영연장
S-134	미션 임파서블	2025-11-15	스마트폰	2,848	130	11,000원	10700	상영연장
T-242	조커	2025-10-12	태블릿	1,002	110	8,500원	8000	상영종영
10월 12일 상영 영화 개수			3		최대 관람시간(단위:분)			160
스마트폰 관람인원(단위:명) 평균			2224.66667		영화명	스파이더맨	요금	10000

조건에 맞는 행 전체에 조건부 서식(파랑, 굵게)을 적용

함수는 복잡한 수식 및 계산 등을 쉽고 간편하게 처리할 수 있도록 만들어 놓은 것으로 '수학 함수, 통계 함수, 논리 함수, 데이터베이스 함수' 등 다양한 함수를 제공합니다.

1 함수는 '등호, 함수 이름, 괄호, 인수'로 구성되어 있으며, 왼쪽부터 순서대로 작성합니다.

❶ **등호(=)** : 수식 계산은 반드시 등호(=)를 먼저 입력한 후 작성합니다.

❷ **함수 이름** : 계산에 필요한 함수 이름을 입력합니다.

❸ **괄호( )** : 함수의 인수를 표시하는 영역입니다.

❹ **인수** : 계산에 필요한 인수(범위, 배열, 수식, 상수, 함수 등)는 **쉼표(,)**로 구분하며, 최대 255개까지 사용할 수 있습니다. 단, 함수에 따라 인수를 생략할 수는 있지만 괄호는 생략할 수 없습니다.

❺ **큰 따옴표("")** : 텍스트를 인수("최고시청률")로 사용할 경우 큰 따옴표로 묶습니다.

2 간단한 함수 계산은 셀에 직접 입력하여 결과를 얻으면 되지만, 함수식을 모르는 경우에는 [수식] 탭에서 [함수 삽입] 또는 수식 입력줄의 **함수 삽입**(fx)을 이용합니다.

★ 함수 삽입(Shift + F3)을 클릭하면 '함수 마법사'가 실행돼요.

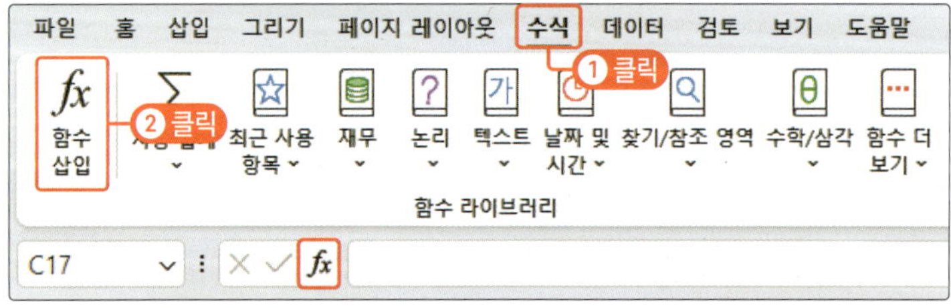

3 [함수 마법사]가 실행되면 사용할 함수(예 : SUMIF)의 인수 정보를 확인할 수 있기 때문에 오류를 최소화하여 결과값을 얻을 수 있습니다.

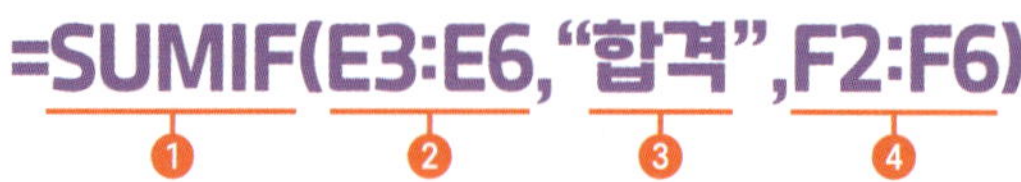

❶ **SUMIF(함수명)** : 주어진 조건에 의해 지정된 셀들의 합을 구합니다.

❷ **Range(조건 범위)** : 조건에 맞는지를 검사할 셀들입니다.

❸ **Criteria(조건)** : 더할 셀의 조건을 지정하는 수, 식 또는 텍스트입니다.

❹ **Sum_range(합계 범위)** : 합을 구할 실제 셀들입니다.

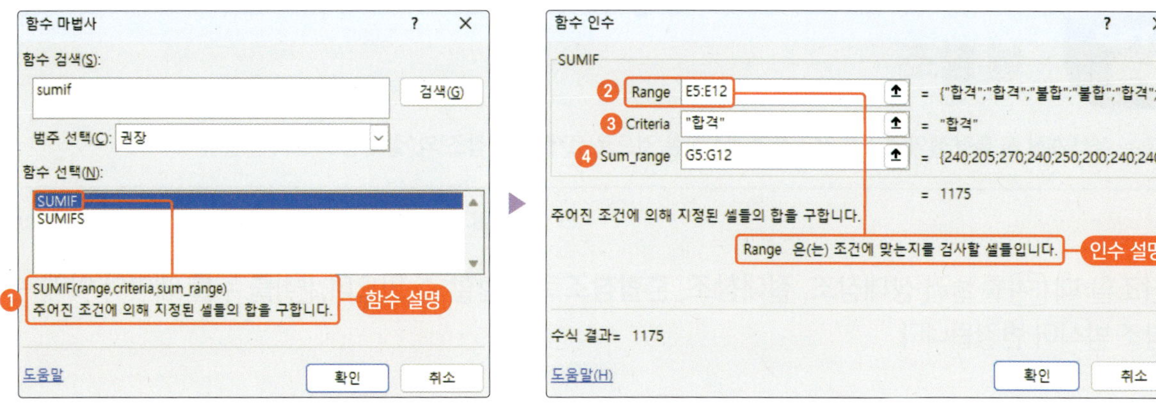

연산자

엑셀에서 주로 사용하는 연산자는 '산술 연산자, 비교 연산자, 참조 연산자, 텍스트 연결 연산자' 등이 있습니다.

1 산술 연산자(+, −, *, /, %, ^)

연산자	의미	사용 예	연산자	의미	사용 예
+	덧셈	=A1+C1	/	나눗셈	=A1/C1
−	뺄셈	=A1−C1	%	백분율	=A1*3%
*	곱셈	=A1*C1	^	거듭제곱(지수)	=A1^2

2 비교 연산자(>, <, =, >=, <=, <>)

연산자	의미	사용 예	연산자	의미	사용 예
>	크다(초과)	=A1>C1	>=	크거나 같다(이상)	=A1>=50
<	작다(미만)	=A1<C1	<=	작거나 같다(이하)	=A1<=30
=	같다	=A1=C1	<>	같지 않다	=A1<>C1

3 참조 연산자(콜론, 콤마, 공백)

★ 특정 범위를 참조할 때는 해당 범위를 키보드로 입력하거나 마우스로 드래그해요.

연산자	사용 예	의미
:	=A1:D5	[A1] 셀부터 [D5] 셀까지 참조
,	=A1,B1,C1	[A1], [B1], [C1] 셀만 참조
공백	=A1:C5 C1:D5	두 개의 셀 범위 중 중복되는 셀만 참조([C1:C5])

4 텍스트 연결 연산자(&)

연산자	사용 예	의미
&	=A1+B1&"개"	[A1] 셀과 [B1] 셀을 더한 결과값에 텍스트를 연결(예 : 159개)

셀 참조는 수식 계산 시 특정 셀의 주소를 참조하여 계산하는 것으로 크게 '상대 참조'와 '절대 참조'로 구분됩니다.

⊘ **실습파일** : 셀 참조(문제).xlsx   ⊘ **완성파일** : 셀 참조(완성).xlsx

1 셀을 참조할 때 F4를 눌러 **상대참조, 절대참조, 혼합참조**로 변환할 수 있으며, F4를 누를 때마다 아래 순서대로 참조 방식이 변경됩니다.

= **A1** → = **$A$1** → = **A$1** → = **$A1** → = **A1**

상대참조   절대참조   행 고정 혼합참조   열 고정 혼합참조   상대참조

2 상대참조(C3:E3)는 수식이 복사될 때 참조하는 셀의 위치가 자동으로 변경됩니다.

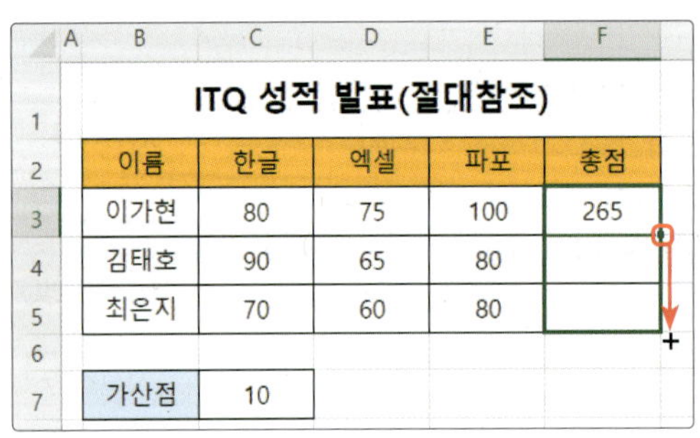

3 절대참조($C$7)는 수식이 복사될 때 참조하는 셀의 위치가 변경되지 않고 고정됩니다.

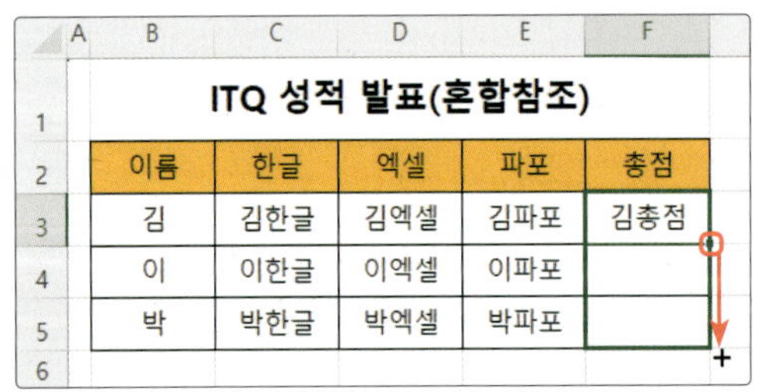

4 혼합참조($B3,F$2)는 행과 열 중 하나는 '상대 참조', 다른 하나는 '절대 참조'로 지정되어 셀을 참조합니다.

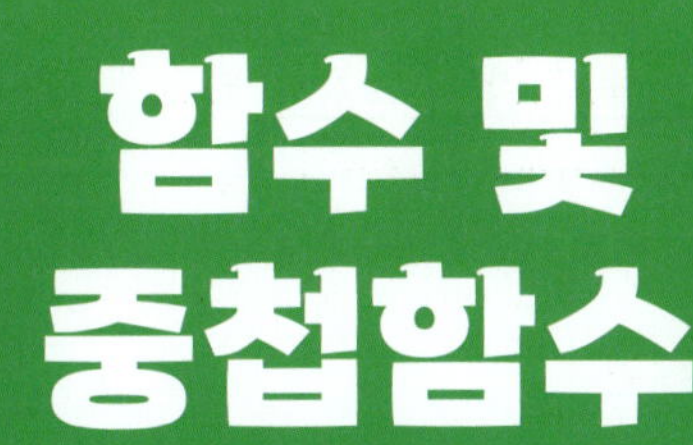

01. 수학/삼각 함수

02. 통계 함수

03. 논리 함수

04. 텍스트 함수

05. 날짜/시간 함수

06. 찾기/참조 함수

07. 데이터베이스 함수

08. 시험에 자주 출제되는 중첩 함수

수학/삼각 함수

⊘ **실습파일** : 수학_삼각(문제).xlsx   ⊘ **완성파일** : 수학_삼각(완성).xlsx

1 SUM

설명	인수로 지정된 모든 숫자들의 합계를 구합니다.
함수식	=SUM(인수1,인수2...)
정답	
예제	**[문제]** 학생별 ITQ 시험에 대한 총점을 구하시오. [풀이] ITQ한글, ITQ엑셀, ITQ파포의 점수를 더하여 [F3] 셀에 총점을 구합니다.

이름	ITQ한글	ITQ엑셀	ITQ파포	총점
	SUM(인수1, 인수2...)			
윤다온	85	75	80	240
한가람	70	75	60	205
신별하	80	90	100	270

★ '함수식'과 '예제'를 참고하여 답을 구한 후 [정답] 칸에 함수식을 적어보세요. 정답은 '함수정답.txt' 파일을 참고해 주세요.

2 SUMIF(★★★★)

설명	주어진 조건에 만족하는 셀들의 합계를 구합니다.
함수식	=SUMIF(조건 범위,조건,합계를 구할 범위)
정답	
예제	**[문제]** 결과가 '합격'인 사람들의 총점 합계를 구하시오. [풀이] 결과가 합격인 사람들의 총점을 모두 더하여 병합된 [B10] 셀에 합계를 구합니다.

이름	ITQ한글	ITQ엑셀	ITQ파포	총점	결과
	SUMIF(조건 범위,조건,합계를 구할 범위)				
윤다온	85	75	80	240	합격
한가람	70	75	60	205	불합격
신별하	80	90	100	270	합격
최슬아	70	80	90	240	합격
권마루	60	70	70	200	불합격
결과가 합격인 사람들의 총점 합계					
750					

 **Level UP**   **함수 마법사** [*fx*]

함수 사용이 익숙하지 않아 셀에 직접 함수식을 입력하기 어렵다면 '함수 마법사'를 이용합니다.

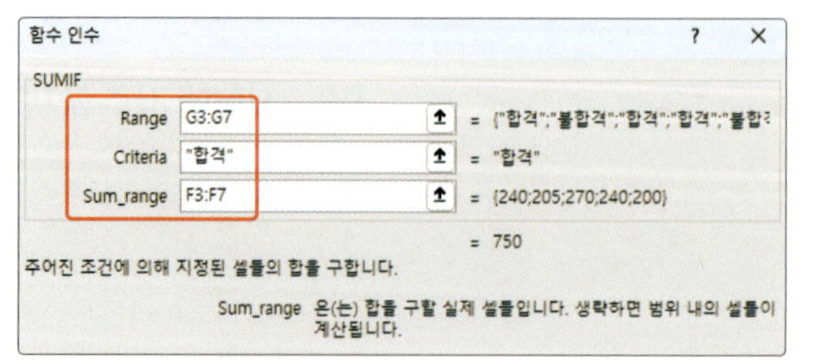

3 ROUND, ROUNDDOWN, ROUNDUP(3개 모두 : ★★★★★)

설명	인수를 지정한 자릿수에 맞추어 반올림/내림/올림하여 값을 구합니다.		
함수식	=ROUND(인수,반올림 자릿수)	=ROUNDDOWN(인수,내림 자릿수)	=ROUNDUP(인수,올림 자릿수)
정답			

예제1 (소수점)

[문제] 데이터를 이용하여 정수부터 소수 둘째 자리까지 차례대로 구하시오.
[풀이] 데이터 값([B3])을 기준으로 '정수(0), 소수 첫째 자리(1), 소수 둘째 자리(2)'까지 데이터 값이 표시되도록 반올림, 내림, 올림하여 [C3:E3] 셀에 각각 값을 구합니다.

	B	C	D	E
1	ROUND(인수,반올림 자릿수), ROUNDDOWN(인수,내림 자릿수), ROUNDUP(인수,올림 자릿수)			
2	데이터	반올림하여 정수로 표시	내림하여 소수 첫째자리까지 표시	올림하여 소수 둘째자리까지 표시
3	1234.178	1234	1234.1	1234.18

정답	

예제2 (정수)

[문제] 데이터를 이용하여 십, 백, 천의 단위까지 차례대로 구하시오.
[풀이] 데이터 값([B3])을 기준으로 '십의 자리(-1), 백의 자리(-2), 천의 자리(-3)'까지 데이터 값이 표시되도록 반올림, 내림, 올림하여 [C3:E3] 셀에 각각 값을 구합니다.

	B	C	D	E
1	ROUND(인수,반올림 자릿수), ROUNDDOWN(인수,내림 자릿수), ROUNDUP(인수,올림 자릿수)			
2	데이터	반올림하여 십의 자리까지 표시	내림하여 백의 자리까지 표시	올림하여 천의 자리까지 표시
3	123,456	123,460	123,400	124,000

Level UP 자릿수 지정 [ROUND, ROUNDDOWN, ROUNDUP 공통]

아래 표는 '반올림(ROUND)' 함수를 기준으로 작성했기 때문에 '내림(ROUNDDOWN)'이나 '올림(ROUNDUP)' 함수를 사용하면 결과값이 다르게 나타납니다.

자릿수	함수식	결과	설명
3	=ROUND(1.5454,3)	1.545	소수 넷째 자리에서 반올림하여 소수 셋째 자리까지 표시
2	=ROUND(1.5454,2)	1.55	소수 셋째 자리에서 반올림하여 소수 둘째 자리까지 표시
1	=ROUND(1.5454,1)	1.5	소수 둘째 자리에서 반올림하여 소수 첫째 자리까지 표시
0	=ROUND(1.5454,0)	2	소수 첫째 자리에서 반올림하여 일의 자리(정수)를 표시
-1	=ROUND(1545,-1)	1550	정수 첫째 자리에서 반올림하여 십의 자리를 표시
-2	=ROUND(1545,-2)	1500	정수 둘째 자리에서 반올림하여 백의 자리를 표시
-3	=ROUND(1545,-3)	2000	정수 셋째 자리에서 반올림하여 천의 자리를 표시

4 INT(★)

설명	소수점 아래를 버리고 가장 가까운 정수로 내림하여 값을 구합니다.
함수식	=INT(인수)
정답	
예제	**[문제] 몸무게와 키를 이용하여 BMI 지수를 정수로 구하시오.** [풀이] BMI 계산 공식(몸무게/키*키)을 입력하여 [D3] 셀에 값을 구합니다. 단, BMI 결과가 소수점으로 나오기 때문에 INT로 묶어서 정수로 구합니다.

	INT(인수)		
	몸무게(Kg)	키(M)	BMI
	73.3	1.78	23
	80.7	1.53	34
	67.4	1.84	19

5 MOD

설명	숫자를 나누어 나머지 값을 구합니다
함수식	=MOD(숫자,나누는 숫자)
정답	
예제	**[문제] 사탕 개수를 인원에 맞추어 나누었을 때 나머지를 구하시오.** [풀이] 사탕 개수를 인원 수로 나눈 후 [D3] 셀에 나머지 값만 구합니다.

	MOD(숫자,나누는 숫자)		
	사탕 개수	인원	나머지
	73	4	1
	95	3	2
	85	4	1

6 PRODUCT(★)

설명	인수로 지정된 모든 숫자들을 곱하여 값을 구합니다.
함수식	=PRODUCT(인수1,인수2...)
정답	
예제	**[문제] 제품 판매에 대한 각각의 합계금액을 구하시오.** [풀이] [C3:D3] 범위의 값을 곱하여 [E3] 셀에 제품 판매에 대한 합계금액을 구합니다.

	PRODUCT(인수1,인수2...)			
	제품명	판매수량	단가	합계금액
	이어폰	11	15,000	165,000
	스피커	12	20,000	240,000
	마이크	13	13,000	169,000

7 SUMPRODUCT(★)

설명	두 개 이상의 배열에 대응하는 값끼리 곱하여 합계를 구합니다.
함수식	=SUMPRODUCT(배열1,배열2…)
정답	
예제	**[문제] 제품들의 총합계금액을 구하시오.** [풀이] [C]열과 [D]열에서 같은 행에 있는 값끼리 곱한 결과값을 모두 더하여 [G3] 셀에 총합계금액을 구합니다.

	A	B	C	D	E	F	G
1		SUMPRODUCT(배열1,배열2…)					
2		제품명	수량	단가			
3		이어폰	21	15,000		총합계금액	1,054,000
4		스피커	22	20,000			
5		마이크	23	13,000			

함수 02

통계 함수

⊘ **실습파일** : 통계(문제).xlsx ⊘ **완성파일** : 통계(완성).xlsx

1 RANK.EQ(★★★★★)

설명	· 특정 목록에서 지정한 숫자의 순위를 구합니다. · 범위 : 특정 범위를 기준으로 순위를 결정할 때는 '절대참조'로 고정합니다. · 순위 결정 : 0을 입력하거나 생략하면 '내림차순', 0이 아닌 숫자(1)를 입력하면 '오름차순'으로 순위를 구합니다.
함수식	=RANK.EQ(순위를 구하려는 수,범위,순위 결정)
정답	
예제	**[문제] 총점을 이용하여 내림차순으로 순위를 구하시오.** [풀이] 총점([F3:F5]) 범위를 기준으로 [G3] 셀에 학생별 총점 순위를 내림차순으로 구합니다.

	A	B	C	D	E	F	G
1		RANK.EQ(순위를 구하려는 수,범위,순위 결정 방법)					
2		이름	ITQ한글	ITQ엑셀	ITQ파포	총점	순위
3		윤다온	85	75	80	240	2
4		한가람	70	75	60	205	3
5		신별하	80	90	100	270	1

★ '함수식'과 '예제'를 참고하여 답을 구한 후 [정답] 칸에 함수식을 적어보세요. 정답은 '함수정답.txt' 파일을 참고해 주세요.

2 MAX(★★★★★)/MIN(★★★)

설명	· MAX : 셀 범위 내에서 최대값을 구합니다. · MIN : 셀 범위 내에서 최소값을 구합니다	
함수식	=MAX(인수1,인수2…)	=MIN(인수1,인수2…)
정답		

예제	[문제] 총점 중에서 가장 높은 총점과 가장 낮은 총점을 구하시오. [풀이1] 총점([F3:F5]) 범위를 기준으로 [C6] 셀에 가장 높은 총점을 구합니다. [풀이2] 총점([F3:F5]) 범위를 기준으로 [E6] 셀에 가장 낮은 총점을 구합니다.

	B	C	D	E	F
1	MAX(인수1,인수2...) / MIN(인수1,인수2...)				
2	이름	ITQ한글	ITQ엑셀	ITQ파포	총점
3	윤다온	85	75	80	240
4	한가람	70	75	60	205
5	신별하	80	90	100	270
6	가장 높은 총점	270	가장 낮은 총점	205	

3 LARGE(★★)/SMALL

설명	· LARGE : 셀 범위 내에서 K번째의 큰 값을 구합니다. · SMALL : 셀 범위 내에서 K번째의 작은 값을 구합니다.
함수식	=LARGE(범위,K) =SMALL(범위,K)
정답	

예제	[문제] 총점 중에서 2번째로 높은 총점과 1번째로 낮은 총점을 구하시오. [풀이1] 총점([F3:F5]) 범위를 기준으로 [C6] 셀에 2번째로 높은 총점을 구합니다. [풀이2] 총점([F3:F5]) 범위를 기준으로 [E6] 셀에 1번째로 낮은 총점을 구합니다.

	B	C	D	E	F
1	LARGE(범위,K) / SMALL(범위,K)				
2	이름	ITQ한글	ITQ엑셀	ITQ파포	총점
3	윤다온	85	75	80	240
4	한가람	70	75	60	205
5	신별하	80	90	100	270
6	2번째로 높은 총점	240	1번째로 낮은 총점	205	

4 COUNTIF(★★★★)

설명	· 주어진 조건에 만족하는 셀들의 개수를 구합니다. · 비교 연산자(>=, <= 등)를 사용할 경우 큰 따옴표("")로 묶습니다.
함수식	=COUNTIF(조건 범위,조건)
정답	

예제	[문제] 총점이 240점 이상인 학생수를 구하시오. [풀이] 총점([F3:F5]) 범위를 기준으로 병합된 [E6] 셀에 총점이 240점 이상인 셀의 개수를 구합니다.

	B	C	D	E	F
1	COUNTIF(조건 범위,조건)				
2	이름	ITQ한글	ITQ엑셀	ITQ파포	총점
3	윤다온	85	75	80	240
4	한가람	70	75	60	205
5	신별하	80	90	100	270
6	총점이 240점 이상인 학생수			2	

5 AVERAGE(★)

설명	인수로 지정된 모든 숫자들의 평균을 구합니다.
함수식	=AVERAGE(인수1,인수2...)
정답	

예제

[문제] 학생별 ITQ 시험 점수에 대한 평균을 구하시오.

[풀이] ITQ한글, ITQ엑셀, ITQ파포 점수의 평균을 [F3] 셀에 구합니다.

	AVERAGE(인수1,인수2...)			
이름	ITQ한글	ITQ엑셀	ITQ파포	평균
윤다온	85	75	80	80
한가람	70	75	60	68
신별하	80	90	100	90

6 COUNTA(★)/COUNT

설명	· COUNTA : 셀 범위 내에서 데이터가 입력된 모든 셀의 개수를 구합니다. · COUNT : 셀 범위 내에서 숫자가 입력된 셀의 개수를 구합니다.	
함수식	=COUNTA(인수1,인수2...)	=COUNT(인수1,인수2...)
정답		

예제

[문제] ITQ엑셀 시험 접수 인원과 시험 응시 인원을 구하시오.

[풀이1] ITQ엑셀 시험에 접수한 모든 인원(숫자+문자)을 [F2] 셀에 구합니다.

[풀이2] ITQ엑셀 시험에 응시한 인원(숫자)을 [F4] 셀에 구합니다.

이름	ITQ엑셀			
	COUNTA(인수1,인수2...) / COUNT(인수1,인수2...)			
윤다온	75		시험 접수 인원	4
한가람	75		시험 응시 인원	3
신별하	미응시			
최슬아	80			

7 MEDIAN

설명	셀 범위에서 중간값을 구합니다.
함수식	=MEDIAN(셀 범위)
정답	

예제

[문제] 과목별 ITQ 시험 점수 중에서 중간값을 구하시오.

[풀이] 과목별 ITQ 시험 점수([C3:E3])의 중간값을 [F3] 셀에 구합니다.

	MEDIAN(셀 범위)			
이름	ITQ한글	ITQ엑셀	ITQ파포	중간값
윤다온	85	75	80	80
한가람	70	75	60	70
신별하	80	90	100	90

함수 03 논리 함수

⊘ 실습파일 : 논리(문제).xlsx   ⊘ 완성파일 : 논리(완성).xlsx

1 IF(★★★★★)

설명	조건에 만족하면 '참(TRUE)'에 해당하는 값을, 그렇지 않으면 '거짓(FALSE)'에 해당하는 값을 표시합니다.
함수식	=IF(조건식,참값,거짓값)
정답	
예제	[문제] 총점이 240점 이상이면 '합격' 그렇지 않으면 '불합격'으로 표시하시오. [풀이] 총점([F3])이 240점 이상이면 '합격' 그렇지 않으면 '불합격'을 [G3] 셀에 표시합니다. |	A	B	C	D	E	F	G
---	---	---	---	---	---	---	---
1		IF(조건식,참값,거짓값)					
2		이름	ITQ한글	ITQ엑셀	ITQ파포	총점	결과
3		윤다온	85	75	80	240	합격
4		한가람	70	75	60	205	불합격	

2 AND(★★)

설명	모든 조건을 만족하면 '참(TRUE)', 그렇지 않으면 '거짓(FALSE)'을 표시합니다.
함수식	=AND(조건1,조건2...)
정답	
예제	[문제] ITQ한글, ITQ엑셀, ITQ파포 점수 모두가 70점 이상일 때 결과를 구하시오. [풀이] 과목별([C3:E3]) 모든 점수가 70점 이상일 때 'TRUE' 그렇지 않으면 'FALSE'를 [F3] 셀에 표시합니다. |	A	B	C	D	E	F
---	---	---	---	---	---	---
1		AND(조건1,조건2...)				
2		이름	ITQ한글	ITQ엑셀	ITQ파포	결과
3		윤다온	85	75	80	TRUE
4		한가람	70	75	60	FALSE	

3 OR(★)

설명	조건 중 하나라도 만족하면 '참(TRUE)', 그렇지 않으면 '거짓(FALSE)'을 표시합니다.
함수식	=OR(조건1,조건2...)
정답	
예제	[문제] ITQ한글, ITQ엑셀, ITQ파포 점수 중 한 과목이라도 100점일 때 결과를 구하시오. [풀이] 과목별([C3:E3]) 점수 중에서 한 과목이라도 100점이 있다면 'TRUE' 그렇지 않으면 'FALSE'를 [F3] 셀에 표시합니다. |	A	B	C	D	E	F
---	---	---	---	---	---	---
1		OR(조건1,조건2...)				
2		이름	ITQ한글	ITQ엑셀	ITQ파포	결과
3		윤다온	80	90	100	TRUE
4		한가람	70	80	90	FALSE	

함수 04 텍스트 함수

⊙ **실습파일** : 텍스트(문제).xlsx　⊙ **완성파일** : 텍스트(완성).xlsx

1 LEFT(★★)/RIGHT(★★★)

설명	· LEFT : 텍스트 왼쪽부터 원하는 개수만큼 문자를 추출합니다. · RIGHT : 텍스트 오른쪽부터 원하는 개수만큼 문자를 추출합니다.	
함수식	=LEFT(텍스트,추출할 문자수)	=RIGHT(텍스트,추출할 문자수)
정답		
예제	**[문제]** 성명에서 '성'과 '이름'을 분리시켜 텍스트를 추출하시오. [풀이1] 성명([B3])에서 왼쪽 첫 번째 텍스트만 추출하여 [C3] 셀에 '성'을 표시합니다. [풀이2] 성명([B3])에서 오른쪽 두 번째 텍스트까지 추출하여 [D3] 셀에 '이름'을 표시합니다.	

	B	C	D
1	LEFT(텍스트,추출할 문자수) / RIGHT(텍스트,추출할 문자수)		
2	성명	성	이름
3	윤다온	윤	다온

2 MID(★★★)

설명	텍스트의 특정 위치부터 원하는 개수만큼 문자를 추출합니다.
함수식	=MID(텍스트,추출 시작 위치,추출할 문자수)
정답	
예제	**[문제]** 사번을 이용하여 '입사연도(예: 2026)'를 구하시오. [풀이] 사번([C3])의 두 번째 텍스트(2)부터 4개의 텍스트(2026)를 추출하여 [D3] 셀에 '입사연도'를 표시합니다.

	B	C	D
1	MID(텍스트,추출 시작 위치,추출할 문자수)		
2	이름	사번	입사연도
3	윤다온	M2026A1	2026
4	한가람	M2026A1	2026

3 REPT

설명	텍스트를 지정한 횟수만큼 반복해서 표시합니다.
함수식	=REPT(텍스트,반복할 횟수)
정답	
예제	**[문제]** 평가점수만큼 "★"을 반복하여 만족도를 표시하시오. [풀이] 평가점수([D3])의 값만큼 "★"을 반복하여 [E3] 셀에 표시합니다.

	B	C	D	E
1	REPT(텍스트,반복할 횟수)			
2	교수	학과	평가점수	만족도
3	윤다온	건축학과	3	★★★
4	한가람	컴공과	2	★★
5	신별하	디자인학과	3	★★★

 함수 05

날짜/시간 함수

⊘ **실습파일** : 날짜_시간(문제).xlsx　⊘ **완성파일** : 날짜_시간(완성).xlsx

1 WEEKDAY(★★)

설명	·날짜에서 해당하는 요일의 번호를 구합니다. ·요일 번호를 구할 때 날짜 유형(1, 2, 3)에 따라 반환되는 번호가 다릅니다.
함수식	=WEEKDAY(날짜,날짜 유형)
정답	
예제	[문제] 입사날짜에 맞추어 요일 번호를 구하시오.(예 : 월요일) [풀이] 입사날짜([C3])에서 날짜 유형이 2번인 요일 번호를 구하여 [D3] 셀에 표시합니다.

	이름	입사날짜	요일 번호
	WEEKDAY(날짜, 날짜 유형)		
3	윤다온	2025-01-09	4
4	한가람	2023-07-14	5
5	신별하	2021-05-09	7

 **Level UP**　날짜 유형

날짜 유형	설명	월	화	수	목	금	토	일
1 또는 생략	1(일요일) ~ 7(토요일)	2	3	4	5	6	7	1
2	1(월요일) ~ 7(일요일)	1	2	3	4	5	6	7
3	0(월요일) ~ 6(일요일)	0	1	2	3	4	5	6

★ 두 번째 날짜 유형(2)이 자주 출제되고 있으며, 예시(예 : 월요일)를 참고하여 날짜 유형을 지정합니다.

2 DATE(★)

설명	날짜에 해당하는 값(연도, 월, 일)을 이용하여 특정 날짜를 표시합니다.
함수식	=DATE(년,월,일)
정답	
예제	[문제] 입사연도, 입사월, 입사일을 이용하여 입사날짜를 표시하시오. [풀이] 입사연도([C3]), 입사월([D3]), 입사일([E3])을 이용하여 [F3] 셀에 입사날짜(년-월-일)를 표시합니다.

	이름	입사연도	입사월	입사일	입사날짜
	DATE(년,월,일)				
3	윤다온	2026	1	9	2026-01-09

3 YEAR(★★)/MONTH(★★)/DAY

설명	· YEAR : 날짜(년-월-일)에서 년(1900~9999년)을 추출합니다. · MONTH : 날짜(년-월-일)에서 월(1월~12월)을 추출합니다. · DAY : 날짜(년-월-일)에서 일(1일~31일)을 추출합니다.		
함수식	=YEAR(날짜)	=MONTH(날짜)	=DAY(날짜)
정답			
예제	**[문제] 입사날짜를 이용하여 '입사연도', '입사월', '입사일'을 각각 구하시오.** [풀이1] 입사날짜([C3])에서 연도만 추출하여 [D3] 셀에 표시합니다. [풀이2] 입사날짜([C3])에서 월만 추출하여 [E3] 셀에 표시합니다. [풀이3] 입사날짜([C3])에서 일만 추출하여 [F3] 셀에 표시합니다.		

예제 표:

	이름	입사날짜	입사연도	입사월	입사일
	윤다온	2026-01-09	2026	1	9

YEAR(날짜) / MONTH(날짜) / DAY(날짜)

4 TODAY/NOW

설명	· TODAY : 현재 날짜를 표시합니다. · NOW : 현재 날짜와 시간을 표시합니다.	
함수식	=TODAY()	=NOW()
정답		
예제	**[문제] 현재 날짜와 현재 날짜 및 시간을 구하시오.** [풀이1] 현재 날짜를 [C3] 셀에 표시합니다. [풀이2] 현재 날짜와 시간을 [C4] 셀에 표시합니다. ★ TODAY와 NOW 함수는 현재 날짜와 시간을 기준으로 값을 표시하기 때문에 결과가 매번 달라져요.	

예제 표:

	날짜와 시간	작성일
	현재 날짜	2026-01-27
	현재 날짜와 시간	2026-01-27 13:52

TODAY( ) / NOW( )

찾기/참조 함수

1 VLOOKUP(★★★★★)

설명	· 범위의 첫 번째 열에서 찾을 값을 검색한 후 지정한 열과 교차하는 값을 표시합니다.(행과 열이 교차하는 값을 표시) · 찾을 값 : 범위의 첫 번째 열에서 찾고자 하는 값으로 '텍스트' 또는 '셀 주소'로 지정합니다. · 범위 : 찾고자 하는 데이터가 포함된 전체 범위를 지정합니다. 단, 범위를 지정할 때는 찾을 값이 들어 있는 열이 전체 범위에서 '첫 번째 열'로 지정되어야 합니다. · 열 번호 : 범위를 기준으로 찾고자 하는 값이 있는 열 번호를 지정합니다. · 찾을 방법 : 정확하게 일치하는 값을 찾기 위해서는 FALSE(또는 0)를 입력하며, 비슷하게 일치하는 값을 찾기 위해서는 TRUE(생략 또는 1)를 입력합니다.
함수식	=VLOOKUP(찾을 값,범위,열 번호,찾을 방법)
정답	
예제	[문제] 이름이 '신별하'인 학생의 '총점'을 표시하시오. [풀이] 범위([B3:G5])의 첫 번째 열(이름)에서 '신별하'를 찾아서 동일한 값이 있으면 해당 행의 다섯 번째 열(총점)의 값을 병합된 [B8] 셀에 표시합니다. ★ 찾을 값은 직접 텍스트("신별하")를 입력하거나 '셀 주소([B5])'를 선택해도 결과는 동일합니다. [문제] 학번이 'M2026A1'인 학생의 '결과'를 표시하시오. [풀이] 범위([C3:G5])의 첫 번째 열(학번)에서 'M2026A1'을 찾아서 동일한 값이 있으면 해당 행의 다섯 번째 열(결과)의 값을 병합된 [B10] 셀에 표시합니다.

	A	B	C	D	E	F	G
1		VLOOKUP(찾을 값, 범위,열 번호,찾을 방법)					
2		이름	학번	ITQ엑셀	ITQ파포	총점	결과
3		윤다온	M2026A1	75	80	155	합격
4		한가람	M2026A2	75	60	135	불합격
5		신별하	M2026A3	90	100	190	합격
6							
7		이름이 신별하인 학생의 총점					
8		190					
9		학번이 M2026A1 학생의 결과					
10		합격					

2 CHOOSE(★★★★)

설명	인수 목록에서 특정 번호에 해당하는 값을 표시합니다.
함수식	=CHOOSE(번호,인수1,인수2...)
정답	
예제	[문제] 구분이 1이면 '우수사원', 2이면 '일반사원', 3이면 '수습사원'으로 사원증에 표시하시오. [풀이] 구분 번호에 해당하는 값(1 : 우수사원, 2 : 일반사원, 3 : 수습사원)을 찾아 [D3] 셀에 표시합니다.

CHOOSE(번호,인수1,인수2...)

이름	구분	사원증
윤다온	1	우수사원
한가람	3	수습사원
신별하	2	일반사원

3 INDEX

설명	특정 범위에서 행과 열이 교차하는 셀의 값을 표시합니다.
함수식	=INDEX(범위,행 번호,열 번호)
정답	
예제	[문제] 제품명이 '마이크'인 제품의 판매금액을 찾아서 [H3] 셀에 표시하시오. [풀이] 전체 범위([B2:E5])에서 마이크가 포함된 행 번호(4)와 판매금액이 포함된 열 번호(4)를 지정하여 마이크의 판매금액을 [H3] 셀에 표시합니다.

INDEX(범위,행 번호,열 번호)

제품명	수량	단가	판매금액			
이어폰	21	15,000	315,000		마이크 판매금액	299,000
스피커	22	20,000	440,000			
마이크	23	13,000	299,000			

4 MATCH

설명	·특정 범위에서 값을 찾아 해당 위치를 숫자로 표시합니다. ·검색 옵션이 '0'이면 정확하게 일치하는 값을 찾고, '1' 또는 '-'이면 유사한 값(최대값, 최소값)을 찾습니다.
함수식	=MATCH(찾는 값,범위,검색 옵션)
정답	
예제	[문제] 제품명이 '마이크'인 제품의 위치를 찾아 표시하시오. [풀이] 마이크를 지정된 범위([B3:B5])에서 찾아 정확하게 일치하는 값이 있으면 해당 값의 위치를 [H3] 셀에 표시합니다.

MATCH(찾는값,범위,검색 옵션)

제품명	수량	단가	판매금액			
이어폰	21	15,000	315,000		마이크 위치	3
스피커	22	20,000	440,000			
마이크	23	13,000	299,000			

5 HLOOKUP

설명	・범위의 첫 번째 행에서 찾을 값을 검색한 후 지정한 행과 교차하는 값을 표시합니다. ・찾을 값 : 범위의 첫 번째 행에서 찾고자 하는 값으로 '텍스트' 또는 '셀 주소'로 지정합니다. ・범위 : 찾고자 하는 데이터가 포함된 전체 범위를 지정합니다. 단, 범위를 지정할 때는 찾을 값이 들어 있는 행이 전체 범위에서 '첫 번째 행'으로 지정되어야 합니다. ・행 번호 : 범위를 기준으로 찾고자 하는 값이 있는 행 번호를 지정합니다. ・찾을 방법 : 정확하게 일치하는 값을 찾기 위해서는 FALSE(또는 0)를 입력하며, 비슷하게 일치하는 값을 찾기 위해서는 TRUE(생략 또는 1)을 입력합니다.
함수식	=HLOOKUP(찾을 값,범위,행 번호,찾을 방법)
정답	
예제	**[문제]** 이름이 '한가람'인 학생의 ITQ엑셀 점수를 표시하시오. [풀이] 범위([B2:F4])의 첫 번째 행에서 '한가람'을 찾아 동일한 값이 있으면 해당 열의 세 번째 행 (ITQ엑셀)의 값을 병합된 [B7] 셀에 표시합니다.

	A	B	C	D	E	F	G
1		HLOOKUP(찾을 값,범위,행 번호,찾을 방법)					
2		이름	윤다온	한가람	신별하	총점	결과
3		ITQ한글	90	85	75	250	합격
4		ITQ엑셀	80	90	85	255	합격
5							
6		이름이 한가람인 학생의 ITQ엑셀 점수					
7		90					

함수 07 데이터베이스 함수

⊘ **실습파일** : 데이터베이스(문제).xlsx　　⊘ **완성파일** : 데이터베이스(완성).xlsx

1 DSUM(★★★)/DAVERAGE(★★★★)

설명	・DSUM : 데이터베이스에서 조건에 맞는 필드(열)의 합계를 구합니다. ・DAVERAGE : 데이터베이스에서 조건에 맞는 필드(열)의 평균을 구합니다.	
함수식	=DSUM(데이터베이스,필드,조건 범위)	=DAVERAGE(데이터베이스,필드,조건 범위)
정답		

| 예제 | [문제] 성별이 '남'인 학생들의 총점 합계를 구하시오.
[풀이] 데이터베이스([B2:H6])에서 '성별'이 남([C2:C3])인 학생들의 총점(6) 합계를 계산하여 [J3] 셀에 표시합니다.
★ 필드 지정은 해당 열의 위치(6)를 입력하거나 '셀 주소([G2])'를 선택해도 결과는 동일해요.
[문제] 결과가 '합격'인 학생들의 총점 평균을 구하시오.
[풀이] 데이터베이스([B2:H6])에서 '결과'가 합격([H2:H3])인 학생들의 총점([G2]) 평균을 계산하여 [J5] 셀에 표시합니다. |

	A	B	C	D	E	F	G	H	I	J
1		DSUM(데이터베이스,필드,조건 범위) / DAVERAGE(데이터베이스,필드,조건 범위)								성별이 '남'인 학생들의 총점 합계
2		이름	성별	ITQ한글	ITQ엑셀	ITQ파포	총점	결과		
3		윤다온	남	85	75	80	240	합격		445
4		한가람	남	70	75	60	205	불합격		결과가 '합격'인 학생들의 총점 평균
5		신별하	여	80	90	100	270	합격		250
6		최슬아	여	70	80	90	240	합격		

2 DCOUNT(★★★)/DCOUNTA(★★)

설명	· DCOUNT : 데이터베이스에서 조건에 맞는 필드(열)의 셀 개수를 구합니다.(숫자가 포함된 셀) · DCOUNTA : 데이터베이스에서 조건에 맞는 필드(열)의 셀 개수를 구합니다.(빈 셀을 제외한 숫자와 문자가 포함된 셀)
함수식	=DCOUNT(데이터베이스,필드,조건 범위)　　　=DCOUNTA(데이터베이스,필드,조건 범위)
정답	

| 예제 | [문제] 성별이 '남'인 학생 중에서 답안을 제출한 학생수를 구하시오.
[풀이] 데이터베이스([B2:H7])에서 '성별'이 남([C2:C3])인 학생 중 답안을 제출(6)한 셀 개수(숫자 셀)를 계산하여 [J3] 셀에 표시합니다.
[문제] 이름을 기준으로 결과가 '합격'인 학생수를 구하시오.
[풀이] 데이터베이스([B2:H7])에서 '결과'가 합격([H2:H3])인 학생 이름([B2])의 셀 개수(문자 셀)를 계산하여 [J5] 셀에 표시합니다. |

	A	B	C	D	E	F	G	H	I	J
1		DCOUNT(데이터베이스,필드,조건 범위) / DCOUNTA(데이터베이스,필드,조건 범위)								답안을 제출한 '남학생' 인원수
2		이름	성별	ITQ한글	ITQ엑셀	ITQ파포	제출(1) 미제출(-)	결과		
3		윤다온	남	85	80	80	1	합격		2
4		한가람	남	70	75	60	-	불합격		결과가 '합격'인 학생의 인원수
5		신별하	여	80	90	100	1	합격		3
6		최슬아	여	80	70	90	1	합격		
7		권마루	남	60	70	70	1	불합격		

3 DMAX(★)/DMIN

설명	· DMAX : 데이터베이스에서 조건에 맞는 필드(열)의 가장 큰값을 구합니다. · DMIN : 데이터베이스에서 조건에 맞는 필드(열)의 가장 작은값을 구합니다.
함수식	=DMAX(데이터베이스,필드,조건 범위)　　　　=DMIN(데이터베이스,필드,조건 범위)
정답	

예제

[문제] 성별이 '남'인 학생 중에서 가장 높은 ITQ엑셀 점수를 구하시오.
[풀이] 데이터베이스([B2:H7])에서 성별이 남([C2:C3])인 학생 중 ITQ엑셀(4) 점수가 가장 높은 값을 [J3] 셀에 표시합니다.

[문제] 결과가 '합격'인 학생 중에서 가장 낮은 ITQ엑셀 점수를 구하시오.
[풀이] 데이터베이스([B2:H7])에서 결과가 합격([H2:H3])인 학생 중 ITQ엑셀([E2]) 점수가 가장 낮은 값을 [J5] 셀에 표시합니다.

	B	C	D	E	F	G	H		J
1	DMAX(데이터베이스,필드,조건 범위) / DMIN(데이터베이스,필드,조건 범위)								
2	이름	성별	ITQ한글	ITQ엑셀	ITQ파포	총점	결과		성별이 '남'인 학생 중에서 가장 높은 ITQ엑셀 점수
3	윤다온	남	85	80	80	245	합격		80
4	한가람	남	70	75	60	205	불합격		결과가 '합격'인 학생 중에서 가장 낮은 ITQ엑셀 점수
5	신별하	여	80	90	100	270	합격		70
6	최슬아	여	80	70	90	240	합격		
7	권마루	남	60	70	70	200	불합격		

시험에 자주 출제되는 중첩 함수

⊘ 실습파일 : 중첩 함수(문제).xlsx　　⊘ 완성파일 : 중첩 함수(완성).xlsx

1 IF(MID) 중첩 함수

[문제] 보관방법 ⇒ 관리번호 두 번째 값이 C이면 '냉장', 그 외에는 '실온'으로 구하시오(IF, MID 함수).

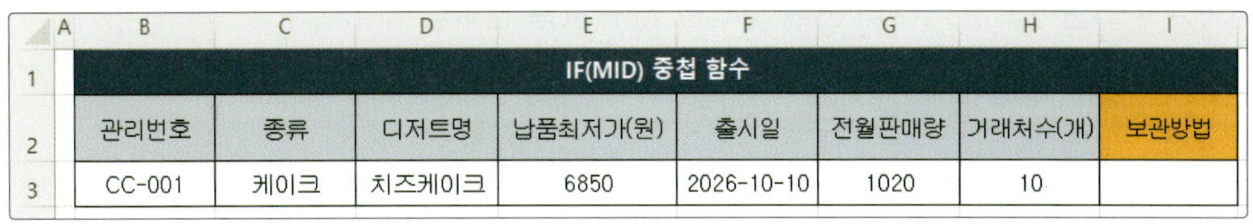

① [I3] 셀을 클릭하여 =IF를 입력한 후 Ctrl + A 를 누릅니다.

✦ 함수 이름(=IF)을 알고 있는 경우 Ctrl + A 로 '함수 마법사'를 실행하면 편리하게 작업할 수 있어요.

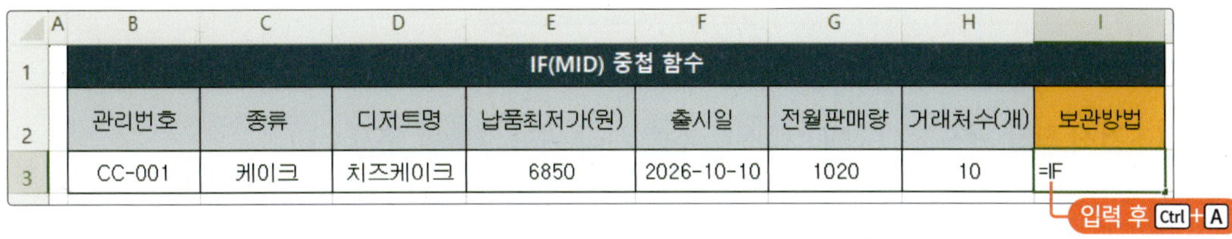

② IF [함수 인수] 대화상자가 나타나면 중첩하여 사용할 함수인 MID()를 입력한 후 수식 입력줄에서 MID를 클릭합니다.

✦ 함수 마법사에서 중첩된 함수를 활성화하려면 수식 입력줄에서 해당 함수의 이름을 클릭해야 해요.

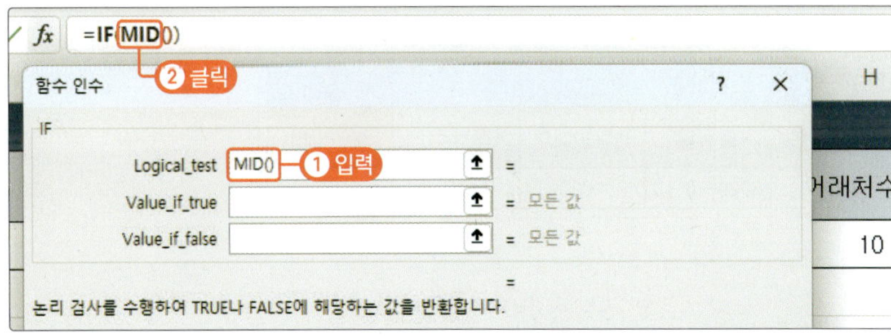

③ MID [함수 인수] 대화상자가 나타나면 각각의 칸에 필요한 인수 값을 입력한 후 수식 입력줄에서 IF를 클릭합니다.

✦ 인수 입력 칸(예 : Num_chars)을 클릭하면 해당 인수에 대한 설명이 나와요.

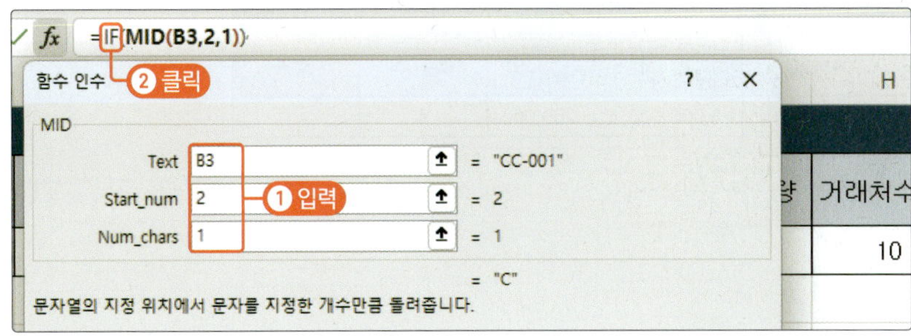

❹ IF [함수 인수] 대화상자로 돌아오면 각각의 칸에 필요한 인수 값을 입력합니다.

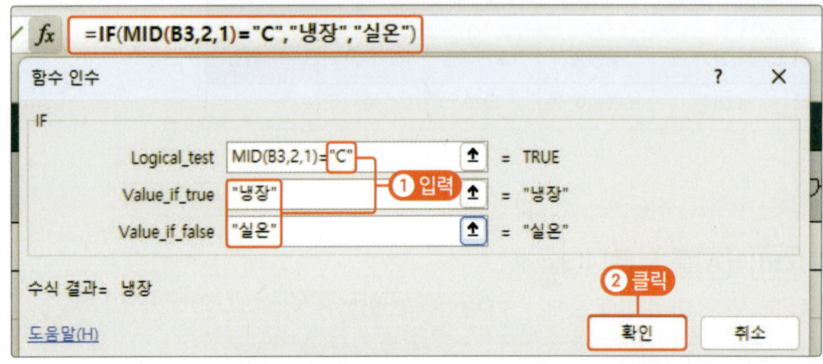

❺ 함수식 정답 : =IF(MID(B3,2,1)="C","냉장","실온")

	IF(MID) 중첩 함수							
관리번호	종류	디저트명	납품최저가(원)	출시일	전월판매량	거래처수(개)	보관방법
CC-001	케이크	치즈케이크	6850	2026-10-10	1020	10	냉장

2 IF(AND) 중첩 함수

[문제] 평가 ⇒ 최고월매출(단위:원)이 5,000,000 이상이면서, 직원수가 5 이상이면 'A', 그 외에는 'B'로 구하시오 (IF, AND 함수).

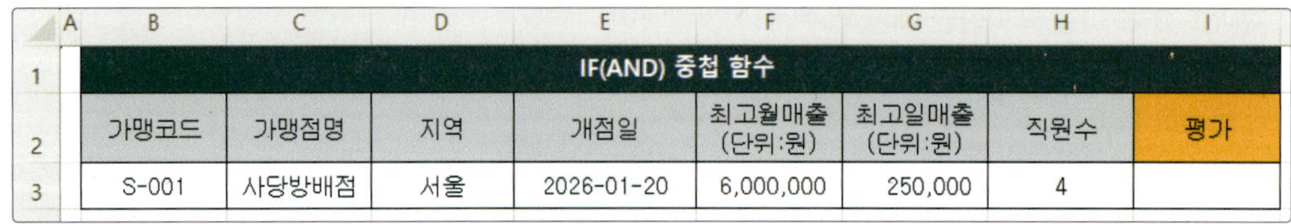

	IF(AND) 중첩 함수						
가맹코드	가맹점명	지역	개점일	최고월매출(단위:원)	최고일매출(단위:원)	직원수	평가
S-001	사당방배점	서울	2026-01-20	6,000,000	250,000	4	

❶ [I3] 셀을 클릭하여 =IF를 입력한 후 Ctrl + A 를 누릅니다.

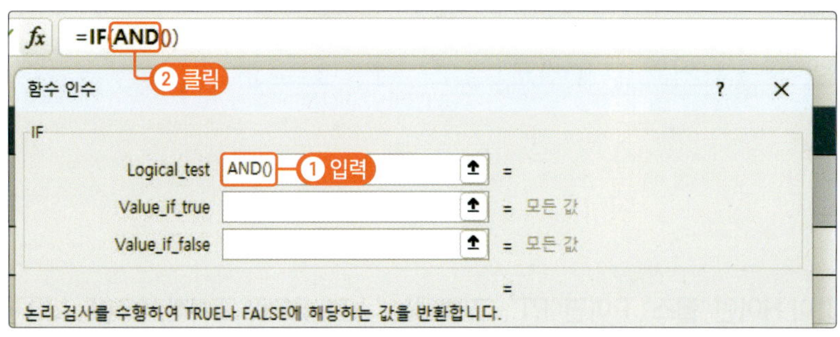

❷ IF [함수 인수] 대화상자가 나타나면 중첩하여 사용할 함수인 AND()를 입력한 후 수식 입력줄에서 AND를 클릭합니다.

★ 함수 마법사에서 중첩된 함수를 활성화하려면 수식 입력줄에서 해당 함수의 이름을 클릭해야 해요.

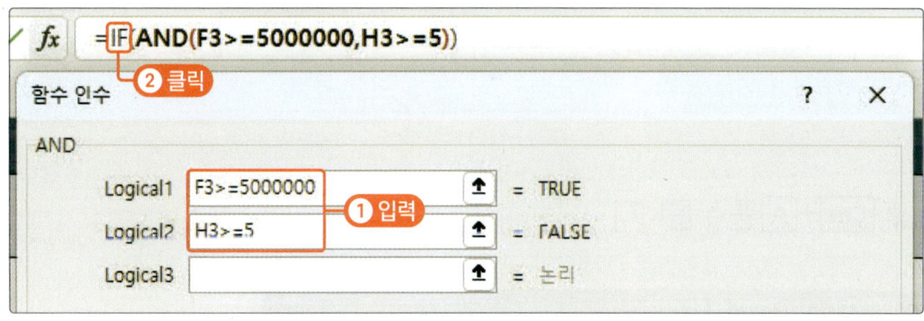

❸ AND [함수 인수] 대화상자가 나타나면 각각의 칸에 필요한 인수 값을 입력한 후 수식 입력줄에서 IF를 클릭합니다.

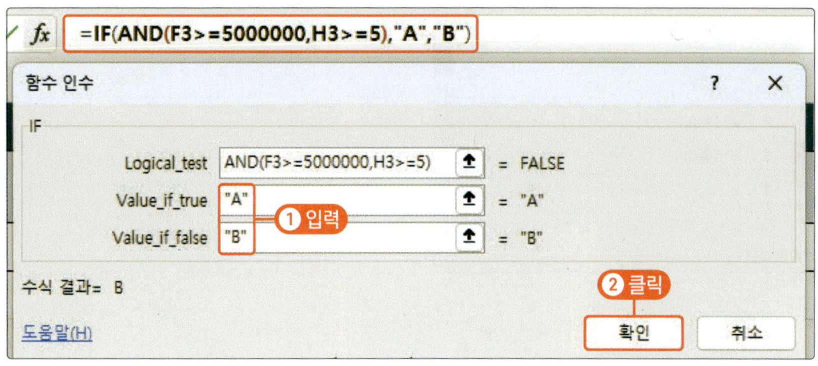

1차 함수 풀이 : AND(조건1,조건2...)
- F3>=5000000 : [F3] 셀의 값이 5,000,000 이상인지 확인합니다.
- H3>=5 : [H3] 셀의 값이 5 이상인지 확인합니다.

❹ IF [함수 인수] 대화상자로 돌아오면 각각의 칸에 필요한 인수 값을 입력합니다.

❺ 함수식 정답 : =IF(AND(F3>=5000000,H3>=5),"A","B")

	가맹코드	가맹점명	지역	개점일	최고월매출 (단위:원)	최고일매출 (단위:원)	직원수	평가
	IF(AND) 중첩 함수							
3	S-001	사당방배점	서울	2026-01-20	6,000,000	250,000	4	B

3 IF(LEFT)⊕IF(LEFT) 중첩 함수

[문제] 운동종류 ⇒ 회원코드의 첫 번째 값이 H이면 '헬스', P이면 'PT', 그 외에는 '스피닝'으로 표시하시오(IF, LEFT 함수).

	회원코드	회원명	등록일	담당자	등록경로	등록비 (단위:원)	등록횟수	운동종류
	IF(LEFT)+IF(LEFT) 중첩 함수							
3	H2834	김민지	2026-06-03	이하늘	카톡채널	80,000	3회	

❶ [I3] 셀을 클릭하여 =IF를 입력한 후 Ctrl + A 를 누릅니다.

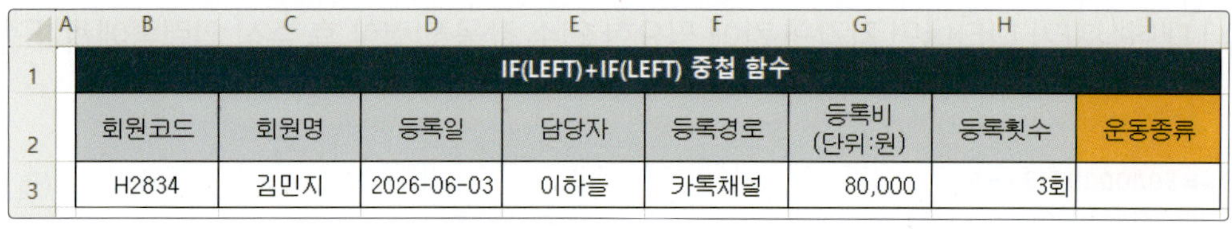

❷ IF [함수 인수] 대화상자가 나타나면 각각의 칸에 필요한 인수 값을 입력한 후 함수를 중첩하기 위해 수식 입력줄에서 IF를 클릭합니다.

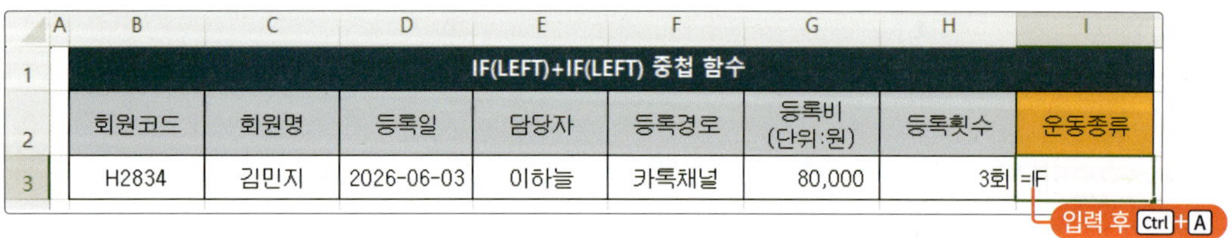

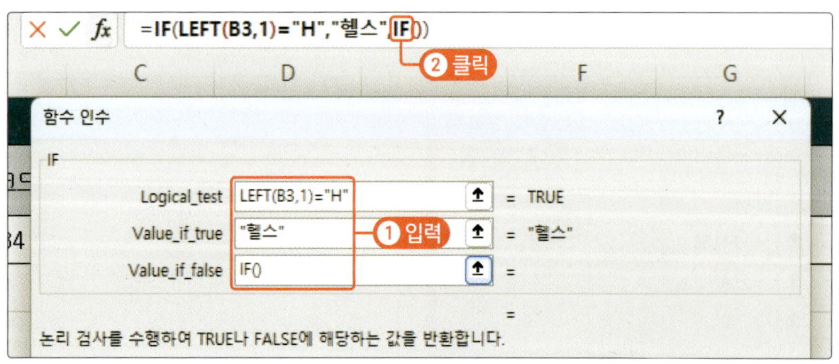

Level UP 함수 마법사를 이용하여 중첩 함수 사용하기

❶ IF [함수 인수] 대화상자에서 중첩하여 사용할 함수인 LEFT()를 입력한 후 수식 입력줄에서 LEFT를 클릭합니다.

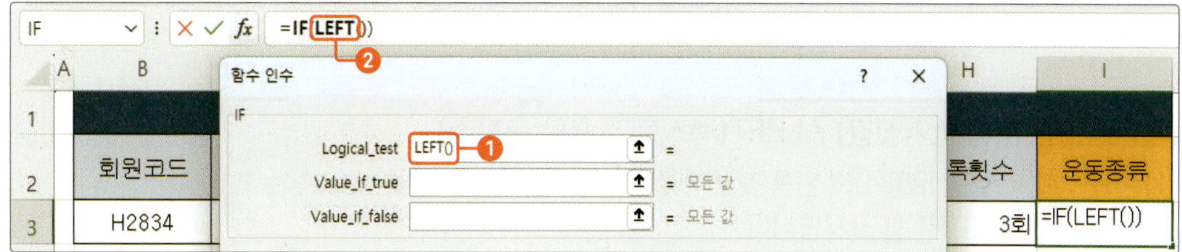

❷ LEFT [함수 인수] 대화상자가 나타나면 필요한 인수 값을 입력한 후 수식 입력줄에서 IF를 클릭합니다.

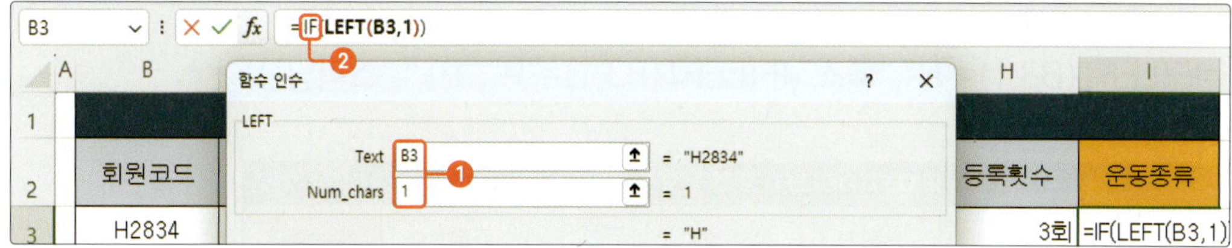

❸ IF [함수 인수] 대화상자로 돌아오면 나머지 인수 값을 입력한 후 중첩된 함수를 활성화시키기 위해 수식 입력줄에서 거짓값 위치에 입력된 IF를 클릭합니다.

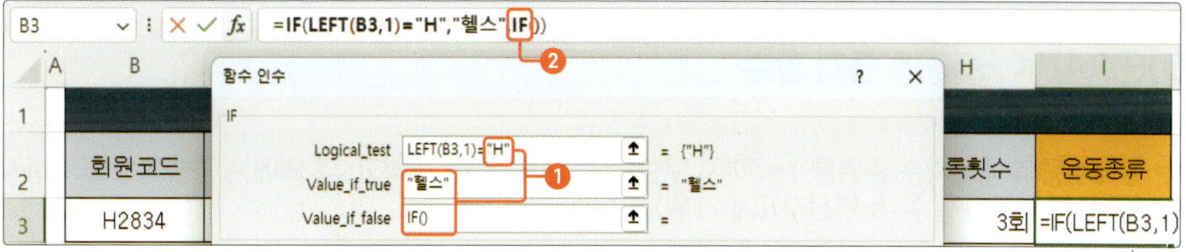

❹ 새로운 IF [함수 인수] 대화상자가 나타나면 ❶~❸ 작업을 반복하여 결과값을 추출합니다.

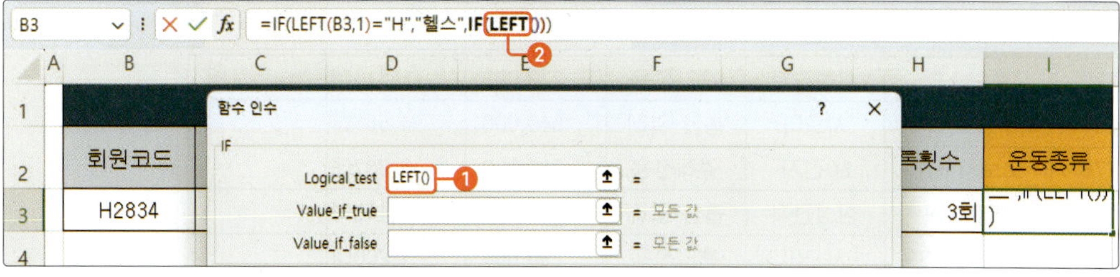

❸ IF [함수 인수] 대화상자가 나타나면 각각의 칸에 필요한 인수 값을 입력합니다.

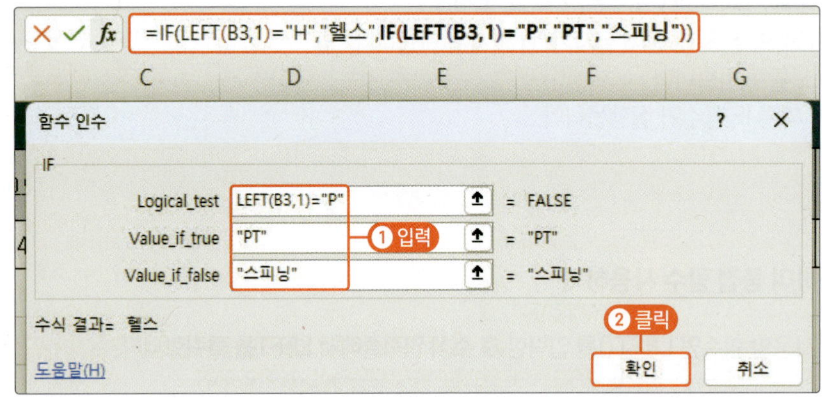

2차 함수 풀이 : IF(조건식,참값,거짓값) / LEFT(텍스트,추출할 문자수)
- LEFT(B3,1)="P" : 회원코드(H2834)의 왼쪽 첫 번째 글자가 'P'인지 판단합니다.
- "PT" : 조건이 참(P이면)이면 'PT'를 표시합니다.
- "스피닝" : 조건이 거짓(P가 아니면)이면 '스피닝'을 표시합니다.

❹ 함수식 정답 : =IF(LEFT(B3,1)="H","헬스",IF(LEFT(B3,1)="P","PT","스피닝"))

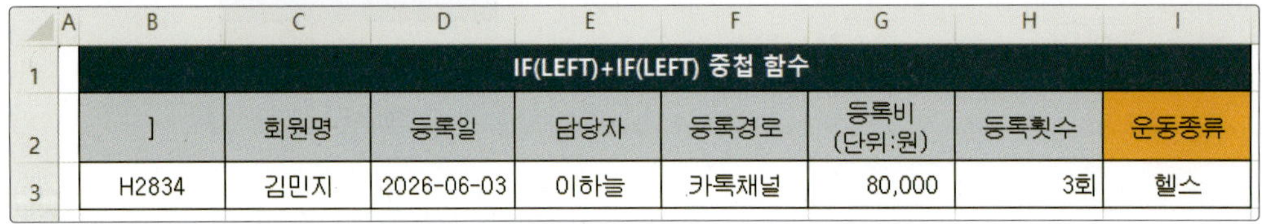

]	회원명	등록일	담당자	등록경로	등록비 (단위:원)	등록횟수	운동종류
H2834	김민지	2026-06-03	이하늘	카톡채널	80,000	3회	헬스

표 제목: IF(LEFT)+IF(LEFT) 중첩 함수

4 IF(RANK.EQ)⊕RANK.EQ⊕& 중첩 함수

[문제] 순위 ⇒ 판매수량의 내림차순 순위를 1~3까지 구한 결과값에 '위'를 붙이고, 그 외에는 공백으로 표시하시오 (IF, RANK.EQ 함수, & 연산자)(예 : 1위).

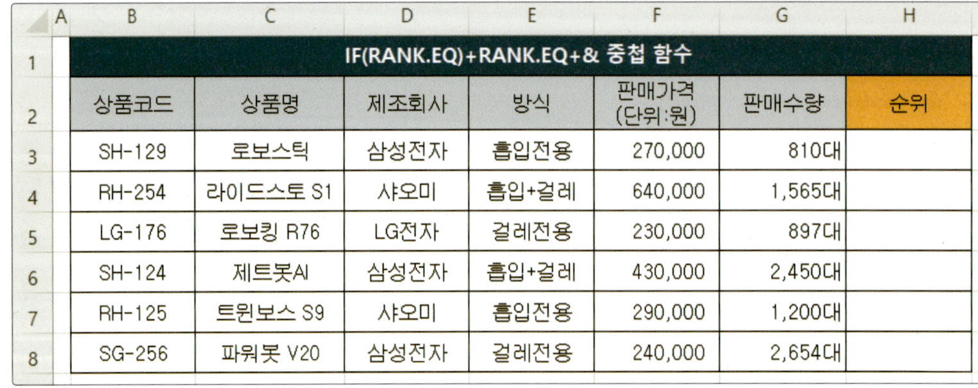

상품코드	상품명	제조회사	방식	판매가격 (단위:원)	판매수량	순위
SH-129	로보스틱	삼성전자	흡입전용	270,000	810대	
RH-254	라이드스토 S1	샤오미	흡입+걸레	640,000	1,565대	
LG-176	로보킹 R76	LG전자	걸레전용	230,000	897대	
SH-124	제트봇AI	삼성전자	흡입+걸레	430,000	2,450대	
RH-125	트윈보스 S9	샤오미	흡입전용	290,000	1,200대	
SG-256	파워봇 V20	삼성전자	걸레전용	240,000	2,654대	

표 제목: IF(RANK.EQ)+RANK.EQ+& 중첩 함수

❶ [H3] 셀을 클릭하여 =IF를 입력한 후 Ctrl+A를 누릅니다.

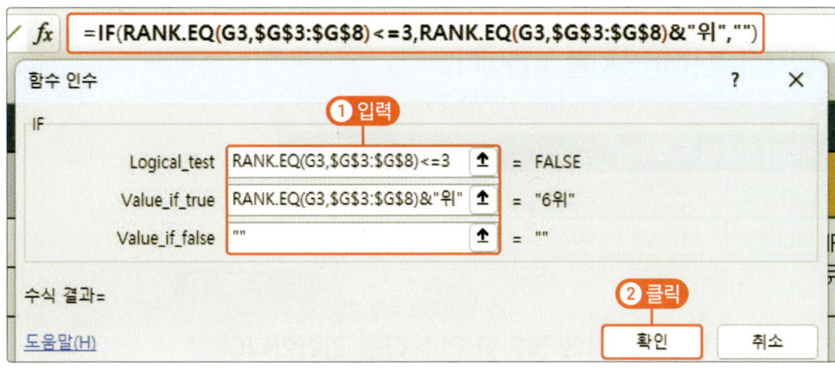

❷ IF [함수 인수] 대화상자가 나타나면 각각의 칸에 필요한 인수 값을 입력합니다.

✦ RANK.EQ 함수의 범위는 [G3:G8]을 드래그한 후 F4를 1번 눌러 '절대참조'로 지정해요.

fx =IF(RANK.EQ(G3,$G$3:$G$8)<=3,RANK.EQ(G3,$G$3:$G$8)&"위","")

함수 인수

IF

Logical_test	RANK.EQ(G3,$G$3:$G$8)<=3	↑	= FALSE
Value_if_true	RANK.EQ(G3,$G$3:$G$8)&"위"	↑	= "6위"
Value_if_false	""	↑	= ""

❶ 입력

수식 결과=

❷ 클릭 [확인] [취소]

도움말(H)

함수 풀이 : IF(조건식,참값,거짓값) / RANK.EQ(순위를 구하려는 수,범위,순위 결정 방법)

- RANK.EQ(G3,$G$3:$G$8)<=3 : 판매수량($G$3:$G$8) 열을 기준으로 '로보스틱'의 판매수량([G3])이 내림차순으로 몇 위인지 구한 후 해당 값이 3이하인지 확인합니다.
- RANK.EQ(G3,$G$3:$G$8)&"위" : 조건이 참(순위 값이 3이하)이면 RANK.EQ 함수로 순위를 구한 후 결과값 뒤에 문자 "위"를 붙여서 표시합니다.
- "" : 조건이 거짓(순위 값이 4이상)이면 공백("")을 표시합니다.

---

❸ 함수식 정답 : =IF(RANK.EQ(G3,$G$3:$G$8)<=3,RANK.EQ(G3,$G$3:$G$8)&"위","")

❹ [H3] 셀의 채우기 핸들(+)을 [H8] 셀까지 드래그하여 나머지 순위를 구합니다.

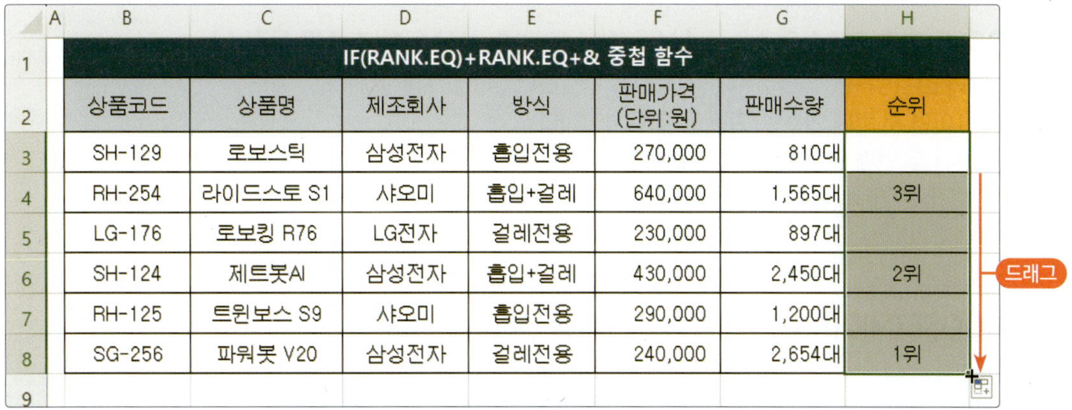

상품코드	상품명	제조회사	방식	판매가격 (단위:원)	판매수량	순위
SH-129	로보스틱	삼성전자	흡입전용	270,000	810대	
RH-254	라이드스토 S1	샤오미	흡입+걸레	640,000	1,565대	3위
LG-176	로보킹 R76	LG전자	걸레전용	230,000	897대	
SH-124	제트봇AI	삼성전자	흡입+걸레	430,000	2,450대	2위
RH-125	트윈보스 S9	샤오미	흡입전용	290,000	1,200대	
SG-256	파워봇 V20	삼성전자	걸레전용	240,000	2,654대	1위

5 CHOOSE(MID) 중첩 함수

> [문제] 연료 ⇒ 관리코드 2번째 글자가 1이면 '가솔린', 2이면 '디젤', 3이면 '하이브리드'로 구하시오(CHOOSE, MID함수).
>
> | | CHOOSE(MID) 중첩 함수 | | | | | | |
> |---|---|---|---|---|---|---|---|
> | 관리코드 | 제조사 | 구분 | 차종 | 주행거리 (km) | 연식 | 판매가 | 연료 |
> | S1-001 | 현대 | 승용차 | 아반떼X | 13,226 | 2020년 | 5,150,000원 | |

❶ [I3] 셀을 클릭하여 =CHOOSE를 입력한 후 Ctrl + A 를 누릅니다.

	CHOOSE(MID) 중첩 함수						
관리코드	제조사	구분	차종	주행거리 (km)	연식	판매가	연료
S1-001	현대	승용차	아반떼X	13,226	2020년	5,150,000원	=CHOOSE

입력 후 Ctrl + A

❷ CHOOSE [함수 인수] 대화상자가 나타나면 각각의 칸에 필요한 인수 값을 입력합니다.

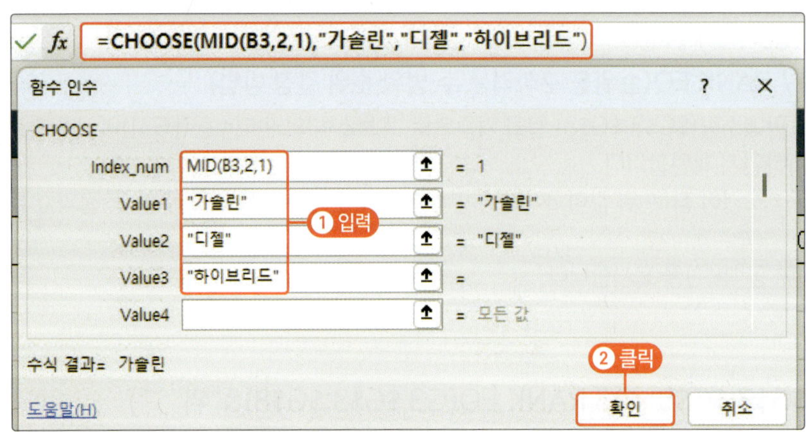

> **함수 풀이 : CHOOSE(번호,인수1,인수2...) / MID(텍스트,추출 시작 위치,추출할 문자수)**
> - MID(B3,2,1) : 관리코드(S1-001)의 2번째 글자(1)를 추출하여 번호로 사용합니다.
> - "가솔린" : 번호가 1이면 첫 번째 인수인 '가솔린'을 표시합니다.
> - "디젤" : 번호가 2이면 두 번째 인수인 '디젤'을 표시합니다.
> - "하이브리드" : 번호가 3이면 세 번째 인수인 '하이브리드'를 표시합니다.

❸ 함수식 정답 : =CHOOSE(MID(B3,2,1),"가솔린","디젤","하이브리드")

	CHOOSE(MID) 중첩 함수						
관리코드	제조사	구분	차종	주행거리 (km)	연식	판매가	연료
S1-001	현대	승용차	아반떼X	13,226	2020년	5,150,000원	가솔린

6 CHOOSE(RIGHT) 중첩 함수

[문제] 제조방식 ⇒ 제품코드의 마지막 숫자가 1이면 '직접', 2이면 'OEM', 3이면 '제휴'로 표시하시오(CHOOSE, RIGHT 함수).

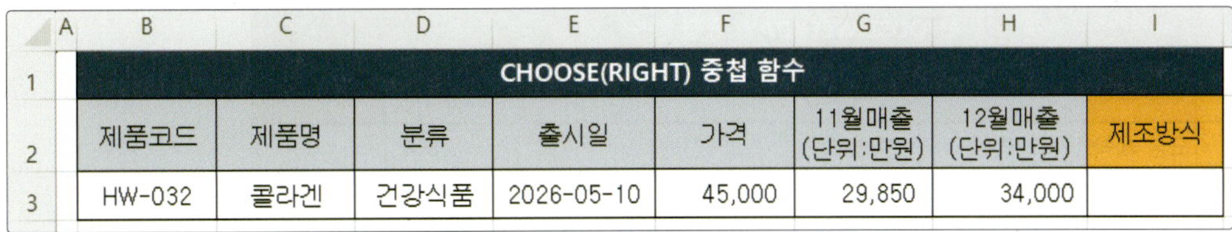

❶ [I3] 셀을 클릭하여 =CHOOSE를 입력한 후 Ctrl + A 를 누릅니다.

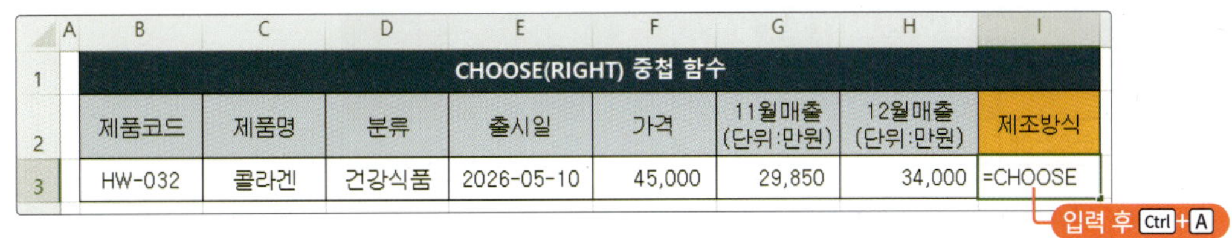

❷ CHOOSE [함수 인수] 대화상자가 나타나면 각각의 칸에 필요한 인수 값을 입력합니다.

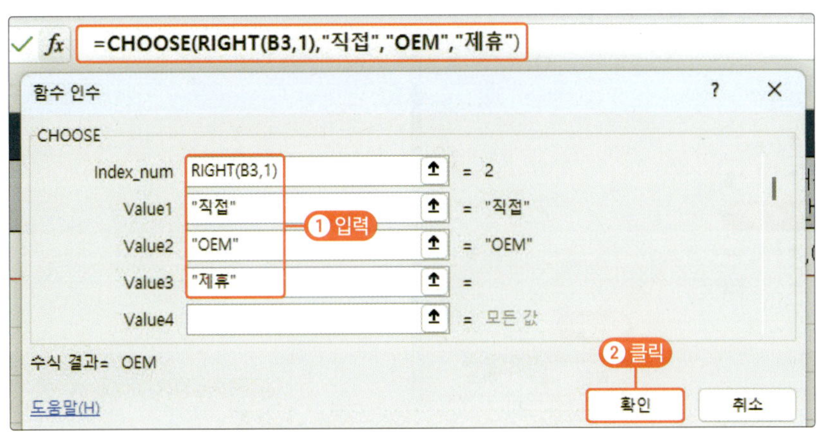

함수 풀이 : CHOOSE(번호,인수1,인수2...) / RIGHT(텍스트,추출할 문자수)

- RIGHT(B3,1) : 제품코드(HW-032)의 오른쪽 1번째 글자(2)를 추출하여 번호로 사용합니다.
- "직접" : 번호가 1이면 첫 번째 인수인 '직접'을 표시합니다.
- "OEM" : 번호가 2이면 두 번째 인수인 'OEM'을 표시합니다.
- "제휴" : 번호가 3이면 세 번째 인수인 '제휴'를 표시합니다.

❸ 함수식 정답 : =CHOOSE(RIGHT(B3,1),"직접","OEM","제휴")

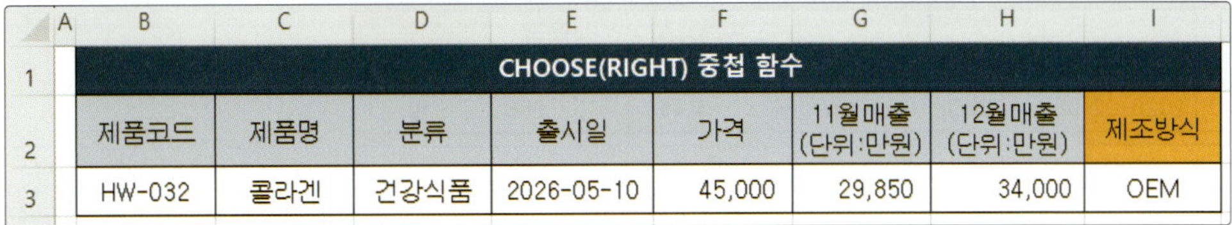

7 CHOOSE(WEEKDAY) 중첩 함수

[문제] 방송요일 ⇒ 방송일에 대한 요일을 구하시오(CHOOSE, WEEKDAY 함수)(예 : 월).

	상품코드	상품명	방송일	분류	판매가격	판매수량 (단위:대)	상품평 (단위:건)	방송요일
				CHOOSE(WEEKDAY) 중첩 함수				
3	W2113	드럼 세탁기	2026-02-08	세탁기	1,298천원	4,456	356	

❶ [I3] 셀을 클릭하여 =CHOOSE를 입력한 후 Ctrl + A 를 누릅니다.

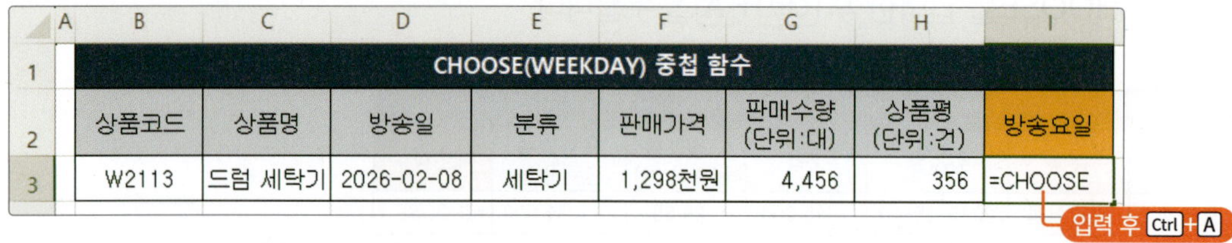

❷ CHOOSE [함수 인수] 대화상자가 나타나면 각각의 칸에 필요한 인수 값을 입력합니다.

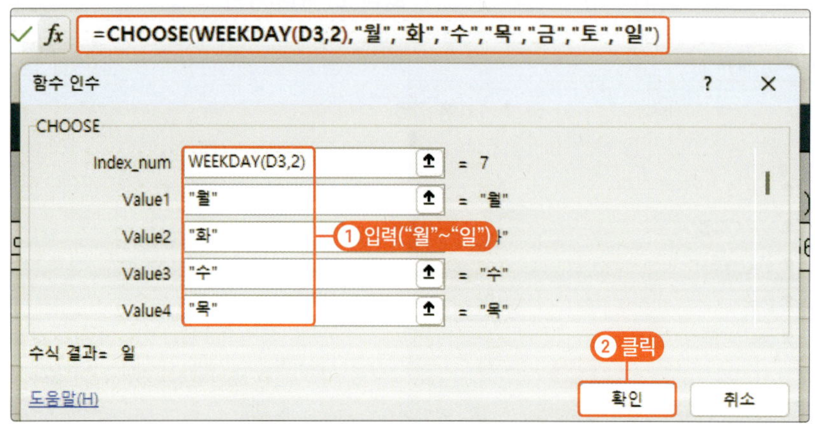

> **함수 풀이 : CHOOSE(번호,인수1,인수2...) / WEEKDAY(날짜,날짜 유형)**
> - WEEKDAY(D3,2) : 방송일(2026-02-08)을 기준으로 날짜 유형(2)에 맞는 요일별 번호(1~7)를 추출하여 번호로 사용합니다.
> - "월", "화", "수", "목", "금", "토", "일" : 날짜별 유형 번호(1~7)에 맞추어 해당 요일(월~일)을 표시합니다.

❸ 함수식 정답 : =CHOOSE(WEEKDAY(D3,2),"월","화","수","목","금","토","일")

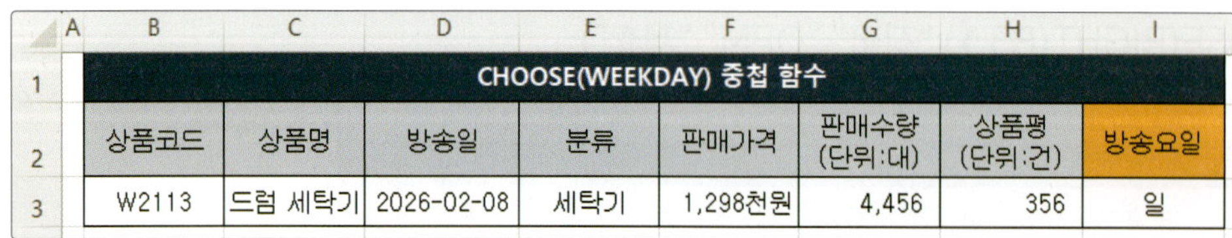

8 ROUND(DAVERAGE) 중첩 함수

[문제] 분류가 3인승인 제품의 판매수량 평균 ⇒ 반올림하여 정수로 구하시오. 단, 조건은 입력데이터를 이용하시오 (ROUND, DAVERAGE 함수)(예 : 451.6 → 452).

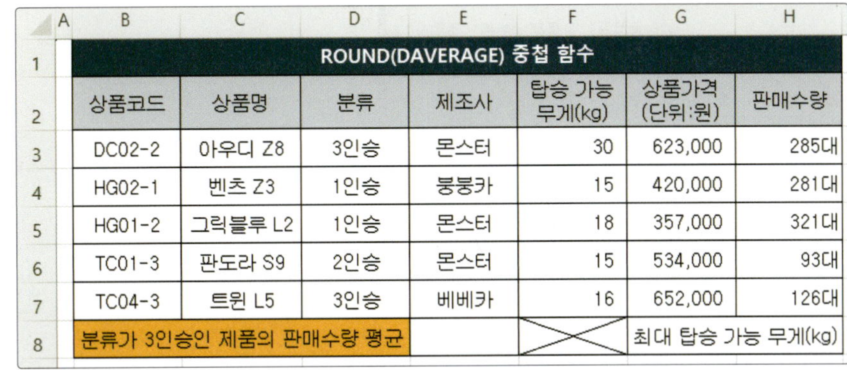

❶ [E8] 셀을 클릭하여 =ROUND를 입력한 후 Ctrl+A를 누릅니다.

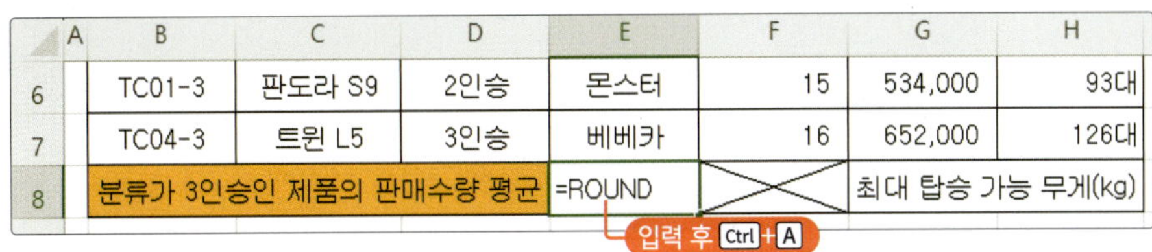

❷ ROUND [함수 인수] 대화상자가 나타나면 각각의 칸에 필요한 인수 값을 입력한 후 수식 입력줄에서 DAVERAGE를 클릭합니다.

★ 함수 마법사에서 중첩된 함수를 활성화하려면 수식 입력줄에서 해당 함수의 이름을 클릭해야 해요.

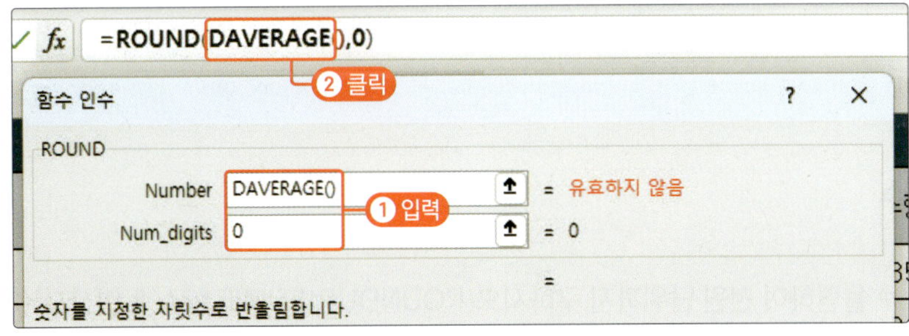

1차 함수 풀이 : ROUND(인수,반올림 자릿수)
- DAVERAGE() : DAVERAGE 함수로 계산한 결과값을 반올림할 숫자(인수)로 가져오기 위해 'DAVERAGE()'를 입력합니다.
- 0 : DAVERAGE 함수의 결과값을 반올림하여 정수로 표시해야 하기 때문에 자릿수 값을 '0'으로 입력합니다.

❸ DAVERAGE [함수 인수] 대화상자가 나타나면 각각의 칸에 필요한 인수 값을 입력합니다.

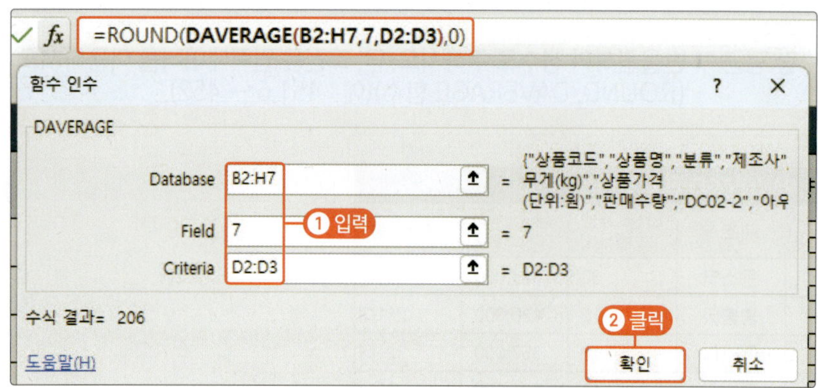

> **2차 함수 풀이 : DAVERAGE(데이터베이스,필드,조건 범위)**
> - B2:H7 : 찾을 데이터(3인승)가 포함된 '데이터베이스(범위)'를 지정합니다.
> - 7 : 조건이 일치하는 값(3인승)에 대한 판매수량의 평균을 계산하기 위해 해당 '열의 위치(7 또는 [H2])'를 지정합니다.
> - D2:D3 : 데이터베이스(범위)에서 찾을 '조건(분류가 3인승)'을 지정합니다.

❹ 함수식 정답 : =ROUND(DAVERAGE(B2:H7,7,D2:D3),0)

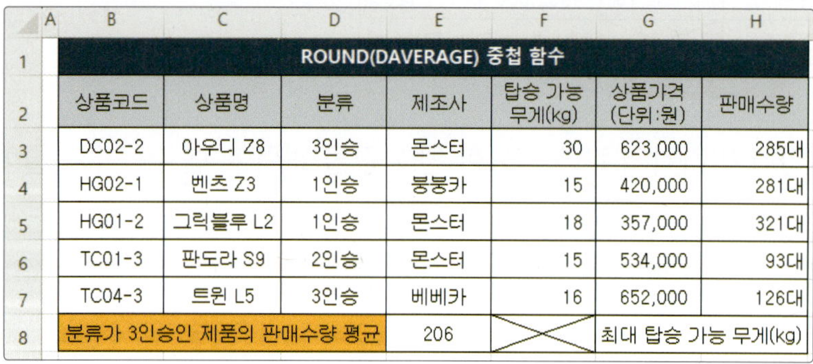

상품코드	상품명	분류	제조사	탑승 가능 무게(kg)	상품가격 (단위:원)	판매수량

		ROUND(DAVERAGE) 중첩 함수				
상품코드	상품명	분류	제조사	탑승 가능 무게(kg)	상품가격 (단위:원)	판매수량
DC02-2	아우디 Z8	3인승	몬스터	30	623,000	285대
HG02-1	벤츠 Z3	1인승	붕붕카	15	420,000	281대
HG01-2	그릭블루 L2	1인승	몬스터	18	357,000	321대
TC01-3	판도라 S9	2인승	몬스터	15	534,000	93대
TC04-3	트윈 L5	3인승	베베카	16	652,000	126대
분류가 3인승인 제품의 판매수량 평균			206		최대 탑승 가능 무게(kg)	

❾ ROUNDUP(SUMIF)⊕& 중첩 함수

[문제] 김치 판매금액(단위:원)의 합계 ⇒ 올림하여 천원 단위까지 구하시오(ROUNDUP, SUMIF 함수,& 연산자)(예 : 1,723,400 → 1,724,000).

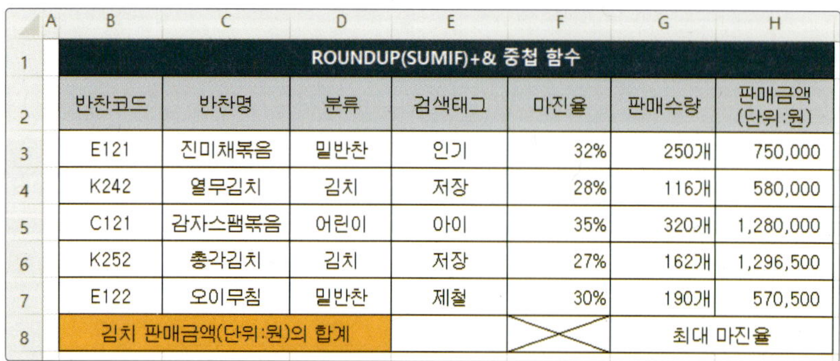

		ROUNDUP(SUMIF)+& 중첩 함수				
반찬코드	반찬명	분류	검색태그	마진율	판매수량	판매금액 (단위:원)
E121	진미채볶음	밑반찬	인기	32%	250개	750,000
K242	열무김치	김치	저장	28%	116개	580,000
C121	감자스팸볶음	어린이	아이	35%	320개	1,280,000
K252	총각김치	김치	저장	27%	162개	1,296,500
E122	오이무침	밑반찬	제철	30%	190개	570,500
김치 판매금액(단위:원)의 합계					최대 마진율	

❶ [E8] 셀을 클릭하여 =ROUNDUP을 입력한 후 [Ctrl]+[A]를 누릅니다.

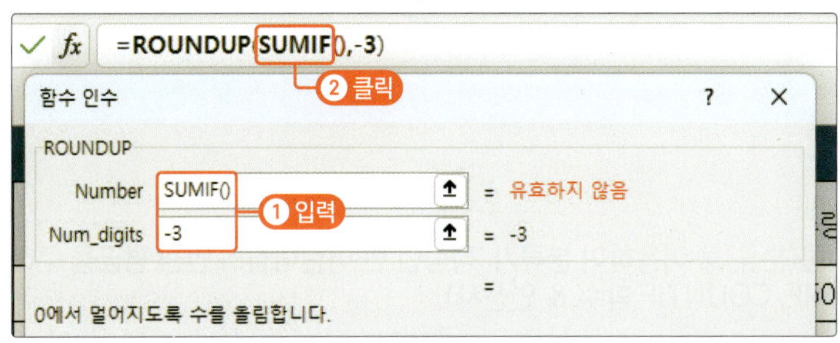

	A	B	C	D	E	F	G	H
6		K252	총각김치	김치	저장	27%	162개	1,296,500
7		E122	오이무침	밑반찬	제철	30%	190개	570,500
8			김치 판매금액(단위:원)의 합계		=ROUNDUP			최대 마진율

❷ ROUNDUP [함수 인수] 대화상자가 나타나면 각각의 칸에 필요한 인수 값을 입력한 후 수식 입력줄에서 SUMIF를 클릭합니다.

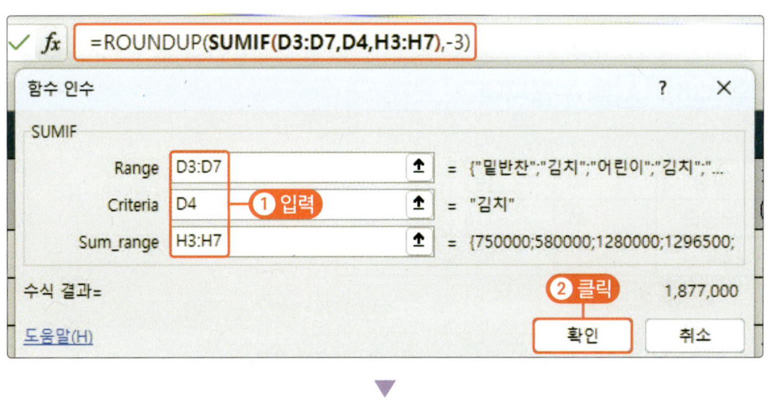

1차 함수 풀이 : ROUNDUP(인수,올림 자릿수)

- SUMIF() : SUMIF 함수로 계산한 결과값을 올림할 숫자(인수)로 가져오기 위해 'SUMIF()'를 입력합니다.
- −3 : SUMIF 함수의 결과값을 올림하여 천원 단위까지 표시해야 하므로 자릿수 값을 '−3'으로 입력합니다.

---

❸ SUMIF [함수 인수] 대화상자가 나타나면 각각의 칸에 필요한 인수 값을 입력한 후 수식 입력줄 맨 끝에 &"원"을 입력합니다.

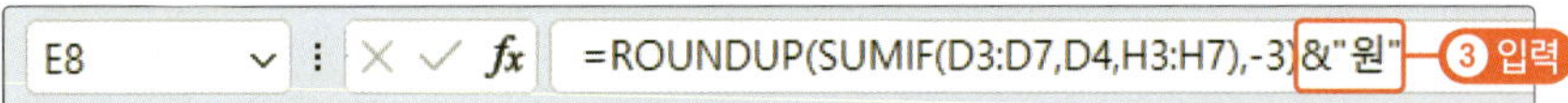

2차 함수 풀이 : SUMIF(조건 범위,조건,합계를 구할 범위)

- D3:D7 : 찾을 데이터(김치)가 포함된 '분류'를 범위로 지정합니다.
- D4 : 찾을 '조건("김치" 또는 [D4])'을 지정합니다.
- H3:H7 : 조건(김치)이 일치하는 값에 대한 판매금액(단위:원)의 합계를 계산하기 위해 범위를 지정합니다.
- ★ 텍스트 연결(& "원")은 함수 마법사 대화상자를 닫은 후 수식 입력줄 맨 뒤에 직접 입력합니다.

❹ 함수식 정답 : =ROUNDUP(SUMIF(D3:D7,D4,H3:H7),−3)&"원"

	ROUNDUP(SUMIF)+& 중첩 함수					
반찬코드	반찬명	분류	검색태그	마진율	판매수량	판매금액 (단위:원)
E121	진미채볶음	밑반찬	인기	32%	250개	750,000
K242	열무김치	김치	저장	28%	116개	580,000
C121	감자스팸볶음	어린이	아이	35%	320개	1,280,000
K252	총각김치	김치	저장	27%	162개	1,296,500
E122	오이무침	밑반찬	제철	30%	190개	570,500
김치 판매금액(단위:원)의 합계			1877000원	✕	최대 마진율	

10 SUMIF⊕COUNTIF⊕& 중첩 함수

[문제] 직장 어린이집의 인원 평균 ⇒ 정의된 이름(분류)을 이용하여 분류가 '직장인'인 어린이집의 인원 평균을 구하시오(SUMIF, COUNTIF 함수,& 연산자).

	SUMIF+COUNTIF+& 중첩 함수					
분류코드	어린이집명	지역	분류	등록률(%)	정원 (단위:명)	인원
BB9002	아이꿈 어린이집	부산	가정	72	25	20명
SA1003	서울숲속 어린이집	서울	직장	98	123	121명
DN6007	아이터 어린이집	대구	국공립	97	138	134명
GA3014	영재 어린이집	강원	직장	96	145	139명
GB6015	간성 어린이집	강원	국공립	83	118	98명
직장 어린이집의 인원 평균			✕		가장 많은 인원	

❶ [E8] 셀을 클릭하여 =SUMIF를 입력한 후 Ctrl + A 를 누릅니다.

	B	C	D	E	F	G	H
6	GA3014	영재 어린이집	강원	직장	96	145	139명
7	GB6015	간성 어린이집	강원	국공립	83	118	98명
8	직장 어린이집의 인원 평균			=SUMIF	✕	가장 많은 인원	

입력 후 Ctrl + A

❷ SUMIF [함수 인수] 대화상자가 나타나면 각각의 칸에 필요한 인수 값을 입력합니다.

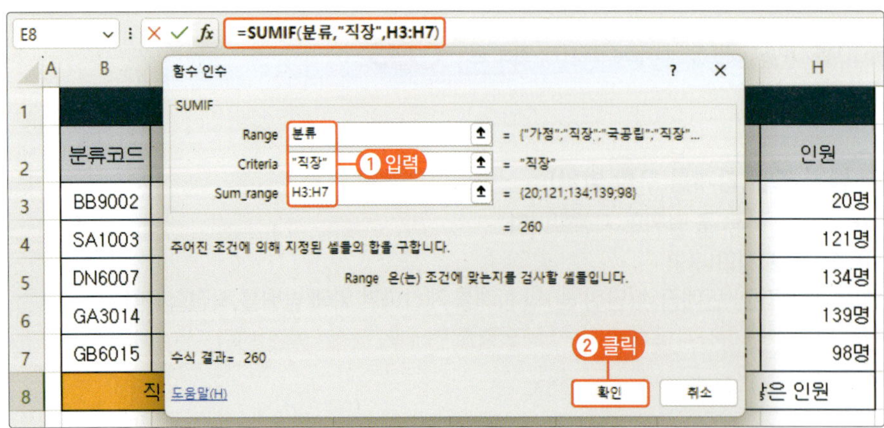

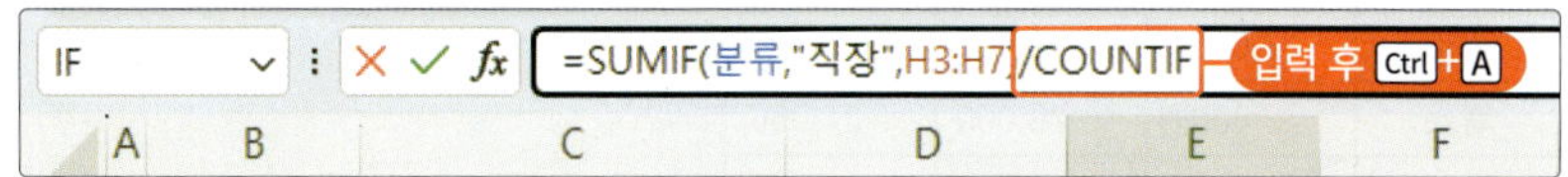

1차 함수 풀이 : =SUMIF(조건 범위,조건,합계를 구할 범위)

• 분류 : 찾을 데이터(직장)가 포함된 '분류(정의된 이름)'를 범위로 지정합니다.
• "직장" : 찾을 '조건("직장" 또는 [E4])'을 지정합니다.
• H3:H7 : 조건(직장)과 일치하는 값에 대한 '인원의 합계'를 계산하기 위해 범위를 지정합니다.

❸ SUMIF 함수 결과값을 '직장 개수'로 나누기 위해 수식 입력줄 맨 뒤를 클릭하여 /COUNTIF를 입력하고 Ctrl+A를 누릅니다.

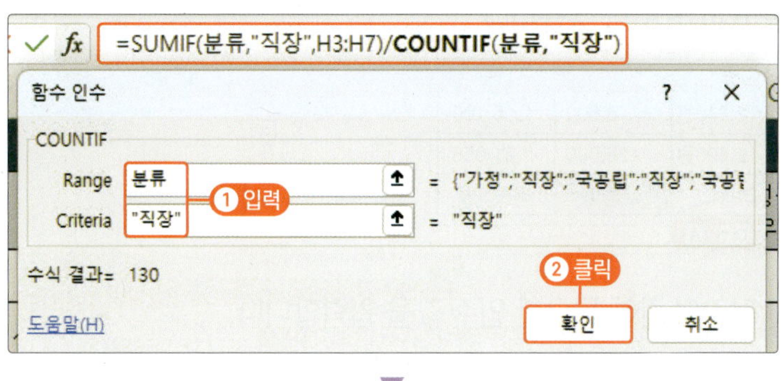

❹ COUNTIF [함수 인수] 대화상자가 나타나면 각각의 칸에 필요한 인수 값을 입력한 후 수식 입력줄 맨 끝에 &"명"을 입력합니다.

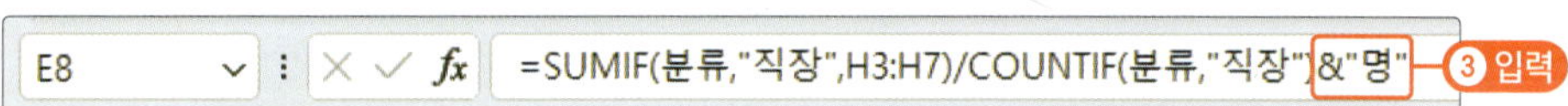

2차 함수 풀이 : COUNTIF(조건 범위,조건)

• "분류" : 찾을 데이터(직장)가 포함된 '분류(이름으로 정의 됨)'를 범위로 지정합니다.
• "직장" : 찾을 '조건("직장" 또는 [E4])'을 지정합니다.
★ 텍스트 연결(& "명")은 함수 마법사 대화상자를 닫은 후 수식 입력줄 맨 뒤에 직접 입력합니다.

❺ 함수식 정답 : =SUMIF(분류,"직장",H3:H7)/COUNTIF(분류,"직장")&"명"

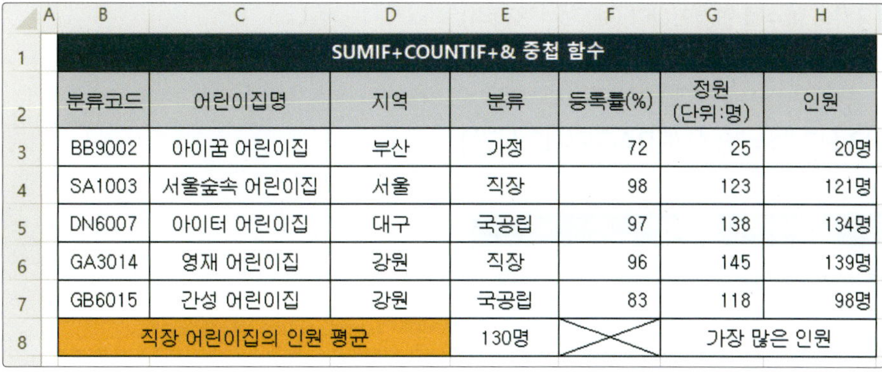

	SUMIF+COUNTIF+& 중첩 함수					
분류코드	어린이집명	지역	분류	등록률(%)	정원 (단위:명)	인원
BB9002	아이꿈 어린이집	부산	가정	72	25	20명
SA1003	서울숲속 어린이집	서울	직장	98	123	121명
DN6007	아이터 어린이집	대구	국공립	97	138	134명
GA3014	영재 어린이집	강원	직장	96	145	139명
GB6015	간성 어린이집	강원	국공립	83	118	98명
직장 어린이집의 인원 평균			130명		가장 많은 인원	

11 COUNTIF⊕">="⊕&⊕AVERAGE 중첩 함수

[문제] 판매량이 평균 이상인 상품 수 ⇒ (COUNTIF, AVERAGE 함수).

상품코드	상품명	판매개시일	카테고리	가격	입고량 (단위:EA)	판매량
			COUNTIF+">="+&+AVERAGE 중첩 함수			
VE-A01	버섯9종	2026-09-02	채소	1,900원	25,000	19,648
FS-Y23	생연어	2026-11-15	수산	14,500원	6,500	5,350
FU-S02	냉동 산딸기	2026-12-05	과일	8,500원	28,000	13,420
FU-A15	아보카도	2026-04-26	과일	2,640원	8,500	5,100
VE-H26	햇양파	2026-07-30	채소	2,600원	26,000	21,056
판매량이 평균 이상인 상품 수					상품명	버섯9종

❶ [E8] 셀을 클릭하여 =COUNTIF를 입력한 후 Ctrl + A 를 누릅니다.

	B	C	D	E	F	G	H
6	FU-A15	아보카도	2026-04-26	과일	2,640원	8,500	5,100
7	VE-H26	햇양파	2026-07-30	채소	2,600원	26,000	21,056
8	판매량이 평균 이상인 상품 수			=COUNTIF		상품명	버섯9종

입력 후 Ctrl + A

❷ COUNTIF [함수 인수] 대화상자가 나타나면 각각의 칸에 필요한 인수 값을 입력합니다.

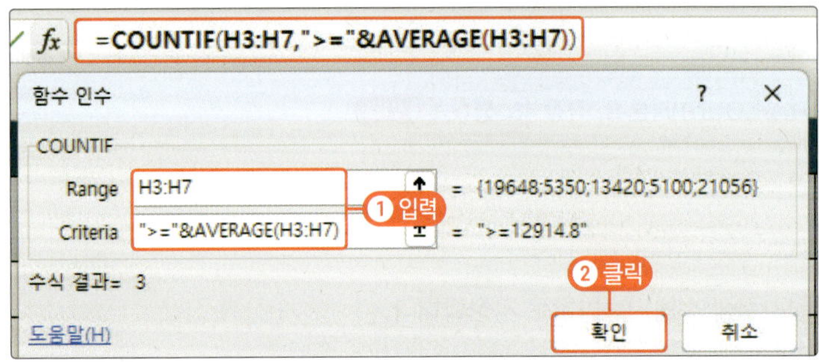

함수 풀이 : COUNTIF(조건 범위,조건) / =AVERAGE(인수1,인수2...)
- H3:H7 : 찾을 데이터가 포함된 '판매량'을 범위로 지정합니다.
- ">="&AVERAGE(H3:H7) : 판매량 중에서 평균 이상인 값을 조건으로 지정하기 위해 비교 연산자는 큰 따옴표로 묶어 주고(">="), '&' 연산자를 이용하여 함수를 연결합니다.(예: ">="&함수)

❸ 함수식 정답 : =COUNTIF(H3:H7,">="&AVERAGE(H3:H7))

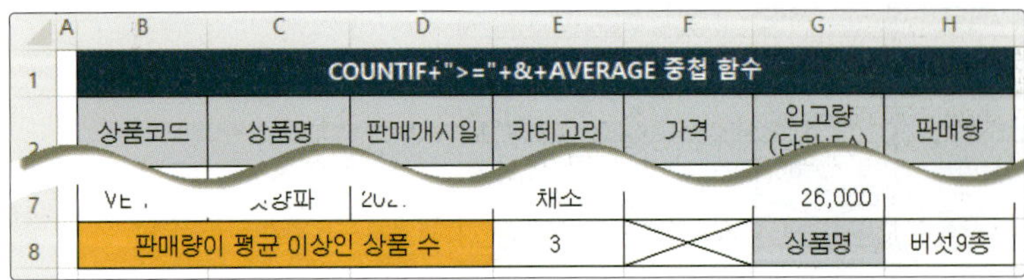

	A	B	C	D	E	F	G	H
1				COUNTIF+">="+&+AVERAGE 중첩 함수				
2		상품코드	상품명	판매개시일	카테고리	가격	입고량 (단위:EA)	판매량
7		VE-	햇양파	202	채소		26,000	
8		판매량이 평균 이상인 상품 수			3		상품명	버섯9종

할인요금 구하기

> (1) 할인요금 ➡ 「요금 - 할인금액」으로 구하시오. 단, 할인금액은 코드의 세 번째 글자가 1이면 '300', 2이면 '500', 3이면 '800'으로 계산하시오(CHOOSE, MID 함수).

1 04차시(문제).xlsx 파일을 불러와 [제1작업] 시트를 클릭합니다.

2 할인요금을 구하기 위해 [I5] 셀을 선택한 후 =CHOOSE(MID(B5,3,1),H5-300,H5-500,H5-800)를 입력합니다.

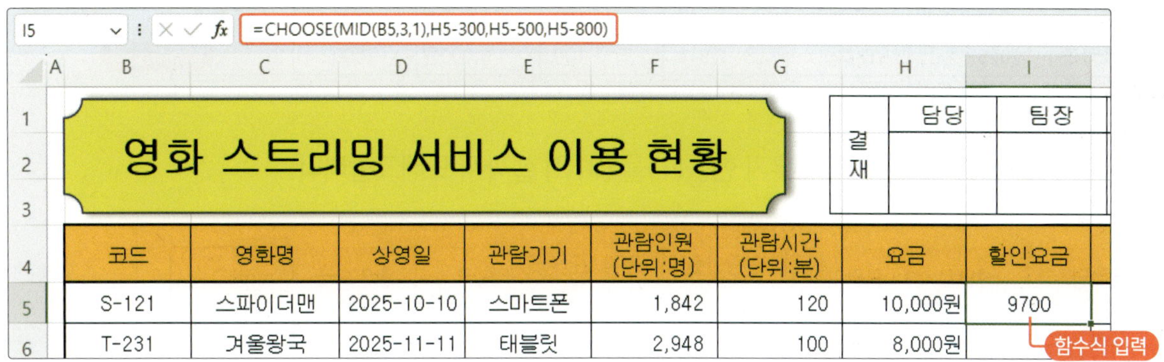

3 함수 결과값이 표시되면 [I5] 셀의 채우기 핸들(+)을 [I12] 셀까지 드래그합니다.

함수 마법사 [fx]

❶ 셀에 함수식을 바로 입력하기가 어렵다면 '함수 마법사'를 이용하여 값을 계산합니다.

❷ 함수 마법사 사용 방법이 익숙하지 않으면 P73 '08. 시험에 자주 출제되는 중첩 함수' 부분을 다시 학습하시기 바랍니다.

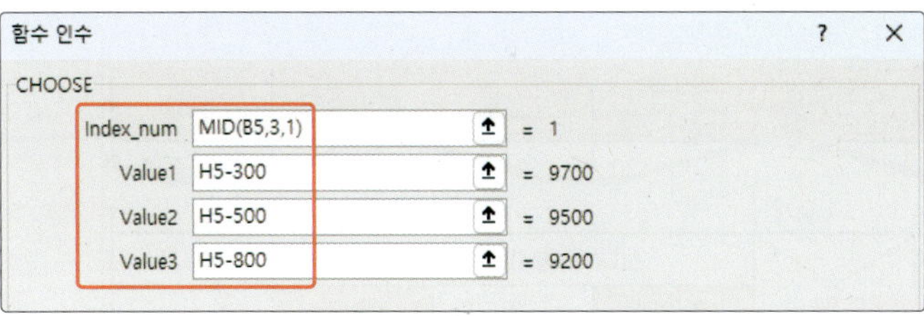

STEP 05 — 비고 구하기

(2) 비고 ➡ 관람인원(단위:명)이 2,000 이상이면 '상영연장', 그 외에는 '상영종영'으로 구하시오(IF 함수).

1 비고를 구하기 위해 [J5] 셀을 선택한 후 =IF(F5>=2000,"상영연장","상영종영")을 입력합니다.

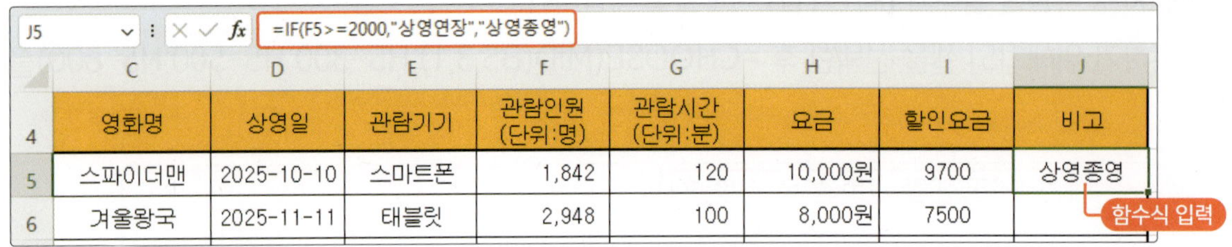

	영화명	상영일	관람기기	관람인원(단위:명)	관람시간(단위:분)	요금	할인요금	비고
5	스파이더맨	2025-10-10	스마트폰	1,842	120	10,000원	9700	상영종영
6	겨울왕국	2025-11-11	태블릿	2,948	100	8,000원	7500	

2 함수 결과값이 표시되면 [J5] 셀의 채우기 핸들(+)을 [J12] 셀까지 드래그합니다.

	영화명	상영일	관람기기	관람인원(단위:명)	관람시간(단위:분)	요금	할인요금	비고
5	스파이더맨	2025-10-10	스마트폰	1,842	120	10,000원	9700	상영종영
6	겨울왕국	2025-11-11	태블릿	2,948	100	8,000원	7500	상영연장
7	인셉션	2025-10-12	노트북	1,120	150	12,000원	11200	상영종영
8	기생충	2025-10-16	스마트폰	1,984	140	10,000원	9700	상영종영
9	타이타닉	2025-10-12	노트북	1,450	160	15,000원	14200	상영종영
10	노인과 바다	2025-10-15	태블릿	2,140	90	9,000원	8500	상영연장
11	미션 임파서블	2025-11-15	스마트폰	2,848	130	11,000원	10700	상영연장
12	조커	2025-10-12	태블릿	1,002	110	8,500원	8000	상영종영
13	12일 상영 영화 개수					최대 관람시간(단위:분)		

STEP 06 — 상영 영화 개수 및 스마트폰 관람인원 평균구하기

(3) 10월 12일 상영 영화 개수 ➡ (COUNTIF 함수).
(4) 스마트폰 관람인원(단위:명) 평균 ➡ 스마트폰으로 관람한 관람인원(단위:명) 평균을 구하시오(DAVERAGE 함수).

1 10월 12일 상영 영화 개수를 구하기 위해 [E13] 셀을 선택한 후 =COUNTIF(D5:D12,"2025-10-12")를 입력합니다.

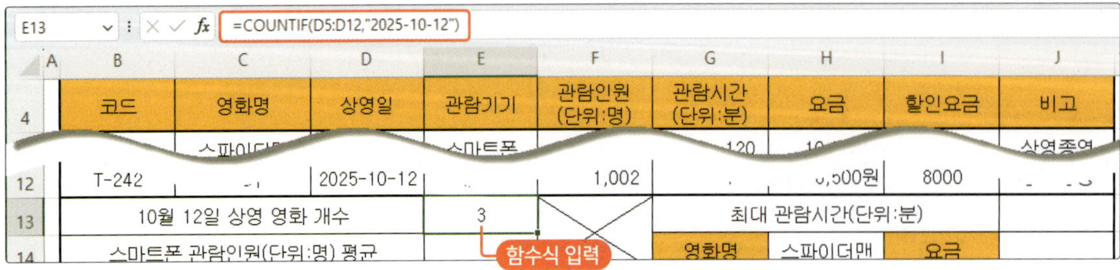

	코드	영화명	상영일	관람기기	관람인원(단위:명)	관람시간(단위:분)	요금	할인요금	비고
		스파이더맨		스마트폰		120			상영종영
12	T-242		2025-10-12		1,002		8,500원	8000	
13		10월 12일 상영 영화 개수		3			최대 관람시간(단위:분)		
14		스마트폰 관람인원(단위:명) 평균					영화명	스파이더맨	요금

2 스마트폰 관람인원의 평균을 구하기 위해 **[E14]** 셀을 선택한 후 =DAVERAGE(B4:H12,5,E4:E5)를 입력합니다.

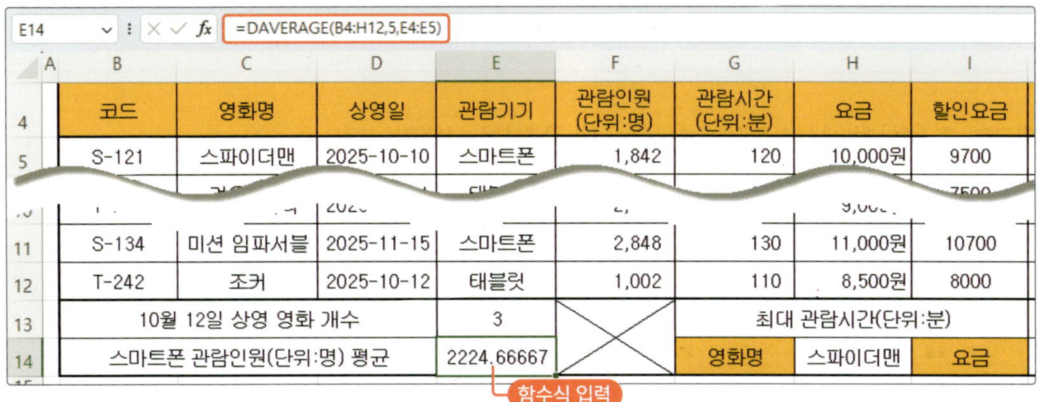

STEP 07 최대 관람시간 및 요금 구하기

(5) 최대 관람시간(단위:분) ➡ 정의된 이름(관람시간)을 이용하여 구하시오(MAX 함수).
(6) 요금 ➡ 「H14」 셀에서 선택한 영화명에 대한 요금을 구하시오(VLOOKUP 함수).

1 최대 관람시간을 구하기 위해 **[J13]** 셀을 선택한 후 =MAX(관람시간)을 입력합니다.

2 스파이더맨의 요금을 구하기 위해 **[J14]** 셀을 선택한 후 =VLOOKUP(H14,C5:H12,6,0)을 입력합니다.

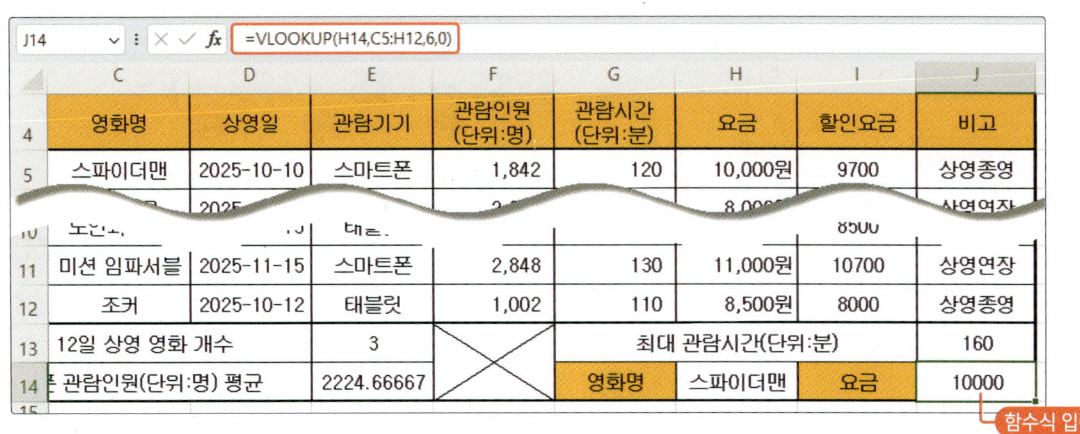

STEP 08 조건부 서식

(7) 조건부 서식의 수식을 이용하여 관람인원(단위:명)이 '2,000' 이상인 행 전체에 다음의 서식을 적용하시오(글꼴 : 파랑, 굵게).

1 [B5:J12]를 드래그한 후 [홈] 탭에서 [조건부 서식]–[새 규칙]을 선택합니다.

★ 조건부 서식에서 범위를 지정할 때는 4행(필드명)이 포함되지 않도록 주의해 주세요.

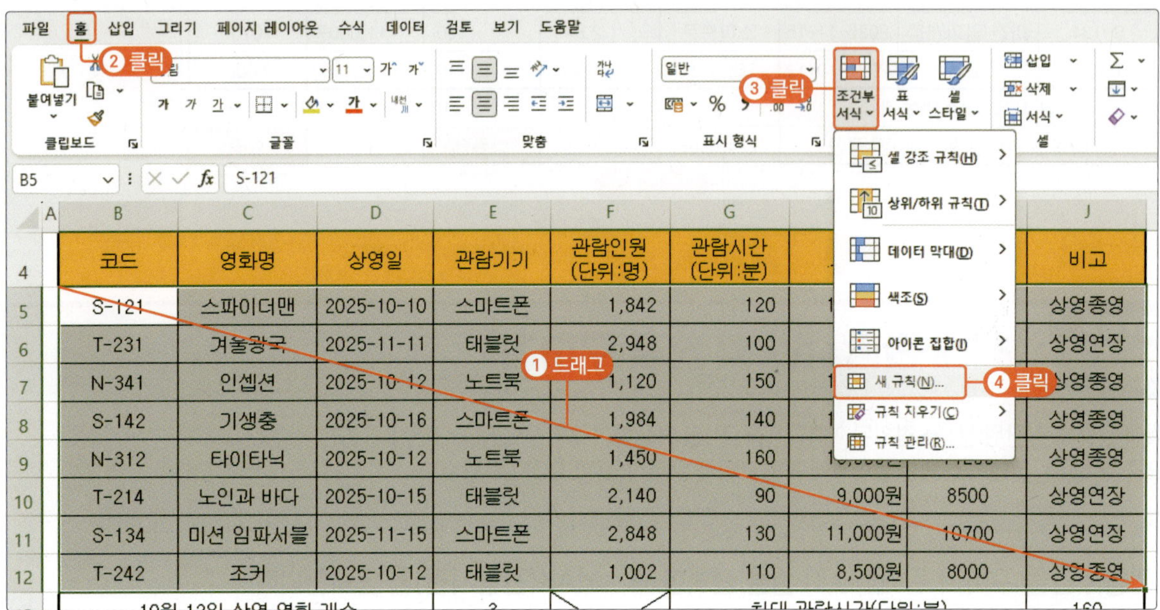

2 [새 서식 규칙] 대화상자에서 ▶수식을 사용하여 서식을 지정할 셀 결정을 선택하고, 수식 입력 칸에 =$F5
>=2000을 입력한 후 <서식>을 클릭합니다.

★ [B5:J12] 범위에서 '관람인원'이 2,000 이상인 행에만 지정한 서식을 적용해요.

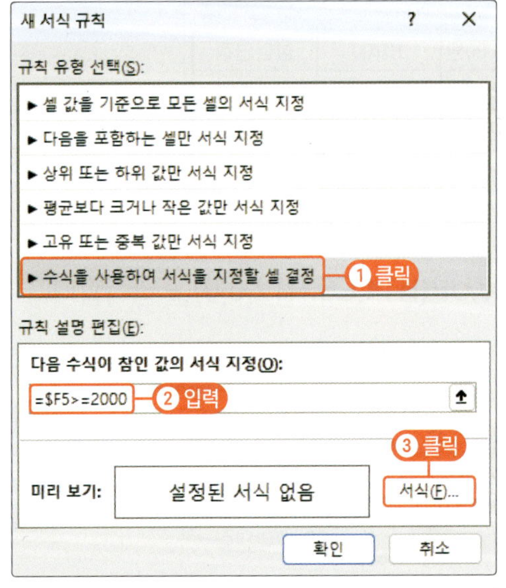

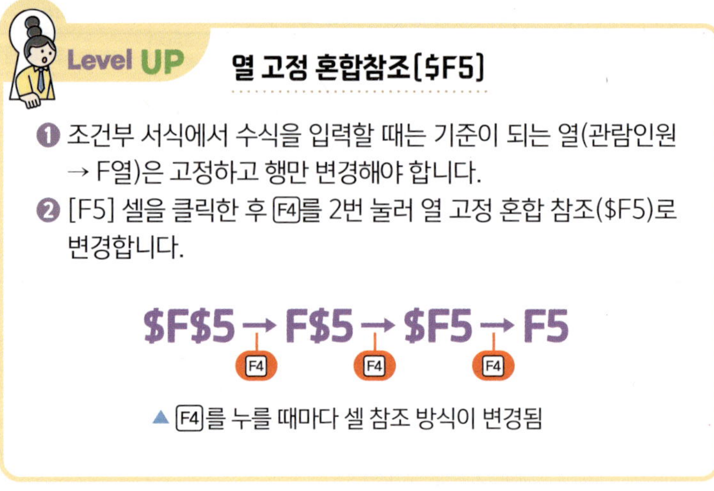

3 [셀 서식] 대화상자에서 [글꼴] 탭을 클릭하여 **글꼴 스타일(굵게)**과 **색(파랑)**을 지정합니다.

4 [새 서식 규칙] 대화상자의 미리 보기에서 지정한 서식을 확인한 후 <확인>을 클릭합니다.

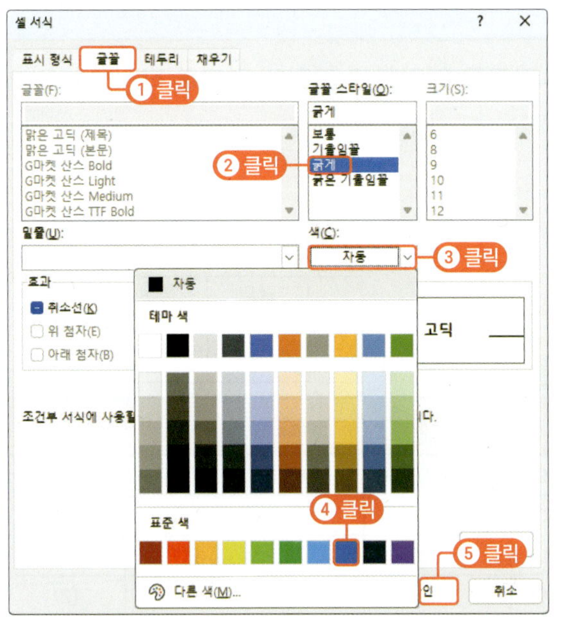

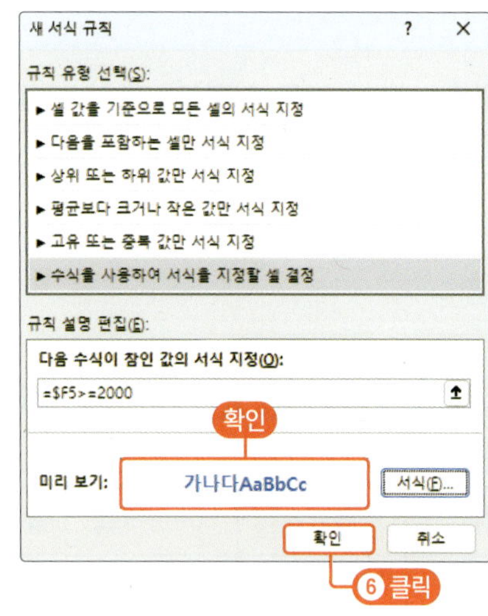

조건부 서식에서 글꼴 서식 지정은 '파랑'과 '굵게'가 고정적으로 출제되고 있습니다.

5 관람인원이 2,000 이상인 행에 글꼴 서식(파랑, 굵게)이 적용된 것을 확인한 후 [저장(🖫)]을 클릭하거나, Ctrl + S 를 눌러 답안 파일을 저장합니다.

코드	영화명	상영일	관람기기	관람인원 (단위:명)	관람시간 (단위:분)	요금	할인요금	비고
S-121	스파이더맨	2025-10-10	스마트폰	1,842	120	10,000원	9700	상영종영
T-231	겨울왕국	2025-11-11	태블릿	2,948	100	8,000원	7500	상영연장
N-341	인셉션	2025-10-12	노트북	1,120	150	12,000원	11200	상영종영
S-142	기생충	2025-10-16	스마트폰	1,984	140	10,000원	9700	상영종영
N-312	타이타닉	2025-10-12	노트북	1,450	160	15,000원	14200	상영종영
T-214	노인과 바다	2025-10-15	태블릿	2,140	90	9,000원	8500	상영연장
S-134	미션 임파서블	2025-11-15	스마트폰	2,848	130	11,000원	10700	상영연장
T-242	조커	2025-10-12	태블릿	1,002	110	8,500원	8000	상영종영
10월 12일 상영 영화 개수		3		최대 관람시간(단위:분)				160
스마트폰 관람인원(단위:명) 평균		2224.66667		영화명	스파이더맨	요금		10000

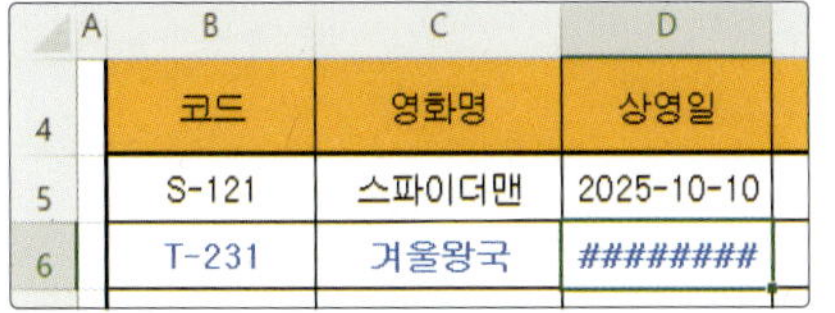

Level UP 셀 값이 #####으로 보일 때

셀 값이 ####으로 보이면 해당 열의 너비를 늘려주세요.

	A	B	C	D
4		코드	영화명	상영일
5		S-121	스파이더맨	2025-10-10
6		T-231	겨울왕국	########

▶

	A	B	C	D
4		코드	영화명	상영일
5		S-121	스파이더맨	2025-10-10
6		T-231	겨울왕국	2025-11-11

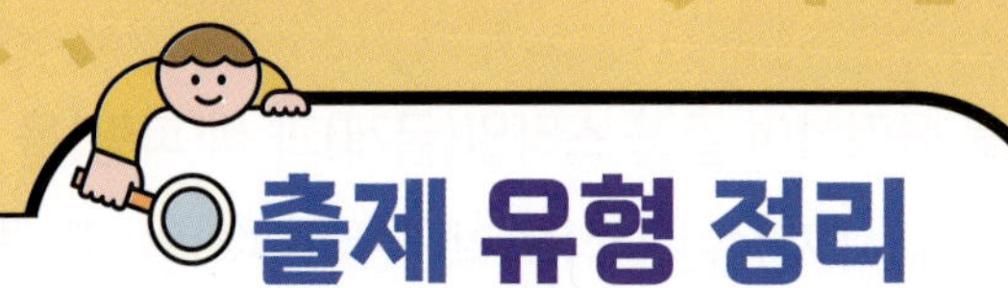

1 다음은 'AI 서비스 자사 이용 현황'에 대한 자료이다. 자료를 입력하고 조건에 맞도록 작업하시오.

☑ 실습파일 : 유형04-1(문제).xlsx   ☑ 완성파일 : 유형04-1(완성).xlsx

《출력형태》

서비스코드	서비스명	출시일	서비스유형	월간 처리량	연간 누적 사용자 수	만족도	이용방법	출시순위
NV-134	클로바X	2023-04-02	업무지원	1,800,000	170,848	85.2%	(1)	(2)
OA-274	챗GPT	2022-11-30	LLM생성	2,400,000	251,571	88.7%	(1)	(2)
DB-193	딥브레인AI	2023-02-28	기타	500,000	73,362	78.9%	(1)	(2)
AP-288	클로드	2023-03-14	기타	1,204,000	89,461	82.5%	(1)	(2)
MS-224	코파일럿	2023-02-07	업무지원	2,000,000	629,652	85.1%	(1)	(2)
GG-382	제미나이	2023-12-06	LLM생성	1,570,000	116,089	90.0%	(1)	(2)
GG-127	팜2	2023-05-10	업무지원	250,000	164,955	77.6%	(1)	(2)
MT-312	라마	2023-02-24	LLM생성	650,000	153,678	81.0%	(1)	(2)
업무지원 서비스 개수			(3)		최고 만족도			(5)
LLM생성 서비스 월간 처리량 평균			(4)		서비스코드	NV-134	연간 누적 사용자 수	(6)

확인: 담당 / 책임 / 팀장

《조건》

☞ (1)~(6) 셀은 반드시 주어진 함수를 이용하여 값을 구하시오(결과값을 직접 입력하면 해당 셀은 0점 처리됨).

(1) 이용방법 ⇒ 서비스코드의 네 번째 값이 1이면 '맞춤형', 2이면 '구독형', 3이면 '기타'로 표시하시오(CHOOSE, MID 함수).

(2) 출시순위 ⇒ 출시일의 오름차순 순위를 구하시오(RANK.EQ 함수).

(3) 업무지원 서비스 개수 ⇒ 결과값에 '개'를 붙이시오. 단, 조건은 입력데이터를 이용하시오 (DCOUNTA 함수, & 연산자)(예 : 1개).

(4) LLM생성 서비스 월간 처리량 평균 ⇒ (SUMIF, COUNTIF 함수).

(5) 최고 만족도 ⇒ 정의된 이름(만족도)을 이용하여 구하시오(MAX 함수)(예 : 85.2%).

(6) 연간 누적 사용자 수 ⇒ 「H14」 셀에서 선택한 서비스코드에 대한 연간 누적 사용자 수를 구하시오(VLOOKUP 함수).

(7) 조건부 서식의 수식을 이용하여 월간 처리량이 '1,500,000' 이상인 행 전체에 다음의 서식을 적용하시오 (글꼴 : 파랑, 굵게).

2 다음은 '2026년 헬스 등록회원 현황'에 대한 자료이다. 자료를 입력하고 조건에 맞도록 작업하시오.

⊘ **실습파일** : 유형04-2(문제).xlsx   ⊘ **완성파일** : 유형04-2(완성).xlsx

《출력형태》

회원코드	회원명	등록경로	등록일	나이	등록비 (단위:원)	등록횟수	운동 종류	등록월
		2026년 헬스 등록회원 현황				결재	담당 / 대리 / 팀장	
HP-832	유미행	전단지	2026-06-03	51	80,000	22	(1)	(2)
PH-517	강지우	지인소개	2026-05-14	48	140,000	19	(1)	(2)
HK-296	김현성	인터넷검색	2026-03-05	33	50,000	7	(1)	(2)
YF-626	주민재	전단지	2026-03-07	37	230,000	16	(1)	(2)
YK-725	나경훈	전단지	2026-04-25	21	160,000	5	(1)	(2)
HM-519	박정우	지인소개	2026-05-16	53	218,000	12	(1)	(2)
PA-248	박지산	인터넷검색	2026-05-26	26	308,000	3	(1)	(2)
PD-227	채수영	지인소개	2026-07-16	29	77,000	12	(1)	(2)
40세 이상 회원 수			(3)		전단지를 통해 등록한 회원의 등록횟수 평균			(5)
최대 등록비(단위:원)			(4)		회원코드	HP-832	등록일	(6)

《조건》

☞ (1)~(6) 셀은 반드시 주어진 함수를 이용하여 값을 구하시오(결과값을 직접 입력하면 해당 셀은 0점 처리됨).

(1) 운동 종류 ⇒ 회원코드의 첫 번째 값이 H이면 '헬스', P이면 '필라테스', 그 외에는 '요가'로 표시하시오(IF, LEFT 함수).

(2) 등록월 ⇒ 등록일의 월을 추출한 결과값에 '월'을 붙이시오(MONTH 함수, & 연산자)(예 : 1월).

(3) 40세 이상 회원 수 ⇒ 정의된 이름(나이)을 이용하여 구하시오(COUNTIF 함수).

(4) 최대 등록비(단위:원) ⇒ (MAX 함수).

(5) 전단지를 통해 등록한 회원의 등록횟수 평균 ⇒ 올림하여 정수로 구하시오. 단, 조건은 입력데이터를 이용하시오 (ROUNDUP, DAVERAGE 함수)(예: 12.36 → 13).

(6) 등록일 ⇒ 「H14」 셀에서 선택한 회원코드에 대한 등록일을 구하시오(VLOOKUP 함수)(예 : 2026-01-01).

(7) 조건부 서식의 수식을 이용하여 등록횟수가 '15' 이상인 행 전체에 다음의 서식을 적용하시오(글꼴 : 파랑, 굵게).

3 다음은 '반려견 유모차 판매 현황'에 대한 자료이다. 자료를 입력하고 조건에 맞도록 작업하시오.

⊘ 실습파일 : 유형04-3(문제).xlsx ⊘ 완성파일 : 유형04-3(완성).xlsx

《출력형태》

상품코드	상품명	제조사	탑승 가능 무게(kg)	상품가격 (단위:원)	판매수량	할인율	사은품	판매순위
				반려견 유모차 판매 현황		결재	담당 / 대리 / 지점장	
TC21-32	루루테일	콤펫	30	549,000	97	20%	(1)	(2)
HG22-13	리버블루	에어버기	15	1,290,000	241	10%	(1)	(2)
HG31-23	포레스트모스	에어버기	18	1,050,000	305	5%	(1)	(2)
DC32-22	인스타	이비야야	24	590,000	196	5%	(1)	(2)
TC44-31	미리클랜	콤펫	28	390,000	126	10%	(1)	(2)
DF23-11	미리미리	콤펫	15	490,000	68	20%	(1)	(2)
HW12-23	카카오	에어버기	17	1,190,000	125	5%	(1)	(2)
DE21-11	빅버디	이비야야	17	470,000	348	10%	(1)	(2)
이비야야 제조사 상품의 판매수량 평균			(3)		최소 탑승 가능 무게(kg)			(5)
콤펫 제조사 상품의 판매수량 합계			(4)		상품코드	TC21-32	판매수량	(6)

《조건》

☞ (1)~(6) 셀은 반드시 주어진 함수를 이용하여 값을 구하시오(결과값을 직접 입력하면 해당 셀은 0점 처리됨).

(1) 사은품 ⇒ 상품코드의 마지막 글자가 1이면 '샴푸브러쉬', 2이면 '패딩조끼', 3이면 '캐노피'로 구하시오(CHOOSE, RIGHT 함수).

(2) 판매순위 ⇒ 판매수량의 내림차순 순위를 구한 결과값에 '위'를 붙이시오(RANK.EQ 함수, & 연산자)(예 : 1위).

(3) 이비야야 제조사 상품의 판매수량 평균 ⇒ (SUMIF, COUNTIF 함수).

(4) 콤펫 제조사 상품의 판매수량 합계 ⇒ 조건은 입력데이터를 이용하시오(DSUM 함수).

(5) 최소 탑승 가능 무게(kg) ⇒ 정의된 이름(무게)을 이용하여 구하시오(MIN 함수).

(6) 판매수량 ⇒ 「H14」 셀에서 선택한 상품코드에 대한 판매수량을 구하시오(VLOOKUP 함수).

(7) 조건부 서식의 수식을 이용하여 상품가격(단위:원)이 '1,000,000' 이상인 행 전체에 다음의 서식을 적용하시오 (글꼴 : 파랑, 굵게).

 **4** 다음은 '헬스푸드 가맹점 관리현황'에 대한 자료이다. 자료를 입력하고 조건에 맞도록 작업하시오.

⊘ 실습파일 : 유형04-4(문제).xlsx ⊘ 완성파일 : 유형04-4(완성).xlsx

《출력형태》

가맹코드	가맹점명	지역	개점일	최고월매출 (단위:원)	최고일매출 (단위:원)	직원수	순위	평가
S-001	사당방배점	서울	2025-01-20	61,500,000	3,370,000	5명	(1)	(2)
K-001	수지점	경기	2024-11-10	57,600,000	2,800,000	4명	(1)	(2)
D-001	서구계백점	대전	2025-06-20	63,500,000	3,050,000	7명	(1)	(2)
S-002	상봉점	서울	2026-01-20	71,850,000	3,900,000	8명	(1)	(2)
S-003	왕십리점	서울	2025-12-10	55,700,000	2,700,000	4명	(1)	(2)
K-002	수원인계점	경기	2025-05-20	77,500,000	4,050,000	7명	(1)	(2)
K-003	안양평촌점	경기	2026-02-10	58,850,000	2,900,000	5명	(1)	(2)
D-002	유성점	대전	2024-12-10	60,500,000	2,800,000	3명	(1)	(2)
경기 지역 가맹점수			(3)		최대 최고월매출(단위:원)			(5)
서울 지역 최고월매출(단위:원) 평균			(4)		가맹점명	사당방배점	개점일	(6)

결재 / 담당 / 과장 / 부장

《조건》

☞ (1)~(6) 셀은 반드시 주어진 함수를 이용하여 값을 구하시오(결과값을 직접 입력하면 해당 셀은 0점 처리됨).

(1) 순위 ⇒ 최고일매출(단위:원)의 내림차순 순위를 구한 결과값에 '위'를 붙이시오(RANK.EQ 함수, & 연산자)(예 : 1위).

(2) 평가 ⇒ 최고월매출(단위:원)이 60,000,000 이상이면서, 직원수가 5 이상이면 'A', 그 외에는 'B'로 구하시오(IF, AND 함수).

(3) 경기 지역 가맹점수 ⇒ (COUNTIF 함수).

(4) 서울 지역 최고월매출(단위:원) 평균 ⇒ 반올림하여 백만 원 단위로 구하시오. 단, 조건은 입력데이터를 이용하시오 (ROUND, DAVERAGE 함수)(예 : 24,657,230 → 25,000,000).

(5) 최대 최고월매출(단위:원) ⇒ 정의된 이름(최고월매출)을 이용하여 구하시오(MAX 함수).

(6) 개점일 ⇒ 「H14」 셀에서 선택한 가맹점명에 대한 개점일을 구하시오(VLOOKUP 함수)(예 : 2025-01-01).

(7) 조건부 서식의 수식을 이용하여 최고일매출이 '3,300,000' 이상인 행 전체에 다음의 서식을 적용하시오 (글꼴 : 파랑, 굵게).

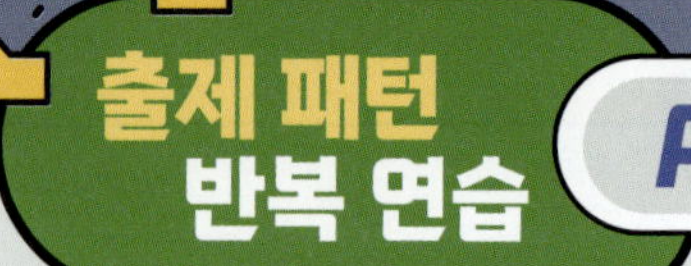

A 조건에 맞추어 각 시트의 함수를 계산해 보세요.

⊘ 실습파일 : 패턴04-1(문제).xlsx   ⊘ 완성파일 : 패턴04-1(완성).xlsx

패턴 01 SUMIF

❶ 결과가 합격인 사람들의 총점 합계를 구하시오.

	이름	필기	실기	총점	결과
1	이름	필기	실기	총점	결과
2	윤다온	85	75	160	합격
3	한가람	70	75	145	불합격
4	신별하	80	90	170	합격
5	결과가 합격인 사람들의 총점 합계				

패턴 02 ROUND, ROUNDDOWN, ROUNDUP

❶ 데이터를 반올림하여 정수로 구하시오. ❷ 데이터를 내림하여 소수 첫째자리까지 구하시오. ❸ 데이터를 올림하여 소수 둘째자리까지 구하시오.

	데이터	
1	데이터	
2	1234.178	
3	반올림하여 정수로 표시	
4	내림하여 소수 첫째자리까지 표시	
5	올림하여 소수 둘째자리까지 표시	

패턴 03 RANK.EQ

❶ 총점을 이용하여 내림차순으로 순위를 구하시오.

	이름	필기	실기	총점	순위
1	이름	필기	실기	총점	순위
2	윤다온	85	75	160	
3	한가람	70	75	145	
4	신별하	80	90	170	

패턴 04 MAX, MIN

❶ 가장 높은 총점을 구하시오. ❷ 가장 낮은 총점을 구하시오.

	이름	필기	실기	총점
1	이름	필기	실기	총점
2	윤다온	85	75	160
3	한가람	70	75	145
4	신별하	80	90	170
5	가장 높은 총점		가장 낮은 총점	

패턴 05 COUNTIF

❶ 총점이 160점 이상인 학생수를 구하시오.

	이름	필기	실기	총점
1	이름	필기	실기	총점
2	윤다온	85	75	160
3	한가람	70	75	145
4	신별하	80	90	170
5	총점이 160점 이상인 학생수			

패턴 06 IF

❶ 총점이 150점 이상이면 '합격' 그렇지 않으면 '불합격'으로 표시하시오.

	이름	필기	실기	총점	결과
1	이름	필기	실기	총점	결과
2	윤다온	85	75	160	
3	한가람	70	75	145	
4	신별하	80	90	170	

⊘ **실습파일** : 패턴04-2(문제).xlsx　⊘ **완성파일** : 패턴04-2(완성).xlsx

패턴 01　LEFT, RIGHT, MID

❶ 성명을 이용하여 '성'과 '이름'을 추출하시오. ❷ 사번을 이용하여 입사연도를 추출하시오.

	A	B	C	D	E	F
1		성명	사번	성	이름	입사연도
2		윤다온	M2026A1			

패턴 02　YEAR, MONTH, DAY

❶ 입사날짜를 이용하여 '입사연도', '입사월', '입사일'을 구하시오.

	A	B	C	D	E	F
1		이름	입사날짜	입사연도	입사월	입사일
2		윤다온	2026-01-09			

패턴 03　WEEKDAY

❶ 입사날짜를 이용하여 요일 번호를 구하시오(1=월요일).

	A	B	C	D
1		이름	입사날짜	요일 번호
2		윤다온	2025-01-09	
3		한가람	2023-07-14	
4		신별하	2021-05-09	

패턴 04　CHOOSE

❶ 구분 1이면 '우수사원', 2이면 '일반사원' 3이면 '수습사원'으로 사원증에 표시하시오.

	A	B	C	D
1		이름	구분	사원증
2		윤다온	1	
3		한가람	3	
4		신별하	2	

패턴 05　VLOOKUP

❶ 이름이 '신별하'인 학생의 '총점'을 표시하시오.

	A	B	C	D	E	F
1		이름	필기	실기	총점	결과
2		윤다온	75	80	155	합격
3		한가람	75	60	135	불합격
4		신별하	90	100	190	합격
5		이름이 신별하인 학생의 총점				

패턴 06　DSUM, DAVERAGE

❶ 성별이 '남'인 학생들의 총점 합계를 구하시오. ❷ 결과가 '합격'인 학생들의 총점 평균을 구하시오.

	A	B	C	D	E	F	G
1		이름	성별	필기	실기	총점	결과
2		윤다온	남	85	75	160	합격
3		한가람	남	70	75	145	불합격
4		신별하	여	80	90	170	합격
5		성별이 '남'인 학생들의 총점 합계					
6		결과가 '합격'인 학생들의 총점 평균					

[제2작업] 유형1_필터 및 서식

⊘ **실습파일** : 05차시_유형1(문제).xlsx   ⊘ **완성파일** : 05차시_유형1(완성).xlsx

[배점] 80점 (500점 만점)

☞ "제1작업" 시트의 「B4:H12」 영역을 복사하여 "제2작업" 시트의 「B2」 셀부터 모두 붙여넣기를 한 후 다음의
조건과 같이 작업하시오.

《조건》

(1) 고급 필터 – 관람기기가 '스마트폰'이거나, 관람인원(단위:명)이 '2,500' 이상인 자료의 영화명, 상영일, 관람시간
(단위:분), 요금 데이터만 추출하시오.
– 조건 범위 : 「B14」 셀부터 입력하시오.
– 복사 위치 : 「B18」 셀부터 나타나도록 하시오.

(2) 표 서식 – 고급필터의 결과셀을 채우기 없음으로 설정한 후 '파랑, 표 스타일 보통 6'의 서식을 적용하시오.
– 머리글 행, 줄무늬 행을 적용하시오.

데이터 복사 > 고급 필터 조건 입력 > 고급 필터 작성 > 표 서식

Check 01 데이터 복사 : [제1작업] 시트의 데이터를 복사하여 [제2작업] 시트에 붙여넣어요!

코드	영화명	상영일	관람기기	관람인원 (단위:명)	관람시간 (단위:분)	요금
S-121	스파이더맨	2025-10-10	스마트폰	1,842	120	10,000원
T-231	겨울왕국	2025-11-11	태블릿	2,948	100	8,000원
N-341	인셉션	2025-10-12	노트북	1,120	150	12,000원
S-142	기생충	2025-10-16	스마트폰	1,984	140	10,000원
N-312	타이타닉	2025-10-12	노트북	1,450	160	15,000원
T-214	노인과 바다	2025-10-15	태블릿	2,140	90	9,000원
S-134	미션 임파서블	2025-11-15	스마트폰	2,848	130	11,000원
T-242	조커	2025-10-12	태블릿	1,002	110	8,500원

< > 　제1작업　제2작업　제3작업　+

데이터를 복사하여 [제2작업] 시트에 붙여넣기 & 열 너비 조정

Check 02 고급 필터 조건 입력 : 필터 조건 및 추출할 데이터 필드를 입력해요!

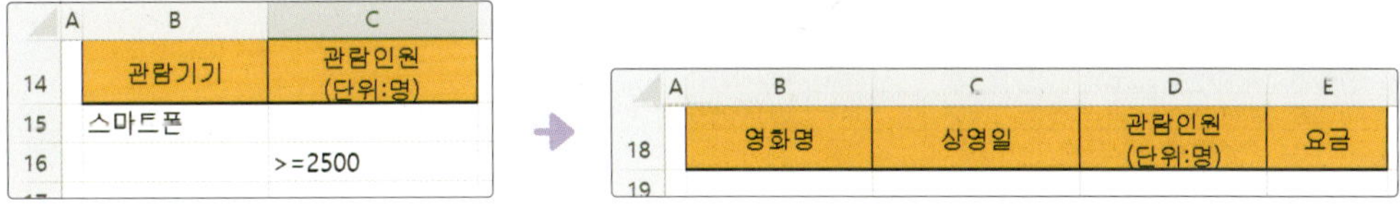

관람기기	관람인원 (단위:명)
스마트폰	
	>=2500

영화명	상영일	관람인원 (단위:명)	요금

고급 필터 조건 입력 　　　　　　추출할 데이터 필드 입력

Check 03 고급 필터 및 표 서식 : 고급 필터 작성 후 표 스타일을 적용해요!

관람기기	관람인원 (단위:명)		
스마트폰			
	>=2500		
영화명	상영일	관람시간 (단위:분)	요금
스파이더맨	2025-10-10	120	10,000원
겨울왕국	2025-11-11	100	8,000원
기생충	2025-10-16	140	10,000원
미션 임파서블	2025-11-15	130	11,000원

조건에 맞추어 고급 필터 작성

관람기기	관람인원 (단위:명)		
스마트폰			
	>=2500		
영화명	상영일	관람시간 (단위:분)	요금
스파이더맨	2025-10-10	120	10,000원
겨울왕국	2025-11-11	100	8,000원
기생충	2025-10-16	140	10,000원
미션 임파서블	2025-11-15	130	11,000원

고급 필터 결과셀에 표 스타일 적용

 **STEP 01** 데이터 복사 및 붙여넣기

☞ "제1작업" 시트의 「B4:H12」 영역을 복사하여 "제2작업" 시트의 「B2」 셀부터 모두 붙여넣기를 한 후 다음의 조건과 같이 작업하시오.

1 05차시_유형1(문제).xlsx 파일을 불러와 [제1작업] 시트를 클릭합니다. 데이터를 복사하기 위해 [B4:H12]를 드래그한 후 Ctrl + C 를 누릅니다.

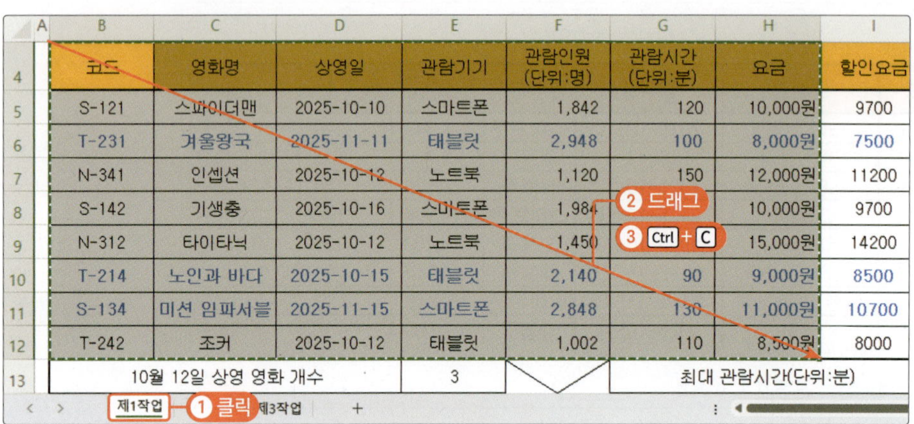

2 데이터를 붙여넣기 위해 [제2작업] 시트의 [B2] 셀을 선택한 후 Ctrl + V 를 누릅니다.

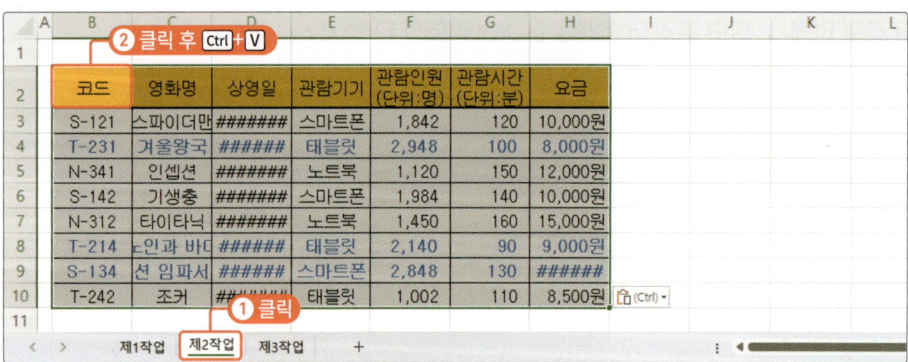

3 글자가 잘리거나 셀 값이 ####으로 보이면 해당 열의 너비를 늘립니다.

★ 열 경계선([C:D], [D:E])을 더블클릭하거나 마우스로 드래그하여 너비를 늘려주세요.

고급 필터

(1) 고급 필터 - 관람기기가 '스마트폰'이거나, 관람인원(단위:명)이 '2,500' 이상인 자료의 영화명, 상영일, 관람시간(단위:분), 요금
데이터만 추출하시오.
- 조건 범위 : 「B14」 셀부터 입력하시오.
- 복사 위치 : 「B18」 셀부터 나타나도록 하시오.

1 고급 필터의 조건을 입력하기 위해 '관람기기'와 '관람인원(단위:명)'의 셀([E2:F2])을 선택한 후 Ctrl+C를
누릅니다.

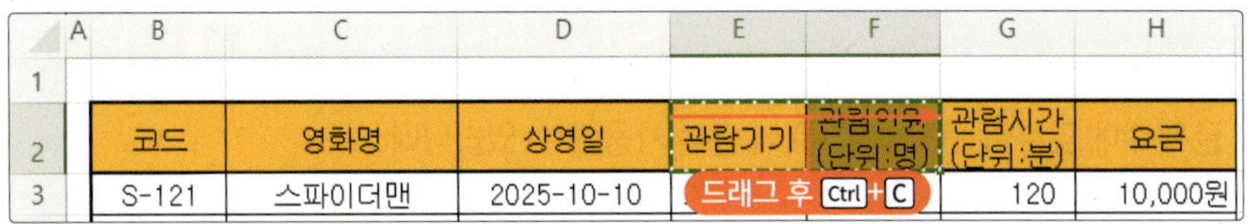

2 조건 범위의 기준 위치인 [B14] 셀을 선택한 후 Ctrl+V를 누릅니다.

★ 고급 필터의 조건 범위는 문제지에서 《조건》을 참고해 주세요.

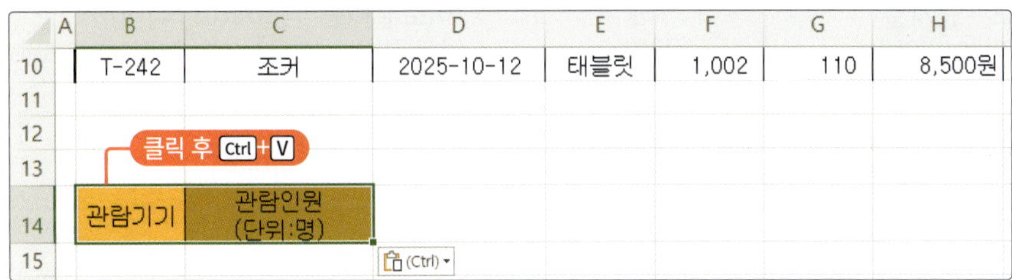

3 고급 필터의 조건을 지정하기 위해 [B15] 셀에는 **스마트폰**, [C16] 셀에는 **>=2500**을 입력합니다.

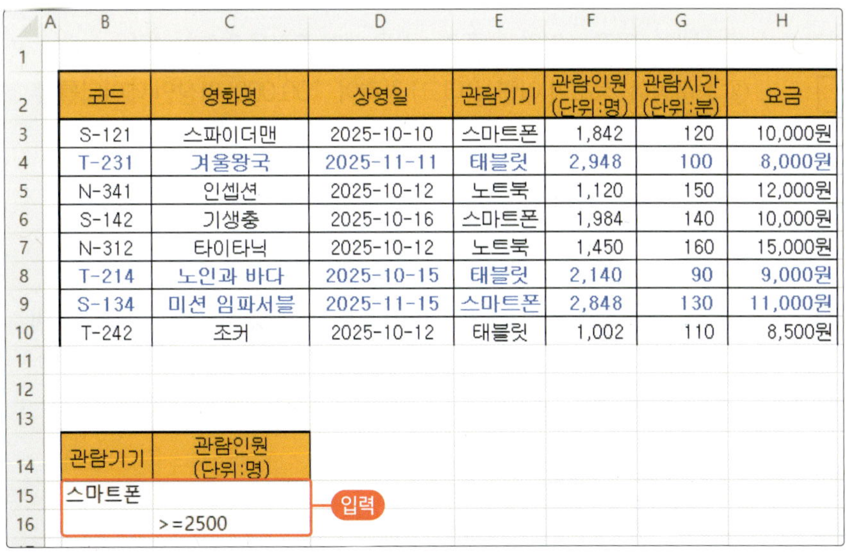

ITQ 꿀팁

고급 필터 조건은 AND와 OR 조건이 번갈아 가며 출제되고 있어요.

고급 필터 조건 지정

❶ 고급 필터에서 자주 사용하는 비교 연산자

연산자	의미	사용 예	연산자	의미	사용 예
>	크다(초과)	>5000	>=	크거나 같다(이상)	>=5000
<	작다(미만)	<5000	<=	작거나 같다(이하)	<=5000
<>	같지 않다	<>5000			

❷ 만능문자(*, ?)

* : 모든 문자를 대치하는 문자로 문자 앞/뒤에 붙여 사용할 수 있습니다.

? : 하나의 문자를 대치하는 문자로 글자 수에 맞추어 문자의 앞/뒤에 붙여 사용할 수 있습니다.

사용 예	의미	사용 예	의미
이*	이로 시작하는 모든 문자열 (예 : 이슬, 이순신, 이화여대)	이? 이??	이로 시작하는 두 글자(예 : 이름) 이로 시작하는 세 글자(예 : 이미지)
*이	이로 끝나는 모든 문자열 (예 : 길이, 고양이, 어린아이)	?이 ??이	이로 끝나는 두 글자(예 : 나이) 이로 끝나는 세 글자(예 : 어린이)
이	이가 포함된 모든 문자열 (예 : 다이소, 송이버섯)	?이?	중간에 이가 들어가는 세 글자 (예 : 아이콘)

❸ 고급 필터에 자주 사용하는 논리 연산자

사용 예	의미
<table><tr><td></td><td>A</td><td>B</td><td>C</td></tr><tr><td>13</td><td></td><td></td><td></td></tr><tr><td>14</td><td></td><td>상품명</td><td>가격</td></tr><tr><td>15</td><td></td><td>청소기</td><td>>=100000</td></tr></table>	① AND(~이고, ~이면서) 조건 : 같은 행에 조건을 입력합니다. ② 상품명이 '청소기'이면서(이고) 가격이 '100,000' 이상인 데이터를 추출합니다.
<table><tr><td></td><td>A</td><td>B</td><td>C</td></tr><tr><td>13</td><td></td><td></td><td></td></tr><tr><td>14</td><td></td><td>상품명</td><td>가격</td></tr><tr><td>15</td><td></td><td><>청소기</td><td><=100000</td></tr></table>	① AND(~이고, ~이면서) 조건 : 같은 행에 조건을 입력합니다. ② 상품명이 '청소기'가 아니면서(아니고) 가격이 '100,000' 이하인 데이터를 추출합니다.
<table><tr><td></td><td>A</td><td>B</td><td>C</td></tr><tr><td>13</td><td></td><td></td><td></td></tr><tr><td>14</td><td></td><td>사원명</td><td>입사연도</td></tr><tr><td>15</td><td></td><td>이*</td><td></td></tr><tr><td>16</td><td></td><td></td><td>>=2025-01-01</td></tr></table>	① OR(~또는, ~이거나) 조건 : 서로 다른 행에 조건을 입력합니다. ② 사원명이 '이'로 시작하거나(또는) 입사연도가 '2025-01-01'이후(해당일 포함)인 데이터를 추출합니다.

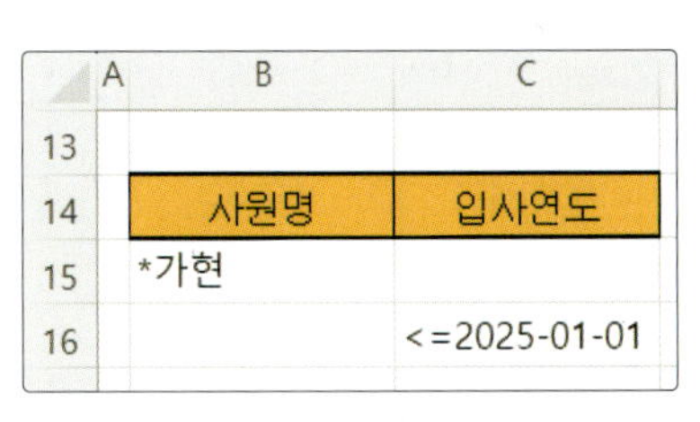

① OR(~또는, ~이거나) 조건 : 서로 다른 행에 조건을 입력합니다.

② 사원명이 '가현'으로 끝나거나(또는) 입사연도가 '2025-01-01'이전 (해당일 포함)인 데이터를 추출합니다.

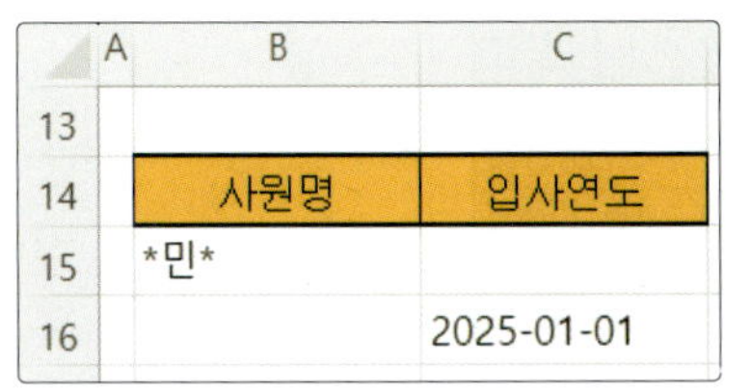

① OR(~또는, ~이거나) 조건 : 서로 다른 행에 조건을 입력합니다.

② 사원명 중간에 '민'이 포함되거나(또는) 입사연도가 '2025-01-01'인 데이터를 추출합니다.

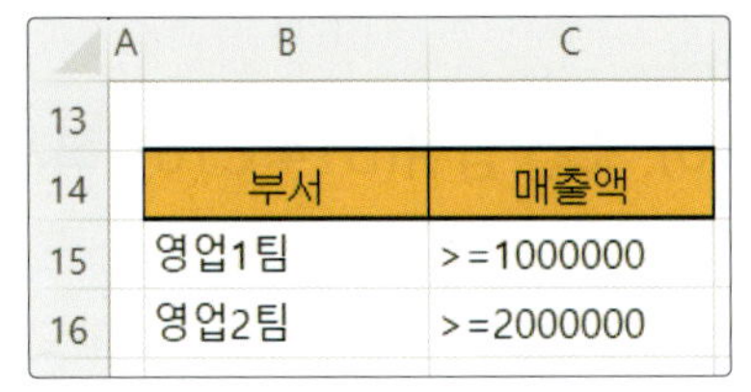

① AND+OR 조건 : 2개의 조건을 동시에 입력합니다.

② 부서가 '영업1팀이면서 매출액이 1,000,000 이상'이거나, 부서가 '영 업2팀이면서 매출액이 2,000,000 이상'인 데이터를 추출합니다.

4 원본 데이터에서 특정 데이터만 추출하기 위해 **영화명과 상영일([C2:D2]), 관람시간(단위:분)과 요금 ([G2:H2])**를 드래그한 후 Ctrl+C를 누릅니다.

★ Ctrl을 누른 채 셀을 드래그하면 떨어져 있는 셀들을 연속으로 선택할 수 있어요.

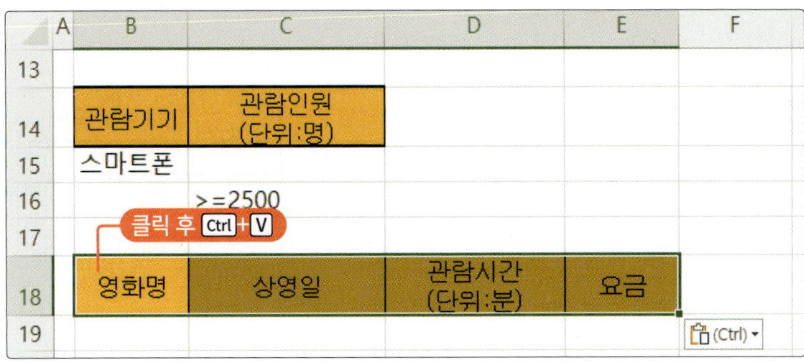

5 지정된 복사 위치에 붙여넣기 위해 **[B18]** 셀을 선택한 후 Ctrl+V를 누릅니다.

★ 고급 필터의 복사 위치는 문제지에서 《조건》을 참고해 주세요.

6 고급 필터를 작성하기 위해 **[B2:H10]**을 드래그한 후 [데이터] 탭에서 **[고급]**을 클릭합니다.

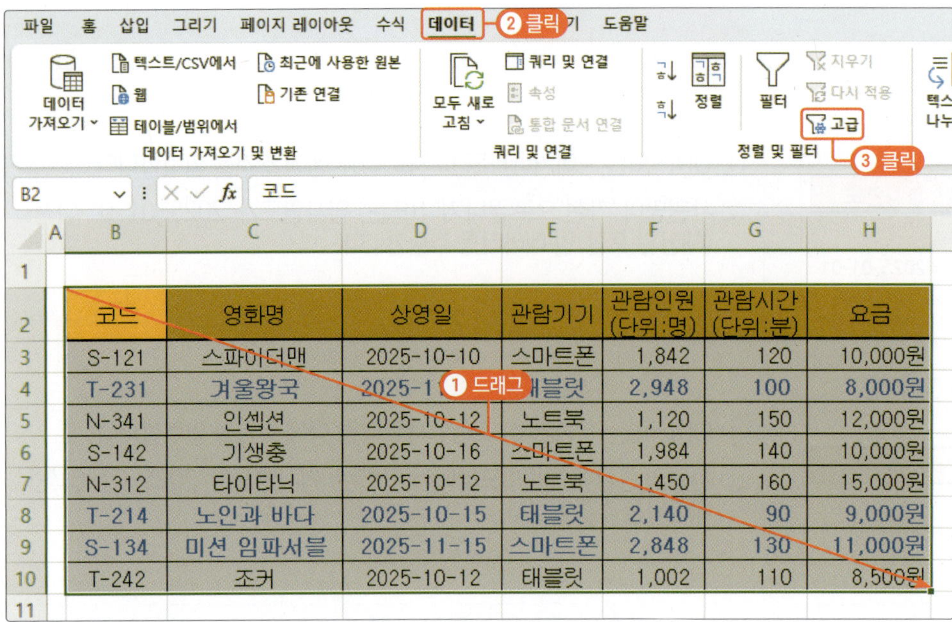

7 [고급 필터] 대화상자에서 **결과(다른 장소에 복사), 목록 범위(B2:H10), 조건 범위(B14:C16), 복사 위치 (B18:E18)**를 각각 지정합니다.

★ '목록 범위'는 자동으로 지정되어 있으며, '조건 범위' 및 '복사 위치'는 해당 셀 범위를 마우스로 드래그하여 지정해요.

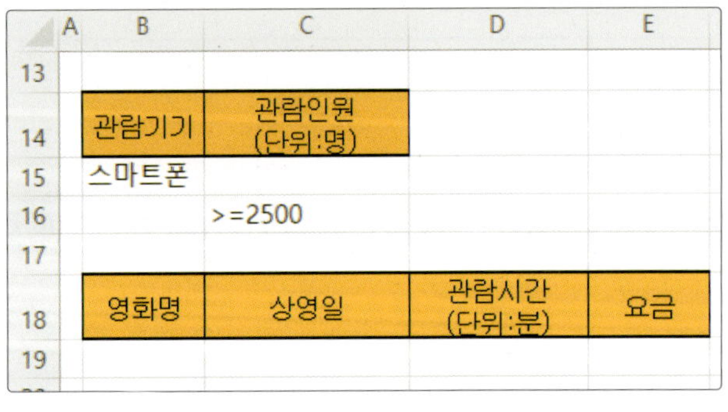

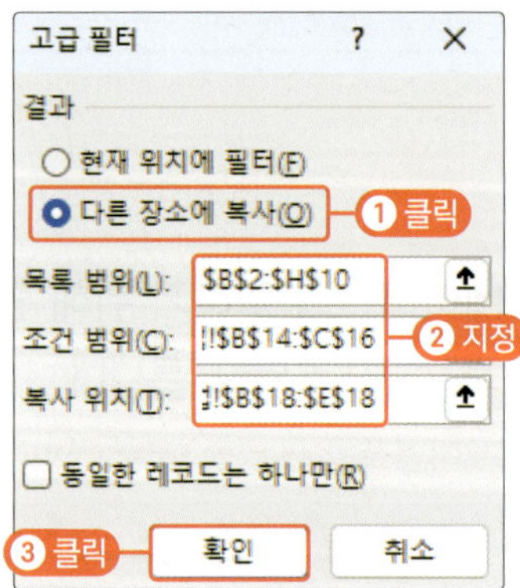

8 데이터가 추출되면 결과를 확인한 후 Ctrl+S를 눌러 답안 파일을 저장합니다.

★ 글자가 잘리거나 셀 값이 ####으로 보이면 해당 열의 너비를 늘려주세요.

[고급 필터] 대화상자

❶ **현재 위치에 필터** : 필터 결과를 범위로 지정한 현재 목록 범위에 표시합니다.

❷ **다른 장소에 복사** : 복사 위치에서 지정한 위치에 필터 결과를 표시합니다.

❸ **목록 범위** : 조건에 맞추어 필터링 하려는 원본 데이터의 범위를 지정합니다.

❹ **조건 범위** : 필터 조건이 입력된 범위를 지정합니다.

❺ **복사 위치** : '다른 장소에 복사'를 선택했을 때 필터링된 결과가 표시될 위치를 지정합니다.

   – **부분 필터(B18:E18)** : 조건에 맞는 특정 데이터(영화명, 상영일, 관람시간(단위:분), 요금)만 선별하여 추출합니다.

   – **모든 데이터(B18)** : 조건에 맞는 모든 데이터(코드, 영화명, 상영일, 관람기기, 관람인원(단위:명), 관람시간(단위:분), 요금)를 추출합니다.

❻ **동일한 레코드는 하나만** : 필터 결과 중 중복된 레코드가 있을 때 하나만 표시합니다.

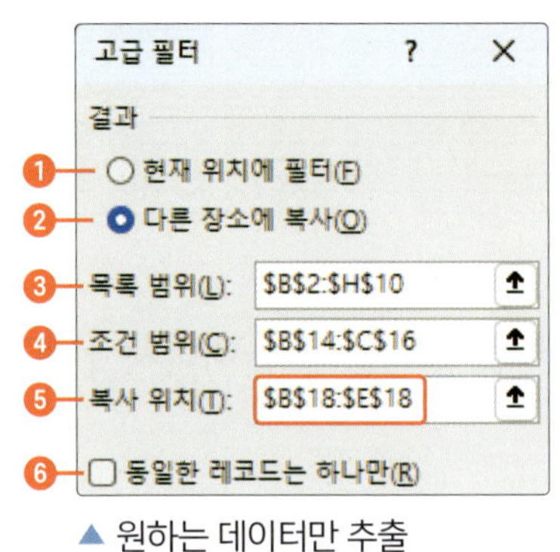

▲ 원하는 데이터만 추출

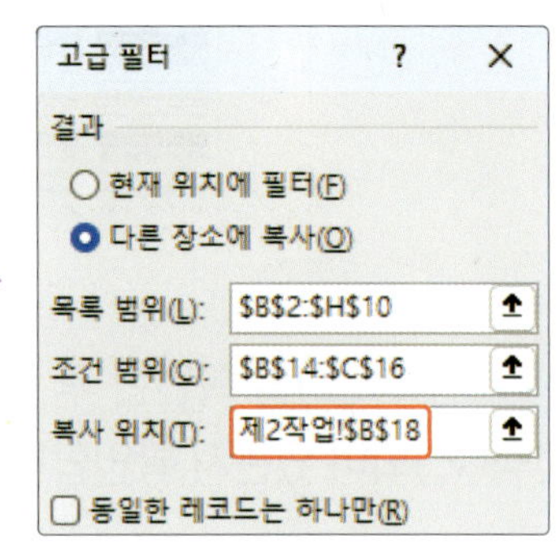

▲ 모든 데이터 추출

STEP 03 표 서식

(2) 표 서식 – 고급필터의 결과셀을 채우기 없음으로 설정한 후 '파랑, 표 스타일 보통 6'의 서식을 적용하시오.
   – 머리글 행, 줄무늬 행을 적용하시오.

1 [B18:E22]를 드래그한 후 [홈] 탭에서 [채우기 색]의 목록 단추를 눌러 **[채우기 없음]**을 클릭합니다.

2 채우기 색이 삭제되면 [홈] 탭-[표 서식]에서 **중간-파랑, 표 스타일 보통 6**을 클릭합니다.

✿ 표 서식의 스타일은 문제지에서 《조건》을 참고해 주세요.

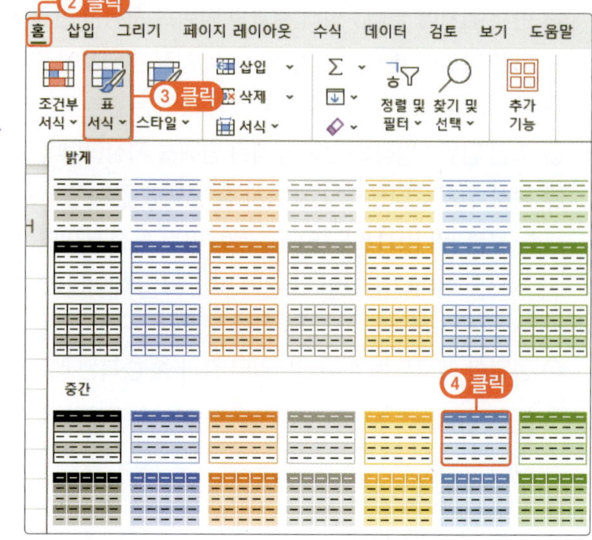

3 [표 만들기] 대화상자에서 **데이터 범위($B$18:$E$22)**를 확인한 후 <확인>을 클릭합니다. 이어서, [테이블 디자인] 탭에서 **머리글 행**과 **줄무늬 행**이 선택(✓)되어 있는지 확인합니다.

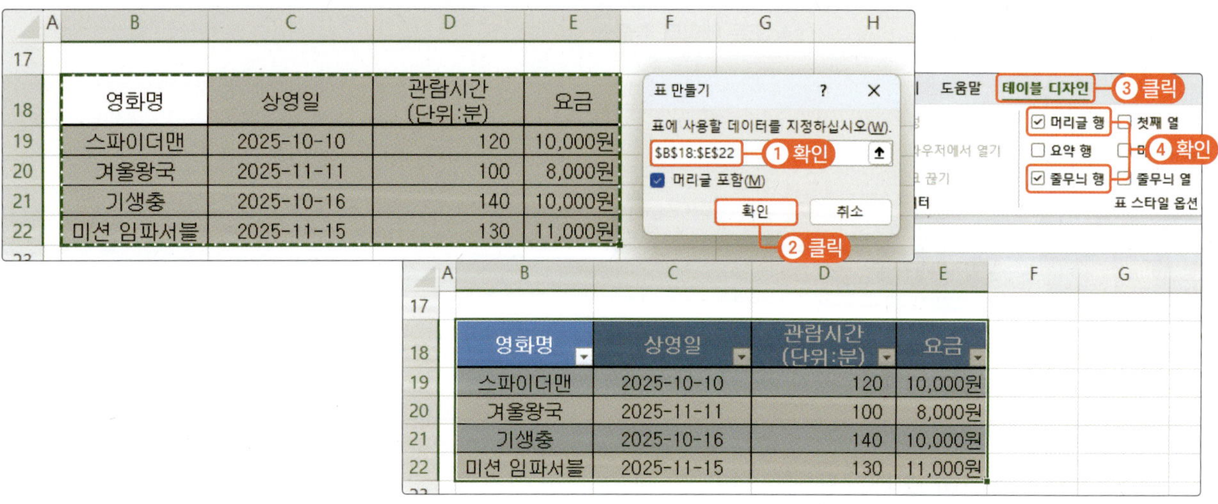

4 작업이 완료되면 [저장(🖫)]을 클릭하거나, Ctrl+S를 눌러 답안 파일을 저장합니다.

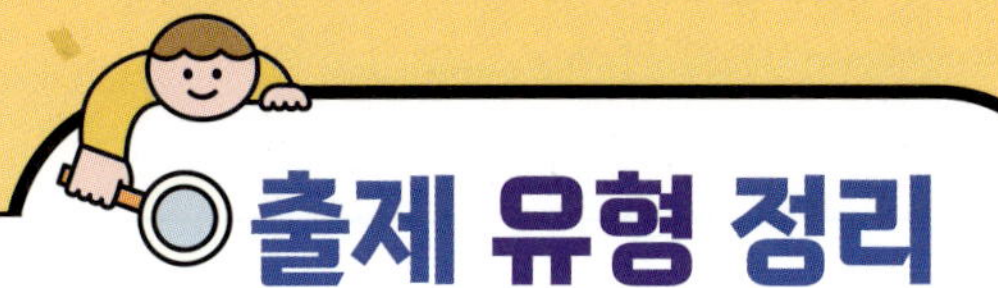

1 "제1작업" 시트의 「B4:H12」 영역을 복사하여 "제2작업" 시트의 「B2」 셀부터 모두 붙여넣기를 한 후 다음의 조건과 같이 작업하시오.

⊘ **실습파일** : 유형05-1_유형1(문제).xlsx　⊘ **완성파일** : 유형05-1_유형1(완성).xlsx

《조건》

(1) 고급 필터 – 서비스코드가 'M'으로 시작하거나, 만족도가 '85%' 이상인 자료의 서비스명, 서비스유형, 월간 처리량, 연간 누적 사용자 수 데이터만 추출하시오.
　　　　　 – 조건 범위 : 「B14」 셀부터 입력하시오.
　　　　　 – 복사 위치 : 「B18」 셀부터 나타나도록 하시오.

(2) 표 서식 – 고급필터의 결과셀을 채우기 없음으로 설정한 후 '파랑, 표 스타일 보통 6'의 서식을 적용하시오.
　　　　　 – 머리글 행, 줄무늬 행을 적용하시오.

2 "제1작업" 시트의 「B4:H12」 영역을 복사하여 "제2작업" 시트의 「B2」 셀부터 모두 붙여넣기를 한 후 다음의 조건과 같이 작업하시오.

⊘ **실습파일** : 유형05-2_유형1(문제).xlsx　⊘ **완성파일** : 유형05-2_유형1(완성).xlsx

《조건》

(1) 고급 필터 – 등록경로가 '인터넷검색'이거나, 등록비(단위:원)가 '200,000' 이상인 자료의 회원코드, 회원명, 등록일, 등록횟수 데이터만 추출하시오.
　　　　　 – 조건 범위 : 「B14」 셀부터 입력하시오.
　　　　　 – 복사 위치 : 「B18」 셀부터 나타나도록 하시오.

(2) 표 서식 – 고급필터의 결과셀을 채우기 없음으로 설정한 후 '녹색, 표 스타일 보통 7'의 서식을 적용하시오.
　　　　　 – 머리글 행, 줄무늬 행을 적용하시오.

3 "제1작업" 시트의 「B4:H12」 영역을 복사하여 "제2작업" 시트의 「B2」 셀부터 모두 붙여넣기를 한 후 다음의 조건과 같이 작업하시오.

⊘ **실습파일** : 유형05-3_유형1(문제).xlsx   ⊘ **완성파일** : 유형05-3_유형1(완성).xlsx

《조건》

(1) 고급 필터 – 제조사가 '에어버기' 이면서, 판매수량이 '200' 이상인 자료의 데이터만 추출하시오.
 - 조건 범위 : 「B14」 셀부터 입력하시오.
 - 복사 위치 : 「B18」 셀부터 나타나도록 하시오.

(2) 표 서식 – 고급필터의 결과셀을 채우기 없음으로 설정한 후 '파랑, 표 스타일 보통 6'의 서식을 적용하시오.
 - 머리글 행, 줄무늬 행을 적용하시오.

---

4 "제1작업" 시트의 「B4:H12」 영역을 복사하여 "제2작업" 시트의 「B2」 셀부터 모두 붙여넣기를 한 후 다음의 조건과 같이 작업하시오.

⊘ **실습파일** : 유형05-4_유형1(문제).xlsx   ⊘ **완성파일** : 유형05-4_유형1(완성).xlsx

《조건》

(1) 고급 필터 – 지역이 '대전'이거나, 개점일이 '2025-06-10' 이후인(해당일 포함) 자료의 가맹점명, 지역, 최고월매출(단위:원), 최고일매출(단위:원) 데이터만 추출하시오.
 - 조건 범위 : 「B14」 셀부터 입력하시오.
 - 복사 위치 : 「B18」 셀부터 나타나도록 하시오.

(2) 표 서식 – 고급필터의 결과셀을 채우기 없음으로 설정한 후 '녹색, 표 스타일 보통 7'의 서식을 적용하시오.
 - 머리글 행, 줄무늬 행을 적용하시오.

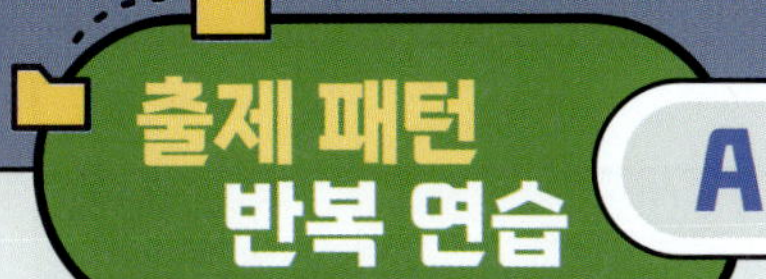

A 조건에 맞추어 각 시트에 필터 및 서식을 작성해 보세요.

⊘ **실습파일** : 패턴05-1(유형1_문제).xlsx ⊘ **완성파일** : 패턴05-1(유형1_완성).xlsx

---

패턴 01 [데이터]-[고급]

❶ 고급 필터 – 등록일이 '2026-05-31' 이전(해당일 포함)이거나, 등록횟수가 '4' 이상인 자료의 회원코드, 회원명, 담당자 데이터만 추출하시오. ❷ 조건 범위 : 「B14」 셀부터 입력하시오. ❸ 복사 위치 : 「B18」 셀부터 나타나도록 하시오.

패턴 02 [데이터]-[고급]

❶ 고급 필터 – 상품코드가 'R'로 시작하면서 판매수량(단위:대)이 '1,800' 초과인 자료의 데이터만 추출하시오. ❷ 조건 범위 : 「B14」 셀부터 입력하시오. ❸ 복사 위치 : 「B18」 셀부터 나타나도록 하시오.

패턴 03 [홈]-[표 서식]

❶ 표 서식 – 고급필터의 결과셀을 채우기 없음으로 설정한 후 '파랑, 표 스타일 보통 6'의 서식을 적용하시오. ❷ 머리글 행, 줄무늬 행을 적용하시오.

패턴 04 [홈]-[표 서식]

❶ 표 서식 – 고급필터의 결과셀을 채우기 없음으로 설정한 후 '녹색, 표 스타일 보통 7'의 서식을 적용하시오. ❷ 머리글 행, 줄무늬 행을 적용하시오.

패턴 05 [홈]-[표 서식]

❶ 표 서식 – 고급필터의 결과셀을 채우기 없음으로 설정한 후 '파랑, 표 스타일 보통 6'의 서식을 적용하시오. ❷ 머리글 행, 줄무늬 행을 적용하시오.

패턴 06 [홈]-[표 서식]

❶ 표 서식 – 고급필터의 결과셀을 채우기 없음으로 설정한 후 '녹색, 표 스타일 보통 7'의 서식을 적용하시오. ❷ 머리글 행, 줄무늬 행을 적용하시오.

패턴 07 [홈]-[표 서식]

❶ 표 서식 – 고급필터의 결과셀을 채우기 없음으로 설정한 후 '황금색, 표 스타일 보통 5'의 서식을 적용하시오. ❷ 머리글 행, 줄무늬 행을 적용하시오.

패턴 08 [홈]-[표 서식]

❶ 표 서식 – 고급필터의 결과셀을 채우기 없음으로 설정한 후 '주황, 표 스타일 보통 3'의 서식을 적용하시오. ❷ 머리글 행, 줄무늬 행을 적용하시오.

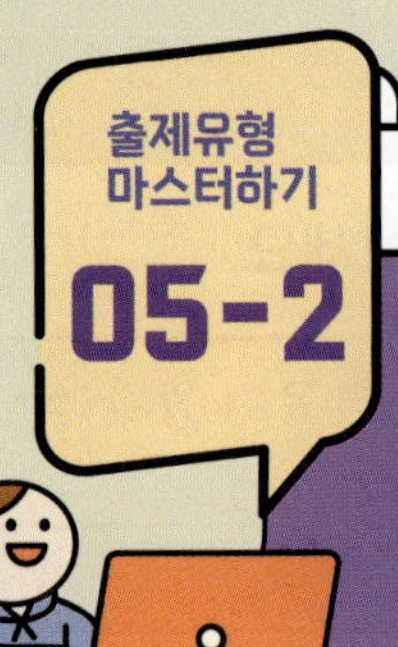

05-2

[제2작업] 유형2_목표값 찾기 및 필터

⊘ **실습파일** : 05차시_유형2(문제).xlsx　⊘ **완성파일** : 05차시_유형2(완성).xlsx

[배점] 80점 (500점 만점)

☞ "제1작업" 시트의 「B4:H12」 영역을 복사하여 "제2작업" 시트의 「B2」 셀부터 모두 붙여넣기를 한 후 다음의
　조건과 같이 작업하시오.

《조건》

(1) 목표값 찾기 – 「B11:G11」 셀을 병합하여 "스마트폰 요금 평균"을 입력하고, 「H11」 셀에 스마트폰 요금 평균을
　　　　　　　　구하시오. 단, 조건은 입력데이터를 이용하시오(DAVERAGE 함수, 테두리).
　　　　　　　– '스마트폰 요금 평균'이 '11,000'이 되려면 스파이더맨 요금이 얼마가 되어야 하는지 목표값을 구하
　　　　　　　　시오.

(2) 고급 필터 – 관람기기가 '태블릿'이면서 관람시간(단위:분)이 '100' 이하인 자료의 데이터만 추출하시오.
　　　　　　– 조건 범위 : 「B14」 셀부터 입력하시오.
　　　　　　– 복사 위치 : 「B18」 셀부터 나타나도록 하시오.

데이터 복사 > 함수 계산 > 목표값 찾기 > 고급 필터 조건 입력 > 고급 필터 작성

Check 01 데이터 복사 : [제1작업] 시트의 데이터를 복사하여 [제2작업] 시트에 붙여넣어요!

	코드	영화명	상영일	관람기기	관람인원 (단위:명)	관람시간 (단위:분)	요금
3	S-121	스파이더맨	2025-10-10	스마트폰	1,842	120	10,000원
4	T-231	겨울왕국	2025-11-11	태블릿	2,948	100	8,000원
5	N-341	인셉션	2025-10-12	노트북	1,120	150	12,000원
6	S-142	기생충	2025-10-16	스마트폰	1,984	140	10,000원
7	N-312	타이타닉	2025-10-12	노트북	1,450	160	15,000원
8	T-214	노인과 바다	2025-10-15	태블릿	2,140	90	9,000원
9	S-134	미션 임파서블	2025-11-15	스마트폰	2,848	130	11,000원
10	T-242	조커	2025-10-12	태블릿	1,002	110	8,500원

제1작업　제2작업　제3작업　+

데이터를 복사하여 [제2작업] 시트에 붙여넣기 & 열 너비 조정

Check 02 목표값 찾기 : 함수로 값을 계산한 후 원하는 목표값을 찾아요!

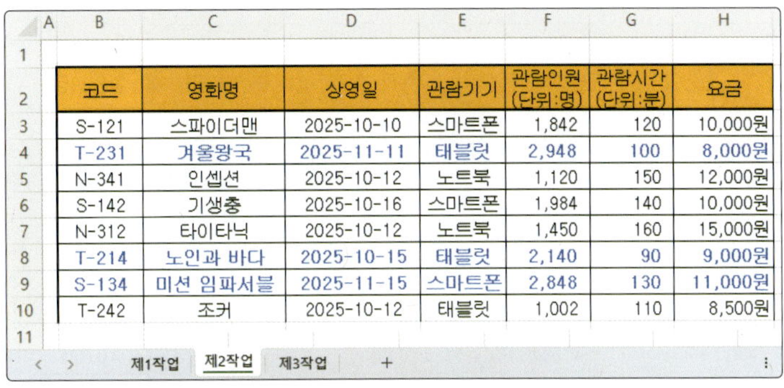

함수를 이용하여 값 계산

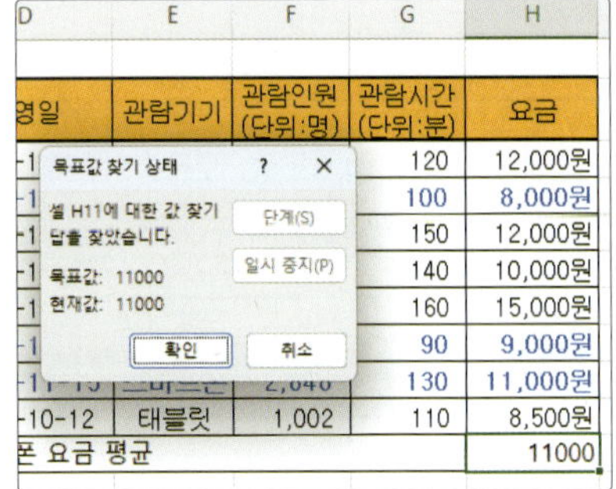

목표값 찾기로 원하는 값 찾기

Check 03 고급 필터 : 고급 필터 조건을 입력한 후 결과를 추출해요!

	관람기기	관람시간 (단위:분)					
15	태블릿	<=100					

	코드	영화명	상영일	관람기기	관람인원 (단위:명)	관람시간 (단위:분)	요금
19	T-231	겨울왕국	2025-11-11	태블릿	2,948	100	8,000원
20	T-214	노인과 바다	2025-10-15	태블릿	2,140	90	9,000원

고급 필터를 이용하여 조건에 맞는 결과 추출

데이터 복사 및 붙여넣기

☞ "제1작업" 시트의 「B4:H12」 영역을 복사하여 "제2작업" 시트의 「B2」 셀부터 모두 붙여넣기를 한 후 다음의 조건과 같이 작업하시오.

1 05차시_유형2(문제).xlsx 파일을 불러와 [제1작업] 시트를 클릭합니다. 데이터를 복사하기 위해 [B4:H12]를 드래그한 후 Ctrl + C 를 누릅니다.

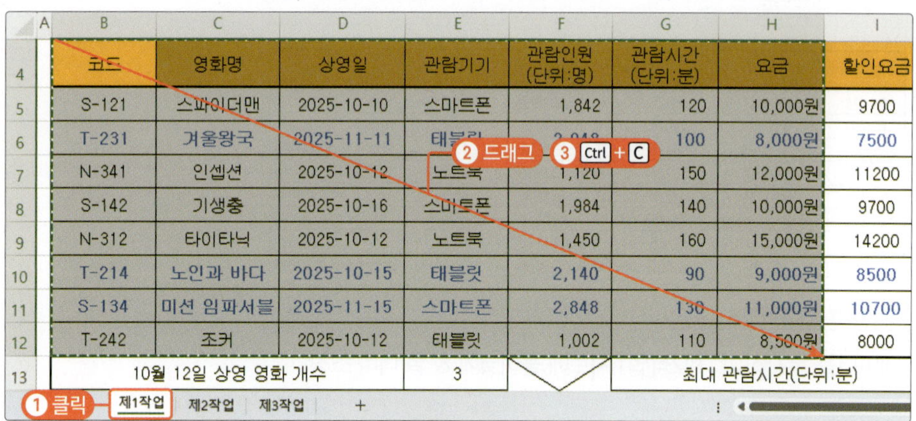

2 데이터를 붙여넣기 위해 [제2작업] 시트의 [B2] 셀을 선택한 후 Ctrl + V 를 누릅니다.

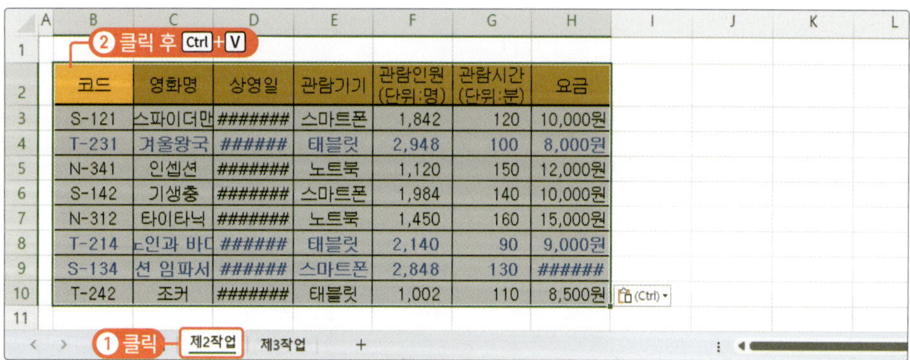

3 글자가 잘리거나 셀 값이 ####으로 보이면 해당 열의 너비를 늘립니다.

★ 열 경계선([C:D], [D:E])을 더블클릭하거나 마우스로 드래그하여 너비를 늘려주세요.

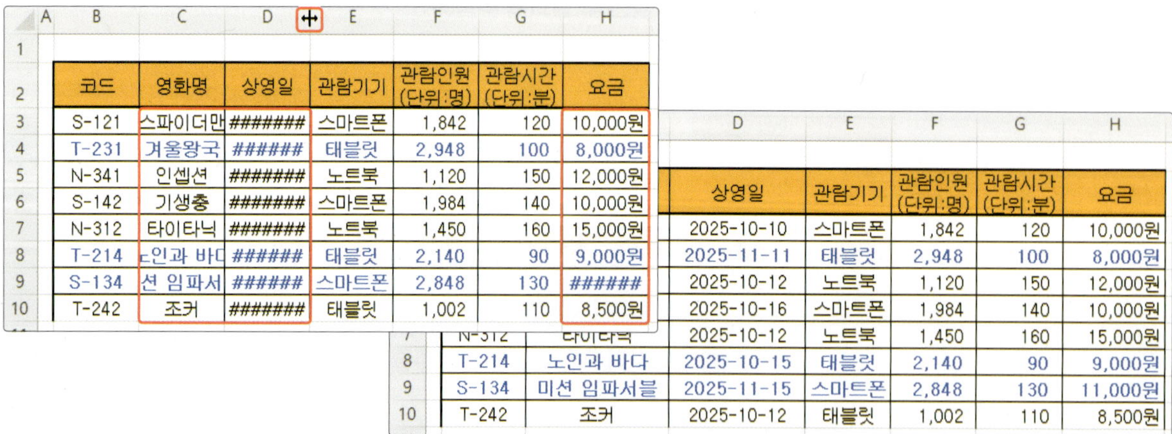

목표값 찾기

(1) 목표값 찾기 - 「B11:G11」 셀을 병합하여 "스마트폰 요금 평균"을 입력하고, 「H11」 셀에 스마트폰 요금 평균을 구하시오. 단, 조건은 입력데이터를 이용하시오(DAVERAGE 함수, 테두리).

- '스마트폰 요금 평균'이 '11,000'이 되려면 스파이더맨 요금이 얼마가 되어야 하는지 목표값을 구하시오.

1 [B11:G11]을 드래그한 후 [홈] 탭에서 **[병합하고 가운데 맞춤]**을 클릭하고 **스마트폰 요금 평균**을 입력합니다.

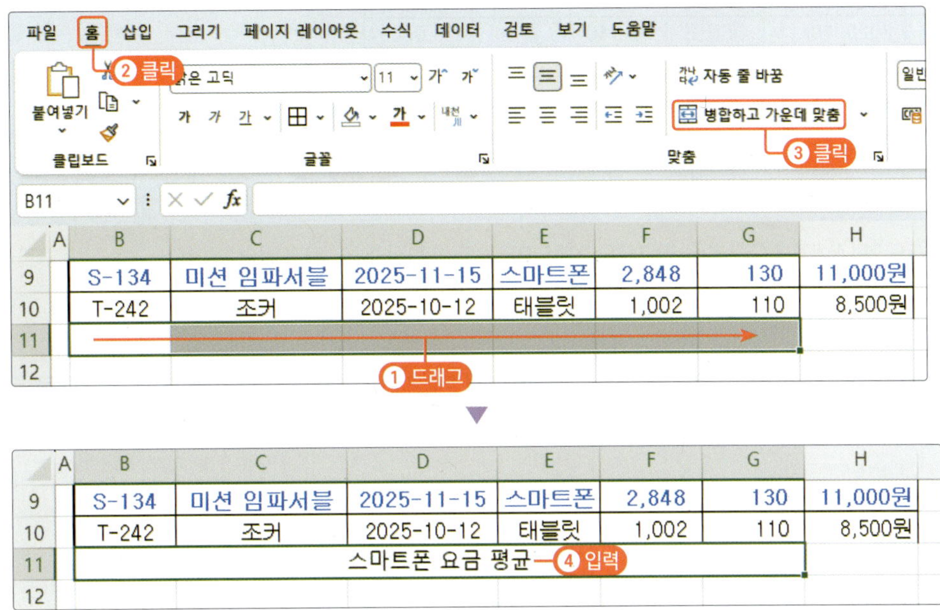

2 [B11:H11]을 드래그한 후 [홈] 탭에서 [테두리] 목록 단추를 눌러 **[모든 테두리]**를 선택합니다.

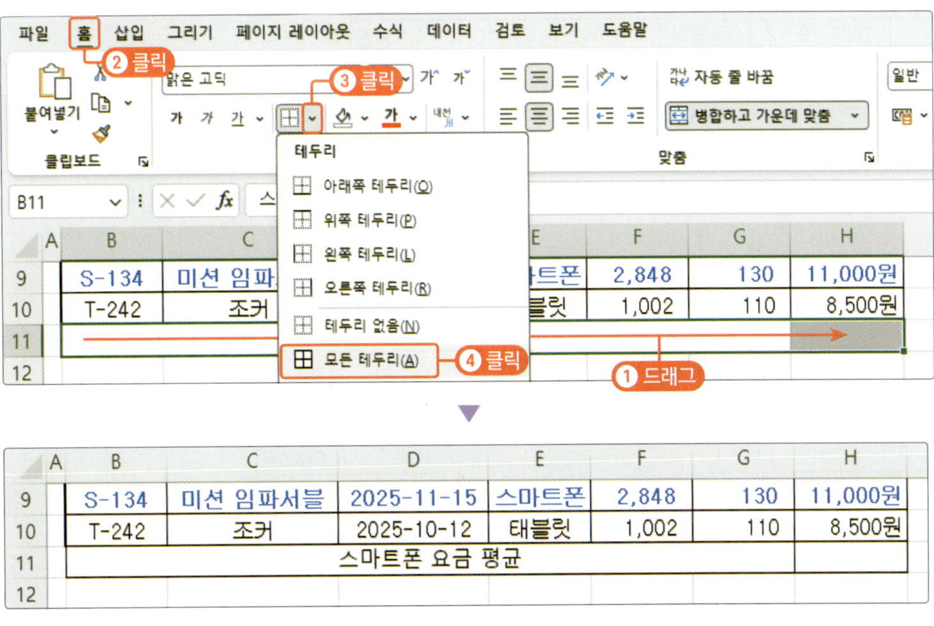

3 스마트폰 요금 평균을 계산하기 위해 [H11] 셀을 선택한 후 =DAVERAGE(B2:H10,7,E2:E3)를 입력합니다.

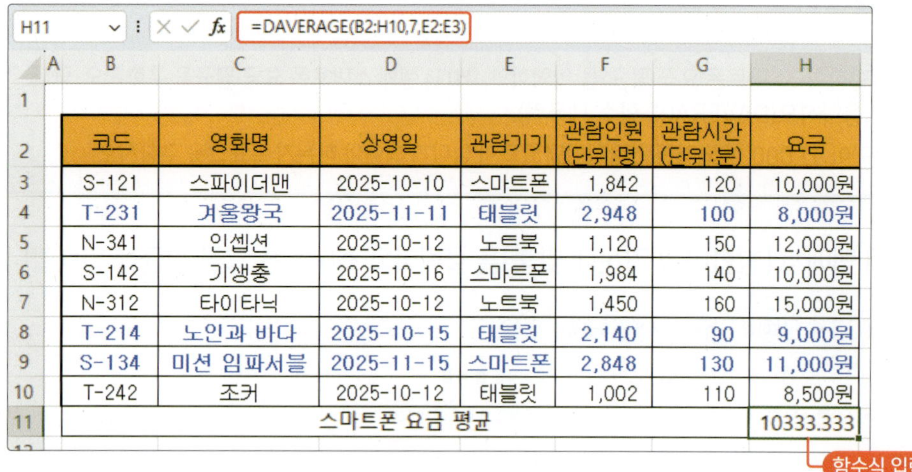

목표값 찾기는 'DAVERAGE'와 'AVERAGE' 함수가 자주 출제되며, 가끔씩 DSUM도 출제되고 있어요.

4 목표값을 찾기 위해 함수식이 있는 [H11] 셀을 선택한 후 [데이터] 탭에서 [가상 분석]-**[목표값 찾기]**를 클릭합니다.

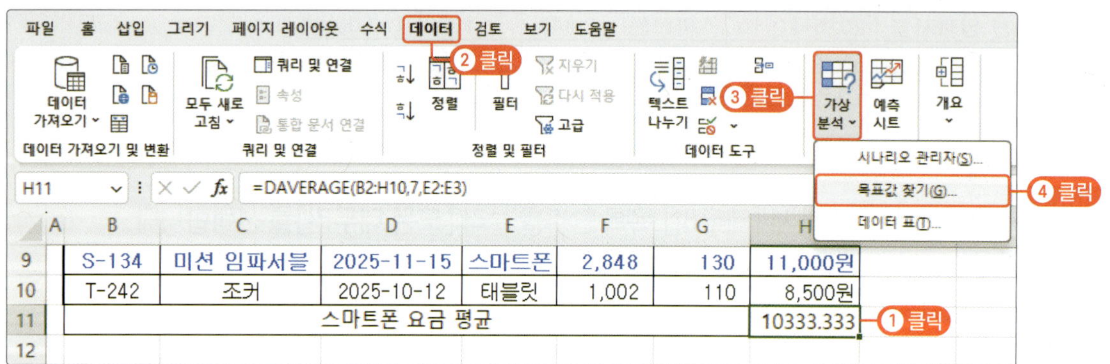

5 [목표값 찾기] 대화상자에서 **수식 셀([H11]), 찾는 값(11000), 값을 바꿀 셀([H3])**을 입력합니다.

★ '수식 셀'은 자동으로 지정되어 있으며, '값을 바꿀 셀'은 마우스로 해당 셀([H3])을 클릭해요.

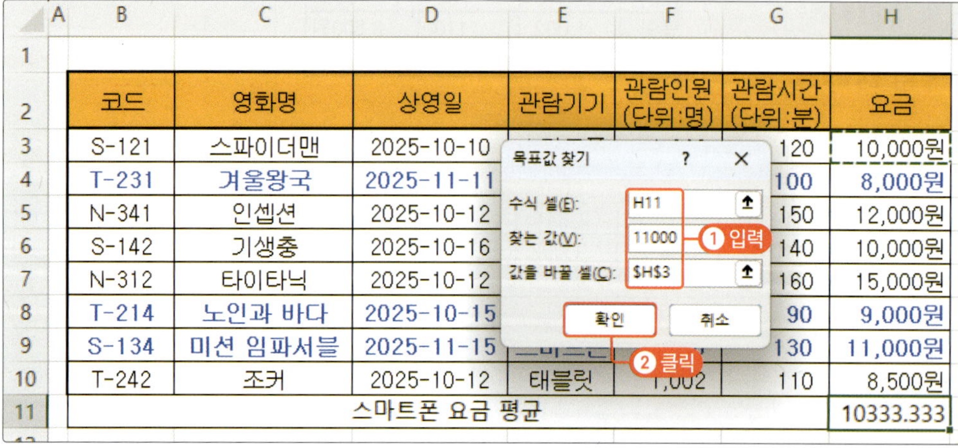

[목표값 찾기] 대화상자

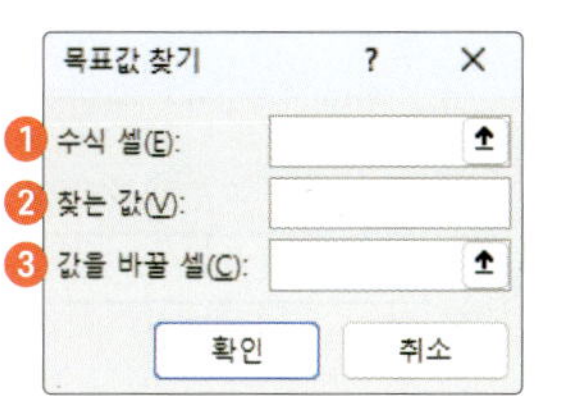

❶ **수식 셀** : 원하는 결과값을 얻기 위해서 해당 셀은 반드시 수식으로 계산되어야 합니다.

❷ **찾는 값** : 수식 셀의 결과값을 기준으로 원하는 목표값을 입력합니다.

❸ **값을 바꿀 셀** : 목표값을 찾기 위해 값이 변경되어야 할 셀을 지정합니다.

---

6 [목표값 찾기 상태] 대화상자에서 **목표값(11000)**을 확인한 후 [Ctrl]+[S]를 눌러 답안 파일을 저장합니다.

★ 목표값(11,000)을 얻기 위해 [H3] 셀의 값이 '10,000원'에서 '12,000원'으로 변경되었어요.

	코드	영화명	상영일	관람기기	관람인원 (단위:명)	관람시간 (단위:분)	요금
3	S-121	스파이더맨	2025-1			120	12,000원
4	T-231	겨울왕국	2025-1			100	8,000원
5	N-341	인셉션	2025-1			150	12,000원
6	S-142	기생충	2025-1			140	10,000원
7	N-312	타이타닉	2025-1			160	15,000원
8	T-214	노인과 바다	2025-1			90	9,000원
9	S-134	미션 임파서블	2025-11-15		2,646	130	11,000원
10	T-242	조커	2025-10-12	태블릿	1,002	110	8,500원
11		스마트폰 요금 평균					11000

고급 필터

(2) 고급 필터 - 관람기기가 '태블릿'이면서 관람시간(단위:분)이 '100' 이하인 자료의 데이터만 추출하시오.
- 조건 범위 : 「B14」 셀부터 입력하시오.
- 복사 위치 : 「B18」 셀부터 나타나도록 하시오.

---

1 고급 필터의 조건을 입력하기 위해 '관람기기'와 '관람시간(단위:분)'의 셀([E2], [G2])을 선택한 후 [Ctrl]+[C]를 누릅니다.

★ [Ctrl]을 누른 채 셀을 클릭하면 떨어져 있는 셀들을 연속으로 선택할 수 있어요.

2 지정된 조건 범위에 붙여넣기 위해 [B14] 셀을 선택한 후 Ctrl + V 를 누릅니다.

★ 고급 필터의 조건 범위는 문제지에서 《조건》을 참고해 주세요.

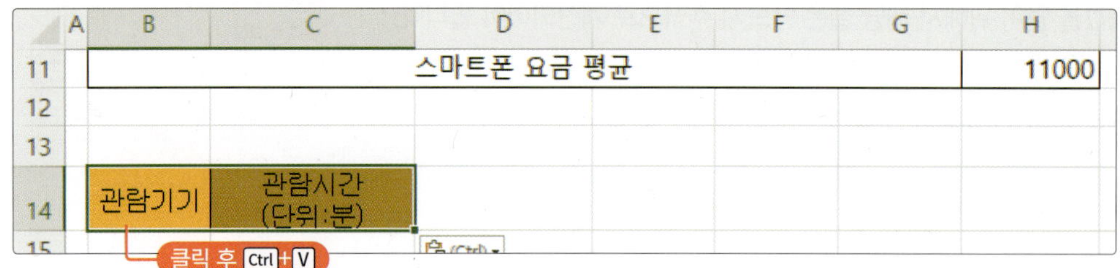

3 고급 필터의 조건을 지정하기 위해 [B15] 셀에는 **태블릿**, [C15] 셀에는 **<=100**을 입력합니다.

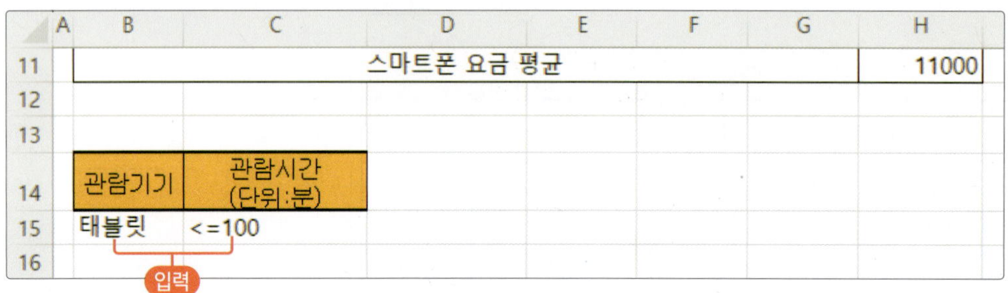

4 고급 필터를 작성하기 위해 [B2:H10]을 드래그한 후 [데이터] 탭에서 [고급]을 클릭합니다.

★ 범위를 지정할 때는 11행(목표값 찾기)이 포함되지 않도록 주의해 주세요.

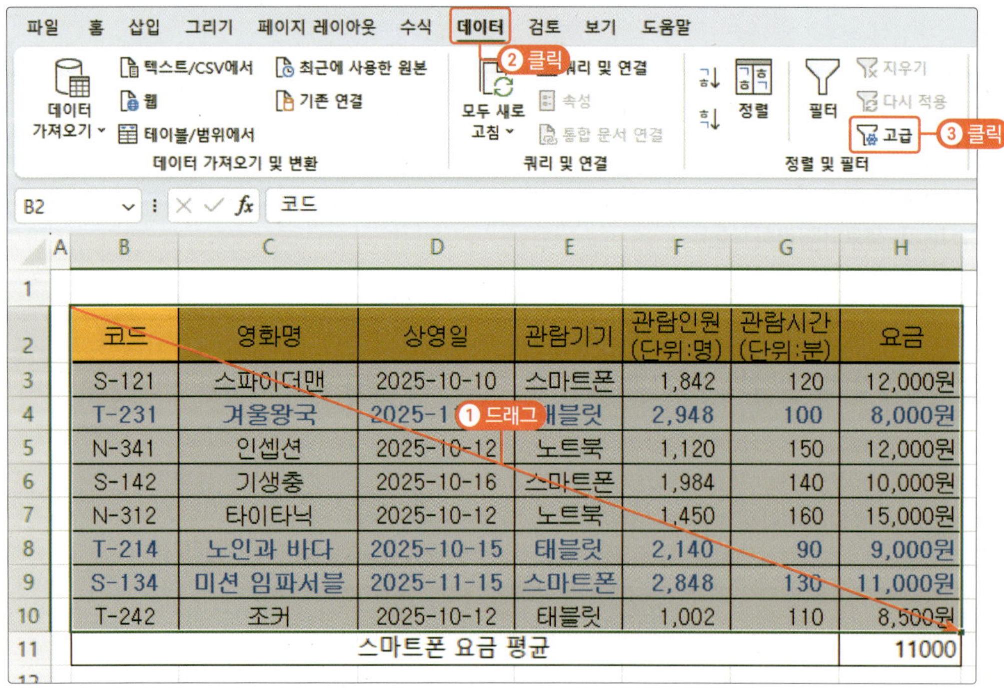

코드	영화명	상영일	관람기기	관람인원(단위:명)	관람시간(단위:분)	요금
S-121	스파이더맨	2025-10-10	스마트폰	1,842	120	12,000원
T-231	겨울왕국	2025-1 ① 드래그 태블릿		2,948	100	8,000원
N-341	인셉션	2025-10-12	노트북	1,120	150	12,000원
S-142	기생충	2025-10-16	스마트폰	1,984	140	10,000원
N-312	타이타닉	2025-10-12	노트북	1,450	160	15,000원
T-214	노인과 바다	2025-10-15	태블릿	2,140	90	9,000원
S-134	미션 임파서블	2025-11-15	스마트폰	2,848	130	11,000원
T-242	조커	2025-10-12	태블릿	1,002	110	8,500원
스마트폰 요금 평균						11000

5 [고급 필터] 대화상자에서 **결과(다른 장소에 복사)**, **목록 범위(B2:H10)**, **조건 범위(B14:C15)**, **복사 위치**
(B18)를 각각 지정합니다.

★ 조건에 맞는 모든 데이터를 추출해야 하기 때문에 복사 위치를 [B18] 셀로 지정해요.

★ '목록 범위'는 자동으로 지정되어 있으며, '조건 범위' 및 '복사 위치'는 해당 셀 범위를 마우스로 드래그하여 지정해요.

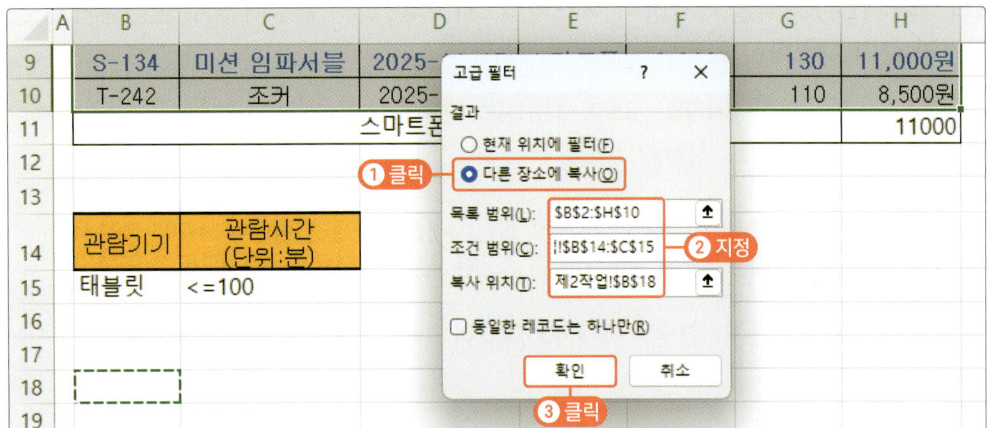

6 작업이 완료되면 [저장(💾)]을 클릭하거나, Ctrl+S 를 눌러 답안 파일을 저장합니다.

★ 글자가 잘리거나 셀 값이 #####으로 보이면 해당 열의 너비를 늘려주세요.

코드	영화명	상영일	관람기기	관람인원 (단위:명)	관람시간 (단위:분)	요금
S-121	스파이더맨	2025-10-10	스마트폰	1,842	120	12,000원
T-231	겨울왕국	2025-11-11	태블릿	2,948	100	8,000원
N-341	인셉션	2025-10-12	노트북	1,120	150	12,000원
S-142	기생충	2025-10-16	스마트폰	1,984	140	10,000원
N-312	타이타닉	2025-10-12	노트북	1,450	160	15,000원
T-214	노인과 바다	2025-10-15	태블릿	2,140	90	9,000원
S-134	미션 임파서블	2025-11-15	스마트폰	2,848	130	11,000원
T-242	조커	2025-10-12	태블릿	1,002	110	8,500원
스마트폰 요금 평균						11000

관람기기	관람시간 (단위:분)
태블릿	<=100

코드	영화명	상영일	관람기기	관람인원 (단위:명)	관람시간 (단위:분)	요금
T-231	겨울왕국	2025-11-11	태블릿	2,948	100	8,000원
T-214	노인과 바다	2025-10-15	태블릿	2,140	90	9,000원

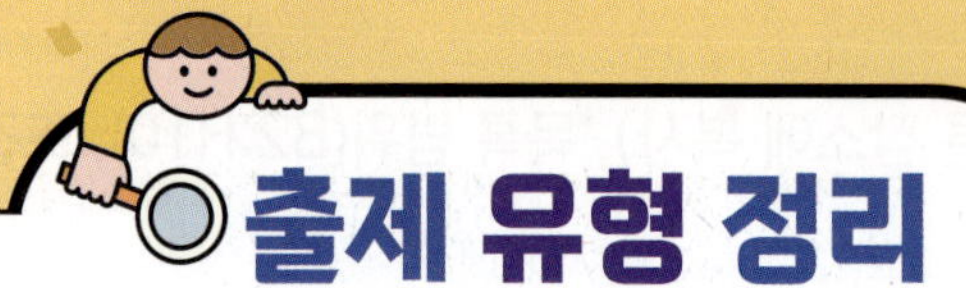

출제 유형 정리

1 "제1작업" 시트의 「B4:H12」 영역을 복사하여 "제2작업" 시트의 「B2」 셀부터 모두 붙여넣기를 한 후 다음의 조건과 같이 작업하시오.

⊘ **실습파일** : 유형05-1_유형2(문제).xlsx ⊘ **완성파일** : 유형05-1_유형2(완성).xlsx

《조건》

(1) 목표값 찾기 – 「B11:G11」 셀을 병합하여 "서비스유형 업무지원의 월간 처리량 평균"을 입력한 후 「H11」 셀에 서비스유형 업무지원의 월간 처리량 평균을 구하시오. 단, 조건은 입력데이터를 이용하시오(DAVERAGE 함수, 테두리).
　　　　　– '서비스유형 업무지원의 월간 처리량 평균'이 '1,400,000'이 되려면 팜2의 월간 처리량이 얼마가 되어야 하는지 목표값을 구하시오.

(2) 고급 필터 – 서비스유형이 '기타'이거나, 만족도가 '80%' 이하인 자료의 서비스명, 서비스유형, 월간 처리량, 연간 누적 사용자 수 데이터만 추출하시오.
　　　　　– 조건 범위 : 「B14」 셀부터 입력하시오.
　　　　　– 복사 위치 : 「B18」 셀부터 나타나도록 하시오.

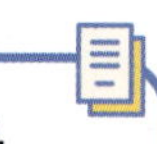

2 "제1작업" 시트의 「B4:H12」 영역을 복사하여 "제2작업" 시트의 「B2」 셀부터 모두 붙여넣기를 한 후 다음의 조건과 같이 작업하시오.

⊘ **실습파일** : 유형05-2_유형2(문제).xlsx ⊘ **완성파일** : 유형05-2_유형2(완성).xlsx

《조건》

(1) 목표값 찾기 – 「B11:G11」 셀을 병합하여 "등록경로 전단지의 등록횟수 평균"을 입력한 후 「H11」 셀에 등록경로 전단지의 등록횟수 평균을 구하시오. 단, 조건은 입력데이터를 이용하시오(DAVERAGE 함수, 테두리).
　　　　　– '등록경로 전단지의 등록횟수 평균'이 '16'이 되려면 나경훈의 등록횟수가 얼마가 되어야 하는지 목표값을 구하시오.

(2) 고급 필터 – 회원코드가 'H'로 시작하거나, 나이가 '40' 이상인 자료의 회원명, 등록일, 나이, 등록횟수 데이터만 추출하시오.
　　　　　– 조건 범위 : 「B14」 셀부터 입력하시오.
　　　　　– 복사 위치 : 「B18」 셀부터 나타나도록 하시오.

3 "제1작업" 시트의 「B4:H12」 영역을 복사하여 "제2작업" 시트의 「B2」 셀부터 모두 붙여넣기를 한 후 다음의 조건과 같이 작업하시오.

⊘ **실습파일** : 유형05-3_유형2(문제).xlsx　⊘ **완성파일** : 유형05-3_유형2(완성).xlsx

《조건》

(1) 목표값 찾기 – 「B11:G11」 셀을 병합하여 "판매수량 평균"을 입력한 후 「H11」 셀에 판매수량 평균을 구하시오 (AVERAGE 함수, 테두리).
　　　　　　　– '판매수량 평균'이 '200'이 되려면 루루테일의 판매수량이 얼마가 되어야 하는지 목표값을 구하시오.

(2) 고급 필터 – 제조사가 '콤펫' 이면서, 할인율이 '20%' 이상인 자료의 데이터만 추출하시오.
　　　　　　– 조건 범위 : 「B14」 셀부터 입력하시오.
　　　　　　– 복사 위치 : 「B18」 셀부터 나타나도록 하시오.

4 "제1작업" 시트의 「B4:H12」 영역을 복사하여 "제2작업" 시트의 「B2」 셀부터 모두 붙여넣기를 한 후 다음의 조건과 같이 작업하시오.

⊘ **실습파일** : 유형05-4_유형2(문제).xlsx　⊘ **완성파일** : 유형05-4_유형2(완성).xlsx

《조건》

(1) 목표값 찾기 – 「B11:G11」 셀을 병합하여 "최고일매출(단위:원) 평균"을 입력한 후 「H11」 셀에 최고일매출(단위:원) 평균을 구하시오(AVERAGE 함수, 테두리).
　　　　　　　– '최고일매출(단위:원) 평균'이 '3,300,000'이 되려면 수지점의 최고일매출(단위:원)이 얼마가 되어야 하는지 목표값을 구하시오..

(2) 고급 필터 – 지역이 '서울'이거나, 개점일이 '2024-12-10' 이전인(해당일 포함) 자료의 가맹점명, 지역, 최고월매출 (단위:원), 최고일매출(단위:원), 직원수 데이터만 추출하시오.
　　　　　　– 조건 범위 : 「B14」 셀부터 입력하시오.
　　　　　　– 복사 위치 : 「B18」 셀부터 나타나도록 하시오.

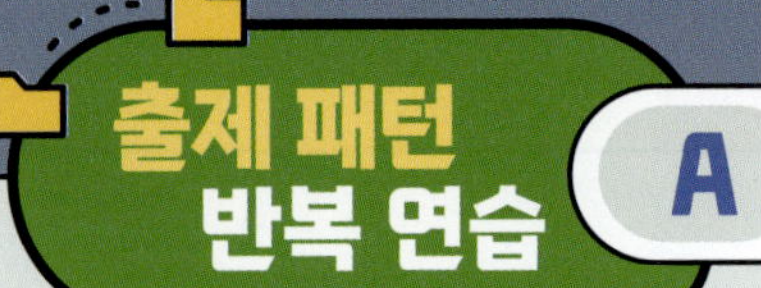

⊘ 실습파일 : 패턴05-1(유형2_문제).xlsx　⊘ 완성파일 : 패턴05-1(유형2_완성).xlsx

패턴 01　[데이터]-[가상 분석]-[목표값 찾기]

❶ 목표값 찾기 – 「H11」 셀에 전기요의 가격 평균을 구하시오. 단, 조건은 입력데이터를 이용하시오(DAVERAGE 함수). ❷ '전기요의 가격 평균'이 '120,000'이 되려면 무자계 전기요의 가격이 얼마가 되어야 하는지 목표값을 구하시오.

패턴 02　[데이터]-[가상 분석]-[목표값 찾기]

❶ 목표값 찾기 – 「H11」 셀에 가정 어린이집의 인원 평균을 구하시오. 단, 조건은 입력데이터를 이용하시오(DAVERAGE 함수). ❷ 가정 어린이집의 인원 평균이 '20'이 되려면 ABC 어린이집의 인원이 얼마가 되어야 하는지 목표값을 구하시오.

패턴 03　[데이터]-[가상 분석]-[목표값 찾기]

❶ 목표값 찾기 – 「H11」 셀에 월임대료(단위:원)의 전체 평균을 구하시오(AVERAGE 함수). ❷ '월임대료(단위:원)의 전체 평균'이 '1,000,000'이 되려면 GNB영어의 월임대료(단위:원)가 얼마가 되어야 하는지 목표값을 구하시오.

패턴 04　[데이터]-[가상 분석]-[목표값 찾기]

❶ 목표값 찾기 – 「H11」 셀에 전월매출의 전체 평균을 구하시오(AVERAGE 함수). ❷ '전월매출 전체 평균'이 '9,100'이 되려면 상동점의 전월매출이 얼마가 되어야 하는지 목표값을 구하시오.

패턴 05　[데이터]-[가상 분석]-[목표값 찾기]

❶ 목표값 찾기 – 「H11」 셀에 밑반찬의 판매수량 평균을 구하시오. 단, 조건은 입력데이터를 이용하시오(DAVERAGE 함수). ❷ '밑반찬의 판매수량 평균'이 '205'가 되려면 우엉조림의 판매수량이 얼마가 되어야 하는지 목표값을 구하시오.

패턴 06　[데이터]-[가상 분석]-[목표값 찾기]

❶ 목표값 찾기 – 「H11」 셀에 어썸봇 브랜드의 판매수량(단위:개) 평균을 구하시오. 단, 조건은 입력데이터를 이용하시오(DAVERAGE 함수). ❷ '어썸봇 브랜드의 판매수량(단위:개) 평균'이 '2,400'이 되려면 어썸보드의 판매수량(단위:개)이 얼마가 되어야 하는지 목표값을 구하시오.

패턴 07　[데이터]-[가상 분석]-[목표값 찾기]

❶ 목표값 찾기 – 「H11」 셀에 흡입전용의 판매가격(단위:원) 평균을 구하시오. 단, 조건은 입력데이터를 이용하시오(DAVERAGE 함수). ❷ '흡입전용의 판매가격(단위:원) 평균'이 '500,000'이 되려면 코드제로 R9의 판매가격(단위:원)이 얼마가 되어야 하는지 목표값을 구하시오.

패턴 08　[데이터]-[가상 분석]-[목표값 찾기]

❶ 목표값 찾기 – 「H11」 셀에 판매가 전체 평균을 구하시오(AVERAGE 함수). ❷ '판매가 전체 평균'이 '4,600,000'이 되려면 아반떼X의 판매가가 얼마가 되어야 하는지 목표값을 구하시오.

⊘ **실습파일** : 패턴05-2(유형2_문제).xlsx ⊘ **완성파일** : 패턴05-2(유형2_완성).xlsx

패턴 01 [데이터]-[고급]

❶ 고급필터 – 제품코드가 'B'로 시작하거나, 소비전력(W)이 '100' 이하인 자료의 모델명, 방식, 제조사, 가격 데이터만 추출하시오. ❷ 조건 범위 : 「B14」셀부터 입력하시오. ❸ 복사 위치 : 「B18」셀부터 나타나도록 하시오.

패턴 02 [데이터]-[고급]

❶ 고급 필터 – 지역이 '서울'이거나 정원(단위:명)이 '50' 이하인 자료의 데이터만 추출하시오. ❷ 조건 범위 : 「B14」셀부터 입력하시오. ❸ 복사 위치 : 「B18」셀부터 나타나도록 하시오.

패턴 03 [데이터]-[고급]

❶ 고급 필터 – 구분이 '편의시설'이거나, 실평수가 '15' 미만인 자료의 임대코드, 입주상가, 월임대료(단위:원), 입주일 데이터만 추출하시오. ❷ 조건 범위 : 「B14」셀부터 입력하시오. ❸ 복사 위치 : 「B18」셀부터 나타나도록 하시오.

패턴 04 [데이터]-[고급]

❶ 고급 필터 – 지역이 '서울'이 아니면서 매장규모(제곱미터)가 '40' 이하인 자료의 매장명, 개점일, 개설비용(단위:십만원), 전월매출 데이터만 추출하시오. ❷ 조건 범위 : 「B14」셀부터 입력하시오. ❸ 복사 위치 : 「B18」셀부터 나타나도록 하시오.

패턴 05 [데이터]-[고급]

❶ 고급 필터 – 분류가 '김치'가 아니면서 마진율이 '35%' 미만인 자료의 데이터만 추출하시오. ❷ 조건 범위 : 「B14」셀부터 입력하시오. ❸ 복사 위치 : 「B18」셀부터 나타나도록 하시오.

패턴 06 [데이터]-[고급]

❶ 고급 필터 – 분류가 '센서' 이면서, 판매수량(단위:개)이 '2,500' 이하인 자료의 데이터만 추출하시오. ❷ 조건 범위 : 「B14」셀부터 입력하시오. ❸ 복사 위치 : 「B18」셀부터 나타나도록 하시오.

패턴 07 [데이터]-[고급]

❶ 고급필터 – 제조회사가 '샤오미'가 아니면서 상품리뷰(단위:개)가 '200' 이상인 자료의 데이터만 추출하시오. ❷ 조건 범위 : 「B14」셀부터 입력하시오. ❸ 복사 위치 : 「B18」셀부터 나타나도록 하시오.

패턴 08 [데이터]-[고급]

❶ 고급필터 – 제조사가 'M'으로 끝나거나, 주행거리(km)가 '50,000' 이상인 자료의 관리코드, 차종, 주행거리(km), 판매가 데이터만 추출하시오. ❷ 조건 범위 : 「B14」셀부터 입력하시오. ❸ 복사 위치 : 「B18」셀부터 나타나도록 하시오.

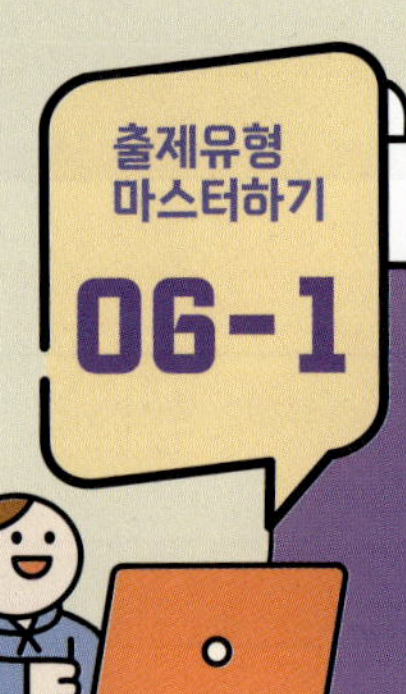

[제3작업] 유형1_피벗테이블

⊘ **실습파일** : 06차시_유형1(문제).xlsx　⊘ **완성파일** : 06차시_유형1(완성).xlsx

[배점] 80점 (500점 만점)

☞ "제1작업" 시트를 이용하여 "제3작업" 시트에 조건에 따라 《출력형태》와 같이 작업하시오.

《조건》

(1) 요금 및 관람기기별 영화명의 개수와 관람인원(단위:명)의 평균을 구하시오.

(2) 요금을 그룹화하고, 관람기기를《출력형태》와 같이 정렬하시오.

(3) 레이블이 있는 셀 병합 및 가운데 맞춤 적용 및 빈 셀은 '***'로 표시하시오.

(4) 행의 총합계는 지우고, 나머지 사항은《출력형태》에 맞게 작성하시오.

《출력형태》

A	B 요금	C 개수 : 영화명	D 태블릿 평균 : 관람인원(단위:명)	E 개수 : 영화명	F 스마트폰 평균 : 관람인원(단위:명)	G 개수 : 영화명	H 노트북 평균 : 관람인원(단위:명)
	관람기기						
5	4001-8000	1	2,948	***	***	***	***
6	8001-12000	2	1,571	3	2,225	1	1,120
7	12001-16000	***	***	***	***	1	1,450
8	총합계	3	2,030	3	2,225	2	1,285

작업 과정 미리보기

범위 및 삽입 위치 지정 〉 피벗 테이블 작성 〉 그룹 및 정렬 〉 피벗 테이블 옵션 및 서식 지정

Check 01 피벗 테이블 작성 ： [제3작업] 시트 [B2]셀에 피벗 테이블을 작성해요!

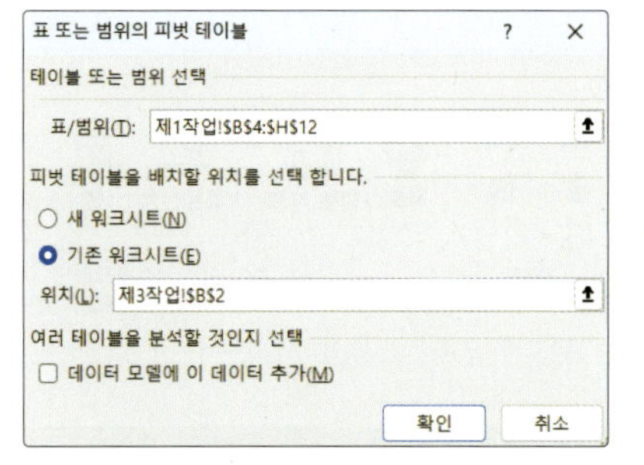

피벗 테이블 범위 및 삽입 위치 지정

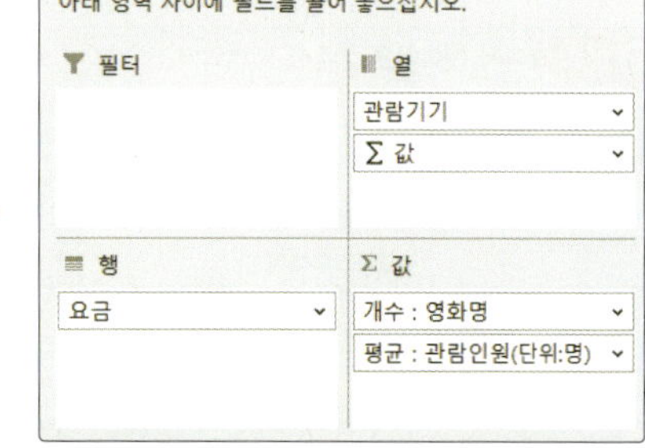

필드를 드래그하여 피벗 테이블 작성

Check 02 그룹 및 정렬 ： 행 필드를 그룹으로 지정한 후 열 필드를 정렬해요!

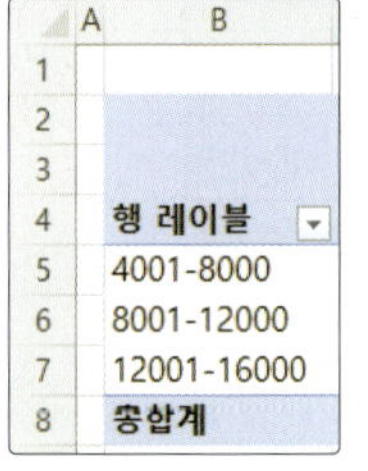

행 필드 그룹 지정

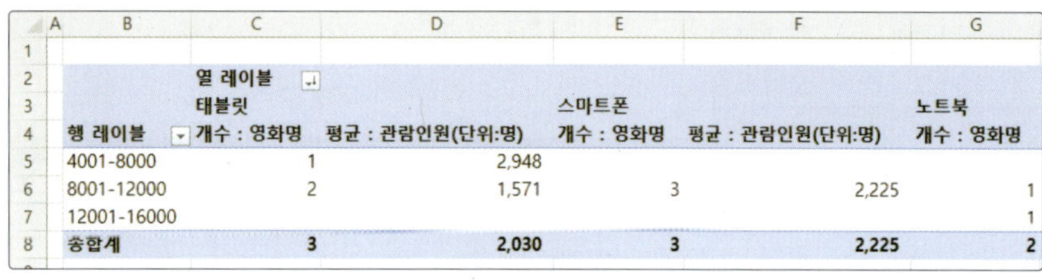

열 필드 정렬

Check 03 옵션 및 서식 지정 ： 피벗 테이블 옵션 및 서식을 지정해요!

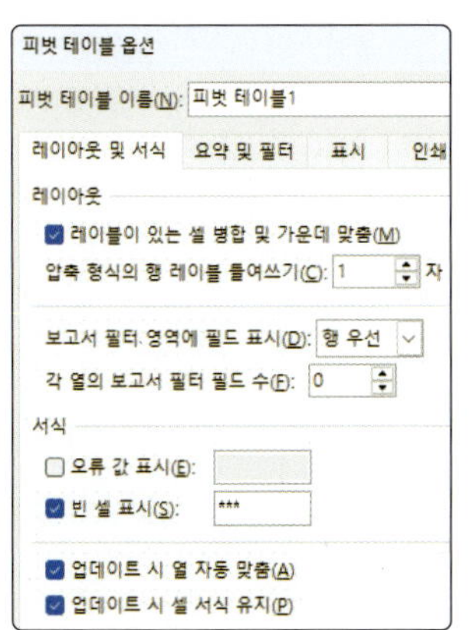

피벗 테이블 옵션 지정

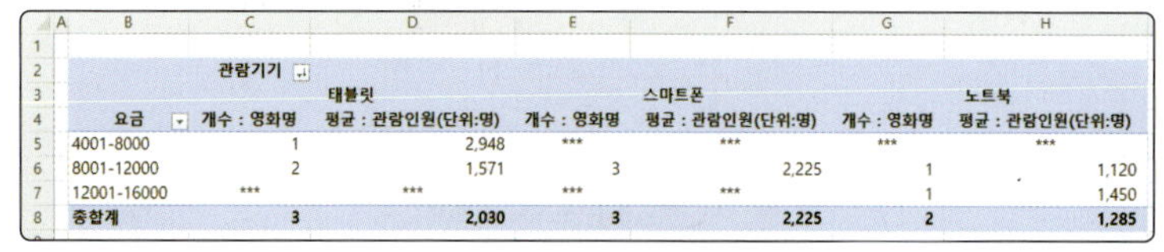

맞춤 및 쉼표 스타일 지정

피벗 테이블 작성

☞ "제1작업" 시트를 이용하여 "제3작업" 시트에 조건에 따라 《출력형태》와 같이 작업하시오.
(1) 요금 및 관람기기별 영화명의 개수와 관람인원(단위:명)의 평균을 구하시오.

1 06차시_유형1(문제).xlsx 파일을 불러와 [제1작업] 시트를 클릭합니다. [B4:H12]를 드래그한 후 [삽입] 탭에서 [피벗 테이블]을 클릭합니다.

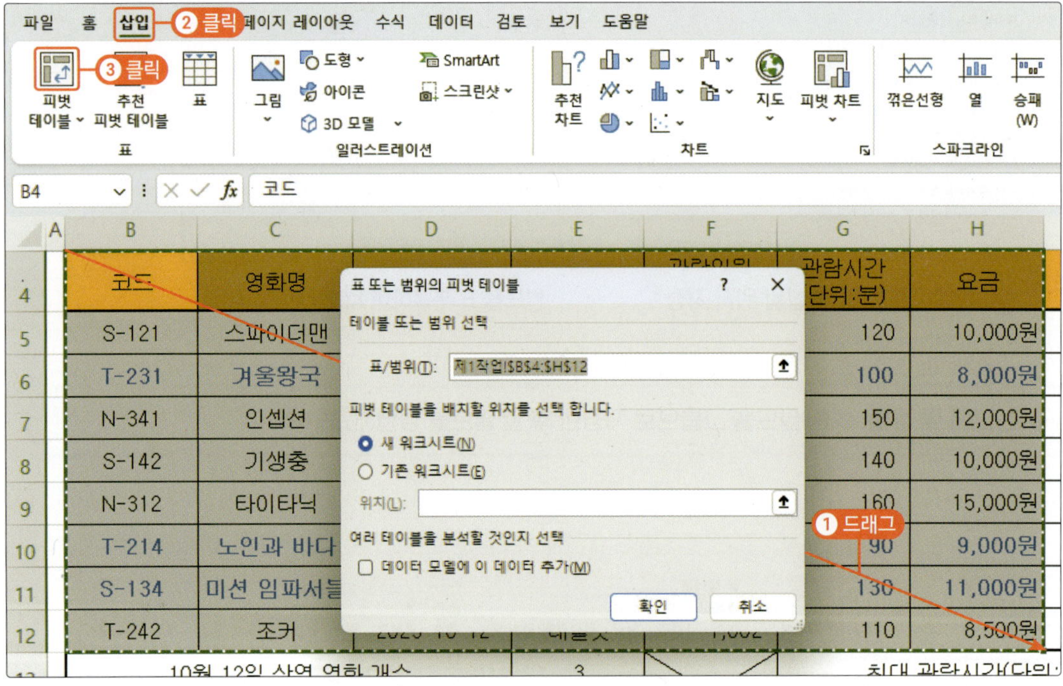

2 [표 또는 범위의 피벗 테이블] 대화상자에서 **기존 워크시트**를 선택한 후 위치 칸에 [제3작업] 시트의 [B2] 셀을 선택합니다.

★ [B4:H12]를 영역으로 지정했기 때문에 '표/범위(제1작업!$B$4:$H$12)'는 자동으로 지정돼요.

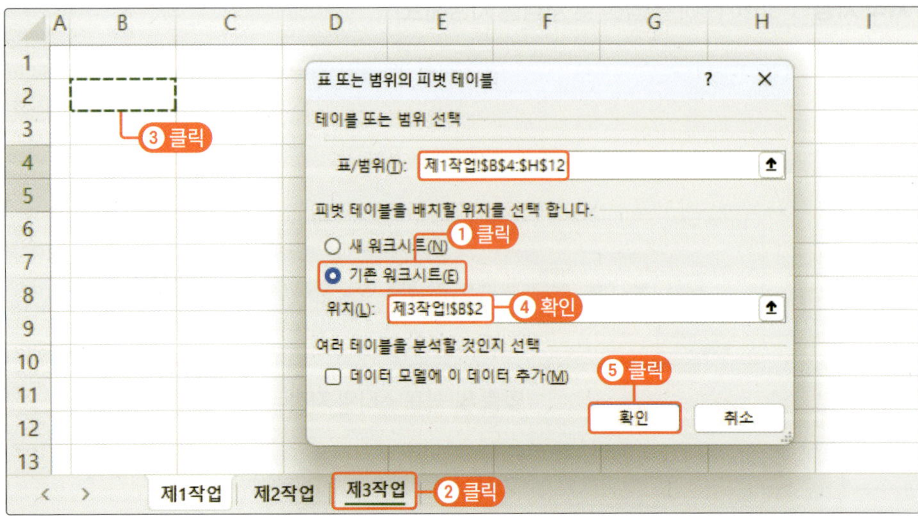

3 오른쪽 [피벗 테이블 필드] 작업 창에서 **요금**을 **행** 영역으로 드래그합니다.

★ 문제지의 《출력형태》를 참고하여 필드를 각각의 영역으로 드래그하세요.

Level UP — **피벗 테이블 필드 활성화**

[피벗 테이블 필드] 작업 창이 활성화되지 않으면 [피벗 테이블 분석] 탭에서 [필드 목록]을 클릭합니다.

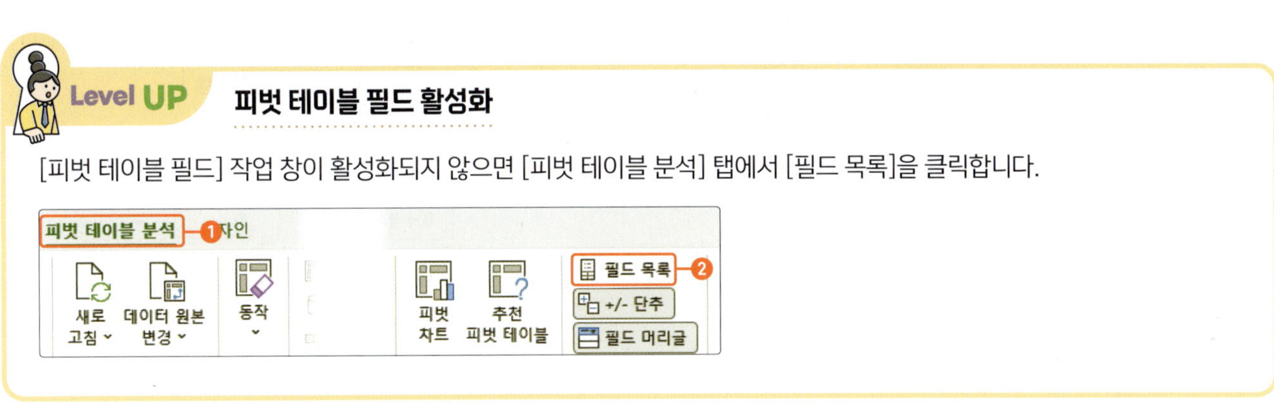

4 같은 방법으로 **관람기기**는 **열** 영역으로, **영화명**과 **관람인원(단위:명)**은 **값** 영역으로 드래그합니다.

★ 값 영역에 추가되는 필드는 순서('영화명' → '관람인원(단위:명)')가 바뀌지 않도록 주의해 주세요.

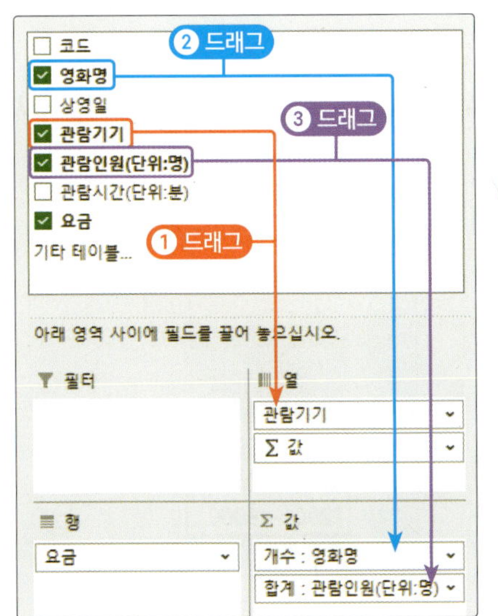

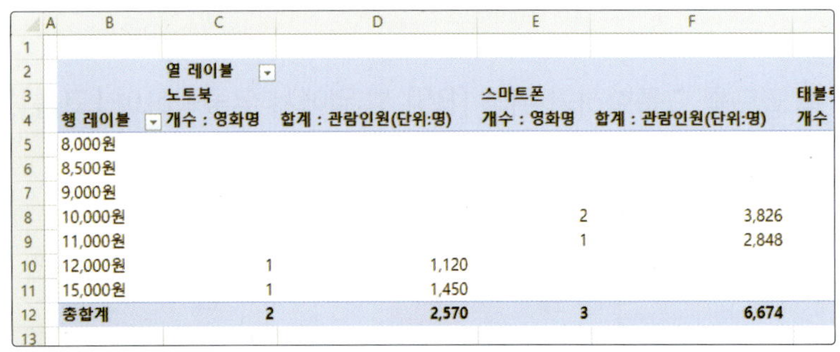

Level UP — **필드 삭제**

삭제할 필드를 워크시트 쪽으로 드래그합니다.

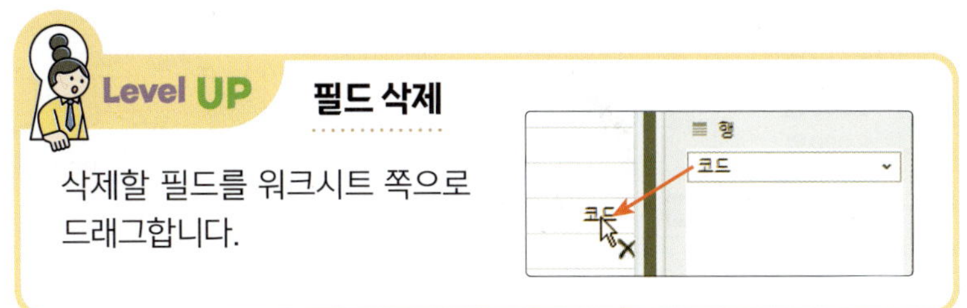

(1) 요금 및 관람기기별 영화명의 개수와 관람인원(단위:명)의 평균을 구하시오.
(2) 요금을 그룹화하고, 관람기기를 《출력형태》와 같이 정렬하시오.

1 값 영역에서 **합계 : 관람인원(단위:명)**을 클릭한 후 **[값 필드 설정]**을 선택합니다.

2 [값 필드 설정] 대화상자의 [값 요약 기준] 탭에서 **평균**을 선택한 후 '평균 : 관람인원' 뒤쪽에 **(단위:명)**을 입력합니다.

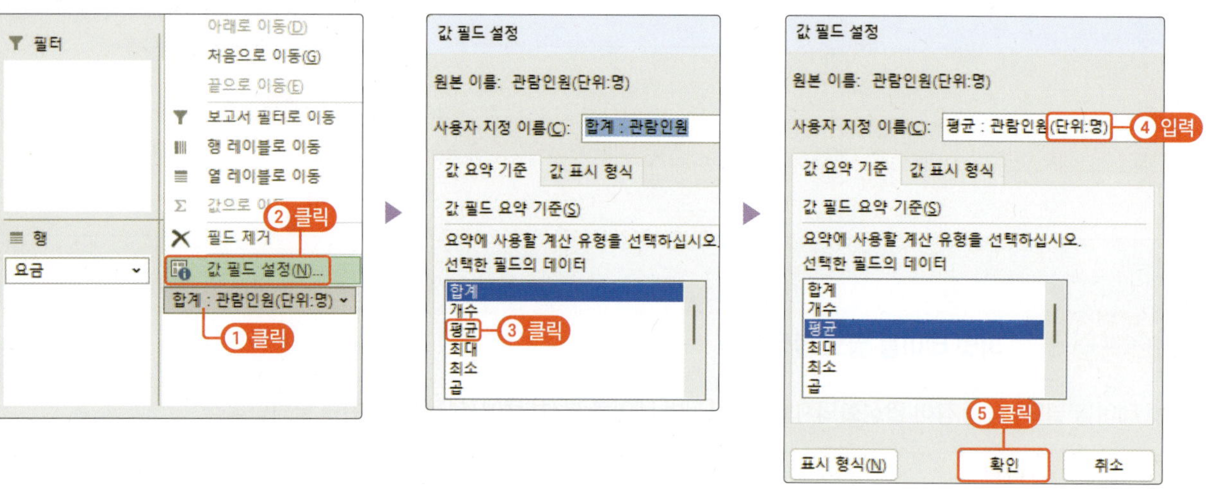

3 변경된 함수와 필드명을 확인합니다.

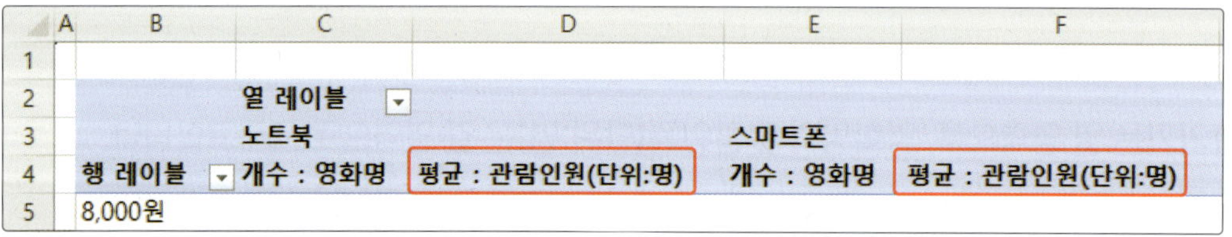

4 행 필드를 그룹화하기 위해 [B5] 셀 위에서 우클릭하여 **[그룹]**을 클릭합니다. [그룹화] 대화상자에서 **시작(4001), 끝(16000), 단위(4000)**를 입력합니다.

★ 문제지의 《출력형태》를 참고하여 그룹을 지정해요.

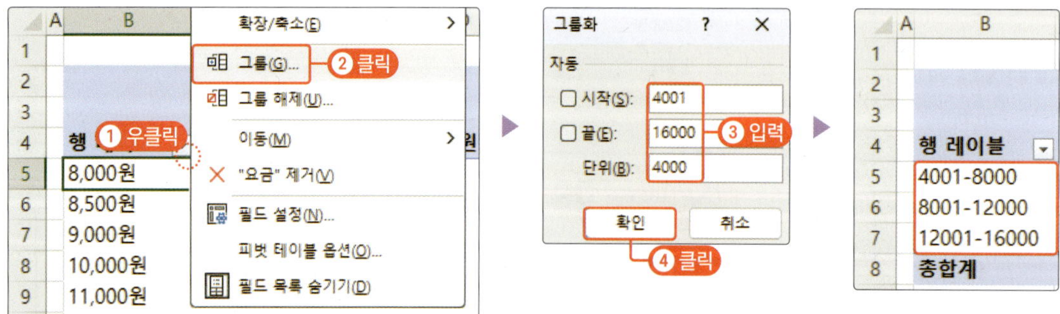

Level UP 그룹화 작업

❶ 그룹화 작업은 '숫자(시작, 끝, 단위)'와 '날짜(분기, 월, 일)'가 자주 출제됩니다.

❷ 날짜 그룹화는 단위(일, 월, 분기, 연)를 선택하면 되지만 숫자 그룹화는 '최소값', '최대값', '단위'를 판단하여 직접 값을 입력해야 합니다.
　– 시작(최소값) : 4001, 끝(최대값) : 16000, 단위(4001~8000) : 4000
　– 단위 구분 : 오단위(1~5, 7~11), 십단위(1~10, 15~24, 1~20), 백단위(1~100, 51~150, 1~200), 천단위
　　　　　　 (1~1000, 1~2000)

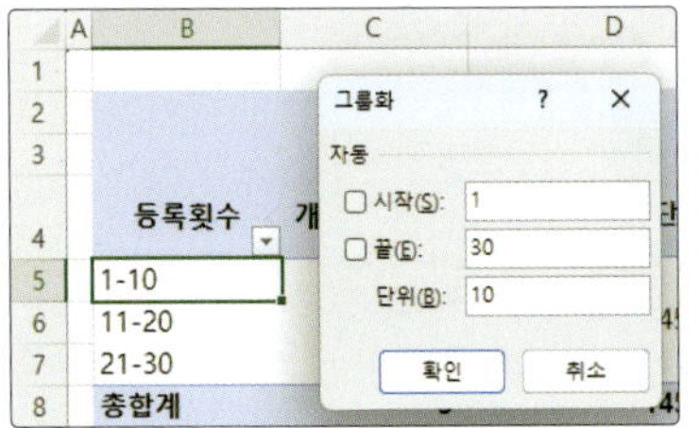

▲ 숫자(1, 30, 10)

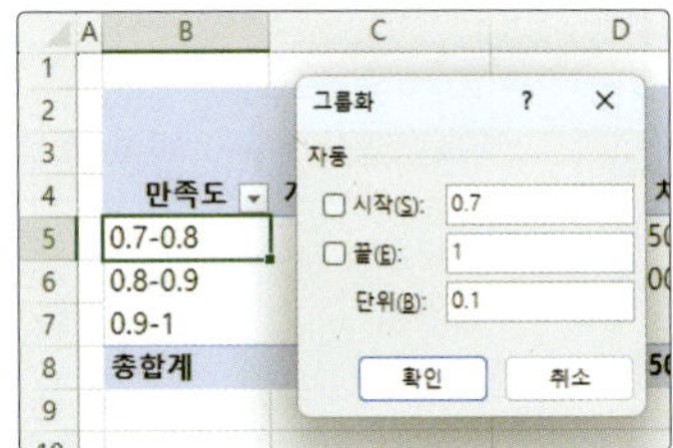

▲ 숫자(0.7, 1, 0.1)

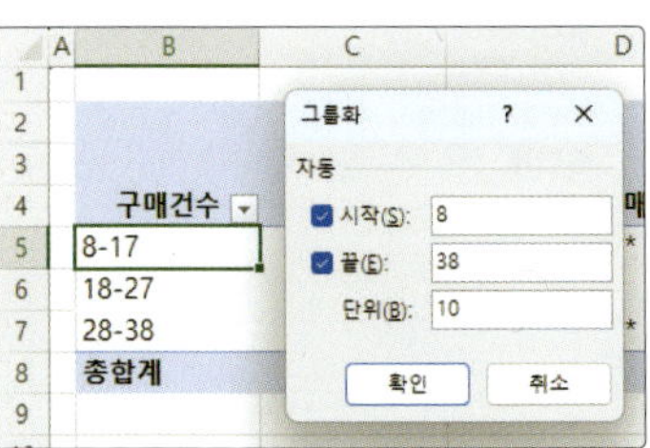

▲ 숫자(8, 38, 10)

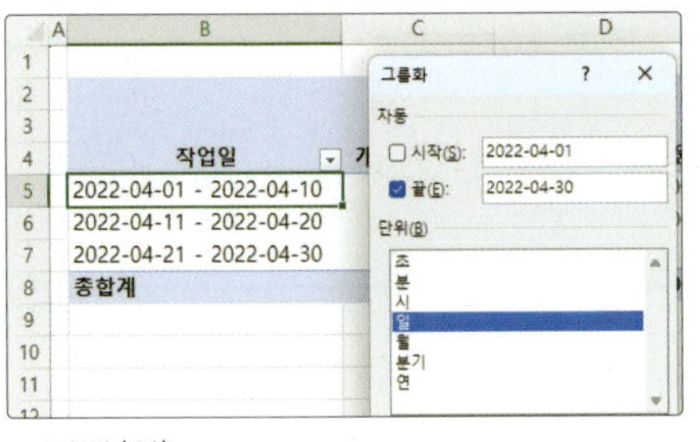

▲ 날짜(일)

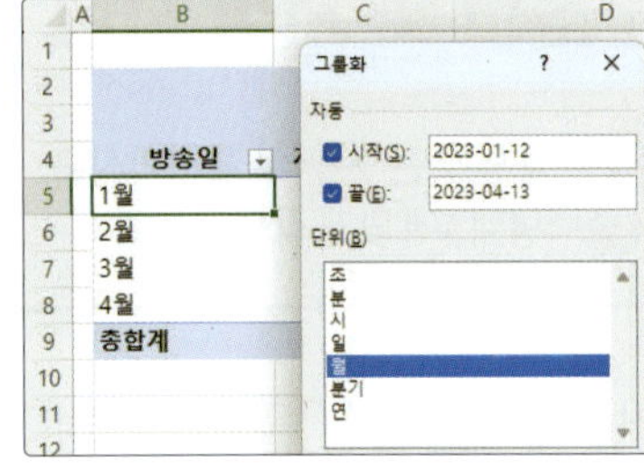

▲ 날짜(월)

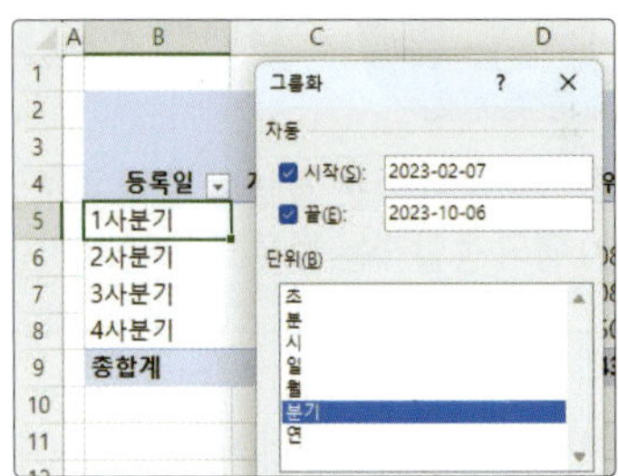

▲ 날짜(분기)

---

5 열 필드를 정렬하기 위하여 열 레이블의 목록 단추를 눌러 **텍스트 내림차순 정렬**을 클릭합니다.

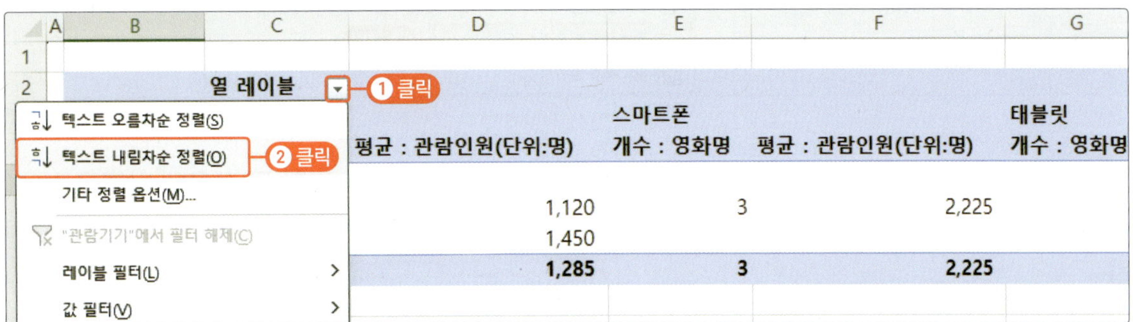

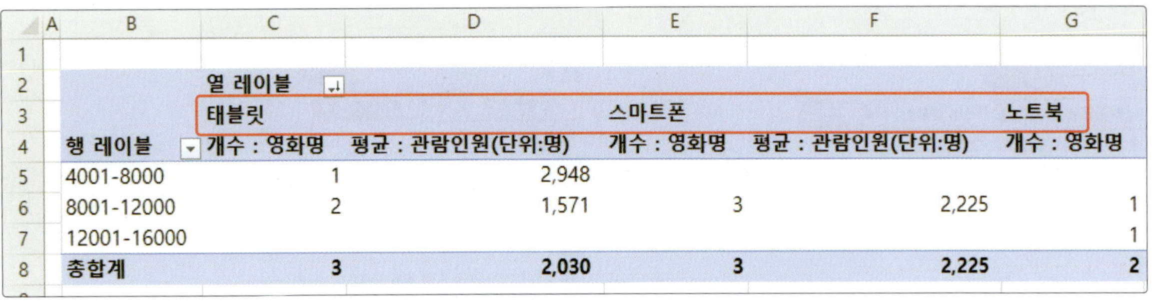

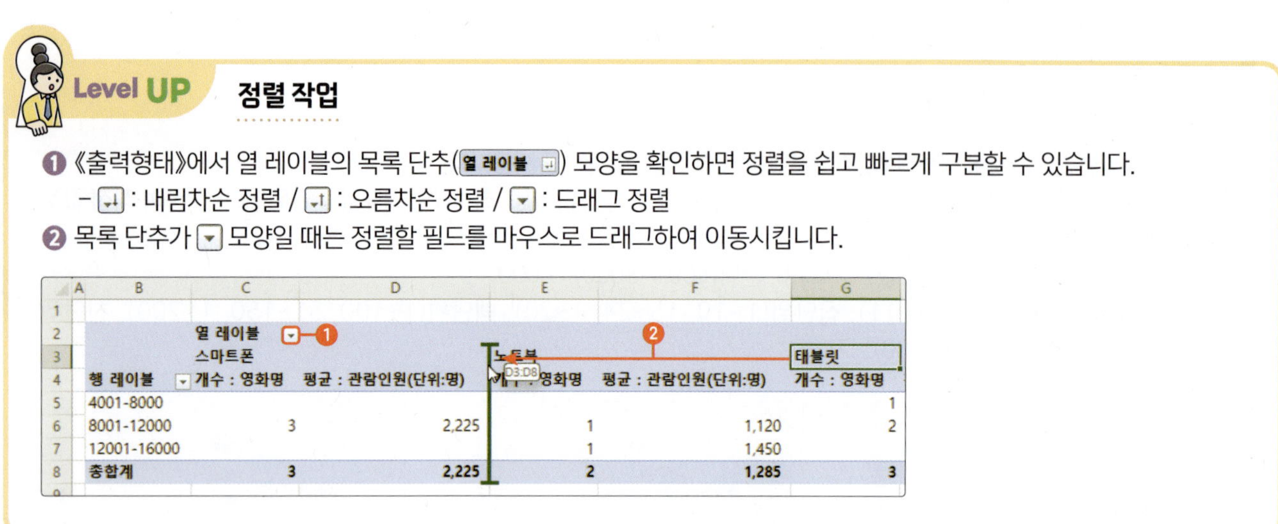

① 《출력형태》에서 열 레이블의 목록 단추(열 레이블 ▣) 모양을 확인하면 정렬을 쉽고 빠르게 구분할 수 있습니다.
  – ▣ : 내림차순 정렬 / ▣ : 오름차순 정렬 / ▼ : 드래그 정렬
② 목록 단추가 ▼ 모양일 때는 정렬할 필드를 마우스로 드래그하여 이동시킵니다.

STEP 03 피벗 테이블 옵션 및 서식 지정

(3) 레이블이 있는 셀 병합 및 가운데 맞춤 적용 및 빈 셀은 '***'로 표시하시오.
(4) 행의 총합계는 지우고, 나머지 사항은 《출력형태》에 맞게 작성하시오.

---

1 피벗 테이블 위에서 우클릭하여 [**피벗 테이블 옵션**]을 선택합니다.

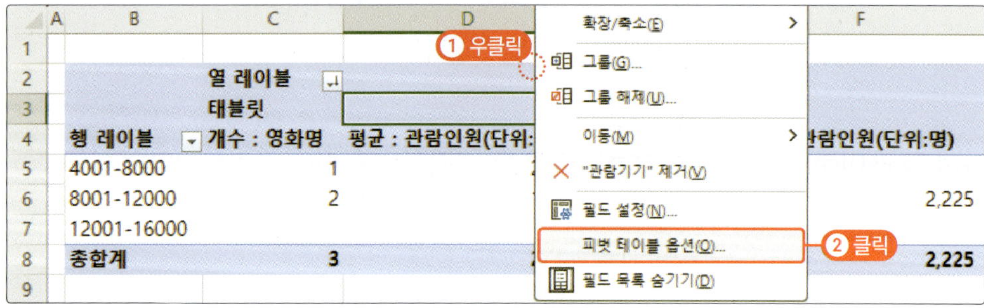

2 [피벗 테이블 옵션] 대화상자의 [레이아웃 및 서식] 탭에서 **레이블이 있는 셀 병합 및 가운데 맞춤**을 선택(✓)한 후 '빈 셀 표시' 칸에 ***을 입력합니다. 이어서, [요약 및 필터] 탭을 클릭하여 **행 총합계 표시**의 선택을 해제합니다.

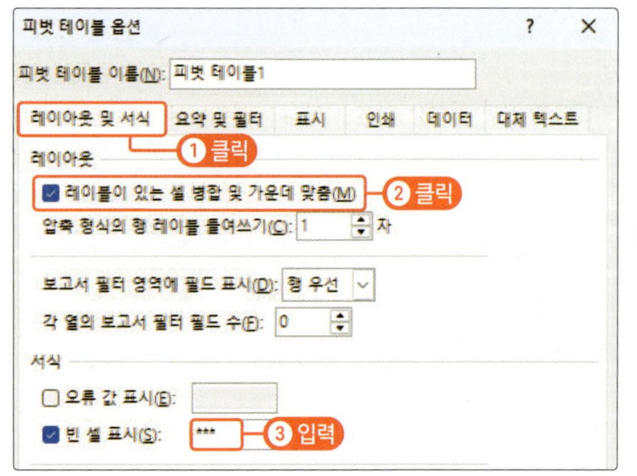
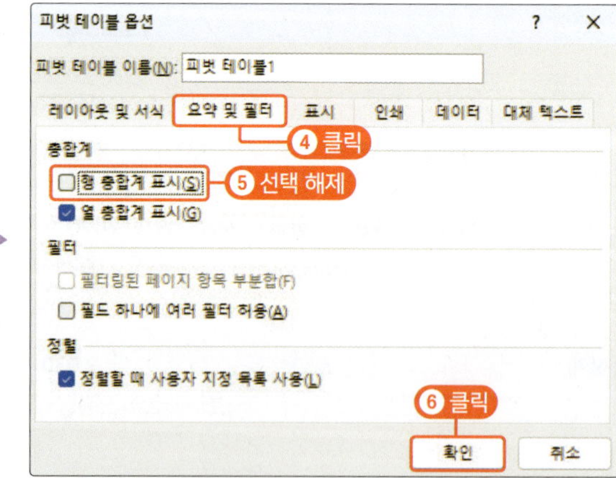

3 피벗 테이블 옵션 지정이 끝나면 문제지의 《출력형태》와 동일한지 확인합니다.

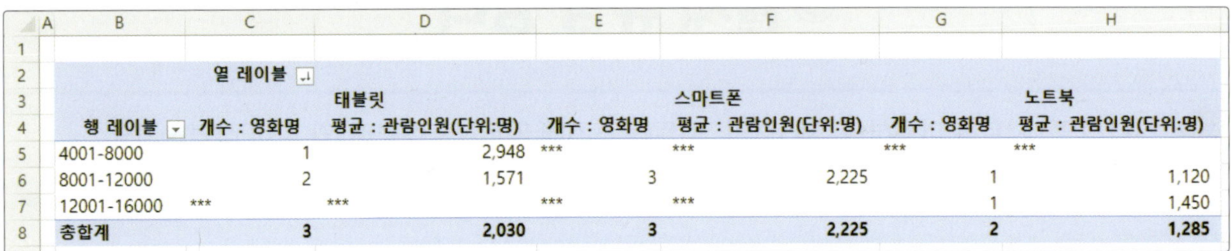

행 레이블 ▼	열 레이블 ↴						
	태블릿		스마트폰		노트북		
	개수 : 영화명	평균 : 관람인원(단위:명)	개수 : 영화명	평균 : 관람인원(단위:명)	개수 : 영화명	평균 : 관람인원(단위:명)	
4001-8000	1	2,948	***	***	***	***	
8001-12000	2	1,571	3	2,225	1	1,120	
12001-16000	***	***	***	***	1	1,450	
총합계	3	2,030	3	2,225	2	1,285	

4 열과 행 레이블의 이름을 변경하기 위해 [C2] 셀에 **관람기기**, [B4] 셀에 **요금**을 입력합니다.

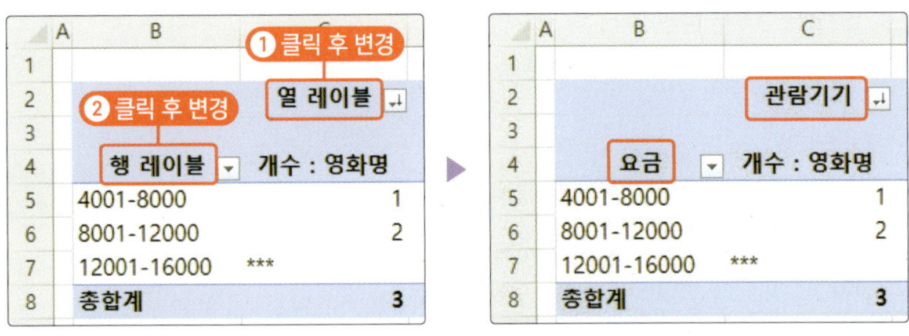

5 기본 서식을 지정하기 위해 [C5:H8]을 드래그한 후 [홈] 탭에서 **가운데 맞춤**과 **쉼표 스타일**을 클릭합니다.

✦ 문제지의 《출력형태》를 참고하여 필요한 서식을 지정해요.

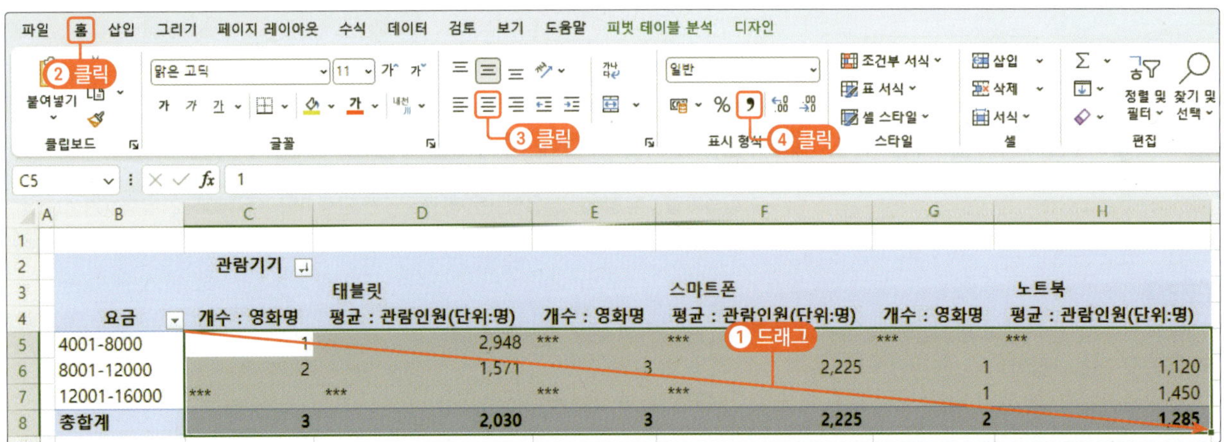

6 작업이 완료되면 [저장(🖫)]을 클릭하거나, Ctrl+S를 눌러 답안 파일을 저장합니다.

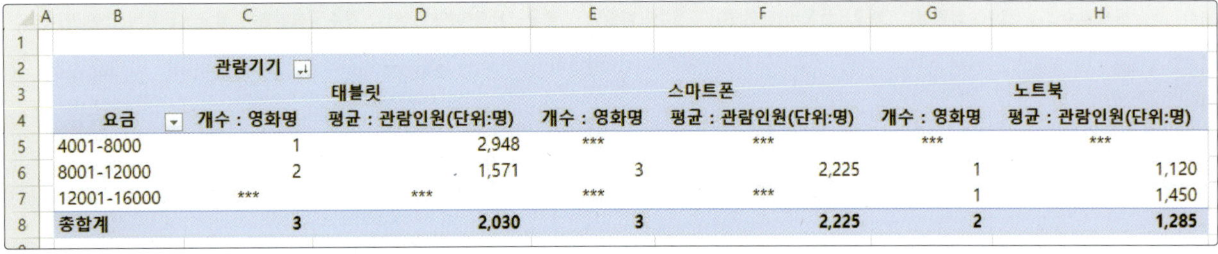

요금 ▼	관람기기 ↴						
	태블릿		스마트폰		노트북		
	개수 : 영화명	평균 : 관람인원(단위:명)	개수 : 영화명	평균 : 관람인원(단위:명)	개수 : 영화명	평균 : 관람인원(단위:명)	
4001-8000	1	2,948	***	***	***	***	
8001-12000	2	1,571	3	2,225	1	1,120	
12001-16000	***	***	***	***	1	1,450	
총합계	3	2,030	3	2,225	2	1,285	

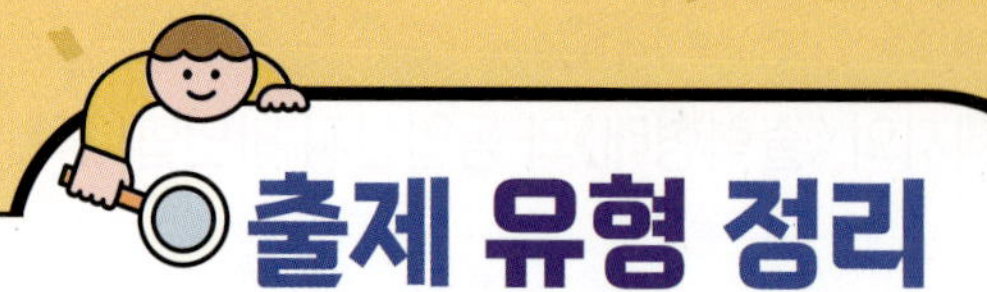

1 "제1작업" 시트를 이용하여 "제3작업" 시트에 조건에 따라 《출력형태》와 같이 작업하시오.

⊘ **실습파일** : 유형06-1_유형1(문제).xlsx   ⊘ **완성파일** : 유형06-1_유형1(완성).xlsx

《조건》

(1) 만족도 및 서비스유형별 서비스명의 개수와 월간 처리량의 평균을 구하시오.
(2) 만족도를 그룹화하고, 서비스유형을 《출력형태》와 같이 정렬하시오.
(3) 레이블이 있는 셀 병합 및 가운데 맞춤 적용 및 빈 셀은 '**'로 표시하시오.
(4) 행의 총합계는 지우고, 나머지 사항은 《출력형태》에 맞게 작성하시오.

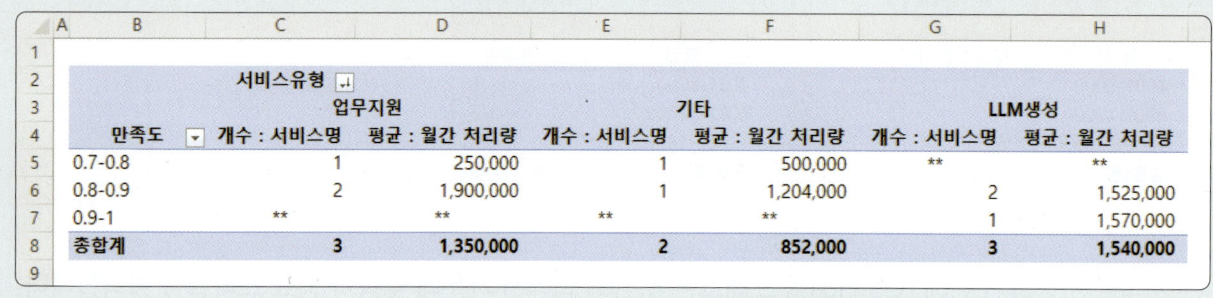

만족도	업무지원		기타		LLM생성	
	개수 : 서비스명	평균 : 월간 처리량	개수 : 서비스명	평균 : 월간 처리량	개수 : 서비스명	평균 : 월간 처리량
0.7-0.8	1	250,000	1	500,000	**	**
0.8-0.9	2	1,900,000	1	1,204,000	2	1,525,000
0.9-1	**	**	**	**	1	1,570,000
총합계	3	1,350,000	2	852,000	3	1,540,000

2 "제1작업" 시트를 이용하여 "제3작업" 시트에 조건에 따라 《출력형태》와 같이 작업하시오.

⊘ **실습파일** : 유형06-2_유형1(문제).xlsx   ⊘ **완성파일** : 유형06-2_유형1(완성).xlsx

《조건》

(1) 등록횟수 및 등록경로별 회원명의 개수와 등록비(단위:원)의 평균을 구하시오.
(2) 등록횟수를 그룹화하고, 등록경로를 《출력형태》와 같이 정렬하시오.
(3) 레이블이 있는 셀 병합 및 가운데 맞춤 적용 및 빈 셀은 '**'로 표시하시오.
(4) 행의 총합계는 지우고, 나머지 사항은 《출력형태》에 맞게 작성하시오.

등록횟수	인터넷검색		전단지		지인소개	
	개수 : 회원명	평균 : 등록비(단위:원)	개수 : 회원명	평균 : 등록비(단위:원)	개수 : 회원명	평균 : 등록비(단위:원)
1-10	2	179,000	1	160,000	**	**
11-20	**	**	1	230,000	3	145,000
21-30	**	**	1	80,000	**	**
총합계	2	179,000	3	156,667	3	145,000

3 "제1작업" 시트를 이용하여 "제3작업" 시트에 조건에 따라 《출력형태》와 같이 작업하시오.

⊘ **실습파일** : 유형06-3_유형1(문제).xlsx ⊘ **완성파일** : 유형06-3_유형1(완성).xlsx

《조건》
(1) 상품가격(단위:원) 및 제조사별 상품명의 개수와 판매수량의 평균을 구하시오.
(2) 상품가격(단위:원)을 그룹화하고, 제조사를 《출력형태》와 같이 정렬하시오.
(3) 레이블이 있는 셀 병합 및 가운데 맞춤 적용 및 빈 셀은 '***'로 표시하시오.
(4) 행의 총합계는 지우고, 나머지 사항은 《출력형태》에 맞게 작성하시오.

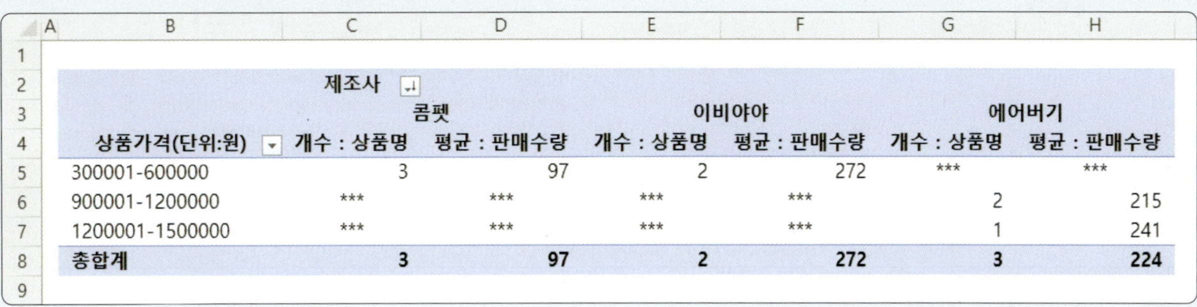

상품가격(단위:원) ▼	제조사 ↓							
	콤펫		이비야야		에어버기			
	개수 : 상품명	평균 : 판매수량	개수 : 상품명	평균 : 판매수량	개수 : 상품명	평균 : 판매수량		
300001-600000	3	97	2	272	***	***		
900001-1200000	***	***	***	***	2	215		
1200001-1500000	***	***	***	***	1	241		
총합계	3	97	2	272	3	224		

4 "제1작업" 시트를 이용하여 "제3작업" 시트에 조건에 따라 《출력형태》와 같이 작업하시오.

⊘ **실습파일** : 유형06-4_유형1(문제).xlsx ⊘ **완성파일** : 유형06-4_유형1(완성).xlsx

《조건》
(1) 최고월매출(단위:원) 및 지역별 가맹점명의 개수와 최고일매출(단위:원)의 평균을 구하시오.
(2) 최고월매출(단위:원)을 그룹화하고, 지역을 《출력형태》와 같이 정렬하시오.
(3) 레이블이 있는 셀 병합 및 가운데 맞춤 적용 및 빈 셀은 '***'로 표시하시오.
(4) 행의 총합계는 지우고, 나머지 사항은 《출력형태》에 맞게 작성하시오.

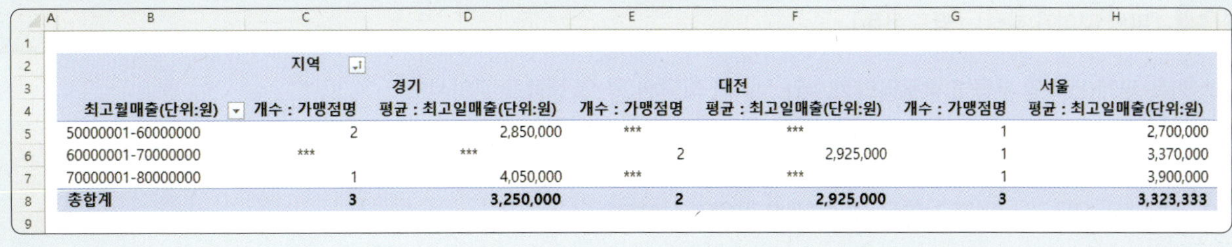

최고월매출(단위:원) ▼	지역 ↓						
	경기		대전		서울		
	개수 : 가맹점명	평균 : 최고일매출(단위:원)	개수 : 가맹점명	평균 : 최고일매출(단위:원)	개수 : 가맹점명	평균 : 최고일매출(단위:원)	
50000001-60000000	2	2,850,000	***	***	1	2,700,000	
60000001-70000000	***	***	2	2,925,000	1	3,370,000	
70000001-80000000	1	4,050,000	***	***	1	3,900,000	
총합계	3	3,250,000	2	2,925,000	3	3,323,333	

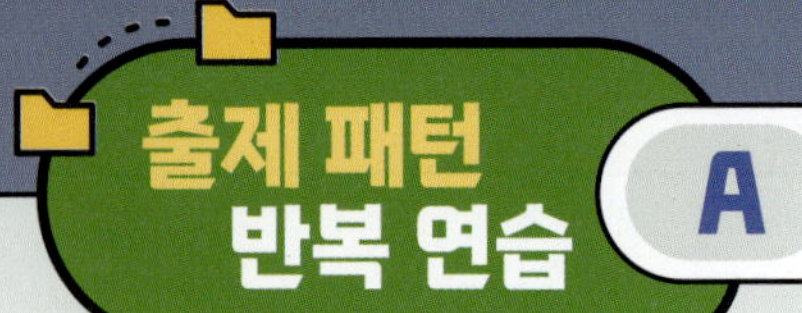

A 조건에 맞추어 각 시트에 피벗 테이블을 작성해 보세요.

⊘ 실습파일 : 패턴06-1(유형1_문제).xlsx　⊘ 완성파일 : 패턴06-1(유형1_완성).xlsx

패턴 01　[피벗 테이블 분석]-[필드 목록]

❶ 등록일 및 등록경로별 회원명의 개수와 등록비(단위:원)의 평균을 구하시오.
❷ 등록일을 그룹화하고, 등록경로를 《출력형태》와 같이 정렬하시오.
❸ 레이블이 있는 셀 병합 및 가운데 맞춤 적용 및 빈 셀은 '***'로 표시하시오.
❹ 행의 총합계는 지우고, 나머지 사항은 《출력형태》에 맞게 작성하시오.

등록일	등록경로 홈페이지		카톡채널		밴드	
	개수 : 회원명	평균 : 등록비(단위:원)	개수 : 회원명	평균 : 등록비(단위:원)	개수 : 회원명	평균 : 등록비(단위:원)
1사분기	***	***	2	195,000	***	***
2사분기	1	308,000	1	80,000	***	***
3사분기	2	108,500	***	***	1	218,000
4사분기	1	50,000	***	***	***	***
총합계	4	143,750	3	156,667	1	218,000

패턴 02　[피벗 테이블 분석]-[필드 목록]

❶ 방송일 및 분류별 상품명의 개수와 판매수량(단위:대)의 평균을 구하시오.
❷ 방송일을 그룹화하고, 분류를 《출력형태》와 같이 정렬하시오.
❸ 레이블이 있는 셀 병합 및 가운데 맞춤 적용 및 빈 셀은 '***'로 표시하시오.
❹ 행의 총합계는 지우고, 나머지 사항은 《출력형태》에 맞게 작성하시오.

방송일	분류 냉장고		TV		세탁기	
	개수 : 상품명	평균 : 판매수량(단위:대)	개수 : 상품명	평균 : 판매수량(단위:대)	개수 : 상품명	평균 : 판매수량(단위:대)
1월	1	1,788	1	854	***	***
2월	***	***	1	2,167	1	4,456
3월	1	2,344	***	***	1	3,012
4월	2	1,405	***	***	***	***
총합계	4	1,735	2	1,511	2	3,734

패턴 03　[피벗 테이블 분석]-[필드 목록]

❶ 탑승 가능 무게(kg) 및 분류별 상품명의 개수와 상품가격(단위:원)의 평균을 구하시오.
❷ 탑승 가능 무게(kg)를 그룹화하고, 분류를 《출력형태》와 같이 정렬하시오.
❸ 레이블이 있는 셀 병합 및 가운데 맞춤 적용 및 빈 셀은 '*'로 표시하시오.
❹ 행의 총합계는 지우고, 나머지 사항은 《출력형태》에 맞게 작성하시오.

탑승 가능 무게(kg)	분류 1인승		2인승		3인승	
	개수 : 상품명	평균 : 상품가격(단위:원)	개수 : 상품명	평균 : 상품가격(단위:원)	개수 : 상품명	평균 : 상품가격(단위:원)
15-21	3	389,667	1	593,000	*	*
22-28	*	*	*	*	2	584,500
29-35	*	*	*	*	1	623,000
총합계	3	389,667	2	593,000	3	597,333

B 조건에 맞추어 각 시트에 피벗 테이블을 작성해 보세요.

⊘ **실습파일** : 패턴06-2(유형1_문제).xlsx ⊘ **완성파일** : 패턴06-2(유형1_완성).xlsx

패턴 04 [피벗 테이블 분석]-[필드 목록]

❶ 대여 수량 및 분류별 제품명의 개수와 대여가격(단위:원)의 최대값을 구하시오.
❷ 대여 수량을 그룹화하고, 분류를《출력형태》와 같이 정렬하시오.
❸ 레이블이 있는 셀 병합 및 가운데 맞춤 적용 및 빈 셀은 '***'로 표시하시오.
❹ 행의 총합계는 지우고, 나머지 사항은《출력형태》에 맞게 작성하시오.

| 대여 수량 | 테이블 | | 원터치텐트 | | 타프 | |
	개수 : 제품명	최대값 : 대여가격(단위:원)	개수 : 제품명	최대값 : 대여가격(단위:원)	개수 : 제품명	최대값 : 대여가격(단위:원)
1-600	1	36,000	1	33,000	***	***
601-1200	***	***	1	16,500	1	25,000
1201-1800	1	21,000	1	12,500	***	***
1801-2400	1	14,500	***	***	1	10,000
총합계	3	36,000	3	33,000	2	25,000

패턴 05 [피벗 테이블 분석]-[필드 목록]

❶ 댓글개수 및 분류별 과목의 개수와 수강인원(단위:명)의 평균을 구하시오.
❷ 댓글개수를 그룹화하고, 분류를《출력형태》와 같이 정렬하시오.
❸ 레이블이 있는 셀 병합 및 가운데 맞춤 적용 및 빈 셀은 '**'로 표시하시오.
❹ 행의 총합계는 지우고, 나머지 사항은《출력형태》에 맞게 작성하시오.

| 댓글개수 | 한식 | | 제과제빵 | | 음료 | |
	개수 : 과목	평균 : 수강인원(단위:명)	개수 : 과목	평균 : 수강인원(단위:명)	개수 : 과목	평균 : 수강인원(단위:명)
201-300	**	**	1	31	1	25
301-400	1	50	2	33	1	24
401-500	1	56	1	49	**	**
총합계	2	53	4	37	2	25

패턴 06 [피벗 테이블 분석]-[필드 목록]

❶ 소비전력(W) 및 제조사별 제품명의 개수와 사용면적(제곱미터)의 평균을 구하시오.
❷ 소비전력(W)을 그룹화하고, 제조사를《출력형태》와 같이 정렬하시오.
❸ 레이블이 있는 셀 병합 및 가운데 맞춤 적용 및 빈 셀은 '***'로 표시하시오.
❹ 행의 총합계는 지우고, 나머지 사항은《출력형태》에 맞게 작성하시오.

| 소비전력(W) | LG전자 | | 삼성전자 | | 위닉스 | |
	개수 : 제품명	평균 : 사용면적(제곱미터)	개수 : 제품명	평균 : 사용면적(제곱미터)	개수 : 제품명	평균 : 사용면적(제곱미터)
201-270	***	***	***	***	1	31
271-340	3	48	1	40	1	31
341-410	***	***	2	57	***	***
총합계	3	48	3	51	2	31

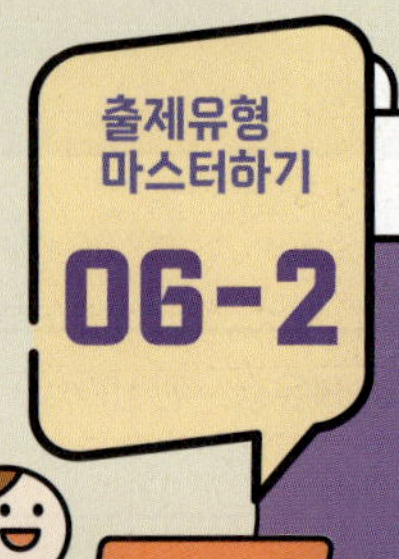

[제3작업] 유형2_정렬 및 부분합

⊙ 실습파일 : 06차시_유형2(문제).xlsx　⊙ 완성파일 : 06차시_유형2(완성).xlsx

[배점] 80점 (500점 만점)

☞ "제1작업" 시트의 「B4:H12」 영역을 복사하여 "제3작업" 시트의 「B2」 셀부터 모두 붙여넣기를 한 후 다음의 조건과 같이 작업하시오.

《조건》

(1) 부분합 – 《출력형태》처럼 정렬하고, 영화명의 개수와 요금의 평균을 구하시오.
(2) 개요 – 지우시오
(3) 나머지 사항은 《출력형태》에 맞게 작성하시오.

《출력형태》

	코드	영화명	상영일	관람기기	관람인원 (단위:명)	관람시간 (단위:분)	요금
	N-341	인셉션	2025-10-12	노트북	1,120	150	12,000원
	N-312	타이타닉	2025-10-12	노트북	1,450	160	15,000원
				노트북 평균			13,500원
		2		노트북 개수			
	S-121	스파이더맨	2025-10-10	스마트폰	1,842	120	10,000원
	S-142	기생충	2025-10-16	스마트폰	1,984	140	10,000원
	S-134	미션 임파서블	2025-11-15	스마트폰	2,848	130	11,000원
				스마트폰 평균			10,333원
		3		스마트폰 개수			
	T-231	겨울왕국	2025-11-11	태블릿	2,948	100	8,000원
	T-214	노인과 바다	2025-10-15	태블릿	2,140	90	9,000원
	T-242	조커	2025-10-12	태블릿	1,002	110	8,500원
				태블릿 평균			8,500원
		3		태블릿 개수			
				전체 평균			10,438원
		8		전체 개수			

데이터 복사 › 데이터 정렬 › 1차 부분합 작성 › 2차 부분합 작성 › 개요 지우기

Check 01 데이터 복사 후 정렬 : [제3작업] 시트에 데이터를 복사한 후 정렬을 지정해요.

코드	영화명	상영일	관람기기	관람인원 (단위:명)	관람시간 (단위:분)	요금
S-121	스파이더맨	2025-10-10	스마트폰	1,842	120	10,000원
T-231	겨울왕국	2025-11-11	태블릿	2,948	100	8,000원
N-341	인셉션	2025-10-12	노트북	1,120	150	12,000원
S-142	기생충	2025-10-16	스마트폰	1,984	140	10,000원
N-312	타이타닉	2025-10-12	노트북	1,450	160	15,000원
T-214	노인과 바다	2025-10-15	태블릿	2,140	90	9,000원
S-134	미션 임파서블	2025-11-15	스마트폰	2,848	130	11,000원
T-242	조커	2025-10-12	태블릿	1,002	110	8,500원

데이터를 복사하여 [제3작업] 시트에 붙여넣기 & 열 너비 조정

데이터 정렬

Check 02 부분합 작성 : 1차 부분합을 작성한 후 2차 부분합을 작성해요!

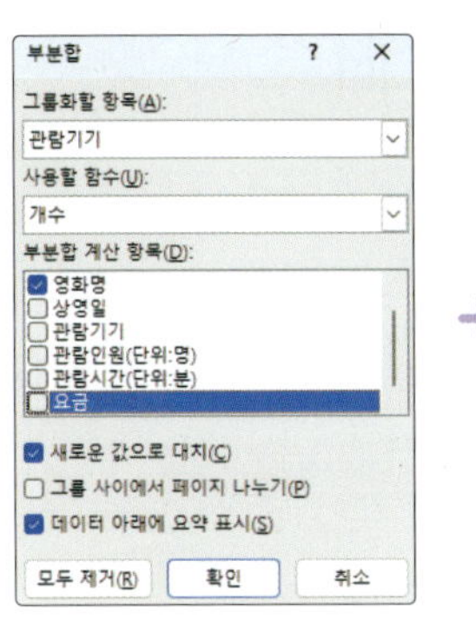

1차 부분합 작성

2차 부분합 작성

코드	영화명	상영일	관람기기	관람인원 (단위:명)	관람시간 (단위:분)	요금
N-341	인셉션	2025-10-12	노트북	1,120	150	12,000원
N-312	타이타닉	2025-10-12	노트북	1,450	160	15,000원
			노트북 평균			13,500원
			노트북 요약			
S-121	스파이더맨	2025-10-10	스마트폰	1,842	120	10,000원
S-142	기생충	2025-10-16	스마트폰	1,984	140	10,000원
S-134	미션 임파서블	2025-11-15	스마트폰	2,848	130	11,000원
			스마트폰 평균			10,333원
			스마트폰 요약			
T-231	겨울왕국	2025-11-11	태블릿	2,948	100	8,000원
T-214	노인과 바다	2025-10-15	태블릿	2,140	90	9,000원
T-242	조커	2025-10-12	태블릿	1,002	110	8,500원
			태블릿 평균			8,500원
			태블릿 요약			
			전체 평균			10,438원
			총합계			

부분합 완성

Check 03 개요 지우기 : 부분합이 완성되면 개요를 지워요.

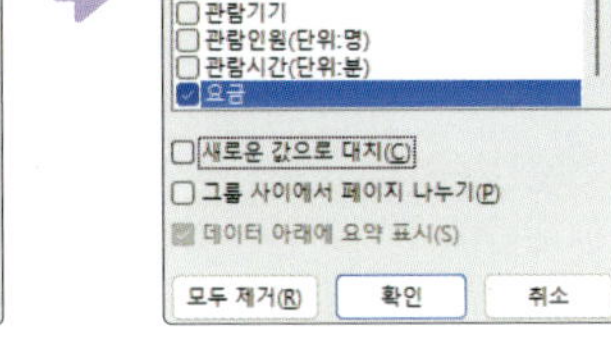

개요 지우기

코드	영화명	상영일	관람기기	관람인원 (단위:명)	관람시간 (단위:분)	요금
N-341	인셉션	2025-10-12	노트북	1,120	150	12,000원
N-312	타이타닉	2025-10-12	노트북	1,450	160	15,000원
			노트북 평균			13,500원
			노트북 개수			
S-121	스파이더맨	2025-10-10	스마트폰	1,842	120	10,000원
S-142	기생충	2025-10-16	스마트폰	1,984	140	10,000원
S-134	미션 임파서블	2025-11-15	스마트폰	2,848	130	11,000원
			스마트폰 평균			10,333원
			스마트폰 개수			
T-231	겨울왕국	2025-11-11	태블릿	2,948	100	8,000원
T-214	노인과 바다	2025-10-15	태블릿	2,140	90	9,000원
T-242	조커	2025-10-12	태블릿	1,002	110	8,500원
			태블릿 평균			8,500원
			태블릿 개수			
			전체 평균			10,438원
			전체 개수			

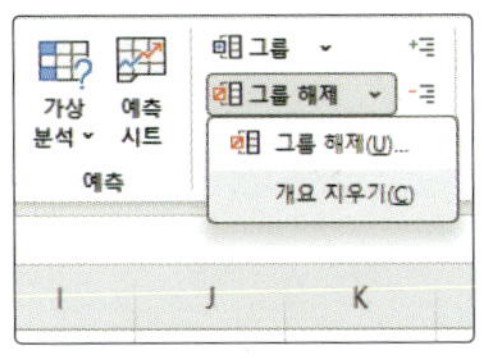

개요가 지워진 부분합

데이터 복사 및 붙여넣기

☞ "제1작업" 시트의 「B4:H12」 영역을 복사하여 "제3작업" 시트의 「B2」 셀부터 모두 붙여넣기를 한 후 다음의 조건과 같이 작업하시오.

1 06차시_유형2(문제).xlsx 파일을 불러와 [제1작업] 시트를 클릭합니다. 데이터를 복사하기 위해 [B4:H12]를 드래그한 후 Ctrl+C를 누릅니다.

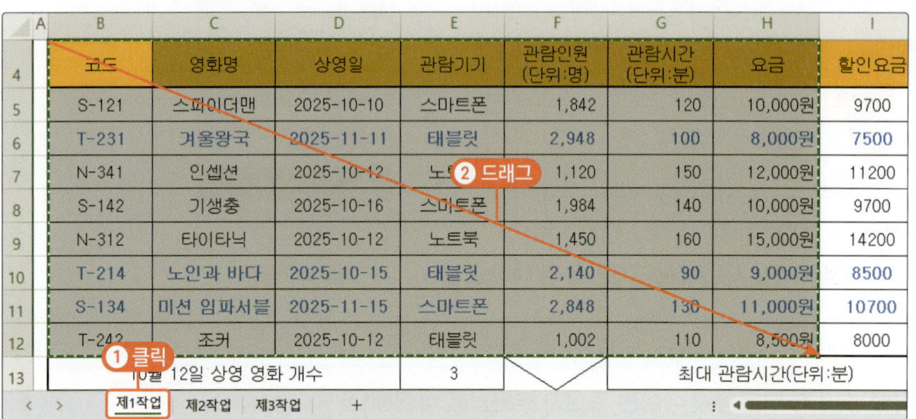

2 데이터를 붙여넣기 위해 [제3작업] 시트의 [B2] 셀을 선택한 후 Ctrl+V를 누릅니다.

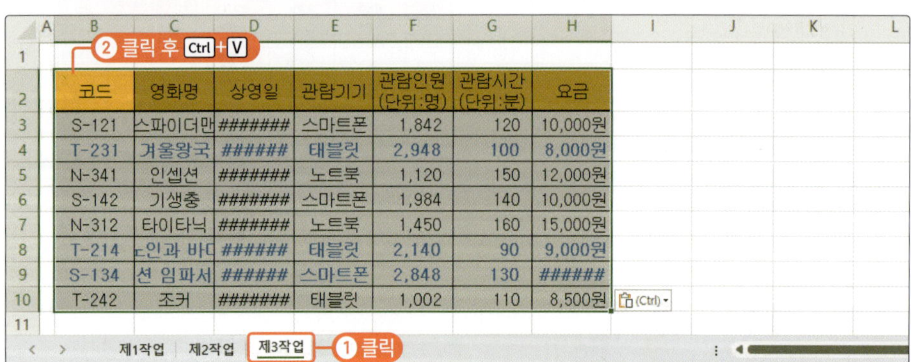

3 글자가 잘리거나 셀 값이 ####으로 보이면 해당 열의 너비를 늘립니다.

★ 열 경계선([C:D], [D:E])을 더블클릭하거나 마우스로 드래그하여 너비를 늘려주세요.

STEP 02 정렬

(1) 부분합 - 《출력형태》처럼 정렬하고, 영화명의 개수와 요금의 평균을 구하시오.

1 정렬 작업을 위해 **관람기기([E2])**를 선택한 후 [데이터] 탭에서 **[텍스트 오름차순 정렬]**을 클릭합니다.

★ 문제지의 《출력형태》에서 부분합으로 그룹화된 항목(관람기기)을 참고하여 '오름차순' 또는 '내림차순'으로 정렬해요.

코드	영화명	상영일	관람기기	관람인원 (단위:명)	관람시간 (단위:분)	요금
S-121	스파이더맨	2025-10-10	스마트폰	1,842	120	10,000원
T-231	겨울왕국	2025-11-11	태블릿	2,948	100	8,000원
N-341	인셉션	2025-10-12	노트북	1,120	150	12,000원
S-142	기생충	2025-10-16	스마트폰	1,984	140	10,000원
N-312	타이타닉	2025-10-12	노트북	1,450	160	15,000원
T-214	노인과 바다	2025-10-15	태블릿	2,140	90	9,000원
S-134	미션 임파서블	2025-11-15	스마트폰	2,848	130	11,000원
T-242	조커	2025-10-12	태블릿	1,002	110	8,500원

2 정렬된 데이터의 순서가 《출력형태》와 동일한지 확인합니다.

코드	영화명	상영일	관람기기	관람인원 (단위:명)	관람시간 (단위:분)	요금
N-341	인셉션	2025-10-12	노트북	1,120	150	12,000원
N-312	타이타닉	2025-10-12	노트북	1,450	160	15,000원
S-121	스파이더맨	2025-10-10	스마트폰	1,842	120	10,000원
S-142	기생충	2025-10-16	스마트폰	1,984	140	10,000원
S-134	미션 임파서블	2025-11-15	스마트폰	2,848	130	11,000원
T-231	겨울왕국	2025-11-11	태블릿	2,948	100	8,000원
T-214	노인과 바다	2025-10-15	태블릿	2,140	90	9,000원
T-242	조커	2025-10-12	태블릿	1,002	110	8,500원

Level UP **오름차순 및 내림차순 정렬 순서**

❶ 오름차순 정렬 : 한글(ㄱ, ㄴ, ㄷ…), 숫자(1, 2, 3…), 영문(A, B, C…)
❷ 내림차순 정렬 : 한글(ㅎ, ㅍ, ㅌ…), 숫자(10, 9, 8…), 영문(Z, Y, X…)

부분합

(1) 부분합 – 《출력형태》처럼 정렬하고, 영화명의 개수와 요금의 평균을 구하시오.
(2) 개요 – 지우시오

1 범위([B2:H10]) 내에서 임의의 셀(예 : [B2])을 선택한 후 [데이터] 탭에서 **[부분합]**을 클릭합니다.

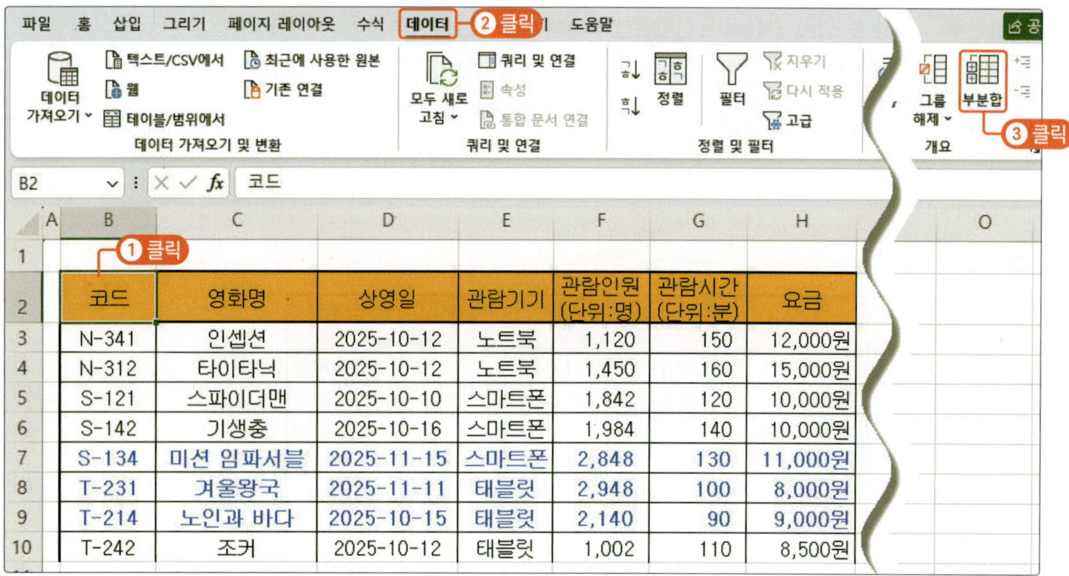

2 [부분합] 대화상자에서 그룹화할 항목(**관람기기**), 사용할 함수(**개수**), 부분합 계산 항목(**영화명**)을 지정합니다.

★ 문제지의 《조건》과 《출력형태》를 참고하여 작업하며, 불필요한 계산 항목(예 : 요금)은 선택을 해제해 주세요.

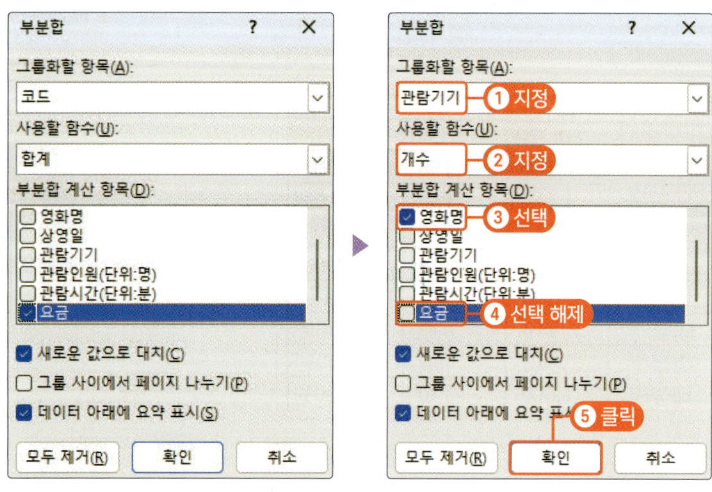

ITQ 꿀팁

부분합을 작성할 때는 《조건》 순서('영화명 개수' → '요금의 평균')대로 작성해요.

[부분합] 대화상자

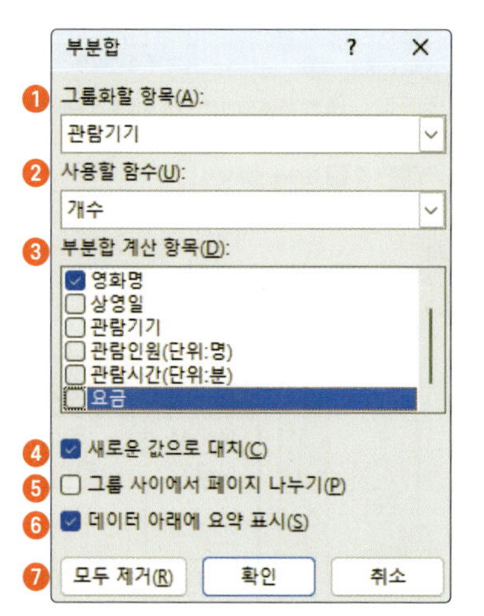

❶ **그룹화할 항목** : 그룹화를 위해 정렬로 지정된 '항목(열)'을 선택합니다.

❷ **사용할 함수** : 부분합에 사용할 '함수'를 선택합니다.

❸ **부분합 계산 항목** : 함수를 이용하여 계산할 '항목(열)'을 선택합니다.

❹ **새로운 값으로 대치** : 부분합 결과를 새로운 값으로 변경하여 표시합니다.

❺ **그룹 사이에서 페이지 나누기** : 부분합 결과를 그룹별 페이지로 나누어 인쇄시 그룹별로 출력합니다.

❻ **데이터 아래에 요약 표시** : 부분합 결과를 아래쪽 또는 위쪽에 표시합니다.

❼ **<모두 제거>** : 부분합을 제거하여 처음 목록 상태로 표시합니다.

3 1차 부분합(영화명 개수) 결과값이 표시되면 2차 부분합(요금 평균)을 작성하기 [데이터] 탭에서 **[부분합]**을 클릭합니다.

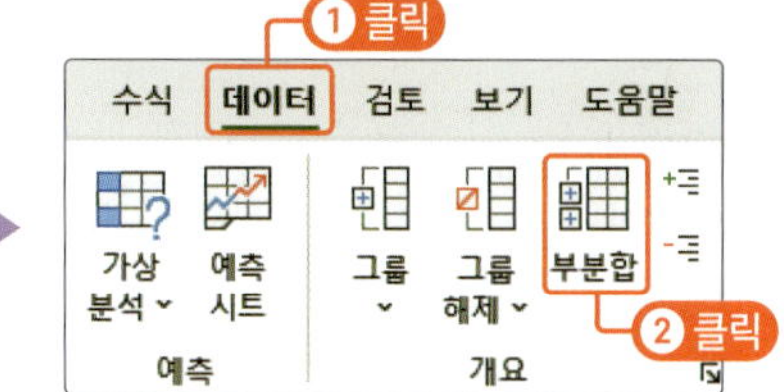

A	B	C	D	E	F 관람인원 (단위:명)	G 관람시간 (단위:분)	H
	코드	영화명	상영일	관람기기	관람인원 (단위:명)	관람시간 (단위:분)	요금
	N-341	인셉션	2025-10-12	노트북	1,120	150	12,000원
	N-312	타이타닉	2025-10-12	노트북	1,450	160	15,000원
	2			노트북 개수			
	S-121	스파이더맨	2025-10-10	스마트폰	1,842	120	10,000원
	S-142	기생충	2025-10-16	스마트폰	1,984	140	10,000원
	S-134	미션 임파서블	2025-11-15	스마트폰	2,848	130	11,000원
	3			스마트폰 개수			
	T-231	겨울왕국	2025-11-11	태블릿	2,948	100	8,000원
	T-214	노인과 바다	2025-10-15	태블릿	2,140	90	9,000원
	T-242	조커	2025-10-12	태블릿	1,002	110	8,500원
	3			대블릿 개수			
	8			전체 개수			

4 [부분합] 대화상자에서 그룹화할 항목(**관람기기**), 사용할 함수(**평균**), 부분합 계산 항목(**요금**), 새로운 값으로 대치(**선택 해제**)를 지정합니다.

★ 2차 부분합 작성 시 '새로운 값으로 대치' 항목과 1차 부분합 계산 항목(영화명)은 선택을 해제해 주세요.

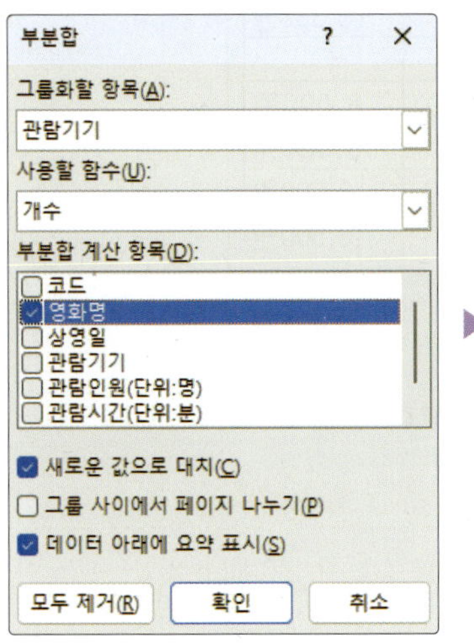

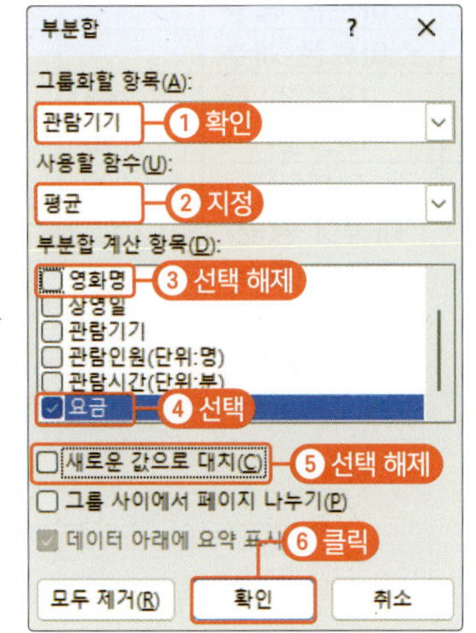

5 부분합이 완성되면 개요를 지우기 위해 [데이터] 탭에서 [그룹 해제]-**[개요 지우기]**를 클릭합니다.

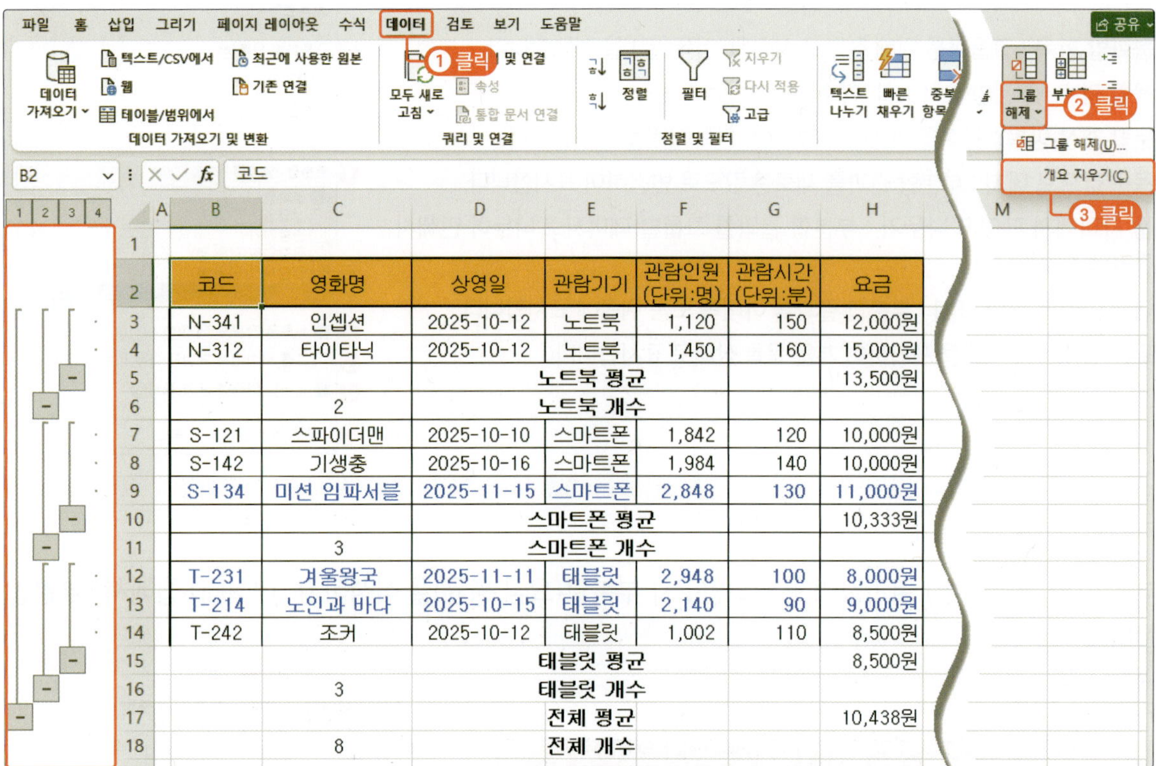

6 개요가 지워지면 [E] 열의 열 너비를 조절한 후 Ctrl + S 를 눌러 파일을 저장합니다.

★ 부분합 작성 후 글자가 잘리거나 셀 값이 ####으로 보이면 해당 열의 너비를 늘려주세요.

코드	영화명	상영일	관람기기	관람인원 (단위:명)	관람시간 (단위:분)	요금
N-341	인셉션	2025-10-12	노트북	1,120	150	12,000원
N-312	타이타닉	2025-10-12	노트북	1,450	160	15,000원
			노트북 평균			13,500원
	2		노트북 개수			
S-121	스파이더맨	2025-10-10	스마트폰	1,842	120	10,000원
S-142	기생충	2025-10-16	스마트폰	1,984	140	10,000원
S-134	미션 임파서블	2025-11-15	스마트폰	2,848	130	11,000원
			스마트폰 평균			10,333원
	3		스마트폰 개수			
T-231	겨울왕국	2025-11-11	태블릿	2,948	100	8,000원
T-214	노인과 바다	2025-10-15	태블릿	2,140	90	9,000원
T-242	조커	2025-10-12	태블릿	1,002	110	8,500원
			태블릿 평균			8,500원
	3		태블릿 개수			
			전체 평균			10,438원
	8		전체 개수			

1 "제1작업" 시트의 「B4:H12」 영역을 복사하여 "제3작업" 시트의 「B2」 셀부터 모두 붙여넣기를 한 후 다음의 조건과 같이 작업하시오.

⊘ **실습파일** : 유형06-1_유형2(문제).xlsx　⊘ **완성파일** : 유형06-1_유형2(완성).xlsx

《조건》

(1) 부분합 –《출력형태》처럼 정렬하고, 서비스명의 개수와 월간 처리량의 평균을 구하시오.
(2) 개요 – 지우시오.
(3) 나머지 사항은《출력형태》에 맞게 작성하시오.

《출력형태》

	A	B	C	D	E	F	G	H
1								
2		서비스코드	서비스명	출시일	서비스유형	월간 처리량	연간 누적 사용자 수	만족도
3		NV-134	클로바X	2023-04-02	업무지원	1,800,000	170,848명	85.2%
4		MS-224	코파일럿	2023-02-07	업무지원	2,000,000	629,652명	85.1%
5		GG-127	팜2	2023-05-10	업무지원	250,000	164,955명	77.6%
6					업무지원 평균	1,350,000		
7			3		업무지원 개수			
8		DB-193	딥브레인AI	2023-02-28	기타	500,000	73,362명	78.9%
9		AP-288	클로드	2023-03-14	기타	1,204,000	89,461명	82.5%
10					기타 평균	852,000		
11			2		기타 개수			
12		OA-274	챗GPT	2022-11-30	LLM생성	2,400,000	251,571명	88.7%
13		GG-382	제미나이	2023-12-06	LLM생성	1,570,000	116,089명	90.0%
14		MT-312	라마	2023-02-24	LLM생성	650,000	153,678명	81.0%
15					LLM생성 평균	1,540,000		
16			3		LLM생성 개수			
17					전체 평균	1,296,750		
18			8		전체 개수			
19								

2 "제1작업" 시트의 「B4:H12」 영역을 복사하여 "제3작업" 시트의 「B2」 셀부터 모두 붙여넣기를 한 후 다음의 조건과 같이 작업하시오.

⊘ **실습파일** : 유형06-2_유형2(문제).xlsx　⊘ **완성파일** : 유형06-2_유형2(완성).xlsx

《조건》

(1) 부분합 – 《출력형태》처럼 정렬하고, 회원명의 개수와 등록비(단위:원)의 평균을 구하시오.
(2) 개요 – 지우시오.
(3) 나머지 사항은 《출력형태》에 맞게 작성하시오.

《출력형태》

	B	C	D	E	F	G	H
2	회원코드	회원명	등록경로	등록일	나이	등록비 (단위:원)	등록횟수
3	HK-296	김현성	인터넷검색	2026-03-05	33	50,000	7회
4	PA-248	박지산	인터넷검색	2026-05-26	26	308,000	3회
5			인터넷검색 평균			179,000	
6		2	인터넷검색 개수				
7	HP-832	유미행	전단지	2026-06-03	51	80,000	22회
8	YF-626	주민재	전단지	2026-03-07	37	230,000	16회
9	YK-725	나경훈	전단지	2026-04-25	21	160,000	5회
10			전단지 평균			156,667	
11		3	전단지 개수				
12	PH-517	강지우	지인소개	2026-05-14	48	140,000	19회
13	HM-519	박정우	지인소개	2026-05-16	53	218,000	12회
14	PD-227	채수영	지인소개	2026-07-16	29	77,000	12회
15			지인소개 평균			145,000	
16		3	지인소개 개수				
17			전체 평균			157,875	
18		8	전체 개수				
19							

3 "제1작업" 시트의 「B4:H12」 영역을 복사하여 "제3작업" 시트의 「B2」 셀부터 모두 붙여넣기를 한 후 다음의 조건과 같이 작업하시오.

⊘ **실습파일** : 유형06-3_유형2(문제).xlsx　⊘ **완성파일** : 유형06-3_유형2(완성).xlsx

《조건》

(1) 부분합 – 《출력형태》처럼 정렬하고, 상품명의 개수와 판매수량의 평균을 구하시오.
(2) 개요 – 지우시오.
(3) 나머지 사항은 《출력형태》에 맞게 작성하시오.

《출력형태》

	A	B	C	D	E	F	G	H
1								
2		상품코드	상품명	제조사	탑승 가능 무게(kg)	상품가격 (단위:원)	판매수량	할인율
3		TC21-32	루루테일	콤펫	30	549,000	97개	20%
4		TC44-31	미리클랜	콤펫	28	390,000	126개	10%
5		DF23-11	미리미리	콤펫	15	490,000	68개	20%
6				콤펫 평균			97개	
7			3	콤펫 개수				
8		DC32-22	인스타	이비야야	24	590,000	196개	5%
9		DE21-11	빅버디	이비야야	17	470,000	348개	10%
10				이비야야 평균			272개	
11			2	이비야야 개수				
12		HG22-13	리버블루	에어버기	15	1,290,000	241개	10%
13		HG31-23	포레스트모스	에어버기	18	1,050,000	305개	5%
14		HW12-23	카카오	에어버기	17	1,190,000	125개	5%
15				에어버기 평균			224개	
16			3	에어버기 개수				
17				전체 평균			188개	
18			8	전체 개수				
19								

4 "제1작업" 시트의 「B4:H12」 영역을 복사하여 "제3작업" 시트의 「B2」 셀부터 모두 붙여넣기를 한 후 다음의 조건과 같이 작업하시오.

⊘ **실습파일** : 유형06-4_유형2(문제).xlsx　　⊘ **완성파일** : 유형06-4_유형2(완성).xlsx

《조건》

(1) 부분합 –《출력형태》처럼 정렬하고, 가맹점명의 개수와 최고일매출(단위:원)의 평균을 구하시오.
(2) 개요 – 지우시오.
(3) 나머지 사항은《출력형태》에 맞게 작성하시오.

《출력형태》

	가맹코드	가맹점명	지역	개점일	최고월매출 (단위:원)	최고일매출 (단위:원)	직원수
	S-001	사당방배점	서울	2025-01-20	61,500,000	3,370,000	5명
	S-002	상봉점	서울	2026-01-20	71,850,000	3,900,000	8명
	S-003	왕십리점	서울	2025-12-10	55,700,000	2,700,000	4명
			서울 평균			3,323,333	
		3	서울 개수				
	D-001	서구계백점	대전	2025-06-20	63,500,000	3,050,000	7명
	D-002	유성점	대전	2024-12-10	60,500,000	2,800,000	3명
			대전 평균			2,925,000	
		2	대전 개수				
	K-001	수지점	경기	2024-11-10	57,600,000	2,800,000	4명
	K-002	수원인계점	경기	2025-05-20	77,500,000	4,050,000	7명
	K-003	안양평촌점	경기	2026-02-10	58,850,000	2,900,000	5명
			경기 평균			3,250,000	
		3	경기 개수				
			전체 평균			3,196,250	
		8	전체 개수				

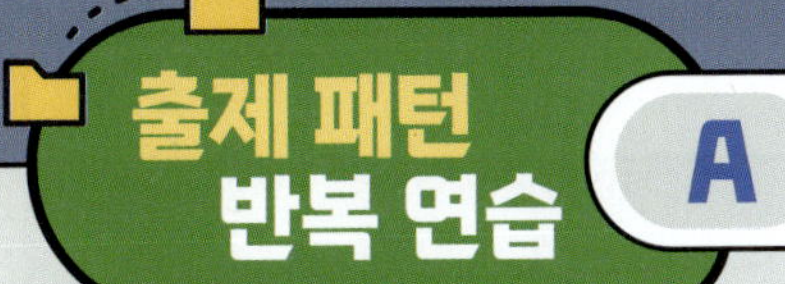

A 조건에 맞추어 각 시트에 정렬 및 부분합을 작성해 보세요.

⊘ **실습파일** : 패턴06-1(유형2_문제).xlsx　⊘ **완성파일** : 패턴06-1(유형2_완성).xlsx

패턴 01　[데이터]-[부분합]

❶ 부분합 –《출력형태》처럼 정렬하고, 가격의 최대값과 소비전력(w)의 평균을 구하시오.

❷ 개요 – 지우시오.

❸ 나머지 사항은《출력형태》에 맞게 작성하시오.

제품코드	모델명	방식	제조사	가격	소비전력(W)	등록일
HL3-099	더 케어 슬림	온수매트	대성셀틱	220,760원	350	2023-10-15
OE1-082	에어로 실버	온수매트	경동나비엔	80,860원	240	2022-09-03
		온수매트 평균			295	
		온수매트 최대		220,760원		
RA2-019	라셀트리	전기매트	액세트리	151,260원	190	2023-04-15
OE1-076	샤오미 슬림	전기매트	샤오미	139,860원	180	2023-11-21
		전기매트 평균			185	
		전기매트 최대		151,260원		
BK1-021	프리그 전기요	전기요	대진전자	83,300원	90	2022-10-23
BE2-073	보이로 전기요	전기요	이메텍	163,800원	120	2022-10-08
		전기요 평균			105	
		전기요 최대		163,800원		
		전체 평균			195	
		전체 최대값		220,760원		

패턴 02　[데이터]-[부분합]

❶ 부분합 –《출력형태》처럼 정렬하고, 어린이집명의 개수와 인원의 합계를 구하시오.

❷ 개요 – 지우시오.

❸ 나머지 사항은《출력형태》에 맞게 작성하시오.

분류코드	어린이집명	지역	분류	등록률(%)	정원(단위:명)	인원
GA3014	영재 어린이집	강원	직장	96	145	139명
BA6036	쨍쨍 어린이집	부산	직장	96	139	134명
			직장 요약			273명
	2		직장 개수			
SA1003	서울숲속 어린이집	서울	국공립	98	123	121명
GB6015	간성 어린이집	강원	국공립	83	118	98명
			국공립 요약			219명
	2		국공립 개수			
BB9002	아이꿈 어린이집	부산	가정	72	25	20명
DD4023	고운 어린이집	대구	가정	74	23	17명
			가정 요약			37명
	2		가정 개수			
			총합계			529명
	6		전체 개수			

[제4작업] 그래프

⊘ **실습파일** : 07차시(문제).xlsx　　⊘ **완성파일** : 07차시(완성).xlsx

[배점] 100점 (500점 만점)

☞ "제1작업" 시트를 이용하여 조건에 따라 《출력형태》와 같이 작업하시오.

《조건》

(1) 차트 종류 ⇒ <묶은 세로 막대형>으로 작업하시오.
(2) 데이터 범위 ⇒ "제1작업" 시트의 내용을 이용하여 작업하시오.
(3) 위치 ⇒ "새 시트"로 이동하고, "제4작업"으로 시트 이름을 바꾸시오.
(4) 차트 디자인 도구 ⇒ 레이아웃 3, 스타일 1을 선택하여 《출력형태》에 맞게 작업하시오.
(5) 영역 서식 ⇒ 차트 : 글꼴(굴림, 11pt), 채우기 효과(질감-파랑 박엽지)
　　　　　　　　그림 : 채우기(흰색, 배경1)
(6) 제목 서식 ⇒ 차트 제목 : 글꼴(굴림, 굵게, 20pt), 채우기(흰색, 배경1), 테두리
(7) 서식 ⇒ 요금 계열의 차트 종류를 <표식이 있는 꺾은선형>으로 변경한 후 보조 축으로 지정하시오.
　　　　계열 : 《출력형태》를 참조하여 표식(네모, 크기 10)과 레이블 값을 표시하시오.
　　　　눈금선 : 선 스타일-파선
　　　　축 : 《출력형태》를 참조하시오.
(8) 범례 ⇒ 범례명을 변경하고 《출력형태》를 참조하시오.
(9) 도형 ⇒ '말풍선: 모서리가 둥근 사각형 설명선'을 삽입한 후 《출력형태》와 같이 내용을 입력하시오.
(10) 나머지 사항은 《출력형태》에 맞게 작성하시오.

《출력형태》

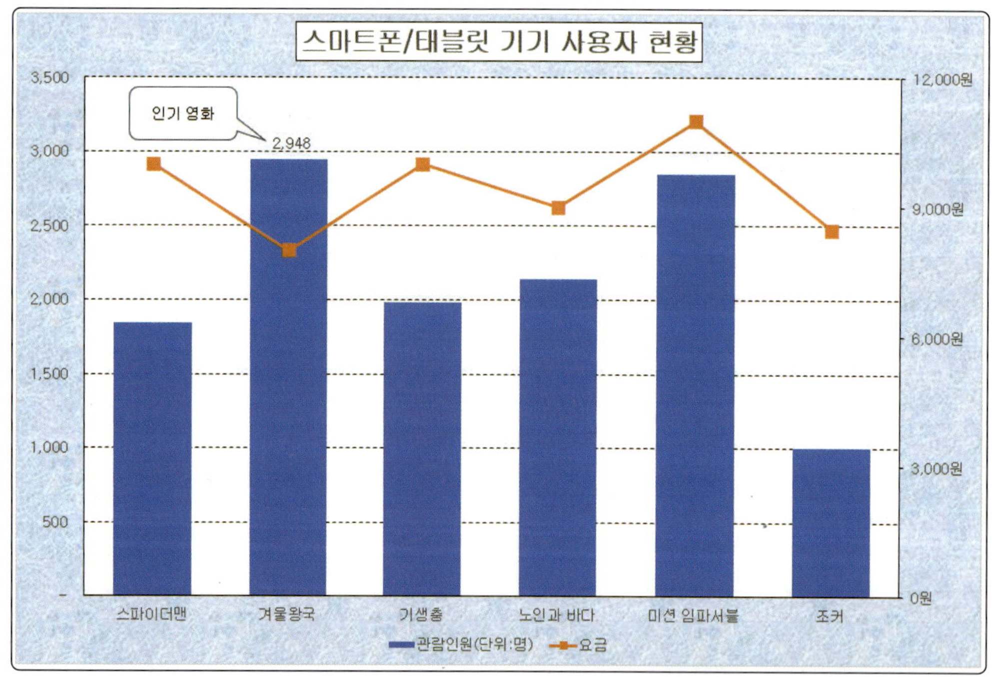

주의 ☞ 시트명 순서가 차례대로 "제1작업", "제2작업", "제3작업", "제4작업"이 되도록 할 것.

범위 지정 > 차트 삽입 > 시트명 변경 및 이동 > 레이아웃 및 스타일 지정 > 세부 구성 요소(제목, 영역, 축, 범례 등) 작업 > 도형 삽입

Check 01 범위 지정 및 차트 삽입 ∴ 범위를 지정한 후 차트를 삽입해요.

	코드	영화명	상영일	관람기기	관람인원 (단위 : 명)	관람시간 (단위 : 분)	요금
5	S-121	스파이더맨	2025-10-10	스마트폰	1,842	120	10,000원
6	T-231	겨울왕국	2025-11-11	태블릿	2,948	100	8,000원
7	N-341	인셉션	2025-10-12	노트북	1,120	150	12,000원
8	S-142	기생충	2025-10-16	스마트폰	1,984	140	10,000원
9	N-312	타이타닉	2025-10-12	노트북	1,450	160	15,000원
10	T-214	노인과 바다	2025-10-15	태블릿	2,140	90	9,000원
11	S-134	미션 임파서블	2025-11-15	스마트폰	2,848	130	11,000원
12	T-242	조커	2025-10-12	태블릿	1,002	110	8,500원

차트 작성 범위 지정

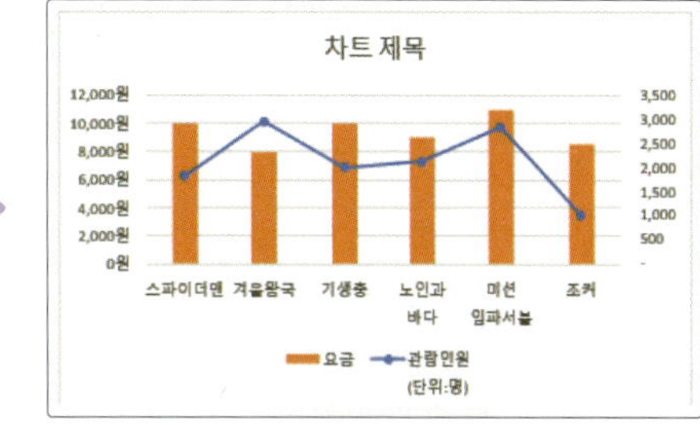

혼합형 차트 삽입

Check 02 레이아웃 및 스타일 지정 ∴ [제4작업] 시트를 이동시킨 후 레이아웃 및 스타일을 지정해요.

제1작업 제2작업 제3작업 제4작업

시트 이름 변경 및 위치 이동

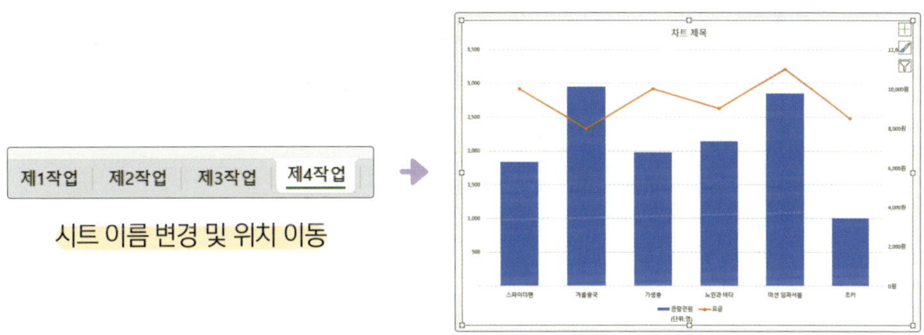

차트 레이아웃 및 스타일 지정

Check 03 세부 구성 요소 변경 및 도형 삽입 ∴ 차트 세부 구성 요소를 변경한 후 도형을 삽입해요!

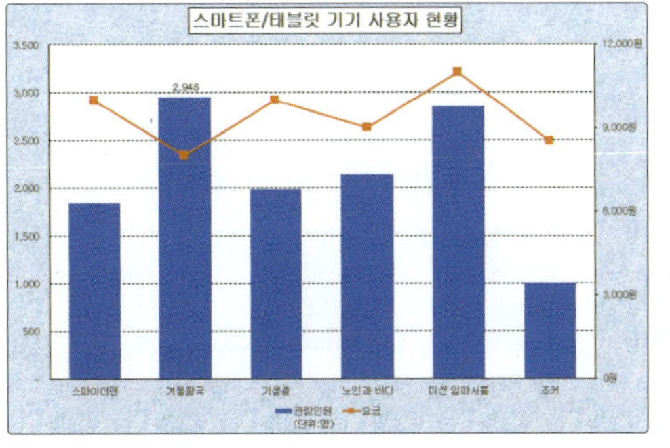

세부 구성 요소(제목, 영역, 축, 범례 등) 변경

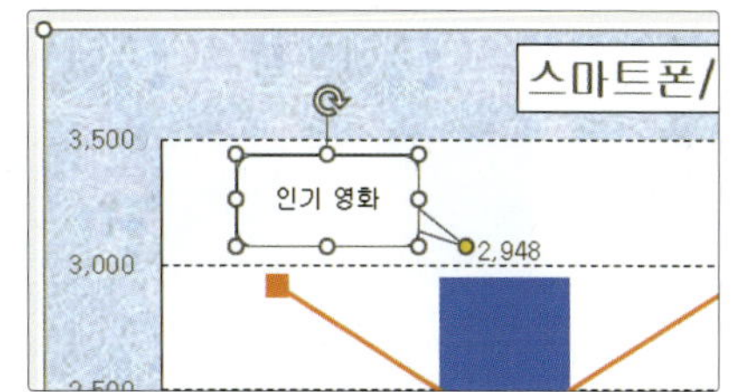

도형 삽입 후 서식 지정

 STEP 01 데이터 범위 지정 및 차트 삽입하기

(1) 차트 종류 ⇒ <묶은 세로 막대형>으로 작업하시오.
(2) 데이터 범위 ⇒ "제1작업" 시트의 내용을 이용하여 작업하시오.
(3) 위치 ⇒ "새 시트"로 이동하고, "제4작업"으로 시트 이름을 바꾸시오.

1 07차시(문제).xlsx 파일을 실행한 후 [제1작업] 시트를 선택합니다.

2 영화명, 관람인원(단위:명), 요금 열에서 차트 작성에 필요한 데이터를 범위로 지정한 후 [삽입] 탭에서 [추천 차트]를 클릭합니다.

✦ [C4:C6], [C8], [C10:C12] 선택 → [F4:F6], [F8], [F10:F12] 선택 → [H4:H6], [H8], [H10:H12] 선택
✦ Ctrl 을 누른 채 셀을 드래그하면 떨어져 있는 셀들을 연속으로 선택할 수 있어요.

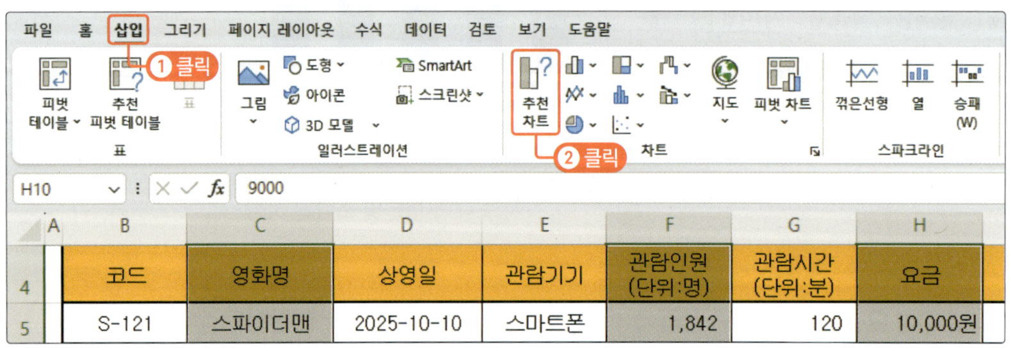

▲ 차트 범위 지정(Ctrl 이용)

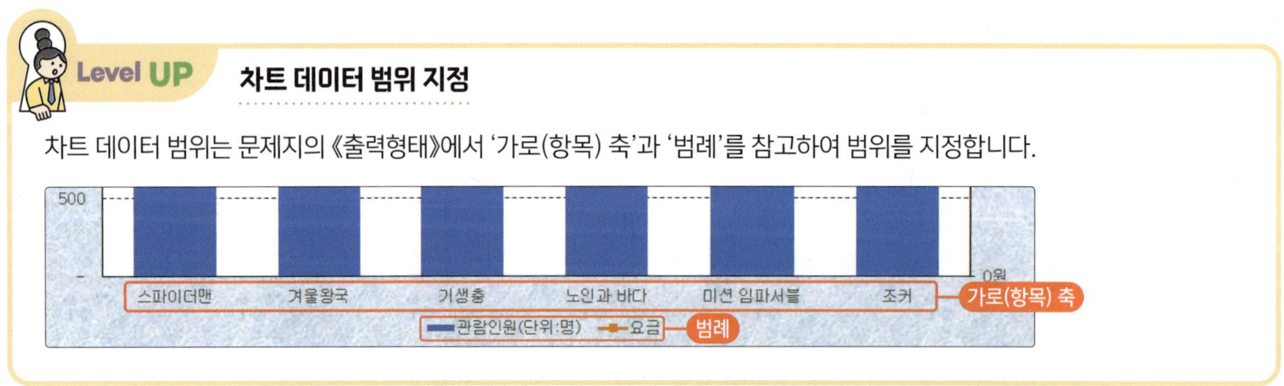

Level UP 차트 데이터 범위 지정

차트 데이터 범위는 문제지의 《출력형태》에서 '가로(항목) 축'과 '범례'를 참고하여 범위를 지정합니다.

3 [차트 삽입] 대화상자의 [모든 차트] 탭에서 **[혼합]**을 선택합니다.

4 **요금** 계열의 차트 종류를 **표식이 있는 꺾은선형**으로 변경한 후 **보조 축**을 선택(✓)합니다.

★ 계열별 차트 종류는 《출력형태》를 참고하여 선택해요.

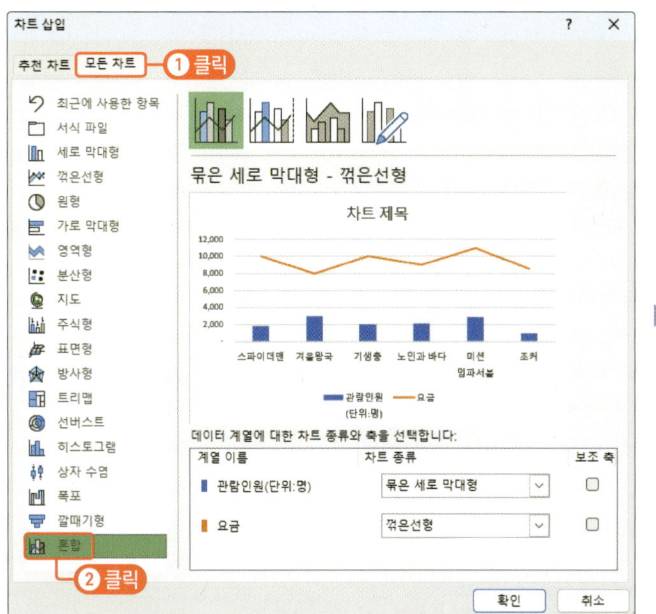
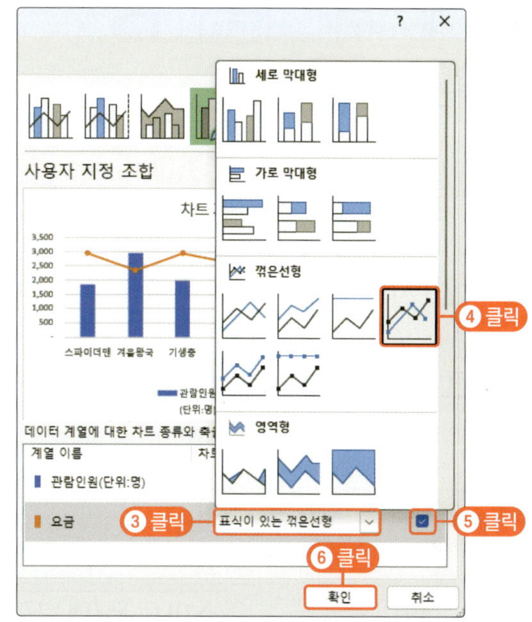

Level UP　　**차트 모양이 다른 경우**

❶ 혼합 차트를 만들 때 차트 모양이 《출력형태》와 다르면 계열별로 차트 종류를 변경합니다.

❷ 차트 종류 변경 : 관람인원(단위:명) → 표식이 있는 꺾은선형(보조 축), 요금 → 묶은 세로 막대형

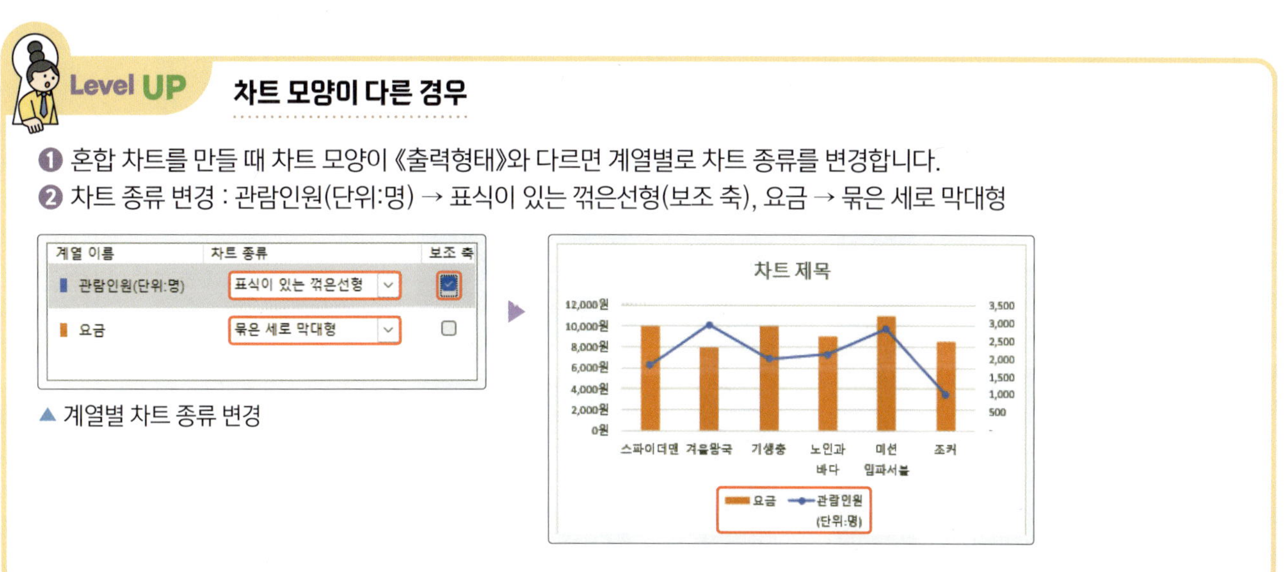

▲ 계열별 차트 종류 변경

---

5 차트가 삽입되면 [차트 디자인] 탭에서 **[차트 이동]**을 클릭합니다.

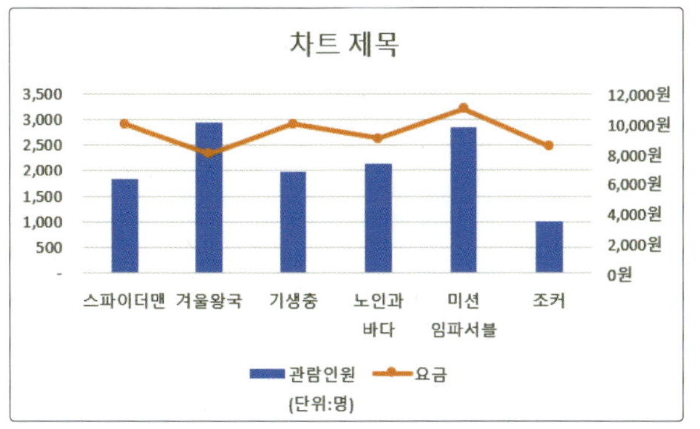
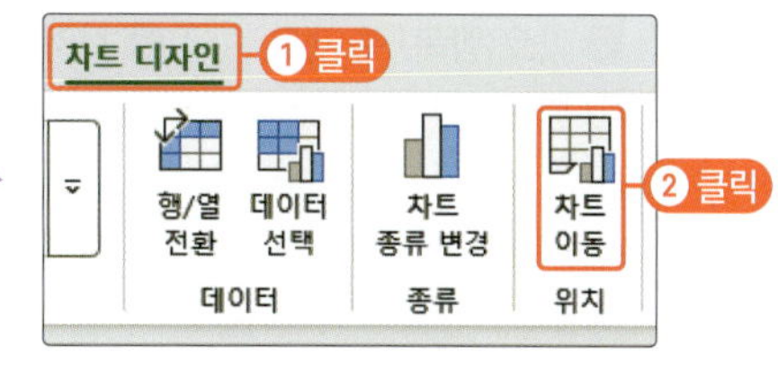

6 [차트 이동] 대화상자에서 **새 시트**를 선택한 후 시트 이름을 **제4작업**으로 변경합니다.

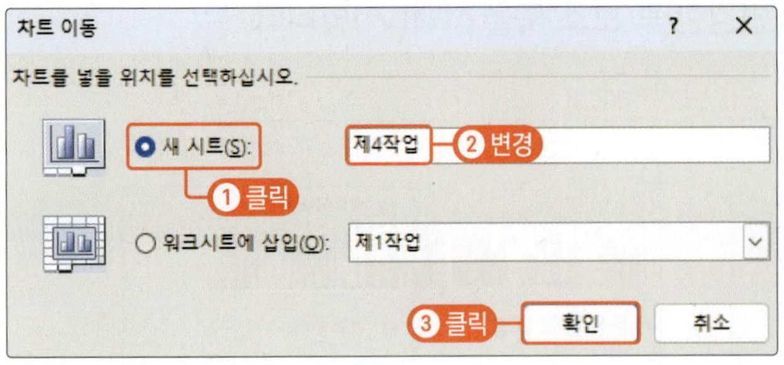

7 [**제4작업**] 시트가 생성되면 시트를 드래그하여 맨 끝으로 이동시킵니다.

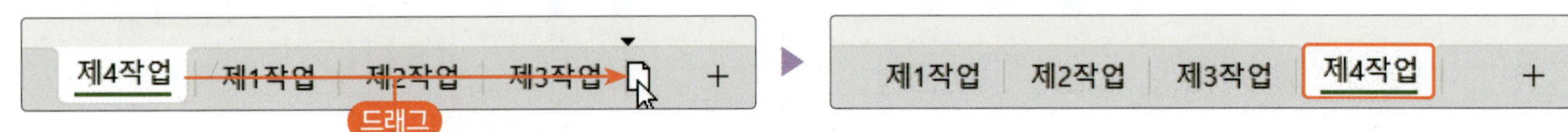

> ### Level UP 차트 구성 요소
>
>
>
> ❶ 차트 영역 ❷ 그림 영역 ❸ 차트 제목 ❹ 세로(값) 축 ❺ 세로(값) 축 제목 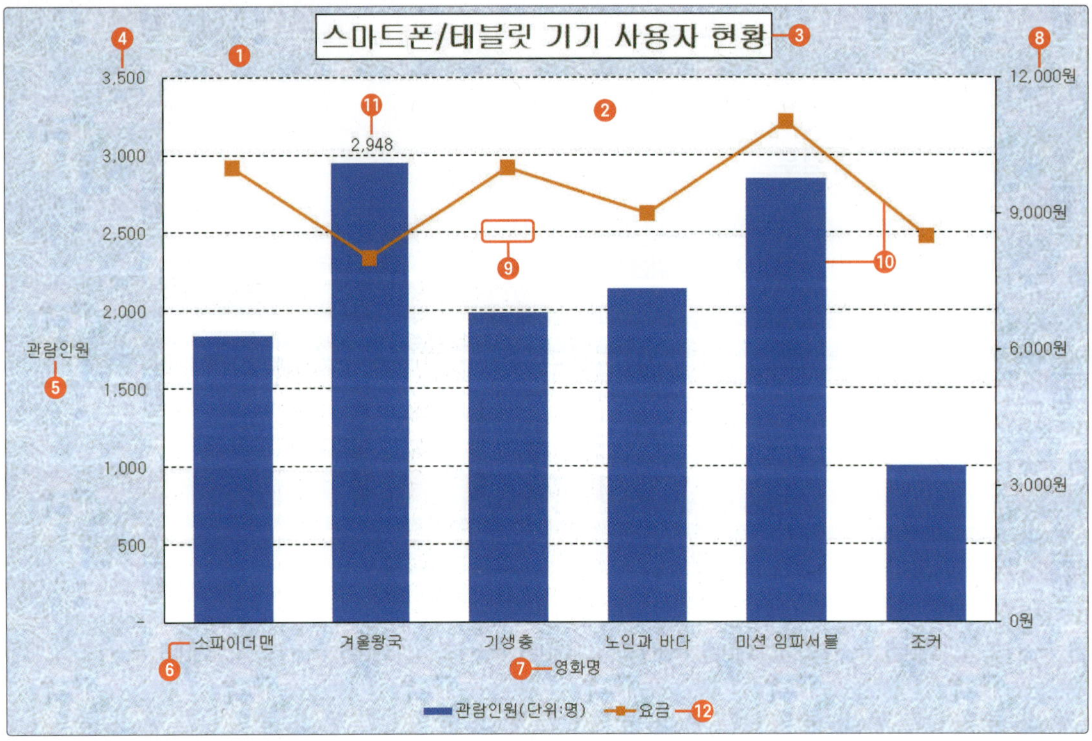
> ❻ 가로(항목) 축 ❼ 가로(항목) 축 제목 ❽ 보조 세로(값) 축 ❾ 눈금선 ❿ 데이터 계열
> ⓫ 데이터 레이블 ⓬ 범례

차트 디자인 및 영역 서식 변경하기

(4) 차트 디자인 도구 ➜ 레이아웃 3, 스타일 1을 선택하여 《출력형태》에 맞게 작업하시오.
(5) 영역 서식 ➜ 차트 : 글꼴(굴림, 11pt), 채우기 효과(질감-파랑 박엽지), 그림 : 채우기(흰색, 배경1)

1 차트가 선택된 상태에서 [차트 디자인] 탭의 [빠른 레이아웃]-**[레이아웃 3]**을 선택한 후 [차트 스타일] 그룹에서 **[스타일 1]**을 선택합니다.

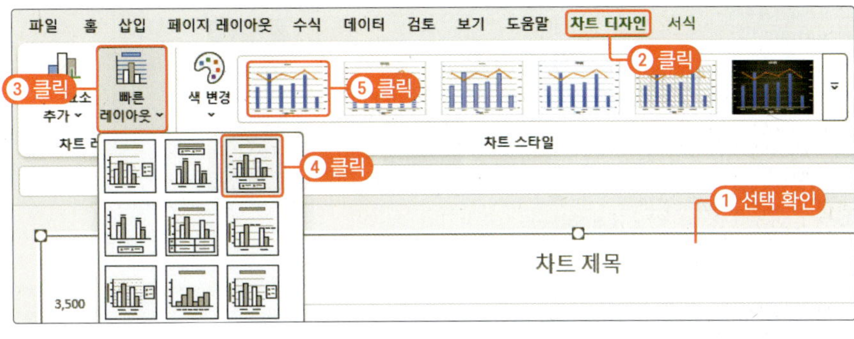

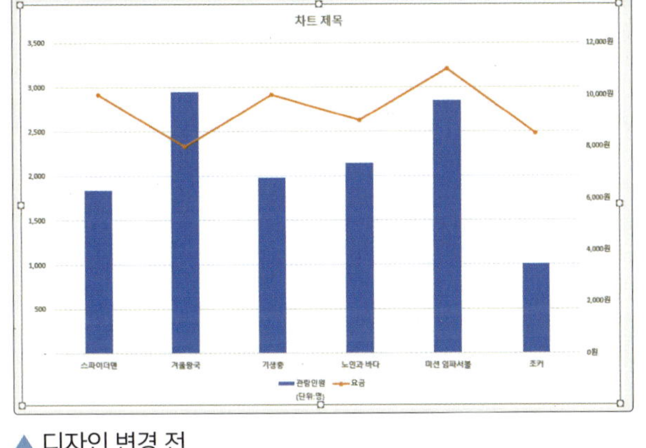

▲ 디자인 변경 전

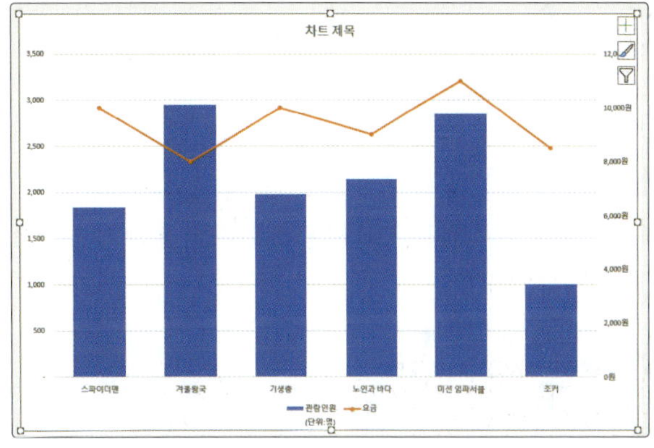

▲ 디자인 변경 후

ITQ 꿀팁

차트 디자인에서 '레이아웃 3'과 '스타일 1'을 지정하는 문제가 고정적으로 출제되고 있어요.

2 차트 영역을 클릭한 후 [홈] 탭에서 **글꼴(굴림)**과 **글꼴 크기(11)**를 지정합니다.

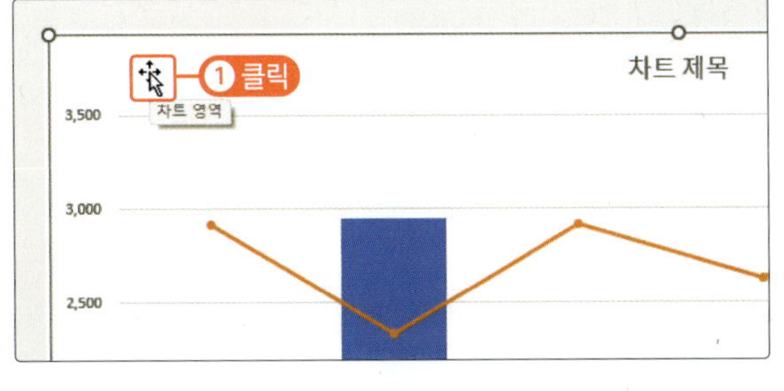

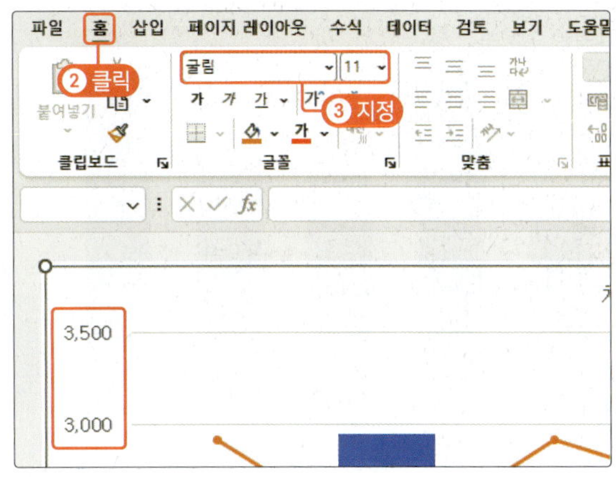

3 차트 영역을 더블클릭한 후 오른쪽 [차트 영역 서식] 작업 창에서 [채우기]–[그림 또는 질감 채우기]–[질감]을 클릭하여 **[파랑 박엽지]**를 선택합니다.

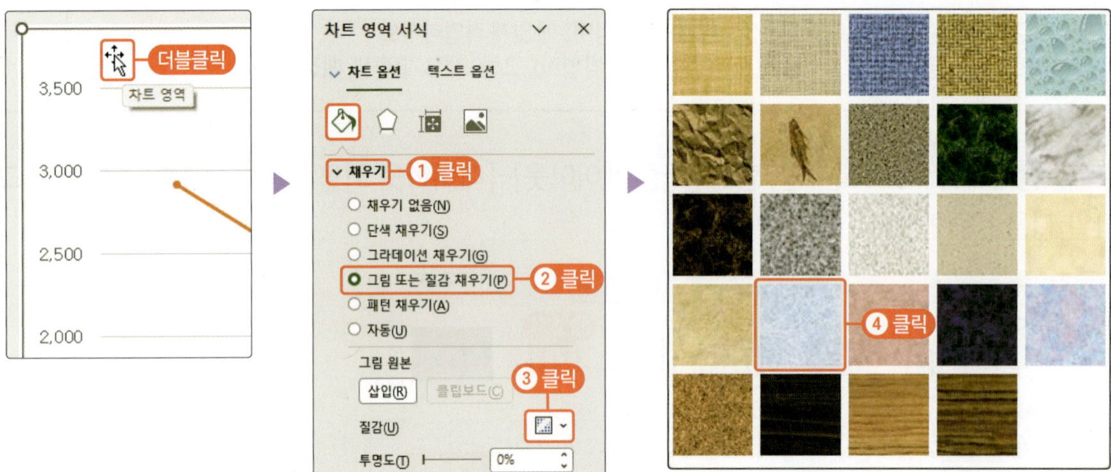

4 그림 영역을 클릭한 후 오른쪽 [그림 영역 서식] 작업 창에서 [채우기]–[단색 채우기]–[색]을 클릭하여 **[흰색, 배경 1]**을 선택합니다.

✿ 오른쪽 서식 작업 창이 닫혔을 때는 '그림 영역'을 더블클릭해요.

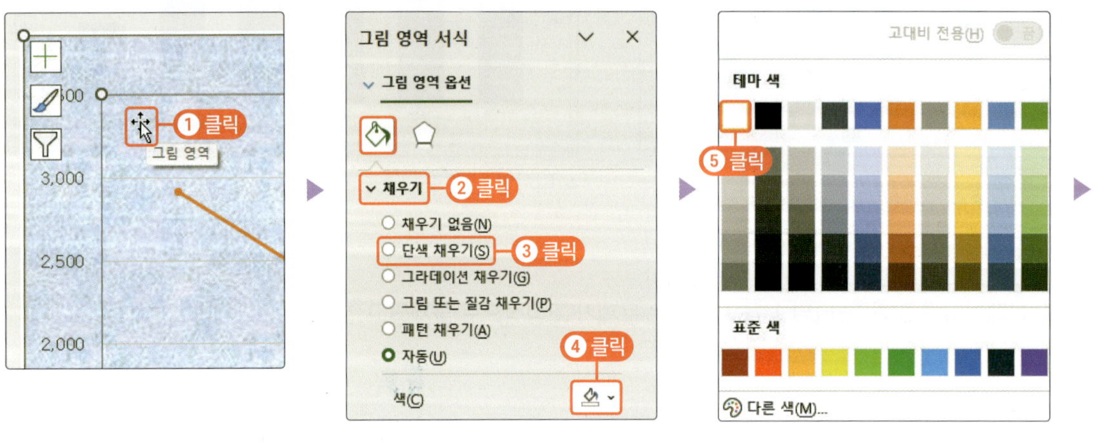

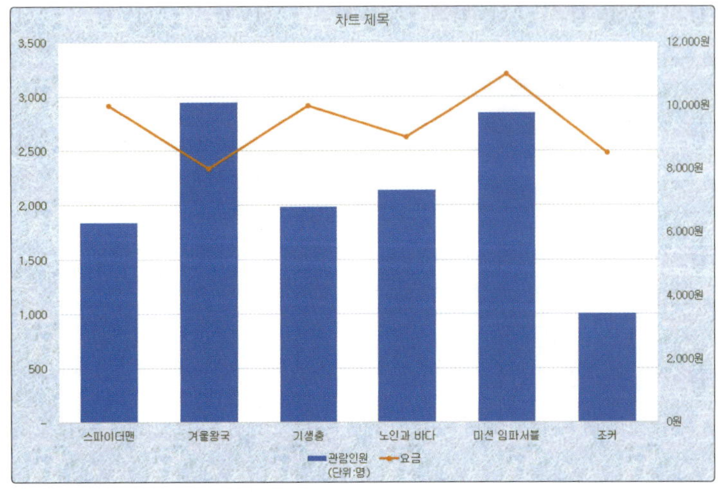

차트 제목 작성하기

(6) 제목 서식 ➡ 차트 제목 : 글꼴(굴림, 굵게, 20pt), 채우기(흰색, 배경1), 테두리

1 차트 제목을 선택한 후 다시 **제목 안쪽을 클릭**합니다. 텍스트 상자 안쪽에서 커서가 깜빡거리면 [Delete] 또는 [Back Space]를 눌러 내용(차트 제목)을 삭제합니다.

★ 차트 제목을 선택한 후 텍스트를 드래그(차트 제목)하여 새로운 제목을 바로 입력할 수도 있어요.

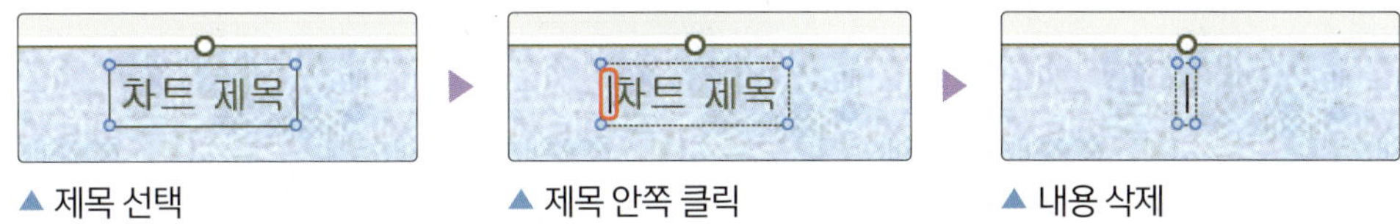

2 문제지의 《출력형태》를 참고하여 제목(스마트폰/태블릿 기기 사용자 현황)을 입력한 후 [Esc]를 누릅니다.

★ 차트 제목을 입력한 후 텍스트 상자의 테두리를 클릭해도 돼요.

3 [홈] 탭에서 **글꼴(굴림), 글꼴 크기(20), 굵게, 채우기 색(흰색, 배경 1)**을 각각 지정합니다.

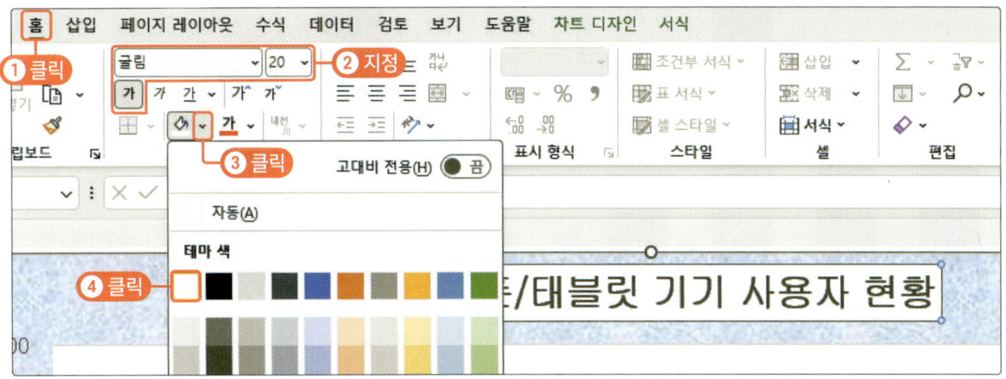

4 차트 제목이 선택된 상태에서 **[서식] 탭-[도형 윤곽선]-[검정, 텍스트 1]**을 클릭하여 테두리를 적용합니다.

차트 서식 지정하기-1(표식 및 레이블 값)

(7) 서식 ➡ 계열 : 《출력형태》를 참조하여 표식(네모, 크기 10)과 레이블 값을 표시하시오.

1 **요금** 계열을 클릭한 후 오른쪽 [데이터 계열 서식] 작업 창에서 [채우기 및 선]-[표식]-[표식 옵션]-[기본 제공]에서 **형식(네모)**과 **크기(10)**를 변경합니다.

★ 계열 선택이 어렵다면 화면을 확대하여 작업하며, 오른쪽 서식 작업 창이 닫혔을 때는 '요금' 계열을 더블클릭해요.

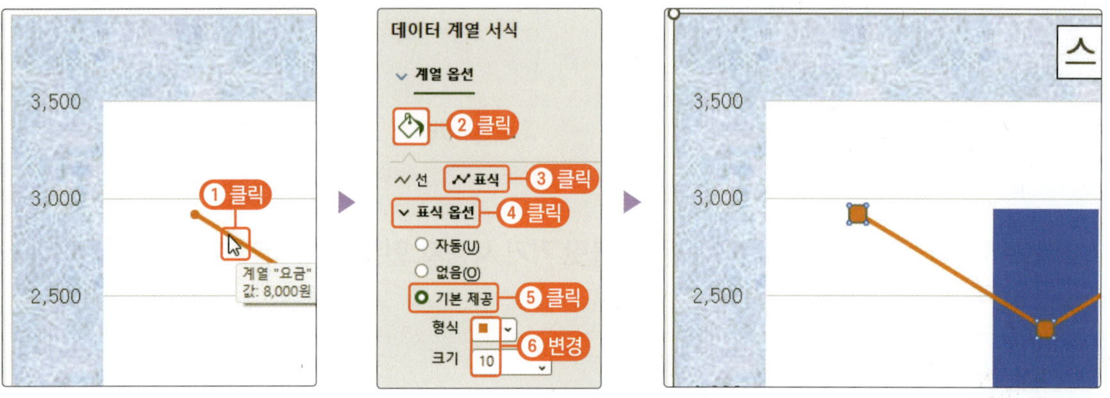

2 데이터 레이블을 표시하기 위해 **관람인원(단위:명)** 계열을 선택한 후 **겨울왕국** 요소만 다시 클릭합니다.

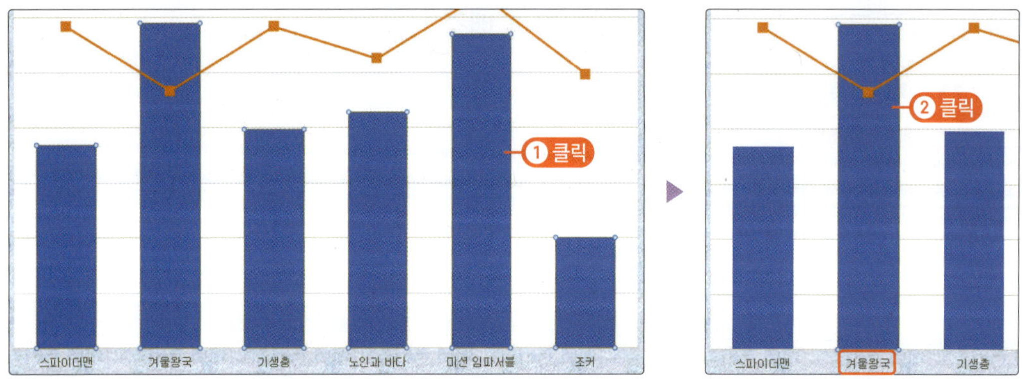

3 [차트 디자인] 탭-[차트 요소 추가]에서 [데이터 레이블]-**[바깥쪽 끝에]**를 선택합니다.

★ 데이터 레이블 위치는 문제지의 《출력형태》를 참고해 주세요.

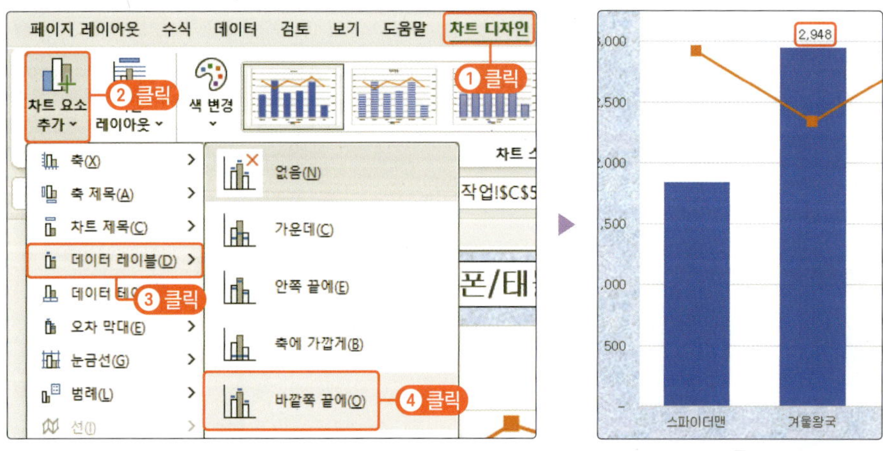

표식이 있는 꺾은선형 계열에 데이터 레이블 추가

❶ 표식이 있는 꺾은선형 계열을 선택한 후 특정 요소만 다시 클릭합니다.
❷ [차트 요소 추가]-[데이터 레이블]을 클릭하여 레이블이 표시될 위치를 지정합니다.

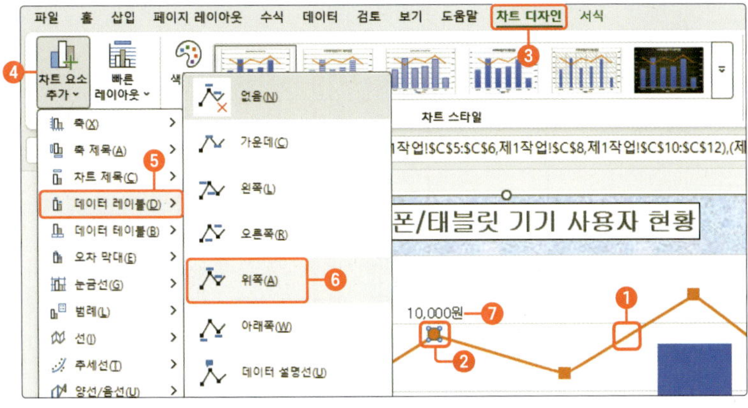

STEP 05 차트 서식 지정하기-2(눈금선 및 축)

(7) 서식 ➡ 눈금선 : 선 스타일-파선, 축 : 《출력형태》를 참조하시오.

1 눈금선을 클릭한 후 오른쪽 [주 눈금선 서식] 작업 창에서 [선]-**[실선]**, [색]-**[검정, 텍스트1]**, [대시 종류]-**[파선]**으로 각각 지정합니다.

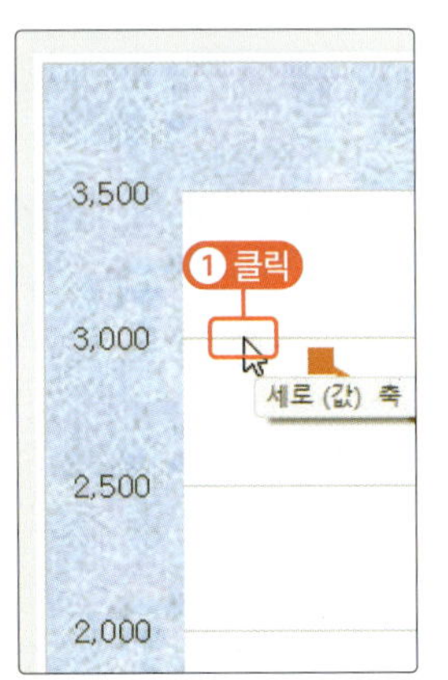
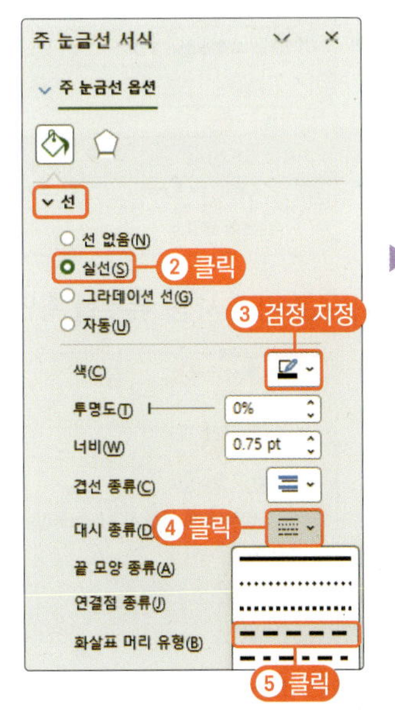
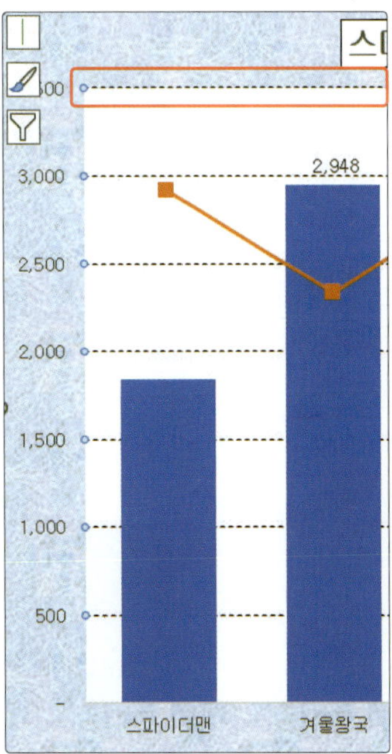

ITQ 꿀팁

눈금선의 색은 《조건》에 없기 때문에 '검정' 또는 '진한 회색' 계열로 지정해 주세요.

2 오른쪽 **보조 세로(값)** 축을 클릭한 후 화면 오른쪽 [축 서식] 작업 창에서 [축 옵션]-[축 옵션]을 선택하여 [단위]-**기본(3000)**, [눈금]-[주 눈금]-**바깥쪽**으로 지정합니다.

★ 축의 최소값, 최대값, 단위, 눈금은 문제지의 《출력형태》를 참고해 주세요.

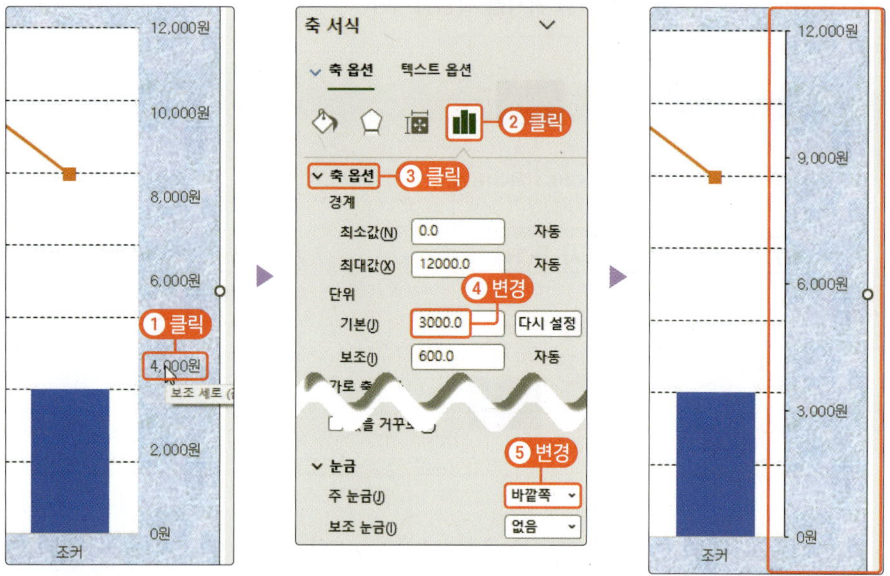

Level UP   축 서식[표시 형식]

❶ 축의 최소값(0 또는 -)이 《출력형태》와 다를 경우에는 오른쪽 [축 서식] 작업 창에서 [축 옵션]-[표시 형식]을 클릭하여 '회계' 또는 '숫자'로 지정합니다.

❷ 축의 최소값이 '-'이면 범주를 '회계'로 지정한 후 기호(없음 또는 ₩)를 확인하여 선택합니다.

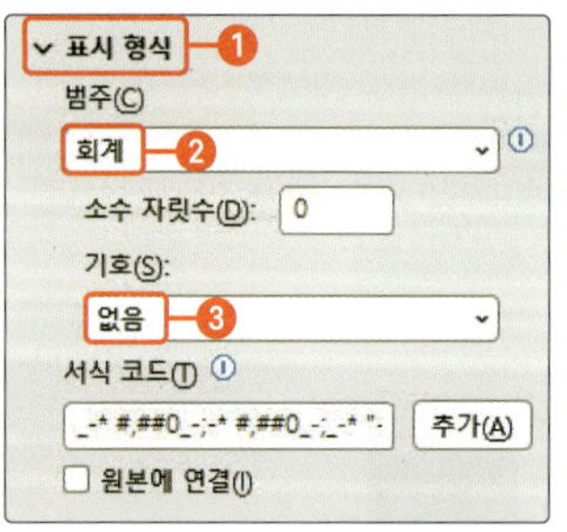 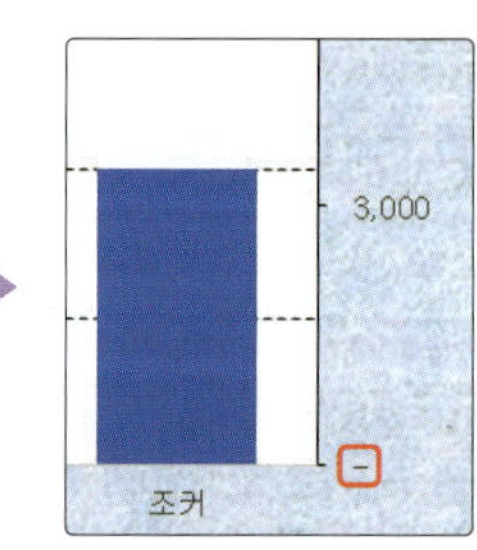 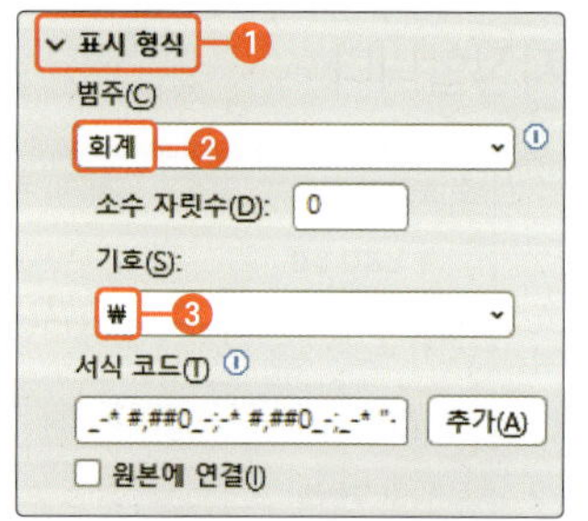 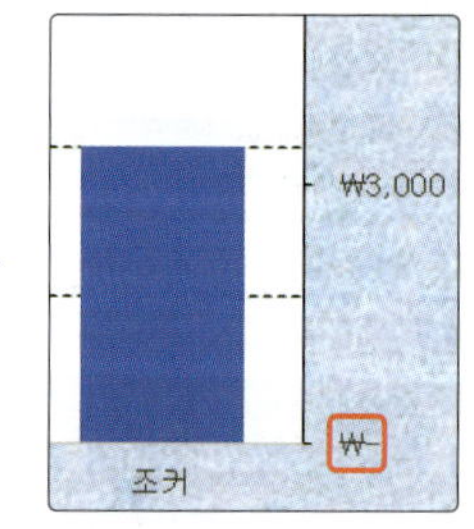

❸ 축의 최소값이 '0'이면 범주를 '숫자'로 지정한 후 '1000 단위 구분 기호 사용' 유무를 확인하여 선택합니다.

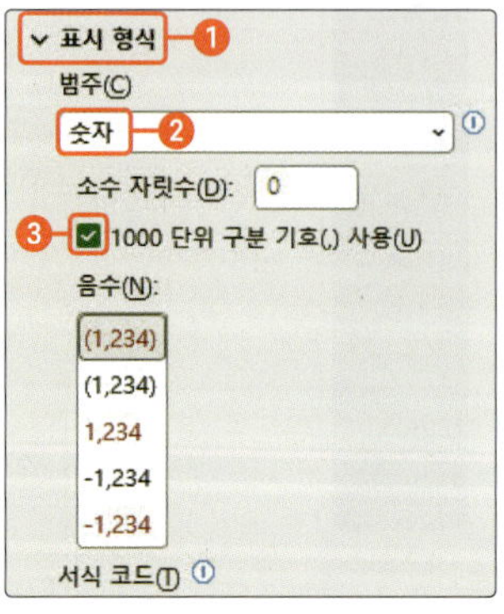 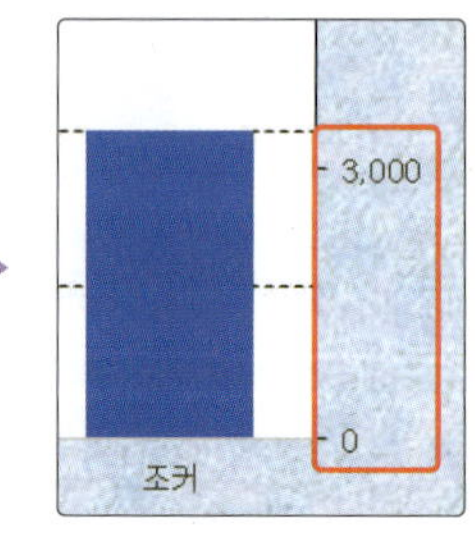 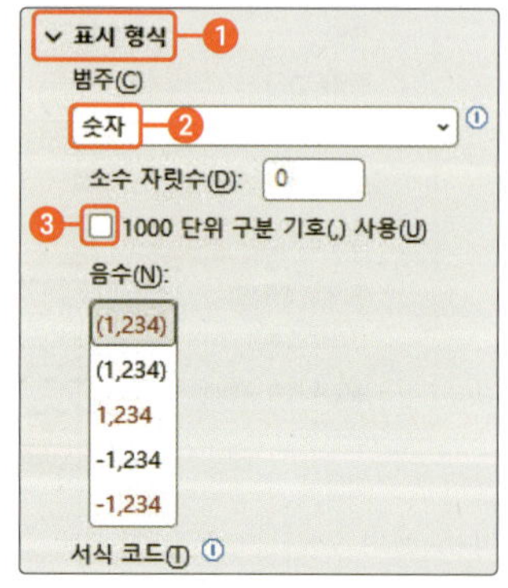 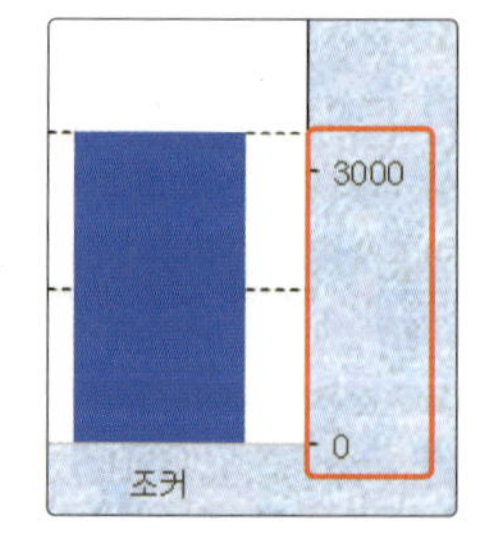

3 왼쪽 **세로(값) 축**을 선택한 후 오른쪽 [축 서식] 작업 창에서 [채우기 및 선]을 선택한 후 [선]–**[실선]**을 클릭합니다.

★ 실선이 검정색이 아닐 경우에는 색을 '검정' 또는 '진한 회색' 계열로 변경해 주세요.

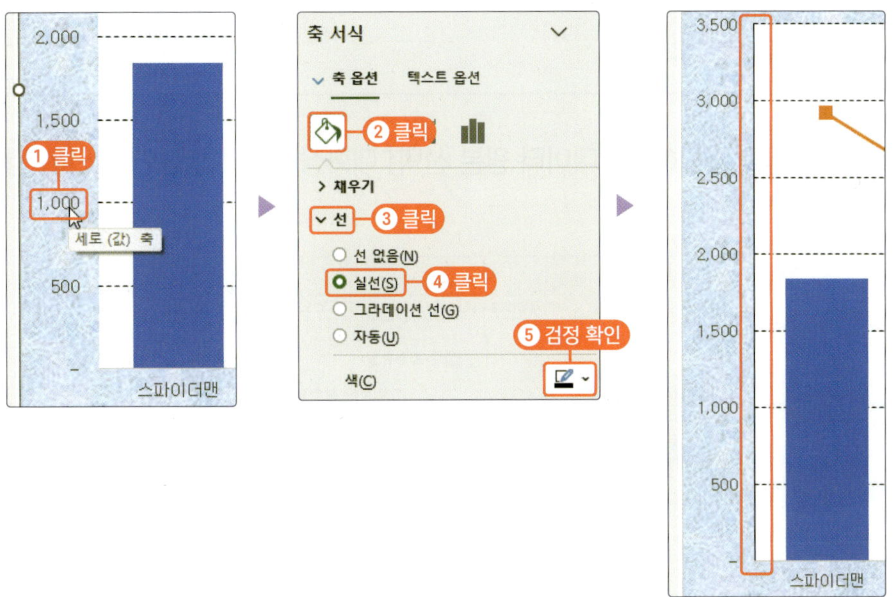

4 아래쪽 **가로(항목) 축**을 선택한 후 오른쪽 [축 서식] 작업 창에서 [채우기 및 선]을 선택한 후 [선]–**[실선]**을 클릭합니다.

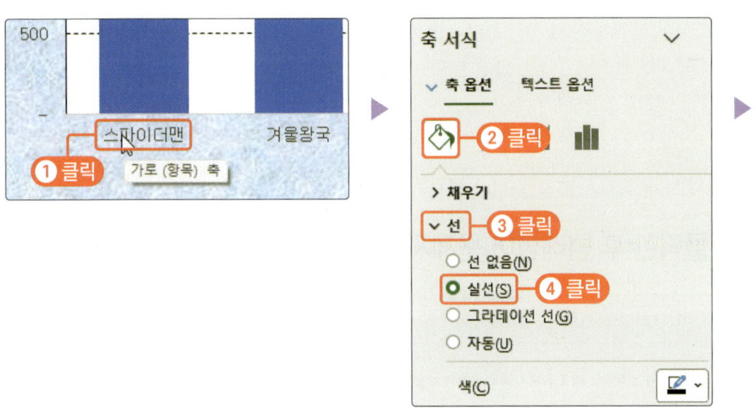

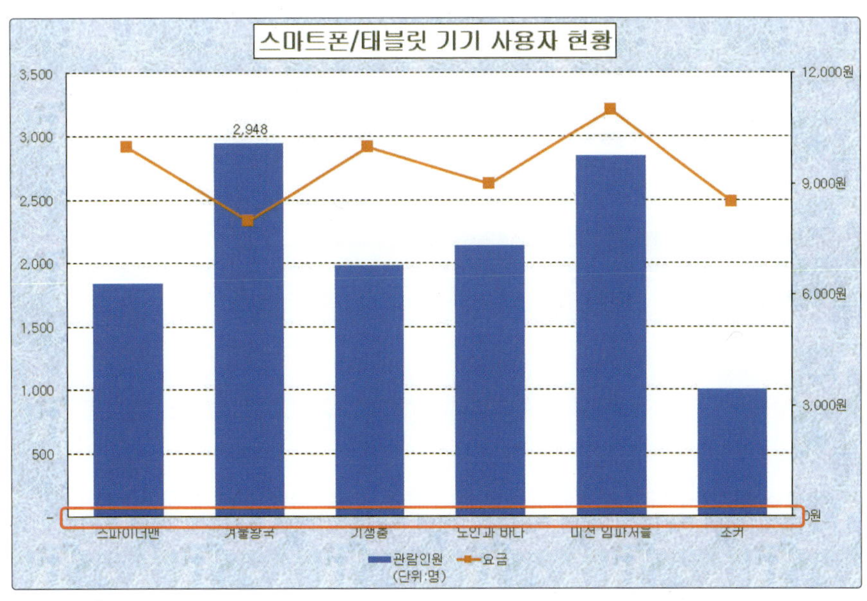

(8) 범례 ➡ 범례명을 변경하고 《출력형태》를 참조하시오.

1 차트 위에서 우클릭하여 [데이터 선택]을 클릭해요. [데이터 원본 선택] 대화상자에서 **관람인원(단위:명)**을 선택하고 <편집>를 클릭합니다.

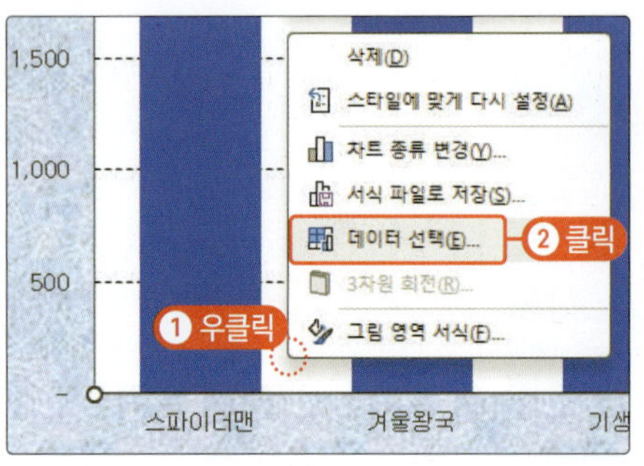

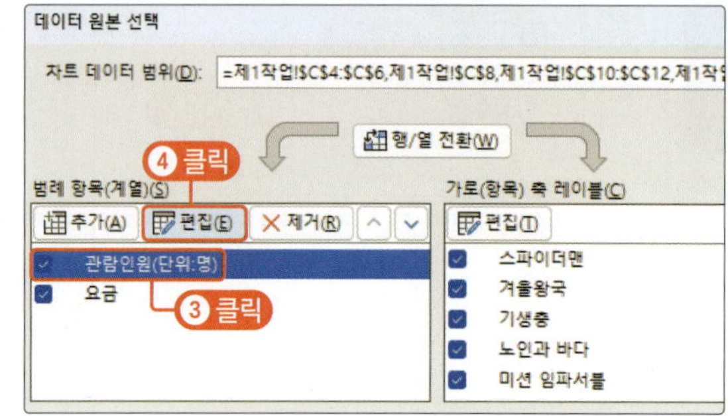

2 [계열 편집] 대화상자에서 계열 이름을 **관람인원(단위:명)**으로 변경한 후 <확인>을 클릭합니다.

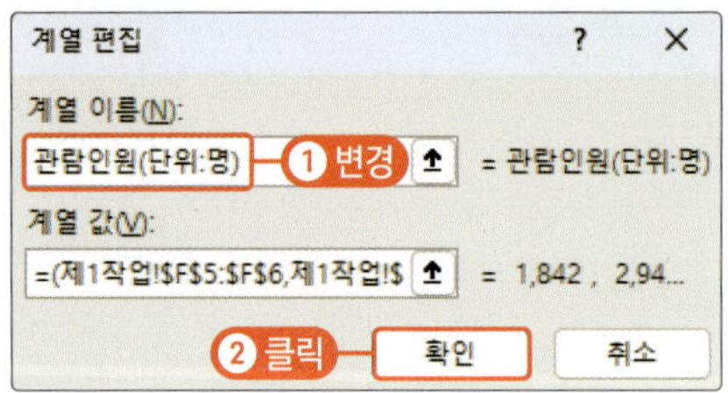

3 [데이터 원본 선택] 대화상자에서 <확인>을 클릭한 후 범례명이 문제지의 《출력형태》와 동일한지 확인합니다.

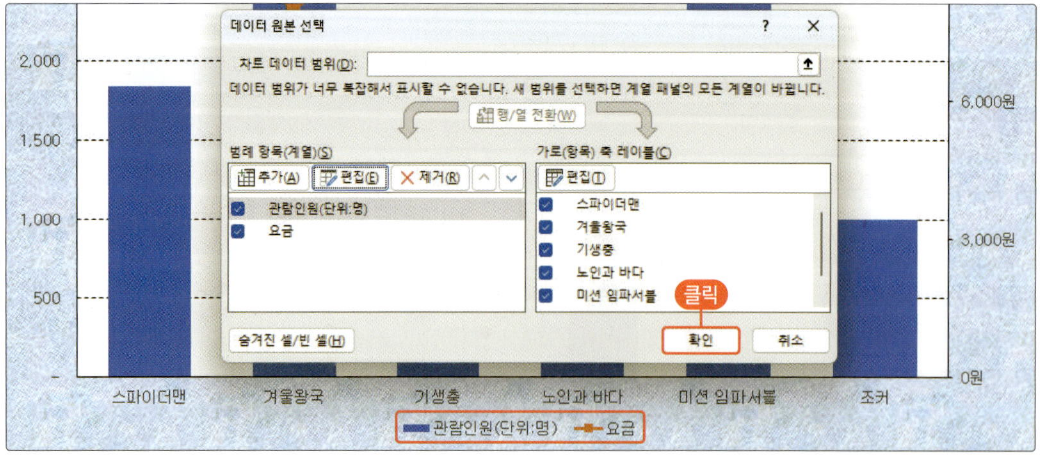

Level UP **범례 위치 변경**

범례를 선택한 후 [차트 디자인] 탭-[차트 요소 추가]-[범례]에서 원하는 위치(오른쪽, 위쪽, 왼쪽, 아래쪽)를 선택합니다.

(9) 도형 ⇒ '말풍선: 모서리가 둥근 사각형 설명선'을 삽입한 후 《출력형태》와 같이 내용을 입력하시오.

1 [삽입] 탭-[도형]에서 [설명선]-**[말풍선: 모서리가 둥근 사각형(⬭)]**을 선택합니다.

★ 차트 선택이 해제되었다면 차트를 클릭한 후 도형을 삽입해야 해요.

2 적당한 위치에 드래그하여 도형을 삽입한 후 **인기 영화**를 입력하고 Esc 를 누릅니다.

★ 내용을 입력한 후 도형의 테두리를 클릭해도 돼요.

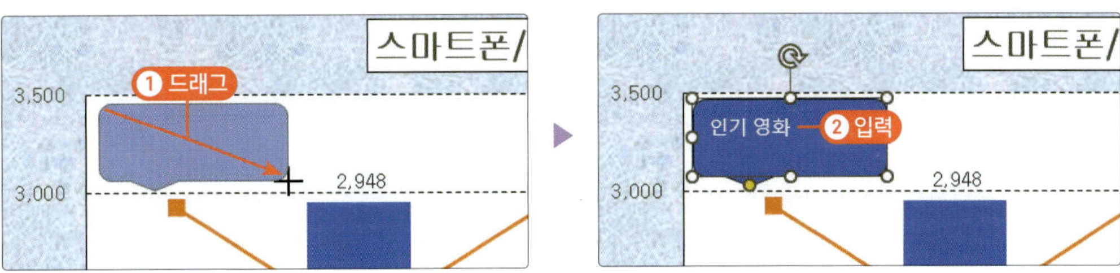

3 [홈] 탭에서 글꼴(굴림), 글꼴 크기(11), 글꼴 색(검정, 텍스트 1), 채우기 색(흰색, 배경 1)을 각각 지정합니다.

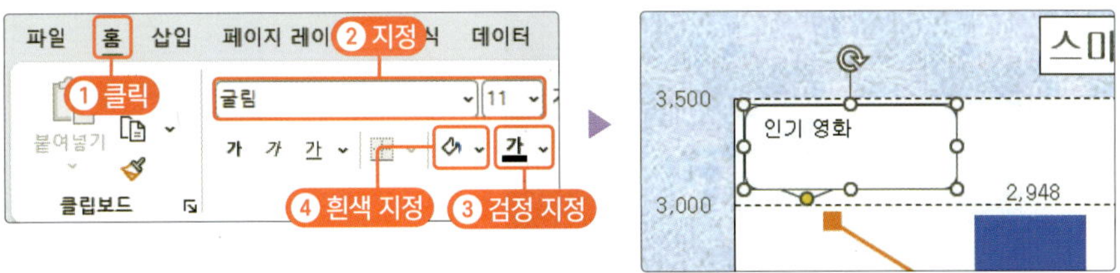

> **ITQ 꿀팁**
>
> 도형의 '글꼴'과 '글꼴 크기'는 별도의 조건이 없어 채점 항목에 포함되지는 않지만 영역 서식(굴림, 11pt)에 맞추어 변경해 주세요.

4 도형이 선택된 상태에서 [홈] 탭의 세로 **[가운데 맞춤]**과 가로 **[가운데 맞춤]**을 각각 클릭하여 정렬합니다.

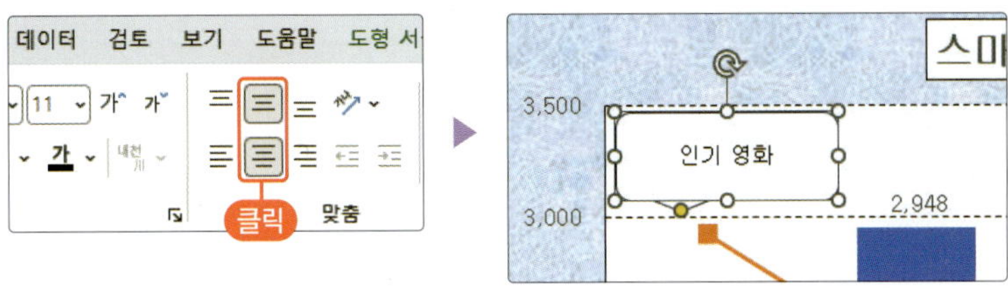

5 서식 지정이 끝나면 문제지의 《출력형태》를 참고하여 도형의 크기 및 위치를 변경한 후 모양을 변형합니다.

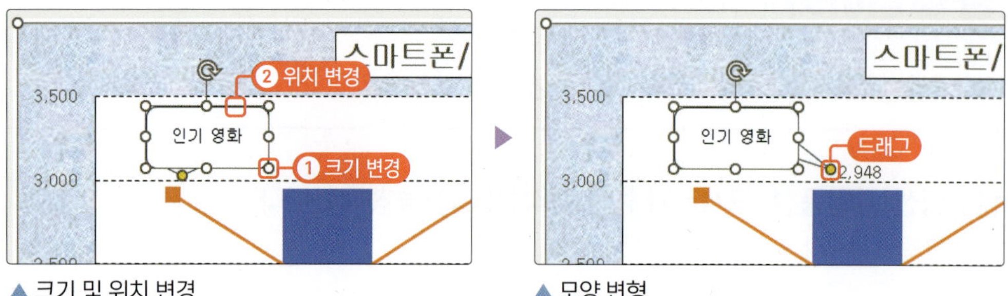

▲ 크기 및 위치 변경　　　▲ 모양 변형

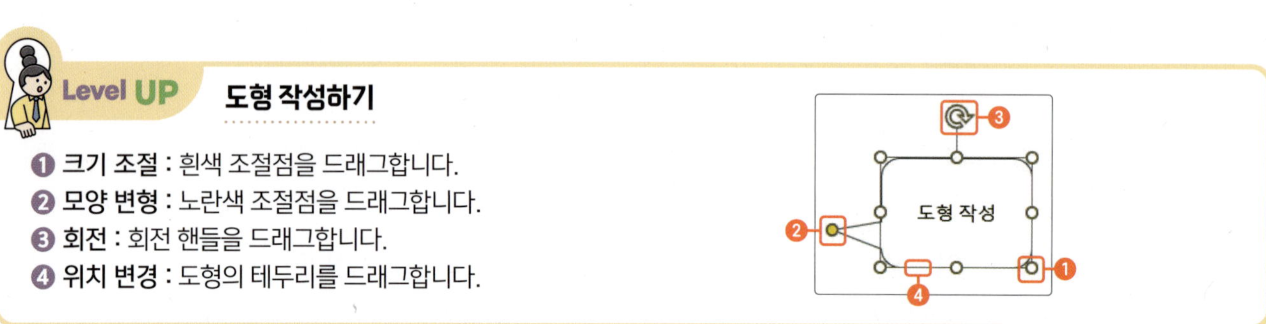

6 작업이 완료되면 [저장(💾)]을 클릭하거나, Ctrl+S 를 눌러 답안 파일을 저장합니다.

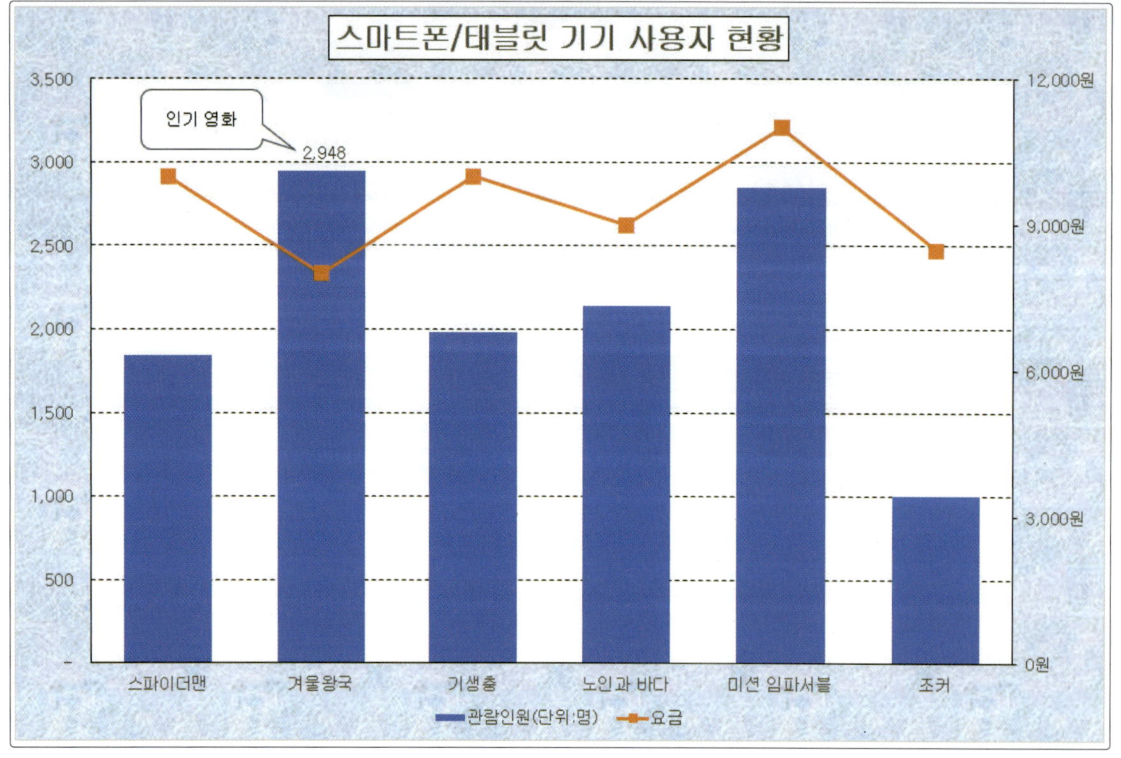

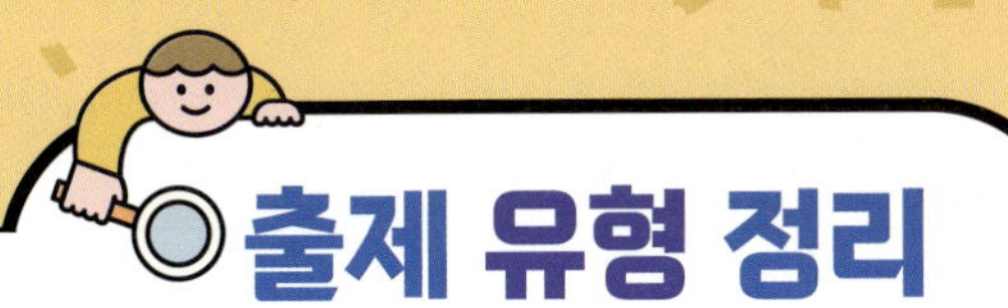

1 "제1작업" 시트를 이용하여 조건에 따라 《출력형태》와 같이 작업하시오.

⊘ **실습파일** : 유형07-1(문제).xlsx ⊘ **완성파일** : 유형07-1(완성).xlsx

《조건》

(1) 차트 종류 ⇒ <묶은 세로 막대형>으로 작업하시오.

(2) 데이터 범위 ⇒ "제1작업" 시트의 내용을 이용하여 작업하시오.

(3) 위치 ⇒ "새 시트"로 이동하고, "제4작업"으로 시트 이름을 바꾸시오.

(4) 차트 디자인 도구 ⇒ 레이아웃 3, 스타일 1을 선택하여 《출력형태》에 맞게 작업하시오.

(5) 영역 서식 ⇒ 차트 : 글꼴(굴림, 11pt), 채우기 효과(질감-분홍 박엽지)

　　　　　　　　그림 : 채우기(흰색, 배경1)

(6) 제목 서식 ⇒ 차트 제목 : 글꼴(굴림, 굵게, 20pt), 채우기(흰색, 배경1), 테두리

(7) 서식 ⇒ 연간 누적 사용자 수 계열의 차트 종류를 <표식이 있는 꺾은선형>으로 변경한 후 보조 축으로 지정하시오.

　　　계열 : 《출력형태》를 참조하여 표식(세모, 크기 10)과 레이블 값을 표시하시오.

　　　눈금선 : 선 스타일-파선

　　　축 : 《출력형태》를 참조하시오.

(8) 범례 ⇒ 범례명을 변경하고 《출력형태》를 참조하시오.

(9) 도형 ⇒ '말풍선: 모서리가 둥근 사각형 설명선'을 삽입한 후 《출력형태》와 같이 내용을 입력하시오.

(10) 나머지 사항은 《출력형태》에 맞게 작성하시오.

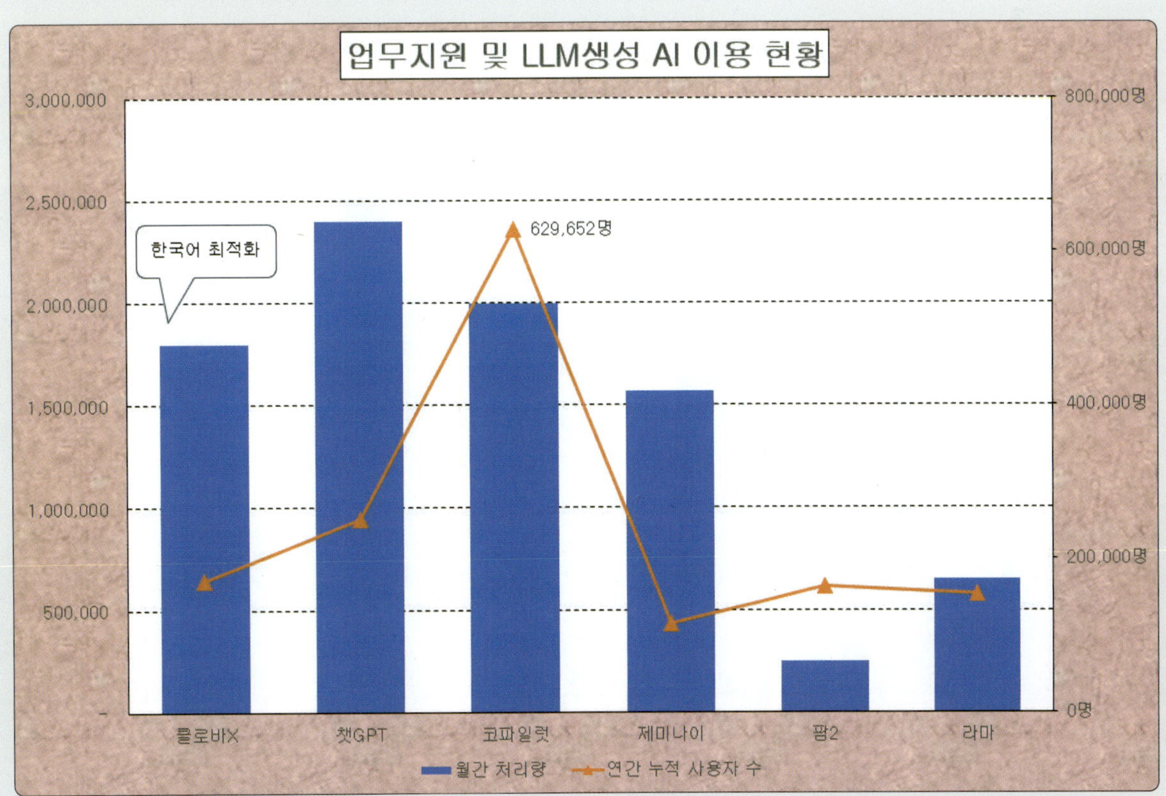

주의 ☞ 시트명 순서가 차례대로 "제1작업", "제2작업", "제3작업", "제4작업"이 되도록 할 것.

2 "제1작업" 시트를 이용하여 조건에 따라 《출력형태》와 같이 작업하시오.

⊘ 실습파일 : 유형07-2(문제).xlsx ⊘ 완성파일 : 유형07-2(완성).xlsx

《조건》

(1) 차트 종류 ⇒ <묶은 세로 막대형>으로 작업하시오.

(2) 데이터 범위 ⇒ "제1작업" 시트의 내용을 이용하여 작업하시오.

(3) 위치 ⇒ "새 시트"로 이동하고, "제4작업"으로 시트 이름을 바꾸시오.

(4) 차트 디자인 도구 ⇒ 레이아웃 3, 스타일 1을 선택하여 《출력형태》에 맞게 작업하시오.

(5) 영역 서식 ⇒ 차트 : 글꼴(굴림, 11pt), 채우기 효과(질감-분홍 박엽지)
　　　　　　　　　그림 : 채우기(흰색, 배경1)

(6) 제목 서식 ⇒ 차트 제목 : 글꼴(굴림, 굵게, 20pt), 채우기(흰색, 배경1), 테두리

(7) 서식 ⇒ 등록횟수 계열의 차트 종류를 <표식이 있는 꺾은선형>으로 변경한 후 보조 축으로 지정하시오.

　　　　계열 : 《출력형태》를 참조하여 표식(마름모, 크기 10)과 레이블 값을 표시하시오.

　　　　눈금선 : 선 스타일-파선

　　　　축 : 《출력형태》를 참조하시오.

(8) 범례 ⇒ 범례명을 변경하고 《출력형태》를 참조하시오.

(9) 도형 ⇒ '말풍선: 모서리가 둥근 사각형 설명선'을 삽입한 후 《출력형태》와 같이 내용을 입력하시오.

(10) 나머지 사항은 《출력형태》에 맞게 작성하시오.

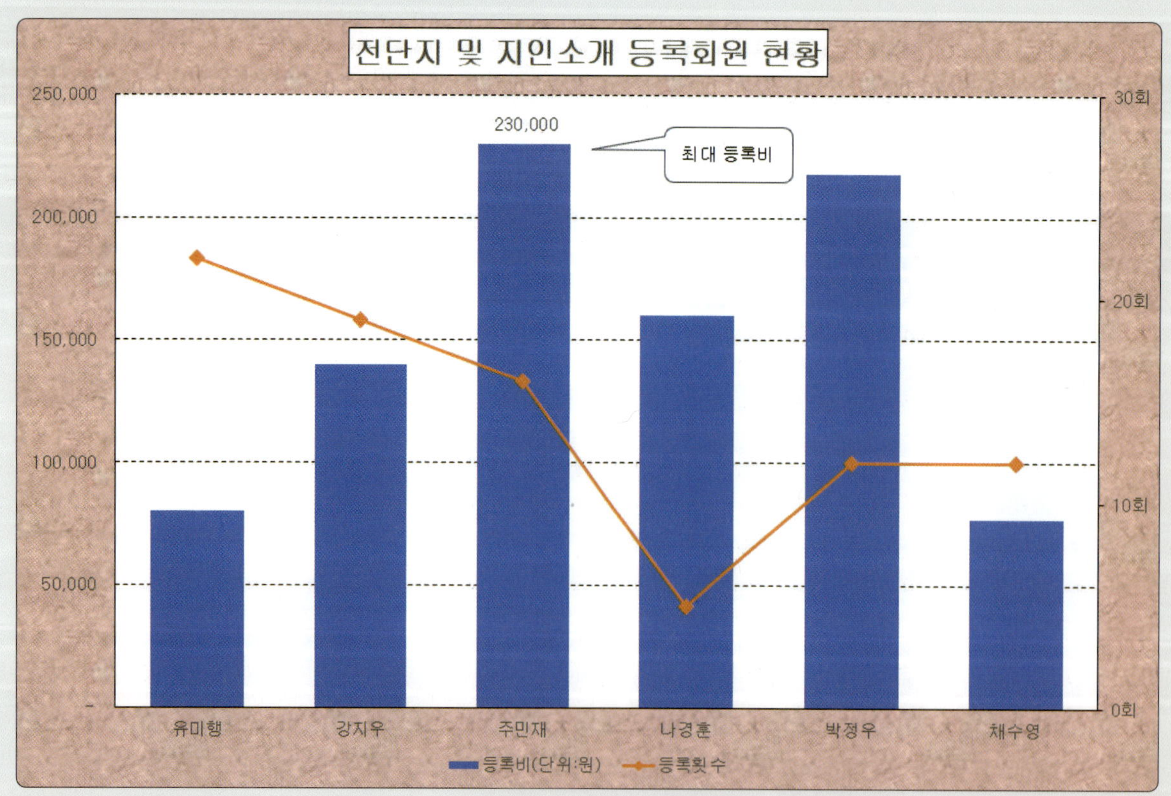

주의 ☞ 시트명 순서가 차례대로 "제1작업", "제2작업", "제3작업", "제4작업"이 되도록 할 것.

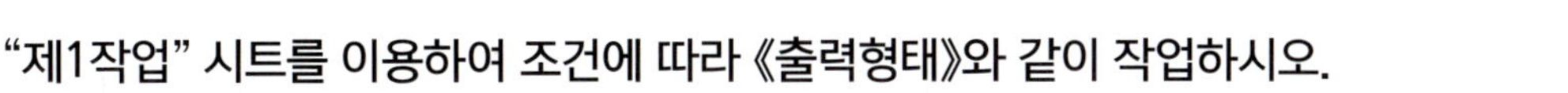

《조건》

(1) 차트 종류 ⇒ <묶은 세로 막대형>으로 작업하시오.

(2) 데이터 범위 ⇒ "제1작업" 시트의 내용을 이용하여 작업하시오.

(3) 위치 ⇒ "새 시트"로 이동하고, "제4작업"으로 시트 이름을 바꾸시오.

(4) 차트 디자인 도구 ⇒ 레이아웃 3, 스타일 1을 선택하여 《출력형태》에 맞게 작업하시오.

(5) 영역 서식 ⇒ 차트 : 글꼴(굴림, 11pt), 채우기 효과(질감-파랑 박엽지)
　　　　　　　 그림 : 채우기(흰색, 배경1)

(6) 제목 서식 ⇒ 차트 제목 : 글꼴(굴림, 굵게, 20pt), 채우기(흰색, 배경1), 테두리

(7) 서식 ⇒ 상품가격(단위:원) 계열의 차트 종류를 <표식이 있는 꺾은선형>으로 변경한 후 보조 축으로 지정하시오.

　　　계열 : 《출력형태》를 참조하여 표식(세모, 크기 10)과 레이블 값을 표시하시오.

　　　눈금선 : 선 스타일-파선

　　　축 : 《출력형태》를 참조하시오.

(8) 범례 ⇒ 범례명을 변경하고 《출력형태》를 참조하시오.

(9) 도형 ⇒ '말풍선: 모서리가 둥근 사각형 설명선'을 삽입한 후 《출력형태》와 같이 내용을 입력하시오.

(10) 나머지 사항은 《출력형태》에 맞게 작성하시오.

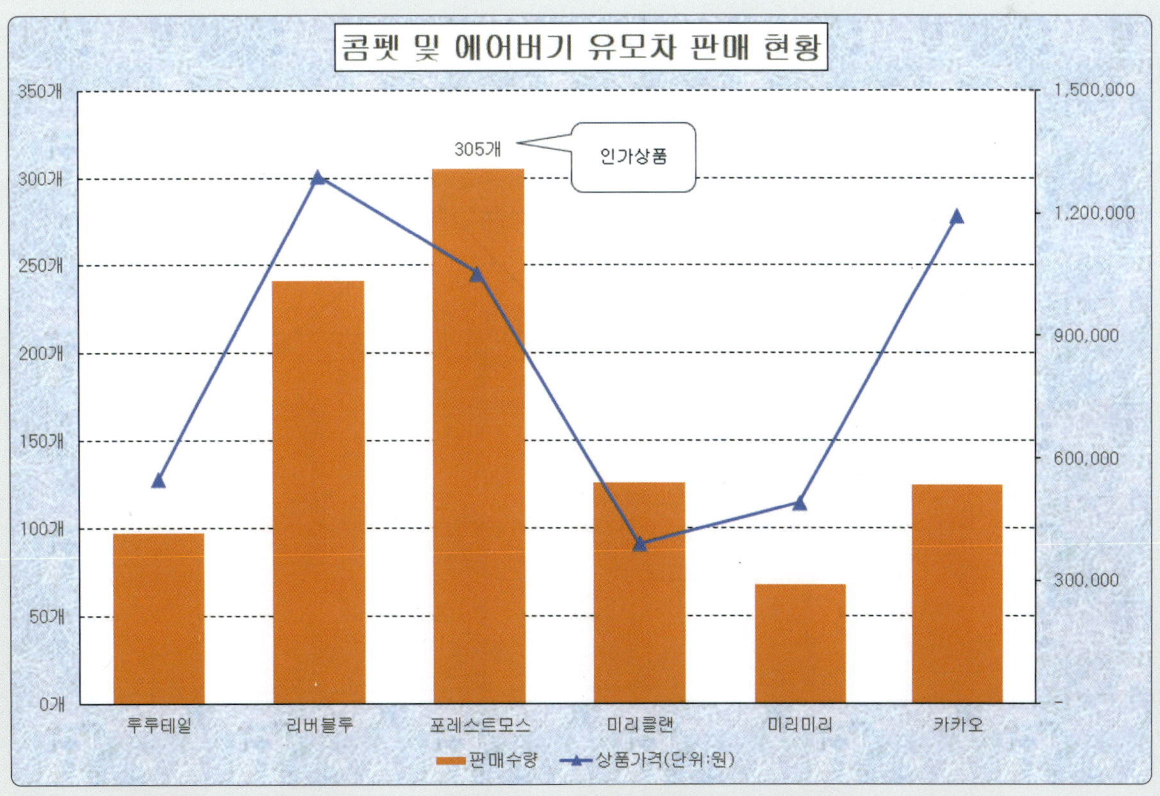

주의 ☞ 시트명 순서가 차례대로 "제1작업", "제2작업", "제3작업", "제4작업"이 되도록 할 것.

⊙ **실습파일** : 유형07-4(문제).xlsx ⊙ **완성파일** : 유형07-4(완성).xlsx

《조건》

(1) 차트 종류 ⇒ <묶은 세로 막대형>으로 작업하시오.

(2) 데이터 범위 ⇒ "제1작업" 시트의 내용을 이용하여 작업하시오.

(3) 위치 ⇒ "새 시트"로 이동하고, "제4작업"으로 시트 이름을 바꾸시오.

(4) 차트 디자인 도구 ⇒ 레이아웃 3, 스타일 1을 선택하여 《출력형태》에 맞게 작업하시오.

(5) 영역 서식 ⇒ 차트 : 글꼴(굴림, 11pt), 채우기 효과(질감-파랑 박엽지)

　　　　　　　 그림 : 채우기(흰색, 배경1)

(6) 제목 서식 ⇒ 차트 제목 : 글꼴(굴림, 굵게, 20pt), 채우기(흰색, 배경1), 테두리

(7) 서식 ⇒ 최고일매출(단위:만원) 계열의 차트 종류를 <표식이 있는 꺾은선형>으로 변경한 후 보조 축으로 지정하시오.

　　　　 계열 : 《출력형태》를 참조하여 표식(세모, 크기 10)과 레이블 값을 표시하시오.

　　　　 눈금선 : 선 스타일-파선

　　　　 축 : 《출력형태》를 참조하시오.

(8) 범례 ⇒ 범례명을 변경하고 《출력형태》를 참조하시오.

(9) 도형 ⇒ '말풍선: 모서리가 둥근 사각형 설명선'을 삽입한 후 《출력형태》와 같이 내용을 입력하시오.

(10) 나머지 사항은 《출력형태》에 맞게 작성하시오.

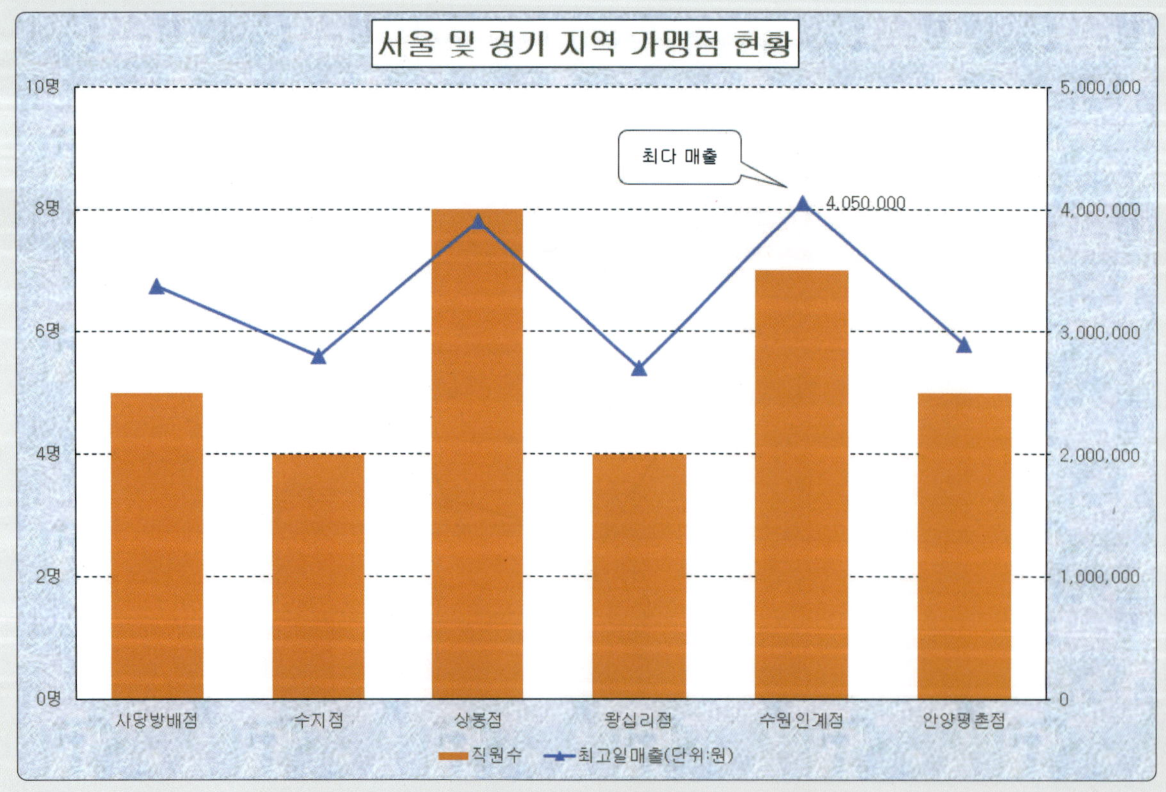

주의 ☞ 시트명 순서가 차례대로 "제1작업", "제2작업", "제3작업", "제4작업"이 되도록 할 것.

A 조건에 맞추어 각 시트의 차트를 편집해 보세요.

⊘ **실습파일** : 패턴07-1(문제).xlsx   ⊘ **완성파일** : 패턴07-2(완성).xlsx

패턴 01　차트 선택 후 [삽입]-[도형]

❶ 영역 서식 ⇒ 채우기 효과(질감-분홍 박엽지), 그림 : 채우기(흰색, 배경1)
❷ 계열 :《출력형태》를 참조하여 표식(세모, 크기 10)과 레이블 값을 표시하시오.
❸ 눈금선 : 선 스타일-파선, 축 :《출력형태》를 참조하시오.
❹ 범례 ⇒ 범례명을 변경하고《출력형태》를 참조하시오.
❺ 도형 ⇒ '말풍선: 모서리가 둥근 사각형 설명선'을 삽입한 후《출력형태》와 같이 내용을 입력하시오.

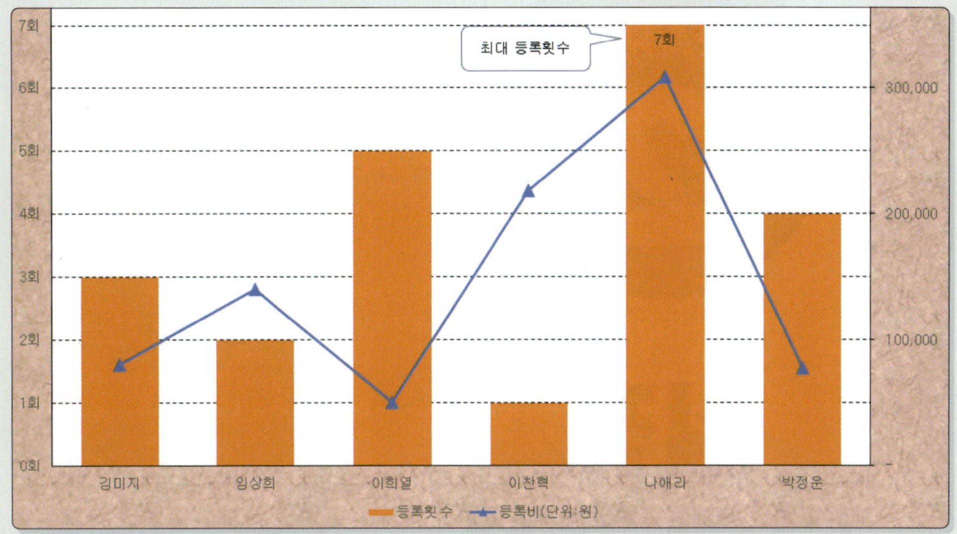

패턴 02　차트 선택 후 [삽입]-[도형]

❶ 영역 서식 ⇒ 채우기 효과(질감-파랑 박엽지), 그림 : 채우기(흰색, 배경1)
❷ 계열 :《출력형태》를 참조하여 표식(마름모, 크기 10)과 레이블 값을 표시하시오.
❸ 눈금선 : 선 스타일-파선, 축 :《출력형태》를 참조하시오.
❹ 범례 ⇒ 범례명을 변경하고《출력형태》를 참조하시오.
❺ 도형 ⇒ '말풍선: 모서리가 둥근 사각형 설명선'을 삽입한 후《출력형태》와 같이 내용을 입력하시오.

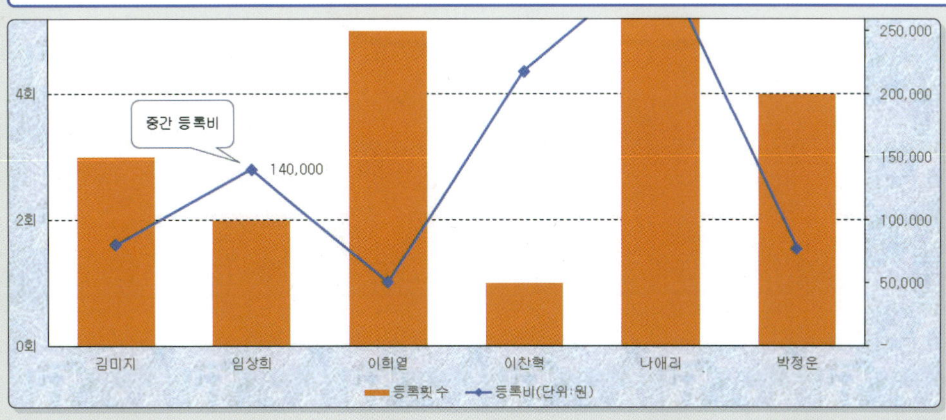

실전
모의고사

실전모의고사를 통해 시험을 완벽하게
대비할 수 있습니다.

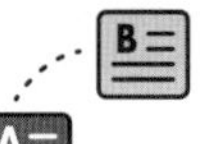

제 01회 | 실전 모의고사

제 02회 | 실전 모의고사

제 03회 | 실전 모의고사

제 04회 | 실전 모의고사

제 05회 | 실전 모의고사

제 06회 | 실전 모의고사

제 07회 | 실전 모의고사

제 08회 | 실전 모의고사

제 09회 | 실전 모의고사

제 10회 | 실전 모의고사

제 11회 | 실전 모의고사

제 12회 | 실전 모의고사

정보기술자격(ITQ) 실전모의고사

과 목	코 드	문제유형	시험시간	수험번호	성 명
한글엑셀	1122	A	60분		

수험자 유의사항

◎ 수험자는 문제지를 받는 즉시 문제지와 **수험표상의 시험과목(프로그램)이 동일한지 반드시 확인**하여야 합니다.

◎ 파일명은 본인의 "수험번호-성명"으로 입력하여 답안폴더(내 PC₩문서₩ITQ)에 하나의 파일로 저장해야 하며, 답안문서 파일명이 "수험번호-성명"과 일치하지 않거나, 답안파일을 전송하지 않아 미제출로 처리될 경우 실격 처리합니다 (예:12345678-홍길동.xlsx).

◎ 답안 작성을 마치면 파일을 저장하고, '답안 전송' 버튼을 선택하여 감독위원 PC로 답안을 전송하십시오. 수험생 정보와 저장한 파일명이 다를 경우 전송되지 않으므로 주의하시기 바랍니다.

◎ 답안 작성 중에도 **주기적으로 저장하고, '답안 전송'**하여야 문제 발생을 줄일 수 있습니다. 작업한 내용을 저장하지 않고 전송할 경우 이전에 저장된 내용이 전송되오니 이점 유의하시기 바랍니다.

◎ 답안문서는 지정된 경로 외의 다른 보조기억장치에 저장하는 경우, 지정된 시험 시간 외에 작성된 파일을 활용할 경우, 기타 통신수단(이메일, 메신저, 네트워크 등)을 이용하여 타인에게 전달 또는 외부 반출하는 경우는 부정 처리합니다.

◎ 시험 중 부주의 또는 고의로 시스템을 파손한 경우는 수험자가 변상해야 하며, <수험자 유의사항>에 기재된 방법대로 이행하지 않아 생기는 불이익은 수험생 당사자의 책임임을 알려 드립니다.

◎ 문제의 조건은 MS오피스 2021 버전으로 설정되어 있으니 유의하시기 바랍니다.

◎ 시험을 완료한 수험자는 답안파일이 전송되었는지 확인한 후 감독위원의 지시에 따라 문제지를 제출하고 퇴실합니다.

답안 작성요령

◎ 온라인 답안 작성 절차

수험자 등록 ⇒ 시험 시작 ⇒ 답안파일 저장 ⇒ 답안 전송 ⇒ 시험 종료

◎ 문제는 총 4단계, 즉 제1작업부터 제4작업까지 구성되어 있으며 반드시 제1작업부터 순서대로 작성하고 조건대로 작업하시오.

◎ 모든 작업시트의 A열은 열 너비 '1'로, 나머지 열은 적당하게 조절하시오.

◎ 모든 작업시트의 테두리(굵은선, 가는선 등)는 《출력형태》와 같이 작업하시오.

◎ 해당 작업란에서는 각각 제시된 조건에 따라 《출력형태》와 같이 작업하시오.

◎ 답안 시트 이름은 "제1작업", "제2작업", "제3작업", "제4작업"이어야 하며 답안 시트 이외의 것은 감점 처리됩니다.

◎ 각 시트를 파일로 나누어 작업해서 저장할 경우 실격 처리됩니다.

kpc 한국생산성본부

☞ 다음은 '2023년 피트니스 센터 회원등록 현황'에 대한 자료이다. 자료를 입력하고 조건에 맞도록 작업하시오.

《출력형태》

회원코드	회원명	등록일	담당자	등록경로	등록비 (단위:원)	등록횟수	운동종류	등록월
H2834	김미지	2023-06-03	이하늘	카톡채널	80,000	3	(1)	(2)
P2543	임상희	2023-09-14	김미래	홈페이지	140,000	2	(1)	(2)
H1296	이희열	2023-10-05	이정혁	홈페이지	50,000	5	(1)	(2)
Y4621	고현욱	2023-02-07	김미래	카톡채널	230,000	4	(1)	(2)
Y3705	박성찬	2023-03-25	이하늘	카톡채널	160,000	3	(1)	(2)
H6019	이찬혁	2023-08-16	이정혁	밴드	218,000	1	(1)	(2)
P4572	나애리	2023-05-26	이하늘	홈페이지	308,000	7	(1)	(2)
P1367	박정운	2023-09-16	김미래	홈페이지	77,000	4	(1)	(2)
밴드를 통해 등록한 회원명		(3)			카톡채널을 통해 등록한 회원의 총 등록비(단위:원)			(5)
홈페이지를 통해 등록한 회원수		(4)			회원코드	H2834	등록비 (단위:원)	(6)

《조건》

○ 모든 데이터의 서식에는 글꼴(굴림, 11pt), 정렬은 숫자 및 회계 서식은 오른쪽 정렬, 나머지 서식은 가운데 정렬로 작성하며 예외적인 것은 《출력형태》를 참조하시오.

○ 제 목 ⇒ 도형(직사각형)과 그림자(오프셋 오른쪽)를 이용하여 작성하고 "2023년 피트니스 센터 회원등록 현황"을 입력한 후 다음 서식을 적용하시오
(글꼴-굴림, 24pt, 검정, 굵게, 채우기-노랑).

○ 임의의 셀에 결재란을 작성하여 그림으로 복사 기능을 이용하여 붙이기 하시오(단, 원본 삭제).

○「B4:J4, G14, I14」 영역은 '주황'으로 채우기 하시오.

○ 유효성 검사를 이용하여 「H14」 셀에 회원코드(「B5:B12」 영역)가 선택 표시되도록 하시오.

○ 셀 서식 ⇒「H5:H12」 영역에 셀 서식을 이용하여 숫자 뒤에 '회'를 표시하시오(예 : 1회).

○「G5:G12」 영역에 대해 '등록비'로 이름정의를 하시오.

☞ (1)~(6) 셀은 반드시 **주어진 함수를 이용**하여 값을 구하시오(결과값을 직접 입력하면 해당 셀은 0점 처리됨).

(1) 운동종류 ⇒ 회원코드의 첫 번째 값이 H이면 '헬스', P이면 'PT', 그 외에는 '스피닝'으로 표시하시오(IF, LEFT 함수).

(2) 등록월 ⇒ 등록일의 월을 추출한 결과값에 '월'을 붙이시오(MONTH 함수, & 연산자)(예 : 1월).

(3) 밴드를 통해 등록한 회원명 ⇒ 등록경로가 밴드인 회원명을 구하시오(INDEX, MATCH 함수).

(4) 홈페이지를 통해 등록한 회원수 ⇒ 등록경로가 홈페이지인 회원의 수를 구하시오(COUNTIF 함수).

(5) 카톡채널을 통해 등록한 회원의 총 등록비(단위:원) ⇒ 정의된 이름(등록비)을 이용하여 구하시오(SUMIF 함수).

(6) 등록비(단위:원) ⇒「H14」 셀에서 선택한 회원코드에 대한 등록비(단위:원)를 구하시오(VLOOKUP 함수).

(7) 조건부 서식의 수식을 이용하여 등록횟수가 '4' 이상인 행 전체에 다음의 서식을 적용하시오(글꼴 : 파랑, 굵게).

☞ **"제1작업"** 시트의 「B4:H12」 영역을 복사하여 **"제2작업"** 시트의 「B2」 셀부터 모두 붙여넣기를 한 후 다음의 조건과 같이 작업하시오.

《조건》

(1) 고급 필터 - 등록일이 '2023-05-31' 이전(해당일 포함)이거나, 등록횟수가 '4' 이상인 자료의 회원코드, 회원명, 담당자, 등록비(단위:원) 데이터만 추출하시오.
　　　　－ 조건 범위 : 「B14」 셀부터 입력하시오.
　　　　－ 복사 위치 : 「B18」 셀부터 나타나도록 하시오.

(2) 표 서식 - 고급필터의 결과셀을 채우기 없음으로 설정한 후 '파랑, 표 스타일 보통 2'의 서식을 적용하시오.
　　　　－ 머리글 행, 줄무늬 행을 적용하시오.

☞ **"제1작업"** 시트를 이용하여 **"제3작업"** 시트에 조건에 따라 《출력형태》와 같이 작업하시오.

《조건》

(1) 등록일 및 등록경로별 회원명의 개수와 등록비(단위:원)의 평균을 구하시오.
(2) 등록일을 그룹화하고, 등록경로를 《출력형태》와 같이 정렬하시오.
(3) 레이블이 있는 셀 병합 및 가운데 맞춤 적용 및 빈 셀은 '***'로 표시하시오.
(4) 행의 총합계는 지우고, 나머지 사항은 《출력형태》에 맞게 작성하시오.

《출력형태》

A	B	C	D	E	F	G	H
1							
2		등록경로 ↴					
3			홈페이지		카톡채널		밴드	
4	등록일 ▼	개수 : 회원명	평균 : 등록비(단위:원)	개수 : 회원명	평균 : 등록비(단위:원)	개수 : 회원명	평균 : 등록비(단위:원)
5	1사분기	***	***	2	195,000	***	***
6	2사분기	1	308,000	1	80,000	***	***
7	3사분기	2	108,500	***	***	1	218,000
8	4사분기	1	50,000	***	***	***	***
9	총합계	4	143,750	3	156,667	1	218,000

☞ **"제1작업"** 시트를 이용하여 조건에 따라《출력형태》와 같이 작업하시오.

《조건》

(1) 차트 종류 ⇒ <묶은 세로 막대형>으로 작업하시오.

(2) 데이터 범위 ⇒ "제1작업" 시트의 내용을 이용하여 작업하시오.

(3) 위치 ⇒ "새 시트"로 이동하고, "제4작업"으로 시트 이름을 바꾸시오.

(4) 차트 디자인 도구 ⇒ 레이아웃 3, 스타일 1을 선택하여《출력형태》에 맞게 작업하시오.

(5) 영역 서식 ⇒ 차트 : 글꼴(굴림, 11pt), 채우기 효과(질감-분홍 박엽지)

　　　　　　　　 그림 : 채우기(흰색, 배경 1)

(6) 제목 서식 ⇒ 차트 제목 : 글꼴(굴림, 굵게, 20pt), 채우기(흰색, 배경 1), 테두리

(7) 서식 ⇒ 등록비(단위:원) 계열의 차트 종류를 <표식이 있는 꺾은선형>으로 변경한 후 보조 축으로 지정하시오.

　　　　　 계열 :《출력형태》를 참조하여 표식(세모, 크기 10)과 레이블 값을 표시하시오.

　　　　　 눈금선 : 선 스타일-파선

　　　　　 축 :《출력형태》를 참조하시오.

(8) 범례 ⇒ 범례명을 변경하고《출력형태》를 참조하시오.

(9) 도형 ⇒ '말풍선: 모서리가 둥근 사각형 설명선'을 삽입한 후《출력형태》와 같이 내용을 입력하시오.

(10) 나머지 사항은《출력형태》에 맞게 작성하시오.

《출력형태》

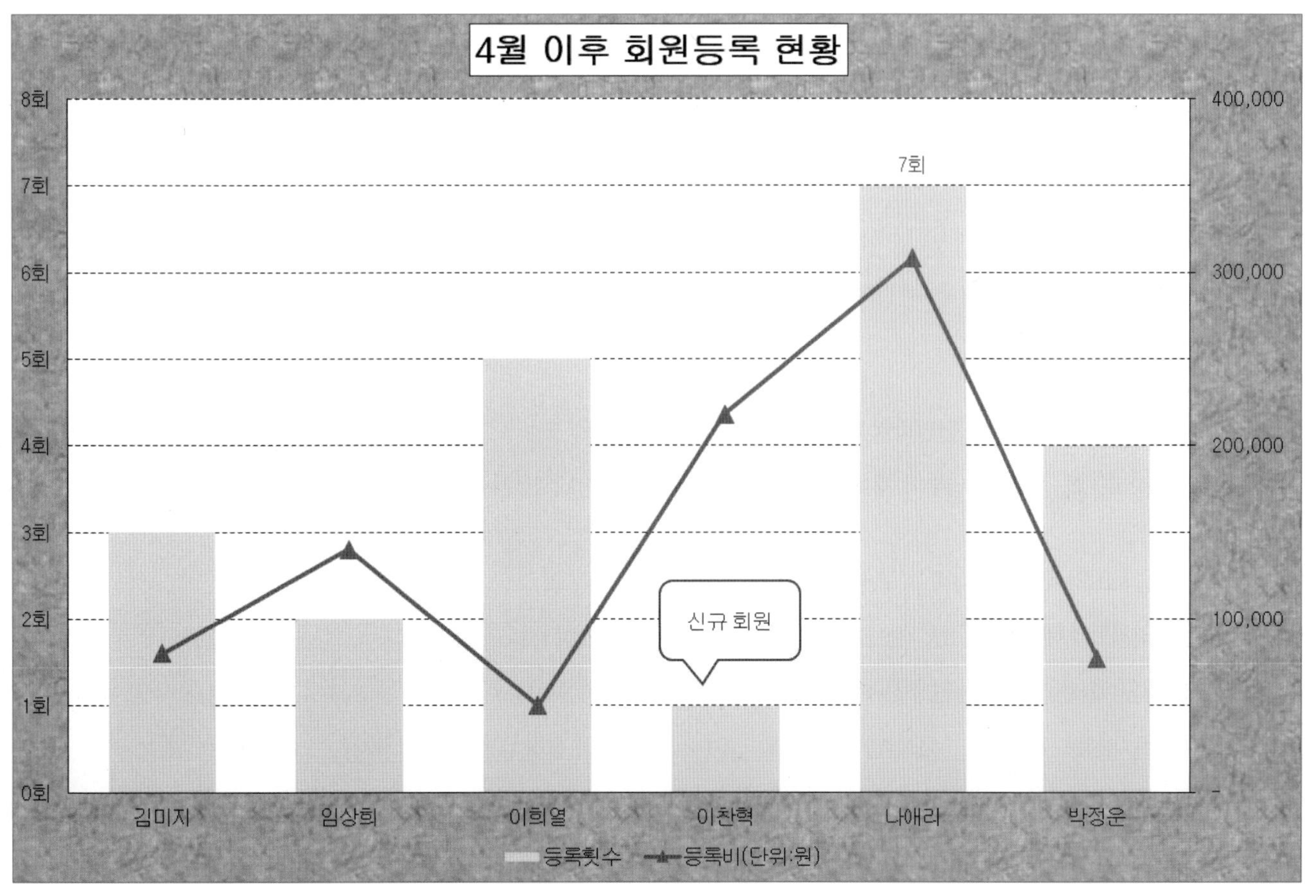

주의 ☞ 시트명 순서가 차례대로 "제1작업", "제2작업", "제3작업", "제4작업"이 되도록 할 것.

정보기술자격(ITQ) 실전모의고사

과 목	코 드	문제유형	시험시간	수험번호	성 명
한글엑셀	1122	A	60분		

수험자 유의사항

◎ 수험자는 문제지를 받는 즉시 문제지와 **수험표상의 시험과목(프로그램)이 동일한지 반드시 확인**하여야 합니다.

◎ 파일명은 본인의 "수험번호–성명"으로 입력하여 답안폴더(내 PC₩문서₩ITQ)에 하나의 파일로 저장해야 하며, 답안문서 파일명이 "수험번호–성명"과 일치하지 않거나, 답안파일을 전송하지 않아 미제출로 처리될 경우 실격 처리합니다 (예:12345678-홍길동.xlsx).

◎ 답안 작성을 마치면 파일을 저장하고, '답안 전송' 버튼을 선택하여 감독위원 PC로 답안을 전송하십시오. 수험생 정보와 저장한 파일명이 다를 경우 전송되지 않으므로 주의하시기 바랍니다.

◎ 답안 작성 중에도 **주기적으로 저장하고, '답안 전송'**하여야 문제 발생을 줄일 수 있습니다. 작업한 내용을 저장하지 않고 전송할 경우 이전에 저장된 내용이 전송되오니 이점 유의하시기 바랍니다.

◎ 답안문서는 지정된 경로 외의 다른 보조기억장치에 저장하는 경우, 지정된 시험 시간 외에 작성된 파일을 활용할 경우, 기타 통신수단(이메일, 메신저, 네트워크 등)을 이용하여 타인에게 전달 또는 외부 반출하는 경우는 부정 처리합니다.

◎ 시험 중 부주의 또는 고의로 시스템을 파손한 경우는 수험자가 변상해야 하며, <수험자 유의사항>에 기재된 방법대로 이행하지 않아 생기는 불이익은 수험생 당사자의 책임임을 알려 드립니다.

◎ 문제의 조건은 MS오피스 2021 버전으로 설정되어 있으니 유의하시기 바랍니다.

◎ 시험을 완료한 수험자는 답안파일이 전송되었는지 확인한 후 감독위원의 지시에 따라 문제지를 제출하고 퇴실합니다.

답안 작성요령

◎ 온라인 답안 작성 절차

　수험자 등록 ⇒ 시험 시작 ⇒ 답안파일 저장 ⇒ 답안 전송 ⇒ 시험 종료

◎ 문제는 총 4단계, 즉 제1작업부터 제4작업까지 구성되어 있으며 반드시 제1작업부터 순서대로 작성하고 조건대로 작업하시오.

◎ 모든 작업시트의 A열은 열 너비 '1'로, 나머지 열은 적당하게 조절하시오.

◎ 모든 작업시트의 테두리(굵은선, 가는선 등)는 《출력형태》와 같이 작업하시오.

◎ 해당 작업란에서는 각각 제시된 조건에 따라 《출력형태》와 같이 작업하시오.

◎ 답안 시트 이름은 "제1작업", "제2작업", "제3작업", "제4작업"이어야 하며 답안 시트 이외의 것은 감점 처리됩니다.

◎ 각 시트를 파일로 나누어 작업해서 저장할 경우 실격 처리됩니다.

☞ 다음은 '**겨울가전 최신 상품 목록**'에 대한 자료이다. 자료를 입력하고 조건에 맞도록 작업하시오.

《출력형태》

	제품코드	모델명	방식	제조사	가격	소비전력(W)	등록일	순위	비고
							담당 / 팀장 / 본부장 (결재)		
	BK1-021	프리그 전기요	전기요	대진전자	83,300	90	2022-10-23	(1)	(2)
	RA2-019	라셀트리	전기매트	액세트리	151,260	190	2023-04-15	(1)	(2)
	HL3-099	더 케어 슬림	온수매트	대성셀틱	220,760	350	2023-10-15	(1)	(2)
	RD1-035	라디라이트	전기매트	신일전자	210,000	75	2023-09-05	(1)	(2)
	OE1-082	에어로 실버	온수매트	경동나비엔	80,860	240	2022-09-03	(1)	(2)
	OE1-076	샤오미 슬림	전기매트	샤오미	139,860	180	2023-11-21	(1)	(2)
	BE2-073	보이로 전기요	전기요	이메텍	163,800	120	2022-10-08	(1)	(2)
	HE2-052	무자계 전기요	전기요	대원전자	95,000	135	2023-09-19	(1)	(2)
	온수매트 가격 평균			(3)			두 번째로 높은 소비전력		(5)
	전기요 최고 가격			(4)			제품코드 / BK1-021 / 소비전력(W)		(6)

《조건》

○ 모든 데이터의 서식에는 글꼴(굴림, 11pt), 정렬은 숫자 및 회계 서식은 오른쪽 정렬, 나머지 서식은 가운데 정렬로 작성하며 예외적인 것은 《출력형태》를 참조하시오.

○ 제 목 ⇒ 도형(사다리꼴)과 그림자(오프셋 가운데)를 이용하여 작성하고 "겨울가전 최신 상품 목록"을 입력한 후 다음 서식을 적용하시오
(글꼴-굴림, 24pt, 검정, 굵게, 채우기-노랑).

○ 임의의 셀에 결재란을 작성하여 그림으로 복사 기능을 이용하여 붙이기 하시오(단, 원본 삭제).

○ 「B4:J4, G14, I14」 영역은 '주황'으로 채우기 하시오.

○ 유효성 검사를 이용하여 「H14」 셀에 제품코드(「B5:B12」 영역)가 선택 표시되도록 하시오.

○ 셀 서식 ⇒ 「F5:F12」 영역에 셀 서식을 이용하여 숫자 뒤에 '원'을 표시하시오(예 : 83,300원).

○ 「G5:G12」 영역에 대해 '소비전력'으로 이름정의를 하시오.

☞ (1)~(6) 셀은 반드시 **주어진 함수를 이용**하여 값을 구하시오(결과값을 직접 입력하면 해당 셀은 0점 처리됨).

(1) 순위 ⇒ 정의된 이름(소비전력)을 이용하여 내림차순 순위를 구한 결과값에 '위'를 붙이시오(RANK.EQ 함수, & 연산자) (예 : 1위).

(2) 비고 ⇒ 제품코드의 세 번째 글자가 1이면 '싱글', 2이면 '슈퍼 싱글', 그 외에는 '더블'로 구하시오(IF, MID 함수).

(3) 온수매트 가격 평균 ⇒ (SUMIF, COUNTIF 함수)

(4) 전기요 최고 가격 ⇒ 조건은 입력데이터를 이용하시오(DMAX 함수).

(5) 두 번째로 높은 소비전력 ⇒ 정의된 이름(소비전력)을 이용하여 구하시오(LARGE 함수).

(6) 소비전력(W) ⇒ 「H14」 셀에서 선택한 제품코드에 대한 소비전력(W)을 구하시오(VLOOKUP 함수).

(7) 조건부 서식의 수식을 이용하여 소비전력(W)이 '150' 이하인 행 전체에 다음의 서식을 적용하시오(글꼴 : 파랑, 굵게).

☞ **"제1작업"** 시트의 「B4:H12」 영역을 복사하여 **"제2작업"** 시트의 「B2」 셀부터 모두 붙여넣기를 한 후 다음의 조건과 같이 작업하시오.

《조건》

(1) 목표값 찾기 - 「B11:G11」 셀을 병합하여 "전기요의 가격 평균"을 입력한 후 「H11」 셀에 전기요의 가격 평균을 구하시오. 단, 조건은 입력데이터를 이용하시오(DAVERAGE 함수, 테두리).
　　　 - '전기요의 가격 평균'이 '120,000'이 되려면 무자계 전기요의 가격이 얼마가 되어야 하는지 목표값을 구하시오.

(2) 고급필터 - 제품코드가 'B'로 시작하거나, 소비전력(W)이 '100' 이하인 자료의 모델명, 방식, 제조사, 가격 데이터만 추출하시오.
　　　 - 조건 범위 : 「B14」 셀부터 입력하시오.
　　　 - 복사 위치 : 「B18」 셀부터 나타나도록 하시오.

☞ **"제1작업"** 시트의 「B4:H12」 영역을 복사하여 **"제3작업"** 시트의 「B2」 셀부터 모두 붙여넣기를 한 후 다음의 조건과 같이 작업하시오.

《조건》

(1) 부분합 - 《출력형태》처럼 정렬하고, 가격의 최대값과 소비전력의 평균을 구하시오.
(2) 개요 - 지우시오.
(3) 나머지 사항은 《출력형태》에 맞게 작성하시오.

《출력형태》

	A	B	C	D	E	F	G	H
1								
2		제품코드	모델명	방식	제조사	가격	소비전력(W)	등록일
3		HL3-099	더 케어 슬림	온수매트	대성셀틱	220,760원	350	2023-10-15
4		OE1-082	에어로 실버	온수매트	경동나비엔	80,860원	240	2022-09-03
5				**온수매트 평균**			295	
6				온수매트 최대		220,760원		
7		RA2-019	라셀트리	전기매트	액세트리	151,260원	190	2023-04-15
8		RD1-035	라디라이트	전기매트	신일전자	210,000원	75	2023-09-05
9		OE1-076	샤오미 슬림	전기매트	샤오미	139,860원	180	2023-11-21
10				전기매트 평균			148	
11				전기매트 최대		210,000원		
12		BK1-021	프리그 전기요	전기요	대진전자	83,300원	90	2022-10-23
13		BE2-073	보이로 전기요	전기요	이메틱	163,800원	120	2022-10-08
14		HE2-052	무자계 전기요	전기요	대원전자	95,000원	135	2023-09-19
15				전기요 평균			115	
16				전기요 최대		163,800원		
17				**전체 평균**			173	
18				전체 최대값		220,760원		

☞ **"제1작업"** 시트를 이용하여 조건에 따라 《출력형태》와 같이 작업하시오.

《조건》

(1) 차트 종류 ⇒ <묶은 세로 막대형>으로 작업하시오.

(2) 데이터 범위 ⇒ "제1작업" 시트의 내용을 이용하여 작업하시오.

(3) 위치 ⇒ "새 시트"로 이동하고, "제4작업"으로 시트 이름을 바꾸시오.

(4) 차트 디자인 도구 ⇒ 레이아웃 3, 스타일 1을 선택하여 《출력형태》에 맞게 작업하시오.

(5) 영역 서식 ⇒ 차트 : 글꼴(굴림, 11pt), 채우기 효과(질감-파랑 박엽지)

                그림 : 채우기(흰색, 배경 1)

(6) 제목 서식 ⇒ 차트 제목 : 글꼴(굴림, 굵게, 20pt), 채우기(흰색, 배경 1), 테두리

(7) 서식 ⇒ 가격 계열의 차트 종류를 <표식이 있는 꺾은선형>으로 변경한 후 보조 축으로 지정하시오.

       계열 : 《출력형태》를 참조하여 표식(마름모, 크기 10)과 레이블 값을 표시하시오.

       눈금선 : 선 스타일-파선

       축 : 《출력형태》를 참조하시오.

(8) 범례 ⇒ 범례명을 변경하고 《출력형태》를 참조하시오.

(9) 도형 ⇒ '말풍선: 모서리가 둥근 사각형 설명선'을 삽입한 후 《출력형태》와 같이 내용을 입력하시오.

(10) 나머지 사항은 《출력형태》에 맞게 작성하시오.

《출력형태》

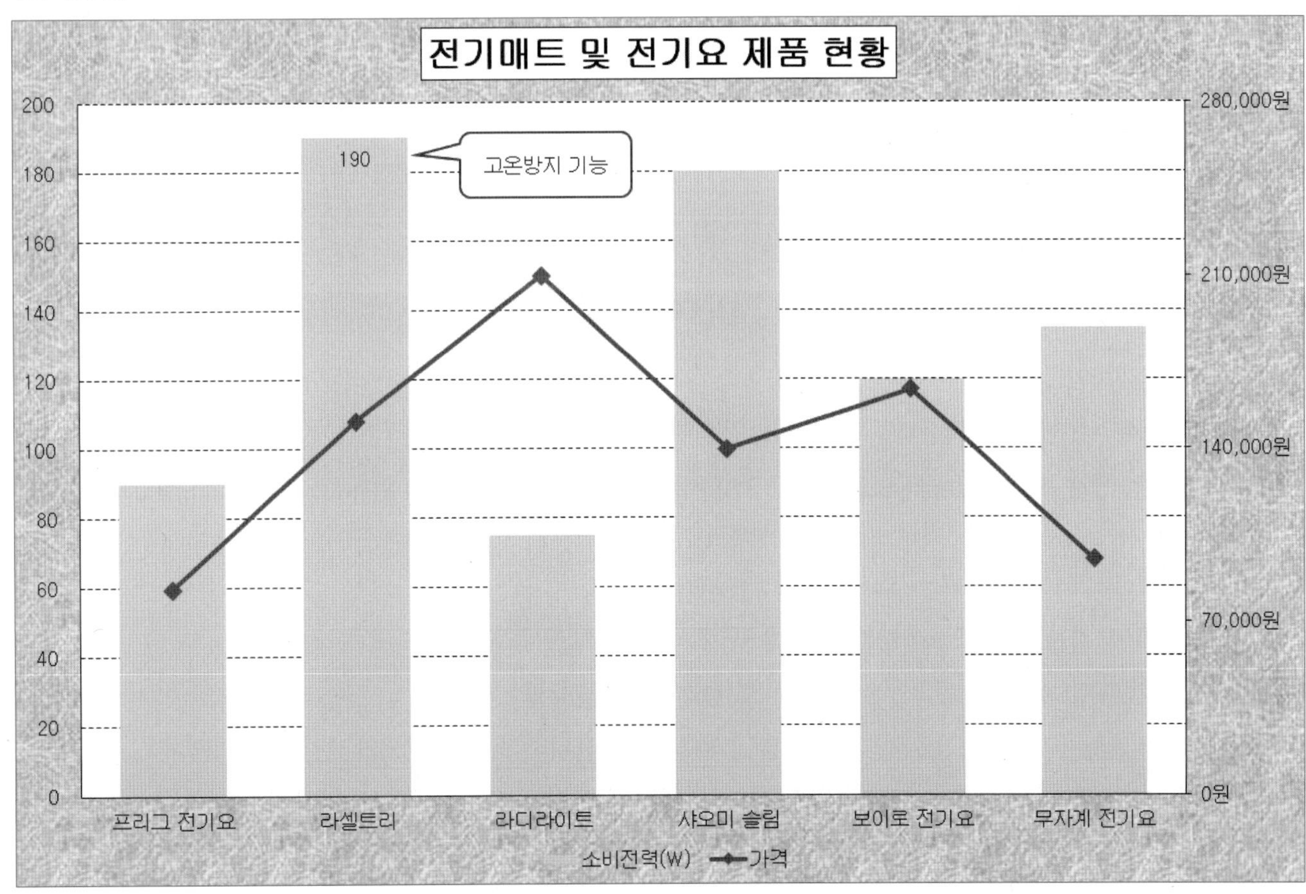

주의 ☞ 시트명 순서가 차례대로 "제1작업", "제2작업", "제3작업", "제4작업"이 되도록 할 것.

정보기술자격(ITQ) 실전모의고사 

과　목	코　드	문제유형	시험시간	수험번호	성　명
한글엑셀	1122	A	60분		

수험자 유의사항

◎ 수험자는 문제지를 받는 즉시 문제지와 **수험표상의 시험과목(프로그램)이 동일한지 반드시 확인**하여야 합니다.

◎ 파일명은 본인의 "수험번호−성명"으로 입력하여 답안폴더(내 PC\문서\ITQ)에 하나의 파일로 저장해야 하며, 답안문서 파일명이 "수험번호−성명"과 일치하지 않거나, 답안파일을 전송하지 않아 미제출로 처리될 경우 실격 처리합니다 (예:12345678-홍길동.xlsx).

◎ 답안 작성을 마치면 파일을 저장하고, '답안 전송' 버튼을 선택하여 감독위원 PC로 답안을 전송하십시오. 수험생 정보와 저장한 파일명이 다를 경우 전송되지 않으므로 주의하시기 바랍니다.

◎ 답안 작성 중에도 **주기적으로 저장하고, '답안 전송'**하여야 문제 발생을 줄일 수 있습니다. 작업한 내용을 저장하지 않고 전송할 경우 이전에 저장된 내용이 전송되오니 이점 유의하시기 바랍니다.

◎ 답안문서는 지정된 경로 외의 다른 보조기억장치에 저장하는 경우, 지정된 시험 시간 외에 작성된 파일을 활용할 경우, 기타 통신수단(이메일, 메신저, 네트워크 등)을 이용하여 타인에게 전달 또는 외부 반출하는 경우는 부정 처리합니다.

◎ 시험 중 부주의 또는 고의로 시스템을 파손한 경우는 수험자가 변상해야 하며, <수험자 유의사항>에 기재된 방법대로 이행하지 않아 생기는 불이익은 수험생 당사자의 책임임을 알려 드립니다.

◎ 문제의 조건은 MS오피스 2021 버전으로 설정되어 있으니 유의하시기 바랍니다.

◎ 시험을 완료한 수험자는 답안파일이 전송되었는지 확인한 후 감독위원의 지시에 따라 문제지를 제출하고 퇴실합니다.

답안 작성요령

◎ 온라인 답안 작성 절차

　　수험자 등록 ⇒ 시험 시작 ⇒ 답안파일 저장 ⇒ 답안 전송 ⇒ 시험 종료

◎ 문제는 총 4단계, 즉 제1작업부터 제4작업까지 구성되어 있으며 반드시 제1작업부터 순서대로 작성하고 조건대로 작업하시오.

◎ 모든 작업시트의 A열은 열 너비 '1'로, 나머지 열은 적당하게 조절하시오.

◎ 모든 작업시트의 테두리(굵은선, 가는선 등)는 《출력형태》와 같이 작업하시오.

◎ 해당 작업란에서는 각각 제시된 조건에 따라 《출력형태》와 같이 작업하시오.

◎ 답안 시트 이름은 "제1작업", "제2작업", "제3작업", "제4작업"이어야 하며 답안 시트 이외의 것은 감점 처리됩니다.

◎ 각 시트를 파일로 나누어 작업해서 저장할 경우 실격 처리됩니다.

kpc 한국생산성본부

☞ 다음은 '**우리 홈쇼핑 가전 제품 판매 현황**'에 대한 자료이다. 자료를 입력하고 조건에 맞도록 작업하시오.

《출력형태》

<table>
<tr><td colspan="2" rowspan="2">결재</td><td>담당</td><td>팀장</td><td>부장</td></tr>
<tr><td></td><td></td><td></td></tr>
</table>

우리 홈쇼핑 가전 제품 판매 현황

상품코드	상품명	방송일	분류	판매가격	판매수량 (단위:대)	상품평 (단위:건)	방송요일	배송비
W2113	워시타워 드럼 세탁기	2023-02-08	세탁기	1,298	4,456	356	(1)	(2)
R1210	비스포크 김치 냉장고	2023-04-01	냉장고	2,799	1,822	1,657	(1)	(2)
R1213	캐리어 클라윈드 냉장고	2023-03-10	냉장고	1,899	2,344	875	(1)	(2)
C3115	스마트 벽걸이 TV	2023-01-12	TV	3,500	854	34	(1)	(2)
W2117	그랑데 드럼 세탁기	2023-03-15	세탁기	1,798	3,012	1,125	(1)	(2)
R1215	오브제컬렉션 냉장고	2023-04-12	냉장고	2,425	987	67	(1)	(2)
C3119	QLED 벽걸이 TV	2023-02-20	TV	3,985	2,167	1,785	(1)	(2)
R1218	인공지능 냉장고	2023-01-17	냉장고	1,750	1,788	895	(1)	(2)
세탁기 판매수량(단위:대) 평균			(3)			최다 상품평(단위:건)		(5)
비스포크 김치 냉장고 판매순위			(4)		상품코드	W2113	분류	(6)

《조건》

○ 모든 데이터의 서식에는 글꼴(굴림, 11pt), 정렬은 숫자 및 회계 서식은 오른쪽 정렬, 나머지 서식은 가운데 정렬로 작성하며 예외적인 것은 《출력형태》를 참조하시오.

○ 제 목 ⇒ 도형(사각형 잘린 위쪽 모서리)과 그림자(오프셋 아래쪽)를 이용하여 작성하고 "우리 홈쇼핑 가전 제품 판매 현황"을 입력한 후 다음 서식을 적용하시오(글꼴-굴림, 24pt, 검정, 굵게, 채우기-노랑).

○ 임의의 셀에 결재란을 작성하여 그림으로 복사 기능을 이용하여 붙이기 하시오(단, 원본 삭제).

○ 「B4:J4, G14, I14」 영역은 '주황'으로 채우기 하시오.

○ 유효성 검사를 이용하여 「H14」 셀에 상품코드(「B5:B12」 영역)가 선택 표시되도록 하시오.

○ 셀 서식 ⇒ 「F5:F12」 영역에 셀 서식을 이용하여 숫자 뒤에 '천원'을 표시하시오(예 : 3,525천원).

○ 「H5:H12」 영역에 대해 '상품평'으로 이름정의를 하시오.

☞ (1)~(6) 셀은 반드시 **주어진 함수를 이용**하여 값을 구하시오(결과값을 직접 입력하면 해당 셀은 0점 처리됨).

(1) 방송요일 ⇒ 방송일에 대한 요일을 구하시오(CHOOSE, WEEKDAY 함수)(예 : 월).

(2) 배송비 ⇒ 판매가격이 2,500 이상이면 '무료배송', 그 외에는 '30,000원'으로 표시하시오(IF 함수).

(3) 세탁기 판매수량(단위:대) 평균 ⇒ 반올림하여 정수로 표시하시오. 단, 조건은 입력데이터를 이용하시오(ROUND, DAVERAGE 함수).

(4) 비스포크 김치 냉장고 판매순위 ⇒ 비스포크 김치 냉장고 판매수량(단위:대)의 내림차순 순위를 구한 후 결과값에 '위'를 붙이시오(RANK.EQ 함수, & 연산자)(예 : 3위).

(5) 최다 상품평(단위:건) ⇒ 정의된 이름(상품평)을 이용하여 구하시오(LARGE 함수).

(6) 분류 ⇒ 「H14」 셀에서 선택한 상품코드에 대한 분류를 구하시오(VLOOKUP 함수).

(7) 조건부 서식의 수식을 이용하여 상품평(단위:건)이 '1,000' 이상인 행 전체에 다음의 서식을 적용하시오(글꼴 : 파랑, 굵은 기울임꼴).

☞ **"제1작업"** 시트의 「B4:H12」 영역을 복사하여 **"제2작업"** 시트의 「B2」 셀부터 모두 붙여넣기를 한 후 다음의 조건과 같이 작업하시오.

《조건》

(1) 고급 필터 – 상품코드가 'R'로 시작하면서 판매수량(단위:대)이 '1,800' 초과인 자료의 데이터만 추출하시오.
　　　　　　 – 조건 범위 : 「B14」 셀부터 입력하시오.
　　　　　　 – 복사 위치 : 「B18」 셀부터 나타나도록 하시오.

(2) 표 서식 – 고급필터의 결과셀을 채우기 없음으로 설정한 후 '녹색, 표 스타일 보통 7'의 서식을 적용하시오.
　　　　　 – 머리글 행, 줄무늬 행을 적용하시오.

☞ **"제1작업"** 시트를 이용하여 **"제3작업"** 시트에 조건에 따라 《출력형태》와 같이 작업하시오.

《조건》

(1) 방송일 및 분류별 상품명의 개수와 판매수량(단위:대)의 평균을 구하시오.
(2) 방송일을 그룹화하고, 분류를 《출력형태》와 같이 정렬하시오.
(3) 레이블이 있는 셀 병합 및 가운데 맞춤 적용 및 빈 셀은 '***'로 표시하시오.
(4) 행의 총합계는 지우고, 나머지 사항은 《출력형태》에 맞게 작성하시오.

《출력형태》

방송일	분류						
	냉장고		TV		세탁기		
	개수 : 상품명	평균 : 판매수량(단위:대)	개수 : 상품명	평균 : 판매수량(단위:대)	개수 : 상품명	평균 : 판매수량(단위:대)
1월	1	1,788	1	854	***	***
2월	***	***	1	2,167	1	4,456
3월	1	2,344	***	***	1	3,012
4월	2	1,405	***	***	***	***
총합계	4	1,735	2	1,511	2	3,734

☞ **"제1작업"** 시트를 이용하여 조건에 따라《출력형태》와 같이 작업하시오.

《조건》

(1) 차트 종류 ⇒ <묶은 세로 막대형>으로 작업하시오.

(2) 데이터 범위 ⇒ "제1작업" 시트의 내용을 이용하여 작업하시오.

(3) 위치 ⇒ "새 시트"로 이동하고, "제4작업"으로 시트 이름을 바꾸시오.

(4) 차트 디자인 도구 ⇒ 레이아웃 3, 스타일 1을 선택하여《출력형태》에 맞게 작업하시오.

(5) 영역 서식 ⇒ 차트 : 글꼴(굴림, 11pt), 채우기 효과(질감-양피지)

　　　　　　　　　그림 : 채우기(흰색, 배경 1)

(6) 제목 서식 ⇒ 차트 제목 : 글꼴(굴림, 굵게, 20pt), 채우기(흰색, 배경 1), 테두리

(7) 서식 ⇒ 판매가격 계열의 차트 종류를 <표식이 있는 꺾은선형>으로 변경한 후 보조 축으로 지정하시오.

　　　계열 :《출력형태》를 참조하여 표식(네모, 크기 10)과 레이블 값을 표시하시오.

　　　눈금선 : 선 스타일-파선

　　　축 :《출력형태》를 참조하시오.

(8) 범례 ⇒ 범례명을 변경하고《출력형태》를 참조하시오.

(9) 도형 ⇒ '말풍선: 타원형 설명선'을 삽입한 후《출력형태》와 같이 내용을 입력하시오.

(10) 나머지 사항은《출력형태》에 맞게 작성하시오.

《출력형태》

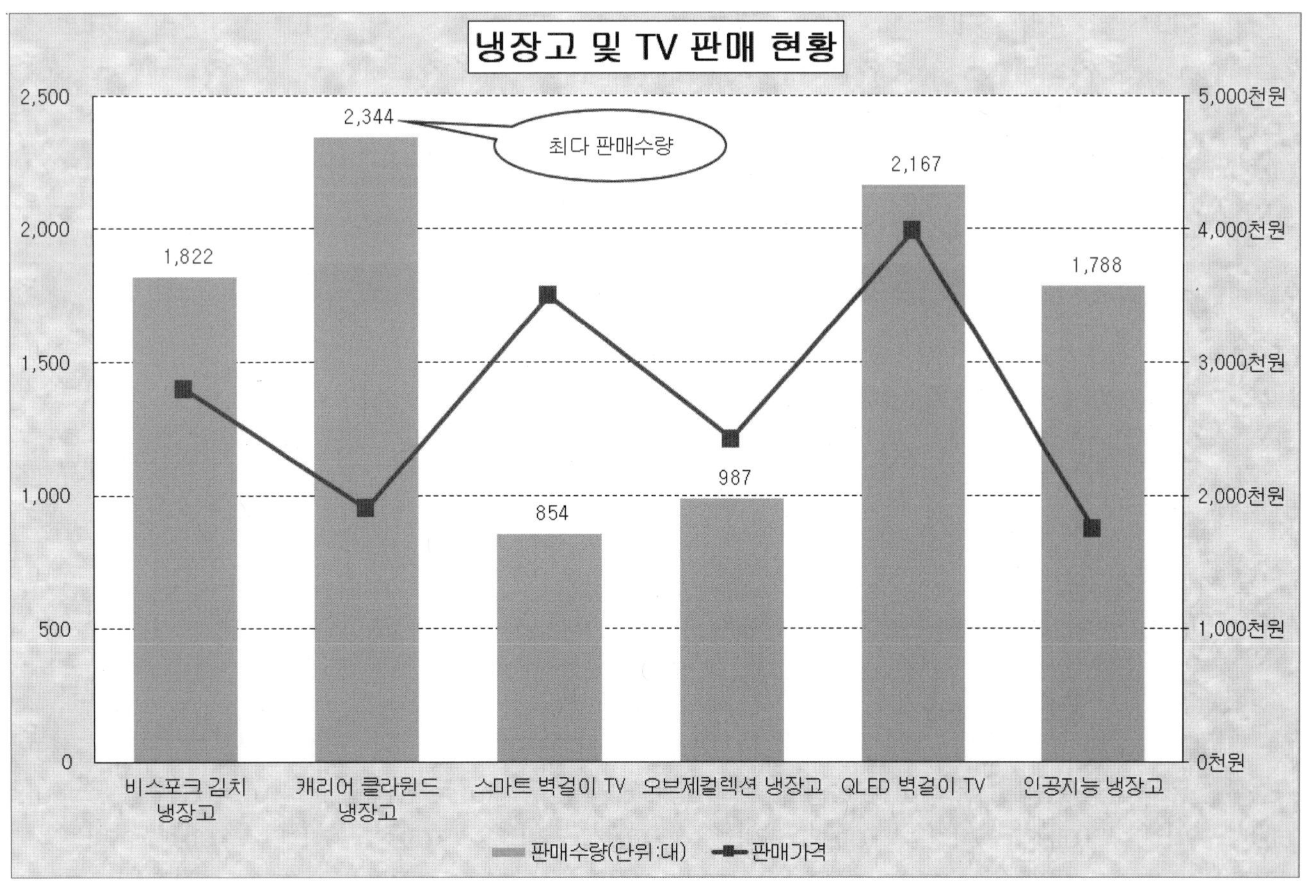

주의 ☞ 시트명 순서가 차례대로 "제1작업", "제2작업", "제3작업", "제4작업"이 되도록 할 것.

정보기술자격(ITQ) 실전모의고사

과 목	코 드	문제유형	시험시간	수험번호	성 명
한글엑셀	1122	A	60분		

수험자 유의사항

◎ 수험자는 문제지를 받는 즉시 문제지와 **수험표상의 시험과목(프로그램)이 동일한지 반드시 확인**하여야 합니다.

◎ 파일명은 본인의 "수험번호-성명"으로 입력하여 답안폴더(내 PC\문서\ITQ)에 하나의 파일로 저장해야 하며, 답안문서 파일명이 "수험번호-성명"과 일치하지 않거나, 답안파일을 전송하지 않아 미제출로 처리될 경우 실격 처리합니다 (예:12345678-홍길동.xlsx).

◎ 답안 작성을 마치면 파일을 저장하고, '답안 전송' 버튼을 선택하여 감독위원 PC로 답안을 전송하십시오. 수험생 정보와 저장한 파일명이 다를 경우 전송되지 않으므로 주의하시기 바랍니다.

◎ 답안 작성 중에도 **주기적으로 저장하고, '답안 전송'**하여야 문제 발생을 줄일 수 있습니다. 작업한 내용을 저장하지 않고 전송할 경우 이전에 저장된 내용이 전송되오니 이점 유의하시기 바랍니다.

◎ 답안문서는 지정된 경로 외의 다른 보조기억장치에 저장하는 경우, 지정된 시험 시간 외에 작성된 파일을 활용할 경우, 기타 통신수단(이메일, 메신저, 네트워크 등)을 이용하여 타인에게 전달 또는 외부 반출하는 경우는 부정 처리합니다.

◎ 시험 중 부주의 또는 고의로 시스템을 파손한 경우는 수험자가 변상해야 하며, <수험자 유의사항>에 기재된 방법대로 이행하지 않아 생기는 불이익은 수험생 당사자의 책임임을 알려 드립니다.

◎ 문제의 조건은 MS오피스 2021 버전으로 설정되어 있으니 유의하시기 바랍니다.

◎ 시험을 완료한 수험자는 답안파일이 전송되었는지 확인한 후 감독위원의 지시에 따라 문제지를 제출하고 퇴실합니다.

답안 작성요령

◎ 온라인 답안 작성 절차

　수험자 등록 ⇒ 시험 시작 ⇒ 답안파일 저장 ⇒ 답안 전송 ⇒ 시험 종료

◎ 문제는 총 4단계, 즉 제1작업부터 제4작업까지 구성되어 있으며 반드시 제1작업부터 순서대로 작성하고 조건대로 작업 하시오.

◎ 모든 작업시트의 A열은 열 너비 '1'로, 나머지 열은 적당하게 조절하시오.

◎ 모든 작업시트의 테두리(굵은선, 가는선 등)는 《출력형태》와 같이 작업하시오.

◎ 해당 작업란에서는 각각 제시된 조건에 따라 《출력형태》와 같이 작업하시오.

◎ 답안 시트 이름은 "제1작업", "제2작업", "제3작업", "제4작업"이어야 하며 답안 시트 이외의 것은 감점 처리됩니다.

◎ 각 시트를 파일로 나누어 작업해서 저장할 경우 실격 처리됩니다.

kpc 한국생산성본부

☞ 다음은 '**전국 어린이집 주요 현황**'에 대한 자료이다. 자료를 입력하고 조건에 맞도록 작업하시오.

《출력형태》

분류코드	어린이집명	지역	분류	등록률(%)	정원 (단위:명)	인원	순위	평가 등급
					담당	팀장	부장	

결재란:

결재	담당	팀장	부장

분류코드	어린이집명	지역	분류	등록률(%)	정원 (단위:명)	인원	순위	평가 등급
BB9002	아이꿈 어린이집	부산	가정	72	25	20	(1)	(2)
SA1003	서울숲속 어린이집	서울	국공립	98	123	121	(1)	(2)
DN6007	아이터 어린이집	대구	국공립	97	138	134	(1)	(2)
GA3014	영재 어린이집	강원	직장	96	145	139	(1)	(2)
GB6015	간성 어린이집	강원	국공립	83	118	98	(1)	(2)
BA6036	쨍쨍 어린이집	부산	직장	96	139	134	(1)	(2)
DD4023	고운 어린이집	대구	가정	74	23	17	(1)	(2)
SN8163	ABC 어린이집	서울	가정	63	32	20	(1)	(2)
직장 어린이집의 인원 평균			(3)		가장 많은 인원			(5)
가정 어린이집의 인원 합계			(4)		분류코드	BB9002	지역	(6)

《조건》

○ 모든 데이터의 서식에는 글꼴(굴림, 11pt), 정렬은 숫자 및 회계 서식은 오른쪽 정렬, 나머지 서식은 가운데 정렬로 작성
　하며 예외적인 것은 《출력형태》를 참조하시오.

○ 제 목 ⇒ 도형(평행 사변형)과 그림자(오프셋 왼쪽)를 이용하여 작성하고 "전국 어린이집 주요 현황"을 입력한 후 다음
　　　　　서식을 적용하시오
　　　　　(글꼴-굴림, 24pt, 검정, 굵게, 채우기-노랑).

○ 임의의 셀에 결재란을 작성하여 그림으로 복사 기능을 이용하여 붙이기 하시오(단, 원본 삭제).

○ 「B4:J4, G14, I14」 영역은 '주황'으로 채우기 하시오.

○ 유효성 검사를 이용하여 「H14」 셀에 분류코드(「B5:B12」 영역)가 선택 표시되도록 하시오.

○ 셀 서식 ⇒ 「H5:H12」 영역에 셀 서식을 이용하여 숫자 뒤에 '명'을 표시하시오(예 : 121명).

○ 「E5:E12」 영역에 대해 '분류'로 이름정의를 하시오.

☞ (1)~(6) 셀은 반드시 **주어진 함수를 이용**하여 값을 구하시오(결과값을 직접 입력하면 해당 셀은 0점 처리됨).

(1) 순위 ⇒ 인원의 내림차순 순위를 구한 결과값에 '위'를 붙이시오(RANK.EQ 함수, & 연산자)(예 : 1위).

(2) 평가 등급 ⇒ 분류코드의 두 번째 글자가 A이면, 'A등급', B이면 'B등급', 그 외에는 공백으로 구하시오(IF, MID 함수).

(3) 직장 어린이집의 인원 평균 ⇒ 정의된 이름(분류)을 이용하여 분류가 '직장'인 어린이집의 인원 평균을 구하시오
　　　　　　　　　　　　　　　(SUMIF, COUNTIF 함수).

(4) 가정 어린이집의 인원 합계 ⇒ 분류가 '가정'인 어린이집의 인원 합계를 구하시오. 단, 조건은 입력데이터를 이용하시오
　　　　　　　　　　　　　　　(DSUM 함수).

(5) 가장 많은 인원 ⇒ (MAX 함수)

(6) 지역 ⇒ 「H14」 셀에서 선택한 분류코드에 대한 지역을 구하시오(VLOOKUP 함수).

(7) 조건부 서식의 수식을 이용하여 인원이 '100' 이상인 행 전체에 다음의 서식을 적용하시오(글꼴 : 파랑, 굵게).

☞ **"제1작업"** 시트의 「**B4:H12**」 영역을 복사하여 **"제2작업"** 시트의 「**B2**」 셀부터 모두 붙여넣기를 한 후 다음의 조건과 같이 작업하시오.

《조건》

(1) 목표값 찾기 – 「B11:G11」 셀을 병합하여 "가정 어린이집의 인원 평균"을 입력한 후 「H11」 셀에 가정 어린이집의 인원 평균을 구하시오. 단, 조건은 입력데이터를 이용하시오(DAVERAGE 함수, 테두리).
　　　　　　　– 가정 어린이집의 인원 평균이 '20'이 되려면 ABC 어린이집의 인원이 얼마가 되어야 하는지 목표값을 구하시오.

(2) 고급필터 – 지역이 '서울'이거나 정원(단위:명)이 '50' 이하인 자료의 데이터만 추출하시오.
　　　　　– 조건 범위 : 「B14」 셀부터 입력하시오.
　　　　　– 복사 위치 : 「B18」 셀부터 나타나도록 하시오.

☞ **"제1작업"** 시트의 「**B4:H12**」 영역을 복사하여 **"제3작업"** 시트의 「**B2**」 셀부터 모두 붙여넣기를 한 후 다음의 조건과 같이 작업하시오.

《조건》

(1) 부분합 – 《출력형태》처럼 정렬하고, 어린이집명의 개수와 인원의 합계를 구하시오.
(2) 개요 – 지우시오.
(3) 나머지 사항은 《출력형태》에 맞게 작성하시오.

《출력형태》

	A	B	C	D	E	F	G	H
1								
2		분류코드	어린이집명	지역	분류	등록률(%)	정원 (단위:명)	인원
3		GA3014	영재 어린이집	강원	직장	96	145	139명
4		BA6036	쩡쩡 어린이집	부산	직장	96	139	134명
5					직장 요약			273명
6			2		직장 개수			
7		SA1003	서울숲속 어린이집	서울	국공립	98	123	121명
8		DN6007	아이터 어린이집	대구	국공립	97	138	134명
9		GB6015	간성 어린이집	강원	국공립	83	118	98명
10					국공립 요약			353명
11			3		국공립 개수			
12		BB9002	아이꿈 어린이집	부산	가정	72	25	20명
13		DD4023	고운 어린이집	대구	가정	74	23	17명
14		SN8163	ABC 어린이집	서울	가정	63	32	20명
15					가정 요약			57명
16			3		가정 개수			
17					총합계			683명
18			8		전체 개수			

☞ **"제1작업"** 시트를 이용하여 조건에 따라 《출력형태》와 같이 작업하시오.

《조건》

(1) 차트 종류 ⇒ <묶은 세로 막대형>으로 작업하시오.

(2) 데이터 범위 ⇒ "제1작업" 시트의 내용을 이용하여 작업하시오.

(3) 위치 ⇒ "새 시트"로 이동하고, "제4작업"으로 시트 이름을 바꾸시오.

(4) 차트 디자인 도구 ⇒ 레이아웃 3, 스타일 1을 선택하여 《출력형태》에 맞게 작업하시오.

(5) 영역 서식 ⇒ 차트 : 글꼴(굴림, 11pt), 채우기 효과(질감-꽃다발)

　　　　　　　　그림 : 채우기(흰색, 배경 1)

(6) 제목 서식 ⇒ 차트 제목 : 글꼴(굴림, 굵게, 20pt), 채우기(흰색, 배경 1), 테두리

(7) 서식 ⇒ 정원(단위:명) 계열의 차트 종류를 <표식이 있는 꺾은선형>으로 변경한 후 보조 축으로 지정하시오.

　　　　계열 : 《출력형태》를 참조하여 표식(세모, 크기 10)과 레이블 값을 표시하시오.

　　　　눈금선 : 선 스타일-파선

　　　　축 : 《출력형태》를 참조하시오.

(8) 범례 ⇒ 범례명을 변경하고 《출력형태》를 참조하시오.

(9) 도형 ⇒ '말풍선: 사각형 설명선'을 삽입한 후 《출력형태》와 같이 내용을 입력하시오.

(10) 나머지 사항은 《출력형태》에 맞게 작성하시오.

《출력형태》

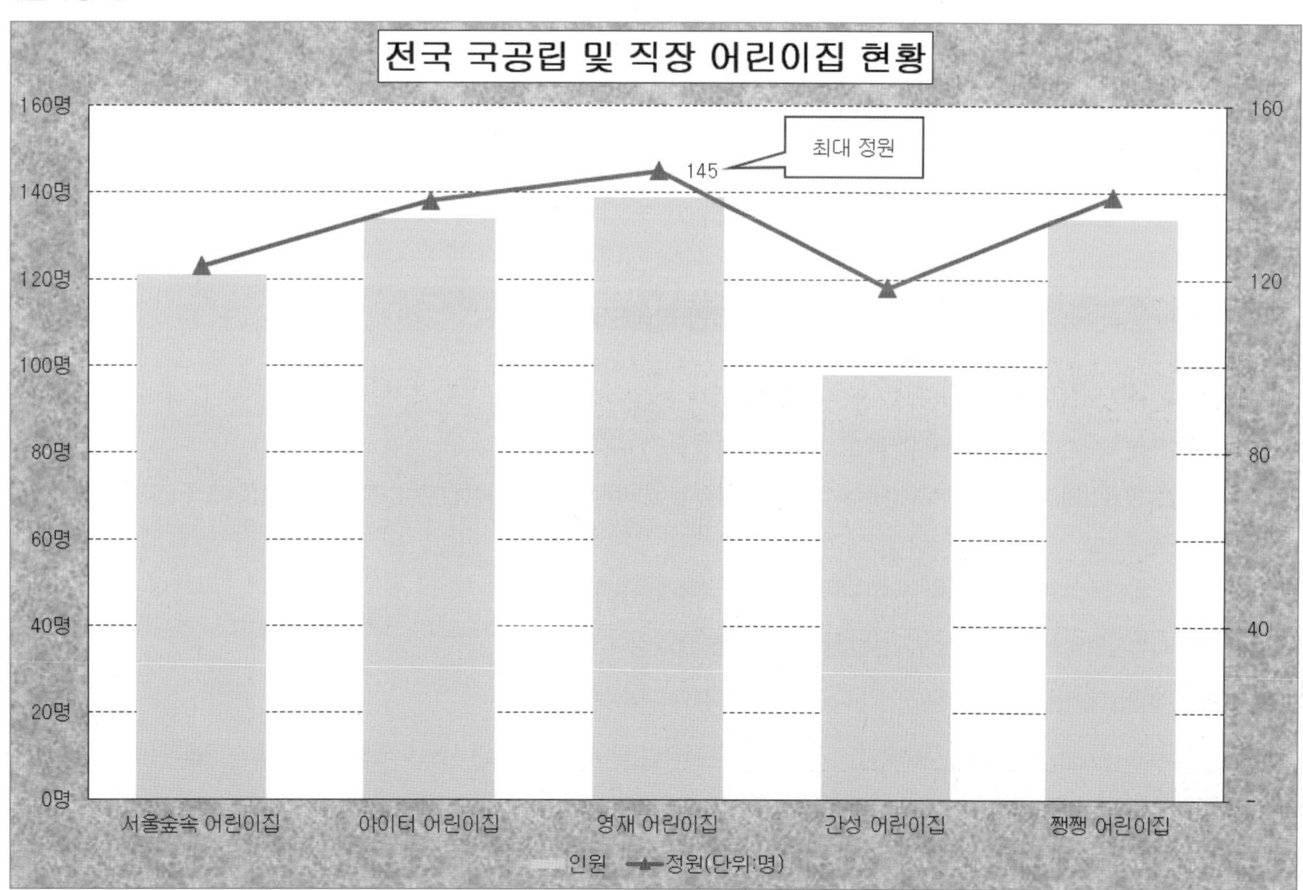

주의 ☞ 시트명 순서가 차례대로 "제1작업", "제2작업", "제3작업", "제4작업"이 되도록 할 것.

정보기술자격(ITQ) 실전모의고사

과 목	코 드	문제유형	시험시간	수험번호	성 명
한글엑셀	1122	A	60분		

수험자 유의사항

◎ 수험자는 문제지를 받는 즉시 문제지와 **수험표상의 시험과목(프로그램)이 동일한지 반드시 확인**하여야 합니다.

◎ 파일명은 본인의 "수험번호-성명"으로 입력하여 답안폴더(내 PC₩문서₩ITQ)에 하나의 파일로 저장해야 하며, 답안문서 파일명이 "수험번호-성명"과 일치하지 않거나, 답안파일을 전송하지 않아 미제출로 처리될 경우 실격 처리합니다 (예:12345678-홍길동.xlsx).

◎ 답안 작성을 마치면 파일을 저장하고, '답안 전송' 버튼을 선택하여 감독위원 PC로 답안을 전송하십시오. 수험생 정보와 저장한 파일명이 다를 경우 전송되지 않으므로 주의하시기 바랍니다.

◎ 답안 작성 중에도 **주기적으로 저장하고, '답안 전송'**하여야 문제 발생을 줄일 수 있습니다. 작업한 내용을 저장하지 않고 전송할 경우 이전에 저장된 내용이 전송되오니 이점 유의하시기 바랍니다.

◎ 답안문서는 지정된 경로 외의 다른 보조기억장치에 저장하는 경우, 지정된 시험 시간 외에 작성된 파일을 활용할 경우, 기타 통신수단(이메일, 메신저, 네트워크 등)을 이용하여 타인에게 전달 또는 외부 반출하는 경우는 부정 처리합니다.

◎ 시험 중 부주의 또는 고의로 시스템을 파손한 경우는 수험자가 변상해야 하며, <수험자 유의사항>에 기재된 방법대로 이행하지 않아 생기는 불이익은 수험생 당사자의 책임임을 알려 드립니다.

◎ 문제의 조건은 MS오피스 2021 버전으로 설정되어 있으니 유의하시기 바랍니다.

◎ 시험을 완료한 수험자는 답안파일이 전송되었는지 확인한 후 감독위원의 지시에 따라 문제지를 제출하고 퇴실합니다.

답안 작성요령

◎ 온라인 답안 작성 절차

수험자 등록 ⇒ 시험 시작 ⇒ 답안파일 저장 ⇒ 답안 전송 ⇒ 시험 종료

◎ 문제는 총 4단계, 즉 제1작업부터 제4작업까지 구성되어 있으며 반드시 제1작업부터 순서대로 작성하고 조건대로 작업하시오.

◎ 모든 작업시트의 A열은 열 너비 '1'로, 나머지 열은 적당하게 조절하시오.

◎ 모든 작업시트의 테두리(굵은선, 가는선 등)는 《출력형태》와 같이 작업하시오.

◎ 해당 작업란에서는 각각 제시된 조건에 따라 《출력형태》와 같이 작업하시오.

◎ 답안 시트 이름은 "제1작업", "제2작업", "제3작업", "제4작업"이어야 하며 답안 시트 이외의 것은 감점 처리됩니다.

◎ 각 시트를 파일로 나누어 작업해서 저장할 경우 실격 처리됩니다.

☞ 다음은 '**유아 전동자동차 판매 현황**'에 대한 자료이다. 자료를 입력하고 조건에 맞도록 작업하시오.

《출력형태》

<table>
<tr><td colspan="6" rowspan="3">유아 전동자동차 판매 현황</td><td rowspan="3">결재</td><td>담당</td><td>팀장</td><td>본부장</td></tr>
<tr><td></td><td></td><td></td></tr>
<tr><td></td><td></td><td></td></tr>
<tr><td>상품코드</td><td>상품명</td><td>분류</td><td>제조사</td><td>탑승 가능
무게(kg)</td><td>상품가격
(단위:원)</td><td>판매수량</td><td colspan="2">사은품</td><td>판매
순위</td></tr>
<tr><td>DC02-2</td><td>아우디 Z8</td><td>3인승</td><td>몬스터</td><td>30</td><td>623,000</td><td>285</td><td colspan="2">(1)</td><td>(2)</td></tr>
<tr><td>HG02-1</td><td>벤츠 Z3</td><td>1인승</td><td>붕붕카</td><td>15</td><td>420,000</td><td>281</td><td colspan="2">(1)</td><td>(2)</td></tr>
<tr><td>HG01-2</td><td>그럭블루 L2</td><td>1인승</td><td>몬스터</td><td>18</td><td>357,000</td><td>321</td><td colspan="2">(1)</td><td>(2)</td></tr>
<tr><td>TC01-3</td><td>판도라 S9</td><td>2인승</td><td>몬스터</td><td>15</td><td>534,000</td><td>93</td><td colspan="2">(1)</td><td>(2)</td></tr>
<tr><td>TC04-3</td><td>트윈 L5</td><td>2인승</td><td>베베카</td><td>16</td><td>652,000</td><td>126</td><td colspan="2">(1)</td><td>(2)</td></tr>
<tr><td>DF03-1</td><td>제프 V3</td><td>3인승</td><td>베베카</td><td>25</td><td>724,000</td><td>98</td><td colspan="2">(1)</td><td>(2)</td></tr>
<tr><td>HW02-2</td><td>볼보 V5</td><td>1인승</td><td>붕붕카</td><td>17</td><td>392,000</td><td>150</td><td colspan="2">(1)</td><td>(2)</td></tr>
<tr><td>DE01-1</td><td>랭귤러 V8</td><td>3인승</td><td>붕붕카</td><td>28</td><td>445,000</td><td>351</td><td colspan="2">(1)</td><td>(2)</td></tr>
<tr><td colspan="3">분류가 3인승인 제품의 판매수량 평균</td><td colspan="2">(3)</td><td colspan="2"></td><td colspan="2">최대 탑승 가능 무게(kg)</td><td>(5)</td></tr>
<tr><td colspan="3">분류가 1인승인 제품의 판매수량 합계</td><td colspan="2">(4)</td><td></td><td>상품코드</td><td>DC02-2</td><td>판매금액</td><td>(6)</td></tr>
</table>

《조건》

○ 모든 데이터의 서식에는 글꼴(굴림, 11pt), 정렬은 숫자 및 회계 서식은 오른쪽 정렬, 나머지 서식은 가운데 정렬로 작성하며 예외적인 것은《출력형태》를 참조하시오.

○ 제 목 ⇒ 도형(육각형)과 그림자(오프셋 아래쪽)를 이용하여 작성하고 "유아 전동자동차 판매 현황"을 입력한 후 다음 서식을 적용하시오
(글꼴-굴림, 24pt, 검정, 굵게, 채우기-노랑).

○ 임의의 셀에 결재란을 작성하여 그림으로 복사 기능을 이용하여 붙이기 하시오(단, 원본 삭제).

○ 「B4:J4, G14, I14」 영역은 '주황'으로 채우기 하시오.

○ 유효성 검사를 이용하여 「H14」 셀에 상품코드(「B5:B12」 영역)가 선택 표시되도록 하시오.

○ 셀 서식 ⇒ 「H5:H12」 영역에 셀 서식을 이용하여 숫자 뒤에 '대'를 표시하시오(예 : 93대).

○ 「F5:F12」 영역에 대해 '무게'로 이름정의를 하시오.

☞ (1)~(6) 셀은 반드시 **주어진 함수를 이용**하여 값을 구하시오(결과값을 직접 입력하면 해당 셀은 0점 처리됨).

(1) 사은품 ⇒ 상품코드의 마지막 글자가 1이면 '배터리 충전킷', 2이면 '보조 리모컨', 3이면 '쿨시트'로 구하시오(CHOOSE, RIGHT 함수).

(2) 판매 순위 ⇒ 판매수량의 내림차순 순위를 구하시오(RANK.EQ 함수).

(3) 분류가 3인승인 제품의 판매수량 평균 ⇒ 반올림하여 정수로 구하시오. 단, 조건은 입력데이터를 이용하시오(ROUND, DAVERAGE 함수)(예 : 451.6 → 452).

(4) 분류가 1인승인 제품의 판매수량 합계 ⇒ 결과값 뒤에 '대'를 붙이시오(SUMIF 함수, & 연산자)(예 : 224대).

(5) 최대 탑승 가능 무게(kg) ⇒ 정의된 이름(무게)을 이용하여 구하시오(MAX 함수).

(6) 판매금액 ⇒ 「H14」 셀에서 선택한 상품코드에 대한 「상품가격(단위:원) × 판매수량」을 구하시오(VLOOKUP 함수).

(7) 조건부 서식의 수식을 이용하여 판매수량이 '300' 이상인 행 전체에 다음의 서식을 적용하시오(글꼴 : 빨강, 굵게).

☞ **"제1작업"** 시트의 「**B4:H12**」 영역을 복사하여 **"제2작업"** 시트의 「**B2**」 셀부터 모두 붙여넣기를 한 후 다음의 조건과 같이 작업하시오.

《조건》

(1) 고급 필터 – 분류가 '3인승'이면서 판매수량이 '200' 이상인 자료의 데이터만 추출하시오.
　　　　　 – 조건 범위 : 「B14」 셀부터 입력하시오.
　　　　　 – 복사 위치 : 「B18」 셀부터 나타나도록 하시오.

(2) 표 서식 – 고급필터의 결과셀을 채우기 없음으로 설정한 후 '파랑, 표 스타일 보통 6'의 서식을 적용하시오.
　　　　　 – 머리글 행, 줄무늬 행을 적용하시오.

☞ **"제1작업"** 시트를 이용하여 **"제3작업"** 시트에 조건에 따라 《출력형태》와 같이 작업하시오.

《조건》

(1) 탑승 가능 무게(kg) 및 분류별 상품명의 개수와 상품가격(단위:원)의 평균을 구하시오.
(2) 탑승 가능 무게(kg)를 그룹화하고, 분류를 《출력형태》와 같이 정렬하시오.
(3) 레이블이 있는 셀 병합 및 가운데 맞춤 적용 및 빈 셀은 '*'로 표시하시오.
(4) 행의 총합계는 지우고, 나머지 사항은 《출력형태》에 맞게 작성하시오.

《출력형태》

탑승 가능 무게(kg)	개수 : 상품명 (3인승)	평균 : 상품가격(단위:원) (3인승)	개수 : 상품명 (2인승)	평균 : 상품가격(단위:원) (2인승)	개수 : 상품명 (1인승)	평균 : 상품가격(단위:원) (1인승)
15-21	*	*	2	593,000	3	389,667
22-28	2	584,500	*	*	*	*
29-35	1	623,000	*	*	*	*
총합계	3	597,333	2	593,000	3	389,667

☞ **"제1작업"** 시트를 이용하여 조건에 따라 《출력형태》와 같이 작업하시오.

《조건》

(1) 차트 종류 ⇒ <묶은 세로 막대형>으로 작업하시오.

(2) 데이터 범위 ⇒ "제1작업" 시트의 내용을 이용하여 작업하시오.

(3) 위치 ⇒ "새 시트"로 이동하고, "제4작업"으로 시트 이름을 바꾸시오.

(4) 차트 디자인 도구 ⇒ 레이아웃 3, 스타일 1을 선택하여 《출력형태》에 맞게 작업하시오.

(5) 영역 서식 ⇒ 차트 : 글꼴(굴림, 11pt), 채우기 효과(질감-파피루스)

　　　　　　　　　　 그림 : 채우기(흰색, 배경 1)

(6) 제목 서식 ⇒ 차트 제목 : 글꼴(굴림, 굵게, 20pt), 채우기(흰색, 배경 1), 테두리

(7) 서식 ⇒ 상품가격(단위:원) 계열의 차트 종류를 <표식이 있는 꺾은선형>으로 변경한 후 보조 축으로 지정하시오.

　　　　 계열 : 《출력형태》를 참조하여 표식(마름모, 크기 10)과 레이블 값을 표시하시오.

　　　　 눈금선 : 선 스타일-파선

　　　　 축 : 《출력형태》를 참조하시오.

(8) 범례 ⇒ 범례명을 변경하고 《출력형태》를 참조하시오.

(9) 도형 ⇒ '말풍선: 모서리가 둥근 사각형 설명선'을 삽입한 후 《출력형태》와 같이 내용을 입력하시오.

(10) 나머지 사항은 《출력형태》에 맞게 작성하시오.

《출력형태》

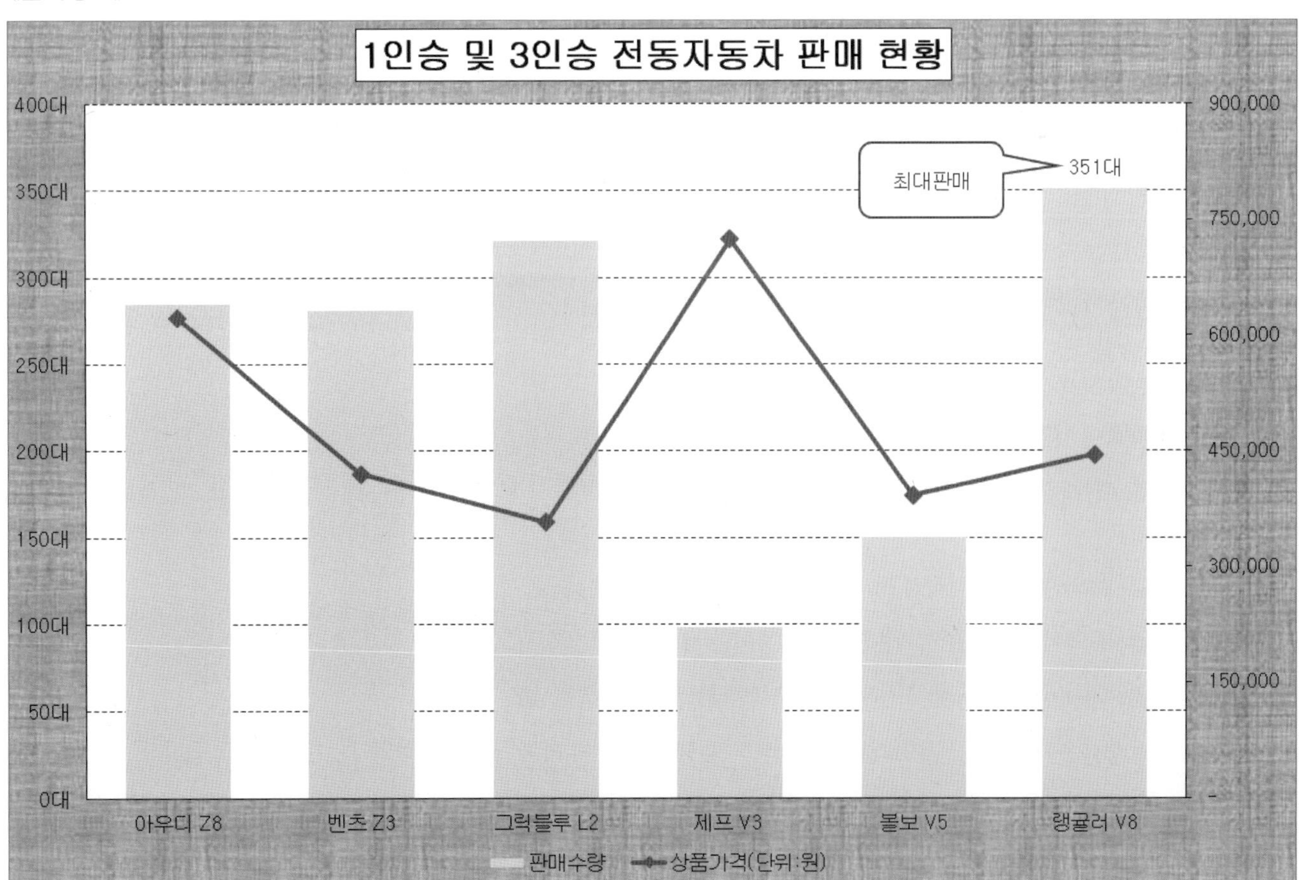

주의 ☞ 시트명 순서가 차례대로 "제1작업", "제2작업", "제3작업", "제4작업"이 되도록 할 것.

정보기술자격(ITQ) 실전모의고사

과　목	코　드	문제유형	시험시간	수험번호	성　명
한글엑셀	1122	A	60분		

수험자 유의사항

◎ 수험자는 문제지를 받는 즉시 문제지와 **수험표상의 시험과목(프로그램)이 동일한지 반드시 확인**하여야 합니다.

◎ 파일명은 본인의 "수험번호-성명"으로 입력하여 답안폴더(내 PC\문서\ITQ)에 하나의 파일로 저장해야 하며, 답안문서 파일명이 "수험번호-성명"과 일치하지 않거나, 답안파일을 전송하지 않아 미제출로 처리될 경우 실격 처리합니다 (예:12345678-홍길동.xlsx).

◎ 답안 작성을 마치면 파일을 저장하고, '답안 전송' 버튼을 선택하여 감독위원 PC로 답안을 전송하십시오. 수험생 정보와 저장한 파일명이 다를 경우 전송되지 않으므로 주의하시기 바랍니다.

◎ 답안 작성 중에도 **주기적으로 저장하고, '답안 전송'**하여야 문제 발생을 줄일 수 있습니다. 작업한 내용을 저장하지 않고 전송할 경우 이전에 저장된 내용이 전송되오니 이점 유의하시기 바랍니다.

◎ 답안문서는 지정된 경로 외의 다른 보조기억장치에 저장하는 경우, 지정된 시험 시간 외에 작성된 파일을 활용할 경우, 기타 통신수단(이메일, 메신저, 네트워크 등)을 이용하여 타인에게 전달 또는 외부 반출하는 경우는 부정 처리합니다.

◎ 시험 중 부주의 또는 고의로 시스템을 파손한 경우는 수험자가 변상해야 하며, <수험자 유의사항>에 기재된 방법대로 이행하지 않아 생기는 불이익은 수험생 당사자의 책임임을 알려 드립니다.

◎ 문제의 조건은 MS오피스 2021 버전으로 설정되어 있으니 유의하시기 바랍니다.

◎ 시험을 완료한 수험자는 답안파일이 전송되었는지 확인한 후 감독위원의 지시에 따라 문제지를 제출하고 퇴실합니다.

답안 작성요령

◎ 온라인 답안 작성 절차

　수험자 등록 ⇒ 시험 시작 ⇒ 답안파일 저장 ⇒ 답안 전송 ⇒ 시험 종료

◎ 문제는 총 4단계, 즉 제1작업부터 제4작업까지 구성되어 있으며 반드시 제1작업부터 순서대로 작성하고 조건대로 작업하시오.

◎ 모든 작업시트의 A열은 열 너비 '1'로, 나머지 열은 적당하게 조절하시오.

◎ 모든 작업시트의 테두리(굵은선, 가는선 등)는 《출력형태》와 같이 작업하시오.

◎ 해당 작업란에서는 각각 제시된 조건에 따라 《출력형태》와 같이 작업하시오.

◎ 답안 시트 이름은 "제1작업", "제2작업", "제3작업", "제4작업"이어야 하며 답안 시트 이외의 것은 감점 처리됩니다.

◎ 각 시트를 파일로 나누어 작업해서 저장할 경우 실격 처리됩니다.

☞ 다음은 '**마린상가 임대관리 현황**'에 대한 자료이다. 자료를 입력하고 조건에 맞도록 작업하시오.

《출력형태》

	임대코드	입주상가	구분	실평수	월임대료 (단위:원)	입주일	임대 계약기간	보증금 (단위:만원)	위치
	LC12-2	GS25	편의시설	17	900,000	2023-03-20	2	(1)	(2)
	LR13-1	우리분식	음식점	19	1,000,000	2023-01-20	5	(1)	(2)
	LA11-3	코딩영재교실	학원	33	1,350,000	2023-02-25	3	(1)	(2)
	LR22-2	굽네치킨	음식점	15	850,000	2023-02-20	4	(1)	(2)
	LA23-2	고릴라미술	학원	19	950,000	2023-01-10	2	(1)	(2)
	LA31-3	GNB영어	학원	25	1,050,000	2023-03-10	3	(1)	(2)
	LC22-1	알파문고	편의시설	13	1,000,000	2023-03-25	5	(1)	(2)
	LC33-1	크린토피아	편의시설	11	930,000	2023-02-10	3	(1)	(2)
	편의시설 월임대료(단위:원) 평균			(3)		최대 임대 계약기간			(5)
	2023-03-01 이후 입주한 입주상가 수			(4)		임대코드	LC12-2	임대 계약기간	(6)

결재란: 과장 / 팀장 / 대표

《조건》

○ 모든 데이터의 서식에는 글꼴(굴림, 11pt), 정렬은 숫자 및 회계 서식은 오른쪽 정렬, 나머지 서식은 가운데 정렬로 작성하며 예외적인 것은 《출력형태》를 참조하시오.

○ 제 목 ⇒ 도형(배지)과 그림자(오프셋 오른쪽)를 이용하여 작성하고 "마린상가 임대관리 현황"을 입력한 후 다음 서식을 적용하시오
　　　　　(글꼴-굴림, 24pt, 검정, 굵게, 채우기-노랑).

○ 임의의 셀에 결재란을 작성하여 그림으로 복사 기능을 이용하여 붙이기 하시오(단, 원본 삭제).

○ 「B4:J4, G14, I14」 영역은 '주황'으로 채우기 하시오.

○ 유효성 검사를 이용하여 「H14」 셀에 임대코드(「B5:B12」 영역)가 선택 표시되도록 하시오.

○ 셀 서식 ⇒ 「H5:H12」 영역에 셀 서식을 이용하여 숫자 뒤에 '년'을 표시하시오(예 : 3년).

○ 「G5:G12」 영역에 대해 '입주일'로 이름정의를 하시오.

☞ (1)~(6) 셀은 반드시 **주어진 함수를 이용**하여 값을 구하시오(결과값을 직접 입력하면 해당 셀은 0점 처리됨).

(1) 보증금(단위:만원) ⇒ 임대코드 4번째 글자가 1이면 '5,000', 2이면 '3,000' 3이면 '2,000'으로 구하시오(CHOOSE, MID 함수).

(2) 위치 ⇒ 임대코드 마지막 글자를 구한 결과값에 '층'을 붙이시오(RIGHT 함수, & 연산자)(예 : 1층).

(3) 편의시설 월임대료(단위:원) 평균 ⇒ 조건은 입력 데이터를 이용하고, 반올림하여 천원 단위까지 구하시오(ROUND, DAVERAGE 함수)(예 : 1,234,567 → 1,235,000).

(4) 2023-03-01 이후 입주한 입주상가 수 ⇒ 해당일(2023-03-01)을 포함하여 그 이후 입주한 입주상가 수를 정의된 이름(입주일)을 이용하여 구하시오(COUNTIF 함수).

(5) 최대 임대 계약기간 ⇒ (MAX 함수)

(6) 임대 계약기간 ⇒ 「H14」 셀에서 선택한 임대코드에 대한 임대 계약기간을 구하시오(VLOOKUP 함수).

(7) 조건부 서식의 수식을 이용하여 임대 계약기간이 '4년' 이상인 행 전체에 다음의 서식을 적용하시오(글꼴 : 파랑, 굵게).

☞ **"제1작업"** 시트의 「B4:H12」 영역을 복사하여 **"제2작업"** 시트의 「B2」 셀부터 모두 붙여넣기를 한 후 다음의 조건과 같이 작업하시오.

《조건》

(1) 목표값 찾기 – 「B11:G11」 셀을 병합하여 "월임대료(단위:원)의 전체 평균"을 입력한 후 「H11」 셀에 월임대료(단위:원)의 전체 평균을 구하시오(AVERAGE 함수, 테두리).
 - '월임대료(단위:원)의 전체 평균'이 '1,000,000'이 되려면 GNB영어의 월임대료(단위:원)가 얼마가 되어야 하는지 목표값을 구하시오.

(2) 고급필터 – 구분이 '편의시설'이거나, 실평수가 '15' 미만인 자료의 임대코드, 입주상가, 월임대료(단위:원), 입주일 데이터만 추출하시오.
 - 조건 범위 : 「B14」 셀부터 입력하시오.
 - 복사 위치 : 「B18」 셀부터 나타나도록 하시오.

☞ **"제1작업"** 시트의 「B4:H12」 영역을 복사하여 **"제3작업"** 시트의 「B2」 셀부터 모두 붙여넣기를 한 후 다음의 조건과 같이 작업하시오.

《조건》

(1) 부분합 –《출력형태》처럼 정렬하고, 입주상가의 개수와 월임대료(단위:원)의 평균을 구하시오.
(2) 개요 – 지우시오.
(3) 나머지 사항은《출력형태》에 맞게 작성하시오.

《출력형태》

	A	B	C	D	E	F	G	H
1								
2		임대코드	입주상가	구분	실평수	월임대료 (단위:원)	입주일	임대 계약기간
3		LR13-1	우리분식	음식점	19	1,000,000	2023-01-20	5년
4		LR22-2	굽네치킨	음식점	15	850,000	2023-02-20	4년
5				음식점 평균		925,000		
6			2	음식점 개수				
7		LC12-2	GS25	편의시설	17	900,000	2023-03-20	2년
8		LC22-1	알파문고	편의시설	13	1,000,000	2023-03-25	5년
9		LC33-1	크린토피아	편의시설	11	930,000	2023-02-10	3년
10				편의시설 평균		943,333		
11			3	편의시설 개수				
12		LA11-3	코딩영재교실	학원	33	1,350,000	2023-02-25	3년
13		LA23-2	고릴라미술	학원	19	950,000	2023-01-10	2년
14		LA31-3	GNB영어	학원	25	1,050,000	2023-03-10	3년
15				학원 평균		1,116,667		
16			3	학원 개수				
17				전체 평균		1,003,750		
18			8	전체 개수				

☞ "**제1작업**" 시트를 이용하여 조건에 따라 《출력형태》와 같이 작업하시오.

《조건》

(1) 차트 종류 ⇒ <묶은 세로 막대형>으로 작업하시오.

(2) 데이터 범위 ⇒ "제1작업" 시트의 내용을 이용하여 작업하시오.

(3) 위치 ⇒ "새 시트"로 이동하고, "제4작업"으로 시트 이름을 바꾸시오.

(4) 차트 디자인 도구 ⇒ 레이아웃 3, 스타일 1을 선택하여 《출력형태》에 맞게 작업하시오.

(5) 영역 서식 ⇒ 차트 : 글꼴(굴림, 11pt), 채우기 효과(질감-꽃다발)

         그림 : 채우기(흰색, 배경 1)

(6) 제목 서식 ⇒ 차트 제목 : 글꼴(굴림, 굵게, 20pt), 채우기(흰색, 배경 1), 테두리

(7) 서식 ⇒ 임대 계약기간 계열의 차트 종류를 <표식이 있는 꺾은선형>으로 변경한 후 보조 축으로 지정하시오.

         계열 : 《출력형태》를 참조하여 표식(마름모, 크기 10)과 레이블 값을 표시하시오.

         눈금선 : 선 스타일-파선

         축 : 《출력형태》를 참조하시오.

(8) 범례 ⇒ 범례명을 변경하고 《출력형태》를 참조하시오.

(9) 도형 ⇒ '말풍선: 모서리가 둥근 사각형 설명선'을 삽입한 후 《출력형태》와 같이 내용을 입력하시오.

(10) 나머지 사항은 《출력형태》에 맞게 작성하시오.

《출력형태》

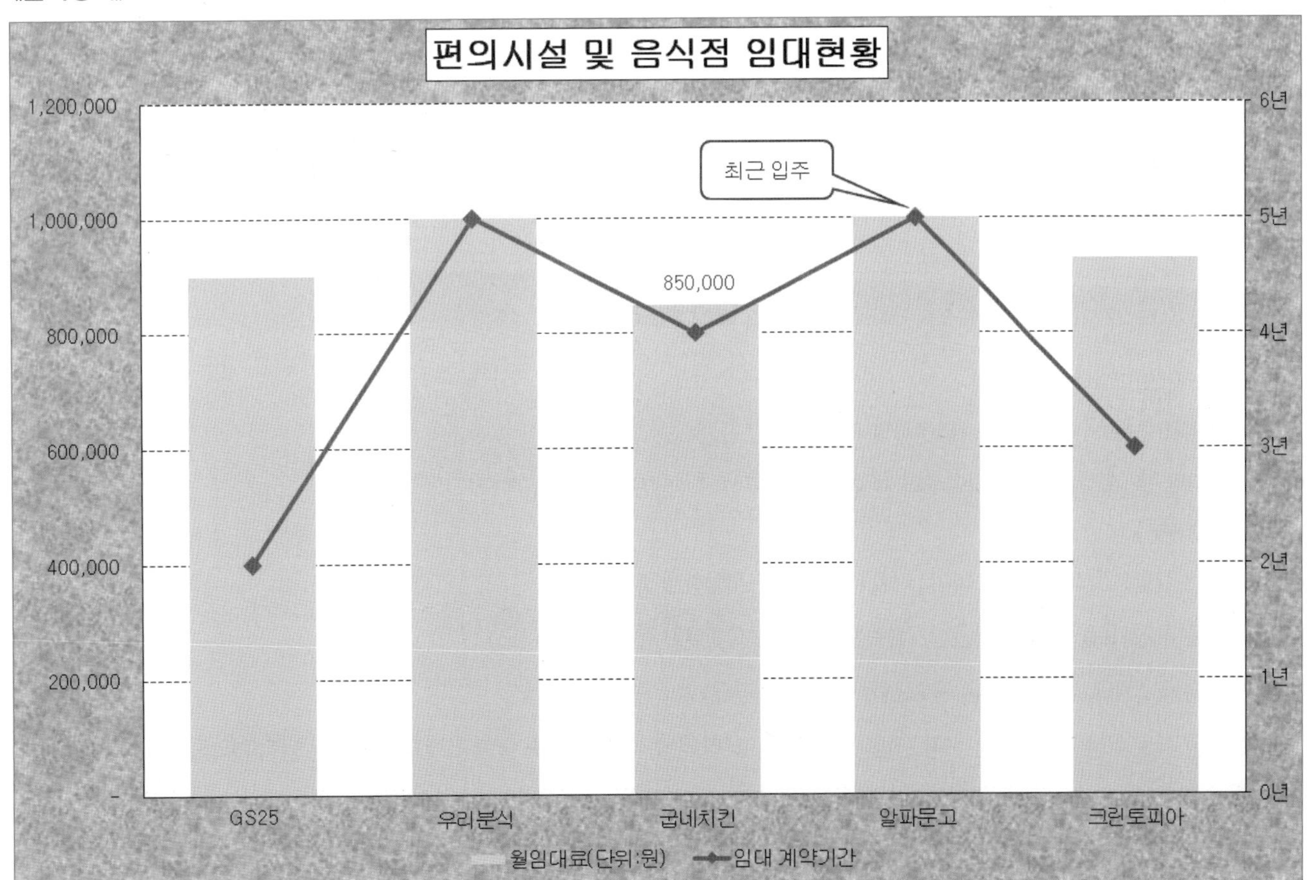

주의 ☞ 시트명 순서가 차례대로 "제1작업", "제2작업", "제3작업", "제4작업"이 되도록 할 것.

정보기술자격(ITQ) 실전모의고사

과 목	코 드	문제유형	시험시간	수험번호	성 명
한글엑셀	1122	A	60분		

수험자 유의사항

◎ 수험자는 문제지를 받는 즉시 문제지와 **수험표상의 시험과목(프로그램)이 동일한지 반드시 확인**하여야 합니다.

◎ 파일명은 본인의 "수험번호-성명"으로 입력하여 답안폴더(내 PC₩문서₩ITQ)에 하나의 파일로 저장해야 하며, 답안문서 파일명이 "수험번호-성명"과 일치하지 않거나, 답안파일을 전송하지 않아 미제출로 처리될 경우 실격 처리합니다 (예:12345678-홍길동.xlsx).

◎ 답안 작성을 마치면 파일을 저장하고, '답안 전송' 버튼을 선택하여 감독위원 PC로 답안을 전송하십시오. 수험생 정보와 저장한 파일명이 다를 경우 전송되지 않으므로 주의하시기 바랍니다.

◎ 답안 작성 중에도 **주기적으로 저장하고, '답안 전송'**하여야 문제 발생을 줄일 수 있습니다. 작업한 내용을 저장하지 않고 전송할 경우 이전에 저장된 내용이 전송되오니 이점 유의하시기 바랍니다.

◎ 답안문서는 지정된 경로 외의 다른 보조기억장치에 저장하는 경우, 지정된 시험 시간 외에 작성된 파일을 활용할 경우, 기타 통신수단(이메일, 메신저, 네트워크 등)을 이용하여 타인에게 전달 또는 외부 반출하는 경우는 부정 처리합니다.

◎ 시험 중 부주의 또는 고의로 시스템을 파손한 경우는 수험자가 변상해야 하며, <수험자 유의사항>에 기재된 방법대로 이행하지 않아 생기는 불이익은 수험생 당사자의 책임임을 알려 드립니다.

◎ 문제의 조건은 MS오피스 2021 버전으로 설정되어 있으니 유의하시기 바랍니다.

◎ 시험을 완료한 수험자는 답안파일이 전송되었는지 확인한 후 감독위원의 지시에 따라 문제지를 제출하고 퇴실합니다.

답안 작성요령

◎ 온라인 답안 작성 절차

수험자 등록 ⇒ 시험 시작 ⇒ 답안파일 저장 ⇒ 답안 전송 ⇒ 시험 종료

◎ 문제는 총 4단계, 즉 제1작업부터 제4작업까지 구성되어 있으며 반드시 제1작업부터 순서대로 작성하고 조건대로 작업 하시오.

◎ 모든 작업시트의 A열은 열 너비 '1'로, 나머지 열은 적당하게 조절하시오.

◎ 모든 작업시트의 테두리(굵은선, 가는선 등)는 《출력형태》와 같이 작업하시오.

◎ 해당 작업란에서는 각각 제시된 조건에 따라 《출력형태》와 같이 작업하시오.

◎ 답안 시트 이름은 "제1작업", "제2작업", "제3작업", "제4작업"이어야 하며 답안 시트 이외의 것은 감점 처리됩니다.

◎ 각 시트를 파일로 나누어 작업해서 저장할 경우 실격 처리됩니다.

kpc 한국생산성본부

☞ 다음은 '**캠핑아 놀자! 닷컴 대여 현황**'에 대한 자료이다. 자료를 입력하고 조건에 맞도록 작업하시오.

《출력형태》

대여코드	제품명	제조사	분류	판매가격 (단위:원)	대여 수량	대여가격 (단위:원)	배송지	대여 순위
M-215	오토6 윈도우	패스트캠프	원터치텐트	108,900	850	16,500	(1)	(2)
T-127	우드무늬 롤	다니고	테이블	49,000	346	36,000	(1)	(2)
D-214	실타프 메쉬 스크린	힐맨	타프	75,500	1,020	25,000	(1)	(2)
J-321	팀버리지 롤링	코스트코	테이블	63,900	1,342	21,000	(1)	(2)
P-346	원터치 육각형	로티캠프	원터치텐트	99,900	289	33,000	(1)	(2)
C-121	접이식 오토캠핑	쿨맨	테이블	43,540	1,821	14,500	(1)	(2)
P-145	티클라 원터치	빈슨메시프	원터치텐트	38,900	1,678	12,500	(1)	(2)
D-362	렉타 사각 그늘막	유니앤유	타프	30,540	2,312	10,000	(1)	(2)
원터치텐트 제품의 대여 수량 합계			(3)		최다 대여 수량			(5)
타프 제품의 대여가격(단위:원) 평균			(4)		제품명	오토6 윈도우	대여가격 (단위:원)	(6)

결재 / 담당 / 팀장 / 본부장

《조건》

○ 모든 데이터의 서식에는 글꼴(굴림, 11pt), 정렬은 숫자 및 회계 서식은 오른쪽 정렬, 나머지 서식은 가운데 정렬로 작성하며 예외적인 것은 《출력형태》를 참조하시오.

○ 제 목 ⇒ 도형(눈물 방울)과 그림자(오프셋 위쪽)를 이용하여 작성하고 "캠핑아 놀자! 닷컴 대여 현황"을 입력한 후 다음 서식을 적용하시오

　　　　　(글꼴-굴림, 24pt, 검정, 굵게, 채우기-노랑).

○ 임의의 셀에 결재란을 작성하여 그림으로 복사 기능을 이용하여 붙이기 하시오(단, 원본 삭제).

○ 「B4:J4, G14, I14」 영역은 '주황'으로 채우기 하시오.

○ 유효성 검사를 이용하여 「H14」 셀에 제품명(「C5:C12」 영역)이 선택 표시되도록 하시오.

○ 셀 서식 ⇒ 「G5:G12」 영역에 셀 서식을 이용하여 숫자 뒤에 '개'를 표시하시오(예 : 1,020개).

○ 「H5:H12」 영역에 대해 '대여가격'으로 이름정의를 하시오.

☞ (1)~(6) 셀은 반드시 **주어진 함수를 이용**하여 값을 구하시오(결과값을 직접 입력하면 해당 셀은 0점 처리됨).

(1) 배송지 ⇒ 대여코드 세 번째 글자가 1이면 '서울', 2이면 '인천', 3이면 '부산'으로 표시하시오(CHOOSE, MID 함수).

(2) 대여 순위 ⇒ 대여 수량의 내림차순 순위를 구한 후 결과값에 '위'를 붙이시오(RANK.EQ 함수, & 연산자)(예 : 1위).

(3) 원터치텐트 제품의 대여 수량 합계 ⇒ 조건은 입력데이터를 이용하시오(DSUM 함수).

(4) 타프 제품의 대여가격(단위:원) 평균 ⇒ 정의된 이름(대여가격)을 이용하여 구하시오(SUMIF, COUNTIF 함수).

(5) 최다 대여 수량 ⇒ (LARGE 함수)

(6) 대여가격(단위:원) ⇒ 「H14」 셀에서 선택한 제품명에 대한 대여가격(단위:원)을 구하시오(VLOOKUP 함수).

(7) 조건부 서식의 수식을 이용하여 대여가격(단위:원)이 '15,000' 이하인 행 전체에 다음의 서식을 적용하시오

　　　(글꼴 : 파랑, 굵은 기울임꼴).

☞ **"제1작업"** 시트의 「B4:H12」 영역을 복사하여 **"제2작업"** 시트의 「B2」 셀부터 모두 붙여넣기를 한 후 다음의 조건과 같이 작업하시오.

《조건》

(1) 고급 필터 - 분류가 '테이블'이거나 대여 수량이 '1500' 이상인 자료의 제품명, 제조사, 판매가격(단위:원), 대여 수량 데이터만 추출하시오.
　　　　　- 조건 범위 : 「B14」 셀부터 입력하시오.
　　　　　- 복사 위치 : 「B18」 셀부터 나타나도록 하시오.

(2) 표 서식 - 고급필터의 결과셀을 채우기 없음으로 설정한 후 '녹색, 표 스타일 보통 7'의 서식을 적용하시오.
　　　　　- 머리글 행, 줄무늬 행을 적용하시오.

☞ **"제1작업"** 시트를 이용하여 **"제3작업"** 시트에 조건에 따라 《출력형태》와 같이 작업하시오.

《조건》

(1) 대여 수량 및 분류별 제품명의 개수와 대여가격(단위:원)의 최대값을 구하시오.
(2) 대여 수량을 그룹화하고, 분류를 《출력형태》와 같이 정렬하시오.
(3) 레이블이 있는 셀 병합 및 가운데 맞춤 적용 및 빈 셀은 '***'로 표시하시오.
(4) 행의 총합계는 지우고, 나머지 사항은 《출력형태》에 맞게 작성하시오.

《출력형태》

대여 수량	분류						
	테이블		원터치텐트		타프		
	개수 : 제품명	최대값 : 대여가격(단위:원)	개수 : 제품명	최대값 : 대여가격(단위:원)	개수 : 제품명	최대값 : 대여가격(단위:원)	
1-600	1	36,000	1	33,000	***	***	
601-1200	***	***	1	16,500	1	25,000	
1201-1800	1	21,000	1	12,500	***	***	
1801-2400	1	14,500	***	***	1	10,000	
총합계	3	36,000	3	33,000	2	25,000	

☞ **"제1작업"** 시트를 이용하여 조건에 따라 《출력형태》와 같이 작업하시오.

《조건》

(1) 차트 종류 ⇒ <묶은 세로 막대형>으로 작업하시오.

(2) 데이터 범위 ⇒ "제1작업" 시트의 내용을 이용하여 작업하시오.

(3) 위치 ⇒ "새 시트"로 이동하고, "제4작업"으로 시트 이름을 바꾸시오.

(4) 차트 디자인 도구 ⇒ 레이아웃 3, 스타일 1을 선택하여 《출력형태》에 맞게 작업하시오.

(5) 영역 서식 ⇒ 차트 : 글꼴(굴림, 11pt), 채우기 효과(질감-분홍 박엽지)

　　　　　　　　그림 : 채우기(흰색, 배경 1)

(6) 제목 서식 ⇒ 차트 제목 : 글꼴(굴림, 굵게, 20pt), 채우기(흰색, 배경 1), 테두리

(7) 서식 ⇒ 대여가격(단위:원) 계열의 차트 종류를 <표식이 있는 꺾은선형>으로 변경한 후 보조 축으로 지정하시오.

　　　　계열 : 《출력형태》를 참조하여 표식(세모, 크기 10)과 레이블 값을 표시하시오.

　　　　눈금선 : 선 스타일-파선

　　　　축 : 《출력형태》를 참조하시오.

(8) 범례 ⇒ 범례명을 변경하고 《출력형태》를 참조하시오.

(9) 도형 ⇒ '말풍선: 모서리가 둥근 사각형 설명선'을 삽입한 후 《출력형태》와 같이 내용을 입력하시오.

(10) 나머지 사항은 《출력형태》에 맞게 작성하시오.

《출력형태》

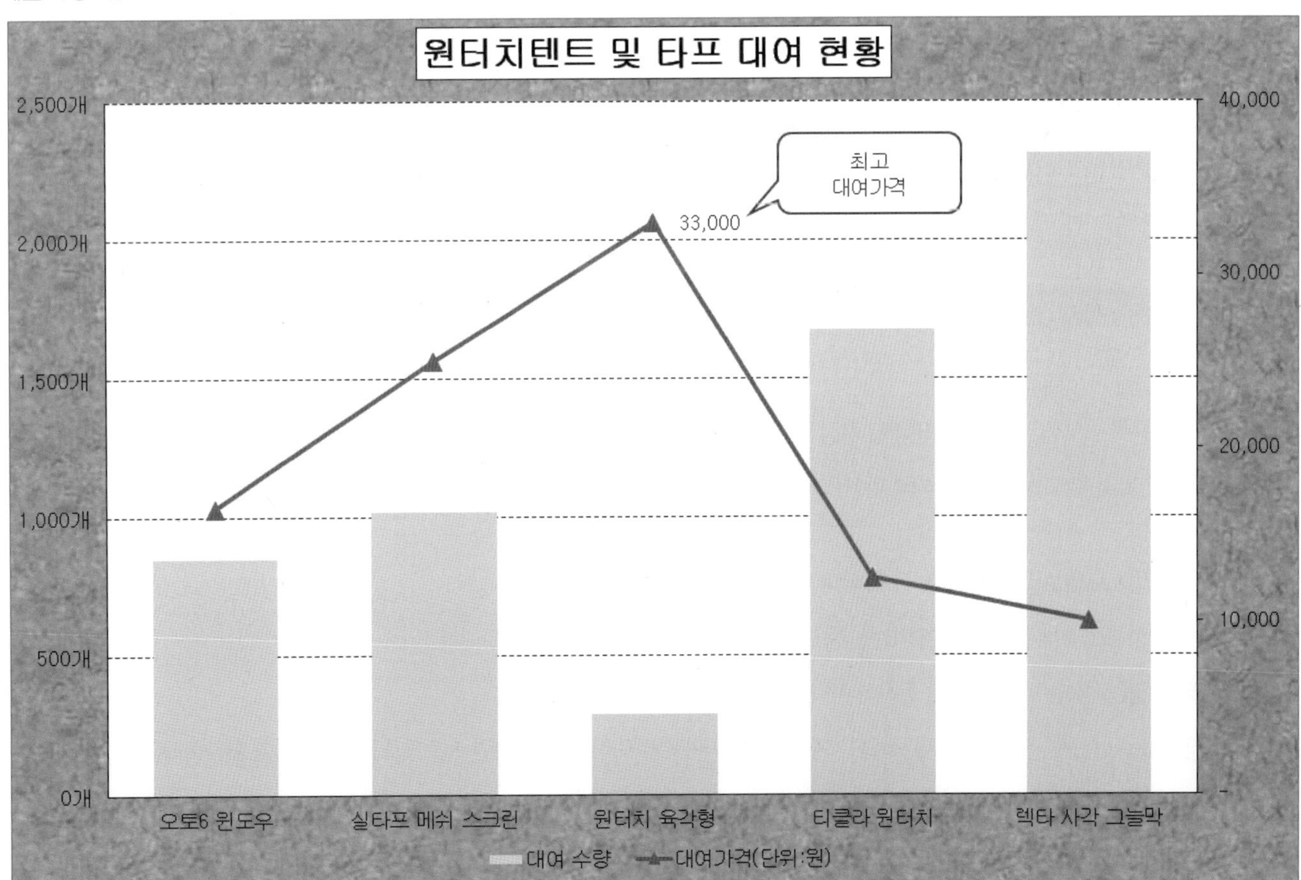

주의 ☞ 시트명 순서가 차례대로 "제1작업", "제2작업", "제3작업", "제4작업"이 되도록 할 것.

정보기술자격(ITQ) 실전모의고사

과 목	코 드	문제유형	시험시간	수험번호	성 명
한글엑셀	1122	A	60분		

수험자 유의사항

◎ 수험자는 문제지를 받는 즉시 문제지와 **수험표상의 시험과목(프로그램)이 동일한지 반드시 확인**하여야 합니다.

◎ 파일명은 본인의 "수험번호-성명"으로 입력하여 답안폴더(내 PC\문서\ITQ)에 하나의 파일로 저장해야 하며, 답안문서 파일명이 "수험번호-성명"과 일치하지 않거나, 답안파일을 전송하지 않아 미제출로 처리될 경우 실격 처리합니다 (예:12345678-홍길동.xlsx).

◎ 답안 작성을 마치면 파일을 저장하고, '답안 전송' 버튼을 선택하여 감독위원 PC로 답안을 전송하십시오. 수험생 정보와 저장한 파일명이 다를 경우 전송되지 않으므로 주의하시기 바랍니다.

◎ 답안 작성 중에도 **주기적으로 저장하고, '답안 전송'**하여야 문제 발생을 줄일 수 있습니다. 작업한 내용을 저장하지 않고 전송할 경우 이전에 저장된 내용이 전송되니 이점 유의하시기 바랍니다.

◎ 답안문서는 지정된 경로 외의 다른 보조기억장치에 저장하는 경우, 지정된 시험 시간 외에 작성된 파일을 활용할 경우, 기타 통신수단(이메일, 메신저, 네트워크 등)을 이용하여 타인에게 전달 또는 외부 반출하는 경우는 부정 처리합니다.

◎ 시험 중 부주의 또는 고의로 시스템을 파손한 경우는 수험자가 변상해야 하며, <수험자 유의사항>에 기재된 방법대로 이행하지 않아 생기는 불이익은 수험생 당사자의 책임임을 알려 드립니다.

◎ 문제의 조건은 MS오피스 2021 버전으로 설정되어 있으니 유의하시기 바랍니다.

◎ 시험을 완료한 수험자는 답안파일이 전송되었는지 확인한 후 감독위원의 지시에 따라 문제지를 제출하고 퇴실합니다.

답안 작성요령

◎ 온라인 답안 작성 절차

　　수험자 등록 ⇒ 시험 시작 ⇒ 답안파일 저장 ⇒ 답안 전송 ⇒ 시험 종료

◎ 문제는 총 4단계, 즉 제1작업부터 제4작업까지 구성되어 있으며 반드시 제1작업부터 순서대로 작성하고 조건대로 작업 하시오.

◎ 모든 작업시트의 A열은 열 너비 '1'로, 나머지 열은 적당하게 조절하시오.

◎ 모든 작업시트의 테두리(굵은선, 가는선 등)는 《출력형태》와 같이 작업하시오.

◎ 해당 작업란에서는 각각 제시된 조건에 따라 《출력형태》와 같이 작업하시오.

◎ 답안 시트 이름은 "제1작업", "제2작업", "제3작업", "제4작업"이어야 하며 답안 시트 이외의 것은 감점 처리됩니다.

◎ 각 시트를 파일로 나누어 작업해서 저장할 경우 실격 처리됩니다.

☞ 다음은 '성수옥 아궁지 가맹점 현황'에 대한 자료이다. 자료를 입력하고 조건에 맞도록 작업하시오.

《출력형태》

					담당	본부장	대표
				결재			

성수옥 아궁지 가맹점 현황

관리번호	매장명	지역	매장규모 (제곱미터)	개점일	개설비용 (단위:십만원)	전월매출	매장유형	개점연도
CH-201	상동점	경기	30	2022-02-20	485	8,230	(1)	(2)
CH-101	강남점	서울	45	2021-07-10	678	7,557	(1)	(2)
GH-102	성수본점	서울	50	2020-03-10	783	11,350	(1)	(2)
GH-202	분당점	경기	32	2020-12-20	477	7,237	(1)	(2)
GH-301	흥덕점	청주	29	2021-07-10	398	9,336	(1)	(2)
CH-103	송파점	서울	28	2023-02-20	588	8,755	(1)	(2)
CH-203	배곧점	경기	48	2021-09-10	523	10,205	(1)	(2)
CH-302	서원점	청주	43	2020-05-20	403	9,450	(1)	(2)
서울 매장규모(제곱미터) 평균			(3)		최대 전월매출			(5)
경기 전월매출 합계			(4)		매장명	상동점	전월매출	(6)

《조건》

○ 모든 데이터의 서식에는 글꼴(굴림, 11pt), 정렬은 숫자 및 회계 서식은 오른쪽 정렬, 나머지 서식은 가운데 정렬로 작성하며 예외적인 것은《출력형태》를 참조하시오.

○ 제 목 ⇒ 도형(사다리꼴)과 그림자(오프셋 위쪽)를 이용하여 작성하고 "성수옥 아궁지 가맹점 현황"을 입력한 후 다음 서식을 적용하시오
　　　　　(글꼴-굴림, 24pt, 검정, 굵게, 채우기-노랑).

○ 임의의 셀에 결재란을 작성하여 그림으로 복사 기능을 이용하여 붙이기 하시오(단, 원본 삭제).

○ 「B4:J4, G14, I14」 영역은 '주황'으로 채우기 하시오.

○ 유효성 검사를 이용하여 「H14」 셀에 매장명(「C5:C12」 영역)이 선택 표시되도록 하시오.

○ 셀 서식 ⇒ 「H5:H12」 영역에 셀 서식을 이용하여 숫자 뒤에 '천원'을 표시하시오(예 : 8,230천원).

○ 「D5:D12」 영역에 대해 '지역'으로 이름정의를 하시오.

☞ (1)~(6) 셀은 반드시 **주어진 함수를 이용**하여 값을 구하시오(결과값을 직접 입력하면 해당 셀은 0점 처리됨).

(1) 매장유형 ⇒ 관리번호의 첫 번째 글자가 G이면 '직영점', 그 외에는 '가맹점'으로 구하시오(IF, LEFT 함수).

(2) 개점연도 ⇒ 개점일의 연도를 구한 결과에 '년'을 붙이시오(YEAR 함수, & 연산자)(예 : 2020년).

(3) 서울 매장규모(제곱미터) 평균 ⇒ 정의된 이름(지역)을 이용하여 구하시오(SUMIF, COUNTIF 함수).

(4) 경기 전월매출 합계 ⇒ 지역이 경기인 매장의 전월매출 합계를 구하시오. 단, 조건은 입력데이터를 이용하시오(DSUM 함수).

(5) 최대 전월매출 ⇒ (MAX 함수)

(6) 전월매출 ⇒ 「H14」 셀에서 선택한 매장명에 대한 전월매출을 구하시오(VLOOKUP 함수).

(7) 조건부 서식의 수식을 이용하여 지역이 '서울'인 행 전체에 다음의 서식을 적용하시오(글꼴 : 빨강, 굵게).

☞ **"제1작업"** 시트의 「**B4:H12**」 영역을 복사하여 **"제2작업"** 시트의 「B2」 셀부터 모두 붙여넣기를 한 후 다음의 조건과 같이 작업하시오.

《조건》

(1) 목표값 찾기 – 「B11:G11」 셀을 병합하여 "전월매출 전체 평균"을 입력한 후 「H11」 셀에 전월매출의 전체 평균을 구하시오(AVERAGE 함수, 테두리).
     – '전월매출 전체 평균'이 '9,100'이 되려면 상동점의 전월매출이 얼마가 되어야 하는지 목표값을 구하시오.

(2) 고급필터 – 지역이 '서울'이 아니면서 매장규모(제곱미터)가 '40' 이하인 자료의 매장명, 개점일, 개설비용(단위:십만원), 전월매출 데이터만 추출하시오.
     – 조건 범위 : 「B14」 셀부터 입력하시오.
     – 복사 위치 : 「B18」 셀부터 나타나도록 하시오.

☞ **"제1작업"** 시트의 「**B4:H12**」 영역을 복사하여 **"제3작업"** 시트의 「B2」 셀부터 모두 붙여넣기를 한 후 다음의 조건과 같이 작업하시오.

《조건》

(1) 부분합 – 《출력형태》처럼 정렬하고, 매장명의 개수와 전월매출의 평균을 구하시오.
(2) 개요 – 지우시오.
(3) 나머지 사항은 《출력형태》에 맞게 작성하시오.

《출력형태》

	A	B	C	D	E	F	G	H
1								
2		관리번호	매장명	지역	매장규모 (제곱미터)	개점일	개설비용 (단위:십만원)	전월매출
3		CH-201	상동점	경기	30	2022-02-20	485	8,230천원
4		GH-202	분당점	경기	32	2020-12-20	477	7,237천원
5		CH-203	배곧점	경기	48	2021-09-10	523	10,205천원
6				경기 평균				8,557천원
7			3	경기 개수				
8		CH-101	강남점	서울	45	2021-07-10	678	7,557천원
9		GH-102	성수본점	서울	50	2020-03-10	783	11,350천원
10		CH-103	송파점	서울	28	2023-02-20	588	8,755천원
11				서울 평균				9,221천원
12			3	서울 개수				
13		GH-301	흥덕점	청주	29	2021-07-10	398	9,336천원
14		CH-302	서원점	청주	43	2020-05-20	403	9,450천원
15				청주 평균				9,393천원
16			2	청주 개수				
17				전체 평균				9,015천원
18			8	전체 개수				

☞ **"제1작업"** 시트를 이용하여 조건에 따라 《출력형태》와 같이 작업하시오.

《조건》

(1) 차트 종류 ⇒ <묶은 세로 막대형>으로 작업하시오.

(2) 데이터 범위 ⇒ "제1작업" 시트의 내용을 이용하여 작업하시오.

(3) 위치 ⇒ "새 시트"로 이동하고, "제4작업"으로 시트 이름을 바꾸시오.

(4) 차트 디자인 도구 ⇒ 레이아웃 3, 스타일 1을 선택하여 《출력형태》에 맞게 작업하시오.

(5) 영역 서식 ⇒ 차트 : 글꼴(굴림, 11pt), 채우기 효과(질감-파랑 박엽지)

　　　　　　　 그림 : 채우기(흰색, 배경 1)

(6) 제목 서식 ⇒ 차트 제목 : 글꼴(굴림, 굵게, 20pt), 채우기(흰색, 배경 1), 테두리

(7) 서식 ⇒ 개설비용(단위:십만원) 계열의 차트 종류를 <표식이 있는 꺾은선형>으로 변경한 후 보조 축으로 지정하시오.

　　　　 계열 : 《출력형태》를 참조하여 표식(마름모, 크기 10)과 레이블 값을 표시하시오.

　　　　 눈금선 : 선 스타일-파선

　　　　 축 : 《출력형태》를 참조하시오.

(8) 범례 ⇒ 범례명을 변경하고 《출력형태》를 참조하시오.

(9) 도형 ⇒ '말풍선: 타원형 설명선'을 삽입한 후 《출력형태》와 같이 내용을 입력하시오.

(10) 나머지 사항은 《출력형태》에 맞게 작성하시오.

《출력형태》

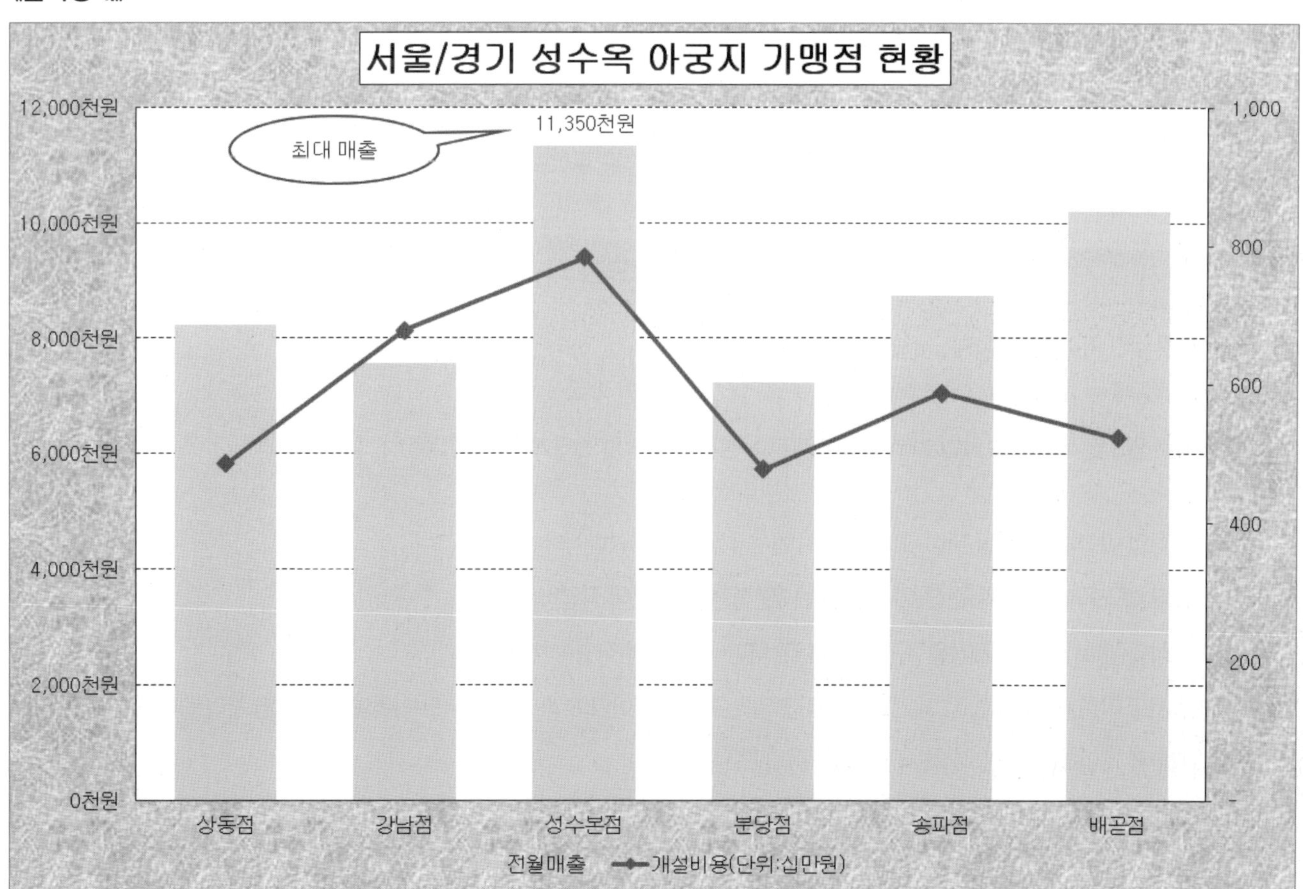

주의 ☞ 시트명 순서가 차례대로 "제1작업", "제2작업", "제3작업", "제4작업"이 되도록 할 것.

정보기술자격(ITQ) 실전모의고사

과 목	코 드	문제유형	시험시간	수험번호	성 명
한글엑셀	1122	A	60분		

수험자 유의사항

◎ 수험자는 문제지를 받는 즉시 문제지와 **수험표상의 시험과목(프로그램)이 동일한지 반드시 확인**하여야 합니다.

◎ 파일명은 본인의 "수험번호–성명"으로 입력하여 답안폴더(내 PC₩문서₩ITQ)에 하나의 파일로 저장해야 하며, 답안문서 파일명이 "수험번호–성명"과 일치하지 않거나, 답안파일을 전송하지 않아 미제출로 처리될 경우 실격 처리합니다 (예:12345678-홍길동.xlsx).

◎ 답안 작성을 마치면 파일을 저장하고, '답안 전송' 버튼을 선택하여 감독위원 PC로 답안을 전송하십시오. 수험생 정보와 저장한 파일명이 다를 경우 전송되지 않으므로 주의하시기 바랍니다.

◎ 답안 작성 중에도 **주기적으로 저장하고, '답안 전송'**하여야 문제 발생을 줄일 수 있습니다. 작업한 내용을 저장하지 않고 전송할 경우 이전에 저장된 내용이 전송되오니 이점 유의하시기 바랍니다.

◎ 답안문서는 지정된 경로 외의 다른 보조기억장치에 저장하는 경우, 지정된 시험 시간 외에 작성된 파일을 활용할 경우, 기타 통신수단(이메일, 메신저, 네트워크 등)을 이용하여 타인에게 전달 또는 외부 반출하는 경우는 부정 처리합니다.

◎ 시험 중 부주의 또는 고의로 시스템을 파손한 경우는 수험자가 변상해야 하며, <수험자 유의사항>에 기재된 방법대로 이행하지 않아 생기는 불이익은 수험생 당사자의 책임임을 알려 드립니다.

◎ 문제의 조건은 MS오피스 2021 버전으로 설정되어 있으니 유의하시기 바랍니다.

◎ 시험을 완료한 수험자는 답안파일이 전송되었는지 확인한 후 감독위원의 지시에 따라 문제지를 제출하고 퇴실합니다.

답안 작성요령

◎ 온라인 답안 작성 절차

　수험자 등록 ⇒ 시험 시작 ⇒ 답안파일 저장 ⇒ 답안 전송 ⇒ 시험 종료

◎ 문제는 총 4단계, 즉 제1작업부터 제4작업까지 구성되어 있으며 반드시 제1작업부터 순서대로 작성하고 조건대로 작업하시오.

◎ 모든 작업시트의 A열은 열 너비 '1'로, 나머지 열은 적당하게 조절하시오.

◎ 모든 작업시트의 테두리(굵은선, 가는선 등)는 《출력형태》와 같이 작업하시오.

◎ 해당 작업란에서는 각각 제시된 조건에 따라 《출력형태》와 같이 작업하시오.

◎ 답안 시트 이름은 "제1작업", "제2작업", "제3작업", "제4작업"이어야 하며 답안 시트 이외의 것은 감점 처리됩니다.

◎ 각 시트를 파일로 나누어 작업해서 저장할 경우 실격 처리됩니다.

☞ 다음은 '**평생학습관 요리 수강 현황**'에 대한 자료이다. 자료를 입력하고 조건에 맞도록 작업하시오.

《출력형태》

	담당	팀장	부장
결재			

평생학습관 요리 수강 현황

코드	과목	분류	담당자	댓글개수	수강인원 (단위:명)	수강료	결제방법	순위
K279	궁중요리	한식	문강희	462	56	140,000	(1)	(2)
B164	크림브휠레	제과제빵	서지호	272	31	120,000	(1)	(2)
B170	티라미슈	제과제빵	이송이	340	27	155,000	(1)	(2)
B168	마카롱	제과제빵	이기영	319	39	150,000	(1)	(2)
C282	드립커피	음료	홍순희	298	25	85,000	(1)	(2)
B377	크림케이크	제과제빵	김진수	423	49	160,000	(1)	(2)
K180	갈비찜	한식	송효정	390	50	170,000	(1)	(2)
C390	칵테일	음료	임서경	307	24	90,000	(1)	(2)
한식 수강료 합계			(3)			최다 댓글개수		(5)
제과제빵 수강인원(단위:명) 평균			(4)		과목	궁중요리	담당자	(6)

《조건》

○ 모든 데이터의 서식에는 글꼴(굴림, 11pt), 정렬은 숫자 및 회계 서식은 오른쪽 정렬, 나머지 서식은 가운데 정렬로 작성하며 예외적인 것은 《출력형태》를 참조하시오.

○ 제 목 ⇒ 도형(팔각형)과 그림자(오프셋 아래쪽)를 이용히어 작성하고 "평생학습관 요리 수강 현황"을 입력한 후 다음 서식을 적용하시오
　　　　　(글꼴-굴림, 24pt, 검정, 굵게, 채우기-노랑).

○ 임의의 셀에 결재란을 작성하여 그림으로 복사 기능을 이용하여 붙이기 하시오(단, 원본 삭제).

○ 「B4:J4, G14, I14」 영역은 '주황'으로 채우기 하시오.

○ 유효성 검사를 이용하여 「H14」 셀에 과목(「C5:C12」 영역)이 선택 표시되도록 하시오.

○ 셀 서식 ⇒ 「H5:H12」 영역에 셀 서식을 이용하여 숫자 뒤에 '원'을 표시하시오(예 : 155,000원).

○ 「F5:F12」 영역에 대해 '댓글개수'로 이름정의를 하시오.

☞ (1)~(6) 셀은 반드시 **주어진 함수를 이용**하여 값을 구하시오(결과값을 직접 입력하면 해당 셀은 0점 처리됨).

(1) 결제방법 ⇒ 코드의 두 번째 값이 1이면 '신용카드', 2이면 '체크카드', 3이면 '현금'으로 표시하시오(CHOOSE, MID 함수).

(2) 순위 ⇒ 수강인원(단위:명)의 내림차순 순위를 구한 결과값에 '위'를 붙이시오(RANK.EQ 함수, & 연산자)(예 : 1위).

(3) 한식 수강료 합계 ⇒ 단, 조건은 입력데이터를 이용하시오(DSUM 함수).

(4) 제과제빵 수강인원(단위:명) 평균 ⇒ (SUMIF, COUNTIF 함수).

(5) 최다 댓글개수 ⇒ 정의된 이름(댓글개수)을 이용하여 구하시오(MAX 함수).

(6) 담당자 ⇒ 「H14」 셀에서 선택한 과목에 대한 담당자를 구하시오(VLOOKUP 함수).

(7) 조건부 서식의 수식을 이용하여 수강인원(단위:명)이 '50' 이상인 행 전체에 다음의 서식을 적용하시오
　　(글꼴 : 파랑, 굵은 기울임꼴).

☞ **"제1작업"** 시트의 「B4:H12」 영역을 복사하여 **"제2작업"** 시트의 「B2」 셀부터 모두 붙여넣기를 한 후 다음의 조건과 같이 작업하시오.

《조건》

(1) 고급 필터 – 코드가 'B'로 시작하면서, 수강인원(단위:명)이 '30' 이상인 자료의 과목, 분류, 담당자, 수강료 데이터만 추출하시오.
　　　– 조건 범위 : 「B14」 셀부터 입력하시오.
　　　– 복사 위치 : 「B18」 셀부터 나타나도록 하시오.

(2) 표 서식 – 고급필터의 결과셀을 채우기 없음으로 설정한 후 '황금색, 표 스타일 보통 5'의 서식을 적용하시오.
　　　– 머리글 행, 줄무늬 행을 적용하시오.

☞ **"제1작업"** 시트를 이용하여 **"제3작업"** 시트에 조건에 따라 《출력형태》와 같이 작업하시오.

《조건》

(1) 댓글개수 및 분류별 과목의 개수와 수강인원(단위:명)의 평균을 구하시오.
(2) 댓글개수를 그룹화하고, 분류를 《출력형태》와 같이 정렬하시오.
(3) 레이블이 있는 셀 병합 및 가운데 맞춤 적용 및 빈 셀은 '**'로 표시하시오.
(4) 행의 총합계는 지우고, 나머지 사항은 《출력형태》에 맞게 작성하시오.

《출력형태》

분류	한식		제과제빵		음료	
댓글개수	개수 : 과목	평균 : 수강인원(단위:명)	개수 : 과목	평균 : 수강인원(단위:명)	개수 : 과목	평균 : 수강인원(단위:명)
201-300	**	**	1	31	1	25
301-400	1	50	2	33	1	24
401-500	1	56	1	49	**	**
총합계	2	53	4	37	2	25

☞ **"제1작업"** 시트를 이용하여 조건에 따라 《출력형태》와 같이 작업하시오.

《조건》

(1) 차트 종류 ⇒ <묶은 세로 막대형>으로 작업하시오.

(2) 데이터 범위 ⇒ "제1작업" 시트의 내용을 이용하여 작업하시오.

(3) 위치 ⇒ "새 시트"로 이동하고, "제4작업"으로 시트 이름을 바꾸시오.

(4) 차트 디자인 도구 ⇒ 레이아웃 3, 스타일 1을 선택하여 《출력형태》에 맞게 작업하시오.

(5) 영역 서식 ⇒ 차트 : 글꼴(굴림, 11pt), 채우기 효과(질감-파피루스)

                   그림 : 채우기(흰색, 배경 1)

(6) 제목 서식 ⇒ 차트 제목 : 글꼴(굴림, 굵게, 20pt), 채우기(흰색, 배경 1), 테두리

(7) 서식 ⇒ 수강인원(단위:명) 계열의 차트 종류를 <표식이 있는 꺾은선형>으로 변경한 후 보조 축으로 지정하시오.

         계열 : 《출력형태》를 참조하여 표식(마름모, 크기 10)과 레이블 값을 표시하시오.

         눈금선 : 선 스타일-파선

         축 : 《출력형태》를 참조하시오.

(8) 범례 ⇒ 범례명을 변경하고 《출력형태》를 참조하시오.

(9) 도형 ⇒ '말풍선: 모서리가 둥근 사각형 설명선'을 삽입한 후 《출력형태》와 같이 내용을 입력하시오.

(10) 나머지 사항은 《출력형태》에 맞게 작성하시오.

《출력형태》

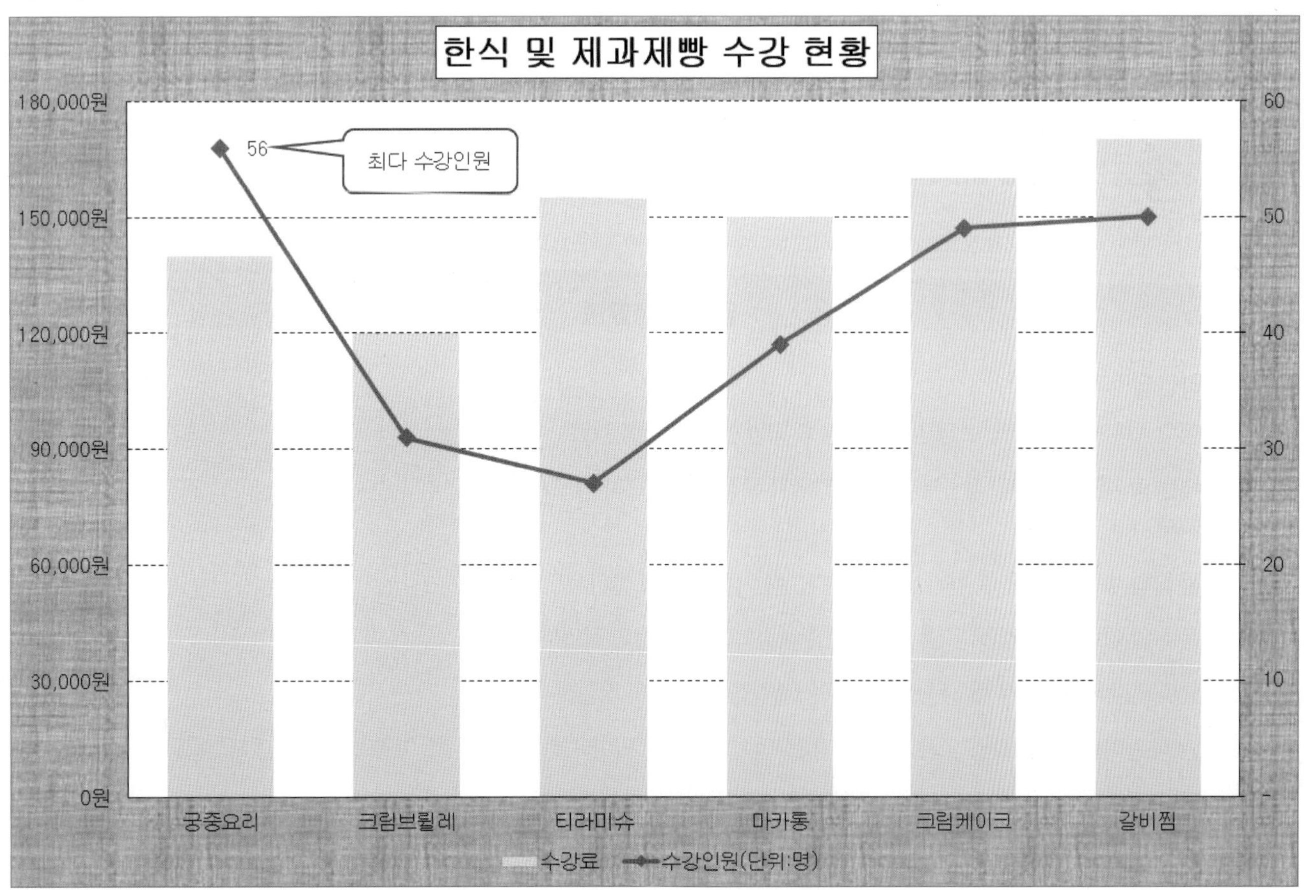

주의 ☞ 시트명 순서가 차례대로 "제1작업", "제2작업", "제3작업", "제4작업"이 되도록 할 것.

정보기술자격(ITQ) 실전모의고사

과 목	코 드	문제유형	시험시간	수험번호	성 명
한글엑셀	1122	A	60분		

수험자 유의사항

◎ 수험자는 문제지를 받는 즉시 문제지와 **수험표상의 시험과목(프로그램)이 동일한지 반드시 확인**하여야 합니다.

◎ 파일명은 본인의 "수험번호-성명"으로 입력하여 답안폴더(내 PC\문서\ITQ)에 하나의 파일로 저장해야 하며, 답안문서 파일명이 "수험번호-성명"과 일치하지 않거나, 답안파일을 전송하지 않아 미제출로 처리될 경우 실격 처리합니다 (예:12345678-홍길동.xlsx).

◎ 답안 작성을 마치면 파일을 저장하고, '답안 전송' 버튼을 선택하여 감독위원 PC로 답안을 전송하십시오. 수험생 정보와 저장한 파일명이 다를 경우 전송되지 않으므로 주의하시기 바랍니다.

◎ 답안 작성 중에도 **주기적으로 저장하고, '답안 전송'**하여야 문제 발생을 줄일 수 있습니다. 작업한 내용을 저장하지 않고 전송할 경우 이전에 저장된 내용이 전송되오니 이점 유의하시기 바랍니다.

◎ 답안문서는 지정된 경로 외의 다른 보조기억장치에 저장하는 경우, 지정된 시험 시간 외에 작성된 파일을 활용할 경우, 기타 통신수단(이메일, 메신저, 네트워크 등)을 이용하여 타인에게 전달 또는 외부 반출하는 경우는 부정 처리합니다.

◎ 시험 중 부주의 또는 고의로 시스템을 파손한 경우는 수험자가 변상해야 하며, <수험자 유의사항>에 기재된 방법대로 이행하지 않아 생기는 불이익은 수험생 당사자의 책임임을 알려 드립니다.

◎ 문제의 조건은 MS오피스 2021 버전으로 설정되어 있으니 유의하시기 바랍니다.

◎ 시험을 완료한 수험자는 답안파일이 전송되었는지 확인한 후 감독위원의 지시에 따라 문제지를 제출하고 퇴실합니다.

답안 작성요령

◎ 온라인 답안 작성 절차

　수험자 등록 ⇒ 시험 시작 ⇒ 답안파일 저장 ⇒ 답안 전송 ⇒ 시험 종료

◎ 문제는 총 4단계, 즉 제1작업부터 제4작업까지 구성되어 있으며 반드시 제1작업부터 순서대로 작성하고 조건대로 작업 하시오.

◎ 모든 작업시트의 A열은 열 너비 '1'로, 나머지 열은 적당하게 조절하시오.

◎ 모든 작업시트의 테두리(굵은선, 가는선 등)는 《출력형태》와 같이 작업하시오.

◎ 해당 작업란에서는 각각 제시된 조건에 따라 《출력형태》와 같이 작업하시오.

◎ 답안 시트 이름은 "제1작업", "제2작업", "제3작업", "제4작업"이어야 하며 답안 시트 이외의 것은 감점 처리됩니다.

◎ 각 시트를 파일로 나누어 작업해서 저장할 경우 실격 처리됩니다.

kpc 한국생산성본부

☞ 다음은 '**온라인 반찬 매출 현황**'에 대한 자료이다. 자료를 입력하고 조건에 맞도록 작업하시오.

《출력형태》

반찬코드	반찬명	분류	검색태그	마진율	판매수량	판매금액 (단위:원)	인기 순위	조리방법
E121	진미채볶음	밑반찬	인기	32%	250	750,000	(1)	(2)
K242	열무김치	김치	저장	28%	116	580,000	(1)	(2)
C121	감자스팸볶음	어린이	아이	35%	320	1,280,000	(1)	(2)
K252	총각김치	김치	저장	27%	162	1,296,000	(1)	(2)
E122	오이무침	밑반찬	제철	30%	190	570,500	(1)	(2)
C213	햄계란찜	어린이	아이	36%	225	900,000	(1)	(2)
E211	우엉조림	밑반찬	부모님	25%	167	501,000	(1)	(2)
K262	깍두기	김치	저장	32%	147	808,500	(1)	(2)
밑반찬의 개수			(3)		최대 마진율			(5)
김치 판매금액(단위:원)의 합계			(4)		반찬코드	E121	판매수량	(6)

상단 결재란: 결재 / 담당 / 팀장 / 이사

《조건》

○ 모든 데이터의 서식에는 글꼴(굴림, 11pt), 정렬은 숫자 및 회계 서식은 오른쪽 정렬, 나머지 서식은 가운데 정렬로 작성하며 예외적인 것은 《출력형태》를 참조하시오.

○ 제 목 ⇒ 도형(사각형 잘린 한쪽 모서리)과 그림자(오프셋 오른쪽)를 이용하여 작성하고 "온라인 반찬 매출 현황"을 입력한 후 다음 서식을 적용하시오(글꼴-돋움, 24pt, 검정, 굵게, 채우기-노랑).

○ 임의의 셀에 결재란을 작성하여 그림으로 복사 기능을 이용하여 붙이기 하시오(단, 원본 삭제).

○ 「B4:J4, G14, I14」 영역은 '주황'으로 채우기 하시오.

○ 유효성 검사를 이용하여 「H14」 셀에 반찬코드(「B5:B12」 영역)가 선택 표시되도록 하시오.

○ 셀 서식 ⇒ 「G5:G12」 영역에 셀 서식을 이용하여 숫자 뒤에 '개'를 표시하시오(예 : 116개).

○ 「F5:F12」 영역에 대해 '마진율'로 이름정의를 하시오.

☞ (1)~(6) 셀은 반드시 **주어진 함수를 이용**하여 값을 구하시오(결과값을 직접 입력하면 해당 셀은 0점 처리됨).

(1) 인기 순위 ⇒ 판매수량의 내림차순 순위를 구한 결과값에 '위'를 붙이시오(RANK.EQ 함수, & 연산자)(예 : 1위).

(2) 조리방법 ⇒ 반찬코드의 마지막 글자가 1이면 '볶음/조림', 2이면 '무침', 그 외에는 '찜'으로 구하시오(IF, RIGHT 함수).

(3) 밑반찬의 개수 ⇒ 분류가 밑반찬인 반찬의 개수를 구하시오(COUNTIF 함수).

(4) 김치 판매금액(단위:원)의 합계 ⇒ 반올림하여 천원 단위까지 구하시오(ROUND, SUMIF 함수)
(예 : 1,723,500 → 1,724,000).

(5) 최대 마진율 ⇒ 정의된 이름(마진율)을 이용하여 구하시오(MAX 함수).

(6) 판매수량 ⇒ 「H14」 셀에서 선택한 반찬코드에 대한 판매수량을 구하시오(VLOOKUP 함수).

(7) 조건부 서식의 수식을 이용하여 마진율이 '35%' 이상인 행 전체에 다음의 서식을 적용하시오(글꼴 : 파랑, 굵게).

☞ **"제1작업"** 시트의 「B4:H12」 영역을 복사하여 **"제2작업"** 시트의 「B2」 셀부터 모두 붙여넣기를 한 후 다음의 조건과 같이 작업하시오.

《조건》

(1) 목표값 찾기 – 「B11:G11」 셀을 병합하여 "밑반찬의 판매수량 평균"을 입력한 후 「H11」 셀에 밑반찬의 판매수량 평균을 구하시오. 단, 조건은 입력데이터를 이용하시오(DAVERAGE 함수, 테두리).
　　　　　　– '밑반찬의 판매수량 평균'이 '205'가 되려면 우엉조림의 판매수량이 얼마가 되어야 하는지 목표값을 구하시오.

(2) 고급필터 – 분류가 '김치'가 아니면서 마진율이 '35%' 미만인 자료의 데이터만 추출하시오.
　　　　　　– 조건 범위 : 「B14」 셀부터 입력하시오.
　　　　　　– 복사 위치 : 「B18」 셀부터 나타나도록 하시오.

☞ **"제1작업"** 시트의 「B4:H12」 영역을 복사하여 **"제3작업"** 시트의 「B2」 셀부터 모두 붙여넣기를 한 후 다음의 조건과 같이 작업하시오.

《조건》

(1) 부분합 – 《출력형태》처럼 정렬하고, 반찬명의 개수와 판매금액(단위:원)의 합계를 구하시오.
(2) 개요 – 지우시오.
(3) 나머지 사항은 《출력형태》에 맞게 작성하시오.

《출력형태》

	A	B	C	D	E	F	G	H
1								
2		반찬코드	반찬명	분류	검색태그	마진율	판매수량	판매금액(단위:원)
3		C121	감자스팸볶음	어린이	아이	35%	320개	1,280,000
4		C213	햄계란찜	어린이	아이	36%	225개	900,000
5				어린이 요약				2,180,000
6			2	어린이 개수				
7		E121	진미채볶음	밑반찬	인기	32%	250개	750,000
8		E122	오이무침	밑반찬	제철	30%	190개	570,500
9		E211	우엉조림	밑반찬	부모님	25%	167개	501,000
10				밑반찬 요약				1,821,500
11			3	밑반찬 개수				
12		K242	열무김치	김치	저장	28%	116개	580,000
13		K252	총각김치	김치	저장	27%	162개	1,296,000
14		K262	깍두기	김치	저장	32%	147개	808,500
15				김치 요약				2,684,500
16			3	김치 개수				
17				총합계				6,686,000
18			8	전체 개수				

☞ **"제1작업"** 시트를 이용하여 조건에 따라《출력형태》와 같이 작업하시오.

《조건》

(1) 차트 종류 ⇒ <묶은 세로 막대형>으로 작업하시오.

(2) 데이터 범위 ⇒ "제1작업" 시트의 내용을 이용하여 작업하시오.

(3) 위치 ⇒ "새 시트"로 이동하고, "제4작업"으로 시트 이름을 바꾸시오.

(4) 차트 디자인 도구 ⇒ 레이아웃 3, 스타일 1을 선택하여《출력형태》에 맞게 작업하시오.

(5) 영역 서식 ⇒ 차트 : 글꼴(굴림, 11pt), 채우기 효과(질감-양피지)

　　　　　　　　　 그림 : 채우기(흰색, 배경 1)

(6) 제목 서식 ⇒ 차트 제목 : 글꼴(돋움, 굵게, 20pt), 채우기(흰색, 배경 1), 테두리

(7) 서식 ⇒ 판매수량 계열의 차트 종류를 <표식이 있는 꺾은선형>으로 변경한 후 보조 축으로 지정하시오.

　　　　계열 :《출력형태》를 참조하여 표식(세모, 크기 10)과 레이블 값을 표시하시오.

　　　　눈금선 : 선 스타일-파선

　　　　축 :《출력형태》를 참조하시오.

(8) 범례 ⇒ 범례명을 변경하고《출력형태》를 참조하시오.

(9) 도형 ⇒ '말풍선: 사각형 설명선'을 삽입한 후《출력형태》와 같이 내용을 입력하시오.

(10) 나머지 사항은《출력형태》에 맞게 작성하시오.

《출력형태》

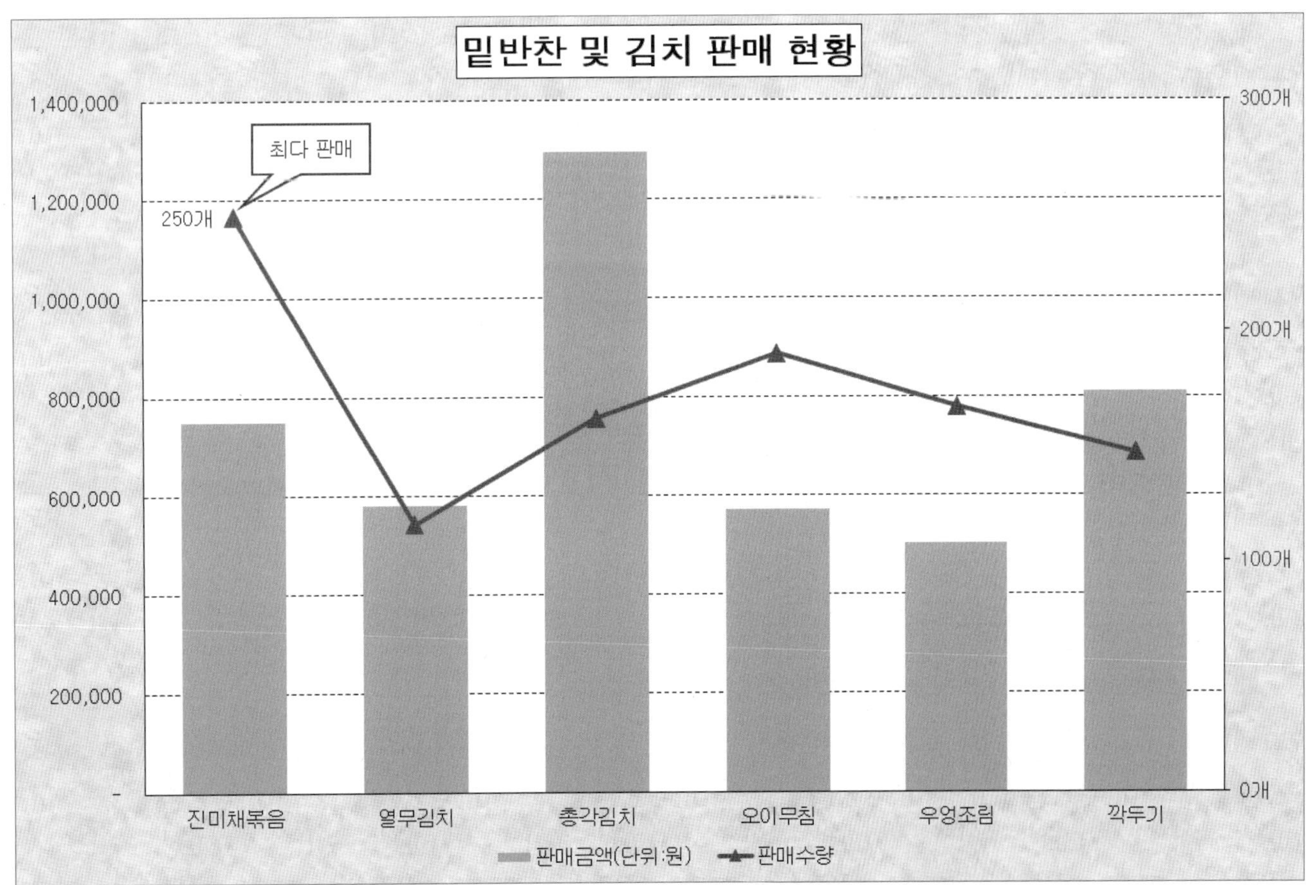

주의 ☞ 시트명 순서가 차례대로 "제1작업", "제2작업", "제3작업", "제4작업"이 되도록 할 것.

정보기술자격(ITQ) 실전모의고사

과 목	코 드	문제유형	시험시간	수험번호	성 명
한글엑셀	1122	A	60분		

수험자 유의사항

◎ 수험자는 문제지를 받는 즉시 문제지와 **수험표상의 시험과목(프로그램)이 동일한지 반드시 확인**하여야 합니다.

◎ 파일명은 본인의 "수험번호-성명"으로 입력하여 답안폴더(내 PC\문서\ITQ)에 하나의 파일로 저장해야 하며, 답안문서 파일명이 "수험번호-성명"과 일치하지 않거나, 답안파일을 전송하지 않아 미제출로 처리될 경우 실격 처리합니다 (예:12345678-홍길동.xlsx).

◎ 답안 작성을 마치면 파일을 저장하고, '답안 전송' 버튼을 선택하여 감독위원 PC로 답안을 전송하십시오. 수험생 정보와 저장한 파일명이 다를 경우 전송되지 않으므로 주의하시기 바랍니다.

◎ 답안 작성 중에도 **주기적으로 저장하고, '답안 전송'**하여야 문제 발생을 줄일 수 있습니다. 작업한 내용을 저장하지 않고 전송할 경우 이전에 저장된 내용이 전송되오니 이점 유의하시기 바랍니다.

◎ 답안문서는 지정된 경로 외의 다른 보조기억장치에 저장하는 경우, 지정된 시험 시간 외에 작성된 파일을 활용할 경우, 기타 통신수단(이메일, 메신저, 네트워크 등)을 이용하여 타인에게 전달 또는 외부 반출하는 경우는 부정 처리합니다.

◎ 시험 중 부주의 또는 고의로 시스템을 파손한 경우는 수험자가 변상해야 하며, <수험자 유의사항>에 기재된 방법대로 이행하지 않아 생기는 불이익은 수험생 당사자의 책임임을 알려 드립니다.

◎ 문제의 조건은 MS오피스 2021 버전으로 설정되어 있으니 유의하시기 바랍니다.

◎ 시험을 완료한 수험자는 답안파일이 전송되었는지 확인한 후 감독위원의 지시에 따라 문제지를 제출하고 퇴실합니다.

답안 작성요령

◎ 온라인 답안 작성 절차

  수험자 등록 ⇒ 시험 시작 ⇒ 답안파일 저장 ⇒ 답안 전송 ⇒ 시험 종료

◎ 문제는 총 4단계, 즉 제1작업부터 제4작업까지 구성되어 있으며 반드시 제1작업부터 순서대로 작성하고 조건대로 작업하시오.

◎ 모든 작업시트의 A열은 열 너비 '1'로, 나머지 열은 적당하게 조절하시오.

◎ 모든 작업시트의 테두리(굵은선, 가는선 등)는 《출력형태》와 같이 작업하시오.

◎ 해당 작업란에서는 각각 제시된 조건에 따라 《출력형태》와 같이 작업하시오.

◎ 답안 시트 이름은 "제1작업", "제2작업", "제3작업", "제4작업"이어야 하며 답안 시트 이외의 것은 감점 처리됩니다.

◎ 각 시트를 파일로 나누어 작업해서 저장할 경우 실격 처리됩니다.

☞ 다음은 '**원룸 공기청정기 추천 모델**'에 대한 자료이다. 자료를 입력하고 조건에 맞도록 작업하시오.

《출력형태》

제품코드	제품명	제조사	가격	사용면적 (제곱미터)	소비전력 (W)	등록일자	제조국	비고
LQ-115	인스퓨어	LG전자	482,880	48	330	2022-03-05	(1)	(2)
WN-316	제로S	위닉스	322,140	31	270	2021-01-10	(1)	(2)
SQ-414	디코웰	삼성전자	444,610	40	320	2022-03-10	(1)	(2)
SX-215	네추럴퓨어	삼성전자	353,270	53	350	2021-04-01	(1)	(2)
WC-225	퓨리웨이	위닉스	222,030	31	290	2023-04-10	(1)	(2)
LX-113	에어로타워	LG전자	541,030	48	330	2023-04-01	(1)	(2)
SC-121	블루스카이	삼성전자	250,960	60	360	2022-07-01	(1)	(2)
LQ-215	미에어 스마트	LG전자	453,380	48	340	2022-02-10	(1)	(2)
LG전자의 제품 개수			(3)			최대 사용면적(제곱미터)		(5)
2023년 이후 등록 제품의 소비전력(W) 평균			(4)		제품코드	LQ-115	가격	(6)

《조건》

○ 모든 데이터의 서식에는 글꼴(굴림, 11pt), 정렬은 숫자 및 회계 서식은 오른쪽 정렬, 나머지 서식은 가운데 정렬로 작성하며 예외적인 것은 《출력형태》를 참조하시오.

○ 제 목 ⇒ 도형(육각형)과 그림자(오프셋 위쪽)를 이용하여 작성하고 "원룸 공기청정기 추천 모델"을 입력한 후 다음 서식을 적용하시오
　　　　　(글꼴-궁서, 24pt, 검정, 굵게, 채우기-노랑).

○ 임의의 셀에 결재란을 작성하여 그림으로 복사 기능을 이용하여 붙이기 하시오(단, 원본 삭제).

○ 「B4:J4, G14, I14」 영역은 '주황'으로 채우기 하시오.

○ 유효성 검사를 이용하여 「H14」 셀에 제품코드(「B5:B12」 영역)가 선택 표시되도록 하시오.

○ 셀 서식 ⇒ 「E5:E12」 영역에 셀 서식을 이용하여 숫자 뒤에 '원'을 표시하시오(예 : 482,880원).

○ 「H5:H12」 영역에 대해 '등록일자'로 이름정의를 하시오.

☞ (1)~(6) 셀은 반드시 **주어진 함수를 이용**하여 값을 구하시오(결과값을 직접 입력하면 해당 셀은 0점 처리됨).

(1) 제조국 ⇒ 제품코드의 네 번째 글자가 1이면 '한국', 2이면 '중국', 그 외에는 '베트남'으로 구하시오.(IF, MID 함수).

(2) 비고 ⇒ 소비전력(W)의 오름차순 순위를 구하시오(RANK.EQ 함수).

(3) LG전자의 제품 개수 ⇒ 결과값에 '개'를 붙이시오. 단, 조건은 입력데이터를 이용하시오(DCOUNTA 함수, & 연산자)
　　　　　(예 : 1개).

(4) 2023년 이후 등록 제품의 소비전력(W) 평균 ⇒ 등록일자가 '2023-01-01' 이후(해당일 포함)인 제품의 소비전력(W)
　　　　　평균을 구하시오. 단, 정의된 이름(등록일자)을 이용하여 구하시오
　　　　　(SUMIF, COUNTIF 함수).

(5) 최대 사용면적(제곱미터) ⇒ (MAX 함수)

(6) 가격 ⇒ 「H14」 셀에서 선택한 제품코드에 대한 가격을 구하시오(VLOOKUP 함수).

(7) 조건부 서식의 수식을 이용하여 소비전력(W)이 '350' 이상인 행 전체에 다음의 서식을 적용하시오
　　(글꼴 : 빨강, 굵은 기울임꼴).

☞ **"제1작업"** 시트의 「B4:H12」 영역을 복사하여 **"제2작업"** 시트의 「B2」 셀부터 모두 붙여넣기를 한 후 다음의 조건과 같이 작업하시오.

《조건》

(1) 고급 필터 - 제품코드가 'W'로 시작하거나, 사용면적(제곱미터)이 '50' 초과인 자료의 제품명, 제조사, 가격, 소비전력 (W) 데이터만 추출하시오.
　　　　　 - 조건 범위 : 「B14」 셀부터 입력하시오.
　　　　　 - 복사 위치 : 「B18」 셀부터 나타나도록 하시오.

(2) 표 서식 - 고급필터의 결과셀을 채우기 없음으로 설정한 후 '주황, 표 스타일 보통 3'의 서식을 적용하시오.
　　　　　 - 머리글 행, 줄무늬 행을 적용하시오.

☞ **"제1작업"** 시트를 이용하여 **"제3작업"** 시트에 조건에 따라 《출력형태》와 같이 작업하시오.

《조건》

(1) 소비전력(W) 및 제조사별 제품명의 개수와 사용면적(제곱미터)의 평균을 구하시오.
(2) 소비전력(W)을 그룹화하고, 제조사를 《출력형태》와 같이 정렬하시오.
(3) 레이블이 있는 셀 병합 및 가운데 맞춤 적용 및 빈 셀은 '***'로 표시하시오.
(4) 행의 총합계는 지우고, 나머지 사항은 《출력형태》에 맞게 작성하시오.

《출력형태》

소비전력(W)	개수 : 제품명 (LG전자)	평균 : 사용면적(제곱미터) (LG전자)	개수 : 제품명 (위닉스)	평균 : 사용면적(제곱미터) (위닉스)	개수 : 제품명 (삼성전자)	평균 : 사용면적(제곱미터) (삼성전자)
201-270	***	***	1	31	***	***
271-340	3	48	1	31	1	40
341-410	***	***	***	***	2	57
총합계	3	48	2	31	3	51

☞ **"제1작업"** 시트를 이용하여 조건에 따라 《출력형태》와 같이 작업하시오.

《조건》

(1) 차트 종류 ⇒ <묶은 세로 막대형>으로 작업하시오.

(2) 데이터 범위 ⇒ "제1작업" 시트의 내용을 이용하여 작업하시오.

(3) 위치 ⇒ "새 시트"로 이동하고, "제4작업"으로 시트 이름을 바꾸시오.

(4) 차트 디자인 도구 ⇒ 레이아웃 3, 스타일 1을 선택하여 《출력형태》에 맞게 작업하시오.

(5) 영역 서식 ⇒ 차트 : 글꼴(굴림, 11pt), 채우기 효과(질감-분홍 박엽지)

　　　　　　　　그림 : 채우기(흰색, 배경 1)

(6) 제목 서식 ⇒ 차트 제목 : 글꼴(궁서, 굵게, 20pt), 채우기(흰색, 배경 1), 테두리

(7) 서식 ⇒ 가격 계열의 차트 종류를 <표식이 있는 꺾은선형>으로 변경한 후 보조 축으로 지정하시오.

　　　　　계열 : 《출력형태》를 참조하여 표식(세모, 크기 10)과 레이블 값을 표시하시오.

　　　　　눈금선 : 선 스타일-파선

　　　　　축 : 《출력형태》를 참조하시오.

(8) 범례 ⇒ 범례명을 변경하고 《출력형태》를 참조하시오.

(9) 도형 ⇒ '말풍선: 모서리가 둥근 사각형 설명선'을 삽입한 후 《출력형태》와 같이 내용을 입력하시오.

(10) 나머지 사항은 《출력형태》에 맞게 작성하시오.

《출력형태》

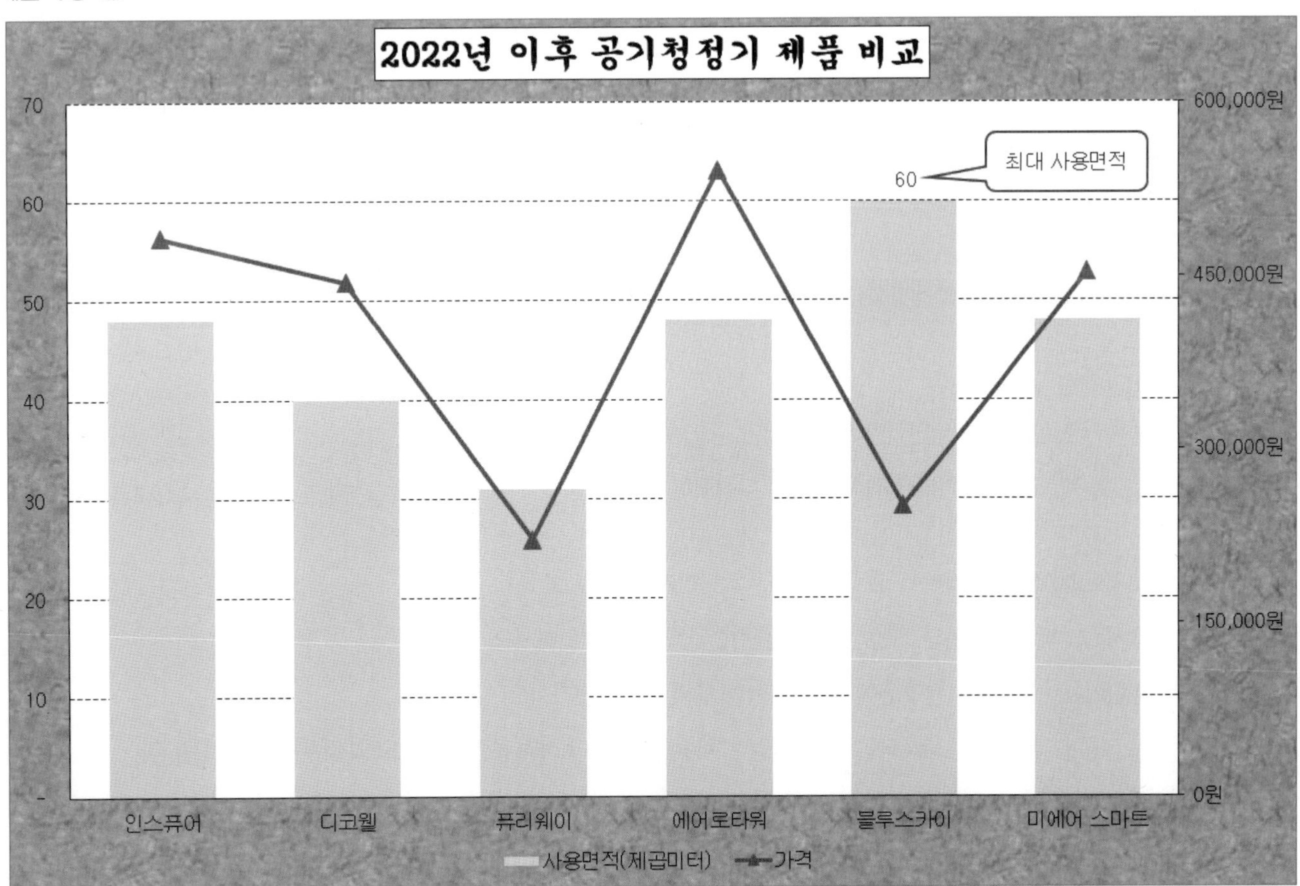

주의 ☞ 시트명 순서가 차례대로 "제1작업", "제2작업", "제3작업", "제4작업"이 되도록 할 것.

정보기술자격(ITQ) 실전모의고사

과 목	코 드	문제유형	시험시간	수험번호	성 명
한글엑셀	1122	A	60분		

수험자 유의사항

◎ 수험자는 문제지를 받는 즉시 문제지와 **수험표상의 시험과목(프로그램)이 동일한지 반드시 확인**하여야 합니다.

◎ 파일명은 본인의 "수험번호-성명"으로 입력하여 답안폴더(내 PC\문서\ITQ)에 하나의 파일로 저장해야 하며, 답안문서 파일명이 "수험번호-성명"과 일치하지 않거나, 답안파일을 전송하지 않아 미제출로 처리될 경우 실격 처리합니다 (예:12345678-홍길동.xlsx).

◎ 답안 작성을 마치면 파일을 저장하고, '답안 전송' 버튼을 선택하여 감독위원 PC로 답안을 전송하십시오. 수험생 정보와 저장한 파일명이 다를 경우 전송되지 않으므로 주의하시기 바랍니다.

◎ 답안 작성 중에도 **주기적으로 저장하고, '답안 전송'**하여야 문제 발생을 줄일 수 있습니다. 작업한 내용을 저장하지 않고 전송할 경우 이전에 저장된 내용이 전송되오니 이점 유의하시기 바랍니다.

◎ 답안문서는 지정된 경로 외의 다른 보조기억장치에 저장하는 경우, 지정된 시험 시간 외에 작성된 파일을 활용할 경우, 기타 통신수단(이메일, 메신저, 네트워크 등)을 이용하여 타인에게 전달 또는 외부 반출하는 경우는 부정 처리합니다.

◎ 시험 중 부주의 또는 고의로 시스템을 파손한 경우는 수험자가 변상해야 하며, <수험자 유의사항>에 기재된 방법대로 이행하지 않아 생기는 불이익은 수험생 당사자의 책임임을 알려 드립니다.

◎ 문제의 조건은 MS오피스 2021 버전으로 설정되어 있으니 유의하시기 바랍니다.

◎ 시험을 완료한 수험자는 답안파일이 전송되었는지 확인한 후 감독위원의 지시에 따라 문제지를 제출하고 퇴실합니다.

답안 작성요령

◎ 온라인 답안 작성 절차

수험자 등록 ⇒ 시험 시작 ⇒ 답안파일 저장 ⇒ 답안 전송 ⇒ 시험 종료

◎ 문제는 총 4단계, 즉 제1작업부터 제4작업까지 구성되어 있으며 반드시 제1작업부터 순서대로 작성하고 조건대로 작업하시오.

◎ 모든 작업시트의 A열은 열 너비 '1'로, 나머지 열은 적당하게 조절하시오.

◎ 모든 작업시트의 테두리(굵은선, 가는선 등)는 《출력형태》와 같이 작업하시오.

◎ 해당 작업란에서는 각각 제시된 조건에 따라 《출력형태》와 같이 작업하시오.

◎ 답안 시트 이름은 "제1작업", "제2작업", "제3작업", "제4작업"이어야 하며 답안 시트 이외의 것은 감점 처리됩니다.

◎ 각 시트를 파일로 나누어 작업해서 저장할 경우 실격 처리됩니다.

<table>
<tr><td>제1작업</td><td>표 서식 작성 및 값 계산</td><td>(240점)</td></tr>
</table>

☞ 다음은 '마린몰 코딩교구 판매 현황'에 대한 자료이다. 자료를 입력하고 조건에 맞도록 작업하시오.

《출력형태》

상품코드	상품명	분류	브랜드	판매금액	판매수량 (단위:개)	적립률	판매 순위	배송기간
G-1423	불꽃 감지	센서	어썸봇	6,800	3,456	10%	(1)	(2)
U-2131	마이크로비트	보드	RJ테크	22,000	1,123	15%	(1)	(2)
S-1323	사운드 감지	센서	어썸봇	1,200	2,450	5%	(1)	(2)
B-3181	스위치	모듈	마린코딩	4,800	688	10%	(1)	(2)
T-2431	디지털 온도	센서	RJ테크	2,500	650	8%	(1)	(2)
A-1422	어썸보드	보드	어썸봇	12,800	1,082	10%	(1)	(2)
J-3243	듀얼 LED	모듈	마린코딩	3,500	967	8%	(1)	(2)
M-2412	적외선 송수신	센서	RJ테크	15,500	2,549	10%	(1)	(2)
센서 판매수량(단위:개) 합계			(3)		최대 판매금액			(5)
보드 상품의 개수			(4)		상품명	불꽃 감지	판매금액	(6)

결재: 담당 / 대리 / 팀장

《조건》

○ 모든 데이터의 서식에는 글꼴(굴림, 11pt), 정렬은 숫자 및 회계 서식은 오른쪽 정렬, 나머지 서식은 가운데 정렬로 작성하며 예외적인 것은《출력형태》를 참조하시오.

○ 제 목 ⇒ 도형(평행 사변형)과 그림자(오프셋 오른쪽)를 이용하여 작성하고 "마린몰 코딩교구 판매 현황"을 입력한 후 다음 서식을 적용하시오
  (글꼴-굴림, 24pt, 검정, 굵게, 채우기-노랑).

○ 임의의 셀에 결재란을 작성하여 그림으로 복사 기능을 이용하여 붙이기 하시오(단, 원본 삭제).

○「B4:J4, G14, I14」영역은 '주황'으로 채우기 하시오.

○ 유효성 검사를 이용하여「H14」셀에 상품명(「C5:C12」영역)이 선택 표시되도록 하시오.

○ 셀 서식 ⇒「F5:F12」영역에 셀 서식을 이용하여 숫자 뒤에 '원'을 표시하시오(예 : 6,800원).

○「F5:F12」영역에 대해 '판매금액'으로 이름정의를 하시오.

☞ (1)~(6) 셀은 반드시 **주어진 함수를 이용**하여 값을 구하시오(결과값을 직접 입력하면 해당 셀은 0점 처리됨).

(1) 판매 순위 ⇒ 판매수량(단위:개)의 내림차순 순위를 1~3까지 구하고, 그 외에는 공백으로 표시하시오(IF, RANK.EQ 함수).

(2) 배송기간 ⇒ 상품코드의 마지막 글자가 1이면 '1일 이내', 2이면 '2일 이내', 3이면 '3일 이상'으로 표시하시오(CHOOSE, RIGHT 함수).

(3) 센서 판매수량(단위:개) 합계 ⇒ 단, 조건은 입력데이터를 이용하시오(DSUM 함수).

(4) 보드 상품의 개수 ⇒ 구한 결과값에 '개'를 붙이시오(COUNTIF 함수, & 연산자)(예 : 1개).

(5) 최대 판매금액 ⇒ 정의된 이름(판매금액)을 이용하여 구하시오(LARGE 함수).

(6) 판매금액 ⇒「H14」셀에서 선택한 상품명에 대한 판매금액을 구하시오(VLOOKUP 함수).

(7) 조건부 서식의 수식을 이용하여 판매수량(단위:개)이 '1,000' 이하인 행 전체에 다음의 서식을 적용하시오
  (글꼴 : 녹색, 굵게).

☞ **"제1작업"** 시트의 「**B4:H12**」 영역을 복사하여 **"제2작업"** 시트의 「**B2**」 셀부터 모두 붙여넣기를 한 후 다음의 조건과 같이 작업하시오.

《조건》

(1) 목표값 찾기 – 「B11:G11」 셀을 병합하여 "어썸봇 브랜드의 판매수량(단위:개) 평균"을 입력한 후 「H11」 셀에 어썸봇 브랜드의 판매수량(단위:개) 평균을 구하시오. 단, 조건은 입력데이터를 이용하시오(DAVERAGE 함수, 테두리).

     – '어썸봇 브랜드의 판매수량(단위:개) 평균'이 '2,400'이 되려면 어썸보드의 판매수량(단위:개)이 얼마가 되어야 하는지 목표값을 구하시오.

(2) 고급필터 – 분류가 '센서' 이면서, 판매수량(단위:개)이 '2,500' 이하인 자료의 데이터만 추출하시오.
     – 조건 범위 : 「B14」 셀부터 입력하시오.
     – 복사 위치 : 「B18」 셀부터 나타나도록 하시오.

☞ **"제1작업"** 시트의 「**B4:H12**」 영역을 복사하여 **"제3작업"** 시트의 「**B2**」 셀부터 모두 붙여넣기를 한 후 다음의 조건과 같이 작업하시오.

《조건》

(1) 부분합 – 《출력형태》처럼 정렬하고, 상품명의 개수와 판매수량(단위:개)의 최대값을 구하시오.
(2) 개요 – 지우시오.
(3) 나머지 사항은 《출력형태》에 맞게 작성하시오.

《출력형태》

	A	B	C	D	E	F	G	H
1								
2		상품코드	상품명	분류	브랜드	판매금액	판매수량 (단위:개)	적립률
3		G-1423	불꽃 감지	센서	어썸봇	6,800원	3,456	10%
4		S-1323	사운드 감지	센서	어썸봇	1,200원	2,450	5%
5		T-2431	디지털 온도	센서	RJ테크	2,500원	650	8%
6		M-2412	적외선 송수신	센서	RJ테크	15,500원	2,549	10%
7				센서 최대			3,456	
8			4	센서 개수				
9		U-2131	마이크로비트	보드	RJ테크	22,000원	1,123	15%
10		A-1422	어썸보드	보드	어썸봇	12,800원	1,082	10%
11				보드 최대			1,123	
12			2	보드 개수				
13		B-3181	스위치	모듈	마린코딩	4,800원	688	10%
14		J-3243	듀얼 LED	모듈	마린코딩	3,500원	967	8%
15				모듈 최대			967	
16			2	모듈 개수				
17				전체 최대값			3,456	
18			8	전체 개수				

☞ **"제1작업"** 시트를 이용하여 조건에 따라 《출력형태》와 같이 작업하시오.

《조건》

(1) 차트 종류 ⇒ <묶은 세로 막대형>으로 작업하시오.

(2) 데이터 범위 ⇒ "제1작업" 시트의 내용을 이용하여 작업하시오.

(3) 위치 ⇒ "새 시트"로 이동하고, "제4작업"으로 시트 이름을 바꾸시오.

(4) 차트 디자인 도구 ⇒ 레이아웃 3, 스타일 1을 선택하여 《출력형태》에 맞게 작업하시오.

(5) 영역 서식 ⇒ 차트 : 글꼴(굴림, 11pt), 채우기 효과(질감-꽃다발)

　　　　　　　　　　그림 : 채우기(흰색, 배경 1)

(6) 제목 서식 ⇒ 차트 제목 : 글꼴(굴림, 굵게, 20pt), 채우기(흰색, 배경 1), 테두리

(7) 서식 ⇒ 판매금액 계열의 차트 종류를 <표식이 있는 꺾은선형>으로 변경한 후 보조 축으로 지정하시오.

　　　　계열 : 《출력형태》를 참조하여 표식(세모, 크기 10)과 레이블 값을 표시하시오.

　　　　눈금선 : 선 스타일-파선

　　　　축 : 《출력형태》를 참조하시오.

(8) 범례 ⇒ 범례명을 변경하고 《출력형태》를 참조하시오.

(9) 도형 ⇒ '생각 풍선: 구름 모양 설명선'을 삽입한 후 《출력형태》와 같이 내용을 입력하시오.

(10) 나머지 사항은 《출력형태》에 맞게 작성하시오.

《출력형태》

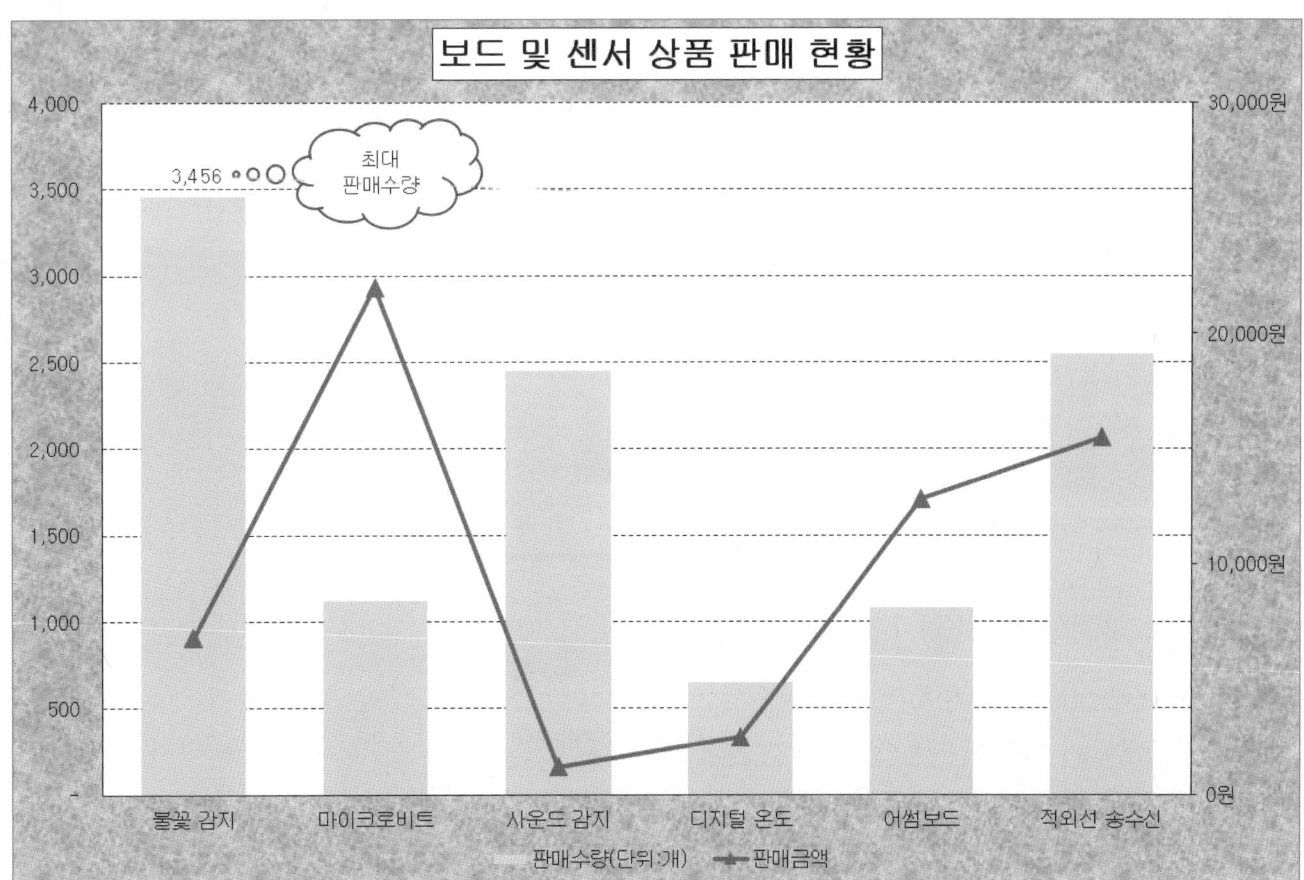

주의 ☞ 시트명 순서가 차례대로 "제1작업", "제2작업", "제3작업", "제4작업"이 되도록 할 것.

PART 3

최신 기출문제

최신기출문제를 통해 시험을 완벽하게
대비할 수 있습니다.

제 01회 | 최신 기출문제

제 02회 | 최신 기출문제

제 03회 | 최신 기출문제

제 04회 | 최신 기출문제

제 05회 | 최신 기출문제

정보기술자격(ITQ) 최신기출문제

과 목	코 드	문제유형	시험시간	수험번호	성 명
한글엑셀	1122	A	60분		

수험자 유의사항

◎ 수험자는 문제지를 받는 즉시 문제지와 **수험표상의 시험과목(프로그램)이 동일한지 반드시 확인**하여야 합니다.

◎ 파일명은 본인의 "수험번호−성명"으로 입력하여 답안폴더(내 PC\문서\ITQ)에 하나의 파일로 저장해야 하며, 답안문서 파일명이 "수험번호−성명"과 일치하지 않거나, 답안파일을 전송하지 않아 미제출로 처리될 경우 실격 처리합니다 (예:12345678−홍길동.xlsx).

◎ 답안 작성을 마치면 파일을 저장하고, '답안 전송' 버튼을 선택하여 감독위원 PC로 답안을 전송하십시오. 수험생 정보와 저장한 파일명이 다를 경우 전송되지 않으므로 주의하시기 바랍니다.

◎ 답안 작성 중에도 **주기적으로 저장하고, '답안 전송'**하여야 문제 발생을 줄일 수 있습니다. 작업한 내용을 저장하지 않고 전송할 경우 이전에 저장된 내용이 전송되오니 이점 유의하시기 바랍니다.

◎ 답안문서는 지정된 경로 외의 다른 보조기억장치에 저장하는 경우, 지정된 시험 시간 외에 작성된 파일을 활용할 경우, 기타 통신수단(이메일, 메신저, 네트워크 등)을 이용하여 타인에게 전달 또는 외부 반출하는 경우는 부정 처리합니다.

◎ 시험 중 부주의 또는 고의로 시스템을 파손한 경우는 수험자가 변상해야 하며, <수험자 유의사항>에 기재된 방법대로 이행하지 않아 생기는 불이익은 수험생 당사자의 책임임을 알려 드립니다.

◎ 문제의 조건은 MS오피스 2021 버전으로 설정되어 있으니 유의하시기 바랍니다.

◎ 시험을 완료한 수험자는 답안파일이 전송되었는지 확인한 후 감독위원의 지시에 따라 문제지를 제출하고 퇴실합니다.

답안 작성요령

◎ 온라인 답안 작성 절차

   수험자 등록 ⇒ 시험 시작 ⇒ 답안파일 저장 ⇒ 답안 전송 ⇒ 시험 종료

◎ 문제는 총 4단계, 즉 제1작업부터 제4작업까지 구성되어 있으며 반드시 제1작업부터 순서대로 작성하고 조건대로 작업 하시오.

◎ 모든 작업시트의 A열은 열 너비 '1'로, 나머지 열은 적당하게 조절하시오.

◎ 모든 작업시트의 테두리(굵은선, 가는선 등)는 《출력형태》와 같이 작업하시오.

◎ 해당 작업란에서는 각각 제시된 조건에 따라 《출력형태》와 같이 작업하시오.

◎ 답안 시트 이름은 "제1작업", "제2작업", "제3작업", "제4작업"이어야 하며 답안 시트 이외의 것은 감점 처리됩니다.

◎ 각 시트를 파일로 나누어 작업해서 저장할 경우 실격 처리됩니다.

kpc 한국생산성본부

☞ 다음은 '**푸른중고나라 자동차 판매관리**'에 대한 자료이다. 자료를 입력하고 조건에 맞도록 작업하시오.

《출력형태》

관리코드	제조사	구분	차종	주행거리 (km)	연식	판매가	연료	판매가 순위
						결재	담당 / 대리 / 팀장	
S1-001	현대	승용차	아반떼X	13,226	2020년	5,150,000	(1)	(2)
R2-001	쌍용	레저	렉스턴20	32,545	2019년	4,500,000	(1)	(2)
S3-002	기아	승용차	뉴K5	16,298	2021년	4,350,000	(1)	(2)
S1-003	쌍용	승용차	체어맨W	33,579	2020년	6,150,000	(1)	(2)
R1-002	현대	레저	싼타페S	51,232	2018년	3,200,000	(1)	(2)
S2-004	기아	승용차	더모닝	25,337	2020년	2,050,000	(1)	(2)
R2-003	기아	레저	카니발21	12,593	2021년	6,750,000	(1)	(2)
S3-005	현대	승용차	소나타V	27,352	2019년	3,950,000	(1)	(2)
승용차 평균 주행거리(km)			(3)		최저 주행거리(km)			(5)
연식이 2020년인 차종수			(4)		관리코드	S1-001	판매가	(6)

《조건》

○ 모든 데이터의 서식에는 글꼴(굴림, 11pt), 정렬은 숫자 및 회계 서식은 오른쪽 정렬, 나머지 서식은 가운데 정렬로 작성하며 예외적인 것은 《출력형태》를 참조하시오.

○ 제 목 ⇒ 도형(배지)과 그림자(오프셋 오른쪽)를 이용하여 작성하고 "푸른중고나라 자동차 판매관리"를 입력한 후 다음 서식을 적용하시오

　　　　(글꼴-굴림, 24pt, 검정, 굵게, 채우기-노랑).

○ 임의의 셀에 결재란을 작성하여 그림으로 복사 기능을 이용하여 붙이기 하시오(단, 원본 삭제).

○ 「B4:J4, G14, I14」 영역은 '주황'으로 채우기 하시오.

○ 유효성 검사를 이용하여 「H14」 셀에 관리코드(「B5:B12」 영역)가 선택 표시되도록 하시오.

○ 셀 서식 ⇒ 「H5:H12」 영역에 셀 서식을 이용하여 숫자 뒤에 '원'을 표시하시오(예 : 5,150,000원).

○ 「G5:G12」 영역에 대해 '연식'으로 이름정의를 하시오.

☞ (1)~(6) 셀은 반드시 **주어진 함수를 이용**하여 값을 구하시오(결과값을 직접 입력하면 해당 셀은 0점 처리됨).

(1) 연료 ⇒ 관리코드의 두 번째 글자가 1이면 '가솔린', 2이면 '디젤', 3이면 '하이브리드'로 구하시오(CHOOSE, MID 함수).

(2) 판매가 순위 ⇒ 판매가의 내림차순 순위를 구한 결과값에 '위'를 붙이시오(RANK.EQ 함수, & 연산자)(예 : 1위).

(3) 승용차 평균 주행거리(km) ⇒ 조건은 입력 데이터를 이용하고, 반올림하여 십 단위까지 구하시오

　　　　(ROUND, DAVERAGE 함수)(예 : 35,168 → 35,170).

(4) 연식이 2020년인 차종수 ⇒ 정의된 이름(연식)을 이용하여 구하시오(COUNTIF 함수).

(5) 최저 주행거리(km) ⇒ (MIN 함수)

(6) 판매가 ⇒ 「H14」 셀에서 선택한 관리코드에 대한 판매가를 구하시오(VLOOKUP 함수).

(7) 조건부 서식의 수식을 이용하여 판매가가 '5,000,000' 이상인 행 전체에 다음의 서식을 적용하시오(글꼴 : 파랑, 굵게).

☞ **"제1작업"** 시트의 「B4:H12」 영역을 복사하여 **"제2작업"** 시트의 「B2」 셀부터 모두 붙여넣기를 한 후 다음의 조건과 같이 작업하시오.

《조건》

(1) 목표값 찾기 – 「B11:G11」 셀을 병합하여 "판매가 전체 평균"을 입력한 후 「H11」 셀에 판매가 전체 평균을 구하시오 (AVERAGE 함수, 테두리).

　　　　 – '판매가 전체 평균'이 '4,600,000'이 되려면 아반떼X의 판매가가 얼마가 되어야 하는지 목표값을 구하시오.

(2) 고급필터 – 제조사가 '쌍용'이거나, 주행거리(km)가 '50,000' 이상인 자료의 관리코드, 차종, 주행거리(km), 판매가 데이터만 추출하시오.

　　　　 – 조건 범위 : 「B14」 셀부터 입력하시오.

　　　　 – 복사 위치 : 「B18」 셀부터 나타나도록 하시오.

☞ **"제1작업"** 시트의 「B4:H12」 영역을 복사하여 **"제3작업"** 시트의 「B2」 셀부터 모두 붙여넣기를 한 후 다음의 조건과 같이 작업하시오.

《조건》

(1) 부분합 –《출력형태》처럼 정렬하고, 차종의 개수와 판매가의 평균을 구하시오.

(2) 개요 – 지우시오.

(3) 나머지 사항은《출력형태》에 맞게 작성하시오.

《출력형태》

A	B	C	D	E	F	G	H
1							
2	관리코드	제조사	구분	차종	주행거리(km)	연식	판매가
3	S1-001	현대	승용차	아반떼X	13,226	2020년	5,150,000원
4	R1-002	현대	레저	싼타페S	51,232	2018년	3,200,000원
5	S3-005	현대	승용차	소나타V	27,352	2019년	3,950,000원
6		현대 평균					4,100,000원
7		현대 개수		3			
8	R2-001	쌍용	레저	렉스턴20	32,545	2019년	4,500,000원
9	S1-003	쌍용	승용차	체어맨W	33,579	2020년	6,150,000원
10		쌍용 평균					5,325,000원
11		쌍용 개수		2			
12	S3-002	기아	승용차	뉴K5	16,298	2021년	4,350,000원
13	S2-004	기아	승용차	더모닝	25,337	2020년	2,050,000원
14	R2-003	기아	레저	카니발21	12,593	2021년	6,750,000원
15		기아 평균					4,383,333원
16		기아 개수		3			
17		전체 평균					4,512,500원
18		전체 개수		8			

☞ **"제1작업"** 시트를 이용하여 조건에 따라 《출력형태》와 같이 작업하시오.

《조건》

(1) 차트 종류 ⇒ <묶은 세로 막대형>으로 작업하시오.

(2) 데이터 범위 ⇒ "제1작업" 시트의 내용을 이용하여 작업하시오.

(3) 위치 ⇒ "새 시트"로 이동하고, "제4작업"으로 시트 이름을 바꾸시오.

(4) 차트 디자인 도구 ⇒ 레이아웃 3, 스타일 1을 선택하여 《출력형태》에 맞게 작업하시오.

(5) 영역 서식 ⇒ 차트 : 글꼴(굴림, 11pt), 채우기 효과(질감-분홍 박엽지)

　　　　　　　 그림 : 채우기(흰색, 배경 1)

(6) 제목 서식 ⇒ 차트 제목 : 글꼴(굴림, 굵게, 20pt), 채우기(흰색, 배경 1), 테두리

(7) 서식 ⇒ 판매가 계열의 차트 종류를 <표식이 있는 꺾은선형>으로 변경한 후 보조 축으로 지정하시오.

　　　　 계열 : 《출력형태》를 참조하여 표식(마름모, 크기 10)과 레이블 값을 표시하시오.

　　　　 눈금선 : 선 스타일-파선

　　　　 축 : 《출력형태》를 참조하시오.

(8) 범례 ⇒ 범례명을 변경하고 《출력형태》를 참조하시오.

(9) 도형 ⇒ '말풍선: 모서리가 둥근 사각형 설명선'을 삽입한 후 《출력형태》와 같이 내용을 입력하시오.

(10) 나머지 사항은 《출력형태》에 맞게 작성하시오.

《출력형태》

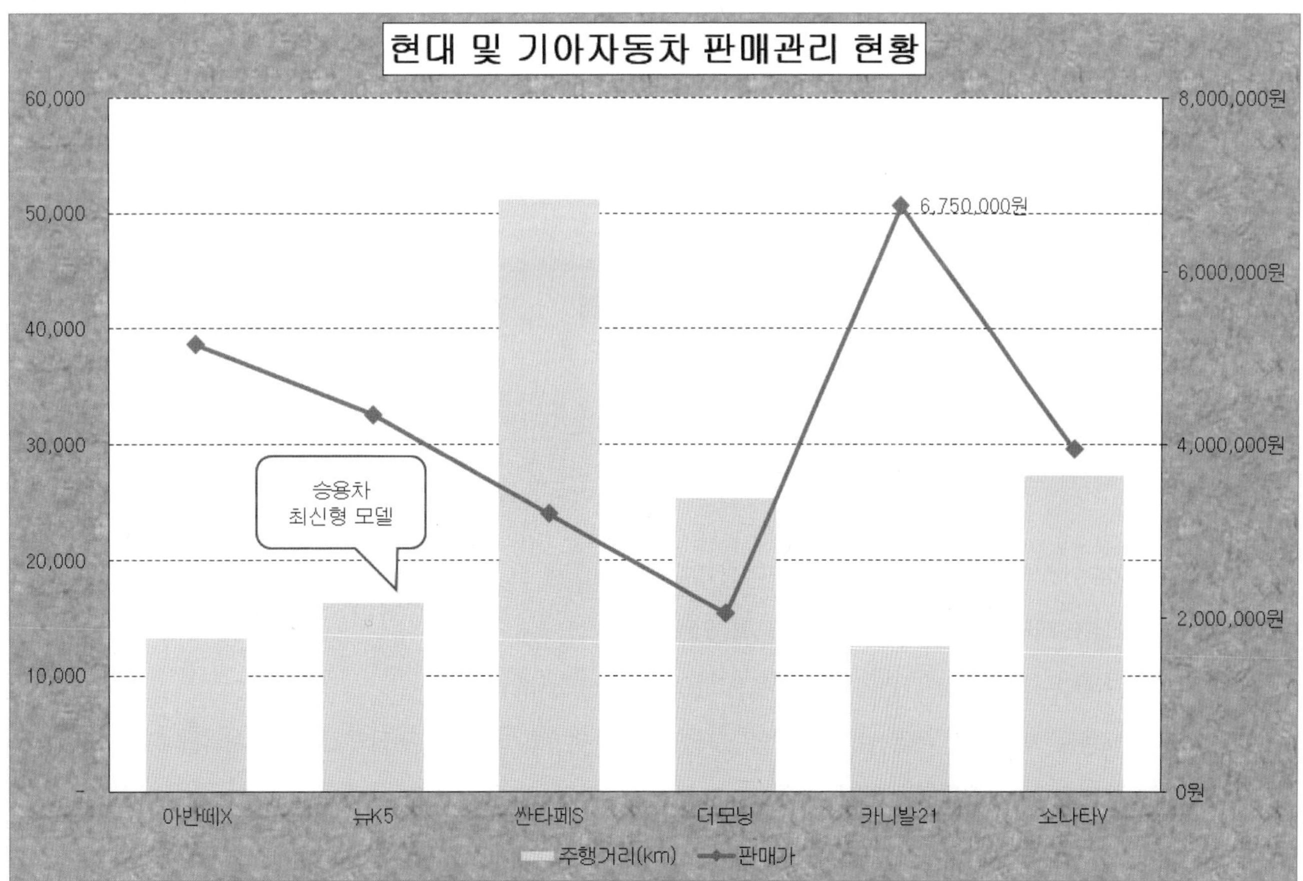

주의 ☞ 시트명 순서가 차례대로 "제1작업", "제2작업", "제3작업", "제4작업"이 되도록 할 것.

정보기술자격(ITQ) 최신기출문제

과 목	코 드	문제유형	시험시간	수험번호	성 명
한글엑셀	1122	A	60분		

수험자 유의사항

◎ 수험자는 문제지를 받는 즉시 문제지와 **수험표상의 시험과목(프로그램)이 동일한지 반드시 확인**하여야 합니다.

◎ 파일명은 본인의 "수험번호-성명"으로 입력하여 답안폴더(내 PC₩문서₩ITQ)에 하나의 파일로 저장해야 하며, 답안문서 파일명이 "수험번호-성명"과 일치하지 않거나, 답안파일을 전송하지 않아 미제출로 처리될 경우 실격 처리합니다 (예:12345678-홍길동.xlsx).

◎ 답안 작성을 마치면 파일을 저장하고, '답안 전송' 버튼을 선택하여 감독위원 PC로 답안을 전송하십시오. 수험생 정보와 저장한 파일명이 다를 경우 전송되지 않으므로 주의하시기 바랍니다.

◎ 답안 작성 중에도 **주기적으로 저장하고, '답안 전송'**하여야 문제 발생을 줄일 수 있습니다. 작업한 내용을 저장하지 않고 전송할 경우 이전에 저장된 내용이 전송되오니 이점 유의하시기 바랍니다.

◎ 답안문서는 지정된 경로 외의 다른 보조기억장치에 저장하는 경우, 지정된 시험 시간 외에 작성된 파일을 활용할 경우, 기타 통신수단(이메일, 메신저, 네트워크 등)을 이용하여 타인에게 전달 또는 외부 반출하는 경우는 부정 처리합니다.

◎ 시험 중 부주의 또는 고의로 시스템을 파손한 경우는 수험자가 변상해야 하며, <수험자 유의사항>에 기재된 방법대로 이행하지 않아 생기는 불이익은 수험생 당사자의 책임임을 알려 드립니다.

◎ 문제의 조건은 MS오피스 2021 버전으로 설정되어 있으니 유의하시기 바랍니다.

◎ 시험을 완료한 수험자는 답안파일이 전송되었는지 확인한 후 감독위원의 지시에 따라 문제지를 제출하고 퇴실합니다.

답안 작성요령

◎ 온라인 답안 작성 절차

　　수험자 등록 ⇒ 시험 시작 ⇒ 답안파일 저장 ⇒ 답안 전송 ⇒ 시험 종료

◎ 문제는 총 4단계, 즉 제1작업부터 제4작업까지 구성되어 있으며 반드시 제1작업부터 순서대로 작성하고 조건대로 작업하시오.

◎ 모든 작업시트의 A열은 열 너비 '1'로, 나머지 열은 적당하게 조절하시오.

◎ 모든 작업시트의 테두리(굵은선, 가는선 등)는 《출력형태》와 같이 작업하시오.

◎ 해당 작업란에서는 각각 제시된 조건에 따라 《출력형태》와 같이 작업하시오.

◎ 답안 시트 이름은 "제1작업", "제2작업", "제3작업", "제4작업"이어야 하며 답안 시트 이외의 것은 감점 처리됩니다.

◎ 각 시트를 파일로 나누어 작업해서 저장할 경우 실격 처리됩니다.

☞ 다음은 '밀키트 베스트 판매 현황'에 대한 자료이다. 자료를 입력하고 조건에 맞도록 작업하시오.

《출력형태》

	코드	제품명	분류	판매수량	출시일	가격 (단위:원)	전월대비 성장률(%)	제조공장	순위
							밀키트 베스트 판매 현황		
5	K3237	시래기된장밥	채식	90,680	2020-10-25	12,400	15.7	(1)	(2)
6	E2891	구운폴렌타	글루텐프리	7,366	2021-10-31	12,000	152.0	(1)	(2)
7	E1237	감바스피칸테	저탄수화물	78,000	2020-12-01	19,000	55.0	(1)	(2)
8	C2912	공심채볶음	채식	6,749	2021-07-08	6,900	25.0	(1)	(2)
9	J1028	관서식스키야키	저탄수화물	5,086	2021-05-10	25,000	25.0	(1)	(2)
10	E3019	비건버섯라자냐	글루텐프리	5,009	2021-10-05	15,000	102.5	(1)	(2)
11	K1456	춘천식닭갈비	저탄수화물	94,650	2020-07-08	13,000	10.0	(1)	(2)
12	K2234	산채나물비빔	채식	5,010	2021-01-05	8,600	30.5	(1)	(2)
13	채식 제품 수			(3)		최대 판매수량			(5)
14	저탄수화물 전월대비 성장률(%) 평균			(4)		코드	K3237	판매수량	(6)

확인: MD / 팀장 / 본부장

《조건》

○ 모든 데이터의 서식에는 글꼴(굴림, 11pt), 정렬은 숫자 및 회계 서식은 오른쪽 정렬, 나머지 서식은 가운데 정렬로 작성하며 예외적인 것은 《출력형태》를 참조하시오.

○ 제 목 ⇒ 도형(순서도 화면 표시)과 그림자(오프셋 오른쪽)를 이용하여 작성하고 "밀키트 베스트 판매 현황"을 입력한 후 다음 서식을 적용하시오

    (글꼴-굴림, 24pt, 검정, 굵게, 채우기-노랑).

○ 임의의 셀에 결재란을 작성하여 그림으로 복사 기능을 이용하여 붙이기 하시오(단, 원본 삭제).

○ 「B4:J4, G14, I14」 영역은 '주황'으로 채우기 하시오.

○ 유효성 검사를 이용하여 「H14」 셀에 코드(「B5:B12」 영역)가 선택 표시되도록 하시오.

○ 셀 서식 ⇒ 「E5:E12」 영역에 셀 서식을 이용하여 숫자 뒤에 '박스'를 표시하시오(예 : 90,680박스).

○ 「D5:D12」 영역에 대해 '분류'로 이름정의를 하시오.

☞ (1)~(6) 셀은 반드시 **주어진 함수를 이용**하여 값을 구하시오(결과값을 직접 입력하면 해당 셀은 0점 처리됨).

(1) 제조공장 ⇒ 코드의 두 번째 글자가 1이면 '평택', 2이면 '정읍', 3이면 '진천'으로 표시하시오(CHOOSE, MID 함수).

(2) 순위 ⇒ 전월대비 성장률(%)의 내림차순 순위를 구하시오(RANK.EQ 함수).

(3) 채식 제품 수 ⇒ 결과값에 '개'를 붙이시오. 단, 조건은 입력데이터를 이용하시오(DCOUNTA 함수, & 연산자)(예 : 1개).

(4) 저탄수화물 전월대비 성장률(%) 평균 ⇒ 정의된 이름(분류)을 이용하여 구하시오(SUMIF, COUNTIF 함수).

(5) 최대 판매수량 ⇒ (MAX 함수)

(6) 판매수량 ⇒ 「H14」 셀에서 선택한 코드에 대한 판매수량을 구하시오(VLOOKUP 함수).

(7) 조건부 서식의 수식을 이용하여 판매수량이 '90,000' 이상인 행 전체에 다음의 서식을 적용하시오(글꼴 : 파랑, 굵게).

☞ **"제1작업"** 시트의 「B4:H12」 영역을 복사하여 **"제2작업"** 시트의 「B2」 셀부터 모두 붙여넣기를 한 후 다음의 조건과 같이 작업하시오.

《조건》

(1) 고급 필터 – 코드가 'K'로 시작하거나, 판매수량이 '10,000' 이상인 자료의 코드, 제품명, 가격(단위:원), 전월대비 성장률(%) 데이터만 추출하시오.
- 조건 범위 : 「B14」 셀부터 입력하시오.
- 복사 위치 : 「B18」 셀부터 나타나도록 하시오.

(2) 표 서식 – 고급필터의 결과셀을 채우기 없음으로 설정한 후 '파랑, 표 스타일 보통 6'의 서식을 적용하시오.
- 머리글 행, 줄무늬 행을 적용하시오.

☞ **"제1작업"** 시트를 이용하여 **"제3작업"** 시트에 조건에 따라 《출력형태》와 같이 작업하시오.

《조건》

(1) 가격(단위:원) 및 분류별 제품명의 개수와 전월대비 성장률(%)의 평균을 구하시오.
(2) 가격(단위:원)을 그룹화하고, 분류를 《출력형태》와 같이 정렬하시오.
(3) 레이블이 있는 셀 병합 및 가운데 맞춤 적용 및 빈 셀은 '**'로 표시하시오.
(4) 행의 총합계는 지우고, 나머지 사항은 《출력형태》에 맞게 작성하시오.

《출력형태》

가격(단위:원)	채식 개수 : 제품명	채식 평균 : 전월대비 성장률(%)	저탄수화물 개수 : 제품명	저탄수화물 평균 : 전월대비 성장률(%)	글루텐프리 개수 : 제품명	글루텐프리 평균 : 전월대비 성장률(%)
1-10000	2	28	**	**	**	**
10001-20000	1	16	2	33	2	127
20001-30000	**	**	1	25	**	**
총합계	3	24	3	30	2	127

☞ **"제1작업"** 시트를 이용하여 조건에 따라 《출력형태》와 같이 작업하시오.

《조건》

(1) 차트 종류 ⇒ <묶은 세로 막대형>으로 작업하시오.

(2) 데이터 범위 ⇒ "제1작업" 시트의 내용을 이용하여 작업하시오.

(3) 위치 ⇒ "새 시트"로 이동하고, "제4작업"으로 시트 이름을 바꾸시오.

(4) 차트 디자인 도구 ⇒ 레이아웃 3, 스타일 1을 선택하여 《출력형태》에 맞게 작업하시오.

(5) 영역 서식 ⇒ 차트 : 글꼴(굴림, 11pt), 채우기 효과(질감–분홍 박엽지)

                 그림 : 채우기(흰색, 배경 1)

(6) 제목 서식 ⇒ 차트 제목 : 글꼴(굴림, 굵게, 20pt), 채우기(흰색, 배경 1), 테두리

(7) 서식 ⇒ 판매수량 계열의 차트 종류를 <표식이 있는 꺾은선형>으로 변경한 후 보조 축으로 지정하시오.

         계열 : 《출력형태》를 참조하여 표식(세모, 크기 10)과 레이블 값을 표시하시오.

         눈금선 : 선 스타일–파선

         축 : 《출력형태》를 참조하시오.

(8) 범례 ⇒ 범례명을 변경하고 《출력형태》를 참조하시오.

(9) 도형 ⇒ '말풍선: 모서리가 둥근 사각형 설명선'을 삽입한 후 《출력형태》와 같이 내용을 입력하시오.

(10) 나머지 사항은 《출력형태》에 맞게 작성하시오.

《출력형태》

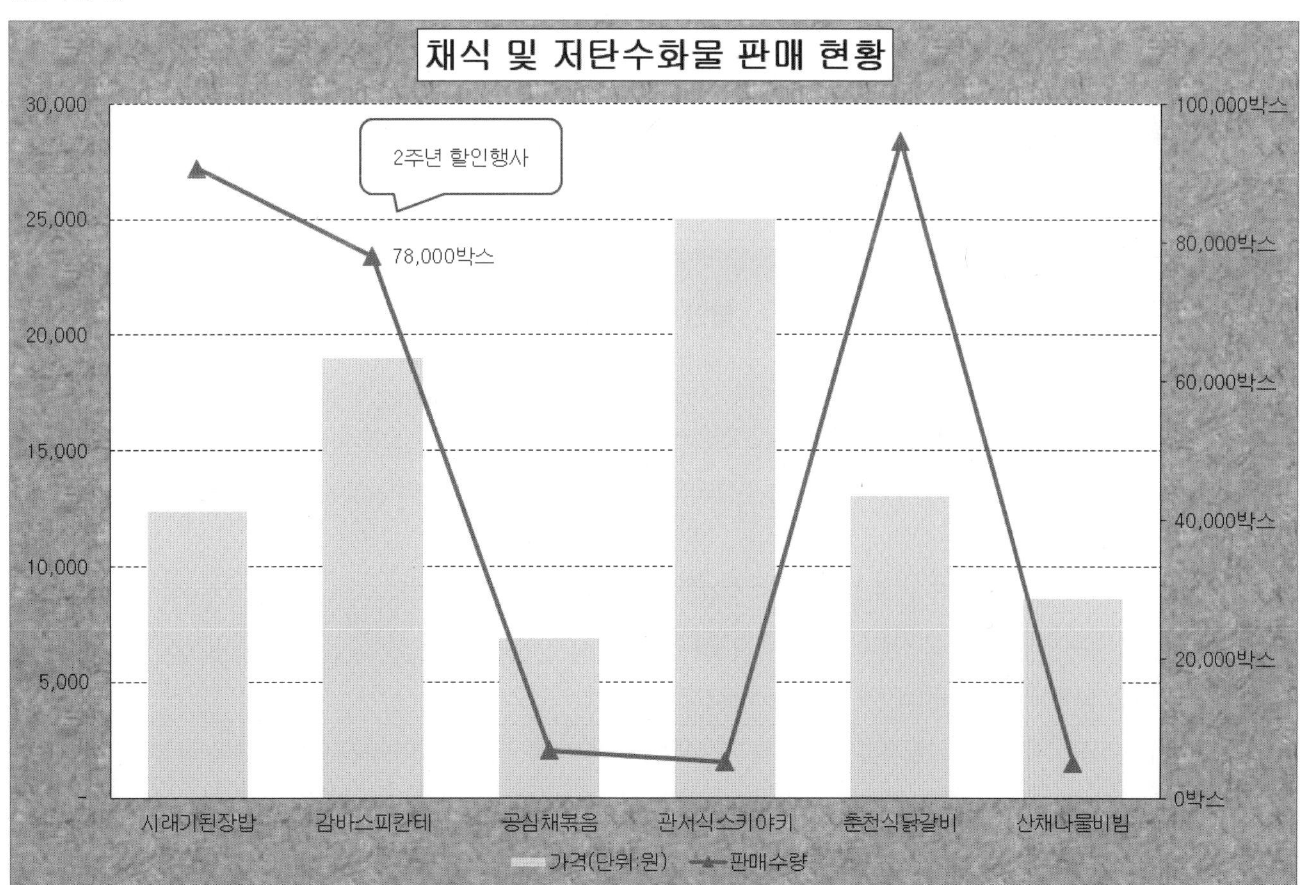

주의 ☞ 시트명 순서가 차례대로 "제1작업", "제2작업", "제3작업", "제4작업"이 되도록 할 것.

정보기술자격(ITQ) 최신기출문제

과　목	코　드	문제유형	시험시간	수험번호	성　명
한글엑셀	1122	A	60분		

수험자 유의사항

◎ 수험자는 문제지를 받는 즉시 문제지와 **수험표상의 시험과목(프로그램)이 동일한지 반드시 확인**하여야 합니다.

◎ 파일명은 본인의 "수험번호-성명"으로 입력하여 답안폴더(내 PC₩문서₩ITQ)에 하나의 파일로 저장해야 하며, 답안문서 파일명이 "수험번호-성명"과 일치하지 않거나, 답안파일을 전송하지 않아 미제출로 처리될 경우 실격 처리합니다 (예:12345678-홍길동.xlsx).

◎ 답안 작성을 마치면 파일을 저장하고, '답안 전송' 버튼을 선택하여 감독위원 PC로 답안을 전송하십시오. 수험생 정보와 저장한 파일명이 다를 경우 전송되지 않으므로 주의하시기 바랍니다.

◎ 답안 작성 중에도 **주기적으로 저장하고, '답안 전송'**하여야 문제 발생을 줄일 수 있습니다. 작업한 내용을 저장하지 않고 전송할 경우 이전에 저장된 내용이 전송되오니 이점 유의하시기 바랍니다.

◎ 답안문서는 지정된 경로 외의 다른 보조기억장치에 저장하는 경우, 지정된 시험 시간 외에 작성된 파일을 활용할 경우, 기타 통신수단(이메일, 메신저, 네트워크 등)을 이용하여 타인에게 전달 또는 외부 반출하는 경우는 부정 처리합니다.

◎ 시험 중 부주의 또는 고의로 시스템을 파손한 경우는 수험자가 변상해야 하며, <수험자 유의사항>에 기재된 방법대로 이행하지 않아 생기는 불이익은 수험생 당사자의 책임임을 알려 드립니다.

◎ 문제의 조건은 MS오피스 2021 버전으로 설정되어 있으니 유의하시기 바랍니다.

◎ 시험을 완료한 수험자는 답안파일이 전송되었는지 확인한 후 감독위원의 지시에 따라 문제지를 제출하고 퇴실합니다.

답안 작성요령

◎ 온라인 답안 작성 절차

　수험자 등록 ⇒ 시험 시작 ⇒ 답안파일 저장 ⇒ 답안 전송 ⇒ 시험 종료

◎ 문제는 총 4단계, 즉 제1작업부터 제4작업까지 구성되어 있으며 반드시 제1작업부터 순서대로 작성하고 조건대로 작업하시오.

◎ 모든 작업시트의 A열은 열 너비 '1'로, 나머지 열은 적당하게 조절하시오.

◎ 모든 작업시트의 테두리(굵은선, 가는선 등)는《출력형태》와 같이 작업하시오.

◎ 해당 작업란에서는 각각 제시된 조건에 따라《출력형태》와 같이 작업하시오.

◎ 답안 시트 이름은 "제1작업", "제2작업", "제3작업", "제4작업"이어야 하며 답안 시트 이외의 것은 감점 처리됩니다.

◎ 각 시트를 파일로 나누어 작업해서 저장할 경우 실격 처리됩니다.

kpc 한국생산성본부

☞ 다음은 '인기 빔 프로젝터 판매 정보'에 대한 자료이다. 자료를 입력하고 조건에 맞도록 작업하시오.

《출력형태》

제품코드	제품명	해상도	부가기능	소비자가 (원)	무게	밝기 (안시루멘)	밝기 순위	배송방법
VS4-101	뷰소닉피제이	FHD	게임모드	679,150	2.5	3,800	(1)	(2)
LG2-002	시네빔오공케이	FHD	HDTV수신	575,990	1.0	600	(1)	(2)
SH1-102	샤오미엠프로	4K UHD	키스톤보정	234,970	2.3	220	(1)	(2)
PJ2-002	프로젝트매니아	FHD	내장스피커	385,900	0.3	700	(1)	(2)
LV1-054	레베타이포	HD	내장스피커	199,000	1.0	180	(1)	(2)
LG3-003	시네빔피에치	HD	키스톤보정	392,800	0.7	550	(1)	(2)
EP2-006	엡손이에치	FHD	게임모드	747,990	2.7	3,300	(1)	(2)
VQ4-001	벤큐더블유	4K UHD	게임모드	938,870	4.2	3,000	(1)	(2)
해상도 HD 제품의 소비자가(원) 평균			(3)			두 번째로 높은 소비자가(원)		(5)
게임모드 제품 중 최소 무게			(4)		제품코드	VS4-101	밝기 (안시루멘)	(6)

결재 / 담당 / 책임 / 팀장

《조건》

○ 모든 데이터의 서식에는 글꼴(굴림, 11pt), 정렬은 숫자 및 회계 서식은 오른쪽 정렬, 나머지 서식은 가운데 정렬로 작성하며 예외적인 것은 《출력형태》를 참조하시오.

○ 제 목 ⇒ 도형(사각형 잘린 위쪽 모서리)과 그림자(오프셋 오른쪽)를 이용하여 작성하고 "인기 빔 프로젝터 판매 정보"를 입력한 후 다음 서식을 적용하시오(글꼴-굴림, 24pt, 검정, 굵게, 채우기-노랑).

○ 임의의 셀에 결재란을 작성하여 그림으로 복사 기능을 이용하여 붙이기 하시오(단, 원본 삭제).

○ 「B4:J4, G14, I14」 영역은 '주황'으로 채우기 하시오.

○ 유효성 검사를 이용하여 「H14」 셀에 제품코드(「B5:B12」 영역)가 선택 표시되도록 하시오.

○ 셀 서식 ⇒ 「G5:G12」 영역에 셀 서식을 이용하여 숫자 뒤에 'kg'을 표시하시오(예 : 2.5kg).

○ 「D5:D12」 영역에 대해 '해상도'로 이름정의를 하시오.

☞ (1)~(6) 셀은 반드시 **주어진 함수를 이용**하여 값을 구하시오(결과값을 직접 입력하면 해당 셀은 0점 처리됨).

(1) 밝기 순위 ⇒ 밝기(안시루멘)의 내림차순 순위를 구한 결과에 '위'를 붙이시오(RANK.EQ 함수, & 연산자)(예 : 1위).

(2) 배송방법 ⇒ 제품코드의 세 번째 글자가 1이면 '해외배송', 2이면 '직배송', 그 외에는 '기타'로 구하시오(IF, MID 함수).

(3) 해상도 HD 제품의 소비자가(원) 평균 ⇒ 정의된 이름(해상도)를 이용하여 구하시오(SUMIF, COUNTIF 함수).

(4) 게임모드 제품 중 최소 무게 ⇒ 부가기능이 게임모드인 제품 중 최소 무게를 구하시오. 단, 조건은 입력 데이터를 이용하시오(DMIN 함수).

(5) 두 번째로 높은 소비자가(원) ⇒ (LARGE 함수)

(6) 밝기(안시루멘) ⇒ 「H14」 셀에서 선택한 제품코드에 대한 밝기(안시루멘)를 구하시오(VLOOKUP 함수).

(7) 조건부 서식의 수식을 이용하여 무게가 '1.0' 이하인 행 전체에 다음의 서식을 적용하시오(글꼴 : 파랑, 굵게).

☞ **"제1작업"** 시트의 「B4:H12」 영역을 복사하여 **"제2작업"** 시트의 「B2」 셀부터 모두 붙여넣기를 한 후 다음의 조건과 같이 작업하시오.

《조건》

(1) 목표값 찾기 – 「B11:G11」 셀을 병합하여 "해상도 FHD 제품의 무게 평균"을 입력한 후 「H11」 셀에 해상도 FHD 제품의 무게 평균을 구하시오. 단, 조건은 입력데이터를 이용하시오(DAVERAGE 함수, 테두리).
　　　　　　 – '해상도 FHD 제품의 무게 평균'이 '1.6'이 되려면 뷰소닉피제이의 무게가 얼마가 되어야 하는지 목표값을 구하시오.

(2) 고급필터 – 제품코드가 'L'로 시작하거나 소비자가(원)가 '300,000' 이하인 자료의 제품명, 해상도, 소비자가(원), 밝기(안시루멘) 데이터만 추출하시오.
　　　　　 – 조건 범위 : 「B14」 셀부터 입력하시오.
　　　　　 – 복사 위치 : 「B18」 셀부터 나타나도록 하시오.

☞ **"제1작업"** 시트의 「B4:H12」 영역을 복사하여 **"제3작업"** 시트의 「B2」 셀부터 모두 붙여넣기를 한 후 다음의 조건과 같이 작업하시오.

《조건》

(1) 부분합 – 《출력형태》처럼 정렬하고, 제품명의 개수와 소비자가(원)의 평균을 구하시오.
(2) 개요 – 지우시오.
(3) 나머지 사항은 《출력형태》에 맞게 작성하시오.

《출력형태》

A	B	C	D	E	F	G	H
1							
2	제품코드	제품명	해상도	부가기능	소비자가(원)	무게	밝기(안시루멘)
3	LV1-054	레베타이포	HD	내장스피커	199,000	1.0kg	180
4	LG3-003	시네빔피에치	HD	키스톤보정	392,800	0.7kg	550
5			HD 평균		295,900		
6		2	HD 개수				
7	VS4-101	뷰소닉피제이	FHD	게임모드	679,150	2.5kg	3,800
8	LG2-002	시네빔오공케이	FHD	HDTV수신	575,990	1.0kg	600
9	PJ2-002	프로젝트매니아	FHD	내장스피커	385,900	0.3kg	700
10	EP2-006	엡손이에치	FHD	게임모드	747,990	2.7kg	3,300
11			FHD 평균		597,258		
12		4	FHD 개수				
13	SH1-102	샤오미엠프로	4K UHD	키스톤보정	234,970	2.3kg	220
14	VQ4-001	벤큐더블유	4K UHD	게임모드	938,870	4.2kg	3,000
15			4K UHD 평균		586,920		
16		2	4K UHD 개수				
17			전체 평균		519,334		
18		8	전체 개수				

☞ **"제1작업"** 시트를 이용하여 조건에 따라 《출력형태》와 같이 작업하시오.

《조건》

(1) 차트 종류 ⇒ <묶은 세로 막대형>으로 작업하시오.

(2) 데이터 범위 ⇒ "제1작업" 시트의 내용을 이용하여 작업하시오.

(3) 위치 ⇒ "새 시트"로 이동하고, "제4작업"으로 시트 이름을 바꾸시오.

(4) 차트 디자인 도구 ⇒ 레이아웃 3, 스타일 1을 선택하여 《출력형태》에 맞게 작업하시오.

(5) 영역 서식 ⇒ 차트 : 글꼴(굴림, 11pt), 채우기 효과(질감-파랑 박엽지)

　　　　　　　　　 그림 : 채우기(흰색, 배경 1)

(6) 제목 서식 ⇒ 차트 제목 : 글꼴(굴림, 굵게, 20pt), 채우기(흰색, 배경 1), 테두리

(7) 서식 ⇒ 무게 계열의 차트 종류를 <표식이 있는 꺾은선형>으로 변경한 후 보조 축으로 지정하시오.

　　　　　 계열 : 《출력형태》를 참조하여 표식(세모, 크기 10)과 레이블 값을 표시하시오.

　　　　　 눈금선 : 선 스타일-파선

　　　　　 축 : 《출력형태》를 참조하시오.

(8) 범례 ⇒ 범례명을 변경하고 《출력형태》를 참조하시오.

(9) 도형 ⇒ '말풍선: 모서리가 둥근 사각형 설명선'을 삽입한 후 《출력형태》와 같이 내용을 입력하시오.

(10) 나머지 사항은 《출력형태》에 맞게 작성하시오.

《출력형태》

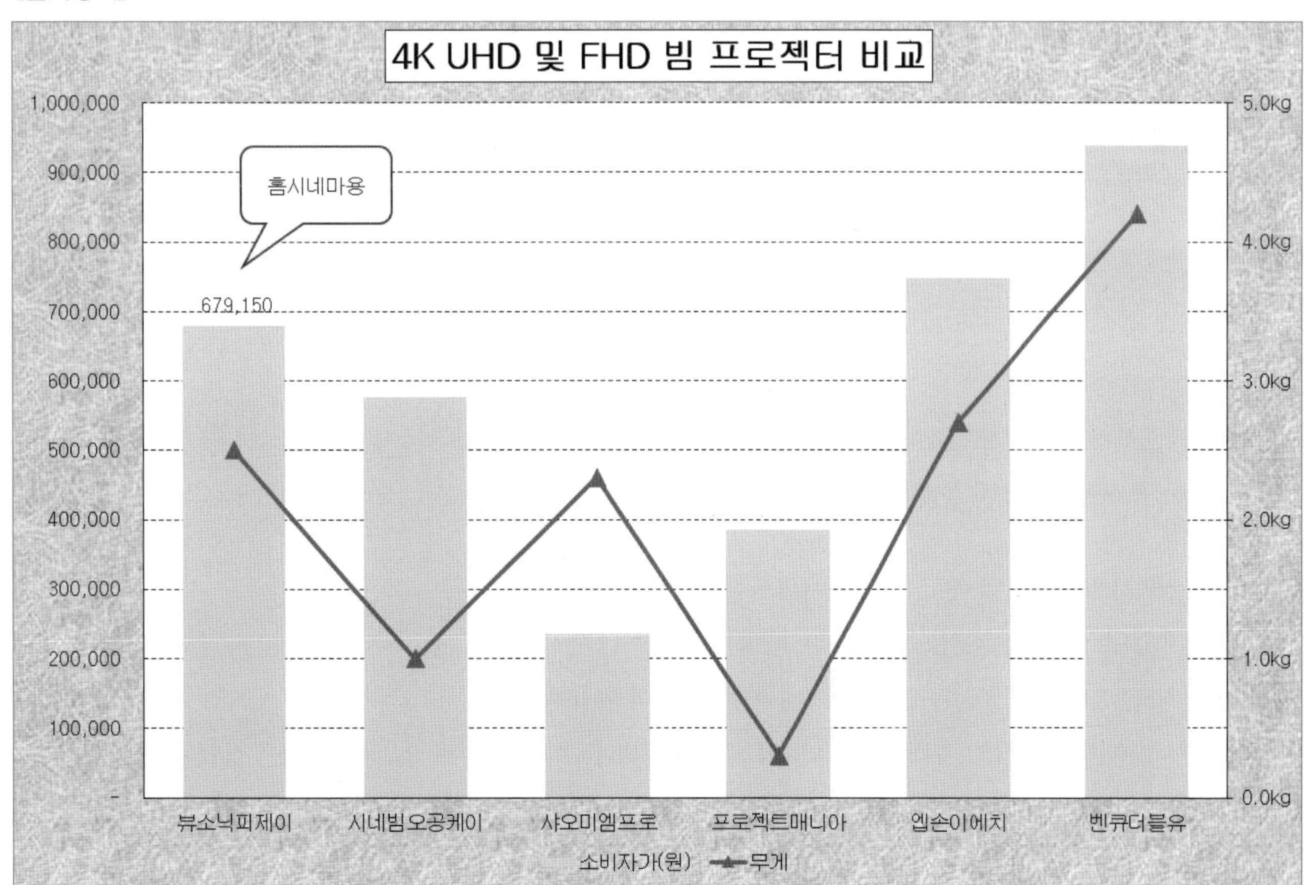

주의 ☞ 시트명 순서가 차례대로 "제1작업", "제2작업", "제3작업", "제4작업"이 되도록 할 것.

정보기술자격(ITQ) 최신기출문제

과 목	코 드	문제유형	시험시간	수험번호	성 명
한글엑셀	1122	A	60분		

수험자 유의사항

◎ 수험자는 문제지를 받는 즉시 문제지와 **수험표상의 시험과목(프로그램)이 동일한지 반드시 확인**하여야 합니다.

◎ 파일명은 본인의 "수험번호-성명"으로 입력하여 답안폴더(내 PC₩문서₩ITQ)에 하나의 파일로 저장해야 하며, 답안문서 파일명이 "수험번호-성명"과 일치하지 않거나, 답안파일을 전송하지 않아 미제출로 처리될 경우 실격 처리합니다 (예:12345678-홍길동.xlsx).

◎ 답안 작성을 마치면 파일을 저장하고, '답안 전송' 버튼을 선택하여 감독위원 PC로 답안을 전송하십시오. 수험생 정보와 저장한 파일명이 다를 경우 전송되지 않으므로 주의하시기 바랍니다.

◎ 답안 작성 중에도 **주기적으로 저장하고, '답안 전송'**하여야 문제 발생을 줄일 수 있습니다. 작업한 내용을 저장하지 않고 전송할 경우 이전에 저장된 내용이 전송되오니 이점 유의하시기 바랍니다.

◎ 답안문서는 지정된 경로 외의 다른 보조기억장치에 저장하는 경우, 지정된 시험 시간 외에 작성된 파일을 활용할 경우, 기타 통신수단(이메일, 메신저, 네트워크 등)을 이용하여 타인에게 전달 또는 외부 반출하는 경우는 부정 처리합니다.

◎ 시험 중 부주의 또는 고의로 시스템을 파손한 경우는 수험자가 변상해야 하며, <수험자 유의사항>에 기재된 방법대로 이행하지 않아 생기는 불이익은 수험생 당사자의 책임임을 알려 드립니다.

◎ 문제의 조건은 MS오피스 2021 버전으로 설정되어 있으니 유의하시기 바랍니다.

◎ 시험을 완료한 수험자는 답안파일이 전송되었는지 확인한 후 감독위원의 지시에 따라 문제지를 제출하고 퇴실합니다.

답안 작성요령

◎ 온라인 답안 작성 절차

　수험자 등록 ⇒ 시험 시작 ⇒ 답안파일 저장 ⇒ 답안 전송 ⇒ 시험 종료

◎ 문제는 총 4단계, 즉 제1작업부터 제4작업까지 구성되어 있으며 반드시 제1작업부터 순서대로 작성하고 조건대로 작업하시오.

◎ 모든 작업시트의 A열은 열 너비 '1'로, 나머지 열은 적당하게 조절하시오.

◎ 모든 작업시트의 테두리(굵은선, 가는선 등)는 《출력형태》와 같이 작업하시오.

◎ 해당 작업란에서는 각각 제시된 조건에 따라 《출력형태》와 같이 작업하시오.

◎ 답안 시트 이름은 "제1작업", "제2작업", "제3작업", "제4작업"이어야 하며 답안 시트 이외의 것은 감점 처리됩니다.

◎ 각 시트를 파일로 나누어 작업해서 저장할 경우 실격 처리됩니다.

kpc 한국생산성본부

☞ 다음은 '**우드크리닝 4월 작업 현황**'에 대한 자료이다. 자료를 입력하고 조건에 맞도록 작업하시오.

《출력형태》

관리번호	고객명	구분	작업	작업일	파견인원	비용 (단위:원)	지역	작업 요일
							담당 / 팀장 / 부장 (결재)	
H01-1	임동진	홈크리닝	입주청소	2022-04-11	3	450,000	(1)	(2)
F01-2	고인돌	사무실크리닝	인테리어청소	2022-04-27	2	520,000	(1)	(2)
S01-1	김나래	특수크리닝	전산실청소	2022-04-23	5	1,030,000	(1)	(2)
F02-1	이철수	사무실크리닝	계단청소	2022-04-14	4	330,000	(1)	(2)
H02-2	나영희	홈크리닝	에어컨청소	2022-04-19	1	150,000	(1)	(2)
H03-1	박달재	홈크리닝	줄눈시공	2022-04-09	3	240,000	(1)	(2)
S02-2	한우주	특수크리닝	건물외벽청소	2022-04-23	4	1,250,000	(1)	(2)
F03-1	최고봉	사무실크리닝	바닥왁스작업	2022-04-29	2	400,000	(1)	(2)
홈크리닝 비용(단위:원) 합계			(3)			가장 빠른 작업일		(5)
사무실크리닝 작업 개수			(4)		관리번호	H01-1	파견인원	(6)

《조건》

○ 모든 데이터의 서식에는 글꼴(굴림, 11pt), 정렬은 숫자 및 회계 서식은 오른쪽 정렬, 나머지 서식은 가운데 정렬로 작성하며 예외적인 것은 《출력형태》를 참조하시오.

○ 제 목 ⇒ 도형(십자형)과 그림자(오프셋 오른쪽)를 이용하여 작성하고 "우드크리닝 4월 작업 현황"을 입력한 후 다음 서식을 적용하시오

　　(글꼴-굴림, 24pt, 검정, 굵게, 채우기-노랑).

○ 임의의 셀에 결재란을 작성하여 그림으로 복사 기능을 이용하여 붙이기 하시오(단, 원본 삭제).

○「B4:J4, G14, I14」 영역은 '주황'으로 채우기 하시오.

○ 유효성 검사를 이용하여「H14」셀에 관리번호(「B5:B12」영역)가 선택 표시되도록 하시오.

○ 셀 서식 ⇒「G5:G12」영역에 셀 서식을 이용하여 숫자 뒤에 '명'을 표시하시오(예 : 3명).

○「F5:F12」영역에 대해 '작업일'로 이름정의를 하시오.

☞ (1)~(6) 셀은 반드시 **주어진 함수를 이용**하여 값을 구하시오(결과값을 직접 입력하면 해당 셀은 0점 처리됨).

(1) 지역 ⇒ 관리번호의 마지막 글자가 1이면 '서울', 그 외에는 '경기/인천'으로 표시하시오(IF, RIGHT 함수).

(2) 작업 요일 ⇒ 작업일의 요일을 구하시오(CHOOSE, WEEKDAY 함수)(예 : 월요일).

(3) 홈크리닝 비용(단위:원) 합계 ⇒ 조건은 입력데이터를 이용하시오(DSUM 함수).

(4) 사무실크리닝 작업 개수 ⇒ 결과값에 '개'를 붙이시오(COUNTIF 함수, & 연산자)(예 : 1개).

(5) 가장 빠른 작업일 ⇒ 정의된 이름(작업일)을 이용하여 구하시오(MIN 함수)(예 : 2022-04-01).

(6) 파견인원 ⇒「H14」셀에서 선택한 관리번호에 대한 파견인원을 구하시오(VLOOKUP 함수).

(7) 조건부 서식의 수식을 이용하여 비용(단위:원)이 '1,000,000' 이상인 행 전체에 다음의 서식을 적용하시오

　　(글꼴 : 파랑, 굵게).

☞ **"제1작업"** 시트의 「B4:H12」 영역을 복사하여 **"제2작업"** 시트의 「B2」 셀부터 모두 붙여넣기를 한 후 다음의 조건과 같이 작업하시오.

《조건》

(1) 고급 필터 – 구분이 '특수크리닝'이 아니면서 비용(단위:원)이 '400,000' 이상인 자료의 관리번호, 고객명, 작업, 작업일 데이터만 추출하시오.
　　　　　　– 조건 범위 : 「B14」 셀부터 입력하시오.
　　　　　　– 복사 위치 : 「B18」 셀부터 나타나도록 하시오.

(2) 표 서식 – 고급필터의 결과셀을 채우기 없음으로 설정한 후 '녹색, 표 스타일 보통 7'의 서식을 적용하시오.
　　　　　　– 머리글 행, 줄무늬 행을 적용하시오.

☞ **"제1작업"** 시트를 이용하여 **"제3작업"** 시트에 조건에 따라 《출력형태》와 같이 작업하시오.

《조건》

(1) 작업일 및 구분별 고객명의 개수와 비용(단위:원)의 평균을 구하시오.
(2) 작업일을 그룹화하고, 구분을 《출력형태》와 같이 정렬하시오.
(3) 레이블이 있는 셀 병합 및 가운데 맞춤 적용 및 빈 셀은 '***'로 표시하시오.
(4) 행의 총합계는 지우고, 나머지 사항은 《출력형태》에 맞게 작성하시오.

《출력형태》

A	B	C	D	E	F	G	H
		구분 ↓					
		홈크리닝		특수크리닝		사무실크리닝	
	작업일 ▼	개수 : 고객명	평균 : 비용(단위:원)	개수 : 고객명	평균 : 비용(단위:원)	개수 : 고객명	평균 : 비용(단위:원)
	2022-04-01 - 2022-04-10	1	240,000	***	***	***	***
	2022-04-11 - 2022-04-20	2	300,000	***	***	1	330,000
	2022-04-21 - 2022-04-30	***	***	2	1,140,000	2	460,000
	총합계	3	280,000	2	1,140,000	3	416,667

☞ "**제1작업**" 시트를 이용하여 조건에 따라 《출력형태》와 같이 작업하시오.

《조건》

(1) 차트 종류 ⇒ <묶은 세로 막대형>으로 작업하시오.

(2) 데이터 범위 ⇒ "제1작업" 시트의 내용을 이용하여 작업하시오.

(3) 위치 ⇒ "새 시트"로 이동하고, "제4작업"으로 시트 이름을 바꾸시오.

(4) 차트 디자인 도구 ⇒ 레이아웃 3, 스타일 1을 선택하여 《출력형태》에 맞게 작업하시오.

(5) 영역 서식 ⇒ 차트 : 글꼴(굴림, 11pt), 채우기 효과(질감-파랑 박엽지)

　　　　　　　그림 : 채우기(흰색, 배경 1)

(6) 제목 서식 ⇒ 차트 제목 : 글꼴(굴림, 굵게, 20pt), 채우기(흰색, 배경 1), 테두리

(7) 서식 ⇒ 파견인원 계열의 차트 종류를 <표식이 있는 꺾은선형>으로 변경한 후 보조 축으로 지정하시오.

　　　　계열 : 《출력형태》를 참조하여 표식(마름모, 크기 10)과 레이블 값을 표시하시오.

　　　　눈금선 : 선 스타일-파선

　　　　축 : 《출력형태》를 참조하시오.

(8) 범례 ⇒ 범례명을 변경하고 《출력형태》를 참조하시오.

(9) 도형 ⇒ '말풍선: 모서리가 둥근 사각형 설명선'을 삽입한 후 《출력형태》와 같이 내용을 입력하시오.

(10) 나머지 사항은 《출력형태》에 맞게 작성하시오.

《출력형태》

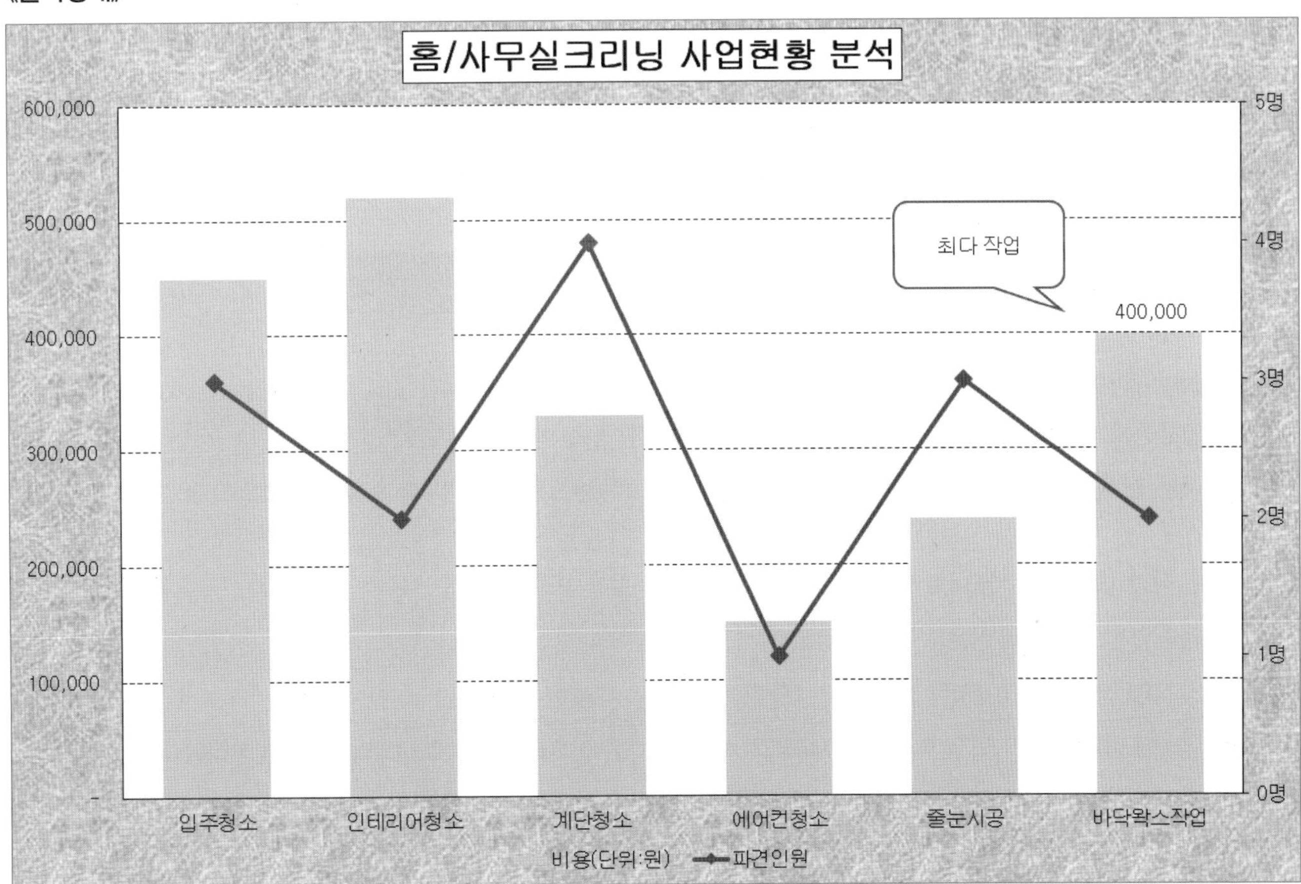

주의 ☞ 시트명 순서가 차례대로 "제1작업", "제2작업", "제3작업", "제4작업"이 되도록 할 것.

정보기술자격(ITQ) 최신기출문제

과　목	코　드	문제유형	시험시간	수험번호	성　명
한글엑셀	1122	A	60분		

수험자 유의사항

◎ 수험자는 문제지를 받는 즉시 문제지와 **수험표상의 시험과목(프로그램)이 동일한지 반드시 확인**하여야 합니다.

◎ 파일명은 본인의 "수험번호-성명"으로 입력하여 답안폴더(내 PC\문서\ITQ)에 하나의 파일로 저장해야 하며, 답안문서 파일명이 "수험번호-성명"과 일치하지 않거나, 답안파일을 전송하지 않아 미제출로 처리될 경우 실격 처리합니다 (예:12345678-홍길동.xlsx).

◎ 답안 작성을 마치면 파일을 저장하고, '답안 전송' 버튼을 선택하여 감독위원 PC로 답안을 전송하십시오. 수험생 정보와 저장한 파일명이 다를 경우 전송되지 않으므로 주의하시기 바랍니다.

◎ 답안 작성 중에도 **주기적으로 저장하고, '답안 전송'**하여야 문제 발생을 줄일 수 있습니다. 작업한 내용을 저장하지 않고 전송할 경우 이전에 저장된 내용이 전송되오니 이점 유의하시기 바랍니다.

◎ 답안문서는 지정된 경로 외의 다른 보조기억장치에 저장하는 경우, 지정된 시험 시간 외에 작성된 파일을 활용할 경우, 기타 통신수단(이메일, 메신저, 네트워크 등)을 이용하여 타인에게 전달 또는 외부 반출하는 경우는 부정 처리합니다.

◎ 시험 중 부주의 또는 고의로 시스템을 파손한 경우는 수험자가 변상해야 하며, <수험자 유의사항>에 기재된 방법대로 이행하지 않아 생기는 불이익은 수험생 당사자의 책임임을 알려 드립니다.

◎ 문제의 조건은 MS오피스 2021 버전으로 설정되어 있으니 유의하시기 바랍니다.

◎ 시험을 완료한 수험자는 답안파일이 전송되었는지 확인한 후 감독위원의 지시에 따라 문제지를 제출하고 퇴실합니다.

답안 작성요령

◎ 온라인 답안 작성 절차

　수험자 등록 ⇒ 시험 시작 ⇒ 답안파일 저장 ⇒ 답안 전송 ⇒ 시험 종료

◎ 문제는 총 4단계, 즉 제1작업부터 제4작업까지 구성되어 있으며 반드시 제1작업부터 순서대로 작성하고 조건대로 작업 하시오.

◎ 모든 작업시트의 A열은 열 너비 '1'로, 나머지 열은 적당하게 조절하시오.

◎ 모든 작업시트의 테두리(굵은선, 가는선 등)는 《출력형태》와 같이 작업하시오.

◎ 해당 작업란에서는 각각 제시된 조건에 따라 《출력형태》와 같이 작업하시오.

◎ 답안 시트 이름은 "제1작업", "제2작업", "제3작업", "제4작업"이어야 하며 답안 시트 이외의 것은 감점 처리됩니다.

◎ 각 시트를 파일로 나누어 작업해서 저장할 경우 실격 처리됩니다.

kpc 한국생산성본부

☞ 다음은 '데이터분석 교육 온라인 신청 현황'에 대한 자료이다. 자료를 입력하고 조건에 맞도록 작업하시오.

《출력형태》

과목코드	강좌명	강사명	분류	개강일	신청인원	수강료 (단위:원)	수강기간	신청인원 순위
A-1431	R 머신러닝	김혜지	데이터사이언스	2022-06-01	670	260,000	(1)	(2)
C-3315	엑셀 통계	박정우	통계분석	2022-02-01	2,325	160,000	(1)	(2)
P-2421	빅데이터기사 필기	강석원	자격증	2022-04-01	550	280,000	(1)	(2)
T-1341	파이썬 딥러닝	홍길순	데이터사이언스	2022-03-02	1,455	380,000	(1)	(2)
S-2432	빅데이터기사 실기	이경호	자격증	2022-03-02	458	300,000	(1)	(2)
M-3145	다층선형모델분석	이덕수	통계분석	2022-05-02	125	420,000	(1)	(2)
D-2514	R 데이터분석	임홍우	데이터사이언스	2022-07-01	450	275,000	(1)	(2)
G-3234	시계열분석	정유진	통계분석	2022-05-02	1,280	350,000	(1)	(2)
자격증 강좌 개수			(3)			최대 수강료(단위:원)		(5)
데이터사이언스 강좌의 신청인원 합계			(4)			강좌명	R 머신러닝	신청인원	(6)

확인 — 담당 / 팀장 / 부장

《조건》

○ 모든 데이터의 서식에는 글꼴(굴림, 11pt), 정렬은 숫자 및 회계 서식은 오른쪽 정렬, 나머지 서식은 가운데 정렬로 작성하며 예외적인 것은 《출력형태》를 참조하시오.

○ 제 목 ⇒ 도형(사다리꼴)과 그림자(오프셋 위쪽)를 이용하여 작성하고 "데이터분석 교육 온라인 신청 현황"을 입력한 후 다음 서식을 적용하시오
　　　　　(글꼴-굴림, 24pt, 검정, 굵게, 채우기-노랑).

○ 임의의 셀에 결재란을 작성하여 그림으로 복사 기능을 이용하여 붙이기 하시오(단, 원본 삭제).

○ 「B4:J4, G14, I14」 영역은 '주황'으로 채우기 하시오.

○ 유효성 검사를 이용하여 「H14」 셀에 강좌명(「C5:C12」 영역)이 선택 표시되도록 하시오.

○ 셀 서식 ⇒ 「G5:G12」 영역에 셀 서식을 이용하여 숫자 뒤에 '명'을 표시하시오(예 : 670명).

○ 「H5:H12」 영역에 대해 '수강료'로 이름정의를 하시오.

☞ (1)~(6) 셀은 반드시 **주어진 함수를 이용**하여 값을 구하시오(결과값을 직접 입력하면 해당 셀은 0점 처리됨).

(1) 수강기간 ⇒ 과목코드 세 번째 글자가 1이면 '240일', 2이면 '120일', 3이면 '90일'로 구하시오(CHOOSE, MID 함수).

(2) 신청인원 순위 ⇒ 신청인원의 내림차순 순위를 구한 결과에 '위'를 붙이시오(RANK.EQ 함수, & 연산자)(예 : 1위).

(3) 자격증 강좌 개수 ⇒ (COUNTIF 함수)

(4) 데이터사이언스 강좌의 신청인원 합계 ⇒ 반올림하여 십명 단위까지 구하시오. 단, 조건은 입력데이터를 이용하시오 (ROUND, DSUM 함수)(예 : 5,327 → 5,330).

(5) 최대 수강료(단위:원) ⇒ 정의된 이름(수강료)을 이용하여 구하시오(LARGE 함수).

(6) 신청인원 ⇒ 「H14」 셀에서 선택한 강좌명에 대한 신청인원을 구하시오(VLOOKUP 함수).

(7) 조건부 서식의 수식을 이용하여 신청인원이 '1,000' 이상인 행 전체에 다음의 서식을 적용하시오(글꼴 : 파랑, 굵게).

☞ **"제1작업"** 시트의 「B4:H12」 영역을 복사하여 **"제2작업"** 시트의 「B2」 셀부터 모두 붙여넣기를 한 후 다음의 조건과 같이 작업하시오.

《조건》

(1) 목표값 찾기 – 「B11:G11」 셀을 병합하여 "데이터사이언스의 수강료(단위:원) 평균"을 입력한 후 「H11」 셀에 데이터사이언스의 수강료(단위:원) 평균을 구하시오. 단, 조건은 입력데이터를 이용하시오(DAVERAGE 함수, 테두리).

         – '데이터사이언스의 수강료(단위:원) 평균'이 '310,000'이 되려면 R 머신러닝의 수강료(단위:원)가 얼마가 되어야 하는지 목표값을 구하시오.

(2) 고급필터 – 분류가 '통계분석'이거나 수강료(단위:원)가 '350,000' 이상인 자료의 데이터만 추출하시오.

         – 조건 범위 : 「B14」 셀부터 입력하시오.

         – 복사 위치 : 「B18」 셀부터 나타나도록 하시오.

☞ **"제1작업"** 시트의 「B4:H12」 영역을 복사하여 **"제3작업"** 시트의 「B2」 셀부터 모두 붙여넣기를 한 후 다음의 조건과 같이 작업하시오.

《조건》

(1) 부분합 – 《출력형태》처럼 정렬하고, 강좌명의 개수와 신청인원의 평균을 구하시오.
(2) 개요 – 지우시오.
(3) 나머지 사항은 《출력형태》에 맞게 작성하시오.

《출력형태》

	A	B	C	D	E	F	G	H
1								
2		과목코드	강좌명	강사명	분류	개강일	신청인원	수강료 (단위:원)
3		C-3315	엑셀 통계	박정우	통계분석	2022-02-01	2,325명	160,000
4		M-3145	다층선형모델분석	이덕수	통계분석	2022-05-02	125명	420,000
5		G-3234	시계열분석	정유진	통계분석	2022-05-02	1,280명	350,000
6					통계분석 평균		1,243명	
7			3		통계분석 개수			
8		P-2421	빅데이터기사 필기	강석원	자격증	2022-04-01	550명	280,000
9		S-2432	빅데이터기사 실기	이경호	자격증	2022-03-02	458명	300,000
10					자격증 평균		504명	
11			2		자격증 개수			
12		A-1431	R 머신러닝	김혜지	데이터사이언스	2022-06-01	670명	260,000
13		T-1341	파이썬 딥러닝	홍길순	데이터사이언스	2022-03-02	1,455명	380,000
14		D-2514	R 데이터분석	임홍우	데이터사이언스	2022-07-01	450명	275,000
15					데이터사이언스 평균		858명	
16			3		데이터사이언스 개수			
17					전체 평균		914명	
18			8		전체 개수			

☞ **"제1작업"** 시트를 이용하여 조건에 따라 《출력형태》와 같이 작업하시오.

《조건》

(1) 차트 종류 ⇒ <묶은 세로 막대형>으로 작업하시오.

(2) 데이터 범위 ⇒ "제1작업" 시트의 내용을 이용하여 작업하시오.

(3) 위치 ⇒ "새 시트"로 이동하고, "제4작업"으로 시트 이름을 바꾸시오.

(4) 차트 디자인 도구 ⇒ 레이아웃 3, 스타일 1을 선택하여 《출력형태》에 맞게 작업하시오.

(5) 영역 서식 ⇒ 차트 : 글꼴(굴림, 11pt), 채우기 효과(질감-분홍 박엽지)

　　　　　　　　　그림 : 채우기(흰색, 배경 1)

(6) 제목 서식 ⇒ 차트 제목 : 글꼴(굴림, 굵게, 20pt), 채우기(흰색, 배경 1), 테두리

(7) 서식 ⇒ 신청인원 계열의 차트 종류를 <표식이 있는 꺾은선형>으로 변경한 후 보조 축으로 지정하시오.

　　　　계열 : 《출력형태》를 참조하여 표식(세모, 크기 10)과 레이블 값을 표시하시오.

　　　　눈금선 : 선 스타일-파선

　　　　축 : 《출력형태》를 참조하시오.

(8) 범례 ⇒ 범례명을 변경하고 《출력형태》를 참조하시오.

(9) 도형 ⇒ '말풍선: 모서리가 둥근 사각형 설명선'을 삽입한 후 《출력형태》와 같이 내용을 입력하시오.

(10) 나머지 사항은 《출력형태》에 맞게 작성하시오.

《출력형태》

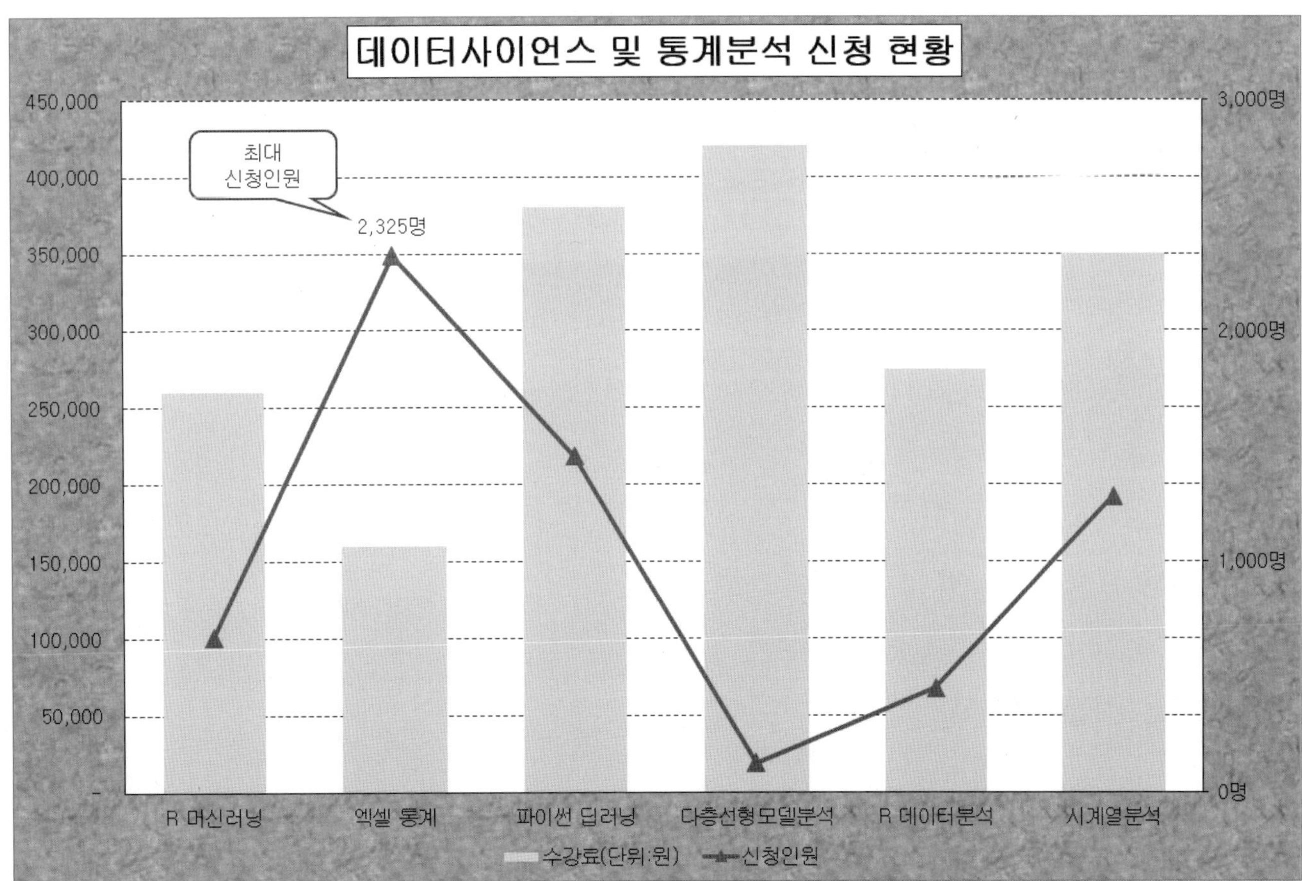

주의 ☞ 시트명 순서가 차례대로 "제1작업", "제2작업", "제3작업", "제4작업"이 되도록 할 것.

MEMO

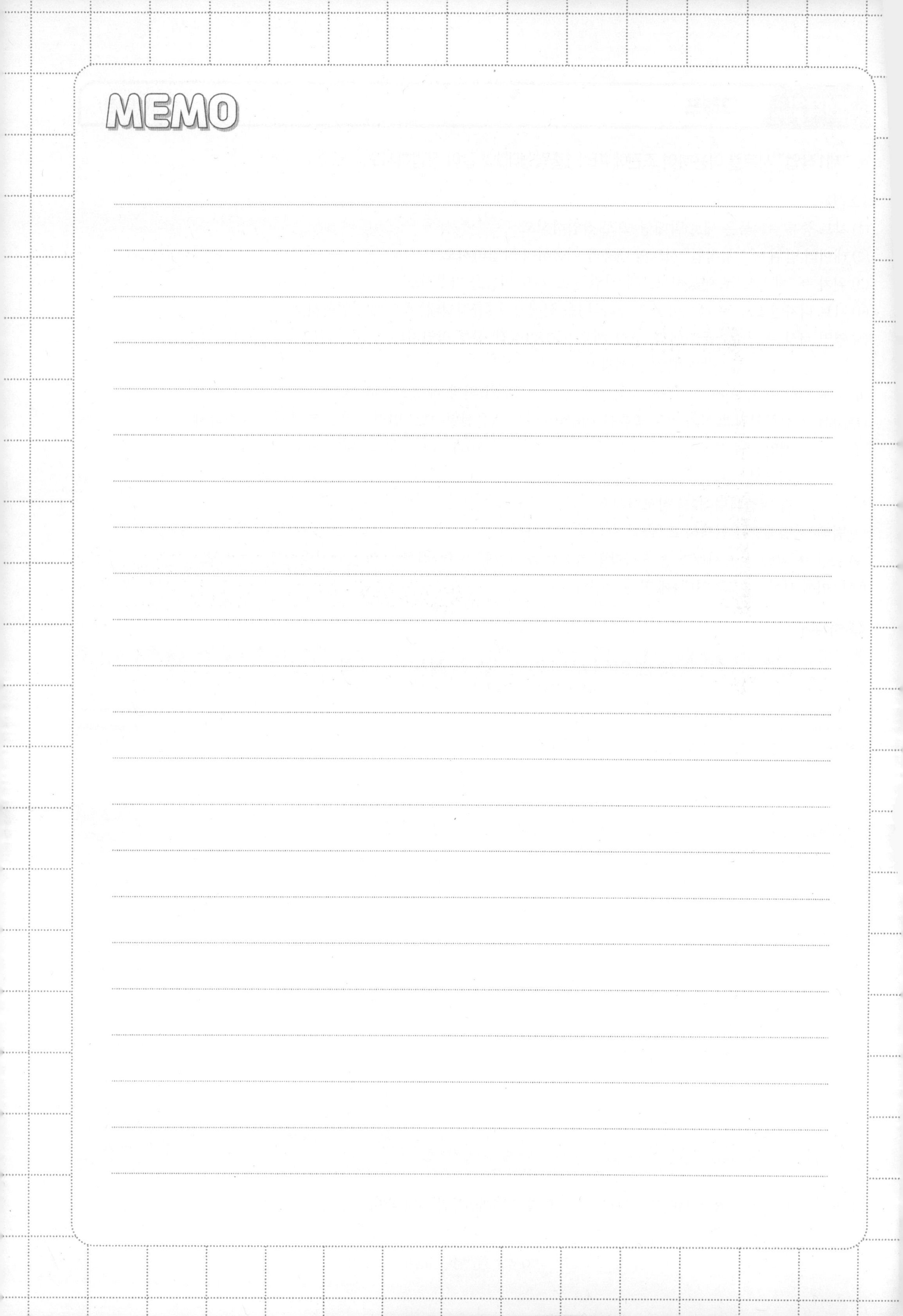